Mastering XHTML

Mastering XHTML

Ed Tittel
Chelsea Valentine
Lucinda Dykes
Mary Burmeister

SYBEX

ESKA
Inter@ctive

Traducteur : Isabelle LATAPIE

ISBN (version originale) : 0-7821-2820-3

ISBN : 2-7472-0307-7

Éditions ESKA
12, rue du Quatre-Septembre, 75002 Paris
Tél. : 01 42 86 55 73 - Fax : 01 42 60 45 35
www.eska.fr

A Papa et Maman qui m'ont équipé pour ce travail ;

A Leah et Chloe qui m'ont persuadé que cela en valait la peine.

Ed Tittel

A tous mes amis qui ignorent en réalité ce que je fais (et à ceux qui le savent) : Sam, Stacie, Kate, Karl, Chris, Winnie, Christopher, Zack, Amy, Toby, Summer, Mary, Gary, John S, John W, Melissa, Abby, et aussi à tous mes nombreux amis qui n'auront même pas le plaisir de lire ce livre.

Chelsea Valentine

A Steve, merci pour tous les rires, et à Dru pour sa grande amitié.

Lucinda Dykes

A ma famille et à mes amis.

Je ne sais pas ce que je ferais sans vous.

Mary Burmeister

REMERCIEMENTS

Je tiens premièrement à remercier deux vaillantes équipes : d'abord, l'équipe de LANWrights et particulièrement Mary Burmeister qui a excellé dans tous ses rôles : rédactrice, relectrice, éditrice technique et directrice de projet. Merci à Chelsea Valentine et Lucinda Dykes pour leur contribution exceptionnelle dans la rédaction de ce livre. Ma gratitude va à toute l'équipe de LANWrights : Dawn, Mary, Kim, Karen, Chelsea, Michael, Bill et Thomas pour tous leurs efforts. Vous avez contribué à rendre ma vie à la fois agréable et intéressante au cours de ces dernières années. Merci aussi à Alan, Jack, Crystal, et Mike de iLearning.com de m'avoir initié au fonctionnement d'une start-up.

Ensuite, du côté de Sybex, mes sincères remerciements s'adressent à Cheryl Applewood et à Raquel Baker pour m'avoir aidé à réaliser ce projet et à le faire aboutir. J'adresse ma vive reconnaissance à Elizabeth Campbell pour ses prouesses dans la production et l'administration du projet, à Pete Gaughan pour son remarquable travail d'édition, et à Kris Warrenburg pour la conception et la réalisation du livre. Je tiens aussi à exprimer ma gratitude à toutes les personnes qui ont fait de ce livre une réussite mais dont les noms resteront à jamais inconnus. Merci à Carole McClendon et le reste de la grande équipe des productions Waterside de m'avoir présenté à l'équipe de Sybex, à Rodnay Zaks, Jordan Gold, et Richard Mills pour l'excellence des relations de travail avec Sybex.

Je n'oublie pas mes adorables Lab et Blackie qui m'ont obligé à me reposer de temps en temps ; Leah et Chloe qui ont su égayer mes jours et animer mes nuits avec leurs cris et leurs sourires en témoignage de leur amour.

Ed Tittel

Tout d'abord, je tiens à remercier Mary Burmeister pour sa patience à toute épreuve, son aide et sa perspicacité. Merci aussi à Lucinda Dykes et Ed Tittel pour leur grande contribution à ce livre, à mes collègues de LANWrights qui m'ont aidé à aller toujours de l'avant.

Chelsea Valentine

Un grand merci à Mary Burmeister qui nous a aidé à respecter les délais et à être sur les rails, à Senior Editor Pete Gaughan pour ses pertinentes questions, à Ed Tittel et à l'équipe de LANWrights pour m'avoir incluse dans ce projet.

Lucinda Dykes

Je tiens à exprimer ma gratitude à Ed Titttel et à Dawn Rader pour m'avoir donné l'occasion de devenir éditrice (et auteur). A Papa et Maman : qu'est-ce que je peux dire sinon que vous êtes les meilleurs parents du monde et qu'à mon tour, je formule le vœu de prendre ma retraite à cinquante-sept ans. Pour John mon petit frère qui est sur le point de se marier, tu es le meilleur et je te souhaite une longue et heureuse vie avec Crystal. Pour tous mes autres amis : Laura, Teresa, Shailu, Crystal, Dawn, Deanna, Tara, Tanya, Heather, Erin, Angela, DJ, Stephanie, Chad et enfin et certainement pas le moindre Matt : merci d'avoir toujours été là à m'encourager durant les longues heures de travail, et puis regarde où cela m'a mené ! Et à Chelsea : merci d'avoir toujours répondu à mes questions et d'être une grande amie.

Mary Burmeister

TABLE DES MATIÈRES

PARTIE I : Pour commencer

Chapitre 1 : Faire connaissance avec XHTML, ses outils et ses ressources 1

En quoi consistent les langages HTML et XHTML ? 3
Les éléments et les balises 6
Les attributs XHTML 12
Que pouvez-vous réaliser avec le langage XHTML ? 12
Quels sont les outils dont vous avez besoin ? 13
Les éditeurs de texte 14
L'outil de validation de W3C (W3C Validator) 15
Les navigateurs Web 16
Quelles sont les autres ressources disponibles ? 19
Visitez le consortium W3C 19
Les sites de Netscape et de Microsoft 20
Autres sites à voir 21
Et maintenant, que faire ? 21

Chapitre 2 : Structure et forme du langage XHTML 23

Un document bien formé 24
Les règles XML 26
Validité 35
Qu'est-ce qu'une Définition de type de documents (DTD) ? 35
Le noyau d'une Définition de type de documents (DTD) 36
Référencement des trois variantes du langage XHTML 37
Déclarations DOCTYPE 38
Syntaxe 38

Les DTD XHTML 42
Espace de nom XML 44
L'espace de nom par défaut 45
L'espace de nom local 46
L'espace de nom XHTML requis 48
Combinaison d'espaces de noms 48
Exemple de documents XHTML 49
Et maintenant, que faire ? 50

Chapitre 3 : Création de votre premier document XHTML **53**
Création, enregistrement et visualisation des documents XHTML 54
Application des éléments de la structure de document 57
La déclaration DOCTYPE 58
L'élément html 59
L'élément head 59
L'élément body 62
Application des éléments de base 63
A propos des attributs communs 64
Les éléments obsolètes abondent 64
Création de paragraphes 65
Création d'en-têtes 67
Création de listes 69
Application des formatages Gras, Italique et autres mises en relief 77
Ajout de règles horizontales 79
Spécification de rupture de ligne 80
Ajout de formatage complexe 81
Ajout de couleurs 81
Spécification des polices de caractères et de leur taille 85
Et maintenant, que faire ? 88

Chapitre 4 : Lier les documents **89**
Anatomie des liens 90
Anatomie d'une adresse URL 92

Protocole 93
Nom d'hôte 94
Nom de dossier 94
Nom de fichier 94
Les types d'adresses URL 95
Elaborer des ancres 101
Etablir un lien avec des documents d'un même dossier 101
Etablir un lien avec des documents dans un autre dossier 102
Etablir un lien avec des documents sur le Web 103
Etablir un lien avec un endroit précis dans un document 104
Et maintenant, que faire ? 107

Chapitre 5 : Insertion d'images 109

Développement d'images 110
Détermination de la taille du fichier 111
Les dimensions physiques 111
Comprendre les formats d'image 114
Ajout d'images 120
Insertion d'une image 120
Insertion d'un texte comme une alternative 124
Spécification de la hauteur et de la largeur 125
Alignement de l'image 126
Contrôle de la bordure 129
Sélection des couleurs adéquates 130
Utilisation des images comme des liens 132
Création de liens image 133
Création de médaillons 134
Création d'une imagemap 136
Les types d'imagemaps 136
Création d'imagemap côté-client 140
Création d'imagemaps côté-serveur 148
Utilisation des images d'arrière-plan 151
Et maintenant, que faire ? 154

PARTIE II : Augmenter vos connaissances 155

Chapitre 6 : Développement de tableaux XHTML 157

Utilisation efficace des tableaux 158
Création d'un tableau de base 160
Ajout ou suppression de lignes et de colonnes 163
Ajout de lignes 163
Ajout de colonnes 164
Suppression de lignes et de colonnes 165
Etendue de lignes et de colonnes 167
Etendue de lignes 168
Etendue de colonnes 169
Ajout de légendes 170
Formatage des tableaux 172
Ajout et formatage de bordures 173
Les options d'arrière-plan de tableau 176
L'alignement des cellules 181
La taille d'une cellule 182
Ajout d'espacement et de remplissage d'une cellule 185
L'alignement et la largeur d'un tableau, le retour à la ligne pour le texte 186
Utilisation des caractéristiques du tableau XHTML 187
Identification des sections du tableau 189
Les bordures des tableaux XHTML 191
Manuel de conception : création des en-têtes de style journal 193
Et maintenant, que faire ? 194

Chapitre 7 : Développement des formulaires du langage XHTML 195

Détermination du contenu du formulaire 196
Problèmes d'information 197
Problèmes d'utilisabilité 199
Problèmes de conception 201
Création de formulaires 202
Comprendre les widgets 203
Création de formulaire et ajout de boutons Soumettre et Réinitialiser 204

Insertion de champs généraux de saisie 210
Insertion de zones de texte 224
Insertion d'un champ de sélection 225
Traitement des formulaires 229
Traitement des formulaires par e-mail 232
Une solution : traitement des résultats avec cgiemail 233
Et maintenant, que faire ? 237

Chapitre 8 : Créer des cadres XHTML 239

Les cadres 240
La décision d'utiliser un cadre 242
Les avantages des cadres (frames) 243
Les inconvénients des cadres 244
Créer un cadre 245
Définir la taille d'un cadre 246
Penser aux navigateurs non pourvus de cadre 265
Permettre une navigation efficace 270
Choisir un type de navigation 270
Mettre en œuvre la navigation 271
Utiliser des noms de cible spéciaux 274
Créer des cadres inline 277
Et maintenant, que faire ? 281

Chapitre 9 : Convertir HTML en XHTML 283

Pourquoi convertir vos documents ? 284
Convertir des documents manuellement 285
Compatibilité en amont 286
Les règles 287
En résumé 289
Travailler avec Tidy 292
Utiliser Tidy à partir de l'invite de commandes Windows 294
Utiliser TidyGUI 296
Utiliser Tidy dans HTML-Kit 297
Utiliser Tidy sur Mac 300
Et maintenant, que faire ? 301

PARTIE III : Aller au-delà du pur langage XHTML 303

Chapitre 10 : Les feuilles de style 305

Comment fonctionnent les feuilles de style ? 307
Quelques avantages sur l'utilisation des feuilles de style 308
Les feuilles de style CSS Niveau 1 308
Les feuilles de style CSS Niveau 2 309
Les feuilles de style Niveau 3 et au-delà 310
Implémentation des feuilles de style 311
Association des feuilles de style avec les documents XHTML 311
Incorporation de la feuille de style dans le document XHTML 311
Stockage séparé des feuilles de style 314
Application des feuilles de style à des parties du document 319
Application des définitions de style inline 322
Développement d'une feuille de style 324
Spécification des mesures 328
Spécification de couleurs dans les règles de style 328
Définition des propriétés des feuilles de style 332
Les propriétés de la police des caractères 332
Définitions des propriétés du texte 338
Définition des propriétés de la zone 343
Configuration des propriétés de couleurs et d'arrière-plan 345
Configuration des propriétés de classification 347
Configuration des propriétés des feuilles de style sonores 352
Configuration des propriétés des documents imprimés 353
Configuration des propriétés de positionnement 354
Et maintenant, que faire ? 356

Chapitre 11 : Ajout du langage JavaScript 357

Présentation du langage JavaScript 358
Ajout de JavaScript à votre document 361
Imbrication de JavaScript 362
Ajout d'un bloc de scripts écrits en JavaScript dans l'élément head du document 366
Liaison des scripts écrits en JavaScript 369
Les anciens navigateurs 370

Ajout de gestionnaires d'événements 372
Les gestionnaires d'événements onmouseover et onmouseout 372
Utilisation des gestionnaires d'événements onclick et onchange 380
Utiliser le gestionnaire d'événements onsubmit 383
Suivi des utilisateurs employant des cookies 385
Les cookies de session 386
Les cookies permanents 388
Et maintenant, que faire ? 389

Chapitre 12 : Insertion des multimédias 391

Le choix d'insertion des multimédias 393
Les défis pour les utilisateurs 393
Les défis pour les développeurs 395
Développement et utilisation d'images GIF animées 397
Développement d'images GIF animées 397
Incorporation d'une image GIF animée dans XHTML 399
Ajout de sons 400
Quelques inconvénients des sons 401
Les formats de fichier son 402
Ajout de vidéos 403
Les formats de fichiers vidéo 404
Ajout d'applets Java 404
Ajout de multimédias en utilisant XHTML 1 409
Et maintenant, que faire ? 414

PARTIE IV : Développer des sites Web 415

Chapitre 13 : Comprendre le cycle de vie du document XHTML 417

Phase 1 : Développement des documents 418
Planification des documents 420
Planning de maintenance 424
Organisation des documents 425
Création de documents 429

Testez les documents avant de les publier 430
Phase 2 : Publication des documents 437
Phase 3 : Test des documents publiés 438
Phase 4 : Maintenance des documents 439
Développement d'un plan 440
Tenir le rythme 441
Et maintenant, que faire ? 441

Chapitre 14 : Implémentation d'un site cohérent 443
Insérer des éléments de thèmes 444
Ajout d'arrière-plans 445
Choix de couleurs 448
Insertion de logos 449
Incorporation d'autres éléments graphiques 451
Rendre le site navigable 451
Menu de navigation textuel 452
Menu de navigation graphique 454
Emplacement des menus de navigation 456
Equilibrer des éléments de coloration vive avec l'utilisabilité 458
Et maintenant, que faire ? 461

Chapitre 15 : Des astuces pour les sites Web : public, personnel et intranet 463
Développement de sites publics 464
Publicité pour votre site 465
Rendre votre site attrayant 471
Rendre les utilisateurs impatients de revenir 472
Maintenance des sites publics 473
Insertion des annonces dans votre site 475
Développement de site personnel 476
Mise sur le marché de votre savoir-faire 476
Publication d'information 485
Développement de sites intranet 487
Détermination du contenu de l'intranet 488
Satisfaire les besoins des utilisateurs 489

Aidez les autres à participer 490
Annonce des informations nouvelles et mises à jour 494
Installation d'un forum de discussion 494
Et maintenant, que faire ? 495

Chapitre 16 : Publication de vos documents HTML 497
Découvrir l'emplacement pour publier les documents XHTML 498
Publication par l'intermédiaire de votre fournisseur d'accès Internet (FAI) 498
Publication par l'intermédiaire d'un serveur de société 504
Publication par l'intermédiaire de votre propre serveur 505
Le processus de publication 507
Téléchargement avec le Protocole de transfert de fichier 508
Téléchargement avec d'autres outils 512
Et maintenant, que faire ? 513

LES REFERENCES DU MAITRE

Partie 1 : Les éléments et les attributs du langage XHTML 517

Partie 2 : Les Références sur les feuilles de style (CSS) 653
Informations générales 654
Les commentaires 656
Les sélecteurs 656
Les pseudoclasses 657
Les valeurs inherit 658
Les couleurs 658
Les longueurs 661
Les pourcentages 662
Les propriétés des polices de caractères 662
font 662
font-family 664
font-size 666
font-style 668

font-variant 669
font-weight 670
Les propriétés de texte 672
letter-spacing 672
line-height 673
outline 674
text-align 676
text-decoration 676
text-indent 678
text-shadow 679
text-tranform 680
vertical-align 681
word-spacing 683
Les propriétés de remplissage de la zone 684
padding 684
padding-bottom 685
padding-left 686
padding-right 687
padding-top 688
Les propriétés de bordure de la zone 688
border 689
border-bottom 690
border-bottom-width 690
border-color 691
border-left 692
border-left-width 693
border-right 693
border-right-width 694
border-style 695
border-top 696
border-top-width 697
border-width 697
Les propriétés des bordures dans les feuilles de style CSS2 699
Les propriétés des marges de zone 699
margin 699
margin-bottom 701
margin-left 702
margin-right 703

margin-top 704
Les propriétés de la position de la zone 705
clear 705
float 706
height 707
width 709
Les propriétés d'arrière-plan et de couleur 710
background 710
background-attachment 711
background-color 712
background-image 713
background-position 714
background-repeat 717
color 717
Les propriétés de classification 718
display 718
list-style 720
list-style-image 721
list-style-position 722
list-style-type 723
Notes sur les feuilles de style CSS2 724
white-space 724
Positionnement 725
bottom 726
clear 726
clip 727
float 727
left 728
overflow 728
position 729
right 729
top 730
visibility 730
z-index 731
Les feuilles de style sonores 732
azimuth 732
cue 733
cue-after 733

cue-before 734
elevation 734
pause 735
pause-after 735
pause-before 736
pitch 736
pitch-range 736
play-during 737
richness 737
speak 738
speak-numeral 738
speak-punctuation 739
speech-rate 739
stress 740
voice-family 740
volume 741

Les feuilles de style de médias imprimées 741
@page 742
margin 742
margin-bottom 743
margin-left 743
margin-right 744
margin-top 744
marks 745
Orphans 745
page 746
page-break-after 746
page-break-before 747
page-break-inside 747
size 748
widows 748

Contenu autogénéré 749
content 749
counter 750
counter-increment 751
counter-reset 751
quotes 751

Partie 3 : Les Références sur le scripting 753
Eléments 755
break 755
comment 756
continue 756
for 757
for in 758
function 759
If 759
if else 760
new 760
return 761
switch 762
this 762
var 763
while 763
with 764
Les opérateurs 765
Le caractère d'échappement 768
Mots réservés 768
Les objets 769
anchor 770
button 770
checkbox 771
date 772
document 773
elements 775
form 775
frame 777
hidden 779
history 780
link 780
location 782
Math 783
Navigator 784
password 785

radio 786
reset 788
select 789
string 791
submit 792
text 792
textarea 793
window 794
Méthodes et fonctions 796
abs 796
acos 797
alert 797
anchor 798
asin 798
atan 799
atan2 799
back 799
big 800
blink 800
blur 801
bold 802
ceil 802
charAt 802
charCodeAt 803
clear 803
clearInterval 804
ClearTimeout 804
Click 805
close (objet document) 806
close (objet window) 807
concat 807
confirm 808
cos 809
escape 809
eval 810
exp 810
fixed 810
floor 811

focus 811
fontcolor 812
fontsize 812
forward 813
getDay 814
getFullYear 815
getHours 816
getMilliseconds 817
getMinutes 817
getMonth 818
getSeconds 818
getTime 819
getTimezoneOffset 819
getYear 820
go 821
indexOf 821
isFinite 822
isNaN 822
italics 822
lastIndexOf 823
link 823
log 824
match 824
max 825
min 825
moveBy 826
moveTo 826
open (objet document) 826
open (objet window) 827
parse 828
parseFloat 828
parseInt 829
pow 829
print 829
prompt 830
random 830
replace 831
resizeBy 831

resizeTo 832
round 833
scrollBy 833
scrollTo 834
search 835
select 835
setDate 836
setFullYear 837
setHours 838
setInterval 838
setMilliseconds 839
setMinutes 839
setMonth 840
setSeconds 841
setTime 842
setTimeout 842
setYear 843
sin 843
slice 844
small 845
split 845
sqrt 846
strike 846
sub 847
submit 847
substr 848
substring 848
sup 849
tan 849
toLocaleString 851
toLowerCase 852
toUpperCase 853
toUTCString 853
unescape 854
UTC 854
valueOf 855
write 855
writeln 856

Gestionnaires d'événements	856
onblur	857
onchange	857
onclick	857
ondblclick	858
ondragdrop	858
onfocus	859
onkeydown	859
onkeypress	860
onkeyup	860
onload	860
onmousedown	861
onmousemove	861
onmouseout	862
onmouseover	862
onmouseup	863
onmove	863
onselect	864
onresize	864
onreset	864
onsubmit	865
onunload	865
Propriétés	866
action	866
alinkColor	866
anchors	867
appCodeName	867
appName	868
appVersion	868
bgColor	868
checked	869
cookie	869
defaultChecked	870
defaultSelected	870
defaultStatus	871
defaultValue	872
E	872
elements	873

encoding	873
fgColor	874
forms	874
frames	874
hash	874
host	875
hostname	875
href	875
index	876
Infinity	877
lastModified	877
length	877
linkColor	878
links	878
LN2	879
LN10	879
location	879
LOG2E	880
LOG10E	880
method	881
name	881
NaN	882
options	882
parent	883
pathname	883
PI	884
port	884
protocol	884
referrer	885
search	885
selected	886
selectedIndex	887
self	887
SQRT1_2	887
SQRT2	888
status	888
target	888
text	889
title	889

top 890
undefined 890
userAgent 890
value 891
vLinkColor 892
window 892

Partie 4 : L'outil de validation W3C Validator **893**

L'interface 894
L'adresse URL 895
Télécharger des fichiers 896
Interprétation des messages d'erreur 896
Ajout de l'icône 897

Partie 5 : Caractères spéciaux du langage XHTML **899**

Les entités XHTML 900
Le langage XHTML et les ensembles de caractères 901

Partie 6 : Les codes de couleur du langage XHTML **905**

Partie 7 : La spécification du langage XHTML **909**

XHTML™ 1.0 ou Extensible HyperText Markup Language 910
Une reformulation de HTML 4 dans XML 1.0 910
Résumé 911
L'état de ce document 911
1. Qu'est-ce que le langage XHTML ? 913
1.1 Qu'est-ce que le langage HTML 4 ? 913
1.2 Qu'est-ce que le langage XML ? 914
1.3 Pourquoi a-t-on besoin du langage XHTML ? 915
2. Définitions 915
2.1 Terminologie 915
2.2 Termes généraux 916

Définition normative de XHTML 1.0 917
3.1 Conformité du document 917
3.2 Conformité de l'agent utilisateur 920
4. Les différences avec le langage HTML 4 922
5. Problèmes de compatibilité 925
6. Directions futures 926
Annexe A Les DTD 927
Annexe B Interdictions d'éléments 928
Annexe C Guides de compatibilité HTML 928
Annexe D : Remerciements 932
Annexe E : Références 933

Partie 8 : La version XHTML 1.1 **935**

Comprendre la modularisation du langage XHTML 936
La spécification XHTML 1.1 938

INTRODUCTION

Bienvenue à ce livre passionnant intitulé : *Vers une maîtrise de XHTML*, le guide complet sur le langage XHTML (Extensible Hypertext Markup Language) ! Ce livre comprend :

- Des informations complètes sur les plus importantes dernières spécifications du langage XHTML, leurs composants et leurs modes d'emploi.
- Une analyse des relations intéressantes et détaillées entre le langage HTML et la Recommandation HTML 4.01.
- Des conseils et des idées qui vous aideront à développer des pages Web en harmonie avec plusieurs types et versions de navigateurs Web.
- Des instructions faciles à suivre pour vous aider à construire des documents XHTML étape par étape, ou pour convertir des documents HTML en documents XHTML.
- Des exemples d'amélioration de pages Web avec diverses technologies, notamment JavaScript et le multimédia.
- Des instructions de conception pour vous aider à utiliser le langage XHTML de manière appropriée et efficace.

Nous avons rédigé ce livre à votre intention, à vous concepteur de pages Web débutant ou professionnel, pour mieux apprendre le langage XHTML et l'utiliser. Débutant que vous êtes, ne vous précipitez pas ; lorsque vous avez enfin pris la grande décision de vous lancer vers la maîtrise de XHTML, avancez selon votre propre rythme, au fur et à mesure que vos connaissances et vos capacités vont se développer. Les instructions pas à pas vous seront alors tellement faciles et les exemples aussi explicites, que ce langage va défiler sous vos yeux à une vitesse d'assimilation stupéfiante. Si vous êtes déjà un professionnel du langage HTML, l'envie vous prendrait peut-être de parcourir les divers chapitres, recherchant au gré des pages les nouveaux thèmes à apprendre (y compris le langage XHTML) et l'opportunité de développer une ou de nouvelles compétences. Si le moment venu l'inspiration vous pousse à créer des documents sur le Web, ce livre sera pour vous une référence incontournable.

Le contenu du livre

Ce livre renferme cinq parties ainsi que les Références du Maître.

Première partie : Pour commencer

Cette partie est consacrée au code XHTML, celui qui vous permettra de développer votre première page XHTML avec les éléments courants et même avec certaines caractéristiques avancées comme les liens, les images et les commandes de formatage. La finalité d'une création de page Web est de pouvoir la publier et de porter votre sens de l'art et des couleurs sur les moniteurs du monde entier.

Deuxième partie : Augmenter vos connaissances

Quelques effets, d'un intérêt certain et sophistiqué, tels que les tables, les frames ou cadres et les formulaires ne vous laisseront pas insensibles au besoin de convertir vos fichiers HTML en fichiers XHTML. Pour cela, votre premier souci sera d'automatiser cet important travail de conversion, autrement vous allez y consacrer des efforts manuels immenses et une grande partie de votre temps.

Troisième partie : Aller au-delà du pur langage XHTML

Rien de plus passionnant que les nouvelles feuilles de style CSS (Cascading Style Sheets) pour gérer et présenter avec précision vos documents Web dans les navigateurs de vos utilisateurs. Vous pouvez y inclure en plus de l'interactivité, les commandes flexibles avec JavaScript et les méthodes de création d'effets multimédias dans vos pages Web. Nanti de ces précieuses informations, la création d'une page XHTML n'est plus qu'un plaisant parcours avec toutes ses potentialités.

Quatrième partie : Développer des sites Web

Le développement et l'administration des sites hautement fonctionnels n'auront plus pour vous aucun secret ; ils vous guideront vers les désirs inavoués de vos utilisateurs et vous dévoileront facilement ce qu'ils veulent revoir. Ce livre est un recueil de méthodes de traitement pour développer un document XHTML, un répertoire de conseils et d'astuces pour créer des types spécifiques de sites Web (sites publics, sites personnels, sites intranet), avec une aisance et une facilité qui ne faibliront à aucun moment. Votre conception d'un site en sortira bien calée en fonction de leur impact et satisfera les principaux besoins de votre public cible.

Les Références du Maître

Elles comprennent huit sections :

Les attributs et les éléments XHTML Une liste complète des éléments et des attributs XHTML, avec les définitions, les explications et les exemples pour une utilisation appropriée.

Cascading Style Sheets Reference Une explication complète du marquage des feuilles de style avec la liste des éléments de marquage et des attributs, au moyen d'exemples pratiques pour une utilisation adéquate.

Référence de scriptage Une liste complète des objets Javascript, des propriétés, des méthodes et des fonctions avec des exemples d'utilisation.

Travailler avec l'outil de validation de W3C Une explication sur les méthodes d'interprétation des erreurs qui vous paraîtront un peu compliquées ; elles sont fournies par l'outil de validation de W3C.

Les caractères spéciaux de XHTML Un ensemble de pointeurs pour les nombreuses variantes des kits de caractères ISO 8859 (connus aussi sous le nom d'ensembles de caractères ISO-Latin) et ISO 10646 (Unicode).

Les codes de couleurs XHTML Une liste de pointeurs pour les descriptions de couleurs et les équivalents numériques des valeurs de code RVB.

La spécification XHTML 1.0 Une copie complète de la spécification officielle XHTML 1.0 reproduite avec la permission du consortium W3C. C'est "le dernier manuel" pour les éléments de marquage, les attributs et l'utilisation du marquage XHTML.

La Recommandation XHTML 1.1 Une description de la toute nouvelle Recommandation W3C dont le titre est *XHTML à base de module,* et ce qu'elle doit signifier pour vos documents.

Les conventions utilisées dans ce livre

Plusieurs conventions seront utilisées pour vous aider à retrouver et utiliser sans difficultés les informations contenues dans ce livre.

Les conventions de texte

Les conventions suivantes vous aideront à identifier les nouveaux termes (avec des exemples) et à utiliser les commandes de menus.

La première fois qu'un nouveau terme est utilisé, il apparaît en *italique* et il est suivi d'une brève définition ou d'un exemple. Par exemple, le mot *marquage* est le terme formel pour décrire un texte et il indique l'existence d'éléments XHTML à l'intérieur d'un document.

Des exemples de marquage XHTML sont affichés avec une police spéciale `like this` et ils apparaissent habituellement dans une ligne ou plusieurs lignes indépendantes. Si une tâche quelconque demande de saisir un nouveau marquage pour une étape, celui-ci va apparaître en gras, comme suit :

```
<p>A line of markup from a previous step.</p>
<p>Another line of markup from a previous step.</p>
<p>New markup to enter in the current step!</p>
```

Enfin, les instructions pour l'utilisation d'une commande de menu vont apparaître comme suit :

1. Sélectionnez File --> Save As pour ouvrir la boîte de dialogue Save As, puis choisissez Options.

Cette séquence signifie que vous devez cliquer sur le menu File et choisir Save As à partir de la liste d'entrée déroulante. La boîte de dialogue Save As est affichée, vous devez alors sélectionner l'entrée Options.

Les icônes

Les icônes indiquent qu'il s'agit de conseils judicieux et d'avertissements ; elles sont faites pour attirer votre attention et valent largement la peine d'être lues.

Les conseils renferment des informations pour rendre aisée et rapide la rédaction de vos pages XHTML.

Ces icônes indiquent qu'il s'agit de zones de troubles (ou de sources éventuelles de problèmes). Vous pouvez les ignorer, si vous le voulez, à vos risques et périls !

Les ressources supplémentaires

Vous pouvez vous procurer des informations précieuses sur le site Web `www.sybex.com`. Faites une recherche sur l'acronyme XHTML, cliquez sur le titre du livre, puis cliquez sur Links.

Le site regorge de pointeurs pour une grande variété d'outils de développement des langages HTML, XHTML et XML, allant du simple logiciel gratuit et utile jusqu'aux versions les plus compliquées de logiciels commerciaux et proposant les versions d'évaluation de système en temps réduit. L'art de faire des clips et les logiciels de graphisme complètent cette collection. N'hésitez pas à visiter ce site avant d'installer et utiliser quoi que ce soit dans votre ordinateur ; lorsque vous avez fait votre choix, conformez-vous bien aux instructions de votre revendeur.

Nous allons vous proposer une multitude de sites Web, autant dans ce livre que sur le site Web d'accompagnement. Certains de ces sites vous montreront un grand nombre d'exemples d'applications du code XHTML, ceux que l'on utilise dans certaines sociétés et qui sont parfaitement adaptés à leurs besoins. Les autres sites vous offriront, entre autres, des logiciels à télécharger avec leurs sources d'informations de telle sorte que vous puissiez faire les mises à jour sur les nouveautés du langage XHTML, des outils divers, et enfin des thèmes avec la technologie qui leur est propre. Comme tout est fréquemment modifié, il se pourrait que les choses décrites dans ce livre ne correspondent plus à un moment donné au contenu de ces sites. Malgré les vérifications que nous effectuons juste avant l'impression du livre, il nous est difficile de vous garantir le contenu particulier d'une adresse spécifique, eu égard à la fréquence et à l'étendue des modifications sur le Web.

Pour contacter les auteurs

Nous sommes fiers que vous ayez choisi le livre *Vers une maîtrise du langage XHTML*. Nous aimerions lire vos commentaires, suggestions et répondre à vos questions. Vous pouvez nous contacter à l'adresse `mxhtml@lanw.com`. Nous sommes impatients de recevoir un écho de votre part !

PARTIE I
Pour commencer

Chapitre 1 : Faire connaissance avec XHTML, ses outils et ses ressources 1

Chapitre 2 : Structure et forme du langage XHTML 23

Chapitre 3 : Création de votre premier document XHTML 53

Chapitre 4 : Lier les documents 89

Chapitre 5 : Insertion d'images 109

Faire connaissance avec XHTML, ses outils et ses ressources

XHTML

Chapitre 1

Le langage XHTML (Extensible Hypertext Markup Language) est une reformulation du langage HTML (Hypertext Markup Language) basée sur les règles et la syntaxe du langage XML (Extensible Markup Language). En dépit de cette reformulation, XHTML ressemble beaucoup à HTML dans la mesure où vous pouvez l'utiliser pour créer des pages interactives en ligne. Vous connaissez probablement les applications courantes HTML que sont justement les pages Web. XHTML procure les mêmes capacités. Les utilisateurs peuvent maintenant passer d'un thème à un autre, remplir des formulaires, soumettre des informations, rechercher des bases de données, etc., au lieu de lire les informations d'une manière linéaire. Toutefois, XHTML n'est pas ce que vous voyez à l'écran à l'instar d'une page Web, il est le marquage qui s'effectue en coulisse et il donne des instructions aux navigateurs sur le contenu à afficher.

Dans ce premier chapitre, nous allons vous présenter le langage XHTML : à quoi il ressemble, son utilisation et les premiers outils. Ce livre se propose de vous l'apprendre, et de vous présenter, en premier lieu, les impulsions de base qui se trouvent derrière HTML ; ensuite, il va vous expliquer pourquoi les experts en marquage s'accordent à dire que la reformulation de HTML en XHTML est un grand pas en avant. Pour cela, nous allons nous appuyer sur quelques termes afin de vous aider à comprendre le côté technique des sujets abordés dans ce livre.

Ce chapitre va traiter les thèmes suivants :

- Comprendre le langage XHTML, ainsi que les termes et les concepts y afférents.
- Pourquoi cela vaut-il la peine d'utiliser le langage XHTML et comment le mettre en œuvre.
- A la découverte des outils dont vous avez besoin pour commencer.
- Utilisation d'autres ressources utiles.

En quoi consistent les langages HTML et XHTML ?

Le langage XHTML est un *langage de marquage* : c'est un système de codes qui identifie les parties et les caractéristiques des documents. Comme la Figure 1.1 le montre, les documents XHTML sont des fichiers de simple texte. Ils ne contiennent ni image, ni vidéo, ni son, encore moins des animations. Toutefois, ils peuvent inclure des *pointeurs* ou des liens vers ces types de fichier, tout cela pour parfaire la présentation finale d'une page Web lorsqu'elles ne contiennent aucun élément texte.

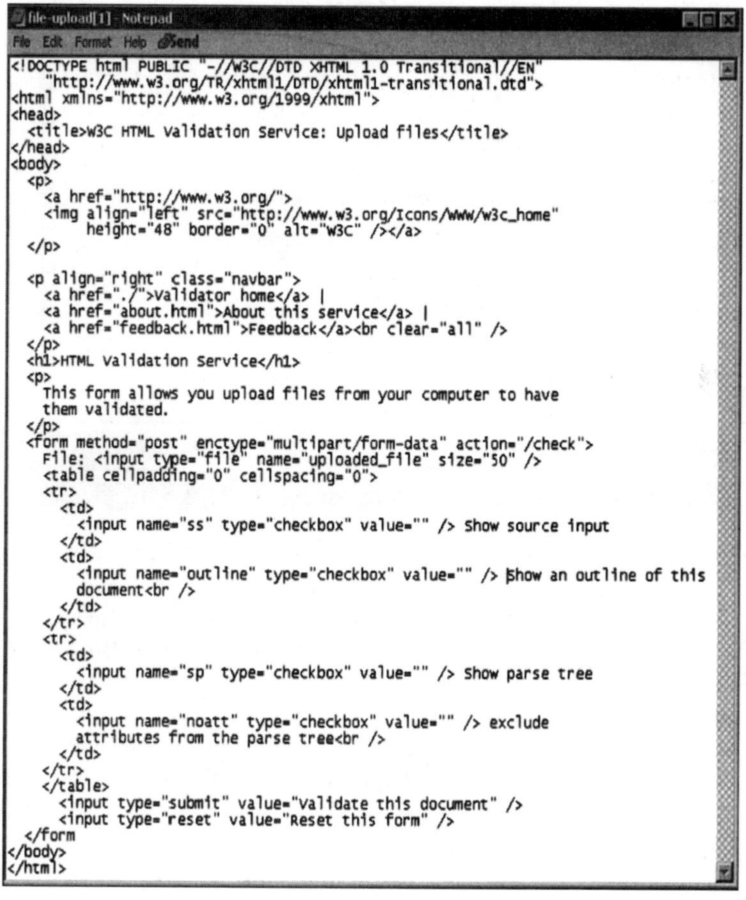

```
<!DOCTYPE html PUBLIC "-//W3C//DTD XHTML 1.0 Transitional//EN"
    "http://www.w3.org/TR/xhtml1/DTD/xhtml1-transitional.dtd">
<html xmlns="http://www.w3.org/1999/xhtml">
<head>
  <title>W3C HTML Validation Service: Upload files</title>
</head>
<body>
  <p>
    <a href="http://www.w3.org/">
    <img align="left" src="http://www.w3.org/Icons/WWW/w3c_home"
        height="48" border="0" alt="W3C" /></a>
  </p>

  <p align="right" class="navbar">
    <a href="./">Validator home</a> |
    <a href="about.html">About this service</a> |
    <a href="feedback.html">Feedback</a><br clear="all" />
  </p>
  <h1>HTML Validation Service</h1>
  <p>
    This form allows you upload files from your computer to have
    them validated.
  </p>
  <form method="post" enctype="multipart/form-data" action="/check">
    File: <input type="file" name="uploaded_file" size="50" />
    <table cellpadding="0" cellspacing="0">
    <tr>
      <td>
        <input name="ss" type="checkbox" value="" /> Show source input
      </td>
      <td>
        <input name="outline" type="checkbox" value="" /> Show an outline of this
        document<br />
      </td>
    </tr>
    <tr>
      <td>
        <input name="sp" type="checkbox" value="" /> Show parse tree
      </td>
      <td>
        <input name="noatt" type="checkbox" value="" /> exclude
        attributes from the parse tree<br />
      </td>
    </tr>
    </table>
      <input type="submit" value="Validate this document" />
      <input type="reset" value="Reset this form" />
  </form
</body>
</html>
```

Figure 1.1 : Les documents XHTML sont juste des fichiers texte qui contiennent le code et le contenu.

Les documents XHTML n'ont rien à voir avec les pages Web que vous avez consultées jusqu'ici. XHTML est constitué d'*éléments*, de *balises* et d'*attributs* (définis plus tard dans ce chapitre) qui fonctionnent tous ensemble pour identifier les différentes parties d'un document et indiquer aux navigateurs la façon de les afficher. La Figure 1.2 montre comment les balises et les attributs de la Figure 1.1 agissent ensemble pour former une page Web.

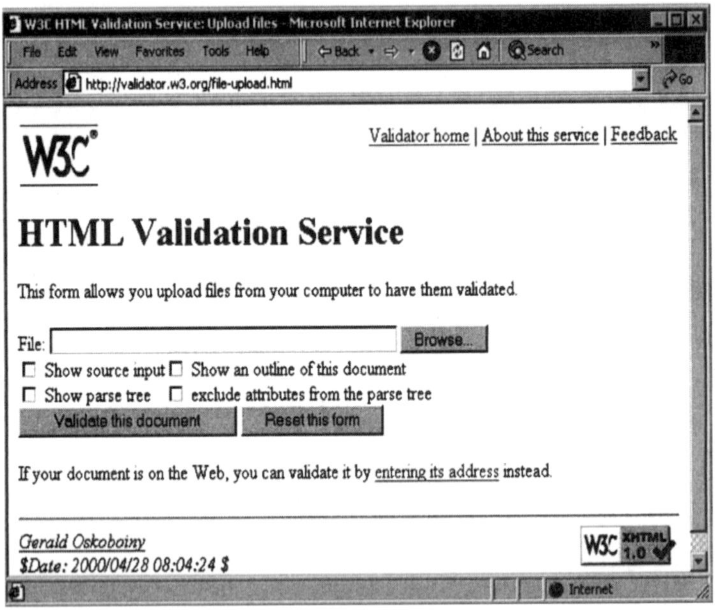

Figure 1.2 : Les navigateurs interprètent le code pour déterminer comment afficher les documents XHTML.

Les racines du langage HTML (l'ancêtre de XHTML) vont jusqu'aux années 80 et au début des années 90. Tim Berners-Lee a développé pour la première fois HTML, afin de procurer aux scientifiques du laboratoire CERN (un laboratoire de physique des particules à Genève, Suisse) un moyen d'échanger leurs rapports et leurs résultats de recherche sur le Web. HTML est basé à son tour sur une définition formelle en utilisant un puissant *métalangage*, un langage utilisé pour créer d'autres langages, appelé *SGML (Standard Generalized Markup Language)*. Le langage SGML est un outil standard ISO (International Organization for Standardization) conçu pour créer des langages de marquage de différents types.

En 1993, la puissance et la portée du World Wide Web ont acquis une grande notoriété si bien que le laboratoire CERN a versé le langage HTML dans le domaine public pour une utilisation sans restriction. Le laboratoire CERN a ensuite donné HTML au groupe appelé World Wide Web Consortium (W3C), qui est désormais chargé d'administrer HTML avec les spécifications de langage de marquage y afférentes. La sortie dans le domaine public de HTML avec le protocole de transfert de fichiers hypertexte (*Hypertext Transfer Protocol* ou HTTP), protocole d'échange de documents entre un client et un serveur, a entraîné une révolution du Web, changeant de ce fait le visage de l'informatique et de l'Internet d'une manière définitive.

Lorsque le langage HTML était devenu un standard public, tout le monde lui accordait un grand intérêt et lui prédisait un florissant avenir. Aujourd'hui, les affaires liées au Web dominent l'Internet, et les sites Web sont devenus incontournables pour obtenir et partager des informations sur tous les sujets. Malheureusement, HTML est un langage "fermé", ce qui signifie que le balisage qu'il reconnaît est fixe et immuable, sauf lorsque la définition formelle sous-jacente à base de métalangage SGML est modifiée. A cause de cette caractéristique, HTML a connu plusieurs versions, passant de la version 1.0 en 1993 à la version 4.01 en décembre 1999, afin que la définition du langage recherché puisse se maintenir au niveau technique des langages non standards introduits dans certains navigateurs particuliers, tels que Microsoft Internet Explorer et Netscape Navigator.

La définition originale du langage HTML procure un mécanisme d'identification et de balisage du *contenu* ; il s'agit de cette information particulière et suffisamment importante pour justifier sa publication en ligne, et ce sans qu'il ne soit besoin de se soucier ni de son apparence, ni du format utilisé pour son affichage à l'ordinateur de l'utilisateur. Mais comme l'intérêt commercial a pratiquement explosé sur le Web, infographes et typographes vont travailler ensemble dans la conception des pages Web ; ils ont exprimé le souhait de mettre en place le genre de présentation et de commandes d'agencement que fournissent les logiciels comme PageMaker et QuarkXPress. HTML n'a jamais été un outil de présentation idéal mais la technique est en train d'évoluer pour qu'il puisse le devenir. Les vendeurs de navigateurs, s'ils veulent augmenter leur part de marché, n'ont d'autre choix que de se plier aux exigences de leur clientèle.

Malheureusement, les implémentations ont donné lieu à des variations de définitions qui ne sont pas supportées par tous les navigateurs et dont l'amplitude a engendré une fonctionnalité qui n'appartient plus à la définition officielle du langage HTML. Les concepteurs de pages Web se trouvaient alors devant un dilemme : faut-il construire des pages Web avec le plus petit dénominateur commun supportable par les navigateurs ou vaut-il mieux concevoir des pages Web qui ciblent uniquement des navigateurs spécifiques et qui excluent de facto les simples utilisateurs, ceux qui n'auront pas la possibilité de les visualiser ou de les apprécier.

Tout au long du livre, nous utilisons le terme **utilisateurs** pour décrire les personnes qui visualisent et utilisent les documents XHTML.

Le langage XHTML a été conçu pour y remédier. Il vous procure le moyen de tirer profit d'un métalangage sous-jacent plus compact et plus récent appelé XML ; celui-ci est extensible, donc ouvert. Plus important encore est le fait que XHTML aide à rationaliser et consolider le paysage de balisage Web, devenu hautement fragmenté (résultat des diverses implémentations incompatibles au langage HTML). D'autres bonnes raisons justifient l'utilisation de XHTML au lieu de HTML ; vous allez les apprendre dans ce chapitre et tout au long de ce livre. Mais d'abord, il faut que vous connaissiez les notions de base et la terminologie XHTML.

Juste à la fin de la rédaction de ce livre, la société W3C a avancé la version XHTML 1.1 à l'état de Recommandation, ce qui signifie que cette nouvelle version est devenue le standard courant XHTML. Nous vous expliquerons les différences entre la version XHTML 1.0 et la version XHTML 1.1 dans les Références du Maître, huitième partie.

Les éléments et les balises

Puisque XHTML utilise la terminologie de base XML, il identifie le texte de marquage qui signale le placement des contrôles de document et des conteneurs de contenu comme des *éléments*. Les éléments XHTML servent principalement à deux fonctions. D'abord, ils identifient les parties logiques du document, c'est-à-dire les principaux composants structurels des documents, comme les en-têtes (`h1` par exemple), les listes numérotées (`ol`, appelées aussi listes ordonnées) et les paragraphes (`p`). Ainsi, si vous souhaitez inclure un composant dans un document XHTML, vous devez taper le texte et appliquer les éléments appropriés à ce texte.

Si vous connaissez déjà HTML, vous êtes probablement habitué à entendre le mot **balise** pour décrire le marquage HTML ; par exemple, une balise simple comme `<br>` et une paire de balises comme `<title>…</title>`. Toutefois, avec le langage XML, ce sont des **éléments**. Un élément peut être une unique instance de marquage ou une paire correspondante d'instances de marquage.

Certains éléments dans les documents XHTML se réfèrent aussi à d'autres choses. Des éléments peuvent inclure des pointeurs et des liens vers d'autres documents, images, fichiers son, fichiers vidéo, applications multimédias, animations, applets, etc. Par exemple, si vous souhaitez inclure une image du produit de votre société dans votre document XHTML, au lieu de coller l'image directement dans le document (comme dans un fichier de traitement de texte), vous incluez un élément (balise) qui identifie le nom de fichier de cette image, comme ceci :

```
<img src="logo.gif" alt="corporate logo" />
```

Dans cet exemple, l'élément `img` (image) indique un fichier logo (`logo.gif`) que le navigateur doit afficher. Cela montre que les navigateurs comptent sur l'information du document XHTML pour leur dire les fichiers à afficher et comment les exécuter.

Dans cet ouvrage, lorsque nous nous référons à un élément XHTML dans le texte, nous devrons omettre les signes inférieur et supérieur (<>) (et les autres marquages, si besoin) et utiliser ce nom d'élément pour se référer à un élément. D'un autre côté, quand nous identifions une balise spécifique, nous allons la reproduire telle qu'elle devrait apparaître dans un document XHTML. Ainsi, nous allons nous référer à l'élément qui identifie un titre de document comme l'élément `title`, et produire toutefois cet extrait de code pour spécifier un titre réel de document qui va inclure les balises de début `<title>` et de fin `</title>` (ce sont des éléments de marquage qui créent l'élément `title`) :

```
<title>A Title Identifies a Document's Purpose or Primary Content</title>
```

Dans l'exemple précédent, les balises `<title>` et `</title>` renferment le contenu réel de l'élément `title`. Quand le document XHTML apparaît à l'intérieur d'un navigateur Web, la chaîne "A Title Identifies a Document's Purpose or Primary Content" (ou Un titre identifie l'objectif d'un document ou son contenu d'origine) est affichée dans la barre de titre de la fenêtre dans laquelle elle apparaît, comme le montre la Figure 1.3.

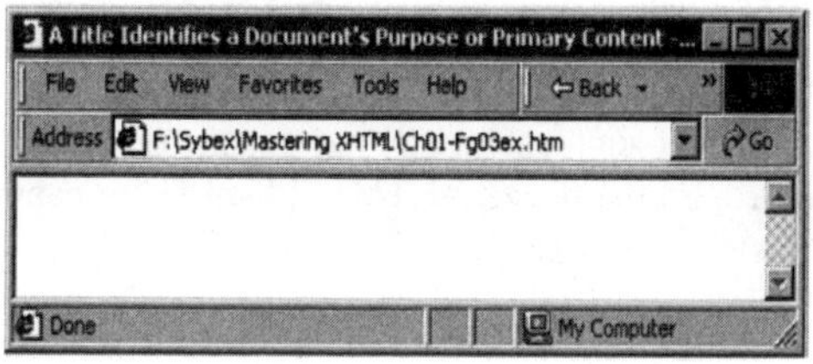

Figure 1.3 : Le contenu de l'élément `title` **apparaît dans la barre de titre de la fenêtre du navigateur.**

Les balises XHTML peuvent avoir deux formes :

- Une balise unique comme <br /> ou <img /> était naguère appelé *élément vide* car il n'avait pas de contenu texte. Avec XHTML, de telles balises doivent se terminer avec un espace et une barre oblique avant le signe supérieur fermant. L'espace est une petite astuce qui permet aux vieux navigateurs, parmi ceux qui ne connaissent pas XHTML, de traiter ces balises comme en HTML. Sans l'espace avant les caractères de fermeture, les vieux navigateurs peuvent les ignorer purement et simplement.
- Une paire de balises comme <title>...</title> ou <head>...</head> renferme et identifie le contenu du document. La première balise de la paire (<head> par exemple) est appelée *balise de début* car elle ouvre un conteneur de contenu. La deuxième balise (</head> par exemple) est appelée *balise de fin* car il ferme le conteneur de contenu ouvert par la balise de début.

A la différence du langage HTML qui laisse une grande liberté sur l'inclusion ou l'omission des marquages à partir des documents, le langage XHTML est très strict sur le marquage qu'il doit reconnaître. Dans tout document XHTML, le texte de balisage doit être tout en minuscules ; chaque élément vide doit se terminer avec la chaîne /> et chaque balise de début doit être suivie d'une balise de fin à l'endroit approprié. La compréhension détaillée de ces règles générales est importante ; elles seront expliquées en détail dans le Chapitre 2.

Les composants d'élément

Les éléments XHTML et les balises qui les représentent dans les documents XHTML sont raisonnablement intuitifs. Même si le marquage peut parfois être codé, vous devez déjà avoir une certaine idée du fonctionnement d'un élément avec son nom. Examinons les composants qui construisent les balises pour les éléments XHTML.

Premièrement, toutes les balises sont constituées de *noms d'éléments* qui sont contenus dans des chevrons (<>). Ils indiquent simplement aux navigateurs que le texte qui se trouve entre ces signes représente un marquage XHTML, plutôt qu'un contenu texte ordinaire. Voici quelques balises pour illustrer cela :

- <h2> (niveau 2 d'en-tête)
- <p> (paragraphe)
- <strong> (pour mettre en évidence une section spécifique du contenu)

Vous en saurez beaucoup plus sur les balises dans le Chapitre 3.

Deuxièmement, certains éléments sont conçus pour renfermer un contenu. Ils utilisent une paire de balises dans lesquelles se trouve le contenu entre la balise de début, (<h1>) par exemple, et la balise de fin correspondante (</h1>). Les deux balises se ressemblent sauf que la balise de fin contient une barre oblique (/) pour marquer la fin du conteneur de l'élément. Quelquefois, lorsque vous appliquez des balises dans votre document, mettez une balise de début avant le contenu associé à l'élément, puis mettez la balise de fin après celui-ci, comme ceci :

```
<h1>Information to which the tags apply.</h1>
```

Lorsque vous créez manuellement le marquage XHTML, il suffit d'entrer tout de suite les deux balises de début et fin. De cette façon, vous n'oublierez pas la balise de fin. Si c'est malheureusement le cas, la plupart des éléments vont traiter l'ensemble du contenu subséquent qui se trouve après la balise de début comme un contenu de l'élément ouvrant, jusqu'à ce que le navigateur trouve la balise de fin correspondante. En outre, si vous utilisez un éditeur XHTML ou HTML, ces outils créeront deux par deux des balises de contenu pour vous décharger de cette responsabilité.

Vous allez aussi utiliser des éléments vides qui ne contiennent pas de balise de fin.

Pour appliquer plus d'un élément à un morceau particulier de code, vous imbriquez les balises. Vous mettez un ensemble de balises dans une autre ensemble de balises. Par exemple, pour mettre en évidence un mot à l'intérieur d'un paragraphe, vous imbriquez l'élément <strong> dans l'élément <p> comme suit :

```
<p>The <strong>right</strong> way to use strong emphasis is to enclose only
those words you wish to emphasize inside a strong element</p>
```

A cause de la largeur limitée de la page imprimée, nous allons mettre à la ligne les lignes de code qui sont supposées être sur une seule ligne. Cela ne signifie pas que vous devez agir de même. Vous devez taper les longues lignes de code sans aller à la ligne. (Dans la section "Amélioration de la lisibilité du langage XHTML", nous allons expliquer quand et pourquoi vous devez taper le code sur plusieurs lignes.)

Lorsque vous imbriquez des éléments, la première balise de début doit avoir une balise de fin correspondante à la fin du côté externe du bloc de contenu et la deuxième balise de début doit être fermée avec la balise de fin, immédiatement après le bloc de contenu interne auquel elle se réfère. Vous devez bien respecter l'ordre des balises avec XHTML. Ainsi un bloc de texte comme celui-ci :

```
<p>The last word gets strong <strong>emphasis.</p></strong>
```

est invalide car il ferme l'élément extérieur `p` avant de fermer l'élément imbriqué (ou à l'intérieur) `strong`.

Taper les balises correctement

Lorsque vous tapez des balises, faites particulièrement attention à ne pas inclure des espaces supplémentaires à l'intérieur de la balise. Sinon, un navigateur pourrait ne pas reconnaître la balise et ne pas afficher correctement le contenu associé à l'élément XHTML correspondant. Quelquefois, un navigateur peut afficher la balise elle-même car il ne peut pas faire la différence entre le balisage et le contenu normal de l'élément.

Exemple, un élément `title` doit ressembler à :

```
<title>Correctly Formed Title</title>
```

N'incluez pas d'espaces à l'intérieur des balises pour les éléments qui ne sont pas vides, comme dans cet exemple incorrect :

```
< title >Incorrectly Formed Title< /title >
```

Cela explique pourquoi la visualisation de ce marquage par le navigateur paraît si étrange comme le montre la Figure 1.4.

Figure 1.4 : Le contenu d'un élément `title` formé de manière incorrecte apparaît à l'intérieur de la fenêtre du navigateur, et non dans la barre des titres.

Les exceptions à cette règle sont les éléments vides qui nécessitent un espace avant la barre oblique fermante (/>). Tapez la balise d'un élément vide comme ceci :

```
<img src="picture.jpg" alt="A picture of us" />
```

Amélioration de la lisibilité de XHTML

Il est plus facile de lire et utiliser des balises à condition de se conformer à quelques conventions. En particulier, faites des retours à la ligne entre les éléments pour avoir des lignes plus courtes. Cela n'affecte pas l'affichage du navigateur mais le document est plus facile à lire lorsque vous modifiez son contenu.

Les deux exemples suivants montrent comment les retours à la ligne et les mises en retrait peuvent considérablement améliorer la lisibilité :

```
<!DOCTYPE html PUBLIC "-//W3C//DTD XHTML 1.0 Transitional//EN"
"http://www.w3.org/TR/xhtml1/DTD/xhtml1-transitional.dtd">
<html xmlns="http://www.w3.org/1999/xhtml"><head><title>
Mastering HTML Document Title</title></head><body>Mastering
HTML Document Body</body></html>
```

Le code précédent produit exactement le même affichage que le code suivant :

```
<!DOCTYPE html PUBLIC "-//W3C//DTD XHTML 1.0 Transitional//EN"
"http://www.w3.org/TR/xhtml1/DTD/xhtml1-transitional.dtd">
<html xmlns="http://www.w3.org/1999/xhtml">
<head>
<title>Mastering HTML Document Title</title>
</head>
<body>
Mastering HTML Document Body
</body>
</html>
```

Inutile de dire lequel de ces deux codes est le plus facile à lire et à suivre.

Ceux qui connaissent HTML se demandent pourquoi tous les noms d'éléments XHTML sont exclusivement en minuscules. Ils savent toutefois que le langage HTML est indifférent à la casse pour le texte de balise, contrairement à XHTML. Tout texte de balise, sauf les valeurs d'attribut (voir la section suivante) et les déclarations `DOCTYPE` doivent être en minuscules, afin de pouvoir prouver comment les balises relatives aux éléments XHTML sont formellement définies dans la définition du type de document (DTD). Pour en savoir un peu plus sur les définitions de type de document, les déclarations `DOCTYPE` et les règles XHTML, reportez-vous au Chapitre 2.

Les attributs XHTML

Certains éléments XHTML prennent des valeurs de modification appelées *attribut* ; ces attributs vont fournir des informations supplémentaires sur un élément donné. Par exemple, on peut demander les informations suivantes :

- A quels autres fichiers devrait-on accéder, exemple : un fichier image.
- Quel langage est utilisé pour le contenu d'un élément.
- Si un contenu d'élément doit être lu de gauche à droite ou de droite à gauche.

Les attributs sont aussi utilisés pour identifier exclusivement une instance d'élément à l'intérieur d'un document et aussi pour appliquer un certain style de présentation à un élément. Normalement, les attributs prennent la forme `attribute="value"`. Ils suivent toujours le nom de balise à l'intérieur d'une balise de début d'un élément non vide ou à l'intérieur de la balise d'un élément vide.

Supposons que vous souhaitiez centrer un en-tête 1 dans la fenêtre du navigateur. Commencez avec l'en-tête et les balises :

```
<h1>A heading goes here</h1>
```

Ensuite, ajoutez les attributs `style` et `type` à la balise de début :

```
<h1 type="text/css" style="align:center">
A centered heading goes here</h1>
```

Tous les attributs sont séparés des autres attributs et de la balise elle-même par des espaces. Avec XHTML, *tous* les attributs requièrent des guillemets. Comme dans notre exemple, vous pouvez inclure plusieurs attributs dans une seule balise en mettant un espace entre chaque paire de valeurs d'attribut.

A l'intérieur des balises de début ou des balises qui correspondent à des éléments vides, les attributs peuvent apparaître dans n'importe quel ordre après le nom de l'élément, mais le nom de l'élément doit toujours apparaître en premier lieu.

Que pouvez-vous réaliser avec le langage XHTML ?

Vous savez probablement que les langages HTML et XHTML permettent de créer des pages Web, mais que chacun d'eux peuvent aussi servir à d'autres tâches.

- **Développement de sites intranet ou extranet** XHTML est couramment utilisé pour développer des sites intranet ; ce sont des sites accessibles à l'intérieur d'une société ou d'une organisation à partir d'un ou de plusieurs emplacements ou encore, des sites extranet qui sont utilisés par des personnes d'un groupe spécifique de sociétés ou d'organisations et qui se partagent quotidiennement des informations entre elles.
- **Développement de fichiers d'aide** On peut aussi utiliser XHTML pour développer des fichiers d'aide en ligne accessibles sur n'importe quelle plate-forme. Les fichiers d'aide en ligne permettent aux programmeurs de produire une documentation à moindre coût.
- **Développement d'applications réseau** XHTML convient parfaitement pour créer des applications entières, comme des programmes d'entraînement, des causeries interactives ou des bases de données qui seront disponibles sur les pages Web.
- **Développement d'applications kiosque** On peut aussi utiliser XHTML pour créer des applications kiosque ; ce sont des ordinateurs autonomes avec des fonctions d'écran tactiles.
- **Publication de contenu sur le téléphone relié au Web, les assistants numériques personnels (personal digital assistant ou PDA) ou les ordinateurs portables** En mars 2001, un consortium de fabricants de matériels sans fil (notamment Nokia, Ericsson, Motorola, 3Com, et Handspring) ont annoncé qu'ils allaient adopté XHTML comme langage de marquage standard. La raison évoquée est la possibilité pour XHTML d'inclure des options spéciales en facilitant la transformation de documents XHTML, de telle sorte qu'ils puissent être affichés sur des matériels sans fil. Vous allez constater cette avancée technologique dans les derniers chapitres de ce livre.

Quels sont les outils dont vous avez besoin ?

Pour vos premiers documents XHTML, vous n'aurez besoin que des outils de base suivants :

- Un éditeur de texte simple pour créer et sauvegarder vos documents XHTML (voir l'encadré "Editeurs HTML") et pour comprendre pourquoi nous ne pouvons pas encore vous recommander des éditeurs XHTML.

- Un outil de validation XHTML pour vérifier la syntaxe et la structure de vos documents XHTML.
- Un navigateur Web pour visualiser et tester vos documents XHTML.

Les éditeurs de texte

Bien qu'il existe beaucoup d'éditeurs HTML WYSIWYG ("What You See Is What You Get", vous obtenez ce que vous voyez) valables, vous devez apprendre à coder XHTML avec un éditeur de texte standard. Avec les éditeurs de texte, vous devez *écrire le code manuellement.* Cela signifie que c'est vous et non le logiciel qui entrez les balises et les attributs ; ce codage manuel vous aide à apprendre les éléments XHTML, les attributs et les structures, et vous permet de connaître l'endroit exact où vous avez commis des erreurs. Vous pouvez alors inclure facilement les dernières améliorations XHTML dans vos documents. Il existe de bons éditeurs de texte comme Notepad pour toutes les versions Windows, vi ou pico pour Unix, et TeachText ou SimpleText pour Macintosh.

Apprendre le codage manuel est très important pour utiliser les derniers et les meilleurs effets XHTML. La plupart des nouvelles versions XHTML ne sont pas encore prises en charge par les éditeurs WYSIWYG ; il vous faut donc utiliser le codage manuel pour les nouveaux éléments et les attributs.

L'utilisation d'un logiciel de traitement de texte comme Word, Wordperfect ou même WordPad dans la création des documents HTML présente souvent des caractères de formatage et de contrôle indésirables et qui ne peuvent que vous créer des problèmes. XHTML requiert un texte simple sans aucune commande de formatage. Enregistrez les documents comme un texte simple à l'intérieur de ces applications ou suivez notre conseil et utilisez un simple éditeur de texte à la place.

Les éditeurs HTML

Au moment où nous avons écrit ce chapitre, seuls quelques éditeurs ont produit le code XHTML natif mais aucun d'entre eux n'a présenté un intérêt particulier pour ce livre. Toutefois, il est possible d'utiliser un éditeur HTML au lieu d'un simple éditeur de texte ou de créer une version initiale de vos documents XHTML ; si vous utilisez un outil approprié, comme HTML Tidy ou HTML-Kit, vous pouvez transformer votre document HTML en document XHTML. Ces matériels requièrent plus de perspicacité et s'adressent plutôt à des lecteurs expérimentés.

En général, il existe deux catégories d'éditeurs :

- Les éditeurs à base de texte ou de code qui vous montrent le code HTML au fur et à mesure que vous créez des documents.
- Les éditeurs WYSIWYG qui affichent les résultats du code tels qu'ils apparaissent dans le navigateur pendant que vous formatez votre document.

Les éditeurs WYSIWYG comme Netscape Composer et Microsoft FrontPage Express sont appropriés pour la création rapide des documents HTML. Ces éditeurs vous donnent seulement une méthode approximative de mise en pages, de conception et de couleurs ; même s'ils sont aussi valables pour visualiser l'arrangement global des caractéristiques, ils ne vous donnent pas un moyen de contrôle sur l'apparence finale de votre document comme les éditeurs à base de code continuent à le faire.

Après avoir développé quelques documents HTML et compris les principes de base HTML, vous pouvez choisir d'utiliser à la fois un éditeur WYSIWYG et un éditeur à base de code. Vous pouvez par exemple commencer avec un éditeur WYSIWYG et l'améliorer avec un éditeur à base de code. Toutefois, nous vous recommandons d'écrire manuellement votre code HTML avec un éditeur de texte standard.

L'outil de validation de W3C (W3C Validator)

Le langage offre à ses utilisateurs un grand avantage, la capacité de *valider* des documents XHTML. Cela signifie qu'après avoir créé un document XHTML, vous devez le soumettre pour analyse à un outil de vérification de syntaxe en ligne. Cet outil vous indiquera si le document suit les règles de syntaxe spécifique et de forme bien connue XHTML. S'il décèle des erreurs, il va les identifier par leur emplacement dans le document. Vous devez donc vérifier que vos documents suivent l'ensemble des règles de syntaxe qui régissent XHTML jusqu'à zéro faute de l'outil de validation, ce qui est l'équivalent du nirvana pour XHTML !

L'emploi de cet outil est très facile. Vous devez simplement visiter le site `httm://validator.w3.org/file-upload.html`, parcourir votre disque dur local et télécharger le fichier que vous souhaitez valider à travers son interface. Si vous avez de la chance, vos résultats ressembleront à ceux affichés dans la Figure 1.5. Sinon, vous devez décrypter les messages d'erreurs de l'outil de validation. Comme l'interprétation de ces messages d'erreurs est une tâche incontournable, nous avons consacré la quatrième partie des Références du Maître à ce thème. Vous devez les consulter avant d'utiliser l'outil de validation. Naturellement, vous pouvez ne pas suivre nos conseils, mais nous sommes persuadés que vous y serez contraint dès l'instant où votre outil de validation trouvera des erreurs.

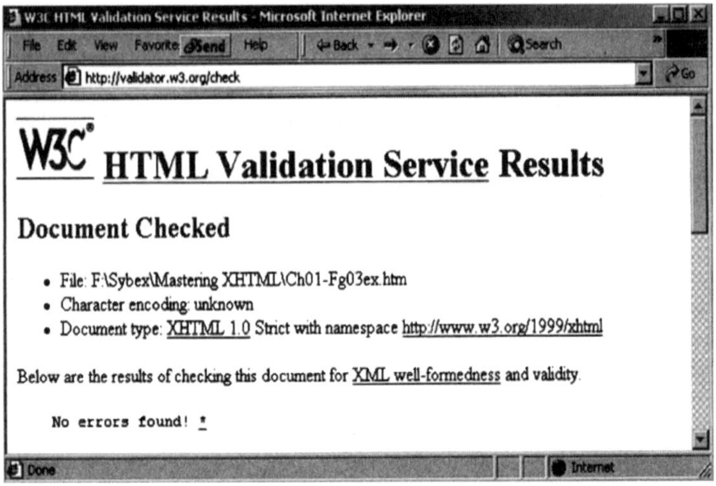

Figure 1.5 : Quand l'outil de validation de W3C ne trouve pas d'erreurs, l'affichage est court et agréable !

La validation doit être considérée comme une partie importante de votre rédaction de code XHTML. De cette manière, vous aurez l'assurance que la plupart des navigateurs pourront afficher les contenus de vos documents XHTML.

Les navigateurs Web

Si vous avez navigué sur le Web, vous avez donc déjà utilisé un navigateur pour visualiser des documents HTML ou XHTML. Les navigateurs les plus courants sont Microsoft Internet Explorer (IE) et Netscape Navigator ; d'autres navigateurs existent néanmoins pour une grande partie des plates-formes d'ordinateurs et de services en ligne. Nous apprécions tout particulièrement Opera (gratuit sur le site `www.opera.com`) et Amaya (gratuit sur le site `www.w3.org/Amaya`) car ils supportent souvent des caractéristiques et des fonctions avancées, avant même les navigateurs Internet Explorer ou Netscape Navigator.

L'affichage correct de vos documents varie toutefois d'un navigateur à un autre et d'un ordinateur à un autre. Beaucoup de navigateurs actuels sont par exemple des *navigateurs graphiques*. Ils peuvent afficher des éléments autres que du texte. Un navigateur de *texte seul* ne peut afficher, vous l'avez deviné, que du texte. Les affichages de vos documents XHTML dans ce type de navigateurs diffèrent de manière significative, l'un de l'autre, comme le montrent la Figure 1.6 et la Figure 1.7.

Figure 1.6 : Un document HTML affiché dans Netscape Navigator.

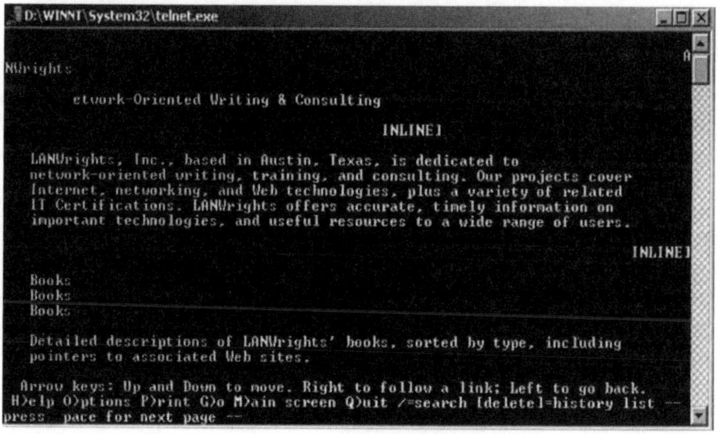

Figure 1.7 : Le même document affiché dans Lynx, un navigateur texte seul.

Même les navigateurs graphiques affichent différemment les contenus. Par exemple, un navigateur peut afficher un en-tête de premier niveau en caractères gras Times New Roman de taille 15, alors qu'un autre navigateur affiche le même en-tête en caractères italiques Arial de taille 14. Dans les deux cas, le navigateur affiche le même en-tête avec des caractères plus gros que le texte normal mais les caractéristiques spécifiques du texte varient. La Figure 1.8 et la Figure 1.9 montrent comment deux navigateurs différents affichent le même document XHTML.

Enfin, les paramètres de l'utilisateur de l'ordinateur peuvent aussi apporter une grande différence dans l'affichage de vos documents HTML ou XHTML. Par exemple, la résolution de l'ordinateur et les paramètres spécifiques du navigateur peuvent modifier l'apparence du document.

Ainsi, au fur et à mesure que vous développez et visualisez vos documents XHTML, n'oubliez pas qu'il subsiste toujours une légère différence entre ce que vous voyez et ce qui sera vu par vos utilisateurs. Autant que possible, testez vos documents sur des navigateurs différents, sur plusieurs résolutions de paramètres de couleurs et sur un grand nombre d'ordinateurs. Toutes les variations possibles ne peuvent être testées, mais au moins, vous vous ferez une idée plus précise de ce que vos utilisateurs vont voir.

Figure 1.8 : Le navigateur Amaya de W3C possède une apparence qui lui est propre.

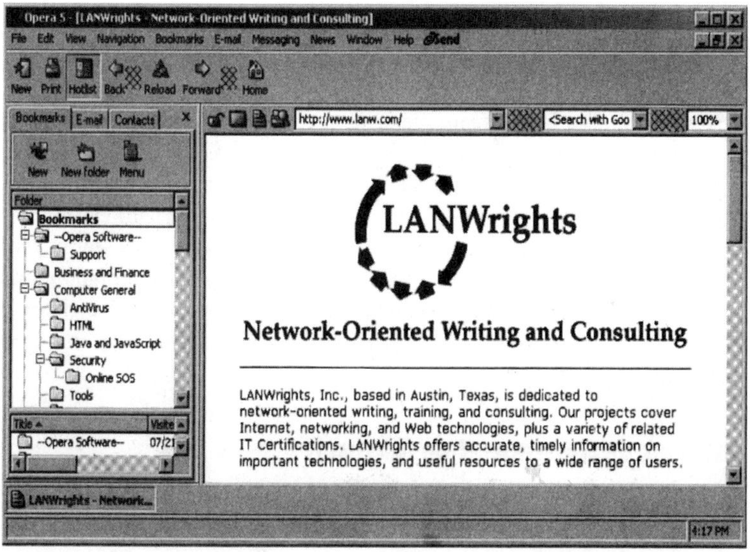

Figure 1.9 : Le navigateur Opera affiche le même document avec un format légèrement différent.

Quelles sont les autres ressources disponibles ?

En plus de ce livre, vous pouvez vous procurer des informations, des ressources et des spécifications sur le Web, particulièrement sur le site du consortium W3C et sur plusieurs sites dédiés au produit XHTML. Vous pouvez ainsi accroître vos connaissances et vous mettre à jour sur les dernières modifications.

Visitez le consortium W3C

Le consortium W3C a été créé en 1994 à l'Institut de technologie de Massachussets (MIT) pour superviser le développement des standards Web avec l'admission éventuelle du langage XHTML standard. Ce consortium définit et publie le standard XHTML et de nombreux autres standards liés au Web avec des informations sur les éléments et attributs qui peuvent légalement apparaître dans les documents XHTML. Ainsi, pour mieux connaître les modifications apportées au langage, il est indiqué de visiter le site du consortium W3C à l'adresse `www.w3.org/MarkUp`. Vous y trouverez les derniers standards XHTML et des informations sur les standards HTML.

Pour plus d'informations sur les standards proposés et les autres développements des spécifications liées au Web, comme les spécifications CSS (Cascading Style Sheet) et XML, visitez la page d'accueil du consortium W3C à l'adresse `www.w3.org`.

Pourra-t-on utiliser les nouveaux éléments et attributs XHTML au fur et à mesure qu'ils deviendront disponibles ? Dans la plupart des cas, la réponse est affirmative. En effet, avant que les éléments et attributs populaires ne fassent partie d'un standard, ils fonctionnent déjà dans beaucoup de navigateurs. Cependant, certains éléments et attributs (y compris ceux qui ont été introduits avec XHTML 1.0) ne disposent pas encore d'un support large et stable de navigateurs au moment où une spécification est publiée. Et même, jusqu'à ce jour, ils ne possèdent pas encore le support dont bénéficient les autres éléments et attributs. Nous allons vous montrer les différences entre les versions successives de HTML.

Les sites de Netscape et de Microsoft

Lorsque HTML était le langage de marquage standard qui prévalait sur le Web, chaque fois que Netscape ou Microsoft sortaient une nouvelle version de navigateur, ils ajoutaient aussi de nouvelles *extensions* de marquage ; elles étaient en fait des éléments et des attributs non standards et non spécifiques à des navigateurs. Quelques-unes étaient utiles, d'autres ne l'étaient pas du tout. Toutefois, pris comme un ensemble, tout élément non standard introduit dans le langage HTML n'a fait que causer des problèmes, à la fois aux développeurs Web et aux utilisateurs. Heureusement, peu d'extensions semblent avoir été introduites au moment où XHTML est apparu ; quoi qu'il en soit, faites attention aux extensions d'un nouveau navigateur.

Si toutefois vous pensez utiliser une extension dans votre document XHTML, n'oubliez pas deux choses : elle n'est pas standard et l'outil de validation du consortium W3C ne reconnaît et ne valide point un marquage non standard. Les extensions spécifiques à un navigateur particulier (Netscape Navigator par exemple) ne peuvent pas fonctionner avec d'autres navigateurs (Internet Explorer ou Opera par exemple). Pour cette raison, nous vous recommandons de ne pas utiliser des extensions si vous voulez toujours que vos utilisateurs puissent accéder à l'information publiée.

Au début de l'année 2001, près de 75 % des internautes utilisaient Internet Explorer, 18 % environ se servaient de Netscape Navigator et les 7 % restants, divers navigateurs. Maintenant, 80 à 90 % des utilisateurs Web peuvent accéder à la plupart des sites qui utilisent le marquage standard XHTML.

Vous pouvez trouver les éléments et les attributs de Netscape à l'adresse :

```
http://developer.netscape.com/docs/manuals/htmlguid/index.htm
```

Et pour Microsoft, au site :

```
http://msdn.microsoft.com/workshop/author/default.asp
```

Autres sites à voir

Même si les informations définitives doivent émaner du consortium W3C, de Microsoft et de Netscape, vous pouvez consulter d'autres ressources tout aussi fiables. Voici une liste de sites que vous devriez consulter régulièrement :

ORGANISATION	ADRESSE URL
Web Design Group	www.htmlhelp.com
Web Developer's Library	www.wdvl.com
HTML Writer's Guild	www.hwg.org
C|Net's Builder.com	www.builder.com
Zvon	www.zvon.org

Et maintenant, que faire ?

Ce chapitre vous a donné un bref aperçu du langage XHTML : en quoi consiste-t-il, à quoi le destine-t-on, sa relation avec son prédécesseur (HTML), et sa raison d'être. Même si vous n'avez pas encore fait de codage XHTML, vous avez maintenant une idée générale de ses notions de base et de sa terminologie.

Le Chapitre 2 traitera un peu plus en détail les structures et les syntaxes des documents XHTML, particulièrement sur la conception et la validité. La maîtrise de ces détails est vitale pour comprendre et apprécier à sa juste valeur le langage XHTML (à moins que vous ne les connaissiez déjà) ; pour cette raison, la lecture de ce chapitre vous sera d'une grande utilité. Sinon, allez au Chapitre 3 où vous allez créer immédiatement votre document XHTML.

Structure et forme du langage XHTML

XHTML

Chapitre 2

Lorsque le Consortium World Wide Web (W3C) est passé du langage HTML au langage XHTML, les problèmes de structure et de formulaires se sont alors posés. Comme nombre de développeurs Web, la plupart d'entre nous n'ont jamais *réellement* prêté attention à la structure. Nous connaissions l'existence des déclarations DOCTYPE, sans les avoir vraiment utilisées. Ce langage requiert un certain nombre d'éléments mais il n'est pas encore grave, à ce stade, si vous en omettez quelques-uns.

D'habitude, les gens se sentent scandalisés face à l'obligation de mettre des balises ou, tout au moins, ils s'en sont plaints. Cependant, l'application stricte des règles du langage HTML va faciliter la résolution des problèmes de dépannage et aussi votre apprentissage.

Ce chapitre traite les thèmes suivants :

- Un document bien formé.
- Création d'un document valide.
- Utilisation des trois Définitions de type de documents (DTD) du langage XHTML.
- Les déclarations DOCTYPE.
- Les espaces de noms.

Un document bien formé

Le concept d'un document "bien formé" n'est pas nouveau mais il se situe au cœur du langage HTML. C'est la raison pour laquelle ce concept est le premier élément à présenter. Le langage XHTML est une application du langage XML, ce qui veut dire qu'il adhère aux exigences définies par la spécification XML.

LE LANGAGE XML EN TANT QUE MÉTALANGAGE

Pour ceux qui ne connaissent pas encore le langage XML, XML est l'acronyme du langage Extensible Markup Language qui est, lui-même, un héritier direct du métalangage SGML (Standard Generalized Markup Language).

Le métalangage SGML a existé depuis les années 80 et ses idées originales ont pu être décrites depuis la fin des années 60. SGML et XML sont des métalangages de marquage qui définissent les exigences requises pour créer un langage de marquage. Par exemple, HTML est un langage de marquage qui respecte les exigences de syntaxe et du document SGML. Le vocabulaire (nommant tous les éléments et les attributs) est défini par le langage standard HTML tandis que les règles de syntaxe auxquelles adhère HTML sont définies par le métalangage SGML.

Le langage XML vient de SGML et il a été introduit en 1996. XML est une version perfectionnée de SGML et il est également un métalangage de marquage (métalangage a.k.a.). Un chapitre entier sinon un livre complet serait indispensable pour expliquer l'évolution de SGML vers XML ; malgré l'intérêt qu'un tel développement peut susciter, ce thème ne sera pas traité dans ce livre. Disons simplement que le langage XML est un sous-ensemble SGML dont il a hérité 90 % de sa puissance mais seulement 10 % de sa complexité.

L'une des différences principales entre SGML et XML réside sur le fait que les exigences de syntaxe de XML sont plus simples et donc plus strictes. Que signifie cette caractéristique pour le langage XHTML ? Même si HTML est une application SGML, le vocabulaire n'a pas été moulé sur celui de XML, expliquant ainsi la présence de la lettre X au début de l'acronyme. Un grand nombre d'avantages vont en résulter et ils seront tous présentés dans ce livre. Pour en apprendre plus sur XML, consultez le site `www.w3.org/XML`.

Le langage XML définit deux types de contraintes aux documents :

- **Contraintes d'un document bien formé** Chaque document XML doit suivre un ensemble de règles de syntaxe et de document. Ces règles, d'ailleurs faciles à suivre, représentent une exigence pour tout document XML, et donc pour un document XHTML.
- **Contraintes de validité** La plupart des contraintes de validité sont des contraintes facultatives qui s'appliquent en association avec une Définition de type de document (DTD). Si vous incluez une DTD, cette dernière va définir les règles applicables à vos éléments et attributs. Le document doit alors adhérer à ces règles.

Tous les documents XHTML doivent être *bien formés*, ce qui signifie qu'ils doivent suivre les règles de syntaxe et de document XML. Leur nombre est plutôt faible et si le langage HTML vous est déjà familier, vous en retirerez déjà un des gros avantages. Dans la section suivante, nous détaillerons chacune des contraintes d'un document bien formé.

A travers ce chapitre, nous nous référons toujours aux exigences et aux règles "XML". Comme XHTML est une application de XML, XHTML doit aussi suivre ces règles. Nous essayons d'être techniquement aussi précis que possible, tout en sachant que les règles de syntaxe sont définies par la spécification XML.

Les règles XML

Les règles auxquelles adhèrent les documents XML facilitent à la fois la création des outils d'analyse de documents et le travail avec XML. Les règles sont simples et la plupart d'entre elles vous sont certainement familières si vous avez eu l'occasion de travailler avec HTML. Les règles XML peuvent être définies en deux catégories :

- Les règles de syntaxe XML qui définissent les exigences syntaxiques de base.
- Les règles de document XML qui gouvernent les exigences du document de base.

Les règles de syntaxe XML

La plupart des règles de syntaxe requises d'un document XHTML sont plus strictes que celles d'un document HTML. Pour cette raison et dans chaque section, chaque règle est accompagnée d'un exemple de document HTML qui utilise la syntaxe HTML et un exemple de document HTML, respectant les règles définies par chaque section. Par exemple,

```
HTML:  <p>This is a paragraph.
XHTML: <p>This is a paragraph.</p>
```

Dans l'exemple précédent, la syntaxe XHTML est jugée correcte, alors que l'exemple HTML n'a pas été considéré comme un document XHTML bien formé et qu'il ne doit pas être analysé par un parseur. Cela ne veut pas dire qu'un navigateur n'en fera pas l'analyse, ne l'interprétera pas et ne rendra pas la balise mal formée. Dans la plupart des cas, les navigateurs ne vont pas analyser le document XHTML comme un document XHTML mais plutôt comme un document HTML ; éventuellement, ils vont analyser le document XHTML comme un document XML. Cependant et pour le moment, vous pouvez peut-être utiliser un seul parseur afin de vérifier les erreurs contenues dans vos documents avant de les télécharger dans votre serveur. La section "Réponse du parseur", plus tard dans ce chapitre, vous donnera davantage d'informations à ce sujet.

Fermeture de tous les éléments

Tous les éléments doivent être présentés avec une balise de début et une balise de fin. Ce n'est pas le cas avec le langage HTML, dans lequel plusieurs éléments sont définis avec des balises de fermeture facultatives, telles que l'élément `p`.

```
HTML:  <p>This is a paragraph.
XHTML: <p>This is a paragraph.</p>
```

L'exemple XHTML définit les balises de début et de fin qui doivent contenir des données caractères (son contenu). L'exemple HTML définit une balise de début qui marque le début d'un paragraphe. Dans le langage HTML, le seul moyen qui permet au processeur de déduire que le paragraphe est fermé est la présence d'un élément d'ouverture du bloc, tel qu'un autre élément `p`. L'ouverture d'un autre élément du bloc suggère que l'élément du bloc précédent doit d'abord être fermé. Ce procédé laisse des relations d'élément entre l'ouverture et la fermeture d'une balise et pour rendre plus claire la distinction, XHTML exige que tous les éléments doivent être terminés (fermés).

Fermeture des éléments vides

Si vous connaissez déjà HTML, vous vous demandez probablement ce que vous allez faire avec les éléments `img` et `br`. Ces deux éléments doivent être fermés mais étant des éléments vides, ils suivent une syntaxe différente. Les éléments vides acceptent des attributs mais ne contiennent pas des données caractères (les données caractères sont définies en gras) :

```
<p>This is a paragraph.</p>
```

Un élément vide ressemble à :

```
<img src="logo.gif" alt="Corporate Logo" />
```

L'élément `img` ne contient aucune donnée caractère. A la place, il utilise des attributs pour définir sa fonctionnalité. D'après l'élément `img` défini dans la balise précédente, le fichier source de l'image peut être trouvé en utilisant "`logo.gif`" comme l'adresse URL (Uniform Resource Locator) correspondante ; le texte alternatif, `Corporate Logo`, est affiché lorsqu'un utilisateur ne peut pas interpréter des images ou si l'image est en train d'être chargée.

Les éléments vides doivent aussi être terminés et conformément aux règles de syntaxe XML, deux options vous sont offertes :

- Soit vous terminez la balise avec un espace et une barre oblique :

```
<img src="logo.gif" alt="Corporate Logo" />
```

- Soit vous ajoutez une balise de fin :

```
<img src="logo.gif" alt="Corporate Logo"></img>
```

La première option vous offre une économie d'espace et de temps, ce qui logiquement est plus sensé. Vous pouvez utiliser l'une ou l'autre syntaxe mais nous vous suggérons (la plupart des développeurs l'utilisent d'ailleurs) la première option plutôt que la seconde.

D'après le langage HTML, vous n'avez pas besoin de terminer des éléments vides. Le langage XHTML est un peu différent :

```
HTML:  <img src="logo.gif" alt="Corporate Logo">
XHTML: <img src="logo.gif" alt="Corporate Logo" />
```

Selon la spécification XML, la plupart des espaces à l'intérieur d'une balise ne sont pas importants. Par exemple : <img src="logo.gif" alt="Logo"/> est le même que <img src="logo.gif" alt="Logo" />. Dans le second exemple, vous devez mettre un espace entre le guillemet de fin (") et l'oblique (/). Les anciens navigateurs avaient rencontré des problèmes en interprétant le premier exemple car il n'existait pas d'espace entre les éléments ; si vous ajoutez un espace avant /, ils vont l'interpréter sans difficulté.

Utilisation des guillemets pour délimiter les valeurs d'attributs

Une autre règle XHTML consiste à dire que toutes les valeurs d'attributs doivent être délimitées par des guillemets. Le langage HTML permet de définir sans guillemets plusieurs valeurs d'attributs, même si la spécification recommande leur utilisation permanente.

Cette règle est assez facile.

```
HTML:  <table align=center>
XHTML: <table align="center">
```

L'exemple HTML ne contient pas de guillemets contrairement à l'exemple XHTML.

Dans plusieurs exemples HTML, les valeurs d'attributs sont en majuscules (CENTER). La plupart des valeurs d'attributs ne sont pas sensibles à la casse. Dans ce livre, les lettres minuscules sont utilisées pour définir les valeurs d'attribut en raison de leur lisibilité.

Tous les attributs doivent avoir des valeurs

La règle la plus compliquée est de dire qu'un attribut doit avoir une valeur. Au premier coup d'œil, cette règle semble être facile à saisir, mais il faut d'abord maîtriser une ou deux astuces si vous voulez l'appliquer au langage XHTML. Pour la plupart des attributs, cette règle est assez simple. Par exemple :

```
<table align="center">
```

Dans ce cas, l'attribut align doit avoir une valeur pour dire au processeur comment aligner un tableau. Mais que fera-t-on alors du type booléen utilisé comme un attribut indépendant ? Le vocabulaire HTML a défini quelques attributs indépendants qui activent la fonction lorsqu'ils sont présents ; par contre, s'ils sont absents, ils la désactivent. Par exemple :

```
<input disabled>
```

Dans ce cas, l'attribut `disabled` est présent et le contrôle de formulaire `input` est désactivé. Si vous aviez ajouté d'autres attributs, l'élément ressemblerait à :

```
<input disabled name="pet" value="cat">
```

Puisque cet élément est vide, nous devons le terminer :

```
<input disabled name="pet" value="cat" />
```

(Notez que nous avons ajouté un espace avant la barre oblique.) Même si la syntaxe précédente de l'attribut est correcte d'après le langage HTML, elle n'est pas bien formée d'après le langage XHTML car tous les attributs doivent avoir des valeurs. Le problème est que ces attributs indépendants ne possèdent pas de valeurs prédéfinies. Par conséquent, une valeur n'est pas vraiment nécessaire ; or, selon les règles XML, les attributs doivent avoir une valeur. Un environnement de travail étant créé, vous allez donc définir l'attribut égal à lui-même :

```
<input disabled="disabled" name="pet" value="cat" />
```

Cet environnement de travail est parfait car les anciens navigateurs travaillent bien avec ces attributs ; la syntaxe reste encore une syntaxe XHTML bien formée.

```
HTML:  <dl compact>
XHTML: <dl compact="compact">
```

Le langage XML est sensible à la casse

La règle selon laquelle le langage XML est sensible à la casse peut aussi être définie comme une contrainte de validation. Cependant, nous allons la définir ici car il s'agit d'un problème principal qui concerne la syntaxe. XML est sensible à la casse, ce qui signifie que vous devez utiliser les éléments et attributs, tels qu'ils ont été écrits dans la DTD associée.

Les DTD XHTML mettent en minuscules les éléments et les attributs, et nous devons aussi nous conformer à cette règle. Cette exigence désoriente certains développeurs HTML, habitués qu'ils sont à écrire leurs balises en majuscules. La plupart d'entre eux ne veulent pas changer leurs habitudes et se demandent encore ce qu'ils doivent choisir entre minuscule et majuscule. Il n'existe aucune raison qui puisse obliger les DTD à écrire tous les éléments et les attributs en minuscules. Mais la règle étant posée, vous devez l'appliquer dans vos documents XHTML :

```
HTML:  <TABLE>...</TABLE>
XHTML: <table>...</table>
```

Si vous décidez de ne pas utiliser une DTD, le langage XML requiert toujours qu'une balise de début doit correspondre à une balise de fin. Par exemple, la balise `<P>` n'est pas le même que la balise `<p>`.

Importance de l'imbrication

Le concept d'imbrication se situe au cœur de la structure du document. L'imbrication définit le lieu où peut se produire un élément. Par exemple, la balise suivante définit un élément `title` imbriqué dans l'élément `head` :

```
<head>
<title>Document title</title>
</head>
```

Cette caractéristique peut être simple, mais les gens peuvent bien se tromper dans certains cas. Par exemple, pouvez-vous détecter une erreur dans la balise suivante ?

```
<p>You can bold a <b>word</p></b>
```

Le problème est que les balises s'entrelacent et aucun élément n'est imbriqué à l'intérieur d'un autre. La règle d'or est rédigée ainsi : "Ce que vous ouvrez en premier, vous devez le fermer en dernier." Pour corriger cette syntaxe, vous pouvez écrire :

```
<p>You can bold a <b>word</b></p>
```

Notez la façon dont l'élément `b` est imbriqué complètement à l'intérieur de l'élément `p`.

```
HTML:  <p>You can bold a <b>word</p></b>
XHTML: <p>You can bold a <b>word</b></p>
```

Dans le cas où un élément imbriqué est à l'intérieur d'un autre élément, cet élément imbriqué est appelé enfant de l'élément conteneur ; le conteneur est l'élément parent. A travers ce livre, les éléments imbriqués sont "des enfants de l'élément parent".

Les règles de document XML

Les règles de syntaxe ne sont pas difficiles à comprendre car seules quelques règles sont exigées pour obtenir un document XML bien formé. Certaines règles sont facultatives ; elles méritent d'être connues même si elles ne sont pas nécessaires.

L'élément racine est requis

Tous les documents XML doivent avoir au moins un élément racine. Cette règle est très simple. Sans un élément racine au moins, il ne peut pas y avoir de contenu. L'élément racine doit contenir tous les autres éléments de la page. Dans le langage XHTML, l'élément racine est l'élément `html`. Vous vous direz peut-être "Pourquoi n'ont-ils pas changé l'élément racine `html` en `xhtml` ?" Le langage XHTML utilise exactement le même vocabulaire que le langage HTML. Cette caractéristique ne peut que faciliter le travail que font les parseurs, les outils des créateurs et les développeurs avec le langage XHTML. C'est pourquoi, nous allons définir l'élément `html` dans le Chapitre 3.

La déclaration XML est facultative

La spécification XML définit une déclaration XML facultative. La déclaration utilise la syntaxe pour une instruction de processus XML, mais elle n'en est pas une. La déclaration XML annonce aux développeurs et aux processeurs que le document en cours adhère à la spécification XML. La déclaration peut accepter trois attributs : `version`, `encoding` et `standalone`. La syntaxe est la suivante :

```
<?xml version="1.0" encoding="UTF-8" standalone="no"?>
```

Notez que `xml` est en minuscule et il n'y a pas d'espace séparant < et > de ?.

Il n'y a qu'une seule version de la spécification XML ; puisque la déclaration XML est facultative, vous pouvez l'abandonner entièrement. Après tout, chaque document XML est un document XML 1, alors `<?xml version="1.0"?>` n'est pas vraiment nécessaire. Cependant, il est peu probable que la spécification XML ne pourra jamais se développer ; à un certain stade, les documents XML vont eux-mêmes se déclarer avec `<?xml version="2.0"?>`. Si vous utilisez la déclaration XML au début, les processeurs en cours et futurs sauront, sans ambiguïté aucune, comment traiter votre document.

Une seconde édition du langage XML a été publiée mais elle ne corrigeait que les fautes mineures dans la spécification 1.0 ; elle ne représentait pas des modifications de contenu pour le standard. Le titre officiel de cette édition est XML 1.0 (Seconde Edition).

Si vous créez un document XML, vous devez inclure une déclaration XML. Cependant, si vous créez des documents XHTML, soyez prudent lorsque vous ajoutez une déclaration XML. Quelques anciens navigateurs ont des problèmes d'interprétation de la déclaration XML. Si vous avez choisi de l'abandonner, votre document doit être encodé `UTF-8` ou `UTF-16` (`UTF-8` est le type d'encodage par défaut). Dans ce cas, peut-être souhaiteriez-vous inclure des informations sur l'ensemble des caractères qui utilisent la convention `http-equiv="Content-Type"` dans un élément `meta` (voir Chapitre 3).

N'incluez pas la déclaration XML si vos utilisateurs accèdent au Web avec des agents utilisateurs (navigateurs) qui ne connaissent pas le langage XML. La plupart des anciennes versions de navigateurs (Internet Explorer 5 et antérieures et Netscape 4.7 et antérieures) ne connaissent pas le langage XML et elles ne manqueront pas de rencontrer des problèmes au moment du traitement de la déclaration XML.

Si vous incluez la déclaration XML, deux règles sont à suivre :

- Elle doit être dans le premier élément de votre document.
- Elle doit commencer à la première ligne et dans la première position de caractères (pas d'espace avant).

La déclaration DOCTYPE est facultative

Dans certaines sections, nous parlerons des Définitions de type de document (DTD). Les DTD sont facultatives mais si vous voulez les utiliser, vous devez vous reporter à l'intérieur d'une déclaration `DOCTYPE`. D'après le langage XML, l'utilisation d'une DTD est facultative. Par contre, le langage XHTML commence avec cette règle et requiert l'utilisation d'une DTD.

Pour un document conforme au langage XHTML, il doit se reporter (et adhérer) à l'une des trois DTD de XHTML. Cette règle est définie par la spécification XHTML et ne constitue pas une exigence pour la spécification XML. Reportez-vous à la section intitulée "Référencement des trois variantes du langage XHTML".

BALISES DE COMMENTAIRE

Dans les documents XHTML et tout au long de ce livre, vous allez voir des lignes incluses dans des caractères spéciaux comme :

```
<!-- This is a comment. -->
```

Ce sont des commentaires. La balise <!-- --> est utilisée pour cacher quelque chose aux navigateurs qui sont censés ne pas afficher des contenus du commentaire à l'écran. Il est courant d'inclure des notes sur le code, sur ce qu'il fait, sur celui qui l'a écrit, sur les modifications qui doivent encore être faites, etc. La balise de commentaire est utilisée à d'autres fins, et pour ne citer qu'une, le transport d'informations de script ou de feuilles de style ; celle-ci va affecter la présentation elle-même que les utilisateurs ne peuvent pas voir. Les prochains chapitres vont traiter ce sujet.

La réponse du parseur

Un parseur est un programme utilisé conjointement avec d'autres applications. Un parseur prépare votre document pour d'autres programmes, il vérifie que le document a été bien formé afin que ce dernier puisse répondre à toutes les exigences de syntaxe. L'une des premières tâches du parseur est donc de vérifier si le document XML est bien formé. Sinon, il signale un message d'erreur et n'affiche pas le document.

Dans la plupart des cas, ce n'est pas ce qui arrive avec les processeurs HTML. Si vous ne suivez pas une règle HTML, le processeur va essayer d'afficher le mieux possible votre document. Avec le langage XML, une forte dépendance existe toujours entre les règles de syntaxe et les parseurs. Si vous désobéissez à l'une des règles qui exigent un document bien formé, votre document ne sera pas rendu.

Les messages d'erreur donnent des indications remarquables puisque la plupart d'entre eux (ils diffèrent d'un parseur à un autre) permettent de connaître la ligne et la position où l'erreur s'est produite ; ils vont même jusqu'à définir la faute. Cette caractéristique facilite le dépannage des problèmes potentiels. La Figure 2.1 montre un message d'erreur typique présenté par Microsoft Internet Explorer.

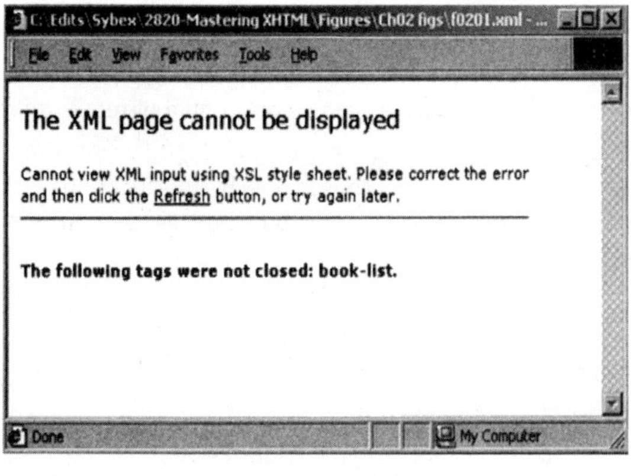

Figure 2.1 : Un message d'erreur dans Internet Explorer.

La réponse d'un parseur à XHTML est un peu différente. Normalement, le parseur doit vérifier que le document XHTML a été bien formé ; cependant, la plupart des parseurs utilisés par les navigateurs produisent des messages d'erreurs pour des documents XHTML. En fait, la plupart des navigateurs considèrent XHTML comme un langage HTML et ils vont traiter les documents comme s'il s'agissait de documents HTML.

Si vous souhaitez vérifier la forme de votre document HTML, vous devez trouver un parseur non valide, autre que celui qui se trouve dans les navigateurs principaux. Nous vous recommandons d'utiliser l'outil de validation en ligne du Consortium W3C pour vérifier la forme et la validité.

Nous espérons que les navigateurs vont fournir un meilleur support pour les parseurs XHTML. Cependant, cette condition technique dépend bien sûr des fournisseurs de navigateurs.

Parseurs non validés contre parseurs validés

Il existe deux différents types de parseurs qui analysent un document XML : un parseur non validé et un parseur validé. Un parseur non validé évalue seulement un document selon les contraintes du document XML bien formé. On considère uniquement les problèmes de forme et non de validité. Par contre, un parseur validé vérifie à la fois la forme et la validité. Pour qu'un document soit valide, vous devez vous reporter et adhérer à une définition DTD.

Le Consortium W3C offre un parseur validé HTML en ligne qui opère la validation des documents HTML et XHTML. Vous pouvez télécharger votre document XHTML, le couper et le coller dans une zone de texte ou (si votre page est déjà en ligne) entrer l'adresse URL. Vous devez vous habituer aux messages d'erreur. Par exemple :

- "Erreur : déclaration DOCTYPE manquante au début du document" signifie que le document ne se reporte pas à une définition DTD donc le document ne peut pas être validé.
- "Erreur : L'attribut requis "ALT" non "spécifié" signifie qu'un attribut requis est manquant (l'attribut `alt` dans ce cas).
- "Erreur : Balise de fin pour "A" omise ; les causes possibles incluent une balise de fin manquante, une imbrication incorrecte d'éléments ou bien l'utilisation d'un élément là où il n'est pas permis", ce qui veut dire qu'une balise de fin est manquante. Il existe plusieurs raisons pour que l'outil de validation n'arrive pas à localiser la balise de fin.
- Les éléments sont peut-être imbriqués incorrectement, alors la balise de fin sera définie plus tard dans le document.
- Toutes les balises de fin sont manquantes.
- Un élément vide n'est pas correctement terminé. (Dans ce cas, l'élément requiert une balise de fin, ce qui nous permet d'exclure cette possibilité.)

L'outil de validation définit la ligne et la position exacte de l'erreur ; ainsi, vous n'avez pas à chercher à travers tout le document pour localiser les erreurs.

Vous pouvez extraire l'outil de validation du Consortium W3C dans le site `http://validator.w3.org`. Les Références du Maître, quatrième partie, constituent un guide pour la plupart des messages d'erreurs courantes qui sont décelées par cet outil de validation.

Validité

Un document est considéré *valide* s'il adhère à toutes les règles définies par une Définition de type de document (DTD) associée. Une DTD est un ensemble de déclarations qui définit les noms d'éléments et d'attributs, et les relations qui doivent exister entre eux. La spécification XML contient deux thèmes courants :

- Elle définit les règles de syntaxe et de document pour la création des documents XML.
- Elle définit les règles de syntaxe pour la création des DTD.

La première fonction a été traitée dans la section précédente intitulée "Un document bien formé". Nous allons parler maintenant de la seconde fonction qui est la validité. D'après le standard XML, l'adhésion à une DTD est facultative. En d'autres termes, un document XML ne la requiert pas pour être valide.

Le standard XHTML indique que non seulement un document XHTML doit être bien formé, mais il doit aussi être valide. Donc, tous les documents XHTML doivent adhérer à une DTD de XHTML.

Mise à part cette exigence imposée par une DTD, un certain nombre d'avantages peuvent être obtenus en se reportant à une DTD. Le plus important d'entre eux est le dépannage. Une DTD définit les règles applicables à votre balise ; par exemple, elle définit les noms des éléments et des attributs, où d'un côté les éléments peuvent se présenter à l'intérieur du document et de l'autre les attributs peuvent également se produire. Lorsque vous créez manuellement un document XHTML, vous commettrez probablement des fautes. Si vous choisissez de ne pas utiliser une DTD, vous devez parcourir le document entier pour localiser les erreurs. Par contre, si vous l'utilisez, l'outil de validation vous permettra facilement de les déceler.

Les DTD nécessitent une syntaxe différente de celle qui est utilisée par le langage XML, ce qui rend leur lecture un peu bizarre. Avec le vocabulaire XHTML, vous n'avez pas besoin de maîtriser les DTD car elles ont été justement créées pour cela. La Définition de type de document (DTD) fera l'objet de la section suivante, pour que vous la compreniez mieux.

Qu'est-ce qu'une Définition de type de documents (DTD) ?

Une Définition de type de documents (DTD) est un ensemble de règles pour votre document. La DTD définit les noms d'éléments et d'attributs ainsi que les relations qui doivent exister entre eux. Elle fournit les règles auxquelles les éléments et les attributs doivent se soumettre ; par exemple, dans la définition DTD de XHTML, une déclaration veut que chaque document contienne l'élément `html` et que l'élément `html` contienne deux éléments enfant : l'élément `head` et l'élément `body`. Par conséquent, la déclaration requiert la structure suivante :

```
<html>
<head>...</head>
<body>...</body>
</html>
```

L'exemple précédent est une version simplifiée d'un document XHTML et ne doit être utilisé que pour illustrer un point. Nous avons volontairement omis quelques composants qui sont pourtant exigés. Un exemple complet d'un document XHTML vous est présenté à la fin de ce chapitre.

Une DTD définit les règles applicables aux éléments et aux attributs ; elles peuvent être vérifiées par un parseur validé. Si un document ne se soumet pas aux règles d'une DTD, un message d'erreur va indiquer le lieu où les erreurs se sont produites.

Le noyau d'une Définition de type de documents (DTD)

Le noyau d'une DTD consiste à faire des déclarations. Quatre types de déclaration sont définis.

Pour chaque exemple de déclaration, nous avons simplifié les véritables déclarations d'éléments XHTML afin de les rendre plus faciles. Nos exemples ne représentent pas la déclaration complète pour un élément ou un attribut donné. La plupart de DTD XHTML utilisent des entités et la syntaxe peut devenir de plus en plus complexe. Si vous voulez des exemples, visitez le site `www.w3.org/TR/xhtml1/DTD/xhtml1-traditional.dtd`.

Les déclarations de type élément définissent les noms des éléments et les modèles de contenu. Chaque modèle de contenu définit le type de contenu qu'un élément peut comporter. Par exemple, il peut déclarer qu'un élément ne contient que des données ou qu'un élément peut seulement contenir des éléments `head` et `body` comme éléments enfant, tel :

```
<!ELEMENT html (head, body)>
```

Les déclarations de la liste d'attributs définissent les noms d'attributs et les éléments qu'ils peuvent modifier. Chaque déclaration de liste d'attributs définit aussi les valeurs et les types de données par défaut. Par exemple, dans le langage XHTML, l'élément `img` est requis pour accepter les attributs `alt` et `src` et les attributs `height` et `width` sont facultatifs. Voici un exemple :

```
<!ELEMENT img EMPTY>
<!ATTLIST img src      CDATA #REQUIRED
              alt      CDATA #REQUIRED
              height CDATA #IMPLIED
              width    CDATA #IMPLIED     >
```

Les déclarations d'entité définissent un élément de données et fournissent une méthode pour le référencer. Les entités servent à définir les éléments de données courants qui seront utilisés à travers le document XML ou la DTD elle-même. Lorsqu'un élément de données est déclaré comme une entité, vous pouvez le référencer en utilisant un nom d'entité vous permettant d'économiser du temps et des octets. Vous pouvez référencer des entités à partir de l'intérieur de votre document ou d'un sous-ensemble DTD. Par exemple, si vous souhaitez créer des informations qui seront réutilisées dans un sous-ensemble DTD, tel que le groupe d'éléments `heading`, vous pouvez créer une entité pour ces valeurs, comme par exemple :

```
<!ENTITY % heading "H1|H2|H3|H4|H5|H6">
```

Les déclarations de notation identifient les objets qui ne sont pas à analyser comme un document XML. Puisque tous les textes dans un document XML sont analysés par le parseur XML (sauf indication contraire), il doit exister certaines méthodes pour identifier les éléments non XML. Par exemple, si vous souhaitez inclure une image en format GIF (Graphics Interchange Format), vous avez besoin d'une méthode qui indique au processeur de ne pas analyser l'image GIF comme un document XML. C'est le rôle d'une déclaration de notation. Par exemple :

```
<!NOTATION gif SYSTEM "image/gif">
```

Tels sont les quatre et les seuls types dans une définition DTD. Elles ne sont pas aussi simples qu'elles paraissent l'être. Chaque type de déclaration peut revêtir plusieurs formes, même si celles-ci ne sont pas utiles pour la présentation d'une DTD. Si vous voulez obtenir plus d'informations sur ces déclarations, vous pouvez consulter la spécification XML au site `www.w3.org/TR/1998/REC-xml-19980201`.

Référencement des trois variantes du langage XHTML

Il existe trois variantes du langage XHTML : Strict, Transitionnel et Multifenêtre (Frameset). Plusieurs développeurs/auteurs se réfèrent à "trois variantes XHTML dont chacune est définie par sa propre DTD". Si vous êtes l'auteur d'un document, vous devez référencer la DTD que supporte votre document, ce qui signifie que vous devez fournir au processeur non seulement une liste d'éléments et d'attributs, mais aussi les règles qui définissent leurs relations. Si votre document ne suit pas l'une de ces règles, il ne sera pas valide.

Les trois Définitions de type de document (DTD) possibles sont :

La Définition de type de document (DTD) Stricte permet aux éléments XHTML d'être en relation avec la structure du document, et d'omettre la plupart des éléments de présentation.

La Définition de type de document (DTD) Transitionnelle permet à la plupart des éléments XHTML d'inclure les éléments de présentation.

La Définition de type de document (DTD) à Multifenêtrage (Frameset) permet le marquage des cadres ; elle est seulement utilisée lorsqu'on définit des documents multifenêtrés.

Avant d'aborder la définition de chaque variante XHTML, vous devez apprendre la syntaxe de base dont l'utilité est primordiale pour référencer chacune d'elles.

Déclarations DOCTYPE

Il est encore utile de rappeler que la Définition de type de document (DTD) définit les règles applicables aux éléments et attributs d'un document. Ce que vous devez faire maintenant, c'est apprendre à les référencer. Une *déclaration DOCTYPE* est une balise qui fournit une référence à une DTD, celle qui va déterminer la grammaire pour un document XML. Dans les prochaines sections, nous allons définir la syntaxe de la déclaration `DOCTYPE` et mettre en avant quelques méthodes qui permettent d'utiliser les déclarations en vue d'améliorer le dépannage et la validation.

LES AVANTAGES DU LANGAGE XHTML

Puisque le langage XHTML est une application du langage XML, il est donc extensible et, par conséquent, il peut être mélangé avec les vocabulaires XML. Par exemple, les éléments Scalable Vector Graphics (SVG) peuvent être ajoutés à un document XHTML parce que tous les deux sont des vocabulaires XML.

Vous pouvez aussi ajouter vos propres éléments et attributs aux documents XHTML. Si vous utilisez une DTD, vous devez définir tous les éléments et attributs utilisés dans votre document. Cette règle signifie que vous devez aussi prolonger votre définition DTD de XHTML. Vous devez donc avoir la capacité de lire et écrire une DTD.

Syntaxe

La syntaxe de la déclaration `DOCTYPE` n'est pas compliquée. Il existe seulement peu de divisions dans la déclaration mais vous devez comprendre en premier lieu les délimiteurs utilisés.

Toutes les déclarations XML, incluant les déclarations DOCTYPE, commencent avec un symbole et un point d'exclamation (<!). On ferme la déclaration par le symbole (>). Nous avons alors :

```
<!>
```

Notez que ce n'est pas une balise de commentaire !

Toutes les déclarations utilisent un mot-clé afin d'identifier leur type. Pour les déclarations DOCTYPE, le mot-clé est DOCTYPE (tout en majuscule). Le mot-clé se trouve toujours directement après le point d'exclamation. Aucun espace n'est permis. Si vous ajoutez le mot-clé, vous aurez la suivante :

```
<!DOCTYPE>
```

Vous n'avez pas encore fini car la déclaration DOCTYPE doit se référencer au fichier, et encore si vous avez seulement pu identifier le type de déclaration. D'autres informations, au nombre de 4 ou 3 selon le type de déclaration DOCTYPE, doivent être ajoutées :

Type de document C'est l'élément racine.

```
<!DOCTYPE rootelement>
```

Dans le langage XHTML, l'élément racine est html et il doit être écrit en minuscule, comme suit :

```
<!DOCTYPE html>
```

Type de DTD Identifie si les documents utilisent une DTD non encore publiquement définie (SYSTEM) ou une autre qui est et possède un identificateur public valide (PUBLIC).

```
<!DOCTYPE html KEYWORD>
```

Par exemple :

```
<!DOCTYPE html PUBLIC>
```

Identificateur public de la DTD Un nom de ressource uniforme (URN) est reconnu comme un identificateur public de la DTD. Un identificateur public n'est employé que si le mot-clé PUBLIC est utilisé. Lorsque vous incluez un identificateur, la syntaxe ressemble à :

```
<!DOCTYPE rootelement KEYWORD "identifier">
```

Par exemple :

```
<!DOCTYPE html PUBLIC "-//W3C//DTD XHTML 1.0 Strict//EN">
```

Adresse URL de DTD Elle définit l'emplacement du sous-ensemble DTD externe (essentiellement la DTD). Lorsque vous avez ajouté ce composant, vous obtenez ceci :

```
<!DOCTYPE rootelement KEYWORD "identifier" "URL">
```

Par exemple :

```
<!DOCTYPE html PUBLIC "-//W3C//DTD XHTML 1.0 Strict//EN"
http://www.w3.org/TR/xhtml1DTD/xhtml1-strict.dtd>
```

Comme un développeur XHTML qui utilise l'une des DTD de XHTML, vous devez simplement ajouter l'une des trois déclarations DTD. Par exemple, vous pouvez inclure la balise précédente (deux lignes sur votre page imprimée) comme étant la première ligne de votre document XHTML. Dans les prochaines sections, nous allons définir la façon d'inclure les déclarations DTD à l'intérieur d'un sous-ensemble interne (à l'intérieur de la déclaration `DOCTYPE` elle-même). Cependant, ce procédé n'est pas nécessaire lorsque vous utilisez des DTD de XHTML. Vous devez connaître l'utilisation d'un sous-ensemble interne si vous voulez créer vos propres déclarations.

Interne contre externe

Dans la section précédente, vous avez vu la façon de référencer un document DTD externe. Notez que la DTD peut être définie de manière interne ou externe. Même si vous n'utilisez pas une déclaration interne mais seulement un élément XHTML, peut-être souhaiteriez-vous prolonger votre balise à un moment donné et ajouter votre propre élément. Si c'est le cas, vous devez connaître toutes les options.

Les déclarations `DOCTYPE` référencent les DTD mais le problème est de les trouver. Il existe plusieurs options pour référencer les définitions, à savoir :

- Elles déclarent toutes les définitions qui sont à l'intérieur de la déclaration `DOCTYPE` elle-même :

```
<!DOCTYPE rootelement [document type definitions]>
```

- Elles déclarent toutes les définitions dans un document externe qui est référencé en utilisant un identificateur `SYSTEM` :

```
<!DOCTYPE rootelement SYSTEM "URL">
```

- Elles déclarent non seulement certaines définitions dans un document externe et les référencent en utilisant un identificateur `SYSTEM`, mais aussi certaines définitions à l'intérieur de la déclaration `DOCTYPE` :

```
<!DOCTYPE rootelement SYSTEM "URL" [document type definitions]>
```

- Elles référencent une Définition de type de documents (DTD) `PUBLIC` :

```
<!DOCTYPE rootelement PUBLIC "identifier" "URL">
```

- Elles référencent une Définition de type de documents (DTD) `PUBLIC` et fixent certaines définitions supplémentaires à l'intérieur de la déclaration `DOCTYPE` :

```
<!DOCTYPE rootelement PUBLIC "identifier" "URL" [document type definitions]>
```

Dans chaque cas, les déclarations sont définies à l'intérieur comme un sous-ensemble interne et à l'extérieur comme un sous-ensemble externe. La DTD est vue telle une combinaison de toutes les définitions internes et externes. Le langage XHTML utilise seulement un sous-ensemble externe pour les DTD.

Référencer une DTD système

Si vous utilisez le mot-clé `SYSTEM`, il doit être suivi d'une adresse URL qui référence la DTD. Cette adresse URL peut être une adresse absolue ou relative, semblable à celle que vous avez eue lorsque vous avez référencé un document sur votre serveur ou sur le Web. Par exemple, si la DTD réside dans le même répertoire que le fichier qui lui fait référence, vous pouvez utiliser une adresse relative :

```
<!DOCTYPE classListing SYSTEM "classlisting.dtd">
```

Cependant, si la DTD se trouve sur une autre machine, vous devez fournir une adresse URL absolue pour l'identifier.

```
<!DOCTYPE classListing SYSTEM "http://www.lanw.com/DTDs/classlisting.dtd">
```

Les déclarations `DOCTYPE` XHTML n'utilisent pas les identificateurs système ; ils se servent d'identificateurs publics, ce qui sera l'objet de la section suivante.

Référencer une DTD publique

Plusieurs DTD courantes peuvent aussi être référencées en utilisant un nom en plus de l'adresse URL. Ce nom est connu sous le terme d'*identificateur public* ; il constitue une chaîne unique qu'on utilise pour référencer une DTD. Si le processeur reconnaît l'identificateur public, il le traduira en adresse URL de la DTD. S'il ne reconnaît pas l'identificateur public, il va vers l'adresse URL dans la déclaration.

Pour que le processeur puisse reconnaître et traduire un identificateur public, celui-ci doit être câblé au processeur. L'idée est que tout pourrait changer ; éventuellement, il peut y avoir une sorte de magasin d'identificateurs publics dans lequel le processeur est autorisé à chercher l'identificateur public dont il a besoin et à télécharger la DTD. Cependant, nous devons attendre pour traiter cette formalité, bien plus tard.

Si vous utilisez un identificateur public, vous devez employer le mot-clé `PUBLIC` suivi d'un identificateur public et d'une adresse URL. C'est la façon de référencer les DTD publiques XHTML :

```
<!DOCTYPE html PUBLIC "-//W3C//DTD XHTML 1.0 Strict//EN"
"http://www.w3.org/TR/xhtml1DTD/xhtml1-strict.dtd">
```

Les DTD XHTML

Plus haut, nous avons mentionné les trois variantes du langage XHTML. Chacune a sa propre DTD. Ces trois variantes sont : Strict, Transitionnel et à Multifenêtrage. Elles sont également définies dans le langage HTML 4.

Définition de type de documents (DTD) Strict

La Définition de type de documents (DTD) Strict n'est pas souvent utilisée car elle n'autorise pas une balise obsolète, pourtant nécessaire lorsque les anciens navigateurs veulent visualiser les documents.

> Les éléments et les attributs **obsolètes** ne seront peut-être pas inclus dans la prochaine version de la spécification XHTML. La plupart des éléments et des attributs formatés sont devenus obsolètes en faveur des feuilles de style CSS (Cascading Style Sheets).

La Définition de type de documents (DTD) Strict suppose également que vous devez utiliser des feuilles de style pour formater votre document. Ce procédé pourrait causer des problèmes car certains navigateurs anciens ne supportent pas les feuilles de style. Si vous utilisez la DTD Strict, vous devez avoir recours à la déclaration `DOCTYPE` suivante :

```
<!DOCTYPE html PUBLIC "-//W3C//DTD XHTML 1.0 Strict//EN"
"http://www.w3.org/TR/xhtml1/DTD/xhtml1-strict.dtd">
```

Vous pouvez aussi abréger l'adresse URL et définir la déclaration `DOCTYPE` comme suit :

```
<!DOCTYPE html PUBLIC "-//W3C//DTD XHTML 1.0 Strict//EN" "DTD/xhtml1-
strict.dtd">
```

Certains d'entre vous se demandent pourquoi vous pouvez inclure une adresse URL à une page qui n'est sauvegardée nulle part dans votre ordinateur. C'est une convention autorisée par le Consortium W3C et uniquement pour les DTD XHTML. Ne prenez pas l'habitude d'utiliser des adresses relatives pour pointer des documents qui ne se trouvent pas dans votre machine.

Définition de type de documents (DTD) Transitionnelle

La DTD Transitionnelle XHTML est basée sur la DTD Transitionnelle XHTML 4.0 (connue aussi comme la DTD "loose") ; elle supporte la plupart des éléments et des attributs sauf pour le marquage relatif au multifenêtrage. Puisque cette DTD inclut un support pour la plupart des éléments et des attributs obsolètes, elle est la DTD la plus utilisée en XHTML.

Si vous voulez créer un document XHTML qui pourra être visualisé dans les anciens navigateurs, vous devez probablement utiliser certains éléments de présentation obsolètes, tels que les éléments `font` et `basefont`. Avec la définition DTD Strict, vous ne pouvez pas utiliser ces deux éléments mais vous pouvez vous servir de feuilles de style CSS pour définir les propriétés de présentation.

La syntaxe est similaire à la déclaration `DOCTYPE` Strict ; les seules différences sont l'identificateur public et l'adresse URL.

```
<!DOCTYPE html PUBLIC "-//W3C//DTD XHTML 1.0 Transitional//EN"
"http://www.w3.org/TR/xhtml1/DTD/xhtml1-transitional.dtd>
```

Définition de type de documents (DTD) Multifenêtrée (Frameset)

La DTD Multifenêtrée (Frameset) XHTML est basée sur la DTD Multifenêtrée HTML 4.0 et n'est utilisée qu'avec des documents multifenêtrés. Les documents multifenêtrés remplacent l'élément `body` avec un élément multifenêtré ; ils requièrent l'utilisation d'éléments multifenêtrés vides. Puisqu'un multifenêtrage requiert des éléments spécifiques, il va obtenir sa propre DTD. (Voir Chapitre 8 pour plus d'informations sur la création des cadres.)

Lorsque vous créez un document multifenêtré, vous devrez utiliser la déclaration `DOCTYPE` suivante. Notez bien l'identificateur public et l'adresse URL :

```
<!DOCTYPE html PUBLIC "-//W3C//DTD XHTML 1.0 Frameset//EN"
"http://www.w3.org/TR/xhtml1/DTD/xhtml1-frameset.dtd">
```

Espace de nom XML

Même si ce livre est consacré au langage XHTML, il est important de comprendre la façon dont les espaces de noms fonctionnent en partant d'une perspective XML. Le langage XML vous permet de créer vos propres éléments et attributs, et aux développeurs de combiner des types de documents XML. Par exemple, vous pouvez imbriquer des éléments à partir d'un type de document créé dans un document XHTML. L'exemple suivant est un exemple d'imbrication de vos propres éléments dans un document XHTML, mais un problème va se poser (voir l'élément en gras) :

```
<!DOCTYPE html PUBLIC "-//W3C//DTD XHTML 1.0 Strict//EN"
"http://www.w3.org/TR/xhtml1/DTD/xhtml1-strict.dtd">
<html xmlns="http://www.w3.org/1999/xhtml">
<head>
<title>Working with Namespaces</title>
</head>
<body>
<h1>Online Class Offerings</h1>
<class>
<title>Introduction to XML</title>
<instructor>Chelsea Valentine</instructor>
</class>
<class>
<title>TCP/IP for Webmasters</title>
<instructor>Ed Tittel</instructor>
</class>
</body>
</html>
```

Les lignes en gras illustrent bien le problème des conflits sur les noms d'éléments. Le premier élément `title` appartient au type de document XHTML, alors que les deux autres appartiennent par contre à notre type de document. Le problème va se poser au moment où le processeur doit décider de ce qu'il fera de ces éléments. Comment le processeur saura-t-il différencier ces éléments `title` ? La réponse se trouve dans les espaces de noms XML.

Les espaces de noms XML permettent d'utiliser un élément à partir d'un type de document (tel qu'un document XML) et de l'imbriquer dans un autre type de document (tel qu'un document XHTML). Puisque les espaces de noms identifient uniquement un ensemble d'éléments qui appartient à un type de document donné, ils permettent d'éviter les conflits de noms d'éléments.

L'espace de nom dans le document de recommandation XML est considéré comme un complément de la spécification XML et peut être consulté au site `www.w3.org/TR/REC-xml-names`. Le document de recommandation XML définit une syntaxe particulière pour identifier les espaces de noms. Le document définit la façon dont une collection d'éléments peut devenir des identificateurs uniques ; peu importe alors l'endroit d'utilisation de l'élément car vous pouvez être sûr qu'il appartient à l'espace de nom.

Il existe deux méthodes pour définir un espace de nom :

> **L'espace de nom par défaut** définit un espace de nom en utilisant l'attribut `xmlns` sans aucun préfixe, et tous les éléments enfant sont alors supposés appartenir à cet espace de nom. Le langage XHTML utilise l'espace de nom par défaut construit pour définir l'espace de nom XHTML.
>
> **L'espace de nom local** définit un espace de nom en utilisant l'attribut `xmlns` avec un préfixe. Lorsque le préfixe est attaché à un élément, il est supposé appartenir à cet espace de nom.

Dans les deux cas, vous définissez un espace de nom en utilisant l'attribut `xmlns`. La valeur de l'attribut est le nom qui identifie l'espace de nom. Un espace de nom peut être un Identificateur de ressource uniforme (URI). Un identificateur URI peut être une adresse URL ou un Nom de ressource uniforme (URN). La plupart du temps, vous constaterez que ce sont des adresses URL qui sont utilisées. Cela peut paraître étrange mais l'espace de nom est seulement symbolique et n'indique ni un document ni un schéma. La valeur doit être unique.

Ces deux types d'espace de noms seront développés dans les deux prochaines sections.

L'espace de nom par défaut

Un *espace de nom par défaut* s'applique à l'élément où il est déclaré et à tous les éléments enfant qui ne sont pas assignés à un autre espace de nom. Vous définissez l'espace de nom comme si vous définissez un attribut. Le nom d'attribut est `xmlns` et la valeur est le nom de l'espace de nom.

Par exemple, le langage XHTML utilise la syntaxe de l'espace de nom par défaut pour définir l'espace de nom XHTML. L'attribut `xmlns` est défini à l'intérieur d'une balise de début `html` et il est appliqué à tous les éléments enfant qui n'ont pas de préfixe indiquant un autre espace de nom. Dans le morceau de balise suivant, l'espace de nom XHTML est déclaré à l'intérieur de la balise de début `html`.

```
<html xmlns="http://www.w3.org/1999/xhtml">
<head>
<title>Example Transitional XHTML Document </title>
</head>
<body>
<h1>My First XHTML Document</h1>
<p><font color="#CCCC00" size="+1">After reading this book, we will become
XHTML gods!</font></p>
</body>
</html>
```

Le nom de l'espace de nom nous est déjà défini car il appartient à un type de document public. Si vous visitez l'adresse URL du code précédent, vous n'y trouverez aucun contenu car il est seulement destiné à être un identificateur unique symbolique, utilisé pour résoudre d'éventuels conflits de nom d'élément.

Si vous créez votre propre document XML, vous pouvez créer votre propre nom d'espace de nom, par exemple :

```
<classListing xmlns="http://www.lanw.com/namespace/onlinetraining/">
<class>
<title>Introduction to XML</title>
<instructor>Chelsea Valentine</instructor>
</class>
<class>
<title>TCP/IP for Webmasters</title>
<instructor>Ed Tittel</instructor>
</class>
</classListing>
```

Dans ce cas, nous avons créé notre propre espace de nom unique qui utilise notre domaine. L'élément `classListing` et tous les éléments enfant appartiennent à l'espace de nom `http://www.lanw.com/namespace/onlinetraining`.

L'espace de nom local

L'espace de nom local est semblable à l'espace de nom par défaut mais, en plus, il ajoute un identificateur supplémentaire sous la forme d'un préfixe. Un espace de nom local peut être défini n'importe où à l'intérieur du document. En d'autres termes, vous n'avez pas à le déclarer à l'intérieur de l'élément à modifier (comme vous le faites avec l'espace de nom par défaut) ; dans ce cas, vous définissez un espace de nom et l'associez à un préfixe, lequel peut être utilisé plus tard pour référencer l'espace de nom.

L'espace de nom local est souvent sollicité lorsque vous imbriquez un type de document à l'intérieur d'un autre document. Par exemple, dans la section précédente intitulée "L'espace de nom XML", nous avons donné un exemple qui utilise à la fois les éléments XHTML et nos propres éléments de classe. Les éléments XHTML sont seulement identifiés par l'espace de nom par défaut mais qu'en est-il de nos éléments de classe ? Puisque nous avons déjà un espace de nom par défaut, nous devons leur définir un espace de nom local. Dans l'exemple suivant, nous avons mis en gras les éléments pour illustrer ce concept :

```
<!DOCTYPE html PUBLIC "-//W3C//DTD XHTML 1.0 Strict//EN"
"http://www.w3.org/TR/xhtml1/DTD/xhtml1-strict.dtd">
<html xmlns="http://www.w3.org/1999/xhtml"
xmlns="lanw="http://www.lanw.com/namespace/onlinetraining">
<head>
<title>Working with Namespaces</title>
</head>
<body>
<h1>Online Class Offerings</h1>
<lanw:class>
<lanw:title>Introduction to XML</lanw:title>
<lanw:instructor>Chelsea Valentine</lanw:instructor>
</lanw:class>
<lanw:class>
<lanw:title>TCP/IP for Webmasters</lawn:title>
<lanw:instructor>Ed Tittel</lanw:instructor>
</lanw:class>
</body>
</html>
```

Dans l'exemple précédent, un préfixe local est défini pour les éléments de classe :

```
xmlns:lanw="http://www.lanw.com/namespace/onlinetraining"
```

L'attribut `xmlns` est utilisé mais notez bien les deux-points et les caractères qui suivent (`:lanw`). Pour définir un espace de nom local, vous devez définir un préfixe qui sera employé plus tard comme une référence dans le document. Les deux-points séparent le nom de l'attribut `xmlns` du préfixe. Vous pouvez créer votre propre préfixe pour vos propres types de document, cependant si vous utilisez le vocabulaire d'autres personnes, vérifiez d'abord s'ils ont défini un préfixe pour vous.

Après avoir défini l'espace de nom local, vous pouvez le référencer avec le préfixe. Dans notre exemple, tous les éléments identifiés avec le préfixe (`lanw`) et les deux-points (:) appartiennent à l'espace de nom `http://www.lanw.com/namespace/onlinetraining`. La plupart des espaces de noms locaux sont définis dans l'élément racine et sont référencés en cas de besoin.

L'espace de nom XHTML requis

Tous les éléments et les attributs XHTML appartiennent à l'espace de nom XHTML. Chaque élément et attribut XHTML possède son propre nom, ils appartiennent tous au même espace de nom. L'espace de nom XHTML est défini comme un espace de nom par défaut et il est un composant obligatoire pour un document XHTML. `xmlns` est un attribut obligatoire de l'élément `html` et la valeur `xmlns` est fixée dans `http://www.w3.org/1999/xhtml`. Vous devez toujours définir l'espace de nom XHTML comme suit :

```
<html xmlns="http://www.w3.org/1999/xhtml">
```

Combinaison d'espaces de noms

Dans la section "L'espace de nom local", notre exemple a fait une combinaison de deux espaces de noms. L'avenir du langage XHTML est d'être un langage de structure de document. L'utilisation de XHTML comme un langage à fonctions multiples, structure du document, présentation, description des métadonnées, est désormais révolue.

Le Consortium W3C s'est concentré sur la création d'applications XML, des tâches dédiées qui peuvent travailler ensemble. Par exemple, les applications XML suivantes peuvent être associées :

- Le langage XHTML définit le marquage du document.
- Le langage MathML (Mathematical Markup Language) définit les expressions mathématiques.
- Le langage SMIL (Synhronized Multimedia Integration Language) définit les tâches multimédias synchronisées.
- La grammaire SVG définit le langage graphique de vecteur variable.

Par exemple, vous pouvez ajouter des expressions mathématiques à votre document XHTML. L'exemple suivant est défini par le document de spécification XHTML (nous avons ajouté le surlignage en gras) :

```
<html xmlns="http://www.w3.org/1999/xhtml" xml:lang="en" lang="en">
<head>
<title>A Math Example</title>
</head>
<body>
<p>The following is MathML marup:</p>
<math xmlns="http://www.w3.org/1998/Math/MathML">
```

```
<apply>
<log/>
<logbase>
<cn> 3 </cn>
</logbase>
<ci> x </ci>
</apply>
</math>
</body>
</html>
```

Quelques méthodes existent pour combiner ces types de document. La première méthode, que nous avons vu auparavant, est utilisée dans le but de définir un espace de nom par défaut pour l'élément racine, puis elle sert à redéfinir un espace de nom par défaut pour un élément enfant. L'espace de nom par défaut imbriqué est appliqué à l'élément en cours et à tous les éléments enfant. Par exemple, tous les éléments en gras dans le code précédent appartiennent à l'espace de nom `MathML`. Les éléments qui ne sont pas en gras appartiennent à l'espace de nom XHTML.

La seconde méthode sert à définir un espace de nom par défaut et un espace de nom local dans l'élément racine. Dans ce cas, tous les éléments qui n'ont pas de préfixe appartiennent à l'espace de nom par défaut et tous les éléments avec un préfixe, à l'espace de nom local associé. Un exemple peut être trouvé dans la section "L'espace de nom local".

Enfin, vous pouvez définir seulement un espace de nom local et ajouter un préfixe à tous les éléments à l'intérieur du document. C'est l'approche la moins utilisée mais il se peut qu'un jour vous souhaitiez employer seulement l'espace de nom local.

Exemple de documents XHTML

Dans cette section, nous présentons des exemples complets de document XHTML. Le Listing 2.1 montre un document XHTML Strict, le Listing 2.2 un document XHTML Transitionnel et le Listing 2.3 un document XHTML Multifenêtré.

Listing 2.1 : Un document XHTML Strict.

```
<!DOCTYPE html PUBLIC "-//W3C//DTD XHTML 1.0 Strict//EN"
"http://www.w3.org/TR/xhtml1/DTD/xhtml1-strict.dtd">
<html xmlns="http://www.w3.org/1999/xhtml">
<head>
<title>Example Strict XHTML Document</title>
<link href="style.css" type="text/css" rel="stylesheet" />
```

```
<head>
<body>
<h1>My First Strict XHTML Document</h1>
<p>After reading this book, we will become XHTML gods!</p>
</body>
</html>
```

LISTING 2.2 : UN DOCUMENT XHTML TRANSITIONNEL.

```
<!DOCTYPE html PUBLIC "-//W3C//DTD XHTML 1.0 Transitional//EN"
"http://www.w3.org/TR/xhtml1/DTD/xhtml1-traditional.dtd">
<html xmlns="http://www.w3.org/1999/xhtml">
<head>
<title>Example Transitional XHTML Document</Title>
</head>
<body>
<h1>My First Transitional XHTML Document</h1>
<p><font color="#CCCC00" size="+1">After reading this book, we will become
XHTML gods!</font></p>
</body>
</html>
```

LISTING 2.3 : UN DOCUMENT XHTML MULTIFENÊTRÉ (FRAMESET).

```
<!DOCTYPE html PUBLIC "-//W3C//DTD XHTML 1.0 Frameset//EN"
"http://www.w3.org/TR/xhtml1/DTD/xhtml1-frameset.dtd">
<html xmlns="http://www.w3.org/1999/xhtml">
<head>
<title>Example Frameset XHTML Document</title>
</head>
<frameset cols="20%, *">
<frame src="nav.html" name="navigation" />
<frame src="index.html" name="content" />
</frameset>
```

Et maintenant, que faire ?

Ce chapitre a permis d'approfondir les concepts fondamentaux du langage XHTML. Jusqu'à présent, vous avez appris à créer des documents XHTML bien formés, référencer des DTD, déclarer et combiner des espaces de noms. La prochaine étape sera celle de la création de vos documents XHTML.

Ce sera l'objet du Chapitre 3.

Les informations sur les liens, les images, les tableaux, les formulaires et les multifenêtrages seront développées du Chapitre 4 au Chapitre 8.

Création de votre premier document XHTML

XHTML

Chapitre 3

Si vous êtes prêt à créer votre premier document XHTML, vous êtes le bienvenu dans ce chapitre. Nous allons vous aider à commencer un nouveau document XHTML, à l'enregistrer en utilisant le format de fichier approprié, à ajouter des éléments de la structure de document (qui aide le navigateur à identifier votre document XHTML), et enfin à vous montrer ce qu'il faut faire pour appliquer certains éléments de formatage.

Si vous êtes débutant en XHTML (ou si vous n'aimez plus écrire des codes à la main), vous devez revoir les éléments et les attributs du Chapitre 1. Avant de commencer, vous devez être familier avec les éléments et les attributs, aussi bien qu'avec leur utilisation dans ce contexte.

Beaucoup d'exemples de codes et de figures seront pour vous une aide et aussi un guide, et vous montreront ce à quoi vos résultats doivent ressembler. Si vous préférez, vous pouvez y substituer vos propres textes et images ou copier les exemples qui jalonnent ce chapitre. Les instructions pas à pas pourront être suivies sans tenir compte du contexte d'utilisation spécifique. Ensuite, vous aurez à développer votre premier document XHTML qui sera complété avec du texte, des titres, des règles horizontales et même avec un formatage de niveau de caractère.

Dans ce chapitre, vous allez apprendre les techniques de marquage suivantes :

- Création, enregistrement et aperçu des documents XHTML.
- Ajout d'éléments de structure.
- Application d'éléments et attributs communs.
- Ajout d'un formatage plus complexe.

Création, enregistrement et visualisation des documents XHTML

La création d'un nouveau document XHTML dépend à la fois du système d'exploitation et de l'éditeur. En général, la création d'un nouveau document XHTML est similaire à celle de tous les autres documents que vous avez eu l'occasion de créer. Sous

Windows ou Macintosh, vous choisissez Fichier --> Nouveau dans votre logiciel d'édition. (Si vous utilisez Unix, vous tapez **vi**, **pico** ou **emacs**, et vous utilisez les commandes appropriées.) Vous ferez de votre nouveau document un document officiel XHTML en l'enregistrant selon les règles qui vous seront décrites prochainement.

Avant de commencer à écrire manuellement le code XHTML, exercez-vous à enregistrer fréquemment votre travail, à le regarder pour voir si vous avez fait un progrès. De cette manière, vous vous assurez que votre création va se dérouler correctement et que vous pouvez détecter les erreurs dans les nouvelles lignes de codes. Par exemple, ajoutez quelques lignes de codes, enregistrez le document XHTML, faites un aperçu et ainsi de suite, jusqu'à ce que l'enregistrement et la relecture deviennent pour vous un réflexe acquis. Au début, vous devez vous entraîner plus fréquemment.

Vous créez un document XHTML comme vous créez n'importe quel document texte seul. Voici le processus général :

1. Ouvrez l'éditeur de texte.
2. Créez un nouveau document. Si vous utilisez Microsoft ou Macintosh, choisissez Fichier --> Nouveau. Si vous utilisez Unix, tapez **vi** ou **pico** pour lancer l'éditeur.
3. Entrez le code XHTML et les textes que vous souhaitez inclure. (Vous aurez beaucoup d'exercices pratiques dans ce chapitre.)

Nous vous recommandons d'utiliser XHTML avec les exemples de ce livre.

4. Enregistrez le document. Si vous utilisez Windows ou Macintosh, choisissez Fichier --> Enregistrer ou Fichier --> Enregistrer sous.

Directives d'enregistrement de fichier

Au fur et à mesure que vous avancez dans ce chapitre, ces directives qui concernent l'enregistrement et l'aperçu ne doivent jamais être perdues de vue :

Nommez le fichier avec une extension `htm` ou `html`. Windows 3.x ne reconnaît pas des extensions de quatre caractères, ainsi vous êtes réduit à utiliser `htm` sur cette plate-forme.

Si vous n'utilisez pas d'éditeur de texte seul, tel que Notepad ou TeachText, vérifiez que le fichier est du type texte ou en ASCII (ou HTML, si c'est une option de menu disponible). Si vous utilisez un logiciel de traitement de texte pour créer des documents XHTML (rappelez-vous bien notre mise en garde à ce propos dans le chapitre 1), enregistrez vos documents comme HTML, Texte seul, ASCII, Texte DOS ou Texte avec sauts de ligne. Les options spécifiques varieront selon le logiciel de traitement de texte choisi.

Utilisez uniquement des lettres, des nombres, des traits d'union (-), des traits de soulignement (_), et des points (.) dans le nom de fichier. Beaucoup de navigateurs acceptent aussi les espaces dans le nom de fichier. Toutefois, les espaces rendent la création de liens difficile, comme vous le verrez dans le Chapitre 4.

Enregistrez le document, tous les autres fichiers et documents associés pour un projet particulier dans un même dossier. Vous verrez que ce procédé rendra aisée l'utilisation des liens, des images et des autres technologies avancées.

La visualisation des documents XHTML est aussi simple que si vous les ouvrez depuis votre disque local dans votre navigateur. Si vous travaillez avec un document XHTML ouvert dans votre éditeur, n'oubliez pas d'enregistrer les dernières modifications et de suivre les étapes suivantes dans votre navigateur :

1. Sélectionnez Fichier --> Ouvrir, et tapez le nom de fichier local ou parcourez votre disque jusqu'à ce que vous trouviez le fichier que vous voulez ouvrir. Le menu de la commande particulière doit être Fichier --> Ouvrir page ou fichier, ou Ouvrir fichier.
2. Sélectionnez le fichier et cliquez sur OK pour l'ouvrir dans votre navigateur.

Autres moyens d'ouvrir des fichiers

La plupart des navigateurs fournissent certaines caractéristiques qui rendent le développement de fichiers XHTML plus facile.

Vous pouvez voir les modifications que vous apportez en rechargeant le document, ce qui vous permet de voir les dernières modifications. Vous verrez que l'action de cliquer sur un bouton est plus facile que refaire la succession d'opérations Fichier --> Ouvrir. Généralement, vous rechargez un document en cliquant le sur bouton Recharger ou Rafraîchir ou en choisissant une option similaire dans le menu Affichage.

De plus, vous ouvrez un fichier en le sélectionnant dans la liste des "signets" ou des "favoris". L'attribution d'un signet à un fichier signifie que l'on ajoute un pointeur à ce fichier de sorte que vous pouvez l'ouvrir plus rapidement, exactement comme le signet qui vous permet d'ouvrir un livre à une page précise. La création d'un signet ou d'un favori est aussi facile que le fait de cliquer sur une option de menu (ou juste taper un raccourci clavier) lors de l'affichage d'une page. Lorsque vous souhaitez retourner vers cette page, cliquez tout simplement sur le signet au lieu de choisir Fichier --> Ouvrir et de sélectionner le fichier. Beaucoup de navigateurs ont des options de signet ; il suffit de rechercher un bouton ou une commande.

Application des éléments de la structure de document

Après avoir créé un nouveau document, la première tâche consiste à inclure *des éléments de structure du document*, lesquels vont fournir aux navigateurs des informations sur les caractéristiques de ce document. Par exemple, les éléments de structure du document identifient la version du langage XHTML utilisée. Ils fournissent des informations sur le document et indiquent le titre parmi tant d'autres choses. Quoiqu'ils fassent partie du document XHTML, ces éléments n'apparaissent pas dans la fenêtre du navigateur, ils travaillent "en coulisse" et spécifient aux navigateurs les éléments qu'il faut inclure et la manière de les afficher. Bien que ces éléments ne produisent pas des résultats distincts tels que ceux dont vous avez l'habitude de voir dans les pages Web ou les fichiers d'aide, ils demeurent essentiels.

Beaucoup de navigateurs, dont Nestcape Navigator et Microsoft Internet Explorer, affichent correctement les documents qui ne contiennent pas d'éléments de structure du document. Toutefois, il n'existe aucune garantie sur la capacité des versions futures à maintenir cette faculté et à faire en sorte que les résultats soient conformes. Nous recommandons fortement d'utiliser les éléments de structure du document car ils sont exigés par la spécification XHTML.

Tout document XHTML doit inclure cinq éléments de structure du document, imbriqués et ordonnés comme dans l'exemple de marquage suivant :

```
<!DOCTYPE HTML PUBLIC "-//W3C//DTD XHTML 1.0 Transitional//EN"
"http://www.w3.org/TR/xhtml1/DTD/xhtml1-transitional.dtd">
<html xmlns="http://www.w3.org/1999/xhtml">
<head>
<title>Title That Summarizes the Document's Content</title>
</head>
<body>
Mastering XHTML Document Body
</body>
</html>
```

Vous pouvez économiser du temps lors de la création de document XHTML en sauvegardant les éléments de structure du document dans un document maître. De cette façon, vous pouvez facilement les réutiliser dans un autre document XHTML au lieu de les retaper chaque fois. Si vous utilisez un éditeur de document XHTML, ce marquage (ou quelque chose qui lui est similaire) est la base d'un nouveau document.

La déclaration DOCTYPE

La déclaration DOCTYPE indique aux navigateurs et aux services de validation si le document est conforme à la version XHTML. La spécification XHTML 1 nécessite cette déclaration simple, et vous devez donc l'utiliser dans tous vos documents. La partie clé de la déclaration DOCTYPE est la *Définition du type de document* (DTD) qui est chargée de dire aux navigateurs que le document se conforme à une version XHTML particulière. Une DTD spécifie l'organisation qui est à l'origine de la spécification (le Consortium W3C, dans ce cas) et la version exacte de la spécification.

Entrez la déclaration DOCTYPE au début du document, comme ceci :

```
<!DOCTYPE html PUBLIC "-//W3C//DTD XHTML 1.0 Transitional//EN"
"http://www.w3.org/TR/xhtml1/DTD/xhtml1-transitional.dtd">
```

Cet exemple se conforme à la DTD XHTML 1.0 Transitionnelle, qui est la plus flexible. Pour utiliser la DTD XHTML 1.0 Stricte, vous devez utiliser le code suivant :

```
<!DOCTYPE html PUBLIC "-//W3C//DTD XHTML 1.0 Strict//EN"
"http://www.w3.org/TR/xhtml1/DTD/xhtml1-strict.dtd">
```

Vous pouvez aussi abréger l'adresse URL et définir la déclaration DOCTYPE comme suit :

```
<!DOCTYPE html PUBLIC "-//W3C//DTD XHTML 1.0 Strict//EN" "DTD/xhtml1-
strict.dtd">
```

Comme les standards XHTML évoluent, cette déclaration va être modifiée pour indiquer de nouvelles versions. Par exemple, dans un an, la déclaration DOCTYPE pourrait ressembler à ceci :

```
<!DOCTYPE xhtml PUBLIC "-//W3C//DTD XHTML 2.0 Transitional//EN"
"http://www.w3.org/TR/xhtml2/DTD/xhtml2-transitional.dtd">
```

Même après l'apparition de nouveaux standards, vous n'avez pas à revoir la déclaration DOCTYPE des documents existants. Si votre document est conforme au standard XHTML 1, il sera conforme à ce standard, sans tenir compte des versions XHTML récentes.

Quelle définition DTD XHTML 1 dois-je utiliser ?

La spécification XHTML 1 a trois versions : Stricte, Transitionnelle, et Multifenêtrage. La version *Stricte* n'accepte que le langage XHTML "pur" ; vous pouvez l'utiliser sauf dans le cas où vous avez des documents XHTML qui n'utilisent pas d'éléments de formatage sur la base des feuilles de style. Pour indiquer que votre document se conforme à la DTD Stricte, utilisez le marquage suivant :

```
<!DOCTYPE html PUBLIC "-//W3C//DTD XHTML 1.0 Strict//EN"
"http://www.w3.org/TR/xhtml1/DTD/xhtml1-strict.dtd">
```

La version *Transitionnelle* (Transitional) est la plus flexible pour adapter des éléments ou attributs obsolètes mais encore fréquemment utilisés et qui incluent presque tous les éléments de formatage. Pour indiquer que votre document se conforme à la version Transitionnelle, utilisez la déclaration suivante :

```
<!DOCTYPE html PUBLIC "-//W3C//DTD XHTML 1.0 Transitional//EN"
"http://www.w3.org/TR/xhtml1/DTD/xhtml1-transitional.dtd">
```

La DTD *Multifenêtrage* est similaire à la DTD Transitionnelle mais, en outre, elle supporte les éléments nécessaires à l'utilisation des cadres. Pour indiquer que votre document se conforme à la DTD Multifenêtrage, utilisez la déclaration suivante :

```
<!DOCTYPE html PUBLIC "-//W3C//DTD XHTML 1.0 Frameset//EN"
"http://www.w3.org/TR/xhtml1/DTD/xhtml1-frameset.dtd">
```

Voir le Chapitre 2 pour plus d'informations sur ces Définitions de type de document (DTD).

L'élément *html*

L'élément `html` identifie le document comme un document HTML ou XHTML. Pour spécifier que le document est un document XHTML, vous devez ajouter un espace de nom XHTML (voir le Chapitre 2 pour en savoir plus sur les espaces de nom). L'élément `html` est nécessaire pour les anciens navigateurs qui ne supportent pas la déclaration `DOCTYPE` et, surtout, il est exigé par la spécification et reste utile aux personnes qui lisent le marquage XHTML. Pour utiliser l'élément `html` avec l'espace de nom XHTML, vous devez l'insérer dans votre document sous la déclaration `DOCTYPE`, comme suit :

```
<!DOCTYPE html PUBLIC "-//W3C//DTD XHTML 1.0 Transitional//EN"
"http://www.w3.org/TR/xhtml1/DTD/xhtml1-transitional.dtd">
<html xmlns="http://www.w3.org/1999/xhtml">
</html>
```

L'élément *head*

Présent dans tout document XHTML, l'élément `head` contient des informations sur le document, notamment son titre, le script utilisé, la définition des styles et les descriptions du document. Tous les navigateurs ne nécessitent pas cet élément, mais la plupart d'entre eux s'attendent à obtenir des informations additionnelles relatives au document dans l'élément `head`. Pour ajouter l'élément `head`, insérez-le entre la balise de début `html` et la balise de fin :

```
<!DOCTYPE html PUBLIC "-//W3C//DTD XHTML 1.0 Transitional//EN"
"http://www.w3.org/TR/xhtml1/DTD/xhtml1-transitional.dtd">
<html xmlns="http://www.w3.org/1999/xhtml">
<head>
</head>
</html>
```

Ne confondez pas l'élément `head` qui est un élément de structure avec l'élément `en-tête` (`h1` par exemple) qui crée un texte d'en-tête dans le corps du document. Nous allons présenter les éléments d'en-tête dans la section "Création d'en-tête".

En plus, l'élément `head` peut aussi comporter d'autres éléments qui contiennent des informations pour les moteurs de recherche et les programmes d'indexation.

L'élément *title*

L'élément `title`, exigé par les spécifications XHTML1, contient le titre du document. Le titre n'apparaît pas dans la fenêtre du document mais est toutefois visible dans la barre de titre du navigateur. Par ailleurs, vous devez vous assurer que le titre résume brièvement le contenu de votre document et qu'il contient les mots-clés en début de titre. Pour utiliser l'élément `title`, insérez-le entre les balises de début et de fin `head` :

```
<!DOCTYPE html PUBLIC "-//W3C//DTD XHTML 1.0 Transitional//EN"
"http://www.w3.org/TR/xhtml1/ DTD/xhtml1-transitional.dtd">
<html xmlns="http://www.w3.org/1999/xhtml">
<head>
<title>
Title That Summarizes the Document's Content
</title>
</head>
</html>
```

Le titre doit représenter le document, même si le document est hors de son contexte. Voici quelques exemples de titres corrects :

- Exemple de Code XHTML
- Apprendre à monter à bicyclette
- Regarder la télévision pour le divertissement et le profit

Voici quelques titres moins utiles, surtout en dehors de leur contexte :

- Exemples
- Chapitre 2
- Suite

Les informations de l'élément `title` sont aussi utilisées par certains moteurs de recherche et programmes d'indexation.

Faites attention aux titres par défaut donnés par les éditeurs WYSIWYG. Mettez toujours votre propre titre.

L'élément *meta*

L'élément `meta` est un enfant de l'élément `head` (c'est-à-dire qu'il peut être imbriqué dans `head`) ; c'est aussi un élément vide. L'élément `meta` est utilisé pour incorporer les informations `meta` du document. *Les meta-informations* contiennent des informations sur le document tels que les mots-clés, des informations sur l'auteur et une description du document. Il est bénéfique d'inclure des éléments `meta` dans votre document XHTML car ils permettent aux moteurs de recherche d'identifier, cataloguer et situer l'information dans votre document. Voici un exemple de quelques éléments `meta` d'un document XHTML :

```
<!DOCTYPE html PUBLIC "-//W3C//DTD XHTML 1.0 Transitional//EN"
"http://www.w3.org/TR/xhtml1/DTD/xhtml1-transitional.dtd">
<html xmlns="http://www.w3.org/1999/xhtml">
<head>
<meta name="author" content="Your name" />
<meta name="keywords" content="A keyword,a keyword,a
keyword" />
<meta name="description" content="This is the Home Page
of the Web site of Your Name." />
</title>
Title That Summarizes the Document's Content
</title>
</head>
</html>
```

Lors de l'utilisation de l'élément `meta`, n'oubliez pas de le fermer avec un espace suivi d'une barre oblique avant le signe supérieur (/>) car il s'agit d'un élément vide.

Autres enfants de l'élément *head*

En plus des éléments `title` et `méta`, l'élément `head` peut contenir les éléments enfant suivants :

script indique aux navigateurs que le contenu est une partie d'un langage script comme Perl, PHP, JavaScript (aussi appelé JScript ou ECMAScript) ou VBScript.

style contient des informations internes sur les feuilles de style CSS (Cascading Style Sheets).

link définit un lien. Cet élément fonctionne comme un élément ancre (a) (que nous allons présenter en détail dans le Chapitre 4). L'élément `link` est plus communément utilisé pour lier une feuille de style CSS externe à un document ou pour lier les différents cadres qui affichent les documents créés sous la DTD XHTML Multifenêtrage.

isindex utilisé auparavant pour créer des contrôles texte, l'élément `isindex` est devenu obsolète en faveur de l'élément `input`.

base définit un document de base URL en utilisant l'attribut `href`. Il doit apparaître comme l'enfant de l'élément `head` et établit une URL de base pour toutes les références relatives. Cet élément est souvent utilisé en conjonction avec des ancres pour rendre possible la navigation à l'intérieur d'un document. Une autre utilisation classique de l'élément `base` se fait avec le multifenêtrage où une fenêtre est nommée comme un attribut de l'élément "`frame`".

Un lien URL est un type d'identificateur de ressource uniforme (URI). La valeur de l'attribut `href` peut être tout type d'identificateur URI, comme un nom de ressource uniforme (URN).

L'élément *body*

L'élément `body` contient les éléments, les attributs et les informations que vous souhaitez voir affichés par le navigateur. La plupart des autres sujets que nous développons dans ce livre prennent place entre les éléments `body` (sauf si vous créez un document utilisant des fenêtres ; voir le Chapitre 8 pour plus d'informations). Pour utiliser l'élément `body`, insérez-le entre la balise de fin `head` et au-dessus de l'élément de fin `html` :

```
<!DOCTYPE html PUBLIC "-//W3C//DTD XHTML 1.0 Transitional//EN"
"http://www.w3.org/TR/xhtml1/DTD/xhtml1-transitional.dtd">
<html xmlns="http://www.w3.org/1999/xhtml">
<head>
<title>
Title That Summarizes the Document's Content
</title>
</head>
<body>
All the elements, attributes, and information in the
document body go here.
</body>
</html>
```

Tout au long de ce livre, des exemples qui n'incluent pas ces éléments de structure vous seront présentés. Cela ne signifie pas que vous ne devez pas les inclure mais il s'agit simplement de vous concentrer sur notre sujet immédiat.

Si vous avez bien suivi, il est temps d'enregistrer le document, de faire un aperçu avec le navigateur, et de le comparer à la Figure 3.1 pour confirmer que vous êtes sur la bonne voie. Le titre apparaît dans la barre de titre et des textes apparaissent dans la fenêtre du document.

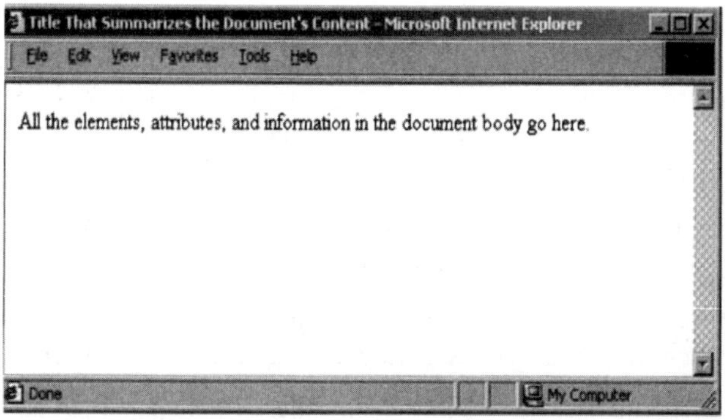

Figure 3.1 : Votre premier document XHTML avec tous les éléments de structure.

Il faut se rappeler que vous pouvez aussi inclure une déclaration XML (<?xml version="1.0" encoding="UTF-8" standalone="no"?>), mais celle-ci n'est pas encore exigée par le consortium W3C pour le moment.

Application des éléments de base

Après avoir inclus les éléments de structure, vous êtes maintenant prêt à placer des contenus élémentaires dans le corps du document. Les sections suivantes vont montrer comment l'on fait pour inclure l'en-tête, les paragraphes, les listes et les règles (lignes horizontales). Ces éléments constituent les composants élémentaires d'un document XHTML et, contrairement aux éléments de structure, ils apparaissent dans la fenêtre du navigateur. Vous devez apprendre à appliquer ces éléments et attributs de base afin de maîtriser le langage XHTML, quel que soit l'élément ou l'attribut.

En créant le contenu de votre document XHTML, vous devez savoir que son apparence exacte variera d'un navigateur à l'autre. Dans le Chapitre 1, nous avons écrit que deux navigateurs afficheront un en-tête plus grand et plus gras que le texte courant, mais les polices de caractère spécifiques et leurs instances varieront. De plus, l'utilisateur peut disposer de paramètres spécifiques sur son ordinateur, qui vont affecter l'affichage du document.

A propos des attributs communs

En XHTML, plusieurs attributs peuvent être appliqués à la plupart des éléments ; ils sont appelés attributs *communs*. Ils comprennent :

id="name" Affecte un nom unique à un élément à l'intérieur d'un document.

style="style" Permet à l'auteur d'un document d'utiliser des feuilles de style CSS comme valeur d'attribut ou de définir les paramètres de présentation pour cet élément spécifique. Vous pouvez utiliser l'attribut `style` avec tous les éléments sauf `html`, `head`, `title`, `meta`, `style`, `script`, `param`, `base` et `basefont`.

class="name" Affecte une classe ou un élément de classe à un élément. Cet attribut est fréquemment utilisé avec des feuilles de style CSS pour établir les propriétés d'affichage d'un sous-ensemble particulier d'éléments.

lang="language code" Déclare le langage à appliquer à l'élément. Par exemple, `lang="en"` signifie que l'anglais est la langue désignée pour cet élément.

dir="ltr|rtl" spécifie le sens de lecture d'un texte. Cela ne paraît pas être un attribut important sauf si vous vous rappelez que plusieurs langues ne se lisent pas toujours de gauche à droite. Effectivement, `ltr` signifie "de gauche à droite" et `rtl` signifie "de droite à gauche", aussi cet attribut est plus utile dans le cas où le sens de la lecture du texte serait équivoque ou confus.

title="text" Les fonctions sont d'une certaine manière semblables à l'élément `title` mais s'appliquent uniquement à un élément spécifique et non pas au document entier. Une mise en garde toutefois, le comportement de l'attribut n'est pas défini par la spécification XHTML. Au lieu de cela, la façon dont le comportement est rendu est laissée aux soins du navigateur. Cet attribut est couramment utilisé sur les sites ou les documents dont les auteurs savent que des utilisateurs vont les consulter au moyen d'Internet Explorer 5.0 ou une version plus récente. L'attribut `title` ne peut pas être utilisé avec les éléments suivants : `html`, `head`, `meta`, `title`, `script`, `param`, `base` et `basefont`.

Les éléments obsolètes abondent

L'un des buts principaux du langage XHTML est de séparer la structure du document de sa présentation. Cet objectif, à lui seul, fait de XHTML une antithèse de HTML et de son "stock de balises" d'éléments obsolètes. *Les éléments obsolètes* sont des éléments qui seront déphasés à la prochaine version de XHTML.

Toutefois, la DTD XHTML 1.0 Transitionnelle permet encore l'utilisation de ces éléments obsolètes. Mais la technologie est tournée vers le futur et il vaut mieux éviter leur utilisation et préférer d'autres éléments ou d'autres options, tels que les feuilles de style CSS (qui seront expliquées dans le Chapitre 10). Le Tableau 3.1 liste les éléments HTML qui sont obsolètes dans la version XHTML 1 mais qui sont toujours utilisés par certains auteurs.

Tableau 3.1 : Eléments obsolètes dans la version XHTML 1.

OBSOLETE ELEMENT	DESCRIPTION	REMPLACE PAR L'ELEMENT
`applet`	applet Java	l'élément `objet`
`basefont`	taille de la police de base	CSS
`center`	abréviation de `div align="center"`	CSS
`dir`	liste de répertoire	liste non ordonnée (l'élément `ul`)
`font`	changement local de police	CSS
`isindex`	invite sur une seule ligne	utilisation de `input` pour créer un contrôle de saisie de texte
`menu`	liste de menu	liste non ordonnée (l'élément `ul`)
`s` ou `strike`	texte barré	CSS
`u`	texte souligné	CSS

Lorsque nous allons développer ces éléments dans les sections suivantes, nous remarquerons qu'ils sont obsolètes et nous vous donnerons des alternatives partout où il sera possible de le faire.

Création de paragraphes

L'un des éléments les plus communs que vous allez utiliser est l'élément paragraphe (p) qui convient à un corps de texte régulier. En HTML, vous avez pu utiliser la balise de début pour marquer les paragraphes. Toutefois, en XHTML, l'élément paragraphe doit se présenter par paire. Utilisez l'élément de début <p> lorsque vous souhaitez commencer un paragraphe et l'élément de fin </p> pour le terminer. Il est plus facile d'identifier le début d'un élément et sa fin si vous utilisez les balises de début et de fin.

Afin d'utiliser l'élément paragraphe, saisissez les balises de début et de fin autour du texte que vous souhaitez formater comme paragraphe, de la manière suivante :

```
<p>
A whole paragraph goes right here.
</p>
```

Il n'est pas nécessaire de taper le contenu des balises sur une ligne séparée. Le code `<p>Paragraph goes here.</p>` est aussi acceptable. Nous le faisons simplement pour faciliter la lecture de l'exemple.

La Figure 3.2 affiche quelques exemples de paragraphes.

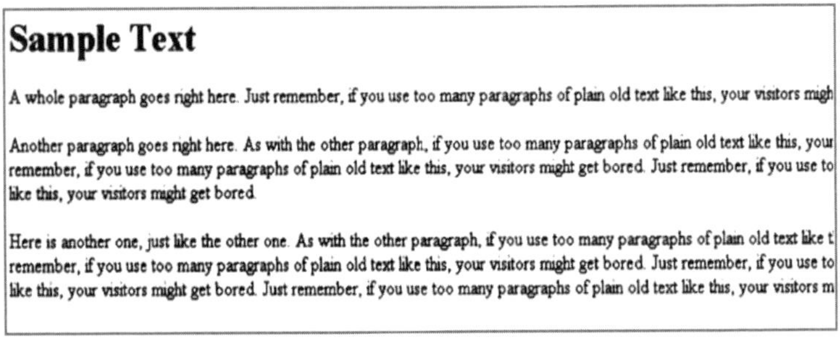

Figure 3.2 : Le texte de paragraphe est le texte le plus courant dans les documents XHTML.

L'attribut `align` peut aussi être utilisé avec l'élément paragraphe. Mais comme il est obsolète, nous vous suggérons d'utiliser des feuilles de style pour obtenir le même effet. Les valeurs de l'attribut `align` sont `left`, `center`, `right`, ou `justify`. Afin d'appliquer cet attribut, incluez-le dans l'élément de début du paragraphe, comme ceci :

```
<p align="center">
Paragraph of information goes here.
</p>
```

Vous pouvez aussi appliquer d'autres formats de paragraphe au lieu de l'élément `p` pour avoir des formats de paragraphe un peu différents, comme dans le Tableau 3.2.

Tableau 3.2 : D'autres éléments de formatage de paragraphes.

ELEMENT	EFFET
address	Utilisé pour les informations d'adresse et de contact. Il apparaît souvent en italique et, quelquefois, il est utilisé en bas de page.
blockquote	Utilisé pour formater une citation. Il apparaît d'habitude en retrait des deux côtés de la page avec moins d'espace entre les lignes que pour un paragraphe régulier.
pre	Prêt à être appliqué pour le code de programme de formatage ou pour une information similaire (abréviation de "preformatted"). Il apparaît d'habitude en police de largeur fixe avec des espaces très larges entre les mots et les lignes.

La Figure 3.3 montre comment les éléments `address` et `pre` apparaissent dans Internet Explorer.

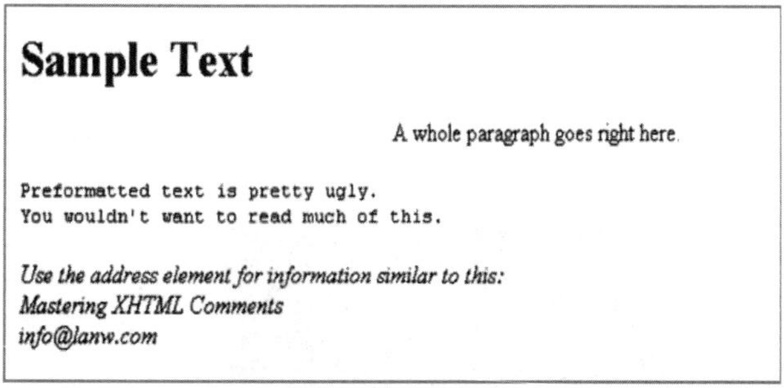

Figure 3.3 : Les balises spéciales de niveau de paragraphe mettent en évidence les informations.

Création d'en-têtes

Les en-têtes divisent le texte, annoncent les sujets qui vont suivre, et arrangent les informations selon une hiérarchie logique. Le langage XHTML donne six niveaux d'en-tête ; `h1` est le plus large et `h6` est le plus petit. Les paires de balises ressemblent à ceci :

```
<h1>...</h1>
<h2>...</h2>
<h3>...</h3>
<h4>...</h4>
<h5>...</h5>
<h6>...</h6>
```

Pour la plupart des documents, limitez-vous à trois niveaux d'en-tête. Après trois niveaux d'en-tête, certains utilisateurs commencent à perdre la trace de votre hiérarchie. Si vous utilisez plusieurs niveaux d'en-tête, pensez à réorganiser votre document en le divisant en plusieurs documents. Plusieurs niveaux indiquent souvent un problème d'organisation plus vaste.

Voici un exemple d'utilisation des éléments d'en-têtes :

```
<!DOCTYPE html PUBLIC "-//W3C//DTD XHTML 1.0 Transitional//EN"
"http://www.w3.org/TR/xhtml1/DTD/xhtml1-transitional.dtd">
<html xmlns="http://www.w3.org/1999/xhtml">
<head>
<title>Sample Headings</title>
```

```
</head>
<body>
<h1>First Level Heading</h1>
<h2>Second Level Heading</h2>
<h3>Third Level Heading</h3>
</body>
</html>
```

La Figure 3.4 montre la manière dont Netscape 6 affiche quelques en-têtes de niveau.

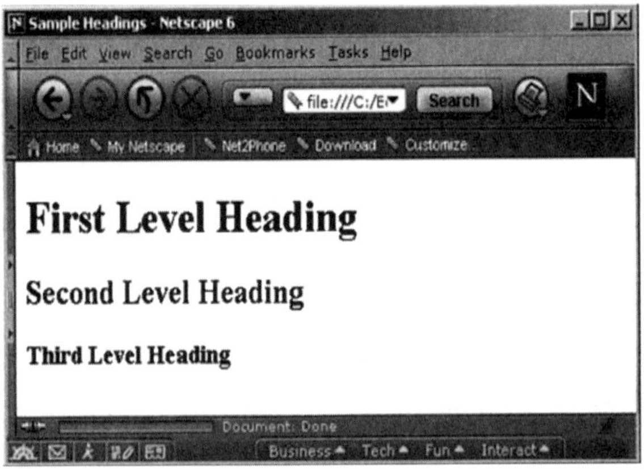

Figure 3.4 : Les niveaux d'en-tête donnent aux utilisateurs une information sur la hiérarchie.

En général, vous devez utiliser les éléments d'en-tête uniquement pour les documents d'en-tête – c'est-à-dire que vous ne devez pas utiliser les éléments d'en-tête pour faire des légendes de figure ou pour accentuer des informations à l'intérieur du texte. Pourquoi ? Premièrement, vous ne savez pas toujours comment le navigateur va afficher l'en-tête. Il pourrait ne pas créer l'effet visuel que vous attendez. Deuxièmement, certains programmes d'indexation et d'édition utilisent les en-têtes pour générer des tables des matières et d'autres informations sur votre document. Ces programmes ne vont pas exclure les en-têtes ou les autres informations de la table des matières uniquement par le fait qu'ils ont été utilisés, par exemple comme légendes de figure.

Par défaut, tous les navigateurs alignent les en-têtes sur la gauche. Toutefois, la plupart de navigateurs supportent l'attribut `align`, qui vous permet d'aligner les en-têtes à droite, au centre, ou de les justifier. Pour utiliser l'attribut `align`, ajoutez-le dans les éléments d'en-tête :

```
<h1 align="left">Left-aligned Heading </h1>
<h1 align="center">Centered Heading </h1>
<h1 align="right">Right-aligned Heading </h1>
```

La Figure 3.5 montre des en-têtes alignés à gauche, centrés et alignés à droite.

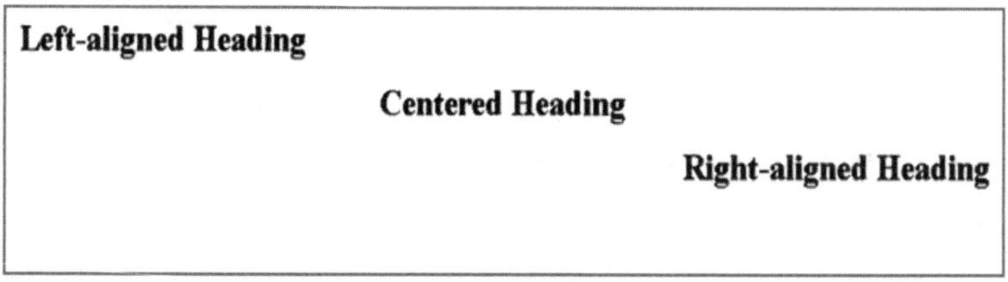

Figure 3.5 : En-têtes alignés à droite, centrés et alignés à gauche.

LES OPPORTUNITÉS OFFERTES PAR LE LANGAGE XHTML

La spécification XHTML 1 déconseille (fortement) l'utilisation de l'attribut `align`. Par conséquent, même si cet attribut est encore couramment pris en charge et que vos utilisateurs continuent à employer des navigateurs courants, vous devez envisager l'utilisation de feuilles de style CSS pour vos besoins de formatage.

Vous obtiendrez des informations sur les feuilles de style CSS dans le Chapitre 10 et une liste complète des options CSS dans la deuxième partie des Références du Maître.

Si vous écrivez pour un large public, certains peuvent encore utiliser des navigateurs anciens, imbriquez alors l'élément qui a l'attribut `align="center"` à la place de l'élément `center`, pour que le texte apparaisse centré. Le balisage doit être semblable à celui-ci :
`<center><h1 align="center">Centered Heading</h1></center>`

Création de listes

Les listes constituent l'un des grands moyens pour fournir des informations dans un format structuré et facile à lire. Elles aident vos utilisateurs à repérer facilement les informations et attirent l'attention sur les plus importantes d'entre elles. Une liste est un bon formulaire pour une procédure. La Figure 3.6 montre le même contenu formaté, l'un dans un paragraphe, et l'autre dans une liste.

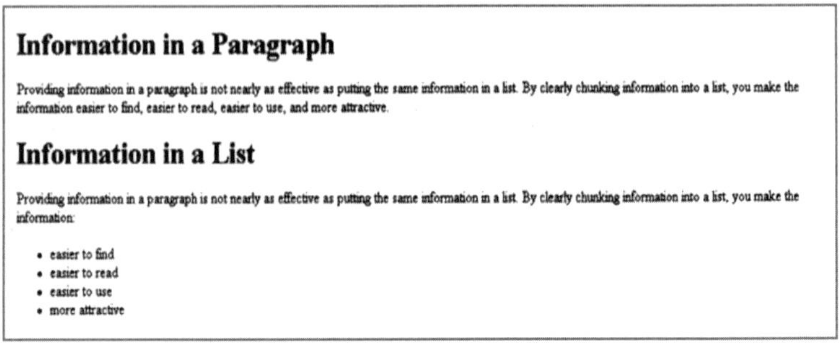

Figure 3.6 : Les listes sont souvent plus faciles à lire que les paragraphes.

Il y a deux variétés de liste : la liste numérotée (appelée liste *ordonnée*) et une liste à puces (appelée liste *non ordonnée*). Pour créer une liste, il faut d'abord spécifier que vous souhaitez mettre l'information dans une liste. Vous identifiez alors chaque article en ligne dans la liste. Le Tableau 3.3 montre la liste et les éléments d'articles en ligne.

Tableau 3.3 : Une liste et les éléments d'articles en ligne.

ELEMENT	EFFET
`li`	Spécifie une ligne d'une liste ordonnée ou non ordonnée.
`ol`	Spécifie que l'information doit apparaître comme une liste ordonnée.
`ul`	Spécifie que l'information doit apparaître comme une liste non ordonnée (liste à puce).

Les étapes suivantes montrent la manière de créer une liste à puces. Vous devez utiliser les mêmes étapes pour créer une liste numérotée mais pour cela, employez `ol` à la place de l'élément `ul`.

1. Commencez avec un texte que vous souhaitez formater :

```
Lions
Tigers
Bears
Oh, My!
```

2. Ajoutez l'élément `ul` autour du texte de la liste.

```
<ul>
Lions
Tigers
Bears
Oh, My!
</ul>
```

3. Placez les balises de début et de fin `li` autour de chaque article de la liste.

```
<ul>
<li>Lions</li>
<li>Tigers</li>
<li>Bears</li>
<li>Oh, My!</li>
</ul>
```

La liste obtenue, affichée dans un navigateur, ressemble à celle montrée dans la Figure 3.7.

Figure 3.7 : Les listes à puces rendent l'information plus facile à repérer sur la page et peuvent attirer l'attention sur les points importants.

Pour modifier une liste non ordonnée en liste ordonnée (numérotée), changez l'élément `ul` par `ol`. La liste numérotée obtenue est montrée dans la Figure 3.8.

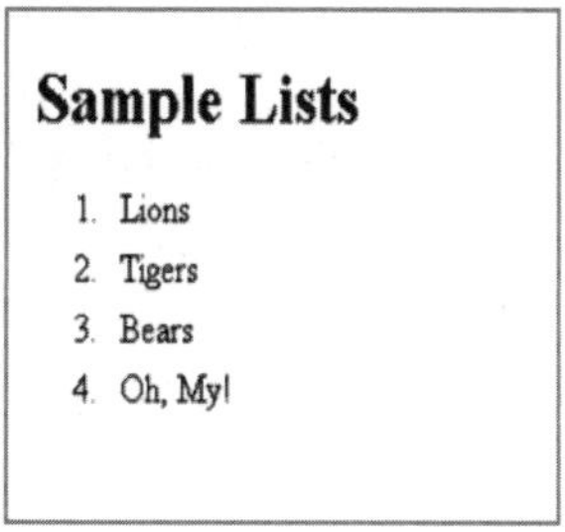

Figure 3.8 : Les listes numérotées affichent une suite d'informations.

En outre, les éléments de liste obsolètes et peu utilisés incluent d'abord `dir` pour créer une liste de répertoires et, ensuite, `menu` pour créer une liste de menus. Vous utilisez ces éléments comme c'est le cas avec les éléments `ul` et `ol`.

Définir l'apparence d'une liste

Par défaut, les listes numérotées utilisent les chiffres arabes, et les listes à puces utilisent de petites puces rondes. Vous pouvez modifier leurs apparences grâce aux attributs de listes du Tableau 3.4.

Tableau 3.4 : Les attributs de listes.

ELEMENT	EFFET
Pour les listes numérotées :	
type="A"	Spécifie le nombre (ou la lettre) avec lequel la liste doit commencer : A, a, I, i ou 1 (par défaut).
type="a"	
type="I"	
type="i"	
type="1"	
Pour les listes à puce :	
type="disc"	Spécifie la forme de la puce.
type="square"	
type="circle"	

Pour utiliser un de ces attributs, insérez-le dans la balise de début `ol` ou `ul` ou dans la balise `li` :

```
<ol type="A">
<li>Outlines use sequential lists with letters.</li>
<li>So do some (unpopular) numbering schemes for documentation.</li>
</ol>
```

Ou comme ceci :

```
<ul type="square">
<li>Use bullets for non-sequential items.</li>
<li>Use numbers for sequential items.</li>
</ul>
```

Ou ceci :

```
<ul>
<li type="circle">Use bullets for non-sequential items.</li>
<li type="square">Use different bullets for visual interest</li>
</ul>
```

La Figure 3.9 montre comment ces attributs apparaissent dans le navigateur.

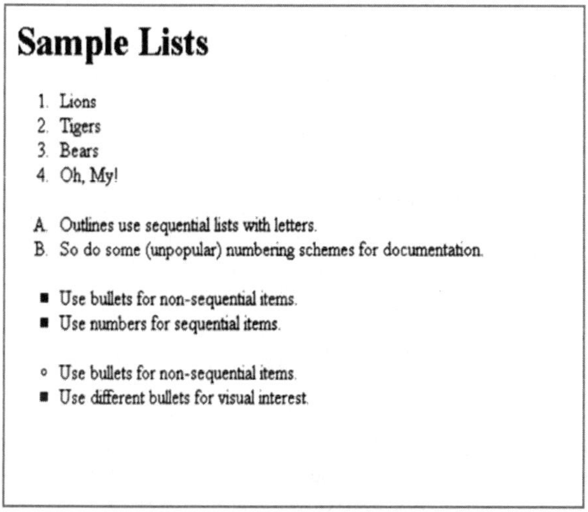

Figure 3.9 : Vous pouvez modifier l'apparence des nombres et des puces en utilisant les attributs de listes.

Vous pouvez ajouter l'attribut `compact` dans les éléments d'ouverture `ol` ou `ul` pour indiquer aux navigateurs qu'ils doivent afficher la liste sous la forme la plus compacte possible. En général, ce paramètre provoquera une petite différence car la plupart des navigateurs affichent par défaut les listes sous la même forme. Cet attribut est aussi obsolète.

L'attribut `type` pour les listes non ordonnées est couramment supporté par plusieurs navigateurs (mais pas tous) ; il est aussi obsolète.

Plus d'options pour les listes ordonnées

Les listes ordonnées ont des attributs supplémentaires pour spécifier le premier numéro de la liste et créer des informations de hiérarchie.

Premièrement, vous pouvez commencer une liste numérotée avec une valeur autre que `1` (ou `A`, `a`, `I` ou `i`). Insérez simplement l'attribut `start` dans l'élément initial `ol`, comme dans `<ol start="51">` pour commencer la liste avec le numéro `51`. Ou vous pouvez même modifier des numéros spécifiques à l'intérieur d'une liste en utilisant l'attribut `value` dans la balise `li`, comme dans `<li value="7">`.

Les attributs `start` et `value` sont obsolètes.

Pour utiliser ces attributs, insérez-les dans l'élément `ol` :

```
<ol start="51">
<li>This is the fifty-first item</li>
<li>This is the fifty-second.</li>
<li type="i" value="7">This item was renumbered to be the seventh, using
lowercase roman numerals, just because we can.</li>
</ol>
```

La Figure 3.10 montre ce code lorsqu'il apparaît dans la fenêtre du navigateur.

En second lieu, vous pouvez utiliser des listes ordonnées imbriquées et différents attributs `type` pour créer des esquisses. La numérotation continue au-delà des sections de bas niveau avec un attribut `value` sans qu'il soit besoin de tout renuméroter manuellement. Voici un exemple de ce à quoi le code peut ressembler :

```
<ol type="I">
<li>Top Level Item</li>
<li>Another Top Level Item</li>
<ol type="A">
<li>A Second Level Item</li>
<li>Another Second Level Item</li>
<ol type="1">
<li>A Third Level Item</li>
<li>Another Third Level Item</li>
</ol>
<li> Another Second Level Item</li>
</ol>
<li>A Top Level Item</li>
</ol>
```

Les résultats sont montrés dans la Figure 3.11.

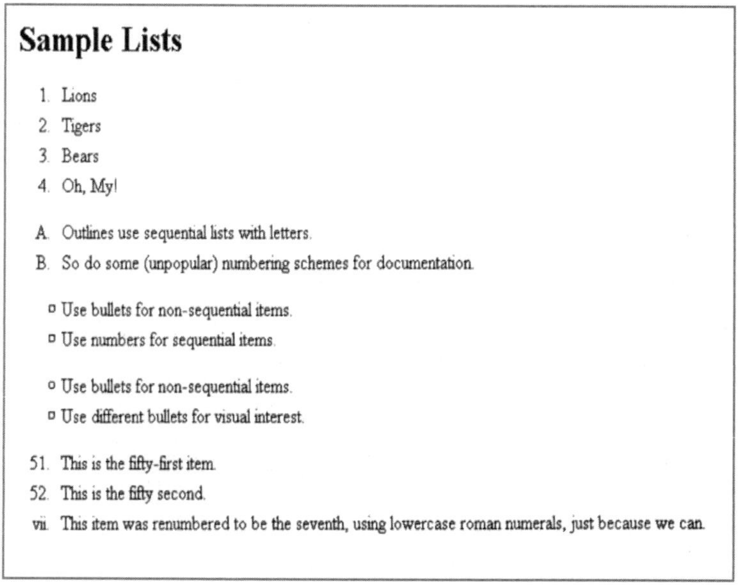

Figure 3.10 : Les attributs permettent de personnaliser les listes ordonnées de différentes manières.

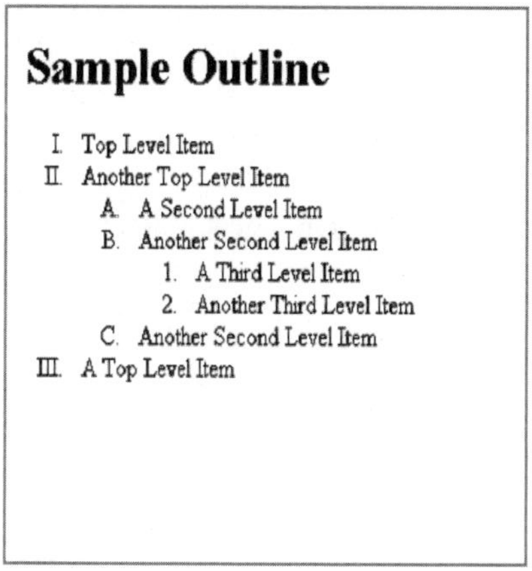

Figure 3.11 : Les listes ordonnées sont assez flexibles pour formater des silhouettes.

Utilisation d'une liste de définitions

Finalement, une variante de liste spéciale, qu'on appelle *liste de définitions*, peut être utile pour fournir deux niveaux d'information. Vous pouvez prendre une liste de définition comme, par exemple, les entrées d'un dictionnaire ; il y a donc deux niveaux d'information : l'entrée et la définition. Vous pouvez utiliser ces listes pour fournir une information de type glossaire ou une liste à deux niveaux. Le Tableau 3.5 dresse une liste des éléments et de leurs effets.

Tableau 3.5 : La liste de définitions et les éléments articles.

ELEMENT	EFFET
dl	Spécifie que l'information doit apparaître comme une liste de définitions.
dt	Enfant de dl ; il identifie les termes de la définition.
dd	Enfant de dl ; il identifie les définitions.

Pour créer une liste de définitions, comme montrée dans la Figure 3.12, suivez les étapes suivantes :

1. Saisissez les balises de début et de fin dl pour commencer la définition de la liste.

```
<dl>
</dl>
```

2. Ajoutez les balises de début et de fin autour des termes de la définition.

```
<dl>
<dt>XHTML</dt>
<dt>Maestro</dt>
</dl>
```

3. Ajoutez l'élément dd pour identifier les définitions individuelles.

```
<dl>
<dt>XHTML</dt>
<dd>Extensible Hypertext Markup Language is used to create Web pages.</dd>
<dt>Maestro</dt>
<dd>An expert in some field. See "Readers of <i>Mastering XHTML</i>" for
examples.</dd>
</dl>
```

La liste de définitions est beaucoup utilisée dans les listes "Nouveautés" ; c'est une page spéciale qui publie tout ce qui est nouveau, donc ce qui suscite un intérêt sur votre site ou dans votre organisation. Essayez de mettre des dates dans l'élément `dt` (peut-être en gras et en italique) et l'information dans l'élément `dd`.

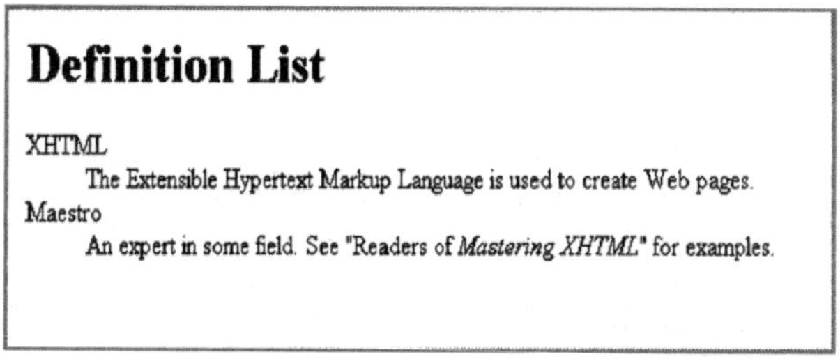

Figure 3.12 : Les listes de définition sont des options de formatage qui sont très utiles lorsqu'on présente les informations comme un dictionnaire.

Application des formatages Gras, Italique et autres mises en relief

En plus de la création de paragraphes, d'en-têtes et de listes, vous pouvez aussi appliquer le formatage à des lettres individuelles et à des mots. Par exemple, vous pouvez faire apparaître des mots en *italique*, en **gras**, `soulignés` ou en exposant comme dans e^2. Utilisez les éléments de formatage de niveau de caractères uniquement à l'intérieur des éléments de niveau de paragraphes, ce qui veut dire que vous ne pouvez pas mettre un élément `p` dans un élément de formatage de niveau de caractère comme `b`. Vous devez fermer le formatage de niveau de caractères avant de fermer celui du niveau de paragraphes.

Ce qui suit est correct :

```
<p><b>This is the end of a paragraph that also uses boldface.</b></p>
<p>This is the beginning of the following paragraph.</p>
```

Par contre, celui-ci n'est pas correct :

```
<p>This text <b>is boldface.</p>
<p>As is this.</b></p>
```

Bien que plusieurs éléments de formatage de caractère soient disponibles, vous allez probablement utiliser le plus souvent `b` (pour **boldface**) et `i` (pour italique). Le Tableau 3.6 montre une liste d'éléments de formatage de caractère les plus courants.

Tableau 3.6 : Les éléments de formatage de caractère courants.

ELEMENT	EFFET
`b`	Applique un formatage de caractère en gras.
`blink`	Un élément propriétaire de Netscape qui fait clignoter le texte ; habituellement considéré comme très peu professionnel.
`cite`	Indique une citation ou une référence.
`code`	Affiche un code de programme ; similaire à l'élément `pre`.
`em`	Applique une mise en relief ; habituellement affiché en italique.
`i`	Applique un formatage en italique.
`s` ou `strike`	Barre le texte, obsolète.
`strong`	Applique une mise en relief plus accentuée ; habituellement affiché comme un texte en gras.
`sub`	Formate le texte comme un indice.
`sup`	Formate le texte comme un exposant.
`tt`	Applique une police de caractères de largeur fixe.
`u`	Applique un soulignement, obsolète.
`var`	Affiche des variables ou des arguments.

Pour utiliser ces éléments, saisissez-les autour des lettres individuelles ou des mots que vous souhaitez mettre en relief, comme suit :

```
Making some text <b>bold</b> or <i>italic</i> is a useful technique, more so
than <strike>strikethrough</strike> or <blink>blinking</blink>.
```

La Figure 3.13 montre des exemples de formatage de caractère. Le mot qui doit clignoter n'apparaît pas dans cette figure, ainsi vous pouvez le voir disparaître.

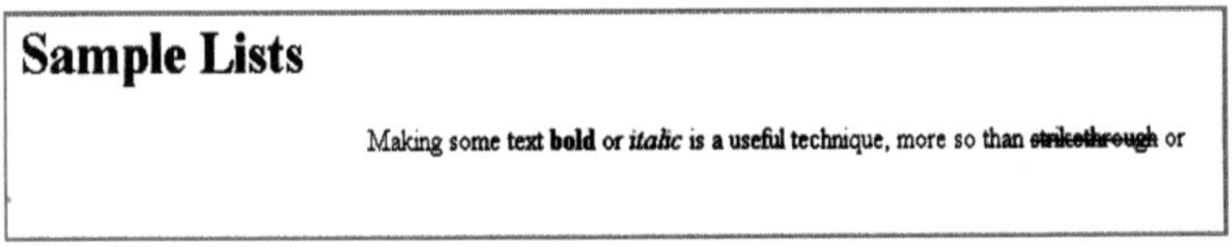

Figure 3.13 : Le formatage de caractère vous aide à accentuer les mots et lettres.

Essayez de sortir ces éléments de formatage de caractère pour les voir travailler et savoir comment ils apparaissent dans votre navigateur favori.

LES AVANTAGES DU LANGAGE XHTML

La spécification XHTML 1 encourage fortement l'utilisation des feuilles de style CSS pour vos besoins de formatage. Bien que la spécification supporte encore beaucoup d'éléments de formatage individuel obsolètes, le moyen le plus recommandé est d'utiliser les feuilles de style CSS pour inclure le formatage dans vos documents XHTML. En utilisant les feuilles de style CSS, vous pouvez appliquer :

- Le formatage de niveau de caractère, comme le soulignement et le mode barré.
- Le formatage de niveau de paragraphe, comme le retrait et la marge.
- D'autres formatages, comme les couleurs et images de fond.

Voir le Chapitre 10 et la deuxième partie des Références du Maître pour plus de détails sur les feuilles de style CSS.

Ajout de règles horizontales

Les *règles horizontales* sont des lignes qui séparent les longues sections d'un texte, indiquent un changement dans la pertinence de l'information, et améliorent la conception du document entier. Pour utiliser une règle horizontale qui est un élément vide, ajoutez l'élément `hr` là où vous souhaitez que la règle apparaisse, comme ceci :

```
<p>Long passages of text should often be broken into sections with headings
and, optionnaly, horizontal rules.</p>
<hr />
<h3>A Heading Also Breaks Up Text</h3>
<p>A new long passage can continue here.</p>
```

Par défaut, la règle horizontale apparaît ombrée et couvre la largeur de la fenêtre du navigateur. Elle est haute de quelques pixels. Vous pouvez changer l'intensité de l'ombre, la largeur, la hauteur et l'alignement en ajoutant les attributs appropriés. Il faut noter que tous les attributs des règles horizontales sont devenus obsolètes en faveur des feuilles de style CSS. Le Tableau 3.7 montre les attributs de la règle horizontale.

Les pixels sont de petits points sur votre écran qui produisent des images. **Pixel** est une abréviation de **picture element**. Si votre écran est défini à 800 x 600, vous avez 800 pixels à l'horizontale et 600 pixels à la verticale.

Tableau 3.7 : Les attributs de l'élément règle horizontale (hr) (tous obsolètes).

ATTRIBUT	SPÉCIFIE
`align="..."`	Un alignement à `left`, `center` ou `right`.
`noshade="noshade"`	La règle n'est pas ombrée.
`size="n"`	La hauteur de la règle est mesurée en pixels.
`width="n"`	La largeur (longueur) de la règle est mesurée en pixels.
`width="n%"`	La largeur (longueur) de la règle est mesurée en pourcentage par rapport à la largeur du document.

Pour utiliser n'importe lequel de ces attributs, ajoutez-le dans l'élément `hr` :

```
<hr width="80%" size="8" />
<hr width="50%" />
<hr width="400" align="right" />
<hr noshade="noshade" align="center" width="200" />
```

La Figure 3.14 montre quelques exemples de règles horizontales avec les attributs de hauteur, de largeur, les attributs d'alignement et d'ombrage.

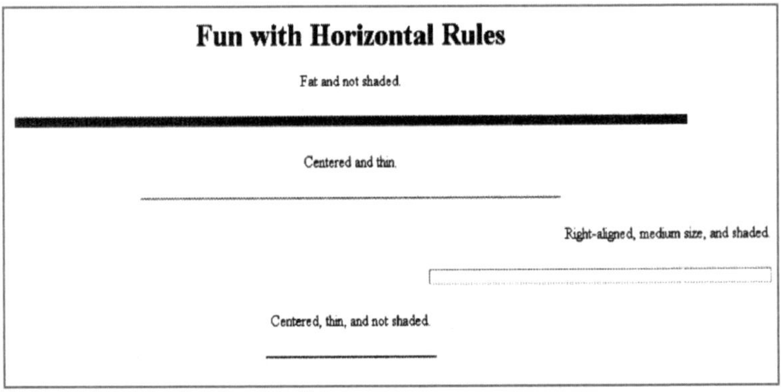

Figure 3.14 : Les règles horizontales peuvent aider à séparer les informations, améliorer et ajouter un intérêt visuel à la page.

Spécification de rupture de ligne

Quelquefois vous devez rompre une ligne à un endroit spécifique, mais vous ne souhaitez pas commencer un nouveau paragraphe. Par exemple, vous souhaitez que les lignes d'un texte de poème soient coupées en de courtes lignes. Vous pouvez rompre les lignes d'un paragraphe en insérant l'élément vide `br` à l'endroit où vous souhaitez que la ligne soit rompue.

```
<p>
There was an XHTML writer<br />
Who tried to make paragraphs wider<br />
He found with a shock<br />
All the elements did mock<br />
The attempt to move that text outside-r.<br />
Mercifully Anonymous
</p>
```

Ajout de formatage complexe

Maintenant que vous maîtrisez bien les options de base du formatage en XHTML, vous pouvez approfondir vos connaissances sur les effets d'un formatage plus complexe. Dans les sections suivantes, vous allez apprendre à ajouter des couleurs et spécifier une police de caractères avec sa taille. Presque tous les nouveaux navigateurs supportent ces effets complexes mais ils peuvent ne pas atteindre tous les utilisateurs. Aussi, la spécification XHTML 1 rend obsolètes un certain nombre d'effets en faveur des feuilles de style CSS. Si les utilisateurs ont un navigateur qui peut interpréter les feuilles de style CSS, vous devez les utiliser à la place de ces éléments et attributs obsolètes qui sont repris néanmoins dans cette section.

Ajout de couleurs

Le moyen le plus facile pour animer vos documents consiste à ajouter des couleurs à l'arrière-plan ou au texte lui-même. Vous pouvez animer ou, au contraire, rendre terne une page Web avec des éclaboussures de couleurs ou avec une combinaison de couleurs unies. Par exemple, vous pouvez ajouter une couleur d'arrière-plan et modifier la couleur du texte afin que le texte soit en harmonie avec le fond ; ou encore, vous pouvez surligner un mot ou deux pour bien les mettre en évidence dans une page. Si vous développez un site d'entreprise, vous devez utiliser les couleurs de l'entreprise pour avoir une meilleure apparence.

Votre page doit être cohérente avec le site Web, ce qui vous obligera à faire une combinaison de couleurs. Voir à ce propos le Chapitre 14.

L'inconvénient pour définir les couleurs vient du fait que vous ne pouvez pas contrôler ce que voit votre utilisateur. En effet, les utilisateurs ont pu paramétrer leurs navigateurs de manière à afficher uniquement les couleurs qu'ils préfèrent ou seulement le texte, dans ce cas, seuls le blanc, le noir et le gris sont affichés.

Vous spécifiez les couleurs en utilisant des nombres hexadécimaux qui combinent des proportions de rouge, de vert et de bleu ; ce qu'on appelle *le nombre RGB (ou RVB)*. Les nombres RGB utilisent six chiffres, deux chiffres pour le rouge, deux pour le vert et deux pour bleu. Notez bien que tous les nombres RGB ne s'affichent pas toujours avec une bonne teinte dans les navigateurs ; certaines couleurs sont *décolorées* et peuvent paraître tachetées ou mouchetées. Nous vous recommandons de sélectionner des valeurs RGB qui soient appropriées avec les pages Web. Le Tableau 3.8 illustre que chaque R, G, B peuvent prendre des valeurs 00, 33, 66, 99, CC ou FF, ce qui vous donne 256 combinaisons. Même si vous allez vraisemblablement ne commettre aucune faute avec les couleurs "sûres", il est important de les utiliser à l'arrière-plan de vos pages Web ou dans des emplacements à larges plaques de couleurs ; la décoloration peut altérer vos pages si vous n'utilisez pas ces combinaisons de nombres.

Tableau 3.8 : Les valeurs RGB recommandées.

R	G	B
00	00	00
33	33	33
66	66	66
99	99	99
CC	CC	CC
FF	FF	FF

Pour créer un nombre RGB à partir des valeurs de cette table, commencez simplement avec un signe dièse (#) afin d'indiquer le système hexadécimal, puis sélectionnez une option dans chaque colonne. Par exemple, choisissez `FF` dans la colonne Rouge, `00` dans la colonne Vert et `00` dans la colonne Bleu pour créer un nombre RGB `#FF0000`, qui a une proportion de couleur rouge la plus large possible mais pas de bleu ni de vert ; la combinaison va alors apparaître comme un rouge pur écarlate. (Les valeurs des couleurs ne sont pas sensibles à la casse.) Voir la sixième partie des Références du Maître pour compléter la liste des nombres RGB appropriés et les descriptions correspondantes.

Définition des couleurs d'arrière-plan

Avec une *couleur d'arrière-plan* qui est simplement une couleur de remplissage de la fenêtre entière du navigateur, vous pouvez ajouter un brin d'inspiration à vos pages Web. Par défaut, les navigateurs affichent un fond blanc ou gris qui pourrait convenir à un site intranet où les éléments brillants ne sont pas essentiels. Toutefois, si vous développez un site public ou un site personnel, votre souhait est de le rendre probablement plus intéressant et attractif. Par exemple, si vous développez le site Web d'une société, vous auriez aimé utiliser sa couleur standard, celle qui apparaît sur les papiers à en-tête, dans les logos ou les affiches commerciales ; vous souhaitez aussi appliquer votre couleur favorite sur un site personnel. Dans les deux cas, l'utilisation d'une couleur d'arrière-plan peut améliorer l'apparence de toutes les pages et vous aidera à développer un thème au niveau de chacune d'elles.

Les Chapitres 14 et 15 vous donneront plus de détails sur le développement des sites Web, sur les conseils spécifiques, ainsi que sur les sites intranets publics ou personnels.

Comme nous le verrons dans les sections suivantes, vous devez faire attention au contraste entre le texte et la couleur d'arrière-plan. Si vous spécifiez une couleur d'arrière-plan sombre, utilisez une couleur claire pour l'arrière-plan texte. Inversement, si vous choisissez une couleur claire pour l'arrière-plan, utilisez une couleur sombre pour le texte. Le contraste demeure la clé pour attirer les utilisateurs à lire vos pages Web.

Pour spécifier la couleur d'arrière-plan de vos documents, ajoutez l'attribut `bgcolor` dans la balise de début de l'élément `body` :

```
<body bgcolor="#FFFFFF">...</body>
```

Définition des couleurs de texte

Comme les couleurs d'arrière-plan, la couleur du texte va améliorer vos pages Web. En particulier, vous pouvez spécifier la couleur pour les cas suivants :

- Texte du corps, qui apparaît dans le corps du document.
- Les liens non visités, qui sont des liens non encore activés.
- Les liens actifs, qui sont des liens en cours de sélection.
- Les liens déjà visités, qui sont des liens précédemment activés.

Il est parfois essentiel de modifier le texte du corps du document, par exemple, si vous avez ajouté un arrière-plan ou une image. Si vous avez une couleur d'arrière-plan sombre, la couleur par défaut du texte ne créera pas le contraste adéquat, rendant ainsi le texte difficile ou impossible à lire. Dans ce cas, vous devez modifier la couleur du texte par une couleur plus claire, ce qui apportera suffisamment de contraste avec la couleur d'arrière-plan.

Que les liens aient été visités ou non, la modification de leur couleur va garder votre système de couleurs intact. Définissez le lien visité et celui qui ne l'est pas encore, chacun avec une différente couleur pour aider l'utilisateur à les reconnaître.

Afin de modifier la couleur des textes du corps du document, vous devez ajouter simplement les attributs de la liste du Tableau 3.9 dans la balise de début de l'élément `body`.

Tableau 3.9 : Les attributs de la couleur de texte et de lien (tous obsolètes).

ATTRIBUT	DEFINIT LA COULEUR DE
`text="..."`	Tout texte à l'intérieur du document, avec un nom de couleur ou une valeur #RRGGBB.
`alink="..."`	Liens actifs, qui sont des liens qu'un utilisateur utilise au moment où il clique dessus, avec un nom de couleur ou une valeur #RRGGBB.
`link="..."`	Liens qui n'ont pas encore été visités, avec un nom de couleur ou une valeur #RRGGBB.
`vlink="..."`	Les liens que l'utilisateur a récemment activés (la fraîcheur dépend des paramètres du navigateur), avec le nom d'une couleur ou une valeur #RRGGBB.

Nous recommandons le paramétrage de toutes les pages Web d'une manière simultanée ; ainsi vous pouvez voir l'harmonie qui existe entre les couleurs d'arrière-plan, du texte et celles des liens.

Pour modifier la couleur du texte et des liens, suivez les étapes suivantes :

1. Dans l'élément `body`, ajoutez l'attribut `text` pour définir la couleur du texte à l'intérieur d'un document. Cet exemple rend le texte en noir.

```
<body text="#000000">
```

Lors de la définition des couleurs du texte, l'utilisation d'une couleur "sûre" est moins importante pour le texte que pour l'arrière-plan. La décoloration est moins apparente sur une petite surface, comme un texte.

2. Ajoutez l'attribut `lien` pour définir la couleur du lien. Cet exemple utilise la couleur bleue (#0000FF) pour les liens.

```
<body text="#000000" link="#0000FF">
```

3. Ajoutez l'attribut `vlink` pour définir la couleur des liens visités. Si l'attribut `vlink` est défini comme pour `link`, les liens ne changeront pas de couleur alors qu'ils ont été activés. Cet état de choses peut être une source de confusion, mais il sert aussi à vous faire réagir comme si une nouvelle matière disponible venait d'arriver. L'exemple suivant définit la couleur des liens visités par une autre nuance du bleu.

```
<body text="#000000" link="#0000FF" vlink="#000099">
```

4. Finalement, définissez `alink` ou la couleur du lien actif. C'est la couleur du lien au moment où l'utilisateur est en train de cliquer dessus. Il n'est pas nécessairement visible dans Internet Explorer 4 car tout dépend des paramètres du navigateur. L'exemple suivant définit une couleur rouge pour `alink`.

```
<body text="#000000" link="#0000FF" vlink="#000099" alink="#FF0000">
```

Spécifiez les polices de caractères et augmentez leur taille pour améliorer la lisibilité avec un arrière-plan sombre et un texte de couleur claire.

Spécification des polices de caractères et de leur taille

Vous pouvez utiliser l'élément `font` afin de spécifier les caractéristiques des polices de caractères pour vos documents, notamment la couleur, la taille et la police de caractères. Toutefois, il faut noter que l'élément `font` et ses attributs sont devenus obsolètes en faveur des feuilles de style CSS. Nous vous suggérons de vérifier les propriétés de la police de caractères dans les feuilles de style CSS et de les utiliser à la place de l'élément `font`. Le Tableau 3.10 décrit l'élément et l'attribut à utiliser pour définir les caractéristiques de la police de caractères.

Tableau 3.10 : Les caractéristiques des polices (toutes obsolètes).

ARTICLE	TYPE	DESCRIPTION
`font`	Elément	Ensemble de caractéristiques de la police de caractères pour le texte.
`color="..."`	Attribut de l'élément `font`	Spécifie la couleur de la police de caractères en nombre #RRGGBB ou avec des noms de couleur. Cette couleur est uniquement appliquée au texte encadré par les éléments `font`.
`face="..."`	Attribut de l'élément `font`	Spécifie les polices de caractères possibles comme une liste, par ordre de préférence et séparées par des virgules ; par exemple, "Verdana, Arial, Helvetica".
`size="n"`	Attribut de l'élément `font`	Spécifie la taille de la police qui peut aller de 1 à 7 ; la taille par défaut ou taille normale est 3. Vous pouvez aussi spécifier une taille *relative* en utilisant les signes + ou - (par exemple +2).
`basefont`	Elément	Définit les caractéristiques par défaut d'un texte non formaté en utilisant l'élément `font` ou des feuilles de style CSS.

Puisque vous êtes en train de définir la police de caractères à utiliser, vous devez souligner que la police doit être disponible sur l'ordinateur de votre utilisateur afin qu'il puisse voir les polices que vous spécifiez. Par exemple, si vous choisissez Technical mais que votre utilisateur ne l'a pas, son ordinateur va substituer une autre police de caractères à la place, ce qui ne vous satisfera probablement pas du tout. Pour résoudre partiellement ce problème, il suffit de dresser une liste de plusieurs polices de caractères, et par ordre de préférence, la machine va afficher la première qui soit disponible. Par exemple, si vous avez une liste de "`Comic Sans MS`, `Technical`, `Tekton`, `Times`, `Arial`", votre ordinateur va afficher Comic Sans MS si cette police est disponible, sinon elle va essayer Technical, et Tekto, et ainsi de suite.

Quelle police de caractères faut-il donc choisir ? Le Tableau 3.11 dresse une liste des polices qui sont couramment disponibles sur Windows, Mac et les plates-formes Unix.

Tableau 3.11 : Les polices couramment disponibles.

WINDOWS	MACINTOSH	UNIX
Arial	Helvetica	Helvetica
Courier New	Courier	Courier
Times New Roman	Times	Times

Vous devez vérifier la sélection Microsoft de polices de caractères téléchargeables (`www.microsoft.com/typography/free.htm`). Ces polices de caractères sont disponibles pour les utilisateurs qui les ont spécialement téléchargées ou qui utilisent Internet Explorer 4 ou une version plus récente, Windows 98 ou une version récente.

Pour spécifier les caractéristiques d'une police de caractères, vous n'avez qu'à suivre les étapes suivantes. Vous pouvez définir une partie ou la totalité des caractéristiques utilisées dans cet exemple.

1. Identifiez le texte à formater avec l'élément `font`.

```
<font>Look at this!</font>
```

2. Sélectionnez une police de caractères spécifique en utilisant l'attribut `face`. Voir le Tableau 3.11 pour une liste des polices de caractères couramment disponibles.

```
<font face="Verdana, 'Times New Roman', Times">
Look at this!</font>
```

3. Modifiez la taille de la police en utilisant l'attribut `size`. La taille peut aller de 1 à 7, la taille par défaut étant 3. Définissez la taille de manière absolue avec un nombre entre 1 à 7, ou de manière relative avec les signes + ou - pour le nombre de niveaux que vous souhaitez modifier. Presque tous les navigateurs récents et ceux qui sont conformes à la spécification XHTML 1 supportent bien l'attribut

size pour définir la taille de la police de caractères. L'unique inconvénient majeur vient du fait que l'utilisateur a déjà défini une valeur par défaut de la taille de la police de caractères ; votre modification pourrait donc avoir plus d'effet que vous ne l'aviez prévu.

```
<font face="Technical, 'Times New Roman', Times" size="+2">Look at
this!</font>
```

4. Ajoutez l'attribut color pour définir la couleur, en utilisant le nom d'une couleur ou une valeur #RRGGBB.

```
<font face="Technical, 'Times New Roman', Times" size=+2" color="#FF0000">Look
at this!</font>
```

La Figure 3.15 montre le résultat.

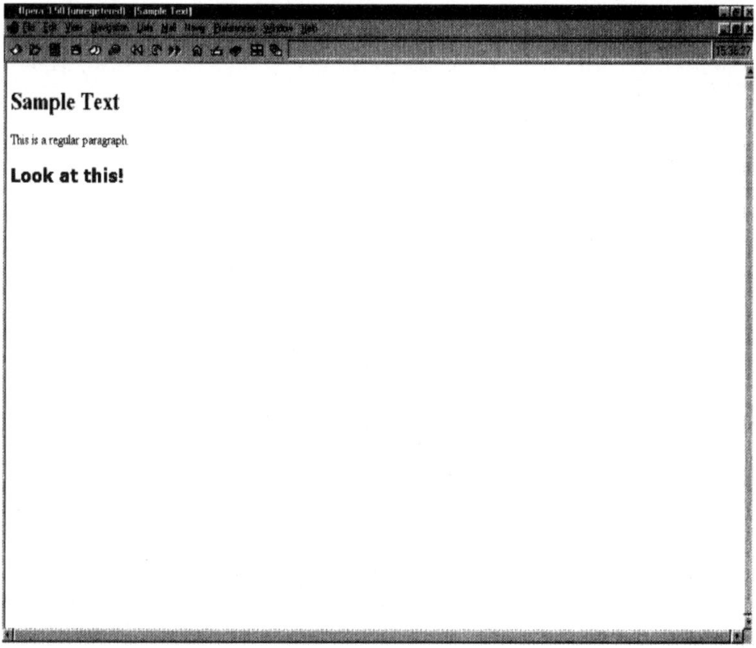

Figure 3.15 : La définition des caractéristiques de la police de caractères peut améliorer votre page et vous aider à obtenir l'effet visuel souhaité.

Et maintenant, que faire ?

Vous venez d'apprendre le code XHTML afin de pouvoir l'appliquer avec ses éléments et ses attributs les plus courants. Désormais, n'importe quel chapitre de ce livre n'aura plus de secrets pour vous.

- Si vous venez de créer votre première page, le Chapitre 4 vous apprendra à lier vos documents XHTML.
- Si vous souhaitez inclure des images dans vos documents, ce sera dans le Chapitre 5.
- Si vous voulez ajouter des caractéristiques avancées comme les tables, les formulaires et le multifenêtrage, la Deuxième partie sera pour vous une vraie mine d'informations.

Lier les documents

XHTML

Chapitre 4

Les liens constituent la partie "hyper" de l'hypertexte, cette fonction que l'on utilise pour passer d'un document à un autre. Les liens permettent de distinguer les documents XHTML des autres documents électroniques. Ils rattachent entre eux vos documents XHTML afin que vous puissiez créer un site Web uniformisé et vous mettre en relation avec les autres informations sur l'Internet.

Dans ce chapitre, nous allons vous montrer la manière d'insérer les différents types de liens dans vos documents XHTML. A travers les exemples et les instructions, vous verrez que les liens sont constitués simplement d'adresses Web et de quelques éléments XHTML ; d'ailleurs, ils ne sont pas difficiles à introduire dans vos pages Web. Vous allez apprendre à mettre en place des liens vers des pages de votre site Web, vers des pages d'autres sites et aussi en direction d'endroits précis à l'intérieur des pages ; et bien sûr, à insérer des liens e-mail.

Ce chapitre couvre les thèmes suivants :

- Faire connaissance avec l'anatomie des liens.
- Comprendre les types d'URL.
- Créer des ancres.
- Etablir un lien vers un endroit précis dans un document.
- Insérer des liens e-mail.

Anatomie des liens

Les *liens*, également appelés ancres, marquent des textes ou des images comme des éléments qui pointent vers d'autres documents, images, applets, effets multimédias XHTML ou encore vers des endroits précis à l'intérieur d'un document XHTML. Les liens comprennent trois parties :

- Des balises de début et de fin, `<a>...<a/>`, qui signalent que le texte est un lien.
- Un attribut, `href`, se trouvant à l'intérieur d'une balise de début d'ancre, comme dans `<a href="...">...</a>`.

- Une adresse, la valeur donnée à `href`, qui va indiquer aux navigateurs quels sont les fichiers à lier en identifiant l'emplacement d'un fichier sur le Web ou sur votre disque dur local. Ces adresses peuvent être des documents basés sur un langage de marquage (tel que HTML, XHTML et XML) ou des éléments référencés par des documents, tels que des images, des applets, des scripts ainsi que d'autres fichiers. L'adresse est toujours placée entre guillemets ; par exemple : `''address.html"`.

En les mettant ensemble, on obtient un lien élémentaire qui ressemble à ceci :

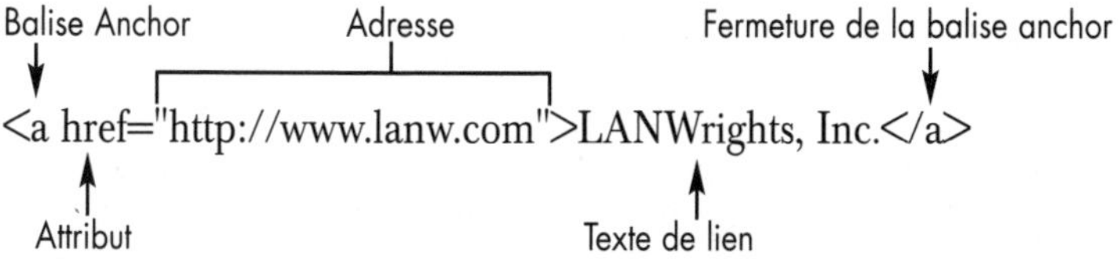

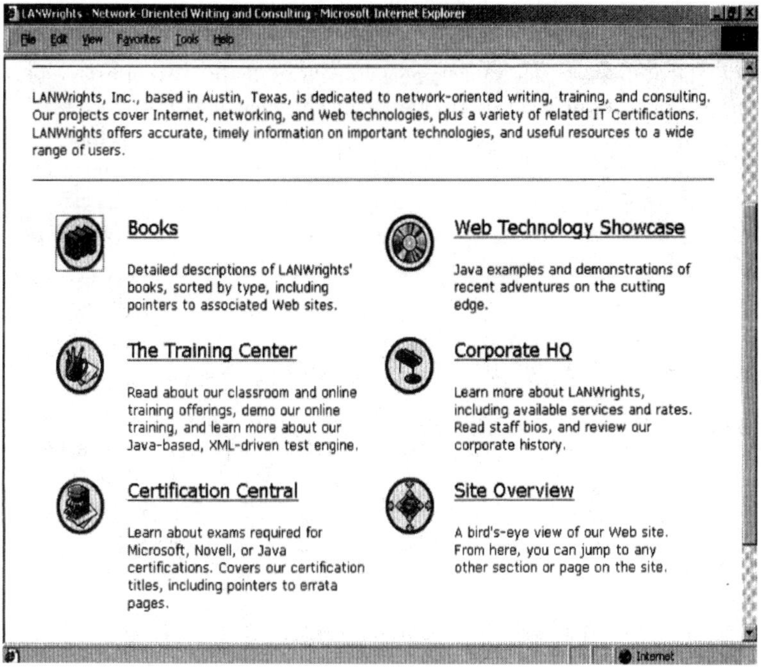

Figure 4.1 : Les liens texte sont généralement soulignés, les liens image sont habituellement entourés d'une bordure.

La partie "texte de lien" pour cet exemple apparaît en réalité dans le document. Les liens de texte sont habituellement affichés en bleu et soulignés, mais cela dépend du paramétrage à la fois de l'ordinateur et du navigateur de votre utilisateur, ainsi que de votre choix de formatage des liens. Les liens d'images apparaissent généralement dans une bordure. La Figure 4.1 montre des textes et des images utilisés comme des liens.

Pour des informations sur le formatage des couleurs de liens, voir le Chapitre 3.

Tous les liens sont pourvus des balises de début et de fin, d'un attribut et d'une adresse. Toutefois, l'adresse spécifique dépend de l'endroit où les documents que vous voulez lier auront été localisés.

Le document original désigne le document à partir duquel le lien sera créé et qui contient l'ancre ; le document lié renvoie au document qui, lui, sera à lier.

Anatomie d'une adresse URL

Le type d'adresse le plus fréquemment utilisé dans des liens hypertextes est l'URL (Uniform Resource Locator). C'est l'adresse d'un document présent sur le Web ou, plus exactement, sur l'Internet. Même si une URL peut paraître complexe et traîner en longueur, elle est uniquement formée, en principe, de quatre parties fondamentales : le protocole, le nom d'hôte, le nom de dossier et le nom de fichier, chacun d'elles assurant une fonction bien précise.

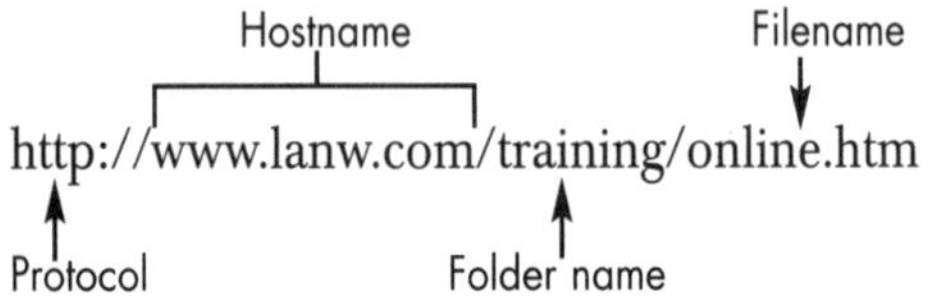

Une adresse URL est un type d'identificateur URI (Uniform Resource Identifier). La valeur de l'attribut `href` peut en réalité être un identificateur URI, mais puisqu'il est rare de trouver un lien vers quelque chose d'autre qu'une URL, la plupart des gens l'appelent simplement URL.

Protocole

Le *protocole* précise quel est le langage ordinateur qui transfère une information. Un protocole indique particulièrement au navigateur l'endroit où se trouvent les informations. Ces informations peuvent par exemple se trouver sur un serveur Web, un serveur FTP (File Transfer Protocol), sur un disque local, et ainsi de suite. Le protocole indique également au navigateur ce à quoi on doit s'attendre avec le processus de recherche de document, comme par exemple : un mot de passe est-t-il exigé, quelles informations le serveur fournira-t-il ? etc.

Le protocole à utiliser pour les liens dépend de l'endroit où se trouve le fichier de destination. Le plus utilisé parmi les protocoles est le protocole HTTP ou *Hypertext Transfer Protocol*. Il indique que des informations se trouvent quelque part sur la Toile. De la même manière, si vous liez un document qui se trouve à un endroit précis de votre ordinateur local, vous devriez utiliser `file:///` comme indicateur de protocole ; ce qui va spécifier que le navigateur doit rechercher le fichier sur votre ordinateur local. Ou bien, si vous voulez vous liez à une information située sur un serveur FTP, vous devriez utiliser `ftp://` comme indicateur de protocole.

Le Tableau 4.1 dresse la liste de quelques protocoles parmi les plus usuels pour les liens à l'intérieur de vos documents XHTML.

Tableau 4.1 : Protocoles usuels.

INDICATEUR DE PROTOCOLE	UTILISATION
`http://`	Pour des documents sur le Web, y compris des documents XHTML et des fichiers attachés.
`file:///`	Pour des documents sur le disque dur local. La troisième barre oblique remplace le nom d'hôte ; ainsi, vous n'avez plus qu'à taper le dossier et le nom de fichier.
`ftp://`	Pour des documents sur un serveur FTP.
`gopher://`	Pour des documents sur un serveur gopher.
`telnet://`	Pour ouvrir une connexion telnet vers un hôte donné. Idéal pour se connecter à des catalogues de bibliothèques. Toutefois, il est assez aléatoire d'établir un lien à l'aide de cet indicateur de protocole à moins d'être certain que les applications telnet ont été bien installées ou configurées du côté de l'utilisateur.
`wais://`	Pour se connecter à une base de données WAIS (Wide Area Information Server). Son usage est très rare car, d'une part, les formulaires et les scripts CGI constituent une meilleure alternative pour effectuer des recherches et, d'autre part, certains utilisateurs ont des clients WAIS installés et correctement configurés.
`mailto:`	Pour ouvrir une fenêtre de messagerie dans laquelle les utilisateurs peuvent envoyer du courrier électronique vers une adresse déterminée. `mailto:` est supporté par la plupart des navigateurs, bien que ce protocole ne soit ni standard ni officiellement agréé. Cet indicateur ne comporte pas de //.
`news:`	Pour se connecter à un groupe de discussion ou à un article précis dans un groupe. Un tel lien n'est pas garanti puisque vous ignorez à quel groupe de discussion vos utilisateurs ont accès. De plus, avant d'utiliser le protocole `news:`, n'oubliez pas que les articles peuvent expirer et disparaître périodiquement du serveur. Cet indicateur ne comporte pas de //.

Nom d'hôte

Le *nom d'hôte* est le nom du serveur qui abrite les documents XHTML et les fichiers apparentés. Chaque serveur possède une adresse spécifique et tous les documents stockés sur le serveur partagent le même nom d'hôte. Si, par exemple, le nom du serveur de votre fournisseur d'accès Internet est LANW, votre nom d'utilisateur peut être quelque chose comme `www.lanw.com`.

Nom de dossier

Les noms de dossier constituent la troisième pièce constitutive d'une URL et indiquent dans quel dossier se trouve le fichier. On peut considérer les dossiers comme une armoire servant à ranger les documents XHTML nouvellement créés. De la même manière que vous utilisez un dossier en papier kraft pour classer vos documents papier dans un tiroir, vous allez vous servir des dossiers pour ranger vos documents XHTML et apparentés.

Les termes **dossier** et **répertoire** sont interchangeables. Le terme dossier est d'usage plus fréquent quand il s'agit d'ordinateurs de bureau ordinaires ; le terme répertoire est plus souvent utilisé dans les versions plus anciennes de Windows et d'Unix.

Nom de fichier

Le nom de fichier représente le nom d'un document précis et il est constitué de deux éléments d'information :

- Un nom identifiant le fichier à afficher.
- Une extension de fichier indiquant quel est le type de fichier : document XHTML, image, fichier texte, et ainsi de suite.

Si vous créez un lien avec d'autres documents et d'autres emplacements sur Internet, il vous est possible d'utiliser un large éventail de noms de fichier. Certains sont courts et mystérieux (`frntmter.htm`, `mynewhpm.htm`) du fait que le développeur s'est servi de Windows 3.*x* ou alors, moins vraisemblablement, du fait que le serveur fonctionne sous Windows 3.*x*. Cependant, il est possible de rencontrer des noms de fichier beaucoup plus longs si le serveur et le développeur utilisent tous deux Windows 95 et les versions ultérieures, Macintosh, Unix ou certaines combinaisons.

Nous vous déconseillons de mettre des espaces dans vos noms de fichier même s'ils sont tolérés par certains systèmes. Ils peuvent poser problème lorsque vous établissez une connexion vers les documents.

Au moment d'introduire des liens dans vos documents XHTML, il se peut que vous ne puissiez même pas mettre un nom de fichier. Si, par exemple, vous pointez vers un site Web, vous pouvez utiliser une adresse URL telle que :

```
http://www.yahoo.com/
```

dans laquelle on ne trouvera que le protocole et le nom d'hôte. Le nom de fichier (et le nom de dossier dans ce cas-ci) n'est pas indispensable. Les utilisateurs cliquent sur ce lien et le serveur Yahoo! affiche la page d'accueil par défaut en raison des paramétrages spécifiques du serveur.

Quand vous utilisez des adresses URL dans vos liens, veillez à bien les saisir, exactement comme elles vous ont été données.

Les types d'adresses URL

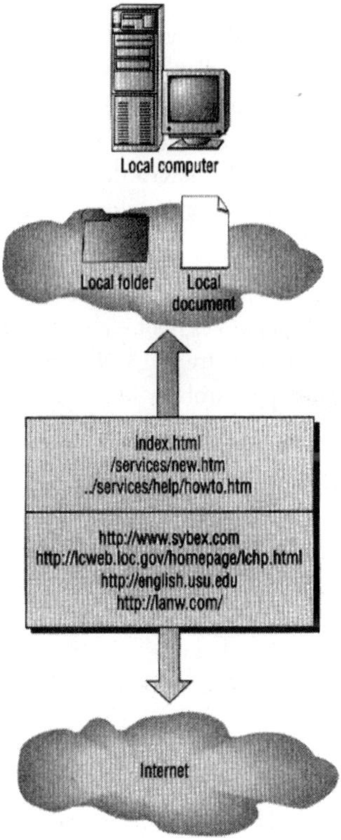

Figure 4.2 : Les URL relatives pointent uniquement vers des documents à proximité du document de départ ; les URL absolues pointent vers des documents se trouvant vers d'autres machines.

Les URL varient en fonction de l'emplacement du document vers lequel vous aurez établi un lien. L'URL sera par exemple plus longue et comportera plus d'informations si le fichier se trouve sur la Toile. Elle sera par contre plus courte et contiendra moins d'informations si le fichier se trouve sur votre ordinateur ou votre serveur local. En gros, les adresses URL sont classées en deux catégories : l'adresse absolue et l'adresse relative.

Une *URL absolue* contient toutes les informations nécessaires pour identifier des fichiers sur l'Internet. Une adresse *URL relative* pointe vers des fichiers se trouvant dans le même dossier ou sur le même serveur. En d'autres termes, le fichier sur lequel on se connecte est relatif par rapport au document de départ. La Figure 4.2 fournit une illustration sur les adresses URL absolues et relatives.

L'adresse URL absolue

L'adresse URL absolue peut être assimilée à une adresse postale officielle dans laquelle on doit trouver un nom, le nom d'une rue, le numéro d'un appartement (éventuellement), la ville, l'Etat et le code postal. Toutes ces informations sont indispensables si vous voulez que votre lettre parvienne chez tante Cindy. Qu'une de ces informations vienne seulement à manquer (le nom de la rue ou le numéro de l'appartement par exemple) et votre lettre risque d'arriver en retard, d'être remise à une autre adresse ou même de ne pas arriver du tout.

De la même manière, une URL absolue comporte un protocole, un nom d'hôte, un nom de dossier et un nom de fichier qui sont tous indispensables pour établir une connexion avec des sites Web. En cherchant à se connecter à un autre site Web, vous devez fournir tous ces éléments d'information pour permettre de trouver le bon serveur, le bon dossier et le bon document.

Voici quelques échantillons d'adresses URL absolues :

```
http://www.lanw.com/books/errata/default.htm
http://www.altavista.com
ftp://ftp.w3.org/pub/
```

Souvenez-vous de ce qui a été dit dans la section "Nom de fichier" : les noms de fichiers précis ne sont pas toujours nécessaires puisqu'ils sont définis par défaut sur le serveur Web.

Les adresses URL relatives

Une adresse URL relative ne contient habituellement *que* le nom de dossier et le nom de fichier. Vous pouvez utiliser ces URL partielles lorsque vous pointez vers un fichier placé dans le même dossier ou sur le même serveur que le fichier de départ. Dans ces cas-là, un navigateur n'a pas besoin du nom du serveur ou de l'indicateur de protocole ; les fichiers sont en effet présumés être dans un dossier ou sur un serveur qui est relatif par rapport au document de départ.

Le fait d'utiliser une adresse URL relative revient à demander à quelqu'un d'aller chercher un renseignement "à la prochaine porte". Dans ce cas, "la prochaine porte" n'est relative que par rapport à l'endroit où vous trouvez ; elle n'est précise et complète qu'à condition que la requête soit envoyée à partir d'un emplacement qui, lui, a son voisin juste à la prochaine porte, avec toutes les informations adéquates.

Vous pouvez utiliser des adresses URL relatives pour vous référer à des documents qui ont une relation avec le document de départ (appelé *adresse URL relative à document*) ou avec le serveur sur lequel le document de départ se trouve (appelé *adresse URL relative à serveur*). La Figure 4.3 illustre la manière dont les dossiers et les fichiers entretiennent une relation entre eux.

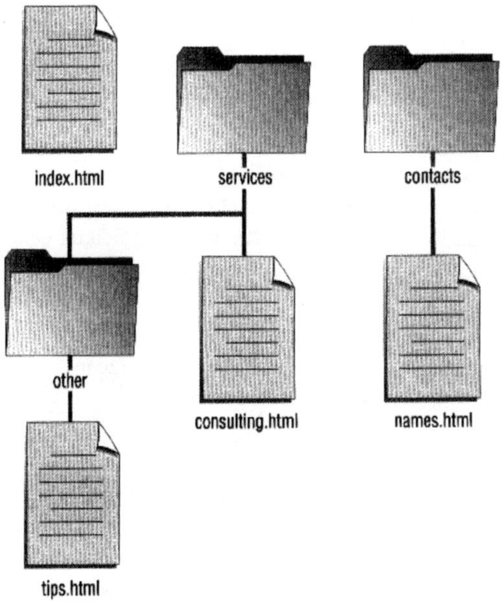

Figure 4.3 : Vous pouvez indiquer chacun de ces emplacements avec une adresse URL relative lorsque vous vous connectez à partir d'autres documents dans le voisinage.

Adresses URL relatives à document

Vous aurez à utiliser souvent une adresse URL relative à document lorsque vous serez obligé de développer ou tester un ensemble de documents XHTML. Quand nous avons développé les exemples pour ce livre, nous avons utilisé des adresses URL relatives à document en mettant tous les fichiers dans un seul dossier. Dans la plupart des cas, nous n'avons en réalité inclus que le nom de fichier. Par exemple, pour se connecter à partir du document `index.html` de la Figure 4.3, on va utiliser les adresses URL relatives à document ci-après :

```
services/consulting.html
services/other/tips.html
```

Remarquez que ces adresses URL ne contiennent que les noms de dossier et les noms de fichier. Les protocoles et les noms d'hôte ne sont pas nécessaires puisque ces documents sont tous deux relatifs par rapport au document de départ `index.html`. Toutefois, lorsque le lien doit se faire entre eux, vous devez inclure les noms de dossiers puisque ces documents sont plaçés dans des dossiers différents.

Si les fichiers `consulting.html` et `tips.html` sont tous deux dans le dossier `services`, vous pouvez les connecter en utilisant *juste* leur nom de fichiers.

La convention UNIX et DOS qui consiste à utiliser deux points (..) pour passer vers le répertoire supérieur de la hiérarchie peut être utilisée pour se connecter à des documents qui se trouvent dans d'autres dossiers. Pour établir une liaison par exemple à partir de `consulting.html` vers `names.html`, vous pouvez utiliser un lien du genre :

```
<a href="../contacts/names.html">link text</a>
```

L'adresse indique qu'il faut monter d'un niveau (la partie ..), passer ensuite dans le dossier `contacts`, puis dans le document `names.html`. De la même façon, un lien à l'intérieur de `tips.html` vers `names.html` ressemblera à ceci :

```
<a href="../../contacts/names.html">link text</a>
```

Peuvent bénéficier de ces liens les dossiers imbriqués au niveau le plus bas de la hiérarchie d'un serveur ou les groupes de dossiers qui peuvent être utilisés et déplacés comme une entité. Ces adresses URL relatives peuvent lier tous les documents à l'intérieur de cette entité ; vous pouvez ensuite la déplacer vers d'autres serveurs ou même vers d'autres emplacements à l'intérieur d'une hiérarchie spécifique d'un serveur. Tous les liens à l'intérieur des documents continueront à fonctionner.

Adresses URL relatives à serveur

Une adresse URL relative à serveur est relative par rapport au *serveur racine*, c'est-à-dire relative par rapport à une partie du nom d'hôte de l'URL. La Figure 4.4 illustre comment les documents et les dossiers sont en relation avec des serveurs.

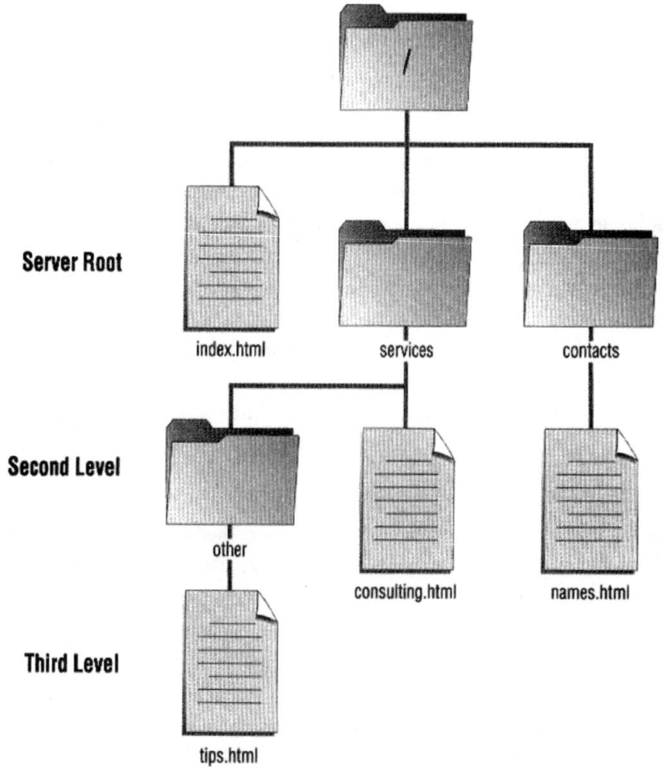

Figure 4.4 : Le même ensemble de fichiers comme dans la Figure 4.3, positionné en relation avec le serveur.

Les adresses URL relatives à serveur présentent une barre oblique (/) au début du nom de fichier. Cela indique que vous devez interpréter le chemin du document à partir du sommet du serveur courant (le serveur racine) au lieu de l'emplacement courant du document. Par exemple, à partir d'un emplacement sur le site, nous pouvons utiliser une adresse URL relative à serveur pour afficher notre page d'accueil avec un lien vers `/index.html`, ce qui entraînera l'affichage du fichier `index.html` immédiatement en dessous du sommet du serveur. Certaines adresses URL relatives à serveur incluent :

```
/index.html
/contacts/names.html
```

De la même manière, vous pouvez vous connecter aux dossiers et aux noms de fichiers avec une adresse URL relative à serveur. A partir d'un document `tips.html`, il est possible de faire une connexion au document `names.html` à l'intérieur du dossier `contacts` avec l'aide d'un lien vers une adresse URL, comme dans l'exemple précédent.

Les adresses URL relatives à serveur sont d'une grande utilité lorsque vous établissez une connexion vers un emplacement précis sur le serveur (les informations de contact par exemple), lequel n'est susceptible ni de changer ni de devenir clairement relatif par rapport au document courant. Vous pouvez, par exemple, utiliser une adresse URL relative à serveur si un document ne possède pas encore d'emplacement spécifique sur le serveur mais il est déjà connecté à des pages précises, telle que la page d'accueil. Si vous n'utilisez pas d'adresse URL relative à serveur, vous aurez à coder le nom du serveur dans l'adresse URL ; si par la suite, vous devez changer de serveur ou déplacer vos documents vers un autre serveur, les liens ne seront plus valables (en d'autres termes, les liens se seront "rompus").

Vous devez utiliser de préférence des adresses URL relatives car elles vous permettent de déplacer vos documents sans causer trop de ruptures de liens. L'utilisation d'adresses URL absolues a pour effet de rompre tous les liens à chaque déplacement de document sur un serveur ou à chaque envoi vers un autre serveur.

DÉFINIR L'EMPLACEMENT DE BASE D'UN DOCUMENT

Vous aurez maintes fois l'occasion de développer des documents XHTML et de les placer tous dans un seul dossier. Plus tard, vous déplacerez une partie vers un autre dossier ; chaque déplacement de document vers un nouveau dossier provoquera une rupture de la totalité des liens relatifs à documents. Au lieu de changer toutes les adresses URL relatives, vous pouvez employer l'élément vide `base` avec l'attribut `href` dans l'élément `head` pour indiquer ce à quoi l'adresse URL relative est bien relative.

Supposons, par exemple, que vous souhaitiez déplacer un document appelé `www.lanw.com/books/default.htm` à partir du dossier `books` vers le serveur racine. Au lieu d'éditer tous les liens, vous pouvez ajouter simplement l'élément `base` à l'intérieur de l'élément `head` de la façon suivante :

```
<head>
<title>Document Title</title>
<base href="http://www.lanw.com/books/default.htm"  />
</head>
```

Associer l'élément base avec l'élément href dans l'élément head a pour effet de remettre en place tous les liens relatifs dans le document, de sorte que toutes les adresses URL relatives vont pointer correctement vers les emplacements exacts des documents. Si les éléments base et href étaient absents, toutes les adresses URL relatives provenant du document default.htm pointeraient alors vers des documents inexistants.

Elaborer des ancres

Les ancres sont semblables à un ciment qui maintient ensemble tous les éléments du Web. Elles sont assez simples à élaborer ; il suffit d'un seul élément et de bien faire attention lorsque l'on utilise l'adresse URL. Dans cette section, nous allons apprendre comment établir des liens avec des documents d'abord dans un même dossier, ensuite dans des dossiers différents, et enfin sur des serveurs différents.

Etablir un lien avec des documents d'un même dossier

Le lien de base sert à connecter un document à un autre fichier dans un même dossier. La Figure 4.5 montre deux documents faisant partie d'un seul dossier.

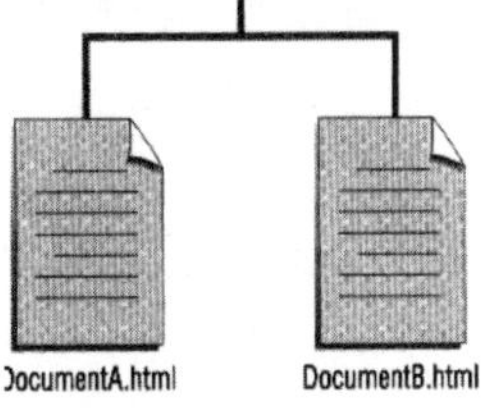

Figure 4.5 : DocumentA.html **et** DocumentB.html **sont placés tous les deux dans un dossier appelé** FatFolder.

Pour créer un lien à partir de `DocumentA.html` vers `DocumentB.html`, il faut insérer un élément (a), l'attribut `href` et une adresse URL pointant vers le nom de fichier de Document B. Dans ce cas, le lien partant du document de départ (Document A) pourrait ressembler à ceci :

```
<a href="DocumentB.html">link text goes here</a>
```

Pour vous connecter à des documents qui se trouvent dans le même dossier, introduisez le nom de fichier. En l'absence d'informations complémentaires, les navigateurs vont regarder dans ce dossier comme document de départ. Dans ce cas précis, les emplacements du Document A et du Document B sont tous deux désignés comme étant relatifs par rapport au dossier dans lequel ils se trouvent.

Etablir un lien avec des documents dans un autre dossier

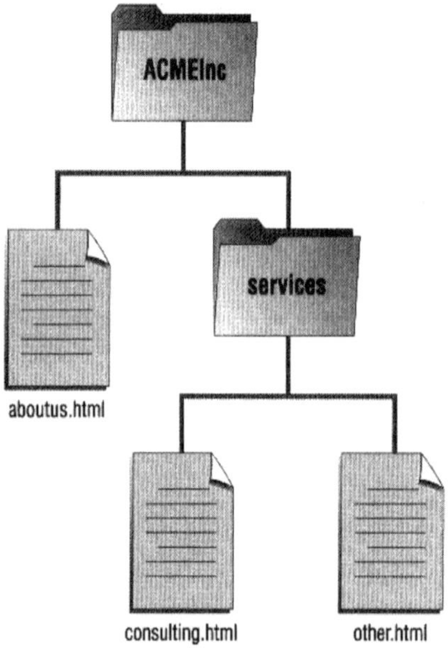

Figure 4.6 : `aboutus.html` **réside dans un dossier appelé** `ACMEInc` **;** `consulting.html` **réside dans un sous-dossier appelé** `services`**.**

D'ordinaire, on lie deux documents qui se trouvent dans des dossiers différents, comme le montre la Figure 4.6. Pour créer un lien à partir de `aboutus.html` vers `consulting.html`, on introduit le nom de dossier et le nom de fichier, comme ceci :

```
<a href="services/consulting.html">link text</a>
```

Le dossier (services) et le nom de fichier (consulting.html) sont séparés par une barre oblique (/) servant à indiquer la fin du nom de dossier et le début du nom de fichier.

Etablir un lien avec des documents sur le Web

Quand on se connecte à partir d'un document vers un autre sur le Web, il est probable que ces documents résident sur des serveurs différents. La Figure 4.7 montre un document de départ, acme-info.html, avec un lien vers un document qui se trouve dans un autre serveur sur le Web. Rappelons que pour se connecter à des documents placés sur un autre serveur, il faut utiliser une adresse URL absolue afin de trouver le bon hôte, le bon dossier et le bon fichier. De ce fait, si vous voulez vous connecter au fichier futile.html dans le dossier attemps sur le site Web www.coyote.org, vous devez intégrer une adresse URL absolue qui est semblable à :

```
http://www.coyote.org/attempts/futile.html
```

Le lien entier ressemblera à ceci :

```
<a href="http://www.coyote.org/attempts/futile.html"> Last Try</a>
```

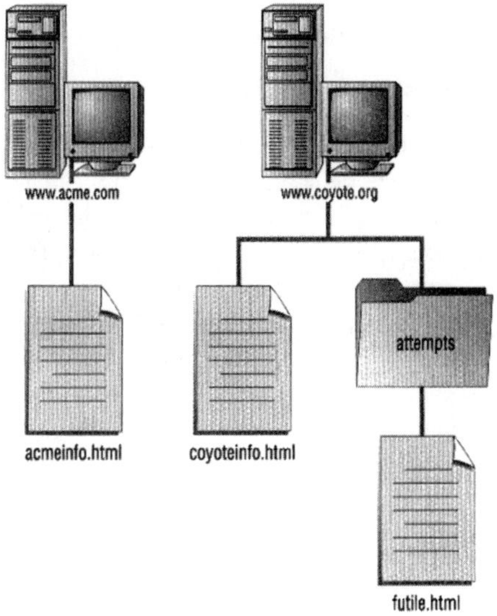

Figure 4.7 : Le fichier acmeinfo.html **réside dans un serveur appelé** www.acme.com**;** futile.html **réside dans un serveur appelé** www.coyote.org **dans le dossier** attempts.

Etablir un lien avec un endroit précis dans un document

En outre, vous pouvez également vous connecter à un endroit précis à l'intérieur d'un document. Par exemple, au lieu d'établir un lien avec un document intitulé Formation de base Web, vous pouvez vous connecter tout de suite à la sous-rubrique Emploi du Temps à l'intérieur de ce document. De cette façon, vos utilisateurs peuvent accéder directement aux informations recherchées, au lieu de visualiser la totalité du document.

Vous pouvez accéder à des points précis à l'intérieur d'un document à l'aide d'un *ancre-nom*, lequel sert à marquer l'emplacement du lien visé. Dans notre exemple, il faut placer l'ancre-nom à la sous-rubrique Emploi du Temps, ensuite établir directement un lien avec cette ancre à partir d'un autre document. C'est très pratique…

Former un ancre-nom

Un ancre-nom est composé de trois parties :

- Des ancres-balises de début et de fin, <a>...</a>, servant à marquer le texte ou l'endroit à l'intérieur d'un document comme étant une cible.
- Un attribut `name` qui identifie l'ancre comme étant un ancre-nom.
- Un nom placé entre guillemets qui identifie l'emplacement exact.

En les mettant ensemble, on obtient un ancre-nom comme ceci :

```
<a name="location">Document content goes here</a>
```

Le texte placé entre les ancres-balises de début et de fin apparaît dans le document mais, contrairement aux ancres, il ne bénéficie pas de la surbrillance, ni d'aucun autre indicateur visuel particulier. C'est tout simplement l'endroit (le texte) dans le document vers lequel vous voulez établir un lien. Si vous le souhaitez, vous pouvez vous passer du texte pour insérer uniquement le lien, comme ceci : `<a name="location"></a>`. Vous pouvez utiliser l'attribut `name` avec l'élément `a` et aussi d'autres éléments dans votre document.

Voici un exemple de la démarche à suivre pour créer un ancre-nom :

1. Commencez par une sous-rubrique.

```
<h2>Class Schedule</h2>
```

2. Ajoutez l'élément ancre.

```
<h2><a>Class Schedule</a></h2>
```

3. Ajoutez l'attribut `name`. Utilisez quelque chose de précis dont vous pourriez vous rappeler.

```
<h2><a name="Schedule">Class Schedule</a></h2>
```

Vous verrez que rien n'a changé lorsque vous allez visualiser votre document avec votre navigateur ; pourtant, vous venez de fournir les outils nécessaires pour faire une connexion directe avec une sous-section de votre document. La section suivante va la décrire en détail.

Etablir un lien avec un ancre-nom

Après avoir créé un ancre-nom, vous pouvez établir un lien avec celui-ci en utilisant le caractère dièse (#). Reprenons notre exemple : la section Emploi du Temps se trouve dans un document dont le nom de fichier est `online.htm`, lequel se trouve dans le dossier `formation` sur le serveur `www.lanw.com`.

Un lien vers ce document ressemblera à ceci :

```
<a href="http://www.lanw.com/training/online.htm">Link</a>
```

Un lien vers la section Emploi du Temps utilisant une adresse URL absolue sera comme ceci :

```
<a href="http://www.lanw.com/training/online.htm#schedule">Link</a>
```

Remarquez l'ajout de `#schedule` dans le lien visé ; il sert à dire au navigateur de se connecter à cet en-tête. La quantité d'informations que vous allez inclure dans un lien ciblé et leur apparence vont dépendre de l'emplacement du document lié, comme le montre l'exemple suivant :

Lien vers le même document :

```
<a href="#schedule">...</a>
```

Lien vers un autre document dans le même dossier :

```
<a href="online.htm#schedule">...</a>
```

Lien vers le même serveur (dossier et document différents, adresse URL relative à document) :

```
<a href="/training/online.htm#schedule">...</a>
```

Lien vers un autre serveur :

```
<a href="http://www.lanw.com/training/online.htm#schedule">...</a>
```

Vous ne pouvez pas établir un lien avec des ancres-noms qui n'existent pas. Pour être certain que les utilisateurs peuvent se connecter à des endroits particuliers à l'intérieur de vos documents, placez des ancres `name` dans les endroits qui ont plus de chance de recevoir une visite.

Insérer un lien e-mail

Le *lien e-mail* constitue un autre lien bien pratique. D'une page Web, vos utilisateurs partiront directement vers un message électronique vierge qui comporte déjà une adresse dans leur programme de messagerie. Un lien e-mail dans une page donnera à vos utilisateurs la possibilité de vous contacter facilement.

Pour créer un lien e-mail, vous devez ajouter simplement un ancre-lien avec l'indicateur de protocole `mailto:` et l'adresse e-mail. Vous pouvez, par exemple, introduire un lien qui vous permettra d'envoyer du courrier électronique aux auteurs de ce livre, comme ceci :

```
<a href="mailto:info@lanw.com">Send Feedback</a>
```

Comme nous l'avons déjà dit dans le Tableau 4.1, le protocole `mailto:` n'est pas un standard XHTML mais il n'en est pas moins populaire et reconnu.

Opportunité d'une info-bulle pop-up

L'édition HTML 4 a introduit une nouvelle caractéristique qui permet d'ajouter des info-bulles de description. Une info-bulle jaillit sur l'écran lorsque l'utilisateur déplace la souris sur le lien. En voici une illustration :

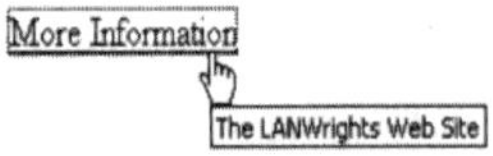

Pour ajouter des info-bulles de description (appelées également astuces) à vos liens, il suffit d'introduire l'attribut `title` dans l'élément :

```
<a href="http://www.lanw.cm" title="The LANWrights Web Site">More
Information</a>
```

Cette caractéristique n'est pas valable pour tous les navigateurs ; elle ne fonctionne qu'avec Internet Explorer 4 et plus ainsi qu'avec Opera 3 et plus.

Et maintenant, que faire ?

Ce chapitre vous a donné toutes les variétés URL et les méthodes de mise en place des liens. A l'aide des ancres-noms, vous allez devoir étiquetter des emplacements à l'intérieur des documents et établir des connexions avec eux. Maintenant, vous pouvez mener à son terme une tâche liée à XHTML.

Notez particulièrement les sujets suivants :

- Dans le Chapitre 5, vous allez apprendre à insérer des images dans vos documents XHTML.
- Le Chapitre 13 vous dira comment publier des documents XHTML sur un serveur Web.
- Dans la Deuxième partie, à partir du Chapitre 6, vous saurez comment ajouter des tableaux, des formulaires, des multifenêtrages, et convertir vos documents HTML en XHTML.
- La Quatrième partie sera consacrée aux astuces et conseils utiles pour développer des sites Web cohérents, ainsi qu'aux techniques particulières pour réussir les sites publics, personnels et les sites intranet.

Insertion d'images

XHTML

Chapitre 5

Un professionnel du langage XHTML se doit de maîtriser l'insertion d'images pour doper ses pages Web ; l'insertion d'images permet de fournir des informations, sert d'aide à la navigation ou encore ajoute tout simplement un éclat de couleur. L'insertion d'images est un vrai travail d'artiste, elle doit convenir au contexte et utiliser des formats de fichiers adéquats pour que vous puissiez mieux concevoir vos pages Web. Utilisez-la avec discernement et vous verrez que les images sauront captiver vos utilisateurs.

Ce chapitre sera consacré au choix d'images et de formats de fichier appropriés, aux diverses utilisations pratiques d'images. Le développement des cartes d'images (l'image cliquable avec des liens multiples) sera également traité.

Ce chapitre couvre les thèmes suivants :

- Sélection de la taille de fichier, de la taille physique et du format d'image appropriés.
- Insertion d'images à des documents XHTML.
- Spécification des caractéristiques de l'image : hauteur, largeur, alignement et bordures.
- Utilisation d'images comme des liens.
- Création de cartes d'images.
- Utilisation d'images comme arrière-plan.

Développement d'images

Même si les images animent vos pages Web, elles peuvent provoquer des problèmes si elles ne sont pas développées correctement. Par exemple, les images mettent trop de temps à se charger, devenant ainsi un obstacle pour vos utilisateurs. De la même manière, les images peuvent occuper inutilement votre espace disque avec le risque d'obscurcir un contenu important. Vous devez donc prendre en compte trois points au moment de développer vos images ; ce sont :

- La taille du fichier.
- Les dimensions physiques.
- Le type de fichier.

Détermination de la taille du fichier

Imaginez que vos fichiers image soient en trois dimensions, avec une hauteur, une largeur et beaucoup de couleurs. Une image 16 couleurs par exemple possède non seulement une hauteur et une largeur que vous pouvez voir sur l'écran, mais aussi 16 *couches*, une pour chaque couleur. On appelle cela la *profondeur des couleurs*. La taille de base d'un fichier image équivaut à la largeur multipliée par la hauteur et la profondeur des couleurs.

Les techniques suivantes sont utilisées pour réduire la taille du fichier et rendre ainsi vos images aussi nettes que possible :

- Réduire le *nombre de couleurs*. Cette technique est particulièrement utile pour les images en format GIF (Graphic Interchange Format). Vous en saurez plus sur le nombre de couleurs dans un fichier GIF dans la section "Comprendre les fichiers GIF", plus tard dans ce chapitre.
- Réduire les *dimensions physiques* des images. Vous pouvez par exemple réduire une image de 600 x 400 pixels en une image 300 x 200 pixels. L'image obtenue contient d'ordinaire tous les détails et la clarté d'une image de plus grande taille mais elle occupe moins d'espace disque. Les instructions sur les dimensions physiques des images seront traitées dans la section suivante.
- Utiliser un format qui *comprime* le fichier pour stocker plus de données dans un minimum d'espace. Les détails sur les formats d'image convenables seront développés dans la section "Comprendre les formats d'image".

Chaque fois que vous réduisez la taille d'un fichier, vous facilitez le téléchargement de vos pages pour vos utilisateurs. Mais faites toujours attention sur la qualité de l'image. Si votre image est trop petite ou trop compressée, l'effet escompté ne se produira pas.

Les dimensions physiques

La taille physique (dimensions) d'une image est constituée de sa hauteur et de sa largeur. Son impact se sent non seulement à l'affichage de l'image dans le navigateur, mais aussi sur la vitesse de téléchargement. A la question, quelle est la taille idéale d'une image, la réponse ne peut être que multiple. Bon nombre de sites utilisent des images de petite taille sous forme de boutons et d'icônes, ajoutant ainsi autant de couleurs à une page Web ; les autres emploient des graphiques de plus grande taille pour les logos et les barres de boutons, avec une grande efficacité. Il n'existe aucune "taille idéale" pour les images mais elles requièrent plutôt des exigences de qualité, à savoir :

- L'objectif de l'image.
- La conception d'ensemble de la page.
- Les paramètres de l'ordinateur de vos utilisateurs.
- La taille totale du fichier de la page.

L'objectif de l'image

Chaque fois que vous ressentez le besoin d'ajouter une image à une page, vous devez avoir une bonne raison de le faire ; entre autres, vous voulez illustrer un point, montrer une personne ou un emplacement, afficher un produit, mettre en valeur un processus, faciliter la navigation ou simplement ajouter de la couleur à un document quelque peu austère. L'image doit améliorer le contenu ou la conception ou les deux à la fois.

Lorsque vous déterminez les dimensions d'une image, pensez surtout à son importance. Exemple, si vos utilisateurs ont besoin d'une image pour comprendre un concept, l'image doit être de grande taille ; par contre, une image qui ajoute seulement un peu de couleur à la page doit être de petite taille. Si vous n'êtes pas certain de l'importance d'une image, il vaut mieux opter pour une petite taille. Vous ne devez pas oublier que les images contribuent largement à agrandir la taille totale de votre fichier image ; plus le fichier est lourd, plus le temps de chargement de la page est long. L'impact sur votre utilisateur est très sensible lors de l'accès à vos pages Web.

La conception de la page

Les images se singularisent par leur lourdeur visuelle. Elles retiennent plus l'attention que les autres éléments. Si vous avez des pages trop grandes, vous aurez l'impression d'un contenu écrasé et d'un message obscur. La manière de déterminer la taille d'une image vous oblige d'abord à faire une comparaison avec les autres éléments de la page. Habituez-vous à vous poser les questions suivantes :

- La page contiendra-t-elle plusieurs graphiques ?
- La page inclura-t-elle des bordures et de l'ombre, plus lourds que le texte lui-même ?
- La page contiendra-t-elle beaucoup de texte ou simplement quelques mots ? Le texte peut prendre en volume ce qu'il perd en poids visuel. Avec beaucoup de texte, on peut mettre en valeur un graphique plutôt qu'avec peu de texte.

Les paramètres de l'ordinateur des utilisateurs

Ces paramètres affectent aussi l'affichage des images sur l'écran. Une image de 600 x 400 pixels occupera presque toute la fenêtre du navigateur sur les ordinateurs Windows qui utilisent la résolution minimale de 640 x 480 pixels (permettant même pour la plupart des navigateurs d'ajouter des éléments d'interface). C'est donc un bon standard pour une taille maximale d'image. La résolution d'écran la plus courante est de 800 x 600 ; un bon nombre d'utilisateurs emploient la résolution de 1 024 x 768 ou une résolution supérieure, dans laquelle une image 600 x 400 pixels prendra beaucoup moins d'espace dans leur ordinateur. Vous devez donc visualiser vos pages sous plusieurs résolutions afin d'être sûr que les images et le contenu restent toujours clairs, quels que soient les paramètres utilisés. Si vous pouvez réduire les images, autant le faire pour accélérer le temps de chargement.

Pour transporter convenablement le contenu d'un fichier, la résolution de 600 x 400 ne doit être utilisée que pour quelques images. Une taille de 300 x 200 pixels convient pour les photos ; les boutons sont en général de 50 x 50 pixels sinon moins.

La taille totale du fichier de la page

En additionnant les tailles de tous les fichiers associés à une page, on obtient sa taille totale qui va permettre d'estimer la durée de téléchargement de cette page. Voici un exemple concret. Nous avons un fichier `index.html`, les valeurs de cette page sont affichées dans le Tableau 5.1.

Tableau 5.1 : Les valeurs des tailles de fichiers pour le fichier `index.html`.

NOM DE FICHIER	TAILLE DU FICHIER
`index.html`	4 Ko
`header.gif`	17 Ko
`logo.gif`	5 Ko
`navbar.jpg`	13 Ko
`styles.css`	1 Ko
Total	40 Ko

1. Ecrivez les tailles de tous les fichiers associés à une page et additionnez-les.
2. Prenez la taille totale des fichiers en kilo-octets (Ko) et multipliez-la par 8 pour la convertir en kilobits (1 octet = 8 bits).

3. Divisez le nombre obtenu avec la vitesse du modem de l'utilisateur pour calculer le temps de téléchargement réel de la page.

Dans cet exemple, un utilisateur qui utilise un modem de 28,8 Kbps (kilobits par seconde) sera capable de télécharger le fichier `index.html` en 11 secondes environ (en utilisant les valeurs du Tableau 5.1, 40 Ko x 8 = 320 kilobits ; 320 kilobits/28.8kbps = 11,1 secondes).

Ne confondez pas les kilo-octets (pour la taille des fichiers et en abrégé Ko) avec les kilobits (utilisés pour la vitesse de téléchargement et en abrégé Kbps). Beaucoup de personnes utilisent Ko pour les abréger. Ils se réfèrent aux modems 56 Kbps et aux fichiers qui ont une taille de 56 Ko. Mais un modem 56 Kbps ne télécharge pas un fichier de 56 Ko en une seconde ! (Cela prend environ huit secondes.)

Il est souhaitable d'avoir une taille totale de fichier entre 30 et 50 Ko afin que le temps de téléchargement soit raisonnable pour tous les utilisateurs.

Comprendre les formats d'image

Lorsque vous développez des images, vous devez aussi considérer les options sur les formats. Vous pouvez utiliser les formats GIF (Graphics Interchange Format), JPEG (Joint Photographic Experts Group) ou PNG (Portable Network Graphics), selon votre choix.

Comprendre les formats GIF

Le format d'image le plus courant est le format GIF développé par CompuServe pour une utilisation en ligne. Si vous regardez l'option Format dans la boîte de dialogue Enregistrer sous de votre logiciel d'édition d'images, vous avez le choix entre deux versions du format GIF : 87a et 89a. Si vous choisissez la version 89a (ou simplement GIF), ce format comporte les caractéristiques suivantes :

- Transparence.
- Animation.
- Rendu progressif.
- Compression sans perte.

Le format GIF supporte la transparence

Le format GIF prend en charge la *transparence.* Cela signifie que vous pouvez rendre transparente n'importe quelle partie d'une image GIF pour faire apparaître ce qui se trouve sous cette image. Dans la plupart des cas, il s'agit de la couleur de l'arrière-plan de la page. Prenons un exemple dans l'image ASR Outfitters, les coins sont d'une couleur différente et ils ont été définis pour être transparents. La Figure 5.1 montre cette image dans Paint Shop Pro, un programme d'édition d'images ; même si vous avez configuré l'arrière-plan pour être transparent, vous pouvez toujours le voir. La Figure 5.2 montre la même image dans Internet Explorer.

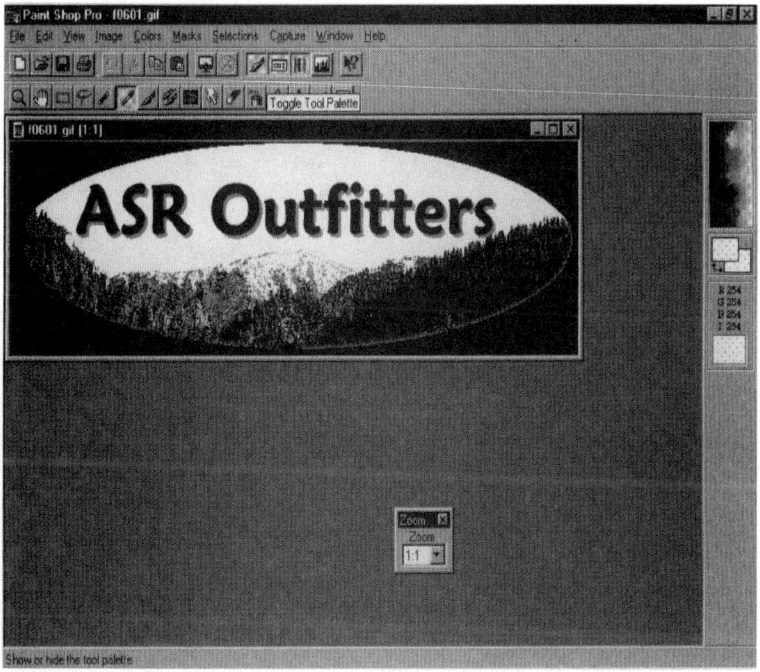

Figure 5.1 : Vu dans un programme d'édition d'image, l'arrière-plan reste visible.

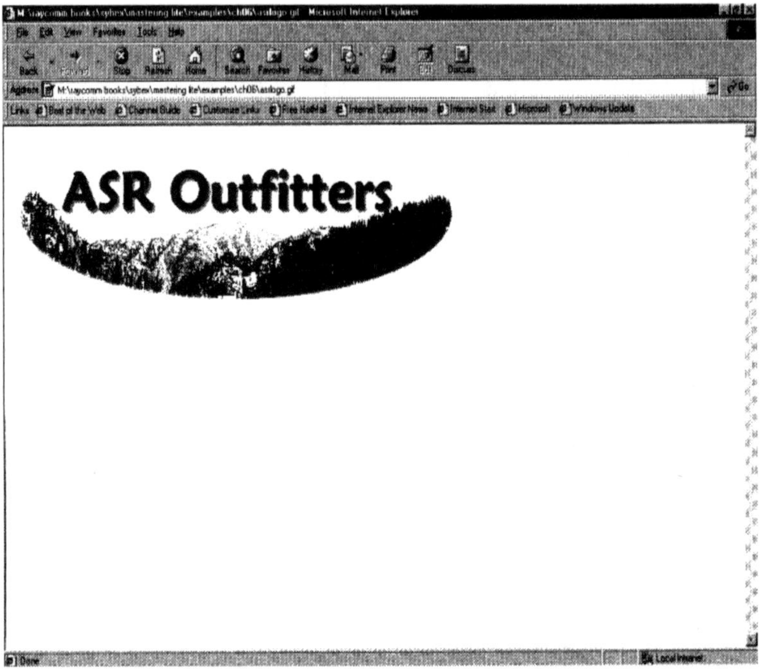

Figure 5.2 : Vu dans un navigateur, l'arrière-plan transparent n'est pas visible.

Il est souvent nécessaire d'utiliser la transparence pour obtenir cet effet. Si vous donnez à l'arrière-plan de l'image la même couleur que l'arrière-plan de la page (par exemple, dans l'élément body : <body bgcolor=#ffffff"> pour un arrière-plan de couleur blanche ou dans une feuille de style associée), l'arrière-plan de l'image se confondra parfaitement avec l'arrière-plan de la page. On appelle cela *pseudo-transparence* ou *fausse transparence.*

Le format GIF supporte l'animation

Certains programmes d'édition d'images ainsi que des logiciels de traitement d'images ou de conception de pages Web peuvent combiner plusieurs images GIF dans un fichier unique. Ces images seront affichées une à une pour avoir le même effet que les dessins animés.

Toutefois, certains navigateurs ne peuvent pas afficher les formats GIF animés tandis que la plupart des navigateurs courants d'aujourd'hui le font. Les navigateurs qui ne supportent pas les formats GIF animés sont seulement les navigateurs texte ainsi que ceux qui utilisent des logiciels de lecture d'écran.

L'utilisation de formats GIF animés est une manière simple de produire une animation sans qu'il soit besoin d'applets Java ou de modules d'extension (plug-ins) plus sophistiqués comme ShockWave ou Flash. Pour en savoir plus sur les formats GIF animés, reportez-vous au Chapitre 12.

Les formats GIF animés ont une plus grande taille que les formats non animés car ils contiennent en plus l'équivalent d'une image additionnelle pour chaque fenêtre d'animation.

Le format GIF supporte le rendu progressif

Le rendu progressif est aussi connu sous le nom d'*entrelacement* et il désigne l'affichage d'une image sur écran lorsqu'elle est téléchargée. Un navigateur affiche une image non entrelacée ligne par ligne quand l'image est reçue sur le réseau ou ouverte à partir d'un disque. L'image complète n'est pas visible jusqu'à ce qu'elle soit entièrement chargée. Un navigateur affiche des images entrelacées en passes, en remplissant l'espace toutes les huit lignes jusqu'à ce que l'image entière soit affichée.

Les effets de l'entrelacement varient d'un navigateur à l'autre. Certains navigateurs affichent l'image téléchargée comme une image floue qui se précise peu à peu. D'autres navigateurs les affichent comme les stores vénitiens qui s'ouvrent lentement jusqu'à ce que l'image entière soit affichée. Les images entrelacées sont affichées plus vite que celles qui ne le sont pas et permettent aux utilisateurs qui connaissent déjà l'image finale de deviner de quoi il s'agit avant l'apparition de l'image entière. Les images entrelacées donnent l'assurance à l'utilisateur que l'image est bien téléchargée.

Le format GIF supporte la compression sans perte

La *compression sans perte* est un moyen de sauvegarder des fichiers sans perdre les détails de l'image. Lorsque les fichiers GIF sont enregistrés, ils sont compressés pour occuper moins d'espace sur le disque et moins de temps au téléchargement. Avec la compression sans perte, l'algorithme de compression va prendre de grandes quantités de couleurs uniques et, au lieu d'enregistrer la couleur pour chaque pixel, il indique la couleur et le nombre de fois qu'il faudra répéter la couleur. L'image n'est pas modifiée, elle est enregistrée d'une manière plus efficace.

Le format peut inclure jusqu'à 256 couleurs. Toutefois, si l'image ne possède pas tant de couleurs, une taille de fichier plus petite va suffire en limitant le nombre de couleurs dans le format GIF pour couvrir uniquement vos besoins. Ainsi, lorsque vous enregistrez une image en format GIF dans un programme de traitement d'image, faites-la avec le minimum de couleurs requises. Cela réduira la taille du fichier et le temps de téléchargement.

Puisque les fichiers GIF ne peuvent contenir que 256 couleurs, ils sont insuffisants pour une qualité photographique. Les images GIF conviennent parfaitement pour les arts linéaires, les icônes, et les dessins avec un nombre limité de couleurs. Peut-être souhaitez-vous utiliser le format de fichier JPEG pour avoir des images d'une grande qualité.

Comprendre les formats JPEG

C'est l'acronyme de Joint Photographic Experts Group (écrit quelquefois JPG car c'est l'extension du fichier standard). Il s'agit du deuxième format le plus populaire pour les images publiées sur le Web. Prise dans son ensemble, l'image JPEG est moins flexible que l'image GIF et, de plus, elle ne supporte pas l'option de rendu que le format GIF supporte.

L'avantage le plus significatif du format JPEG est qu'il peut supporter des millions de couleurs en offrant une reproduction photographique parfaite du réel. Les images JPEG utilisent un algorithme de compression avec perte. La compression avec perte supprime certains détails de l'image pour réduire la taille du fichier. Les images JPEG conviennent parfaitement aux photos où la perte de détails est moins visible qu'avec celles de l'art linéaire. De plus, le taux de compression et la qualité obtenue sont nettement meilleurs avec les photos.

La définition d'option JPEG dans un programme d'édition d'images aide à contrôler la taille éventuelle et la qualité de l'image. Dans de nombreux programmes, vous pouvez définir la résolution ou le nombre de pixels par pouce (ppi) et le niveau de compression JPEG. Si les images destinées au Web (non pas à la publication sur papier) utilisent une résolution de 100 ppi, celle-ci est largement suffisante. La résolution d'écran pour les moniteurs Mac est de 72 ppi et de 96 ppi pour les moniteurs PC. L'utilisation d'une résolution supérieure à 100 est donc tout à fait inutile et ne fait qu'augmenter la taille du fichier. Il est possible d'accroître substantiellement la compression de l'image sans perdre beaucoup de détails en fonction de l'image du programme et de l'utilisation de l'image. Si la publication de l'image va se faire à la fois sur le Web et sur papier, prenez l'habitude d'enregistrer une version JPEG pour le Web et une version de plus grande résolution TIFF pour l'impression.

Même si le format JPEG supporte le rendu progressif, les anciens navigateurs ne prennent pas en charge cette caractéristique ; ils afficheront une icône d'image brisée si vous utilisez le format JPEG pour le rendu progressif.

Comprendre les formats PNG

La dernière technologie de pointe est le format PNG (Portable Network Graphics). Ce format est uniquement supporté par les versions récentes de navigateurs – Microsoft Internet Explorer 4 (ou une version plus récente) ou Netscape Navigator 4.04. Les images PNG combinent la plupart des avantages du format GIF que sont la transparence, l'entrelacement et la capacité d'accommoder des millions de couleurs avec une technique de pointe de compression sans perte.

Quel est le format d'image qui vous convient ?

Votre choix sur le format d'image dépend des caractéristiques que vous souhaitez ajouter. Le Tableau 5.2 compare les caractéristiques des trois formats graphiques que nous venons de voir.

Tableau 5.2 : Les caractéristiques des formats GIF, JPEG, PNG.

CARACTERISTIQUES	GIF	JPEG	PNG
Transparence	Oui	Non	Oui
Entrelacement/rendu progressif	Oui	Oui	Oui
Millions de couleurs	Non	Oui	Oui
Compression sans perte	Oui	Non	Oui
Bon pour l'art linéaire	Oui	Non	Oui
Bon pour les photos	Non	Oui	Oui
Accepté sur la plupart des navigateurs	Oui	Oui	Non

Comme vous pouvez le voir, les formats JPEG et GIF ont des avantages et des inconvénients mais ils se complètent. Toutefois, le format PNG demeure le choix idéal, et un nombre croissant de navigateurs peuvent maintenant le supporter.

Les opportunités du langage XML

Le consortium W3C est en train de finaliser la spécification SVG 1.0 Scalable Vector Graphics (qui est dans la phase Recommandation du candidat). Le langage SVG est un langage XML utilisé pour décrire des graphiques bidimensionnels. Le consortium W3C définit les graphiques de vecteur comme "des chemins qui se composent de lignes droites et de courbes". Vous pouvez en savoir plus sur le langage SVG en consultant le site `www.w3.org/Graphics/SVG/Overview.htm8` ou `www.w3.org/TR/2000/CR-SVG-20001102`.

Ajout d'images

Dans cette section, nous allons créer quelques pages Web de ASR Outfitters, une société qui s'occupe de la fourniture de matériels pour les sports de montagne et les randonnées ; elle est une mini-version mythique des industries REI qui était un distributeur d'équipements de loisirs. Le processus vous obligera à ajouter des images dans un document XHTML. Même si cela semble un peu prématuré, vous devez savoir ajouter des images, une technique qui contribuera à vous faciliter l'apprentissage du développement d'images.

Le Tableau 5.3 affiche les attributs principaux de l'élément image, lesquels vont servir à insérer des images dans les pages Web.

Tableau 5.3 : Les principaux attributs et éléments d'image.

ELEMENT	TYPE	SPECIFICATION
`img`	Elément vide	Indique une image à l'intérieur d'un document XHTML.
`align="..."`	Attribut de `img`	Alignement de l'image : `top`, `middle`, `bottom`, `left`, ou `right` ; obsolète.
`alt="..."`	Attribut de `img`	Texte à afficher si l'image n'est pas affichée (pour des raisons d'accessibilité) ; requis.
`border="n"`	Attribut de `img`	La largeur de la bordure autour d'une image en pixels ; obsolète.
`height="n"`	Attribut de `img`	La hauteur finale d'une image en pixels.
`src="url"`	Attribut de `img`	Un fichier image et un emplacement (URL) à ajouter ; requis.
`width="n"`	Attribut de `img`	La largeur finale d'une image en pixels.

Insertion d'une image

L'insertion d'une image ressemble à une insertion d'éléments et d'attributs. Vous allez utiliser l'élément `img` qui spécifie une image, plus l'attribut `src` pour spécifier le nom de fichier de l'image et son emplacement (URL). Si vous ajoutiez par exemple une image qui se trouve dans le même dossier que votre document (une adresse URL relative), votre code ressemblerait à :

```
<img src="logo.gif" />
```

Ou, si vous insérez une image qui se trouve sur un autre serveur, vous pouvez ajouter une adresse URL absolue :

```
<img src="http://www.asroutfitters.com/gifs/asrlogo.gif" />
```

L'élément `img` est classé comme un élément vide. Il utilise un espace et une barre oblique (/) avant le signe de fermeture.

Une adresse URL utilisée dans un attribut `src` est appelée une *référence distante*. Le fait de se référer à des logos et à des images distants présente certains avantages et quelques inconvénients majeurs. Les références distantes à des images vous donnent l'assurance d'utiliser toujours le logo en cours, ce qui est sans conteste un avantage majeur. Par exemple : si la société ASR Outfitters charge une société de conception graphique de changer son logo, un site franchisé qui utilise des références distantes vers le site principal va reprendre tout de suite les modifications effectuées, immédiatement après le changement sur le site ASR Outfitters. De plus, les références distantes allègent la charge qui pèse sur votre serveur et réduisent le nombre de fichiers à traiter.

Toutefois, les modifications qui interviennent en dehors de votre contrôle peuvent facilement briser des liens à partir de votre site. Si le concepteur de pages Web de la société ASR Outfitters décide de déplacer les images du sous-répertoire `gifs` vers le sous-répertoire `images`, les images du site franchisé ne seront plus affichées car l'attribut `src` va indiquer le sous-répertoire qui ne contient plus les fichiers image. Du point de vue de l'utilisateur, le site franchisé n'a pas les fonctions d'un site.

Enfin, les défaillances de réseau ou les problèmes de serveur peuvent rendre vos images inopérantes si vous les connectez à distance. Si la charge sur votre propre site est assez lourde et qu'au surplus vous utilisez des images à distance, l'autre site pourrait être submergé de demandes sans même le savoir. Donc, il vaut mieux copier les images dans votre dossier local ou au moins dans un autre dossier sur votre serveur, au lieu de dépendre de serveurs distants.

Faites attention lorsque vous connectez ou copiez des images distantes car elles pourraient encore être protégées par les droits d'auteur. Par exemple, si la société Bad Karma Hiking Equipment a trouvé les images de la société ASR Outfitters très remarquables et décide immédiatement de les utiliser sans aucune autorisation, cette opération est illégale. Il en est de même pour les images d'arrière-plan (voir plus tard dans ce chapitre) ou celles qui illustrent le contenu entier d'un document quelconque. Alors, faites bien attention !

Pour insérer des images à votre document, commencez par un document XHTML de base qui, à part le contenu, devrait inclure :

- La déclaration `DOCTYPE`.
- L'élément `html` avec l'espace de nom XHTML.
- L'élément `head`.
- L'élémnet `body`.

Nous avons utilisé le document de base dans le Listing 5.1 pour la société ASR Outfitters.

LISTING 5.1 : LA PAGE DE BASE DE LA SOCIÉTÉ ASR OUTFITTERS.

```
<!DOCTYPE html PUBLIC ".//W3C/DTD HTML 1.0 Transitional//EN"
"http://www.w3.org/TR/xhtml1/DTD/xhtml1-transitional.dtd">
<html xmlns="http://www.w3.org/1999/xhtml">
<head>
<title>ASR Outfitters</title>
<head>
<body>
<h1 align="center">ASR Outfitters</h1>
<p>We provide mountaineering and hiking equipment nationwide via mail order
as well as through our stores in the Rocky Mountains.</p>
<hr width="70%" size="8" noshade="noshade" />
<p>Please select from the following links:<p>
<ul>
<li><a href="camping.html">Camping News</a></li>
<li><a href="catalog.html">Catalog</a></li>
<li><a href="clubs.html">Clubs</a></li>
<li><a href="contact.html">Contact Us</a></li>
<li><a href="weather.html">Check Weather</a></li>
</ul>
<hr width="70%" size="8" noshade="noshade" />
<center>
<address>ASR Outfitters<br />
<a href="mailto:info@asroutfitters.com"> info@asroutfitters.com</a><br />
4700 N. Center<br />
South Logan, UT 87654<br />
801-555-3422<br />
</adress>
</center>
<body>
</html>
```


Les paires de valeur d'attribut doivent être écrites en entier. Exemple : `noshade="noshade"` dans le Listing 5.1. Avec le langage HTML, un nom d'attribut doit être parfois spécifié sans une valeur d'attribut (par exemple : l'attribut `checked` pour un élément `form`). Avec le langage XHTML, la valeur doit être spécifiée même dans les cas où le nom et la valeur sont les mêmes.

Pour ajouter une image à cette page, procédez comme suit :

1. Insérez une balise `<img />` là où vous souhaitez que l'image apparaisse.

```
<h1 align="center">ASR Outfitters</h1>
<img />
<p>We provide mountaineering and hiking equipment nationwide via mail order
as well as through our stores in the Rocky Mountains.</p>
```

2. Ajoutez un attribut src qui indique le nom de fichier de l'image et son emplacement. Dans cet exemple, le nom de fichier est asrlogo.gif et il se trouve dans le même dossier que le document.

```
<img src="asrlogo.gif" />
```

3. Ici, ajoutez une balise de coupure de ligne <br /> après la balise <img /> pour que le texte qui suit commence sur la ligne suivante (et non sur l'espace disponible avant ou sur les côtés de l'image).

```
<img src="asrlogo.gif" /><br />
```

4. Comme l'image copie le contenu de l'en-tête de premier niveau (<h1 align="center">ASR Outfitters</h1>), pensez à supprimer l'en-tête de premier niveau.

5. Le premier niveau d'en-tête ayant été centré, ajoutez l'élément center autour du logo pour le centrer aussi.

```
<center><img src="asrlogo.gif" /><br /></center>
```

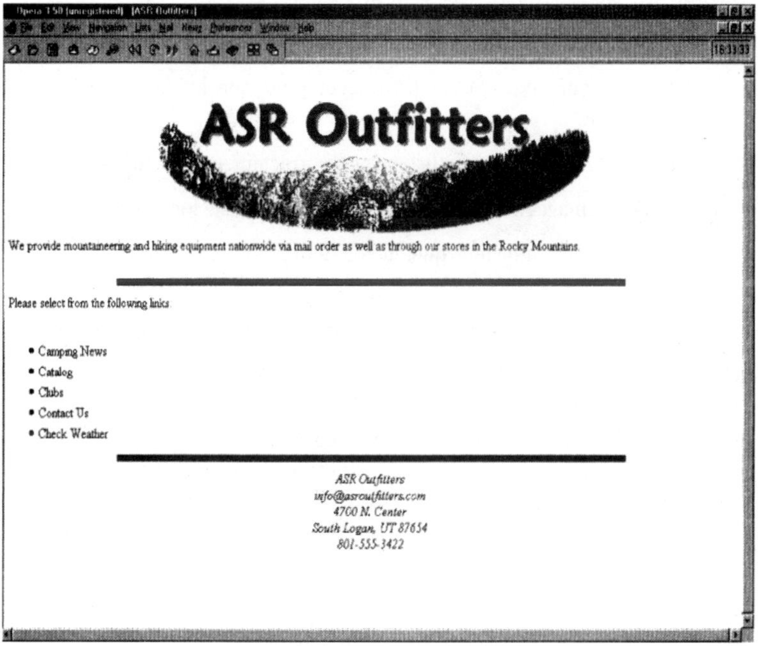

Figure 5.3 : Une image dans la page Web de la société ASR.

L'élément `img` supporte l'attribut `align` avec les valeurs `top`, `middle`, `bottom`, `left` ou `right` mais ne supporte pas le centrage horizontal. Si vous souhaitez utiliser le centrage horizontal, utilisez l'élément `center`. Toutefois, remarquez que l'élément `center` est délaissé en faveur des feuilles de style. Consultez la section "Aligner l'image" plus tard dans ce chapitre pour davantage de détails.

Vous pouvez voir l'image obtenue dans la page Web de la société ASR dans la Figure 5.3.

Insertion d'un texte comme une alternative

Le texte alternatif décrit une image que vous avez utilisée dans votre page Web. Vous devez l'ajouter pour les raisons suivantes :

- La spécification XHTML 1 requiert l'attribut `alt` pour un certain nombre d'éléments y compris `img`. Vos documents ne seront pas valides sans cet attribut, ce qui signifie que vous aurez des tâches supplémentaires pour les mettre à jour plus tard.
- Certains utilisateurs peuvent utiliser des navigateurs de texte seul.
- Certains utilisateurs ont des problèmes de vue et ils utilisent des convertisseurs texte-voix qui ne peuvent cependant pas rendre les graphiques.
- Un utilisateur peut couper les images pour que les fichiers soient téléchargés rapidement.
- Parfois, les navigateurs n'affichent pas correctement les images.
- Parfois, les images ne sont pas affichées car les liens ne fonctionnent pas correctement.
- Les navigateurs affichent quelquefois le texte alternatif le temps que l'image soit chargée.
- Les moteurs de recherche peuvent utiliser un texte alternatif comme l'unique source d'information sur le contenu de l'image.

Le texte alternatif doit être clair et concis et fournir une quantité suffisante d'informations aux utilisateurs pour qu'ils puissent comprendre le contenu de l'image sans le voir. Le texte alternatif pour un logo peut être tout simplement le nom de la société ou le mot *logo*. Même un texte aussi bref du genre "échantillon de photo ASR" peut aider les utilisateurs. S'ils voient le mot *Image* (au cas où l'attribut `alt` aurait été omis), ils doivent charger les images afin de voir le contenu.

Pour ajouter un texte alternatif à vos images, ajoutez simplement l'attribut `alt` pour l'élément `img` :

```
<img src="asrlogo.gif"alt="ASR Outfitters Logo" />
```

Le résultat est affiché dans la Figure 5.4.

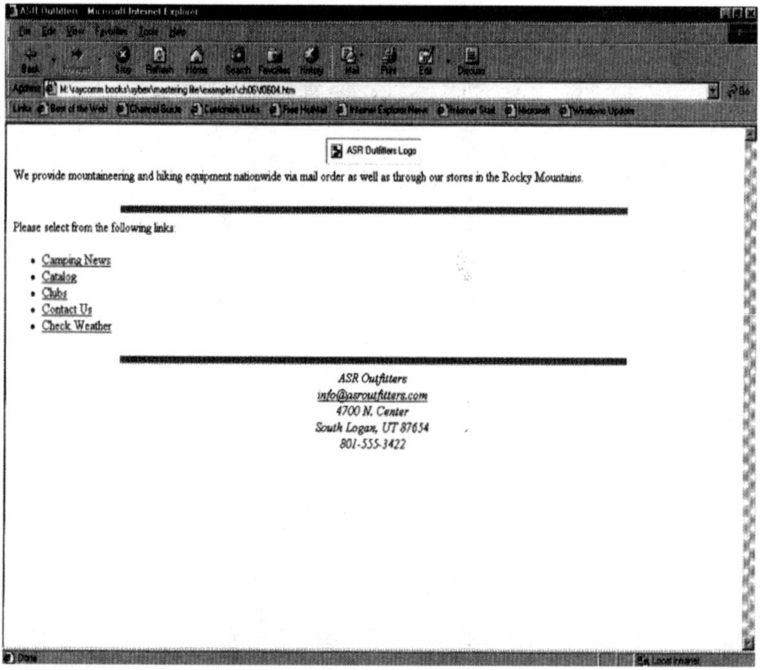

Figure 5.4 : Le texte alternatif fournit des informations sur l'image.

Spécification de la hauteur et de la largeur

Vous pouvez accélérer le temps de chargement des images en spécifiant la hauteur et la largeur de l'image. Au fur et à mesure que le navigateur ouvre la page, il note les attributs `height` et `width` et laisse les espaces ainsi spécifiés pour les images. Ensuite, il affiche le texte restant puis revient au chargement de l'image. Si vous n'ajoutez pas ces attributs, le navigateur doit télécharger une bonne partie de l'image pour avoir les dimensions avant qu'il puisse afficher le reste du texte, ralentissant ainsi l'affichage des autres éléments de la page.

Pour spécifier la hauteur et la largeur de l'image, ajoutez les attributs `height` et `width` dans l'élément `img` :

```
<img src="asrlogo.gif" alt="ASR Outfitters Logo" width="604" height="192" />
```

En règle générale, utilisez la hauteur et la largeur réelles de la page. Pour avoir ces dimensions, ouvrez l'image dans un programme d'édition d'image et utilisez l'option de ce programme pour trouver les mesures en pixels (en général une page de propriétés, une barre d'état ou une commande Taille de l'image). Vous aurez quelque chose comme 604 x 192 x 256 qui signifie que l'image `asrlogo.gif` a une largeur de 604 pixels, une hauteur de 192 pixels, et 256 couleurs. Avec cette information, vous pouvez ajouter les attributs `width` (604), `height` (192) à l'élément `img`.

Réduire ces attributs ne diminue pas le temps de téléchargement. Le même fichier image doit être chargé. Voir la section "Création d'imagettes" pour une technique d'insertion d'images de petite taille utilisant peu de mémoire.

Alignement de l'image

Le langage XHTML procure plusieurs options d'alignement d'image :

- Trois options verticales alignent l'image en respectant une ligne de test.
- Deux options alignent l'image à gauche ou à droite de la fenêtre (avec le texte qui l'entoure).

Les options d'alignement à l'intérieur de l'élément `img` outrepassent les autres paramètres d'alignement dans le document XHTML comme les balises `<center>…</center>` qui entourent l'élément `img`. Cependant, les textes longs vont faire un retour à la ligne, à la ligne suivante.

Par défaut, les images sont alignées à gauche avec une simple ligne de texte d'accompagnement sur la même ligne. Pour être sûr que le texte accompagnateur va apparaître à côté de l'image, spécifiez `align="left"` dans l'élément `img` :

```
<img src="asrlogo.gif" alt="ASR Outfitters Logo" width="604" height="192"
align="left" />
```

Le texte apparaît à la droite de l'image alignée à gauche, comme le montre la Figure 5.5.

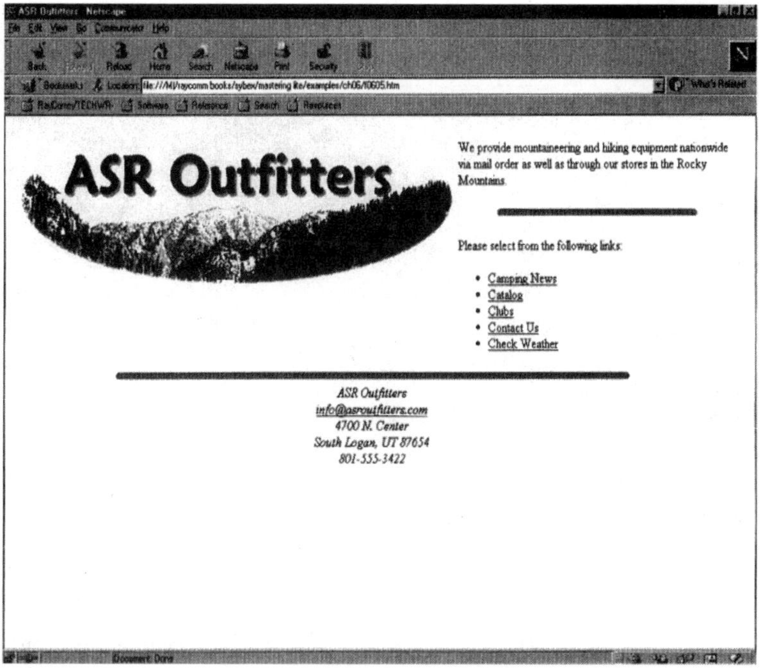

Figure 5.5 : Quand on spécifie l'alignement à gauche d'une image, on a l'assurance que le texte accompagnateur apparaît à droite.

N'oubliez pas que toutes les valeurs d'attribut doivent être mises entre guillemets (""). Exemple : `align="left"` est un code valide ; `align=left` n'est pas valide.

Vous pouvez créer des effets attrayants en combinant l'alignement de l'image et l'alignement du texte. En définissant l'alignement d'une image sur `align="right"` puis l'alignement du texte sur `align="right"`, cette action force le texte à être à côté de l'image avec une petite marge à droite comme le montre la Figure 5.6.

Les options d'alignement restantes que sont `top`, `middle`, et `bottom` peuvent être utilisées pour aligner l'image à l'intérieur du texte. Quand on utilise l'option `align="top"`, la partie supérieure de l'image est alignée avec le texte qui l'entoure. Avec `align="middle"`, le texte se trouve au niveau intermédiaire de l'image. De même, l'utilisation `align="bottom"` met le texte en bas de l'image. L'effet sur ces options est visible dans la Figure 5.7.

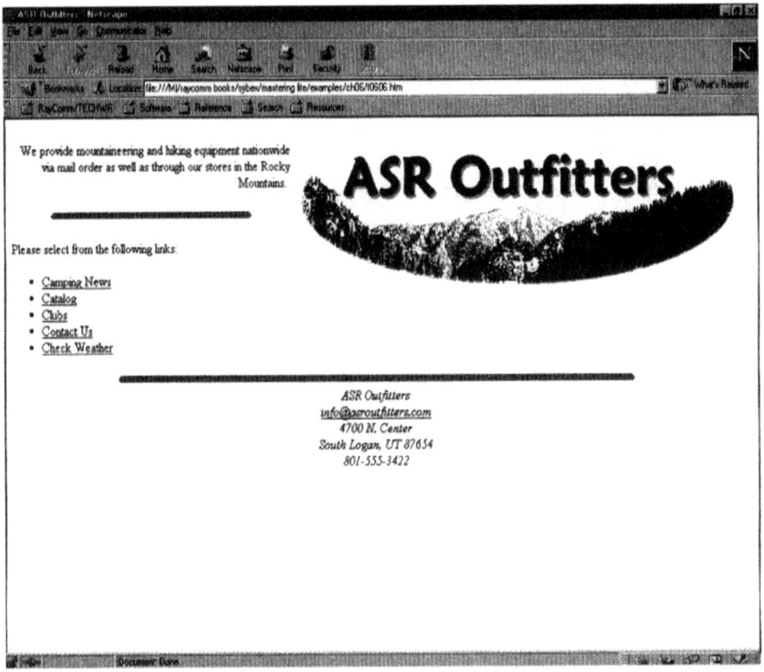

Figure 5.6 : Quand on aligne l'image et le texte à droite, on obtient des résultats attrayants.

LES AVANTAGES DU LANGAGE XHTML

La spécification XHTML rend obsolète le marquage dans la présentation et favorise plutôt les feuilles de style. L'attribut `align` et l'élément `center` sont des attributs de présentation, ils fournissent des informations sur l'affichage d'un document. Ils peuvent être utilisés dans un document XHTML tant que le document utilise la version DTD Transitionnelle de XHTML. Cependant, si vous utilisez la version XHTML Stricte DTD, tous les alignements doivent être spécifiés dans une feuille de style. (Voir le Chapitre 2 pour plus d'informations sur les DTD, le Chapitre 3 pour sur les attributs de présentation et les éléments, le Chapitre 10 et la deuxième partie des Références du Maître sur l'utilisation des feuilles de style afin de définir l'alignement et les autres propriétés de présentation.)

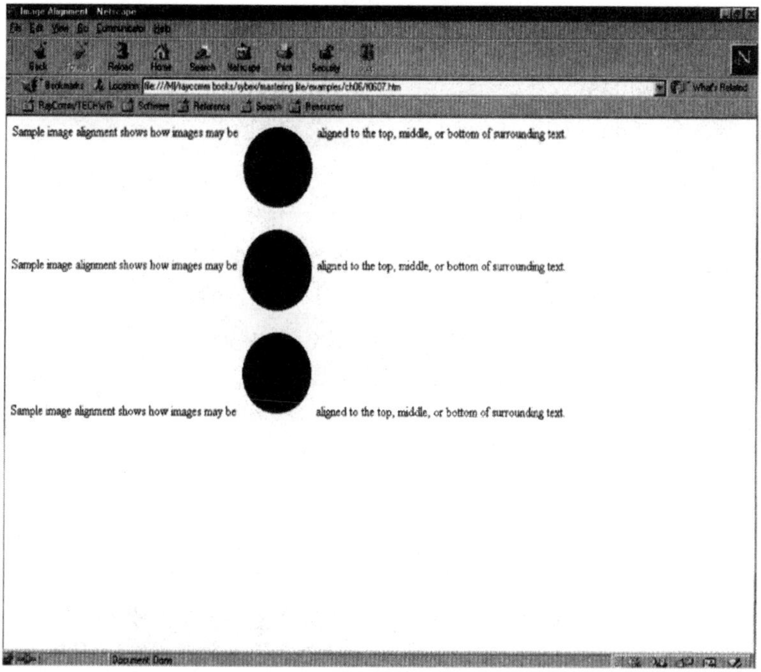

Figure 5.7 : Les alignements `top`, `middle`, et `bottom` font flotter l'image de différentes manières avec le texte qui l'entoure.

Contrôle de la bordure

Vous pouvez contrôler la bordure de l'image avec l'attribut `border`. Dans la plupart des navigateurs, la bordure est visible par défaut sur les images utilisées comme des liens. Pour annuler la bordure d'une image, ajoutez l'attribut `border=0` à l'élément `img` et vous aurez un élément image entier.

```
<img src="asrlogo.gif alt="ASR Outfitters Logo" width="604" height="192"
border="0" />
```

De la même manière, vous pouvez augmenter l'épaisseur de la bordure autour d'une image en augmentant la valeur de l'attribut `border` :

```
<img src="asrlogo.gif" alt="ASR Outfitters Logo" width="604" height="192"
border="7" />
```

Le résultat est visible dans la Figure 5.8.

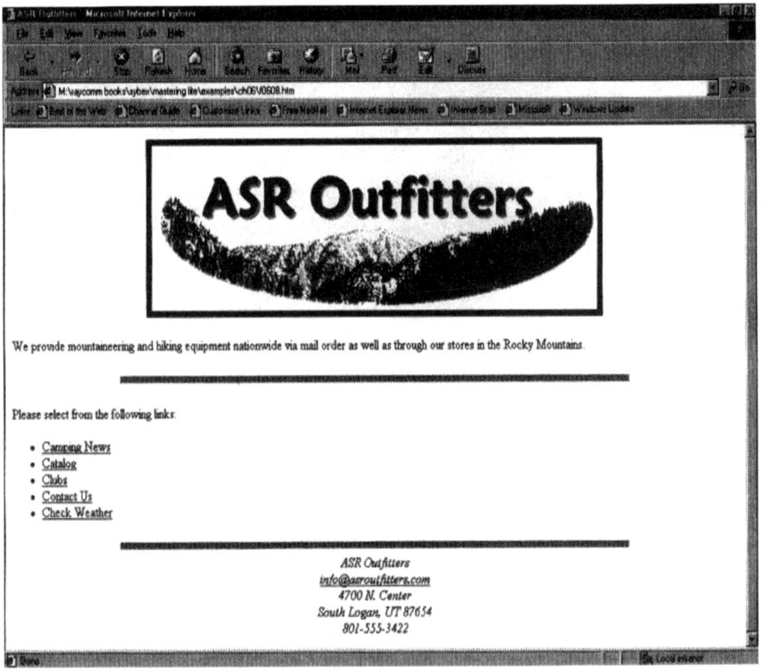

Figure 5.8 : En définissant une large bordure, une fenêtre entoure vos images.

Sélection des couleurs adéquates

En créant vos propres images ou en choisissant les couleurs d'une page Web ou de l'arrière-plan d'un tableau, vous souhaitez utiliser des couleurs qui garderont leur éclat particulier pour une grande majorité de navigateurs. La sélection des couleurs d'un texte est plutôt l'expression d'un plaisir personnel qui se prolonge avec le choix d'une couleur d'arrière-plan, celle qui animera tous vos documents XHTML et pour laquelle vous avez consacré un soin artistique particulier.

Si votre choix porte sur une couleur non encore disponible sur le système de l'utilisateur, le navigateur va rendre une couleur qui en apparence sera la plus rapprochée possible de la couleur originale ; ce procédé s'appelle *Dithering*. C'est le terme technique qui désigne une substitution partielle ou entière de couleurs afin de minimiser l'insuffisance de votre gamme de couleurs. Rarement visible sur les photos et les petites images, le dithering produit des apparences tachetées sur les zones d'une seule couleur.

Dans le passé, les PC supportaient uniquement des couleurs de 8 bits ou de 256 (2^8) couleurs. Actuellement, les trois principaux systèmes d'exploitation (Macintosh, Unix, et Windows) utilisent chacun des gammes de couleurs différentes pour leur fonction système, ce qui laisse 40 sur 256, 216 couleurs pour une utilisation générale. Si vous choisissez une de ces 216 couleurs (appelées *couleurs sûres* pour le Web), vous pouvez être certain qu'elle sera visible dans tous les navigateurs et sur toutes les plates-formes. Les 216 couleurs restantes sont régulièrement réparties dans le spectre des couleurs et vous donnent de larges possibilités de choix parmi une grande variété de couleurs.

Aujourd'hui, la plupart des PC supportent non seulement les couleurs de 8 bits mais surtout les couleurs de 15 ou 16 bits (les couleurs haut de gamme) ; la plupart des ordinateurs supportent des couleurs 24 bits (qu'on appelle les vraies couleurs ou les millions de couleurs). Si votre ordinateur est défini pour afficher 24 bits de couleurs, il peut alors afficher 16.776.216 couleurs. Toutefois, bien que la plupart des utilisateurs possèdent plus de 256 couleurs disponibles, l'affichage des couleurs est loin d'être uniforme dans les différents navigateurs et sur les diverses plates-formes.

Si vous souhaitez en savoir plus sur les couleurs sûres destinées au Web (avec ses avantages et ses inconvénients), consultez l'article de David Lehn et de Hadley Stern, "Mort de la palette des couleurs sûres" sur le site `http://hotwired.lycos.com/webmonkey/00/37/index2a.html`.

Les moniteurs couleur sont représentés comme des proportions de leurs composants rouge, vert et bleu, lesquels constituent ensemble la *valeur RGB*. Dans la plupart des programmes d'édition d'images, vous pouvez choisir les niveaux de composants en nombres décimaux (de base 10), sur une échelle de 0-255 pour un système de 256 couleurs. Toutefois, si vous spécifiez des couleurs à l'intérieur d'une page Web, le format le plus courant est le nombre hexadécimal (de base 16). Les chiffres "hex" sont 0123456789ABCDEF, la version hexadécimale de 0-255 est donc 00-FF.

Avec une limite à 256 couleurs, vous pouvez construire une valeur de couleurs RGB dans le Tableau 5.4 pour chaque composant de couleur. Pour créer une couleur sûre, sélectionnez un système (hexadécimal ou décimal) et choisissez une valeur par colonne. Par exemple, une couleur "ciel bleu" sûre pourrait être 51, 204, 255 pour les composants rouge, vert et bleu. Les nombres hexadécimaux correspondants seraient 33, CC, FF (les nombres hexadécimaux ne sont pas sensibles à la casse, ainsi `ff` est le même que `FF`).

Tableau 5.4 : Valeurs préférées RGB.

HEXADECIMAL			DECIMAL		
Rouge	Vert	Bleu	Rouge	Vert	Bleu
00	00	00	0	0	0
33	33	33	51	51	51
66	66	66	102	102	102
99	99	99	153	153	153
CC	CC	CC	204	204	204
FF	FF	FF	255	255	255

Vous signalez dans votre code que vous utilisez une valeur de couleur hexadécimale en mettant le signe # avant les six chiffres du code de couleur. Par exemple : `<body bgcolor="#33CCFF"`. Les valeurs de couleur décimales (moins courantes avec le langage XHTML) sont définies entre parenthèses : `<body bgcolor="rgb(51,204,255)">`.

Pour 16 couleurs prédéfinies, au lieu de donner un nombre pour chaque valeur de couleur, utilisez un mot-clé. Ces mots-clés sont listés dans la sixième partie des Références du Maître. Vous pouvez les utiliser comme des valeurs d'attributs à la place du code hexadécimal. Par exemple : `<body bgcolor="teal">`.

En règle générale, les couleurs supposées être "fermées" dans les 256 couleurs construites à partir du Tableau 5.4 ne peuvent pas faire l'objet d'une substitution, mais il n'existe aucune règle à la fois exigeante et rapide pour savoir si la méthode de "fermeture" est suffisante en elle-même.

Consultez le Chapitre 14 pour plus de détails sur l'utilisation de couleurs pour une page Web cohérente. Vous pouvez aussi consulter la sixième partie des Références du Maître pour en savoir un peu plus sur les couleurs sûres pour les navigateurs Web.

Utilisation des images comme des liens

L'utilisation d'images comme des liens procure deux avantages significatifs aux utilisateurs et à vous-même. D'abord, l'ajout d'un lien image remplace avantageusement l'emploi de plusieurs mots ou de lignes de texte, laissant ainsi un espace libre non négligeable aux autres éléments de page et au contenu.

Deuxièmement, vous pouvez ajouter des *médaillons* qui conduisent à des images de plus grande taille. Par cette action, vous permettez aux utilisateurs d'avoir un aperçu de l'image avant de l'ouvrir dans un format plus large. (Les médaillons sont expliqués en détail dans la section "Création de médaillons", plus loin dans ce chapitre.)

Création de liens image

Pour ajouter une image en tant que lien, commencez par inclure l'élément `img`. Dans cet exemple, nous ajoutons un bouton superflu à la page ASR Outfitters pour remplacer l'élément de liste Camping News. Le nom de l'image est `camping.gif` et le fichier auquel il doit se connecter est le fichier `camping.html`.

> Lorsque vous utilisez des images comme des liens, le texte alternatif est capital. Si l'action de cliquer l'image est le seul moyen offert à l'utilisateur pour se connecter à l'autre page, le texte alternatif reste son unique indice lorsque l'image n'est pas affichée (pour les raisons possibles suivantes : techniques, l'extinction d'images, le navigateur est un navigateur texte seul, l'utilisation d'un programme de lecture d'écran pour les malvoyants).

Pour ajouter un lien image, procédez comme suit :

1. Ajoutez un élément `img` et un attribut `src` avec le nom du fichier image comme la valeur vers le document.

```
<img src="camping.gif" />
```

2. Ajoutez un texte alternatif avec l'attribut `alt`.

```
<img src="camping.gif" alt="Camping News" />
```

3. Ajoutez tous les attributs que vous souhaitez inclure comme : `height`, `width`, et `border`. Si vous définissez `border="0"` pour annuler complètement la bordure, faites en sorte que l'image soit visuellement identifiée comme un lien. Sinon, vos utilisateurs pourraient ne pas reconnaître ce lien sauf lorsqu'ils passent la souris juste au-dessus et qu'ils voient le curseur se transformer en une main.

```
<img src="camping.gif" width="300" height="82" border="0" alt="Camping News" />
```

4. Ajoutez la balise de début de l'ancre (`<a>`) avant l'élément `image` et la balise de fin (`</a>`) à la fin.

```
<a><img src="camping.gif" width="300" height="82" border="0" alt="Camping
News" /></a>
```

5. Ajoutez l'attribut href à la balise de début de l'ancre (<a>) pour spécifier le nom de fichier et l'emplacement.

```
<a href="camping.html"><img src="camping.gif" width="300" height="82"
border="0" alt="Camping News" /></a>
```

Maintenant, vous avez une image qui sert de lien vers le fichier camping.html. Après avoir ajouté les deux images supplémentaires et en les faisant entourer de l'élément center, la page de la société ASR Outfitters va ressembler à la Figure 5.9.

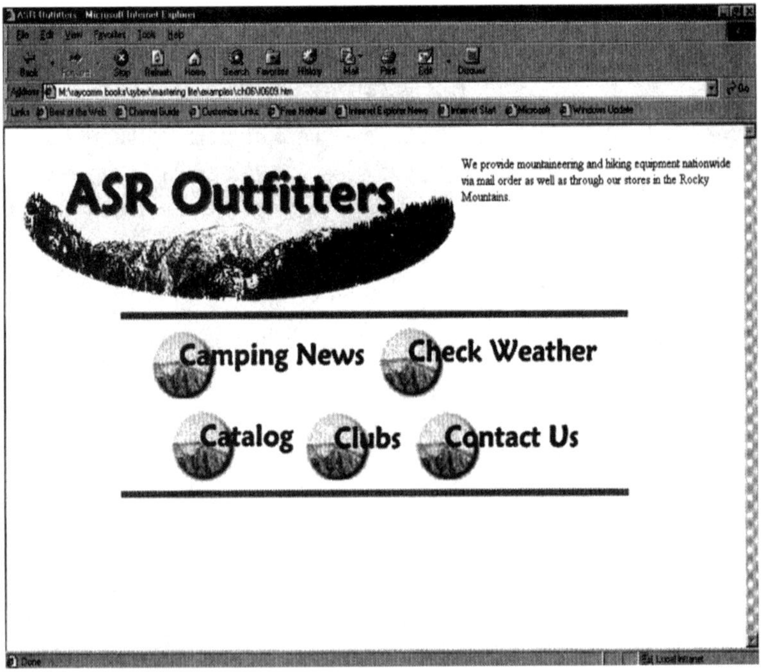

Figure 5.9 : Les liens image peuvent rendre une page très attrayante (un peu lente à télécharger).

Création de médaillons

Un médaillon est une version réduite d'une image mais il est aussi un lien vers la version la plus large. Les imagettes peuvent aussi être des liens vers des fichiers multimédias ou vers d'autres contenus dont le téléchargement est énorme ou qui ne sont pas accessibles de manière universelle.

Par exemple : la société ASR Outfitters a inséré un médaillon de la photo originale de son logo, laquelle va servir de lien vers l'autre photo de plus grande taille.

Pour ajouter un médaillon, vous devez avoir deux images toutes deux disponibles, le médaillon lui-même et une version plus grande. Créez un médaillon avec la version complète (scannée à partir de votre propre collection privée ou d'une autre source mais en respectant les droits d'auteur). Utilisez votre programme d'édition d'images pour redimensionner ou échantillonner l'image en une taille beaucoup plus petite tout en restant fidèle à l'original. Enregistrez maintenant cette image sous un nom différent et procédez aux étapes suivantes :

1. Insérez le médaillon dans le document de la même manière que pour les images. Le code pourrait ressembler à ceci :

```
<img src="photo-thumbnail.jpg" height="78" width="193" align="right"
border="1" alt="Thumbnail of original photo" />
```

2. Ajoutez un lien à partir du médaillon vers l'image qui est de plus grande taille.

```
<a href="photo.jpg"><img src="photo-thumbnail.jpg" height="78" width="193"
align="right" border="1" alt="Thumbnail of original photo" /></a>
```

Si vous avez défini la bordure sur 0, assurez-vous que le texte de support ou les autres parties du document XHTML explique bien que l'image est en fait un lien vers une image plus grande. Vous devez définir la bordure `border="1"` pour indiquer clairement que l'image est un lien. Voici le résultat qui apparaît sur le coin inférieur de la page d'accueil de la société ASR Outfitters :

Même si vous pouvez obtenir le même effet avec l'image originale en définissant une taille d'affichage plus réduite au moyen des attributs `height` et `width`, cette technique est inopérante sur les médaillons. De plus, même si vous redéfinissez la taille de l'affichage avec des valeurs plus petites des attributs `height` et `width`, la totalité de l'image doit toujours être téléchargée vers votre ordinateur. L'astuce est de réduire à la fois les dimensions de l'image et la taille du fichier réel pour que la page soit chargée rapidement.

Création d'une imagemap

Une imagemap ou image cliquable est une image unique qui contient plusieurs liens. Vous l'avez rencontré lors de vos connexions sans le savoir. L'action de cliquer sur une partie de l'image vous transporte vers le lien connecté à cette partie de la présentation visuelle. Par exemple : un site Web sur la santé pourrait présenter un tableau du corps humain avec une instruction comme celle-ci "cliquez là où cela fait mal". Une utilisation intelligente de l'imagemap permet de remplacer les images individuelles (que les navigateurs pourraient réaligner selon la largeur de l'écran) avec un *menu graphique* unique. La Figure 5.10 montre un échantillon d'imagemap extrait du site ASR Outfitters. Les utilisateurs peuvent cliquer sur chaque zone pour connaître les conditions météorologiques : le temps qu'il fait sur les sommets et sur les basses terres, et même l'index des ultraviolets.

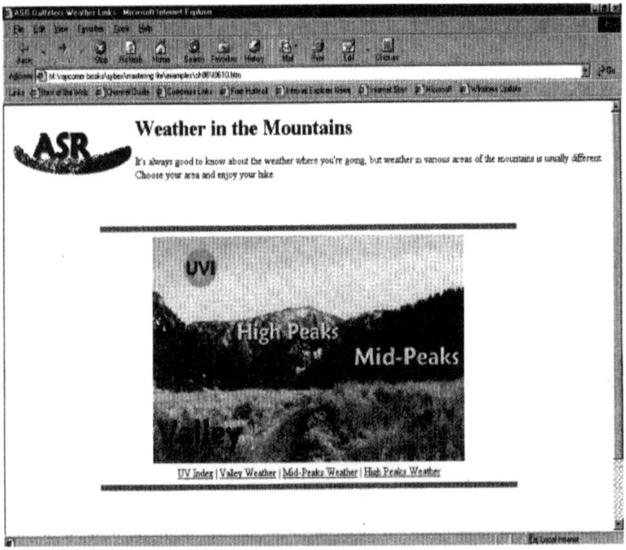

Figure 5.10 : Les imagemaps sont des images uniques avec plusieurs liens vers d'autres informations ou d'autres graphiques.

Les types d'imagemaps

Les deux types d'imagemaps sont le *côté-serveur* et le *côté-client*. La caractéristique qui les différencie est le lieu du traitement (là où le clic de la souris de l'utilisateur se traduit par un lien vers un autre document). Le traitement peut avoir lieu sur le serveur (*Imagemap côté-serveur*) ou sur l'ordinateur de l'utilisateur (*Imagemap côté-client*).

Les imagemaps côté-serveur

Dans une imagemap côté-serveur, les coordonnées du clic sont transmises vers le serveur qui va déterminer les instructions applicables à ce clic. Le serveur retourne cette information vers le client, lequel envoie alors une demande vers le document approprié. L'ordinateur serveur effectue ses calculs et indique au client ce qu'il doit faire.

L'avantage pour l'utilisation d'une imagemap côté-serveur est qu'elle est antérieure à l'imagemap côté-client, tout en étant bien supportée. Il existe cependant quelques inconvénients :

- Comme une imagemap côté-serveur requiert une entrée serveur, sa réponse est en général plus lente que celle d'une imagemap côté-client, selon le trafic réseau.
- La communication en deux sens d'une imagemap côté-serveur accroît le travail du serveur.
- Le serveur pourrait avoir besoin d'un logiciel supplémentaire pour traiter l'imagemap.
- L'administrateur du serveur pourrait être obligé de spécifier la méthode de traitement de l'imagemap.

Les imagemaps côté-client

En général, il vaut mieux utiliser des imagemaps côté-client pour plusieurs raisons. D'abord, elles sont plus rapides (aucun besoin d'une communication entre client et serveur pour traiter l'imagemap) et plus sûres pour les nombreux navigateurs qui supportent les imagemaps côté-client. Par exemple : si un document avec une imagemap côté-client vient du serveur A et va vers le serveur B, le client peut effectuer ses calculs et demander directement le document à partir du serveur B.

Les imagemaps côté-client sont plus adaptées aux besoins des utilisateurs que les imagemaps côté-serveur. Lorsqu'un utilisateur fait déplacer le curseur sur un lien image dans un document, la barre d'état affiche en général l'adresse URL du lien. Les navigateurs récents y compris les dernières versions de Netscape Navigator et d'Internet Explorer montrent les informations sur le lien dans une petite fenêtre contextuelle. Par contre, si un utilisateur met le curseur sur un lien Imagemap côté-serveur, la barre d'état affiche uniquement les coordonnées du curseur.

Enfin, les imagemaps côté-client sont mieux adaptées à votre travail de conception car vous pouvez les utiliser et les tester avant que l'imagemap ne soit mise sur le serveur. Par contre, les imagemaps côté-serveur ne peuvent pas fonctionner avant leur installation sur le serveur, ce qui va rendre le test plus difficile.

Si vos utilisateurs n'ont que de vieux navigateurs, vous devez considérer à la fois les imagemaps côté-client et côté-serveur. Si un navigateur voit une imagemap côté-client, il va s'en servir. S'il ne reconnaît pas l'imagemap côté-client, il va se tourner vers l'imagemap côté-serveur. Le seul inconvénient de cette approche est que vous devez fournir deux fois plus de travail.

Construire des imagemaps appropriées

Il vaut mieux rien avoir du tout que de disposer des imagemaps mal construites. Les inconvénients inhérents aux images (temps de téléchargement ou non-accessibilité aux navigateurs texte seul) s'appliquent aussi aux imagemaps. Pour savoir si une imagemap convient à vos besoins, posez-vous d'abord les questions suivantes :

- **L'imagemap connecte-t-elle une structure de navigation stable ?** Si les liens vont être modifiés ou si la structure d'ensemble de la navigation sur le site n'est pas entièrement fonctionnelle, l'imagemap sera inopportune. Il est possible de réviser les imagemaps mais c'est un travail trop fastidieux. Il est souvent mieux de refaire une imagemap plutôt que de la modifier.
- **Est-ce l'apparence finale de l'image ?** L'image doit être parfaite pour être une imagemap. Une modification aussi minime soit-elle pourrait endommager complètement votre imagemap.
- **La fonction de l'image est-elle appropriée à une imagemap ?** Les images mirobolantes d'une page d'accueil peuvent bien faire office d'imagemaps surtout si la conception reflète l'image de la société. De toute façon, une conception compliquée doit aboutir à une image unique et il sera difficile aux navigateurs de regrouper exactement les images individuelles selon l'arrangement artistique que le concepteur aurait voulu. L'ajout d'une navigation Imagemap est donc juste une utilisation plus efficiente de l'image et les pages d'un site intranet en profiteraient bien.
- **Le contenu de l'image convient-il à une imagemap ?** L'utilisation artificielle ou déplacée d'une imagemap peut nuire aux pages Web elles-mêmes bien qu'elles soient autrement parfaites. L'action de cliquer sur certains points d'une image est-elle le meilleur moyen de faire le lien avec l'information désirée ? Dans un site Web sur la réparation et le diagnostic d'automobiles mais destiné aux profanes, l'image d'une voiture et les instructions sur les parties à cliquer sont tout à fait appropriées ; par exemple, afin de connaître l'origine d'un bruit étrange. Toutefois, dans un site conçu pour des mécaniciens expérimentés, ce genre de liens est superflu ; une liste des pièces (tronc, tableau de bord, pneu…) serait par contre plus efficace et plus appropriée.

- **La fonction ou le contenu méritent-ils une imagemap ?** Tant mieux si la réponse est positive. Toutefois, si les liens à une page n'ont pas besoin d'être éclatants et si le contenu n'est pas évident avec une imagemap, il vaut mieux la supprimer. N'oubliez pas que les fichiers image augmentent considérablement le temps de téléchargement d'une page, une raison suffisante pour l'utiliser avec circonspection.
- **Peut-on réutiliser entièrement l'imagemap ?** Si vous envisagez d'utiliser une imagemap sur plusieurs pages (en utilisant exactement la même image et le même code), sa valeur va augmenter. Dans ce cas, le temps de téléchargement se doit d'être apprécié avec une imagemap utilisable une seule fois.

Si votre réponse est négative à l'une ou à plusieurs de ces questions, vous devez choisir des images individuelles, traditionnelles ou des aides de navigation. Par exemple, s'il est possible de diviser le contenu ou l'image en plusieurs images plus petites, faites-le. N'oubliez pas que les imagemaps sont longues à développer et pourraient ne pas être disponibles pour tous les utilisateurs. Soyez donc sûr qu'une imagemap convient à vos besoins avant d'en développer une.

Sélection d'une image

Lorsque vous sélectionnez une image à utiliser comme une imagemap, suivez les mêmes instructions de sélection que pour les autres images :

- Soyez sûr que l'image renferme le contenu.
- Assurez-vous que la taille physique est aussi réduite que possible mais assez grande pour véhiculer le contenu.
- Soyez certain que la taille du fichier est la plus petite qui soit.
- Les photos ne sont pas en général adéquates pour les imagemaps. Il est difficile de savoir où cliquer dans une photo sauf si le texte précise clairement ces endroits.

Si vous créez par exemple une imagemap de réparation de voitures destinée aux profanes, utilisez un simple dessin ou un schéma. Par contre, l'imagemap de la société ASR Outfitters se doit d'être plus compliquée car elle est avant tout une attraction visuelle avec une seule fonction adjacente. L'imagemap montrée dans la Figure 5.10 dans ce chapitre est une partie d'une page météorologique locale. Il suffit de cliquer sur une zone pour connaître le temps qui y fait.

Définition d'une navigation alternative

Excepté le cas où *tous* vos utilisateurs auraient des navigateurs graphiques et souhaiteraient visualiser des images, vous devez fournir des options de navigation alternatives. Ceux qui ne voient pas les images ne peuvent pas aller à l'information ; vous devez donc créer des solutions alternatives à base de texte. La solution la plus facile est de créer une liste de liens. Par exemple, la navigation alternative de l'image montrée Figure 5.10 serait le code suivant :

```
<br />
<a href="uvi.html">UV Index</a> |
<a href="valley.html">Valley Weather</a> |
<a href="midpeaks.html">Mid-Peaks Weather</a> |
<a href="highpeaks.html">High Peaks Weather</a> |
```

Dans ce code, la barre verticale ou caractère "pipe" (|) sépare les liens et va créer cet effet de menu montré en bas de la Figure 5.10.

La création d'une navigation alternative avant même le développement d'une imagemap permet de déterminer les liens à inclure dans l'imagemap.

Création d'imagemap côté-client

Ce processus comprend trois étapes :

1. Définissez la zone d'image.
2. Créez l'imagemap.
3. Activez l'imagemap.

Les zones d'image

Les images sont simplement une combinaison de trois formes :

- Cercles.
- Rectangles.
- Polygones (toutes les formes autres que les cercles et les rectangles).

Vous pouvez créer une image en combinant ces différentes formes. La Figure 5.11 montre l'imagemap de la société ASR Outfitters à l'intérieur d'un programme d'édition d'image. Le lien UVI est un cercle, le lien température de la vallée est un rectangle, et les liens haut pic et pic moyen sont des polygones.

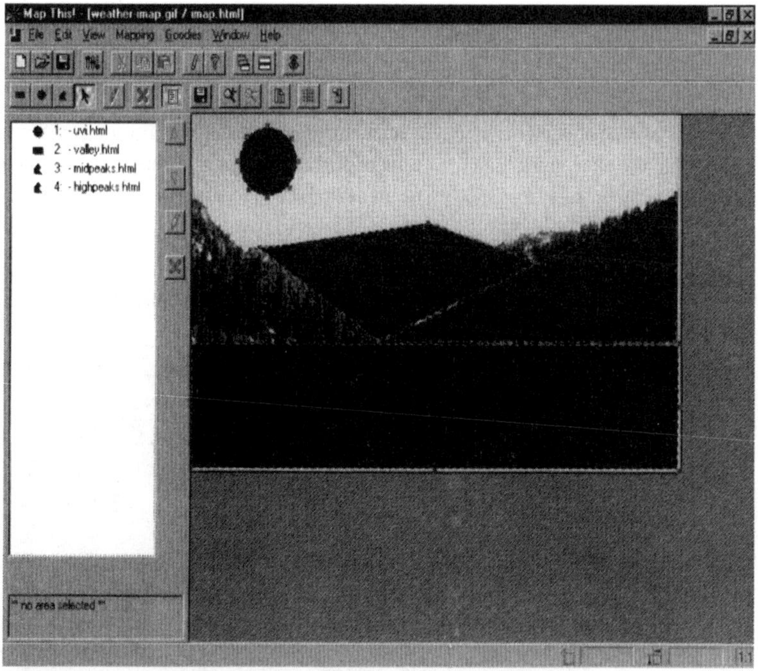

Figure 5.11 : Cette Imagemap contient un cercle, un rectangle et deux polygones.

Aucune précision n'est exigée pour la plupart des définitions d'imagemaps. La plupart des utilisateurs vont habituellement cliquer au milieu de la zone ; sinon, ils vont essayer une autre fois.

Les trois sections suivantes vont définir ces trois formes. Ouvrez d'abord une image dans un programme d'édition ou de mappage comme Paint Shop Pro par exemple.

Si vous envisagez de développer plusieurs imagemaps, nous vous recommandons d'installer et d'utiliser un logiciel de mappage d'images qui est accepté par l'Internet. Toutefois, si vous créez de simples imagemaps ou souhaitez ne créer qu'un petit nombre, la création manuelle est plus facile. La plupart des éditeurs WYSIWYG ("what you see is what you get") contiennent des outils de mappage d'images très faciles à utiliser.

Les cercles

Pour définir un cercle, ouvrez les étapes ci-après :

1. Identifiez le centre et le rayon. Utilisez la souris pour indiquer le centre du cercle ; les coordonnées sont affichées sur la barre d'état du programme d'édition d'images. Par exemple : dans Paint Shop Pro (Figure 5.12), le pointeur a l'apparence d'une loupe et les coordonnées *x*, *y* figurent en bas de la fenêtre. *x* est le nombre de pixels à partir du coté gauche de l'image et *y* est le nombre de pixels à partir du haut.

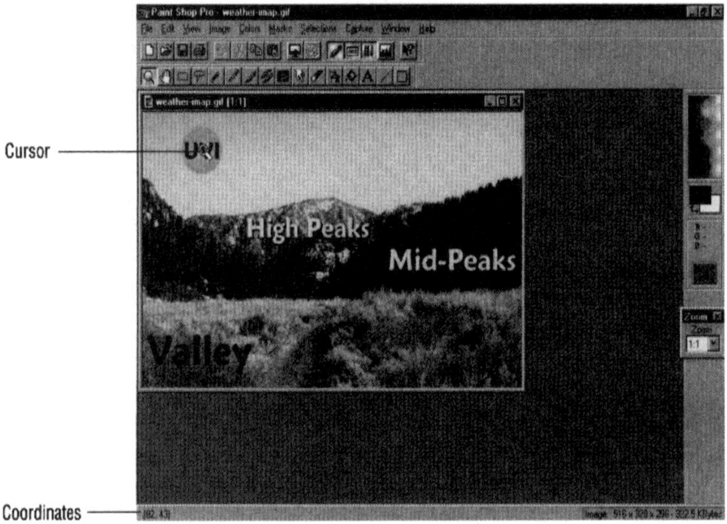

Figure 5.12 : Utilisez le curseur pour trouver les coordonnées de différents points comme le centre d'un cercle ou le coin d'un polygone.

2. Déplacez horizontalement le curseur jusqu'à la limite du cercle et notez les coordonnées.
3. Soustrayez la première coordonnée de *x* de la seconde coordonnée de *x* pour avoir le rayon du cercle.
4. Notez ces coordonnées.

Les rectangles

Pour définir un rectangle, exécutez ce qui suit :

1. Identifiez le coin en haut à gauche et le coin en bas à droite, puis notez les coordonnées. Faites mouvoir le curseur vers le coin en bas à droite et notez les coordonnées.
2. Notez ces coordonnées.

Les polygones

Pour définir un polygone, voici ce qu'il faut faire :

1. Identifiez chaque point du polygone en déplaçant le curseur dans le même sens et autour de la forme souhaitée. Commencez à n'importe quel point du périmètre et déplacez le curseur dans le sens des aiguilles d'une montre ou dans le sens opposé sans rater un seul point. Par exemple : dans l'imagemap de la société ASR Outfitters, la zone des pics moyens (Mid Peaks) peut être définie avec les trois points qui forment le triangle, dont la longueur passe entre la zone des pics moyens et celle des hauts pics (High Peaks). Les hauts pics peuvent inclure plusieurs points à travers les montagnes ou n'être qu'un autre triangle.
2. Notez les coordonnées.

Création de l'imagemap

Lorsque vous créez une imagemap, vous devez insérer des éléments et des attributs qui indiquent au navigateur ce qu'il doit faire au moment où un utilisateur clique sur des zones d'imagemap bien définies. Vous pouvez insérer ces informations à l'intérieur du document XHTML qui contient l'imagemap ou les mettre dans un document séparé. Le premier procédé est plus courant mais, si vous désirez utiliser l'imagemap (comme une aide de navigation par exemple) dans plusieurs documents, mettez-la dans un fichier séparé et faites-en la référence à partir de chaque document.

Vous pouvez mettre le bloc de définition de l'imagemap partout à l'intérieur du corps du document XHTML, toutefois il est plus facile de faire sa mise à jour et sa maintenance si vous le mettez immédiatement après la balise de début `<body>` ou immédiatement avant la balise de fin `</body>`. Le Tableau 5.5 explique les éléments et les attributs les plus courants des imagemaps.

Tableau 5.5 : Les principaux éléments et attributs de l'imagemap.

ELEMENT	TYPE	UTILISATION
`img`	Elément	Indique l'insertion d'une imagemap.
`ismap="ismap"`	Attribut de `img`	Spécifie que l'image utilise une imagemap côté-serveur.
`usemap="..."`	Attribut de `img`	Nomme la définition de l'imagemap côté-client à utiliser.
`map`	Elément	Indique le bloc de définition de l'imagemap à l'intérieur du document XHTML.
`id="..."`	Attribut de `map`	Fournit un identificateur pour le bloc de définition de l'imagemap ; attribut requis.
`name="..."`	Attribut de `map`	Fournit un nom pour le bloc de définition de l'imagemap ; obsolète.
`area`	Elément vide	Définit une zone à l'intérieur de l'imagemap.
`alt="..."`	Attribut de `area`	Fournit un texte alternatif (ou texte contextuel) qui décrit chaque lien ; attribut requis.
`coords="x1,y1,x2,y2..."`	Attribut de `area`	Identifie la forme d'une zone.
`href="url"`	Attribut de `area`	Spécifie un lien pour la zone. Un clic dans cette zone établit le lien vers cette adresse URL.
`nohref="nohref"`	Attribut de `area`	Spécifie qu'un clic dans cette zone n'établit aucun lien.
`shape="..."`	Attribut de `area`	Identifie la forme d'une zone comme une rectangle (`rect`), un cercle (`circle`) ou un polygone (`poly`).

Dans le langage XHTML, l'attribut `name` pour les éléments `a`, `applet`, `form`, `frame`, `iframe`, `img`, et `map` est obsolète. Les documents XHTML utilisent l'attribut `id` au lieu de l'attribut `attribut`. Pour une compatibilité maximale, utilisez les deux attributs `name` et `id` avec des valeurs identiques. Par exemple : `<map name="navmap" id="navmap">`.

Dans le but d'insérer une imagemap côté-client, procédez aux étapes suivantes (la page de la société ASR Outfitters servira d'exemple) :

1. Dans le document XHTML, ajoutez des balises de début et de fin `map`.

```
<body>
<map>
</map>
</body>
```

2. Donnez à l'image un nom clair et descriptif avec les attributs `name` et `id`. (Lire le précédent avertissement.) Les valeurs de ces attributs doivent être les mêmes et elles doivent être utilisées une seule fois dans le document. Elles procurent une ancre interne de tris que vous pouvez lier à partir du même document ou d'autres documents.

```
<map name="weather_zones" id="weather_zones">
</map>
```

3. Ajoutez un élément vide area pour l'une des formes :

```
<map name="weather_zones" id="weather_zones">
<area />
</map>
```

4. Ajoutez un attribut shape pour l'élément area. Dans cet exemple, circle représente la zone UVI dans l'imagemap de la société ASR Outfitters.

```
<area shape="circle" />
```

5. Ajoutez l'attribut coords avec les coordonnées *x*, *y* du centre du cercle et avec le rayon.

```
<area shape="circle" coords="82,43,30" />
```

6. Ajoutez un attribut href qui indique le fichier cible. Vous pouvez utiliser des adresses URL relatives ou absolues dans les imagemaps côté-client ; cependant, comme avec les autres liens, l'utilisation d'adresses URL est toujours une bonne approche. Dans notre cas, la zone établit un lien vers un fichier appelé uvi.html d'un même dossier.

```
<area shape="circle" coords="82,43,30" href="uvi.html" />
```

7. Ajoutez l'attribut alt qui décrit le lien à utiliser pour les textes pop-up.

```
<area shape="circle" coords="82,43,30" href="uvi.html" alt="UV Index" />
```

Les zones peuvent se chevaucher si vous en ajoutez de nouvelles. La première zone définie outrepasse les zones qui ont été superposées.

8. Ajoutez des éléments area supplémentaires, un à la fois. Dans notre exemple, le prochain élément area est la zone Valley, et c'est un rect (pour un rectangle). Les coordonnées haut à gauche et bas à droite sont requises pour connecter le fichier valley.html.

```
<area shape="circle" coords="82,43,30" href="uvi.html" alt="UV Index" />
<area shape="rect" coords="1,209,516,320" href="valley.html" alt="Valley
Weather" />
```

9. Concernant la zone des pics moyens (Mid-Peaks), un triangle suffira pour définir la zone. La forme est donc un polygone (poly) avec trois paires de coordonnées ; il établit le lien vers le fichier midpeaks.html.

```
<area shape="circle" coords="82,43,30" href="uvi.html" alt="UV Index" />
<area shape="rect" coords="1,209,516,320" href="valley.html" alt="Valley
Weather" />
<area shape="poly" coords="199,207,513,205,514,71" href="midpeaks.html"
alt="Mid-Peaks Weather" />
```

10. La zone des hauts pics (High Peaks) est facilement définie avec une figure à quatre coins, sous la forme d'un diamant.

```
<area shape="circle" coords="82,43,30" href="uvi.html" alt="UV Index" />
<area shape="rect" coords="1,209,516,320" href="valley.html" alt="Valley
Weather" />
<area shape="poly" coords="199,207,513,205,514,71" href="midpeaks.html"
alt="Mid-Peaks Weather" />
<area shape="poly" coords="63,123,251,98,365,134,198,204"
href="highpeaks.html" alt="High Peaks Weather" />
```

Reportez-vous à la Figure 5.11 pour vous rappeler cette forme.

11. Définissez l'attribut `href` pour les zones restantes. En utilisant l'attribut `nohref`, vous pouvez définir les zones restantes de telle sorte que rien ne se passe lorsqu'un utilisateur y fait un clic. Toutefois, vous devez spécifier à la fois un nom et une valeur pour cet attribut même si les deux sont identiques.

```
<area shape="default" nohref="nohref" />
```

L'imagemap finale ressemble au code du Listing 5.2. (Nous y reviendrons lorsque nous construirons des imagemaps côté-serveur, plus tard dans ce chapitre.)

Listing 5.2 : L'imagemap de la société ASR Outfitters.

```
<map name="weather_zones" id="weather_zones">
<area shape="circle" coords="82,43,30" href="uvi.html" alt="UV Index" />
<area shape="rect" coords="1,209,516,320" href="valley.html" alt="Valley
Weather" />
<area shape="poly" coords="199,207,513,205,514,71" href="midpeaks.html"
alt="Mid-Peaks Weather" />
<area shape="poly" coords="63,123,251,98,365,134,198,204"
href="highpeaks.html" alt="High Peaks Weather" />
<area shape="default" nohref="nohref" />
</map>
```

Activation de l'imagemap

Avant d'activer l'imagemap, mettez-la dans votre document. L'élément `img` (dans un nouveau document du site ASR Outfitters) :

```
<img src="weather-imap.gif" width="516" height="320" border="0" alt="Weather
Zones in the Mountains" />
```

Pour connecter une image à la définition de l'imagemap de la section précédente, ajoutez simplement l'attribut `usemap`, comme dans l'exemple ci-après :

```
<img src="weather-imap.gif" width="516" height="320" border="0" alt="Weather
Zones in the Mountains" usemap="#weather_zones" />
```

L'attribut `usemap` requiert le signe dièse (#) dans la valeur pour indiquer que le lien va aller à un endroit à l'intérieur du document.

Si vous souhaitez connecter une définition d'imagemap dans un autre document, ajoutez une adresse URL absolue à l'attribut `usemap`. Faites alors un test complet car tous les navigateurs ne supportent pas cette caractéristique. L'imagemap finale est montrée dans la Figure 15.3.

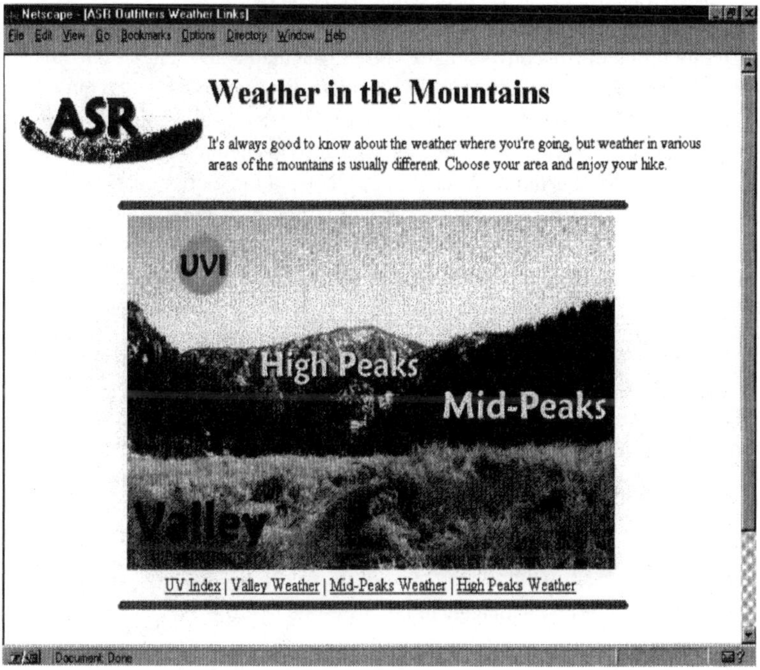

Figure 5.13 : L'imagemap de la société ASR Outfitters.

Création d'imagemaps côté-serveur

Le processus de création d'imagemap côté-serveur est virtuellement semblable à celui des imagemaps côté-client. Les différences réelles concernent le format du fichier imagemap. Chaque type de serveur peut avoir une configuration d'imagemap différente.

Dans la pratique, il n'existe toutefois que deux principaux formats d'imagemaps côté-serveur : le format NCSA (National Center for Supercomputing Applications) et le format CERN (Centre européen pour la recherche nucléaire). Ils fonctionnent de la même manière mais chacun d'eux requiert un format légèrement différent pour les définitions d'imagemap. Chaque format représente une implémentation d'imagemaps côté-serveur à partir des premiers logiciels de serveur que ces centres ont produits.

Demandez à votre administrateur le format d'imagemap que vous devez avoir pour une imagemap côté-serveur. De plus, vérifiez l'adresse URL.

Le seul problème de conversion de votre imagemap côté-client en une imagemap côté-serveur est d'avoir des adresses URL exactes. Par exemple, tout ce qui concerne ASR Outfitters doit se trouver initialement dans un dossier. Pour configurer correctement une imagemap côté-serveur, nous devons connaître le chemin entier qui mène vers l'information. A cause des limitations dans l'implémentation d'imagemap NCSA, l'imagemap doit être contenue dans un sous-répertoire et non dans le répertoire racine du serveur. La société ASR Outfitters va mettre le document de l'imagemap, le fichier map et les fichiers associés (liés) ensemble dans le sous-répertoire `weather` sur le site `www.asroutfitters.com`. Ainsi, l'adresse URL complète du fichier principal est :

```
http://www.asroutfitters.com/weather/asrweather-imap.html
```

Vous devez utiliser des adresses relatives serveurs (non pas un document relatif) ou des adresses URL absolues pour être sûr que tout fonctionne correctement. Pour plus de détails, reportez-vous au Chapitre 4.

Création d'une imagemap NCSA

En général, le format d'imagemap NCSA est de la forme :

```
method URL coordinates
```

Si nous utilisons les mêmes zones d'imagemap du code dans le Listing 5.2, le fichier de l'imagemap côté-serveur NCSA est :

```
default   /weather/asweather-imap.html
circle    /weather/uvi.html          82,43,30
rect      /weather/valley.html       1,209,516,320
poly      /weather/midpeaks.html     199,207,513,205,514,71
poly      /weather/highpeaks.html    63,123,251,98,365,134,198,204
```

L'élément par défaut indique explicitement le fichier qui contient l'imagemap, ainsi les clics faits en dehors des zones actives ne peuvent établir aucun lien avec les autres pages. Les lignes restantes comprennent la forme, l'adresse URL et les coordonnées, comme le fichier de définition de l'imagemap côté-client l'aurait fait mais avec un format légèrement différent.

Le format d'imagemap côté-serveur NCSA supporte aussi un point "shape" (en plus des cercles, rectangles et polygones), avec une unique paire de coordonnées. Un clic "à côté" du point va diriger un utilisateur vers cette adresse URL. Si vous avez plusieurs points, le serveur va choisir celui qui se trouve le plus près de votre clic. Comme les autres formats d'imagemap ne supportent pas le point "shape", nous vous recommandons d'utiliser seulement les formes existantes.

Après la création de ce fichier d'imagemap, enregistrez-le avec une extension `map`. La société ASR Outfitters met le fichier map dans le même document que le reste des fichiers ; le dossier `weather` va se trouver juste en dessous du répertoire racine du serveur.

Activation des fichiers imagemap côté-serveur

Il est plus indiqué d'activer l'imagemap côté-serveur si vous envisagez de faire de l'image un lien (avec un niveau supplémentaire de complexité). Exécutez les étapes suivantes :

1. Commencez avec l'image dans votre document (l'imagemap côté-client, si c'est votre choix).

```
<img src="weather-imap.gif" width="516" height="320" border="0" alt="Weather
Zones in the Mountains" usemap="#weather_zones" />
```

2. Ajoutez l'attribut `ismap` à l'élément `img`, de la façon suivante :

```
<img src="weather-imap.gif" width="516" height="320" border="0" alt="Weather
Zones in the Mountains" usemap="#weather_zones" ismap="ismap" />
```

3. Ajoutez un lien autour de l'image.

```
<a>
<img src="weather-imap.gif" width="516" height="320" border="0" alt="Weather
Zones in the Mountains" usemap="#weather_zones" ismap="ismap" />
</a>
```

4. Ajoutez l'attribut `href` spécifié par l'administrateur réseau ; selon toute probabilité, ce sera comme ceci :

```
<a href="http://www.asroutfitters.com/cgi-bin/imagemap/weather/weather-
imap.map">
<img src="weather-imap.gif" width="516" height="320" border="0" alt="Weather
Zones in the Mountains" usemap="#weather_zones" ismap="ismap" />
</a>
```

Si le client reconnaît une imagemap côté-client, il ne tient pas compte de l'imagemap côté-serveur. Si le client ne reconnaît pas l'imagemap côté-client, il va utiliser l'imagemap côté-serveur.

Après avoir créé l'imagemap, assurez-vous que le téléchargement du fichier `map` se fait en même temps que pour le reste de vos fichiers.

Implémentation des fichiers imagemap CERN

Les imagemaps CERN sont peu connues que les imagemaps NCSA. La même information de base y est incluse mais légèrement remaniée. Après avoir converti le code original à partir du Listing 5.2, vous avez le fichier d'imagemap CERN suivant :

```
default /weather/asweather-imap.html
circle (82,43) 30 /weather/uvi.html
rect    (1,209) (516,320) /weather/valley.html
poly    (199,207) (513,205) (514,71) /weather/midpeaks.html
poly    (63,123) (251,98) (365,134) (198,204)
   /weather/highpeaks.html
```

On peut citer des différences notables avec le format NCSA : les paires de coordonnées sont incluses dans des parenthèses, les coordonnées passent avant les adresses URL, le rectangle peut utiliser n'importe quelle paire de coordonnée opposée plutôt que les coordonnées haut à gauche et bas à droite. Les adresses URL peuvent être absolues ou relatives.

D'autres types de serveurs existent et les administrateurs configurent leurs serveurs différemment. Il vaut mieux demander directement comment implémenter une imagemap côté-serveur pour éviter toute désillusion. Les imagemaps côté-client sont bien plus pratiques.

Utilisation des images d'arrière-plan

La plupart des navigateurs supportent des images d'arrière-plan, des modèles ou des images derrière le texte dans les documents XHTML. En règle générale, les images d'arrière-plan sont disposées en mosaïque sur tout l'espace disponible. Cela signifie que plusieurs copies d'une image sont mises côte à côte, horizontalement et verticalement pour remplir l'écran.

Cela offre deux avantages significatifs. D'abord, vous pouvez créer un *arrière-plan uniforme.* L'utilisateur ne peut pas voir où les images individuelles commencent ni où elles s'arrêtent. La Figure 5.14 affiche un arrière-plan uniforme.

Figure 5.14 : Dans les arrière-plans, les images en mosaïque se mélangent.

Deuxièmement, vous pouvez développer des arrière-plans intéressants sur le plan visuel en faisant des images d'arrière-plan qui tendent à s'aligner horizontalement ou verticalement. Exemple : une image qui a une hauteur de 10 pixels et une largeur de 1 280 pixels est aussi large ou même plus large que les fenêtres de navigateurs courantes. Ainsi, l'image sera probablement répétée verticalement et non horizontalement. Cela peut produire une bande verticale comme le montre la Figure 5.15.

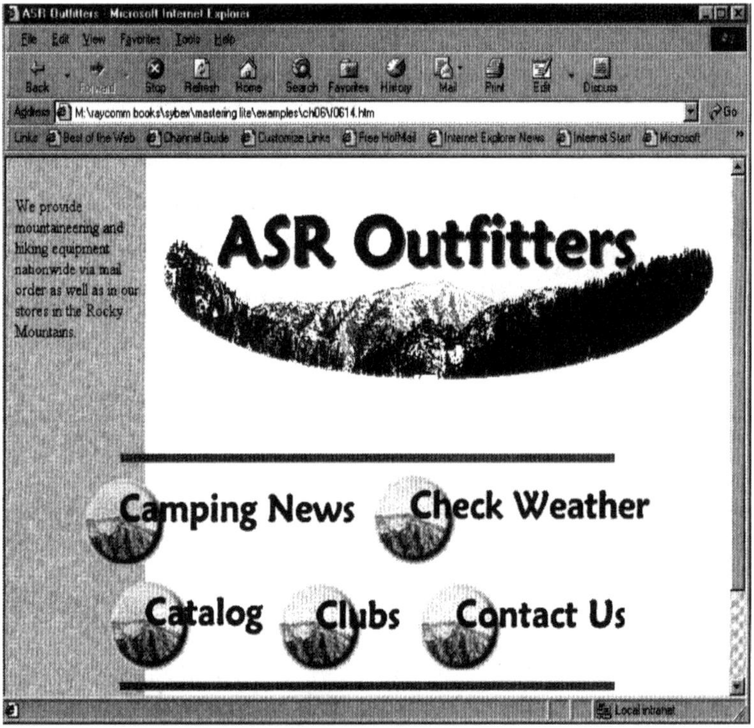

Figure 5.15 : Les images larges sont simplement affichées verticalement.

La plupart des utilisateurs utilisent au moins des moniteurs de 17 pouces et les moniteurs de 21 pouces sont de plus en plus répandus. Un large moniteur ne signifie pas nécessairement que l'utilisateur ouvrira la fenêtre du navigateur à une taille particulière ; toutefois, vous ne pouvez pas contrôler la taille de la fenêtre du navigateur ni la résolution du moniteur de l'utilisateur. Vous devez en tenir compte si vous utilisez une image d'arrière-plan de grande taille ou agrandie, et spécialement si vous le faites pour éviter l'effet mosaïque.

De la même manière, vous pouvez utiliser une image de haute taille pour produire un effet mosaïque horizontal comme le montre la Figure 5.16. Faites attention à la hauteur de l'image : si elle est inférieure à la hauteur de la fenêtre que l'utilisateur utilise, l'arrière-plan aura un effet mosaïque. Enfin, faites évanouir l'image dans la couleur d'arrière-plan du document, c'est une technique très appréciée.

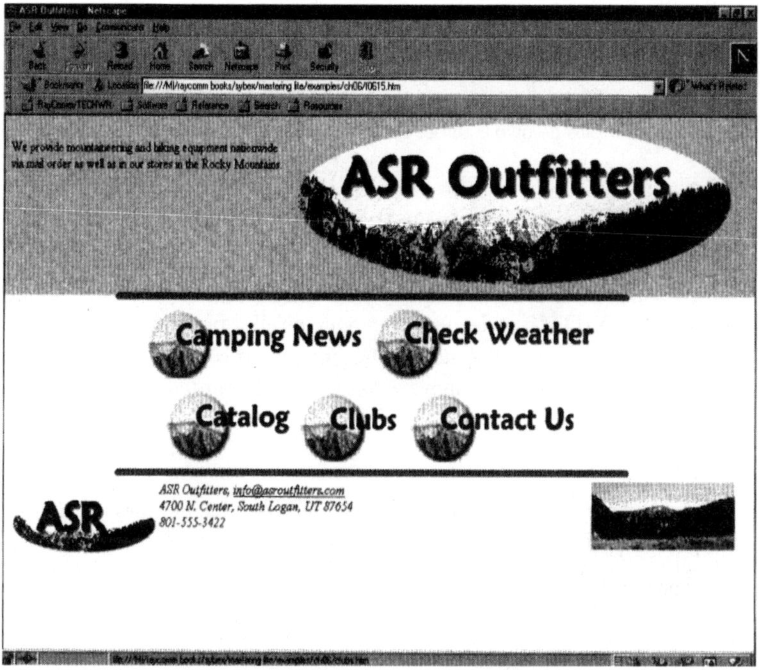

Figure 5.16 : Voilà à quoi ressemble une bande horizontale dans un navigateur.

Spécifiez toujours une couleur d'arrière-plan même si vous utilisez une image d'arrière-plan. La couleur est chargée plus rapidement que l'image et elle est affichée pendant le chargement de l'image. Si l'image n'est pas chargée, la couleur d'arrière-plan sera toujours visible derrière les autres éléments de la page.

Pour définir l'image d'arrière-plan et la couleur de la page, utilisez les attributs listés dans le Tableau 5.6 dans la balise de début de l'élément body :

```
<body background="asrback.jpg" bgcolor="#000000">
```

Tableau 5.6 : Les attributs d'arrière-plan et l'élément `body`.

ATTRIBUT	UTILISATION
`background="..."`	Utilise une adresse URL pour identifier le nom et l'emplacement d'une image à l'arrière-plan d'un document XHTML ; obsolète.
`bgcolor="..."`	Définit une couleur d'arrière-plan pour la page ; obsolète.

Ces deux attributs sont obsolètes. On peut utiliser les feuilles de style pour éviter que les images d'arrière-plan ne subissent l'effet mosaïque, ou s'en servir pour avoir un effet mosaïque horizontal et vertical. Elles permettent d'ajouter des images ou des couleurs d'arrière-plan derrière les éléments de page individuelle, au lieu de le faire pour une page entière. Pour plus de détails sur les arrière-plans, reportez-vous au Chapitre 10.

Et maintenant, que faire ?

Dans ce chapitre, nous avons pu voir comment sélectionner les images, les inclure dans le document XHTML et les formater pour qu'elles prennent l'apparence souhaitée. Deux types d'imagemap ont été décrits, l'imagemap côté-serveur et l'imagemap côté-client ; elles constituent deux moyens très pratiques pour fournir plusieurs liens à partir d'une seule image.

Voici quelques suggestions :

- Pour plus de détails sur les documents XHTML bien formés et valides, retournez au Chapitre 2.
- Pour le formatage XHTML, voyez le Chapitre 3.
- Bientôt, le Chapitre 6 va traiter l'insertion d'images dans les tableaux.
- Reportez-vous au Chapitre 10 et à la deuxième partie des Références du Maître pour les feuilles de style.

PARTIE II

Augmenter vos connaissances

Chapitre 6 : Développement de tableaux XHTML 157

Chapitre 7 : Développement des formulaires du langage XHTML 195

Chapitre 8 : Créer des cadres XHTML 239

Chapitre 9 : Convertir HTML en XHTML 283

Développement de tableaux XHTML

XHTML

Chapitre 6

Ce chapitre introduit les tableaux XHTML, représentés par des grilles avec des lignes et des colonnes. Ces lignes et ces colonnes créent des cellules individuelles contenant des textes et des images. Les tableaux constituent un élément de conception efficace de présentation visuelle des informations suivant une forme de votre choix. Ce chapitre va vous expliquer leur utilisation.

Ce chapitre traite les thèmes suivants :

- Création de tableaux de base.
- Ajout et suppression de lignes et de colonnes.
- Etendue de lignes et de colonnes.
- Ajout de légendes.
- Formatage de tableaux.
- Utilisation des caractéristiques des tableaux XHTML.

Utilisation efficace des tableaux

Les tableaux jouent deux rôles importants. D'abord, ils aident à présenter en un format lisible des données complexes ; ils sont aussi utilisés dans le but de produire une description visuelle des informations plutôt qu'une description sous forme rédactionnelle.

Ensuite, les tableaux servent à incorporer des éléments de conception sophistiqués dans les pages Web. Ils ont le même effet autant sur la disposition de la page que sur les cadres (voir le Chapitre 8). Cependant, avec les tableaux, les utilisateurs peuvent mettre des signets sur une page spécifique de votre site Web, ce qu'ils ne peuvent justement pas faire avec les cadres. En effet, un bon nombre de navigateurs supportent plus les tableaux que les cadres ; vous n'avez donc pas à vous inquiéter des effets que provoquent vos tableaux sur l'ordinateur de votre utilisateur ou sur les paramètres de votre navigateur. La Figure 6.1 présente un exemple de site Web formaté avec des tableaux.

Si vos utilisateurs ne possèdent pas des navigateurs qui supportent des éléments XHTML (les mêmes que les éléments HTML 4 si vous utilisez une DTD Transitionnelle), l'utilisation des tableaux est un excellent moyen pour le formatage. Cependant, les spécifications HTML 4 et XHTML 1 délaissent cette technique de formatage en faveur des feuilles de style. Le développement des feuilles de styles sera traité dans le Chapitre 10 et une référence sur des feuilles de style complète sera présentée dans la deuxième partie des Références du Maître.

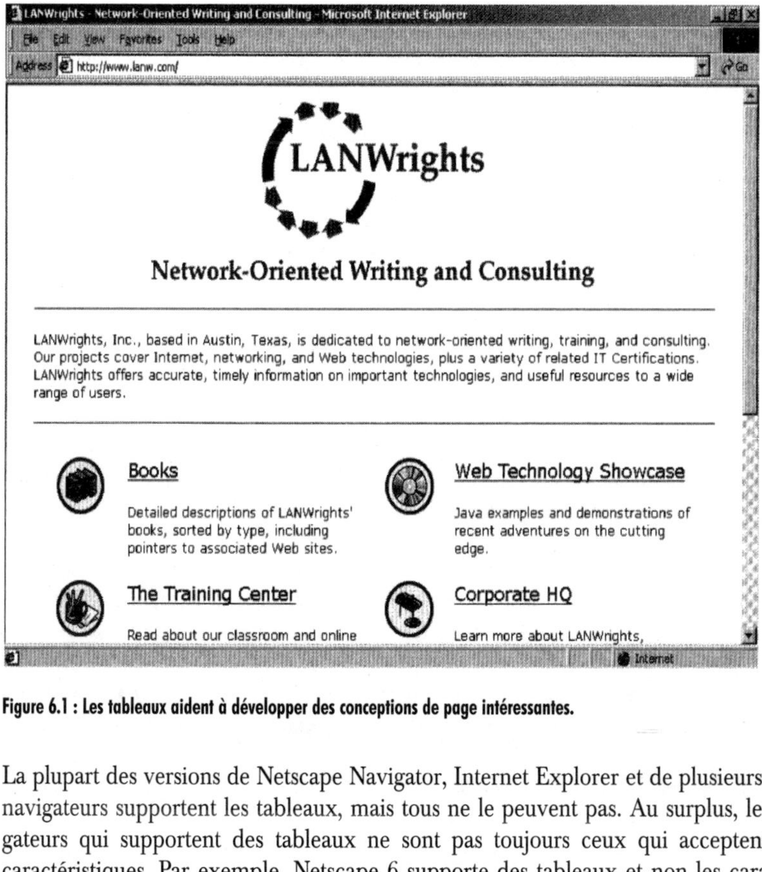

Figure 6.1 : Les tableaux aident à développer des conceptions de page intéressantes.

La plupart des versions de Netscape Navigator, Internet Explorer et de plusieurs autres navigateurs supportent les tableaux, mais tous ne le peuvent pas. Au surplus, les navigateurs qui supportent des tableaux ne sont pas toujours ceux qui acceptent leurs caractéristiques. Par exemple, Netscape 6 supporte des tableaux et non les caractéristiques élargies, telles que les légendes. Le Tableau 6.1 liste les navigateurs qui supportent les tableaux et leurs caractéristiques élargies.

Tableau 6.1 : Les navigateurs qui supportent les tableaux standards et les tableaux HTML 4.01.

NAVIGATEUR	TABLEAUX STANDARDS	TABLEAUX HTML 4.01
Netscape Navigator	Oui	Oui (en Netscape 6)
Internet Explorer	Oui	Oui (dans IE 4 et les dernières versions)
Lynx	Non	Non
Opéra	Oui	Non

Avant d'inclure des tableaux dans un document XHTML, vos utilisateurs doivent utiliser un navigateur qui supporte des tableaux, sinon le tableau n'apparaîtra pas correctement ou pas du tout.

Les caractéristiques des tableaux habituellement non supportés seront notés dans ce chapitre.

Création d'un tableau de base

La création d'un tableau se fait en deux étapes :

1. Créez la structure du tableau, ce qui veut dire que vous devez entrer l'élément `table` et spécifier les lignes et les colonnes, ainsi que les en-têtes de colonnes.
2. Entrez les données dans les cellules du tableau.

Vous souhaitez peut-être esquisser un diagramme du tableau avant de le coder. Ce procédé permet de recenser tous les composants nécessaires à votre tableau avant de le coder.

Le fait de créer en premier la structure du tableau et d'entrer les données vous évitent de faire un certain nombre d'erreurs. La plupart des concepteurs de page Web oublient la balise de fin </table> ou omettent un couple entier de balises. A cause de ces erreurs, les tableaux sont bizarres ou n'apparaissent pas du tout. Il faut mettre en place la structure du tableau de base avant d'ajouter des textes, ce qui vous aidera à résoudre vos problèmes. Le Tableau 6.2 décrit les éléments du tableau de base.

Les éléments du tableau deviennent rapidement complexes ! N'oubliez pas d'ouvrir et fermer convenablement les balises, de ne pas omettre des éléments et de les imbriquer correctement. Le débogage des problèmes dans un tableau est toujours ennuyeux et frustrant.

Tableau 6.2 : Les éléments de base d'un tableau.

ELEMENTS	REPERES
`table`	Un tableau avec un document XHTML.
`tr`	Une ligne à l'intérieur d'un tableau.
`td`	Une cellule à l'intérieur d'une ligne.
`th`	Une cellule d'en-tête à l'intérieur d'une ligne.

Les balises de fin sont facultatives en HTML 4 mais elles sont obligatoires en XHTML. Elles aident aussi à repérer la fin d'un élément donné et le début d'un autre.

Les étapes suivantes décrivent la construction d'un tableau et l'entrée des informations. L'exemple de tableau de la Figure 6.2 présente un produit sur le site Web d'une entreprise.

1. Commencez avec un document XHTML fonctionnel qui contient des éléments de structure appropriés (la déclaration `DOCTYPE`, `html`, `head`, `title` et les éléments `body`) et toute information additionnelle que vous souhaitez inclure.
2. Ajoutez l'élément `table` à l'endroit où vont apparaître les limites du tableau.

```
<table>
</table>
```

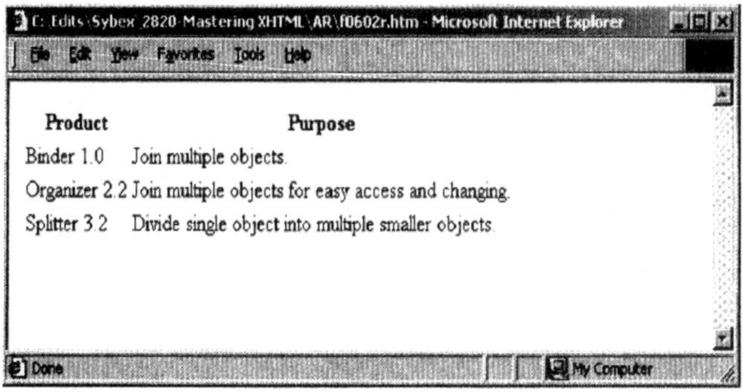

Figure 6.2 : Un tableau de base inclut le contenu mais il n'inclut pas le formatage ou les bordures.

Pour des raisons d'accessibilité, vous pouvez utiliser un attribut `summary` dans l'élément `table` afin de décrire le contenu du tableau. La valeur de cet attribut indique aux utilisateurs le contenu du tableau. La spécification ne l'exige pas mais il va rendre vos pages Web aussi lisibles que possible.

3. Ajoutez un élément `tr` pour chaque ligne entre les balises `table`. L'exemple de tableau inclut quatre éléments `tr`, un pour chaque ligne.

```
<table>
<tr>
</tr>
<tr>
</tr>
<tr>
</tr>
<tr>
</tr>
</table>
```

4. Ajoutez les éléments th dans la première ligne où vous souhaitez insérer les en-têtes du tableau. L'exemple de tableau inclut deux éléments th. Vous pouvez introduire quelques espaces pour mettre en relief les éléments d'en-tête du tableau (et les données) afin de voir le texte associé à chaque ligne et à chaque cellule,avec une plus grande facilité.

```
<table>
<tr>
<th></th>
<th></th>
</tr>
<tr>
</tr>
<tr>
</tr>
<tr>
</tr>
</table>
```

5. Ajoutez les éléments td pour créer des cellules individuelles dans lesquelles vous allez mettre des informations. L'exemple de tableau inclut six cellules de données, deux dans chaque ligne.

```
<table>
<tr>
<th></th>
<th></th>
</tr>
<tr>
<td></td>
<td></td>
</tr>
<tr>
<td></td>
<td></td>
</tr>
<tr>
<td></td>
<td></td>
</tr>
</table>
```

6. Ajoutez le contenu de chaque cellule. Placez les informations d'en-tête du tableau entre les balises de début et de fin th et entrez les données entre les balises de début et de fin td.

```
<table>
<tr>
<th>Product</th>
<th>Purpose</th>
```

```
</tr>
<tr>
<td>Binder 1.0</td>
<td>Join multiple objects.</td>
</tr>
<tr>
<td>Organizer 2.2</td>
<td>Join multiple objects for easy access and
changing.</td>
</tr>
</table>
<tr>
<td>Splitter 3.2</td>
<td>Divide single object into multiple smaller
objects.</td>
</tr>
```

Les résultats de ce code sont présentés dans la Figure 6.2. Notez que le contenu est présent mais le tableau n'inclut aucun formatage ni bordures.

Ajout ou suppression de lignes et de colonnes

Après avoir créé un tableau, vous pouvez facilement ajouter et supprimer des éléments si vos informations subissent des modifications. Les sections suivantes développent l'ajout et la suppression des lignes et des colonnes. L'exemple va présenter un tableau avec une colonne de plus et une ligne de plus par rapport à l'exemple précédent.

Ajout de lignes

Pour ajouter une ligne à votre tableau, insérez les éléments supplémentaires `tr` et `td` là où vous souhaitez que la nouvelle ligne apparaisse. Par exemple, vous pouvez ajouter une nouvelle ligne vers le milieu du tableau comme suit :

```
<table>
<tr>
<th>Product</th>
<th>Purpose</th>
</tr>
<tr>
<td>Binder 1.0</td>
<td>Join multiple objects.</td>
</tr>
<tr>
<td>Organizer 2.2</td>
<td>Join multiple objects for easy access and changing.</td>
</tr>
```

```
<tr>
<td>Combiner 0.9</td>
<td>Join multiple objects at the edges.</td>
</tr>
<tr>
<td>Splitter 3.2</td>
<td>Divide single object into multiple smaller objects.</td>
</tr>
</table>
```

Le tableau ressemble maintenant à celui présenté dans la Figure 6.3.

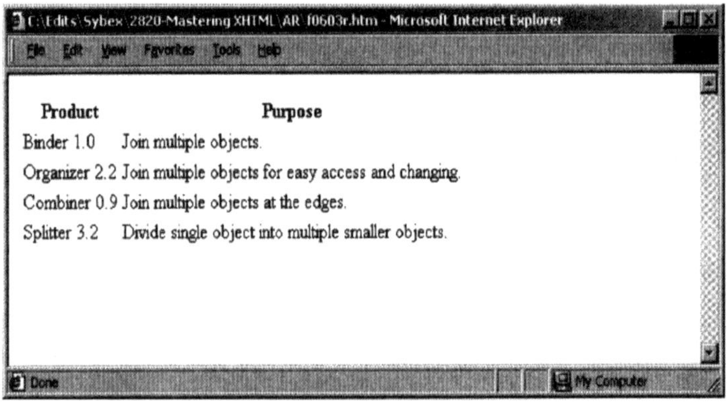

Figure 6.3 : L'exemple de tableau contient maintenant quatre lignes.

Ajout de colonnes

L'ajout de colonnes est beaucoup plus difficile que l'ajout de lignes parce que vous devez ajouter une cellule pour chaque ligne. Cependant, le processus général est le même : vous insérez les éléments là où vous souhaitez que la nouvelle colonne apparaisse, soit à gauche, soit à droite des colonnes existantes ou quelque part entre elles.

Par exemple, vous pouvez ajouter une nouvelle colonne à droite du tableau en ajoutant un autre élément `th` à la ligne d'en haut et un élément `td` à chacune des autres lignes qui suivent. L'exemple de code ressemblera à :

```
<table>
<tr>
<th>Product</th>
<th>Purpose</th>
<th>Industry standard term</th>
</tr>
```

```
<tr>
<td>Binder 1.0</td>
<td>Join multiple objects.</td>
<td>Stapler</td>
</tr>
<tr>
<td>Organizer 2.2</td>
<td>Join multiple objects for easy access and changing.</td>
<td>Ring binder</td>
</tr>
<tr>
<td>Combiner 0.9</td>
<td>Join multiple objects at the edges.</td>
<td>Tape</td>
</tr>
<tr>
<td>Splitter 3.2</td>
<td>Divide single object into multiple smaller objects.</td>
<td>Scissors</td>
</tr>
</table>
```

Le tableau résultant ressemble à celui de la Figure 6.4.

Table Sample

Product	Purpose	Industry standard term
Binder 1.0	Join multiple objects.	Stapler
Organizer 2.2	Join multiple objects for easy access and changing.	Ring binder
Combiner 0.9	Join multiple objects at the edges.	Tape
Splitter 3.2	Divide single object into multiple smaller objects.	Scissors

Figure 6.4 : L'ajout de colonnes permet de fournir des informations supplémentaires.

Suppression de lignes et de colonnes

Il est plus facile de supprimer des lignes et des colonnes que d'en ajouter. Mais il faut que vous supprimiez tous les éléments associés à la ligne ou à la colonne à supprimer :

- Lorsque vous supprimez une ligne, supprimez les balises de début et de fin `tr` et les éléments `td` avec les autres informations qu'elles entourent.

- Lorsque vous supprimez une colonne, supprimez les balises de début et de fin `th` et `td` de chaque ligne (et toute autre information à l'intérieur des balises).

Par exemple, pour supprimer *la dernière ligne* du tableau, supprimez les éléments barrés dans le code suivant :

```
<table>
<tr>
<th>Product</th>
<th>Purpose</th>
<th>Industry standard term</th>
</tr>
<tr>
<td>Binder 1.0</td>
<td>Join multiple objects.</td>
<td>Stapler</td>
</tr>
<tr>
<td>Organizer 2.2</td>
<td>Join multiple objects for easy access and changing.</td>
<td>Ring binder</td>
</tr>
<tr>
<td>Combiner 0.9</td>
<td>Join multiple objects at the edges.</td>
<td>Tape</td>
</tr>
<tr>
<td>Splitter 3.2</td>
<td>Divide single object into multiple smaller objects.</td>
<td>Scissors</td>
</tr>
</table>
```

Pour supprimer la *dernière colonne* du tableau, supprimez le dernier élément `td` de chaque ligne du tableau :

```
<table>
<tr>
<th>Product</th>
<th>Purpose</th>
<th>Industry standard term</th>
</tr>
<tr>
<td>Binder 1.0</td>
<td>Join multiple objects.</td>
<td>Stapler</td>
</tr>
<tr>
<td>Organizer 2.2</td>
```

```
<td>Join multiple objects for easy access and changing.</td>
<td>Ring binder</td>
</tr>
<tr>
<td>Combiner 0.9</td>
<td>Join multiple objects at the edges.</td>
<td>Tape</td>
</tr>
<tr>
<td>Splitter 3.2</td>
<td>Divide single object into multiple smaller objects.</td>
<td>Scissors</td>
</tr>
</table>
```

Si vous supprimez la dernière cellule de chaque ligne, le tableau révisé vous paraîtra parfait. Si vous supprimez au hasard une cellule de chaque ligne, le tableau en résultant sera toujours parfait, mais les données seront inexactes. Faites attention lorsque vous supprimez régulièrement les éléments et le contenu de chaque ligne.

Etendue de lignes et de colonnes

L'étendue se réfère à l'étirement d'une cellule sur plusieurs lignes ou colonnes. La Figure 6.5 présente un exemple de tableau dans lequel la cellule Merchandise et la cellule Descriptive Information s'étendent chacune sur deux colonnes en indiquant qu'elles s'appliquent aux nombreuses colonnes qu'elles couvrent. La cellule Joining Tools s'étend sur trois lignes pour montrer les lignes qui s'appliquent à cette catégorie. Pour spécifier les étendues de colonnes et de lignes, utilisez les attributs listés dans le Tableau 6.3.

Table Sample

Merchandise		Descriptive Information	
Type	**Product**	**Purpose**	**Industry standard term**
	Binder 1.0	Join multiple objects.	Stapler.
Joining Tools	Organizer 2.2	Join multiple objects for easy access and changing.	Ring binder.
	Combiner 0.9	Join multiple objects at the edges.	Tape.
Dividing Tools	Splitter 3.2	Divide single object into multiple smaller objects.	Scissors.

Figure 6.5 : Cet exemple de tableau caractérise une cellule (Joining Tools) qui s'étend sur trois lignes.

Tableau 6.3 : Attributs d'étendue de lignes et de colonnes du tableau.

ATTRIBUT	UTILISATION
`rowspan="n"`	Utilisé dans les éléments `th` et `td`, l'attribut `rowspan` indique le nombre de lignes sur lesquelles doit s'étendre la cellule. Par exemple, l'attribut `rowspan="3"` s'étend sur trois lignes.
`colspan="n"`	Utilisé dans les éléments `th` ou les éléments `td`, l'attribut `colspan` indique le nombre de colonnes que la cellule doit couvrir. Par exemple, l'attribut `colspan="3"` s'étend sur trois colonnes.

Etendue de lignes

Vous pouvez étendre des lignes en utilisant l'élément `th` ou l'élément `td`, selon qu'il s'agit d'un en-tête ou des données du tableau. L'exemple suivant montre la façon d'étendre une cellule sur trois lignes comme on l'a fait dans la cellule Joining Tools de la Figure 6.5 :

1. Ajoutez une nouvelle colonne pour les catégories d'outils comme le montre la Figure 6.5. Placez le texte de la catégorie **Type** dans la première cellule de gauche avec un élément `th`. Mettez **Joining Tools** dans la deuxième cellule (avec un élément `td`) qui va s'étendre sur trois lignes éventuellement. Insérez **Dividing Tools** dans la troisième cellule de la cinquième ligne (en bas) avec un élément `td`.

```
<table>
<tr>
<th>Type</th>
<th>Product</th>
<th>Purpose</th>
<th>Industry standard term</th>
</tr>
<tr>
<td>Joining Tools</td>
<td>Binder 1.0</td>
<td>Join multiple objects.</td>
<td>Stapler.</td>
</tr>
<tr>
<td>Organizer 2.2</td>
<td>Join multiple objects for easy access and
changing.</td>
<td>Ring binder.</td>
</tr>
<tr>
<td>Combiner 0.9</td>
<td>Join multiple objects at the edges.</td>
<td>Tape.</td>
</tr>
<tr>
<td>Dividing Tools</td>
<td>Splitter 3.2</td>
```

```
<td>Divide single object into multiple smaller
objects.</td>
<td>Scissors.</td>
</tr>
</table>
```

Trois des lignes possèdent maintenant trop de cellules. A ce stade, si vous affichez le tableau dans un navigateur, vous verrez que les cellules seront en dehors de l'alignement.

2. Ajoutez l'attribut `rowspan` à l'élément `th` ou `td` qui affecte la cellule que vous souhaitez étendre. Dans l'exemple de tableau, ajoutez l'attribut `rowspan="3"` à l'élément `td` de la ligne Joining Tools (qui doit affecter les lignes de 2 à 4) :

```
<td rowspan="3">Joining Tools</td>
```

Le tableau obtenu va inclure maintenant une ligne étendue qui ressemble à la ligne Joining Tools montrée dans la Figure 6.5.

Etendue de colonnes

Vous pouvez étendre des colonnes en utilisant l'élément `th` ou l'élément `td` selon qu'il s'agit d'un en-tête ou d'une cellule du tableau. L'exemple suivant va expliquer l'ajout de deux cellules dont chacune s'étend sur deux colonnes. Commencez avec le code de la section précédente qui inclut la ligne étendue :

1. Ajoutez un élément `tr` pour la nouvelle ligne.

```
<table>
<tr>
</tr>
<tr>
<th>Type</th>
<th>Product</th>
<th>Purpose</th>
<th>Industry standard term</th>
</tr>
```

2. Ajoutez des cellules `th` ou `td` que vous souhaitez étendre. Dans l'exemple de tableau, ajoutez deux cellules `th`, l'une avec le mot **Merchandise** et l'autre avec le groupe de mots **Descriptive Information**.

```
<table>
<tr>
<th>Merchandise</th>
<th>Descriptive Information</th>
</tr>
<tr>
```

```
<th>Type</th>
<th>Product</th>
<th>Purpose</th>
<th>Industry standard term</th>
</tr>
```

3. Ajoutez l'attribut `colspan` à l'élément `th` ou `td` qui affecte la cellule que vous souhaitez étendre. Dans l'exemple de tableau, ajoutez l'attribut `colspan="2"` aux deux éléments `th` car chaque cellule doit s'étendre sur deux colonnes.

```
<tr>
<th colspan="2">Merchandise</th>
<th colspan="2">Descriptive Information</th>
</tr>
```

Le tableau obtenu, avec une étendue de lignes et une étendue de colonnes, ressemble au tableau de la Figure 6.5.

MANUEL DE CONCEPTION

Vous pouvez inclure les attributs `rowspan` et `colspan` dans un élément `th` ou un élément `td`. Par exemple, un grand tableau ou un tableau complexe peut contenir deux lignes d'en-tête et deux colonnes avec des informations descriptives, comme ce tableau :

<table>
<tr><td colspan="2" rowspan="2"></td><td colspan="2">Top Heading</td></tr>
<tr><td>Heading</td><td>Heading</td></tr>
<tr><td rowspan="2">Top Category</td><td>Category</td><td>Content</td><td>Content</td></tr>
<tr><td>Category</td><td>Content</td><td>Content</td></tr>
</table>

La première cellule du tableau s'étend sur deux colonnes (`colspan="2"`) pour couvrir deux catégories de colonnes. Elle s'étend simultanément sur deux lignes (`rowspan="2"`) pour couvrir les deux lignes d'en-tête. Aucun contenu ne peut nécessairement convenir avec cette zone du tableau. Vous pouvez utiliser un logo ou un graphique quelconque pour compléter cet espace d'une manière attrayante.

Ajout de légendes

Une légende est un texte explicatif ou descriptif qui apparaît souvent sous le tableau. Les légendes servent :

- A résumer les contenus du tableau.
- A fournir rapidement des informations sur les contenus du tableau.

Vous devez positionner la légende sous le tableau pour que l'utilisateur puisse la voir. Si un tableau est plus grand que la taille de l'écran, l'utilisateur risque de ne pas faire défiler son écran pour lire la légende. Ainsi, vous devez placer l'élément caption juste après la balise de début table. Seul un élément caption par tableau est permis.

Vous pouvez localiser visuellement la légende du tableau en ajoutant l'attribut align. La légende peut être alignée en haut, en bas, à gauche ou à droite du tableau. (Notez que l'attribut align est un attribut obsolète.) Pour ajouter une légende au tableau, suivez ces étapes :

1. Ajoutez l'élément caption entre les balises d'ouverture et de fermeture table. Dans l'exemple, placez l'élément caption sous la balise de début table.

```
<table>
<caption>
</caption>
```

2. Ajoutez le texte de la légende, comme ceci :

```
<caption>
Office Product Merchandise and Category Information
</caption>
```

3. Si la légende doit apparaître au-dessus du tableau, utilisez l'attribut align="top" et si c'est en dessous, l'attribut align="bottom" :

```
<caption align="top">
Office Product Merchandise and Category Information
</caption>
```

4. D'une manière facultative, ajoutez des éléments de formatage de niveau de caractère à la légende. (Le Chapitre 3 présente un rappel du formatage de niveau de caractère.) La légende est souvent difficile à identifier dans le tableau si elle n'est pas écrite en gras ou en italique.

```
<caption align="top">
<b>Office Product Merchandise and Category Information</b>
</caption>
```

La Figure 6.6 présente la légende obtenue.

Table Sample

Office Product Merchandise and Category Information			
Merchandise		Descriptive Information	
Type	Product	Purpose	Industry standard term
	Binder 1.0	Join multiple objects.	Stapler.
Joining Tools	Organizer 2.2	Join multiple objects for easy access and changing.	Ring binder.
	Combiner 0.9	Join multiple objects at the edges.	Tape.
Dividing Tools	Splitter 3.2	Divide single object into multiple smaller objects.	Scissors.

Figure 6.6 : Les légendes d'un tableau donne rapidement le résumé des contenus du tableau.

Formatage des tableaux

Après avoir défini un tableau, vous pouvez ajouter des options de formatage qui améliorent son apparence globale. En particulier, vous pouvez ajouter les options suivantes :

- Ajout de bordures.
- Insertion de couleurs et d'images d'arrière-plan.
- Ajustage de l'espacement et du remplissage de la cellule.
- Ajustage de l'alignement des cellules.
- Spécification de la taille du tableau.
- Spécification de l'alignement du tableau.

LES AVANTAGES DU LANGAGE XHTML

Il est possible d'ajouter plusieurs formatages de tableaux, d'arrière-plan, de bordures, de couleurs, d'alignement, etc. La plupart de ces options ne sont pas des options standards XHTML et seulement une partie des navigateurs les supportent. De plus, le langage XHTML 1 encourage l'utilisation des feuilles de style pour les options de formatage, du fait que la plupart de ces attributs sont obsolètes.

Si vous êtes certain que vos utilisateurs utilisent des navigateurs supportant les éléments du tableau HTML 4, vous pouvez vous servir des feuilles de style afin de formater vos tableaux. Pour appliquer des styles à vos documents XHTML, vous devez utiliser les feuilles de style qui sont supportées par la spécification HTML 4, tableaux inclus ! Le Chapitre 10 et la deuxième partie des Références du Maître vont traiter de leur utilisation.

Ajout et formatage de bordures

Les bordures sont les lignes qui entourent les tableaux en séparant clairement les lignes, les colonnes et les cellules. Par défaut, la plupart des navigateurs affichent des tableaux sans bordures. Les tableaux avec des bordures sont plus faciles à lire et plus attrayants. Par exemple, les tableaux présentés à la fin de ce chapitre n'ont pas de bordures ; il est alors difficile de les lire et de repérer le début d'une cellule donnée et encore moins la fin d'une autre. Sans bordures, les cellules se fusionnent ; les colonnes et les lignes ne sont pas distinctes entre elles, comme dans la Figure 6.6.

Création de bordures de tableau

Vous pouvez spécifier les bordures des tableaux à l'aide d'un attribut et d'un nombre mesuré en pixels indiquant au navigateur la largeur de la bordure. Comme dans la Figure 6.7, la plupart des navigateurs affichent les bordures telles des lignes avec un effet 3D. Le Tableau 6.4 liste les attributs de bordure du tableau.

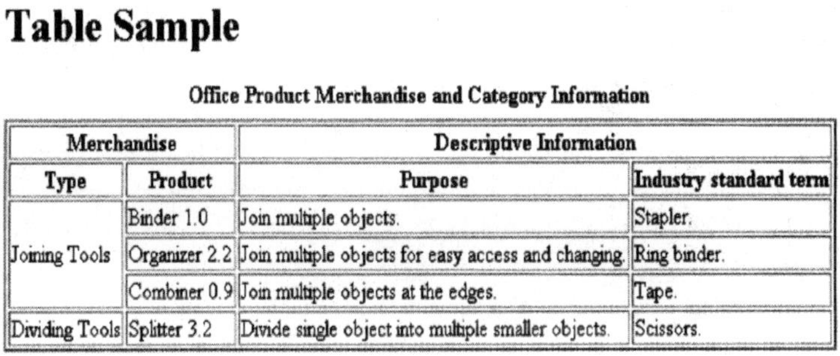

Table Sample

Office Product Merchandise and Category Information

Merchandise		Descriptive Information	
Type	**Product**	**Purpose**	**Industry standard term**
Joining Tools	Binder 1.0	Join multiple objects.	Stapler.
	Organizer 2.2	Join multiple objects for easy access and changing.	Ring binder.
	Combiner 0.9	Join multiple objects at the edges.	Tape.
Dividing Tools	Splitter 3.2	Divide single object into multiple smaller objects.	Scissors.

Figure 6.7 : Une bordure large de 2 pixels est ajoutée autour des cellules du tableau.

Tableau 6.4 : Les attributs de bordure du tableau.

ATTRIBUT	INDIQUE
`border="n"`	La largeur d'une bordure de tableau en pixels. Plus le nombre est grand, plus la bordure est large. L'attribut `border="0"` enlève les bordures (et généralement le paramètre par défaut).
`bordercolor="..."`	Une couleur pour la bordure du tableau, comme le nombre `#rrggbb` ou le nom de la couleur. Cette caractéristique est supportée par les versions plus récentes de Netscape Navigator et d'Internet Explorer mais elle ne fait pas partie de la spécification XHTML.

Pour créer une bordure de tableau et spécifier sa couleur, suivez ces étapes :

1. Ajoutez l'attribut `border` à la balise d'ouverture `table`.

```
<table border="2">
```

2. Indiquez la couleur de la bordure en utilisant l'attribut `bordercolor` avec un nombre RGB ou un nom de couleur accepté. La spécification d'une couleur n'est pas importante, la bordure sera plus large à cause de l'attribut `border="2"` et la couleur est simplement une autre caractéristique à ajouter si vous le désirez.

```
<table border="2" bordercolor="#FF0000">
```

La Figure 6.7 montre les effets de l'attribut `border="2"` dans l'élément `table`.

Pour plus d'informations sur les valeurs de couleur RGB, consultez le Chapitre 5.

Absence de bordure dans un tableau

Même si la plupart des navigateurs affichent des tableaux avec des bordures par défaut, l'indication d'une absence de bordure empêche l'affichage de la bordure. Par exemple, si vous utilisez des tableaux pour un formatage avancé, tel que les colonnes, les en-têtes de ligne, les textes juxtaposés et les graphiques, le tableau doit apparaître sans bordure. De la Figure 6.2 jusqu'à la Figure 6.6, des exemples de tableaux sont présentés avec des bordures visibles. Si les tableaux ne doivent contenir aucune bordure, l'attribut `border` doit être défini à `zero` (0), comme suit :

```
<table border="0">
```

Utilisation des attributs de bordure d'Internet Explorer

Microsoft a implémenté deux autres éléments dans Internet Explorer pour contrôler la couleur de la bordure. Certains navigateurs présentent les bordures de table en 3D ; la partie en bas et la partie à droite de la bordure sont d'une couleur plus sombre tandis que celle d'en haut et celle de gauche sont d'une couleur plus claire comme le montre la Figure 6.8.

Internet Explorer reconnaît des attributs qui servent à définir la couleur la plus sombre et celle qui est la plus claire de l'effet 3D. Le Tableau 6.5 liste ces attributs.

Ces attributs ne font pas partie de la spécification XHTML. Ce sont des attributs propriétaires d'Internet Explorer que certains navigateurs ne peuvent pas vendre.

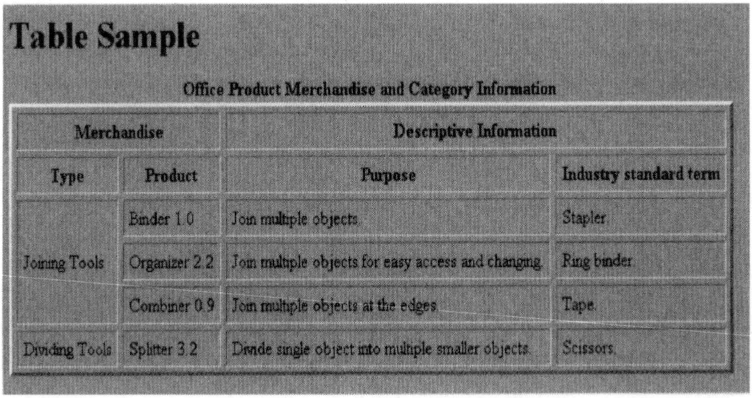
Table Sample

Office Product Merchandise and Category Information

Merchandise		Descriptive Information	
Type	Product	Purpose	Industry standard term
Joining Tools	Binder 1.0	Join multiple objects.	Stapler.
	Organizer 2.2	Join multiple objects for easy access and changing.	Ring binder.
	Combiner 0.9	Join multiple objects at the edges.	Tape.
Dividing Tools	Splitter 3.2	Divide single object into multiple smaller objects.	Scissors.

Figure 6.8 : Internet Explorer permet de définir différentes couleurs pour le biseau ou un effet d'ombrage sur les bordures de tableau.

Tableau 6.5 : Les attributs de bordure d'Internet Explorer.

ATTRIBUT	INDIQUE
`bordercolorlight="..."`	Une couleur claire pour la bordure (en format #rrggbb) pour l'effet 3D sur les tableaux.
`bordercolordark="..."`	Une couleur sombre pour la bordure (en format #rrggbb) pour l'effet 3D sur les tableaux.

Pour appliquer ces attributs, insérez-les séparément ou ensemble dans une balise de début `table` comme si vous allez insérer des attributs de bordure standard. Ces attributs doivent tous être bien formés :

```
<table bordercolorlight="CCCCCC">...</table>
<table bordercolordark="33FF33">...</table>
<table bordercolorlight="CCCCCC"
bordercolordark="33FF33">...</table>
```

Si vous avez besoin d'une couleur de bordure particulière et que vos utilisateurs se servent d'Internet Explorer, vous pouvez personnaliser encore plus les couleurs de bordure en appliquant les mêmes attributs aux cellules individuelles du tableau.

Les options d'arrière-plan de tableau

A part la spécification de la couleur de la bordure, vous pouvez également indiquer que l'arrière-plan du tableau doit apparaître comme une couleur ou une image particulière. L'utilisation d'une couleur ou d'une image d'arrière-plan améliore l'apparence du tableau, le rend plus intéressant, fournit une place de choix pour les logos de sociétés et sert à obtenir un contraste entre les couleurs des images et celles des textes.

Même si ces options fonctionnent encore dans Netscape Navigator et Internet Explorer, vous devez définir les couleurs d'arrière-plan du tableau en utilisant des feuilles de style car la spécification XHTML les rend toutes obsolètes.

Mise en place de la couleur d'arrière-plan d'un tableau

Seules les versions les plus récentes de Netscape Navigator et Internet Explorer supportent les couleurs et les images d'arrière-plan de tableau. Toutefois, vous pouvez fournir des couleurs et des images d'arrière-plan de tableau aux utilisateurs de ces versions sans que cela produise des effets indésirables pour ceux qui utilisent d'autres navigateurs. Par exemple, la Figure 6.9 présente un tableau qui utilise une couleur d'arrière-plan visionnée sous Netscape Navigator. Si vous affichez ce tableau dans un plus ancien navigateur, la couleur d'arrière-plan sera la même que celle du navigateur.

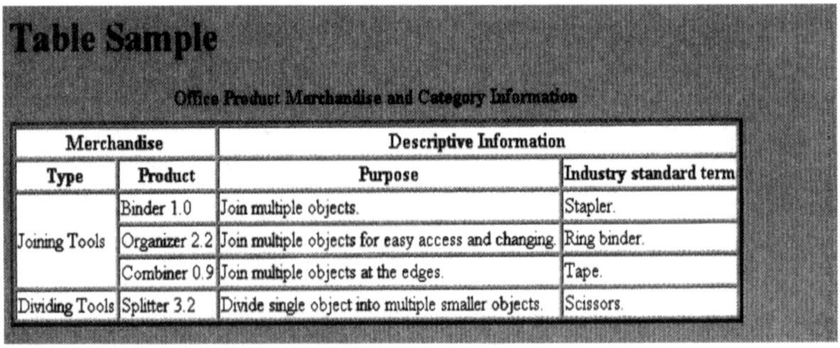

Table Sample

Office Product Merchandise and Category Information

Merchandise		Descriptive Information	
Type	Product	Purpose	Industry standard term
Joining Tools	Binder 1.0	Join multiple objects.	Stapler.
	Organizer 2.2	Join multiple objects for easy access and changing.	Ring binder.
	Combiner 0.9	Join multiple objects at the edges.	Tape.
Dividing Tools	Splitter 3.2	Divide single object into multiple smaller objects.	Scissors.

Figure 6.9 : Une couleur d'arrière-plan améliore l'apparence d'un tableau lorsqu'il est visualisé dans un navigateur qui supporte les couleurs d'arrière-plan.

Pour que les couleurs d'arrière-plan s'appliquent bien, elles doivent contraster avec la (les) couleur(s) de texte ; autrement, le texte devient virtuellement illisible comme dans la Figure 6.10.

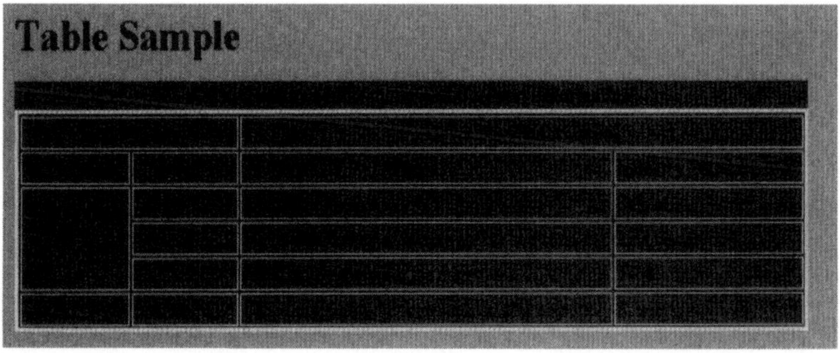

Figure 6.10 : Prenez en considération les couleurs de texte de votre page lorsque vous choisissez les couleurs d'arrière-plan du tableau.

Pour s'assurer que les couleurs d'arrière-plan de votre tableau sortent bien, suivez ces instructions :

- Choisissez une couleur d'arrière-plan claire si le texte est de couleur sombre, et une couleur d'arrière-plan sombre si votre texte est de couleur claire.
- Choisissez des couleurs agréables du point de vue esthétique et adaptées aux objectifs de votre document. Par exemple, si votre sujet est animé, choisissez des couleurs vives ; dans le cas contraire, choisissez des couleurs plus pâles.
- Visualisez vos documents XHTML dans des navigateurs différents.
- Choisissez une couleur parmi les 256 couleurs sûres.

Comme nous l'avons détaillé dans le Chapitre 5, les couleurs sûres apparaissent solides (non tachées) dans les navigateurs.

L'attribut de la couleur d'arrière-plan du tableau est `bgcolor="#rrggbb"` ; il est utilisé dans l'élément d'ouverture `bgcolor`, suivi par le nombre RGB ou le nom de la couleur, comme ceci :

```
<table bgcolor="CCFFFF">
```

On colorera l'arrière-plan du tableau (les bordures non comprises), comme dans la Figure 6.11.

Table Sample

Office Product Merchandise and Category Information

Merchandise		Descriptive Information	
Type	**Product**	**Purpose**	**Industry standard term**
Joining Tools	Binder 1.0	Join multiple objects.	Stapler.
	Organizer 2.2	Join multiple objects for easy access and changing	Ring binder.
	Combiner 0.9	Join multiple objects at the edges.	Tape.
Dividing Tools	Splitter 3.2	Divide single object into multiple smaller objects.	Scissors.

Figure 6.11 : La couleur obtenue de l'arrière-plan du tableau.

Une image à l'arrière-plan d'un tableau

Seules les récentes versions de Netscape Navigator et Internet Explorer supportent les images d'arrière-plan de tableau. D'autres navigateurs affichent la couleur par défaut de l'arrière-plan d'un tableau au lieu de l'image de l'arrière-plan.

Pour satisfaire vos utilisateurs dont les navigateurs ne supportent pas des images d'arrière-plan et ceux dont les options d'image ont été désactivées, utilisez des couleurs d'arrière-plan même avec les images d'arrière-plan. Les utilisateurs peuvent ensuite visualiser un tableau amélioré par des couleurs, au lieu d'un tableau qui utilise la couleur par défaut de l'arrière-plan d'un navigateur.

Les images d'arrière-plan d'un tableau sont constituées de petits rectangles, c'est-à-dire qu'elles sont répétées à l'écran jusqu'à ce que l'arrière-plan disponible soit rempli. Tous les navigateurs ne présentent pas les images en mosaïque de la même façon. Par exemple, les Figures 6.12 et 6.13 montrent l'affichage par les versions les plus récentes de Netscape Navigator et d'Internet Explorer d'un tableau qui utilise une paire de ciseaux comme image d'arrière-plan.

Même si l'image est anormalement sombre et que le texte est illisible, l'effet global diffère d'un navigateur à l'autre. Dans la Figure 6.12, le rectangle reprend au coin supérieur gauche de *chaque cellule* et la légende n'est pas censée être une partie du tableau si on considère l'arrière-plan. Dans la Figure 6.13 cependant, l'image est rendue un peu plus grande et se présente en mosaïque à travers le tableau sans considération des cellules individuelles. Ces différences ne sont pas perceptibles dans les plus récentes versions des navigateurs (Netscape 6 et Internet Explorer 5.5).

Pour s'assurer que l'image entière est visible dans un tableau (et seulement une fois), incluez l'élément `img` dans la cellule du tableau mais pas comme une image d'arrière-plan.

En outre, comme le montrent les Figures 6.12 et 6.13, les images d'arrière-plan du tableau peuvent facilement dominer le contenu du tableau si vous utilisez aussi d'autres formes, modèles ou couleurs. Le texte qui en résulte devient virtuellement illisible.

Votre choix d'une image d'arrière-plan valable dépend des instructions suivantes :

- Choisissez des petites images et subtiles dont l'utilité n'est pas essentielle pour transmettre des informations.
- Choisissez des images d'arrière-plan simples avec peu de figures, de modèles ou de couleurs.
- Choisissez des images d'arrière-plan qui améliorent l'objet de votre document.
- Visualisez vos documents XHTML dans un grand nombre de navigateurs possible.

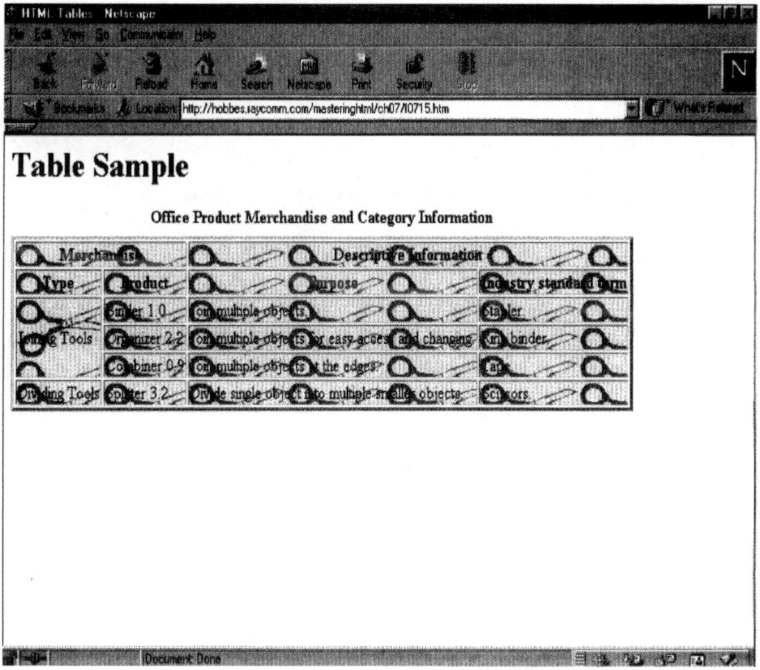

Figure 6.12 : Une image d'arrière-plan de tableau visualisée en Netscape.

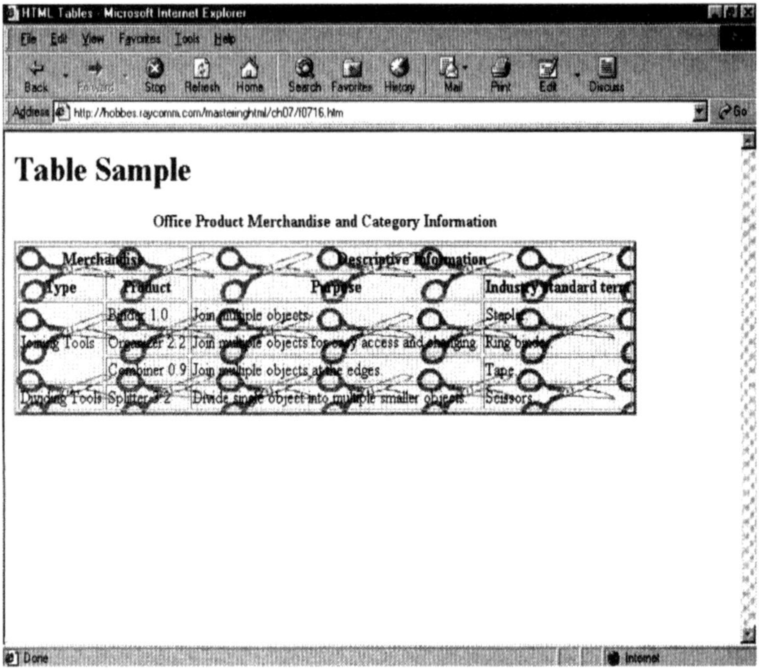

Figure 6.13 : Une image d'arrière-plan d'un tableau visualisé en Internet Explorer.

Pour indiquer une image d'arrière-plan dans un tableau, utilisez l'attribut d'image background.

Internet Explorer 3 et les plus récentes versions de Netscape Navigator 4 supportent ces éléments sur des cellules individuelles, aussi bien que pour un tableau pris dans son entier. Ajoutez l'attribut à l'élément `td` ou `th` juste comme vous l'ajouteriez à l'élément `table`.

La Figure 6.14 montre une image d'arrière-plan réussi. Pour utiliser l'image d'arrière-plan d'un tableau, ajoutez l'attribut `background` suivi de l'adresse URL comme dans le code suivant :

```
<table background="coolimage.gif">...</table>
```

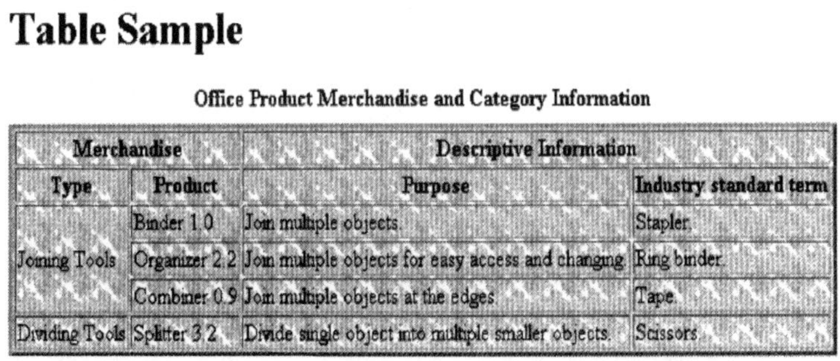

Table Sample

Office Product Merchandise and Category Information

Merchandise		Descriptive Information	
Type	Product	Purpose	Industry standard term
Joining Tools	Binder 1.0	Join multiple objects.	Stapler.
	Organizer 2.2	Join multiple objects for easy access and changing.	Ring binder.
	Combiner 0.9	Join multiple objects at the edges.	Tape.
Dividing Tools	Splitter 3.2	Divide single object into multiple smaller objects.	Scissors.

Figure 6.14 : Une image d'arrière-plan réussi d'un tableau améliore le contenu du tableau.

L'alignement des cellules

L'alignement des cellules se réfère à l'alignement horizontal ou vertical des contenus de la cellule. La plupart des navigateurs possèdent les paramètres d'alignement par défaut ci-après :

- Les *en-têtes* du tableau sont alignés au centre (horizontalement et verticalement) dans la cellule.
- Les *contenus* du tableau sont alignés à gauche (horizontalement) et au centre (verticalement) dans la cellule.

L'utilisation des attributs décrits dans le Tableau 6.6 permet de modifier l'alignement horizontal et vertical par défaut des cellules du tableau.

Tableau 6.6 : Les attributs d'alignement des cellules du tableau.

ATTRIBUT	INDIQUE
`align="..."`	L'alignement des contenus de la cellule : `left`, `center` ou `right`.
`valign="..."`	L'alignement vertical des contenus de la cellule : `top`, `middle`, `bottom` ou `baseline`.

Pour utiliser ces attributs d'alignement, insérez-les à l'intérieur de n'importe quel élément `tr`, `td` ou `th` comme le montrent ces trois exemples :

```
<tr align="right">...</tr>
<td valign="top">...</td>
<th align="center" valign="middle">...</th>
```

Vous avancez plus vite en définissant l'alignement pour une ligne dans l'élément tr, plutôt que dans chaque cellule individuelle. Une définition de l'alignement dans l'élément tr vous permet de l'outrepasser sur une base cellule par cellule dans l'élément td ou th.

La taille d'une cellule

La plupart des navigateurs rendent les cellules aussi larges que possible pour recevoir les contenus et mettre le texte à la ligne, mais seulement lorsque le tableau s'élargit grâce aux paramètres de la fenêtre du navigateur et de la largeur du tableau. Vous pouvez préciser la taille d'une cellule pour éviter que le texte ne soit pas mis à la ligne ou rendre le contenu plus facile à lire.

L'indication de toutes les largeurs des cellules diminue le temps de téléchargement prévu en permettant à certains navigateurs de dessiner le tableau au fur et à mesure qu'il arrive, au lieu d'attendre que le tableau en entier se télécharge. Le tableau prendra le même temps pour être téléchargé mais il semble se charger plus vite lorsqu'il s'affiche petit à petit, plutôt que d'attendre qu'il le soit en un seul bloc.

La taille de la cellule peut être :

- Un pourcentage de la largeur du tableau.
- Une taille spécifique mesurée en pixels.

Même si la plupart des navigateurs supportent les attributs d'alignement, la façon dont ils affichent les attributs dépend de la taille du tableau et aussi d'autres paramètres de tableau ou de cellule. Par exemple, la taille d'une cellule fixée à 50 pour cent du tableau sera plus large ou plus étroite selon la résolution de l'écran et la taille de la fenêtre du navigateur. De même, si vous définissez à 100 pixels la largeur d'une cellule, cette largeur sera la même dans les navigateurs qui supportent les balises de largeur des cellules sans se soucier de ses effets sur l'étendue de la page entière.

Si vous le pouvez, évitez de définir les largeurs des cellules de vos tableaux. Plus le formatage du tableau est restrictif, moins le navigateur sera tenté de reformater le tableau et plus les résultats deviendront imprévisibles.

Utilisez les attributs du Tableau 6.7 dans l'élément th ou td pour contrôler la largeur du tableau et la mise à la ligne du texte.

Tableau 6.7 : Les attributs de la largeur du tableau et de retour à la ligne du texte.

ATTRIBUT	UTILISATION
`widht="n"`	Détermine la largeur en pixels d'une cellule ou comme un pourcentage obsolète.
`nowrap="nowrap"`	Interdit le retour à la ligne du texte à l'intérieur de la cellule et cela requiert l'affichage du texte sur une ligne, obsolète.

Les attributs `width` et `nowrap` sont obsolètes en faveur de l'utilisation des feuilles de style. Les feuilles de style seront traitées au Chapitre 10.

La largeur d'une cellule

Pour définir la largeur d'une cellule, ajoutez l'attribut `width="n"` aux éléments `th` ou `td`. Par exemple, vous pouvez indiquer qu'un en-tête de cellule (et, par conséquent, les cellules inférieures) occupent 15 pour cent de la largeur du tableau :

```
<tr>
<th>Type</th>
<th>Product</th>
<th>Purpose</th>
<th width="15%">Industry standard term</th>
</tr>
```

Si vous définissez l'attribut `width` dans une cellule avec un attribut `colspan`, de façon similaire à la cellule Descriptive Information de la Figure 6.15, les attributs vont affecter proportionnellement les colonnes individuelles inférieures.

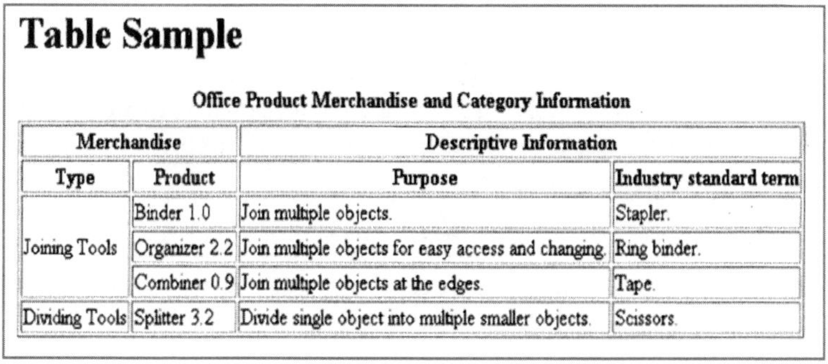

Table Sample

Office Product Merchandise and Category Information

Merchandise		Descriptive Information	
Type	**Product**	**Purpose**	**Industry standard term**
Joining Tools	Binder 1.0	Join multiple objects.	Stapler.
	Organizer 2.2	Join multiple objects for easy access and changing.	Ring binder.
	Combiner 0.9	Join multiple objects at the edges.	Tape.
Dividing Tools	Splitter 3.2	Divide single object into multiple smaller objects.	Scissors.

Figure 6.15 : Le navigateur a déterminé automatiquement les tailles des cellules dans ce tableau.

Par exemple, si vous ajoutez un attribut `width="50%"` à la cellule Descriptive Information, le navigateur va essayer de présenter les colonnes Purpose et Industry Standard Term, à une largeur totale approximative de 50 pour cent.

```
<tr>
<th colspan="2">Merchandise</th>
<th colspan="2" width="50%">Descriptive Information</th>
</tr>
```

La Figure 6.16 montre le tableau résultant.

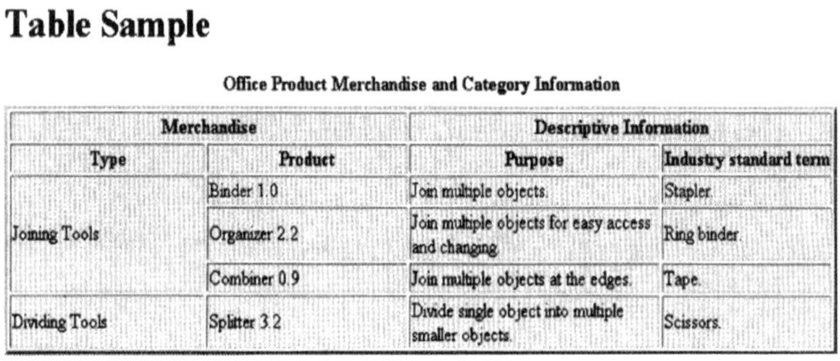

Table Sample

Office Product Merchandise and Category Information

Merchandise		Descriptive Information	
Type	Product	Purpose	Industry standard term
Joining Tools	Binder 1.0	Join multiple objects.	Stapler.
	Organizer 2.2	Join multiple objects for easy access and changing.	Ring binder.
	Combiner 0.9	Join multiple objects at the edges.	Tape.
Dividing Tools	Splitter 3.2	Divide single object into multiple smaller objects.	Scissors.

Figure 6.16 : Combinez les attributs de la taille de cellule et de l'étendue de colonnes pour personnaliser vos tableaux.

Aucun retour à la ligne pour le texte

Si vous réinitialisez la largeur de certaines cellules, vous voulez être sûr que les contenus ne concernent pas plusieurs lignes. Notez que l'attribut `nowrap` est aussi un attribut indépendant ; il doit alors être défini égal à lui-même selon la spécification XHTML. Ajoutez l'attribut `nowrap` pour encourager le navigateur à ne pas couper la ligne, comme dans l'exemple :

```
<th colspan="2" width="30%" nowrap="nowrap">Descriptive Information</th>
```

Pour définir la taille minimale d'une cellule, trop petite pour être affichée, utilisez une image GIF transparente de taille 1 pixel x 1 pixel avec les attributs `height` et `width` définis à la taille voulue.

Ajout d'espacement et de remplissage d'une cellule

L'espacement et le remplissage d'une cellule se réfèrent à la fréquence d'apparition de l'espace dans un tableau. En particulier, *l'espacement d'une cellule* se réfère à l'espacement entre les cellules tandis que le *remplissage* des cellules se réfère à l'espacement entre les contenus des cellules et les bordures des cellules.

Pour plusieurs tableaux, un espace ouvert autour des contenus de cellule rend le tableau plus facile à lire et plus agréable du point de vue esthétique. Le Tableau 6.8 décrit les attributs d'espacement et de remplissage de cellules.

Tableau 6.8 : Les attributs d'espacement et de remplissage des cellules d'un tableau.

ATTRIBUT	INDIQUE
`cellspacing="n"`	La totalité en pixels de l'espace entre les cellules.
`cellpadding="n"`	La totalité en pixels de l'espace entre les contenus de la cellule et les bordures de la cellule.

Si le tableau a une bordure, l'attribut `cellspacing` agrandit la règle entre les cellules. S'il n'y a aucune bordure, l'espace entre les cellules adjacentes sera plus large.

Pour ajouter un espacement et un remplissage, insérez les attributs dans l'élément `table` :

```
<table cellspacing="5" cellpadding="5" border="3">...</table>
```

Le tableau obtenu ressemblera à celui de la Figure 6.17. Comme vous pouvez le voir, il y a plus d'espaces autour du texte.

Office Product Merchandise and Category Information

Merchandise		Descriptive Information	
Type	**Product**	**Purpose**	**Industry standard term**
Joining Tools	Binder 1.0	Join multiple objects.	Stapler.
	Organizer 2.2	Join multiple objects for easy access and changing.	Ring binder.
	Combiner 0.9	Join multiple objects at the edges.	Tape.
Dividing Tools	Splitter 3.2	Divide single object into multiple smaller objects.	Scissors.

Figure 6.17 : Les attributs `cellspacing` et `cellpadding` augmentent l'espace entre les cellules de tableau.

L'alignement et la largeur d'un tableau, le retour à la ligne pour le texte

Jusqu'ici, la plupart des éléments et des attributs ont indiqué la relation des contenus du tableau avec chaque composant ou avec d'autres composants du tableau. Cependant, la largeur du tableau, son alignement et ses paramètres de retour à la ligne montrent comment le tableau s'emboîte tel un tout dans le document XHTML.

Ces paramètres sont importants pour deux raisons :

- Les paramètres du navigateur et de l'ordinateur varient sensiblement d'un ordinateur à un autre. Les attributs largeur, alignement et retour à la ligne aident les utilisateurs à visualiser facilement vos tableaux.
- Par défaut, le texte qui entoure le tableau n'est pas mis à la ligne, il s'arrête au-dessus et recommence sous le tableau. Le tableau lui-même remplit la largeur entière du navigateur. Ces attributs rétrécissent l'espace utilisé et permettent au texte de cerner le tableau.

Le Tableau 6.9 décrit les attributs largeur, alignement et retour à la ligne.

Les attributs `align` et `clear` sont dépréciés en faveur des feuilles de style. Le Chapitre 10 offre plus d'informations sur les feuilles de style.

Tableau 6.9 : Les attributs de largeur, d'alignement et de retour à la ligne d'un tableau.

ATTRIBUT	UTILISATION
`width="n"`	Précise la largeur du tableau en pixels ou en pourcentage de la largeur de la fenêtre.
`align="..."`	Indique l'alignement du tableau : `left`, `center`, `right` ; et seulement pour Internet Explorer, les attributs `bleedleft`, `bleedright` et `justify` sont obsolètes.
`clear="..."`	Précise que le nouveau texte après le tableau doit apparaître au-dessous du tableau lorsque les attributs de marges `left`, `right`, `all` et `no` sont effacés (libérés par le tableau) ; obsolètes.

Pour utiliser l'un de ces attributs, insérez-le dans la balise de début `table`. Le code suivant contient l'attribut `width` pour définir à 600 pixels la largeur du tableau :

```
<table border="3" width="600">...</table>
```

Cependant, en règle générale, le paramétrage de la largeur de votre tableau à un pourcentage de la fenêtre du navigateur et non à un nombre fixé de pixels aboutit à un affichage plus fiable. Par exemple, si vous définissez la largeur du tableau à une taille plus grande que celle qui est disponible pour les utilisateurs, le tableau peut facilement perdre la limite de la fenêtre du navigateur ; les utilisateurs se verront alors obligés de faire défiler l'écran horizontalement.

Pour restreindre la largeur du tableau (par exemple, pour permettre au texte de le cerner), utilisez les pourcentages :

```
<table border="3" width="70%">...</table>
```

L'alignement du tableau à gauche, à droite ou au centre est aussi facile que l'ajout d'un autre attribut au tableau, par exemple :

```
<table border="3" width="70%" align="right">...</table>
```

Lorsque vous utilisez ces attributs et rendez le tableau substantiellement plus étroit que la fenêtre, vous devez aussi peut-être empêcher les retours à la ligne intempestifs. Par exemple, à cause de la ligne de code précédente, le texte qui suit le tableau se trouve finalement à gauche du tableau qui, lui, reste aligné à droite comme dans la Figure 6.18.

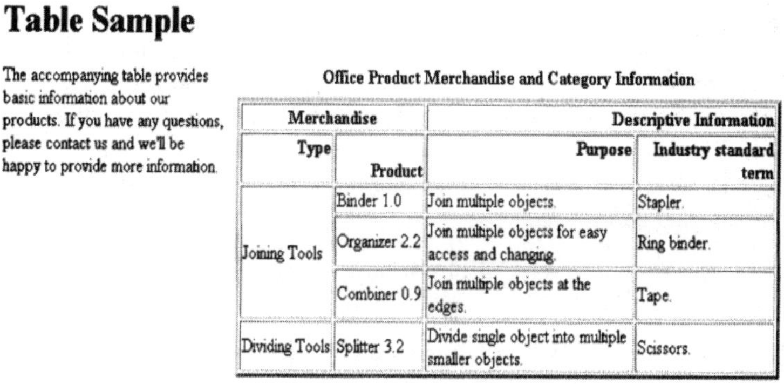

Table Sample

The accompanying table provides basic information about our products. If you have any questions, please contact us and we'll be happy to provide more information.

Office Product Merchandise and Category Information

Merchandise		Descriptive Information	
Type	Product	Purpose	Industry standard term
Joining Tools	Binder 1.0	Join multiple objects.	Stapler.
	Organizer 2.2	Join multiple objects for easy access and changing.	Ring binder.
	Combiner 0.9	Join multiple objects at the edges.	Tape.
Dividing Tools	Splitter 3.2	Divide single object into multiple smaller objects.	Scissors.

Figure 6.18 : Le retour à la ligne pour le texte entraîne parfois des effets inhabituels.

Utilisation des caractéristiques du tableau XHTML

Les caractéristiques du tableau ont été introduites avec HTML 4 et continuent d'être appliquées en XHTML. Ces caractéristiques vous donnent un supplément de contrôle pour le formatage d'un tableau. Au lieu de le formater en entier, vous ne le faites que pour une partie spécifique, telle que l'en-tête, le corps, le pied du tableau et les groupes de colonnes. Vous pouvez aussi le formater en utilisant des feuilles de style.

Utilisez des éléments du tableau XHTML pour faire un formatage séparé d'une portion du tableau, comme des sections plutôt qu'en cellules individuelles. Par exemple, vous pouvez :

- Grouper les zones identiques des tableaux et leur ajouter des bordures tout autour.
- Ajouter des lignes ou du formatage de texte aux en-têtes du tableau.
- Inclure un pied de tableau, ce procédé est pratique si le tableau contient des totaux au bas d'une colonne.
- Utiliser des éléments additionnels comme les crochets pour les feuilles de style afin d'obtenir un formatage plus sophistiqué. Tous les éléments de style peuvent être utilisés avec eux.

Encore une fois, les feuilles de style sont traitées en détail dans le Chapitre 10.

Par exemple, la Figure 6.19 utilise les éléments et les attributs du tableau XHTML pour créer, d'un côté, deux colonnes principales (Merchandise and Descriptive Information) qui se subdivisent elles-mêmes en d'autres colonnes (Type, Product, Purpose, Industry standard term) et, de l'autre côté, pour inclure deux lignes d'en-tête.

Les éléments du tableau XHTML fonctionnent en conjonction avec les éléments standards du tableau, ce qui signifie que le développement d'un tableau utilise d'abord ces éléments standards ; vous ajoutez ensuite les éléments et les attributs du tableau XHTML. Ce qui donnera deux résultats : permettre aux utilisateurs dotés des plus récents navigateurs de visualiser les effets XHTML, et aux autres navigateurs de devoir se contenter du tableau de base.

Pour appliquer les éléments et les attributs du tableau XHTML, suivez les étapes détaillées des deux prochaines sections :

1. Identification des sections du tableau.
2. Application des bordures et des règles aux sections du tableau.

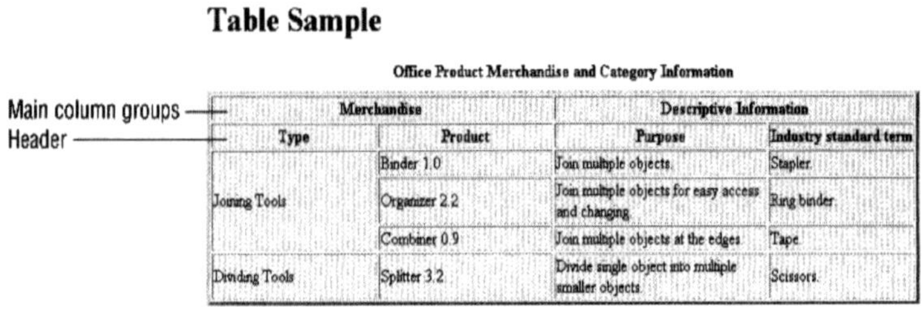

Table Sample

Office Product Merchandise and Category Information

Merchandise		Descriptive Information	
Type	Product	Purpose	Industry standard term
Joining Tools	Binder 1.0	Join multiple objects.	Stapler.
	Organizer 2.2	Join multiple objects for easy access and changing.	Ring binder.
	Combiner 0.9	Join multiple objects at the edges.	Tape.
Dividing Tools	Splitter 3.2	Divide single object into multiple smaller objects.	Scissors.

Figure 6.19 : Vous pouvez utiliser des éléments du tableau avancé pour grouper les parties du tableau.

Identification des sections du tableau

Dans l'utilisation des tableaux XHTML, la première étape est d'identifier les sections du tableau par le groupage des parties semblables et par identification de chaque partie comme étant simplement une partie de l'en-tête, du corps et du pied du tableau ou des colonnes. Le Tableau 6.10 décrit les éléments du tableau avancé.

Tableau 6.10 : Les éléments d'un tableau avancé.

ELEMENT	UTILISATION
thead	Marque la partie de l'en-tête d'un tableau.
tbody	Marque la partie du corps du tableau.
tfoot	Marque la partie du pied du tableau.
colgroup	Identifie les groupes de colonnes à l'intérieur du tableau.
col	Identifie les colonnes d'un tableau à l'intérieur d'un groupe de colonnes. C'est un élément vide.

Identification des groupes de lignes

Les groupes de lignes incluent des parties comme l'en-tête, le corps, le pied, celles qui contiennent les lignes du tableau. Pour identifier les groupes de lignes, commencez avec les éléments standards et insérez les éléments du tableau XHTML autour des premiers. Le code suivant imbrique les éléments standards du tableau à l'intérieur de l'élément d'en-tête du tableau (`<thead>...</thead>`) :

```
<thead>
<tr>
<th colspan="2">Merchandise</th>
<th colspan="2">Descriptive Information</th>
</tr>
<tr>
<th>Type</th>
<th>Product</th>
<th>Purpose</th>
<th>Industry standard term</th>
</tr>
</thead>
```

Vous pouvez aussi identifier les parties du corps du tableau en utilisant l'élément `tbody` :

```
<tbody>
<tr>
<td rowspan="3">Joining Tools</td>
<td>Binder 1.0</td>
<td> Join multiple objects.</td>
<td>Stapler.</td>
```

```
</tr>
<tr>
<td Organizer 2.2</td>
<td>Join multiple objects for easy access and changing.</td>
<td>Ring binder.</td>
</tr>
<tr>
<td Combiner 0.9</td>
<td>Join multiple objects at the edges.</td>
<td>Tape.</td>
</tr>
<tr>
<td Dividing Tools</td>
<td>Splitter 3.2</td>
<td>Divide single object into multiple smaller objects.</td>
<td>Scissors.</td>
</tr>
</tbody>
```

Enfin, vous pouvez identifier le pied du tableau en utilisant de la même façon l'élément `tfoot`. L'élément `tfoot` doit suivre l'élément `thead` et *précéder* l'élément `tbody`.

```
<tfoot>
<tr>
<td>Tool Combo</td>
<td>All</td>
<td>Use for all office needs.</td>
<td>N/A</td>
</tr>
</tfoot>
```

A ce stade, le tableau avancé n'affichera aucune différence avec le tableau standard. Après avoir balisé votre tableau avec des balises supplémentaires, vous pouvez identifier les groupes de colonnes ou formater les parties balisées en utilisant les éléments de formatage avancé.

Identification des groupes de colonnes

A part l'identification des en-têtes, du corps et du pied du tableau, vous pouvez aussi identifier les groupes de colonnes. L'élément `colgroup` utilisé en conjonction avec l'attribut `span` se trouve au début du tableau et annonce les colonnes sur lesquelles il va s'appliquer. Les attributs `width`, `align`, `char`, `charoff` et `valign` avec l'élément `colgroup` sont aussi utilisés.

Le tableau de la Figure 6.7 contient deux groupes de colonnes distincts subdivisées, elles-mêmes, en deux colonnes chacune. Par conséquent, il y aura deux éléments colgroup avec les attributs span="2". Nous voulons que toutes ces colonnes s'alignent à gauche, par exemple :

```
<caption align="top"><b>Office Product Merchandise and Category
Information</b></caption>
<colgroup span="2" align="left"></colgroup>
<colgroup span="2" align="left"></colgroup>
<thead>...</thead>
```

Identification des colonnes à l'intérieur des éléments colgroup

L'élément vide col permet d'appliquer le formatage aux colonnes individuelles d'un groupe de colonnes (colgroup). Dans l'exemple précédent, nous avons eu deux éléments colgroups de deux colonnes chacun, tous alignés à gauche. Nous voulons maintenant que la première colonne du premier groupe soit centrée et la seconde, alignée à gauche. La balise ressemblerait à :

```
<colgroup>
<col align="center" />
<col align="left" />
</colgroup>
<colgroup span="2" align="left">…</colgroup>
```

Les bordures des tableaux XHTML

Les capacités de formatage du langage XHTML peuvent créer des bordures de tableau personnalisées ou *règles* qui doivent s'appliquer à des sections spécifiques du tableau. Au lieu d'appliquer des bordures à un tableau entier comme dans un tableau standard, vous pouvez les limiter à l'en-tête, au corps, au pied du tableau ou à des colonnes spécifiques. Le Tableau 6.11 décrit les attributs de formatage d'un tableau avancé.

Tableau 6.11 : Les attributs de formatage du tableau avancé.

ATTRIBUT	UTILISATION
frame="..."	Précise les limites externes du tableau qui auront une bordure. Vous avez toute une gamme de choix d'attributs : border (par défaut), void (aucune bordure), above, below, hsides (en haut et en bas), lhs (côté gauche), rhs (côté droit), vsides (gauche et droite), et box (tous les côtés).
rules="..."	Indique quelles sont les bordures internes du tableau à afficher. Choisissez les attributs qui conviennent : none, groups (règles entre les groupes de tableaux tels que thead, tbody, tfoot, colgroup), rows (règles entre les lignes du tableau), cols (règles entre les colonnes du tableau), all.
cols="..."	Indique le nombre de colonnes du tableau.

Pour formater les parties identifiées d'un tableau, insérez ces attributs dans l'élément `table` en suivant ces étapes :

1. Ajoutez une bordure externe (le cadre) en ajoutant l'attribut `frame` à l'élément `table` comme suit :

```
<table frame="box">...</table>
```

Vous pouvez encore contrôler la largeur de la bordure avec l'attribut `border`. Par exemple, pour définir la bordure externe à 3 pixels de large, la balise de début `table` sera : `<table frame="box" border="3">`. L'attribut `border` dans l'élément `table` affecte seulement la largeur de la bordure externe et non la largeur des règles internes.

2. Ajoutez les bordures internes (appelées règles) en ajoutant l'attribut `rules` à l'élément `table` :

```
<table frame="hsides" rules="none" border="3">...</table>
```

Le tableau obtenu va ressembler à celui de la Figure 6.20 lorsque vous le visualisez dans Internet Explorer. Si vous regardez attentivement la Figure 6.20, vous allez noter une ligne fine au-dessus du pied du tableau ; elle fait partie du formatage du pied comme le caractère gras l'est pour le formatage de l'élément `th`.

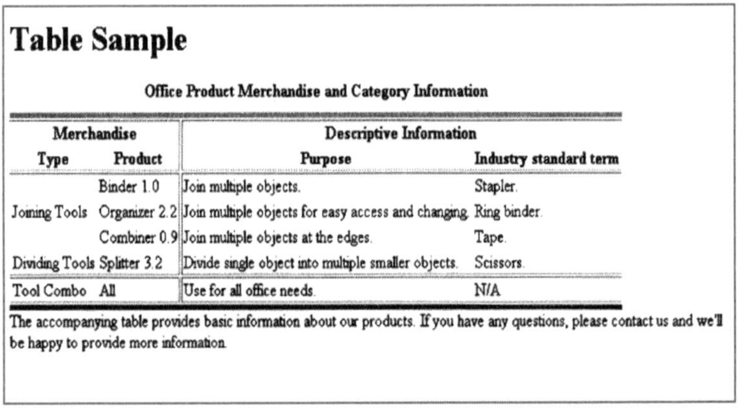

Table Sample

Office Product Merchandise and Category Information

Merchandise		Descriptive Information	
Type	**Product**	**Purpose**	**Industry standard term**
	Binder 1.0	Join multiple objects.	Stapler.
Joining Tools	Organizer 2.2	Join multiple objects for easy access and changing.	Ring binder.
	Combiner 0.9	Join multiple objects at the edges.	Tape.
Dividing Tools	Splitter 3.2	Divide single object into multiple smaller objects.	Scissors.
Tool Combo	All	Use for all office needs.	N/A

The accompanying table provides basic information about our products. If you have any questions, please contact us and we'll be happy to provide more information.

Figure 6.20 : Vous utilisez des tableaux avancés pour être créatif avec la conception et les règles du tableau.

Pour insérer une règle entre les groupes que vous avez définis dans le tableau, ajoutez l'attribut `rules="groups"`. Cette technique est aussi efficace que `rules="rows"`.

En outre, vous pouvez préciser le nombre de colonnes dans un tableau pour diminuer le temps prévu pour le téléchargement et le rafraîchissement. Ce procédé n'a aucun effet sur l'apparence visuelle du tableau, mais permet par contre au navigateur d'étaler rapidement le tableau. Pour utiliser cette astuce, ajoutez l'attribut `cols` à l'élément `table` :

```
<table cols="4">...</table>
```

Puisque les tableaux sont étalés dès que le tableau entier est téléchargé vers le navigateur (plutôt que ligne par ligne comme un texte régulier), l'utilisation des petits tableaux va considérablement améliorer le temps de téléchargement.

Manuel de conception : création des en-têtes de style journal

Nous vous présentons une astuce de formatage très pratique. Utilisez des tableaux pour créer un en-tête avec plusieurs colonnes de texte en dessous, comme dans un journal :

Le langage XHTML qui produit cet effet est celui-ci :

```
<!DOCTYPE html PUBLIC "-//W3C//DTD XHTML 1.0 Transitional//EN"
"http://www.w3.org/TR/xhtml1/DTD/xhtml1-transitional.dtd">
<html xmlns="http://www.w3.org/1999/xhtml">
<head><title>Newspaper Columns</title><head>
<body bgcolor="FFFFFF" text="000000" link="0000FF"
vlink="800080" alink="FF0000">
<table cellpadding="3" cellspacing="3" border="1" width="80%">
<tr><td valign="middle" align="center" colspan="3">
<h1>Classy Classifieds</h1></td></tr>
<tr><td valign="top" width="120"><b>For Sale:</b> 1993 Jeep Wrangler, black,
hardtop, 4 liter. Like new. Never totaled. Call 555-LIKENEW for details.<br
/>
<hr width="80%" />
<b>For Free: </b>Old, hygienically impaired cat. Few redeeming qualities.
Loving. Promotes frequent hand washing. Great conservation piece.
<img src="winthumb.gif" align="left" width="100" height="88" border="0"
alt="Winchester" /></td>
<td valign="top" width="120"><b>For Rent:</b> Baby Furniture. Used for one
year. Slightly drool stained. No dried banana visible. Rental term, about 8
months. Possibly less.
<br />
<hr width="80%" />
<b>For Sale:</b> New Kayak, barely used. Would consider trade for multiple
baby toys. <br />
<hr width="80%" /></td>
<td valign="top" width="120"><b>For Sale:</b> Old Car. Many new parts. Needs
many more. Will sell for payoff. Will deliver (to tow truck accessible
locations). <br />
<hr width="80%" />
<center><h2>YOUR AD HERE!</h2>
```

```
E-mail now for information and pricing.
<a href=mailto:Notascam@bigbucks.com>
Notascam@<br />bigbucks.com</a></center>
</tr>/</td>
</table>
</body>
</html>
```

Vous pouvez utiliser cet exemple et l'adapter à vos propres besoins. Il contient beaucoup d'éléments et de concepts qui ont été traités dans ce chapitre.

Et maintenant, que faire ?

Le développement et le formatage des tableaux standards HTML et ceux construits avec les éléments et attributs XHTML ont été au centre de ce chapitre. Si vous les maîtrisez, les données les plus complexes n'auront plus de secret pour vous dans la création des tableaux. Et maintenant :

- Revenez au Chapitre 3 pour les thèmes de formatage et de conception générale.
- Allez au Chapitre 10 et à la deuxième partie des Références du Maître pour des informations complètes sur la création et l'application des feuilles de style.
- Un retour au Chapitre 5 vous rappellera l'insertion d'images et l'utilisation de couleurs.
- Bientôt, le Chapitre 8 vous parlera de création de cadres XHTML.
- Consultez la première partie des Références du Maître afin d'obtenir plus d'options pour le tableau.

Développement des formulaires du langage XHTML

XHTML

Chapitre 7

Pour un certain nombre d'activités, telles que la présentation de votre carte de crédit lors d'achats en ligne, les recherches sur le Web avec Altavista ou Hotbot, la participation à une discussion en ligne ou la sélection d'une ligne dans un menu déroulant, vous utilisez toujours un formulaire. Dans le cadre du langage XHTML, par opposition aux extensions comme JavaScript, les applets Java et autres programmes incorporés, les formulaires constituent la seule méthode de communication à deux voies entre les navigateurs et les sites Web.

Les développeurs qui utilisent le langage XHTML ont tendance à penser que les formulaires ne servent plus qu'à collecter des pages de données. En fait, l'utilisation d'un formulaire dans la collecte d'informations sur les consommateurs a cessé d'être cette contrainte matérielle qu'elle a toujours été, et paradoxalement il ne donne plus lui-même l'impression de le remplir. Un formulaire n'est plus rien qu'une simple zone de saisie vide et un bouton Soumettre.

Ce chapitre examinera la manière de développer les formulaires en utilisant des éléments et attributs standards virtuellement supportés par tous les navigateurs. Le formulaire sera développé ligne par ligne, avec les tâches principales exigées par son utilisation effective :

- Détermination du contenu du formulaire.
- Création d'un formulaire.
- Ajout de boutons Soumettre et Réinitialiser.
- Ajout de cases à cocher, boutons et autres champs de saisie.
- Utilisation d'une zone de texte et d'un champ de sélection.
- Traitement du formulaire.

Détermination du contenu du formulaire

La première étape du développement d'un formulaire consiste à déterminer les informations à inclure et la manière de les présenter. La méthode généralement reconnue est de les diviser en une multitude de données élémentaires faciles à traiter. En effet, les utilisateurs vous livreront facilement les informations que vous souhaitez obtenir, à condition que votre formulaire soit à la fois fonctionnel et visuellement attrayant.

Problèmes d'information

Lorsque vous choisissez les informations et la manière de les diviser dans le formulaire, vos objectifs doivent correspondre aux réponses que vous allez donner à ces questions :

- Quelles informations souhaitez vous obtenir ? Comment contacter le client ? Uniquement son adresse e-mail, de cette manière, vous pouvez contacter l'utilisateur plus tard ? Ses opinions concernant le site ?
- Pourquoi les utilisateurs voudraient-ils accéder à votre site ? Pour passer des commandes en ligne ? Pour demander des informations ? Pour soumettre des commentaires ou des questions sur les produits ou les services ?
- Quelles informations les utilisateurs sont-ils prêts à fournir ? Des informations de contact ? La description de la façon dont ils utilisent votre produit ? Leurs achats antérieurs ?
- Combien de temps les utilisateurs vont-ils consacrer pour remplir le formulaire ? Acceptent-ils de rédiger un ou deux paragraphes ou préfèrent-ils choisir leur réponse dans une liste ?

Une fois que les informations souhaitées ont été définies et qu'elles sont susceptibles de recevoir l'accord tacite de l'utilisateur, vous devez les scinder en une multitude de questions élémentaires. Par exemple, si les informations concernent le contact, vous pouvez les diviser en nom, rue, état et code postal, et même aller plus loin et demander qu'elles soient traitées comme des articles séparés ; dans ce dernier cas, un tri sur les clients de certaines zones particulières est alors possible.

Bien qu'il soit possible de revenir en arrière et de modifier les formulaires après leur lancement, une bonne conception initiale vous évitera plus tard des problèmes et des surcharges de travail. Par exemple : si vous lancez un formulaire en oubliant une information clé, les réponses manqueront d'utilité ou les données obtenues seront biaisées. Rappelez-vous que refaire le formulaire vous prendra autant de temps que lors de sa conception initiale.

Notre exemple de site, ASR Outfitters, a introduit un formulaire dans son site Web afin de collecter des adresses qui serviront de contact pour les articles et les annonces à venir. ASR pourra envoyer régulièrement des e-mails au moyen de listes de mailing d'achats. Un formulaire de site Web fera éviter les coûts du courrier traditionnel, collectera les informations sur les utilisateurs spécialement intéressés par votre site, gardera la société branchée sur Internet en centralisant ses activités sur le Web.

Remplir un formulaire d'une page Web ne peut être efficient que si la Société ASR Outfitters crée son propre formulaire, voir la Figure 7.1, avec tous les éléments essentiels.

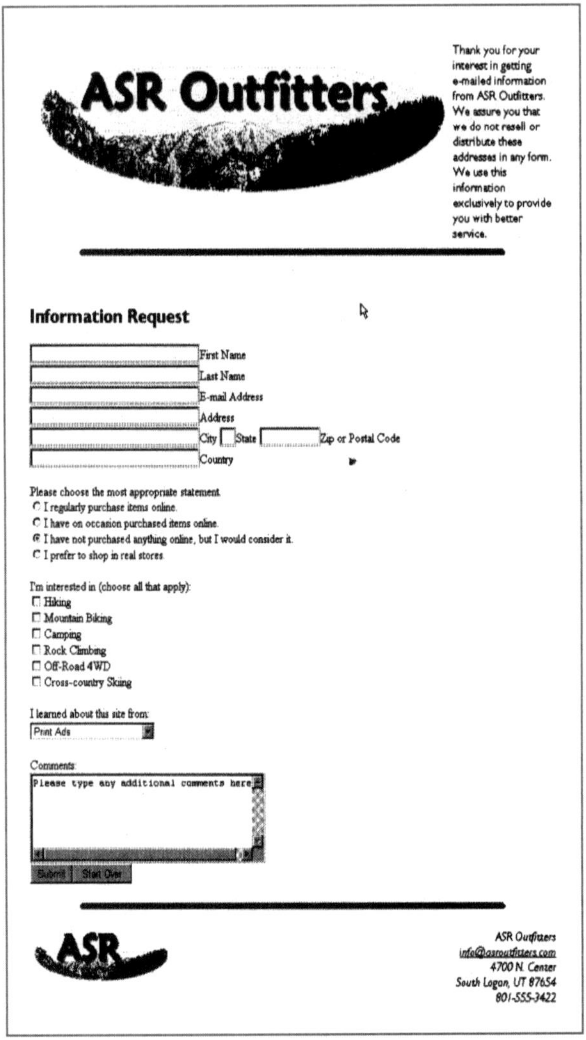

Figure 7.1 : Le formulaire ASR Outfitters collecte uniquement les informations démographiques et de marketing de base.

Dans ce cas, certaines informations de nature démographique sont demandées :

Prénom Cette information est nécessaire pour personnaliser les réponses.

Nom de famille Elle est aussi nécessaire pour aider à personnaliser les réponses.

Adresse e-mail La collecte d'information est le but principal du formulaire.

Rue, Ville, Etat, Code postal Ces informations sont toutes nécessaires pour des mailings futurs et pour des analyses démographiques. La collecte de l'adresse, même sans utilité immédiate, sera probablement profitable car il sera difficile de la redemander une nouvelle fois.

Habitudes d'achats en ligne ASR voudrait connaître le taux d'acceptation pour les prises de commandes sur le Web.

Centres d'intérêt ASR souhaite retrouver des informations sur les manifestations d'intérêts des utilisateurs ; l'expansion des offres en ligne en dépend.

Envoi Le département marketing souhaite connaître le taux d'audience qu'il rencontre sur le site Web.

Autres commentaires Il est toujours conseillé de laisser aux utilisateurs la liberté de donner des informations supplémentaires. Toutefois, l'espace réservé à ces commentaires devra être limité pour avoir une lecture rapide et riche en informations.

Problèmes d'utilisabilité

Dans le cas des formulaires, la notion d'utilisabilité est de savoir si vos utilisateurs peuvent répondre facilement à vos questions. La plupart des formulaires en ligne nécessite un certain travail des utilisateurs sans qu'il y ait pourtant en retour une forme de récompense. Donc, si vos formulaires sont difficiles à remplir, vous risquez de ne recevoir aucune réponse ou presque. Quelques directives sont toujours utiles pour éviter un échec et mieux concevoir un formulaire.

Regroupez les catégories similaires

Lorsque vous regroupez des catégories similaires, comme dans la Figure 7.1, le formulaire doit paraître moins intimidant ; les utilisateurs seront tentés de le remplir et probablement de le soumettre. Les informations que la Société ASR Outfitters sollicite des utilisateurs sont regroupées en trois catégories :

- Information de contact.
- Habitude d'achats et zones d'intérêt.
- Rapports et autres informations.

Rendez le formulaire facile à remplir

Si vous avez déjà rempli un long formulaire, vous mesurez combien il est rébarbatif. Pensez à une déclaration d'impôts par exemple et à la tentation de *ne pas* la faire. La spécificité d'un formulaire dépend des informations que vous voulez collecter ; pour cela, quelques principes toujours valides doivent vous guider :

- Autant que possible, votre formulaire doit être sous forme d'une liste dans laquelle le choix porte sur un ou plusieurs articles. Les listes sont aisées à utiliser et elles donnent des informations faciles à traiter.
- Si vous ne pouvez pas fournir une liste, demandez aux utilisateurs d'être concis. Une économie de temps et une facilité dans le traitement des données vont en résulter.
- Ne demandez pas aux utilisateurs de remplir une grande zone de texte sauf si c'est nécessaire ; la saisie et le traitement de larges blocs de texte vont demander trop de temps, non seulement pour vous mais surtout aux utilisateurs qui ne prendront même pas la peine d'y donner de suite.

Pour plus d'informations sur la création de listes et de zones de texte à remplir, reportez-vous à la section "Création de formulaire".

Donnez des encouragements

Encouragez les utilisateurs à remplir le formulaire et à le soumettre. Offrez-leur quelque chose, même si sa valeur est insignifiante. Des études montrent que si vous mettez un petit billet de banque ou un timbre dans l'enveloppe, votre geste améliore de manière significative le taux de retour. Ou bien offrez-leur une chance d'obtenir un produit gratuit, une liste de conseils et d'astuces par e-mail ou encore une réduction sur vos services.

ASR aurait pu offrir quelque chose qui sortirait d'un sac-surprise, une collection de bonnes idées sur les randonnées via e-mail, une remise conséquente sur la prochaine commande, mais au lieu de tout cela, elle a préféré opter pour une petite brochure dont le coupon reste valable lors de votre prochaine visite au magasin.

La plupart des loteries et des cadeaux doivent suivre une certaine réglementation ; vous devez donc vous assurer qu'ils ont bien été autorisés.

Problèmes de conception

La nécessité de résoudre tous les problèmes techniques pousse les concepteurs de pages Web à négliger les problèmes de conception. Il ne faut pas oublier qu'un formulaire bien conçu ne peut qu'encourager les utilisateurs à vous donner les informations que vous souhaitez obtenir.

> Comment incorporer la conception de sites Web sonores ? Vous obtiendrez la réponse en consultant **Effective Web Design** de Ann Navarro (Sybex, 2001).

A quoi reconnaît-on un formulaire bien conçu ? Un formulaire bien conçu doit être visuellement attrayant, graphiquement utile et cohérent avec le reste du site. Un formulaire de site intranet qui a un arrière-plan blanc, très peu d'images, géré par un superviseur conservateur, aurait probablement un plan simple, une conception simpliste et tous les défauts. Par contre, un site Web visuellement intéressant ou hautement graphique nécessite un formulaire en parfait accord avec l'ensemble des objectifs.

Toutefois, l'intérêt visuel du formulaire ne doit pas minimiser les autres aspects de la page ; une utilisation judicieuse des couleurs, de l'alignement, des petites images et des polices de caractères lui donneront encore plus de relief. Voici quelques directives :

- Utilisez des en-têtes pour annoncer chaque nouveau groupe d'informations. Les utilisateurs peuvent, de ce fait, se repérer dans le formulaire.
- Séparez visuellement les groupes. L'utilisation du formulaire en sera facilitée car les sections deviendront plus courtes et il est plus facile d'avancer. Vous pouvez utiliser des règles horizontales ou l'élément `fieldset` de XHTML pour le faire.
- Utilisez l'accentuation de texte pour attirer l'attention sur des informations importantes. Utilisez-la sobrement ; mettez uniquement quelques mots en relief de façon à les mettre en évidence dans la page.
- Spécifiez comment les utilisateurs doivent se déplacer dans le formulaire. Ne les obligez pas à faire des défilements horizontaux pour accéder à l'information. Faites des formulaires plutôt longs que larges, des formulaires plus courts pour les utilisateurs qui ne disposent que de moniteurs de petite résolution. Si votre sondage est en colonnes multiples, faites des catégories différentes mais visuellement évidentes.
- Employez des flèches pour aider les utilisateurs à se déplacer dans la page dans un ordre spécifique.

- Soyez sûr que les cases à cocher et les champs sont avec l'information de description associée. Par exemple : si vous avez une longue colonne de cases à cocher et d'étiquettes, une ambiguïté peut se glisser dans la réponse ; les cases à cocher vont-elles avec les textes situés à gauche ou à droite. Utilisez les ruptures de lignes et les espacements pour faire une différenciation claire.
- Spécifiez les champs qui sont optionnels et ceux qui sont obligatoires. Vous devrez placer les champs optionnels après les champs obligatoires. Certains navigateurs et programmes de traitement rejettent les formulaires remplis de manière incorrecte.
- Utilisez une image d'arrière-plan. Le formulaire dont la texture est agréable à voir tend à ne plus être un formulaire et est plus amical. Toutefois, l'image ne doit pas l'emporter sur le contenu ; il suffit que le texte contraste de manière adéquate avec l'image et que la lecture en soit facilitée.
- Faites en sorte que les zones de saisie aient la même largeur ; placez-les à gauche si vous avez une colonne verticale pour les nom et adresse. Le texte va s'aligner verticalement et rend le formulaire plus agréable à voir. Si les étiquettes de texte vont à gauche, les champs ne pourront pas s'aligner verticalement et ils paraîtront plus aléatoires et peu professionnels.

Voir la première partie des Références du Maître pour une liste complète des éléments et attributs de formulaire.

Création de formulaires

ECRIRE MANUELLEMENT DES FORMULAIRES OU UTILISER DES ÉDITEURS WYSIWYG ?

Vous pouvez créer des formulaires en utilisant n'importe quel outil de développement HTML, seul ou combiné. Par exemple, si vous envisagez de développer plusieurs formulaires, vous devez utiliser un éditeur WYSIWYG ("what you see is what you get") pour créer les formulaires de base. Ces éditeurs ne produisent pas de bons résultats, mais ils vous permettent de n'oublier aucun élément ni attribut. Toutefois, pour un ou deux formulaires, il vaut mieux que vous fassiez un développement manuel ou avec l'aide d'un éditeur de codes de base ; cette méthode est plus adéquate et probablement plus facile que d'apprendre à utiliser un éditeur WYSIWYG.

Les formulaires ont deux parties élémentaires :

- La partie visible que les utilisateurs remplissent.
- La partie non visible et qui spécifie comment le serveur doit traiter l'information.

Dans cette section, vous apprendrez à créer la partie visible. Vous verrez comment créer l'autre partie dans la section "Traitement des formulaires".

Comprendre les widgets

Les formulaires sont constitués de plusieurs types de widgets, appelés aussi *contrôles*, qui sont des champs utilisés pour collecter des données :

Les boutons Soumettre et Réinitialiser envoient pour traitement les informations du formulaire au serveur et initialise le formulaire.

Les champs de texte sont des zones de saisie de texte court. Utilisez-les pour les petites réponses, comme les noms, les termes de recherche ou les adresses.

Les zones de liste sont des ensembles dans lesquels les utilisateurs peuvent choisir une ou plusieurs réponses. Utilisez-les pour présenter de listes longues (mais finies) de choix. Par exemple, choisir un état ou une province dans une liste ou une option parmi 17 autres options possibles.

Les cases à cocher permettent aux utilisateurs de sélectionner un, aucun ou plusieurs articles dans une liste. Utilisez-les pour permettre les réponses multiples. Par exemple : ASR Outfitters utilise des cases à cocher pour obtenir des informations relatives aux activités des consommateurs.

Les boutons radio donnent aux utilisateurs la possibilité de choisir seulement un article ; par exemple, le genre, une préférence ou toute autre chose qui ne peut avoir qu'une seule réponse.

Les zones de texte sont des zones destinées au texte long, comme les commentaires ouverts ou les formulaires de réponses libres.

QUELS SONT LES MEILLEURS WIDGETS ?

Lorsque vous choisissez le widget à utiliser, réfléchissez bien à l'information que vous voulez collecter. Exemple : si vous pouvez collecter des bribes d'informations, utilisez les cases à cocher ou les boutons radio ; faciles d'emploi, ils spécifient en général l'option et ne nécessitent qu'un clic de souris. Regardez aussi si vous pouvez recourir à des listes à remplissage rapide. Finalement, vous pouvez ajouter des zones de texte si les utilisateurs veulent répondre par leurs propres phrases.

En général, les boutons radio, les cases à cocher et les zones de liste sont préférables aux zones de texte. Si les utilisateurs choisissent leur réponse dans une liste, vous n'aurez plus de fautes d'orthographe, de réponses incohérentes ou même de réponses libres complètement hors sujet. Cette méthode est la meilleure méthode tant qu'il est possible de proposer une liste aux utilisateurs.

La Figure 7.2 vous montre un échantillon de formulaire qui inclut des widgets.

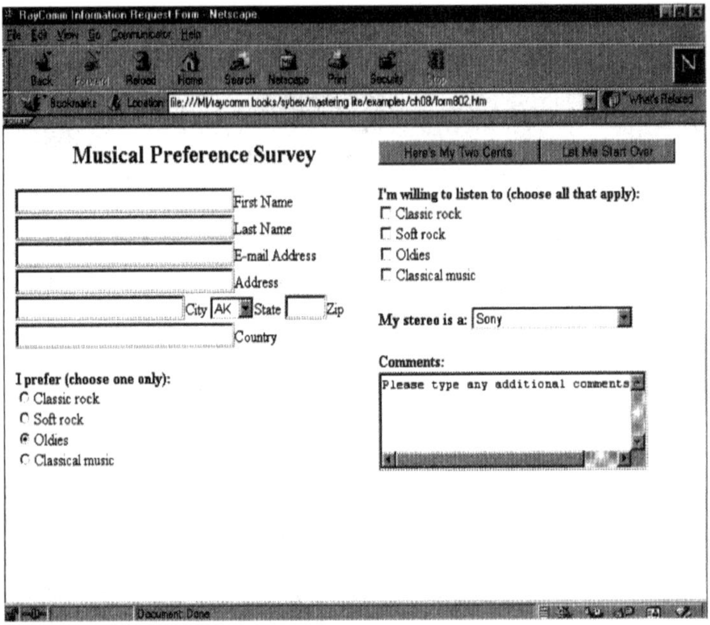

Figure 7.2 : Les formulaires donnent aux utilisateurs plusieurs façons de saisir de l'information.

Création de formulaire et ajout de boutons Soumettre et Réinitialiser

La première étape dans la création d'un formulaire est d'insérer l'élément `form` et les boutons Soumettre et Réinitialiser. Ces boutons sont des composants essentiels car ils permettent de soumettre les informations et si nécessaire de réinitialiser les sélections. Même si vous devez ajouter d'autres champs de formulaire avant que le formulaire soit utilisable, le bouton Soumettre est la clé qui permet d'envoyer les informations vers leur destination finale.

Les formulaires nécessitent deux attributs de l'élément `form` (`action` et `method`) pour spécifier ce que l'on fera des résultats du formulaire ; quel programme du serveur va-t-on choisir pour les traiter ? Nous verrons ces attributs dans la section "Traitement des formulaires".

Le Tableau 7.1 dressent une liste et décrit les éléments de base de formulaire. (Voir le Tableau 7.2 pour connaître les attributs à utiliser avec l'élément `input`).

Tableau 7.1 : Les éléments de base des boutons de formulaire.

ELEMENT	FOURNIT
`<input type="submit" value="..." />`	Un bouton Soumettre pour un formulaire. L'attribut `value` affiche un texte sur le bouton.
`<input type="image" name="..." src="url" />`	Un bouton Soumettre graphique. L'attribut `src` indique le fichier source de l'image.
`<input type="reset" value="..." />`	Un bouton Réinitialiser pour un formulaire. L'attribut `value` affiche un texte sur le bouton.

Dans l'exemple suivant, nous allons créer un formulaire pour le site ASR Outfitters. Nous allons montrer comment démarrer un formulaire et ajouter des boutons Soumettre et Réinitialiser. Le code dans le Listing 7.1 produit la page montrée dans la Figure 7.3.

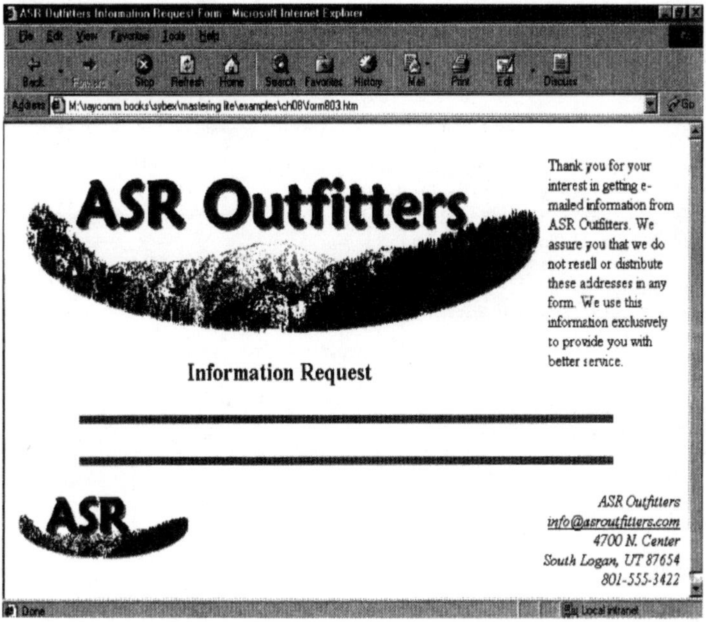

Figure 7.3 : La page formulaire de ASR Outfitters.

Listing 7.1 : La page d'information d'ASR Outfitters, avec un formulaire.

```
<!DOCTYPE html PUBLIC ".//W3C//DTD XHTML 1.0 Transitional//EN"
"http://www.w3.org/TR/xhtml1/DTD/xhtml1-transitional.dtd">
<html xmlns="http://www.w3.org/1999/xhtml">
<head>
<title>ASR Outfitters Information Request Form</title>
</head>
<body background="" bgcolor="#ffffff" text="#000000" link="#0000ff"
vlink="#800080" alink="#ff0000">
<table>
<tr>
<td valign="top">
<center>
<img src="asrlogo.gif" alt="ASR Outfitters Logo"
width="604" height="192" border="0" /><br />
<font size="7" face="Times New Roman">
<h2>Information Request</h2></font>
</center>
</td>
<td>
<font size="3" face="Times New Roman">
Thank you for your interest in getting e-mailed information from ASR
Outfitters. We assure you that we do not resell or distribute these addresses
in any form. We use this information exclusively to provide you with better
service.</font>
</td>
</tr>
</table>
<hr width="80%" size="8" noshade="noshade" />
<hr width="80%" size="8" noshade="noshade" />
<img src="asrlogosm.gif" align="left" width="200" height="84" border="0"
alt="ASR Small Logo" />
<div align="right">
<address>
<font face="Times New Roman">
<br />ASR Outfitters<br />
<a href="mailto:info@asroufitters.com">
 />
4700 N. Center<br />
South Logan, UT 87654<br />
801-555-3422<br />
</font>
</address>
</div>
</body>
</html>
```

Pour insérer un formulaire dans une page, suivez les étapes suivantes :

1. Ajoutez l'élément `form` là où vous voulez insérer le formulaire. Mettez le formulaire entre des lignes horizontales.

```
<hr width="80%" size="8" noshade="noshade" />
<form>
</form>
<hr width="80%" size="8" noshade="noshade" />
```

Vous pouvez éviter des problèmes de formulaire en l'imbriquant correctement parmi les autres objets du formulaire. Placez bien le formulaire en dehors des paragraphes, des listes et d'autres éléments de structure. Par exemple : vous ne voulez pas ouvrir un tableau à l'intérieur et le fermer à la fin du formulaire. Vos formulaires doivent aussi être testés avec soin.

2. Créez un bouton Soumettre en ajoutant l'élément vide `input`, l'attribut `type="submit"` et l'attribut `value`. Le bouton Soumettre peut être placé n'importe où, même s'il se place traditionnellement au bas du formulaire (immédiatement au-dessus de la balise de fin `form`). Vous pouvez placer un texte en face du bouton Soumettre pour le texte de votre choix ; remplacez simplement votre texte par le texte de l'attribut `value` (assurez-vous que ce bouton Soumettre soumet bien quelque chose).

```
<form>
<input type="submit" value="Submit" />
</form>
```

3. Créez un bouton Réinitialiser en ajoutant l'élément vide `input`, l'attribut `type="reset"`, et l'attribut `value`. De nouveau, le bouton Réinitialiser peut être placé n'importe où, même s'il se place traditionnellement au bas du formulaire (immédiatement au-dessus de la balise de fin `form`). Le bouton Réinitialiser peut avoir n'importe quel texte inscrit sur sa face, sur la base de la valeur de l'attribut `value`. L'exemple suivant a le texte "Start Over" sur sa face.

```
<form>
<input type="submit" value="Submit" />
<input type="reset" value="Start Over" />
</form>
```

La Figure 7.4 montre à quoi ressemblent les boutons dans un formulaire complet.

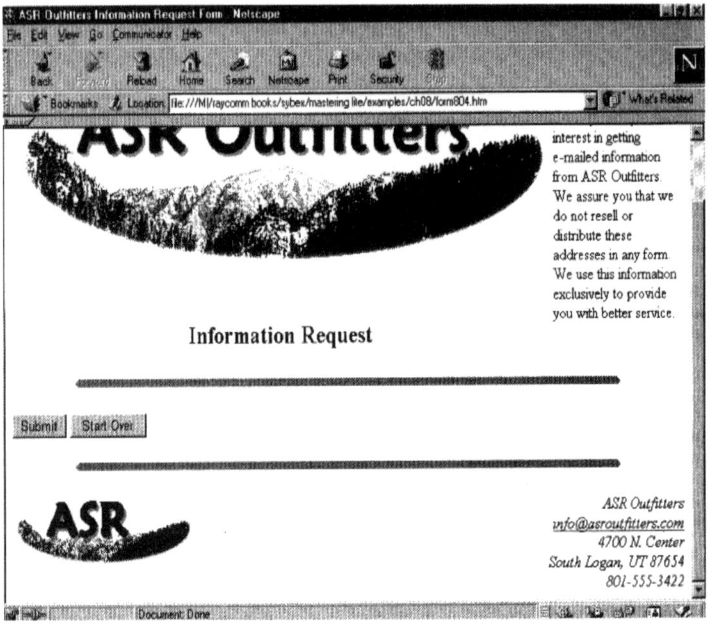

Figure 7.4 : Les boutons Soumettre et Réinitialiser (Start Over) sont ajoutés au formulaire.

Vous ne pouvez pas contrôler directement la taille du bouton ; seule la longueur du texte peut la déterminer.

Si vous attachez une importance particulière à l'apparence de votre formulaire, utilisez le bouton Soumettre graphique. Pour cela, vos utilisateurs doivent toutefois disposer de navigateurs qui peuvent manipuler ces boutons. L'utilisation d'images pour les boutons Soumettre peut provoquer des incidents inattendus avec les vieux navigateurs ; par exemple, ils font tomber en panne les anciennes versions de Netscape Navigator. Il faudrait alors envisager d'utiliser des scripts de détection de navigateur afin d'améliorer vos résultats avec les boutons Soumettre basés sur des images (l'inclusion d'images sera traitée dans le Chapitre 5).

Si vous utilisez autre chose qu'un bouton Soumettre (on dit alors Submit on it), assurez-vous qu'il est bien ce qu'on suppose qu'il est.

Si vous souhaitez utiliser une image pour votre bouton Soumettre, remplacez le code suivant (en remplaçant votre propre image pour `submitbutton.gif`) :

```
<input type="image" name="point" src="submitbutton.gif" />
```

L'attribut `type="image"` spécifie qu'une image est utilisée pour soumettre le formulaire quand on clique dessus. L'attribut `name="point"` spécifie que les coordonnées *x, y* du point où le pointeur est situé seront retournées au serveur lorsqu'on cliquera au-dessus de l'image. Finalement, l'attribut `src` fait exactement le même travail que s'il s'agit d'images régulières.

La Figure 7.5 montre le formulaire ASR Outfitters complet avec un bouton Soumettre graphique. Ce bouton est du même style que les images de la page d'accueil d'ASR Outfitters, développé dans le Chapitre 5. A travers un site Web, l'utilisation d'images similaires maintient la cohérence. Le Chapitre 14 vous donnera plus d'informations sur la création d'un site Web cohérent.

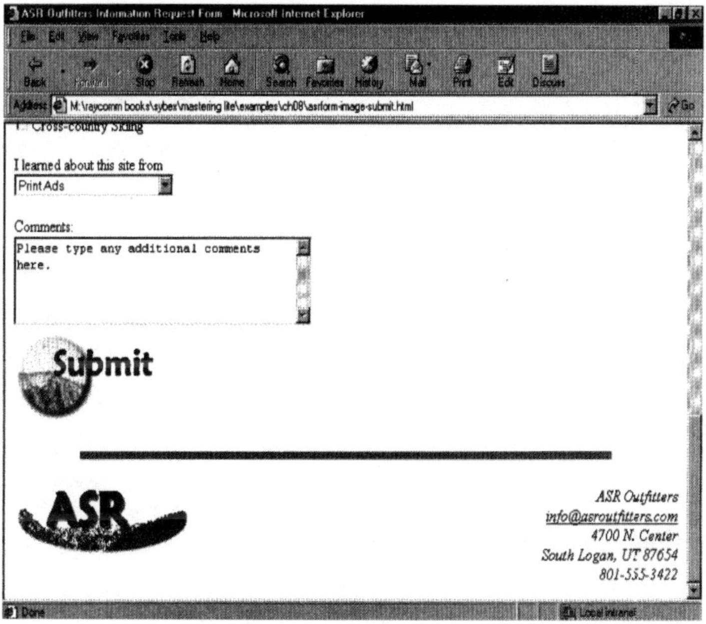

Figure 7.5 : Les boutons Soumettre graphiques rendent votre site plus intéressant.

Le langage XHTML n'a pas prévu de bouton Réinitialiser avec une image ; par conséquent, si vous choisissez d'utiliser une image pour votre bouton Soumettre, vous êtes dispensé de le faire avec le bouton Réinitialiser ; sinon, votre combinaison entre une image et un bouton sera potentiellement pauvre.

LES AVANTAGES DU LANGAGE XHTML

Si les utilisateurs utilisent des navigateurs conformes aux spécifications HTML 4 et à ses versions récentes, vous pouvez utiliser l'élément `button` pour créer un bouton qui sera inclus à la place ou avec des boutons Soumettre ou Réinitialiser. Les boutons créés avec l'élément `button` n'ont pas d'actions spécifiques associées, comme c'est le cas avec les boutons Soumettre et Réinitialiser. Toutefois, si vous le souhaitez, vous pouvez lier le bouton avec un script JavaScript ; ce lien vous offrira toutes sortes de fonctionnalités et de brillantes possibilités (Voir Chapitre 11).

Pour créer un bouton Soumettre en utilisant l'élément `button`, utilisez un code similaire au suivant :

```
<button type="submit" value="submit" name="submit">
Click to Submit Form
</button>
```

Pour créer un bouton graphique de réinitialisation en utilisant l'élément `button`, utilisez un code similaire au suivant :

```
<button type="reset" value="reset" name="reset">
<img src="gifs/resetbuttonnew.gif" alt="Reset button" />
</button>
```

Si vous souhaitez utiliser l'élément `button` pour appeler un script qui, par exemple, va vérifier le contenu du formulaire, vous devez utiliser un code ressemblant à ce qui suit :

```
<button type="button" value="verify" name="verify"
onclick="verify(this.form)">
Click to Verify Form
</button>
```

Insertion de champs généraux de saisie

Le développement d'autres types de champs de saisie peut se faire en utilisant des attributs variés dans l'élément `input`, un élément vide qui installe une zone de saisie dans le formulaire. Le Tableau 7.2 montre les attributs les plus utilisés de l'élément `input`. (Voir la première partie des Références du Maître pour une liste complète des attributs utilisables avec l'élément vide `input`.)

Tableau 7.2 : Les attributs les plus courants du champ input.

ATTRIBUT	UTILISATION
`accept="..."`	Spécifie les types MIME acceptables pour le téléchargement de fichier. Les caractéres génériques sont acceptés, comme dans `accept="image/*"`.
`maxlength="n"`	Définit le nombre maximum de caractéres qui peuvent être soumis. Utilisez cet attribut avec des champs de textes.
`name="..."`	Traite les résultats du formulaire.
`selected="selected"`	Indique la sélection par défaut à présenter lorsque le formulaire est initialement chargé ou réinitialisé.
`size="n"`	Définit la taille visible d'un champ. Le nombre *n* est égal aux caractères avec les champs de texte et aux pixels dans d'autres champs.
`type="..."`	Définit le type du champ de saisie. Les valeurs possibles sont `text`, `password`, `checkbox`, `radio`, `file`, `hidden`, `image`, `submit`, `button`, et `reset`.
`value="..."`	Fournit le contenu associé à `name="..."`. Utilisez cet attribut avec les boutons radio et les cases à cocher car ils n'acceptent pas d'autres entrées. Vous pouvez aussi utiliser cet attribut avec un champ de texte pour fournir des entrées initiales.

Champ de texte

Un champ de texte est blanc, il est utilisé pour saisir des informations additionnelles. Comme vous pouvez le voir, les champs de textes sont couramment utilisés pour le nom, l'adresse e-mail, etc. :

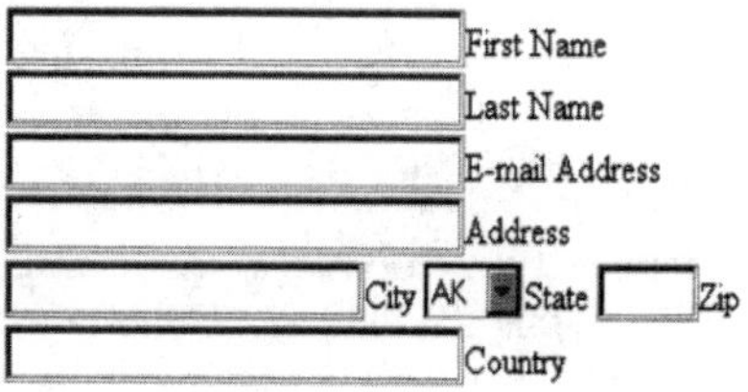

Pour ajouter un champ de texte dans un formulaire, suivez les étapes suivantes :

1. Insérez l'élément `input` là où vous le souhaitez.

```
<form>
<input />
</form>
```

2. Spécifiez le type de champ de saisie. Dans ce cas, utilisez `type="text"`.

```
<form>
<input type="text" />
</form>
```

3. Ajoutez l'attribut name au contenu de l'étiquette. Par exemple : un des premiers champs du formulaire de ASR Outfitters est utilisé pour le nom de l'utilisateur ; le champ name est firstname.

```
<input type="text" name="firstname" />
```

Les valeurs de name doivent être uniques à l'intérieur d'un formulaire. Plusieurs formulaires d'un même site (ou même d'une même page) peuvent se partager des valeurs, mais si des champs différents se partagent la même valeur name, les résultats deviendront aléatoires.

4. Spécifiez la taille du champ dans le formulaire en incluant l'attribut size. Même si c'est en option, vous pouvez donner à vos utilisateurs un espace plus vaste ; ils peuvent alors faire des champs de texte similaires avec la même taille. Par exemple : 30 est une taille suffisante pour le nom mais elle n'est pas encore assez large, même sur des moniteurs de petite résolution.

```
<input type="text" name="firstname" size="30" />
```

5. Ajoutez l'attribut maxlength si vous souhaitez limiter le nombre de caractères que les utilisateurs peuvent saisir (par exemple, si le champ passe dans une base de données avec des limitations de nombre de caractères). Retenez que la définition de maxlength ne doit pas être inférieure à l'attribut size ; autrement, les utilisateurs ne comprendront pas pourquoi ils ne peuvent plus continuer à saisir jusqu'à la fin du champ.

```
<input type="text" name="firstname" size="30" maxlength="30" />
```

6. Ajoutez du texte à l'extérieur du champ de saisie input pour indiquer l'information que l'utilisateur doit fournir. Rappelez-vous que le nom du champ n'est pas visible dans le navigateur ; jusqu'ici vous avez créé une zone vide dans un formulaire mais vous n'avez pas encore étiqueté cette zone. Vous souhaitez aussi, peut-être, ajouter un élément br du fait que les éléments input n'insèrent pas des ruptures de ligne.

```
<input type="text" name="firstname" size="30" maxlength="30" />First Name<br
/>
```

La Figure 7.6 montre le texte obtenu dans le contenu du formulaire. Utilisez le même processus pour ajouter d'autres champs de texte.

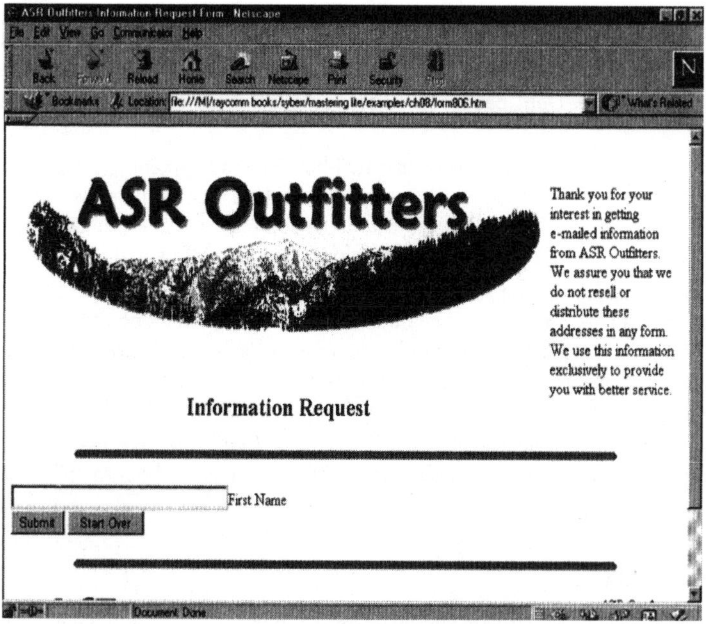

Figure 7.6 : Les utilisateurs peuvent saisir des informations dans les champs de texte.

DIRECTIVES POUR L'INSERTION DE PLUSIEURS CHAMPS DE TEXTE

La règle est que le formulaire est plus attractif si les champs sont alignés. S'ils ne sont pas rigoureusement alignés, le formulaire sera mal présenté, exactement comme un formulaire en papier dont les champs ne sont même pas alignés.

Nous vous donnons quelques directives à suivre si vous insérez plusieurs champs de texte dans un formulaire :

- Placez le champ sur la marge gauche de votre page, suivi par un texte de description. Si vous placez le texte de description (comme "First Name" ou "Last Name") à gauche des champs, les champs ne seront pas alignés verticalement. Alternativement, envisagez de mettre les champs et les textes descriptifs dans un tableau, ainsi vous êtes sûr que les lignes et les colonnes sont toujours alignées. Donnez aux champs de texte la même taille, le moment venu. Naturellement, vous n'allez pas fixer un champ de saisie à 30 caractères pour entrer une abréviation, mais il n'y a aucune raison que le prénom, le nom de famille et le nom de la compagnie n'aient pas la même longueur de champ de texte.

- Lorsque vous ajoutez des étiquettes descriptives, n'oubliez pas d'ajouter des ruptures de ligne (
 ou <p>...</p>) aux endroits appropriés. Aucun des éléments du formulaire n'exige une rupture de ligne ; les éléments du formulaire doivent donc s'écrire en une seule ligne. Dans beaucoup de cas, cette technique est valable mais elle peut ne plus convenir.
- Facultativement, vous pouvez ajouter l'attribut `value` à l'élément `input` pour donner au champ une valeur ou fournir un exemple de contenu. Par exemple : vous pouvez ajouter `value="First Name Here"` au champ de saisie utilisé pour le prénom afin de laisser à vos utilisateurs le soin de saisir l'information.

Dans une enquête, le remplissage d'un champ soulève bien de questions. Si les utilisateurs ne peuvent même pas imaginer ce qu'il faut saisir, vous avez probablement un problème de conception. En outre, si vous insérez du texte, les utilisateurs peuvent ne pas remplir le champ (ni soumettre l'échantillon) ou bien laisser accidentellement une partie du texte de l'échantillon dans le champ, ce qui ne peut que corrompre vos données.

Lorsque vous n'avez plus assez de place dans votre formulaire pour mettre des étiquettes descriptives, c'est peut-être le meilleur moment, sinon l'unique, pour remplir le champ.

Boutons radio

Un *bouton radio* est un type de champ de saisie qui permet aux utilisateurs de choisir une option dans une liste. On l'appelle ainsi car vous ne pouvez choisir qu'une seule option, comme pour une station de radio. Affiché dans un navigateur, le bouton radio se présente en général tel un petit cercle.

I prefer (cloose one only) :

○ Classic rock
○ Soft rock
◉ Oldies
○ Classical music

Le questionnaire d'ASR Outfitters souhaite savoir si les utilisateurs peuvent être attirés par les achats en ligne ; le choix va du simple refus à l'achat régulier en ligne. Chaque choix s'exclut mutuellement et choisir une des options exclut tout le reste. Le bouton radio implique l'évidence d'un choix.

Pour ajouter des boutons radio au formulaire, suivez ces étapes :

1. Ajoutez un texte d'introduction pour vous conduire vers les boutons, au point où ils doivent apparaître. Ajoutez aussi un texte de description et des commandes de formatage appropriées. Le texte de l'exemple d'ASR Outfitters ressemblera à ce qui suit :

```
<p>
Please choose the most appropriate statement.<br />
I regularly purchase items online.<br />
I have on occasion purchased items online.<br />
I have not purchased anything online, but I would
consider it.<br />
I prefer to shop in real stores.<br />
</p>
```

2. Ajoutez l'élément `input` là où le premier bouton radio se placera.

```
<input />I regularly purchase items online.<br />
```

3. Ajoutez l'attribut `type="radio"`.

```
<input type="radio" />I regularly purchase items online.<br />
```

4. Ajoutez l'attribut `name`. Le nom s'applique à la collection de boutons, pas seulement à cet article (tous les boutons d'un ensemble donné reprennent le même attribut `name`) ; aussi soyez sûr que le nom est assez générique pour s'appliquer à tous les articles de cet ensemble.

```
<input type="radio" name="buying" />I regularly purchase items online.<br />
```

5. Ajoutez l'attribut `value`. Dans les champs de texte, la valeur est ce que l'utilisateur saisit ; cependant, elle doit être fournie aux boutons radio (et aux cases à cocher). Choisissez des valeurs hautement descriptives, de préférence en un seul mot (tel que "régulier" plutôt que "oui" ou "naturellement").

```
<input type="radio" name="buying" value="regular" />
I regularly purchase items online.<br />
```

6. Si nécessaire, ajoutez l'attribut `checked` à l'un des articles pour indiquer la sélection par défaut. Rappelez-vous que seul un bouton peut être sélectionné, donc seul un bouton peut avoir l'attribut `checked`.

```
<input type="radio" name="buying" value="regular" checked="checked" />I
regularly purchase items online.<br />
```

En général, votre choix le plus probable est le choix par défaut, pour faciliter la tâche de l'utilisateur et minimiser l'impact d'une omission et d'une non-vérification d'entrée pour une question. Bien que l'ajout de l'attribut `checked` soit optionnel, la liste va enregistrer sûrement une réponse.

7. Ajoutez le reste des boutons.

Utilisez le même attribut `name` pour tous les boutons radio qui existe dans un ensemble. Les navigateurs utilisent l'attribut `name` des boutons radio pour spécifier quels boutons sont mis en relation entre eux et, par conséquent, quels sont ceux qu'on peut réunir ensemble ou désunir comme un groupe. Des ensembles différents de boutons radio utilisent à l'intérieur d'une page des attributs `name` différents.

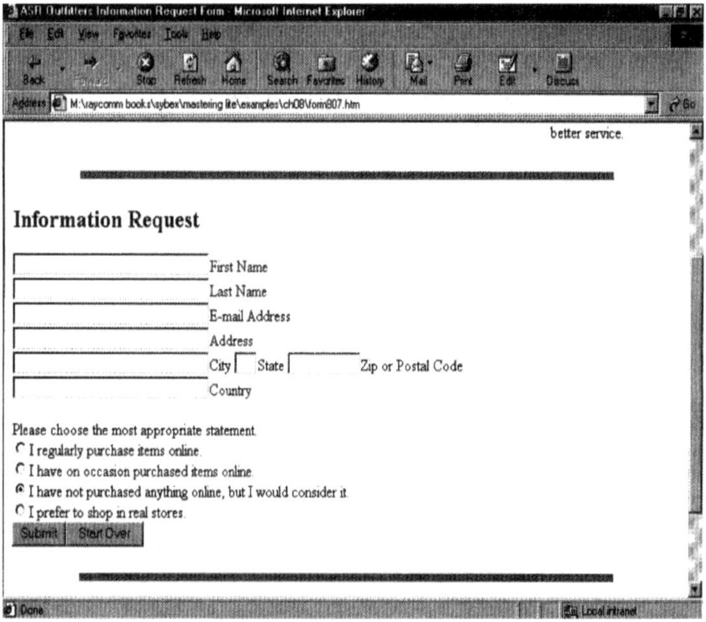

Figure 7.7 : Un utilisateur peut sélectionner un bouton radio pour choisir un article dans la liste.

L'ensemble complet de boutons radio du formulaire ASR Outfitters ressemblera à ce qui suit :

```
<p>
Please choose the most appropriate statement.<br />
<input type="radio" name="buying" value="regular" />
I regularly purchase items online.<br />
<input type="radio" name="buying" value="sometimes" />
I have on occasion purchased items online.<br />
<input type="radio" name="buying" value="might" checked="checked" />I have not
```

```
purchased anything online,
but I would consider it.<br />
<input type="radio" name="buying" value="willnot" />
I prefer to shop in real stores.<br />
</p>
```

Lorsqu'on les visualise dans un navigateur, les boutons radio ressemblent à ceux de la Figure 7.7.

LES AVANTAGES DU LANGAGE XHTML

Le langage XHTML permet de grouper facilement les articles apparentés en utilisant l'élément `fieldset`. Par exemple, dans le formulaire d'ASR Outfitters, plusieurs champs collectent des informations personnelles ; vous pouvez les grouper à l'intérieur de l'élément `fieldset`, comme ceci :

```
<fieldset>
...various input fields for personal information go here...
</fieldset>
```

En plus, en ajoutant des éléments `legend` (alignés aux valeurs `top`, `bottom`, `left` ou `right`), vous pouvez étiqueter clairement le contenu :

```
<fieldset>
<legend align="top">Personal Information</legend>
...various input fields for personal information go here...
</fieldset>
```

Case à cocher

Les utilisateurs peuvent aussi utiliser la *case à cocher* pour choisir un article dans une liste. Chaque case à cocher est indépendant l'une de l'autre. L'utilisateur peut sélectionner ou défaire toute combinaison de cases à cocher. L'utilisation des cases à cocher convient aux questions ouvertes ou à celles qui ont plus d'une réponse "correcte".

Dans la plupart des navigateurs, les cases à cocher sont de petits carrés qui contiennent un cochage lorsqu'il est sélectionné :

```
I'm willing to listen to (choose all that apply) :
❍ Classic rock
❍ Soft rock
❍ Oldies
❍ Classical music
```

La conception du formulaire d'ASR Outfitters vise à découvrir des informations sur les activités qui peuvent intéresser les consommateurs. Toute combinaison de réponses doit être possible et c'est bien pour cette raison que les cases à cocher sont les mieux adaptées.

Pour ajouter des cases à cocher à votre formulaire, suivez l'exemple de code suivant :

1. Saisissez le texte d'introduction et la suite de texte pour chaque article, comme dans l'exemple de code suivant :

```
<p>I'm interested in (choose all that apply):<br />
Hiking<br />
Moutain Biking<br />
Camping<br />
Rock Climbing<br />
Off-Road 4WD<br />
Cross-country Skiing<br />
</p>
```

2. Ajoutez l'élément `input` avant le premier choix de la liste.

```
<input />Hiking<br />
```

3. Ajoutez l'attribut `type="checkbox"` pour spécifier que le champ de saisie est une case à cocher.

```
<input type="checkbox" />Hiking<br />
```

4. Ajoutez l'attribut `name` pour étiqueter l'article. Pour la case à cocher, contrairement au bouton radio, chaque article a sa propre étiquette. Même si les cases à cocher apparaissent visuellement groupées, les articles sont complètement séparés.

```
<input type="checkbox" name="hiking" />Hiking<br />
```

5. Ajoutez l'attribut `value` à chaque article. Dans le formulaire d'ASR Outfitters, sa valeur peut être `yes` ou `no`, indiquant qu'une randonnée peut être ou non une activité digne d'intérêt. Toutefois, lorsque le formulaire est retourné via l'e-mail, il est utile d'avoir une valeur plus descriptive. Si la valeur est ici `hiking`, le mot *hiking* retourne un cochage mais rien si la case n'est pas cochée. Le destinataire de l'e-mail peut le déchiffrer facilement, plus qu'avec un oui ou un non.

```
<input type="checkbox" name="hiking" value="hiking" /> Hiking<br />
```

6. Ajoutez l'attribut `checked` pour spécifier les sélections par défaut. Avec les cases à cocher, vous pouvez ajouter l'attribut `checked` pour plusieurs articles, mais n'en abusez pas. Chaque attribut `checked` que vous insérez pourrait être une fausse réponse positive à une question.

```
<input type="checkbox" name="hiking" value="hiking" checked="checked"
/>Hiking<br />
```

7. Répétez ce processus pour chacune des cases à cocher restantes et utilisez des attributs `name` différents pour chacune d'elle (contrairement au bouton radio).

Dans le formulaire d'ASR Outfitters, le code final ressemblera à ceci :

```
<p>I'm interested in (choose all that apply):<br />
<input type="checkbox" name="hiking" value="hiking" />
Hiking<br />
<input type="checkbox" name="mbiking" value="mbiking" />
Mountain Biking<br />
<input type="checkbox" name="camping" value="camping" />
Camping<br />
<input type="checkbox" name="rock" value="rock" />
Rock Climbing<br />
<input type="checkbox" name="4wd" value="4wd" />
Off-Road 4WD<br />
<input type="checkbox" name="ccskiing" value="ccskiing" />
Cross-country Skiing<br />
</p>
```

Lorsqu'on les voit dans un navigateur, les cases à cocher ressemblent à celles de la Figure 7.8.

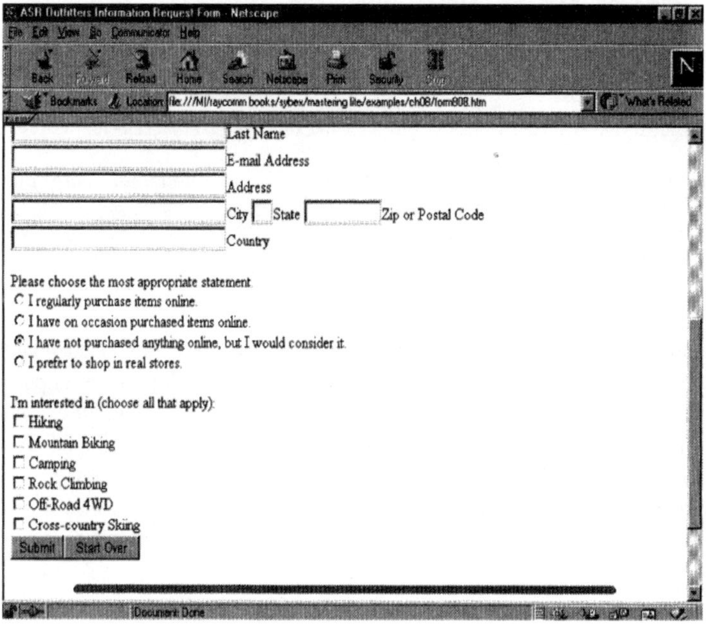

Figure 7.8 : Les utilisateurs peuvent utiliser des cases à cocher pour sélectionner plusieurs articles dans une liste.

Champ de mot de passe

Le *champ de mot de passe* est similaire au champ de texte mais les contenus ne sont pas visibles à l'écran. Le champ de mot de passe convient lorsque le contenu est confidentiel, comme le mot de passe, le numéro de Sécurité sociale ou le nom de jeune fille de la mère de l'utilisateur. Par exemple, si un site est accessible depuis une place publique et qu'il exige une information confidentielle, l'utilisateur va exiger l'utilisation du champ de mot de passe. Les utilisateurs ne peuvent pas voir le texte qu'ils saisissent, tant et si bien que le taux d'erreurs s'accroît et provoque des problèmes parfois insolubles.

Pour établir un champ de mot de passe, suivez les étapes suivantes :

1. Ajoutez un champ `input`.

```
<input />
```

2. Définissez l'attribut `type="password"`.

```
<input type="password" />
```

3. Ajoutez l'attribut `name`.

```
<input type="password" name="newpass" />
```

4. Spécifiez la taille visible, si nécessaire, la taille maximale du texte saisi en utilisant l'attribut `maxlength`.

```
<input type="password" name="newpass" size="10" maxlength="10" />
```

Dans un navigateur, chaque caractère saisi va s'afficher comme un astérisque (*) :

Champ caché

Naturellement, les utilisateurs ne voient pas les champs cachés. Cependant, ils sont reconnus par les programmes qui reçoivent les entrées du formulaire et peuvent aussi fournir des informations supplémentaires. Par exemple, ASR Outfitters utilise le programme cgiemail pour traiter ses formulaires avec un champ caché, lequel précise essentiellement : "Une fois le formulaire soumis, présentez à l'utilisateur la page de remerciements." Ainsi, lorsque le formulaire est soumis à l'utilisateur, le programme cgiemail reconnaît le champ caché et lui présente la page de remerciements, telle qu'elle est montrée dans la Figure 7.9.

Le programme cgiemail, un logiciel de serveur Web Unix qui retourne les résultats par e-mail, est expliqué longuement dans la section finale de ce chapitre, "Une solution : le traitement des résultats avec cgiemail".

Si vous avez besoin d'un champ caché, le programme qui l'exige inclut une documentation spécifique pour chaque valeur exacte. Le programme cgiemail utilisé par ASR Outfitters nécessite un champ caché, comme suit :

```
<input type="hidden" name="success"
value="http://www.example.com/asr/asrmaildone.html" />
```

L'attribut `type="hidden"` garde cette valeur jusqu'à l'affichage, et les attributs `name` et `value` fournissent l'information que le cgiemail attend.

Les champs cachés peuvent être placés n'importe où dans votre formulaire, mais de préférence, leur emplacement se trouve en haut, immédiatement après la balise de début `form` ; ce qui évite leur suppression accidentelle lorsque vous modifiez le formulaire.

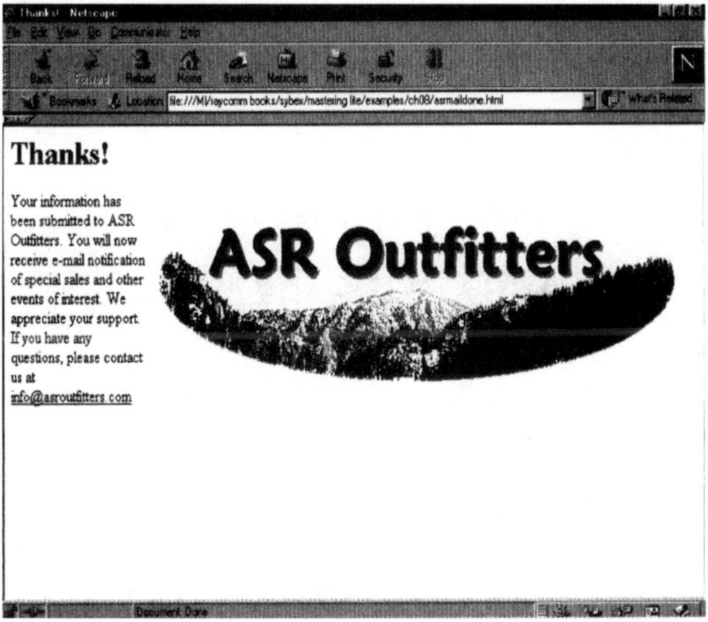

Figure 7.9 : Un champ caché peut indiquer au serveur d'envoyer une page de référence à l'utilisateur.

Champ de fichier

Le langage XHTML supporte aussi un champ spécial de saisie qu'on appelle un *champ de fichier* pour permettre aux utilisateurs de télécharger des fichiers. Par exemple : si vous souhaitez que les utilisateurs vous soumettent une image, un document scanné, un tableur ou un document de traitement de texte, ils peuvent utiliser ce champ pour simplifier le téléchargement de fichier sans recourir au protocole FTP ou à l'e-mail.

Cette caractéristique doit être implémentée à la fois par le navigateur et par le serveur Web, à cause du processus du téléchargement et de la manipulation d'un fichier téléchargé. Après avoir vérifié que le serveur, celui qui va traiter le formulaire, supporte bien le téléchargement du fichier, vous pouvez l'implémenter en suivant les étapes suivantes :

1. Ajoutez le texte d'introduction dans votre document XHTML.

```
Please post this photo I took in your gallery!
```

2. Ajoutez le champ `input`.

```
Please post this photo I took in your gallery!
<input />
```

3. Ajoutez l'attribut `type="file"`.

```
Please post this photo I took in your gallery!
<input type="file" />
```

4. Ajoutez l'attribut approprié `name` pour étiqueter le champ.

```
Please post this photo I took in your gallery!
<input type="file" name="filenew" />
```

5. Facultativement, spécifiez que le champ est visible et spécifiez les longueurs maximales avec les attributs `size` et `maxlength`.

```
Please post this photo I took in your gallery!
<input type="file" name="filenew" size="30" maxlength="256" />
```

6. Facultativement, spécifiez les types de fichier qui peuvent être téléchargés en utilisant l'attribut `accept`. Par exemple, ajoutez `accept="image/*"` pour accepter tous les types de fichier.

```
Please post this photo I took in your gallery!
<input type="file" name="filenew" size="30" maxlength="256" accept="image/*"
/>
```

Les valeurs de l'attribut `accept` sont de type MIME. Si vous n'acceptez qu'un type spécifique comme `image/gif`, vous pouvez le spécifier. Si vous prenez n'importe quel fichier image et non les autres types de fichiers, vous pouvez utiliser `image/*` comme ASR Outfitters l'a fait. Finalement, si vous acceptez uniquement quelques types possibles, vous pouvez fournir une liste de types, séparés par des virgules :

```
<input type="file" name="filenew" size="30" maxlength="256" accept="image/gif,
image/jpeg" />
```

Pour télécharger une liste complète de type MIME, visitez le site `ftp://ftp.isi.edu/in-notes/iana/assignments/media-types/`.

Lorsqu'il est rendu dans la plupart des navigateurs, ce code débouche sur une zone de texte avec un bouton qui permet aux utilisateurs de parcourir un fichier, comme dans la Figure 7.10.

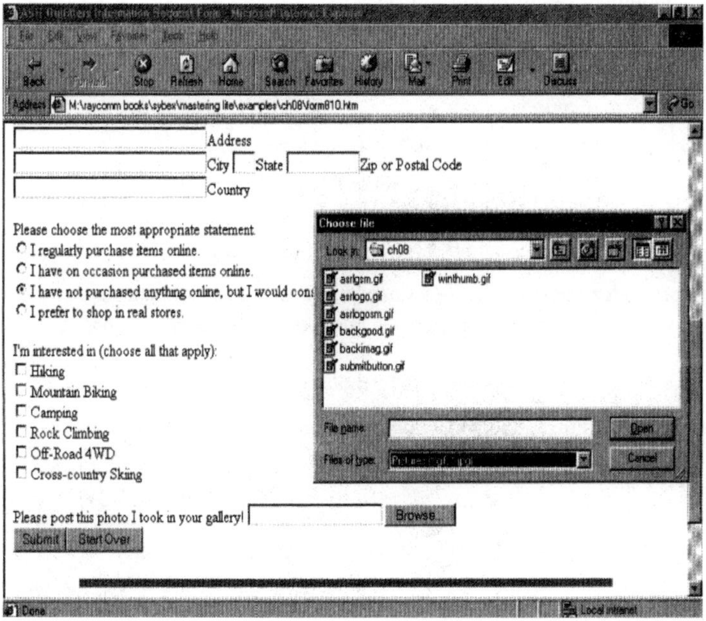

Figure 7.10 : Vous pouvez utiliser les champs de fichier pour télécharger des fichiers.

Insertion de zones de texte

Les *zones de texte* sont placées à l'intérieur du formulaire pour la saisie d'un texte long. Les zones de texte servent à solliciter des commentaires ou des retours-utilisateurs rédigés sur formulaire libre comme on le montre ci-après.

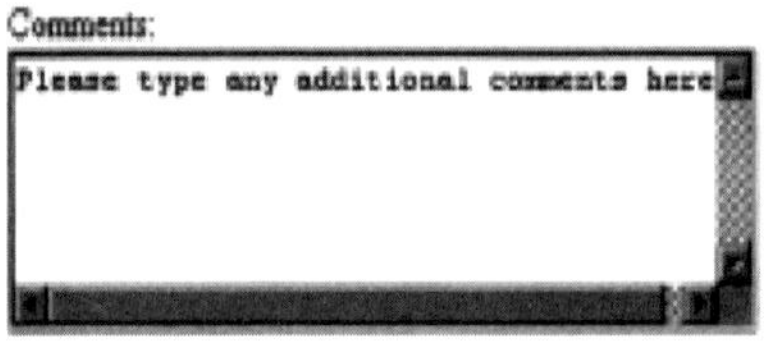

L'élément `textarea` définit une zone du formulaire pour la saisie d'un texte long. Le contenu initial de la zone de texte est compris dans ses balises de début et de fin. Le Tableau 7.3 dresse une liste et décrit les principaux attributs utilisés pour les zones de texte à l'intérieur des formulaires XHTML.

Tableau 7.3 : Les principaux attributs de l'élément textarea.

ATTRIBUT	UTILISATION
`cols="n"`	Définit le nombres de colonnes (en caractères) pour les champs visibles.
`name="..."`	Etablit une étiquette pour un champ de saisie. L'attribut `name` est utilisé dans les formulaires de traitement.
`rows="n"`	Définit le nombre de colonnes (lignes de type) pour le champ visible.

Ne confondez pas le champ de texte avec la zone de texte. Le champ de texte convient à la saisie d'un texte court ; la zone de texte est destinée à un texte long.

Pour ajouter une zone de texte à un formulaire, suivez les étapes suivantes :

1. Saisissez un texte d'introduction pour commencer la zone de texte là où vous souhaitez le placer.

```
<p>Comments:</p>
```

2. Ajoutez des balises de début et de fin `textarea`.

```
<p>Comments:</p>
<textarea></textarea>
```

3. Ajoutez l'attribut `name` pour étiqueter le champ.

```
<textarea name="comments"></textarea>
```

4. Ajoutez les attributs `rows` et `cols` pour définir les dimensions de la zone de texte. L'attribut `rows` définit la hauteur de la zone, et l'attribut `cols` la largeur de la zone de texte en nombre de caractères.

```
<textarea name="comments" rows="5" cols"40"></textarea>
```

5. Entrez un exemple d'information pour permettre aux utilisateurs de savoir ce qu'il faut taper en ajoutant le texte entre les balises de début et de fin `textarea`.

```
<textarea name="comments" cols="40" rows="5">
Please type any additional comments here.</textarea>
```

Ce marquage `textarea` produit un champ zone de texte dans le document XHTML comme dans la Figure 7.11.

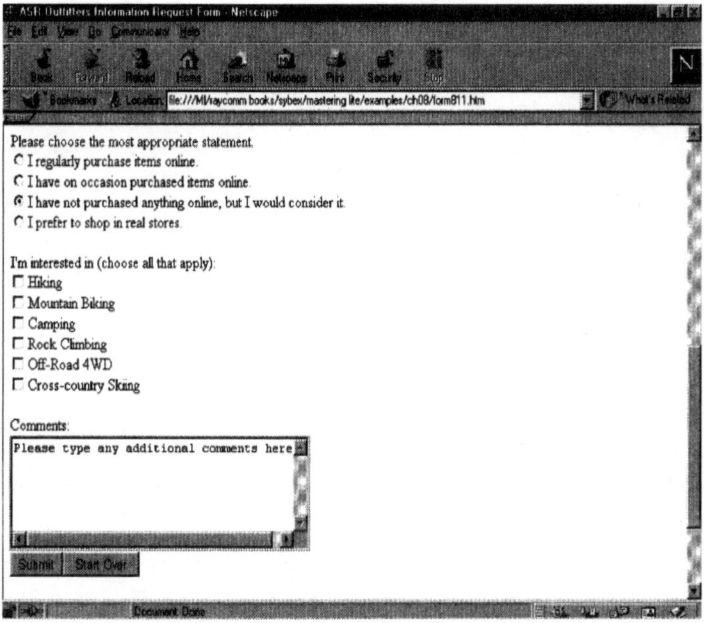

Figure 7.11 : L'utilisateur peut taper des commentaires dans la zone de texte.

Insertion d'un champ de sélection

Le *champ de sélection* est le plus flexible parmi ceux qui sont utilisés dans le développement des formulaires ; en effet, les utilisateurs peuvent sélectionner une ou plusieurs réponses. Par exemple, supposez que vous demandez aux utilisateurs de vous indiquer leur pays ou leur province d'origine. Une liste des régions, comme une série de boutons radio, prendrait beaucoup trop d'espace dans le formulaire. Un champ de texte engendrerait certainement beaucoup de fautes d'orthographe.

Le mieux est d'utiliser un champ de sélection, ce qui vous permettra de faire par exemple la liste des 50 états des États-Unis dans un minimum d'espace. L'utilisateur va sélectionner simplement son état d'origine dans la liste sans introduire une seule faute d'orthographe.

Le champ de sélection, pareil à celui qui est présenté ici, peut fournir une longue liste d'articles ou une liste compacte, semblable à une zone de liste déroulante de polices de caractères dans un logiciel de traitement de texte.

L'élément `select` définit une zone dans le formulaire pour un champ de sélection. Le Tableau 7.4 dresse une liste et décrit les éléments et attributs utilisés par les champs de sélection.

Tableau 7.4 : Les éléments champs de sélection et attributs importants.

ARTICLE	TYPE	UTILISATION
`select`	Elément	Définit une zone dans un formulaire pour un champ de sélection qui peut ressembler à une liste déroulante ou à un champ de sélection plus large.
`multiple="multiple"`	Attribut de `select`	Définit le champ de sélection pour accepter plus d'une sélection. Utilisez cet attribut avec l'attribut `size` pour définir un nombre plus grand que le nombre maximum de sélec tions probables.
`name="..."`	Attribut de `select`	Etablit une étiquette pour un champ de saisie. L'attribut name et utilisé pour le traitement du formulaire.
`size="n"`	Attribut de `select`	Définit la taille visible du champ de sélection. La valeur par défaut (1) crée une liste déroulante. Vous pouvez modifier la sélection par défaut (2 ou supérieure) si vous souhai tez avoir un grand nombre d'options visibles.
`option`	Elément	Marque les articles inclus dans le champ de sélection. Vous aurez un élément `option` pour chaque article inclus.
`selected="selected"`	Attribut d'`option`	Vous permet de spécifier la sélection par défaut ; elle apparaîtra lorsque le formulaire est chargé ou réinitialisé.
`value="..."`	Attribut d'`option`	Donne le contenu associé à l'attribut name.

Utilisez le champ de sélection chaque fois que vous devez afficher une longue liste d'articles ou pour éviter que l'utilisateur ne fasse pas des fautes de frappe ou d'orthographe. Afin d'ajouter un champ de sélection, suivez les étapes suivantes :

1. Saisissez un texte d'introduction pour le champ de sélection.

```
I learned about this site from:<br />
```

2. Ajoutez les balises de début et de fin `select`.

```
I learned about this site from:<br />
<select>
</select>
```

3. Saisissez l'attribut `name` pour étiqueter le champ de sélection.

```
<select name="referral">
</select>
```

4. Ajoutez les choix que les utilisateurs doivent voir. Comme le champ de sélection et les éléments `option` insèrent des ruptures de ligne et d'autres formatages, vous ne devez pas inclure des éléments de rupture de ligne.

```
I learned about this site from:<br />
<select name="referral">
Print Ads
In-Store Visit
Friend's Recommendation
Sources on the Internet
Other
</select>
```

5. Ajoutez les balises de début et de fin `option` pour chaque sélection possible.

```
<select name="referral">
<option>Print Ads</option>
<option>In-Store Visit</option>
<option>Friend's Recommendation</option>
<option>Sources on the Internet</option>
<option>Other</option>
</select>
```

6. Ajoutez un attribut `value` pour chaque élément `option`. Ces valeurs sont celles que vous verrez lorsque le formulaire sera soumis ; aussi, faites qu'elles soient autant que possible aussi logiques que descriptives.

```
I learned about this site from:<br />
<select name="referral">
<option value="print">Print Ads</option>
<option value="visit">In-Store Visit</option>
<option value="rec">Friend's Recommendation</option>
<option value="internet">Sources on the Internet</option>
<option value="other">Other</option>
</select>
```

7. Facultativement, donnez aux utilisateurs la possibilité de sélectionner plusieurs articles dans la liste en ajoutant l'attribut `multiple` dans la balise de début `select`.

```
<select name="referral" multiple="multiple">
```

Si vous ajoutez l'attribut `multiple`, l'utilisateur peut sélectionner une ou plusieurs options ; vous ne pouvez pas limiter la sélection uniquement à deux ou quatre articles.

8. Facultativement, ajoutez l'attribut `selected` à l'option élément pour spécifier une sélection par défaut. Vous pouvez offrir plus d'un paramètre par défaut si vous utilisez l'attribut `multiple`.

```
<option value="print" selected="selected">
```

Ainsi, le champ `select` de base est complet. Les navigateurs affichent le champ de sélection tel qu'une liste déroulante, comme dans la Figure 7.12.

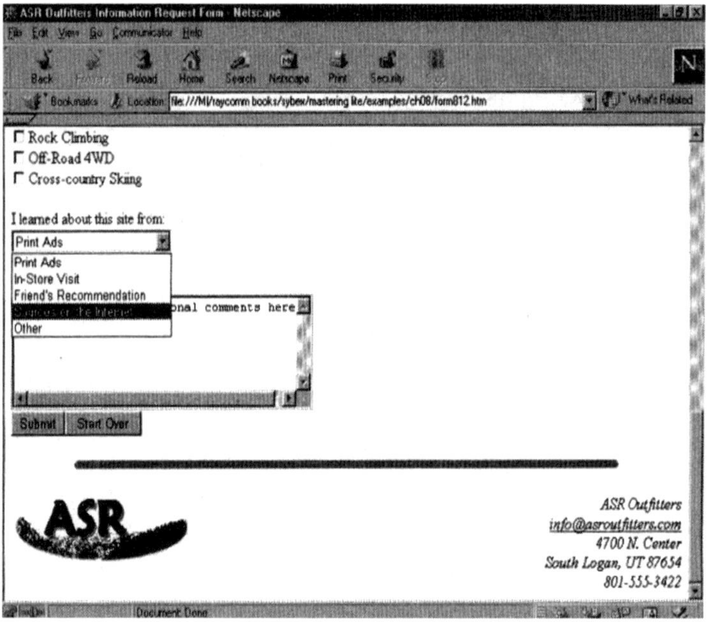

Figure 7.12 : Les champs de sélection permettent de fournir plusieurs choix dans un format compact.

CONCEPTION DE CHAMPS DE SÉLECTION LONGS

Lorsque vous développez un champ de sélection particulièrement long, celui qui comporte plusieurs articles, soyez sûr de faciliter autant que possible l'utilisation d'un espace. Voici quelques directives :

- Faites apparaître le champ de sélection dans un seul écran, de telle sorte que l'utilisateur ne soit pas obligé de faire défiler tout l'écran pour voir le champ de sélection en entier.

- Ajoutez l'attribut `size` à l'élément d'ouverture `select` pour étendre la liste déroulante en une zone de liste :

```
<select name="referral" multiple="multiple" size="5">
```

Cette zone de liste peut avoir une barre de défilement verticale, si c'est nécessaire, pour fournir un accès à tous les articles, comme on le montre ici :

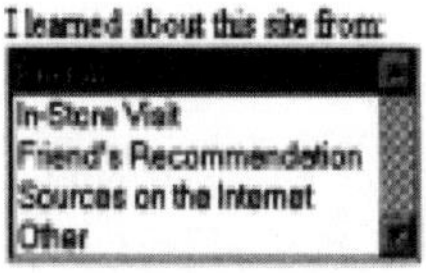

Les zones de liste sont horizontalement fixes, ce qui signifie qu'on ne peut pas les faire défiler horizontalement.

Vous pouvez utiliser des scripts écrits en JavaScript pour valider les entrées du formulaire. Par exemple, vous pouvez vous assurer que les utilisateurs remplissent bien les informations de contact ou le numéro de carte de crédit pour un traitement correct des informations ou des demandes. Voir le Chapitre 11 pour avoir plus de détails.

Traitement des formulaires

En général, après avoir cliqué sur le bouton Soumettre, l'information est envoyée au serveur Web et au programme défini par l'attribut `action` du formulaire. Le programme fera maintenant ce que vous lui dites de faire. Dans cette section, plusieurs options se présentent effectivement à vous. Le serveur peut :

- Vous envoyer l'information par e-mail.
- Introduire l'information dans une base de données.
- Envoyer l'information à un newsgroup ou à une page Web.
- Utiliser les entrées pour chercher une base de données.

L'exploitation des données collectées, en s'inspirant éventuellement des travaux similaires, doit toujours prendre en compte l'intervention de l'administrateur de votre serveur Web. Vous devez lui demander les programmes déjà installés afin de traiter les entrées du formulaire. En fonction des programmes disponibles, vous devez être capable de profiter pleinement de leur capacité de traitement.

Indépendamment des méthodes de traitement des informations, vous pouvez ajouter des attributs spécifiques dans l'élément d'ouverture `form`, comme dans le Tableau 7.5.

Tableau 7.5 : Les attributs de traitement de l'élément `form`.

ATTRIBUT	UTILISATION
`action="..."`	Indique le programme du serveur HTTP qui traite les données de sortie du formulaire.
`method="..."`	Indique au navigateur la manière d'envoyer les données au serveur, avec la méthode `post` ou `get`.

Les attributs `action` et `method` dépendent du programme coté-serveur qui va traiter le formulaire.

En général, la documentation du script de traitement des formulaires ou celle du serveur Web indique ce qu'il faut utiliser pour les méthodes `post` et `get`. Par exemple, le fournisseur d'accès Internet (FAI) d'ASR Outfitters, `www.example.com`, publie sur son site Web des informations sur la manière de bien remplir un formulaire et d'envoyer les résultats par e-mail (en utilisant un script CGI appelé cgiemail, traité plus loin dans ce chapitre). Dans ce cas, l'élément d'ouverture `form` est :

```
<form method="post" action="http://www.example.com/cgi-
   bin/cgiemail/~user/user-mail.txt">
```

N'oubliez pas de couper les lignes trop longues, comme ci-dessus, à l'impression. Tapez tout sur une seule ligne car le fait d'ajouter un retour chariot dans les valeurs d'attributs peut conduire à un comportement imprévisible du navigateur.

Bien sûr, les attributs dépendent du traitement de l'information par le programme. En changeant les attributs, vous pouvez aussi spécifier un programme différent. Comme cette ligne unique à l'intérieur du formulaire XHTML détermine la manière de traiter les informations, vous pouvez modifier ses effets sur les données sans modifier une bonne partie du formulaire lui-même.

Pour quelles raisons souhaitez-vous modifier les effets du changement d'attributs sur les données ? D'abord, il est fort possible que vous ayez trouvé de meilleures méthodes de traitement des données. Par exemple, si vous souhaitez recevoir rapidement un retour-utilisateur sur un nouveau produit, vous devez utiliser la méthode de collecte des données la plus rapide qui, dans ce cas, est probablement l'e-mail. Plus tard, vous pourrez rechercher une méthode de saisie directe des données dans une base de données ; plus longue à installer qu'un e-mail, mais qui peut vous dispenser de faire certains travaux.

Certains serveurs Web ont des scripts ou des commandes incorporés pour traiter les résultats des formulaires ; d'autres serveurs, particulièrement Unix, nécessitent des programmes supplémentaires.

Dans les sections suivantes, nous allons expliquer les options de traitement du formulaire, envoi par e-mail, écriture directe dans une base de données, envoi à une page Web et bien d'autres possibilités. Puisque les paramètres particuliers de votre fournisseur d'accès Internet (FAI) peuvent varier de manière significative, nous ne pouvons vous donner que des informations générales ; il vous appartient de les adapter à votre situation, si besoin avec l'aide de l'administrateur de votre serveur. La section finale de ce chapitre vous donnera des exemples spécifiques de paramétrage du retour des données par e-mail, une option que probablement vous utiliserez à l'avenir.

Pour apprendre les options de traitement du formulaire, consultez l'administrateur de votre serveur ou visitez le site Web du fournisseur d'accès Internet.

SUR L'UTILISATION DES DONNÉES DU FORMULAIRE

Obtenir un bon taux de retour-utilisateur est le grand défi que pose une étude des consommateurs. L'utilisation des formulaires XHTML vous place dans la même situation de défi sans parler des difficultés que les utilisateurs ressentent pour bien les remplir. Les données doivent être exploitées correctement. Voici quelques directives :

- Informez vos utilisateurs sur les objectifs que vous recherchez avec les informations collectées. Par exemple, si vous leur demandez des adresses e-mail, faites savoir qu'elles vont servir à leur envoyer des e-mails sur votre produit. Mieux, demandez-leur s'ils sont d'accord pour recevoir cette information.
- Examinez soigneusement la source et ne soyez pas oblligé de faire une lecture systématique des informations. En effet, il est tentant de supposer que les informations disponibles sont toutes bonnes à collecter pour une population entière (consommateurs, utilisateurs, etc.).
- Prenez le temps d'analyser les données soigneusement et de voir ce qu'elles peuvent ou non vous dire.

Par exemple, une fois le formulaire lancé, ASR Outfitters reçoit des centaines de réponses. Vous auriez déjà une idée du nombre des consommateurs qui acceptent de faire des achats en ligne d'une zone spécifique, du nombre des personnes qui sont attirées par certains centres d'intérêts ou de leur nombre dans une zone qui utilisent déjà des services en ligne. Beaucoup de ces informations n'étaient point disponibles auparavant chez ASR et il est alors tentant de supposer que ces données sont représentatives de l'ensemble de sa clientèle.

Les résultats d'enquêtes en ligne d'ASR vont refléter uniquement les préférences et les opinions d'un petit ensemble de consommateurs, ceux qui ont pu utiliser Internet, visiter le site et prendre le temps de remplir le formulaire d'enquête. Même si 95 % des personnes enquêtées expriment un intérêt certain pour les matériels d'alpinisme, ce pourcentage ne reflète pas du tout les intentions d'achats de la clientèle ASR.

Traitement des formulaires par e-mail

La réception directe des résultats du formulaire dans votre serveur n'est pas toujours la solution idéale, bien que cette appréciation dépende largement de votre situation ; cela dit, elle est souvent utile, toujours pratique et pas chère. L'utilisation de l'e-mail pour répondre à vos formulaires revient simplement à vous soumettre par e-mail les informations de vos utilisateurs (ou à quelqu'un d'autre que vous désignez). A ce stade, vous disposez de la totalité des informations et vous pouvez les saisir (manuellement) dans une base de données ou en faire ce que vous voulez.

Une collecte de commentaires ouverts d'un nombre relativement petit de personnes par e-mail peut être une solution raisonnable à long terme. Elle l'est uniquement pour ce genre de formulaire et si la quantité de réponses attendues est difficile à prévoir. Si le volume est petit, vous pouvez encore utiliser l'e-mail ; par contre, s'il devient grand, vous devez adopter une autre solution, comme les bases de données.

Traitement des données

Mettre dans une base de données l'énorme masse d'informations qui vous sont soumises par les consommateurs va nécessairement déboucher sur un problème de gestion des données. Par exemple, des données sur vos consommateurs courants ou potentiels vous permettront d'établir une liste d'adresses, d'envoyer des lettres ou des e-mail ou de fournir des informations démographiques sur vos consommateurs à un site Web d'annonceurs potentiels. Vous devez donc pour cela utiliser une base de données.

Même si l'insertion des données du formulaire dans une base de données dépend du serveur et du logiciel que vous utilisez, nous pouvons avancer un certain nombre de généralisations. Si vous travaillez dans une société qui a son propre serveur Web sur le site, les travaux d'insertion des résultats dans une base de données ou d'envoi automatique des réponses par e-mail ne présentent aucune difficulté. Par contre, une petite société qui dépend d'un fournisseur d'accès Internet (FAI) pour héberger son site devra relever un certain nombre de défis avant de les réaliser.

Si votre serveur Web utilise la même plate-forme que le vôtre ou si vous utilisez Windows 2000 Professionnel et que votre serveur Web est un Windows NT Web Serveur, il est possible d'insérer les résultats directement dans la base de données. Par contre, si votre serveur est sur une plate-forme Unix alors que vous travaillez sur Windows, vous devez résoudre des problèmes supplémentaires avant de pouvoir insérer directement l'information du formulaire dans la base de données.

Envoi vers une page Web

En fonction de l'information collectée, l'envoi des réponses vers une page Web ou vers un groupe de discussion est plus que souhaitable. Par exemple, si ASR Outfitters se propose d'installer un formulaire de collecte d'informations sur la marche à pied, la solution idoine doit être une page Web.

Autres options

Si les options disponibles sur votre système ne répondent pas à vos exigences, consultez les archives de scripts Matt sur `www.worldwidemart.com/scripts` ou les scripts CGI du domaine public de Selena Sol sur le site `www.extropia.com`.

Ces scripts vous offrent à vous ou à l'administrateur de votre serveur un point de départ pour prendre effectivement en main le traitement des informations. En particulier, le script de traitement d'informations des archives Selena offre tout ce qu'il faut savoir sur la journalisation d'une base de données, en donnant aux utilisateurs la possibilité de vérifier l'exactitude des données qu'ils introduisent.

Si vous installez et paramétrez ces scripts vous-même, vous devez avoir à l'esprit que l'installation et le débogage du script coté-serveur est complexe et plus long que l'installation d'un nouveau programme Windows. Même un débutant peut bien le faire et le réussir mais ce travail va vous prendre trop de temps.

Le téléchargement et l'utilisation des scripts du Web nécessitent une source sûre, ce qui obligera votre administrateur serveur et vous-même à rechercher dans les scripts d'éventuels trous de sécurité. Les programmes de traitement de formulaires doivent respecter les étapes de procédure afin d'exclure toute possibilité d'intrusion malveillante qui peut mettre en panne ou endommager le serveur. Si vous ne prenez pas de précautions, les formulaires peuvent ordonner directement des commandes au serveur, lequel va les exécuter avec les pires résultats qui puissent exister.

Une solution : traitement des résultats avec cgiemail

Il est plus que probable, au moins au début, que vous adopterez la solution e-mail. Vous avez donc le programme cgiemail produit et distribué gratuitement par MIT mais uniquement disponible pour les serveurs Unix. Consultez le site :

```
http://web.mit.edu/wwwdev/cgiemail/index.html
```

pour avoir les dernières nouvelles sur cgiemail. Ce programme est très apprécié car plusieurs fournisseurs d'accès Internet (FAI) offrent des accès à ce site ; on le trouve couramment sur les serveurs Internet des entreprises et sur les serveurs intranet.

Un programme comparable pour Windows 95/98/NT/2000, Mailpost pour un serveur Web Windows 32-bit, est accessible sur `www.mcenter.com/mailpost`.

Voici le processus général d'utilisation de cgiemail :

1. Commencez avec un formulaire complet, celui développé au début de ce chapitre ou un autre. Sans un formulaire fonctionnel, vous ne pourrez pas recevoir les résultats envoyés par e-mail.
2. Ajoutez les attributs `action` et `method` avec des valeurs que l'administrateur serveur vous a données. (Voir la section "Traitement des formulaires", dans ce chapitre pour avoir plus d'informations sur les attributs `action` et `method`.)
3. Développez un modèle de message e-mail pour vous. Ce modèle doit contenir le nom de chacun des champs et des informations d'adressage e-mail de base.
4. Développez une page de réponse que l'utilisateur peut voir après avoir rempli le formulaire.

Maintenant, regardons comment ASR Outfitters utilise cgiemail pour implémenter son formulaire.

1. Le formulaire

Vous n'avez pas besoin de faire une chose spécifique aux formulaires pour qu'ils puissent être traités avec le cgiemail. Vous pouvez peut-être exiger que certains champs soient remplis. Par exemple, comme l'objectif du formulaire ASR Outfitters est de collecter des adresses e-mail, l'adresse est donc requise.

Quelle est la solution ? Renommez le champ `name` de `emailaddr` en `required-emailaddr`. Le programme cgiemail vérifiera le formulaire et le rejettera si le champ n'est pas rempli. Le code actuel de cette ligne du formulaire ressemble à ceci :

```
<br /><input type="text" name="required-emailaddr" size="30" />
E-mail Address
```

Facultativement, ajoutez `required-` à chaque nom de champ qui doit être rempli.

2. Les attributs action et method

L'administrateur de serveur va fournir à ASR Outfitters les attributs action et method, tels qu'ils sont montrés dans le code suivant :

```
<form method="post" action="http://www.example.com/cgi-bin/cgiemail/asr/asr-
  mail.txt">
```

Le fichier référencé dans la ligne action est le modèle de message e-mail. Dans ce cas, la partie http://www.example.com/cgi-bin/cgiemail de la ligne action pointe vers le programme lui-même, et la partie suivante (/asr/asr-mail.txt) est le chemin relatif du serveur vers le fichier. Avec un chemin relatif du serveur, vous pouvez ajouter le nom du serveur devant le chemin et ouvrir le document dans le navigateur.

3. Le modèle

Le modèle de texte simple inclut l'essentiel d'un message e-mail brut, les champs dans des crochets droits pour les valeurs des champs, les ruptures de ligne et les espaces pour le rendre facile à lire.

En général, vous devez garder une certaine flexibilité lors du paramétrage du modèle et paramétrer l'en-tête exactement comme on vous le montre maintenant. N'utilisez pas les espaces d'introduction, mais servez-vous des majuscules et des deux-points. Les parties situées après les deux-points sont des champs pour les adresses e-mail From, le vôtre (dans la ligne To : et dans la ligne Errors-To:), et tout champ de votre choix :

```
From: [emailaddr]
To: ASR Webmaster <webmaster@asroutfitters.com>
Subject: Web Form Submission
Errors-To: ASR Webmaster <webmaster@asroutfitters.com>
```

Formatez le reste du modèle comme vous le voulez, avec les exigences du fichier texte seul. Si vous souhaitez inclure des informations qui viennent du formulaire, lui-même, mettez-le dans le nom du champ (le contenu de l'attribut name). L'e-mail obtenu contiendra la valeur de ce champ (ce que l'utilisateur a saisi ou l'attribut value que vous avez spécifié dans les cases à cocher et les boutons radio).

Ne soyez pas exigeant avec les ruptures de ligne et entrez des valeurs descriptives lorsque vous créez le modèle. L'e-mail que génère le formulaire deviendra de plus en plus intelligible lorsque vous aurez maîtrisé le développement des formulaires mais, plus tard, il sera si crypté que vous risquerez de ne plus rien comprendre.

La suite est le contenu complet du fichier `asr-mail.txt`.

```
From: [emailaddr]
To: ASR Webmaster <webmaster@asroutfitters.com>
Subject: Web Form Submission
Errors-To: ASR Webmaster <webmaster@asroutfitters.com>
Results from Information Request Web Form:
[firstname] [lastname]
[emailaddr]
[address]
[city], [state] [zip]
[country]
Online Purchasing:
[buying]
Interested In:
[hiking]
[mbiking]
[camping]
[rock]
[4wd]
[ccskiing]
Referral:
[referral]
Comments:
[comments]
```

Le programme cgiemail complète ce modèle avec les valeurs provenant du formulaire ; le résultat est un message e-mail qui ressemble à ce qui suit :

```
Return-path: <www@krunk1.example.com>
Envelope-to: asroutfitters@asroutfitters.com
Delivery-date: Sat, 26 May 2001 10:03:55 -0600
Date: Sat, 26 May 2001 10:03:51 -0600 (MDT)
X-Template: /home/users/e/public_html/asr/asr-mail.txt
From: mjones@example.com
To: ASR Webmaster <webmaster@asroutfitters.com>
Subject: Web Form Submission
Errors-To: ASR Webmaster <webmaster@asroutfitters.com>
Results from Information Request Web Form:
Molly Jones
mjones@example.com
402 E 4th
South Logan, UT 84341
USA
Online Purchasing:
might
Interested In:
hiking
camping
```

```
rock
Referral:
rec
Comments:
I'd also like information about outdoor gear.
Thanks!
```

4. Page d'accusé de réception

La seule étape qui reste consiste à faire une page d'accusé de réception, un document à retourner vers l'utilisateur lui indiquant que le formulaire à été bien reçu. Bien que la page d'accusé de réception soit optionnelle, nous vous recommandons d'en utiliser une. Dans le code du formulaire, un champ "succès" est actuellement un champ `input` caché qui ressemble à ceci :

```
<input type="hidden" name="success"
  value="http://www.example.com/asr/asrmaildone.html" />
```

Une page d'accusé de réception peut contenir toutes vos idées. Si vous le souhaitez, vous pouvez pointer la page d'accusé de réception vers la page d'accueil de votre site. Plusieurs développeurs XHTML utilisent la page d'accusé de réception comme une page de remerciements de l'utilisateur. Et c'est la moindre des choses car il a consacré un peu de son temps à remplir le formulaire ; en outre, il vous a offert ses réponses, ses commentaires et confirmé ce qu'il a soumis auparavant.

Une façon non standard de renvoyer le formulaire est d'utiliser l'adresse URL `mailto` dans la ligne `action` ; elle marche avec Netscape mais pas avec toutes les versions. Sauf si vous pouvez contrôler les navigateurs de vos utilisateurs, la meilleure solution est de vous servir d'un programme d'e-mail basé sur un serveur.

Et maintenant, que faire ?

Ce chapitre a été consacré aux problèmes posés par le choix des informations à inclure dans un formulaire et à l'utilisation des widgets. En plus, vous avez appris les différentes méthodes de traitement des formulaires et d'obtention des résultats.

Voici une liste des chapitres qui complètent ces sujets :

- Pour avoir plus d'informations sur les éditeurs WYSIWYG, voir le Chapitre 1.

- Reportez-vous au Chapitre 11 sur l'utilisation du langage JavaScript dans le contrôle des formulaires.
- Sur la conception de documents XHTML, consultez le Chapitre 13.

Créer des cadres XHTML

XHTML

Chapitre 8

Les cadres (frames) divisent les fenêtres du navigateur en plusieurs sections indépendantes qui, chacune, contient un document XHTML séparé. Le fractionnement des fenêtres du navigateur améliore l'apparence et la fonctionnalité d'un site. Par exemple, puisque les cadres regroupent des informations, les utilisateurs peuvent facilement trouver celles qu'ils veulent. Cependant, les cadres compliquent la navigation ; en effet, si les liens qui suivent apparaissent au hasard dans différents cadres, vos utilisateurs ne sauront plus ce qu'il faut faire.

Ce chapitre développe les principes qui régissent les cadres dans le processus de création d'un site et dans la résolution des problèmes de navigation liés à leur utilisation. Les cadres flottants ainsi qu'une option standard de spécification du multifenêtrage (frameset) HTML 4 et d'Internet Explorer seront également abordés.

Ce chapitre traite des thèmes suivants :

- Les cadres.
- Choix des cadres à utiliser.
- Une navigation effective.
- Création des cadres inline.

Les cadres

A travers ce chapitre, nous allons utiliser quelques termes qui doivent vous devenir familiers :

Les pages cadrés ou les sites cadrés sont des documents XHTML qui utilisent des cadres.

Le multifenêtrage (frameset) indique la disposition des cadres y compris leur emplacement et leurs caractéristiques. Le multifenêtrage agit comme étant le détenteur des informations sur les cadres.

Les pages non cadrés ou les sites non cadrés sont des documents qui n'utilisent pas des cadres.

Les navigateurs non cadrés sont des navigateurs qui ne supportent pas les cadres.

Les documents parent sont des documents qui contiennent des cadres.

Les cadres font partie du langage HTML 4 standard. Les sites cadrés utilisent une combinaison de documents XHTML qui sont affichés ensemble dans une fenêtre du navigateur. Les cadres divisent la fenêtre du navigateur en deux ou plusieurs sections, l'une plus large avec le contenu et l'autre plus petite contenant un logo ou des liens de navigation ou les deux en même temps. La Figure 8.1 montre un site, une section avec le contenu et l'autre avec un logo et les liens de navigation.

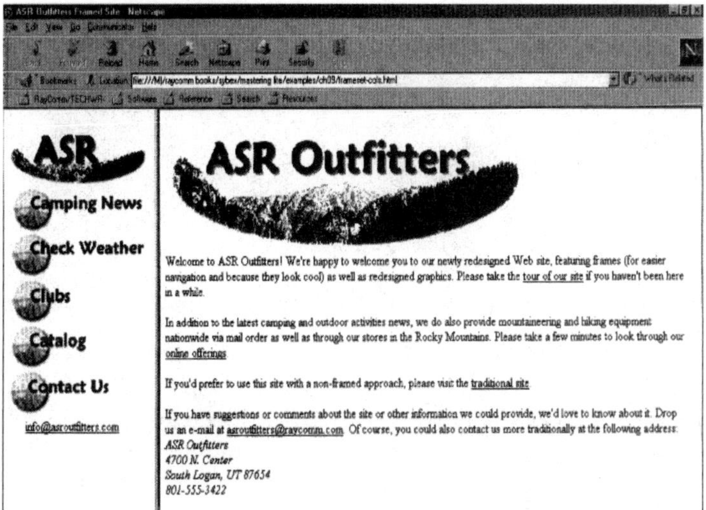

Figure 8.1 : Les cadres contiennent souvent le contenu principal ou le contenu périphérique tel qu'un menu de navigation ou un logo.

L'apparence des cadres dépend de votre façon de les concevoir. Ceux de la Figure 8.1 sont, par exemple, des cadres verticaux, c'est-à-dire que la bordure qui les sépare traverse verticalement la fenêtre. De même, vous pouvez créer des cadres horizontaux dont la bordure séparatrice est placée à l'horizontale, comme le montre la Figure 8.2.

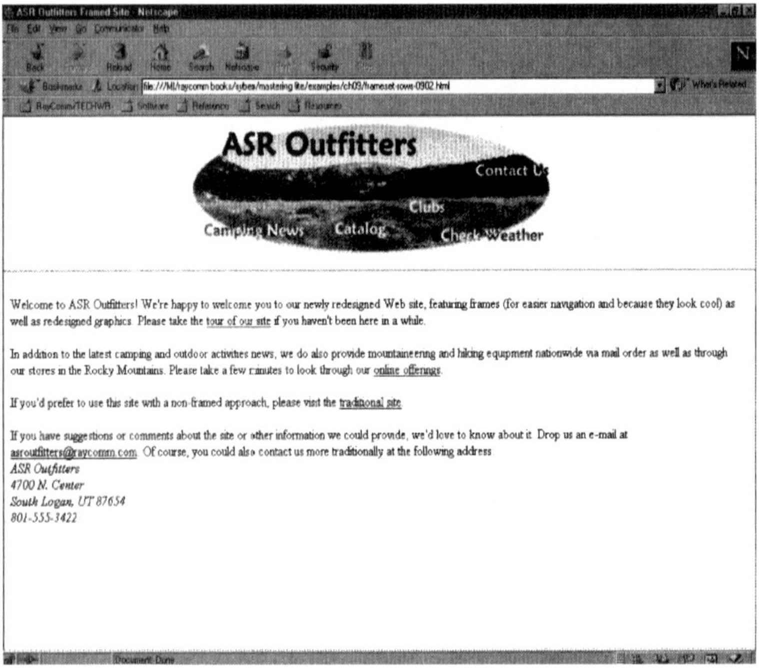

Figure 8.2 : Ce cadre horizontal divise la fenêtre en partie supérieure et partie inférieure.

A cause de l'espace restreint à l'intérieur de la plupart des fenêtres des navigateurs (dû à la résolution limitée de l'écran), il n'est pas indiqué d'avoir plus de deux à trois cadres. N'ajoutez de cadres supplémentaires que s'ils ont une taille suffisamment petite.

La décision d'utiliser un cadre

La décision d'utiliser des cadres dans votre site entraînera une série d'actions, en particulier des efforts de développement. (Si vous devez créer un site entièrement cadré, il vous faudra probablement créer un autre site sans cadre à l'usage de vos utilisateurs dont les navigateurs ne sont pas compatibles avec les cadres.)

Avant de décider d'utiliser un cadre, vous devez d'abord réfléchir sur ses avantages et ses inconvénients.

Les avantages des cadres (frames)

Les cadres sont pris en charge par la majorité des navigateurs les plus répandus ; en effet, ils offrent plusieurs avantages aux utilisateurs et aux développeurs. En voici quelques-uns :

- Les cadres sont largement utilisés sur l'Internet et sont souvent perçus comme le signe d'un site techniquement avancé.
- Ils peuvent être appliqués dans les pages sans que les vieux navigateurs qui ne peuvent pas afficher des cadres soient mis à l'écart. A condition de ne ménager, ni votre temps ni votre travail, vous pourrez donner satisfaction à tous les utilisateurs de votre site.
- Ils réduisent le temps de téléchargement. Lorsque des cadres sont utilisés, les utilisateurs peuvent télécharger uniquement le contenu des pages. Les éléments statiques tels que les logos et les menus de navigation ont déjà été téléchargés au moment du chargement du site par l'utilisateur.
- Les cadres rendent votre site plus fonctionnel. La navigation reste visible pendant que le contenu est en train de changer dans un cadre séparé.
- Etant donné que les cadres séparent le contenu issu des éléments de navigation de celui provenant d'éléments structurels, vous pouvez d'une manière à la fois facile et rapide mettre à jour des pages et ajouter un nouveau contenu. Si, par exemple, un site doté de cadres utilise une bannière en haut et au fond de la page avec au milieu un contenu déroulant, il vous est possible de remplacer ce contenu (et rien que ce contenu), sans compromettre l'apparence ni la navigation.

PRENEZ GARDE EN ÉTABLISSANT DES LIENS AVEC DES SITES EXTÉRIEURS

Ce qui est délicat avec les cadres c'est qu'ils posent un risque de problème juridique. Un site classique doté de cadres peut, par exemple, utiliser un cadre sous forme de bannière en haut, un cadre de navigation sur la gauche et un cadre de contenu sur la droite. En cliquant sur un lien dans le cadre de gauche, un utilisateur voit apparaître le contenu dans le cadre de droite ; le haut (bannière) et les cadres (navigation) de gauche restent inchangés.

Cet agencement est parfait tant que les liens pointent tous vers des documents XHTML à l'intérieur de votre site. Les problèmes surviennent, cependant, lorsque les liens pointent vers des documents à l'extérieur du site. Supposons qu'une entreprise utilise, par exemple, ce type d'agencement pour ses cadres et qu'ils aient un lien vers la page de CNN News, lequel, une fois cliqué, charge la page de CNN dans le cadre de droite. Bien que généré par CNN, ce contenu ne sera pas étiqueté en tant que tel. Ce contenu "emprunté" laissera donc croire qu'il appartient à l'entreprise et non à CNN. Cela peut poser un grand problème de droits d'auteurs.

Lorsque vous mettez en place des liens vers des documents XHTML qui ne sont pas les vôtres, vous devez expressément indiquer que ces informations sont la propriété d'une source extérieure (éventuellement, vous devez obtenir l'autorisation d'afficher ces informations). Mieux encore, vous devez utiliser des pages sans cadres.

Les inconvénients des cadres

À cause des difficultés de mise en œuvre et des problèmes de conception de site qu'on a pu rencontrer dès le début, l'utilisation des cadres ne se fait pas toujours sans inconvénients. Les cadres ont la réputation d'être incohérents. Durant les premiers mois qui ont suivi l'introduction des cadres, le bouton Retour de certains navigateurs renvoyait toujours l'utilisateur à la dernière page non cadrée bien qu'il ait déjà visité plusieurs pages d'un site cadré. Déçus par l'impossibilité de revenir en arrière vers les pages déjà visitées, certains utilisateurs ont fini par rejeter totalement les sites cadrés. Même si ce problème est devenu moins fréquent depuis l'apparition des nouveaux navigateurs, vous devez néanmoins penser à ceux qui utilisent encore les anciens modèles ; pour cela, mettez en place un lien bien visible, de préférence tout en haut de votre site, qui va mener l'utilisateur vers un site équivalent mais sans cadre. Vous pouvez également, si vous le voulez, accueillir vos visiteurs dans un site non cadré et leur donner ensuite le choix d'opter pour un site cadré s'ils le souhaitent.

La navigation à l'intérieur des cadres représente encore un mystère pour beaucoup d'entre nous. Ce mystère se complique lorsque plusieurs sites ont des liens qui semblent avoir été placés un peu au hasard dans des cadres et des fenêtres différents. Veillez à ce que vos utilisateurs puissent trouver sans peine ce qu'ils recherchent.

Les cadres peuvent occuper plus d'espace qu'il ne leur en faut. Exemple : le site cadré d'ASR Outfitters, spécifiquement conçu pour une résolution de 800 x 600 ou davantage, présente une agréable apparence dans la Figure 8.1 car la résolution est suffisante. Cependant, lorsqu'on le visualise avec une résolution de 640 x 480, comme dans la Figure 8.3, l'apparence se dégrade radicalement. Non seulement les graphiques ne s'affichent pas correctement mais les barres de défilement cachent une bonne partie de la page.

La plupart des nouveaux navigateurs, y compris les quelques dernières versions de Netscape Navigator et Internet Explorer, supportent les cadres. Etant donné que la technologie des cadres, comme d'ailleurs le reste de XHTML, continue d'évoluer et de s'améliorer, leurs caractéristiques et leur implémentation pourront aussi changer.

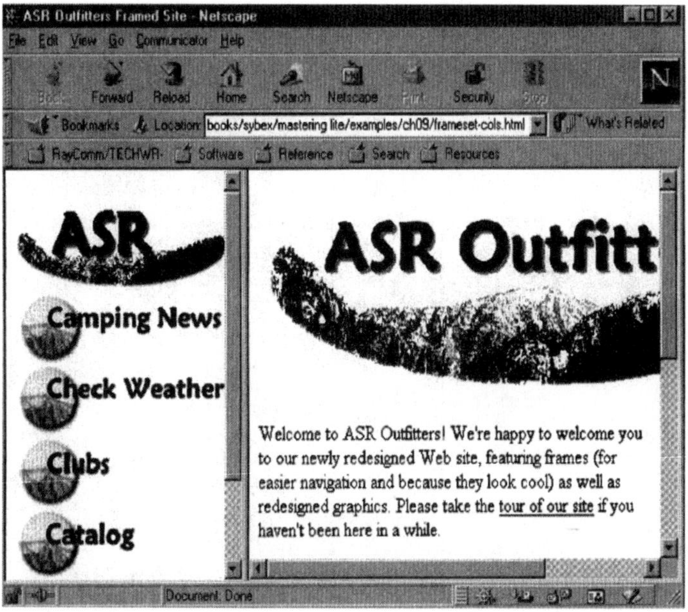

Figure 8.3 : Une résolution insuffisante du navigateur peut faire des ravages sur un site avec cadres.

Créer un cadre

La création d'un cadre nécessite les étapes suivantes :

1. Créez un document multifenêtré qui va déterminer l'emplacement et les caractéristiques des cadres.

   Si vous vous rappelez le Chapitre 3, il existe trois DTD XHTML dont une, la DTD multifenêtrage, est réservée aux documents multifenêtrés. Ainsi, la première ligne de votre document multifenêtré doit ressembler à ceci :

```
<!DOCTYPE html PUBLIC "-//W3C//DTD XHTML 1.0 Frameset//EN"
"http://www.w3.org/TR/xhtml1/DTD/xhtml1-frameset.dtd">
```

2. Désignez les cadres et leur contenu.
3. Formatez les cadres.
4. Protégez-vous au cas où les cadres seraient visualisés par des navigateurs non compatibles.

Le Tableau 8.1 énumère et décrit les éléments et les attributs utilisés pour créer des cadres.

Tableau 8.1 : Eléments et attributs frameset.

ELEMENT	TYPE	UTILITE
`frameset`	Elément	Met en place des cadres à l'intérieur d'un document XHTML.
`rows="n1, n2, ..."`	Attribut de `frameset`	Définit la taille des lignes (c'est-à-dire les cadres horizontaux) en pixels, sous forme de pourcentage ou de "tout espace restant" à l'aide de "*".
`cols="n1, n2, ..."`	Attribut de `frameset`	Définit la taille des colonnes (c'est-à-dire les cadres verticaux) en pixels, sous forme de pourcentage ou de "tout espace restant" à l'aide de "*".
`frame`	Elément vide	Identifie les caractéristiques du cadre et le contenu initial.
`src="url"`	Attribut de `frame`	Identifie la source du contenu comme étant un URI standard.
`name="..."`	Attribut de `frame`	Etiquette un cadre de manière à ce qu'il soit pris pour cible ou désigné à partir d'autres cadres ou fenêtres.
`noframes`	Elément	Définit une section d'un document XHTML de manière à être visible pour les navigateurs non cadrés (et être invisible pour ceux qui en ont).

Définir la taille d'un cadre

En XHTML, les cadres n'ont pas le même rendu selon les systèmes d'exploitation et les combinaisons du navigateur, et aussi les paramètres d'affichage. Par conséquent, lorsque vous décidez d'introduire des cadres dans votre site, n'oubliez pas de tenir compte des dimensions et de l'ajustement de la taille des cadres.

Définir les dimensions

Les dimensions de vos cadres à l'affichage dépendent à la fois de la résolution du moniteur de votre utilisateur et de la taille d'affichage de la fenêtre du navigateur. Si un site est conçu pour un moniteur à haute résolution, il sera indéchiffrable s'il est affiché sur un écran à faible résolution, même avec seulement deux cadres.

Supposons par exemple que vous ayez deux colonnes. La première est défini avec une largeur de 200 pixels pour accueillir votre logo et vos boutons de navigation ; la seconde occupe l'espace restant (indiqué par un astérisque dans l'attribut `cols`). Visualisée sur un écran haute résolution, la page est des plus réussies. A 800 x 600, votre logo va occuper le quart de la largeur de la fenêtre, et à 1 024 x 768, il en prendra environ le sixième. Tout à fait tolérable jusqu'ici. En revanche, avec une résolution de 640 x 480, votre logo prendra près du tiers de la largeur de la fenêtre et ne laissera que peu d'espace pour votre contenu. Dans la Figure 8.3, plus haut dans le chapitre, nous avons une page à deux cadres visualisée avec une résolution de 640 x 480.

Vous pouvez améliorer l'apparence de cette page en définissant chacune des colonnes à 25 %, mais ensuite, la colonne du logo nécessitera la mise en place d'une barre de défilement horizontal sous de faibles résolutions.

La seule et véritable solution consiste à penser petit (ou éviter d'utiliser le moindre cadre), en particulier si vous effectuez la majeure partie de votre développement sous haute résolution. Effectuez autant que possible des tests sous faible résolution et mettez en place des liens que les utilisateurs pourront cliquer pour passer du cadre à l'affichage plein-écran.

Définir l'ajustement de la taille

L'ajustement de la taille consiste à savoir comment les différentes résolutions d'écran et la taille de la fenêtre du navigateur peuvent affecter l'affichage des cadres. Par défaut, les cadres sont redimensionnables et s'affichent automatiquement avec les barres de défilement nécessaires pour permettre à l'utilisateur de tout visualiser à l'intérieur du cadre.

Cependant, en fonction de l'agencement, certains cadres gagneraient à ne pas être défilables ou redimensionnables. En particulier, si les cadres contiennent uniquement des images (imagemaps ou images ordinaires), définissez-les en utilisant une taille fixe puis désactivez les barres de défilement et le redimensionnement. Ce faisant, les cadres seront obligés de proportionner les images et il sera impossible aux utilisateurs de les redimensionner. Votre agencement sera ainsi préservé.

En général, lorsqu'il s'agit de cadres et de dimensions, il faut préférer la simplicité. Ce n'est pas parce que deux cadres sont réussis que quatre cadres le seront deux fois plus. Utiliser plus de deux cadres est non seulement des plus mauvais effets mais le contenu va se trouver également à l'étroit, obligeant les utilisateurs, même ceux dotés de moniteurs haute résolution, à utiliser les barres de défilements horizontal et vertical. La Figure 8.4 présente un exemple de page ayant un nombre excessif de cadres.

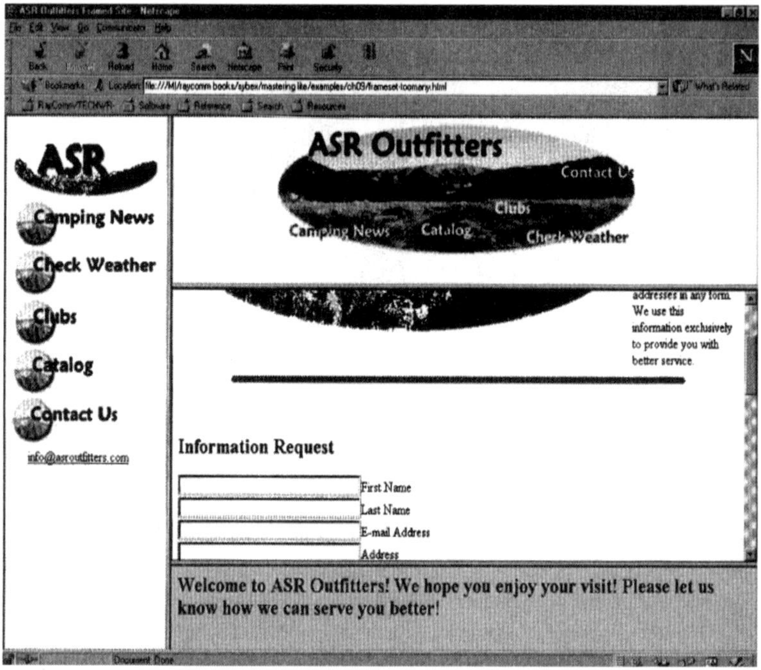

Figure 8.4 : Trop de cadres embrouillent vos pages Web et rendent la lecture peu confortable.

Créer un multifenêtrage (frameset)

Le multifenêtrage (frameset) représente la fondation sur laquelle reposent individuellement les cadres et leur contenu. C'est le multifenêtrage qui vous guidera pour préciser la disposition générale d'un cadre : verticale (utilisant des colonnes) ou bien horizontale (utilisant des lignes). Le document multifenêtré de base est presque identique à un document XHTML ordinaire. Cependant, au lieu d'utiliser une DTD Stricte ou Transitionnelle, il fait appel à la DTD Multifenêtrage et à l'élément `frameset` au lieu de l'élément `body`.

L'exemple suivant montre l'élaboration d'un document multifenêtré de base avec deux colonnes. Les autres exemples qui suivront reprendront et développeront cet échantillon de document.

Avant de commencer, préparez plusieurs documents XHTML avec un contenu minimal mais dont les couleurs d'arrière-plan peuvent être variables. Cela vous permettra de les expérimenter facilement et de visualiser en même temps différentes combinaisons de multifenêtrage.

Les documents source figurant dans ces exemples sont virtuellement des documents vierges avec des arrière-plans de couleurs diverses pour faciliter la visualisation des cadres.

Pour commencer votre document multifenêtré, suivez les étapes suivantes :

1. Commencez par un document XHTML comprenant la déclaration `DOCTYPE`, les éléments `html`, `head`, et `title` et des éléments `meta` de votre choix. Vous aurez un code semblable à ceci :

```
<!DOCTYPE html PUBLIC "-//W3C//DTD XHTML 1.0 Frameset//EN"
"http://www.w3.org/TR/xhtml1/DTD/xhtml1-frameset.dtd">
<html xmlns="http://www.w3.org/1999/xhtml">
<head>
<title>Frameset Samples</title>
</head>
</html>
```

2. Ajouter l'élément `frameset` pour mettre en place le frameset :

```
<html xmlns="http://www.w3.org/1999/xhtml">
<head>
<title>Frameset Samples</title>
</head>
<frameset>
</frameset>
</html>
```

3. Ajoutez un attribut `cols` ou `rows` selon que vous souhaitez un cadre vertical ou un cadre horizontal. Nous avons quant à nous utilisé l'attribut `cols` avec des valeurs de 50 % et un * pour avoir deux colonnes, l'une à 50 % et l'autre occupant l'espace restant (le * est un caractère générique) :

```
<frameset cols="50%, *">
</frameset>
```

Nous pourrions également utiliser dans ce cas `50 %` pour la seconde colonne puisque nous savons combien il reste d'espace. Toutefois, utiliser * reste le meilleur choix parce que nous pourrions alors ajouter des colonnes sans modifier les valeurs existantes. Si vous changez la première valeur de `50 %`, vous n'aurez plus à modifier quoi que ce soit. En revanche, si vous spécifiez toutes les valeurs, il vous faudra alors les changer toutes lorsque vous souhaiterez ajouter des colonnes.

Si vous visualisez le document à ce stade, vous ne verrez rien du tout puisque vous n'avez pas encore spécifié le moindre contenu. Vous allez pouvoir le faire lorsque vous allez ajouter des cadres.

A l'intérieur d'un multifenêtrage, vous pouvez choisir entre utiliser des lignes ou bien des colonnes, mais jamais les deux en même temps. Pour fractionner la fenêtre de votre navigateur en deux colonnes et ensuite subdiviser chaque colonne en lignes, vous allez imbriquer des éléments frameset comme ceci :

```
<frameset cols="200,50%,*">
<frameset rows="100,*">
</frameset>
</frameset>
```

Comment se calculent les dimensions d'un cadre ?

Lorsque vous spécifiez des dimensions pour les cadres à l'intérieur de votre multifenêtrage, le navigateur de l'utilisateur doit prendre en compte à la fois vos indications et la taille, et la résolution du navigateur. Le navigateur va calculer les dimensions réelles de la manière suivante :

- En premier lieu, les navigateurs appliquent des pourcentages qui indiquent un pourcentage de la fenêtre entière du navigateur s'il est spécifié dans le multifenêtrage.
- En second lieu, les navigateurs appliquent des valeurs en pixels, lesquelles vont indiquer la dimension exacte si elles sont spécifiées dans le multifenêtrage.
- Les navigateurs appliquent des paramétrages génériques (*) pour remplir l'espace restant.

D'une façon générale, vous pouvez utiliser * pour mettre en place des colonnes ou des lignes proportionnelles. L'élément frameset suivant, par exemple, possède trois valeurs après cols. L'espace sera par conséquent divisé en trois parties. Pour allouer de manière équitable un espace pour chacune des trois parties (afin qu'elles soient proportionnelles), utilisez un * de la façon suivante :

```
<frameset cols="*, *, *">
```

Pour rendre le cadre du milieu deux fois plus grand que les deux autres, ajoutez un 2 au * :

```
<frameset cols="*, 2*, *">
```

Le cadre du milieu occupe la moitié de l'espace tandis que les deux autres colonnes s'attribuent chacune le quart. Si vous ajoutez un 2 au troisième espace, la première colonne occupera un cinquième de l'espace tandis que les deux restantes en prendront chacune deux-cinquième, comme le montre l'illustration suivante :

```
<frameset cols="*, 2*, 2*">
```

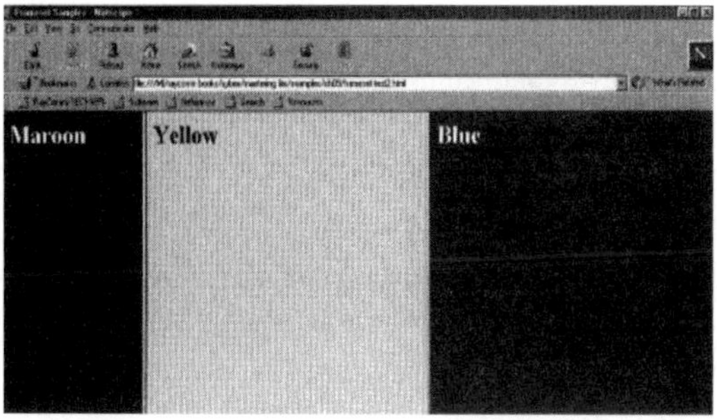

Comme nous l'avons mentionné plus haut, vous pouvez exprimer la largeur d'un cadre en pourcentage, en pixels ou en proportion de l'espace restant. Vous pouvez également combiner les trois. Prenons par exemple un multifenêtrage qui nécessitera une première section d'une largeur de 100 pixels, puis une deuxième devant occuper 50 % de la fenêtre, ensuite une troisième qui prendra les deux-tiers de l'espace restant, et enfin, une section finale qui se verra attribuer le tiers restant. Le code résultant, dans lequel sont insérés les éléments `frame` (souvenez-vous que l'élément `frame` est un élément vide), ressemblera à ceci :

```
<frameset cols="100, 50%, 2*, *">
<frame name="first" src="z-maroon.html" />
<frame name="second" src="z-yellow.html" />
<frame name="third" src="z-blue.html" />
<frame name="fourth" src="z-green.html" />
</frameset>
```

Ce code va déboucher sur les cadres suivants :

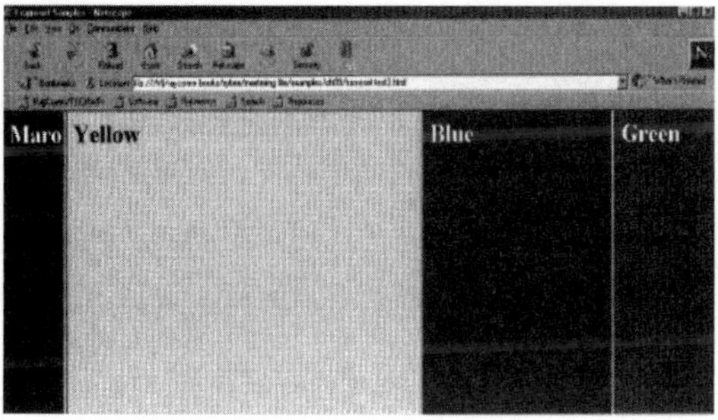

Ajouter un cadre

Il est très facile d'ajouter un cadre à un document multifenêtré déjà existant. Vous associez un élément `frame` à chaque colonne ou à chaque ligne dans le document multifenêtré ; vous spécifiez ensuite un contenu à chacun des cadres et, enfin, vous donnez un nom à chacun d'eux.

Dans l'exemple suivant, nous allons ajouter des cadres verticaux. Il suffira de reprendre la même démarche pour ajouter des cadres horizontaux, sauf en ce qui concerne l'attribut `rows` ou `cols` dans l'élément `frameset`.

Nous allons commencer par le document multifenêtré créé dans la section précédente et, ensuite, nous allons ajouter deux éléments cadres et le contenu de chaque cadre. Le document de départ ressemble à ceci :

```
<!DOCTYPE html PUBLIC "-//W3C//DTD XHTML 1.0 Frameset//EN"
"http://www.w3.org/TR/xhtml1/DTD/xhtml1-frameset.dtd">
<html xmlns="http://www.w3.org/1999/xhtml">
<head>
<title>Frameset Samples</title>
</head>
<frameset cols="50%, *">
</frameset>
</html>
```

Maintenant, suivez les étapes suivantes :

1. Ajoutez un élément `frame` entre les balises de début et de fin `frameset`.

```
<frameset cols="50%, *">
<frame />
</frameset>
```

2. Ajoutez l'attribut `name` pour étiqueter le cadre. Etant donné que les navigateurs remplissent les cadres de gauche à droite et de haut en bas, ce nom de cadre sera pour le cadre de gauche. Le deuxième nom de cadre sera donc pour le cadre de droite.

```
<frameset cols="50%, *">
<frame name="first" />
</frameset>
```

3. Ajoutez l'attribut `src` pour indiquer quel document XHTML va occuper le cadre. En l'occurrence, le document qui occupera ce cadre sera `z-yellow.html`.

```
<frameset cols="50%, *">
<frame name="first" src="z-yellow.html" />
</frameset>
```

L'adresse URL que vous utilisez dépend de l'endroit où se trouve le fichier. Si vous êtes en train d'utiliser un fichier se trouvant dans le même dossier que le document multifenêtré ou dans un dossier adjacent, vous pouvez utiliser une adresse URL relative, comme nous le faisons ici. Si le fichier se trouve ailleurs, vous devez ajuster l'URL en conséquence.

4. Ajoutez le second élément `frame` en même temps que le nom `second` et la source de `z-blue.html`.

```
<frameset cols="50%, *">
<frame name="first" src="z-yellow.html" />
<frame name="second" src="z-blue.html" />
</frameset>
```

Cette étape parachève le document multifenêtré. La Figure 8.5 suivante montre à quoi ressemblent les cadres où sont intégrés les documents jaune et bleu.

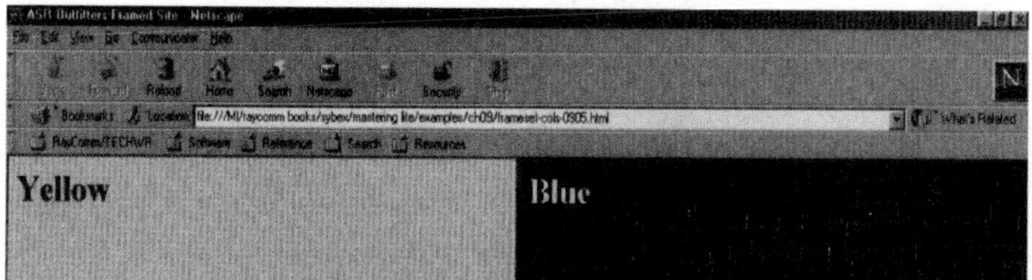

Figure 8.5 : Deux cadres contenant chacun un document.

En testant vos documents, vous pourriez constater que le rechargement d'un document cadré semble se dérouler d'une manière assez aléatoire : quelquefois, le document entier est rechargé tandis qu'à un autre moment, seul un certain cadre l'est. Le moyen le plus simple de contrôler la manière dont les navigateurs rechargent est de s'assurer que l'élément à rafraîchir est encore actif. Pour rafraîchir un seul cadre, cliquez à l'intérieur de ce cadre puis ensuite sur le bouton Recharger (ou Rafraîchir).

Pour ajouter une autre colonne, modifier votre multifenêtrage afin de faire de la place, puis ajoutez un autre élément `frame`. Le multifenêtrage courant sera comme ceci :

```
<frameset cols="50%, *">...</frameset>
```

Les 50 % indiquent que la première colonne doit occuper la moitié de la fenêtre. Le * indique que la seconde colonne doit occuper l'espace restant. Pour ajouter une autre colonne, procédez comme suit :

1. Spécifiez la proportion d'espace qui sera allouée à une colonne supplémentaire. Exemple : si vous ajoutez une colonne de 200 pixels après la colonne à 50 %, l'élément `frameset` sera comme suit :

```
<frameset cols="50%, 200, *">...</frameset>
```

2. Ajoutez un autre élément `frame`. Si vous ajoutez l'élément `frame` *avant* les deux éléments déjà présents, le nouveau cadre apparaît sur la gauche tandis que les deux autres se placent au centre et sur la droite. Si vous ajoutez l'élément `frame` *après* les deux éléments existants, le nouveau cadre apparaît sur la droite tandis que les deux autres se placent sur la gauche et au milieu. Les colonnes du cadre se placeront de gauche à droite dans la fenêtre du navigateur, suivant leur ordre d'apparition dans votre code. Si vous ajoutez le nouvel élément `frame` au tout début, le code ressemblera à ceci :

```
<frameset cols="50%, 200, *">
<frame name="third" src="z-maroon.html" />
<frame name="first" src="z-yellow.html" />
<frame name="second" src="z-blue.html" />
</frameset>
```

La Figure 8.6 suivante montre la page ainsi dotée de cadres.

Vous pouvez reprendre les mêmes démarches pour ajouter des cadres verticaux (sauf si vous utilisez l'attribut `rows`)

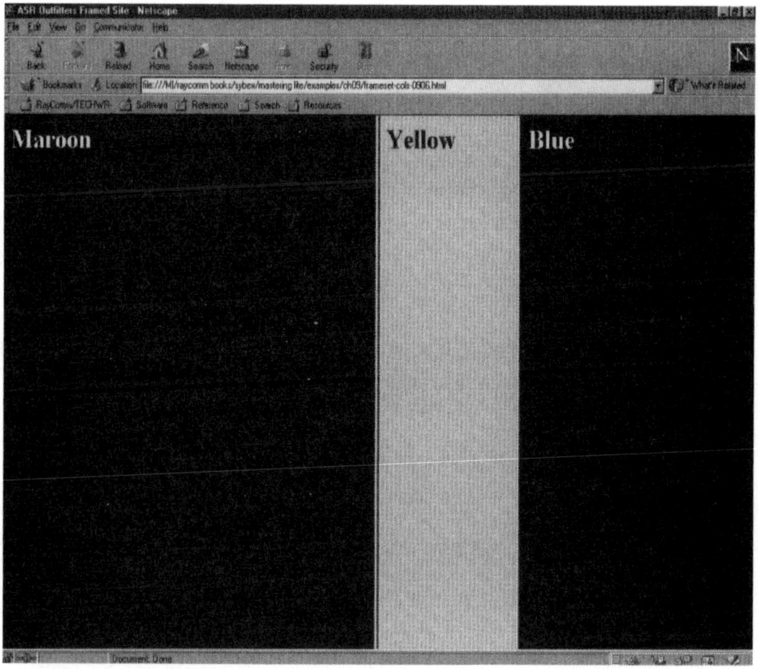

Figure 8.6 : En se donnant un peu la peine, on a plusieurs cadres verticaux.

Combiner des multifenêtrages horizontaux et verticaux

Bien que vos besoins en cadres n'excèdent pas, la plupart du temps, plus d'une paire de cadres horizontaux ou verticaux, il vous est facile d'imbriquer des éléments de multifenêtrage pour combiner des cadres verticaux et horizontaux à l'intérieur d'un même document. Chaque zone de cadre dans un élément `frameset` peut contenir soit un élément `frame`, comme dans les exemples précédents, soit un autre élément `frameset`.

Dans le prochain exemple, nous allons mettre sur pied un multifenêtrage ayant deux colonnes et diviser ensuite les colonnes en deux lignes chacune. Voici les étapes à suivre :

1. Commencez par un document XHTML vierge semblable au suivant :

```
<!DOCTYPE html PUBLIC "-//W3C//DTD XHTML 1.0 Frameset//EN"
"http://www.w3.org/TR/xhtml1/DTD/xhtml1-frameset.dtd">
<html xmlns="http://www.w3.org/1999/xhtml">
```

```
<head>
<title>Frameset Samples</title>
</head>
</html>
```

2. Ajoutez l'élément `frameset`.

```
<html xmlns="http://www.w3.org/1999/xhtml">
<head>
<title>Frameset Samples</title>
</head>
<frameset>
</frameset>
</html>
```

3. Créez deux colonnes en ajoutant l'attribut `cols`. Dans cet exemple, une colonne occupe 30 pour cent de la fenêtre tandis que l'autre remplit l'espace restant.

```
<frameset cols="30%, *">
</frameset>
```

4. Ajoutez un second couple de balises `frameset`, pour deux lignes, chacune occupant la moitié de la fenêtre, comme il est montré dans le code qui suivra. A l'intérieur de la première paire de balises `frameset`, vous pouvez mettre en place deux cadres, deux multifenêtrages, ou bien un cadre et un multifenêtrage (comme le montre cet exemple) :

```
<frameset cols="30%, *">
<frameset rows="50%, 50%">
</frameset>
</frameset>
```

5. Ajoutez les trois éléments `frame` nécessaires pour que vous puissiez voir votre document. Le second multifenêtrage demande deux éléments `frame` tandis que le premier élément `frameset` n'en nécessite qu'un seul (parce que le second multifenêtre prend une des deux colonnes disponibles). N'oubliez pas d'insérer les deux attributs `name` et `src` avec les éléments `frame`. Votre code doit ressembler au suivant :

```
<frameset cols="30%, *">
<frameset rows="50%, 50%">
<frame name="topleft" src="z-maroon.html" />
<frame name="lowerleft" src="z-blue.html" />
</frameset>
<frame name="right" src="z-white.html" />
</frameset>
```

L'apparence de vos cadres doit être la même que dans la Figure 8.7.

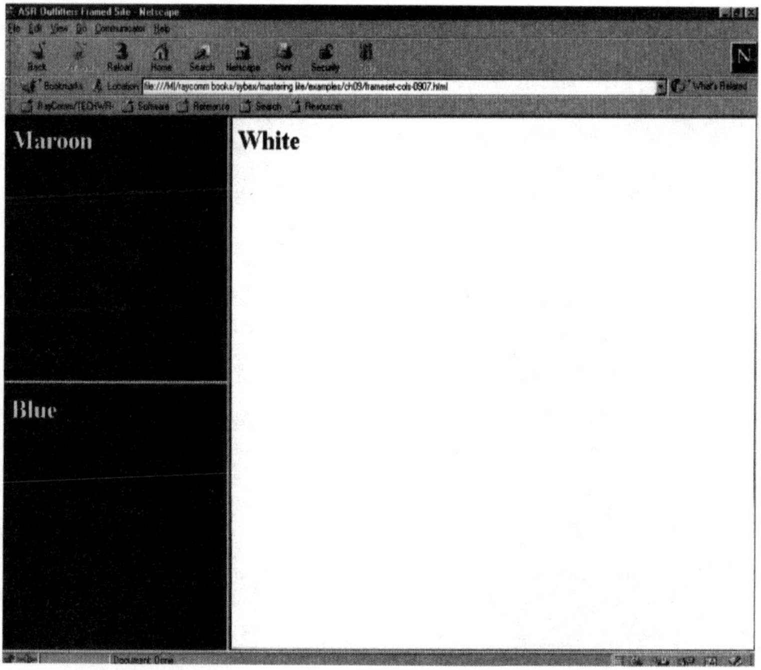

Figure 8.7 : Combiner des cadres horizontaux et verticaux est souvent très efficace.

Pour mettre en place une seconde paire de cadres sur le côté droit, remplacer l'élément `frame` final par un élément `frameset` supplémentaire ainsi que deux `frames` pour le remplir. Le code final ressemble à ceci :

```
<frameset cols="30%, *">
<frameset rows="50%, 50%">
<frame name="topleft" src="z-maroon.html" />
<frame name="lowerleft" src="z-blue.html" />
</frameset>
<frameset rows="100, *">
<frame name="topright" src="z-yellow.html" />
<frame name="lowerright" src="z-white.html" />
</frameset>
</frameset>
```

Lorsque vous visualisez les résultats produits par ce code dans un navigateur, vous allez voir les mêmes cadres que ceux de la Figure 8.8.

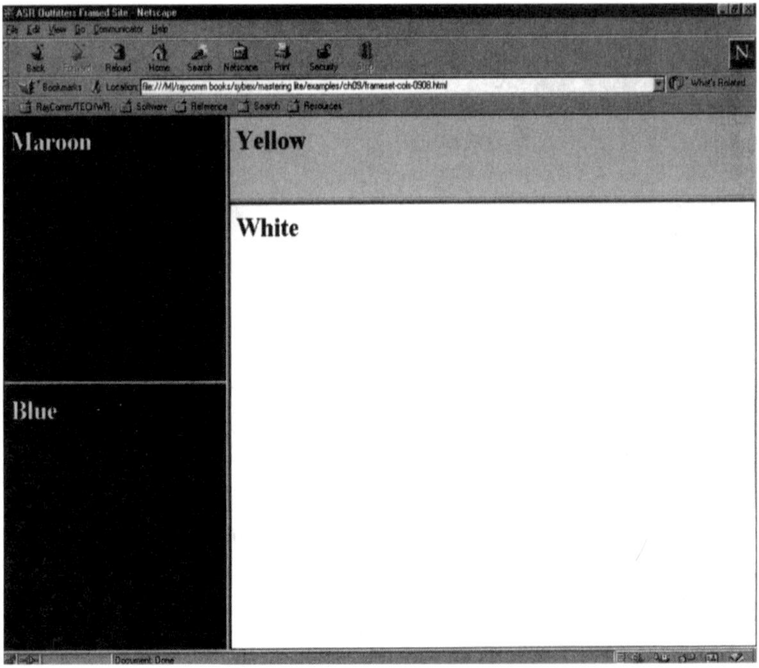

Figure 8.8 : Il est facile de créer quatre cadres, mais cela risque d'être un peu surfait sur le plan visuel.

Si votre document n'apparaît pas dans le navigateur, faites une double vérification pour voir si vous avez bien le nombre exact de cadres et que chaque élément `frameset` que vous avez ouvert possède une balise de début. Une balise de fin `frameset` oubliée est souvent la cause du problème, surtout si vous imbriquez plusieurs multifenêtrages à la fois.

Formater un cadre

Formater un cadre consiste essentiellement à modifier ses bordures et à ajuster ses marges. Les attributs pour effectuer ces opérations sont présentés dans le Tableau 8.2. D'après les spécifications XHTML, ces attributs s'appliquent aux éléments `frame` à l'intérieur d'un multifenêtrage. Cependant, l'utilisation de ces attributs dans l'élément `frameset` est tout à fait supportée par les différents navigateurs.

Tableau 8.2 : Attributs de formatage de cadre.

ATTRIBUT	UTILITE
`frameborder="..."`	Applique ou enlève la bordure autour d'un cadre. Pour avoir un résultat uniforme avec tous les navigateurs, utilisez-le en conjonction avec l'attribut `border`. Les valeurs possibles sont `1` (activé) ou `0` (désactivé), pour Internet Explorer et la spécification. Pour Netscape, les valeurs sont soit `1` ou `0`, ou `Yes` ou `No`. La valeur par défaut est `1`.
`border="n"`	Un attribut propriétaire Netscape (valable aussi dans IE 4 et les versions plus récentes) qui applique ou enlève la bordure entourant un cadre. Pour avoir un résultat uniforme avec tous les navigateurs, utilisez-le en conjonction avec l'attribut `frameborder`. Les valeurs possibles sont `0` pour désactiver le nombre de pixels.
`noresize="noresize"`	Interdit aux utilisateurs de redimensionner un cadre. En l'absence de cet attribut, les utilisateurs peuvent cliquer et glisser la souris pour déplacer les bordures des cadres.
`scrolling="..."`	Interdit les barres de défilement (avec une valeur `no`), réclame des barres de défilement (`yes`) ou laisse au navigateur le soin d'appliquer, au besoin, des barres de défilement (`auto`, la valeur par défaut).
`marginheight="n"`	Définit le nombre de pixels de la marge au-dessus et en dessous du contenu du cadre.
`marginwidth="n"`	Définit le nombre de pixels de la marge à gauche et à droite du contenu du cadre.
`bordercolor="..."`	Définit la couleur de la bordure du cadre avec une valeur `#rrggbb` ou un nom de couleur.

Ces options s'appliquent aux cadres eux-mêmes et non à leur contenu. Souvenez-vous que le contenu d'un cadre n'est autre qu'un document XHTML standard et qu'il doit être formaté en conséquence.

Enlever une bordure

Tous les cadres sont dotés par défaut de bordures. Cependant, vous pouvez les enlever pour mieux alléger l'apparence de votre page. Pour supprimer les bordures de vos cadres, suivez ces étapes :

1. Commencez par un document multifenêtré fonctionnel pareil au suivant :

```
<!DOCTYPE html PUBLIC "-//W3C//DTD XHTML 1.0 Frameset//EN"
"http://www.w3.org/TR/xhtml1/DTD/xhtml1-frameset.dtd">
<html xmlns="http://www.w3.org/1999/xhtml">
<head>
<title>Frameset Samples</title>
</head>
<frameset cols="30%, *">
<frameset rows="50%, 50%">
<frame name="topleft" src="z-maroon.html" />
<frame name="lowerleft" src="z-blue.html" />
</frameset>
<frameset rows="100, *">
<frame name="topright" src="z-yellow.html" />
<frame name="lowerright" src="z-white.html" />
</frameset>
</frameset>
</html>
```

2. Pour enlever toutes les bordures de vos cadres, ajoutez en même temps `border="0"` et `frameborder="0"` à chacun des éléments `frame`.

```
<frameset cols="30%, *">
<frameset rows="50%, 50%">
<frame name="topleft" src="z-maroon.html" border="0"
frameborder="0" />
<frame name="lowerleft" src="z-blue.html" border="0"
frameborder="0" />
</frameset>
<frameset rows="100, *">
<frame name="topright" src="z-yellow.html"
border="0" frameborder="0" />
<frame name="lowerright" src="z-white.html"
border="0" frameborder="0" />
</frameset>
</frameset>
```

Ces attributs donnent lieu au document montré dans la Figure 8.9.

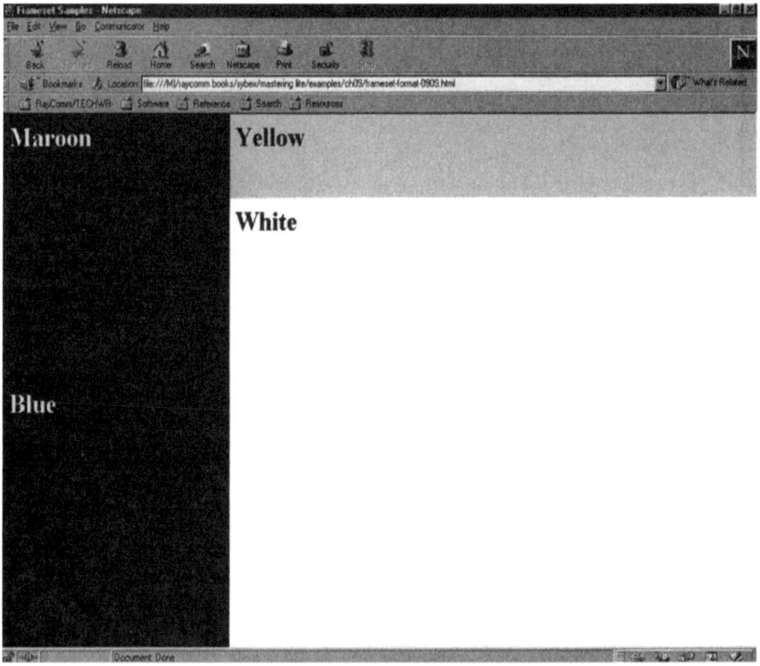

Figure 8.9 : Les cadres sans bordure sont plus agréables à regarder que les cadres qui en ont.

A cause des éléments concurrents, proposés et supportés respectivement par Microsoft et Netscape, vous devez utiliser les attributs `border` et `frameborder` pour désactiver les bordures dans tous les navigateurs. Toutefois, si vous êtes sur un intranet et que vos utilisateurs utilisent exclusivement des navigateurs Netscape, n'utilisez que l'attribut `border`. Si, en revanche, ils utilisent exclusivement Internet explorer, n'utilisez que l'attribut `frameborder`.

Si vous enlevez ou appliquez des bordures dans des cadres individuels, rappelez-vous que la bordure que se partagent deux cadres doit être définie sur 0 pour l'enlever complètement. Si un cadre est défini comme n'ayant pas de bordure et qu'un cadre qui lui est adjacent en possède, vous allez voir des bordures dans votre navigateur.

Spécifier la largeur d'une bordure

Ajouter des bordures d'une taille spécifique s'avère plus compliqué en raison des attributs concurrents supportés par la spécification HTML 4, par Internet Explorer et par Netscape Navigator. Pour activer des bordures, définissez `frameborder="1"` (pour Internet Explorer) et `border="1"` (pour Netscape Navigator). Afin de définir la largeur de bordure, augmenter la valeur de `border` pour les deux navigateurs.

La spécification HTML 4 (et donc XHTML) ne prend pas en charge l'attribut `border`. Elle ne permet pas non plus l'utilisation de l'attribut `frameborder` dans l'élément `frameset`.

Par exemple, pour mettre en place des bordures avec la valeur par défaut, utilisez ceci :

```
<frameset cols="30%, *" border="1" frameborder="1">
```

Pour donner à la bordure une largeur de 20 pixels (une largeur excessive facile à voir si vous suivez l'exemple), faites comme suit :

```
<frameset cols="30%, *" border="20" frameborder="1">
```

Le résultat apparaissant à l'écran ressemble à celui qui est montré dans la Figure 8.10.

Internet Explorer supporte un attribut `framespacing="n"` qui accroît l'espace entre les cadres (en plus de la largeur de la bordure). Mais, étant donné que Netscape ne supporte pas cet attribut et que cet attribut n'est pas intégré dans la spécification des cadres de HTML 4, son utilisation n'est pas recommandée.

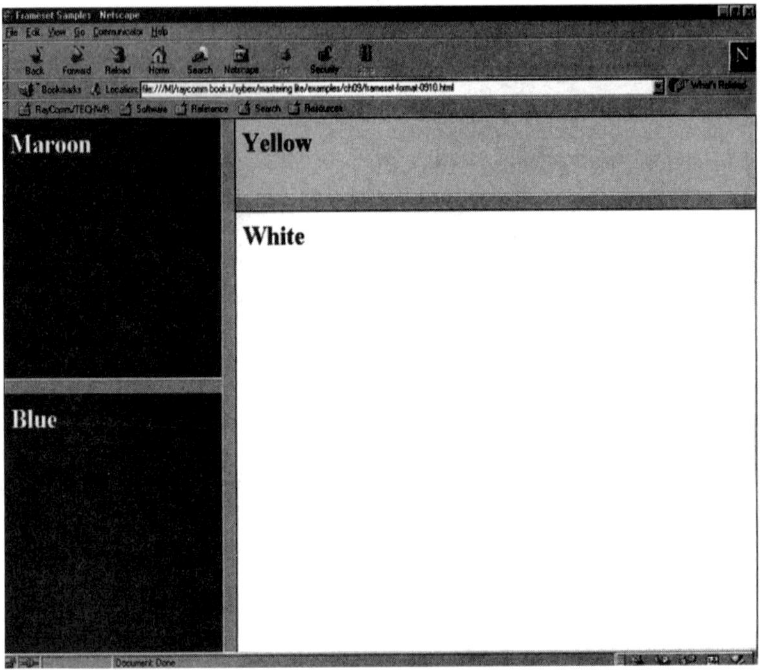

Figure 8.10 : Une largeur de 20 pixels est excessive mais elle rend le changement de largeur de la bordure très apparent.

Spécifier une couleur de bordure

Des bordures en couleur peuvent rehausser la présentation des documents dans les cadres. Cependant, d'un côté, seules les versions les plus récentes de Netscape Navigator et d'Internet Explorer peuvent les supporter et, de l'autre, celles-ci ne font pas partie de la spécification HTML 4.

Pour appliquer une couleur aux bordures d'un cadre, ajoutez l'attribut `bordercolor` à l'élément `frameset` ou, mieux encore, à `frame` :

```
<frame name="left" src="navbar.html" border="2" frameborder="2"
  bordercolor="#008000" />
```

En colorant les bordures, ajoutez aussi la même couleur aux cadres individuels pour avoir un meilleur résultat. Même si vous pouvez souvent ajouter des couleurs aux éléments `frameset`, ce ne sont pas tous les navigateurs qui peuvent supporter cette pratique.

Contrôler un cadre

Si votre agencement le permet, vous aurez peut-être envie de contrôler un peu l'affichage des cadres. Vous pouvez en particulier :

- Empêcher les utilisateurs de redimensionner le cadre.
- Déterminer si des barres de défilement apparaissent dans une page cadrée.
- Définir les marges des cadres.

Si vous avez le contrôle de tous ces points, votre site supportera toutes les contraintes futures qu'exigera l'évolution des besoins de vos utilisateurs.

Contrôler la taille d'un cadre

Si vous avez un contenu dont la taille est connue, peut-être auriez-vous donné une taille fixe au cadre sans pour autant permettre aux utilisateurs de le redimensionner. En guise d'exemple, si un cadre contient une imagemap servant à la navigation sur tout le site, vous voudriez probablement adapter la taille du cadre à l'imagemap. Si cette image fait 390 pixels de large et 90 pixels de haut, vous pouvez définir le cadre sur 400 x 100 avec le code suivant :

```
<frameset cols="400, *">
<frameset rows="100, *">...</frameset>
</frameset>
```

Vous ne connaissez que la taille exacte du premier cadre (en haut à gauche) : il aura exactement une largeur de 400 pixels et une hauteur de 100 pixels. Tous les autres cadres de la page seront redimensionnés en fonction de la taille de la fenêtre du navigateur. Si cette fenêtre est définie sur 800 x 600, la seconde colonne (variable) fera environ 400 pixels de large. Si, par contre, la dimension de cette fenêtre est de 1 024 x 768, la colonne variable aura alors une largeur de 600 pixels.

Vous pouvez également définir un cadre sur `noresize` pour empêcher tout redimensionnement par l'utilisateur. Si la plupart des internautes ignorent qu'on peut redimensionner des cadres rien qu'en cliquant et en déplaçant les bordures, ceux qui le savent s'arrangeront toujours pour les redimensionner à leur convenance. Toutefois, si des utilisateurs modifient les dimensions d'un multifenêtrage pour éviter d'utiliser des barres de défilement, ils peuvent masquer sans le savoir un contenu quelconque. Pour empêcher cela, il vous suffit d'ajouter un attribut `noresize` à l'élément `cadre` :

```
<frame name="menu" src="imagemap.html" noresize="noresize" />
```

L'attribut `noresize` est défini égal à lui-même. Appliquer un `noresize` à un cadre empêche également les cadres adjacents d'être redimensionnés. Si par exemple le cadre Rouge Foncé de la Figure 8.10 est défini sur `noresize`, les utilisateurs ne peuvent redimensionner horizontalement le cadre Jaune ni modifier verticalement le cadre Bleu.

Contrôler les barres de défilement

Bien que les barres de défilement soient déterminantes pour permettre aux utilisateurs de voir tout le contenu des cadres, elles peuvent toutefois être superflues et distraire l'attention visuelle. En fonction de la marge qu'un navigateur insère autour d'une image, les barres de défilement peuvent apparaître sur certaines plates-formes et pas sur d'autres. Par exemple, si l'imagemap tout entière rentre dans le cadre, des petites barres de défilement seront nécessaires ; celles-ci vont masquer sans doute l'imagemap, un peu plus que la partie déjà prise par les marges. Ainsi, vous seriez tenté de définir ce cadre sur `scrolling="no"` pour interdire les barres de défilement, en faisant ceci :

```
<frame name="menu" src="imagemap.html" scrolling="no" noresize="noresize" />
```

Ne définissez `scrolling="no"` que dans le cas où le cadre contiendrait une image ou un objet dont la taille est connue. Etant donné que les paramétrages des navigateurs, les polices disponibles ainsi que la résolution du moniteur varient, vous ne pouvez pas prévoir à l'avance quel texte pourra rentrer dans le cadre et quel autre ne le pourra pas.

A l'opposé, vous pourrez dans certains cas définir également `scrolling="yes"`. Exemple : si vous avez une page de contenu dans laquelle se trouvent la plupart des liens pour votre cadre de navigation, vous pourrez définir "scrolling" sur `yes` de sorte que le cadre dispose toujours d'une barre de défilement. Si votre document est plus court, la barre de défilement ne sera pas opérationnelle mais elle sera logiquement affichée et donnera un air un tantinet professionnel à votre site. Si vous choisissez la valeur `auto` (celle par défaut), certaines pages peuvent avoir une barre de défilement et d'autres non, ce qui pourrait désorienter l'utilisateur.

Définir les marges d'un cadre

La marge d'un cadre est l'espace compris entre le bord du cadre et le contenu visible du document XHTML. Ajuster la marge d'un cadre affecte le document lui-même et empêche en apparence les documents de se toucher l'un l'autre ; en d'autres termes, ajuster les marges revient à faire un peu d'espace pour que vos documents puissent "respirer".

Afin de définir les marges, ajoutez les attributs `marginheight` (pour les marges verticales) et `marginwidth` (pour les marges horizontales) à l'élément `frame`, comme le montre le code suivant :

```
<frame name="topleft" src="z-maroon.html" marginwidth="100" marginheight="100"
/>
```

Ce code décale le document de 100 pixels à partir de la marge du haut et de la gauche, comme l'illustre la Figure 8.11.

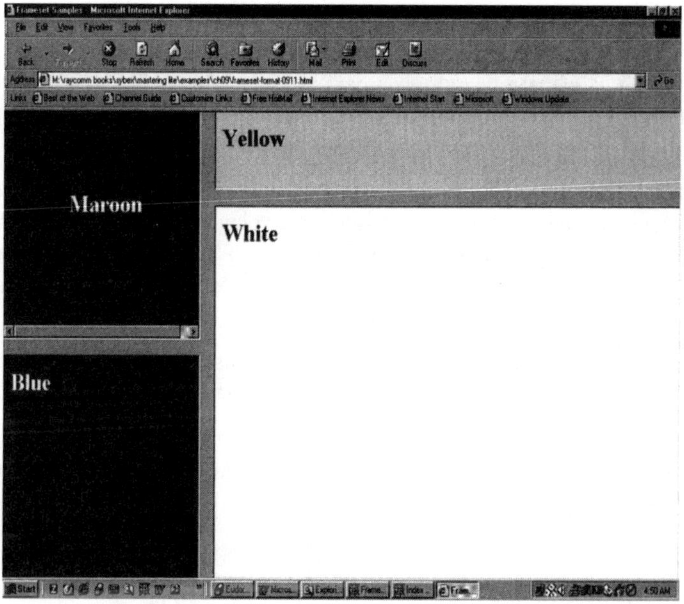

Figure 8.11 : Les marges du document Rouge foncé sont un peu épaisses, mais nettement différentes.

Penser aux navigateurs non pourvus de cadre

Certains navigateurs ne supportent pas les cadres. Si un utilisateur équipé de ce type de navigateur visite votre site cadré, que pourrait-il bien visualiser ? Rien du tout. Pour y remédier, vous devez trouver un moyen de répondre aux attentes des utilisateurs non équipés de navigateurs avec cadres. Cela implique que vous apportiez un texte qui sera la réplique exacte du même document, les cadres en étant évidemment exclus.

Si vous développez un site intranet doté de cadres et que votre société utilise la dernière version d'un navigateur particulier, vous n'avez pas le moindre souci à vous faire. Cependant, si vous voulez développer un site Web pour le grand public, la façon de présenter les informations aux utilisateurs doit tenir compte du constat que les anciens navigateurs ne sont pas pourvus de cadres. Voici quelques directives :

- Présentez certaines informations sans recourir aux cadres. Si vous décidez d'écarter les navigateurs non pourvus de cadres, affichez un message à l'intention de vos utilisateurs que la navigation sur votre site nécessite les toutes dernières versions de navigateurs graphiques ; votre site est donc inaccessible aux autres navigateurs.
- Utilisez un script de détection de navigateur qui déroute automatiquement les navigateurs non pourvus de cadres vers les pages non cadrées. Cette option comparée à la directive précédente a l'avantage de faire travailler le navigateur et non l'utilisateur.
- Insérez un texte alternatif avec la section `noframes`. Si vous le faites avec soin, vos utilisateurs ne réaliseraient même pas qu'il existe un autre contenu sur votre site. Cette option accroît considérablement votre volume de travail. Vous devrez entretenir deux pages entières, et connaître le contenu à l'intérieur des cadres et celui à l'intérieur de la section `noframes`.
- Créez votre page d'accueil en utilisant des cadres mais prévoyez un lien vers les versions sans cadres ; vos utilisateurs disposent ainsi de cette option mais ils ne sont pas obligés de l'appliquer. Cette option multipliera par deux votre travail.
- Développez une page d'accueil sans cadres et, ensuite, mettez en place des liens vers la version pourvue de cadres. Une fois encore, c'est une option qui doublera votre travail.

A un moment donné, le site Web de Raycomm (un site authentique) a eu recours à cette dernière solution, comme le montre la Figure 8.12. La page d'accueil laisse penser que le site est cadré ; en réalité, il s'agit d'un arrière-plan et d'un tableau fantaisie qui servent à séparer le menu de navigation du contenu proprement dit. Un lien ("Essayez le Site High-Tech") mène vers une page semblable plus ou moins parallèle mais qui utilise des cadres.

Astuces pour l'entretien de documents cadrés et non cadrés

Pour alléger votre charge de travail, vous pouvez faire largement appel aux "inclusions côté serveur" afin que le contenu et la présentation soient séparés. Placez le contenu dans des pages cadrées ; insérez le contenu et un autre document doté de liens pour la navigation dans les pages non cadrées. Consultez la documentation qui accompagne votre serveur pour avoir plus d'informations sur les possibilités d'utiliser les inclusions côté serveur.

Une autre solution consiste à insérer des liens de navigation dans votre document ; ensuite, utilisez JavaScript pour masquer les liens en provenance de navigateurs pourvus de cadres. Cette solution n'est pas très élégante mais elle fonctionne. Presque tous les navigateurs supportant JavaScript prennent également en charge des cadres, et réciproquement (à moins que l'utilisateur n'ait désactivé les cadres ou JavaScript).

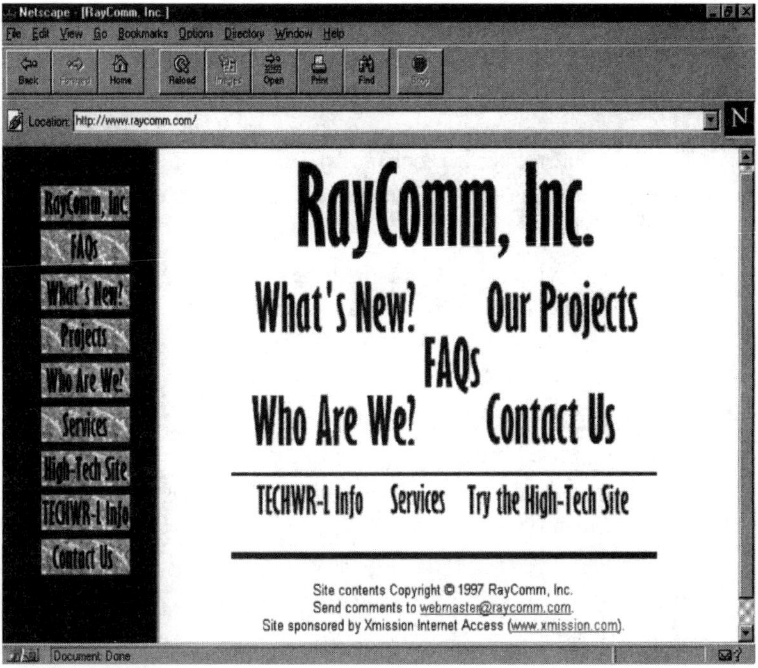

Figure 8.12 : Un tableau peut être pris pour un ensemble de documents à cadres.

Tableau ou cadre, qui convient le mieux à votre conception ?

Vous pouvez utiliser en même temps un tableau et un cadre pour créer des mises en pages intéressantes mais c'est déjà pousser XHTML dans les limites de ses possibilités. Vous pouvez, par exemple, placer à côté du texte d'un document des informations sur la navigation ou mettre deux colonnes de texte côte à côte en utilisant des tableaux ou des cadres.

Que doit-on alors choisir ? Les points suivants peuvent être cités à l'actif des tableaux.

- Ils sont plus facilement reconnaissables par les navigateurs que les cadres.
- Ils causent moins de problèmes de navigation que les cadres.
- Ils sont standards sur HTML 3.2 et 4.

En revanche, les cadres ont les avantages ci-après :

- Ils sont plus faciles à mettre à jour et à entretenir parce que les documents individuels sont plus courts et plus simples.
- Les pages cadrées sont plus rapides à télécharger et occupe moins d'espace mémoire que les tableaux ; en effet, les informations n'ont pas besoin d'être téléchargées de manière répétitive.
- Ils sont plus souples et se prêtent mieux aux agencements complexes. Ils vous permettent par exemple d'avoir des informations en haut d'une page tout en faisant défiler d'autres informations sous la bannière.
- Ils offrent d'utiles sonneries et sifflets, comme la capacité d'appeler un document situé dans un endroit spécifique de la fenêtre ; un effet qui ne peut être obtenu qu'au prix d'efforts inouïs avec les tableaux.
- Les cadres sont standards dans HTML 4.

Pour avoir plus d'informations sur les tableaux, consultez le Chapitre 6.

Présenter un contenu non cadré

Pour les utilisateurs non équipés de navigateurs à cadres, utilisez l'élément `noframes` et insérez le texte alternatif. Commencez par un document multifenêtré XHTML qui existe déjà, tel que le suivant :

```
<!DOCTYPE html PUBLIC "-//W3C//DTD XHTML 1.0 Frameset//EN"
"http://www.w3.org/TR/xhtml1/DTD/xhtml1-frameset.dtd">
<html xmlns="http://www.w3.org/1999/xhtml">
<head>
<title>Frameset Samples</title>
</head>
<frameset cols="30%, *" border="0" frameborder="0" bordercolor="#008000">
<frameset rows="50%, 50%">
<frame name="topleft" src="z-maroon.html" />
<frame name="lowerleft" src="z-blue.html" />
</frameset>
<frameset rows="100, *">
<frame name="topright" src="z-yellow.html" />
<frame name="lowerright" src="z-white.html" />
</frameset>
</frameset>
</html>
```

Et maintenant, suivez ces étapes :

1. Ajoutez la paire de balises `noframes` quelque part dans le document mais entre les balises `frameset`. Pour simplifier le développement, le meilleur endroit est soit au début, immédiatement à la suite de la première balise `frameset`, soit à la fin, juste avant la balise de fin `frameset`.

```
...
<noframes>
<body>
</body>
</noframes>
</frameset>
</html>
```

En référence à la DTD Multifenêtrage XHTML, l'élément `body` est requis à l'intérieur de l'élément `noframes`. Par conséquent, si vous allez valider vos documents multifenêtrés, vous devrez introduire l'élément `body` dans l'élément `noframes`.

2. Ajoutez un contenu approprié à l'intérieur des éléments `noframes`. L'approche sera sujette à variation. Pour le site intranet d'une société qui a adopté en standard la toute dernière version d'Internet Explorer, l'option serait semblable à :

```
<noframes>
<body>
<h1 align="center">Intranet Access Problem</h1>
<p>WAMMI, Inc., has standardized on the newest version of Internet Explorer.
You seem to be using an older version or a different browser entirely. Please
see your network administrator or check with the Help Desk to get the proper
browser. With the newest browser, you will be able to access the corporate
intranet.</p>
</body>
</noframes>
```

Lorsqu'elle est visualisée dans un navigateur sans cadres comme Mosaic, la page ressemble à celle montrée dans la Figure 8.13.

Certains navigateurs sans cadres supportent uniquement un ensemble limité d'éléments de formatage. Souvenez-vous-en si la fantaisie vous prend de faire un formatage sans cadres.

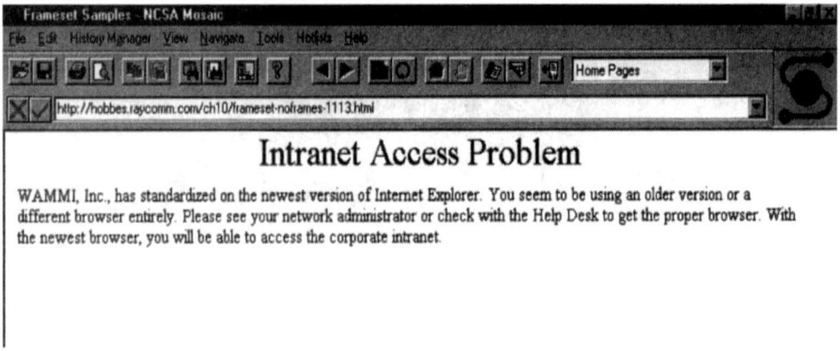

Figure 8.13 : Le contenu de `noframes` n'est visible que dans les navigateurs qui ne peuvent afficher de cadres, comme ici.

Permettre une navigation efficace

La conception des cadres et l'aide que vous devez apporter à vos utilisateurs pour une fructueuse navigation sur votre site demande à la fois de la modération et de la simplicité. Les types et les méthodes de navigation seront traités dans les prochaines sections.

Choisir un type de navigation

Vos cadres doivent permettre une navigation suivant deux méthodes :

- Les utilisateurs peuvent cliquer sur un cadre et visualiser le document obtenu dans un autre cadre (comme il est montré dans la Figure 8.14).
- Les utilisateurs peuvent cliquer dans un cadre et visualiser le document obtenu dans le même cadre.

Si la première option est utilisée, les outils de navigation restent visibles à tout moment dans un cadre tandis que le contenu s'affiche et change dans un autre cadre. Dans la Figure 8.14, cliquer sur un lien à gauche a pour effet de modifier le contenu du cadre de droite.

Si c'est la seconde option, le fait de cliquer sur un lien change le contenu du cadre qui contient ce lien. Par exemple, dans la Figure 8.14, un clic sur un lien situé dans le cadre de droite entraîne le changement du contenu de ce cadre.

Normalement, on utilise la seconde option lorsque le contenu renvoie à d'autres documents sur le site. Cependant, tous les cadres peuvent abriter des liens, qu'ils servent à la navigation ou renvoient vers d'autres documents.

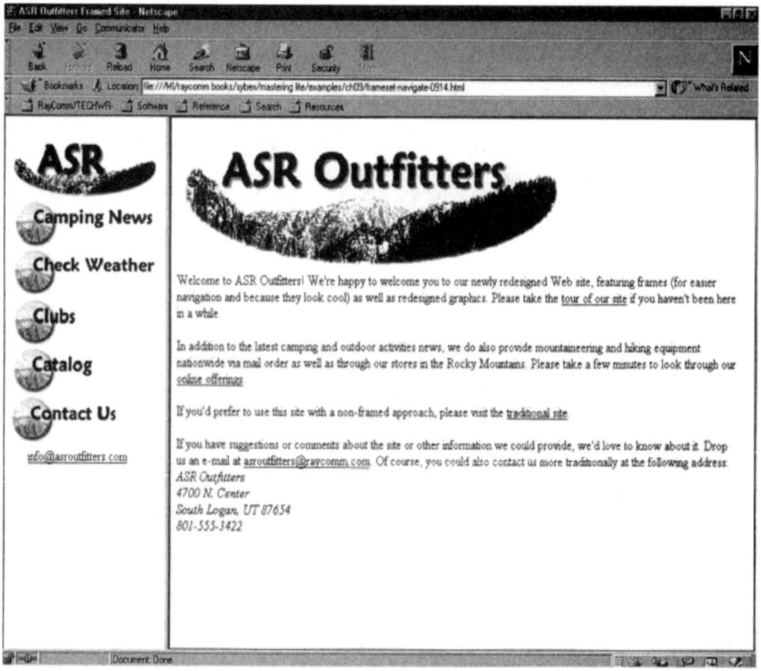

Figure 8.14 : Les liens pour la navigation peuvent mener à un document situé dans le même cadre ou dans un autre.

Mettre en œuvre la navigation

Etablir un lien avec des cadres précis ne nécessite qu'un seul nouvel attribut : `target`. Utilisé dans un élément ancre (a), cet attribut dirige le contenu du lien à l'intérieur d'un autre.

Le document multifenêtré pour la Figure 8.14 ressemble à ceci :

```
<!DOCTYPE html PUBLIC "-//W3C//DTD XHTML 1.0 Frameset//EN"
"http://www.w3.org/TR/xhtml1/DTD/xhtml1-frameset.dtd">
<html xmlns="http://www.w3.org/1999/xhtml">
<head>
<title>ASR Outfitters Framed Site</title>
</head>
<frameset cols="230, *">
<frame name="left" src="lefttoc1.html" />
<frame name="main" src="content.html" />
<noframes>
```

```
<body>
<p>If you can see this, your browser is not capable of displaying frames.</p>
</body>
</noframes>
</frameset>
</html>
```

Au premier élément `frame` (à gauche) est affecté l'attribut `name="left"` tandis que l'autre cadre porte l'attribut `name="main"`. Ces attributs permettent aux cadres d'être accédés d'une manière spécifique.

Le code de base pour le cadre de gauche ressemble au suivant :

```
<!DOCTYPE html PUBLIC "-//W3C//DTD XHTML 1.0 Frameset//EN"
"http://www.w3.org/TR/xhtml1/DTD/xhtml1-frameset.dtd">
<html xmlns="http://www.w3.org/1999/xhtml">
<head>
<title>ASR Outfitters</title>
</head>
<body background="" bgcolor="#ffffff" text="#000000" link="#0000ff"
vlink="#800080" alink="#ff0000">
<img src="asrlogosm.gif" align="" width="200" height="84" border="0" alt="ASR
Logo" />
<ul>
<li><a href="camping.html">Camping News</a></li>
<li><a href="weather.html">Check Weather</a></li>
<li><a href="clubs.html">Clubs</a></li>
<li><a href="catalog.html">Catalog</a></li>
<li><a href="contact.html">Contact Us</a></li>
</ul>
</body>
</html>
```

En l'état actuel de ce document, cliquer sur un lien (disons Campings News) situé dans le cadre de gauche fait afficher le nouveau document dans le même cadre de gauche parce que, par défaut, les liens de cadre aboutissent dans le même cadre. Si vous voulez que le document lié apparaisse dans le cadre de droite, procédez comme indiqué ci-dessous :

1. Ajoutez un attribut `target` cadre l'élément `a`.

```
<li><a href="camping.html" target="">Camping News</a></li>
```

2. Ajoutez le nom du cadre vers lequel vous voulez vous lier. Le multifenêtrage initial donne le nom de `main` au cadre de droite ; ce sera donc le nom que vous allez utiliser.

```
<li><a href="camping.html" target="main">Camping News</a></li>
```

Maintenant, lorsque vous cliquez sur le lien Camping News, le fichier apparaît dans le cadre de droite, comme l'illustre la Figure 8.15.

Evidemment, dans ce scénario particulier, chaque lien partant de ce document doit s'ouvrir dans le cadre principal. Pour gagner du temps et réduire les risques d'erreur, vous pouvez joindre l'attribut `target="main"` à l'élément `base` et le forcer à affecter l'ensemble du document.

L'élément `base` va vers l'en-tête du document et définit ainsi les règles que suivra le document entier. Pour faire en sorte que tous les liens partant du document du cadre de gauche s'ouvrent dans le cadre principal, ajoutez-y l'élément et l'attribut à l'en-tête du document suivant cet exemple :

```
<!DOCTYPE html PUBLIC "-//W3C//DTD XHTML 1.0 Frameset//EN"
"http://www.w3.org/TR/xhtml1/DTD/xhtml1-frameset.dtd">
<html xmlns="http://www.w3.org/1999/xhtml">
<head>
<title>ASR Outfitters</title>
<base target="main" />
</head>
```

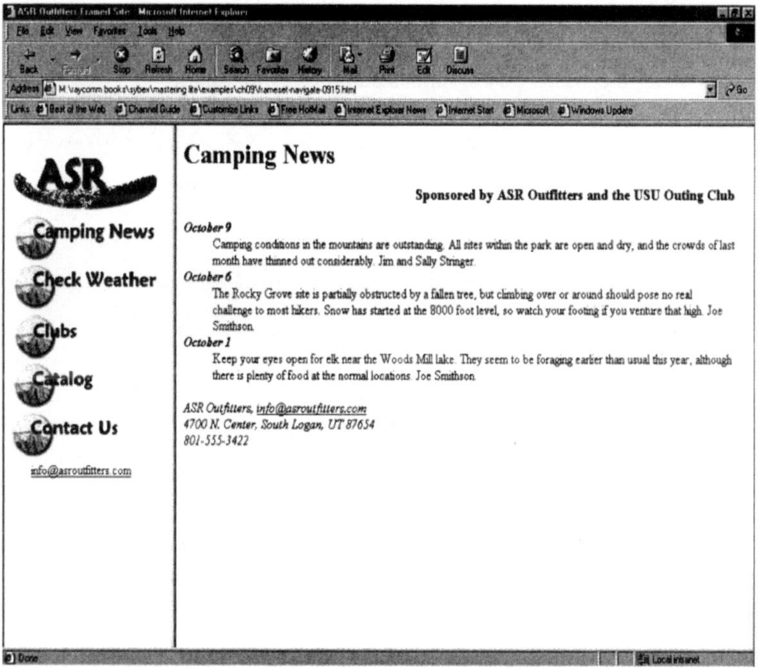

Figure 8.15 : L'attribut `target` contrôle quel cadre reçoit le contenu d'un lien. Le lien Camping News est dirigé vers le cadre "principal".

La cible de base étant déjà définie, vous n'aurez besoin que des attributs `target` pour établir des liens avec d'autres emplacements. L'objet de la section suivante concernera les noms et les emplacements de cibles spéciales.

Utiliser des imagemaps en tant qu'outils de navigation dans des documents cadrés

L'attribut `target` fonctionne dans tout contexte impliquant un lien. Vous pouvez utiliser, par exemple, une imagemap dans un cadre pour permettre la navigation sur le site entier. Le code et l'exemple suivant montrent comment introduire une imagemap dans une page cadrée :

```
<map name="frame-imagemap">
<area shape="rect" coords="4,4,190,51" href="camping.html" alt="Camping" />
<area shape="rect" coords="5,57,191,110" href="weather.html" alt="Weather" />
<area shape="rect" coords="4,112,191,165" href="clubs.html" alt="Clubs" />
<area shape="rect" coords="3,167,191,220" href="catalog.html" alt="Catalog" />
<area shape="rect" coords="3,222,191,277" href="contact.html" alt="Contact" />
<area shape="default" href="lefttoc1.html" alt="Contents" />
</map>
```

Pour contraindre chaque zone à s'ouvrir, à l'exception du dernier, ajoutez l'attribut `target="main"` à chacune d'elles, comme dans le code suivant :

```
<map name="frame-imagemap">
<area shape="rect" coords="4,4,190,51" href="camping.html" alt="Camping"
target="main" />
<area shape="rect" coords="5,57,191,110" href="weather.html" alt="Weather"
target="main" />
<area shape="rect" coords="4,112,191,165" href="clubs.html" alt="Clubs"
target="main" />
<area shape="rect" coords="3,167,191,220" href="catalog.html" alt="Catalog"
target="main" />
<area shape="rect" coords="3,222,191,277" href="contact.html" alt="Contact"
target="main" />
<area shape="default" href="lefttoc1.html" alt="Contents" />
</map>
```

Utiliser des noms de cible spéciaux

En plus des noms de cible définis dans les éléments `frame` à l'intérieur du document multifenêtré, utilisez d'autres noms de cible spéciaux dans tous les éléments qui lient des documents XHTML, tels que `a`, `form` et `area`. Le Tableau 8.3 donne des explications sur ces noms de cible et leurs fonctions.

Tableau 8.3 : Noms de cible spéciaux.

VALEUR	UTILITE
`target="..."`	Indique au lien de s'ouvrir dans le cadre désigné entre les guillemets.
`target="_self"`	Indique au lien de s'ouvrir dans le cadre courant.
`target="_blank"`	Indique au lien de s'ouvrir dans la nouvelle fenêtre.
`target="_parent"`	Indique au lien de s'ouvrir dans le multifenêtrage parent du document courant. S'il n'y a qu'un seul multifenêtrage, cette valeur a pour effet de le supprimer.
`target="_top"`	Indique au lien de s'ouvrir dans la fenêtre du navigateur, sans passer par aucun des cadres.

En utilisant ces valeurs spéciales d'attributs `target` dans n'importe quel contexte, vous vous assurerez le contrôle de l'endroit où le fichier lié va apparaître. En général, les cibles doivent rester prévisibles et maniables en vous conformant à ces instructions :

- Ne dispersez pas vos pages. Si vous établissez un lien avec une page connexe de votre site, dirigez votre lien dans un cadre adjacent et non dans une fenêtre séparée pour que votre site présente une bonne cohésion visuelle.
- Placez votre contenu régulier et votre contenu à naviguer dans un endroit logique. Si vos liens de navigation apparaissent dans un cadre qui traverse le haut de la fenêtre de votre navigateur, le contenu vers lequel ces objets établissent un lien doit s'afficher dans un autre cadre. De la même manière, si un lien à l'intérieur de votre contenu Web affiche des contenus connexes, utilisez `target="_self"` pour garantir que le lien apparaît bien dans la même fenêtre du fait que vos utilisateurs s'attendent à voir un contenu dans ce cadre particulier.
- Etablissez un lien avec des pages non cadrées en utilisant `target="_top"` pour s'assurer que vos pages non cadrées sont bel et bien sans cadre.
- Faites en sorte que vos pages demeurent visibles. Si vous vous liez avec un autre site, utilisez `target="_blank"` pour ouvrir une nouvelle fenêtre dans le navigateur de l'autre site tout en laissant ouverte et visible votre fenêtre. De cette façon, si votre utilisateur se lasse de l'autre site, votre site reste encore facilement accessible.
- Ne mettez pas de cadre sur d'autres pages. En définissant `target="_blank"` ou `target="_top"` pour les liens externes, vous pouvez faire en sorte que le contenu d'un autre utilisateur n'apparaît pas à l'intérieur de vos cadres. Pourquoi ? Parce que, premièrement, si vous affichez sur votre site un contenu créé par une autre personne, vous commettez là un plagiat. Deuxièmement, vous ne souhaitez pas nécessairement que le contenu d'un autre site soit associé à votre propre site. (Voir l'encadré, "Prendre garde en établissant des liens avec des sites extérieurs", plus haut dans le chapitre.)

- Ne vous mettez pas des cadres vous-même. Si votre site cadré possède un lien actif vers la page d'accueil (vraisemblablement le document multifenêtré pour le site), assurez-vous que ce lien comprend bien `target="_top"`. Si, par mégarde, vous pointez le lien vers votre multifenêtrage principal qui se trouve dans un cadre du site, votre page d'accueil apparaîtra à l'intérieur de votre page d'accueil qui se trouvera elle-même dans votre page d'accueil et ainsi de suite. La Figure 8.16 nous en donne une illustration.

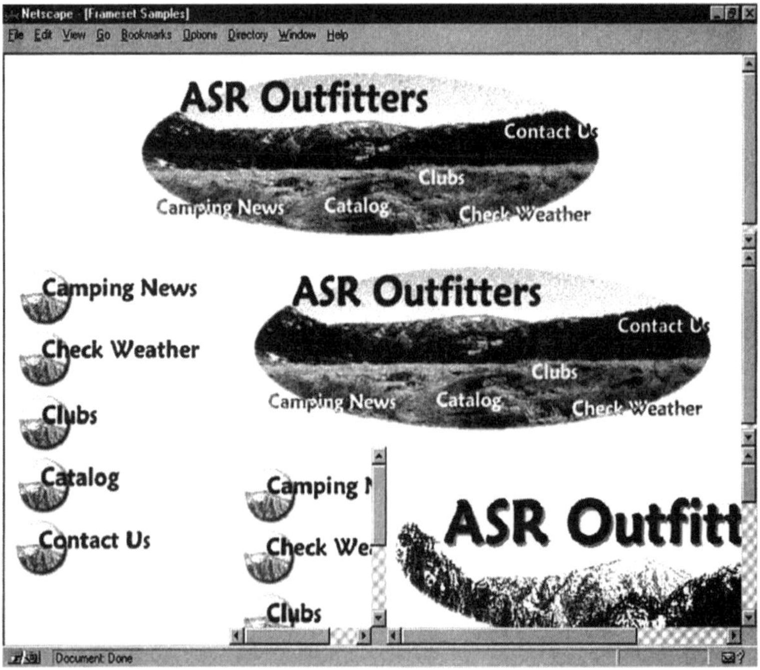

Figure 8.16 : Mettre soi-même des cadres sur son propre site, même accidentellement, paraîtra au mieux bizarre ; au pire, stupide.

C'est une bonne chose de montrer un peu de créativité avec les attributs `target`. Mais si vous vous laissez emporter par votre élan, soit les utilisateurs en prendront peur, soit ils seront excessivement curieux et cliqueront sur tous vos liens, juste pour voir où ils mènent.

L'ORDRE DES ATTRIBUTS `target`

Si les attributs `target` apparaissent dans plus d'un endroit (ou n'apparaissent pas du tout), voici leur ordre de priorité :

- Les attributs `no target` signifie que le lien va apparaître dans le même cadre.
- Les attributs `target` dans l'élément `base` s'appliquent à tous les liens dans le document.
- Les attributs `target` dans les éléments `a` outrepassent l'élément `base`.

Créer des cadres inline

Les cadres inline, souvent appelés *cadres flottants*, apparaissent comme une partie d'un document XHTML de la même manière que les images apparaissent dans un document XHTML. Ils permettent l'insertion d'un document XHTML dans une zone à l'intérieur d'un autre document. Les cadres flottants fusionnent donc des documents XHTML traditionnels avec les documents cadrés. A l'heure où nous écrivons, seuls Internet Explorer 3 plus les versions suivantes et Netscape 6 supportent les cadres inline, bien qu'ils fassent partie de la spécification HTML 4. La Figure 8.17 présente un échantillon de cadre flottant tiré de la page d'ASR Outfitters.

L'élément de base utilisé pour vos cadres flottants est l'élément `iframe`. Ce dernier identifie les caractéristiques et le contenu initial d'un cadre flottant. Le Tableau 8.4 suivant donne la liste et explique le rôle de chacun de ses attributs.

Tableau 8.4 : Les attributs de l'élément `iframe`.

ATTRIBUT	DESCRIPTION
`src="url"`	Identifie la source pour le contenu du cadre en tant qu'adresse URL standard.
`name="..."`	Etiquette le cadre pour qu'il puisse servir de cible ou de renvoi à partir d'autres cadres ou d'autres fenêtres.
`frameborder="n"`	Applique ou enlève des bordures autour d'un cadre.
`scrolling="..."`	Interdit les barres de défilement (`no`), demande des barres de défilement (`yes`) ou laisse le navigateur fournir, au besoin, ces mêmes barres (`auto`, la valeur par défaut).
`marginheight="n"`	Définit le nombre de pixels dans la marge au-dessus et en dessous du contenu du cadre.
`marginwidth="n"`	Définit le nombre de pixels dans la marge de gauche et de droite du cadre.
`height="n"`	Spécifie la hauteur d'un cadre inline en pixels.
`width="n"`	Spécifie la largeur d'un cadre inline en pixels.
`align="..."`	Spécifie l'alignement : `left` (à gauche), `middle` (centré), `right` (à droite), `top` (haut), `bottom` (bas).

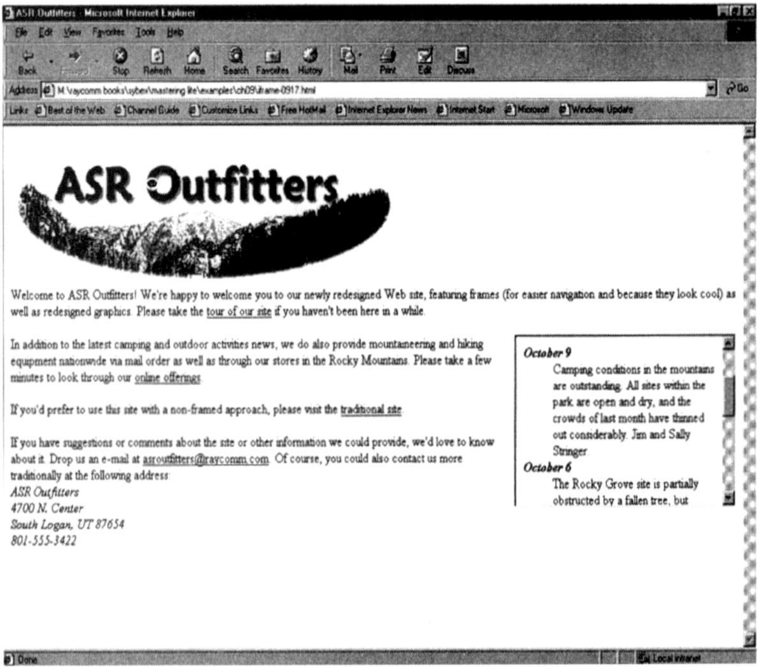

Figure 8.17 : Un cadre inline peut contenir n'importe quel document XHTML et peut flotter à l'intérieur d'un autre document.

Pour ajouter un cadre flottant à votre document, commencez par un document XHTML déjà en fonction :

```
<!DOCTYPE html PUBLIC "-//W3C//DTD XHTML 1.0 Frameset//EN"
"http://www.w3.org/TR/xhtml1/DTD/xhtml1-frameset.dtd">
<html xmlns="http://www.w3.org/1999/xhtml">
<head>
<title>Floating Frame Samples</title>
</head>
<body background="" bgcolor="FFFFFF" text="000000" link="0000FF"
vlink="800080" alink="FF0000">
<h1>Floating Frames</h1>
<p>Documents with floating frames look really cool, but only in Internet
Explorer.</p>
</body>
</html>
```

A présent, effectuez ces étapes :

1. Ajoutez une paire de balises `iframe`.

```
<body background="" bgcolor="FFFFFF" text="000000" link="0000FF"
vlink="800080" alink="FF0000">
<h1>Floating Frames</h1>
<iframe>
</iframe>
<p>Documents with floating frames look really cool, but only in Internet
Explorer.</p>
</body>
```

2. Ajoutez l'attribut `name` à l'élément `iframe`. De la même manière qu'avec un cadre traditionnel, l'attribut `name` étiquette le cadre pour que celui-ci puisse servir de cible à des liens.

```
<iframe name="float1">
</iframe>
```

3. Ajoutez l'attribut `src` pour spécifier le document XHTML qui va occuper le cadre. Techniquement, une image peut aussi occuper le cadre mais cela s'oppose à l'idée même d'un cadre flottant où un document XHTML peut être placé.

```
<iframe src="z-maroon.html" name="float1">
</iframe>
```

4. Introduisez les attributs `height` et `width` pour indiquer les dimensions du cadre flottant en pixels. Ces valeurs sont analogues aux attributs `height` et `width` qui sont appliqués à une image.

```
<iframe src="z-maroon.html" name="float1" height="200" width="300">
</iframe>
```

5. Placez un texte alternatif pour vos utilisateurs non équipés des versions les plus récentes d'Internet Explorer. Ce texte est similaire au texte `alt` des images, sauf que dans ce cas, on n'utilise pas une paire de valeurs d'attributs. Il vous suffit de saisir le texte alternatif entre les balises `iframe`.

```
<iframe src="z-maroon.html" name="float1" height="200" width="300">
Netscape Navigator users get to see this message.
</iframe>
```

6. D'une manière optionnelle, ajoutez un attribut d'alignement. En général, c'est `left` ou bien `right` qui est utilisé, mais n'importe quel attribut d'alignement utilisable avec les images l'est aussi pour les cadres flottants.

```
<iframe src="z-maroon.html" name="float1" height="200" width="300"
align="right">
Netscape Navigator users get to see this message.
</iframe>
```

Si vous êtes équipé d'Internet Explorer 3 ou des versions plus récentes, vous verrez un cadre qui ressemblera à la Figure 8.18.

Les points de similarité entre les cadres flottants et les images, à savoir leur mise en œuvre et leur manipulation à l'intérieur d'un document parent, permettent souvent de traiter les cadres de la même manière. Par exemple, vous pouvez les placer à l'intérieur des cellules d'un tableau pour leur imposer un mode d'agencement bien défini, ou mettre un texte dans un cadre flottant, exactement comme s'il s'agissait d'une image ; ASR Outfitters l'a fait dans la Figure 8.17 plus haut dans le chapitre.

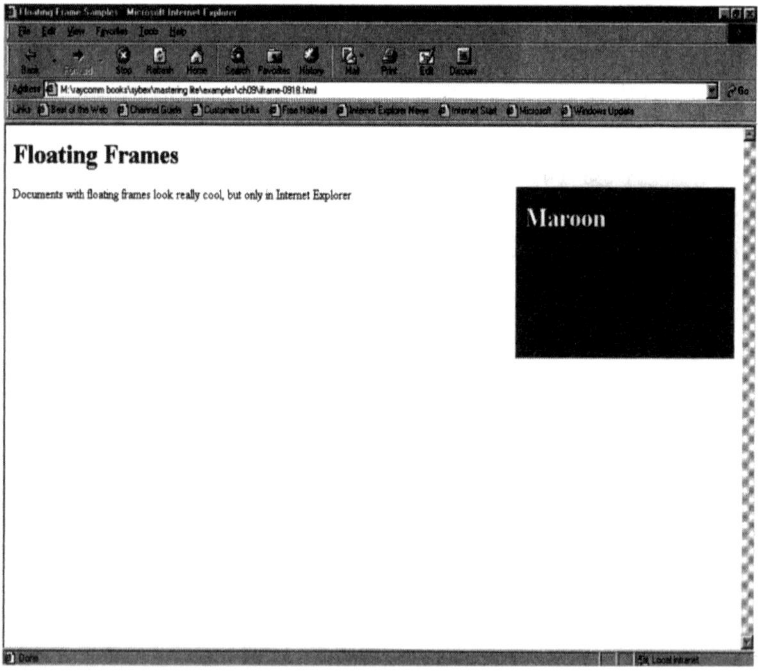

Figure 8.18 : Un cadre flottant donne un intéressant effet visuel et rend une page plus plaisante.

Aucune grande différence n'existe entre la façon de naviguer à l'intérieur et au milieu de cadres flottants et celle de naviguer dans les cadres ordinaires. Les attributs `name` et `target` remplissent les mêmes fonctions et ils s'emploient de la même manière quel que ce soit le type du cadre, flottant ou ordinaire. Utilisez le code suivant pour contraindre un document à apparaître dans un cadre flottant, par exemple :

```
<a href="z-blue" target="float1">Click to put the blue document in the
floating frame.</a>
```

Et maintenant, que faire ?

Ce chapitre a été consacré aux cadres en insistant sur leur utilité, leurs avantages et leurs inconvénients ; vous avez également appris à les interpréter dans vos documents XHTML. Tous les navigateurs ne sont pas capables de supporter les cadres ; aussi, les développements qui précèdent vous sont d'une grande utilité pour savoir quand et comment les utiliser efficacement.

Les relations qui existent entre les cadres et les composants de XHTML sont détaillées dans :

- Le Chapitre 1, pour des informations sur les paramétrages d'ordinateur et du navigateur, ainsi que pour des informations sur les standards.
- Le Chapitre 4 pour de plus amples détails avec les adresses URL.
- Le Chapitre 5 pour en savoir plus sur les images et les imagemaps.
- Le Chapitre 6 pour plus d'informations sur les tableaux.

Chapitre 9

Convertir HTML en XHTML

XHTML

Ayant probablement déjà une poignée, voire un certain nombre de documents HTML en votre possession, l'envie vous vient peut-être de vous mettre au goût du jour et faire ce que nous avons fait : convertir entièrement votre site HTML en XHTML. Cela ne veut pas dire qu'il faut tout recommencer de zéro.

Notez que XHTML utilise exactement les mêmes éléments et les mêmes attributs que HTML (sauf qu'il faut ajouter le nom d'espace XHTML). Vous avez donc besoin de changer seulement une partie de votre vocabulaire et de remettre à niveau votre syntaxe. Cela est possible de deux façons : soit manuellement, soit à l'aide d'un outil.

Voici les thèmes que ce chapitre se propose de couvrir :

- Convertir manuellement vos documents HTML.
- Convertir vos documents HTML en utilisant HTML Tidy.

Pourquoi convertir vos documents ?

La première question que se posera un développeur Web sera sans doute celle-ci : "Pourquoi devrais-je me convertir à XHTML ? Si les deux langages utilisent le même ensemble d'éléments et s'ils fonctionnent de la même manière dans un navigateur, que peut bien être l'intérêt de cette conversion ?"

Pour bien saisir les raisons d'une conversion en XHTML, vous devez d'abord savoir d'où vient XML et quelle est sa destination (pour cela, relisez le Chapitre 2). Afin de vous convaincre que cette conversion en vaut la peine, voici juste un petit aperçu des raisons, parmi tant d'autres :

- Etant donné que le langage XHTML est une application XML, un processeur XML peut traiter XHTML.
- XHTML peut être étendu pour intégrer d'autres modèles de documents (ou de vocabulaires), notamment Scalable Vector Graphics (SVG), Synchronized Multimedia Integration Language (SMIL), Mathematic Markup Language (Math ML) ou même votre propre vocabulaire XML.
- XHTML encourage la séparation du style et de la structure.
- XHTML offre un marquage plus net, plus facile à lire, autant pour le processeur que pour l'œil humain.

- Les fournisseurs de téléphones mobiles ont choisi XHTML comme leur langage de marquage privilégié.
- Avec XHTML, les développeurs de contenus et les autres concepteurs Web de la vieille école peuvent continuer à se servir de leurs acquis, mais dans un environnement de marquage beaucoup plus structuré.
- Même si un certain nombre de fournisseurs d'outils n'ont pas encore adopté XHTML, les experts sont d'avis que les fournisseurs, gros et petits, vont très bientôt l'incorporer automatiquement dans leur processus d'édition.
- Les efforts menés actuellement pour diviser XHTML en modules (ce qui entraîne une fragmentation du marquage en catégories et permet l'utilisation de chaque catégorie indépendamment des autres dans des documents) ainsi que les formes de marquage apparentées se basant sur XML (on peut citer comme exemple les travaux remarquables en cours chez XForms) promettent à XHTML de s'ouvrir à un marquage et à des propriétés que ne connaît et ne connaîtra jamais le langage HTML. Sa fonctionnalité nettement supérieure s'imposera au fur et à mesure sur le marché pour la simple raison que les développeurs de contenus auront besoin des capacités que fournissent les autres applications XML.
- Plusieurs expériences déjà vécues avec XHTML ainsi qu'avec la connexion XHTML-XML ont démontré des coûts moindres en matière de droits de propriété, de maintenance et de développement. S'ils se concrétisent, ces bénéfices ne manqueront pas d'attirer le marché.
- W3C n'effectuera plus aucun développement sur HTML, sauf sous forme de nouvelles versions XHTML. Il est de ce fait peu probable que les fournisseurs de logiciels de navigation continueront à miser sur HTML. (En revanche, ils continueront à supporter HTML mais plus aucun support supplémentaire ne sera développé.)

Convertir des documents manuellement

Si votre mise à jour est limitée à quelques documents et que vous brûlez d'impatience pour XHTML, vous pouvez décider de convertir manuellement vos pages HTML en XHTML. Pour être tout à fait honnête, la conversion manuelle est superflue. Vous avez maintenant un fantastique outil gratuit, HTML Tidy (voir la section "Travailler avec Tidy") qui se charge de le faire à votre place par un simple clic ; vous devez néanmoins connaître sa fonction afin d'utiliser efficacement ses options personnalisables.

Pour bien comprendre ce que peut faire l'outil HTML Tidy, une description de la méthode manuelle devient nécessaire.

Compatibilité en amont

XHTML est compatible, en amont, avec les anciens navigateurs. Étant donné que XHTML reprend le vocabulaire utilisé par HTML, le seul véritable obstacle qui pourrait encore empêcher la compatibilité de XHTML avec les navigateurs de l'ancienne génération se limiterait aux conventions syntaxiques. Heureusement, la syntaxe XML est suffisamment proche du langage SGML (et donc de HTML), si bien que les différences syntaxiques ne peuvent que rester minimes.

Dans le Chapitre 2, vous avez appris toutes les règles que votre document XHTML doit suivre, la plupart étant déjà définies par HTML. Quelques nouveautés, telles que fermer tous les éléments et adhérer à une syntaxe à élément vide ont été ajoutées. Bien que les anciens navigateurs puissent d'une manière générale traiter les documents XHTML, vous devez vous conformer aux règles définies ci-après, et ce pour éviter des problèmes :

- Lorsque vous utilisez la syntaxe à élément vide de XML, insérez un espace devant la barre oblique (/) ; exemple : <br />.
- La plupart des anciens navigateurs rendront la déclaration XML.

```
<?xml version="1.0" encoding="UTF-8" standalone="no"?>
```

  Il vaut donc mieux l'exclure dans tout document XHTML destiné à être visualisé par des anciens navigateurs. Si vous voulez effectivement laisser la déclaration XML en dehors de votre document, celui-ci ne pourra utiliser que l'encodage de caractères UTF-8 ou UTF-16.

- Utilisez une feuille de style externe ou des documents de script au lieu de les imbriquer dans l'en-tête de votre document XHTML. Avant l'arrivée de XHTML, les développeurs Web utilisaient des commentaires HTML pour masquer le script et la syntaxe de la feuille de style des vieux navigateurs. XHTML utilise les sections CDATA de XML pour masquer des scripts internes et la syntaxe de la feuille de style. Les anciens et les nouveaux processeurs sont susceptibles d'entrer en conflit. Si vous ne pouvez pas utiliser des scripts ou des feuilles de style externes, assurez-vous que la syntaxe interne ne contient pas <, &,]]>, ou --.

A l'heure actuelle, aucun navigateur n'est capable de se servir des sections CDATA du langage XML. Cependant, il est probable qu'un meilleur support de XML sera un jour assuré par les prochaines générations de navigateurs.

- N'ajoutez pas de rupture de ligne ou plusieurs caractères d'espaces blancs à l'intérieur des attributs de valeur. Bon nombre de développeurs XML utilisent des ruptures de ligne pour une meilleure lisibilité du document ; or, les navigateurs ne traitent pas un espace blanc d'une manière homogène, ce qui fait que plusieurs espaces blancs peuvent causer des problèmes lorsque les documents XHTML sont rendus. Si vous allez utiliser un espace blanc pour une meilleure lisibilité, soyez certain de l'insérer uniquement entre les éléments.
- Utilisez à la fois les attributs `name` et `id` lorsque vous faites référence à un identificateur de fragment de document commençant par un caractère dièse (`#value`). L'attribut `name` a été utilisé à l'origine pour faire référence à des ancres nommées ; toutefois, HTML 4 a rendu cet attribut obsolète pour le remplacer par l'attribut `id` comme moyen d'identifier exceptionnellement un élément donné. Pour s'assurer une future compatibilité, vous utilisez l'attribut `id` ; cependant, comme plusieurs navigateurs actuels et anciens ne supportent pas cet attribut, vous devez utiliser également l'attribut `name`. Exemple :

```
<a name="one" id="one">...</a>
```

- Encore une fois, pour une compatibilité en aval et en amont, utilisez en même temps les attributs `lang` et `xml` ; les attributs `lang` définissent le langage pour un élément donné. L'attribut `xml` précède l'attribut `lang` dans l'ordre de précédence.
- N'utilisez pas plus d'un élément `isindex` à l'intérieur de l'élément `head`. L'élément `isindex` est déclaré obsolète en faveur de l'élément `input`.

Si la création des documents XHTML qui supportent la compatibilité en amont avec des vieux navigateurs vous intéresse, utilisez uniquement des éléments supportés par ces vieux navigateurs. Si, par exemple, vous utilisez un marquage de forme dans votre document XHTML, Internet Explorer 2 ne le reconnaîtra pas car ce dernier ne supporte pas les formes complexes.

Les règles

Comme il est une application XML, XHTML doit respecter les exigences de syntaxe de XML. Ces exigences sont similaires à celles qui sont imposées par HTML mais elles ne sont guère difficiles à maîtriser. Dans les sections suivantes, nous allons passer brièvement ces règles en revue.

Ces règles ont été présentées en détail dans le Chapitre 2 où chaque règle de syntaxe particulière a été développée.

Fermez tous les éléments Tous les éléments doivent avoir une balise de fin ou s'ils sont considérés comme vides, ils doivent se conformer à la syntaxe XML en ce qui concerne l'élément vide.

Utilisez la syntaxe appropriée pour l'élément vide Les éléments vides doivent aussi être fermés ; cependant, en tant qu'auteur du document, vous avez deux options. Vous pouvez ajouter une balise de fin finale pour équilibrer l'élément vide. Exemple : `<br></br>`. Etant donné, toutefois, que l'ajout d'une balise de fin ne semble pas logique, une syntaxe raccourcie a aussi été mise au point : il s'agit d'ajouter une barre oblique à la balise de début, par exemple : `<br />`. Si vous utilisez la syntaxe d'élément vide (<br />), vous devez ajouter un espace avant la barre oblique pour des raisons de compatibilité en amont.

Mettez entre guillemets toutes les valeurs d'attributs Toutes les valeurs d'attributs doivent être placées entre guillemets.

Affectez des valeurs pour tous les attributs HTML possède une poignée d'attributs qui fonctionnent comme des attributs Boolean, lesquels vont tout seuls sans aucun attribut. Quand l'un d'entre eux est présent, il active une fonction. Lorsqu'il est absent, la fonction reste passive. Puisque XHTML suit les mêmes règles de syntaxe que XML, tous les attributs doivent avoir des valeurs. Exemple :

```
<input type="checkbox" checked="checked" />
```

Mettez en bas de casse les noms d'éléments et d'attributs car XHTML tient compte de la casse La spécification pour XML précise que les documents XML obéissent aux règles d'une DTD associée, y compris les conventions relatives aux noms d'éléments et d'attributs. Si la DTD définit tous les noms d'éléments et d'attributs en bas de casse, en tant que développeurs, nous devons nous en tenir à cette règle. Ainsi, tous les éléments et les attributs XHTML doivent être en bas de casse. Nous devons aussi mettre en bas de casse les valeurs d'attributs insensibles à la casse pour être cohérent.

Imbriquez correctement les éléments Avec HTML, il n'était pas essentiel d'imbriquer correctement les éléments ; cela constitue, par contre, une contrainte dans XHTML. Étant donné que les éléments doivent être équilibrés avec une balise de début et une balise de fin, il faut faire extrêmement attention lorsque l'on fait ces imbrications ; cela établit une hiérarchie et des relations entre les éléments.

Un moyen simple pour se souvenir des principes d'imbrication est de répéter plusieurs fois cette phrase : ce que vous avez ouvert en premier, vous devez le fermer en dernier.

Introduisez une déclaration *DOCTYPE* Si vous voulez absolument utiliser une des DTD de XHTML 1, vous ne pouvez pas utiliser une référence DTD issue de HTML 4. Lorsque vous opérez la conversion de vos documents HTML en XHTML, soyez bien certain d'utiliser la déclaration `DOCTYPE` appropriée. Pour voir la liste des trois DTD de XHTML, revenez au Chapitre 2.

Ajoutez le nom d'espace XHTML XHTML fait appel aux noms d'espace XML pour l'aider à identifier sa collection d'éléments et d'attributs. Cela se révèle particulièrement utile si vous envisagez de mélanger (imbriquer) d'autres vocabulaires XML. Pour rappel, si vous n'êtes pas encore familier avec les noms d'espace, il faut absolument lire le Chapitre 2. Suivant la spécification XHTML, tous les documents XHTML doivent utiliser le nom d'espace par défaut (`xmlns="http://www.w3.org/1999/xhtml"`). Ce nom d'espace est indispensable et doit être défini à l'intérieur de la balise de début `html`.

En résumé

Le Listing 9.1 montre un document XHTML qui n'a pas été convenablement constitué ; nous allons y remédier.

Listing 9.1 : Un document XHTML négligé.

```
<HTML>
<HEAD>
<TITLE>Sloppy HTML</TITLE>
</HEAD>
<BODY>
<H1>Element Rules</H1>
<P><FONT COLOR=RED>Elements provide the structure that holds your
document together.</FONT>
<BR>
<OL COMPACT>
<LI>Close all elements.
<LI>Empty elements should follow empty-element syntax, and be
sure to add the white space for backward compatibility.
<LI>Convert all stand-alone attributes to attributes with values.
<LI>Add quotation marks to all attribute values.
<LI>Convert all uppercase element and attribute names to lowercase.
<LI>Use the appropriate DOCTYPE declaration.
<LI>Add the XHTML namespace to the html start tag.
<LI>Make sure you comply with any backward-compatible steps
defined in the section "Backward Compatibility."
</OL>
</BODY>
</HTML>
```

Suivez les étapes indiquées ci-après pour donner une belle apparence au document :

1. Fermer tous les éléments. Remarquez que ni l'élément `p`, ni aucun des éléments de l'élément de liste (`li`) n'ont de balise de fin. Appliquez alors les balises de fin `p` et `li`.

```
<P><FONT COLOR=RED>Elements provide the structure that holds your document
together.</FONT></P>
<BR>
<OL COMPACT>
<LI>Close all elements.</LI>
<LI>Empty elements should follow empty-element syntax.</LI>
<LI>Convert all stand-alone attributes to attributes with values.</LI>
<LI>Add quotation marks to all attribute values.</LI>
<LI>Convert all uppercase element and attribute names to lowercase.</LI>
<LI>Use the appropriate DOCTYPE declaration.</LI>
<LI>Add the XHTML namespace to the html start tag.</LI>
<LI>Make sure you comply with any backward-compatible steps defined in the
section "Backward Compatibility."</LI>
</OL>
```

2. Les éléments vides doivent se conformer à la syntaxe d'un élément vide ; n'oubliez surtout pas d'ajouter l'espace pour la compatibilité en amont. L'élément `BR` est le seul élément vide dans le document. Changez-le en `<BR />`.

3. Convertissez tous les attributs en attributs accompagnés de valeurs. Changer `COMPACT` en `COMPACT=COMPACT`.

4. Mettez des guillemets à toutes les valeurs d'attributs.

```
<P><FONT COLOR="RED">Elements provide the structure that holds your document
together.</FONT></P> <BR>
<OL COMPACT="COMPACT">
```

5. Convertissez tous les noms d'éléments et d'attributs (et les valeurs d'attributs) qui sont en majuscules, en minuscules.

```
<html>
<head>
<title>Sloppy HTML</title>
</head>
<body>
<h1>Element Rules</h1>
<p><font color="red">Elements provide the structure that holds your document
together.</font></p>
<br />
<ol compact="compact">
<li>Close all elements.</li>
<li>Empty elements should follow empty-element syntax.</li>
<li>Convert all stand-alone attributes to attributes with values.</li>...
```

6. Utilisez la déclaration DOCTYPE appropriée. Nous allons utiliser la DTD Transitionnelle :

```
<!DOCTYPE html PUBLIC "-//W3C//DTD XHTML 1.0 Transitional//EN"
"http://www.w3.org/TR/xhtml1/DTD/xhtml1-transitional.dtd">
```

7. Ajouter le nom d'espace XHTML à la balise de début html.

```
<html xmlns="http://www.w3.org/1999/xhtml">
```

8. Assurez-vous que vous vous êtes bien conformé à toutes les étapes de compatibilité en amont prescrites dans la section "Compatibilité en amont". Notre document ne demande aucun ajustement à ce stade.

D'après la spécification XHTML, vous devez entourer toute syntaxe de script ou de feuille de style avec des sections CDATA de XML pour éviter un conflit entre < et &, ou bien pour éviter l'expansion d'entités du genre & ou <. Théoriquement, cela constituerait un pas de plus dans le processus de conversion. Cela aurait pu être la chose idéale si la plupart des navigateurs étaient capables de reconnaître la syntaxe de la section CDATA. Pour éviter que les navigateurs ne soient désorientés, il est recommandé d'utiliser chaque fois que cela est possible un script et des feuilles de style externes.

Le code qui s'ensuit devrait être conforme au Listing 9.2.

Listing 9.2 : Un document XHTML en bonne et due forme.

```
<!DOCTYPE html PUBLIC "-//W3C//DTD XHTML 1.0 Transitional//EN"
"http://www.w3.org/TR/xhtml1/DTD/xhtml1-Transitional.dtd"> <html
xmlns="http://www.w3.org/1999/xhtml">
<head>
<title>Sloppy HTML</title>
</head>
<body>
<h1>Element Rules</h1>
<p><font color="red">Elements provide the structure that
hold your document together.</font></p>
<br />
<ol compact="compact">
<li>Close all elements.</li>
<li>Empty elements should follow empty-element syntax, and be sure to add the
white space for backward compatibility.</li>
<li>Convert all stand-alone attributes to attributes with values.</li>
<li>Add quotation marks to all attribute values.</li>
<li>Convert all uppercase element and attribute names to lowercase.</li>
<li>Use the appropriate DOCTYPE declaration.</li>
```

```
<li>Add the XHTML namespace to the html start tag.</li>
<li>Make sure you comply with any backward-compatible steps defined in the
section "Backward Compatibility."</li>
</ol>
</body>
</html>
```

Dans ce listing, vous aurez remarqué que nous avons effectué le marquage à dessein. Nous l'avons fait pour rendre le marquage plus facile à lire.

Nous déconseillons l'usage de l'élément `font` pour définir la présentation. En revanche, nous recommandons les feuilles de style CSS (Cascading Style Sheets) dans le but de définir les règles de présentation de style pour votre document. Si l'audience que vous ciblez utilise Internet Explorer 5.0 ou plus récent, nous vous recommandons d'opter pour les règles de style CSS.

Travailler avec Tidy

HTML Tidy, un outil conçu par David Raggett, est une véritable bénédiction pour tout développeur Web. Disponible depuis un certain temps déjà, Tidy convertit des documents HTML en XHTML bien ordonné en quelques secondes. Destiné à l'origine pour le nettoyage du marquage dans HTML, il a fini par être intégré comme plug-in par la plupart des grands éditeurs HTML. De plus, Tidy possède une version qui peut être exécutée avec l'invite de commandes et une autre version en mode graphique (TidyGUI).

Vous vous demandez peut-être de quoi Tidy est-il capable ? En fait, il fait à peu près tout ce que vous attendez de lui. Tidy est capable de faire, entre autres, les corrections suivantes :

Détecter les balises finales dépareillées Dans la plupart des cas, Tidy repérera les balises finales dépareillées et effectuera les corrections appropriées.

Corriger les éléments incorrectement imbriqués Dans la plupart des cas, Tidy corrigera les erreurs d'imbrication.

Localiser les éléments mal placés Tidy alertera l'auteur du document lorsqu'un élément est utilisé à tort ; par exemple, si l'élément `td` est imbriqué à l'intérieur d'un élément `form`.

Les noms d'éléments et d'attributs en bas de casse Tidy modifiera automatiquement tous les noms d'éléments et d'attributs qui auraient été écrits en majuscules.

Ajoute des guillemets à des valeurs d'attributs Tidy appliquera des guillemets doubles ou simples autour des valeurs d'attributs (vous pouvez spécifier lesquelles).

Et la liste n'est pas exhaustive. En réalité, vous pouvez personnaliser Tidy pour lui faire faire pratiquement tout ce qui touche au processus de conversion. Vous pouvez par exemple décider que la version modifiée utilise un décrochement pour les éléments imbriqués ou bien ordonner que Tidy invoque seulement une partie et non la totalité des règles. Pour en apprendre davantage sur les innombrables capacités et options de HTML Tidy, visitez l'adresse `www.w3.org/People/Raggett/Tidy`.

Le Listing 9.3 est le document `sloppy.htm` (négligé.htm) que nous allons convertir en XHTML bien ordonné. Le marquage ainsi obtenu grâce à toutes les méthodes présentées dans les sections suivantes est montré dans le Listing 9.4.

Listing 9.3 : Le document HTML négligé.

```
<HTML>
<HEAD>
<TITLE>LANWrights Online Training</TITLE>
</HEAD>
<BLOCKQUOTE><B>Note: </B>For a complete bibliography and publication
information, please visit the LANWrights
<A HREF="http://www.lanw.com/books.htm">Book Nook.</BLOCKQUOTE></A>
<H1>LANWrights Web-based Training</H1>
<P>All classes share a similar design approach, including the following:
<UL COMPACT TYPE=SQUARE>
<LI>A collection of stand-alone lessons equal to about 16 hours of classroom
training
<LI>Online exercises, with built-in feedback on results <LI>Online discussion
group software that allows students to interact with each other online, and
access to a telephone hotline open during regular business hours
<LI>Automated mastery tests for each lesson, including score reporting
<LI>Individual student tracking and results reporting available 24/7
<LI>Printable access and how-to instructions for student use
<LI>Printable and/or downloadable versions of all lessons
</UL>
<P ALIGN=CENTER>If you are interested in hiring us to provide online training
for your company, you can visit our
<A href:"http://www.lanw.com/training/wbt-brochure.htm">online Brochure</A>,
which includes specific information about pricing, structure, availability, and
the instructors.
</BODY>
</HTML>
```

Listing 9.4 : La version XHTML bien ordonnée produit par HTML Tidy.

```
<!DOCTYPE html PUBLIC "-//W3C//DTD XHTML 1.0 Transitional//EN"
"http://www.w3.org/TR/xhtml1/DTD/xhtml1-transitional.dtd">
<html xmlns="http://www.w3.org/1999/xhtml">
<head>
<meta name="generator" content="HTML Tidy, see www.w3.org" />
```

```
<title>Sloppy HTML</title>
</head>
<body>
<blockquote><b>Note:</b> For a complete bibliography and
publication information, please visit the LANWrights
<a href="http://www.lanw.com/books.htm">Book Nook.</a></blockquote>
<h1>LANWrights Web-based Training</h1>
<p>All classes share a similar design approach, including the following:</p>
<ul compact="compact" type="square">
<li>A collection of stand-alone lessons equal to about 16 hours of classroom
training</li>
<li>Online exercises, with built-in feedback on results</li>
<li>Online discussion group software that allows students to interact with each
other online, and access to a telephone hotline open during regular business
hours</li>
<li>Automated mastery tests for each lesson, including score reporting</li>
<li>Individual student tracking and results reporting available 24/7</li>
<li>Printable access and how-to instructions for student use</li>
<li>Printable and/or downloadable versions of all lessons</li>
</ul>
<p align="center">If you are interested in hiring us to provide online training
for your company, you can visit our <a href:"http://www.lanw.com/training/wbt-
brochure.htm">online brochure</a>, which includes specific information about
pricing, structure, availability, and the instructors.</p>
</body>
</html>
```

Pour savoir comment travailler avec Tidy, vous devez lire la section qui correspond à votre méthode informatique, comme suit :

SI VOUS UTILISEZ	LISEZ CETTE SECTION
Lignes de commande Windows	"Utiliser Tidy avec l'interface en mode caractère de Windows"
Interface en mode graphique de Windows (GUI)	"Utiliser TidyGUI" ou "Utiliser Tidy dans HTML-Kit"
Macintosh	"Utiliser Tidy sur Mac"

Utiliser Tidy à partir de l'invite de commandes Windows

Si vous étiez déjà un familier du système DOS à son époque, vous seriez très à l'aise en utilisant Tidy avec l'invite de commandes. Les utilisateurs de Windows qui n'aiment pas travailler avec les commandes MS-DOS doivent passer directement vers les sections suivantes consacrées aux versions "Utiliser TidyGUI" ou "Utiliser Tidy dans HTML-Kit". Les utilisateurs de Macintosh trouveront ce qui leur convient dans la section "Utiliser Tidy avec Mac".

Avant de commencer notre apprentissage, téléchargez la version DOS de HTML Tidy sur le site `www.w3.org/People/Raggett/tidy`. Cliquez sur le lien de téléchargement de Tidy (Downloading Tidy) et sélectionnez `tidy.exe`. Après avoir téléchargé ce fichier exécutable sur votre disque dur (enregistrez-le dans un dossier que vous appellerez `Tidy` sur le disque C), et vous voilà fin prêt :

1. Pour lancer les commandes DOS, sélectionnez Démarrer --> Programmes --> Commandes MS-DOS. (Il se peut que vous soyez obligé d'aller vers Démarrer --> Programmes --> Accessoires --> Commandes MS-DOS.) Une fenêtre avec un arrière-plan noir et un texte, `C:\Windows`, apparaît. (Voir Figure 9.1.)

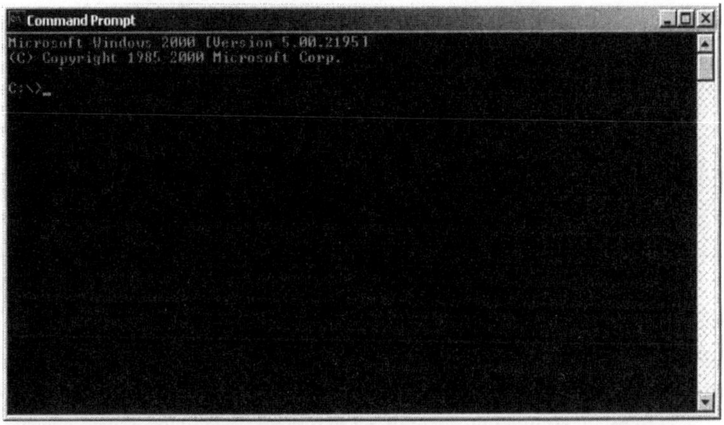

Figure 9.1 : Travailler avec les commandes MS-DOS.

2. Localisez le fichier `tidy.exe`. Si vous l'avez enregistré dans son propre dossier, `Tidy`, vous pouvez naviguer vers ce dossier en utilisant cette commande :

```
cd ..\Tidy
```

Cette commande signifie :

`cd`	Indiquer au processeur que vous voulez changer de dossiers. Cette commande doit être suivie d'un espace.
..\	Passer à un niveau supérieur vers le dossier racine.
`Tidy`	Ouvrir le dossier `Tidy`.

Une fois parvenu dans le dossier `Tidy`, vous êtes en mesure d'utiliser l'outil. Tidy vous permet de pointer vers un document HTML et d'utiliser des commandes pour convertir le document. Pour faire cela, vous devez disposer d'un document HTML sur lequel travailler. Quant à nous, nous allons utiliser le Listing 9.3 ; donnons le nom de `sloppy.htm` (négligé.htm) au fichier à convertir.

Pour convertir notre document en XHTML et cela grâce à Tidy, voici les étapes à suivre :

1. Tapez la commande suivante à l'invite de commandes Windows :

```
tidy -asxhtml -m c:\XHTML\sloppy.htm
```

La commande ci-dessus se décompose comme suit :

`tidy`	Appelle le programme Tidy.
`-asxhtml`	Ordonne à Tidy de convertir le document HTML en langage XHTML.
`-m`	Ordonne à Tidy de convertir le document dans son emplacement courant, et puis de modifier le document original au lieu d'enregistrer la nouvelle version dans un fichier séparé.
`c:\XHTML\sloppy.htm`	Définit l'emplacement du document HTML bâclé qui a besoin d'être converti. (Remplace le lecteur, le chemin et le fichier dans lequel se trouve votre document.)

2. Après avoir saisi cette commande, appuyez sur Entrée. Le document `sloppy.htm` sera remplacé par une version XHTML plus présentable. La version nettoyée de votre exemple de document est présentée dans le Listing 9.4.

Evidemment, en certaines occasions, vous voulez peut-être garder le document HTML initial et faire créer un nouveau document XHTML par Tidy. Dans ce cas particulier, entrez la ligne de commande suivante au lieu de la précédente :

```
tidy -asxhtml c:\XHTML\sloppy.htm > c:\XHTML\output.htm
```

Le document XHTML sera enregistré en tant que document séparé dans le dossier XHTML. Vous pouvez lui donner n'importe quel nom. Dans notre cas, nous l'avons appelé `output.htm`.

Utiliser TidyGUI

L'invite de commandes fait reculer plus d'un informaticien qui, au surplus, n'accepte pas non plus de télécharger un autre éditeur de texte. Si vous préférez l'interface graphique (GUI) de Tidy, sans vouloir un éditeur de texte entier, André Blavier a créé une version qui sied à votre convenance.

Cette version graphique de Tidy est incroyablement facile à utiliser. Jetez un coup d'œil sur l'interface TidyGUI montré dans la Figure 9.2.

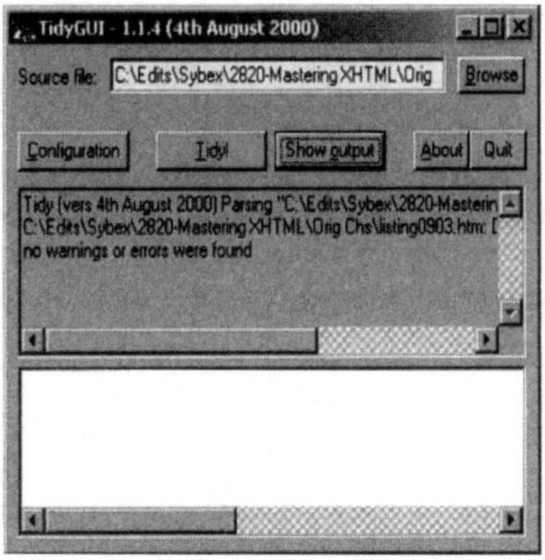

Figure 9.2 : L'interface TidyGUI, tout en simplicité.

Recherchez simplement le fichier que vous voulez soumettre à Tidy en cliquant sur le bouton Browse, puis sur le bouton Tidy!. Ensuite, cliquez sur le bouton Show Output et enregistrez ce qui en résulte dans un nouveau document. Pour en savoir davantage sur cette version, visitez le site `http://perso.wanadoo.fr/ablavier/TidyGUI/`.

Utiliser Tidy dans HTML-Kit

Les utilisateurs de Windows qui n'aiment pas travailler avec l'invite de commandes pourront se rabattre vers une autre interface graphique de HTML Tidy, HTML-Kit. Ce dernier est un éditeur de texte gratuit qui vous permet d'utiliser des modèles prédéfinis pour les documents HTML. Également capable de faire tout ce que les grands éditeurs de texte peuvent faire, HTML-Kit vous aide à créer des documents HTML, à utiliser HTML Tidy pour convertir des documents HTML en langage XHTML. Aucun téléchargement supplémentaire n'est nécessaire ; tout ce que vous avez à faire, c'est de télécharger HTML-Kit (sur le site `www.chami.com/html-kit/`) et Tidy est inclus dans le lot.

Le volume de téléchargement de HTML-Kit est nettement plus important que ceux de `tidy.exe` et de `tidy.GUI` mis ensemble.

Après avoir téléchargé et installé HTML-Kit, ouvrez-le pour voir à quoi ressemble son interface. La Figure 9.3 illustre la principale interface de HTML-Kit (avec un nouveau document ouvert).

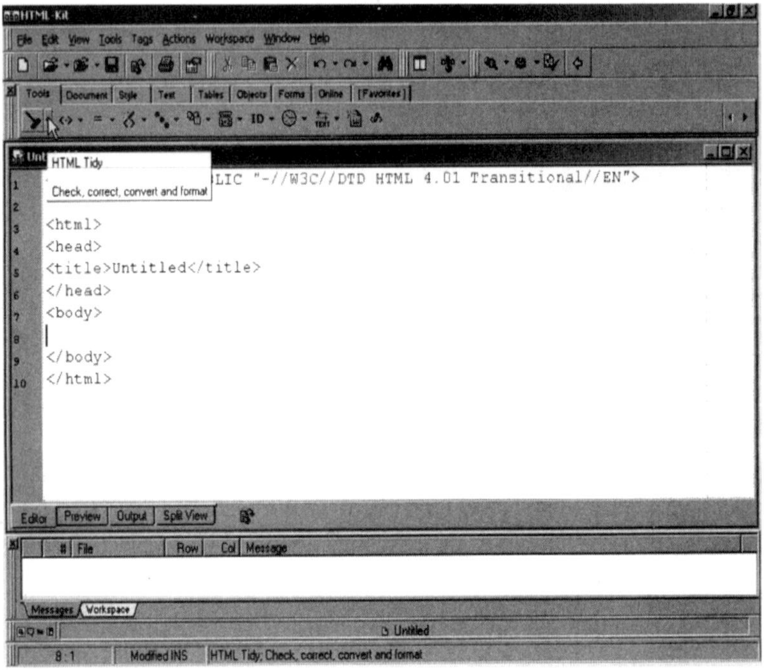

Figure 9.3 : L'interface de HTML-Kit.

Dans le coin supérieur gauche de la fenêtre, vous allez voir une icône sous forme d'un petit balai (l'icône de HTML Tidy). Pour convertir tous vos documents en XHTML, vous devez personnaliser les options de conversion. Sélectionner Edit --> Preferences et choisissez l'onglet Tidy qui est dans la Figure 9.4. Assurez-vous que le résultat dit bien XHTML, lequel est notre objectif. Après avoir personnalisé les options de conversion, il suffit de cliquer sur l'icône HTML Tidy et votre document sera converti en XHTML.

Maintenant, vous allez convertir un document (par exemple le Listing 9.3) en HTML en faisant appel à HTML-Kit. Voici les étapes que vous allez suivre :

1. Sélectionner File --> Open File, trouvez ensuite le document.
2. Cliquez sur l'icône HTML Tidy. Sinon, sélectionnez la flèche pointant vers le bas, à côté de l'icône HTML Tidy de la Figure 9.3, puis choisissez Convert To XHTML dans le menu qui apparaîtra. Le nouveau résultat (Listing 9.4) apparaît sur le côté droit de l'écran et toute erreur survenue dans le document va s'afficher en bas de l'écran (voir Figure 9.5).

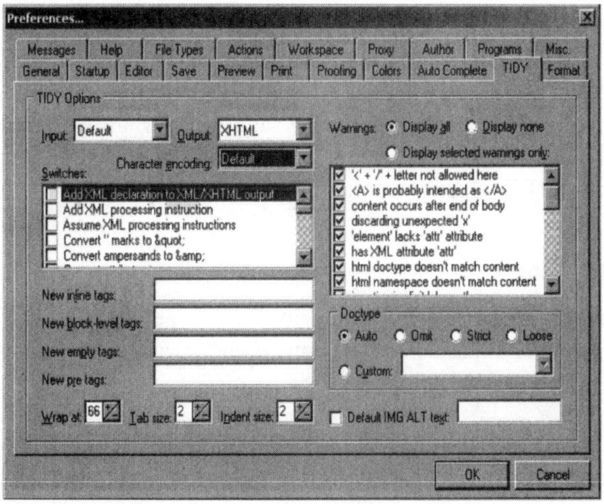

Figure 9.4 : L'onglet Tidy dans Preferences de HTML-Kit.

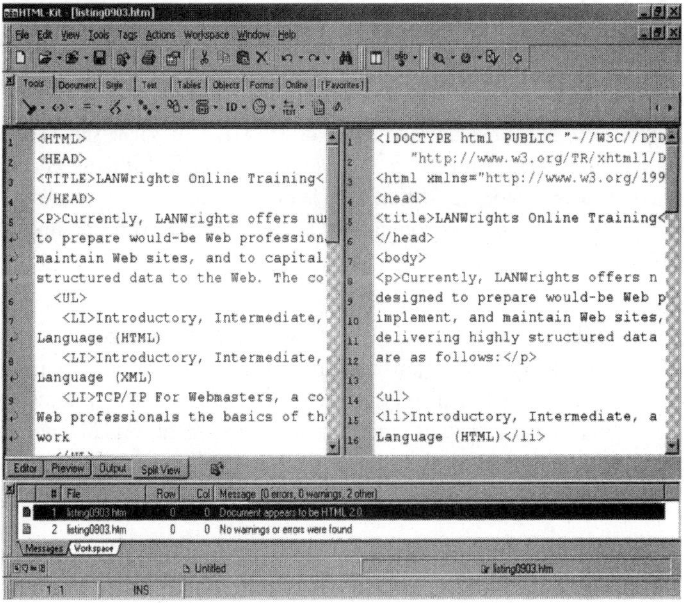

Figure 9.5 : Tidy a mis de l'ordre dans ce document, à l'aide du seul HTML-Kit.

3. Si vous voulez remplacer l'ancien document HTML par le nouveau document XHTML, faites un clic droit dans la fenêtre de droite et sélectionner Copy Outpout To Editor à partir du menu de raccourcis.
4. Sélectionner File --> Save ; cliquez ensuite sur l'onglet Editor situé au bas de la fenêtre pour continuer la modification de votre document ou tout simplement pour voir le langage XHTML dans toute sa splendeur.

Utiliser Tidy sur Mac

La prise en charge de Mac par Tidy remonte déjà à une certaine époque. Plusieurs options ont été mises à la disposition des utilisateurs de Mac ; elles sont toutes décrites et téléchargeables sur le site Tidy pour Mac OS :

```
www.geocities.com/SiliconValley/1057/tidy.html
```

Une des possibilités d'application offertes est comparable à celle de TidyGUI pour Windows. Elle porte le nom de MacTidy. En réalité, c'est sur TidyMac que TidyGUI s'est inspiré. Cependant, le moyen le plus courant d'utiliser Tidy avec Mac consiste à télécharger un module d'extension (plug-in) pour BBEdit.

BBEdit est l'un des premiers éditeurs de texte utilisés par les développeurs Web pour Macintosh et il est disponible sur `www.barebones.com`.

Téléchargez le module d'extension (plug-in) de HTML Tidy sur le site Tidy pour Mac OS mentionné plus haut. Après avoir téléchargé le fichier StuffIt dans lequel se trouve le plug-in, copiez le plug-in de BBEdit dans le dossier `BBEdit Plug-ins`. Une fois l'installation terminée, vous pouvez commencer la conversion de votre premier document XHTML.

Pour démarrer le processus de conversion, assurez-vous que vous avez bien ouvert un document HTML (le Listing 9.3 par exemple) dans BBEdit. Sélectionnez ensuite Tools --> Tidy HTML ; BBEdit va commencer son travail magique (voir Figure 9.6). Vous aurez alors deux documents, l'un vous présentera des informations sur toutes les erreurs survenues et les messages d'avertissement, l'autre le document XHTML que vous aurez obtenu (le Listing 9.4 par exemple).

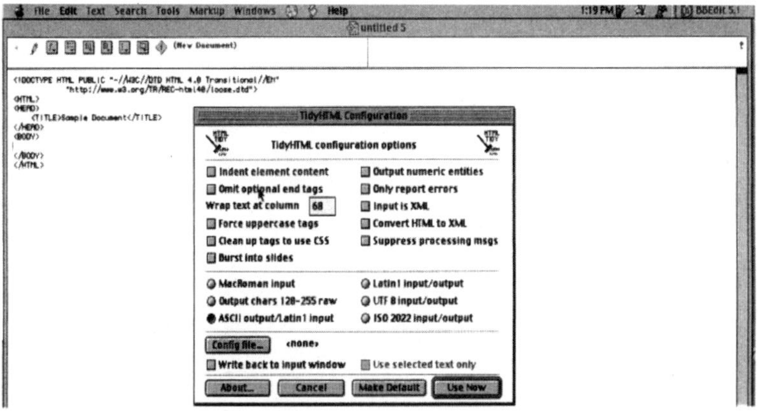

Figure 9.6 : Sélectionner HTML Tidy à partir du menu BBEdit Tools.

Et maintenant, que faire ?

Si vous désirez apprendre davantage sur XHTML, consultez :

- La Troisième partie pour découvrir les caractéristiques au-delà de XHTML.
- La Quatrième partie pour en savoir plus sur les manières de publier les sites Web.

PARTIE III

Aller au-delà du pur langage XHTML

Chapitre 10 : Les feuilles de style 305

Chapitre 11 : Ajout du langage JavaScript....................................357

Chapitre 12 : Insertion des multimédias 391

Chapitre 10

Les feuilles de style

XHTML

L'utilisation des feuilles de style CSS (Cascading Style Sheets) est le meilleur moyen, à la fois logique et facile, de formater des documents XHTML. Les feuilles de style constituent une étape capitale vers la séparation de la présentation d'un document, d'un côté, et de son contenu, de l'autre ; cela permet au document XHTML de spécifier sa structure et son contenu, et de faire presque la totalité des contrôles de présentation de la page. La dernière recommandation CSS ajoute un niveau de contrôle plus élevé en incluant des feuilles de style sonores destinées aux logiciels de lecture sur écran ; un certain nombre d'options sur le formatage de documents imprimés à partir du Web et sur le positionnement relatif ou absolu ont également été ajoutés.

Les feuilles de style domineront-elles tout ? Oui, si on pense que la spécification XHTML a rendu obsolètes les éléments et les attributs de formatage (l'élément `font` et l'attribut `align` par exemple) et les a remplacés par les feuilles de style.

Dans ce chapitre, vous allez voir comment les feuilles de style sauront améliorer l'efficacité XHTML et comment vous pouvez en tirer profit. Vous apprendrez à les développer et à les appliquer à vos documents XHTML. Des exemples ont été ajoutés dans la deuxième partie des Références du Maître pour vous donner plus de détails.

Nous allons expliquer les avantages et les limites des feuilles de style afin que vous puissiez les adapter à vos besoins, et ensuite les mettre en œuvre. L'utilisation des feuilles de style doit être bien comprise et pour cela, vous devez maîtriser les points ci-après :

- Comprendre les feuilles de style.
- Appliquer les feuilles de style aux documents XHTML.
- Développer les feuilles de style.
- Définir les propriétés : type, boîte, couleur, arrière-plan, listes.
- Définir les propriétés : sonorisation, impression, positionnement.

Comment fonctionnent les feuilles de style ?

XHTML est un langage de marquage que l'on utilise pour identifier les éléments structurels dans un document. Par exemple, vous pouvez spécifier qu'un élément est un entête de premier niveau, un autre est une puce, un troisième est une citation, etc. ; tout cela se faisant en insérant manuellement des éléments et des attributs de formatage. L'insertion de tous ces éléments à l'endroit voulu est vraiment fastidieux. Les feuilles de style spécifient le formatage en une seule fois et celui-ci est appliqué à tout le document, exactement comme on les utilise dans un logiciel de traitement de texte.

Les feuilles de style (formellement connues sous le nom de World Wide Web Consortium – W3C – *Cascading Style Sheets* Recommandation) sont destinées à vous fournir un contrôle de format et d'agencement similaire à celles que vous avez l'habitude d'appliquer, comme les programmes PageMaker ou Quark. Vous pouvez contrôler à quoi ressemblent les éléments de la page, leur emplacement, leur couleur, leur taille, les polices qu'ils utilisent, etc. Maintenant, vous pouvez prévoir quelle sera l'apparence de la page d'une manière plus approfondie qu'elle ne l'a jamais été.

Avant d'utiliser les feuilles de style, n'oubliez pas que les plus récents navigateurs sont les seuls à supporter la plupart des caractéristiques des feuilles de style CSS Level 1 ; le support pour les feuilles de style CSS Level 2 est encore à l'état de projet. Les navigateurs Microsoft Internet Explorer 3 (plus les versions récentes) et Netscape Navigator 4 (plus les versions récentes) supportent les feuilles de style. Toutefois, certaines feuilles de style ne fonctionnent pas d'une manière logique ou pas du tout, même dans les navigateurs qui les supportent. Netscape Navigator 6 supporte toutes les caractéristiques des feuilles de style CSS1. Netscape Navigator 6 et Internet Explorer 6 supportent la plupart mais pas toutes les caractéristiques des feuilles de style CSS2.

LES NAVIGATEURS, LES UTILISATEURS ET LES FEUILLES DE STYLE

Les feuilles de style sont uniquement disponibles pour les utilisateurs qui possèdent Internet Explorer 3 (ou une version plus récente) ou Netscape Navigator 4 (ou une version plus récente) ou Opera 3 (ou une version plus récente). Ceux qui ont des versions antérieures ou d'autres navigateurs plus anciens pourraient voir un simple document XHTML contenant à peine les éléments logiques de formatage, comme les en-têtes, les paragraphes, les tableaux et les listes.

De plus, puisque la technologie des feuilles de style est relativement nouvelle, les navigateurs ne fournissent pas encore un support stable et cohérent. Les pages qui sont conçues avec des feuilles de style ont une apparence légèrement différente selon les navigateurs. Toutefois, les derniers navigateurs (Internet Explorer 6, Netscape Navigator 6, et Opera 5) ont fourni des efforts considérables pour supporter les standards du Web, notamment les feuilles de style CSS1 et quelques éléments de CSS2. Le support des standards Web permet aux développeurs d'avoir une plus grande puissance pour obtenir une meilleure cohérence de présentation des pages Web entre les différents navigateurs et les différentes plates-formes.

Vos utilisateurs peuvent également avoir un contrôle sur l'apparence des documents, indépendamment du formatage défini dans les feuilles de style. Ils peuvent désactiver les feuilles de style ou les outrepasser pour mettre leurs couleurs ou leurs polices préférées. Les feuilles de style CSS2 fournissent un support supplémentaire et même la capacité pour les utilisateurs d'outrepasser les feuilles de style du concepteur. C'est vraiment une tâche essentielle de rendre les pages Web plus accessibles aux utilisateurs, et de prévoir que l'évolution des feuilles de style CSS et du Web vont surtout accentuer leurs besoins.

Quelques avantages sur l'utilisation des feuilles de style

En plus d'un contrôle élevé sur la visualisation des documents par vos utilisateurs, les feuilles de style permettent de gérer les documents XHTML plus facilement que s'ils sont remplis d'éléments de formatage. Quand vous mettez un marquage de formatage dans une feuille de style, le document a l'air plus ordonné.

Les feuilles de style réduisent aussi le temps de développement et de maintenance des documents XHTML. Au lieu de formater manuellement les paragraphes de texte, vous modifiez simplement la définition du style à un seul endroit, la feuille de style, et elle est appliquée à toutes les éventualités dans le document XHTML. Pas de désordre, ni tracas, tout est parfait.

Enfin, les feuilles de style produisent une flexibilité entre les documents à l'intérieur d'un site Web. Même si vous appliquez une feuille de style à toutes les pages du site, vous pouvez configurer des feuilles de style individuelles à appliquer à des documents XHTML individuels. La feuille de style individuelle outrepasse la feuille de style globale. En plus, vous pouvez régler une feuille de style individuelle pour adapter le formatage d'un texte spécial, comme c'est le cas d'un document dont certains paragraphes doivent être d'une couleur différente.

Les feuilles de style CSS Niveau 1

Les feuilles de style CSS1 (*Cascading Style Sheets Level 1*) ont introduit des propriétés de style élargies à un grand nombre de caractéristiques d'agencement d'une page et de présentation d'un texte. La Recommandation CSS1 a été adoptée par le Consortium W3C en décembre 1996 et révisée en janvier 1999. Les propriétés de style CSS1 comprennent :

- Les propriétés des polices, incluant des options étendues pour définir la taille et les autres caractéristiques des polices.
- Les propriétés de texte, incluant l'alignement du texte et la décoration.
- Les propriétés de zone comme les marges, le remplissage, les bordures et les éléments flottants.
- Les propriétés de couleur et d'arrière-plan, avec les options de répétition d'arrière-plan et les couleurs de fond des éléments.
- Les propriétés de classification, avec les styles pour l'affichage de listes.

Toutes ces propriétés sont expliquées en détail dans les diverses sections de ce chapitre.

La recommandation W3C CSS1 est disponible sur le site `www.w3.org/TR/REC-CSS1`.

Les feuilles de style CSS Niveau 2

La recommandation CSS2 a été adoptée en mai 1998. Cette recommandation se base sur les caractéristiques des feuilles de style CSS1 et ajoute de nouvelles propriétés, parmi lesquelles on peut citer :

- Les types de média et les propriétés, incluant des feuilles de style sonores et des médias imprimés.
- Les propriétés de positionnement : absolu, relatif, et fixe.
- Les polices téléchargeables.
- Les propriétés de style de tableau.
- Les propriétés de zone additionnelles, avec les nouveaux types de cadrage.
- Le modèle de formatage visuel, avec les propriétés pour le débordement, le clippage ou la coupure, et la visibilité.
- Le contenu généré, utilisé pour importer un contenu à partir d'un autre emplacement Web.
- Les ombrages de texte.
- Les couleurs système.
- Les styles de curseurs.

Les seules caractéristiques des feuilles de style CSS2 avec un support largement répandu au moment de la rédaction de ce livre (et uniquement pour les navigateurs récents) sont les propriétés du positionnement et quelques modifications dans les sélecteurs CSS. (Pour en savoir plus sur les sélecteurs, voir "Développement d'une feuille de style", plus tard dans ce chapitre.) Les feuilles de style sonores, les propriétés des médias imprimés et le positionnement CSS seront expliqués en détail.

La recommandation W3C CSS2 est disponible sur le site `www.w3.org/TR/REC-CSS2`.

Les feuilles de style Niveau 3 et au-delà

Même si les feuilles de style CSS2 ont un support encore très limité sur les navigateurs actuels, les feuilles de style CSS3 sont déjà en cours de développement avec une conception de modules individuels, à la différence des versions précédentes des feuilles de style CSS. L'approche module par module va donner aux navigateurs plus de facilités pour bien supporter le langage CSS3 et il est plus facile de faire les mises à jour sur des modules individuels ; elle permettra aux utilisateurs, concepteurs Web et développeurs Web de déterminer rapidement les modules que supporte un navigateur donné.

Les feuilles de style CSS3 sont encore en cours de développement mais quelques modules existent déjà, à savoir :

- Améliorations de l'interface utilisateur pour des caractéristiques dynamiques et interactives.
- Graphiques de vecteur extensibles (Scalable Vector Graphics SVG).
- Extensions de comportement (en ajoutant la capacité d'attacher des actions de script dynamique aux éléments).
- Caractéristiques d'accessibilité étendues.
- Propriétés d'agencement internationales.
- Disposition multicolonne.

Les ajouts ultérieurs aux feuilles de style CSS contiendront probablement des propriétés d'accessibilité plus avancées, un support multimédia amélioré, et des capacités dynamiques et interactives accrues.

Pour des informations sur tous les types de feuilles de style dont le langage XSL (Extensible Stylesheet Language), visitez le site `www.w3.org/Style`.

Implémentation des feuilles de style

Au fur et à mesure que vous parcourez le reste de ce chapitre, n'oubliez pas que les documents XHTML et les feuilles de style associées fonctionnent en équipe. Les documents XHTML renferment le contenu et les feuilles de style contiennent les informations sur le formatage. Le développement des feuilles de style est constitué de deux processus :

1. D'abord, associer (ou connecter) une feuille de style avec le document XHTML.
2. Ensuite, développer les contenus d'une feuille de style avec les informations sur le formatage.

Une fois que la création de feuilles de style vous sera devenue familière, vous pourrez créer d'abord la feuille de style, puis l'associer à un document XHTML. Toutefois, pour les besoins de l'apprentissage, il vaut mieux commencer par associer la feuille de style au document XHTML.

Association des feuilles de style avec les documents XHTML

Vous pouvez associer des feuilles de style aux documents XHTML de quatre manières :

- Incorporer la feuille de style dans le document en la configurant entre les balises de début et de fin de l'élément `head`.
- Stocker la feuille de style dans un document séparé, et la connecter ou l'importer.
- Appliquer des définitions de style à des parties spécifiques du document.
- Utiliser des définitions ouvertes en ligne.

Incorporation de la feuille de style dans le document XHTML

C'est la méthode la plus facile pour associer la feuille de style à vos documents XHTML. Pour incorporer une feuille de style, vous pouvez utiliser l'élément `style` avec les informations de style entre les balises de début et de fin de l'élément `head`.

L'incorporation des feuilles de style facilite la maintenance et la mise à jour car, au lieu de travailler à la fois avec un document de feuille de style et un document XHTML, vous n'avez plus qu'un seul document. Vous ouvrez uniquement le document XHTML et éditez le code de la feuille de style. Si vous travaillez avec plusieurs documents ou avec des documents que vous devez mettre à jour trop fréquemment, vous devez éditer la feuille de style dans chaque document et avec une feuille de style interne. Dès lors, l'utilisation d'une feuille de style externe devient opportune.

Pour incorporer une feuille de style, vous utilisez les éléments listés dans le Tableau 10.1 entre les balises de début et de fin de l'élément `head`.

Tableau 10.1 : Les composants du code des feuilles de style.

ELEMENT	TYPE	DESCRIPTION
`style`	Elément	Spécifie la zone de feuille de style à l'intérieur d'un document XHTML. Dans cette section, vous définissez ou vous importez le formatage.
`<!--...-->`		Marquage de commentaire Cache les contenus de la feuille de style aux navigateurs qui ne supportent pas les feuilles de style.
`type="text/css"`	Attribut de l'élément `style`	Spécifie le type de feuille de style ; requis.

Pour incorporer un feuille de style dans un document existant :

1. Commencez avec un en-tête de document fonctionnel :

```
<!DOCTYPE html PUBLIC "-//W3C//DTD XHTML 1.0 Strict//EN"
"http://www.w3.org/TR/xhtml1/DTD/xhtml1-strict.dtd">
<html xmlns="http://www.w3.org/1999/xhtml">
<head>
<title>Embedded Style</title>
</head>
</html>
```

Utilisez la DTD Stricte dans un document qui contient des feuilles de style car la DTD Transitionnelle permet le formatage d'éléments, et l'objectif recherché par les feuilles de style est justement de ne pas les utiliser.

2. Ajoutez des balises de début et de fin de l'élément `style` ainsi que l'attribut `type`.

```
<head>
<title>Embedded Style</title>
<style type="text/css">
</style>
</head>
```

3. Ajoutez le marquage de commentaire (`<!--...-->`) à l'intérieur de l'élément `style` pour cacher les contenus aux navigateurs qui ne supportent pas les feuilles de style.

```
<head>
<title>Embedded Style</title>
<style type="text/css">
<!--
-->
</style>
</head>
```

Les navigateurs qui ne supportent pas les feuilles de style ignorent l'élément `style` mais affiche le texte qui apparaît entre elles. Ajouter un marquage de commentaire à l'intérieur des balises `style` vous donne l'assurance que les styles n'apparaîtront pas comme un contenu dans les vieux navigateurs.

4. Ajoutez les définitions de style à l'intérieur du marquage de commentaire. Dans cet exemple (minimal), nous spécifions que ce texte de paragraphe est en rouge (red).

```
<head>
<title>ASR Outfitters</title>
<style type="text/css">
<!--
p {color: red}
-->
</style>
</head>
```

5. Ajoutez un élément `body`, un élément `p`, un contenu pour l'élément `p` et, maintenant, vous pouvez tester votre style imbriqué :

```
<!DOCTYPE html PUBLIC "-//W3C//DTD XHTML 1.0 Strict//EN"
"http://www.w3.org/TR/xhtml1/DTD/xhtml1-strict.dtd">
<html xmlns="http://www.w3.org/1999/xhtml">
<head>
<title>Embedded Style</title>
<style type="text/css">
<!--
p {color: red}
-->
</style>
</head>
<body>
<p>This paragraph uses an embedded style.</p>
</body>
</html>
```

Et voilà ! Pour tester cette feuille de style imbriquée, sauvegardez ce marquage et ouvrez le document XHTML dans Internet Explorer ou Netscape Navigator.

Stockage séparé des feuilles de style

Une feuille de style séparée (une *feuille de style externe*) est tout simplement un fichier texte simple, enregistré avec l'extension `.css` et qui contient les définitions de style. Vous devez développer une feuille de style externe chaque fois que vous travaillez avec plusieurs documents XHTML, surtout s'ils partagent un formatage similaire. Dans ce cas, vous développez une feuille de style unique et vous l'appliquez à tous vos documents XHTML comme le montre la Figure 10.1. Vous pouvez ensuite, d'une manière simultanée, modifier le formatage dans tous les documents en modifiant simplement la feuille de style.

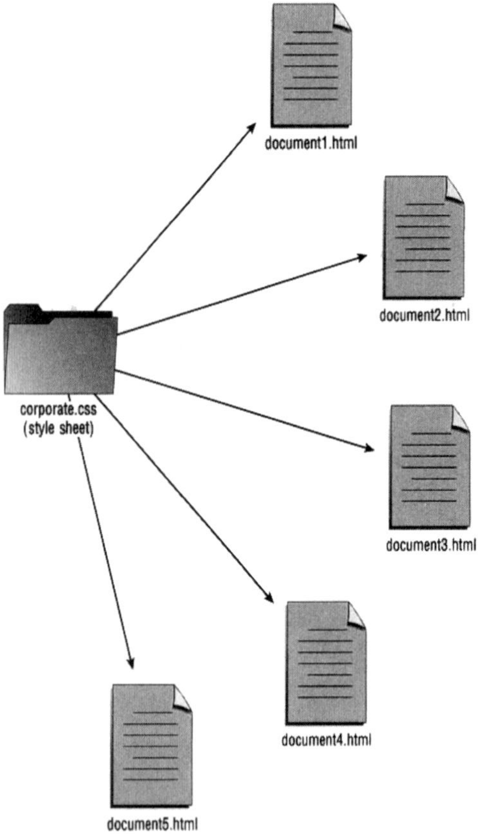

Figure 10.1 : Quand vous développez une feuille de style séparée, vous pouvez facilement l'appliquer à un grand nombre de documents XHTML.

Même si vous travaillez uniquement sur quelques documents XHTML, pensez à développer une feuille de style externe. Vous ne saurez jamais combien de documents XHTML le site contiendra.

Après avoir développé le document de la feuille de style externe, vous l'associez avec le(s) document(s) en utilisant l'une des deux méthodes suivantes : l'importation ou la connexion.

Importation d'une feuille de style

Cette méthode est pratique quand vous développez plusieurs feuilles de style, chacune ayant une fonction spécifique. Par exemple, comme l'illustre la Figure 10.2, vous pouvez développer une page qui applique les styles de la société, une autre page qui utilise ceux de votre département, et une troisième qui spécifie le formatage particulier du document. Au lieu de perdre du temps avec une grande feuille de style de dix pages, il vaut mieux choisir plusieurs feuilles de style plus petites.

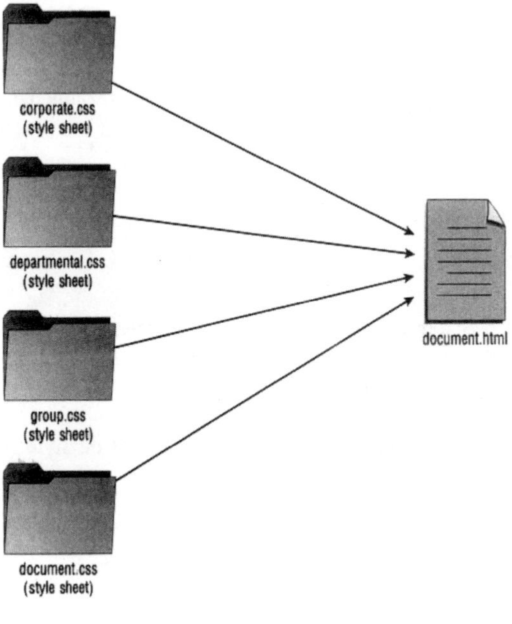

Figure 10.2 : L'importation facilite la maintenance d'une feuille de style détaillée.

L'importation des feuilles de style ne peut fonctionner correctement que dans quelques navigateurs. Pour les découvrir (ainsi que les autres caractéristiques des feuilles de style CSS), testez la version la plus courante des feuilles de style Références du Maître sur le site `www.webreview.com/style/css1/charts/mastergrid.shtml`.

Vous importez une feuille de style en insérant une déclaration `@import` dans l'élément `style` à l'intérieur des délimitateurs de commentaire. La syntaxe de ces importations est `@import url (...)`, avec l'adresse URL de la feuille de style à l'intérieur des parenthèses.

Pour importer une feuille de style, procédez aux étapes suivantes :

1. Démarrez avec un bloc de style complet comme le code suivant :

```
<!DOCTYPE html PUBLIC "-//W3C/DTD XHTML 1.0 Strict//EN"
"http://www.w3.org/TR/xhtml1/DTD/xhtml1-strict.dtd">
<html xmlns="http://www.w3.org/1999/xhtml">
<head>
<title>Imported Style</title>
<style type="text/css">
<!--
-->
</style>
</head>
```

2. A l'intérieur d'un bloc de style ou d'une feuille de style, ajoutez une ligne similaire à celle-ci (remplacez le nom de votre fichier CSS par `red.css`) :

```
<style type="text/css">
<!--
@import url(red.css);
-->
</style>
```

Si vous utilisez `@import` avec d'autres propriétés de style imbriquées, `@import` est toujours la première déclaration de style listée, suivie par des déclarations `@import` additionnelles et, ensuite, par les autres déclarations de style.

Un bloc de style complet qui ne fait qu'importer deux feuilles de style (`red.css` et `blue.css`) ressemble à ceci :

```
<style type="text/css">
<!--
@import url(red.css);
@import url(blue.css);
-->
</style>
</head>
```

Généralement, la déclaration `@import` n'offre aucun avantage en dehors de la méthode de connexion, mais elle est supportée par presque tous les navigateurs qui acceptent les feuilles de style. Nous vous recommandons cette méthode.

Connexion à une feuille de style

Cette méthode dispose d'un avantage significatif sur les autres méthodes. Il donne aux utilisateurs une variété de feuilles de style à utiliser sur une page spécifique. Exemple : vous pouvez lier une feuille de style à une page pour les utilisateurs qui travaillent sur écran et une autre différente mais sur la même page pour ceux qui voudront l'imprimer, comme le montre la Figure 10.3. Théoriquement, vous pouvez même développer une feuille de style optimisée (si les navigateurs implémentent cette fonctionnalité) pour une présentation sonore.

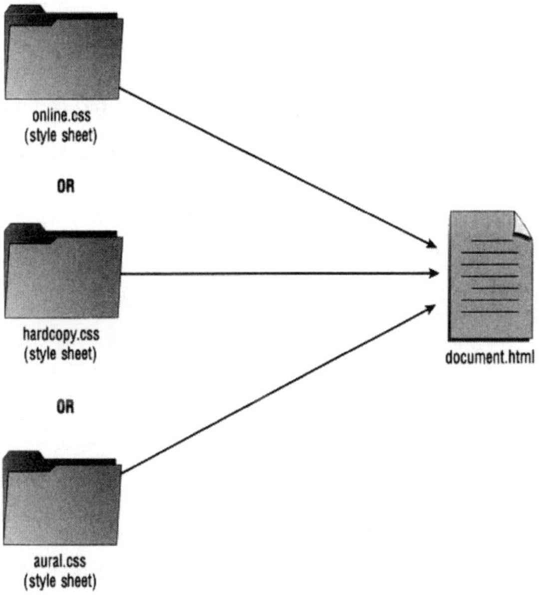

Figure 10.3 : La connexion permet d'appliquer des feuilles de style différentes à des utilisateurs spécifiques.

Même si vous pouvez importer une feuille de style, le choix d'une connexion sera encore plus bénéfique à long terme ; en effet, les futures versions de navigateurs offriront toujours plus de flexibilité aux utilisateurs dans le traitement des feuilles de style, y compris l'option de sélection sur une gamme de feuilles de style. L'importation n'offre aucun choix, elle ne fait que charger la feuille de style. Le Tableau 10.2 liste les éléments et les attributs à utiliser lorsque vous associez des feuilles de style à des documents XHTML.

Tableau 10.2 : Eléments et attributs pour lier des feuilles de style.

ELEMENT	TYPE	DESCRIPTION
`link`	Elément vide	Référence une feuille de style.
`href="url"`	Attribut de `lien`	Identifie la source de la feuille de style comme une adresse URL standard.
`rel="stylesheet"`	Attribut de `lien`	Spécifie que le fichier référencé est une feuille de style.
`title="..."`	Attribut de `lien`	Nomme la feuille de style. Les feuilles de style qui ne sont pas nommées sont toujours appliquées. Les feuilles de style nommées sont appliquées par défaut ou fournies en option selon l'attribut `rel` utilisé.
`type="text/css"`	Attribut de `lien`	Spécifie le type de la feuille de style.

Pour associer une feuille de style à un document XHTML, procédez comme suit :

1. Commencez avec une section entière de l'élément `head` de XHTML, comme le code suivant :

```
<!DOCTYPE html PUBLIC "-//W3C/DTD XHTML 1.0 Strict//EN"
"http://www.w3.org/TR/xhtml1/DTD/xhtml1-strict.dtd">
<html xmlns="http://www.w3.org/1999/xhtml">
<head>
<title>Linked Style</title>
</head>
```

2. Ajoutez l'élément vide `link`.

```
<head>
<title>Linked Style</title>
<link />
</head>
```

3. Spécifiez respectivement les valeurs des attributs `rel` et `type` pour se connecter à une feuille de style standard.

```
<link rel="stylesheet" type="text/css" />
```

4. Spécifiez l'adresse de la feuille de style avec l'attribut `href`. Spécifiez une adresse URL relative ou une adresse URL absolue, comme dans l'échantillon de code.

```
<link rel="stylesheet" href="blue.css" type="text/css" />
```

Et voilà ! Pour lier vos documents XHTML à plusieurs feuilles de style, insérez simplement plusieurs éléments `link` et complétez chacun avec la feuille de style à laquelle il a été lié. Par exemple, vous pouvez lier un document XHTML à une feuille de style générique qui contient les définitions de style de base ; ensuite, vous le liez à une feuille de style plus spécifique qui contient des définitions adéquates pour un style particulier de document : instructions, marketing, etc. Si vous liez des feuilles de style multiples, elles sont toutes valides ; mais si vous avez le même élément dans les feuilles de style multiples, le lien le plus récent va primer celui qui le précède.

La spécification XHTML permet aussi de lier les documents XHTML à des feuilles de style optionnelles avec l'attribut `rel="alternate stylesheet"`, de sorte que les utilisateurs peuvent choisir le style qu'ils veulent. Théoriquement, vous pouvez fournir des feuilles de style optionnelles qui permettent, par exemple, aux utilisateurs de choisir une bande passante étroite pour faire une visualisation avec un modem ou une large bande passante avec un grand nombre d'images à visualiser grâce à une connexion à haut débit. Les choix pour les moniteurs à haute résolution ou ceux à grande profondeur de couleurs peuvent être présentés ; vous pouvez aussi fournir des alternatives pour les moniteurs standards ou ceux à basse profondeur de couleurs. Toutefois, au moment où nous rédigeons ce livre, aucun navigateur ne supporte encore des feuilles de style optionnelles.

Application des feuilles de style à des parties du document

Jusqu'ici, vous avez vu comment on applique des feuilles de style à des documents XHTML entiers. Les styles d'une feuille de style peuvent s'appliquer à des parties spécifiques du document XHTML comme le montre la Figure 10.4. Cette catégorie est appelée une application des *classes de style*. Vous pouvez définir les classes de style dans la feuille de style. Par exemple, supposons que vous spécifiez dans une feuille de style que la première ligne de tous les paragraphes doivent être en retrait. Vous pourriez alors constater que les paragraphes situés après une liste de puces ne sont pas en retrait car ils continuent l'information fournie au paragraphe précédent. Pour résoudre le problème, vous pouvez dans ce cas formater manuellement le paragraphe. Toutefois, la meilleure solution est de définir une nouvelle classe d'éléments de paragraphe à l'intérieur de votre feuille de style ; cette classe pourrait par exemple être appelée `continue`. Vous pouvez utiliser cette nouvelle classe de paragraphe chaque fois que la première ligne d'un paragraphe n'est pas en retrait. Le Tableau 10.3 décrit les éléments et les attributs à utiliser pour appliquer les classes.

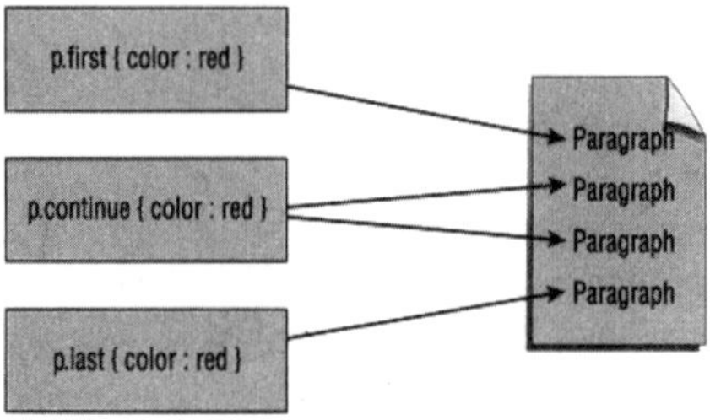

Figure 10.4 : Application des classes de style ; vous pouvez spécifier quelles parties du document XHTML doivent apparaître.

Tableau 10.3 : Eléments et attributs pour l'application des classes.

ELEMENT	TYPE	DESCRIPTION
`div`	Elément	Contient les attributs et les applique au code XHTML entre les balises de début et de fin. Ces balises sont conçues pour entourer des paragraphes ou d'autres éléments de niveau bloc.
`span`	Elément	Contient les attributs de style et les applique au code XHTML entre les balises de début et de fin. Ces balises sont conçues pour entourer des lettres, des mots et d'autres éléments inline.
`class="..."`	Attribut d'éléments divers	Référence une classe de style pour s'appliquer à une partie spécifiée d'un document XHTML.
`id="..."`	Attribut d'éléments divers	Spécifie un nom unique associé à une définition de style spécifique. Vous ne pouvez l'utiliser qu'une fois à l'intérieur d'une feuille de style.

Vous pouvez aussi appliquer une classe à un élément XHTML existant ou utiliser les éléments `div` et `span` pour spécifier que la classe s'applique à d'autres éléments, à des lettres ou à des mots qui ne sont pas individuellement spécifiés par un élément XHTML.

Application des classes à un élément XHTML

Vous appliquez une classe à un élément XHTML (exemples : `p`, `h1`, `ul, etc.`) afin de spécifier le formatage d'un groupe d'éléments. Pour appliquer des classes à l'intérieur d'un document XHTML, suivez les étapes ci-après :

1. Commencez avec un paragraphe existant à l'intérieur d'un document.

```
<p>Many people buy ASR products despite the higher cost.</p>
```

2. Ajoutez l'attribut `class` à la balise d'ouverture `p`, comme ceci :

```
<p class="">Many people buy ASR products despite the higher cost.</p>
```

3. Ajoutez le nom de la classe de paragraphe. (Vous apprendrez à définir et nommer des classes lorsque vous allez développer une feuille de style plus tard dans ce chapitre.)

```
<p class="continue">Many people buy ASR products despite the higher cost.</p>
```

Et voilà ! Si vous avez un besoin ponctuel de formatage spécifique, vous pouvez définir un identificateur de style et appliquer ensuite l'attribut `id` à la place de l'attribut `class` dans l'exemple précédent. Vous avez alors le code suivant :

```
<p id="538fv1">Many people buy ASR products despite the higher cost.</p>
```

Application des classes à d'autres parties du document

Vous pouvez aussi appliquer des classes à des parties spécifiques d'un document XHTML qui ne possèdent pas d'éléments existants. Par exemple, supposons que vous souhaitiez mettre les premières lignes du corps du document sous une couleur différente. Comme aucun élément spécifique n'existe pour désigner les premières lignes, vous devez spécifier le paragraphe ou le texte auquel le style va s'appliquer.

Pour appliquer des classes de style à des parties spécifiques d'un document XHTML, utilisez les éléments `div` et `span` (voir Tableau 10.3). Ces éléments fournissent un emplacement pour l'application du formatage de classe lorsqu'il n'y a pas de formatage existant.

Vous employez l'élément `div` pour appliquer des classes de style à des sections de bloc d'un document, à des zones où vous avez besoin d'appliquer la classe de style à un contenu plus grand qu'un seul élément. Voici les étapes pour appliquer la classe `margin` de l'élément `div`, pour définir la marge de gauche à 40 % :

1. Commencez avec une section d'un document existant.

```
<p>Many people buy ASR products despite the higher cost.</p>
<blockquote>"We sell only the highest quality outdoor equipment."</blokquote>
```

2. Ajoutez les balises `tag` autour de la section.

```
<div>
<p>Many people buy ASR products despite the higher cost.</p>
<blockquote>"We sell only the highest quality outdoor equipment."</blokquote>
</div>
```

3. Ajoutez l'attribut `class` approprié.

```
<div class="margin">
<p>Many people buy ASR products despite the higher cost.</p>
<blockquote>"We sell only the highest quality outdoor equipment."</blokquote>
</div>
```

La classe `margin` sera maintenant appliquée aux deux éléments `p` et `blockquote`.

Utilisez l'élément `span` pour appliquer des classes à des caractères ou à des mots, à toute section de contenu *inférieure* à un élément régulier entier. Exemple : pour appliquer la classe `firstuse` (que vous définissez ailleurs) à un mot, procédez comme suit :

1. Commencez avec un élément XHTML existant, un élément `p` par exemple.

```
<p>Many people buy ASR products despite the higher cost.</p>
```

2. Ajoutez les balises de début et de fin de l'élément `span`.

```
<p>Many people buy <span>ASR Outfitters products</span> higher cost.</p>
```

3. Ajoutez l'attribut `class` approprié.

```
<p>Many people buy <span class="firstuse">ASR products</span> despite the
higher cost.</p>
```

Vous pouvez utiliser des classes en relation avec des tableaux XHTML (voir Chapitre 6). Les éléments d'un tableau acceptent les attributs `class` pour l'application du formatage soit pour les sections de tableau que vous spécifiez, soit pour les cellules individuelles, les lignes, les colonnes, etc. (Voir la section "Application des classes à un élément XHTML", plus tôt dans ce chapitre.)

Application des définitions de style inline

L'application des définitions de style inline dans un document XHTML ressemble à l'action d'ajouter des attributs de formatage. Par exemple, comme vous pouvez appliquer un attribut `align` à un paragraphe, il est aussi possible d'appliquer une définition de style à l'intérieur de l'élément `p`. Bien sûr, avec les feuilles de style, vous disposez d'un plus grand nombre de possibilités de formatage qu'avec de simples commandes de formatage XHTML.

La technique est simple. Ajoutez l'attribut `style="..."` à n'importe quel élément XHTML. Mettez la définition du style entre guillemets (et s'il existe des éléments entre guillemets à l'intérieur de l'attribut `style`, mettez-les entre des guillemets simples). Ensuite, pour cet élément, ces valeurs vont outrepasser toutes les autres définitions de style qui ont été faites, qu'elles soient importées ou associées au document.

Même si vous n'utilisez pas cette méthode pour appliquer des styles sur tout le document XHTML car elle demande un temps trop long, vous pouvez vous en servir pour un cas particulier dans une feuille de style existante. Par exemple, la feuille de style pourrait spécifier que les paragraphes sont en bleu. Vous pouvez alors appliquer un style inline pour spécifier qu'un paragraphe particulier est en rouge dans le texte.

Pour ajouter une définition de style à un élément XHTML existant, procédez comme suit :

1. Commencez avec un élément XHTML existant, l'élément `p` par exemple.

```
<p>Many people buy ASR products despite the higher cost.</p>
```

2. Ajoutez l'attribut style.

```
<p style="">Many people buy ASR products despite the higher cost.</p>
```

3. Ajoutez la ou les définitions de style, séparée(s) par des points-virgules. Remplacez les simples guillemets par des doubles guillemets à l'intérieur de l'attribut sinon vous fermeriez prématurément l'attribut.

```
<p style="color: red; font-family: 'Times New Roman', serif"> Many people buy
ASR products despite the higher cost.</p>
```

Remarquez que `Times New Roman` est entre guillemets alors que `serif` ne l'est pas. La raison est que `Times New Roman` contient des espaces blancs et doit donc être mise entre guillemets. Cependant, `serif` ne contient pas d'espaces blancs ; par conséquent, il n'a pas besoin d'être mis entre guillemets.

La cascade, qu'est-ce que c'est ?

Les sections précédentes vous ont montré qu'il existe plusieurs moyens de spécifier des styles pour un document : feuilles de style externes, styles incorporés et styles inline. Il pourrait y avoir des conflits entre ces styles. Par exemple, la feuille de style externe spécifie que tout le texte dans le document est en rouge et le style incorporé indique un texte en bleu pour les paragraphes. Le navigateur résout ces définitions de style en conflit en appliquant les règles de précédence pour les feuilles de style. Ces règles s'appellent *la cascade.*

Les deux types de cascade sont :

1. La règle de style la plus spécifique doit être appliquée. Cela signifie qu'un style applicable aux paragraphes est plus spécifique qu'un autre qui concerne tout le texte du document.

2. Si les deux règles de style sont toutes les deux spécifiques, la règle de style qui a été mis en place la *dernière* est considérée comme la plus spécifique et doit être appliquée. Si vous avez par exemple deux définitions de style différentes pour la couleur du paragraphe,

```
p (color:green)
p (color:blue)
```

la seconde définition prime sur la première. Ainsi, le texte de paragraphe sera affiché en bleu.

Les définitions de style qui sont déclarées dans une feuille de style externe s'appliquent avant les définitions de style incorporées dans un document et ces dernières viennent avant les déclarations de style inline. Ainsi, l'ordre de précédence, du plus bas jusqu'au plus haut est :

3. La feuille de style externe.
2. Les styles incorporés (s'il y en a, outrepassent la feuille de style externe).
1. Les styles inline (s'il y en a, outrepassent les autres définitions).

Développement d'une feuille de style

Dans les sections précédentes, vous avez appris à associer une feuille de style à un document XHTML. Ce que vous devez faire maintenant est de développer la feuille de style, c'est-à-dire spécifier les définitions de style que vous souhaitez inclure. Une *définition de style* (appelée aussi une *règle de style*) spécifie les caractéristiques de formatage.

Vous pouvez choisir n'importe quelle combinaison des huit catégories de propriétés de style ci-après. Nous allons traiter chacune d'entre elles dans une section qui leur est réservée.

- Les propriétés de police spécifient le formatage au niveau des caractères (inline) comme le style de caractère.
- Les propriétés de texte spécifient les caractéristiques d'affichage pour le texte comme l'alignement ou l'espacement des caractères.

- Les propriétés de zone spécifient les caractéristiques pour les sections de texte au niveau du paragraphe (ou du bloc).
- Les propriétés de couleurs et d'arrière-plan spécifient la couleur, la couleur d'arrière-plan et les images au niveau inline et au niveau du bloc.
- Les propriétés de classification spécifient les caractéristiques d'affichage des listes et d'éléments (`p` ou `h1`) au niveau inline et du bloc.
- Les propriétés des feuilles de style sonores contrôlent la présentation des documents XHTML (feuilles de style CSS2 uniquement).
- Les propriétés des feuilles de style d'impression ajoutent des caractéristiques spécifiques pour contrôler les sorties de documents imprimés (feuilles de style CSS2 uniquement).
- Les propriétés de positionnement ajoutent des caractéristiques pour contrôler de manière précise le placement des éléments à l'affichage (feuilles de style CSS2 uniquement).

Nous pouvons compliquer à souhait les options de formatage mais il vaut mieux quelque chose de simple. Consultez la documentation sur les feuilles de style dans la deuxième partie des Références du Maître pour constater les innombrables options qui existent. L'utilisation de certaines de ces options peut devenir très complexe.

Avant d'approfondir le développement d'une feuille de style, regardons bien cet échantillon de code d'une feuille de style :

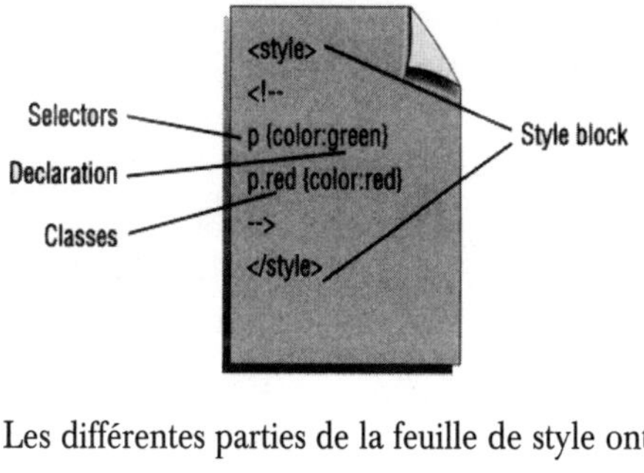

Les différentes parties de la feuille de style ont leurs fonctions propres :

Le bloc de style inclut des éléments de style et des marquages de commentaire, avec des définitions de style (ou règles).

Les sélecteurs sont des éléments XHTML. Dans cet exemple, la lettre `p-` dans l'élément paragraphe est un sélecteur.

Les déclarations sont les propriétés des éléments XHTML comme la couleur, l'arrière-plan, l'alignement et la police. Les déclarations sont constituées de deux parties : une propriété et une valeur, séparée par un point-virgule. Dans le second exemple, `color` est la propriété et `red` est la valeur. La combinaison propriété/valeur est mise entre accolades ({}).

Des classes spécifient une définition supplémentaire de style associée avec des occurrences spécifiques d'un élément XHTML. Exemple : les paragraphes balisés `<p class="red">` utilisent cette classe de style.

Chaque définition de style peut déterminer le formatage associé à un élément spécifique XHTML, avec les attributs spécifiques `class` ou encore avec un identificateur spécifique `id`. Le formatage associé aux éléments XHTML apparaît dans le document sans aucune action spéciale de votre part (sauf l'ajout de référence ou de feuilles de style dans le document XHTML). Les définitions de style pour les attributs de classe et d'identification nécessitent aussi l'ajout d'attribut `class` ou `id` à la section appropriée du document XHTML, avant que le formatage puisse y apparaître.

Pour ajouter ces éléments dans une feuille de style interne, procédez comme suit :

1. Vérifiez que le bloc est bien en place.

```
<style type="text/css">
<!--
-->
</style>
```

2. Ajoutez un sélecteur et des accolades.

```
<style type="text/css">
<!--
p {}
-->
</style>
```

3. Ajoutez la déclaration entre les accolades.

```
<style type="text/css">
<!--
p { color: aqua }
-->
</style>
```

Astuces pour les feuilles de style

Lorsque vous construisez une feuille de style, suivez ces instructions et constatez combien le processus devient si facile.

- Pour ajouter plusieurs sélecteurs, mettez-les sur plusieurs lignes :

```
<style type="text/css">
<!--
p {color: red}
h1 {color: blue}
blockquote {color: green}
-->
</style>
```

- Pour avoir plusieurs déclarations d'un sélecteur, groupez les déclarations à l'intérieur des accolades, séparées par des points-virgules. De plus, les définitions de style sont plus faciles à lire si vous les espacez et si vous ne mettez qu'une déclaration par ligne. Par exemple, pour définir p comme un texte en rouge avec un arrière-plan jaune, utilisez le marquage suivant :

```
<style type="text/css">

<!--

p { color: red;

background: yellow; }
-->
</style>
```

- Commencez au plus haut niveau, le niveau le plus général à l'intérieur du document, lequel est probablement le corps du document. Formatez l'élément body si vous voulez que la majeure partie du document soit affichée et utilisez des règles de style plus spécifiques pour outrepasser les paramètres de l'élément body.
- Les espaces blancs à l'intérieur des définitions de style et des règles sont ignorés. Chacune des lignes de code suivantes produit le même résultat :

```
p{color:red}
p {color:red}
p {color: red}
p { color:red}
p { color: red }
```

En plus, soyez familier avec les moyens utilisés pour spécifier les mesures et les valeurs ; celles-ci seront expliquées dans les deux prochaines sections.

Spécification des mesures

Lorsque l'on spécifie leur emplacement, il faudra aussi spécifier la taille des éléments. Par exemple, si vous spécifiez que la première ligne d'un paragraphe est en retrait, vous pouvez aussi spécifier la taille de ce retrait. En général, utilisez les unités du Tableau 10.4 pour vos mesures. Vous pouvez également exprimer la plupart de vos mesures en termes de pourcentage de la fenêtre du navigateur.

Vos mesures pourraient ressembler aux lignes suivantes :

```
p { text-indent: 2px }
p { text-indent: 1em }
```

Tableau 10.4 : Unités de mesure utilisées dans les feuilles de style.

UNITE	DEFINITION	DESCRIPTION
cm	Centimètre	La mesure est en centimètre.
em	Espace em	En typographie, un em est la largeur de la lettre majuscule M dans le style de caractère utilisé. Avec les feuilles de style CSS, un em est l'équivalent de la taille de la police. Exemple : si la taille de la police est 12, la taille d'un em est de 12 points.
ex	Hauteur X	La hauteur de la lettre *x* minuscule du style de caractère utilisé.
in	Pouce	La mesure est en pouce.
mm	Millimètre	La mesure est en millimètre.
pc	Pica	Une mesure typographique qui équivaut à un seizième (1/16) de pouce.
pt	Point	Une mesure typographique qui équivaut à un soixante-douzième (1/72) de pouce.
px	Pixel	Un point d'écran individuel.

Les unités relatives comme `em` sont en général préférées aux unités de type absolu comme `pt` lorsque l'on spécifie la taille de la police, car les unités relatives peuvent être agrandies par l'utilisateur. Par exemple, les utilisateurs malvoyants peuvent définir le texte de leur navigateur à une taille plus grande. Si la taille de la police est spécifiée en em, tout le texte sera proportionné en conséquence. Les relations d'agencement du texte existent toujours sur une plus grande échelle.

Spécification de couleurs dans les règles de style

Lorsque vous utilisez des feuilles de style, vous pouvez spécifier des couleurs avec les méthodes standards du langage XHTML (valeurs `#rrggbb` ou noms de couleurs), ainsi qu'avec deux autres méthodes dont l'approche est légèrement différente pour spécifier les proportions du rouge, du vert et du bleu. Les quatre lignes suivantes montrent comment spécifier la couleur rouge dans chaque méthode.

Méthode	Exemple
Code Hex	`p{color: #ff0000}`
Nom de couleur	`p{color: red}`
Décimal	`p{color: rgb(255,0,0)}`
Pourcentage	`p{color: rgb(100%,0%,0%)}`

Bien que chacune de ces méthodes soit facile à utiliser, nous recommandons l'emploi de l'option `#rrggbb`. Elle va vous devenir familière car elle correspond aux déclarations de couleur du langage XHTML.

Dans les sections suivantes, nous allons montrer comment on peut développer une feuille de style incorporée. Si vous avez pu terminer cette feuille de style incorporée, vous pouvez la mettre dans un autre document, l'importer ou la connecter.

Pour l'illustrer par un exemple, ouvrez un document XHTML avec les éléments de structure complets ou utilisez le Listing 10.1.

Listing 10.1 : Un document XHTML avec les éléments de structure complets.

```
<!DOCTYPE html PUBLIC "-//W3C/DTD XHTML 1.0 Transitional//EN"
"http://www.w3.org/TR/xhtml1/DTD/xhtml1-transitional.dtd">
<html xmlns="http://www.w3.org/1999/xhtml">
<head>
<title>ASR Outfitters</title>
</head>
<body>
<h1>Welcome to ASR Outfitters!</h1>
<p>We're happy to welcome you to our newly redesigned Web
site, featuring <b>styles</b> (because they look cool) as well as redesigned
graphics. Please take the
<a href="tour.html"> tour of our site</a> if you haven't been here in a
while. In particular, you may appreciate the now automatically updated
camping news, as well as the new weather imagemap. Additionally, we've been
getting some nice kudos from frequent and occasional visitors.</p>
<blockquote>Your site always provides timely and useful information. Keep up
the good work.<br /> Jim Smith
</bolckquote>
<hr />
<h2>What's Here</h2>
<ul>
<li><a href="camping.html">Camping News</a> provides the latest comments from
the trails.</li>
<li><a href="weather.html">Check Weather</a> offers weather updates from a
variety of sources.</li>
<li><a href="clubs.html">Clubs</a> gives local hiking and
mountaineering clubs a place to provide information about their
```

```
activities.</li>
<li><a href="catalog.html">Catalog</a> presents out entire inventory,
including announcements of the latest sales.</li>
<li><a href="contact.html">Contact Us</a> links to a page
with a contact form, e-mail addresses, snail mail addresses, and phone
numbers. If it isn't here, you can't find us.</li>
</ul>
<h2>What We Do</h2>
<p>In addition to providing the latest camping and outdoor activities news,
we also provide mountaineering and hiking equipment nationwide via mail order
as well as through our stores in the Rocky Mountains. Please take a few
minutes to look through our <a href="catalog.html">online offerings</a>
</p>
<h2>Other Issues</h2>
<ul>
<li>As you may know, our URL was misprinted in the latest
<li>Hiking New</li>. Please tell your hiking friends that
the correct URL is <tt>http://www.asroutfitters.com/</tt>.
</li>
<li>To collect a $1000 reward, turn in the name of the person who set the
fire in the Bear Lake area last weekend.
<ol>
<li>Call 888-555-1212.</li>
<li>Leave the name on the recording.</li>
<li>Provide contact information so we can send you the
reward.</li>
</ol>
</li>
</ul>
<h2>What Would You Like To See?</h2>
<p>If you have suggestions or comments about the site or other information we
could provide, we'd love to know about it. Drop us an e-mail at <a
href="mailto:asroutfitters@example.com">asroutfitters@example.com</a>. Of
course, you could also contact us more traditionally at the following
address:</p>
<address>ASR Outfitters<br />4700 N. Center<br />South Logan, UT 87654<br
/>801-555-3422</address>
</body>
</html>
```

S'il n'y a aucun style ou formatage autres que les standards du navigateur XHTML par défaut, le document du Listing 10.1 va ressembler à la Figure 10.5.

Pour ajouter un bloc de style au document, exécutez les étapes suivantes :

1. Ajoutez une paire de balises de début et de fin `style` à l'intérieur de l'en-tête du document, comme le montre le code suivant :

```
<!DOCTYPE html PUBLIC "-//W3C/DTD XHTML 1.0 Transitional//EN"
```

```
"http://www.w3.org/TR/xhtml1/DTD/xhtml1-transitional.dtd">
<html xmlns="http://www.w3.org/1999/xhtml">
<head>
<title>ASR Outfitters</title>
<style type="text/css">
</style>
</head>
```

2. Ajoutez le marquage de commentaire (`<!-- -->`) à l'intérieur des balises `style` :

```
<style type="text/css">
<!--
-->
</style>
```

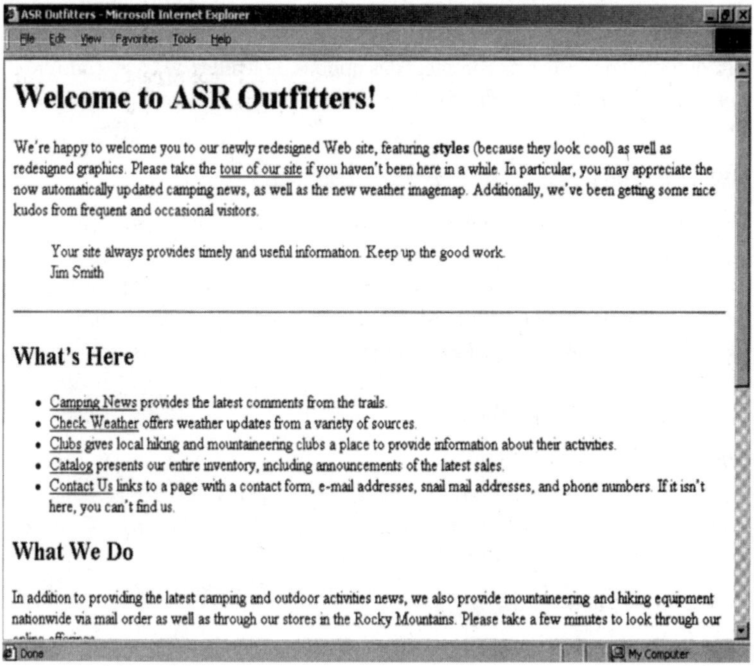

Figure 10.5 : Un document XHTML sans formatage spécial ou feuilles de style.

Après l'élément `style` et le marquage de commentaire, définissez la feuille de style. Spécifiez les propriétés de style comme la police, le texte, les zones, les arrière-plans et les classifications, en suivant les explications contenues dans la prochaine section. Considérez la définition de style comme une spécification de règles pour avoir une idée de ce que serait l'apparence de chaque élément. Par exemple, vous pouvez définir le texte en bleu, toutes les puces en retrait, tous les titres centrés, etc.

Définition des propriétés des feuilles de style

Les sections suivantes vont expliquer les méthodes utilisées pour définir les propriétés des rubriques ci-après : polices, zones, couleurs, arrière-plans et classifications. Les sections n'ont aucune relation entre elles et traiteront chacune et séparément d'une propriété sur la base de l'échantillon de page de la société ASR Outfitters. A travers ces exemples, vous constaterez vous-même *certains* effets des feuilles de style que vous pourrez obtenir. Pour une liste complète des options de feuilles de style, consultez la deuxième partie des Références du Maître.

Les propriétés de la police des caractères

Si les polices que vous spécifiez n'existent pas sur l'ordinateur d'un utilisateur, le navigateur affichera le texte dans une police disponible. Pour être sûr que l'une de vos polices préférées soit utilisée, sélectionnez plusieurs familles de polices et ajoutez toujours à votre choix une famille générique de polices. Le Tableau 10.5 affiche quelques propriétés et valeurs des polices de base.

Tableau 10.5 : Propriétés de polices.

PROPRIETE	VALEURS POSSIBLES
`font`	Une ou toutes les propriétés de `police` suivantes peuvent être définies à l'intérieur de cette combinaison de propriétés de police.
`font-family`	Nom de police comme `Times New Roman` ou `Arial`, ou des familles de polices génériques comme `serif`, `sans-serif`, `monospace`, `fantasy`, `cursive`.
`font-size`	`xx-small`, `x-small`, `small`, `medium`, `large`, `x-large`, `xx-large`, ou des mesures de taille en longueur ou en pourcentage.
`font-style`	`normal`, `italic`, `oblique`.
`font-variant`	`normal`, `small-caps`.
`font-weight`	`normal`, `bold`, `bolder`, `lighter`, `100`, `200`, `300`, `400`, `500`, `600`, `700`, `800`, `900`.

L'exemple suivant définit une police de base pour l'ensemble du document, tout ce qui se trouve entre les balises de début et de fin de l'élément body. La police de base pour le document est Comic Sans MS ; Technical et Times New Roman figurent parmi les autres choix, avec en dernière option une police générique serif.

1. A l'intérieur du bloc de style, ajoutez un sélecteur body et des accolades pour stocker ses propriétés.

```
<style type="text/css">
<!--
body {}
-->
</style>
```

2. Ajoutez la propriété. Pour définir seulement le style de caractères, utilisez la propriété font-family.

```
<style type="text/css">
<!--
body { font-family }
-->
</style>
```

3. Ajoutez un point-virgule pour séparer la propriété de la valeur.

```
<style type="text/css">
<!--
body { font-family: }
-->
</style>
```

4. Ajoutez la valeur "Comic Sans MS" (le premier style de caractères). (Si le nom de la famille de police contient un espace, mettez le nom entre guillemets sinon les guillemets sont optionnels.)

```
<style type="text/css">
<!--
body { font-family: "Comic Sans MS" }
-->
</style>
```

5. Ajoutez des valeurs supplémentaires de votre choix, séparées par des virgules. Terminez votre liste de polices avec une police serif ou sans-serif qui correspondra probablement à une police sur l'ordinateur de l'utilisateur.

```
<style type="text/css">
<!--
body { font-family: "Comic Sans MS", Technical,
"Times New Roman", serif }
-->
</style>
```

Le résultat est affiché dans la Figure 10.6 avec la nouvelle police pour le corps de l'élément.

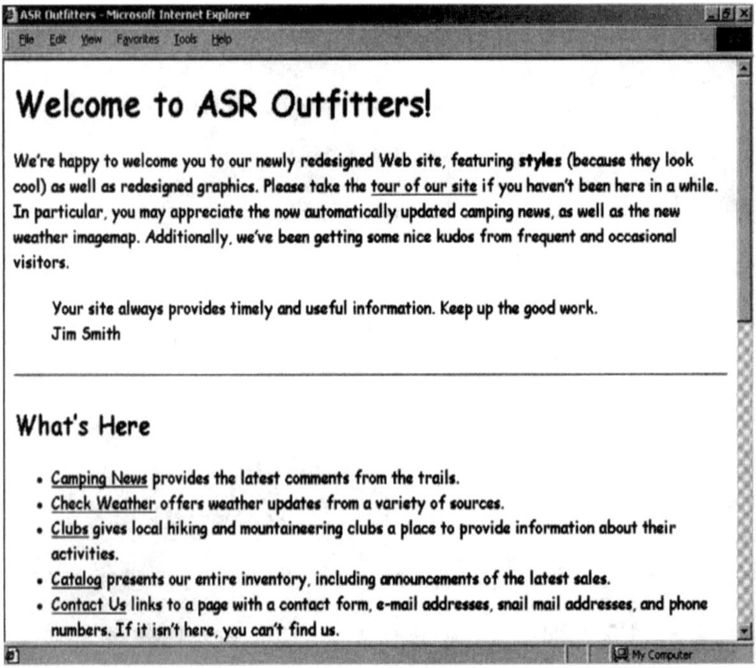

Figure 10.6 : La page a été convertit dans une nouvelle police sans que des balises de polices n'aient été insérée dans le document !

Les nouveaux navigateurs supportent trois choix additionnels de familles de police génériques. En plus des polices `serif` et `sans-serif`, ces trois familles de police additionnels sont : `cursive`, `fantasy` et `monospace`.

DÉFINITION DES CARACTÉRISTIQUES DE LIEN

Vous utilisez trois classes de style spéciales (connues aussi sous le nom de *pseudo-classes d'ancre* avec les règles de style de police pour contrôler les couleurs des liens dans le document :

- `a:link`
- `a:active`
- `a:visited`

Utilisez ces classes à l'intérieur des définitions de feuilles de style pour spécifier les règles qui s'appliquent aux liens, aux liens actifs, et aux liens visités. Par exemple, pour définir la couleur des liens non visités en bleu, les liens actifs en rouge et les liens visités en magenta, le bloc de style va ressembler à :

```
<style type="text/css">
<!--
a:link { color: blue }
a:active { color: red }
a:visited { color: magenta }
-->
</style>
```

Vous pouvez aussi définir des styles de texte additionnels à l'intérieur du document. Par exemple, pour définir tous les en-têtes en Arial italique, procédez aux étapes suivantes :

1. Ajoutez une liste de tous les en-têtes séparés par des virgules au bloc de style existant, comme des sélecteurs. Cette liste spécifie que la règle de style s'applique individuellement à chaque sélecteur.

```
<style type="text/css">
<!--
body { font-family: "Comic Sans MS", Technical,
"Times New Roman", serif }
h1, h2, h3, h4, h5, h6
-->
</style>
```

2. Ajoutez les accolades.

```
h1, h2, h3, h4, h5, h6 {}
```

3. Ajoutez la propriété `font-family`, avec Arial comme premier choix, Helvetica en deuxième et sans-serif en troisième.

```
h1, h2, h3, h4, h5, h6 { font-family: Arial,
                                      Helvetica,
                                      sans-serif }
```

4. Après les valeurs de `font-family`, ajoutez un point-virgule et une nouvelle ligne pour que vous puissiez entrer (et lire) facilement la règle de style de la police.

```
h1, h2, h3, h4, h5, h6 { font-family: Arial,
                                      Helvetica,
                                      sans-serif;
                       }
```

5. Continuez à ajouter la propriété `font-style`, le signe deux-points (:) et la valeur `italic`.

```
h1, h2, h3, h4, h5, h6 { font-family: Arial,
                                      Helvetica,
                                      sans-serif;
                       font-style: italic }
```

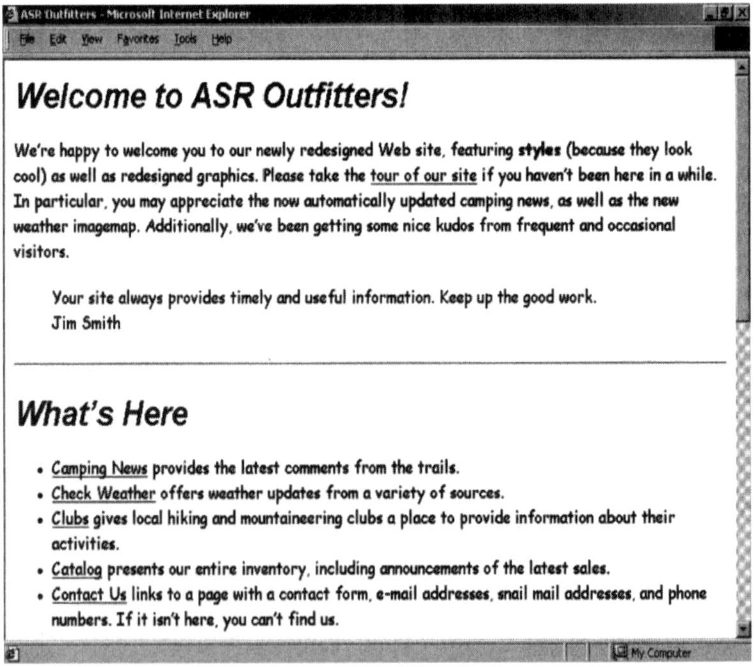

Figure 10.7 : Les résultats des définitions de la police, du style, de la taille et de l'épaisseur des titres.

6. Ajoutez les propriétés de police séparées par des points-virgules si vous souhaitez définir d'autres aspects comme la taille ou l'épaisseur. Les lignes de code suivantes affichent les titres en des caractères plus larges et plus épais que les caractères normaux. Les résultats sont visibles dans la Figure 10.7.

```
<style type="text/css">
   <!--
body { font-family: "Comic Sans MS", Technical,
                           "Times New Roman", serif }
       h1, h2, h3, h4, h5, h6 { font-family: Arial,
                                          Helvetica,
                                          sans-serif;
                              font-style: italic;
                              font-size: x-large;
                              font-weight: border; }

    -->
</style>
```

Combinaison des propriétés des polices

Si vous utilisez la combinaison spéciale de la propriété `font` pour définir en une fois les différentes propriétés de police, les propriétés doivent être spécifiées dans un ordre spécifique sinon leur affichage ne se fera pas correctement dans le navigateur.

- Les premières sont `font-style`, `font-weight` et `font-variant`. Elles peuvent être placées dans n'importe quel ordre mais doivent venir avant toute autre propriété de police. Si vous omettez l'une de ces propriétés, les valeurs par défaut seront utilisées.
- La deuxième propriété est `font-size` ; elle est obligatoire si vous utilisez la combinaison de la propriété `font`.
- Vous pouvez mettre après `font-size` une barre oblique et une valeur `line-height`, spécifiant l'espacement des lignes dans un paragraphe :

```
p { font-size: 12pt/14.4pt }
```

La hauteur de la ligne peut aussi être définie comme une propriété séparée de police. Par exemple :

```
p { font-size: 12pt; line-height: 14.4pt }
```

(Voir "Définition des propriétés du texte", la section suivante.)

- En dernier lieu vient la propriété `font-family` qui est aussi requise si vous utilisez la combinaison de la propriété `font`. Par exemple, au lieu de spécifier chaque propriété de police séparément comme dans l'échantillon de code suivant :

```
<style type="text/css">
<!--
body {font-style: italic;
font-weight: bold;
font-variant: normal;
font-size: 1em;
line-height: 1.2em;
font-family: "Zapf Renaissance", "Snell Roundhand",
cursive}
-->
</style>
```

les propriétés peuvent être combinées comme suit :

```
<style type="text/css">
<!--
body {font: italic bold 1em/1.2em "Zapf Renaissance",
"Snell Roundhand", cursive}
-->
</style>
```

Définitions des propriétés du texte

Les propriétés du texte spécifient les caractéristiques des *blocs de texte* (sections de texte et non des caractères individuels). Le Tableau 10.6 affiche quelques-unes des propriétés de texte les plus courantes.

Tableau 10.6 : Propriétés du texte.

PROPRIETE	VALEURS POSSIBLES
`letter-spacing`	Mesures.
`line-height`	Nombres, mesures ou pourcentage.
`text-align`	`left`, `right`, `center`, `justify`.
`text-decoration`	`none`, `underline`, `overline`, `line-through`, `blink`.
`text-indent`	Mesures ou pourcentage.
`text-transform`	`none`, `capitalize`, `uppercase`, `lowercase`.
`vertical-align`	`baseline`, `super`, `sub`, `top`, `text-top`, `middle`, `bottom`, `text-bottom`, ou pourcentage.
`word-spacing`	Mesure.

Vous appliquez ces propriétés aux sélecteurs de la même manière que pour les propriétés de niveau de la police. Afin de mettre en retrait des paragraphes tout en créant une classe spéciale de paragraphes qui ne sont pas mis en retrait, procédez comme suit :

1. A l'intérieur du bloc de style, ajoutez un sélecteur `p` et des accolades.

```
<style type="text/css">
<!--
p { }
-->
</style>
```

2. Ajoutez la propriété `text-indent` avec une valeur de 5 % de façon à mettre en retrait tous les paragraphes normaux pour une mesure de 5 % de la largeur totale de la fenêtre.

```
<style type="text/css">
<!--
p { text-indent: 5% }
-->
</style>
```

3. Ajoutez le sélecteur `p.noindent` (et les accolades) sur une nouvelle ligne à l'intérieur du bloc. Avec une sélection standard et un terme descriptif que vous définissez, vous créez une nouvelle classe de style à l'intérieur de la feuille de style.

```
<style type="text/css">
<!--
p { text-indent: 5% }
p.noident { }
-->
</style>
```

4. Ajoutez la propriété `text-indent` avec une valeur de 0 % pour spécifier qu'il n'y a pas de retrait.

```
<style type="text/css">
<!--
p { text-indent: 5% }
p.noident { text-indent: 0% }
-->
</style>
```

5. Pour spécifier le texte qui sera formaté sans retrait, ajoutez un nouvel élément `p` avec un attribut `class="noindent"` :

```
<p>We're happy to welcome you to our newly redesigned Web site, featuring
<b>styles</b> (because they look cool)as well as redesigned graphics. Please
tale the <a href="tour.html">tour of our site</a> if you haven't been here in
a while. In particular, you may appreciate the now automatically updated
camping news as well as the new weather imagemap. </p>
<p class="noindent">Additionally, we've been getting some nice kudos from
frequent and occasional visitors.</p>
```

Les résultats sont affichés dans la Figure 10.8. Tout le texte balisé avec la lettre <p> dans le document XHTML est mis en retrait de 5 % de la largeur de la fenêtre et le formatage spécial défini avec l'attribut `class` n'est pas mis en retrait.

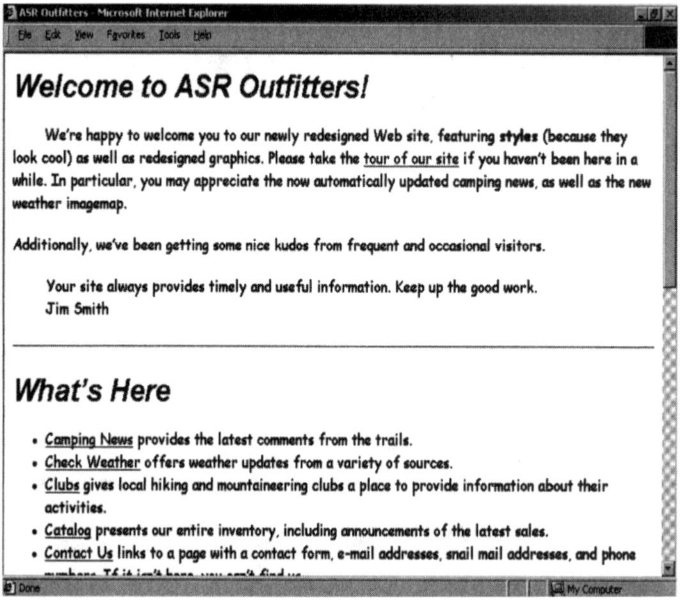

Figure 10.8 : En configurant les propriétés du texte, vous pouvez personnaliser vos documents. Le second paragraphe n'est pas mis en retrait alors que le premier paragraphe l'est à cause de la classe de style.

SPÉCIFICATION DES CLASSES DE STYLE GÉNÉRIQUES

Vous pouvez aussi spécifier une classe sans un sélecteur, comme dans le bloc de style suivant :

```
<style type="text/css">
<!--
.red { color: #ff0000 }
-->
</style>
```

Vous pouvez utiliser une *classe générique*, comme `red` dans cet exemple, avec n'importe quel élément XHTML dans votre document. Toutefois, si vous spécifiez un élément avec une classe (`p. red` par exemple), vous ne pouvez utiliser cette classe qu'avec des éléments `p`.

Vous pouvez utiliser des propriétés de texte pour appliquer un formatage spécial des titres. Afin que tous les titres soient soulignés, centrés et avec un espacement supplémentaire entre les lettres, procédez comme suit :

1. Ajoutez la ligne des sélecteurs de titres que vous souhaitez formater selon la feuille de style de base. Pour appliquer ces formats aux titres 1 à 3, listez les titres `h1,h2,h3` avec des accolades après la liste :

```
<style type="text/css">
<!--
h1, h2, h3 { }
-->
</style>
```

2. Pour souligner chaque titre, ajoutez la propriété `text-decoration` avec la valeur `underline` :

```
<style type="text/css">
<!--
h1, h2, h3 { text-decoration: underline }
-->
</style>
```

3. Ajoutez un point-virgule pour séparer les règles et ajoutez la propriété `text-align` avec la valeur `center` pour centrer les titres.

```
<style type="text/css">
<!--
h1, h2, h3 { text-decoration: underline;
text-align: center }
-->
</style>
```

4. Enfin, ajoutez un autre point-virgule de séparation et la propriété `letter-spacing` avec la valeur de `5px` (5 pixels).

```
<style type="text/css">
   <!--
      h1, h2, h3 { text-decoration: underline;
                   text-align: center;
                   letter-spacing: 5px }
   -->
</style>
```

L'échantillon de page est affichée dans la Figure 10.9.

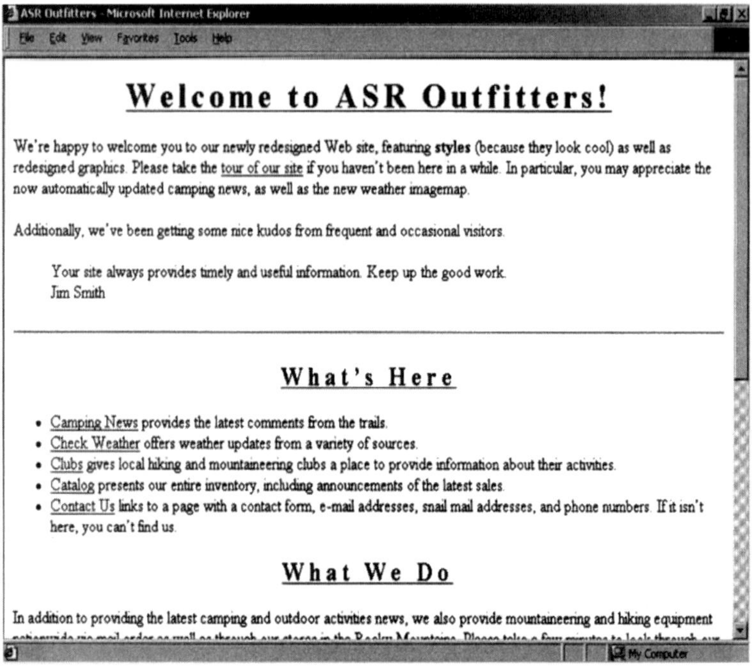

Figure 10.9 : Vous pouvez appliquer des propriétés de texte à plusieurs éléments à la fois, exemple : centrer tous les titres.

Spécification des identificateurs de style

Vous pouvez spécifier un identificateur `id` pour une seule utilisation, si par exemple vous développez un document XHTML dynamique. Utilisez le signe # au début du sélecteur `id` comme dans le bloc de style suivant :

```
<style type="text/css">
<!--
#firstusered { color: red }
-->
</style>
```

Vous pouvez utilisez un sélecteur `id` comme `firstusered` dans cet exemple, avec n'importe quel attribut unique `id` dans le document. Si vous spécifiez un élément avec l'attribut `id` (`<p id="firstusered"` par exemple), vous ne pouvez utiliser ce sélecteur `id` qu'une seule fois dans le document.

Quelquefois, vous voudriez définir des liens sans traits de soulignement. Vous pouvez utiliser des pseudo-classes d'ancre et définir la propriété `text-decoration` sur la valeur `none`, comme dans l'exemple ci-après :

```
<style type="text/css">
<!--
a:link, a:visited, a:active {text-decoration: none}
-->
</style>
```

Mettez bien en évidence dans votre page d'accueil qu'il s'agit de liens.

Définition des propriétés de la zone

Les propriétés de la zone servent à créer des concepts de zone, une caractéristique qui n'est pas disponible dans le langage XHTML standard. Vous pouvez zoner des textes comme les avertissements ou les coordonnées afin d'attirer l'attention, ajuster les marges pour déterminer la distance entre la bordure et le texte, et enfin ôter la bordure pour créer un texte flottant. Le Tableau 10.7 liste quelques-unes de propriétés de zone les plus courantes.

Tableau 10.7 : Les propriétés de boîte.

PROPRIETE	VALEURS POSSIBLES
`border`	Un ou tous les attributs `border` suivants.
`border-color`	`#rrggbb`.
`border-style`	`none`, `dotted`, `dashed`, `solid`, `double`, `groove`, `ridge`, `inset`, `outset`.
`border-width`	Mesure, `thick`, `medium`, `thin`.
`clear`	`right`, `left`, `none`, `both`.
`float`	`right`, `left`, `none`.
`height`	Mesure ou `auto`.
`margin`	Mesure, ou pourcentage de parent.
`margin-bottom`	Mesure, ou pourcentage de parent.
`margin-left`	Mesure, ou pourcentage de parent.
`margin-right`	Mesure, ou pourcentage de parent.
`margin-top`	Mesure, ou pourcentage de parent.
`width`	Mesure, pourcentage, ou `auto`.

Au moment de la rédaction de ce livre, Internet Explorer et Netscape Navigator supportait les propriétés de zone de différentes manières. En particulier, la relation entre le texte qu'il entoure et la zone, la taille de la zone autour du texte, et l'interprétation de la valeur `width` sont très incohérentes.

Pour créer une zone, appliquez les caractéristiques de zone au texte existant dans un document XHTML, y compris les paragraphes, les citations et les titres. Les étapes suivantes indiquent comment créer une zone avec une citation existante. Cette zone flottera près de la marge de droite avec une bordure de 2 pixels et occupera seulement 50 % de la largeur de la fenêtre.

1. A l'intérieur du bloc de style, ajoutez un sélecteur `blockquote` et des accolades.

```
<style type="text/css">
<!--
blockquote { }
-->
</style>
```

2. Ajoutez un propriété `width` avec une valeur de 50 %.

```
<style type="text/css">
<!--
blockquote { width: 50% }
-->
</style>
```

3. Ajoutez un point-virgule séparateur et la propriété `float` avec une valeur `right`.

```
<style type="text/css">
<!--
blockquote { width: 50%;float: right }
-->
</style>
```

4. Ajoutez un autre point-virgule séparateur et une propriété de bordure. Dans cet exemple, nous mettons les propriétés individuelles de bordures ensemble plutôt que telles des entités individuelles.

```
<style type="text/css">
<!--
blockquote { width: 50%;
float: right;
border: 2px solid back }
-->
</style>
```

Les résultats sont affichés dans la Figure 10.10.

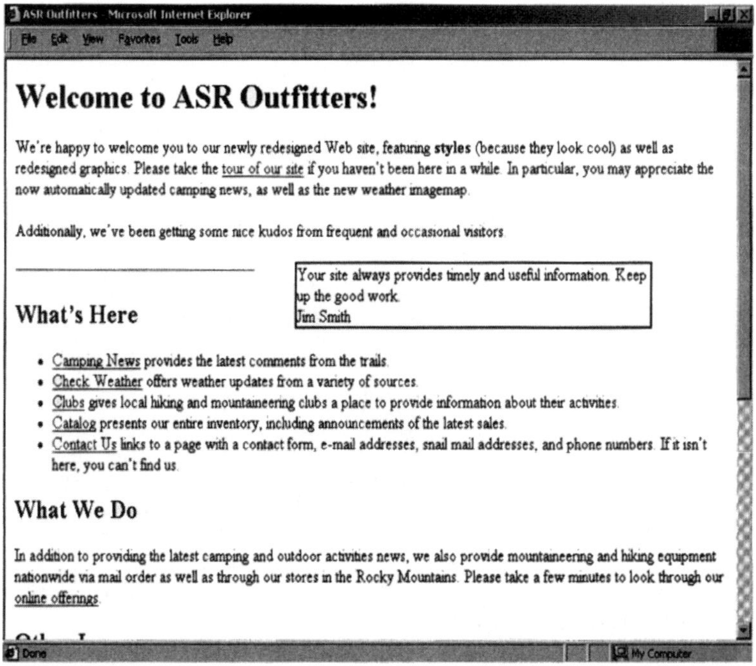

Figure 10.10 : L'utilisation des zones est un excellent moyen d'attirer l'attention.

La propriété `float` n'est entièrement supportée que par les dernières versions de navigateurs (Netscape 6, Internet Explorer 5.5, et Opera 5). Même si la propriété `float` est partiellement supportée dans les versions antérieures, les résultats sont souvent incohérents et imprévisibles.

Configuration des propriétés de couleurs et d'arrière-plan

Pour configurer les propriétés de couleur et d'arrière-plan de l'échantillon de document ou de n'importe quel élément du niveau de bloc, utilisez les propriétés et les valeurs montrées dans le Tableau 10.8.

Tableau 10.8 : Les propriétés de couleur et d'arrière-plan.

PROPRIETE	VALEURS POSSIBLES
background	Une ou toutes les propriétés suivantes de background.
background-color	#rrggbb, transparent.
background-image	url(http://example.com) ou none.
background-repeat	repeat, repeat-x, repeat-y, no-repeat.
color	#rrggbb.

Pour insérer une couleur d'arrière-plan, ajoutez les propriétés à l'élément body comme on le montre dans les étapes ci-après, qui vont donner la valeur #ffffcc (jaune clair) à l'arrière-plan :

1. A l'intérieur du bloc de style, ajoutez un sélecteur body.

```
<style type="text/css">
<!--
body
-->
</style>
```

2. Ajoutez les accolades, la propriété background-color et la valeur #ffffcc qui spécifient la couleur jaune clair.

```
<style type="text/css">
<!--
body { background-color: #ffffcc }
-->
</style>
```

Une fois affiché dans un navigateur, l'arrière-plan sera d'une couleur claire comme si l'attribut bgcolor a été appliqué à l'élément body. Chaque élément à l'intérieur du document hérite de cette couleur d'arrière-plan. Cependant, vous pouvez aussi spécifier une couleur d'arrière-plan à part pour tout élément inline ou tout élément de niveau de bloc même si vous avez déterminé une couleur d'arrière-plan pour l'élément body. Les règles de style spécifiques outrepassent les règles de style plus générales.

Vous pouvez aussi ajouter une image d'arrière-plan à l'élément body ou aux autres éléments de bloc. N'oubliez pas qu'un élément de bloc est tout élément avec une rupture de ligne avant et après, par exemple : body,p, et h1.

Comme le montrent les étapes suivantes, vous pouvez disposer l'image d'arrière-plan en mosaïque horizontale ou en mosaïque verticale.

1. Pour ajouter la propriété `background-image` au corps du document, ajoutez la propriété `background property`, séparée de la propriété précédente par un point-virgule.

```
<style type="text/css">
<!--
body { background-color: #ffffcc;
background-image: }
-->
</style>
```

2. Ajoutez la valeur de l'image d'arrière-plan : `url(pattern.gif)`. Employez une adresse relative ou absolue URL dans les parenthèses.

```
<style type="text/css">
<!--
body { background-color: #ffffcc;
background-image: url(pattern.gif) }
-->
</style>
```

3. Ajoutez `background-repeat : repeat-x` pour spécifier que l'image d'arrière-plan va se répéter horizontalement (dans la direction de l'axe des *x*). Pour obtenir une répétition verticale, utilisez `repeat-y` et, enfin, `no-repeat` si vous ne souhaitez pas de répétition.

```
<style type="text/css">
<!--
body { background-color: #ffffcc;
background-image: url(pattern.gif);
background-repeat: repeat-x; }
-->
</style>
```

Configuration des propriétés de classification

Vous utilisez ces propriétés pour modifier des éléments spécifiques à partir d'éléments inline (comme `i` ou `b`) jusqu'aux éléments de bloc avec des ruptures de ligne avant et après (comme `p` et `h1`) ainsi que pour contrôler l'affichage des listes. Le Tableau 10.9 énumère quelques-unes des propriétés de classification les plus courantes et leurs valeurs.

Tableau 10.9 : Les propriétés de classification.

PROPRIETE	VALEURS POSSIBLES
display	inline, block, list-item
list-style-image	url(http://example.com/image.gif)
list-style-type	disc, circle, square, decimal, decimal, lower-roman, upper-roman, lower-alpha, upper-alpha, none

Pour spécifier qu'une liste non ordonnée utilise des puces carrées, procédez comme suit.

1. A l'intérieur du bloc de style, ajoutez un sélecteur ul suivi immédiatement d'un sélecteur li sur la même ligne. En combinant ces sélecteurs, la règle de style s'appliquera uniquement à un élément li à l'intérieur d'un élément ul. Si vous définissez une règle pour l'élément li uniquement, elle affectera toutes les listes numérotées et à puces dans votre document, et non pas seulement ceux qui se trouvent à l'intérieur des éléments ul.

```
<style type="text/css">
<!--
ul li
-->
</style>
```

2. Ajoutez des accolades.

```
<style type="text/css">
<!--
ul li {}
-->
</style>
```

3. Ajoutez la propriété list-style-type avec la valeur square.

```
<style type="text/css">
<!--
ul li { list-style-type: square }
-->
</style>
```

Vous pouvez aussi configurer une image spécifique à utiliser à la place d'une puce avec list-style-image: url(figure.gif) :

```
<style type="text/css">
<!--
ul li { list-style-image: url(figure.gif) }
-->
</style>
```

Si vous spécifiez une propriété `list-style-image`, il est préférable d'inclure une propriété `list-style-type` au cas où l'image ne serait pas affichée (ce qui veut dire que le navigateur est incapable de télécharger ou d'afficher l'image). L'image sera utilisée si elle est disponible sinon la propriété `list-style-type` sera requise.

En modifiant la propriété d'affichage, vous pouvez changer une liste du type affichage de liste verticale en une liste inline dans laquelle chaque élément va apparaître à l'intérieur d'une ligne de texte. Pour cela, ayez recours à la règle de style suivante :

```
<style type="text/css">
<!--
ul li { display: inline }
-->
</style>
```

Les propriétés d'affichage ne sont supportées que dans les navigateurs récents : Netscape Navigator 6, Internet Explorer 5.5, Opera 4, et les versions plus récentes.

Examinez le Listing 10.2, un exemple de document XHTML avec un lien vers une feuille de style externe et aussi le code requis pour appliquer ces définitions de style. Le Listing 10.3 donne les détails du code de la feuille de style externe.

LISTING 10.2 : UN DOCUMENT XHTML EN LIAISON AVEC UNE FEUILLE DE STYLE EXTERNE.

```
<!DOCTYPE html PUBLIC "-//W3C/DTD XHTML 1.0 Transitional//EN"
"http://www.w3.org/TR/xhtml1/DTD/xhtml1-transitional.dtd">
<html xmlns="http://www.w3.org/1999/xhtml">
<head>
<title>ASR Outfitters</title>
<link rel="stylesheet" type="text/css" href="10_3.css">
</head>
<body>
<h1>Welcome to ASR Outfitters!</h1>
<p>We're happy to welcome you to our newly redesigned Web site, featuring
<span class="emph">styles</span> (because they look cool) as well as
redesigned graphics. Please take the <a href="tour.html">tour of our site</a>
if you haven't been here in a while. In particular, you may appreciate the
now automatically updated camping news, as well as the new weather imagemap.
Additionally, we've been getting some nice kudos from frequent and occasional
visitors.</p>
<blockquote>Your site always provides timely and useful information. Keep up
the good work.<br /> Jim Smith</blockquote>
<hr />
<h2>What's Here</h2>
<div class="text"><ul>
<li><a href="camping.html">Camping News</a> provides the latest comments from
```

```
the trails.</li>
<li><a href="weather.html">Check Weather</a> offers weather updates from a
variety of sources.</li>
<li><a href="clubs.html">Clubs</a> gives local hiking and mountaineering clubs
a place to provide information about their activities.</li>
<li><a href="catalog.html">Catalog</a> presents our entire inventory,
including annoucements of the latest sales.</li>
<li><a href="contact.html">Contact Us</a> links to a page with a contact
form, e-mail addresses, snail mail addresses, and phone numbers. If it isn't
here, you can't find us.</li>
</ul></div>
<h2>What We Do</h2>
<p>In addition to providing the latest camping and outdoor activities news,
we also provide mountaineering and hiking equipment nationwide via mail order
as well as through our stores in the Rocky Mountains. Please take a few
minutes to look through our <a href="catalog.html">online offerings</a>.
</p>
<h2>Other Issues</h2>
<div class="text">
<ul>
<li>As you may know, our URL was misprinted in the latest <span
class="ital">Hiking News</span>. Please tell your hiking friends that the
correct URL is <span class="inlineurl">http://www.asroutfitters.com/</span>.
</li>
<li>To collect a $1000 reward, turn in the name of the person who set the
fire in the Bear Lake area last weekend.
<ol>
<li>Call 888-555-1212.</li>
<li>Leave the name on the recording.</li>
<li>Provide contact information so we can send you the reward.</li>
</ol>
</li>
</ul></div>
<h2>What Would You Like To See?</h2>
<p class="diff">If you have suggestions or comments about the site or other
information we could provide, we'd love to know about it. Drop us an e-mail
at <a href="mailto:asroutfitters@raycommexample.com">
asroutfitters@raycommexample.com<a>. Of course, you could also contact us
more traditionally at the following address:
</p>
<div class="text"><address>ASR Outfitters<br />4700 N. Center<br /> South
Logan, UT 87654<br /> 801-555-3422 </address></div>
</body>
</html>
```

LISTING 10.3 : UNE FEUILLE DE STYLE EXTERNE.

```
body
{background-color: #ffffcc;
margin: 5%;
```

```
font-style: normal;
font-family: "Comic Sans MS", Verdana, Arial, Helvetica,
sans-serif;
font-size: 12pt;
line-height: 16.5pt}
h1, h2
{font-family: "Comic Sans MS", Verdana, Arial, Helvetica,
sans-serif}
p
{font-style: normal;
font-family: "Comic Sans MS", Verdana, Arial, Helvetica,
sans-serif}
font-size: 12pt;
line-height: 16.5pt}
blockquote
{color: red;
font-family: "Comic Sans MS", Verdana, Arial, Helvetica,
sans-serif}
font-size: 11pt;
line-height: 15pt;
margin-left: 15%;
width: 300 px}
li
{list-style-type: disc;
font: bold 12pt/16.5pt "Comic Sans MS", Verdana, Arial,
Helvetica, sans-serif}
li li
{list-style-type: circle}
address
{font-style: normal;
font-weight: bold;
font-size: 13pt;
line-height: 17.5pt}
.emph
{font-weight: bolder}
.ital
{font-style: italic}
.inlineurl
{font-family: Courier, monospace;
font-size: 10pt}
.diff
{color: red}
.text
{font-style: normal;
font-family: "Comic Sans MS", Verdana, Arial, Helvetica,
sans-serif;
font-size: 12pt;
line-height: 16.5pt}
```

Configuration des propriétés des feuilles de style sonores

Les propriétés sonores font partie des découvertes les plus récentes pour accroître les potentialités des feuilles de style. Elles vous permettent d'installer les propriétés nécessaires pour une lecture à haute voix de vos documents par un périphérique. Les utilisateurs qui ont des problèmes de vue les utilisent. Elles peuvent être ajoutées aux présentations visuelles et servir dans des situations où la lecture est (ou est devenue) impossible ; par exemple, dans une voiture en marche. Les propriétés des feuilles de style sonores permettent de spécifier les documents qui sont à lire à haute voix, les caractéristiques du son et les autres options d'audition.

Le Tableau 10.10 énumère quelques propriétés de feuilles de style sonores et leurs valeurs. Consultez la deuxième partie des Références du Maître pour en savoir plus sur les propriétés et leurs valeurs.

Tableau 10.10 : Propriétés des feuilles de style sonores.

PROPRIETE	VALEURS POSSIBLES
`pause`	Temps, pourcentage.
`pitch-range`	Valeur.
`speech-rate`	Valeur, `x-slow`, `slow`, `medium`, `fast`, `x-fast`, `faster`, `slower`.
`volume`	Value, pourcentage, `silent`, `x-soft`, `soft`, `medium`, `loud`, `loud-x`.

Pour spécifier que le document doit être lu à très haute voix et rapidement (afin d'être bien efficace), procédez aux étapes suivantes :

1. Dans un nouveau bloc de style, ajoutez un sélecteur `body` dans lequel vous mettrez les définitions à appliquer au document entier, suivi d'accolades.

```
<style type="text/css">
<!--
body { }
-->
</style>
```

2. Ajoutez une propriété `volume` avec la valeur `loud`.

```
<style type="text/css">
<!--
body { volume: loud; }
-->
</style>
```

3. Ajoutez une propriété speech-rate avec la valeur fast.

```
<style type="text/css">
<!--
body { volume: loud; speech-rate: fast;}
-->
</style>
```

Les feuilles de style sonores font partie de la spécification CSS2 et ne sont pas couramment supportées par les navigateurs. Consultez les caractéristiques d'accessibilité du consortium W3C (sur le site www.w3.org/TR/CSS-access) pour connaître les caractéristiques les plus récentes. Vous pouvez aussi aller au site www.webreview.com/style/index.shtml pour en savoir plus à propos du Guide des références sur les feuilles de style. Remarquez malgré tout que même si les navigateurs les plus récents ne supportent pas ces caractéristiques, il existe un équipement spécialisé qui les fait fonctionner d'une manière appropriée.

Configuration des propriétés des documents imprimés

Ces propriétés servent à répondre aux besoins des utilisateurs qui impriment leurs documents au lieu de les lire en ligne. Ces propriétés CSS2 permettent de définir des valeurs pour la zone de page, c'est-à-dire votre zone d'impression. Exemple : la zone de la page pourrait être 8.5" x 11" dans une feuille de papier ; il inclut le contenu, les marges et les coins. Le Tableau 10.11 dresse une liste des propriétés de documents imprimés et leurs valeurs. Consultez la deuxième partie des Références du Maître pour des informations supplémentaires.

Tableau 10.11 : Les propriétés des feuilles de style des documents imprimés.

PROPRIETE	VALEURS POSSIBLES
margin	Longueur, pourcentage, auto.
marks	crop, cross, none.
orphans	Valeur.
page-break-after	auto, always, avoid, left, right.
page-break-before	auto, always, avoid, left, right.
page-break-before	auto, always, avoid, left, right.
page-break-inside	auto, always, avoid, left, right.
size	Valeur, auto, portrait, landscape.
widows	Valeur.

Comme les feuilles de style sonores, ces propriétés font partie de la spécification CSS2 et ne sont pas encore supportées couramment par les navigateurs.

Pour spécifier une coupure de page avant tous les éléments `h1` dans une version imprimée du document, procédez comme suit.

1. Dans un bloc de style, ajoutez un sélecteur `h1` et des accolades pour appliquer vos paramètres à tous les titres du premier niveau du document entier.

```
<style type="text/css">
<!--
h1 { }
-->
</style>
```

2. Ajoutez un propriété `page-break-before` avec la valeur `always`.

```
<style type="text/css">
<!--
h1 { page-break-before: always; }
-->
</style>
```

Visitez les sites Web qui ont été donnés dans la section précédente pour en savoir plus sur les caractéristiques des feuilles de style CSS2. Bien que les navigateurs les plus récents ne supportent pas encore ces caractéristiques, il existe un équipement spécialisé qui les fait fonctionner d'une manière appropriée.

Configuration des propriétés de positionnement

Si vous voulez utiliser le positionnement, vous pouvez ajouter des propriétés aux règles de style afin de contrôler le positionnement des éléments. Par exemple, vous pouvez identifier les emplacements particuliers de certains éléments, spécifier des emplacements par rapport à d'autres éléments. Les propriétés de positionnement font partie de la spécification CSS2 et, seules les nouvelles versions de navigateurs les supportent. Le Tableau 10.12 énumère quelques propriétés de positionnement et leurs valeurs.

Tableau 10.12 : Les propriétés de positionnement.

PROPRIETE	VALEURS POSSIBLES
`float`	`left`, `right`, `none`.
`overflow`	`visible`, `scroll`, `hidden`, `auto`.
`position`	`static`, `absolute`, `relative`, `fixed`.
`top`, `bottom`, `left`, et `right`	Longueur, pourcentage, `auto`.

Voici un exemple qui nous permettra de comprendre comment les propriétés de positionnement fonctionnent. Pour spécifier que les classes .warning dans le document flottent à gauche avec le texte qui l'entoure à droite et pour que la classe p. logo soit en bas de la fenêtre, procédez aux étapes suivantes :

1. Dans un nouveau bloc de style, ajoutez un sélecteur .warning et des accolades dans lesquelles on mettra ses propriétés.

```
<style type="text/css">
<!--
.warning { }
-->
</style>
```

2. Ajoutez une propriété float avec la valeur left.

```
<style type="text/css">
<!--
.warning { float: left }
-->
</style>
```

3. Ajoutez un sélecteur p. logo et des accolades.

```
<style type="text/css">
<!--
.warning { float: left }
p.logo { }
-->
</style>
```

4. Ajoutez la propriété position avec la valeur fixed.

```
<style type="text/css">
<!--
.warning { float: left }
p.logo { position: fixed }
-->
</style>
```

5. Ajoutez les propriétés bottom et right et une longueur 0 (employez n'importe quelle unité) pour chaque valeur.

```
<style type="text/css">
<!--
.warning { float: left }
p.logo { position: fixed; bottom: 0px; right: 0px }
-->
</style>
```

Les propriétés de positionnement font partie de la spécification CSS2 qui est supportée par les nouveaux navigateurs. Toutefois, le positionnement relatif est mieux supporté que le positionnement absolu.

L'AVENIR DES FEUILLES DE STYLE DANS LE LANGAGE XHTML

Dans le futur, les feuilles de style *externes* seront probablement les plus utilisées. Les options de style incorporées et inline sont disponibles pour la version XHTML 1.0. Toutefois, la version XHTML 1.1 nécessite l'utilisation d'un module des feuilles de style pour la mise en œuvre de l'élément `style`. L'emploi des feuilles de style CSS avec XML n'est possible qu'avec des feuilles de style externes. Ces dernières offrent les moyens d'utiliser toutes les caractéristiques de style incorporé et inline en spécifiant les classes et les identificateurs, ainsi que les sélecteurs d'éléments XHTML.

De plus, si vous envisagez d'approfondir XML, il est nécessaire que vous ayez des notions sur le langage XSL (Extensible Stylesheet Language) et sur les transformations XSL (XSLT). Pour en savoir plus, visitez le site Web `www.w3.org/Style/XSL`.

Et maintenant, que faire ?

Ce chapitre a été consacré aux relations entre les feuilles de style et les documents XHTML, ainsi qu'aux méthodes utilisées pour le développement des feuilles de style. Comme vous avez pu le constater, les feuilles de style sont certainement plus élaborées que n'importe quelle autre option de formatage.

Vous pouvez voir ou revoir ces quelques chapitres :

- Le Chapitre 3 sur les éléments standards du langage XHTML et les options de formatage.
- Le Chapitre 6 pour maîtriser les tableaux XHTML.
- Le Chapitre 8 pour bien se familiariser avec les cadres.
- Le Chapitre 14 sur la création d'un site Web cohérent.

Chapitre 11

Ajout du langage JavaScript

XHTML

L'utilisation du langage JavaScript permet d'ajouter plus de dynamisme à vos pages et de les transformer en pages interactives. Elle vise à traiter et à vérifier les informations de vos utilisateurs et, surtout, à leur fournir celles qui répondent le mieux à leurs besoins. La nature de plus en plus sophistiquée du Web fait de l'utilisation de JavaScript un moyen incontournable pour retenir et faire revenir les utilisateurs sur votre site.

Ce chapitre développe le langage JavaScript et son utilisation avec des exemples. Il explique également l'insertion de JavaScript dans vos documents XHTML en commençant avec de simples scripts. Nous allons nous concentrer sur les capacités de base du langage JavaScript (JavaScript 1.1, et certains bases de 1.2 et 1.3) ; il est un bon compromis entre une fonctionnalité de haut niveau et une acceptation très élargie du navigateur.

Ce chapitre traitera des thèmes suivants :

- Présentation du langage JavaScript.
- Ajout de JavaScript dans votre document.
- Ajout de gestionnaires d'événements.
- Suivi des utilisateurs de cookies.

Présentation du langage JavaScript

JavaScript est un langage de script créé par Netscape et qui ressemble vaguement au langage de programmation Java de Sun. La plupart des navigateurs populaires, à commencer par Netscape Navigator 2 et Internet Explorer 3, supportent le langage JavaScript. Le langage JScript de Microsoft et le standard international ECMAScript sont très similaires à JavaScript ; et pour répondre à nos objectifs, nous allons leur donner à tous le nom commun de JavaScript.

Microsoft supporte aussi VBScript, une autre approche pour faire des scripts. Nous conseillons JavaScript (ou l'équivalent de JScript de Microsoft) car le langage JavaScript est beaucoup plus largement supporté.

Les scripts sont disponibles pour le public sur le Web. Pour les débutants, consultez le site `http://javascript.internet.com`. Vous pouvez aussi chercher des informations JavaScript sur le site `www.yahoo.com` ou `http://webdeveloper.earthweb.com/pagedev/webjs`.

Grâce à sa puissance, JavaScript est d'une grande utilité même s'il n'est pas un langage de programmation complet. De plus, il est assez facile et agréable à utiliser, plus simple et moins sophistiqué (par conséquent moins complexe) qu'un "vrai" langage de programmation. Un grand nombre de déclarations, ce qu'on appelle *les instructions* pour JavaScript, sont remarquablement naturelles autant dans leur structure que dans leur terminologie. Le Tableau 11.1 montre quel navigateur supporte quelle version de JavaScript.

Tableau 11.1 : Support de navigateur pour le langage JavaScript.

VERSION DU LANGAGE JAVASCRIPT	NETSCAPE NAVIGATOR	INTERNET EXPLORER
JavaScript 1.0, JScript 1.0	2.0 et supérieur	3.0 et supérieur.
JavaScript 1.1	3.0 et supérieur	.
JavaScript 1.2, JScript 3.0	4.0 - 4.05	4.0 et supérieur.
JavaScript 1.3	4.06 - 4.75	.
JavaScript 1.4, JScript 5.0	5.0*	5.0 et supérieur.
JavaScript 1.5	6.0	.

JavaScript 1.4 faisait partie de Netscape Navigator 5 mais il n'a pas été mis en vente.

Pour travailler avec le langage JavaScript, vous devez vous familiariser avec les termes et les concepts suivants :

Objet Un objet est représenté par une case à cocher dans un formulaire, le formulaire lui-même, une image, un document, un lien ou même une fenêtre de navigateur. Certains objets sont construits dans JavaScript et ne font pas nécessairement partie de votre page Web. Par exemple : l'objet `Date` offre un large éventail d'informations sur la date. Les objets sont considérés comme des "noms" dans JavaScript.

Propriété Une propriété décrit un objet. Les propriétés concernent la couleur des articles, leur nombre, etc., tels les boutons radio à l'intérieur d'un objet. Lorsque les utilisateurs sélectionnent un article dans un formulaire, ils modifient les propriétés du formulaire. Les propriétés sont considérées comme des "adjectifs" dans JavaScript.

Méthode Une méthode est une instruction. Les méthodes disponibles pour chaque objet décrivent ce que vous pouvez faire avec cet objet. Par exemple, une méthode permet de convertir un texte dans un objet en des lettres, tout en majuscules ou tout en minuscules. Chaque objet possède une collection de méthodes et chaque méthode appartient au moins à un objet. Les méthodes sont considérées comme "des verbes" dans JavaScript.

Déclaration Une déclaration est une "instruction" dans JavaScript. Les déclarations combinent les objets, les propriétés et les méthodes (noms, adjectifs et verbes).

Fonction Une fonction est un ensemble de déclarations qui accomplit des actions. Les fonctions contiennent une ou plusieurs déclarations et sont considérées comme des "paragraphes" dans JavaScript.

Evénement Un événement se produit lorsque quelque chose se passe sur votre page. Par exemple, une page qui va être chargée, un utilisateur qui soumet un formulaire ou un curseur de la souris qui va se déplacer sur un objet.

Gestionnaire d'événements Un gestionnaire d'événements est toujours en attente de ce qui va se passer. Par exemple, la souris qui se déplace vers un lien et qui lance un script basé sur cet événement. Le gestionnaire d'événements `onmouseover` agit lorsque l'utilisateur déplace la souris sur l'objet. Vous pouvez envisager le rôle d'un gestionnaire d'événements comme le fait de poser des questions ou de diriger l'action d'une histoire.

Variable Une variable stocke temporairement les données (jusqu'à ce que l'utilisateur ferme la page ou se déplace vers une nouvelle page). Un nom est donné à chaque variable pour vous permettre de s'y référer dans votre code.

Avant de commencer, voyons quelques codes JavaScript. Une fois que vous avez identifié les différents morceaux du code JavaScript, sa lecture est aussi facile que celle du code XHTML :

```
<!DOCTYPE html PUBLIC ".//W3C/DTD XHTML 1.0 Transitional//EN"
"http://www.w3.org/TR/xhtml1/DTD/xhtml1-transitional.dtd">
<html xmlns="http://www.w3.org/1999/xhtml">
<head>
<title>The Basic Page</title>
</head>
<body>
<h1>Welcome!</h1>
<a href="http://www.lanw.com/" onmouseover="window.status='Check us out!';
return true;" onmouseout="window.status=''; return true;"> Visit our site</a>
</body>
</html>
```

Dans le code précédent, notez les éléments JavaScript suivants :

Objet	`window` est un objet JavaScript.
Propriété	`status` est une propriété JavaScript.
Déclaration	`return true` est une déclaration JavaScript.

Gestionnaire d'événements `onmouseover` et `onmouseout` sont des gestionnaires d'événements JavaScript.

Même si, à des fins de lisibilité, nous utilisons des espaces supplémentaires, des alinéas et des sauts de ligne dans notre code imprimé, n'insérez pas d'autres espaces supplémentaires ou des ruptures de ligne dans votre code JavaScript. Chaque déclaration JavaScript doit tenir sur une seule ligne et permettre au texte d'être présenté sans un retour à la ligne. Le langage JavaScript considère les retours à la ligne comme des caractères JavaScript et les ajoute à votre code (qui rendra le code non fonctionnel). Il est parfait d'utiliser des retours à la ligne à la fin d'une ligne de code avant que vous ne commenciez la ligne suivante. Mais n'utilisez pas un retour à la ligne en plein milieu d'une ligne de code.

La troisième partie des Références du Maître renferme un guide complet sur JavaScript. Ce guide élargit les connaissances de base présentées dans ce chapitre.

Si vous testez dans un navigateur le code précédent, le message "Check us out!" apparaît dans la barre d'état au bas de la fenêtre du navigateur en glissant le curseur de la souris sur le lien "Visit our site". Le message disparaît lorsque vous enlevez le curseur du lien.

JavaScript traité dans ce chapitre est exclusivement un langage JavaScript côté-client. Cette caractéristique signifie que le navigateur de l'utilisateur fait le travail et que le serveur n'est pas concerné. Même si JavaScript côté-serveur existe, il n'est pas traité dans ce livre.

Ajout de JavaScript à votre document

L'ajout de JavaScript à votre page peut se faire de trois manières différentes :

- En imbriquant un script en JavaScript dans la page.
- En plaçant un script en JavaScript dans l'en-tête du document.
- En créant un lien vers un script en JavaScript stocké dans un autre fichier.

Les options de placement d'un script écrit en JavaScript sont les mêmes que celles utilisées pour des feuilles de style (abordées au Chapitre 10).

Le Tableau 11.2 liste et décrit les éléments et les attributs XHTML que vous utilisez pour ajouter le script en JavaScript à votre document.

Tableau 11.2 : Les éléments et les attributs utilisés pour ajouter des scripts du langage JavaScript.

ITEM	TYPE	DESCRIPTION
`script`	Elément	Identifie la section dans le document.
`language="javascript"`	Attribut de `script`	Indique le langage du script (et facultativement, la version).
`src="url"`	Attribut de `script`	Facultatif, précise l'emplacement d'un script externe.
`type="text/javascript"`	Attribut de `script`	Fournit le type de script MIME, requis.
`noscript`	Elément	Fournit le contenu pour les navigateurs incapables d'interpréter des scripts.
`<!-- //-->`	Balise de commentaire	Cache les contenus du script aux navigateurs incapables d'interpréter des scripts. Notez que cette caractéristique diffère de la balise de commentaire utilisée pour les feuilles de style.

Imbrication de JavaScript

Si vous ajoutez un court script écrit en JavaScript, votre meilleure action est de l'imbriquer dans le document XHTML à l'intérieur du code affecté par le langage JavaScript. Par exemple, le JavaScript qui ajoute la date en cours à votre document est représenté par quelques lignes. Il est alors facile d'imbriquer le script dans votre document XHTML.

L'imbrication fonctionne comme suit : lorsque l'utilisateur ouvre votre page, son navigateur "lit" ligne par ligne votre document source XHTML. Si votre code XHTML inclut le JavaScript à l'intérieur du corps du document, le navigateur agit lorsqu'il lit la page. Par exemple, si l'élément `body` inclut le script en JavaScript, la première chose que le navigateur effectue est d'exécuter le script ; ou si le JavaScript est inclus dans le premier texte du document réel, le navigateur exécute le script dès qu'il arrive au texte.

Imbriquons un script en JavaScript qui imprime l'heure et la date en cours lorsque la page est chargée. La déclaration JavaScript, le script en entier dans notre cas, est `document.write(Date())`. Les étapes à suivre sont :

1. Commencez avec le code XHTML suivant :

```
<!DOCTYPE html PUBLIC "-//W3C/DTD XHTML 1.0
Transitional//EN""http://www.w3.org/TR/xhtml1/DTD/xhtml1-transitional.dtd">
<html xmlns="http://www.w3.org/1999/xhtml">
<head>
<title>The Date Page</title>
</head>
<body>
<h1>Welcome!</h1>
</body>
</html>
```

2. Ajoutez une phrase d'introduction :

```
<body>
<h1>Welcome!</h1>
<p>Today's date is:
</p>
</body>
```

3. Ajoutez les balises `script` là où vous souhaitez que le script apparaisse :

```
<p>Today's date is:
<script>
</script>
</p>
```

4. Ajoutez l'attribut `type` pour préciser le type MIME de script et l'attribut de langage pour indiquer que le langage du script est JavaScript :

```
<p>Today's date is:
<script type="text/javascript" language="javascript">
</script>
</p>
```

5. Ajoutez des lignes de commentaire pour cacher le script aux navigateurs qui ne reconnaissent pas le scripting. Insérez la balise de commentaire XHTML standard (<!-- et -->) et précédez de // la balise de fin de commentaire XHTML pour cacher la fin du commentaire à l'interprétateur de JavaScript. Si vous ne le faites pas, vous commettez une erreur. Le commentaire en entier ressemble à :

```
<p>Today's date is:
<script type="text/javascript" language="javascript">
<!--
//-->
</script>
</p>
```

6. Ajoutez la vraie déclaration JavaScript :

```
<script type="text/javascript" language="javascript">
<!--
document.write(Date());
//-->
</script>
```

La page obtenue ressemble à :

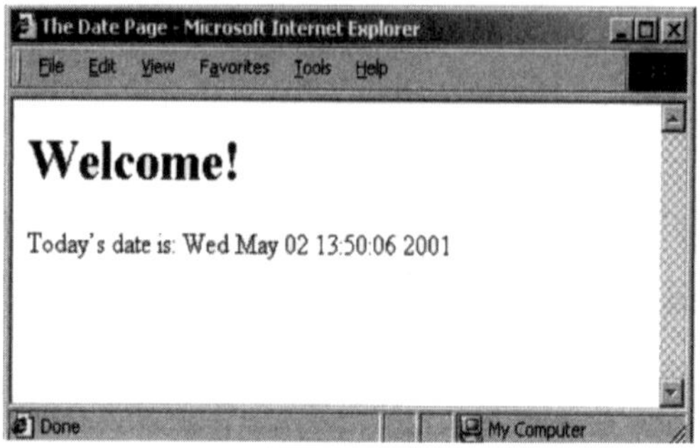

Cette méthode fait apparaître dans tous les navigateurs le texte initial "Today's date is", sans considérer s'ils supportent ou non le langage JavaScript. Les navigateurs qui ne supportent pas JavaScript affichent *Today's date* et un espace. Pour cacher le texte aux navigateurs qui ne supportent pas JavaScript, enlevez simplement le texte de l'élément `p` et remplacez la déclaration JavaScript comme dans le code suivant :

```
<script type="text/javascript" language="javascript">
<!--
document.write("Today\'s date is: " + Date());
//-->
</script>
```

Ainsi, les utilisateurs pourront voir ou non le JavaScript mais ils ne verront pas une introduction avec une promesse non remplie entièrement. Vous obtenez le même effet dans les navigateurs capables d'interpréter JavaScript et rien dans ceux qui ne le peuvent pas.

JavaScript, comme tous les langages de programmation, a ses propres règles de ponctuation, de vocabulaire et de terminologie. La plupart de ces règles ne sont pas traitées dans ce livre mais nous allons faire ressortir les points spécifiques chaque fois que l'occasion se présentera. Dans le code précédent, le guillemet dans **Today's** a une barre oblique inversée au devant, c'est le "caractère espace" qui dit au langage JavaScript : "Traitez ce guillemet comme un caractère de texte et non une ponctuation de programmation."

Vous n'êtes pas réduit à une déclaration JavaScript unique et vous pouvez imbriquer plusieurs déclarations à travers la source de la page. Les déclarations supplémentaires qui sont faites dans le code suivant, affichent des informations sur le navigateur de l'utilisateur :

```
<body>
<h1>Welcome!</h1>
<p><script type="text/javascript" language="javascript">
<!--
document.write("Today\'s date is: " + Date());
//-->
</script></p>
<p><script type="text/javascript" language="javascript">
<!--
document.write("You appear to be using " +
navigator.appName + " version " +
navigator.appVersion + ".")
//-->
</script></p>
</body>
```

Dans ce script, JavaScript est interprété ligne par ligne lorsqu'il apparaît dans la source XHTML. Dans la nouvelle déclaration, les chaînes de texte telles que *You appear to be using* sont combinées avec des propriétés de l'objet `navigator`. Les caractéristiques du navigateur permettent d'afficher la ligne qui a été montrée. La troisième partie des Références du Maître présente un résumé complet des objets avec leurs propriétés, y compris l'objet `navigator`,. La page qui résulte de cet exemple ressemble à :

L'imbrication est importante pour commencer l'ajout d'un script écrit en JavaScript à votre page. Cette technique est utilisée seule ou combinée avec d'autres techniques.

Si vous choisissez d'imbriquer le script en JavaScript, vous devrez penser aux anciens navigateurs qui ne le supportent pas. La section "Les anciens navigateurs" plus tard dans ce chapitre donnera plus de détails sur ce problème.

Ajout d'un bloc de scripts écrits en JavaScript dans l'élément head du document

Si vous utilisez d'une manière répétitive le script en JavaScript à l'intérieur des documents, placez-le dans l'élément head du document. Par définition, l'action de collectionner des déclarations individuelles dans un seul endroit crée une fonction. Vous devez noter que la création de fonctions dans l'élément head est pratique et facilite le dépannage.

Dans les exemples suivants, des déclarations JavaScript sont ajoutées à l'élément head du document. Voici le code pour commencer :

```
<!DOCTYPE html PUBLIC "-//W3C/DTD XHTML 1.0 Transitional//EN"
"http://www.w3.org/TR/xhtml1/DTD/xhtml1-transitional.dtd">
<html xmlns="http://www.w3.org/1999/xhtml">
<head>
<title>The Date Page</title>
</head>
<body>
<h1>Welcome!</h1>
<p>
</p>
</body>
</html>
```

Ce document XHTML inclura deux sections JavaScript. L'une va afficher la date et l'heure en cours et l'autre, le nom et le numéro de la version du navigateur de l'utilisateur, les mêmes actions que nous avons démontrées antérieurement à l'intérieur du corps du document. Vous inclurez la commande de fonction JavaScript dans l'élément head du document et vous allez exécuter la fonction à partir du corps du document, en appelant simplement son nom. Suivez ces étapes :

1. Ajoutez les balises script à l'élément head du document :

```
<head>
<title>The Date Page</title>
<script>
</script>
</head>
```

2. Ajoutez l'attribut type pour indiquer que le script est un JavaScript et l'attribut langage pour dire que le langage du script est JavaScript :

```
<head>
<title>The Date Page</title>
<script type="text/javascript" language="javascript">
</script>
</head>
```

3. Ajoutez la balise de commentaire (<!-- // -->) pour cacher le script à d'autres navigateurs. N'oubliez pas les barres obliques.

```
<head>
<title>The Date Page</title>
<script type="text/javascript" language="javascript">
<!--
//-->
</script>
</head>
```

   Rappelez-vous que le script se trouve dans l'en-tête du document. Tout seul, il n'affichera rien dans la fenêtre du navigateur. Vous devez placer des instructions dans le corps du document pour ne rien faire avec le script.

4. Pour enlever dans une déclaration JavaScript une fonction affichant la date, vous nommez la déclaration et la placez à l'intérieur d'accolades" (a.k.a. paire: { }). Dans cet exemple, le nom est `printDate`. Ajoutez le mot-clé `function`, le nom de la fonction (incluant des parenthèses) et les accolades.

```
<head>
<title>The Date Page</title>
<script type="text/javascript" language="javascript">
<!--
function printDate() { }
//-->
</script>
</head>
```

Si une fonction a besoin des valeurs de paramètres, celles-ci sont souvent insérées dans ces parenthèses. Pour assurer une certaine cohérence, même les fonctions sans paramètres obtiennent ces parenthèses dans leur nom.

5. Ajoutez la déclaration JavaScript à l'intérieur des accolades. Servez-vous du même code que celui que nous avons utilisé dans le corps du document. (Souvenez-vous que nous avons fait des retours à la ligne pour l'ajuster à la page imprimée. Vous devez taper toute la fonction JavaScript sur une seule ligne.)

```
<head>
  <title>The Date Page</title>
<script type="text/javascript" language="javascript">
<!--
function printDate() {
document.write("Today\'s date is: " + Date());}
//-->
</script>
</head>
```

6. Pour "appeler" (ce qui signifie pour activer ou exécuter) la fonction venant du corps du document, ajoutez un autre groupe de balises `script` à l'intérieur des balises `body`, comme ceci :

```
<body>
<h1>Welcome!</h1>
<p>
<script type="text/javascript" language="javascript">
<!--
//-->
</script>
</p>
</body>
```

7. Ajoutez `printDate()`, qui est le nom donné à la fonction à l'intérieur des balises.

```
<body>
<h1>Welcome!</h1>
<p>
<script type="text/javascript" language="javascript">
<!--
printDate()
//-->
</script>
</p>
</body>
```

Maintenant, notre code ressemble à celui du Listing 11.1.

Listing 11.1 : Insertion de script de langage JavaScript dans l'élément `head`.

```
<!DOCTYPE html PUBLIC "-//W3C/DTD XHTML 1.0 Transitional//EN"
"http://www.w3.org/TR/xhtml1/DTD/xhtml1-transitional.dtd">
<html xmlns="http://www.w3.org/1999/xhtml">
<head>
<title>The Date Page</title>
<script type="text/javascript" language="javascript">
<!--
function printDate() {
document.write("Today\'s date is: " + Date()); }
//-->
</script>
</head>
<body>
<h1>Welcome!</h1>
<p><script type="text/javascript" language="javascript">
<!--
printDate()
```

```
//-->
</script></p>
</body>
</html>
```

Si vous séparez le JavaScript dans sa propre section, insérez-le à l'intérieur de la balise de commentaire : <!- et //->. Ce ne sont pas tous les navigateurs qui peuvent interpréter JavaScript et la balise de commentaire va d'ailleurs leur ordonner d'ignorer la section JavaScript. Les navigateurs capables d'interpréter JavaScript verront passer les commentaires et reconnaîtront l'élément `script`.

BIENTÔT, IL SE PEUT QUE LES COMMENTAIRES NE FONCTIONNENT PLUS DANS XHTML

La pratique traditionnelle d'utiliser les commentaires, afin de cacher des scripts aux navigateurs qui ne supportent pas JavaScript, pourrait bientôt ne plus fonctionner en XHTML. La raison vient peut-être du fait que les parseurs XML auraient pu déplacer subrepticement les contenus des commentaires, c'est-à-dire votre script !

Deux solutions sont alors possibles :

1. Utilisez des scripts externes (ce qui est conseillé). (Voir la section suivante : Liaison JavaScript".)
2. Mettez à la ligne le contenu du script à l'intérieur d'une section marquée `CDATA`, par exemple :

```
<script>
<![CDATA[
...script content ...
]]>
</script>
```

Au moment où ce livre est écrit, aucun navigateur n'est capable de traiter des sections CDATA XML. Cependant, les supports ultérieurs XML seront probablement dans les prochaines versions de navigateurs.

Liaison des scripts écrits en JavaScript

Si vous souhaitez utiliser les fonctions de script dans plusieurs documents, placez-les dans un fichier séparé et référez-vous à ce fichier à partir de votre document. Vous pouvez construire, tester et stocker le code JavaScript dans un seul emplacement, l'utiliser dans plusieurs pages Web, et le partager avec d'autres utilisateurs qui s'en serviront pour établir des liens avec leurs documents.

Le document lié est simplement un fichier texte qui inclut toutes les définitions et les fonctions d'une variable. Une copie des fonctions à partir des en-têtes de vos documents existants est même possible si vous le souhaitez. Si vous n'avez pas besoin de certaines variables et aussi de certaines fonctions pour la page Web, le navigateur va seulement utiliser celles qui seront appelées par le code JavaScript dans le document XHTML.

Pour continuer avec notre exemple de date, vous pouvez créer un document `functions.js` qui contient le texte suivant :

```
function printDate() { document.write(Date()) }
```

Ce document lié n'a besoin ni de titres ni d'éléments, et à fortiori, il ne demande même pas des balises de commentaire ou des balises de script. Un fichier JavaScript externe est un document dont le seul contenu est le code JavaScript (similaire à une feuille de style externe qui est un document texte avec uniquement des définitions de style). Il ne requiert aucun code XHTML mais inclut les définitions des variables et des fonctions. Vous pouvez ensuite vous lier au script avec le code suivant à partir de l'élément `head` du document (y compris toutes les balises qui se trouvent tout autour) :

```
<head>
<title>The Date Page</title>
<script src="functions.js" type="text/javascript"
language="javascript">
</script>
</head>
```

En incluant cette référence dans votre document de script externe, vous avez la possibilité d'accéder à toutes les fonctions insérées dans le script externe du document XHTML que vous avez créé.

Si vous le voulez, vous pouvez inclure des fonctions ou des définitions de variables à l'intérieur de votre document script et, alternativement, référencer plusieurs scripts externes en insérant des éléments `script` supplémentaires.

Les anciens navigateurs

Puisque vous ajoutez un script écrit en JavaScript à vos pages, vous devez penser aux anciens navigateurs qui ne peuvent pas interpréter JavaScript et à ceux dans lesquels il n'est même pas configuré. Si vous insérez JavaScript dans l'élément `head` ou que vous liez JavaScript à partir d'un document séparé, cela veut dire que les anciens navigateurs peuvent être rendus utilisables car ils ne sont pas révélés dans le corps du document.

Cependant, si vous imbriquez JavaScript, assurez-vous que le script n'est pas révélé. La meilleure façon d'accepter les anciens navigateurs est de s'assurer que le texte qui dépend de JavaScript (tel que "Today's date is) fait partie de la déclaration JavaScript. Rappelons que le code imbriqué présenté dans le Listing 11.1 ressemble à :

```
<script type="text/javascript" language="javascript">
<!--
document.write("Today\'s date is: " + Date());
//-->
</script>
```

Cependant, si vous souhaitez donner des informations supplémentaires à des navigateurs qui ne sont pas capables d'interpréter un script (plutôt que de leur cacher des informations), vous pouvez aussi utiliser l'élément `noscript` et inclure un texte alternatif. Par exemple, si vous avez un formulaire JavaScript pour valider l'entrée, vous ajoutez en haut du formulaire à l'intérieur de l'élément `noscript` une déclaration avertissant les utilisateurs des navigateurs incapables d'interpréter JavaScript que leurs réponses ne seront pas validées ; en outre, ils doivent particulièrement être prudents lorsqu'ils en font la relecture. Exemple :

```
<h2>Personal Information Form</h2>
<noscript>
<p>Please be very careful to proofread your responses.
If any information is incorrect (particularly your e-mail address), we won't
be able to contact you.</p>
</noscript>
Please enter your name and address below:<br />
```

Dans cet exemple, le navigateur capable d'interpréter JavaScript affiche seulement l'en-tête *Personal Information Form*, suivi du texte "Please enter your name and address below". D'autres navigateurs afficheront aussi le texte "Please be very careful".

Pour une petite quantité de scripts écrits en JavaScript ou pour un seul qui n'est pas déterminant sur le contenu de votre document, l'élément `noscript` est un moyen pratique pour faire face aux deux situations. Si vous avez trop d'applications JavaScript sur votre page, vous devrez identifier les navigateurs de vos utilisateurs et les diriger automatiquement vers la page correcte. Dans ce cas, au lieu de mettre le contenu à l'intérieur des balises `noscript`, une page séparée est créée pour les utilisateurs qui n'ont pas JavaScript. Pour le faire, vous avez besoin d'un script capable de détecter le navigateur et, au moins, les deux versions différentes de cette page (l'une pour les utilisateurs qui disposent de navigateurs capables d'interpréter JavaScript et l'autre pour ceux qui n'en ont pas).

Consultez les archives Matt's Script sur le site www.worldwidemart.com/scripts, pour les moyens côté-serveur afin d'identifier les navigateurs et les rediriger correctement. Visitez aussi le site www.pageresource.com/jscript/jbrowse.htm pour une version côté-client de la détection d'un navigateur utilisant JavaScript.

Ajout de gestionnaires d'événements

Le langage JavaScript compte essentiellement sur les gestionnaires d'événements qui réagissent aux actions des utilisateurs, en exécutant les déclarations ou en appelant les fonctions JavaScript. Les gestionnaires d'événements offrent aux utilisateurs des informations supplémentaires, en réagissant à chaque événement et à chaque action de l'utilisateur sur la page (déplacer la souris, cliquer sur un bouton ou sélectionner des options sur un formulaire) ; ou encore, en exécutant tout ce que vous leur dites de faire à chaque exemple. Par exemple, les gestionnaires d'événements `onmouseover` et `onmouseout` permettent de modifier les informations dans votre barre d'état, de déclencher un message d'alerte ou de modifier une illustration.

JavaScript fournit une variété de gestionnaires d'événements qui peuvent réagir aux actions des utilisateurs. Ce chapitre sera limité à quelques-uns d'entre eux mais la troisième partie des Références du Maître couvrira tous les gestionnaires existants.

Les gestionnaires d'événements onmouseover et onmouseout

Le gestionnaire d'événements `onmouseover` est utilisé avec l'élément `anchor` (a) pour offrir des informations supplémentaires sur le lien. Le gestionnaire d'événements `onmouseout` ne fait pas en principe ce que `onmouseover` fait.

Ils permettent, entre autres, d'implémenter des événements chronométrés dans la barre d'état, de permuter des images et d'alerter les utilisateurs. Ces procédés seront expliqués dans les prochaines sections. L'ajout de `onmouseover` et `onmouseout` sera expliqué en premier.

Ni Internet Explorer 3 ou une version plus ancienne, ni Netscape Navigator 2 ou une version plus ancienne ne reconnaît pas `onmouseout`. Si vos utilisateurs emploient ces navigateurs (ce qui est peu probable), utilisez une fonction séparée (que l'on décrira plus tard) pour effacer la barre d'état. D'après les statistiques provenant des utilisateurs du site www.thecounter.com, seuls 20 % des utilisateurs se servent encore d'un navigateur 4.0 ou d'un navigateur plus ancien.

Ajoutez onmouseout et onmouseover pour afficher un nouveau message dans la barre d'état et enlevez-le après. Cette technique est pratique pour afficher des informations dans la barre d'état et plus descriptive que l'adresse URL dont l'affichage est fait automatiquement par le navigateur. Les étapes à suivre sont :

1. Commencez avec un document XHTML qui inclut un lien, comme ceci :

```
<!DOCTYPE html PUBLIC "-//W3C/DTD XHTML 1.0 Transitional//EN"
"http://www.w3.org/TR/xhtml1/DTD/xhtml1-transitional.dtd">
<html xmlns="http://www.w3.org/1999/xhtml">
<head>
<title>Status Bar</title>
</head>
<body>
<h1>Welcome!</h1>
<a href="http://www.lanw.com/"> Visit the LANWrights, Inc. site.</a>
</body>
</html>
```

2. Ajoutez le gestionnaire d'événements onmouseover à l'élément a :

```
<a href="http://www.lanw.com/" onmouseover="">Visit the LANWrights, Inc.
site.</a>
```

3. Ajoutez window.status= au gestionnaire d'événements. La propriété window.status précise ce qui va apparaître dans la barre d'état.

```
<a href="http://www.lanw.com/" onmouseover="window.status=">Visit the
LANWrights, Inc. site.</a>
```

4. Ajoutez le texte qui apparaît dans la barre d'état, entouré par des guillemets simples (''). Vous utilisez des guillemets simples parce que la déclaration de l'état de la fenêtre elle-même est entourée de double guillemets et que vous devez imbriquer des guillemets différents à l'intérieur de chacun d'eux.

```
<a href="http://www.lanw.com/" onmouseover="window.status='Check us
out!'">Visit the LANWrights, Inc. site.</a>
```

5. Ajoutez un point-virgule (pour indiquer la fin de la déclaration) et ajoutez return true à la fin (juste avant les guillemets de fermeture). Ce procédé indique à l'interprétateur JavaScript que l'action est complète et qu'il doit terminer.

```
<a href="http://www.lanw.com/" onmouseover="window.status='Check us out!';
returntrue;">Visit the LANWrights, Inc. Site.</a>
```

Avec cette méthode, la déclaration "Check us out" apparaît dans la barre d'état du navigateur après avoir enlevé du lien le curseur. La déclaration reste dans la barre d'état qui, probablement, n'est pas ce que vous souhaitez.

Pour restaurer la barre d'état une fois que le curseur n'est plus sur le lien, ajoutez le gestionnaire d'événements onmouseout, comme ceci :

```
<a href="http://www.lanw.com/" onmouseover="window.status='Check us out!';
return true" onmouseout="window.status=''; return true;">Visit the LANWrights,
Inc. Site.</a>
```

Les événements chronométrés du texte de la barre d'état

JavaScript inclut une méthode setTimeout qui permet d'installer des événements chronométrés. Par exemple, vous pouvez l'utiliser conjointement avec onmouseover pour afficher la barre d'état pendant une période de temps prédéfinie et l'effacer après. Même si la méthode setTimeout est un peu plus compliquée que onmouseout, il est plus universel. Il empêche que le texte de la barre d'état y reste même avec des navigateurs plus anciens. (Il existe d'autres méthodes JavaScript pour définir les minuteries mais la méthode setTimeout est la seule qui fonctionne encore bien avec les navigateurs plus anciens.)

En principe, la fonction nécessaire pour effacer le texte de la barre d'état doit accomplir deux étapes :

- Définir le texte de la barre d'état vers une chaîne de textes spécifique.
- Attendre un temps prédéfini et effacer de nouveau la barre d'état.

Puisque cette fonction est un peu plus complexe que la fonction de réinitialisation de onmouseover affiché sur la barre d'état, nous créons le script dans l'en-tête du document comme nous l'avons antérieurement montré dans ce chapitre.

1. Dans un document XHTML, ajoutez l'élément script et les lignes de commentaire dans l'en-tête du document :

```
<!DOCTYPE html PUBLIC "-//W3C/DTD XHTML 1.0
Transitional//EN""http://www.w3.org/TR/xhtml1/DTD/xhtml1-transitional.dtd">
<html xmlns="http://www.w3.org/1999/xhtml">
<head>
<title>Status Bar</title>
<script type="text/javascript" language="javascript">
<!--
//-->
<script>
</head>
<body>
<h1>Welcome!</h1>
<a href="http://www.lanw.com/">
Visit the LANWrights, Inc. site.</a>
</body>
</html>
```

2. Nommez la fonction `SalesPitch` et ajoutez les accolades nécessaires :

```
<script type="text/javascript" language="javascript">
<!--
function SalesPitch() { }
//-->
</script>
```

3. Ajoutez la déclaration `window.status` pour définir la barre d'état.

```
<script type="text/javascript" language="javascript">
<!--
function SalesPitch() {
window.status="Check us out!"; }
//-->
</script>
```

4. Ajoutez la nouvelle méthode `setTimeout`. A l'intérieur des parenthèses, le premier paramètre définit l'état de la fenêtre à une valeur nulle ('') et le deuxième précise qu'il faut attendre 3 000 millisecondes (3 secondes).

```
<script type="text/javascript" language="javascript">
<!--
function SalesPitch() {
window.status="Check us out!";
setTimeout("window.status=''",3000); }
//-->
</script>
```

5. Ajoutez la déclaration `return true`. Cette déclaration ne sert qu'à indiquer à l'interprétateur que la fonction est faite et que celui-ci doit agir.

```
<script type="text/javascript" language="javascript">
<!--
function SalesPitch() {
window.status="Check us out!";
setTimeout("window.status=''",3000); }
return true; }
//-->
</script>
```

6. Maintenant que le script `SalesPitch` se trouve dans l'en-tête du document, appelez-le à l'intérieur du corps du document pour exécuter la fonction entière. Ajoutez une déclaration `onmouseover` à l'élément `a` :

```
<a href="http://www.lanw.com/" onmouseover="SalesPitch(); return true;">
```

Le Listing 11.2 montre le code complet.

LISTING 11.2 : LE SCRIPT ÉCRIT EN JAVASCRIPT UTILISANT LA MÉTHODE SETTIMEOUT.

```
<!DOCTYPE html PUBLIC "-//W3C/DTD XHTML 1.0 Transitional//EN"
"http://www.w3.org/TR/xhtml1/DTD/xhtml1-transitional.dtd">
<html xmlns="http://www.w3.org/1999/xhtml">
<head>
<title>Status Bar</title>
<script type="text/javascript" language="javascript">
<!--function SalesPitch() {window.status="Check us out!";
setTimeout("window.status=''",3000);return true; }//-->
<script>
</head>
<body>
<h1>Welcome!</h1>
<a href="http://www.lanw.com/" onmouseover="SalesPitch(); return true;">Visit
our site!</a>
</body>
</html>
```

COMMENTAIRES EN JAVASCRIPT

Ajoutez des commentaires (de vraies notes personnelles et non pas seulement une balise de commentaires) à votre JavaScript afin de suivre ce que le script fait. Cette méthode est utile pour avoir des références dans le futur ; et vos commentaires seront d'une aide précieuse lorsque vous devrez partager vos fonctions JavaScript avec d'autres personnes. Les commentaires JavaScript sont précédés de deux barres obliques //. Vous devez ajouter ces barres au début de chaque ligne de commentaire comme dans le segment de code suivant :

```
<script type="text/javascript" language="javascript">
//this function is for a timed event in the status bar
//set the number of milliseconds
<!--function SalesPitch() {window.status="Check us
out!";setTimeout("window.status=''",3000);return true; } //-->
</script>
```

AJOUT D'UNE PETITE ANIMATION DANS LE CHARGEMENT DE LA PAGE

Puisque les événements peuvent répondre aux mouvements de la souris, ils peuvent bien survenir lorsque la page se charge ou se décharge. Cependant, toute chose qui est longue à s'exécuter (tel que jouer un son par exemple) ou gênante (afficher une alerte comme message de bienvenue) peut irriter les utilisateurs plus l'émerveillement que procurent vos capacités techniques.

Nous vous suggérons d'exécuter seulement les actions avec les événements `onload` et `onunload` si les utilisateurs s'attendent à les voir dans le contexte de la page ou pour d'autres raisons.

Le Chapitre 12 offre davantage d'informations sur les méthodes utilisées pour ajouter les sons.

Permutation des images

Vous pouvez recourir aux gestionnaires d'événements onmouseover et onmouseout pour modifier les images liées lorsque le curseur pointe sur elles. Cette action est connue sous le terme *rollovers*.

Cette technique fonctionne uniquement avec Netscape Navigator 3 ou une version plus récente. Les navigateurs plus anciens ne reconnaissent pas les images comme des objets.

Pour modifier une image lorsque la souris pointe sur elle, un élément anchor (<a href="url">) et deux versions de l'image sont nécessaires : la première est une présentation standard et la seconde, une présentation en surbrillance. Au moment du chargement initial, l'image standard est visible. Lorsque la souris pointe sur l'image, l'image en surbrillance va remplacer l'image standard. Lorsque le curseur de la souris s'éloigne, une nouvelle fois les images reviennent à leur état initial. En termes de concept, le processus est le même que celui qui sert à modifier le texte de la barre d'état dans l'exemple précédent. Cependant, au lieu de modifier la barre d'état, vous avez procédé à une permutation d'images.

Pour installer les images à permuter, il est indispensable d'avoir une paire d'images de même taille mais visuellement différentes.

Ensuite, vous avez besoin d'un lien qui utilise une image dans votre document. L'élément img doit aussi avoir un attribut name de sorte que JavaScript peut l'identifier et s'y référer. Nous allons utiliser l'exemple de document suivant :

```
<!DOCTYPE html PUBLIC "-//W3C/DTD XHTML 1.0 Transitional//EN"
"http://www.w3.org/TR/xhtml1/DTD/xhtml1-transitional.dtd">
<html xmlns="http://www.w3.org/1999/xhtml">
<head>
<title>Image Swap</title>
</head>
<body bgcolor="ffffff" text="000000" link="0000ff" vlink="800080"
alink="ff0000">
<center>
<a href="http://www.example.com/">
<img src="image1.gif" width="50" height="10" border="0"
name="catbtn" id="catbtn" alt="catbtn" /></a>
</center>
</body>
</html>
```

Deux images intitulées `image1.gif` et `image2.gif` sont disponibles pour permuter à l'intérieur de l'élément `img`. Dans le but d'identifier l'image, vous vous référez à elle par son nom (ici, c'est `catbtn`), tandis que `src` est une propriété de l'objet image `catbtn`. Par exemple, afin de modifier l'image (mais non pour la faire revenir à son état initial), vous pouvez utiliser la déclaration suivante :

```
onmouseover="catbtn.src='image2.gif'; return true;"
```

Dans le contexte de l'élément `img` défini à `image1.gif`, la déclaration `onmouseover` ressemble à :

```
<a href="http://www.example.com/" onmouseover="catbtn.src='image2.gif'; return
true;">
<img src="image1.gif" width="50" height="10" border="0"
name="catbtn" id="catbtn" alt="catbtn" /></a>
```

Le déclenchement de cette déclaration modifie la propriété de la source (`src`) de l'objet nommé `catbtn` à `image2.gif`.

D'une manière identique, pour revenir à l'état initial de l'image lorsque le curseur s'éloigne, utilisez une déclaration `onmouseout` avec le paramètre de l'image opposée, comme il est montré ici :

```
<a href="http://www.example.com/" onmouseover="catbtn.src='image2.gif'; return
true;" onmouseout="catbtn.src='image1.gif'; return true;">
<img src="image1.gif" width="50" height="10" border="0"name="catbtn"
id="catbtn" alt="catbtn" /></a>
```

Le code complet pour la permutation d'une image simple est montré dans le Listing 11.3. C'est juste un exemple. Si vous entrez ce code dans un éditeur de texte, il fonctionnera seulement si vous avez deux images intitulées `image1.gif` et `image2.gif`.

Listing 11.3 : Permutation d'une image simple avec deux images.

```
<!DOCTYPE html PUBLIC "-//W3C/DTD XHTML 1.0 Transitional//EN"
"http://www.w3.org/TR/xhtml1/DTD/xhtml1-transitional.dtd">
<html xmlns="http://www.w3.org/1999/xhtml">
<head>
<title>Image Swap</title>
</head>
<body bgcolor="ffffff" text="000000" link="0000ff" vlink="800080"
alink="ff0000">
<center>
<a href="http://www.example.com/" onmouseover="catbtn.src='image2.gif'; return
true;" onmouseout="catbtn.src='image1.gif'; return true;">
```

```
<img src="image1.gif" width="50" height="10" border="0" name="catbtn"
id="catbtn" alt="catbtn" /></a>
</center>
</body>
</html>
```

Pour une série d'images, vous utilisez une série de déclarations `if` dans une fonction afin d'effectuer les modifications. L'utilisation des déclarations `if` facilite la lecture de votre code XHTML et, plus tard, la modification de votre script. Vous pouvez ajouter plus de déclarations pour remanier des images dans des contextes différents en ajoutant une fonction comme celle-ci dans la section `head` de votre document XHTML :

```
function imagereplacer(place) {if (place==1) document.catbtn.src="image2.gif";
if (place==2) document.catbtn.src="image1.gif"; }
```

Les déclarations `if` vérifient la valeur de la variable `place` et modifient en conséquence l'image. Vous appelez cette fonction à partir du corps de votre document. Au lieu d'écrire en entier la fonction `imagereplacer` dans l'élément `a`, vous mettez seulement le nom de la fonction dans la valeur de l'attribut, avec le paramètre désiré pour la variable `place` dans les parenthèses des paramètres, comme on vous le montre ci-dessous :

```
<a href="http://www.example.com/">
<img src="image1.gif" width="50" height="10" border="0"
onmouseover="imagereplacer(1)" alt="catbtn" name="catbtn"
id="catbtn" onmouseout="imagereplacer(2)" />
</a>
```

Si vous souhaitez faire plus, tel que modifier l'image *et* aussi la barre d'état, vous pouvez utiliser le mot-clé spécial JavaScript, `switch`, comme suit :

```
function imagereplacer(place) {switch (place) {case(1):
document.catbtn.src="image2.gif"; window.status="Second Image";break;case(2):
document.catbtn.src="image1.gif";window.status="First Image";break; } }
```

Cette technique permet de lister toutes les options. Identique aux déclarations `if` précédentes, la déclaration `switch` liste chaque option et l'action à réaliser ; l'option `switch` facilite l'exécution d'actions multiples ou complexes. Dans une déclaration `switch`, chaque option est un `case`.

Dans cet exemple, la première ligne appelle la fonction et inclut le nombre de la variable `place`. Vous utilisez la variable `place` dans la déclaration `switch` qui présente deux cas. Si la variable `place` est égale à un, utilisez `case(1)` pour définir la propriété source de l'image `catbtn` (`catbtn.src`) à `image2.gif`.

Si vous utilisez des objets, des méthodes, des propriétés ou des gestionnaires d'événements à partir des versions plus récentes de JavaScript, vous n'avez pas besoin d'ajouter la version à l'attribut `language`. Cependant, si vous utilisez des capacités étendues à partir de versions plus anciennes, comme nous allons le faire ici avec la déclaration `switch`, les fonctions étant définies par ailleurs dans le document, vous devez insérer le numéro de la version à l'intérieur de l'attribut, par exemple, `language="javascript1.2"`.

Aucun changement n'est requis dans votre code XHTML si une modification est faite à partir de la fonction `imagereplacer` de la déclaration `if` vers la version de la déclaration `case`. Lorsque vous mettez les fonctions JavaScript dans l'en-tête du document, vous pouvez effectuer des modifications sans changer tous les éléments de votre code.

Il est très important de tester votre code JavaScript dans plus d'un navigateur. Le code dans le Listing 11.3 fonctionne dans Netscape Navigator 3 et les versions plus récentes, puis dans Internet Explorer 4 et les versions plus récentes. Cependant, le code utilisant la déclaration `switch` fonctionne aussi dans Internet Explorer 4 et les versions plus récentes, mais seulement dans Netscape Navigator 6.

Même si, à des fins de lisibilité, nous utilisons dans notre code des ruptures de ligne, faites attention chaque fois que vous insérez un retour chariot quelconque dans votre code JavaScript. Chaque déclaration JavaScript doit être sur une seule ligne et permet au texte d'aller de lui-même à la ligne sans un retour chariot. JavaScript considère le retour chariot à l'intérieur d'une ligne de code comme un autre caractère JavaScript et l'ajoute à votre code (qui rendra le code non fonctionnel et causera des messages d'erreur). Il est correct d'utiliser des retours chariot à la fin d'une ligne de code avant de commencer la ligne suivante et non en plein milieu d'une ligne de code. JavaScript ignore les espaces blancs supplémentaires ; faites attention lorsque vous les ajoutez dans un code. Testez toujours votre code chaque fois que vous apportez des modifications.

Utilisation des gestionnaires d'événements onclick et onchange

A part `onmouseout` et `onmouseover`, vous pouvez utiliser les gestionnaires d'événements `onclick` et `onchange` qui sont activés lorsque les utilisateurs cliquent sur un objet ou sur un bouton ou modifient un champ dans le formulaire. L'insertion de ces gestionnaires d'événements est similaire à celle de `onmouseout` et `onmouseover`. Les gestionnaires d'événements `onclick` ou `onchange` servent, entre autres, à définir des destinations de lien dans les formulaires.

Alerter les utilisateurs avec onclick

Le gestionnaire d'événements `onclick` sert à afficher une boîte de message d'alerte représentée par une petite boîte de dialogue contenant un message et un bouton OK. Par exemple, une alerte peut être une note élargie sur l'objet telle que "Visitez cette page pour en savoir plus sur le programme de cette année."

A cause de sa simplicité, vous pouvez combiner un gestionnaire d'événements (pour commencer le processus) avec un message d'alerte, comme ceci :

```
<img src="infolink.jpg" alt="link" onclick="alert('Visit LANWrights!'); return
true;" />
```

Les utilisateurs voient alors la boîte de dialogue qui l'accompagne s'afficher et ils doivent ensuite cliquer sur OK pour continuer le processus. Les messages d'alerte agacent rapidement les utilisateurs et ne doivent être utilisés qu'avec des boutons ou d'autres actions qui permettent un libre choix. Par exemple, vous pouvez combiner le message d'alerte avec des informations de validation du formulaire et le baser sur les réponses qui ont été données.

Paramétrer les destinations de lien dans les formulaires

L'une des fonctions la plus pratique de JavaScript est le paramétrage d'une destination de lien dans un formulaire, de manière à diriger l'utilisateur vers l'information basée sur ses propres sélections dans le formulaire. Par exemple, si un formulaire contient une liste de sélection `Course Offered`, les utilisateurs peuvent sélectionner les cours qui les intéressent ; vous pouvez définir la destination d'un saut pour satisfaire les besoins suscités par les sélections. JavaScript sert aussi à définir les destinations, de sorte que lorsqu'un utilisateur clique sur un bouton pour exécuter une autre action sur la page, le script ouvre une nouvelle page, exactement à la manière des liens traditionnels. Cette technique ajoute un intérêt visuel à vos pages et vous permet de produire interactivement de nouvelles pages pour vos utilisateurs.

Afin de définir les destinations et activer des liens, utilisez `onclick`, comme il est montré ci-dessous, au minimum :

```
<form>
<input type="radio" name="lesson" value="Lesson 1"
onclick="self.location='lesson1.htm'" />Lesson 1: Getting Started
</form>
```

L'entrée `self.location='lesson1.htm'` ouvre le fichier `lesson1.htm` dans la même fenêtre lorsqu'un utilisateur clique sur le bouton radio. Si vous souhaitez ouvrir le document dans une fenêtre séparée, le processus est le même. Par exemple, pour ouvrir le fichier `lesson1.htm` dans un autre cadre appelé `main`, vous pouvez utiliser :

```
<input type="radio" name="lesson" value="Lesson 1"
onclick="parent.main.location='lesson1.htm'" />Lesson 1: Getting Started
```

Le nom de l'objet `parent.main.location` se réfère au document parent. Dans cet exemple, le document parent est le document multifenêtré. Ce nom se réfère à l'objet `main` (cadre) à l'intérieur du multifenêtrage puis à la propriété du cadre `location`.

Un simple saut peut aussi conduire à une destination variable, le document ouvert dépendant alors de la sélection de l'utilisateur à partir de la liste. Votre document doit contenir des informations de catalogue telles que les images, les descriptions de produit et les prix. Un utilisateur clique sur une catégorie pour ouvrir la page correcte de votre catalogue. Les utilisateurs peuvent également sélectionner des activités à partir d'une liste pareille à celle-ci :

```
<form>
<select name="Activity" onchange="setLink(this.selectedIndex)">
<option>Hiking</option>
<option>Camping</option>
<option selected="selected">Mountain</option>
<option>Sailing</option>
<option>Winter</option>
</select>
</form>
```

Le gestionnaire d'événements `onchange` passe des informations à une fonction appelée `setLink`. La propriété `selectedIndex` est la position dans la liste (commençant par zéro) de la sélection en cours. Ainsi `this.selectedIndex` est la valeur numérique qui représente la position courante de la valeur sélectionnée dans la liste.

Une fonction relativement simple `setLink`, localisée dans l'en-tête du document, assigne l'adresse finale URL aux propriétés de la page et charge la nouvelle adresse URL :

```
<script type="text/javascript" language="javascript">
<!--
function setLink(num) {
if (num = 0) { self.location="hiking.html"    }
if (num = 1) { self.location="camping.html"   }
if (num = 2) { self.location="mountain.html"  }
if (num = 3) { self.location="sailing.html"   }
if (num = 4) { self.location="winter.html"    } }
//-->
</script>
```

Avec ce type de scripting, il est plus facile de comprendre ce qui va se passer, d'effectuer plus tard des modifications et de s'adapter aux noms à la fois uniques et non séquentiels tels que `newmountainbikes.html` ou `augustactivities.html`.

Utiliser le gestionnaire d'événements `onsubmit`

Le gestionnaire d'événements `onsubmit` sert à valider une entrée de formulaire. Vous pouvez vérifier que les utilisateurs remplissent bien les champs requis, effectuent les sélections demandées ou remplissent une combinaison appropriée de champs. Supposez que vous fournissez un formulaire permettant aux utilisateurs d'acheter des T-shirts. Vous pouvez utiliser JavaScript pour vérifier que les utilisateurs incluent l'adresse du destinataire, fournissent un numéro de carte de crédit et, enfin, précisent la couleur du T-shirt. Si l'une de ces entrées vient à manquer, vous ne serez pas capable de satisfaire la commande.

Les exemples suivants, basés sur le formulaire d'informations générales de la société ARS Outfitters, montrent deux approches de validation de formulaire. Ces exemples supposent un formulaire avec `name="survey"`. Si votre formulaire est nommé différemment, ajustez-le en conséquence. Vous pouvez aussi substituer `form[0]` pour le nom du premier formulaire à l'intérieur de votre page.

Vous pouvez utiliser le script générique suivant pour faire une boucle à travers votre formulaire et chercher des valeurs omises ou oubliées :

```
<script type="text/javascript" language="javascript">
<!--function checkOut() {for (x = 0; x < document.survey.elements.length;
x++) {if (document.survey.elements[x].value == "") {alert("Sorry, you forgot
one of the required fields. Please try again.")break; } }return false; }//-->
</script>
```

Pour vérifier votre formulaire, utilisez `onsubmit="checkOut(this.form)"` dans votre élément `form`. Le script regarde chaque champ à travers chaque élément afin de voir s'il existe des champs complètement vides et, au cas où il y en aurait un, un message d'alerte va s'allumer avec un texte "Sorry..." et puis disparaître.

Si certains champs doivent être complétés et d'autres non ou si vous devez vérifier des valeurs spécifiques, vous pouvez prendre la situation en main. Par exemple, pour s'assurer que le champ du prénom (appelé `firstname`) est rempli sans qu'il ne soit trop court (plus de deux caractères), vous devez ajouter la déclaration `if` au script :

```
if (document.survey.firstname.value.length <= 2) {alert("Please enter your
full first name.")return false; }
```

Le script complet ressemblera à :

```
<script type="text/javascript" language="javascript">
<!--
function checkOut() {for (x = 0; x < document.survey.elements.length; x++)
{if (document.survey.elements[x].value == "") {alert("Sorry, you forgot one
of the required fields. Please try again.") break;  }  } return false;
if (document.survey.firstname.value.length <= 2) {
alert("Please enter your full first name.")
return false;  }  }
//-->
</script>
```

Vous pouvez, de la même façon, continuer à ajouter d'autres conditions.

Le problème de validation le plus complexe concerne les adresses e-mail. Même si des scripts plus complexes sont disponibles, vous allez probablement constater qu'une vérification de base suffit pour s'assurer que l'adresse inclut bien, entre autres, un signe @ :

```
<script type="text/javascript" language="javascript">
<!--
function checkOut() {
for (x = 0; x < document.survey.elements.length; x++){
if (document.survey.elements[x].value == "") {
alert("Sorry, you forgot one of the required
fields. Please try again.")
break;  }  }
return false;
if (document.survey.firstname.value.length <= 2){
alert("Please enter your full first name.")
return false }
if (document.survey.emailaddr.value.indexOf('@') == -1 ) {
alert("Please correct your email address. It should look like
you@domain.com")
return false } }
//-->
</script>
```

Cet ajout vérifie que l'adresse contient un signe @ qui est bien suivi par autre chose. Si vous avez besoin d'une validation plus pointue, faites des recherches sur les scripts en consultant le site de Netscape :

http://developer.netscape.com/library/examples/javascript/formval/overview.html

Suivi des utilisateurs employant des cookies

Les cookies sont des objets qui servent à stocker des informations sur les utilisateurs de votre site et auxquels vous pouvez accéder grâce à JavaScript. Les cookies peuvent être considérés comme des balises de nom de haute technologie qui identifient votre ordinateur au serveur. Par exemple, si vous visitez le site Web `Amazon.com` et que vous y achetez un livre, le serveur du site `Amazon.com` dépose un cookie dans votre machine ; la prochaine fois que vous visitez le site, le cookie permet au serveur de l'identifier. Le cookie placé dans votre machine est ensuite comparé avec les informations stockées sur le serveur, comme celles que vous avez fournies vous-même, lors de l'achat du livre. Dans ce cas, les cookies aident à faire des visites ultérieures plus faciles car les utilisateurs n'ont plus à ressaisir les mêmes informations.

Même si le risque de sécurité est au minimum pour les utilisateurs, plusieurs personnes sont (et on les comprend) sensibles au fait que des renseignements personnels peuvent être stockés et lus par d'autres machines. Pour cette raison, les navigateurs offrent maintenant aux utilisateurs un bon nombre de contrôles sur la manipulation des cookies. Si les versions anciennes de Netscape Navigator ont accepté tous les cookies, la plupart des navigateurs reconnaissent maintenant que les cookies doivent posséder une option qui avertit l'utilisateur de la création d'un cookie ; celle-ci va alors lui donner la faculté de choisir entre l'acceptation du cookie individuel ou son rejet.

Des navigateurs plus récents incluent des options pour traiter les cookies. Dans Netscape Navigator, allez à Edition -> Préférences -> Avancés pour choisir la façon dont vous souhaitez que le navigateur traite les cookies. Dans Internet Explorer, allez à Outils -> Options Internet -> Sécurité -> Personnaliser. L'option par défaut dans les deux navigateurs est l'activation des cookies ; modifiez seulement les options si vous voulez désactiver des cookies ou si vous souhaitez recevoir un message avant qu'un cookie puisse être placé dans votre ordinateur.

Les informations du cookie ne sont pas pour autant une propriété publique. Le cookie stocke les informations uniquement pour vous et non pour une diffusion publique. C'est comme votre casier qui se trouve parmi ceux de vos camarades dans une salle de gymnastique, vous êtes le seul à détenir la clé. Lorsque le serveur recherche le cookie dans votre ordinateur, il peut seulement voir et lire le cookie qu'il a déposé là auparavant et non les autres cookies, fichiers ou informations.

Les cookies ne sont pas des passages secrets dans l'ordinateur d'un utilisateur mais plutôt des signets qui servent à identifier les endroits que votre utilisateur a visités en votre compagnie. La création d'un cookie est un peu une aventure commune dans laquelle l'utilisateur répond à l'invite de commandes de la page tandis que vous sauvegardez les informations dans un cookie.

Si vous souhaitez suivre la trace des utilisateurs de votre site Web, vous pouvez le faire en utilisant deux types de cookie :

- Les cookies de session, dont la durée expire lorsque l'utilisateur ferme le navigateur.
- Les cookies permanents qui subsistent jusqu'à la date d'expiration que vous avez vous-même définie.

Les cookies de session

Supposez que vous souhaitiez garder des informations sur la session de navigation d'un utilisateur, notamment sur les pages naviguées ou les produits achetés. Vous pouvez utiliser les cookies de session à cette fin. JavaScript n'enregistre pas seulement les informations sur la session d'un utilisateur mais il lui envoie aussi un message à l'entrée de votre site, comme à la sortie.

Cet exemple montre les capacités des cookies et leur puissance. Ils peuvent énerver certains utilisateurs. Même s'ils savent que les cookies peuvent être paramétrés et utilisés, ils ne souhaitent probablement pas s'en souvenir.

Pour implémenter des cookies de session, créez d'abord un cookie vide lorsque la page se charge. Commencez avec un document XHTML fonctionnel, comme le suivant :

```
<!DOCTYPE html PUBLIC "-//W3C/DTD XHTML 1.0 Transitional//EN"
"http://www.w3.org/TR/xhtml1/DTD/xhtml1-transitional.dtd">
<html xmlns="http://www.w3.org/1999/xhtml">
<head>
<title>ASR Outfitters Cookie Form</title>
</head>
<body>
Cookie Bearing Document
</body>
</html>
```

Maintenant, suivez ces étapes :

1. Ajoutez une fonction à l'élément head du document définissant le cookie du document à l'heure et à la date locales :

```
<script type="text/javascript" language="javascript">
<!--
function homeMadeCookies() {
var gotHere = new Date();
document.cookie = gotHere.toLocaleString()  }
//-->
</script>
```

2. Initialisez le cookie à partir du gestionnaire d'événements `onload` :

```
<body onload="homeMadeCookies()">
```

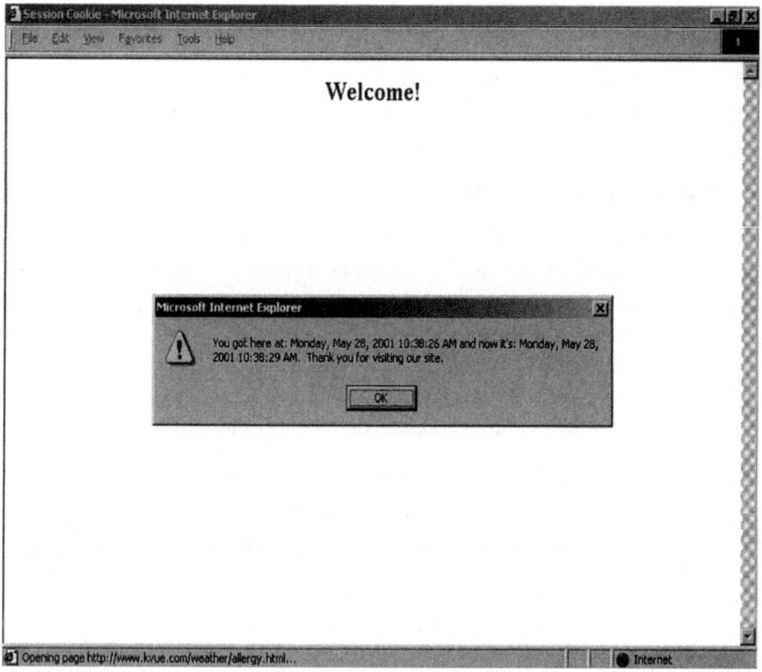

Figure 11.1 : Vous pouvez utiliser des cookies pour produire des messages d'alerte spécifiques à la situation d'un utilisateur.

Le gestionnaire d'événements `onload` commence la fonction appelée `homeMadeCookies` qui crée et place une valeur dans la variable `gotHere`. A partir de cette information, la ligne suivante convertit l'heure GMT à l'heure locale et la stocke dans `document.cookie`.

En installant une seconde fonction, vous pouvez afficher un message lorsque l'utilisateur quitte le site. La fonction `fareWell` ressemble à :

```
function fareWell() {
var timedVisit = new Date();
var tempTime = timedVisit.toLocaleString();
alert("You got here at: " + document.cookie +
" and now it's: " + tempTime + ".  " +
"Thank you for visiting our site."); }
```

Puis en ajoutant un gestionnaire d'événements à l'élément `body`, vous pouvez afficher le message d'adieu :

```
<body onload="homeMadeCookies()" onunload="farewell()">
```

L'entrée `farewell` utilise un message d'alerte pour afficher un bref message basé sur un cookie et remerciant l'utilisateur, comme le montre la Figure 11.1.

Les cookies permanents

Les informations peuvent aussi être stockées dans des cookies, et ce pour une période de temps prédéfinie. Les cookies permanents servent à stocker les informations afin qu'on puisse les utiliser lors d'une visite future. Par exemple, si un utilisateur remplit un formulaire avec son nom et d'autres informations personnelles, vous souhaiterez garder ces informations et les utiliser lors de sa prochaine visite sur votre site. C'est de cette façon, par exemple, que le site `Amazon.com` suit votre visite et retient tant de choses sur votre compte pour les utiliser au cours de vos visites futures.

Voici quelques caractéristiques sur les cookies permanents :

- Un navigateur conserve un nombre limité de cookies. Netscape Navigator conserve 300 cookies. Les cookies plus anciens sont abandonnés pour laisser la place aux nouveaux.
- Un cookie ne peut pas être plus grand que 4 Ko.
- Vous pouvez avoir seulement 20 cookies par domaine. Si vous travaillez à partir d'un grand fournisseur d'accès Internet (FAI), vous ne serez peut-être pas capable de définir des cookies pour tous vos utilisateurs.

Ces restrictions ne semblent pas être contraignantes au début, mais elles le deviennent au fur et à mesure que la demande de retour utilisateur augmente. A la différence des cookies de session, les cookies permanents ont besoin d'une date d'expiration. A l'expiration d'un cookie, l'ancien utilisateur est traité comme un nouveau venu.

Vous trouverez quelques scripts exceptionnels pour gérer des cookies au Bill Dortch's hldaho Design (www.hidaho.com/cookies/). Dans ce site, vous trouverez le fichier `cookie.txt`, le code pour construire et lire des cookies ; et ensuite, le fichier `cookies.htm`, qui est une version de travail du code. Nous recommandons fortement l'utilisation de ces scripts plutôt que de développer votre propre script.

Et maintenant, que faire ?

Ce chapitre a été consacré au langage JavaScript avec quelques fonctions JavaScript de base. Comme vous pouvez le voir, JavaScript offre une grande variété d'applications utiles et il aide à créer des documents XHTML de très haut niveau.

Nous vous recommandons de voir :

- Le Chapitre 12 pour apprendre à insérer un multimédia dans vos documents XHTML.
- Le Chapitre 14 pour apprendre à balancer des éléments trop voyants en rapport avec les possibilités d'utilisation du site.
- Le Chapitre 16 pour apprendre à publier vos documents XHTML.
- La troisième partie des Références du Maître pour avoir un guide complet sur le langage JavaScript.

Insertion des multimédias

XHTML

Chapitre 12

Depuis quelques années, les surfeurs Web ont vu de simples pages de textes se transformer en de véritables pages vivantes où tout rebondit, miroite, et pour votre plaisir, chante et tournoie. Les développeurs de sites publics, en particulier, utilisent cette intensité visuelle pour attirer les utilisateurs à revenir sans cesse sur leur site. Malheureusement, les éléments trop voyants n'attirent pas toujours les internautes, loin s'en faut, et certains utilisateurs renoncent même à parcourir le site ou simplement décident de ne plus y retourner. La clé du "tape-à-l'œil" requiert de la sagesse de la part du concepteur ; en effet, il lui faut bien doser sa hardiesse et la remettre au niveau des bénéfices qu'il souhaiterait obtenir.

Dans ce chapitre, vous allez voir comment insérer des effets spéciaux, des fichiers animés au format GIF (Graphics Interchange Format), des sons, des vidéos, des applets Java et des contrôles ActiveX communément connus sous l'appellation de multimédia. (Dans ce livre, nous donnons la définition de multimédia à tout ce que vous pouvez insérer dans une page Web, autre que le code de base XHTML et les images statiques.) Insérer des éléments multimédias, ce sera l'un des thèmes forts de ce chapitre.

La fin de ce chapitre sera consacrée aux méthodes d'insertion des multimédias selon les recommandations du langage XHTML 1.0. Les sujets suivants seront successivement traités :

- Le choix d'insertion des multimédias.
- Utilisation des GIF animés.
- Ajout de sons.
- Ajout de vidéos.
- Insertion d'applets Java.
- Ajout de multimédias en utilisant le langage XHTML.

Le choix d'insertion des multimédias

Les images animées, les sons et les vidéos peuvent rendre vos pages plus vivantes s'ils sont réalisés correctement ; les multimédias donnent à vos pages Web la perfection visuelle que seule la haute technologie peut apporter. Toutefois, avant de vous lancer dans la collecte de ces éléments multimédias, vous devez ne pas perdre de vue les défis qu'ils ont auparavant posés, à la fois aux utilisateurs et aux développeurs.

Les principes d'insertion de ces effets s'appliquent à d'autres éléments. Si des ingénieurs de votre société souhaitent publier des fichiers AutoCAD sur l'intranet de votre société, ils n'ont qu'à les insérer dans vos pages Web, en suivant les principes qui seront développés dans la section "Ajout de multimédias en utilisant XHTML 1", plus tard dans ce chapitre.

Les défis pour les utilisateurs

Les multimédias peuvent faire resplendir vos pages vers une halte virtuelle où les utilisateurs se plaisent à rester et attendre les effets à télécharger. Bien que certains effets multimédias, comme les GIF animés, ne fassent qu'une taille de 2 Ko, les autres effets, comme la vidéo, peuvent allègrement faire 5 Mo et même plus.

En plus, certains effets multimédias nécessitent des plug-ins (ce sont des programmes utilisés pour visualiser les effets et qui peuvent ne pas être livrés avec les navigateurs). Dans le passé, l'utilisateur devait télécharger et installer lui-même des plug-ins séparés pour chaque effet multimédia et pour chaque société qui les fournissait. Toutefois, les navigateurs récents supportent la plupart des éléments multimédias qui font désormais partie du paquetage d'installation de base ; ce paquetage inclut le support pour le streaming audio et vidéo (on peut écouter le *streaming media* ou le visionner au fur et à mesure du téléchargement), les playback video QuickTime, comme les animations 3D et le VRML, *Virtual Reality Markup Language.* (VRML est un moyen de fournir des simulations en 3D sur le Web).

Internet Explorer (les versions 3 et antérieures) peuvent télécharger automatiquement des plug-ins si un utilisateur a besoin d'une caractéristique non encore installée. Les utilisateurs doivent toujours attendre et faire preuve d'une grande patience pour voir l'effet voulu. Ceux qui utilisent Netscape Navigator n'ont toutefois qu'à cliquer pour le voir, et ainsi :

1. Etre informé qu'ils n'ont pas le bon plug-in.
2. Etre dirigé vers la page Web de Netscape pour l'obtenir.
3. Cliquer pour télécharger le plug-in.
4. Remplir un formulaire avec des renseignements personnels (nom, adresse, type de profession).
5. Soumettre le formulaire.
6. Etre ramené vers la page initiale.
7. Choisir de télécharger le plug-in.
8. Spécifier l'emplacement d'enregistrement.
9. Attendre que le plug-in soit téléchargé.
10. Rechercher le fichier téléchargé sur le disque local.
11. Faire un double clic sur le programme d'installation pour l'exécuter.
12. Accepter l'accord de licence.
13. Approuver l'emplacement d'installation.
14. Attendre que l'installation se termine.
15. Quitter Netscape Navigator.
16. Redémarrer Netscape Navigator.
17. Retourner vers le site d'origine.
18. Voir l'effet (finalement).

Dix-huit étapes de procédures qui permettent enfin de voir l'effet multimédia mais, sincèrement, cela vaut-il la peine d'y mettre tout ce temps !

Heureusement, les versions récentes de Netscape donnent à l'utilisateur la faculté d'installer le plug-in et de ne pas visualiser un élément multimédia particulier de la page ; elles incluent un nombre plus grand de caractéristiques multimédias qui vont devenir une partie de leur installation de base.

Netscape Navigator inclut aussi d'autres caractéristiques multimédias utiles. Si vous allez dans le menu d'aide, choisissez "A propos des plug-ins", et vous y verrez les plug-ins couramment installés, le numéro de version, et le type de fichiers multimédias supportés.

LES DÉVELOPPEURS DE MULTIMÉDIA

Les développeurs de multimédia offrent aussi des paquetages de logiciels gratuits (on peut acheter des versions plus développées), qui supportent la plupart des formats de fichiers multimédias disponibles sur le Web. Ces logiciels incluent :

- RealPlayer, qui supporte RealAudio et RealVideo, comme la plupart des types de plug-in disponibles. Habituellement, vous avez des plug-ins disponibles pour RealText, RealPix, WAV, Audio Video Interleave (AVI), Be Here iVideo, RealText 3D, Liquid Music Player, Screenwatch, Learnkey's RealCBT, NetPodium Quickcast, Moving Picture Experts Group (MPEG) Video (Layer 1), GIF, JPEG, MP3 Audio & Playlist (Layer 1), et formats MIDI. Téléchargez RealPlayer du site :

  `www.real.com`

- QuickTime, qui supporte plus de 200 types de média digital, dont MP3, Musical Instrument Digital Interface (MIDI), AVI, AVR, reproductions de média et de vidéo numériques. Téléchargez QuickTime du site :

  `www.apple.com/quicktime`

- Windows Media Player inclut sept caractéristiques dans une seule application : CD player, interpréteur audio et vidéo, media jukebox, guide média, Internet radio, appareil portable de transfert de fichier musique, et interpréteur de CD audio. Il est disponible pour les PC et Macintosh. Téléchargez Windows Média Player du site :

  `www.microsoft.com/windows/windowsmedia/EN/default.asp`

Les défis pour les développeurs

En plus de ces retentissantes accusations sur l'utilisation démesurée des multimédias dans les pages Web, la situation devient encore plus grave. Pour vous qui êtes développeur, il est souvent difficile d'obtenir des objets multimédias de qualité. La première option qui vous est offerte est de créer les effets vous-même ; vous devez alors tout acheter, des matériaux bruts (comme des photos, des sons et des clips vidéos) et jusqu'aux logiciels spéciaux, puis apprendre à les utiliser, développer ensuite vos objets multimédias et, enfin, y consacrer une grande partie de votre temps.

La deuxième solution consiste à rechercher des éléments multimédias sur le Web, beaucoup moins chers et plus rapides mais très aléatoires. Une énorme quantité d'éléments multimédias sont disponibles sur le Web, probablement sans propriétaires ou ne faisant pas partie du domaine public.

Votre objectif consiste à examiner soigneusement les avantages et les inconvénients de chaque élément multimédia *avant* de l'utiliser. Commencez par vous poser les questions suivantes :

- L'élément multimédia ajoute-t-il un contenu que je ne peux pas me procurer autrement ?
- L'élément multimédia valorise-t-il ou complète-t-il clairement le contenu ?
- Les navigateurs des utilisateurs supportent-ils tous ces éléments ?
- Les utilisateurs ont-ils une connexion Internet rapide ?
- Ont-ils de bons plug-ins ou le temps, la volonté et les moyens techniques de les obtenir et de les installer ?
- Avez-vous le temps et les ressources pour développer ou trouver des éléments multimédias ?

Si votre réponse est affirmative à quelques-unes ou à toutes ces questions et que vous optez pour toujours insérer le multimédia dans vos pages Web, vous avez intérêt à lire le reste de ce chapitre.

Dans ce chapitre, nous indiquons les sites Web sur lesquels vous pouvez trouver des éléments multimédias. Toutefois, la plupart d'entre eux ne sont pas du domaine public. Avant de prendre un fichier et de l'utiliser, assurez-vous qu'il a bien le label "pour une utilisation publique". Si c'est ne pas le cas, il vaut mieux ne pas le prendre ni l'utiliser.

ETUDE DE L'UTILISABILITÉ DES MULTIMÉDIAS

Développer des multimédias pour améliorer vos pages Web, ou même insérer un simple GIF animé dans votre page d'accueil, fait poser la question de leur usage pour votre site. Le livre Web Site Usability : A Designer's Guide, par Spool et al., publié par User Interface Engeneering (`http://world.std.com/~uieweb`), présente un certain nombre de découvertes inquiétantes sur l'usage des pages Web avec des éléments multimédias incorporés.

Ces auteurs ont observé que les utilisateurs de site Web essayaient de faire défiler la page pour déplacer l'animation en dehors de leur champ virtuel, et lorsqu'ils échouaient, cachaient de leurs mains les effets affolants qui en résultaient.

Même si certains sites sont plus problématiques que d'autres et que d'autres études ont montré que ce genre d'animation est plus efficient que les images statiques de divertissement, votre site pourrait ne pas du tout bénéficier de ces effets.

Développement et utilisation d'images GIF animées

L'élément multimédia le plus facile à insérer est peut-être l'image GIF, un fichier composé d'un bouquet d'images, plus ou moins nombreuses et mises ensemble pour donner une illusion de mouvement. Les images GIF animées ressemblent à ces brochures de dessins animés du temps de votre enfance. Lorsque vous tournez rapidement les pages, les dessins semblent s'animer ; l'illusion de mouvement vient du fait que chaque image apparaît d'une manière légèrement différente. Les images GIF animées fonctionnent de la même manière.

L'utilisation des images GIF animées varie considérablement de l'éclat des messages commerciaux jusqu'à la production de petits films, en passant par les petites puces ou les flèches qui ne cessent de croître et de bouger. On utilise d'habitude les images GIF animées pour attirer l'attention de l'utilisateur sur un élément particulier.

Développement d'images GIF animées

Si vous voulez développer vos propres images GIF animées, nous vous recommandons des logiciels comme GIF Construction Set pour Windows (`www.mindworkshop.com/alchemy/alchemy.html`) ou GifBuilder pour Macintosh (`http://homepage.mac.com/piguet/gif.html`). Ces paquetages fournissent des outils qui combinent des images individuelles pour créer une image GIF animée. Vous pouvez développer des images individuelles en utilisant tous les logiciels de création d'images en format GIF, dont Photoshop, ImageReady, Illustrator, et FireWorks. Si vous souhaitez voir ce qui est disponible sur le Web, consultez le site `www.yahoo.com` ou `www.altavista.com` et faites une recherche sur le thème **animation gif**. Vous verrez une quantité d'informations, de logiciels et de revues informatiques.

Le développement d'une image GIF animée nécessite souvent plus de temps et d'efforts ; il peut devenir ennuyeux sur des animations plus longues ou qui nécessitent l'illusion d'un mouvement régulier (plutôt que la présentation discrète de panneaux d'information, comme les bannières).

La première étape est de générer des images individuelles, éventuellement par panneau, à l'intérieur d'une image GIF animée. Pour une puce animée de base qui semble se déplacer de gauche à droite, vous devez créer un ensemble d'images semblables à celles de la Figure 12.1.

La manière la plus facile d'obtenir une animation régulière est de créer une seule image, de sélectionner l'objet qui change ou qui se déplace, de le déplacer vers chacune de ses positions successives, et puis d'enregistrer l'image. Dans cet exemple, après avoir créé le petit rond, nous devons le sélectionner et le déplacer de deux pixels vers la droite, enregistrer l'image, le déplacer encore vers la droite et ainsi de suite. Plus l'écart entre les images est grand, plus le mouvement est saccadé ; et plus il est petit, plus le mouvement est régulier.

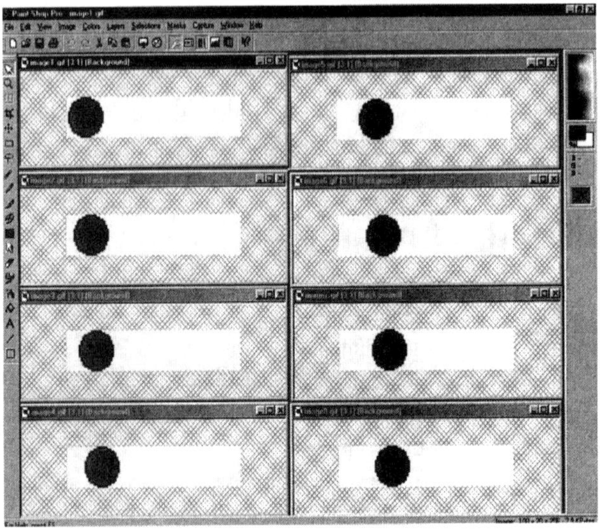

Figure 12.1 : Création de puces qui glissent vers la droite, dans PaintShopPro.

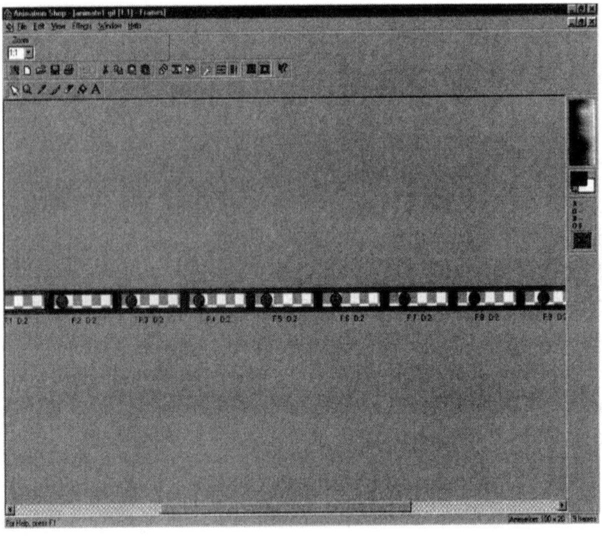

Figure 12.2 : Animation de la puce, dans JASC Animation Shop.

Après la création d'images, vous devez utiliser un programme d'animation GIF, comme JASC Animation Shop (Figure 12.2) ou tout autre programme d'animation, pour ordonner les images et définir les propriétés de l'animation, telles que la périodicité de la boucle d'animation et la manière de redessiner les images lorsque l'animation commence.

Après avoir inséré chaque cadre et visualisé chaque image, enregistrez-la comme un fichier GIF si vous en êtes satisfait.

Incorporation d'une image GIF animée dans XHTML

Le Tableau 12.1 dresse une liste et décrit les éléments et attributs que vous utilisez pour mettre des images GIF animées dans vos documents XHTML ; vous pouvez les traiter comme toute autre image. (Voir le Chapitre 5 pour plus d'informations sur les images.)

Tableau 12.1 : Les éléments et attributs principaux de GIF animés.

ARTICLE	TYPE	DESCRIPTION
`img`	Elément vide	Insère une image dans un document XHTML.
`src="url"`	Attribut d'`img`	Spécifie l'emplacement du fichier image ; requis.
`alt="..."`	Attribut d'`img`	Fournit un texte alternatif pour les utilisateurs qui ne peuvent pas visualiser l'image ; requis.

Pour inclure une image GIF animée dans votre page Web, suivez les étapes suivantes :

1. Cherchez ou créez une image GIF animée appropriée.
2. Placez l'image dans votre document XHTML, avec des éléments d'images réguliers. Votre code doit ressembler à ceci :

```
<img src="animate2.gif" width="99" height="16" border="0" alt="animated gif"
/>
<a href="camping.html">Camping News</a> provides the latest comments from the
trails.<br />
```

3. Appréciez l'expérience.

Test des multimédias

Si vous testez votre page localement ou à travers une connexion directe Internet, comme à travers votre réseau de bureau par exemple, qui est lui-même connecté à l'Internet par une ligne dédiée, prenez le temps de tester vos pages avec une connexion à distance lente que vos utilisateurs pourront bien employer. Vérifiez ce qui se passe avec des modems de 56 Kbps (ou même plus lents). Ce qui est tolérable avec une connexion directe peut ne pas l'être avec une connexion à distance.

Dans des circonstances idéales, un utilisateur peut télécharger, avec un modem de 56 Kbps, un maximum de 7 Ko par seconde. Dans la réalité, ce nombre décroît d'une manière dramatique, à cause du trafic réseau et d'une grande variété d'impondérables. Si votre page contient 2 Ko de texte, l'image d'une puce de 4 Ko, une photo de 20 Ko et un logo de 9 Ko, il vous faut déjà 5 secondes pour les télécharger. Ajoutez 60 Ko d'animation ou de fichier son, donc 15 secondes supplémentaires dans le meilleur de cas. A ce point, l'utilisateur est déjà parti vers un autre site.

Toutefois, la mise en place de connexions plus rapides, comme les câbles modem et le service DSL (Digital Subscriber Line) réduit considérablement l'acuité de ce problème.

Ajout de sons

Si vous ajoutez le son, cela peut produire des effets amusants ; le son est en tout cas d'une utilisation peu pratique sur le Web. En général, trois sortes de sons peuvent être entendues sur le Web :

- Lorsque l'utilisateur accède à la page.
- Lorsque l'utilisateur clique sur quelque chose.
- Lorsque l'on ouvre des fichiers multimédias comme les animations Flash ou les fichiers vidéo.

Le son qui se déclenche lorsque l'utilisateur accède à une page s'appelle un fond sonore ; sa durée peut être très courte ou couvrir entièrement le temps de visite de l'utilisateur. Ces beuglements, bips et fonds sonores qui vont crescendo ne font que divertir (ou énerver). La Figure 12.3 inclut une boîte de contrôle que les utilisateurs peuvent cliquer pour écouter les éléments sonores.

Si vous voulez écouter de la musique pendant la navigation, mettez simplement un CD dans le lecteur CD, ce n'est pas la peine d'avoir un fond sonore.

Les sons qu'on obtient de cette manière répondent à des objectifs de divertissement, ils doivent être parfois d'une utilité pratique ; à titre de comparaison, prenons le cas d'une voiture :

- Si votre automobile rugit, vous avez besoin d'un nouveau silencieux.
- Si elle s'étouffe, votre carburant n'est pas bon.
- Si elle grince lorsque vous changez de vitesse, vous avez des problèmes de transmission.

Cela vous donne-t-il une idée ? Au lieu d'ajouter une boîte de contrôle, mettez juste un lien vers un fichier audio.

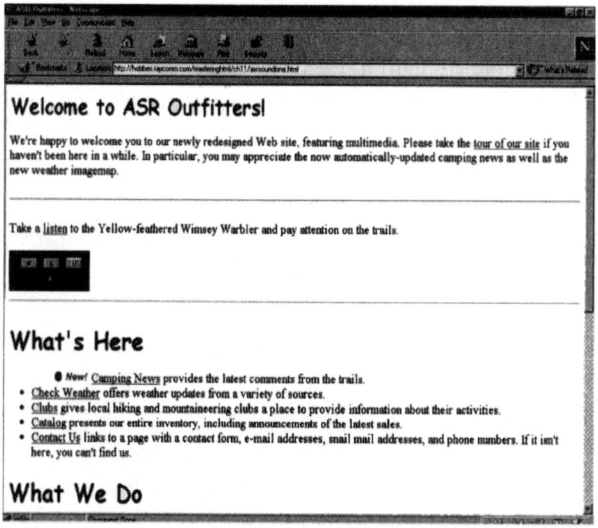

Figure 12.3 : La boîte de contrôle permet de choisir le moment d'écouter le son.

Quelques inconvénients des sons

Les inconvénients qui grèvent l'utilisation d'éléments multimédias handicapent également l'élément sonore :

- Les fichiers de sons sont habituellement lourds et se chargent lentement.
- Les utilisateurs ont besoin d'une carte son et de haut-parleurs pour les entendre.
- Les utilisateurs d'un milieu professionnel n'aiment pas recevoir des félicitations tapageuses de la part de leur ordinateur.

Lorsque vous choisissez d'ajouter un élément sonore à votre page, appliquez les directives sur les éléments multimédias en général. Si un élément audio ne valorise pas bien votre message ou si le contenu ne s'y prête pas, il vaut mieux ne pas l'utiliser.

Les formats de fichier son

Si vous souhaitez inclure un élément sonore dans votre page Web, vous devez trouver un fichier son de l'un des formats (d'autres formats sont disponibles, mais ils sont moins utilisés) ci-après :

MIDI (**Musical Instrument Digital Interface**) Un fichier MIDI contient une musique de synthèse. Si vous pouvez en trouver ou créer celui qui correspond à vos besoins, l'interface MIDI est un bon choix car ce sont de petits fichiers. Si vous avez un instrument ayant la capacité MIDI (comme les claviers électroniques) et un peu de talent, vous pouvez créer vos propres fichiers MIDI.

AIFF (**Audio Interchange File Format**) Un fichier AIFF contient un échantillon de son enregistré, lequel peut être une musique ou un effet sonore. Ce fichier est plus courant avec Macintosh et utilisable sur bien d'autres systèmes.

AU (ou **basic AUdio**) Un fichier AU procure aussi un échantillon de son d'une qualité acceptable, mais pas d'une grande netteté. Ces fichiers sont accessibles sur une large gamme de systèmes de navigateurs et d'ordinateurs.

WAV (comme dans **WAVe**) Un fichier WAV fournit un échantillon de son de très bonne qualité, mais utilisable uniquement sur les ordinateurs équipés de Windows.

RAM ou **RA** (**RealMedia**) Un fichier RAM ou RA fournit un son de très bonne qualité, mais il nécessite l'utilisation du logiciel RealPlayer.

MP3 Un fichier MP3 fournit un son remarquable (de qualité quasi-CD), mais il n'est utilisable qu'à travers les plug-ins des navigateurs. (Le nom *MP3* est dérivé de Moving Picture Experts Group ou MPEG, Audio Layer 3.)

Si vous avez une carte son et un microphone, vous pouvez enregistrer vos propres sons. Et bien sûr, vous pouvez trouver des milliers sinon des millions de sons et d'échantillons de sons sur le Web.

Il existe une multitude de sources de fichiers son sur le Web. Faites une recherche de fichiers audio sur le site `www.yahoo.com` ou utilisez des moteurs de recherche Comparisonics pour chercher des effets sonores sur le site `www.findsounds.com`. Plusieurs fichiers son du Web n'appartiennent pas au domaine public, ce qui signifie que vous pouvez les emprunter pour les tester et apprendre des choses sur leur contenu, mais non pas les publier.

Le moyen le plus facile pour insérer des fichiers son est de les lier. Par exemple, dans la Figure 12.1, ASR Outfitters ajoute au fichier son un cri d'oiseau sur une de ses pages. De la même manière, ajoutez un lien vers un fichier son comme on le fait vers une image. Le code ressemble à ceci :

```
<p>Take a <a href="weirdbrd.aif">listen</a> to Yellow-feathered Wimsey Warbler
and pay attention on the trails.</p>
```

Si vous utilisez cette option, les utilisateurs peuvent choisir s'ils veulent bien écouter le son devenu accessible à partir de tous les navigateurs.

Si vous souhaitez donner aux utilisateurs un contrôle supplémentaire sur le son, notamment le volume, la pause et la mise en marche, vous devez utiliser l'élément `object` pour ajouter un fichier son et créer une boîte de contrôle du son visible sur la page. Voir "Ajout de multimédias en utilisant XHTML 1" plus tard dans ce chapitre pour plus de détails sur l'utilisation de l'élément `object`, notamment un tableau des attributs supportés.

L'élément `embed` n'est pas supporté par XHTML 1. L'élément `object` peut être utilisé pour le son, le vidéo et les fichiers texte, bien qu'il n'inclut pas l'ensemble des attributs utilisés par l'élément `embed`.

Ajout de vidéos

Vous verrez que la vidéo, lorsqu'elle se trouve dans une situation parfaite, est peut-être l'élément multimédia le plus pratique. Dans un clip vidéo rapide, vous pouvez montrer à l'utilisateur un concept ou un processus, au lieu de les décrire longuement dans des paragraphes ou dans les étapes de procédure.

Les fichiers vidéo peuvent être énormes, et il faut bien peser le rapport utilité/temps de téléchargement pour choisir un fichier de grande taille. La technologie vidéo continue à se développer et des clips vidéo de taille raisonnable sont de plus en plus disponibles. Plusieurs sites de nouveautés et de divertissements, comme `www.cnn.com/videoselect` et `www.comedycentral.com`, offrent de clips de film court qui se téléchargent rapidement.

Les nouvelles versions d'Internet Explorer supportent le streaming vidéo, MPEG vidéo et les playback de film QuickTime dans son installation de base. Le support par Netscape Navigator des vidéos playback et des streaming vidéo est plus limité et Netscape nécessite un plug-in pour les films QuickTime.

Les formats de fichiers vidéo

Créez vos propres fichiers vidéo ou trouvez-les sur le Web. Recherchez des fichiers de l'un des formats suivants :

AVI (**Audio Video Interleave**) Ce format, un standard Windows à ses débuts, est maintenant plus utilisé. C'est un bon choix si vos utilisateurs se servent exclusivement de Windows.

Flash Les animations flash sont créées avec Macromédia Flash, un programme d'animation vectorielle. Comme ce sont des graphiques vectoriels, les fichiers flash de taille assez petite sont parfaitement utilisables sur le Web. Pour plus d'informations sur Flash, visitez le site de Macromedia `www.macromedia.com`.

MPEG (**Moving Picture Experts Group**) Ce format est le plus supporté et les visionneurs sont disponibles sur la plupart des plates-formes. Comme les fichiers MPEG sont hautement compressés et pratiques, ce format est le meilleur choix universel.

QuickTime Ce format, un standard Macintosh à ses débuts, est maintenant disponible même pour Windows. Il fournit une bonne qualité technique mais il faut avoir des plug-ins pour visionner ces fichiers avec Netscape. (La reproduction de films QuickTime est une caractéristique de base des versions récentes d'Internet Explorer.)

Nous recommandons l'utilisation des liens vers les fichiers vidéo plutôt que leur insertion directe dans une page Web. Le code ressemble à ceci :

```
<p>Take a <a href="weirdbrd.mpg">look at video</a> of the Yellow-feathered
Wimsey Warbler.</p>
```

Quand les fichiers vidéo sont liés, les utilisateurs peuvent choisir s'ils veulent ou non les visionner.

Si vous souhaitez ajouter directement un fichier vidéo à votre page, plutôt que de créer un lien, vous devez utiliser un élément `object` pour ajouter un fichier vidéo et créer une boîte de contrôle de film dans votre page. Voir "Ajout de multimédias en utilisant XHTML 1" dans ce chapitre.

Ajout d'applets Java

Les applets Java, développés avec le langage de programmation Java, sont des mini-programmes avec lesquels vous pouvez animer des objets, faire défiler du texte ou ajouter des composants interactifs dans votre page Web. La Figure 12.4 montre un applet TicTacToe, et la Figure 12.5, un applet qui fait défiler un message d'accueil traversant tout le haut de la page.

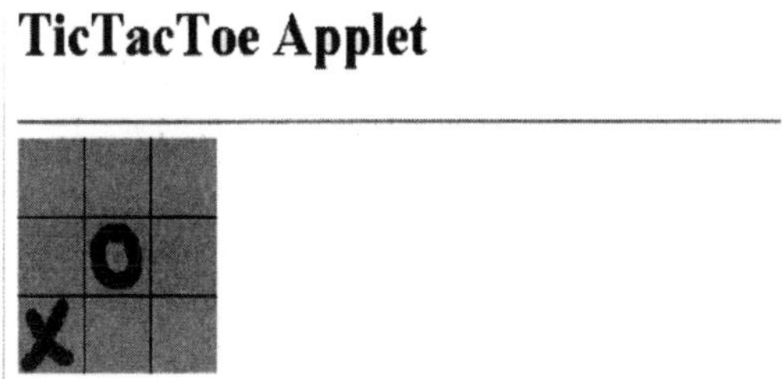

Figure 12.4 : Même un applet simple ajoute de l'intérêt et une interactivité à une page Web.

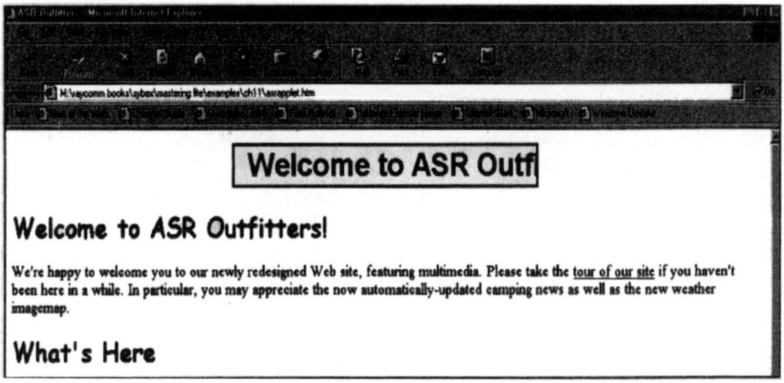

Figure 12.5 : Le message de bienvenue qui défile au haut de page est animé par un applet.

Les applets Java ont l'extension de nom de fichier `.class`. Dans les cas les plus simples, vous avez besoin simplement du nom de l'applet pour l'utiliser, `TicTacToe.class` par exemple. Avec des applets plus complexes, vous devez aussi fournir des *paramètres*. Dans cette section, vous allez apprendre à envoyer ces paramètres vers un applet, mais vous devez d'abord obtenir l'information exacte à insérer dans le paramètre à partir de la documentation qui accompagne les applets.

Le logiciel de programmation en Java, disponible sur le site `www.sun.com`, comprend des outils de développement d'applets. Sauf si vous êtes un programmeur peu occupé, vous ferez mieux d'utiliser des applets préempaquetés ou des outils qui développent rapidement des applets. (Cherchez des **applets** dans les archives de logiciels comme `www.shareware.com`, ou visitez `http://gamelan.com` pour trouver ces outils.)

Les fichiers applets, comme les fichiers vidéo, sont lourds et leur téléchargement peut prendre plusieurs minutes. Par contre, la plupart des versions Netscape Navigator et Internet explorer peuvent utiliser des applets sans avoir recours à des logiciels supplémentaires.

Le Tableau 12.2 dresse une liste des éléments et attributs que vous devez utiliser pour inclure des applets dans votre page Web.

Tableau 12.2 : Les éléments et attributs d'applet.

ARTICLE	TYPE	DESCRIPTION
applet	Elément	Imbrique un applet Java dans un document XHTML. Vous pouvez insérer un texte entre les balises applet. Les navigateurs qui supportent Java ignorent toutes les informations entre les balises applet. Obsolète (avec tous ses attributs) en faveur de l'élément object (voir tableau 12.3).
param	Elément vide	Spécifie les paramètres à passer à un objet comme un applet.
align="..."	Attribut d'applet	Spécifie l'alignement horizontal de l'applet affiché, les valeurs possibles sont left, right, center.
alt="..."	Attribut d'applet	Affiche une description de l'applet, si nécessaire.
archive="url, url, url..."	Attribut d'applet	Spécifie une liste séparée par des virgules d'adresses d'archives contenant des classes et d'autres ressources qui peuvent être "préchargées". Le préchargement des ressources peuvent améliorer de manière significative les performances des applets.
class="..."	Attribut d'applet	Attribue un nom de classe ou un ensemble de noms de classe à un élément.
code="url"	Attribut d'applet	Spécifie l'emplacement relatif ou absolu d'un fichier Java en code octet.
codebase="url"	Attribut d'applet	Spécifie l'emplacement du dossier de toutes les classes nécessaires sur le serveur Web.
height="n"	Attribut d'applet	Spécifie la hauteur (en pixels) de l'objet applet à l'intérieur d'un document ; requis.
hspace="n"	Attribut d'applet	Spécifie la quantité d'espace en pixels à gauche et à droite de l'applet à l'intérieur d'un document.
id="..."	Attribut d'applet et de param	Assigne un applet ou un paramètre à un ID de sorte que tous les autres articles du document peuvent l'identifier.
name="..."	Attribut d'applet et de param	Assigne un applet ou un paramètre à un nom, de sorte que les autres articles du document peuvent l'identifier.
object="..."	Attribut d'applet	Nomme une ressource contenant une représentation sérialisée de l'état de l'applet, interprétée comme l'attribut codebase de l'applet.
style="..."	Attribut d'applet	Spécifie les informations sur le style.
title="..."	Attribut d'applet	Assigne un label à un élément.
value="..."	Attribut de param	Spécifie la valeur associée au paramètre passé à l'objet.
vspace="n"	Attribut d'applet	Spécifie la quantité d'espace vertical (en pixels) au-dessus et en dessous de l'applet.
width="n"	Attribut d'applet	Spécifie la largeur (en pixels) de l'applet à l'intérieur d'un document ; requis.

Les documents XHTML doivent utiliser l'attribut id plutôt que l'attribut name. Vous pouvez utiliser les deux à la fois avec des valeurs identiques pour assurer un maximum de compatibilité, par exemple, <param name="gameapplet" id="gameapplet" />.

Si vous trouvez un applet à utiliser et souhaitez l'inclure dans votre page Web, exécutez les étapes suivantes. Dans l'exemple ci-dessous, vous allez voir comment on ajoute l'applet TicTacToe.

1. Commencez avec un document XHTML.
2. Ajoutez des textes d'introduction et peut-être deux règles horizontales pour mettre en valeur l'applet.

```
<h1>TicTacToe Game</h1>
<hr />
<hr />
```

3. Ajoutez les balises `applet`.

```
<h1>TicTacToe Game</h1>
<hr />
<applet>
</applet>
<hr />
```

4. Ajoutez l'attribut `code` correspondant au nom de fichier de l'applet (il est sensible à la casse).

```
<h1>TicTacToe Game</h1>
<hr />
<applet code="TicTacToe.class">
</applet>
<hr />
```

5. Ajoutez les attributs `width` et `height` pour spécifier la taille de l'applet.

```
<h1>TicTacToe Game</h1>
<hr />
<applet code="TicTacToe.class" width="120" height="120">
</applet>
<hr />
```

C'est tout ! Lors de la construction de ce code, nous avons besoin uniquement d'un fichier accessoire (TicTacToe.class) pour obtenir une page qui va ressembler à celle de la Figure 12.2.

Pour ajouter un applet qui nécessite des paramètres, comme l'applet qui fait défile un message de bienvenue, suivez les étapes ci-après :

1. Créez un document XHTML.

2. Ajoutez les balises `applet`.

```
<applet>
</applet>
```

3. Ajoutez le fichier de l'applet.

```
<applet code="Banners.class">
</applet>
```

4. Ajoutez l'élément `param` qui inclut le paramètre `name`, `ID`, et `value`.

```
<applet code="Banners.class"
<param name="bgColor" id="bgColor" value="White" />
</applet>
```

5. Continuez d'ajouter les paramètres comme l'exige votre applet. Nous vous recommandons de les ajouter un par un pour, par exemple, éliminer les erreurs de code.

```
<applet code="Banners.class" width="400" height="50">
<param name="bgColor" id="bgColor" value="White" />
<param name="textColor" id="textColor" value="Black"/>
<param name="pause" id="pause" value="1" />
<param name="exit" id="exit" value="scrollLeft" />
<param name="align" id="align" value="Center" />
<param name="fps" id="fps" value="20" />
<param name="repeat" id="repeat" value="1" />
<param name="borderWidth" id="borderWidth" value="1" />
<param name="bgExit" id="bgExit" value="None" />
<param name="messages" id="messages" value="Welcome to ASR Outfitters!" />
<param name="font" id="font" value="Helvetica" />
<param name="cpf" id="cpf" value="2" />
<param name="enter" id="enter" value="scrollLeft" />
<param name="bgEnter" id="bgEnter" value="None" >/
<param name="style" id="style" value="Bold" />
<param name="borderColor" id="borderColor" value="Black" />
<param name="size" id="size" value="36" />
</applet>
```

Et c'est tout ! Ce code va afficher un message de bienvenue, assez proche de celui qui est montré dans la Figure 12.3, en supposant que vous avez le fichier `.class` de l'applet. (Les nôtres viennent d'outils gratuits disponibles sur l'Internet). Autrement, utilisez le même processus pour ajouter un applet qui est déjà en votre possession.

L'élément `applet` est obsolète dans XHTML, et il est recommandé d'utiliser à la place l'élément `object`. Bien que l'élément `applet` puisse être utilisé si vous employez la définition XHTML DTD Transitionnelle, il est probable que les versions futures XHTML ne comprendront pas cet élément.

AJOUT DE CONTRÔLES ACTIVEX

Les contrôles ActiveX sont similaires aux applets Java, ce sont de petits programmes qui améliorent la fonctionnalité d'une page Web. Par exemple, les contrôles ActiveX peuvent fournir des menus pop-up, la possibilité de visualiser un document Word à travers une page Web, et presque toutes les pièces nécessaires aux aides HTML de Microsoft. Ces contrôles développés par Microsoft et implémentés sur Internet Explorer 3 sont puissants mais ils sont centrés sur Windows. Bien que vous puissiez obtenir un plug-in pour visionner les contrôles ActiveX dans Netscape Navigator, les résultats, vous vous en doutez, sont plus sûrs lorsque vous les visionnez dans Internet Explorer.

Si vous souhaitez expérimenter certains contrôles, à la fois pour les variétés libres et celles qui sont sous licence, consultez le site ActiveX de C|Nets sur `http://download.cent.com/downloads/0-10081.html` ou Gamelan sur `www.gamelan.com`. Vous pouvez créer des contrôles ActiveX en utilisant les paquetages qui sont sous développement Windows, comme Visual Basic, VisualC++, les ajouter dans votre page comme vous le faites pour les éléments multimédias ; utilisez pour cela l'élément `object`, comme dans les sections suivantes.

Ajout de multimédias en utilisant XHTML 1

L'avenir du développement d'éléments multimédias est clair : au lieu d'utiliser plusieurs éléments et attributs, vous incluez tout simplement un élément `objet` et vous faites un choix parmi les attributs qui supportent cet élément. Dans cet esprit, la recommandation XHTML 1.0 s'adapte à toutes sortes d'éléments multimédias. Vous n'avez plus à spécifier que vous ajoutez le son, une vidéo, un applet ou autre chose ; simplement, vous dites que vous incluez un objet. Vous utilisez ensuite l'élément `object` de XHTML et ses attributs, listés dans le Tableau 12.3. Plus besoin d'écrire des codes séparés pour Netscape Navigator et Internet Explorer afin d'utiliser les fichiers multimédias dans vos pages.

Tableau 12.3 : Les éléments objets et attributs.

ARTICLE	TYPE	DESCRIPTION
`object`	Elément	Imbrique un objet logiciel dans un document.
`align="..."`	Attribut d'`object`	Indique comment les objets s'alignent par rapport aux coins de la fenêtre du navigateur et/ou aux autres éléments à l'intérieur de la fenêtre. Les valeurs possibles sont `left`, `right`, `bottom`, `middle` ou `top`.
`archive="url url url..."`	Attribut d'`object`	Spécifie une liste, séparée par des espaces, d'adresses d'archives contenant des ressources qui ont un rapport avec l'objet et qui peut aussi contenir des ressources spécifiées par les attributs `classid` et `data`. Les archives préchargées entraînent en général une réduction des temps de chargement de ces objets.
`border="n"`	Attribut d'`object`	Indique la largeur (en pixels) de la bordure autour d'un objet. `border="0"` indique qu'il n'y a aucune bordure.
`class="..."`	Attribut d'`object`	Assigne le nom d'une classe ou une collection de noms de classe à un objet.
`codebase="url"`	Attribut d'`object`	Spécifie l'emplacement absolu ou relatif du répertoire de base dans lequel le navigateur cherche les données et autres fichiers d'implémentation.
`codetype="..."`	Attribut d'`object`	Spécifie le type MIME du code d'un objet.
`class="..."`	Attribut d'`object`	Indique la classe de style à appliquer à l'élément.
`classid="..."`	Attribut d'`object`	Spécifie l'emplacement d'un objet ressource, comme les applets Java. Utilise `classid="java:appletname.class"` pour les applets Java.
`data="url"`	Attribut d'`object`	Spécifie l'emplacement absolu ou relatif des données sur un objet.
`height="n"`	Attribut d'`object`	Spécifie la dimension verticale (en pixels) de l'objet.
`hspace="n"`	Attribut d'`object`	Spécifie la taille des marges (en pixels) à gauche et à droite de l'objet.
`id="..."`	Attribut d'`object`	Indique un identificateur à associer à l'objet.
`name="..."`	Attribut d'`object`	Spécifie le nom de l'objet.
`standby="..."`	Attribut d'`object`	Spécifie un message que le navigateur affiche lors du téléchargement de l'objet.
`style="..."`	Attribut d'`object`	Spécifie une information sur le style.
`title="..."`	Attribut d'`object`	Spécifie un label attribué à l'élément.
`type="..."`	Attribut d'`object`	Indique le type MIME de l'objet.
`vspace="n"`	Attribut d'`object`	Spécifie la taille de la marge (en pixels) au haut et en bas de l'objet.
`width="n"`	Attribut d'`object`	Indique la dimension horizontale (en pixels) de l'objet.

Le Tableau 12.3 contient les attributs les plus courants de l'élément `object`, mais plusieurs attributs supplémentaires existent pour les circonstances spéciales. Pour avoir plus d'informations sur ces attributs supplémentaires, voir la spécification HTML 4.01 et la recommandation XHTML 1.0 sur `www.w3.org`. Une autre source excellente d'informations est la référence XHTML 1.0 sur le site `www.zvon.org/xxl/xhtmlReferene/output/index.html`.

Lorsque les objets nécessitent plus d'informations, tel un applet Java qui nécessite des paramétrages spécifiques pour s'exécuter, vous passez les données à l'objet avec l'élément `param`. Le Tableau 12.4 dresse une liste et décrit les éléments `param` et leus attributs.

Tableau 12.4 : Les éléments paramètres et les attributs.

ARTICLE	TYPE	DESCRIPTION
`param`	Elément vide	Spécifie les paramètres passés à l'objet. Utilise l'élément `param` à l'intérieur de l'élément `object` ou `applet`.
`id="..."`	Attribut de `param`	Assigne à l'objet un ID de sorte que les autres articles du document peuvent l'identifier.
`name="..."`	Attribut de `param`	Indique le nom du paramètre passé à l'objet, requis.
`type="..."`	Attribut de `param`	Spécifie le type MIME des données trouvées sur une adresse URL spécifiée.
`value="..."`	Attribut de `param`	Spécifie la valeur associée avec le paramètre passé à l'objet.
`valuetype="..."`	Attribut de `param`	Indique le type de la valeur passé à l'objet. Les valeurs possibles sont `data`, `ref`, et `object`.

Vous pouvez utiliser l'élément `objet` pour insérer presque n'importe quel type d'objet. Commençons par l'applet Java TicTacToe de notre précédent exemple.

Pour ajouter un applet en utilisant l'élément `object`, suivez ces étapes :

1. Créez un document XHTML de base :

```
<!DOCTYPE html PUBLIC "-//W3C/DTD XHTML 1.0 Transitional//EN"
"http://www.w3.org/TR/xhtml1/DTD/xhtml1-transitional.dtd">
<html xmlns="http://www.w3.org/1999/xhtml">
<head>
<title>TicTacToe</title>
</head>
<body>
<h1>TicTacToe Applet </h1>
</body>
</html>
```

2. Ajoutez les balises de l'élément `object` :

```
<h1>TicTacToe Applet </h1>
<object>
</object>
```

3. Ajoutez un texte alternatif entre les balises de l'élément `object` :

```
<h1>TicTacToe Applet </h1>
<object>
If your browser supported Java and objects, you could be playing TicTacToe
right now.
</object>
```

4. Ajoutez l'attribut `classid` pour indiquer le nom du fichier de classe Java (fichier de programme). Utilisez `classid` pour incorporer des programmes, comme un applet ou des contrôles ActiveX.

```
<h1>TicTacToe Applet </h1>
<object classid="java:TicTacToe.class">If your browser supported Java and
objects, you could be playing TicTacToe right now.
</object>
```

5. Ajoutez les attributs `width` et `height`. Un carré de 120 x 120 pixels devrait être suffisant.

```
<h1>TicTacToe Applet </h1>
<object classid="java:TicTacToe.class" width="120"
height="120">If your browser supported Java and objects, you could be playing
TicTacToe right now.
</object>
```

6. Si vous avez eu le fichier TicTacToe.class, enregistré et testé votre document, vous verrez quelque chose qui va ressembler à la figure suivante :

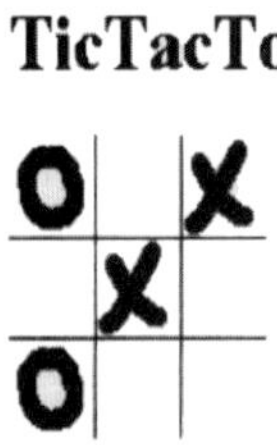

Les utilisateurs, dont les navigateurs ne supportent pas l'élément `object` ni Java, verront un affichage qui va ressembler à ce qui suit :

TicTacToe Object

unknown Media Ty

If your browser supported Java and objects, you could be playing TicTacToe right now.

Les processus pour ajouter la vidéo et le son sont semblables. La seule différence est l'utilisation de l'attribut `data` au lieu de l'attribut `classid`. Ajoutez aussi un attribut `type` pour afficher le type MIME de l'objet. (Vous n'avez pas besoin de l'attribut `type` lorsque vous ajoutez un applet car `java:` précède le nom de l'applet, levant ainsi toute ambiguïté sur la nature de l'objet.)

Pour ajouter un son en utilisant l'élément `object`, suivez les étapes suivantes :

1. Commencez avec un document XHTML.
2. Ajoutez les balises de l'élément `object`.

```
<object>
</object>
```

3. Ajoutez l'attribut `data` avec le nom de fichier approprié.

```
<object data="weirdbrd.aif">
</object>
```

4. Ajoutez l'attribut `type` pour spécifier le type du multimédia.

```
<object data="weirdbrd.aif" type="audio/aiff">
</object>
```

5. Ajoutez les attributs `width` et `height` pour spécifier la taille de l'objet.

```
<object data="weirdbrd.aif" type="audio/aiff" height="50" width="100">
</object>
```

Si vous avez le fichier `weirbrd.aif`, votre document aura l'apparence de la Figure 12.1, montrée plus tôt dans ce chapitre.

Rendre le son agréable

Si vous incorporez un élément sonore dans vos pages, pensez à utiliser un lien régulier vers un fichier son plutôt que l'élément `object` qui va servir à l'imbriquer. Le seul avantage d'utiliser l'élément `object` est le petit widget de la page Web que les utilisateurs peuvent utiliser pour arranger le son, puisqu'il s'agit d'un VCR. Toutefois, ces widgets ne sont pas de même taille dans Internet Explorer et Netscape Navigator, si bien que vous risquez de terminer soit avec un objet tronqué, soit avec un autre qui laisse trop de marge supplémentaire autour de lui.

Nous recommandons l'utilisation d'une icône ou d'un lien texte vers le fichier son. De toute façon, si le son met trop de temps pour venir, les utilisateurs auront toute latitude pour cliquer sur des boutons Stop ou Pause car le fichier son est probablement trop grand.

Et maintenant, que faire ?

Ce chapitre vous a montré des éléments de divertissements que vous pouvez inclure dans votre document XHTML. Même si les fichiers multimédias n'ont pas toujours une utilité pratique, ils transforment vos pages pour leur donner l'impression d'un produit "de haute technologie". Toutefois, les effets multimédias ont aussi un grand inconvénient ; ils peuvent être énormes, ce qui ralentit considérablement le temps de téléchargement.

Vous pouvez vous reporter utilement :

- Au Chapitre 10 pour revoir le développement de feuilles de style CSS qui permettent d'ajouter des formatages à vos documents.
- Au Chapitre 11 pour bien apprendre le langage JavaScript, l'animateur de vos pages.
- Au Chapitre 14 afin d'apprendre à doser les éléments de couleurs vives (comme les multimédias) pour une bonne utilisabilité.

PARTIE IV
Développer des sites Web

Chapitre 13 : Comprendre le cycle de vie du document XHTML 417

Chapitre 14 : Implémentation d'un site cohérent 443

Chapitre 15 : Des astuces pour les sites Web : ublic, personnel et intranet 463

Chapitre 16 : Publication de vos documents HTML 497

Comprendre le cycle de vie du document XHTML

XHTML

Chapitre 13

Le cycle de vie d'un document XHTML comprend le développement, la publication, le test et la maintenance du document dans un site intranet, sur l'Internet, dans un kiosque ou encore dans un fichier d'aide. Nous allons examiner ce cycle de vie étape par étape.

La plupart de ces exemples se concentrent sur le développement des pages Web (documents ou sites) dans un environnement d'affaires. Pour illustrer les différentes phases du cycle de vie du document XHTML, nous allons suivre le cas de la société WAMMI, un constructeur d'automobiles imaginaire. Si ce travail concerne un organisme à but non lucratif ou un réseau intranet d'une société, le même processus demeure mais à une échelle plus réduite.

Cette tâche peut être confiée aux personnes ayant des compétences particulières ou à celles qui sont passées maîtres dans l'art du marketing et de la vente, mais pas nécessairement aux développeurs expérimentés en langage XHTML. Pour cette raison, la présentation de ce sujet va commencer par la conception et se terminer avec la maintenance.

N'escamotez pas la lecture car des conseils vous seront donnés progressivement pour améliorer votre site. (Informations particulières sur le choix et l'utilisation d'un logiciel, codage d'un document, application d'effets XHTML...) Si vous suivez bien dans l'ordre les quatre phases de ce chapitre en appliquant scrupuleusement les instructions et les exemples, bientôt vous pourrez créer des documents XHTML, de maintenance facile et d'utilisation très pratique. Ces phases s'intitulent :

- Développement des documents.
- Publication des documents.
- Test des documents publiés.
- Maintenance des documents.

Phase 1 : Développement des documents

Il existe quatre étapes dans cette phase :

- Planification.
- Organisation.
- Création.
- Test.

A l'intérieur de ces quatre étapes existent des procédés secondaires comme le montre la Figure 13.1. Cette procédure détaillée vous aidera à avancer dans ce chapitre.

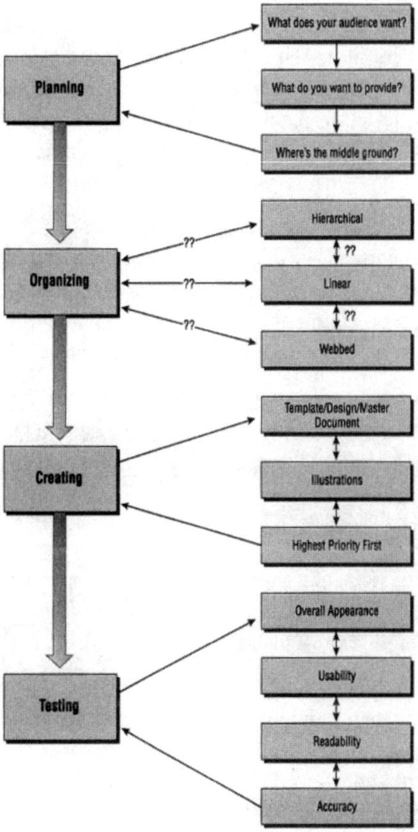

Figure 13.1 : Le processus de développement.

Planification des documents

Le langage XHTML se concentre dans le traitement d'informations structurées et standardisées, facilement disponibles. Les sites Web et intranet sont d'abord mis en place pour fournir des informations aux utilisateurs qui, bien sûr, en expriment le besoin. De ce point de vue, la création de documents est *centrée sur l'utilisateur* ; en d'autres termes, vous devez vous focaliser d'abord sur les attentes de vos visiteurs et leur fournir ensuite l'information désirée.

Toutefois, comme XHTML et d'autres nouvelles technologies Web deviennent de plus en plus populaires, les sites Web sont devenus un outil de marketing pour des millions de sociétés, d'organisations et de particuliers à travers le monde entier. Au lieu de fournir simplement des informations, les sites Web ont maintenant comme objectifs de tout savoir sur les utilisateurs, de les persuader à acheter un produit ou un service et de les inciter à revenir de plus en plus sur le site. Le développement XHTML concerne l'utilisateur et l'auteur du document, ce qui signifie que vous devez prendre en compte les attentes de vos utilisateurs et les types d'informations que votre organisation veut ou peut offrir.

Ainsi, la rédaction de vos documents XHTML exige une petite planification ; il s'agit d'abord de connaître les informations demandées par les utilisateurs et les produits que vous pouvez offrir. Votre tâche est précisément de faire leur synthèse et de produire un document qui sera accepté autant par votre organisation que par vos utilisateurs.

Que veulent vos utilisateurs ?

Une visite sur le Web répond toujours à une raison particulière ou à une idée bien précise.

Dans la phase de la planification, vous devez donc vous demander ce que les utilisateurs s'attendent à voir sur votre site. Peut-être des informations sur vous-même, sur votre société, sur les produits et les services que vous offrez, des informations spécifiques comme les personnes à contacter, les conseils de dépannage, des informations sur la maintenance, les prix, les plannings, les formulaires de commande, etc.

Un récent sondage de la société WAMMI a révélé l'intérêt croissant de la clientèle sur les modèles disponibles, leurs prix, leur fiabilité, leurs antécédents de sécurité. Elle souhaite aussi avoir des brochures et connaître beaucoup plus les concessionnaires locaux. La liste des rubriques ressemblerait donc à celle-ci :

- Modèles disponibles.
- Coûts.

- Historique de sécurité.
- Historique de fiabilité.
- Contact.
- Demande de brochures.
- Liste des concessionnaires.

Qu'avez-vous à offrir ?

Votre site Web doit en principe fournir toutes les informations que les utilisateurs souhaitent avoir sans que cela doive nécessairement correspondre avec ce que vous voulez offrir. Par exemple, vous ne désirez pas publier l'historique d'un produit que vos ateliers n'ont pas pu réparer correctement. Si vous développez des pages pour un site intranet, pour le département R&D par exemple, il n'est pas prudent de dévoiler *toutes* les informations disponibles. Mais, aucune restriction n'est posée si vous voulez juste parler de vos projets immédiats, de vos réussites et de vos échecs ou encore des projets d'amélioration de vos produits.

Le moyen le plus sûr est de commencer à bien comprendre ce que vous allez offrir, et de recenser les éléments d'information dont vous disposez déjà. Par exemple, les éléments de marketing comprennent souvent les informations générales sur la société, les produits et les services. Même si vous ne développez que des pages intranet, les données marketing vous aideront à réussir votre première approche.

Si vous ne les avez pas, vous devez vous poser les questions suivantes :

- Quelles sont les informations touchant mon organisation que je désire faire connaître au public ? sa mission ? ses objectifs ?
- Quels sont les produits et les services de ma société ? Comment ces produits peuvent-ils aider la population ? Comment la clientèle va-t-il les utiliser ?
- Quelle est la procédure de commande de ces produits ?
- Le service après-vente et l'historique de sécurité sont-il si efficaces que je n'aie plus aucune hésitation à démarrer une campagne publicitaire ?
- Puis-je inclure les spécifications des produits ?
- Quelles sont les informations sur les produits que je peux envoyer aux consommateurs s'ils le demandent ?

- Puis-je fournir des réponses stéréotypées pour les questions fréquemment posées ?
- Est-il souhaitable de parler du personnel ? Leur niveau de performance et d'expérience a-t-il été déterminant dans la notoriété acquise par nos produits, autant à la fabrication qu'à la vente ?
- Puis-je fournir des informations ponctuelles, plus utiles et plus efficaces que les supports marketing habituels comme les brochures ou les dépliants ?

Ces questions et bien d'autres encore plus pertinentes sur votre situation vous permettront d'établir une liste de ce que vous souhaitez offrir. La société WAMMI a décidé de fournir des informations générales sur la société, de présenter à la clientèle la gamme des modèles disponibles, d'exposer quelques photos et de vanter l'historique de fiabilité des voitures. La société n'a pas voulu publier les prix de ces voitures, un peu élevés face à la concurrence, ni parler de l'historique de sécurité qui dépasse à peine l'indice moyen de sécurité. La liste retenue est donc :

Liste définitive

Informations sur la société.

Gamme de modèles de voitures.

Photos.

Information/Contact.

Ajouts éventuels

Prix.

Historique de sécurité.

Synthèse des listes des desiderata

Certains utilisateurs peuvent vous demander des informations que vous ne pouvez pas donner, tout simplement. Par exemple, la date exacte de sortie de vos nouveaux produits ou le cabinet privé qui a réalisé vos bandes-annonces, en somme l'ensemble des informations que votre société ne souhaite pas divulguer. Parfois, vous voudrez diffuser des informations qui n'ont aucun impact sur votre clientèle. Par exemple, votre société a reçu un diplôme d'honneur ou vendu sa millionième voiture cette année ; ce sont des informations très intéressantes dans le domaine du marketing, mais qui vont se révéler peu significatives pour votre site.

Comme vous pouvez le constater, les desiderata des utilisateurs et ceux de la société WAMMI ne coïncident pas toujours :

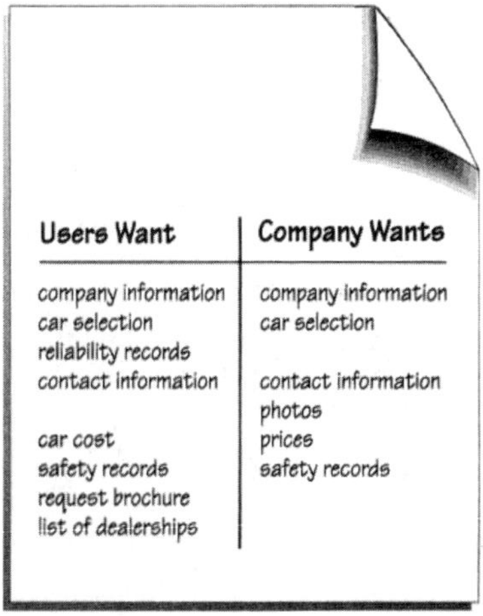

Users Want	Company Wants
company information	company information
car selection	car selection
reliability records	
contact information	contact information
	photos
car cost	prices
safety records	safety records
request brochure	
list of dealerships	

Ces deux listes possèdent des éléments en commun et des éléments propres à chacune d'elles. Le choix peut d'abord porter uniquement sur tous les éléments communs :

Informations sur la société.

Sélection de voitures.

Historique de sécurité.

Informations de contact.

Maintenant, que faire des éléments propres à chaque liste ? A ce stade, les opinions de vos collègues du département marketing ou du département des relations publiques deviennent primordiales.

Un consensus entre les deux listes est toujours souhaitable avant de commencer.

A la société WAMMI, on a créé deux rubriques de classification : les informations primaires pour les éléments communs et les informations secondaires pour les éléments propres à chaque liste.

Planning de maintenance

Même si après leur création et tout au long de leur existence, la maintenance des documents constitue une phase à part dans leur cycle de vie (voir la dernière section intitulée "Développer un planning"), vous devez l'inclure dans la phase de planification, surtout si votre réponse est affirmative à chacune des questions suivantes :

- Le développement du contenu nécessitera-t-il plus d'une personne ?
- La maintenance du site engagera-t-elle plus d'une personne ?
- Le site contiendra-t-il plus de 20 documents XHTML ?
- Avez-vous l'habitude d'ajouter ou de modifier un nombre important de pages, disons 20 à 25 % du nombre total de pages du document lui-même ?

Vous devez en conclure qu'il faut planifier à la fois le contenu et la maintenance du site.

Planning de la maintenance du contenu

Si vous dépendez d'autres personnes pour le contenu, vous serez obligé de vous concerter avec elles pour obtenir les mises à jour. Les fournisseurs de contenu vont-ils développer et mettre à jour réellement les pages Web ou se limiteront-ils à vous envoyer simplement les informations par e-mail ? Vous devez faire une planification si elles se contentent de vous envoyer les documents à publier (le rapport annuel par exemple) et vous laisse le soin de déceler ce qui a été modifié. Planifiez la révision du contenu et les mises à jour dès le début du projet pour ne pas perdre du temps plus tard.

Planning de la maintenance du site

Peu importe la personne, vous ou une autre personne, qui s'occupera de la maintenance du site que vous développez ; le principe de précaution vous obligera à documenter le processus du développement et à ajouter les informations suivantes :

- Les objectifs du site et ses buts.
- Le processus par lequel vous allez construire le contenu.
- Qui va fournir le contenu ?

La documentation sur le processus de développement aidera efficacement les personnes chargées de la maintenance du site (ou celles qui vous remplaceront en cas d'absence) à mettre chaque élément à jour.

Organisation des documents

Une fois que vous avez décidé d'inclure telle ou telle information dans votre site, vous devez déterminer comment vous allez arranger les documents XHTML individuels. Prenez le temps de bien organiser les informations à publier, car là réside la différence entre un site et un site délaissé. Combien de fois êtes-vous retourné dans un site mal organisé ? Si vous ne pouvez pas y faire une recherche facile et rapide, vous n'avez aucune raison de visiter un site particulier, la réciproque est d'ailleurs vraie pour les utilisateurs qui vont consulter le vôtre.

Selon vos besoins, vous pouvez utiliser ces types d'organisation, ensemble ou séparément :

- Hiérarchique.
- Linéaire.
- Web.

Organisation hiérarchique

Une organisation d'informations à structure hiérarchique exige d'abord un premier groupe de thèmes d'importance égale, suivi d'un autre groupe à l'échelon immédiatement inférieur de même importance, et ainsi de suite. Si vous avez déjà établi un organigramme, vous connaissez probablement cette technique. La hiérarchie commence au sommet avec les dirigeants officiels, distingue ensuite les directeurs qui travaillent sous leurs ordres, puis viennent ensuite les employés qui exécutent les instructions des directeurs, etc.

L'esquisse d'un document est un autre exemple d'organisation hiérarchique. Les points essentiels sont suivis de points de moindre importance, etc. Dans l'organigramme et l'esquisse d'un document, l'organisation hiérarchique permet de définir plusieurs niveaux d'informations structurées.

Vous pouvez utiliser la même technique avec un site Web. Vous avez plusieurs points primaires, chacun avec un sous-point, lui-même subdivisé en autant de points secondaires. Par exemple, le site Web de la société WAMMI utilise l'organisation hiérarchique pour structurer les pages principales avec des thèmes majeurs, comme le montre la Figure 13.2.

Si vous choisissez d'utiliser l'organisation hiérarchique, vous devez la simplifier au maximum. Les utilisateurs comprendront deux ou trois niveaux mais après, ils ne vont plus continuer à vous suivre.

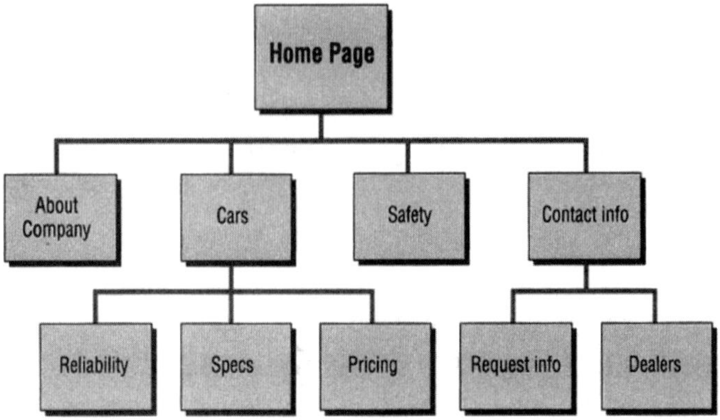

Figure 13.2 : L'organisation hiérarchique présente les thèmes principaux et les thèmes secondaires.

Organisation linéaire

Une organisation d'informations faite d'une manière linéaire impose un ordre particulier. Les instructions et les procédures sont des exemples de ce type d'organisation comme un Assistant de type Microsoft Windows. Vous démarrez l'assistant puis vous allez passer d'un écran à l'autre jusqu'à ce que vous cliquiez sur Terminer. Vous pouvez revenir à l'écran précédent mais pour cela, vous devez suivre les étapes les unes après les autres, sinon la procédure est arrêtée.

Sur un site Web qui utilise cette organisation linéaire, un utilisateur peut avancer à la page suivante et retourner à la précédente suivant une séquence bien définie mais il ne peut pas sauter vers d'autres pages. Etant une source de frustrations pour l'utilisateur, ce genre d'organisation ne doit être utilisé qu'en cas de nécessité absolue. Par exemple, le site de la société WAMMI utilise une organisation linéaire pour la demande de brochure d'un utilisateur, comme le montre la Figure 13.3.

Voici quelques instructions à retenir pour une organisation linéaire :

- Lorsqu'ils travaillent dans des pages linéaires, les utilisateurs ne peuvent pas sauter vers d'autres pages. Aussi, soyez sûr que le processus linéaire est vraiment essentiel pour l'approche manuelle.
- Faites en sorte qu'une séquence linéaire soit le plus court possible de sorte que les utilisateurs puissent rapidement la réussir et la terminer.

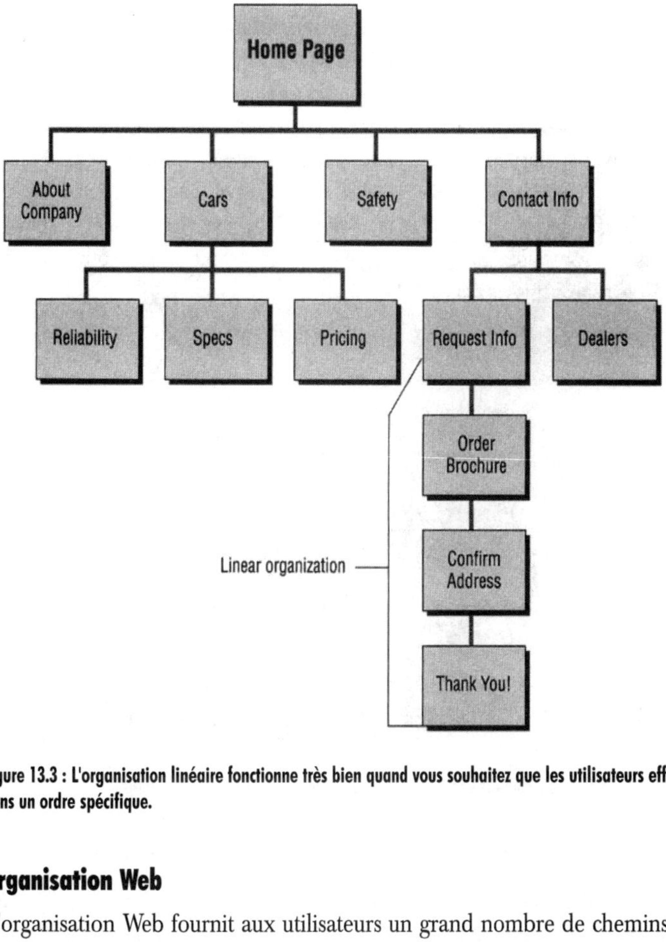

Figure 13.3 : L'organisation linéaire fonctionne très bien quand vous souhaitez que les utilisateurs effectuent des tâches dans un ordre spécifique.

Organisation Web

L'organisation Web fournit aux utilisateurs un grand nombre de chemins non organisés vers des ressources sur le site. Un utilisateur peut aller d'une page Web vers d'autres pages sur le même site ou sur un autre site Web. Avez-vous déjà entendu ces petites histoires qui racontent les mésaventures de certains utilisateurs, désorientés ou perdus : ils ne savent plus où ils sont ni d'où ils viennent. L'organisation Web en est souvent la cause.

Cependant, un exemple d'organisation Web efficace est une liste étendue de correspondances online. Le site WAMMI donne une liste de modèles disponibles et fait correspondre chaque modèle à ses caractéristiques spécifiques et aux autres modèles. La Figure 13.4 illustre le fonctionnement de l'organisation Web.

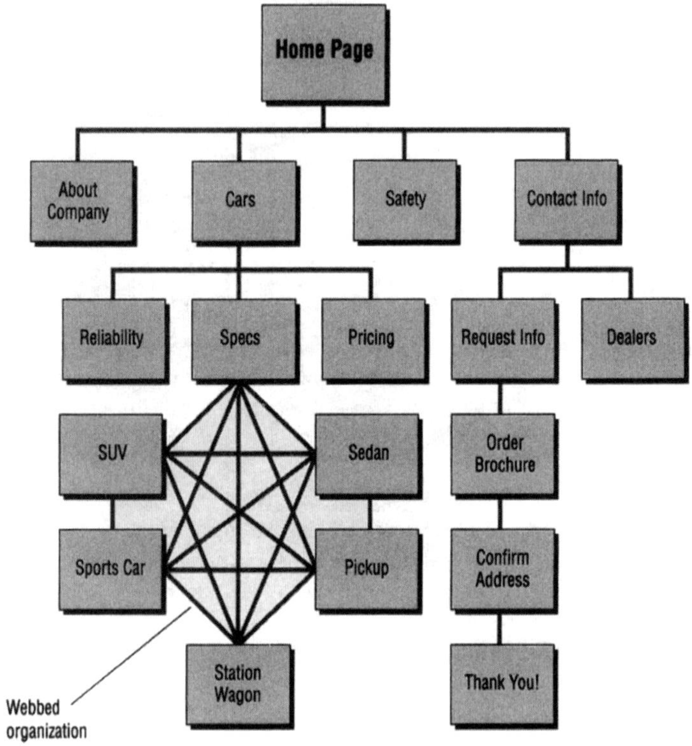

Figure 13.4 : L'organisation Web est une bonne technique pour les renvois d'informations.

Voici quelques instructions à retenir lorsque vous utilisez l'organisation Web :

- Donnez des informations sur chaque page pour aider les utilisateurs à s'orienter eux-mêmes. Exemple : un petit logo de la société sur chaque page.
- Mettez un lien qui renvoie à la page d'accueil dans toutes les pages. De cette manière, les utilisateurs peuvent toujours retourner vers une page qui lui est devenue familière.

Les storyboards : un outil d'organisation essentiel

Le *storyboarding* est le procédé qu'on utilise pour subdiviser d'abord l'information en de petits morceaux de textes et les rassembler ensuite. C'est une technique que les concepteurs de pages Web ont empruntée à l'industrie cinématographique ; elle vous aidera à déterminer la meilleure approche possible pour organiser votre site.

Voici les étapes à suivre (elles ont été appliquées par le site WAMMI) :

1. Ecrivez chaque thème ou chaque groupe d'informations sur une fiche de notes.
2. Placardez les fiches de notes sur le mur ou éparpillez-les sur la table ou sur le sol.
3. Groupez et rangez par ordre les informations.
4. Continuez à déplacer les fiches de notes jusqu'à ce que vous ayez organisé votre information et que vous en soyez satisfait.
5. Lorsque vous avez fini de choisir quelle note doit être liée à une autre, connectez ces fiches de notes avec une chaîne.

Les groupes d'informations qui en résultent doivent suivre une des trois approches d'organisation précédemment expliquées ou une combinaison de ces trois approches.

Création de documents

Après avoir planifié correctement vos documents XHTML, choisi quelles informations inclure et décidé de leur organisation, il ne vous reste plus qu'à créer vos documents XHTML. Probablement, quelques problèmes auraient pu surgir à propos des logiciels et du choix des éléments sur l'insertion de liens et d'images, y compris les effets avancés comme la vidéo, le son, les cadres, les scripts écrits en JavaScript et les applets. Toutefois, comme vous avez besoin des particularités de marquage de tous ces éléments, vous devez jeter au moins un coup d'œil sur l'ensemble du processus de création pour que votre développement XHTML soit plus facile et plus efficace.

Créez un document maître

Un document maître XHTML contient les éléments de structure, la présentation des éléments rendus à partir des feuilles de style CSS et le format général du document que vous souhaitez utiliser. La création d'un document maître XHTML oblige à esquisser l'apparence générale du site avant même que vous commenciez à ajouter le contenu. Ajoutez les éléments que vous souhaitez afficher sur chaque page, à savoir :

- L'arrière-plan.
- Les images.
- Le logo de la société.
- Les icônes.
- Les informations de bas de page.

Si vous mettez ces éléments dans votre document maître, vous les développez seulement une seule fois et non chaque fois que vous créez un nouveau document.

Après la création du document maître, effectuez un petit test (comme le décrit brièvement la section "Testez les documents avant de les publier") pour être sûr que l'apparence générale vous plaît et qu'il est lisible, utilisable et sans erreur. Autant que possible, détectez les problèmes au début et apportez-y les solutions adéquates, ainsi vous allez économiser beaucoup de temps par la suite.

Vous pouvez facilement utiliser des feuilles de style pour créer un modèle de document. Consultez le Chapitre 10 sur les feuilles de style.

Sélection d'images

Déterminez quelles sont les images et les illustrations disponibles avant de commencer à développer les pages individuelles. Faites votre sélection pour avoir un aperçu de l'agencement de vos pages, et éviter ainsi de devoir faire un nouvel arrangement plus tard.

Créez d'abord les pages importantes

Les sites Web sont toujours et par nature "en cours de construction". Vous réaliserez assez tôt qu'il faut constamment mettre à jour le contenu, ajouter et/ou supprimer des pages. Créez d'abord les premières pages les plus importantes, testez et publiez-les, cela vous évitera de publier trop de pages plus tard. Après leur publication, vous pourrez les modifier et en ajouter d'autres si besoin à l'avenir.

Testez les documents avant de les publier

Comme nous l'avons mentionné dans le Chapitre 1, l'apparence de vos pages sur les écrans des utilisateurs sera probablement différente de la vôtre à cause des systèmes d'exploitation et des navigateurs différents. Vous devez donc tester vos documents sur un grand nombre d'ordinateurs et de navigateurs. Par exemple, examinez un document, d'abord sur Internet Explorer avec une basse résolution d'affichage puis consultez le même document dans Netscape Navigator sur un ordinateur à haute résolution d'affichage. En visualisant les documents sur divers navigateurs et plates-formes, vous vous mettez à la place de chaque utilisateur ; ainsi, vous pouvez vérifier la lisibilité, la fonctionnalité, et résoudre d'éventuels problèmes d'agencement et de formatage. N'oubliez pas de faire les tests pour détecter les problèmes *avant* de publier vos pages sur le Web ou sur un intranet.

Les pages Web ressemblent aux supports de marketing que votre société utilise. Comme un éditeur vérifie minutieusement les brochures qui parlent de l'agencement, de la conception, de l'organisation, de la précision des faits, vous devez vérifier attentivement vos pages ou charger un spécialiste pour le faire à votre place.

Se préparer pour le test

Avant de commencer le test, "faites expirer" manuellement tous les liens. Par défaut, la plupart des navigateurs sont configurés pour se souvenir des liens avec les sites visités depuis 30 jours et ils mettent alors une couleur différente pour distinguer les liens non visités. Il est donc facile de déterminer les sites visités. En faisant expirer les liens avant de tester vos pages, vous pouvez voir que les couleurs des liens (liens, liens actifs et liens visités) sont correctes.

L'expiration des liens varie d'un navigateur à l'autre. Les étapes suivantes indiquent la procédure à suivre :

1. Consultez une option de menu qui vous permet de modifier les paramètres du navigateur. Exemple : dans Netscape 6, sélectionnez Edition $*$ Préférences. Dans Internet Explorer 5.5, choisissez Outils $*$ Options Internet.
2. Dans la boîte de dialogue obtenue, cherchez une option qui permet de modifier l'historique du document.
3. Faites expirer les liens en cliquant sur le bouton Effacer l'Historique.
4. Cliquez sur OK lorsque vous avez terminé.

Test de l'apparence générale

Lorsque les liens sont expirés, ouvrez les pages Web dans votre navigateur, et posez-vous les questions suivantes :

- L'agencement et la conception sont-ils esthétiquement attrayants ? Les éléments de pages sont-ils bien alignés comme vous l'avez prévu ?

- Tout le contenu est-il visible ? Tout le texte ? Toutes les images ?
- Les couleurs apparaissent-elles comme il faut ? Certains modèles ou certaines couleurs ne semblent-ils pas incongrus ?
- Toutes les pages contiennent-elles des outils de navigation ?
- Tous les cadres, applets et autres objets sont-ils bien visibles ?

  Si vous avez répondu à toutes ces questions avec les réponses idoines, modifiez la taille de votre fenêtre d'affichage et testez de nouveau l'apparence générale. Par exemple, réduisez la taille de votre fenêtre. Vous constaterez que certains éléments ne sont pas visibles sur écran ou ne sont pas alignés comme prévu. Effectuez les réglages nécessaires. La Figure 13.5 affiche une page qui a été mal redimensionnée.

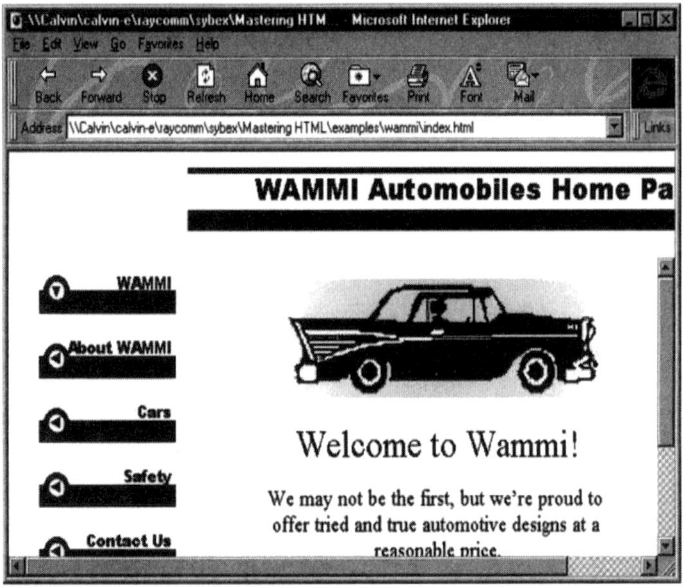

Figure 13.5 : La réduction de la taille de la fenêtre peut endommager l'apparence de votre page Web.

Pour évaluer facilement et rapidement les tailles des pages sous Windows, créez des papiers peints avec des rectangles de 640 x 180, 800 x 600, et de 1 024 x 768 pixels. Puis, en supposant que l'affichage est défini sur 1 024 x 768, vous pouvez simplement redimensionner la fenêtre du navigateur pour superposer l'un de ces rectangles.

Les utilisateurs de Windows (95, 98, Me, et 2000), de Macintosh, et d'Unix peuvent employer les fonctions incorporées au système d'exploitation pour redéfinir les caractéristiques d'affichage. Si vous utilisez Windows 95, allez au site `www.microsoft.com`, téléchargez l'utilitaire Microsoft Power Toys et utilisez Quick Res Powertoy pour modifier d'une manière rapide et facile les paramètres d'affichage (sans avoir à redémarrer l'ordinateur). Cet utilitaire est incorporé dans le système d'exploitation de Windows 98 et des versions plus récentes de Windows.

Maintenant, modifiez la profondeur des couleurs (c'est-à-dire le nombre de couleurs affichées) et voyez ce qui se passe sur vos pages. Visualisez vos pages avec des millions de couleurs, avec 256 couleurs, et même avec 16 couleurs dans tous les navigateurs ; vérifiez ce qui arrive à l'arrière-plan et aux couleurs des images lorsque vous réduisez la profondeur des couleurs. C'est vraiment une tâche ardue, mais avec un peu de pratique, vous apprendrez comment les effets XHTML apparaissent sous l'influence des diverses résolutions et comment améliorer l'apparence de vos pages.

Test de l'utilisabilité

L'*utilisabilité* indique comment un utilisateur peut facilement trouver et utiliser les informations. L'information peut bien exister mais de quelle façon un utilisateur peut-il la trouver, la télécharger ou traverser un tas de liens avant de l'obtenir ? Quand vous testez l'utilisabilité, vous devez considérer quelques points.

- Combien de temps va durer le téléchargement ? N'oubliez pas que le test de vos pages se fait sur votre propre machine. Mais le téléchargement prend *sensiblement* plus de temps sur une machine distante qui utilise une connexion téléphonique pour accéder aux fichiers. Testez aussi le chargement des pages avec la connexion DSL et avec le câble si c'est possible.

Si vos pages peuvent être visualisées avec un matériel portable, faites aussi des tests avec ce matériel. La meilleure solution est d'utiliser XHTML et les feuilles de style CSS pour créer des versions simplifiées et séparées de vos pages pour les matériels portables.

- Les améliorations apportées aux pages vont-elles faire augmenter le temps de téléchargement ? Par exemple, les images ou le script écrit en JavaScript que vous avez ajouté justifient-ils le temps supplémentaire requis par le téléchargement ?
- Les outils de navigation sont-ils faciles à trouver ? Sont-ils tout de suite disponibles ou a-t-on besoin de faire un défilement complet pour les trouver ?

- *Tous* les liens fonctionnent-ils ? Autant ceux qui sont à l'intérieur du site que ceux qui se trouvent à l'extérieur. Une grande variété d'outils, à la fois interactifs et basés sur des programmes téléchargeables, permettent de vérifier automatiquement les liens. Recherchez la **validation des liens** sur votre moteur de recherche favori pour les détails.
- Les niveaux de liens sont-ils appropriés à l'information qu'ils fournissent ? Par exemple, l'information qui se trouve sur un lien de troisième niveau dépend-elle des informations situées aux premier et deuxième niveaux ? Si vous avez plusieurs niveaux de liens, l'information vaut-elle la peine d'obliger les gens à passer par chacun d'eux ?

TEST PILOTE DES DOCUMENTS

Lorsque vous effectuez un *test pilote*, demandez à d'autres personnes de les visualiser, d'identifier les problèmes et les zones à améliorer. Les deux principales méthodes utilisées pour le test pilote sont l'enquête contextuelle et le protocole du parler à voix haute, les deux étant souvent combinées.

Avec l'*enquête contextuelle*, vous observez les utilisateurs dans leur propre environnement. Soyez attentif à tout ce qu'ils font. Notez les informations qu'ils consultent, les liens les plus souvent utilisés et l'ordre dans lequel ils visitent les pages. Notez le moment où ils s'adressent à votre site pour obtenir des informations, les cas où ils ont l'air d'être perdus et frustrés, et les circonstances qui les obligent à demander de l'aide. Bien que cette méthode prenne beaucoup de temps, c'est une expérience qui est très instructive sur la réalité des choses, particulièrement si la plupart des informations relatives aux besoins des utilisateurs ne sont que des suppositions et non des faits observables.

Avec *le protocole du parler à voix haute*, vous ne faites qu'écouter les commentaires de vos utilisateurs lorsqu'ils décrivent ce qu'ils font et pourquoi ils agissent ainsi au fur et à mesure qu'ils naviguent dans votre site. Procédez aux étapes suivantes :

1. Dressez une liste de cinq éléments (ou moins) que vous voulez qu'un utilisateur puisse trouver dans votre site Web.
2. Donnez la liste aux utilisateurs et demandez-leur de trouver chaque élément.
3. Demandez aux utilisateurs de parler à haute voix tout au long du test pour dire tout ce qui leur passe par la tête au cours de leur recherche.

Si possible, enregistrez la session. Selon toute vraisemblance, vous aboutirez à une transcription un peu désordonnée mais riche en informations. Par exemple, je suis censé trouver les informations sur la sécurité pour ce modèle particulier de voiture. Premier constat, il n'existe aucune rubrique sécurité. Peut-être se trouve-t-elle sous le thème Fiabilité. Ah ah ! la voilà dans l'élément Protection. J'ai vu Protection pour la première fois mais je ne pensais pas que cela aurait quelque chose à voir avec la peinture ou l'antirouille.

Le test pilote vous permet de savoir comment procèdent les visiteurs pour trouver *réellement* une information sur votre site et définir en conséquence les zones à améliorer.

Test de lisibilité

La *lisibilité* indique la facilité avec laquelle les utilisateurs lisent vos informations, c'est-à-dire le texte et l'image. Puisque un certain nombre de problèmes de lisibilité sont dus à l'apparence générale du document (police, taille de police, mise en relief et couleurs), tâchez d'exploiter les opinions de vos utilisateurs, en plus de ce que vous faites déjà pour les résoudre.

Pour tester la lisibilité d'un document, cherchez une information spécifique sur le site. Observez bien quelle information vous voulez mettre sur la page. Habituellement, les titres et les images sautent tout de suite aux yeux. Faites que les informations importantes ressortent parfaitement et que vous puissiez lire aisément tout le texte, les titres, légendes, adresses, etc.

LECTURE ONLINE

Par nature, la lecture sur écran est plus difficile que la lecture sur papier, à cause de la taille du moniteur, de l'éclairage de l'écran et des difficultés de navigation entre les fenêtres. De plus, un écran d'ordinateur n'a pas la douceur visuelle d'une page imprimée (72 à 100 points par pouce de ligne, comparé aux 600 à 2 650 points pour les imprimantes laser ou les rubans machine sur le papier). Par conséquent, les utilisateurs se fatiguent vite, lisent plus lentement, et ratent fréquemment des informations sur écran.

En tant qu'auteur XHTML, améliorez la lisibilité avec ces quelques techniques :

- Utilisez des titres et des sous-titres pour couper de trop longues sections de texte et annoncer aux utilisateurs les informations qui se trouvent sur la page.
- Utilisez des listes avec puces et des listes chiffrées qui affichent les informations en un simple coup d'œil.
- Utilisez des paragraphes courts pour encourager la lecture.
- Utilisez des couleurs de texte et d'arrière-plan dans un contraste bien dosé.
- Utilisez des images pour illustrer des notions difficiles au lieu de décrire ces notions avec des mots.

Testez toujours la lisibilité après une modification de la taille de la fenêtre d'affichage ou lorsque vous réduisez la gamme des couleurs. La réduction de chacune de ces mesures rend la lecture difficile. Exemple : un site Web avec un joli menu sur la partie gauche, une bannière en haut et un texte en noir à droite donne une très bonne apparence avec une résolution de 1 024 x 768 pixels. Cependant, avec une résolution plus petite, le texte en noir se confond avec l'arrière-plan sombre, comme le montre la Figure 13.6, et devient difficilement lisible.

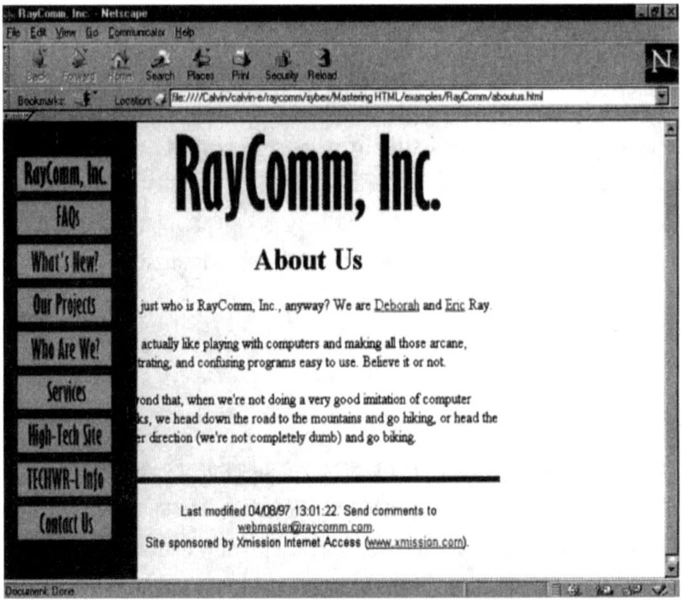

Figure 13.6 : La réduction de la taille de la fenêtre peut altérer la lisibilité.

Test d'exactitude

Enfin, assurez-vous de l'exactitude parfaite des informations sur votre site. Accordez une plus grande importance aux détails. Un site truffé de fautes d'orthographe et de fautes grammaticales n'a aucune crédibilité. Votre liste de vérification sur l'exactitude du document doit vous assurer que :

- Le contenu est correct et à jour.
- Les titres résument leur contenu.
- Les références aux figures et aux illustrations sont correctes.
- *La date de la dernière modification* est toujours affichée. Cette date permet aux utilisateurs de décider si l'information est encore actuelle et si elle est encore utilisable ou non.

Les services de validation

Les services de validation auxquels on accède à partir d'Internet ou d'un programme sur votre ordinateur local vérifient que vous avez utilisé XHTML standard. Vous pouvez par exemple vérifier que vous avez correctement utilisé XHTML1. Même si le service de validation n'est pas la solution idéale des problèmes de codage XHTML, utilisez-le pour être sûr que votre code est complet, qu'il est plus ou moins correct, ou qu'il est plus ou moins standard. Il existe deux services de validation online : `http://validator.w3.org` et `www.daimi.au.dk/~olef/validate`. Consultez la quatrième partie des Références du Maître.

Phase 2 : Publication des documents

La publication signifie que le document XHTML est mis sur un serveur Web en précisant leur emplacement. Cette section est consacrée spécifiquement à la publication de vos documents sur l'Internet ou sur un intranet.

Le processus de publication dépend de votre situation. Certaines grandes organisations ont des procédures de publication bien définies, et dans ce cas, vous ne faites que remplir simplement un formulaire XHTML et enregistrer vos fichiers dans un dossier spécifique. Si l'organisation n'a pas de procédures ou si vous le publiez sur un serveur qui ne vous appartient pas (un fournisseur d'accès Internet par exemple), vous devez *télécharger* vos fichiers (ce qui veut dire que vous copiez les fichiers à partir de votre ordinateur vers un serveur).

Avant le téléchargement de vos fichiers, vous devez obtenir les informations suivantes de votre administrateur système ou de votre fournisseur d'accès :

- L'adresse du serveur Web (`www.lanw.com` par exemple).
- L'adresse du serveur FTP, si requis (`ftp://ftp.lanw.com`). Autrement, vous aurez besoin d'une adresse vers laquelle on enverra les fichiers ou d'un emplacement sur un réseau local où vous allez placer vos fichiers.
- Un mot de passe et des restrictions d'accès.

Vous devez aussi considérer les points suivants.

- Quel est le type de serveur (Apache, NCSA, WebStar, Netscape, etc.) ? Sur quelle plate-forme est-il installé ?
- Puis-je restreindre l'accès à mes pages ?

- Puis-je installer et lancer mes propres scripts ?
- Quel est le nom de fichier d'index par défaut ?
- Les journaux d'accès sont-ils bien utilisés ? Comment puis-je connaître le nombre de visiteurs ?

Le Chapitre 16 procure des informations spécifiques sur la publication de documents.

APERÇU RAPIDE

L'*index par défaut* est le fichier qui apparaît automatiquement lorsque vous spécifiez l'adresse sans un nom de fichier spécifique. Par exemple, si vous entrez `www.lanw.com/books.htm`, le serveur affiche la page `books.htm` (la page des ouvrages). Toutefois, si vous n'entrez que `www.lanw.com`, le serveur affiche le fichier `default.htm` car telle est la configuration du serveur.

Sur un autre serveur, la même adresse pourrait afficher le fichier `index.htm`. Si vous n'identifiez pas correctement le fichier d'index, les utilisateurs peuvent être tentés de voir la liste complète des fichiers et de consulter ceux qu'ils veulent uniquement voir et non ce que vous souhaitez qu'ils visitent.

Phase 3 : Test des documents publiés

Au début de ce chapitre, nous avons testé des documents sur votre ordinateur local. Maintenant, nous allons faire un test externe pour voir les mêmes problèmes. Assurez-vous que tous les liens fonctionnent bien et que les documents ont été correctement transférés vers le serveur. De plus et à ce stade, votre but n'est pas seulement de vérifier l'agencement, le formatage et les erreurs de relecture mais surtout d'avoir une idée exacte de ce que les utilisateurs verront lorsqu'ils accéderont à vos pages. Notez en particulier la vitesse de chargement de vos pages, leur apparence avec chaque résolution d'écran et avec chaque gamme de couleurs et comment les différents navigateurs vont afficher les éléments de chaque page.

Quand vous effectuez le test, vérifiez les points suivants :

- Vérifiez la vitesse de chargement avec divers types de connexions et à différentes vitesses. Demandez à vos amis et collègues de visualiser vos pages et de rapporter les problèmes éventuels sur l'agencement, les liens, les couleurs, le temps de téléchargement, etc.

- Vérifiez si le serveur affiche correctement les pages. En règle générale, tout se passe bien sauf les cas des serveurs qui affichent uniquement le code XHTML dans le navigateur.

Si vous constatez que des navigateurs affichent des documents comme un code XHTML, essayez de modifier l'extension de fichier en `.html` (au lieu de `.htm`). Si cela ne marche pas, contactez l'administrateur serveur le plus tôt possible.

- Testez vos pages en utilisant une grande variété d'ordinateurs, de systèmes d'exploitation et de configurations différents. N'oubliez pas de redimensionner la fenêtre du document et modifier la gamme des couleurs.

Phase 4 : Maintenance des documents

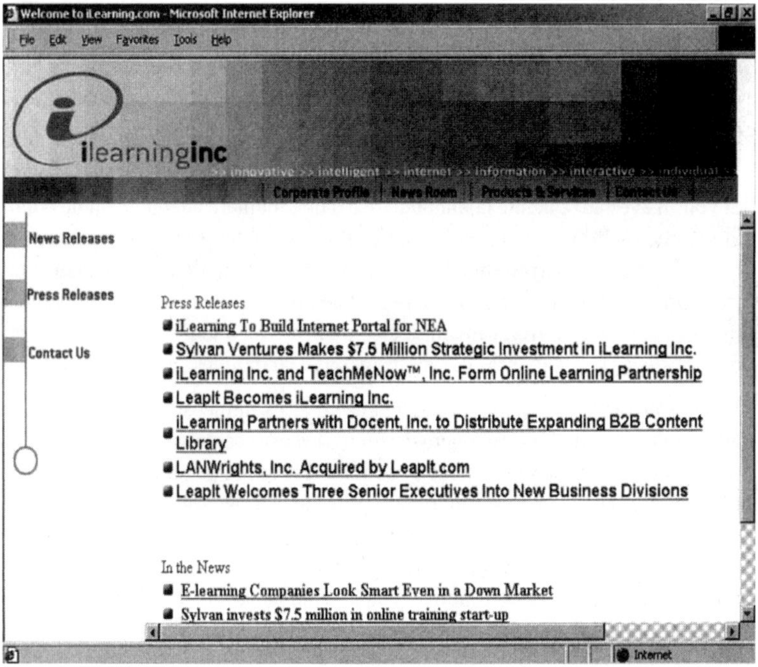

Figure 13.7 : L'information statique reste constante (ici le logo et les menus) ; l'information dynamique change fréquemment (Press Releases et In the News).

C'est le processus de mise à jour et de révision des pages, d'ajout des nouvelles et de suppression des pages périmées. La maintenance régulière des documents XHTML est importante si vous souhaitez fidéliser les utilisateurs sur votre site. Une maintenance régulière rend moins fastidieuse la maintenance à long terme.

Les documents XHTML contiennent deux types d'informations : les informations statiques et les informations dynamiques. Les *informations statiques* ne changent pas. Le logo de la société, la plupart des menus, et même les descriptions de produits sont des exemples d'informations statiques. Ce sont les informations qui se trouvent habituellement dans vos feuilles de style. L'information *dynamique* est celle qui doit être modifiée ou mise à jour régulièrement. Les prix, les plannings, les informations spécifiques ou ponctuelles et les listes de produits sont des exemples d'informations dynamiques. La Figure 13.7 affiche une page Web qui contient ces deux types d'informations.

Développement d'un plan

Au moment de la planification des documents XHTML, vous avez certainement prévu des étapes pour faciliter leur maintenance. En particulier, vous auriez pu négocier des arrangements de mise à jour avec des fournisseurs de contenu ou développer une sorte de documentation pour vous aider à recentrer les pages au fur et à mesure que le contenu change. Si vous avez déjà effectué tout cela, vous avez pris un très bon départ.

Si vous n'avez pas planifié la maintenance d'une manière adéquate ou ne connaissez pas le volume réel du contenu ou les difficultés pour obtenir les informations mises à jour de la part de vos fournisseurs, vous pouvez encore faire de la maintenance un procédé très simple à exécuter. D'abord, définissez une période de maintenance par jour, tous les trois jours, toutes les trois semaines, etc., pour mettre à jour vos documents selon la fréquence de la mise à jour de vos informations dynamiques.

Ensuite, établissez un plan de maintenance. Par exemple, si vous savez que vous devez ajouter des informations uniquement toutes les trois semaines, vous n'aurez aucun problème majeur. Par contre, si vous avez des pages et des pages à ajouter ou si vous devez effectuer des changements importants, vous aurez à déterminer comment vous allez les réaliser de la meilleure manière qui soit. En l'occurrence, le codage manuel n'est pas du tout recommandé. L'utilisation d'un logiciel de conversion qui fera le travail de codage à votre place serait plus appropriée. Dans les deux cas, déterminez le volume des modifications à effectuer et utilisez la meilleure procédure pour l'exécuter.

Tenir le rythme

Au fur et à mesure que vous ajoutez, supprimez et mettez à jour des informations dans vos documents XHTML, certaines tâches routinières doivent aussi être faites au bon moment.

- Vérifiez les liens qui ne fonctionnent pas ou qui indiquent des informations périmées. Lorsque vous ajoutez et supprimez des informations sur le site, vous allez réaliser subitement que certaines pages n'ont aucun lien et que d'autres ne mènent nulle part. Parcourez manuellement tous vos liens et profitez des programmes de vérification de liens sur le Web. Pour cela, vous pouvez consulter des sites comme `www.tucows.com` ou `www.zdnet.com` et rechercher des **vérificateurs de liens**.
- Equilibrez les capacités de la spécification XHTML la plus récente avec ce que le navigateur de l'utilisateur peut afficher. Vous n'allez probablement pas développer un document XHTML 1.1 amélioré tout en sachant que les navigateurs de vos utilisateurs ne supportent pas tous les effets de la version 1.1.
- Assurez-vous que les anciennes pages gardent toujours une bonne apparence dans les nouvelles versions de navigateurs. En effet, les modifications dans les logiciels des navigateurs affectent souvent l'affichage de certains éléments (les images et les tableaux par exemple).
- Vérifiez les anciennes pages pour les informations périmées. Vous devez par exemple mettre à jour les records sportifs, les produits, les prix, les plans ou programmes, etc.

Et maintenant, que faire ?

Ce chapitre vous a développé le cycle de vie d'un document XHTML, comment également planifier et traiter les problèmes de création, de publication, de publicité et de maintenance des documents XHTML. Si vous avez compris ces différents sujets, vous serez capable de développer des documents XHTML et de les utiliser dans toute une variété d'applications, en particulier pour créer des pages et des sites Web, des sites intranet, des fichiers d'aide et des kiosques.

Selon le niveau de maîtrise du langage XHTML que vous avez et la nature de votre application, consultez utilement :

- Le Chapitre 14 sur les astuces et les conseils à appliquer pour développer des sites Web cohérents.
- Le Chapitre 15 sur les astuces et les conseils pour réussir le développement des sites publics ou personnels et des sites intranet.

Chapitre 14

Implémentation d'un site cohérent

XHTML

Lorsque votre société prépare ses correspondances écrites, vous choisissez généralement la qualité et la couleur du papier, avec un logo qui embellit votre papier en-tête ; vous envoyez ensuite votre correspondance dans une enveloppe préimprimée, en y insérant une ou plusieurs cartes de visite. Vous améliorez ainsi la présentation générale de votre lettre (et l'image de votre société) et, du coup, votre message se distingue par une touche de professionnalisme.

Votre défi, comme celui des développeurs de pages Web, est de faire la même approche pour votre propre site. L'unification des documents XHTML individuels pour mieux développer un site Web cohérent et facile à utiliser sera au centre de ce chapitre ; en particulier, il sera question des éléments de thèmes (articles qui apparaissent d'une page à l'autre) et des menus de navigation pour mettre en valeur votre site et améliorer son utilisabilité. Le chapitre va aussi traiter de l'équilibre des éléments de coloration vive avec l'utilisabilité, ce qui va rendre un site facile d'emploi et visuellement intéressant. Nous vous donnerons un grand nombre d'exemples et d'illustrations.

Ce chapitre va traiter les thèmes suivants :

- Insérer les éléments de thèmes.
- Rendre le site navigable.
- Equilibrer les éléments de coloration vive avec l'utilisabilité.

Insérer des éléments de thèmes

Les éléments de thèmes sont des composants de la page Web qui servent à unifier des pages multiples en une seule unité cohérente. Peut-être vos utilisateurs n'ont-ils pas remarqué que vous utilisez des éléments de thèmes mais ils ont probablement constaté une certaine incohérence d'une page à l'autre de votre site Web. Les éléments de thèmes répondent aux attentes (souvent subconscientes) des utilisateurs. Si vos utilisateurs naviguent sur plusieurs pages qui contiennent un logo, ils s'attendent à ce que chaque page affiche le même logo au même endroit. L'absence de logo ne sera remarquée que s'il n'est plus là ou se trouve désormais à un autre endroit. C'est comme une voiture en panne au coin de votre maison, vous ne la remarquez que lorsqu'elle est partie.

L'utilisation correcte des éléments de thèmes donne une allure complète et professionnelle à votre site et elle rappelle à vos utilisateurs qu'ils s'y trouvent toujours lorsqu'ils vont d'une page à l'autre. Un utilisateur ne peut visualiser qu'une page à la fois, ce qui signifie que chaque page doit appartenir au même site et non à un autre.

Les sections suivantes tâcheront de décrire les éléments de thèmes qui vont unifier les pages de votre site. Certains d'entre eux sont d'utilisation courante comme les arrière-plans et les couleurs ; les autres, tels que les logos, les icônes et les boutons, vont compléter la gamme des éléments de thèmes.

Ajout d'arrière-plans

L'utilisation constante d'arrière-plans, de couleurs ou d'images est la méthode la plus facile et la plus efficace pour unifier des pages Web. La même couleur et la même qualité de papier vont identifier dans une correspondance écrite de plusieurs pages l'unicité d'un paquetage cohérent. Un arrière-plan qui change à chaque page Web peut conduire à des résultats inattendus. Les utilisateurs vont en déduire qu'ils se trouvent sur un autre site ou mieux, ils vont s'amuser à relever les différences de conception plutôt que de voir le contenu de la page.

Avez-vous eu l'occasion de recevoir une correspondance d'affaires dans laquelle la première page est parsemée de couleur crème avec un en-tête à texture de lin, et la deuxième page n'est plus qu'un vulgaire papier photocopie à bas prix. L'utilisation d'arrière-plans différents produit le même effet dans les pages Web et les utilisateurs ne manqueront pas de les remarquer.

Le choix entre une couleur vive et une image dépend de l'effet que vous souhaitez atteindre. Les couleurs d'arrière-plan sont plus discrètes et peuvent effectivement servir à reconnaître les pages d'un même site particulier. Imaginez la Figure 14.1 sans l'arrière-plan texturé mais juste un arrière-plan simple blanc ou gris. Une couleur vive peut aussi contraster avec les éléments d'une page tout en les unifiant avec ceux de l'autre page sans que pour autant elle attire l'attention sur elle-même.

L'arrière-plan texturé de la Figure 14.1 ne crée pas une unification des éléments de la page, mais il en devient une partie visuellement très intéressante. Même si l'arrière-plan de l'image ne déborde pas, il rend la lecture un peu plus difficile.

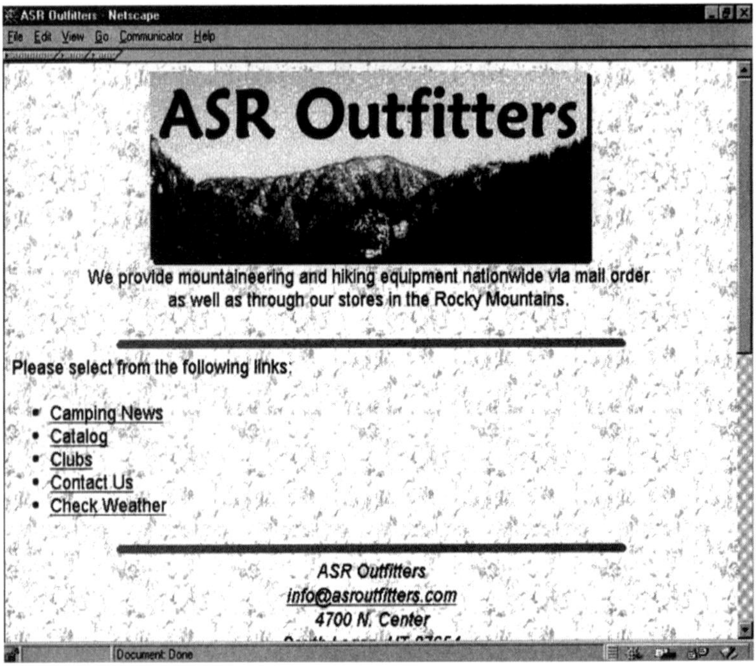

Figure 14.1 : Les images créent des arrière-plans visuellement plus complexes qui mettent en valeur, sans toutefois faire déborder les éléments de la page.

Certains sites Web combinent les couleurs et les images en utilisant une couleur vive et en ajoutant un petit dessin répétitif, tel que le logo de la société ASR dans la Figure 14.2.

Le logo de la Figure 14.2 ressemble beaucoup plus à un filigrane qu'à une image ; dans ce cas, l'image est moins apparente et se confond avec l'arrière-plan. C'est la meilleure méthode pour inclure un logo sans augmenter la durée de téléchargement ou occuper une grande partie de la page.

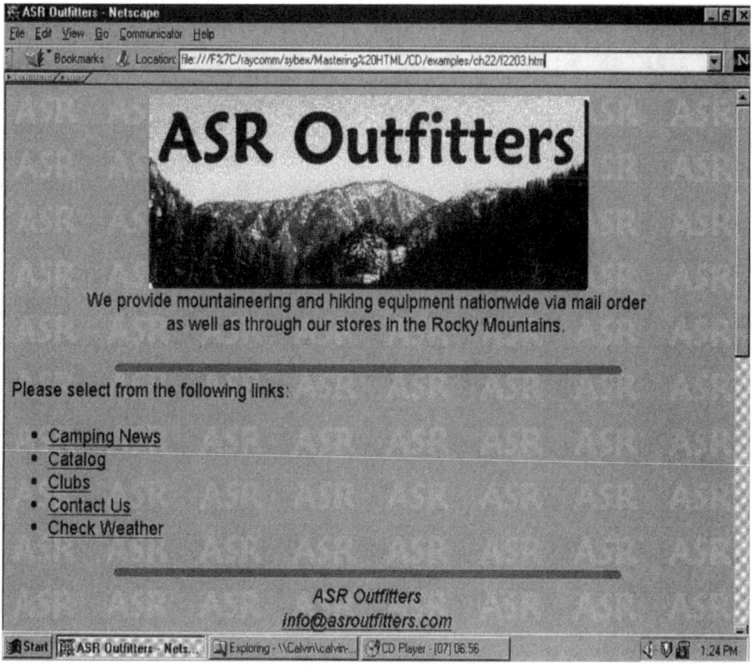

Figure 14.2 : Vous pouvez combiner des couleurs et des images (ou texte) pour créer un arrière-plan subtil.

Quel que soit votre choix, une couleur ou une image pour l'arrière-plan, suivez ces instructions :

- L'arrière-plan doit contraster parfaitement avec le texte. Rappelez-vous que la lecture sur écran est fondamentalement difficile à cause de la taille, de la qualité du moniteur, de la résolution, de l'éclairage et de la brillance de l'écran. Si vous écrivez le texte avec une couleur sombre, utilisez un arrière-plan de couleur claire et réciproquement. Si vous avez des doutes sur le contraste, c'est que vous ne l'avez pas réussi.
- Mettez l'arrière-plan en valeur, et non pas en conflit avec d'autres éléments tels que les images. Par exemple, si vous incluez des images, l'arrière-plan ne doit pas les submerger. Un arrière-plan chargé ou coloré sous des images, elles-mêmes trop présentes et en couleurs, rend plus difficile la lecture sur écran.

- L'arrière-plan doit correspondre avec le style et le ton du contenu de votre site Web. Un arrière-plan massif de couleur noire impressionne mais il n'est pas fait pour apaiser ou enlever le désarroi de l'utilisateur. Ce choix ne convient pas aux pages de la société ASR Outfitters qui veut plutôt un arrière-plan discret.
- Par rapport à l'arrière-plan, le texte de premier plan doit être assez grand et gras pour faciliter la lecture. Utilisez les propriétés de police des feuilles de style CSS (ou l'élément `font` obsolète) pour augmenter la taille et, si besoin, définissez une police pour aider vos utilisateurs à lire facilement le texte. Une petite augmentation de la taille de police peut atténuer les confusions visuelles d'un arrière-plan texturé ou à motifs. (Le Chapitre 3 donne plus d'informations sur la modification des polices et de leur taille, et le Chapitre 10 sur les feuilles de style CSS.)
- Choisissez une couleur qui ne décolore pas (une couleur solide et nette dans les navigateurs Web). Puisque l'arrière-plan couvre la totalité de la fenêtre du navigateur, les couleurs vont définir le degré d'intégration de l'arrière-plan avec les éléments de la page. Si, par exemple, vous utilisez une couleur non décolorante comme couleur d'arrière-plan, les coloris obtenus seront plus apparents que le contenu de la page. Nous vous conseillons de choisir l'une des 216 couleurs sûres. Pour plus d'informations, vous pouvez consulter la sixième partie des Références du Maître ou le site `http://hotwired.lycos.com/webmonkey/00/37/index2a.html`.
- Visualiser vos pages Web dans une grande variété de navigateurs et de paramètres de couleur, particulièrement si vous utilisez une image d'arrière-plan ou si vous ne choisissez pas l'une des 216 couleurs sûres. Pour tester un bon arrière-plan, modifiez les paramètres de votre machine à 256 couleurs et visualisez une fois de plus toutes les pages. La réduction de la palette de couleurs du système de votre machine peut dégrader la qualité de l'arrière-plan.

Le Chapitre 3 a présenté l'insertion des couleurs et le Chapitre 5, l'ajout d'images à l'arrière-plan.

Choix de couleurs

Dans la plupart des sites Web d'aujourd'hui, les couleurs abondent. Elles sont présentes dans le texte, les images, les boutons, les icônes et bien sûr dans les arrière-plans. L'astuce est d'utiliser une couleur qui permet d'améliorer vos pages Web et d'identifier un thème d'une page à l'autre.

Lorsque vous développez une combinaison de couleurs, prenez en considération les éléments que vous souhaitez colorer, le texte (un texte régulier, les liens, les liens activés et les liens visités), les logos, les boutons, les puces, l'arrière-plan, etc. Pour les zones de couleur plus petites, le texte ou les liens, vous pouvez choisir n'importe quelle couleur. Pour des zones de couleur plus larges telles que les fenêtres ou les arrière-plans, choisissez l'une des 216 couleurs sûres. Choisissez bien les couleurs que vous utilisez pour chaque élément et faites que ce soit toujours de manière cohérente.

La plupart des logiciels de développement de sites Web, de Netscape Composer à Microsoft Front-Page, viennent avec des préparations de combinaisons de couleurs. Si vous ne maîtrisez pas les couleurs, utilisez des couleurs préassorties. Puisque la couleur est le premier élément visuel sur vos pages, le choix de la couleur sera une évidence pour tous les utilisateurs.

Les couleurs choisies doivent correspondre au contenu du site. Par exemple, si vous développez un site de marketing pour une société de haute technologie, choisissez des petites zones de couleurs claires, d'allure rapide (rouge, vert clair ou jaune) et correspondant à l'objectif du site, celui d'attirer et retenir l'attention des utilisateurs. Si vous développez un site intranet, choisissez des couleurs douces telles que les couleurs beige, bleu ou vert sombre. Peut-être voulez-vous aussi des couleurs assorties à celles de la société ; c'est une très bonne idée car il ne faut pas perdre de vue que l'objectif est d'informer les utilisateurs et non de les éblouir.

Si vous choisissez des couleurs vives, utilisez-les dans des zones plus petites. Une petite zone de rouge, par exemple, peut bien attirer l'attention et retenir les utilisateurs sur la page. Une vaste étendue de rouge telle que l'arrière-plan en entier les fera probablement se rétracter ou, tout au moins, les dissuadera d'y rester.

Insertion de logos

Si vous développez le site Web d'une société, utilisez toujours un logo sur chaque page. Le logo aide à établir un thème et à faire connaître explicitement à vos lecteurs le nom de votre société ou celui de votre organisation. Vous pouvez même utiliser le logo comme un lien vers la page d'accueil. Ainsi, qu'importe les pages où se trouvent les utilisateurs, ces derniers peuvent retourner à la page d'accueil via votre logo. Les logos incluent souvent plusieurs éléments de thèmes : le logo lui-même, sa couleur, les polices ou la mise en forme des lettres. La Figure 14.3 présente un exemple de logo utilisé sur la page de la société ASR Outfitters.

Le logo aide à installer d'autres éléments de la page. Par exemple, la police apparaît dans des endroits précis, les couleurs sont cohérentes sur toute la page et l'image utilisée comme base du logo va transmettre l'impression appropriée.

Vous n'avez peut-être pas de contrôle sur le logo utilisé et, parfois, vous êtes obligé de vous servir du logo de votre société. Si vous pouvez développer un logo ou améliorer un logo existant, faites-le. Les logos en ligne, particulièrement dans des sites Web, doivent être expressifs et transmettre le maximum d'informations sur la société ou l'organisation elle-même, sur son style, bien plus qu'un logo conçu essentiellement pour un papier en-tête. Un logo traditionnel s'exprime par le choix du papier, sa texture et ses autres éléments. Souvent, un logo en ligne peut représenter à lui tout seul l'image de marque de la société, et ce sans qu'il ne soit nécessaire de recourir à d'autres images ou à des images d'arrière-plan.

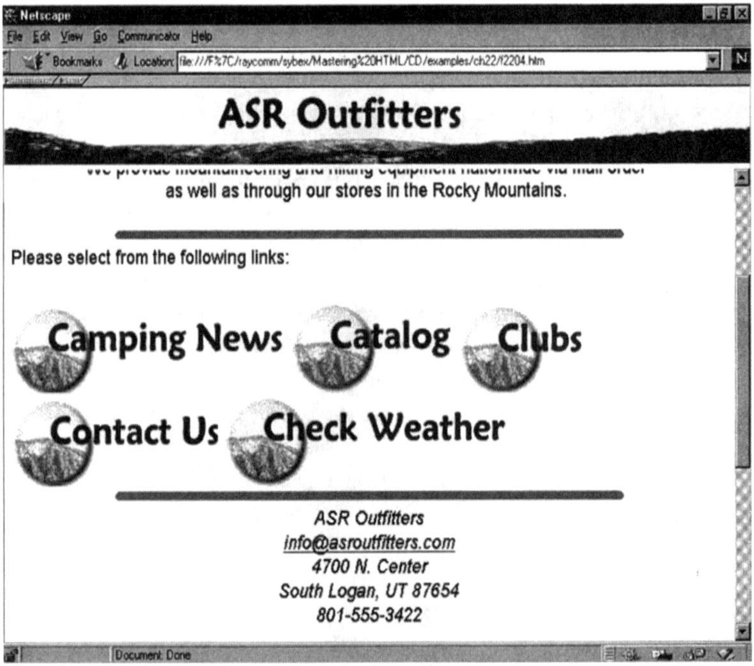

Figure 14.3 : La page d'accueil de la société ASR Outfitters utilise un logo non défilant comme élément de thème.

L'emplacement du logo dépend de sa mise en forme. Certains sites utilisent un grand logo à la page d'accueil et une version plus petite dans les pages secondaires. Ainsi, le logo va apparaître à chaque page, même si le contenu continue d'occuper plus d'espace dans les pages secondaires.

Une combinaison de petits logos élégants avec des cadres bien arrangés peut être une représentation efficace. Par exemple, comme le montre la Figure 14.3, un logo peut se placer dans un petit cadre en haut d'une page qui ne se déroule pas et rester visible au moment où les utilisateurs se trouvent sur le site. Puisque le logo n'a pas à être rechargé, les autres pages peuvent alors se charger plus vite.

Incorporation d'autres éléments graphiques

D'autres éléments de thèmes incluent les boutons, les liens graphiques, les icônes et les puces. Plus que les couleurs et les logos, ces éléments ajoutent de l'intérêt à vos pages car ils combinent la couleur et la forme. En outre, comme ils peuvent être (et doivent être) petits, vous pouvez les inclure à travers toute la page, en ajoutant un brin de couleurs à chaque utilisation. La Figure 14.3 présente une page Web, un bon exemple sur la manière de se servir de quelques éléments graphiques ; même en noir et blanc, les petits éléments graphiques améliorent la page.

Améliorez votre page avec des images GIF animées qui ajoutent une attraction visuelle sans trop augmenter le temps de chargement. Le Chapitre 12 présente plus d'informations sur les images GIF animées.

Rendre le site navigable

Comme nous l'avons mentionné dans le Chapitre 13, un site Web utilisable dépend de la facilité d'accès et de navigation, ainsi que des informations qui y sont publiées. L'accès au site se fait par une page d'accueil, un document XHTML unique qui fournit des liens vers les autres pages du site. Mais certains utilisateurs ne se servent pas de la page d'accueil, ils veulent aller directement vers une page qu'ils ont déjà visualisée auparavant ou ils désirent accéder à votre site à travers un moteur de recherche et visiter tout de suite une page spécifique. Vous n'avez alors que peu de contrôle sur la façon dont les utilisateurs se déplacent à travers votre site.

Pour permettre aux utilisateurs d'établir des liens avec les informations qu'ils recherchent et les encourager à naviguer sur votre site, vous devez faciliter la navigation. Cette exigence signifie que l'accès, la navigation et la recherche d'informations doivent toujours faire appel à l'intuition des utilisateurs et être très attrayants. Pour atteindre cet objectif, utilisez les menus de navigation, ces ensembles de liens qui apparaissent d'une page à l'autre.

Il existe deux types de menus de navigation :

- Menu de navigation textuel, qui est un ensemble de liens.
- Menu de navigation graphique, qui est un ensemble d'images (ou icônes) utilisées comme des liens.

Menu de navigation textuel

Le menu de navigation textuel est un texte qui lie les utilisateurs à d'autres informations dans le site Web. Comme le montre la Figure 14.4, un menu de navigation textuel n'offre pas d'images éblouissantes mais se limite à transmettre les informations qui existent à l'autre extrémité du lien.

Le menu de navigation textuel, d'utilisation courante, offre néanmoins plusieurs avantages par rapport au menu de navigation graphique. Le menu de navigation textuel est plus descriptif car si le texte est correctement fait, il indique clairement aux utilisateurs les informations qui existent sur le site. Les liens qui se trouvent dans les menus de navigation textuels peuvent avoir facilement la longueur voulue pour décrire les informations à l'extrémité du lien ; il faut préciser que la description n'est pas limitée par la taille d'un bouton. Plus le bouton est petit (par conséquent plus rapide à télécharger), plus le texte qui lui convient sera court.

On croit plus au menu de navigation textuel qu'au menu de navigation graphique car le lien lui-même fait partie du document XHTML et non un élément référencé tel que le bouton de navigation.

Enfin, les liens qui sont dans le texte se téléchargent beaucoup plus vite que ceux qui se trouvent dans un menu de navigation graphique. Les liens sont téléchargés comme une partie de la page, les délais de téléchargement des images étant exclus.

Si vous utilisez un menu de navigation textuel, suivez ces instructions :

- Si votre menu de navigation textuel apparaît comme une liste verticale, placez en haut le lien le plus important ou ceux auxquels on accède le plus.
- Rendez le texte plus informatif au lieu de créer des liens comme "Plus d'informations", "Contacts", "et "Informations apparentées", ou d'autres résumés spécifiques. Nous vous conseillons de les appeler par exemple : "Product Specs", "Contactez-

nous !" et "Autres fournisseurs de tenues de sport". Peu importe comment vous allez les intituler, évitez d'utiliser des instructions comme "Cliquez ici" qui ne sont même pas informatives tout en gaspillant des espaces précieux. De plus, un mot comme *Information* ne dit pas grand-chose mais prend de l'espace. D'ailleurs, que peut-on bien obtenir à l'autre extrémité du lien, sinon de l'information ?

- Affichez le même menu ou au moins un menu similaire sur chaque page. Comme vos utilisateurs sont liés d'une page à l'autre, l'installation et l'emplacement du menu leur deviennent vite routiniers et ils attendent inconsciemment du menu la possibilité de trouver certaines informations dans un certain endroit.
- Personnalisez le menu sur chaque page de sorte que la page en cours soit listée mais elle ne doit pas être considérée comme un lien. Ce procédé va aider les utilisateurs à se situer à l'intérieur du site et maintenir la cohérence entre les emplacements du menu.

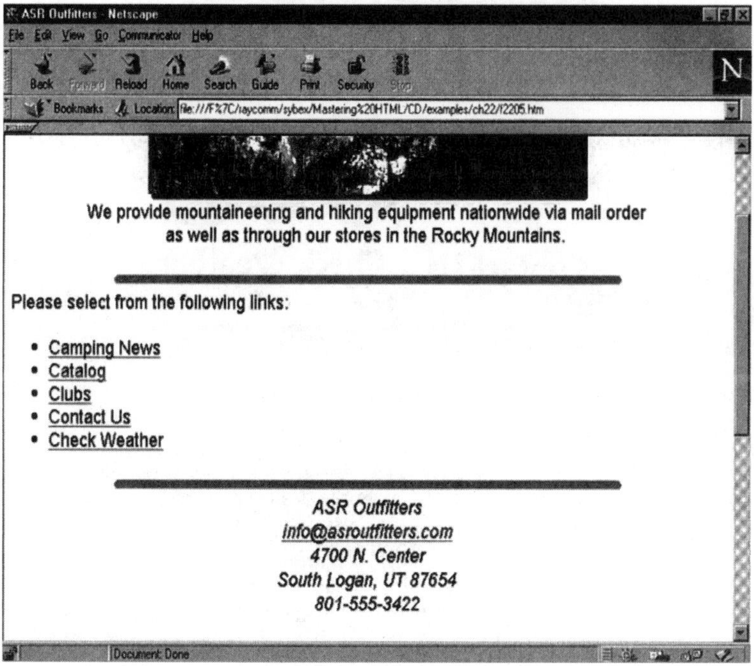

Figure 14.4 : Le menu de navigation textuel est souvent le plus informatif.

Menu de navigation graphique

Le menu de navigation graphique est un ensemble d'images qui peuvent être liées à d'autres informations dans le site. Le menu de navigation graphique apparaît sous forme d'images avec des textes comme le montre la Figure 14.5. Ce menu peut aussi être des images, des dessins (appelées icônes) qui représentent ce que les boutons vont lier.

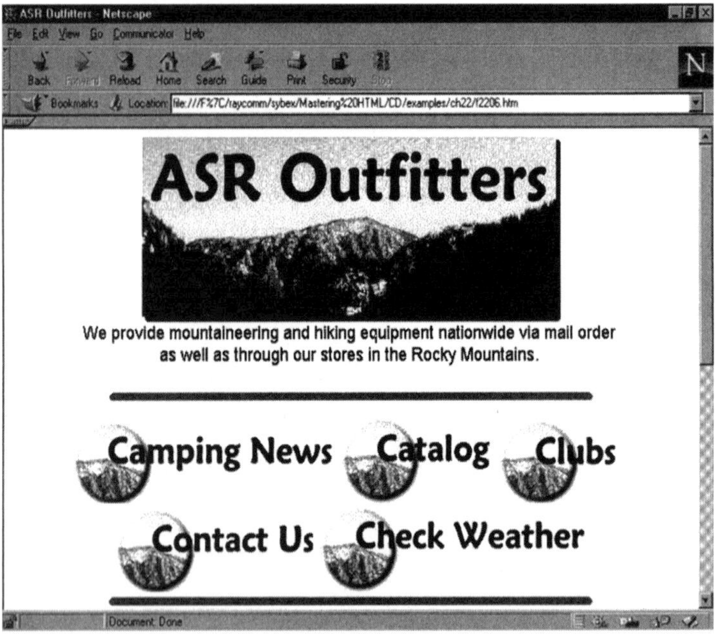

Figure 14.5 : Ces boutons de navigation incluent des textes et des images.

Le menu de navigation graphique a l'avantage d'être visuellement plus intéressant que le menu de navigation textuel. Par exemple, les boutons et les icônes peuvent inclure des couleurs ou des modèles et prendre n'importe quelle forme ; ils peuvent donc être utilisés comme des éléments de thèmes remarquables.

Un menu de navigation graphique, aussi coloré et intéressant soit-il, présente toutefois quelques inconvénients. Le temps de téléchargement est plus long contrairement au menu de navigation textuel, il dépend de la taille de votre fichier et de la vitesse de connexion de votre utilisateur, sans parler des variables qui sont hors de votre contrôle.

Le Chapitre 5 a donné des informations sur le redimensionnement des images et sur l'accélération de leur téléchargement.

Le menu de navigation graphique tend aussi à être moins informatif que le menu de navigation textuel. Par exemple, si vous utilisez des boutons avec des textes, vous pouvez être limité par la taille du bouton. Les difficultés de lecture d'un texte dépendent de la taille du bouton et de la résolution de l'ordinateur de l'utilisateur.

Si vous souhaitez utiliser le menu de navigation graphique, respectez ces instructions :

- Soyez sûr que le bouton est facile à lire. Quelquefois, lorsque les images utilisées pour créer des boutons sont réduites afin de les rentrer à l'intérieur d'un menu de navigation, le texte devient petit pour la lecture et les lettres se resserrent. La meilleure solution est d'essayer un certain nombre de tailles de boutons pour avoir celle qui est la mieux dimensionnée.
- Soyez sûr que le menu de navigation intègre bien les autres éléments de la page. Les images, y compris le menu de navigation graphique, sont visuellement de lourds éléments de page et rendent les autres éléments moins apparents.
- Planifiez le menu de navigation avant de le créer. Le développement du menu de navigation graphique vous prendra beaucoup plus de temps que celui du menu de navigation textuel. Il est beaucoup plus difficile de le modifier une fois en place. Même si toutes les pages ne sont pas mises en place (ou complètement planifiées), créez au moins un réservataire d'emplacement pour le menu de navigation, de sorte que vous n'avez plus à revoir le menu si vous développez un nouveau contenu.
- Fournissez le même menu ou celui qui est le plus proche sur chaque page. Comme avec le menu contextuel, les utilisateurs sont liés d'une page à l'autre et s'attendent à revoir des options identiques de menu au même emplacement sur chaque page. Ainsi, si vous développez un menu utilisable d'une page à l'autre, vous avez à le créer une seule fois pour le réutiliser à chaque page et économiser ainsi une bonne partie de votre temps.

Au lieu de créer plusieurs boutons de navigation, créez une image qui inclut plusieurs liens. Cette image unique qui possède des liens multiples s'appelle une imagemap. Pour avoir plus d'informations sur les imagemaps, vous pouvez revenir au Chapitre 5.

Emplacement des menus de navigation

Après avoir déterminé le type de menu de navigation, vous devez choisir l'emplacement du menu sur vos pages Web. Que ce soit un menu de navigation textuel ou un menu de navigation graphique, placez les menus là où les utilisateurs vont probablement les utiliser.

Puisque les menus de navigation, particulièrement les menus de navigation graphique, occupent souvent beaucoup d'espace, choisissez des emplacements qui n'interfèrent pas avec les autres éléments de la page. Prenez en considération les points suivants lorsque vous choisissez un emplacement pour les menus de navigation :

Le haut de page Mettre un menu de navigation en haut de page est vraiment utile car il est alors facile de le trouver et d'y accéder. Les utilisateurs qui naviguent occasionnellement sur vos pages peuvent facilement établir des liens ou en sortir, et ceux qui se lient par erreur à une page peuvent facilement la quitter. L'avantage principal que procure l'utilisation du haut de page (à partir de la perspective de l'utilisateur) est d'éviter de passer par les informations pour accéder au menu.

Le milieu de page Cet emplacement est efficace dans les longues pages car les utilisateurs peuvent lire quelques informations mais ils ne sont pas obligés de retourner en haut de page ni de défiler vers le bas pour quitter la page. Avec des menus de navigation en milieu de page, vous pouvez souvent utiliser des liens ciblés comme on les a décrits dans le Chapitre 4.

Le bas de page Cet emplacement convient bien à plusieurs situations. Par exemple, vous pouvez mettre le menu de navigation en bas de page lorsque vous voulez que les utilisateurs lisent ce qui précède. Rappelez-vous que les utilisateurs n'aiment pas qu'on les oblige à lire une banale information ; par contre, si l'information est intéressante, ils n'hésiteront pas à naviguer à travers toute une page pour aller vers le menu de navigation qui est pourtant situé en bas de page. Le menu de navigation en bas de page fonctionne aussi sur des pages qui incluent déjà beaucoup d'éléments de haut de page tels que les logos ou les descriptions ; dans ce cas, ajouter un autre menu de navigation ne fera qu'encombrer les informations importantes.

Les côtés gauche et droit de la page Ces emplacements deviennent de plus en plus courants avec l'utilisation des tableaux et des cadres. Même si le menu de navigation peut être à droite ou à gauche, on a l'habitude de le trouver sur le côté gauche de la page. Par exemple, vous pouvez utiliser un agencement cadré pour placer le menu sur le côté gauche et les informations sur le côté droit. Un menu situé sur le côté gauche va créer une sorte de page à deux colonnes ; ce qui va rendre la page visuellement intéressante et réduire la largeur de la colonne de droite pour améliorer la lisibilité. Si le menu de navigation apparaît dans un cadre séparé, il peut rester sur écran tout le temps sans qu'il ne soit nécessaire de savoir à quelles pages l'utilisateur est-il lié et jusqu'où il a fait défiler une page à l'écran. Ce procédé est utile pour les longs documents. Les Chapitres 6 et 8 offrent respectivement plus d'informations sur les tableaux et les cadres.

Des emplacements multiples La plupart des sites Web utilisent une combinaison de ces divers emplacements. Ce choix est parfait aussi longtemps que vous utilisez au moins une combinaison d'une manière cohérente. Par exemple, vous pouvez mettre un menu principal en haut de toutes les pages, placer un menu quelconque dans une vraie page sur le côté gauche et une version texte plus petite du menu principal en bas de page. N'utilisez pas cette combinaison si votre espace n'est pas suffisant.

La Figure 16.4 présente un site Web qui utilise un menu principal de navigation placé en haut de page et un menu de navigation secondaire à gauche. A droite de la page, vous pouvez défiler les informations tandis que le menu reste statique sur le côté gauche.

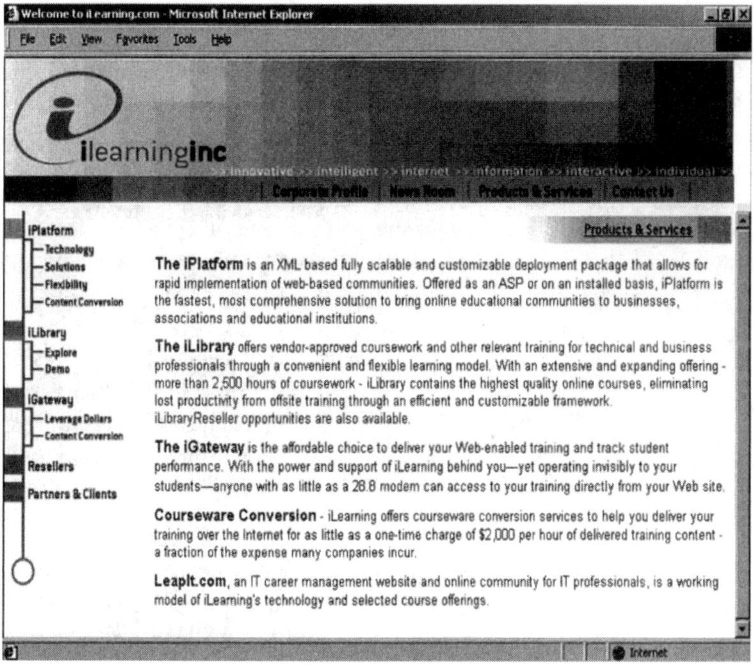

Figure 14.6 : Un site Web qui utilise la navigation dans de multiples emplacements.

Equilibrer des éléments de coloration vive avec l'utilisabilité

Le développement d'un site Web, particulièrement les sites publics et personnels, pose le principe de l'équilibre entre les éléments de coloration vive (qui "aveuglent" vos utilisateurs) et l'utilisabilité (qui rend votre site facile d'emploi). Au cours de vos visites sur le Web, vous avez probablement noté quelques sites spectaculaires qui brillent, qui émettent des sons et qui ont des tableaux en mouvement. Naguère, ces sites présentaient un inconvénient majeur d'être long à télécharger. Les utilisateurs étaient obligés de supporter le côté éblouissant du site pendant un long moment alors que seul le contenu du site les intéressait. L'augmentation de la vitesse des ordinateurs et celle de l'accès à l'Internet ont toutefois diminué le temps de téléchargement de manière significative ; ce qui a généré d'innombrables sites qui utilisent actuellement les technologies multimédias de pointe tels que Flash ou Shockwave.

Même avec ces nouvelles méthodes de développement, les éléments de coloration vive exigent encore du temps pour être téléchargés. La solution consiste à équilibrer le nombre et le genre d'éléments de coloration vive avec le degré d'utilisabilité du site (voir Chapitre 12) ; on entend par utilisabilité, tout ce qui doit exister dans votre site pour que les utilisateurs puissent aller facilement à l'information demandée. Bien sûr, les éléments de coloration vive attirent les utilisateurs exactement comme en marketing où la couleur et les supports écrits servent à appâter la clientèle qui reste rivée à chaque mot. Trop d'éléments images ralentissent le temps de chargement ; frustrés, les utilisateurs vont probablement quitter votre site pour ne plus y revenir. L'objectif reste le même, celui de raccourcir le temps d'accès aux informations pour vos utilisateurs.

Les sites qui équilibrent les éléments de coloration vive et leur utilisabilité ont introduit une série d'améliorations qui se téléchargent rapidement ; elles sont disponibles pour la plupart des utilisateurs. En recherchant cet équilibre, vous trouverez ce qui suit :

- Les utilisateurs passent plus de temps dans un site équilibré que dans un site qui manque de brillance ou d'utilisabilité.
- Les utilisateurs retournent beaucoup plus souvent dans un site équilibré que dans un site difficile à utiliser.
- Les utilisateurs passent plus de temps dans un site et prennent du plaisir à y retourner si ce site n'exclut pas certains utilisateurs. Par exemple, un site réservé à Internet Explorer aura peu de visites s'il n'a pas prévu que les utilisateurs de Netscape Navigator pourront en supporter les effets (et vice versa) et y accéder. Si vous rappelez continuellement aux utilisateurs que votre site a été conçu uniquement pour certains utilisateurs, vous limitez vous-même son accès.

Ce n'est pas parce que vous pouvez fournir un effet que vous devrez le faire. Evitez d'inclure un effet s'il n'aide pas à transmettre des informations, à améliorer l'expérience globale de vos utilisateurs ou à favoriser votre image dans le public.

Comment aller vous faire pour obtenir cet équilibre ? Prenez en considération les effets qui vous donnent cette vive luminosité, pesez chaque effet par rapport au temps de téléchargement et considérez leur disponibilité dans les différents navigateurs. Il est impossible de calculer exactement la durée de chaque téléchargement car il existe trop de variables telles que la taille du fichier, le type et la vitesse de connexion Internet de l'utilisateur, la capacité du navigateur de l'utilisateur et les ressources de l'ordinateur. Le Tableau 14.1 résume les effets de couleurs que vous pouvez ajouter, leur impact respectif sur le temps de téléchargement et sur la disponibilité des navigateurs.

Tableau 14.1 : Un résumé des améliorations de page Web.

AMELIORATION	DESCRIPTION	DISPONIBILITE
Images	L'image est l'amélioration la plus courante incluse dans les pages Web ; elle ajoute la couleur et la luminosité d'ailleurs faciles à obtenir et à créer. Pour cette raison, les images allongent le temps de téléchargement qui dépend, par ailleurs, de la taille du fichier images. Leur taille peut être énorme, mais il est possible de modifier les images et le fichier lui-même pour réduire le temps de téléchargement à son niveau minimum. Voir le Chapitre 5.	Tous les navigateurs graphiques.
Cadres	Le cadre peut ralentir le temps de téléchargement des pages, mais s'il est utilisé avec précaution, la performance globale s'accélère considérablement ; en effet, le téléchargement ne concerne plus que les nouvelles informations de chaque nouvelle page, laissant de côté les logos et les autres éléments en place dans des cadres adjacents.	Disponibles dans la plupart des versions de Netscape Navigator, Internet Explorer et Opéra.
Les applets Java	Les applets Java peuvent ralentir le temps de téléchargement, particulièrement pour les utilisateurs équipés des versions anciennes de Netscape Navigator. Ils peuvent ajouter de la puissance, en termes d'intérêt visuel et de programmes fonctionnels imbriqués dans les pages Web, parfois à un prix exorbitant. Les applets Java sont quelquefois laissés de côté par souci de sécurité.	Disponibles dans la plupart des versions de Internet Explorer, de Netscape Navigator et d'autres navigateurs.
Script écrit en JavaScript connu aussi sous le nom de JScript ou ECMAScript	Le script ralentit un peu le temps de téléchargement des pages et il peut ajouter une luminosité attrayante et un effet tape-à-l'œil. Cependant, plusieurs effets du script écrit en JavaScript sont si utilisés qu'ils sont devenus complètement vulgaires. On évite de l'utiliser par souci de sécurité.	Disponible dans la plupart des versions d'Internet Explorer, Netscape Navigator et Opéra. Certains effets sont moins disponibles.
Multimédia	Les sons, la vidéo, les animations flash Macromedia, le monde des réalités virtuelles et les autres éléments de couleur vive ont ralenti le téléchargement des pages jusqu'à ce qu'il s'arrête de lui-même. Si vous y ajoutez des informations importantes ou si vous mettez à part les images colorées de sorte que seuls peuvent le télécharger ceux qui le souhaitent vraiment, c'est bien, mais utilisez cette possibilité pour ceux qui ne disposent que d'anciennes versions de navigateurs ou de lentes connexions Internet. Pour plus d'informations, vous pouvez retourner au Chapitre 12.	Disponible dans les navigateurs les plus récents déjà installés ou avec de vrais plug-ins ou des contrôles.

Tableau 14.1 : Un résumé des améliorations de page Web (suite).

AMELIORATION	DESCRIPTION	DISPONIBILITE
Feuilles de style en cascade (CSS)	Ces feuilles de style offrent de grandes capacités de formatage et de flexibilité, mais elles ne sont pas universellement disponibles. Cependant, le support de navigateur pour les feuilles de style CSS a tellement augmenté que le formatage CSS est devenu presque universel. Plusieurs éléments de formatage XHTML sont obsolètes en faveur des feuilles de style CSS. Le Chapitre 10 offre plus d'informations sur les feuilles de style CSS.	Disponibles dans Netscape Navigator 4 et les versions plus récentes, dans Internet Explorer 3 et les versions plus récentes, dans Opéra 3 et les versions plus récentes. Les capacités spécifiques varient selon le navigateur.

Vous pouvez consulter le site `www.webreview.com/browsers/index.shtml` pour savoir quelle liste de navigateurs supporte quels effets.

Faites attention à certains effets qui exigent l'installation de plug-ins dans les machines des utilisateurs. Le plug-in (traité en détail dans le Chapitre 12) est un programme supplémentaire utilisé pour visualiser les effets à l'intérieur des navigateurs qui ne supportent pas généralement ces effets. Si vous décidez d'inclure une animation Flash ou Shockwave, par exemple, les utilisateurs auront besoin d'un plug-in approprié pour le visualiser. S'ils n'ont pas encore ce plug-in dans le paquet de logiciel préemballé de leur navigateur et qu'ils souhaitent visualiser l'animation, ils seront obligés de télécharger le plug-in de l'Internet et de l'installer seulement une fois, pour chaque navigateur qu'ils utilisent.

Cela est-il une source réelle de problèmes ? La réponse est plus qu'affirmative. La plupart des utilisateurs ne prendront même pas le temps de télécharger et d'installer des plug-ins juste pour visualiser votre site, à moins que les informations fournies à travers le plug-in soient vraiment essentielles.

Cependant, le plug-in a son avenir en main. Avec l'avènement des connexions Internet, les vitesses de traitement plus rapides, la consistance un peu plus fournie des paquetages de logiciels, les versions récentes de navigateurs qui peuvent dorénavant inclure un grand nombre d'applications majeures, le plug-in devient incontournable et l'utilisateur doit l'installer. Selon Macromedia, plus de 330 millions d'interpréteurs de fichiers Flash sont actuellement en service et ils proviennent du paquetage de navigateur de l'utilisateur ou du téléchargement avec l'installation d'un plug-in.

Bien sûr, si vos informations sont d'une certaine importance et peuvent être transmises sans plug-in, insérez-les en utilisant la méthode la moins compliquée, un texte par exemple. Mais vous devez être sûr que vos utilisateurs ne vont pas ouvrir à la fois la même page dans Netscape Navigator et Internet Explorer, juste pour visualiser vos astucieux effets.

Et maintenant, que faire ?

Ce chapitre a développé l'utilisation des éléments de thèmes et la façon avec laquelle les menus de navigation peuvent améliorer l'utilisabilité de votre site ; l'équilibrage des éléments de couleur vive avec l'utilisabilité du site peut effectivement attirer les utilisateurs à visiter votre site. Quelques chapitres doivent être revus :

- Le Chapitre 5 sur l'insertion d'images dans vos pages Web et les conseils dans le choix des couleurs.
- Le Chapitre 8 qui présente les avantages et les inconvénients de l'utilisation des cadres et développe l'implémentation d'un site cadré.
- Le Chapitre 12 qui traite de l'insertion des multimédias dans votre site Web.
- Le Chapitre 13 sur l'étude détaillée de l'utilisabilité des sites Web. Ce chapitre présente également les discussions sur la fourniture d'informations appropriées à vos pages Web.
- Le Chapitre 15 sur les astuces et les conseils à suivre pour développer des types spécifiques de sites (public, personnel ou intranet).

Des astuces pour les sites Web : public, personnel et intranet

XHTML

Chapitre 15

Ce livre a expliqué de long en large comment on ajoute des éléments et des attributs pour créer des effets variés aux pages Web. Les problèmes spécifiques à chaque type de site constitueront notre prochaine étape dans le développement des pages Web. Nous pouvons classer les sites en trois catégories :

- Public.
- Personnel.
- Intranet.

Un site public est généralement centré sur une entreprise ou une organisation, AltaVista ou une organisation humanitaire locale par exemple. Un site personnel est de type public mais il concerne un seul individu. Ces deux catégories de site résident sur le Web. Toutefois, l'intranet constitue une catégorie à part ; il est conçu pour transmettre les informations d'une entreprise, uniquement destinées au personnel de la société.

Ce chapitre va traiter des sujets suivants :

- Développement de sites publics.
- Développement de sites personnels.
- Développement de sites intranet.

Développement de sites publics

Les sites publics peuvent concerner n'importe quel sujet et décrire des individus, hébergés sur n'importe quel serveur dans le monde et relié à l'Internet ; ils servent également à vendre ou à présenter des produits ou des services. Il est tout à fait logique de penser que si vous faites des investissements pour développer un site Web, votre objectif est d'abord d'attirer les internautes à le visiter. Même si on peut visiter votre site au gré et au hasard d'une navigation sur l'Internet, vous devez faire une campagne publicitaire pour espérer atteindre votre public cible.

Publicité pour votre site

La première option est de mettre les informations relatives à votre site dans des annuaires et des index. Un annuaire est une liste hiérarchisée et divisée en catégories. Par exemple, Yahoo! est l'un des annuaires le plus ancien et le mieux structuré et qui classifie les sites par sujets. (Consultez Yahoo! sur le site `www.yahoo.com`.)

Les index (appelés service de recherche) utilisent des programmes qui sillonnent Internet et enregistrent chaque page qu'ils trouvent sur leur passage. Les informations du site, notamment les titres, les descriptions et les dates de modification, alimentent une base de données énorme où tout le monde peut faire des recherches. Altavista (`www.altavista.com`) est un service de recherche bien connu. Au fur et à mesure que le temps passe, la distinction entre les annuaires et les index tend à disparaître – Alta vista donne une licence d'annuaire utilisable sur les sites AltaVista, et Yahoo! fait de même sur les technologies de recherches pour ses sites.

Vous pouvez utiliser les options de publicité présentées dans les sections suivantes pour lancer votre site personnel.

Soumettre vos documents vous-même

Vous pouvez soumettre des documents XHTML aux services d'annuaires et d'index ; pour cela, il suffit de visiter leurs sites et de compléter des formulaires en ligne. Par exemple, pour soumettre votre adresse au site Lycos, vous n'avez qu'à suivre les étapes suivantes :

1. Allez sur le site Web `www.lycos.com`.
2. Choisissez Ajouter votre site à Lycos (en général placé en bas de la page).
3. Saisissez l'adresse URL de votre site Web et votre adresse e-mail, et lisez les autres informations fournies.
4. Cliquez sur le bouton "Ajouter le site à Lycos" pour soumettre votre site.

D'autres services utilisent des procédures légèrement différentes mais le processus de base reste le même. Cherchez un lien au bas de la page d'accueil de l'annuaire ou de l'index, le lien est habituellement étiquetté "Ajouter votre site", "Soumettre votre site", ou "Ajouter une URL". Lorsque votre site est listé dans l'annuaire ou l'index de ces services, les utilisateurs potentiels ont beaucoup plus de chances de le trouver.

Open Directory Project est une autre organisation qui entretient un annuaire compilé par des éditeurs volontaires. Ce répertoire contient une liste d'adresses Web et de brèves descriptions sur ce que vous pouvez voir sur chaque site. Visitez Open Directory Project sur le site `http://dmoz.org` et faites une recherche sur **computers** pour réaliser à quel point ce site est d'une grande utilité.

Les utilisateurs potentiels déterminent les sites qu'ils vont visiter en fonction des descriptions fournies ; vous devez donc faire en sorte que ces dernières donnent le maximum d'informations. Malheureusement, tous les services ne mettent pas les descriptions au même endroit et la plupart du temps, les annuaires utilisent seulement les informations que vous fournissez au moment où vous soumettez votre site.

Fournir des descriptions séduisantes dans les annuaires

Presque tous les annuaires de services exigent d'abord (ou à la limite demandent) une description brève de votre site pour commencer le processus de soumission. Elle doit être séduisante et précise pour attirer les utilisateurs afin qu'ils visitent votre site. Les espaces réduits des services d'annuaires ne sont pas un obstacle ; ce qui importe, c'est que la présentation résumée de votre site doit être assez convaincante pour déclencher chez votre utilisateur potentiel le réflexe de cliquer sur votre site. Voici quelques suggestions :

- **Insérez des mots-clés.** Plutôt que de dire "Utilisez ce site pour trouver des informations sur la taxe", insérez des mots et des phrases comme "Trouvez des conseils, des formulaires de la taxe et des directives de remplissage des formulaires."
- **Commencez la description avec des verbes actifs qui décrivent ce que doivent faire les utilisateurs avec l'information.** Par exemple, commencez votre description avec des mots comme `trouvez`, `créez` ou `développez`.
- **N'insérez que les catégories principales.** Ne faites pas de longs discours sur des objets obscurs ou superficiels.
- **Annoncez des fichiers gratuits.** La plupart du temps, les utilisateurs recherchent des images, des sons ou d'autres informations qu'ils peuvent télécharger et utiliser. Si vous leur avez réservé des fichiers gratuits, vous devez le faire savoir.
- **Annoncez que vous avez inclus des mises à jour, des informations de pointe et des informations ponctuelles.** Les utilisateurs recherchent les dernières informations sur un sujet et ne feront que passer sur les sites Web qui semblent ne contenir que de vieilles informations.

Aider les services de recherche à trouver votre site

Certains services de recherche affichent les premiers mots du corps d'un document comme la description du site, sans tenir compte du fait qu'ils pourraient s'agir d'un titre, d'un paragraphe ou même du code JavaScript. Par exemple, visitez `www.altavista.com` et faites une recherche sur **xhtml**. Comme résultats, vous aurez des listes d'adresses de sites et une grande variété de descriptions.

Il faut noter que certaines recherches hors annuaire affichent la partie de page où le terme recherché apparaît, en général le titre, les balises `meta` (`keywords` ou `description`), le corps ou quelques combinaisons.

Vous noterez que les descriptions varient considérablement d'un site à un autre. Certaines d'entre elles ressemblent à des introductions ou ne contiennent ni plus ni moins qu'un fouillis d'informations. D'autres semblent résumer le contenu du document, une méthode que les utilisateurs apprécient.

Vous pouvez vous assurer que certains services de recherche affichent des descriptions séduisantes en incluant des éléments `meta` dans la section head de votre document XHTML et qui spécifient la description. Voici le processus :

1. Ouvrez votre document XHTML dans un éditeur de texte.
2. Dans la section head du document (entre les balises `head`), ajoutez un élément `meta` :

```
<head>
<title>ASR Outfitters Home Page</title>
<meta />
</head>
```

3. Ajoutez l'attribut `name` à l'élément, et attribuez-lui la valeur `description`.

```
<meta name="description" />
```

4. Ajoutez l'attribut `content` à l'élément, et remplissez-le avec une description concise et claire du contenu de votre page en une ligne. Assurez-vous que la description est le portrait réel et exact de votre site.

```
<meta name="description" content="ASR Outfitters provides hiking and
mountaineering equipment through direct sales and mail order throughout the
continental USA." />
```

Rappelez-vous que pour des raisons techniques nous faisons des ruptures de lignes, comme celle qui est juste au-dessus, au moment de l'édition. Vous devez saisir ce code en une ligne car l'insertion d'un retour chariot dans les valeurs d'attributs peut conduire à des comportements imprévisibles.

5. Enregistrez et fermez votre document.

Lorsque les moteurs de recherche – comme Altavista ou Lycos – trouvent votre page, ils affichent la description trouvée dans l'élément `meta` avec l'adresse de votre site.

En plus de l'utilisation du texte de votre site, vous pouvez inclure des mots-clés pour aider à identifier les sites qui correspondent à ceux que recherchent vos utilisateurs. Les *mots-clés* fournissent des synonymes de mots courants qui peuvent ne pas apparaître dans le texte réel du site Web. En plus, certains sites de recherche classifient les pages en haut de la hiérarchie des résultats de recherche lorsque les termes recherchés sont dans les mots-clés et non dans le corps du texte. ASR Outfitters doit utiliser des mots-clés comme :

affordable (abordable)	biking (cyclisme)	climbing (alpinisme)	hiking (marche)	tent (tente)
backpack (randonner)	camping (camping)	dried food (aliment séché)	sleeping bag (sac de couchage)	

Pour inclure ces mots-clés, ajoutez simplement un autre élément `meta`. Suivez les étapes ci-dessous :

1. Ouvrez votre document.
2. Dans la section `head` de votre document (entre les balises `head`), ajoutez un élément `meta`, comme montré ici. Si vous insérez une description dans l'élément `meta`, vous pouvez placer celle-ci au-dessus ou en dessous.

```
<head>
<title>ASR Outfitters Home Page</title>
<meta />
</head>
```

3. Ajoutez l'attribut `name` à l'élément, avec comme valeur `keywords`.

```
<meta name="keywords" />
```

4. Ajoutez l'attribut `content` à la balise, et remplissez-le avec une liste des termes qui seront probablement utilisés. Séparez les termes avec des virgules, mais n'insérez pas d'espace après les virgules.

```
<meta name="keywords" content="climbing,hiking,biking,camping,tent,sleeping
bag,backpack,dried food" />
```

Pour chaque terme important, il est préférable de faire une liste des mots variés autour du terme, par exemple, `biking`, `bikes`, `bicycles`.

5. Enregistrez et fermez votre document.

CACHER DES PAGES ET DES DOSSIERS AUX MOTEURS DE RECHERCHE

Si vous avez créé un site public, vous souhaitez probablement que les robots et les spiders (moteurs de recherche automatique) puissent trouver votre site et incorporer vos pages dans les grands index Internet comme Altavista et Lycos. Vous souhaitez aussi cacher des pages spécifiques ou des dossiers sur votre serveur. Par exemple, plusieurs sites ont des dossiers de tests concernant des fichiers qui servent à des tests ; ces fichiers ne doivent donc pas de ce fait être accessibles aux utilisateurs du site, ni aux moteurs de recherche, ni aux index.

Heureusement, vous pouvez empêcher les utilisateurs automatisés d'accéder aux pages et aux dossiers spécifiques conformément à un accord dénommé *Robots Exclusion Standard*. Pour cela, placez un document texte simple dans le répertoire racine de votre serveur appelé `roots.txt`. Dans ce fichier, utilisez le format ci-après pour spécifier d'une part les robots à exclure et d'autre part les répertoires interdits d'accès. (Toute ligne commençant avec # sont des commentaires, elles ne sont pas lues par les robots.)

Pour interdire le site entier aux robots, utilisez un fichier `robots.txt` dans le répertoire racine de votre serveur et qui contient les lignes suivantes :

```
User-Agent: *
# The * specifies all agents or robots Disallow: /
# The / indicates all documents under the server root.
```

Pour interdire le répertoire `/test` à tous les robots, par exemple, utilisez un fichier `robots.txt` contenant ce qui suit :

```
User-Agent: *
# The * specifies all agents or robots disallow: /test
# The / indicates that all folders immediately under the server root
# starting with /test should be excluded, including test and tests
```

Si vous voulez avoir plus d'informations sur les moteurs de recherche, notamment leur manière de travailler, les astuces de placement des moteurs de recherche, la liste des meilleurs moteurs de recherche et leurs adresses URL, visitez le site `www.searchengine-watch.com`. Ce site offre aussi un bulletin gratuit par e-mail (également la version complète sur abonnement) qui recense les dernières mises à jour dans le domaine des moteurs de recherche.

Utilisation des services pour soumettre des pages

Une douzaine de services de soumission de site existent et dispensent les créateurs de soumettre manuellement leur site. Certains sont gratuits et d'autres payants. La plupart des services gratuits soumettent votre site de 20 jusqu'à 50 sites moins connus ou très populaires comme AltaVista, Yahoo! Google, et Lycos. Moyennant le paiement de frais, les services payants soumettent votre site à une multitude de sites, pouvant aller jusqu'à 100 sites.

Ne croyez-vous pas que si que votre site est soumis à plusieurs douzaines d'autres sites, cela en vaut largement la peine ? La réponse ne peut qu'être affirmative. Consultez `www.submitexpress.com` pour un exemple.

N'est-il pas aussi avantageux d'avoir son site soumis gratuitement à des centaines de répertoires et de moteurs de recherche ? La réponse est, cette fois-ci, probablement négative. Premièrement, les 20 à 50 premiers sites comprennent probablement ceux que les utilisateurs visitent déjà. Deuxièmement, si vos informations sont très ciblées et que les principaux services d'annuaire et d'indexation ne les reprennent pas d'une manière adéquate, vous ferez mieux d'utiliser plus efficacement des canaux, des moteurs de recherche et des répertoires spécialisés, ceux qui justement ont pour principale activité de cibler un contenu particulier ; citons par exemple, l'édition de livres. L'e-mail permet également d'envoyer des informations à des serveurs de listes, aux newsgroups ou magazines électroniques (e-zines) ; son efficacité est prouvée si vous voulez cibler des marchés spécifiques.

Plusieurs moteurs de recherche et annuaires demandent maintenant des redevances aux sites commerciaux. Les uns proposent des résumés rapides de votre site moyennant finances et les autres une place garantie contre une redevance. Si vous lancez un nouveau site commercial, un résumé rapide de votre site dans un annuaire comme Yahoo! vaut largement la redevance que vous payez. Autrement, le délai minimum est de six à huit semaines avant que votre site puisse apparaître dans les moteurs de recherche et répertoires.

AUTRES MÉTHODES DE PUBLICATION

Eu égard aux innombrables nouveaux sites qui apparaissent quotidiennement sur Internet, ajoutez un site de plus, votre site, dans les moteurs de recherche et répertoires ne va pas du tout inonder le trafic.

Réfléchissez aux moyens de publicité de site Web ci-après :

- Insérez une annonce brève et une adresse URL dans votre signature e-mail.
- Ajoutez votre URL et votre adresse e-mail à votre carte de travail et à votre papier en-tête.
- Ajoutez votre URL à toutes vos annonces d'affaires, dont les pages jaunes des annuaires téléphoniques.

- Ecrivez un article sur votre site et soumettez-le à un bulletin ou aux journaux de votre branche ou secteur d'activités.
- Envoyez un e-mail annonçant votre site aux autres sociétés de votre branche ou secteur d'activités.
- Ajoutez des liens à l'adresse des sites apparentés et demandez-leur de créer un lien retour vers votre site.

Rendre votre site attrayant

Considérez votre site Web comme s'il s'agit d'un magasin de vente au détail. Plus les consommateurs parcourent votre magasin, plus la probabilité d'achat augmente même si au départ, ils n'ont eu aucune intention d'acheter quoi que ce soit. En reprenant notre site Web, vous souhaitez pour de multiples raisons que vos utilisateurs s'y attardent le plus longtemps possible ; en effet, ils peuvent y recueillir un grand nombre d'informations et recenser le maximum de produits et de services. Au surplus, ils vont mieux comprendre votre organisation et se décider enfin à vous acheter plus de marchandises (si vous fournissez cette option). Même si votre site public n'est plus qu'une chambre de compensation d'informations, la plupart du temps pour fournir de liens aux informations sur le Web, votre principal objectif est toujours de voir les utilisateurs rester plus longtemps sur votre site et se servir des informations que vous leur fournissez.

Plusieurs techniques peuvent être proposées pour retenir les utilisateurs sur votre site ; elles peuvent être combinées selon les objectifs de votre site Web.

- Réduisez le temps de téléchargement des pages et assurez-vous que les sites se chargent rapidement. Soignez bien votre page d'accueil et assurez-vous qu'elle se charge aussi assez rapidement pour attirer les utilisateurs à rester et à visiter le reste du site. Regardez le Chapitre 14 pour plus d'informations concernant le balancement des éléments éblouissants.
- Utilisez des liens informatifs. Les utilisateurs n'y resteront qu'une poignée de secondes s'ils devinent la nature des informations qui existent à l'autre extremité du lien. Faites-leur savoir avant si vous décidez de les orienter vers un site différent. Si vous utilisez des liens vers des images ou d'autres éléments de plus grande taille, ayez la franchise de les prévenir à l'avance en plaçant la taille du fichier près du lien.
- Fournissez des liens qui dirigent vers des informations réelles. Les utilisateurs rejettent facilement des liens qui mènent vers des pages du genre "Cette page est en cours de construction". A la limite, donnez-leur la date à laquelle cette page sera disponible.

- Donnez les informations les plus utiles mais aussi les plus faciles d'accès sur chaque lien. La prudence est de mise si l'accès à l'information ou au lien oblige l'utilisateur à faire défiler le texte ; il ne va pas le tolérer longtemps et se déplacera très probablement vers d'autres sites si l'information n'est pas rapidement trouvée.
- Rendez la navigation obligatoire et facile à résoudre. Ne laissez jamais les utilisateurs dans une page finale dans laquelle ils n'ont plus d'autre option que de quitter la page en utilisant le bouton retour ou en quittant votre site.
- Fournissez des services et des informations pour que la visite en vaille la peine. Donnez des échantillons gratuits ou des informations supplémentaires sur ce que vous faites.
- Fournissez des services dont vos utilisateurs peuvent profiter en visitant votre site. Par exemple, en fonction de vos produits ou de vos services, vous pouvez inclure une méthode de calculs d'amortissement de crédit en ligne, des conseils pour planifier la retraite, des livres de coloriage virtuels.

Rendre les utilisateurs impatients de revenir

Lorsque les utilisateurs ont terminé leur navigation sur votre site Web, faites qu'ils aient envie d'y retourner. Voici quelques idées :

- Donnez de nouvelles informations d'une manière régulière et fréquente. Les utilisateurs ne reviendront pas sur un site qui fournit tout le temps les mêmes informations.
- Donnez des informations de contact complètes et accessibles. Un grand nombre d'utilisateurs se servent du Web comme un énorme annuaire téléphonique ; plutôt que de chercher le numéro de téléphone de votre entreprise, ils préfèrent aller sur votre site pour savoir comment vous contacter.
- Si vous fournissez un e-mail comme contact, répondez rapidement à tout e-mail que vous recevez sur le site. Si vous n'êtes pas capable d'y répondre tout de suite, voyez si votre fournisseur d'accès Internet ou le service d'hébergement de votre page Web offre des réponses automatiques. Une réponse automatique par e-mail fait connaître aux utilisateurs que leur e-mail a été bien reçu et qu'ils auront une réponse plus tard.
- Mettez à jour les informations existantes sur vos produits et les descriptions de vos services pour confirmer leur disponibilité courante. Inscrivez clairement que vous venez de mettre à jour les informations.

- Insérez les résumés des informations les plus actuelles et qui s'apparentent à votre site Web.
- Insérez des liens vers les informations connexes et faites de votre site une source d'informations principales. Par exemple, au lieu de rechercher des articles sur les plus récentes découvertes dans la technologie des navigateurs, nous préférons chercher les accès aux sites Web de renom, et à partir de là, nous créons un lien avec ces articles.
- Faites une notification par e-mail si vous modifiez votre site avec les adresses que vous avez obtenues, et surtout, lorsque vous faites des modifications substantielles. Au besoin, louez un service de notification automatique qui se chargera de faire la notification aux utilisateurs enregistrés sur votre site.

Quelle est la différence entre un fournisseur d'accès Internet et un fournisseur d'hébergement de pages Web

Les FAI (fournisseur d'accès Internet) sont en général le service que vous utilisez pour vous connecter à l'Internet. Ils vous fournissent un accès par ligne téléphonique, via un modem et parfois, au moyen d'une ligne de souscription numérique DSL (Digital Subscriber Line) et d'un accès ISDN (Integrated Services Digital Network). L'enregistrement de domaine et l'hébergement de domaine sont en général disponibles. Certains FAI offrent des programmes CGI (Common Gateway Interface) pour que vous placiez des scripts CGI, mais ils ne fournissent généralement pas de modèles de scripts ou de support pour le débogage des scripts.

Les services d'hébergement ne fournissent pas une connexion Internet, mais ils se spécialisent dans l'hébergement des domaines et des autres services comme le commerce électronique, les connexions à des bases de données et les services ASP (Active Server Pages). L'hébergement d'un site Web offre en général une variété de modèles de scripts pour les formulaires, les livres des invités et les forums de discussion. La plupart d'entre eux offrent des logiciels ou des modèles pour le commerce électronique tandis que d'autres fournissent des services de discussion en ligne.

Maintenance des sites publics

Lorsque vous lancez un site public, vous partez à priori d'un flot stable d'utilisateurs. Les problèmes surgissent toutefois lorsque vous mettez à jour votre site. Vous devez développer un plan de maintenance dont l'utilité est de d'éliminer les temps d'indisponibilité du site et de fournir aux utilisateurs un service ininterrompu. Votre souhait irait jusqu'à éliminer la plus courte interruption, celle qui résulte par exemple du téléchargement d'un fichier ou d'un problème de connexion. Si votre site doit être fermé pour cause de maintenance, que ce soit d'une manière occasionnelle ou imprévue, il sera vite abandonné comme n'étant pas une sérieuse source d'informations.

Evitez ces problèmes en suivant les suggestions suivantes :

- Faites des sauvegardes de votre site ! Assurez-vous que votre fournisseur d'accès Internet, celui qui héberge votre site et votre administrateur de serveur en font autant.
- Testez les sauvegardes et confirmez que vous pouvez restaurer les fichiers dans un délai raisonnable. Si vous avez hébergé votre site chez votre fournisseur d'accès Internet ou un service d'hébergement, assurez-vous qu'il existe au moins une liste minimum des circonstances où ils seront obligés de restaurer les sauvegardes.
- Fournissez des connexions réseau redondantes (recommandé pour les grands sites Web) pour assurer les utilisateurs qu'ils peuvent accéder à votre site lorsque la connexion réseau s'affaiblit.
- Renseignez-vous sur ce que ferait votre fournisseur d'accès Internet ou votre service d'hébergement s'ils avaient des difficultés techniques, comme une panne de disque dur, un problème de système, un problème d'alimentation, un problème de réseau, un piratage, etc. Si ces différentes éventualités ne relèvent pas de votre responsabilité directe, vous devez de votre côté, en tant que fournisseur de contenu, prendre toutes les mesures nécessaires pour que le site Web en soit efficacement protégé.
- Utilisez un test d'environnement qui duplique votre véritable serveur d'une manière aussi rapprochée que possible, avec les mêmes logiciels, la même plate-forme physique et la même configuration. Si vous regardez votre site dans un environnement de test, vous aurez une idée de ce à quoi il va ressembler lorsqu'on le télécharge du serveur. Reportez-vous au Chapitre 16 pour plus d'informations sur les environnements de test.

Utilisation du service de suivi pour accéder aux statistiques du site

Etudiez le service de suivi comme faisant partie de la maintenance de votre site. Plusieurs services sont disponibles à ce sujet ; vous avez un pisteur sur le site `www.extreme-dm.com/tracking` avec un compteur qui fournit des statistiques sur les rubriques ci-après : quand les utilisateurs ont-ils visité le site, quels navigateurs ont-ils utilisé et quels sont les mots-clés utilisés dans les moteurs de recherche pour le trouver. Le service payant ne comprend pas votre page d'accueil mais vous pouvez acheter une version plus étendue qui va suivre chacune de vos pages.

Pour un système de suivi développé et très sophistiqué, consultez le site `www.webtrends.com`. Ce logiciel fournit une méthode qui vous permet d'utiliser vos journaux d'accès au serveur (généralement disponibles chez votre fournisseur d'accès Internet ou votre service d'hébergement) pour suivre les utilisateurs de votre site. Le logiciel Webtrends peut créer des états sur les utilisateurs du site avec des graphes et des tableaux d'informations ; parmi les données complémentaires fournies, on peut citer :

- Combien de temps les utilisateurs restent-ils sur une page ?
- Quelles sont les pages qui ne sont jamais accédées ?
- A quelle page quittent-ils le site ?
- De quelle région du pays ou du monde viennent-ils ?

Le suivi des informations est très utile pour la mise à jour et la maintenance de votre site afin qu'il puisse répondre aux besoins des utilisateurs.

Insertion des annonces dans votre site

Après avoir développé un site public, vous devez penser à vendre des espaces publicitaires sur vos pages. Certaines marges de vos pages peuvent servir à promouvoir des produits dérivés ou à faire de la publicité pour les autres sites complémentaires au vôtre. Si votre cas est typique, vous ne ferez probablement pas fortune, ou même pas une petite fortune. Même des sites à haut trafic comme Yahoo! ne sont pas d'une grande rentabilité. Toutefois, il faut bien reconnaître que les activités de publicité directe ou par l'intermédiaire d'agences spécialisées procurent, malgré tout, des bénéfices pour un site Web.

Si vous voulez vendre des annonces publicitaires, vous avez besoin d'un logiciel spécialisé pour traquer les créneaux à succès. Pour les débutants, consultez les archives de domaine public Selena Sol au site `www.extropia.com` et les archives de scripts de Matt (). Ils disposent tous les deux d'applications spécialisées pour vous aider à gérer vos offres de publicité et à débusquer les sujets porteurs.

Une meilleure option consiste à participer au service d'échange de liens, comme LinkTrader (`www.linktrader.com`). Ce logiciel et d'autres échanges de liens trouvent des sites pour héberger votre publicité pendant qu'il place des annonces sur votre site. Après votre visite sur le site d'échange de liens et les formalités d'inscription, vous recevrez un code à insérer dans votre page. Ce code va afficher automatiquement l'annonce. Puis, vous soumettez aussi une image GIF pour votre bannière d'annonces. Le service compte le nombre d'annonces que vous affichez, qui est essentiellement le nombre de sujets gagnants de votre site. Généralement, pour deux sujets gagnants sur votre site, votre annonce pourrait apparaître une fois quelque part (certains services donnent même des ratios plus élevés).

Si vous représentez une compagnie ou une organisation qui se convertit dans la vente en ligne des produits, travaillez avec votre fournisseur d'accès Internet ou votre service d'hébergement pour mettre en place des transactions sécurisées avec le maximum de sécurité ; vos transactions sur carte de crédit doivent en effet se négocier en toute sécurité. Pour cela, cherchez ce qui est disponible chez votre fournisseur d'accès Internet ou le service d'hébergement de votre site, ou allez vers votre moteur de recherche favori et faites des recherches sur le commerce électronique pour obtenir les dernières offres de service et les plus récents logiciels.

Développement de site personnel

Un site personnel est un type particulier de site public qui est centré sur un individu. Bien que vous puissiez utiliser des sites personnels pour publier votre vie sociale ou professionnelle, et même vos passe-temps préférés ou vos centres d'intérêt, vous pouvez aussi y vendre votre savoir-faire, publier vos recherches et les développements que vous avez réalisés.

Mise sur le marché de votre savoir-faire

Vous pouvez utiliser un site Web personnel pour mettre sur le marché votre savoir-faire au moyen d'une petite annonce, d'une lettre d'introduction ou d'une brochure personnelle. La plupart du temps, vous publiez votre savoir-faire pour obtenir un emploi, un travail plus intéressant ou simplement un meilleur contrat de travail ou encore, pour faire connaître votre offre de service avec une disponibilité immédiate aux entreprises. Avec un site Web bien développé, des millions de gens dans le monde entier peuvent vous connaître sans que vous ayez à supporter les inconvénients et les frais du courrier postal.

Un site Web personnel représente déjà en lui-même votre savoir-faire, votre expérience et votre créativité, beaucoup mieux que vous ne le feriez avec les moyens traditionnels. Lorsque vous cherchez du travail, vous faites un curriculum vitæ, une demande manuscrite et vous soignez particulièrement votre présentation physique lors de l'entretien. Vous devez créer un ensemble d'atouts sur vous-même, à savoir, une information complète à l'adresse de vos employeurs potentiels sur votre savoir-faire, sur votre capacité d'analyse et votre sens de la créativité, et enfin pour couronner le tout, des informations pertinentes sur votre personnalité. Votre site Web doit pouvoir vous présenter de la même façon.

Présenter tous vos atouts sur le Web offre plus d'avantages que la tradition écrite. Par exemple, votre demande Web ne sera pas simplement oubliée sur un bureau et ses différentes pages ne seront jamais séparées ou perdues. De cette façon, le Web vous donne plus de possibilités de mettre des détails qu'un simple curriculum vitæ traditionnel.

Développement d'un curriculum vitæ sur le Web

En développant votre curriculum vitæ sur le Web, vous avez les mêmes options que pour une demande écrite. Vous pouvez mettre simultanément en valeur vos expériences, vos études, vos compétences, vos stages de formation, ainsi que les autres aspects de votre vie professionnelle de façon à attirer un futur employeur. Le curriculum vitæ peut se classer en deux types : un type fonctionnel et un type basé sur les compétences, comme dans la Figure 15.1.

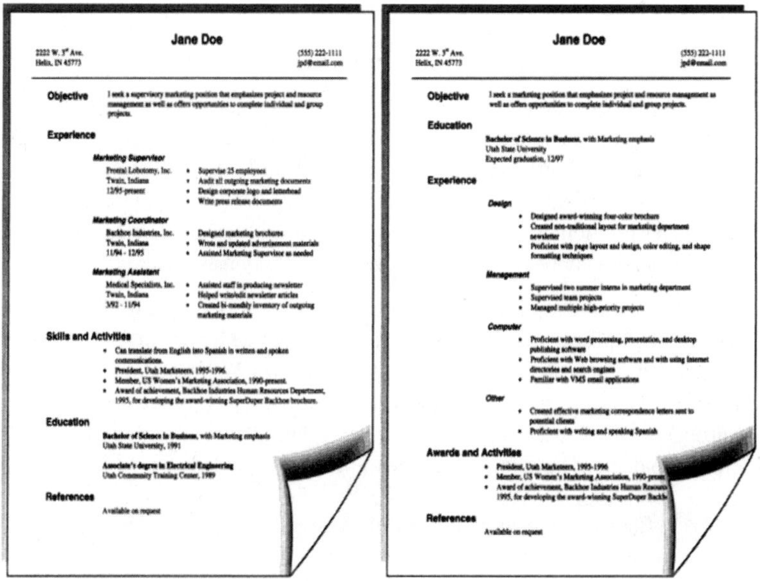

Figure 15.1 : Les curriculum vitæ fonctionnels sont centrés sur vos expériences professionnelles antérieures et vos études ; les curriculum vitæ basés sur les compétences sont centrés sur vos compétences.

Les deux types comprennent essentiellement les mêmes sections : les informations de contacts, les objectifs, les études, les activités et les références. La différence réside dans l'accent qu'on met sur tel ou tel élément, comme vous pouvez le voir dans le résumé du Tableau 15.1. Lorsque vous développez un curriculum vitæ pour le Web, utilisez l'un d'entre eux ou une combinaison de ces deux modèles.

Tableau 15.1 : Curriculum vitæ fonctionnel et basé sur les compétences.

	CV FONCTIONNEL	CV BASÉ SUR LES COMPÉTENCES
Objet	Fournir des informations sur les entreprises où vous avez travaillé auparavant et les établissements scolaires ou universitaires que vous avez fréquentés.	Fournir les informations sur les compétences que vous avez développées ou les études suivies.
Avantages	Permet d'annoncer des titres professionnels prestigieux, des noms d'entreprises et d'université et des diplômes.	Permet d'éluder plusieurs travaux, des études inachevées ou des fonctions où vous avez appris un tas de choses sans que vous ayez pu décrocher ni un titre, ni une rémunération adéquate.
Focus	Les entreprises dans lesquelles vous avez travaillé ou étudié.	Compétences.
Catégories	Objectifs, études, emplois, compétences ou activités spéciales, et références.	Objectifs, compétences, études et références.

Une combinaison de ces deux modèles de curriculum vitæ permet de mettre le nom d'une entreprise bien connue, votre titre le plus prestigieux et vos compétences. Dans ce cas, utilisez d'abord un curriculum vitæ basé sur les compétences et ajoutez un historique de vos emplois successifs. Si vous souhaitez montrer votre stabilité professionnelle avec les promotions obtenues au cours de votre carrière, utilisez un curriculum vitæ fonctionnel qui contient une page séparée de vos connaissances.

La présentation d'un curriculum vitæ sur le Web est difficile car elle doit associer une lecture non linéaire pour la sélection des sujets et une lecture linéaire, pour une lecture en continu. Plusieurs utilisateurs typiques de sites Web s'attendent à voir des pages résumées qui fournissent rapidement des informations. Dans ce cas, vous devez mettre plusieurs pages courtes mais liées entre elles. Ainsi, vos pages se téléchargent vite et affichent rapidement les informations demandées.

Voir le Chapitre 14 pour plus d'informations sur l'équilibre entre les éléments de coloration vive et un temps de téléchargement court.

Toutefois, certains utilisateurs veulent imprimer vos documents, peut-être sur plusieurs pages ; facilitez leur tâche en fournissant des curriculum vitæ à lecture linéaire et dont la lecture est rapide et facile.

Développez deux formes de CV, l'une morcelée et l'autre en un seul document. De cette façon, tout employeur potentiel peut visionner l'information, et/ou l'impimer en fonction de ses besoins.

Pour réunir ces deux besoins structurels, mettez chaque catégorie de curriculum vitæ dans des documents XHTML séparés, comme dans la Figure 15.2.

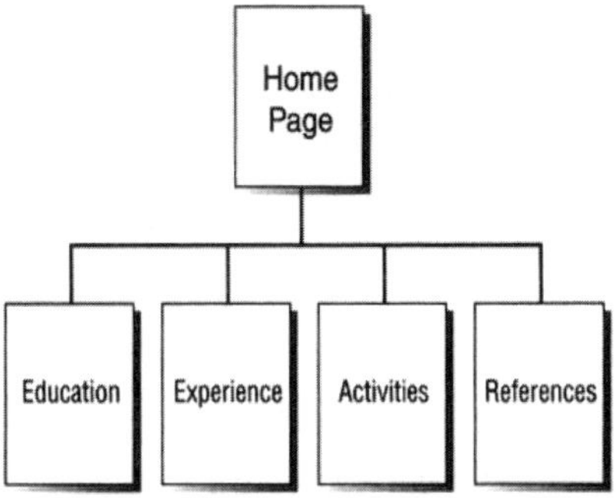

Figure 15.2 : Placez chaque catégorie de CV dans un document séparé.

Pourquoi agir ainsi ? Vous pouvez revenir au Chapitre 1 ; la lecture en ligne provoque certaines difficultés et se heurte à des obstacles comme la résolution de l'écran, les petits moniteurs, un écran aveuglant qui rend la lecture en ligne presque impossible. Les yeux se fatiguent rapidement et ont tendance à laisser passer des informations. En utilisant les petits documents de la Figure 15.2, vous améliorez les chances de voir les utilisateurs parcourir votre site. Ces documents sont plus courts et plus attrayants ; il n'est pas difficile de naviguer à travers ces pages d'autant plus que les petits documents XHTML apparaissent à l'écran en un temps très court. Les utilisateurs peuvent sélectionner la page qu'ils souhaitent voir, passent moins de temps sur votre site et vous considèrent déjà comme un candidat probable.

Ensuite, fournissez un lien vers l'unique document XHTML qui contient le paquetage de votre curriculum vitæ complet. Un lien à partir de la page d'accueil permettra aux utilisateurs de voir un document unique plus long (par opposition à plusieurs documents plus courts).

Résistez à la tentation d'utiliser des options de formatage fantaisistes de votre CV. Votre CV doit en effet être joli, mais il doit se télécharger rapidement et être formaté d'une manière très simple (utilisez les polices standards).

Développement de la page d'accueil de votre CV

Un CV doit avoir une page d'accueil, celle qui est la plus importante pour la simple et bonne raison que c'est la première page qui va accueillir votre utilisateur à son arrivée sur le site. D'une manière générale, il fait état de vos objectifs professionnels et contient des liens vers chaque catégorie d'informations, comme on vous le montre dans la Figure 15.3.

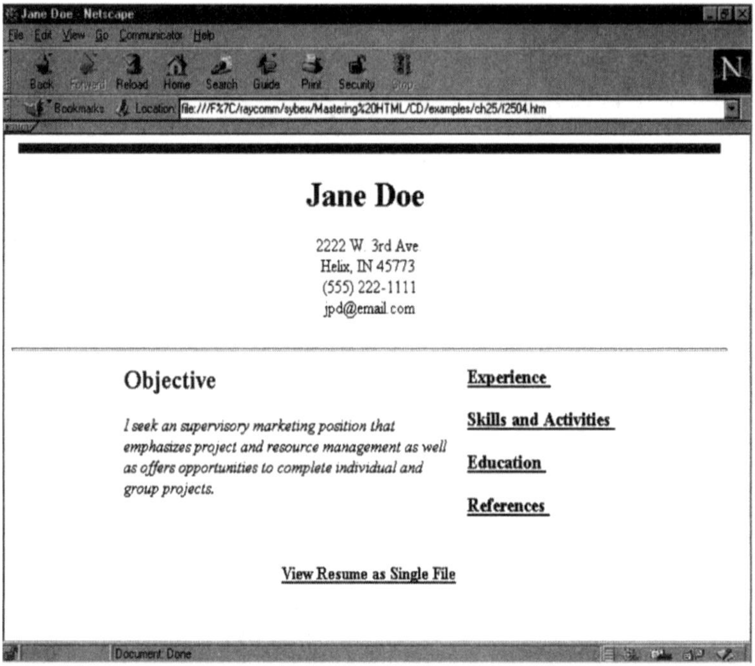

Figure 15.3 : La page d'accueil de votre CV doit faire états de vos objectifs professionnels et fournir des liens vers d'autres informations.

Ne négligez pas les objectifs professionnels dont le rôle essentiel est d'inciter les utilisateurs à naviguer vers les autres pages du CV. Centrez vos objectifs sur les compétences que vous pouvez offrir à une entreprise. Par exemple, plutôt que de dire "Je recherche un emploi où je peux utiliser mes compétences et en apprendre d'autres", mentionnez plutôt les compétences spécifiques que vous soumettez, du genre : "Je cherche un poste de Directeur Marketing qui me permettra de gérer un compte, superviser des agents et collaborer à des projets marketing." Centrez-vous plutôt sur ce que vous pouvez offrir aux entreprises que de lister vos desiderata.

Lorsque vous développez la page d'accueil de votre CV, retenez les directives suivantes :

- Donnez des informations concises sur la manière, le moment et l'endroit où les employeurs potentiels peuvent vous contacter.

- Rendez la navigation attrayante, c'est-à-dire réduisez le temps de téléchargement, fournissez des liens à des endroits judicieux et fournissez des noms de liens informatifs.
- La page d'accueil doit rendre aussi fidèlement que possible le portrait que vous souhaitez présenter. Utilisez des couleurs et des agencements qui font ressortir votre professionnalisme et votre personnalité ; et adaptez-les avec ceux utilisés par vos marchés cibles. Voir les Chapitres 3, 10 et 14 pour avoir plus d'informations sur l'application efficace du formatage.
- Les utilisateurs doivent pouvoir accéder aux autres pages à partir de la page d'accueil. Si vous fournissez une liste de liens, placez l'information la plus importante ou la plus fréquemment visitée en haut de la liste.
- Les informations qui se trouvent aux extrémités des liens doivent être complètes. Ne mettez jamais un lien dans une page d'accueil de CV et qui mènerait vers des informations incomplètes ou non encore disponibles.
- Fournissez un lien vers un CV complet de type long en plus de celui qui est formé de plusieurs pages courtes. De cette façon, les utilisateurs peuvent l'imprimer et le tenir. (Voir la section "La publication de votre CV dans d'autres formats".)
- Insérer seulement des informations, des images ou des fichiers originaux. Ne les empruntez pas aux autres sites comme s'ils étaient à vous. Cet acte est illégal et condamnable sur le plan de l'éthique.

Développement des pages supplémentaires d'un CV

Les pages supplémentaires doivent reprendre les sujets que vous annoncez dans la page d'accueil. Si celle-ci annonce des catégories telles que vos travaux successifs, vos études et vos références, vous devez développer un document XHTML unique pour chacune de ces catégories.

En créant les pages supplémentaires, gardez le même fond, la ou les mêmes polices de caractères, la ou les mêmes combinaisons de couleurs que ceux de la page d'accueil. La cohérence qui en résulte fournit aux utilisateurs des signaux visuels qui attestent de leur présence sur les pages de votre site.

Voir le Chapitre 14 pour des informations sur l'insertion des éléments de thèmes dans votre site Web.

Voici quelques conseils à retenir lors de développement de pages supplémentaires :

- Insérez des informations de contact dans chaque page.

- Fournissez des menus de navigation, ainsi les utilisateurs peuvent accéder d'une manière facile et rapide aux autres pages principales du site.
- Soyez concis et clair. Si vous êtes tenté d'utiliser un deuxième puis un troisième écran, déplacez les informations les moins importantes vers d'autres pages et mettez des liens vers ces pages.

Insertion de lettres d'introduction

Dans votre CV en ligne, vous pouvez insérer une lettre d'introduction, complète et sans être répétitif, vous y donnez les informations incluses dans votre CV. Par exemple, votre CV doit indiquer que vous avez occupé le poste de chef d'équipe dans le projet Alpha-Doowhichie. La lettre d'introduction peut donner des informations supplémentaires sur votre rôle spécifique dans le projet, présenter la réussite du projet ou décrire d'une manière détaillée les bénéfices que l'entreprise a pu en retirer grâce à vos performances. La lettre d'introduction permet de mettre en valeur vos succès et de fournir les détails qui ne doivent pas figurer dans un CV.

Voici quelques directives sur la manière de faire une lettre d'introduction :

- Faites que la demande de travail soit destinée aux utilisateurs, ne donnez pas seulement des détails sur vos succès mais dites aussi qu'ils justifient bien votre décision de postuler pour ce travail.
- Limitez la lettre à trois ou quatre paragraphes, assez explicite pour mettre en valeur les points principaux, mais assez courte pour ne pas ennuyer les utilisateurs.
- Fournissez des informations de contact.

Publication de votre CV dans d'autres formats

Une autre option possible est de fournir un lien de votre CV en ligne vers des CV enregistrés dans d'autres formats. En utilisant le format RTF et les fichiers Acrobat PDF, vous triomphez de certaines difficultés inhérentes aux pages Web dont les plus importantes sont la perte de contrôle de l'affichage sur l'écran de l'utilisateur et la perte du contrôle de l'impression.

Ces fichiers ne font pas réellement partie de votre document XHTML ; vous faites des liens vers ces fichiers comme on fait des liens vers d'autres fichiers. Au lieu d'apparaître automatiquement dans un navigateur comme les documents XHTML, les documents

RTF ou PDF sont téléchargés par l'utilisateur vers son ordinateur et sont enregistrés sur son disque dur ou chargés vers le programme de visualisation approprié (un traitement de texte pour les fichiers RTF, Acrobat Reader pour les fichiers PDF). Ces formats donnent plus de contrôle sur l'apparence de vos documents à l'impression.

Le moyen le plus facile et le moins coûteux consiste à fournir un lien vers votre CV enregistré au format RTF. Le format RTF est raisonnablement le format standard d'un traitement de texte lequel permet aux utilisateurs de visionner votre CV avec le logiciel de traitement de texte de son choix. La plupart des formatages restent intacts dans les documents RTF et vous pouvez les créer par la commande Enregistrer sous des programmes de traitement de texte.

L'utilisation de document RTF comporte toutefois quelques inconvénients :

- Les utilisateurs doivent faire une étape supplémentaire pour télécharger le fichier et le visionner dans un programme de traitement de texte.
- Des problèmes de conversion peuvent apparaître dans le processus de téléchargement.
- Les utilisateurs peuvent facilement altérer un fichier au format RTF.

Une meilleure option, mais plus coûteuse, consiste à fournir un lien vers une version PDF de votre CV. PDF (abréviation de Portable Document Format qui utilise l'extension de fichier .pdf) est une technologie conçue pour faciliter la distribution des documents et l'impression à distance ; elle garde intacts les polices de caractères et les formatages et rend impossible la modification du document. C'est comme si vous mettiez une copie faxée de votre CV sur le Web, les utilisateurs voient votre document avec l'agencement et le formatage que vous avez spécifiés.

L'utilisation des fichiers PDF comporte quelques inconvénients. Vous devez acheter le logiciel Adobe Acrobat ou avoir un autre programme qui peut créer des fichiers PDF. Les fichiers PDF sont lourds, leur téléchargement prend du temps. Les utilisateurs doivent aussi avoir le logiciel Acrobat Reader ou le télécharger, et l'installer avant de pouvoir visionner votre CV.

Regardez Adobe Acrobat sur `www.adobe.com` pour plus d'informations sur adobe et sur les informations d'achat.

INSERTION DE VOTRE CV EN LIGNE DANS UN SITE PERSONNEL EXISTANT

Si vous développez un CV en ligne comme une partie de votre site personnel, le site personnel lui-même devient une partie de votre CV. Dans ce cas, un employeur potentiel doit visiter les pages de votre site personnel en plus des pages apparentées.

C'est pourquoi, nous vous recommandons de prendre certaines précautions :

- Réalisez vos pages personnelles d'une manière aussi professionnelle que possible
- Stockez les documents offensifs potentiels dans un sous-dossier sans leur pointer des liens. Envoyez uniquement l'adresse URL complète de ce sous-répertoire aux personnes auxquelles vous souhaitez donner accès à ce sous-répertoire.
- Utilisez le fichier `robot.txt` pour écarter les spiders et les robots de vos affaires personnelles, comme on l'a expliqué dans la section "Publicité pour votre site" de votre chapitre.
- Penser à protéger vos pages personnelles avec des mots de passe. Toutes les informations de nature confessionnelle, sur votre passion de la chasse ou teintées d'un humour de mauvais goût peuvent offenser les employeurs potentiels.

Soumission de votre CV en ligne

En plus de la publication de votre CV sur votre site Web, examinez la possibilité de soumettre votre CV en ligne. Beaucoup de sites Web de placement sont maintenant disponibles ; ils offrent une variété de services tels que la liste des emplois, les conseils de carrière, les services en ligne qui comprennent les cours individuels et collectifs pour accroître vos compétences en marketing. La plupart de ces sites permettent l'envoi gratuit de votre CV ou la remise d'une version texte de votre CV ; leurs propres formulaires peuvent être remplis avec la présentation détaillée de votre cursus, postes, emplois, compétences, formations et études.

Consultez un certain nombre de ces sites pour voir celui qui convient le mieux au type de travail que vous cherchez. Commencez par visiter le site `www.monster.com`, l'un des plus grands sites spécialisés dans le domaine de l'emploi. Sur ce site, vous pouvez créer jusqu'à cinq CV différents en ligne avec des lettres de couverture. En plus, une recherche de travail automatique vous enverra un e-mail lorsqu'un travail correspondra à vos critères. Ce site envoie couramment jusqu'à 450 000 e-mails et dispose de listings internationaux.

Parmi les autres sites de placement bien connus figurent d'abord le site `www.guru.com`, qui contient une liste des emplois offerts dans les domaines des médias, du management et de la technologie de l'information pour les activités liées au Web ; et ensuite, le site `www.dice.com` qui se spécialise dans la branche des listes d'emplois et des CV en ligne en matière de technologie de l'information. La plupart des sites de placement couvrent le recrutement, les contrats ou les travaux de pigistes libres. Des sites se spécialisent aussi dans le secteur des pigistes libres, comme `www.elance.com`. Faites une recherche de travail ou d'emplois en utilisant votre moteur de recherche favori pour trouver des sites Web avec des listes d'offres de travail et des services de CV en ligne.

Publication d'information

La création d'un site personnel sert également à publier les résultats de vos recherches ou de vos développements. Parmi les publications, on peut citer les arbres généalogiques, l'avancement d'un roman à succès que vous êtes en train d'écrire, les courtes histoires, les projets de cours collectifs, les publications de recherche, les recommandations ou conseils. Quel que soit votre projet, vous pouvez le publier vous-même sur le Web ; c'est d'autant plus facile qu'il ne coûte presque rien ; l'autopublication est devenue ainsi très populaire.

Toutefois, l'autopublication souffre de quelques inconvénients. Premièrement, les lecteurs avisés sont plus sceptiques sur la qualité et la fiabilité des informations autopubliées et vos informations peuvent alors être perçues comme sans valeur. Vous devez donc assurer aux utilisateurs que vos informations sont fiables ; non seulement elles doivent provenir de recherches et de révisions approfondies, mais aussi renvoyer le lecteur à d'autres sources qui justement peuvent corroborer vos affirmations. Insérez par exemple votre bibliographie, les listes de vos travaux avec les références ou une liste d'experts qui ont collaboré avec vous. Vous pouvez aussi insérer des liens vers d'autres informations sur le Web et qui confirment vos conclusions.

Deuxièmement, qu'ils en aient conscience ou non, les surfeurs ont tendance à prendre les informations autopubliées comme étant leur propre publication. Certains ne se rendent même pas compte qu'ils sont en train de commettre un délit d'usurpation de droits d'auteurs ; les publications qui ne peuvent pas justifier de droits d'auteur officiels et très visibles ou d'une déclaration de propriété sont présumées appartenir au domaine public. Pour protéger vos œuvres ou vos informations, une déclaration de droits d'auteur ou une mention "Tous droits réservés" doit accompagner votre publication ; on peut ajouter le modèle de phrase suivante : ne seront autorisées que les courtes références et non les reprises de tout ou partie des informations pour les travaux d'autrui.

Finalement, les informations déjà publiées ailleurs, dans les magazines ou journaux, ne doivent l'être à nouveau sans une autorisation expresse. Par exemple, si vous souhaitez mettre dix des meilleurs dessins animés d'un célèbre dessinateur sur votre page Web, rappelez-vous qu'il existe des droits d'auteur qui protègent ces dessins. Contactez d'abord les propriétaires de ces droits et demandez l'autorisation d'utiliser leurs œuvres.

Même si la plupart de ceux qui publient sur le Web (ou qui envoient des informations sur l'Internet, sur les newsgroups ou sur les autres forums) n'ont pas des juristes chevronnés pour rechercher les infractions sur les droits d'auteur, le partage des œuvres d'autrui est en soit un acte répréhensible.

Si vous publiez des informations sur une personne physique, assurez-vous bien qu'elle accepte la publication des éléments de sa vie privée.

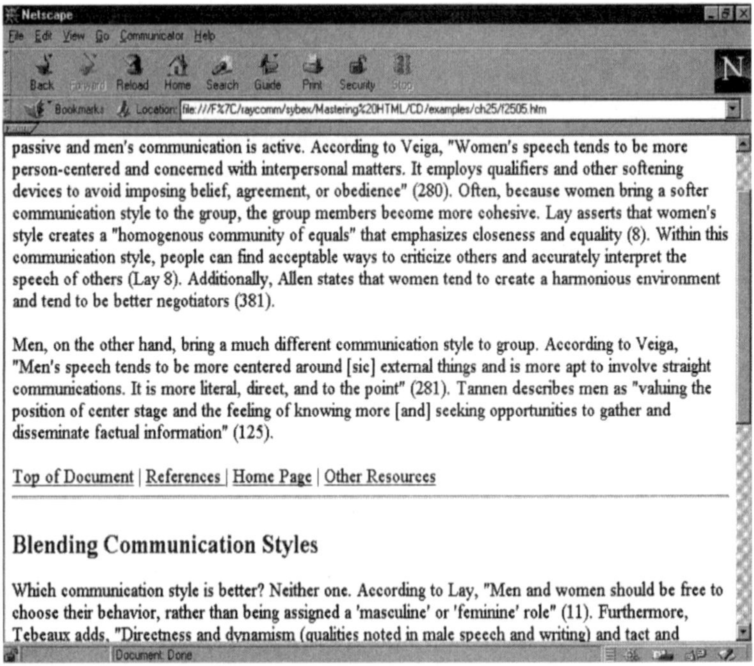
passive and men's communication is active. According to Veiga, "Women's speech tends to be more person-centered and concerned with interpersonal matters. It employs qualifiers and other softening devices to avoid imposing belief, agreement, or obedience" (280). Often, because women bring a softer communication style to the group, the group members become more cohesive. Lay asserts that women's style creates a "homogenous community of equals" that emphasizes closeness and equality (8). Within this communication style, people can find acceptable ways to criticize others and accurately interpret the speech of others (Lay 8). Additionally, Allen states that women tend to create a harmonious environment and tend to be better negotiators (381).

Men, on the other hand, bring a much different communication style to group. According to Veiga, "Men's speech tends to be more centered around [sic] external things and is more apt to involve straight communications. It is more literal, direct, and to the point" (281). Tannen describes men as "valuing the position of center stage and the feeling of knowing more [and] seeking opportunities to gather and disseminate factual information" (125).

Top of Document | References | Home Page | Other Resources

Blending Communication Styles

Which communication style is better? Neither one. According to Lay, "Men and women should be free to choose their behavior, rather than being assigned a 'masculine' or 'feminine' role" (11). Furthermore, Tebeaux adds, "Directness and dynamism (qualities noted in male speech and writing) and tact and

Figure 15.4 : L'insertion de menus de navigation à l'intérieur des documents longs aident les utilisateurs à avancer dans la recherche des informations.

Lorsqu'un utilisateur accède aux documents de recherche autopubliés, son objectif est de rassembler le maximum d'informations, de les apprendre ou de les appliquer à son propre projet. Il peut réellement lire la totalité des informations et ensuite l'imprimer.

Votre information doit donc être présentée sur une page unique mais non en de multiples sections du même document et liées entre elles. Un document unique est plus facile à lire et à imprimer.

Comme ces documents ne tiennent pas dans un écran, vous devez fournir des menus de navigation, comme dans la Figure 15.4. Placez des menus en haut et en bas des pages aussi bien que tout le long du document.

DES INFORMATIONS ONT ÉTÉ PRISES SUR VOTRE SITE

Si vous publiez sur le Web et que vous souhaitez savoir si des utilisateurs ont effectué des actes de piratage, consultez AltaVista, HotBot ou des moteurs de recherche de texte plein, et faites ce qui suit :

- D'abord, recherchez de mots-clés dans votre document.
- Sélectionnez les phrases très personnelles.
- Relevez les fautes d'orthographe que vous avez trouvées dans votre page.

Des sites Web font des recherches sur les travaux publiés. L'un d'entre eux s'appelle Digital Integrity et se trouve sur le site `www.findsame.com`.

Développement de sites intranet

Les sites intranet sont des sites Web à l'échelle d'une organisation ; ils ne sont accessibles que par les personnes qui y travaillent. Les sites intranets répondent aux besoins d'améliorer la communication dans les entreprises. Les contraintes de communication qui pèsent sur les entreprises et résultant d'une trop large implantation géographique rendent nécessaire la fourniture d'informations à la fois rapide et à bas prix. Les méthodes de communication traditionnelles comme le pli postal, les mémorandums et le fax deviennent inadaptés. Avec l'intranet, les informations sont immédiatement accessibles à tous les employés sans tenir compte de leur localisation géographique ; il élimine ou réduit de manière significative les besoins exprimés avec les autres formes de communication.

Même si des techniciens et de petits groupes de spécialistes développent et maintiennent des sites publics, les employés contribuent souvent à étoffer les contenus des sites intranets. Le département des services d'informations, par exemple, ne fait que lancer un intranet mais il incombe toujours aux employés de chaque département d'une organisation de fournir et mettre à jour les pages qui les concernent.

Le résultat peut être un ramassis d'informations sans aucune cohérence. Quelle que soit votre fonction, coordinateur, propriétaire de l'entreprise, chef du service des informations, chargé de la maintenance du site public de l'entreprise, votre responsabilité est de faire de l'intranet une source d'informations de valeur, uniforme et utilisable.

Les sections suivantes seront consacrées aux méthodes de coordination des travaux réalisés par chaque collaborateur. En outre, il s'agit de faire ressortir le mot qui fera placer une nouvelle ou une mise à jour sur le site intranet, et d'introduire des groupes de discussion. Dans les lignes qui vont suivre, d'un côté le coordinateur intranet sera désigné par le pronom "vous" et, de l'autre, les employés ou les membres d'une organisation qui utilisent l'intranet seront appelés "les utilisateurs".

Détermination du contenu de l'intranet

Le site intranet fournit des informations substantielles et spécifiques sur l'entreprise ; il aide efficacement les employés dans leur travail, automatise les processus et offre constamment des mises à jour et de nouvelles informations. Dans l'environnement d'une entreprise, le département des ressources humaines est un bon point de départ pour commencer le contenu de l'intranet. Vous y trouverez probablement les manuels de stratégies de l'entreprise, l'emploi du temps sur la formation professionnelle, les instructions sur les problèmes de sécurité, les plans d'évacuation et bien d'autres encore.

Les produits et services peuvent être publiés sur intranet avec des informations standards que les utilisateurs peuvent facilement trouver ; ces informations serviront à créer une documentation commerciale ou à produire d'autres contenus.

D'autres publications peuvent être aussi utiles, quel que soit le sujet choisi :

- Le menu de la cafétéria.
- Les bulletins de l'entreprise.
- Les annonces de nouveaux contrats.
- Les budgets annuels.
- La cotation des actions de la société et des fonds de retraite.

Et si votre intranet est connecté à l'Internet, vous pouvez aussi insérer des liens vers les sources d'informations du secteur industriel.

La prochaine étape est de s'entretenir avec les employés sur les informations que fournit, distribue et met à jour un département particulier pour les besoins des autres groupes à l'intérieur de l'entreprise ; il s'agit aussi de connaître les informations dont il a besoin et que les autres départements doivent lui fournir. Demandez les documents suivants :

- Les formulaires.
- Les rapports.
- Les budgets.
- Les programmes.
- Les instructions.
- Les procédures.
- Les stratégies.
- Les actes de donation.

Certaines de ces informations peuvent être consultées dans un grand nombre de documents existants, tels que les guides des ressources humaines, les brochures du marketing et les cahiers de l'entreprise.

Satisfaire les besoins des utilisateurs

Les utilisateurs de sites intranets sont à la recherche d'informations nécessaires à leur travail ; par exemple, écrire un rapport, développer des brochures pour le département marketing, planifier leurs programmes, etc. Pour cette raison, les informations que vous fournissez doivent être exactes et ponctuelles.

Les informations doivent être accessibles et leur régularité quotidienne constitue une obligation. Le développement de l'organisation du site doit prendre en compte toutes les informations que vous allez fournir. Par exemple, pour le menu de navigation, vous devez insérer toutes les catégories d'informations dont vous aurez éventuellement besoin. Si vous devez insérer des liens qui n'ont pas encore de contenu, faites une annonce en disant que le contenu fera l'objet d'une prochaine insertion de l'information elle-même ou mieux, de la date précise de sa publication. Les informations de contact peuvent également figurer dans un site intranet.

Finalement, le site intranet est d'une luminosité plutôt terne. Après tout, les utilisateurs accèdent au site à la recherche d'une information, et non pour être séduits. Votre site se doit d'être visuellement agréable, sans y ajouter d'éléments sonores, et encore moins de couleurs vives et d'autres effets spéciaux. Insérez le logo de l'entreprise et utilisez sa combinaison de couleurs, et contentez-vous de son utilisabilité en laissant de côté toute idée de fantaisie.

Aidez les autres à participer

En général, l'intranet n'est pas le travail d'une seule personne. Bien que vous soyez chargé du développement du site, les autres doivent aussi fournir et mettre à jour le contenu. Tous les collaborateurs n'ont pas les mêmes compétences en XHTML ; certains sont des novices, d'autres des experts. Equilibrer la cohérence et la créativité des collaborateurs peut devenir un challenge de tous les instants.

Fournir des modèles et des exemples

Si vous voulez absolument maintenir une impression de cohérence, votre intranet finira par apparaître mieux installé et plus soigné qu'il ne l'est en réalité. Sur la base des informations données par votre fournisseur d'accès Internet sur ce que doit être un site, vous pouvez faciliter la tâche de vos collaborateurs en leur donnant des modèles à appliquer.

Les modèles incluent tous les éléments de structure et aussi les autres éléments qui construisent le format général du document. La page d'accueil du département, les informations de contact, les projets en cours ou toutes les autres pages communes à plusieurs départements, les références à des graphiques et symboles spécifiques à l'entreprise nécessitent l'utilisation de modèles. En se servant de ces modèles pour exécuter leurs différentes tâches, les collaborateurs peuvent copier et coller le code dans leurs documents et remplir le contenu spécifique. Le Listing 15.1 et la Figure 15.5 montrent un exemple de modèle et le format du document obtenu. Notez qu'aucun formatage de texte dans ce modèle n'a été fait ; tout est fourni dans une feuille de style CSS séparée.

Listing 15.1 : Donnez un modèle pour le contenu de l'intranet.

```
<!DOCTYPE html PUBLIC "-//W3C/DTD XHTML 1.0 Transitional//EN"
"http://www.w3.org/TR/xhtml1/DTD/xhtml1-transitional.dtd">
<html xmlns="http://www.w3.org/1999/xhtml">
<head>
<title>ASR Intranet</title>
<link rel="stylesheet" href="style.css" type="text/css" />
</head>
<body>
<div align="center">
<img src="asrintra.jpg" border="0" alt="ASR intranet logo" />
</div>
<!--Don't change anything above this line except the title.-->
<h1 align="center">Put Your Departement Name Here</h1>
<p>Provide content here.</p>
<p>And here.</p>
<p>And here.</p>
<ul>
<li>List links here.</li>
<li>And here.</li>
```

```
<li>And here.</li>
</ul>
<!--Replace department@intranet.asroutfitters.com in the
following lines with your own e-mail address.-->
<p>Send all questions to <a
href="mailto:department@intranet.asroutfitters.com">
department@intranet.asroutfitters.com</a>.</p>
<!--Please do not change anything below this line. The following command
applies the document footer with the navigational toolbar and related
information.-->
<!--#include virtual="/boilerplate/footer.htm" -->
</body>
</html>
```

Si votre entreprise n'utilise que Netscape Navigator ou Internet Explorer 4 et les versions plus récentes, donnez des feuilles de style à vos collaborateurs. Avec les feuilles de style, vous les aidez à se concentrer sur le contenu et à mieux assurer la cohérence du site. (Voir le Chapitre 10 pour plus d'informations sur les feuilles de style.)

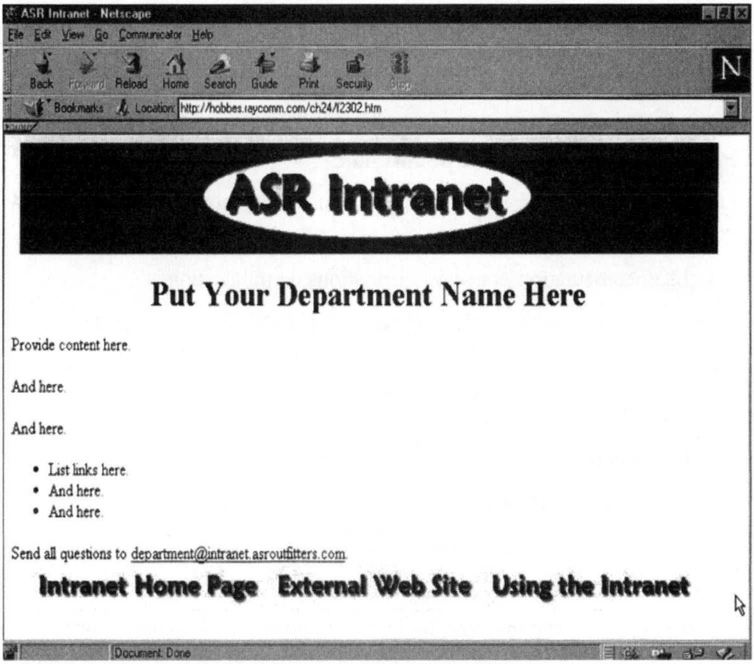

Figure 15.5 : Le même modèle vu dans un navigateur, avant d'être personnalisé pour des utilisations spécifiques d'un département.

FOURNIR DES ACCÈS À DES IMAGES

Une alternative au référencement des fichiers d'images est de les stocker dans un dossier pour qu'ils soient accessibles à vos collaborateurs. Mettez-les dans un dossier qui se trouve immédiatement en dessous de la racine du serveur, comme `/graphics`, et fournissez un texte à copier-coller en haut de la page suivante :

```
<img src="/graphics/corplogo.gif" alt="ASR Corporate Logo" align="left"
height="100" width="250" />
```

En vous déplaçant plus avant dans le fief du copier-coller, vous pouvez aussi insérer des morceaux de code à copier et à coller pour les inclure automatiquement dans les en-têtes de document et dans les pieds de page en utilisant des *insertions côté-serveur*, comme ceci :

```
<!--#include virtual="/includes/header.htm"-->
```

Vous fournissez un en-tête, contenant n'importe quelle inscription et se trouvant au début du document, comme le logo de l'entreprise, les droits d'auteur, les informations confidentielles et toutes les autres mentions exigées par l'entreprise. Les collaborateurs insèrent cette ligne unique dans le document et lorsqu'il apparaît sur le Web, les informations d'en-tête apparaissent à la place de l'élément `include`. Vérifiez la documentation du serveur pour avoir plus d'informations sur l'utilisation des insertions côté-serveur.

Instructions et directives de publication

Publiez les instructions et les directives bien sûr sur intranet pour fournir des informations ; ce sont :

- La documentation pour les informations de publication.
- Les versions de XHTML acceptables (XHTML 1.0, tables, cadres ou autres choses).
- Les formats pour l'organisation et la structuration de l'information.
- Les outils (et où les obtenir).
- La documentation pour l'utilisation des outils.
- Les ressources XHTML (ce livre, non ?).
- Les améliorations acceptables – images, applets, JavaScript, etc.

Spécifiez aussi que les utilisateurs doivent inclure leurs informations de contact sur chaque page ; de cette manière, les questions posées sur le contact iront vers eux et non vers vous. Qu'il soit bien clair que le lien "Contactez le Webmaster" est uniquement destiné aux utilisateurs qui ont des problèmes techniques ! Les collaborateurs doivent donner aux utilisateurs un moyen de les contacter, pendant et après les heures de travail.

Fournissez des services de conversion

Faites des offres pour convertir le document existant en page intranet. La plupart des départements ont des pages d'informations qui peuvent être facilement converties en document XHTML.

Si vous offrez ce service, vous seriez vite submergé par les documents à convertir. Nous vous recommandons de fournir des services de conversion unique pour aider les départements à enlever eux-mêmes les éléments utilisés sur intranet ; mais plutôt que de prendre l'entière responsabilité de convertir un document courant, prenez le temps de former vos collaborateurs sur cette technique de telle sorte que le département puisse prendre lui-même cette conversion en charge.

Rappelez vos collaborateurs, si nécessaire

La plupart des fournisseurs de contenus participent activement à rechercher des informations en plus de leurs obligations habituelles. Vous pouvez les aider de diverses manières, d'abord à gérer leur section intranet en leur envoyant des e-mails de rappel, ensuite à insérer des informations pour connaître la fréquence des visites des utilisateurs sur leur site, celles qui ne sont pas consultées ou que vous (administrateur système) pourrez obtenir dans le journal des accès. Si les utilisateurs n'ont pas accès à certaines pages, il faut qu'ils sachent quelle en est la raison. Ils doivent aussi se demander pourquoi telle ou telle page ne reçoit aucune visite ; les informations sont-elles dépassées, difficiles à trouver, pas nécessaires ? Les réponses qui en seront données vous permettront d'aider vos collaborateurs à éliminer les informations inutiles et à mieux gérer leur espace.

AUTOMATISATION DES PROCESSUS

Si vous avez des ressources de programmation disponibles, pensez à automatiser certains processus présentés dans ce chapitre. Par exemple, vous pouvez automatiquement :

- Générer une liste des nouveautés.
- Rappeler à vos collaborateurs les pages qui n'ont pas été mises à jour depuis un certain temps.
- Consolider et résumer les journaux d'accès au site, les modifications apportées aux pages et les nouvelles sections pour les rapports destinés à la direction.
- Vérifier les documents entrants pour établir une conformité non seulement avec le style de l'entreprise, mais aussi avec la bonne version XHTML et les liens fonctionnels.

Pour avoir plus d'informations, voyez tout cela avec votre administrateur système ou avec des programmeurs.

Annonce des informations nouvelles et mises à jour

Les utilisateurs apprécient toutes les nouvelles informations, ce qui vous oblige à les notifier chaque fois que le site est mis à jour ; cette notification doit être faite régulièrement, même si les utilisateurs n'en ont pas un besoin immédiat. Voici comment vous devez agir :

- Développez un modèle de notification d'une nouvelle information que les départements peuvent utiliser à cette fin ou pour effectuer une mise à jour.
- Créez des icônes Nouveau et Mise à jour que vos collaborateurs peuvent insérer dans leurs pages.
- Envoyez régulièrement des e-mails aux employés, disons chaque semaine, et dites-leur quelles sont les nouvelles informations et les mises à jour à faire.
- Faites savoir régulièrement par e-mail à l'intention de la direction les nouvelles informations et les mises à jour effectuées ; demandez qu'elle répercute correctement les informations aux employés.

Installation d'un forum de discussion

Dans un forum de discussion en temps réel, les utilisateurs peuvent interagir sans tenir compte des décalages horaires et des programmes en utilisant l'Internet comme média de communication. Par exemple, les utilisateurs peuvent faire des rencontres informelles, discuter des projets ou même obtenir des réactions à chaud concernant un projet de document, tout cela à partir de leur bureau et à leur convenance.

Vous pouvez choisir parmi plusieurs options de forum, sur la base du logiciel que vous avez implémenté. Par exemple, vous pouvez utiliser un des scripts d'archives mentionnés dans ce chapitre et adapter les forums de discussion à partir des scripts. Votre FAI ou celui qui héberge votre site peut aussi offrir un paquetage de forum de discussion.

Si vous choisissez un paquetage plus avancé, comme Ceilidh (prononcez kay-li, celui-ci est disponible sur le site `www.lilikoi.com`), les utilisateurs peuvent envoyer des documents XHTML et demander aux autres personnes de les modifier et de les commenter, directement en ligne. Les utilisateurs peuvent ouvrir les forums à des groupes plus larges et obtenir immédiatement des réactions, conduire des discussions sur le développement et sur les nouvelles informations qui relèvent de leurs projets. En dirigeant des réunions en ligne à travers un intranet, les entreprises s'orientent vers une approche nouvelle et plus ouverte de la communication.

Lors de l'utilisation de scripts et programmes côté-serveur, vous pourriez avoir besoin de l'assistance de votre administrateur système pour les installer et les déboguer. La documentation, lorsqu'elle est disponible, est incluse dans les scripts ou incorporée dans le code.

Et maintenant, que faire ?

Les informations de ce chapitre vous permettent de vous lancer dans le développement d'un site public, personnel ou encore de sites intranets. En réalité, si vous avez bien suivi nos directives, vous aurez déjà fait un grand pas en avant vers la maîtrise du site Web.

A partir d'ici, vous pouvez revoir ou vous reporter :

- Au chapitre 13 pour plus d'informations sur le processus de développement des documents XHTML qui s'appliquent aux sites publics ou personnels ou aux sites intranets.
- Au Chapitre 14 pour les conseils et astuces destinés à tous les sites Web.
- Au Chapitre 16 qui fournira des informations sur les serveurs.
- Aux Chapitres 3 et 10 qui ont développé les informations sur le formatage.

Publication de vos documents HTML

XHTML

Chapitre 16

Les documents XHTML et leur utilisation ont été développés tout au long de ce livre. Les exemples qui ont été présentés vous ont permis de créer vos propres documents. Jusqu'ici, le document XHTML a été développé et visualisé sur votre ordinateur local mais cela ne suffit pas ; vous devez poursuivre votre chemin vers la maîtrise de XHTML et vous décider enfin de publier vos documents XHTML à l'intention des personnes qui prendront plaisir à les regarder et les utiliser.

Les options de publication des documents et leur processus feront l'objet de ce chapitre qui va traiter des sujets ci-après :

- Découvrir l'emplacement pour publier les documents XHTML
- Télécharger les documents XHTML sur un serveur Web.

Découvrir l'emplacement pour publier les documents XHTML

Lorsque vous publiez un document XHTML, mettez simplement une copie de votre document sur un serveur afin de le rendre disponible sur l'Internet. Les documents XHTML sont stockés sur le serveur et deviennent disponibles pour les utilisateurs de sites Web (ou réellement aux ordinateurs) qui les demandent. Les utilisateurs se contentent d'indiquer au serveur les informations qu'ils souhaitent obtenir en accédant au site Web ; le serveur va aussitôt afficher les pages demandées.

Il existe plusieurs emplacements où vous pouvez publier les documents XHTML :

- Votre fournisseur d'accès Internet (FAI).
- Le département Internet de votre société.
- Votre propre serveur.

Publication par l'intermédiaire de votre fournisseur d'accès Internet (FAI)

L'emplacement le plus courant pour publier des documents XHTML est le Web par l'intermédiaire de votre fournisseur d'accès Internet (FAI). Celui-ci vous offre un grand nombre de services rattachés à l'Internet, y compris l'espace Web, et il vous aide dans le développement de vos pages Web. Vous pouvez trouver des fournisseurs d'accès Internet dans votre ville en cherchant les ressources suivantes :

Le Web Si vous désirez une liste complète des fournisseurs d'accès Internet (FAI) pour avoir des informations de contact et des services, visitez votre moteur de recherche favori pour chercher les FAI et votre zone géographique. Par exemple, cherchez ISP TX si vous habitez au Texas. Puis consultez les sites `www.isps.com` et `www.webisplist.com`.

Votre journal local ou vos pages jaunes Souvent, les fournisseurs d'accès Internet locaux font des annonces publicitaires dans votre journal quotidien ou dans la rubrique Internet de votre annuaire téléphonique local.

Les autres personnes Demandez à vos amis, voisins, associés d'affaires ou revendeurs de matériel informatique les fournisseurs d'accès Internet qui existent et qu'ils connaissent. La qualité, la fiabilité et les services fournis par les fournisseurs d'accès Internet et les services d'hébergement de sites Web sont variables, ce qui doit vous inciter à solliciter tous les conseils et à réunir toutes les informations avant de vous engager.

N'oubliez pas de faire préciser la date limite de garantie et ce qui se passerait si votre FAI ne la respecte pas. Signez un petit contrat, disons pas plus de six mois, si vous avez pu trouver un fournisseur d'accès Internet valable.

Les fournisseurs d'accès Internet offrent une multitude de services, des start-up et une gamme de coûts ou d'abonnements mensuels pour vos connexions. Vous pouvez aussi choisir entre un compte individuel et un compte de société pour votre abonnement.

UN SERVICE D'HÉBERGEMENT DE SITE WEB

L'autre option est le service d'hébergement de sites Web. Ce service ne fournit pas un accès Internet à distance mais simplement un hébergement à partir duquel vous pouvez servir vos sites.

Le service d'hébergement de sites Web est utilisé conjointement avec un fournisseur d'accès Internet pour obtenir une combinaison entre le meilleur service d'hébergement de sites Web et l'accès distant le plus fiable. Même si une seule société arrive à satisfaire tous vos besoins, il vaut mieux séparer ces deux services ; si vous voulez une liste complète des services d'hébergement de sites Web, consultez l'adresse URL :

```
http://dir.yahoo.com/Business_and_Economy/Business_to_Busi-
ness/Communications_and_Networking/Internet_and_World_Wide_
Web/Network_Service_Providers/Hosting/Web_Site_Hosting/Dire
ctories/
```

Pour obtenir plus d'informations sur les services d'hébergement de sites Web, vous pouvez également suivre les étapes suivantes dans Yahoo!. Allez dans Home --> Business And Economy --> Business To Business --> Communications And Networking --> Internet And World Wide Web --> Network Service Providers --> Hosting --> Web Site Hosting. (Notez que le Web change si fréquemment que ces étapes peuvent ne pas être les mêmes au moment où vous lisez ce livre.)

Les comptes individuels des fournisseurs d'accès Internet (FAI)

Les fournisseurs d'accès Internet offrent aux abonnés individuels, contrairement aux abonnés d'affaires, un accès à Internet, une adresse e-mail et un petit espace sur un serveur Web. Un certain nombre d'entre eux offrent des services tels que l'envoi des résultats des formulaires via e-mail. Les services dépendent de ce que vous souhaitez faire avec vos pages XHTML. Par exemple, si vous publiez de simples documents XHTML, vous n'avez besoin que d'un petit espace Web. Par contre, pour un site Web de grande taille avec des fichiers multimédias et des fichiers téléchargeables ou un site e-commerce, un espace plus grand est nécessaire. Si vous insérez des formulaires ou utilisez les capacités propres du serveur, vous avez besoin d'avoir une série d'accès au serveur ou de programmes spécifiques. Par conséquent, votre choix de compte doit se faire en fonction de vos types de pages XHTML auprès d'un fournisseur d'accès Internet, celui qui peut répondre à vos besoins.

Pour découvrir les services offerts par un fournisseur d'accès Internet, les questions suivantes vous guideront :

Quel serveur et sur quelle plate-forme ? Si vous connaissez le serveur et la plate-forme, il est possible de trouver de la documentation correspondante sur le Web ; celle-ci vous renseignera sur les scripts que vous pouvez facilement ajouter. Par exemple, si un serveur Apache fonctionne sur un Sun SPARCstation (probablement un scénario FAI), vous pouvez parfaitement demander à votre administrateur d'installer des scripts Perl spécifiques. Cependant, si vous êtes sur un intranet avec un serveur Netscape basé sur Windows NT, et qu'au surplus, vous entendez parler d'une légère amélioration du serveur WebStar sur Macintosh, n'ajoutez rien, vous vous épargnerez ainsi bien des tracas.

Puis-je limiter l'accès à mes pages ? Lorsque vous testez vos pages sur le serveur, vous ne souhaitez pas du tout que le monde entier puisse déjà les voir. Pour cela, vous devez définir un accès limité à l'ensemble du site en introduisant un mot de passe. Si vous voulez que vos pages ne soient disponibles qu'à un nombre limité de personnes, il faut que vous mettiez des mots de passe, à la fois simples et faciles à retrouver.

Faites attention lorsque vous publiez des pages sur Internet. Même si vous ne mettez pas des liens sur une page ou ne publiez pas non plus une adresse URL, les utilisateurs peuvent les trouver par hasard. Les moteurs de recherche peuvent aussi indexer ces pages et les rendre ainsi disponibles.

Puis-je installer et exécuter mes propres scripts ? Si vous le pouvez, vous aurez ainsi beaucoup plus de flexibilité et de capacités. Si vous êtes déjà limité par les options techniques que votre fournisseur d'accès Internet a installées pour vous, faites en sorte que vous ayez accès à certains services spéciaux tels que les forums de discussion, mais pas la flexibilité correspondante.

Est-ce que vous entretenez des journaux d'accès ? Comment pourrai-je évalué le succès de mon site ? Si votre activité est de vendre des services, de faire la promotion de votre société ou d'entreprendre des actions de sensibilisation qui vont entraîner un nombre significatif de visiteurs, ceux qui ont justement vu votre message, vous devez vous assurer que les accès à votre site sont journalisés ; en outre, vous devez apprendre comment obtenir ces journaux.

Demandez à votre administrateur les types d'outils disponibles pour visualiser et trier les journaux d'accès au serveur Web. Les journaux "bruts" (non traités) sont dans un désordre épouvantable ; toutefois, un grand nombre de programmes bien conçus existent et servent à analyser les journaux et à les rendre utiles. Même si votre administrateur a déjà installé ces programmes, les instructions d'accès peuvent ne pas avoir encore été publiées.

Qui dois-je appeler si le serveur ne répond pas à 14 heures ? Ou à 2 heures du matin ? Le fournisseur d'accès Internet fait-il des sauvegardes ou devez-vous les faire vous-même pour votre propre site ? Sous quelles conditions le fournisseur d'accès Internet accepterait-il de restaurer les fichiers de sauvegarde, si le serveur tombe en panne ou si vous commettez une erreur et supprimez vos fichiers par mégarde ?

Ces questions sont aussi valables pour un compte d'affaires auprès d'un fournisseur d'accès Internet ou si vous faites une publication sur un serveur de société.

Les comptes d'affaires des fournisseurs d'accès Internet (FAI)

Si vous voulez traiter des affaires sur Internet (ou si vous projetez de le faire), vous avez intérêt à ouvrir un compte d'affaires auprès d'un fournisseur d'accès Internet. Un compte d'affaires, même s'il est plus cher que le compte individuel, offre souvent un peu plus d'espace Web, un meilleur accès aux programmes du serveur, des services complets pour un temps de fonctionnement garanti, et cela avec une plus grande attention pour les besoins individuels.

Beaucoup de fournisseurs d'accès Internet exigent un compte d'affaires pour avoir son propre *nom de domaine* qui remplace le nom de son fournisseur d'accès Internet dans l'adresse URL. Par exemple, à la place de notre adresse URL d'affaires :

```
www.example.com/~lanw/index.html
```

(qui inclut le nom du fournisseur d'accès Internet et un dossier qui nous est désigné), nous mettons juste :

```
www.lanw.com
```

Le fait d'avoir votre propre nom de domaine améliore votre notoriété professionnelle et contribue à donner à vos affaires une dimension plus étendue qu'elles ne l'ont en réalité.

Le nom de domaine va aussi vous offrir quelques avantages pratiques. D'abord, vous pouvez garder la même adresse en cas de changement de fournisseur d'accès Internet, ce qui permet à vos utilisateurs (vos clients ou des clients potentiels) de vous localiser facilement.

Ensuite, vous pouvez facilement élargir votre site Web au fur et à mesure que vos besoins augmentent. Si votre fournisseur d'accès Internet héberge votre domaine (appelé *domaine virtuel*), vous pouvez faire cet élargissement ou ajouter des services sans modifier votre adresse ni revoir vos matériels de publication.

LES DOMAINES VIRTUELS

En tant que fournisseur d'informations, vous n'êtes pas limité à n'utiliser que le nom du serveur comme une partie du nom d'hôte de votre adresse URL. A la place, vous pouvez utiliser un domaine virtuel qui donne votre propre nom d'hôte mais il faut préciser que vos fichiers résident encore dans l'ordinateur hôte. Le domaine virtuel est une voie royale pour les petites entreprises et organisations de paraître plus grandes qu'elles ne le sont réellement.

Par exemple, si vous mettez vos fichiers sur un serveur appelé `example.com`, votre adresse Web ressemble à :

```
http://www.example.com/~accountname/filename.html
```

Dans cet exemple, l'adresse inclut l'indicateur de protocole, un dossier spécial sur le serveur (indiqué par le titre [~]), un nom de compte et un nom de fichier.

Un domaine virtuel modifie l'adresse pour éliminer le dossier spécial et le nom de compte ; remplacez-les par un nouveau nom d'hôte (de domaine). Par exemple, une adresse Web avec un domaine virtuel ressemble à :

```
http://www.accountname.com/filename.html
```

Cet exemple inclut l'indicateur de protocole, le nom de domaine (`www.accountname.com`) et le nom de fichier (`filename.html`).

La méthode la plus facile pour obtenir un domaine virtuel est de demander à votre fournisseur d'accès Internet de l'installer pour vous. L'installation de votre nom de domaine peut se faire dans l'un des bureaux officiels d'inscription de nom de domaine sur Internet et elle va vous revenir à un prix relativement cher. Si vous faites un petit travail à domicile avec votre fournisseur d'accès Internet, vous pouvez installer vous-même un domaine virtuel. Une liste des bureaux d'inscription accrédités sont disponibles sur le site

`www.icann.org/registrars/accredited-list.html.`

Enfin, le nom de domaine vous aidera à établir votre identité. Chaque nom de domaine est unique et peut inclure votre dénomination sociale ou d'autres noms. Par exemple, notre dénomination sociale est LANWrights, Inc., et notre nom de domaine est `www.lanw.com`. Nous aurions pu élargir le nom de domaine à `www.lanwrightsinc.com` mais la version courte peut suffire. Faites attention : si vous n'enregistrez pas rapidement votre nom de domaine, quelqu'un d'autre peut l'accaparer.

Si vos activités se traitent au nom d'une société, demandez immédiatement un nom de domaine même si vous n'allez pas probablement l'utiliser dans un futur proche. La plupart des noms les plus populaires sont déjà pris. Si vous avez une petite affaire et que vous ne faites pas encore partie d'une corporation ou si vous êtes sur le point de l'être, demandez d'abord le nom de domaine puis incorporez-vous sous ce nom. Le nom de domaine doit être unique et il faut vous dire que trouver un nom de domaine est parfois une dure et vraie compétition. Une fois le nom de domaine obtenu, vous devez vous enregistrer et traiter vos affaires sous ce nom.

Par exemple, supposez que votre dénomination sociale soit Laura's Toys and More. Vous pouvez consulter un grand nombre de variantes, telles que `www.laurastoysnmore.com` ou `www.laurastoystore.com` jusqu'à ce que vous trouviez un nom qui n'est pas encore pris.

Au moment où nous écrivons ce livre, les sociétés de "bureaux d'enregistrement" telles que Network Solutions ou InterAccess s'occupent de l'enregistrement des noms .com, .org et .net. Cependant, vous pouvez aussi consulter une liste de bureaux de domaines accrédités pour l'enregistrement à l'ICANN (Internet Corporation for Assigned Names and Numbers) au site `www.icann.org/registrars/accredited-list.html`

Pour enregistrer un nom de domaine, suivez ce processus :

1. Consultez la page `http://rs.internic.net/whois.html`. (InterNIC est le corps officiel qui supervise le nommage sur Internet ; c'est leur page de "consultation".)
2. Entrez votre projet de nom de domaine dans le champ réponse et appuyez sur Entrez. Vous verrez propablement le message No Match qui signifie que votre nom de domaine est disponible. Sinon, vous verrez tous les enregistrements InterNIC de ceux qui possèdent déjà le nom que vous avez entré. Si vous y tenez, vous pouvez les contacter pour leur demander de vous vendre le nom ou de vous le donner. Mais franchement, vous feriez mieux de chercher un autre nom.
3. Soit vous enregistrez vous-même le nom de domaine, soit vous demandez à votre fournisseur d'accès Internet de le faire pour vous. La plupart des fournisseurs d'Accès Internet enregistrent gratuitement votre nom de domaine à condition qu'ils hébergent vos sites. Sinon, ils vous feront payer des frais pour ce service, plus les frais d'hébergement. Ces frais doivent être raisonnables ; si ce n'est pas le cas, faites vous-même l'enregistrement ou cherchez un autre fournisseur d'accès Internet.

Au cas où vous le feriez vous-même, toutes les informations et les instructions se trouvent sur le site de InterNIC ; au besoin, demandez à votre fournisseur d'accès Internet de vous aider à remplir correctement les formulaires.

Publication par l'intermédiaire d'un serveur de société

Un autre emplacement pour publier vos documents XHTML est le serveur d'une société, probablement sur votre lieu de travail. Si vous travaillez pour une grande société, un établissement scolaire ou universitaire ou encore pour une organisation qui fait les travaux d'administration système, vous n'avez pas grand-chose à faire lorsqu'il s'agit d'accéder à un serveur Web. Tous les éléments nécessaires, tels que l'accès, l'administration et la sécurité, sont probablement déjà en place et vous pouvez commencer à utiliser le serveur. Cette situation peut être l'idéal ou le pire des cas, selon le groupe qui utilise réellement le serveur Web.

Le niveau d'accès et de contrôle sur un serveur de société varie d'une société à l'autre. L'idéal est qu'une tierce personne lance le serveur mais vous laisse agir à votre guise. Vous obtenez de l'aide en installant et en lançant les programmes du côté serveur et vous pouvez faire ce que vous voulez pour fournir des informations. Vous devez cependant vous conformer à un processus rigide lorsque vous soumettez vos informations sur intranet. En effet, en soumettant des documents XHTML, vous n'aurez par la suite que peu de contrôle sur l'endroit où ils sont placés ou la façon dont ils sont liés.

Selon toute probabilité, votre société se trouvera quelque part au milieu, entre une procédure bien établie pour accéder à l'intranet de la société et une très grande liberté d'action pour faire ce dont vous avez besoin. Sinon ou si le processus qui fournit le contenu est étroitement contrôlé, vous voudrez peut-être connaître le fonctionnement de votre propre serveur. Dans n'importe quel cas, vous devez découvrir la façon de contacter l'administrateur du serveur, obtenir des numéros d'appel en cas d'urgence, connaître les stratégies intranet de la société et continuer votre action.

Publication par l'intermédiaire de votre propre serveur

Vous pouvez aussi publier vos documents XHTML sur votre propre serveur. Si vous avez la technique et l'infrastructure pour cette initiative, faire travailler votre propre serveur vous donnera une plus grande flexibilité et la meilleure chaîne de ressources. Une raison qui doit vous pousser à utiliser votre serveur est le fait qu'il est de loin l'environnement le plus authentique pour développer et tester vos pages. Par exemple, si vous avez des adresses URL relatives de serveur dans des liens, ils fonctionneront correctement si vous chargez les fichiers d'un serveur au lieu de charger le même fichier localement. (Voir le Chapitre 4 pour plus d'informations sur les liens et les adresses URL relatives de serveur.)

Particulièrement dans un environnement d'affaires ou universitaire dans lequel une infrastructure de réseau existe, l'installation et le lancement d'un serveur sont simples. Pour lancer un serveur public, que ce soit à la maison ou au bureau, vous aurez besoin d'une connexion réseau dédiée, tout ce qui vient d'une ligne ISDN à plein temps et qui part de votre fournisseur d'accès Internet vers une connexion directe va fonctionner. Si vous installez seulement un serveur local pour les besoins de vos tests, vous pouvez même lancer le serveur sur une machine isolée.

Si vous planifiez d'héberger votre propre serveur, vous devez suivre quelques suggestions de base et avoir un serveur Web dédié qui a quelques applications avec lui si possible. Ce procédé libère votre ordinateur pour héberger seulement des pages Web ; en outre, vous devez avoir une connexion continue et à grande vitesse.

Si vous utilisez votre propre serveur, prenez en considération les problèmes suivants :

> **Sécurité** Les serveurs Web présentent un risque de sécurité même pour un petit serveur. Le fait de laisser des personnes étrangères accéder aux fichiers de votre ordinateur, quel que soit le moyen utilisé, est une grave imprudence. Sur un intranet, vous ne devez pas avoir le moindre problème si vous n'avez pas des `informations` hautement confidentielles sur votre serveur.

Temps de fonctionnement et accès Si vous installez un serveur et que vous en faites la publicité, vous devez veiller à ce qu'il soit tout le temps disponible. Si votre connexion Internet n'est pas continue, vous ne pouvez même pas héberger votre propre site Web public.

Temps Le lancement d'un serveur Web prend du temps. Même si vous ne faites que publier des pages, un petit investissement est toujours nécessaire. Si vous générez des pages à partir d'une base de données ou encore si vous installez et lancez des programmes supplémentaires, il vous faut plus de temps pour laisser le serveur fonctionner afin de contrôler les problèmes de sécurité.

Capacité Si votre serveur Web fournit des documents XHTML simples et quelques graphiques à d'autres serveurs sur un intranet ou s'il n'est utilisé que pour tester des objectifs, un simple ordinateur vous suffira. Par contre, si vous attendez un trafic intense ou un grand nombre d'accès, votre ordinateur doit pouvoir traiter cette charge ou être facilement mis à niveau. Si vous choisissez un système d'exploitation Windows pour héberger vos pages, vous aurez besoin de 256 Mo de RAM et 8 Go d'espace disque. Pour un serveur Linux, vous pouvez probablement partir avec 128 Mo de RAM et de 4 Go d'espace disque.

Sauvegardes Si vous lancez votre propre serveur, il vous appartient de faire les sauvegardes. Si le disque dur de votre serveur s'arrête brusquement, avez-vous l'aptitude de tout restaurer et de tout sauvegarder ?

LE FONCTIONNEMENT DE VOTRE PROPRE SERVEUR

L'installation, la configuration et le lancement d'un serveur ne sont pas traités dans ce livre. Pour obtenir plus d'informations, vous pouvez visiter les sites Web suivants :

`www.microsoft.com` Ce site traite des dernières options du serveur Web de Microsoft. Au moment où nous écrivons ce livre, Windows 2000 Server et Windows 2000 Professionnel sont sortis avec le logiciel Internet Information Services (IIS) 5. De plus, les produits Microsoft sont livrés avec le logiciel FrontPage qui est pratique si vous l'utilisez pour développer votre site Web.

`www.omnicron.ab.ca/httpd/` Dans ce site, un serveur riche en caractéristiques, appelé OmniHTTPd et proposé sous ses deux versions, l'un en logiciel gratuit et l'autre en partagiciel, est disponible pour Windows 95/98 et Windows NT.

`www.apache.org` Dans ce site, vous trouverez Apache, le logiciel de serveur le plus populaire basé sur Unix même s'il est aussi disponible pour d'autres plates-formes incluant Windows.

`http://serverwatch.internet.com/webservers.html`

Ce site vous donne les informations définitives sur les serveurs.

Le processus de publication

Avant de commencer, vous aurez besoin des informations suivantes :

L'adresse du serveur HTPP Par exemple, le site `www.lanw.com`. En fonction de votre situation, vous devez avoir le nom du dossier à partir duquel on accédera à vos fichiers.

L'adresse du serveur FTP, si requis Par exemple, le site `ftp://ftp.lanw.com`. De la manière avec laquelle vous allez obtenir vos fichiers sur le serveur dépend l'utilisation du Protocole de transfert de fichier (FTP). Surtout dans un environnement d'affaires ou universitaire, il est possible de copier simplement les fichiers dans un dossier spécifique sur un lecteur réseau.

Mot de passe et restrictions d'accès Vous avez besoin d'un identificateur utilisateur et d'un mot de passe pour télécharger les fichiers dans le serveur.

Le Tableau 16.1 résume ces informations et vous offre de l'espace pour inclure des informations spécifiques.

Tableau 16.1 : Les informations dont vous aurez besoin avant d'utiliser le Protocole de transfert de fichier.

INFORMATIONS	EXEMPLE	VOS INFORMATIONS
Adresse du serveur FTP	`ftp.lanw.com.`	
Identificateur Utilisateur	jsmith.	
Mot de passe	JB14mN	Ne l'écrivez pas.
Dossier dans le serveur à utiliser	`public_xhtml.`	

Les mots de passe doivent toujours être difficiles à deviner ; ils doivent être une combinaison de lettres en minuscules et majuscules avec des nombres. Vous ne devez pas écrire votre mot de passe en entier près de votre machine ou le sauvegarder dans votre ordinateur. Vous avez une autre option, celle de partager en deux votre mot de passe : une partie que vous gardez en mémoire et une partie que vous écrivez.

Avec ces informations, vous êtes prêt à *télécharger* vos fichiers vers le serveur. Ce procédé signifie que vous mettez une copie de vos documents XHTML sur le serveur. Le processus de téléchargement de vos documents vers un serveur sera différent pour chaque serveur et chaque installation. Il est facile de copier un fichier dans un dossier (sur l'intranet d'une société) et de compléter plusieurs pages de formulaires en ligne. Il peut aussi être un processus simple impliquant une application FTP (processus courant sur des intranets et avec les fournisseurs d'accès Internet).

La méthode la plus facile pour télécharger des fichiers vers un serveur est d'utiliser les outils de publication inclus dans un grand nombre d'applications d'édition de documents XHTML de haute finition. Ces outils fonctionnent bien si tous les fichiers appartiennent à un seul dossier et si vous ne trouvez aucun incovénient à laisser les programmes "ajuster" eux-mêmes les liens lorsque les fichiers sont téléchargés.

Vous noterez que nous ne mentionnons pas les outils de publication XHTML. Il est trop tôt (mai 2001) pour un grand nombre d'applications de supporter pleinement le langage XHTML ; il convient donc d'utiliser encore les outils HTML pendant un moment. Sur le site `www.macomedia.com/software/dreamweaver/`, consultez l'outil de publication qui vient avec le logiciel Dreamweaver par exemple.

Cependant, dans les pages qui suivent, vous allez probablement utiliser un programme FTP ou votre navigateur pour télécharger vos documents.

Téléchargement avec le Protocole de transfert de fichier

Le Protocole de transfert de fichier est l'outil standard d'Internet pour transférer des fichiers. Quel que soit le Protocole de transfert de fichier que vous choisissez, vous allez rencontrer les commandes indiquées dans le Tableau 16.2. Ces commandes sont à utiliser lorsque vous téléchargez avec un programme FTP basé sur un texte ou avec un programme FTP graphique.

Tableau 16.2 : Les commandes FTP pour transférer des fichiers.

COMMANDE	DESCRIPTION
ftp	Commence une application FTP.
open "..."	Ouvre une connexion FTP au nom du serveur spécifié.
close	Ferme une connexion FTP sans sortir de l'application.
quit	Ferme une connexion FTP et l'application.
put	Télécharge les fichiers vers le serveur.
get	Télécharge les fichiers à partir d'un serveur.
ascii	Définit le type de fichier à ASCII pour télécharger le document XHTML ou d'autres documents texte.
binary	Définit le type de fichier binaire pour télécharger les fichiers images ou les fichiers de classe et d'autres documents binaires.
cd	Modifie le répertoire sur le serveur. Faites suivre le nom de dossier avec la variable `cd` pour le modifier dans ce dossier : faites suivre `cd` de .. pour s'avancer en dehors du dossier en cours.
pwd	Indique le dossier dans lequel vous êtes (signifie un répertoire de travail).

Téléchargement des fichiers avec un programme FTP texte

Avant de commencer, vous aurez besoin des informations indiquées dans le Tableau 16.1, et vous devez avoir vos documents XHTML et les fichiers y afférents. Suivez ces étapes :

1. A l'invite de commandes (une invite DOS ou le shell Unix), allez dans le dossier qui contient les fichiers que vous souhaitez télécharger. Par exemple, si vous êtes dans l'invite **c:** et que vos fichiers se trouvent dans le sous-dossier `TestWeb`, tapez **cd testweb**.
2. Tapez **ftp** pour commencer l'application FTP.
3. Dans l'invite `FTP>`, tapez la commande **open** et l'adresse du serveur FTP, par exemple, `open ftp.lanw.com`
4. Entrez votre identificateur utilisateur et votre mot de passe lorsqu'on vous le demande. Si vous téléchargez des fichiers à un fournisseur d'accès Internet, votre nom de dossier sera probablement `public_html` ou `www` ou quelque chose de similaire comme `cd public_html`.

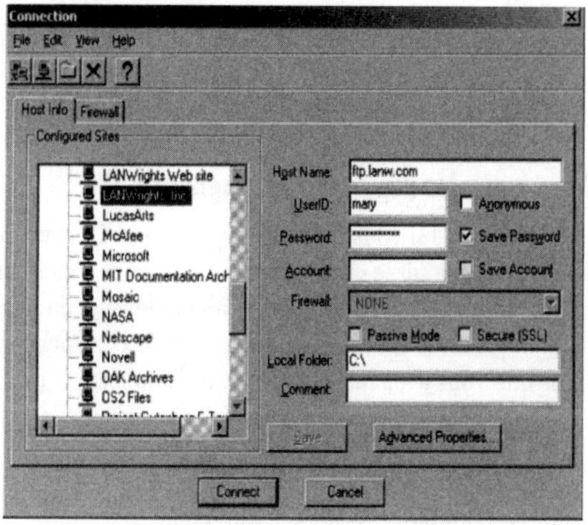

5. Pour télécharger des documents XHTML, choisissez le type de fichier ASCII. Tapez **ascii**.
6. Maitenant, téléchargez les documents avec la commande `put`. Par exemple, tapez **put filename.htm**.

   Si vous avez plusieurs fichiers à télécharger, vous pouvez utiliser la commande `mput` et un caractère joker. Par exemple, pour télécharger tous les fichiers vers le dossier avec des noms de fichiers se terminant par `.htm`, tapez **mput*.htm**.

7. Pour télécharger des fichiers binaires (tels que les graphiques), choisissez d'abord le type de fichier binaire. Tapez **binary**.
8. Téléchargez les documents avec la command `put`. Par exemple, tapez **put filename.htm**.

   Si vous avez plusieurs fichiers à télécharger, utilisez la commande `mput` et un caractère joker. Par exemple, pour télécharger tous les fichiers vers le dossier avec des noms se terminant par `.gif`, tapez **mput*.gif**.
9. Lorsque vous avez fini, tapez **quit** pour quitter l'application FTP.

Maintenant, ouvrez votre navigateur Web et essayez d'accéder aux fichiers que vous téléchargez. Si les icônes d'image changent, il est probable que vous n'avez pas spécifié le type de fichier binaire avant de télécharger les fichiers (un problème courant). Essayez encore, faites attention lorsque vous précisez le type de fichier binaire.

Si vous utilisez un éditeur WYSIWYG et que vos liens ne fonctionnent pas correctement, consultez le code brut XHTML pour vérifier que les liens n'ont pas été modifiés. Les logiciels Netscape Composer et Gold (prédécesseur de Composer) modifient parfois d'une façon arbitraire les liens et font en sorte qu'ils ne fonctionnent plus.

Téléchargement des fichiers avec des programmes graphiques FTP

Une procédure plus facile est disponible si vous avez une application FTP graphique (telle que WS-FTP pour Windows, disponible sur le site `www.ipswitch.com`) ou Fetch (disponible sur le site `http://fetchsoftworks.com`). La procédure spécifique dépend du logiciel mais ressemble généralement à celle que nous allons présenter. Avant de commencer, ayez en main les mêmes informations que vous avez rassemblées pour l'application FTP texte.

Utilisez la procédure suivante pour télécharger les fichiers avec WS-FTP qui est une application Windows :

1. Commencez l'application en double-cliquant sur son icône.
2. Choisissez Fichier --> Nouveau site. Entrez un nom pour le site et le nom d'hôte ou l'adresse IP.
3. Cliquez sur Finir.
4. Dans la fenêtre principale de WS-FTP, complétez le nom de l'utilisateur et le mot de passe du site et cliquez sur Sauvegarder pour sauvegarder ces informations. Cochez la case Enregistrer le mot de passe si vous souhaitez que l'application se souvienne à votre place de votre mot de passe. Laissez les autres champs vides à moins que votre administrateur système vous ait procuré ces informations.

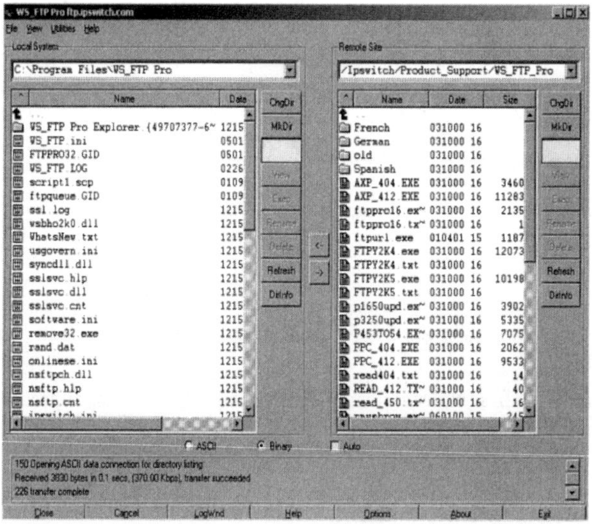

L'identificateur utilisateur et le mot de passe sont sensibles à la casse ; si vous remplacez une lettre majuscule en minuscule ou réciproquement, l'accès sera refusé.

5. Cliquez sur Connecter. Un message de connexion s'affiche au fur et à mesure que votre client FTP se connecte au serveur FTP.
6. Sélectionnez le dossier local approprié sur le côté gauche de la fenêtre et le dossier distant approprié sur le côté droit de la fenêtre. Vous sélectionnez des dossiers en double-cliquant sur eux ou en sélectionnant le bouton ChgDir.
7. Lorsque vous avez les bons dossiers ouverts sur les deux côtés, cochez la case Auto pour préciser la façon dont les ordinateurs vont échanger les fichiers. L'option Automatique est souvent parfaite. Les fichiers XHTML se transfèrent en ASCII (parce qu'ils sont de simples textes) et les fichiers image se transfèrent en binaire (car ils sont des fichiers binaires et non des fichiers texte). Si vous avez essayé l'option automatique et que les fichiers téléchargés ne fonctionnent pas correctement, vous devez définir manuellement les paramètres de transferts en binaire pour les graphiques et en ASCII pour les documents XHTML et les autres documents texte.

Si vous ne pouvez pas ouvrir et lire le fichier dans Notepad, SimpleText ou vi, alors ce n'est pas un fichier texte. Vous devez transférer en binaire tous les documents de traitement de texte, les feuilles de calcul et les fichiers multimédias.

8. Sélectionnez les fichiers à transférer et cliquez sur la flèche (pointant de votre lecteur local vers le lecteur du serveur) ou le bouton Copier.

Testez maintenant tous vos fichiers téléchargés.

TÉLÉCHARGEMENT AVEC LE PROTOCOLE HTTP

Certains outils de publication automatique offrent des options de téléchargement par l'intermédiaire du protocole HTTP au lieu du protocole FTP. Cependant, certains fournisseurs d'accès Internet préfèrent supporter des téléchargements HTTP pour des raisons de sécurité.

La différence principale est que si vous utilisez le protocole HTTP, vous devez uniquement fournir l'adresse Web à laquelle vos fichiers doivent être téléchargés et non l'adresse du serveur HTTP.

Pour un développeur Web, il n'existe aucune différence entre les deux approches pourvu que les fichiers soient transférés correctement.

Téléchargement avec d'autres outils

A part l'utilisation d'un programme FTP, vous pouvez aussi télécharger vos documents par l'intermédiaire de votre navigateur ou d'outils spécialisés qui viennent avec les différents logiciels HTML. Le logiciel Dreamweaver dispose d'un excellent outil de gestion de site illustré dans la Figure 16.1. Le site distant apparaît sur la gauche et les dossiers locaux sur la droite. Cet utilitaire fonctionne beaucoup plus comme un utilitaire FTP et il est très convenable. Vous pouvez développer vos pages et les télécharger vers votre serveur à partir de la même interface.

Si vous utilisez une version récente d'un navigateur Netscape, vous pouvez télécharger des fichiers en entrant dans le site **ftp://yourid@yourftpserver.com/** à la ligne Emplacement. On vous demandera votre mot de passe. Le seul inconvénient est que vous devez d'abord vous familiariser avec la structure des fichiers qui se trouvent sur le serveur. Après avoir navigué dans le bon dossier, choisissez Fichier --> Télécharger fichier pour sélectionner le fichier à télécharger (vous ne pouvez télécharger qu'un fichier à la fois).

Si vous téléchargez par l'intermédiaire de votre navigateur, mettez vite un signet à l'emplacement de l'adresse URL de vos fichiers, de sorte que vous n'avez plus à naviguer de nouveau vers elle.

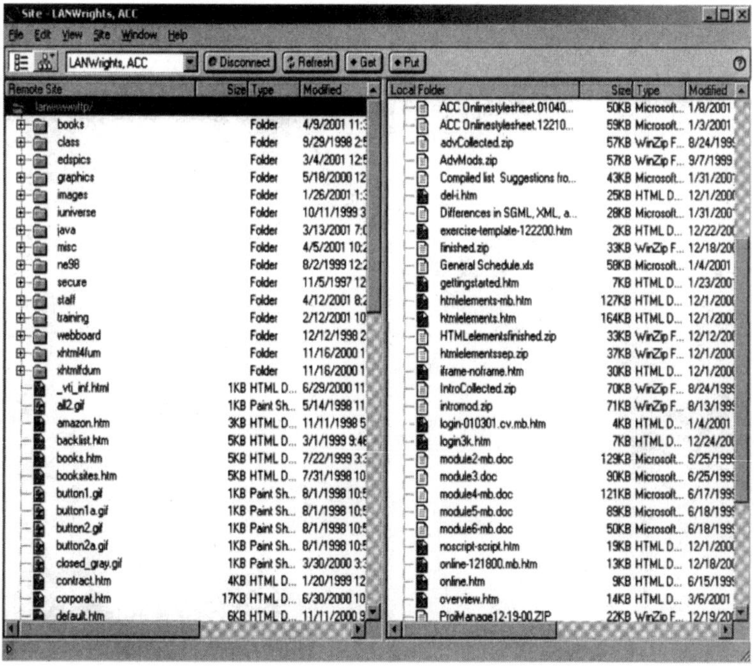

Figure 16.1 : L'outil de gestion du site Dreamweaver.

Et maintenant, que faire ?

Maintenant, vous pouvez publier vos documents en utilisant un fournisseur d'accès Internet sur le réseau d'une société ou sur votre propre serveur, cela juste en transférant de votre machine vers un serveur une copie de vos documents. Ainsi, vous les rendez accessibles aux autres personnes de votre société et à celles qui naviguent sur Internet.

Voici quelques suggestions pour terminer :

- Relisez le Chapitre 5 pour vous entraîner à inclure des images.
- Revoyez le Chapitre 6 pour le développement et l'insertion des tableaux.

- Consultez le Chapitre 7 pour les formulaires.
- Consultez le Chapitre 8 pour les cadres.
- Revisez le Chapitre 15 pour obtenir plus d'informations sur les sites publics ou personnels et sur les sites intranet.

Les Références du Maître

Partie 1 : Les éléments et les attributs du langage XHTML 517

Partie 2 : Les Références sur les feuilles de style (CSS) 653

Partie 3 : Les Références sur le scripting 753

Partie 4 : L'outil de validation W3C Validator 893

Partie 5 : Caractères spéciaux du langage XHTML 899

Partie 6 : Les codes de couleur du langage XHTML 905

Partie 7 : La spécification du langage XHTML 909

Partie 8 : La version XHTML 1.1 935

Les éléments et les attributs du langage XHTML

XHTML

Les Références du Maître

Partie 1

Cette section est un guide de références complet de tous les éléments XHTML y compris les éléments standards et ceux introduits par Netscape Navigator et Microsoft Internet Explorer. Pour chaque élément, nous allons fournir un échantillon de code et indiquer les caractéristiques de l'élément.

Standard/Usage : La version du langage XHTML ou HTML dans lequel l'élément a été introduit.

Largement supporté : Si les navigateurs supportent largement l'élément.

Elément vide : Si l'élément est un élément vide.

Pour chaque élément, nous listons aussi les attributs disponibles. Puis, pour chaque attribut, nous décrivons son utilisation avec des valeurs, et nous procurons la version HTML et les informations sur les navigateurs qui le supportent. Un échantillon de code complétera la présentation.

Si un élément a été introduit dans le langage HTML 2, HTML 3.2 ou HTML 4 et qu'il n'est pas obsolète, vous pouvez aussi l'employer sans crainte dans le langage XHTML.

Si des éléments et des attributs apparaissent dans la spécification HTML 4, HTML 3.2 ou HTML 2, le numéro de version apparaît à côté de Standard/Usage. Pour les éléments et les attributs spécifiques aux navigateurs, Standard/Usage indique les navigateurs et les versions de navigateurs qui les supportent.

Vous pouvez utiliser en toute confiance les éléments et les attributs HTML 2. Ils procurent une fonctionnalité de base mais peu de caractéristiques orientées vers l'agencement ou la conception.

Le langage HTML 3.2 reste compatible avec HTML mais il fournit plusieurs nouveaux éléments. Il supporte les tableaux, les imagemaps côté-client, les applets incorporés et plusieurs nouveaux attributs qui aident à mieux contrôler l'alignement des objets à l'intérieur des documents. Tous les navigateurs courants supportent les éléments et les attributs de la spécification HTML 3.2.

La spécification HTML 4 reste compatible avec toutes les autres versions du langage HTML et dispose de capacités accrues pour mieux répondre aux nombreux langages et aux différentes technologies des navigateurs comme la lecture à voix haute ou l'alphabet Braille. De plus, la plupart des éléments et attributs de la spécification HTML 4 sont devenus obsolètes et ont été remplacés par les feuilles de style, améliorant ainsi les capacités de formatage.

Puisque XHTML est une reformulation de HTML 4 en tant que langage XML, les éléments et les attributs utilisés sont les mêmes. Ainsi, si un élément peut être utilisé avec HTML 4 ou les versions antérieures, il peut être aussi mis en œuvre avec XHTML. Toutefois, il vaut mieux utiliser les feuilles de style au lieu d'éléments ou d'attributs obsolètes.

La spécification XHTML courante possède trois sous-types : XHTML Transitionel, XHTML Strict et XHTML Multifenêtrage. La Définition de type de document (DTD) XHTML accepte les éléments et les attributs obsolètes pour la version HTML 4 et le type de document XHTML 1. Pour répondre aux objectifs généraux de la création de documents sur le Web, cette solution reste toujours le meilleur choix. La définition XHTML Multifenêtrage supporte aussi les cadres.

La définition XHTML Stricte DTD est axée sur les éléments de structure de document et n'accepte aucun élément ni attribut obsolète (les éléments obsolètes sont listés dans le Tableau MR1.1). Cette définition DTD est indiquée si vous écrivez à la fois pour Netscape Navigator 4 et Internet Explorer 4 ou les versions plus récentes. Nous mettons particulièrement l'accent sur l'utilisation d'un marquage XHTML propre et des feuilles de style. Relisez le Chapitre 2 pour des détails sur les différentes spécifications et sur la manière de les utiliser.

Si vous souhaitez vous soumettre avec la spécification XHTML 1.1 (sortie le 31 mai 2001), vous devez éviter d'utiliser les éléments obsolètes affichés dans le Tableau MR1.1. Consultez la huitième partie des Références du Maître pour plus de détails sur la spécification XHTML 1.1.

Tableau MR1.1 : Les éléments obsolètes dans XHTML 1.0.

ELEMENT OBSOLETE	DESCRIPTION	OBSERVATIONS
`applet`	Applet Java	Obsolète, remplacé par l'élément `object`.
`basefont`	Taille de la police	Obsolète, remplacé par les feuilles de style CSS.
`center`	Abréviation de `div align="center"`	Obsolète, remplacé par les feuilles de style CSS.
`dir`	Liste des répertoires	Obsolète, remplacé par les listes qui ne sont pas en ordre.
`font`	Modification locale de la police	Obsolète, remplacé par les feuilles de style CSS.
`isindex`	simple ligne d'invite	Obsolète, remplacé par l'utilisation d'une entrée pour créer des commandes d'entrée-texte.
`menu`	Liste de menu	Obsolète, remplacé par les listes qui ne sont pas en ordre.
`s`	Texte barré	Obsolète, remplacé par les feuilles de style CSS.
`strike`	Texte barré	Obsolète, remplacé par les feuilles de style CSS.
`u`	Texte souligné	Obsolète, remplacé par les feuilles de style CSS.

Pour voir les attributs et les éléments obsolètes sous HTML 4.01, consultez le site `www.w3.org/TR/html4/index/attributes.html` et allez à la colonne Depr.

Les éléments qualifiés d'obsolètes tout au long de cette section sont acceptés par les définitions XHTML Transitionelle et Multifenêtrage mais pas par la définition XHTML Stricte. Par contre, les éléments des versions récentes de HTML qui ne le sont pas sont acceptés par toutes les définitions DTD de HTML y compris XHTML Stricte. Les éléments dans la définition sont étiquetés comme HTML 4 (les cadres).

Lorsqu'on dit qu'un élément ou un attribut est largement supporté, cela signifie que 75 à 80 % des navigateurs courants s'accommodent de cet élément. Toutes les versions récentes d'Internet Explorer (5.5 et plus) et de Netscape Navigator (6 et plus) reconnaissent les éléments et attributs largement supportés. Nous indiquons les variables courants comme ceci :

Variable	A remplacer par
`n`	Un nombre (la taille par exemple).
`url`	Un type d'adresse (comme un hyperlien).
`#rrggbb`	Une valeur de couleur (en format hex) *ou* en un nom de couleur standard.
...	Toute autre valeur, comme un titre ou un nom.

Lorsque les valeurs sont données dans une liste et séparées par des virgules, ce sont des valeurs fixes et vous devez en choisir une.

Attributs courants

Un couple d'attributs s'applique à presque tous les éléments. Ce sont les *attributs courants* :

lang="..."

Spécifie la langue utilisée dans la section. Cet attribut est le plus souvent utilisé à l'intérieur des documents pour outrepasser les spécifications de langue au niveau du site. Utilisez des codes standards pour les langues comme `DE` pour l'allemand, `FR` pour le français, `IT` pour l'italien, et `HE` pour l'hébreu. Consultez les normes ISO International Standard 639 au site :

```
http://www.oasis-open.org/cover/iso639a.html
```

pour avoir plus d'informations sur les codes de langues.

Même si ces codes ne sont pas sensibles à la casse comme les valeurs d'attributs du langage XHTML, la norme ISO exige qu'on les mette en majuscules dans d'autres contextes comme dans le langage SGML par exemple. Il vaut donc mieux utiliser des majuscules.

Standard/Usage : HTML 4. **Largement supporté :** Non.

Exemple :

```
<p>The following quote is in German. <q lang="DE">Guten tag!</q></p>
```

dir="ltr|rtl"

Spécifie la direction (de gauche à droite ou de droite à gauche) de la lecture du texte dans la section. Cet attribut est le plus souvent utilisé à l'intérieur des documents pour outrepasser les spécifications de direction du langage d'un large site.

Standard/Usage : HTML 4. **Largement supporté :** Non.

Exemple :

```
<p>The following code is in Hebrew; therefore, it's written right to left, not left to
right. <q lang="HE" dir="rtl">Hebrew text goes here and is presented right to left,
not left to right.</q></p>
```

Gestionnaires d'événements

Chacun des gestionnaires d'événements facilite la liaison des actions de l'utilisateur avec des scripts. Consultez la deuxième partie des Références du Maître à propos du scripting pour une explication détaillée de leur utilisation et lisez le Chapitre 11 pour en savoir plus sur les instructions de JavaScript.

onload="..."

A lieu lorsqu'un navigateur a fini d'ouvrir une fenêtre ou tous les cadres d'un élément `frameset`. Il fonctionne avec les éléments `body` et `frameset`.

onunload="..."

A lieu lorsqu'un navigateur supprime un document à partir d'une fenêtre ou d'un cadre. Il fonctionne avec les éléments `body` et `frameset`.

onclick="..."

A lieu lorsqu'un utilisateur clique sur un élément. Il fonctionne avec la plupart des éléments.

ondblclick="..."

A lieu lorsqu'un utilisateur double-clique sur un élément. Il fonctionne avec la plupart des éléments.

onmousedown="..."

A lieu lorsqu'un utilisateur appuie le bouton de la souris sur un élément. Il fonctionne avec la plupart des éléments.

onmouseup="..."

A lieu lorsqu'un utilisateur relâche le bouton de la souris sur un élément. Il fonctionne avec la plupart des éléments.

onmouseover="..."

A lieu lorsqu'un utilisateur fait mouvoir la souris sur un élément. Il fonctionne avec la plupart des éléments.

onmousemove="..."

A lieu lorsqu'un utilisateur fait mouvoir la souris alors qu'elle est encore sur un élément. Il fonctionne avec la plupart des éléments.

onmouseout="..."

A lieu lorsqu'un utilisateur déplace la souris en dehors de l'élément. Il fonctionne avec la plupart des éléments.

onfocus="..."

A lieu lorsqu'un utilisateur déplace le focus vers un élément avec la souris ou avec la touche Tab. Il fonctionne avec les éléments `label`, `input`, `select`, `textarea`, et `button`.

onblur="..."

A lieu lorsqu'un utilisateur éloigne le focus d'un élément avec la souris ou la touche Tab. Il fonctionne avec les éléments `label`, `input`, `select`, `textarea` et `button`.

onkeypress="..."

A lieu lorsqu'un utilisateur presse et relâche une touche sur un élément. Il fonctionne avec la plupart des éléments.

onkeydown="..."

A lieu lorsqu'un utilisateur presse une touche sur un élément. Il fonctionne avec la plupart des éléments.

onkeyup="..."

A lieu lorsqu'un utilisateur relâche une touche sur un élément. Il fonctionne avec la plupart des éléments.

onsubmit="..."

A lieu lorsqu'un utilisateur soumet un formulaire. Il ne fonctionne qu'avec l'élément `form`.

onreset="..."

A lieu lorsqu'un utilisateur redéfinit un formulaire. Il ne fonctionne qu'avec l'élément `form`.

onselect="..."

A lieu lorsqu'un utilisateur sélectionne du texte dans un champ texte. Il fonctionne avec les éléments `input` et `textarea`.

onchange="..."

A lieu lorsqu'un utilisateur modifie un champ et déplace le focus sur un autre contrôle. Il fonctionne avec les éléments `input`, `select` et `textarea`.

!

<!-- -->

Insère des commentaires dans un document. Les navigateurs n'affichent pas ces commentaires qui restent toutefois visibles dans le document source.

Standard/Usage : HTML 2. **Largement supporté :** Oui. **Elément vide :** Non.

Exemple :

```
<!-- This paragraph was modified on 8-15-01 -->
<p>XML is the latest and greatest in markup languages.</p>
```

<!DOCTYPE>

Apparaît au début du document et indique la version du document.

Standard/Usage : HTML 2. **Largement supporté :** Oui.

Exemples :

XHTML Strict standard :

```
<!DOCTYPE html PUBLIC "-//W3C//DTD XHTML 1.0 Strict//EN"
"http://www.w3.org/TR/xhtml1/DTD/xhtml1-strict.dtd">
```

XHTML Transitionel standard :

```
<!DOCTYPE html PUBLIC "-//W3C//DTD XHTML 1.0 Transitional//EN"
"http://www.w3.org/TR/xhtml1/DTD/xhtml1-transitional.dtd">
```

XHTML Multifenêtrage standard :

```
<!DOCTYPE html PUBLIC "-//W3C//DTD XHTML 1.0 Frameset//EN"
"http://www.w3.org/TR/xhtml1/DTD/xhtml1-frameset.dtd">
```

`DOCTYPE` n'est pas un élément. Ainsi, il n'est donc pas écrit avec une balise de fermeture ou une barre oblique (/). C'est une Déclaration de type de document et il doit être écrit comme on l'a présenté dans cette section.

a

a

On l'appelle aussi élément *ancre*. Identifie un lien ou un emplacement à l'intérieur d'un document. On utilise couramment cet élément pour créer un hyperlien avec l'attribut `href`. Vous pouvez aussi utiliser l'élément a pour identifier les sections à l'intérieur d'un document avec l'attribut `name`.

Standard/Usage : HTML 2. **Largement supporté :** Oui. **Elément vide :** Non.

Exemple :

```
<a href="http://www.lanw.com/">Visit LANWrights, Inc.</a>
```

accesskey="..."

Assigne une touche de clavier à l'élément.

Standard/Usage : HTML. 4. **Largement supporté :** Non.

Exemple :

```
<a href="help.html" accesskey="h">Help</a>
```

charset="..."

Spécifie l'encodage des caractères des données désignées par le lien. Utilisez le nom d'un ensemble de caractères définis dans le document RFC2045.

La valeur par défaut de cet attribut qui convient à toutes les langues occidentales est `ISO-8859-1`.

Standard/Usage : HTML. 4. **Largement supporté :** Non.

Exemple :

```
<a href="help.html" charset="ISO-8859-1">Help</a>
```

class="..."

Indique la classe de style à appliquer à l'élément. Vous devez toutefois définir la classe dans une feuille de style.

Standard/Usage : HTML. 4. **Largement supporté :** Non.

Exemple :

```
<a href="next.html" class="casual">Next</a>
```

coords="x1,y1,x2,y2,..."

Identifie les coordonnées qui définissent une zone cliquable dans une imagemap côté-client. Mesure les coordonnées en pixels à partir du coin en haut à gauche de l'image.

Standard/Usage : HTML. 4. **Largement supporté :** Non.

Exemple :

```
<a shape="rect" coords="20,8,46,30" href="food.html">Food</a>
```

href="url"

Spécifie l'emplacement absolu et relatif d'un fichier auquel vous souhaitez fournir un hyperlien.

Standard/Usage : HTML. 2. **Largement supporté :** Oui.

Exemple :

```
<a href="details.html">More Info></a>
```

hreflang="..."

Spécifie la langue utilisée dans le document référencé. Utilisez les codes standards pour les langues. Exemples : `DE` pour l'allemand, `FR` pour le français, `IT` pour l'italien, `HE` pour l'hébreu. Vous pouvez consulter les normes ISO International Standard 639 au site :

```
www.oasis-open.org/cover/iso639a.html
```

pour en savoir plus sur les codes de langues.

Standard/Usage : HTML. 4. **Largement supporté :** Non.

Exemple :

```
<a href="german.html" hreflang="DE">Read this in German!</a>
```

id="..."

Assigne un sélecteur ID unique à une instance de l'élément a. Lorsque vous attribuez ensuite un style à ce sélecteur ID, il affecte uniquement cette instance de l'élément a.

Standard/Usage : HTML 4. **Largement supporté :** Non.

Exemple :

```
<a href="next.html" id="123">Next</a>
```

name="..."

Identifie un emplacement à l'intérieur du document courant avec un nom. Le navigateur peut alors aller directement à une information spécifique à l'intérieur d'un document. Vous pouvez lier des emplacements nommés qui existent dans un document avec une adresse URL partielle, consistant en un signe dièse (#) et le nom (à partir de l'intérieur de ce document) ou avec une adresse URL plus complète avec un signe dièse et un nom à la fin (à partir d'autres documents ou d'autres sites.) Cet attribut est obsolète ; utilisez-le avec l'attribut id ou employez ce dernier à sa place.

Standard/Usage : HTML 2 ; obsolète. **Largement supporté :** Oui.

Exemple :

```
<a href="#ingredients">Ingredients</a>
...
<a name="ingredients" id="ingredients"><h1>Ingredients</h1></a>
```

rel="..."

Spécifie la relation des hyperliens.

Standard/Usage : HTML 3.2. **Largement supporté :** Non.

Exemple :

```
<a rel="next" href="otherdoc.html">Other Doc</a>
```

rev="..."

Spécifie la relation inversée des hyperliens.

Standard/Usage : HTML 3.2. **Largement supporté :** Non.

Exemple :

```
<a rev="Prev" href="http://www.lanw.com/default.htm">Link</a>
```

shape="rect|circle|poly"

Spécifie le type de forme géométrique utilisé pour représenter une zone cliquable.

Valeur	Forme indiquée
rect	Rectangle.
circle	Cercle.
poly	Polygone bordé par trois côtés ou plus.

Standard/Usage : HTML 4. **Largement supporté :** Non.

Exemple :

```
<a shape="rect" coords="20,8,46,30"> href="food.html">...</a>
```

style="..."

Spécifie les commandes de la feuille de style qui s'appliquent aux contenus de l'élément a.

Standard/Usage : HTML. 4. **Largement supporté :** Non.

Exemple :

```
<a style="background: red" href="page2.html">Page 2</a>
```

tabindex="n"

Indique le rang de l'élément dans l'ordre de tabulation du document.

Standard/Usage : HTML. 4. **Largement supporté :** Non.

Exemple :

```
<a href="food.html" tabindex="4">Food</a>
```

target="..."

Indique le nom d'un cadre particulier dans lequel vous chargez le document lié. Vous établissez les noms de cadre à l'intérieur de l'élément `frame`. La valeur de cet attribut peut être n'importe quel mot.

Standard/Usage : HTML. 4 (Cadres). **Largement supporté :** Oui.

Exemple :

```
<a href="/frames/frame2.html" target="pages">Go to Page 2</a>
```

title="..."

Spécifie le texte affecté à l'élément que vous pouvez utiliser pour avoir une aide sensible au contexte à l'intérieur du document. Les navigateurs pourraient l'utiliser pour afficher des info-bulles sur l'hyperlien.

Standard/Usage : HTML. 4. **Largement supporté :** Oui.

Exemple :

```
<a href="page2.html" title="Go to the next page">Next page</a>
```

type="..."

Indique le type de MIME du fichier ou objet lié. Exemple : spécifiez `text/html`, `image/jpeg`,`application/java`, `text/css` ou `text/javascript`. Pour une liste complète des types, allez au site :

`ftp://ftp.isi.edu/in-notes/iana/assignments/media-types/`

Standard/Usage : HTML. 4. **Largement supporté :** Non.

Exemple :

```
<a href="shocknew.dcr" type="application/x-director">Choose Shockwave</a>
```

Autres attributs

L'élément a accepte aussi les attributs `lang`, `dir`, `onclick`, `ondblclick`, `onmousedown`, `onmouseup`, `onmouseover`, `onmousemove`, `onmouseout`, `onkeypress`, `onkeydown`, et `onkeyup`.

abbr

Indique une abréviation dans un document.

Standard/Usage : HTML. 4. **Largement supporté :** Non. **Elément vide :** Non.

Exemple :

```
<p><abbr>ABBR</abbr> is an abbreviation for abbreviation.</p>
```

class="..."

Indique la classe de style à appliquer à l'élément abbr.

Standard/Usage : HTML 4. **Largement supporté :** Non.

Exemple :

```
<p><abbr class="casual">ABBR</abbr> is short for abbreviation.</p>
```

id="..."

Assigne un sélecteur ID unique à une instance de l'élément abbr. Lorsque vous attribuez ensuite un style à ce sélecteur ID, il affecte uniquement cette instance de l'élément abbr.

Standard/Usage : HTML 4. **Largement supporté :** Non.

Exemple :

```
<p><abbr id="123">ABBR</abbr> is short for abbreviation.</p>
```

style="..."

Spécifie les commandes de la feuille de style qui s'appliquent à la définition.

Standard/Usage : HTML 4. **Largement supporté :** Non.

Exemple :

```
<p><abbr style="background: blue; color: white">abbr</abbr> is short for
abbreviation.</p>
```

title="..."

Spécifie le texte affecté à l'élément. Pour l'élément abbr, vous l'utilisez afin de fournir le développement du terme. Vous pouvez aussi utiliser cet attribut pour avoir l'aide sensible au contexte à l'intérieur du document. Les navigateurs peuvent s'en servir dans le but d'afficher des info-bulles sur le texte.

Standard/Usage : HTML 4. **Largement supporté :** Non.

Exemple :

```
<p><abbr title="Abbreviation">ABBR</abbr> is short for abbreviation.</p>
```

Autres attributs

L'élément abbr accepte aussi les attributs lang, dir, onclick, ondblclick, onmousedown, onmouseup, onmouseover, onmousemove, onmouseout, onkeypress, onkeydown, et onkeyup.

acronym

Indique un acronyme dans un document.

Standard/Usage : HTML 4. **Largement supporté :** Non. **Elément vide :** Non.

Exemple :

```
<p><acronym>HTTP</acronym> stands for Hypertext Transfer Protocol</p>
```

class="..."

Indique la classe de style à appliquer à l'élément acronym.

Standard/Usage : HTML 4. **Largement supporté :** Non.

Exemple :

```
<p><acronym class="casual">HTTP</acronym> stands for Hypertext Transfer Protocol</p>
```

id="..."

Assigne un sélecteur ID unique à une instance de l'élément acronym. Lorsque vous attribuez ensuite un style à ce sélecteur ID, il affecte seulement cette instance de l'élément acronym.

Standard/Usage : HTML 4. **Largement supporté :** Non.

Exemple :

```
<p><acronym id="123">HTTP</acronym> stands for Hypertext Transfer Protocol</p>
```

style="..."

Spécifie les commandes de la feuille de style qui s'appliquent à cette définition.

Standard/Usage : HTML 4. **Largement supporté :** Non.

Exemple :

```
<p><acronym style="background: blue; color: white">ESP</acronym> stands for extra-
sensory perception.</p>
```

title="..."

Spécifie le texte affecté à l'élément. Pour l'élément acronym, utilisez-le pour fournir le développement du terme. Vous pouvez aussi utiliser cet attribut pour avoir l'aide sensible au contexte à l'intérieur du document. Les navigateurs peuvent l'utiliser afin d'afficher des info-bulles sur le texte.

Standard/Usage : HTML 4. **Largement supporté :** Non.

Exemple :

```
<p><acronym title="Hypertext Transfer Protocol">HTTP</acronym>stands for Hypertext
Transfer Protocol</p>
```

Autres attributs

L'élément acronym accepte aussi les attributs lang, dir, onclick, ondblclick, onmousedown, onmouseup, onmouseover, onmousemove, onmouseout, onkeypress, onkeydown, et onkeyup.

address

On l'utilise pour fournir des informations de contact à l'intérieur d'un document. Cet élément est quelquefois utilisé pour contenir les informations du pied de page. Le texte à l'intérieur de cet attribut est écrit en italique.

Standard/Usage : HTML 2. **Largement supporté :** Oui. Elément vide : Non.

Exemple :

```
<address>LANWrights, Inc.<br />
<a href="mailto:webmaster@lanw.com">Webmaster</a><br />
</address>
```

class="..."

Indique la classe de style à appliquer à l'élément address.

Standard/Usage : HTML 4. **Largement supporté :** Non.

Exemple :

```
<address class="casual">Author info</address>
```

id="..."

Assigne un sélecteur ID unique à une instance de l'élément address. Lorsque vous attribuez ensuite un style à ce sélecteur ID, il affecte uniquement cette instance de l'élément address.

Standard/Usage : HTML. 4. **Largement supporté :** Non.

Exemple :

```
<address id="123">Author info</address>
```

style="..."

Spécifie les commandes de la feuille de style qui s'appliquent à cette définition.

Standard/Usage : HTML 4. **Largement supporté :** Oui.

Exemple :

```
<address style="background: red">Author info</address>
```

title="..."

Spécifie le texte affecté à l'élément. Pour l'élément acronym, utilisez-le afin de fournir le développement du terme. Vous pouvez aussi utiliser cet attribut pour avoir l'aide sensible au contexte à l'intérieur du document. Les navigateurs peuvent l'utiliser pour afficher des info-bulles sur le texte.

Standard/Usage : HTML 4. **Largement supporté :** Non.

Exemple :

```
<address title="My Address">Author info</address>
```

Autres attributs

L'élément address accepte aussi les attributs lang, dir, onclick, ondblclick, onmousedown, onmouseup, onmouseover, onmousemove, onmouseout, onkeypress, onkeydown, et onkeyup.

applet

Incorpore un objet applet Java à l'intérieur d'un document XHTML. En général, les éléments qui apparaissent à l'intérieur de l'élément applet permettent aux navigateurs qui ne supportent pas les applets Java de visualiser le texte alternatif. Les navigateurs qui ne supportent pas le langage Java ignorent toutes les informations entre les balises applet. Cet élément est obsolète dans la spécification HTML 4 et a été emplacé par l'élément objet.

Standard/Usage : HTML 3.2 ; obsolète. **Largement supporté :** Oui. **Elément vide :** Non.

Exemple :

```
<applet code="game.class">It appears your browser does not support Java. You're
missing out on a whole world of neat things!</applet>
```

align="left|center|right"

Spécifie l'alignement horizontal relatif de l'applet Java affiché. Exemple : une valeur center indique au navigateur de mettre l'applet au milieu de l'espace horizontal de la fenêtre du navigateur. Cet attribut est obsolète dans la spécification HTML 4 et a été remplacé par les feuilles de style.

Standard/Usage : HTML 3.2 ; obsolète. **Largement supporté :** Non.

Exemple :

```
<applet align="center" code="hangman.class">You lose.Would you like to play again? Hit
the RELOAD button.<br /></applet>
```

alt="..."

Affiche une description textuelle d'un applet Java si nécessaire.

Standard/Usage : HTML 3.2. **Largement supporté :** Non.

Exemple :

```
<applet code="hangman.class" alt="A Game of hangman">We could have had a relaxing game
of hangman if your browser supported Java applets.</applet>
```

archive="url, url"

Utilisé pour fournir une liste d'adresses URL de classes séparées par des virgules et d'autres ressources qui doivent être préchargées pour améliorer la performance de l'applet.

Standard/Usage : HTML 4. **Largement supporté :** Oui.

Exemple :

```
<applet code="hangman.class" archive="hgman.htm, hgman2.htm">Hangman</applet>
```

code="url"

Spécifie l'emplacement relatif ou absolu du fichier bytecode Java sur le serveur.

Standard/Usage : HTML 3.2. **Largement supporté :** Non.

Exemple :

```
<applet code="hangman.class">Hangman</applet>
```

codebase="url"

Spécifie le répertoire où se trouvent les fichiers de classe Java nécessaires sur un serveur Web. Si vous définissez un attribut, vous n'avez pas besoin d'utiliser des adresses URL spécifiques dans d'autres références vers les fichiers de classe Java. Exemple : vous n'avez pas besoin d'une référence absolue dans l'attribut code.

Standard/Usage : HTML. 3.2. **Largement supporté :** Non.

Exemple :

```
<applet codebase=http://www.lanw.com/ code="hangman.class">If your browser supported
inline Java applets, you'd be looking at a hangman game right now.</applet>
```

height="n"

Spécifie la hauteur (en pixels) de l'objet applet à l'intérieur du document.

Standard/Usage : HTML. 3.2. **Largement supporté :** Non.

Exemple :

```
<applet height="200" code="hangman.class">Because your browser does not support inline
Java applets, we won't be playing Hangman today.</applet>
```

hspace="n"

Spécifie une quantité d'espaces blancs (en pixels) à gauche et à droite de l'applet Java à l'intérieur du document.

Standard/Usage : HTML. 3.2. **Largement supporté :** Non.

Exemple :

```
<applet hspace="10" code="hangman.class">Sorry. Because your browser does not support
embedded Java applets, you'll have to play Hangman the old way.</applet>
```

name="..."

Assigne à l'instance de l'applet un nom pour que d'autres éléments puissent l'identifier à l'intérieur du document. Cet attribut est obsolète. Utilisez l'attribut id ou utilisez-le avec l'attribut name.

Standard/Usage : HTML 3.2 ; obsolète. **Largement supporté :** Non.

Exemple :

```
<applet code="hangman.class" name="Hangman" id="Hangman"></applet>
```

object="url"

Spécifie l'emplacement relatif ou absolu du programme Java sauvegardé localement.

Standard/Usage : HTML 4. **Largement supporté :** Non.

Exemple :

```
<applet object="http://www.lanw.com/hangman.class">Whoops! Your browser does not
support serialized Java applets. You may want to install a newer Web browser.</applet>
```

title="..."

Spécifie le texte affecté à l'élément que vous pouvez utiliser pour avoir une aide sensible au contexte à l'intérieur du document. Les navigateurs pourraient l'utiliser pour afficher des info-bulles sur les applets imbriqués.

Standard/Usage : HTML 4. **Largement supporté :** Non.

Exemple :

```
<applet code="java/thing.class" title="Thing">Thing</applet>
```

vspace="n"

Spécifie la quantité d'espaces verticaux (en pixels) au-dessus et en dessous de l'applet Java.

Standard/Usage : HTML 3.2. **Largement supporté :** Non.

Exemple :

```
<applet vspace="10" code="/hangman.class">If you had a Java-capable browser, you could
be playing hangman!</applet>
```

width="n"

Spécifie la largeur (en pixels) d'un applet Java à l'intérieur du document.

Standard/Usage : HTML 3.2. **Largement supporté :** Non.

Exemple :

```
<applet width="350" code="hangman.class">Hangman can be a lot of fun, but it's more
fun if your browser supports Java. Sorry.</applet>
```

Autres attributs

L'élément applet accepte aussi les attributs lang, dir, onclick, ondblclick, onmousedown, onmouseup, onmouseover, onmousemove, onmouseout, onkeypress, onkeydown, et onkeyup.

area

Définit une zone à l'intérieur d'une définition imagemap côté-client (voir l'élément map). Il indique une zone où les utilisateurs choisissent d'accéder à un autre document.

Standard/Usage : HTML 3.2. **Largement supporté :** Oui. **Elément vide :** Oui.

Exemple :

```
<area shape="rect" coords="20,8,46,30" href="food.html" />
```

alt="..."

Fournit une description textuelle pour les utilisateurs qui n'ont que des navigateurs texte seul.

Standard/Usage : HTML 4 ; requis. **Largement supporté :** Oui.

Exemple :

```
<area alt="This blue rectangle links to blue.html" href="blue.html" />
```

accesskey="..."

Associe une séquence de touches de clavier avec la zone.

Standard/Usage : HTML 4. **Largement supporté :** Non.

Exemple :

```
<area accesskey="b" />
```

class="..."

Indique la classe de style à appliquer à l'élément area.

Standard/Usage : HTML 4. **Largement supporté :** Non.

Exemple :

```
<area class="casual" shape="rect" coords="20,8,46,30" href="food.html" />
```

coords="x1,y1,x2,y2..."

Identifie les coordonnées à l'intérieur d'une imagemap qui définit la zone de l'imagemap. On mesure les coordonnées en pixels à partir du coin en haut à gauche de l'image.

Standard/Usage : HTML 3.2. **Largement supporté :** Oui.

Exemple :

```
<area shape="rect" coords="20,8,46,30" href="food.html" />
```

href="url"

Identifie l'emplacement du document que vous souhaitez ouvrir lorsque l'imagemap indiquée est sélectionnée.

Standard/Usage : HTML 3.2. **Largement supporté :** Oui.

Exemple :

```
<area shape="rect" coords="20,8,46,30" href="food.html" />
```

id="..."

Assigne un sélecteur ID unique à une instance de l'élément area. Lorsque vous attribuez ensuite un style à ce sélecteur ID, il affecte uniquement cette instance de l'élément area.

Standard/Usage : HTML 4. **Largement supporté :** Non.

Exemple :

```
<area id="123" />
```

nohref="nohref"

Définit une zone de l'imagemap qui ne lie pas à un autre document.

Standard/Usage : HTML 3.2. **Largement supporté :** Oui.

Exemple :

```
<area shape="rect" coords="20,8,46,30" nohref="nohref" />
```

shape="default|rect|circle|poly"

Spécifie le type de forme utilisé pour représenter la zone de l'imagemap.

Valeur	Forme indiquée
`rect`	Rectangle.
`circle`	Cercle.
`poly`	Polygone.
`default`	Toute zone qui n'est pas définie.

Standard/Usage : HTML 3.2. **Largement supporté :** Oui.

Exemple :

```
<area shape="rect" coords="20,8,46,30" href="food.html" />
```

style="..."

Spécifie les commandes de la feuille de style qui s'appliquent à la zone de l'imagemap.

Standard/Usage : HTML 4. **Largement supporté :** Non.

Exemple :

```
<area shape="rect" coords="20,8,46,30" href="food.html" style="background: red" />
```

tabindex="n"

Indique le rang de l'imagemap dans l'ordre de tabulation du document.

Standard/Usage : HTML 4. **Largement supporté :** Oui.

Exemple :

```
<area shape="rect" coords="20,8,46,30" href="food.html" tabindex="4" />
```

target="..."

Indique le nom d'un cadre particulier dans lequel le document lié devrait être chargé. Exemple : lorsque l'utilisateur sélectionne une zone à l'intérieur de l'imagemap, le document lié peut être chargé dans le même cadre (la tâche qui a lieu par défaut si l'attribut `target` a été omis) ou dans un cadre différent spécifié par la valeur de l'attribut `target`.

Standard/Usage : HTML 4 (Cadres). **Largement supporté :** Oui.

Exemple :

```
<area shape="rect" coords="20,8,46,30" href="food.html" target="leftframe" />
```

title="..."

Spécifie le texte affecté à l'élément que vous pouvez utiliser pour avoir une aide sensible au contexte à l'intérieur du document. Les navigateurs pourraient l'utiliser pour afficher des info-bulles sur l'hyperlien.

Standard/Usage : HTML 4. **Largement supporté :** Non.

Exemple :

```
<area shape="rect" coords="20,8,46,30" href="food.html" title="food" id="food" />
```

Autres attributs

L'élément `area` accepte aussi les attributs `lang`, `dir`, `onclick`, `ondblclick`, `onmousedown`, `onmouseup`, `onmouseover`, `onmousemove`, `onmouseout`, `onkeypress`, `onkeydown`, et `onkeyup`.

b

b

Indique du texte qui doit apparaître en gras.

Standard/Usage : HTML 2. **Largement supporté :** Oui. **Elément vide :** Non.

Exemple :

```
The afternoon was <b>so</b> hot!
```

class="..."

Indique la classe de style à appliquer à l'élément b.

Standard/Usage : HTML 4. **Largement supporté :** Non.

Exemple :

```
<b class="casual">Boom!</b>
```

id="..."

Assigne un sélecteur ID unique à une instance de l'élément b. Lorsque vous attribuez ensuite un style à ce sélecteur ID, il affecte uniquement cette instance de l'élément b.

Standard/Usage : HTML. 4. **Largement supporté :** Non.

Exemple :

```
I work for <b id="123">Widgets Inc.</b>
```

style="..."

Spécifie les commandes de la feuille de style qui s'appliquent à la zone des balises de b.

Standard/Usage : HTML 4. **Largement supporté :** Non.

Exemple :

```
<b style="background: red">text with red background</b>
```

title="..."

Spécifie le texte affecté à l'élément que vous pouvez utiliser pour avoir une aide sensible au contexte à l'intérieur du document. Les navigateurs pourraient l'utiliser pour afficher des info-bulles sur les caractères en gras.

Standard/Usage : HTML. 4. **Largement supporté :** Non.

Exemple :

```
<b title="Species">Dog Species</b>
```

Autres attributs

L'élément b accepte aussi les attributs lang, dir, onclick, ondblclick, onmousedown, onmouseup, onmouseover, onmousemove, onmouseout, onkeypress, onkeydown, et onkeyup.

base

Identifie l'emplacement d'où proviennent les adresses URL relatives dans votre document.

Standard/Usage : HTML. 2. **Largement supporté :** Oui. **Elément vide :** Oui.

Exemple :

```
<base href="http://www.lanw.com/info/" />
```

href="url"

Indique l'emplacement relatif ou absolu du document de base.

Standard/Usage : HTML. 2 ; requis. **Largement supporté :** Oui.

Exemple :

```
<base href="http://www.lanw.com/" />
```

target="..."

Identifie le cadre nommé dans lequel vous chargez un document (voir l'attribut `href`).

Standard/Usage : HTML. 4 (Cadres). **Largement supporté :** Oui.

Exemple :

```
<base href="http://www.lanw.com/frames/" target="main" />
```

basefont

Fournit la définition de la police pour le texte normal dans un document. Les définitions de police (voir l'élément `font`) à l'intérieur du document sont relatives aux paramètres spécifiés avec cet élément. Utilisez cet élément dans l'en-tête du document (entre les balises `tag`). L'élément `basefont` est obsolète dans la spécification HTML 4 et a été remplacé par les feuilles de style.

Standard/Usage : HTML. 3.2 ; obsolète. **Largement supporté :** Oui. **Elément vide :** Oui.

Exemple :

```
<basefont size="5" />
```

color="#rrggbb" ou "..."

Définit la couleur de la police du texte normal à l'intérieur du document. Les noms de couleurs peuvent être remplacés par des valeurs hexadécimales RGB. Cet attribut est obsolète dans la spécification HTML 4 et a été remplacé par les feuilles de style.

Standard/Usage : HTML. 3.2 ; obsolète. **Largement supporté :** Oui.

Exemple :

```
<basefont size="2" color="#ff00cc" />
```

face="...,..."

Spécifie la police des caractères du texte normal à l'intérieur du document. Lorsque vous attribuez ensuite un style à ce sélecteur ID, il affecte uniquement cette instance de l'élément `basefont`.

Standard/Usage : HTML. 3.2 ; obsolète. **Largement supporté :** Oui.

Exemple :

```
<basefont face="Verdana, Helvetica, Arial" />
```

id="..."

Assigne un sélecteur ID unique à une instance de l'élément `basefont`. Lorsque vous attribuez ensuite un style à ce sélecteur ID, il affecte uniquement cette instance de l'élément `basefont`.

Standard/Usage : HTML. 4. **Largement supporté :** Non.

Exemple :

```
<basefont size="+2" id="d3e" />
```

size="n"

Spécifie la taille des caractères du texte normal à l'intérieur du document. Les valeurs valides sont des nombres entiers dans les gammes 1 et 7, avec le chiffre 3 comme valeur par défaut. Cet attribut est obsolète dans la spécification HTML 4 et a été remplacé par les feuilles de style.

Standard/Usage : HTML 3.2 ; obsolète. **Largement supporté :** Oui.

Exemple :

```
<basefont size="5" />
```

Autres attributs

L'élément `basefont` accepte aussi les attributs `lang` et `dir`.

bdo

Indique le texte qui doit apparaître dans la direction spécifiée (de gauche à droite ou de droite à gauche), outrepassant les autres paramètres spécifiques de langue. L'élément `bdo` accepte les attributs `lang` et `dir`.

Standard/Usage : HTML 4. **Largement supporté :** Non. **Elément vide :** Non.

Exemple :

```
<p lang="HE" dir="rtl">This Hebrew text contains a number, <bdo="ltr">29381</bdo>,
that must appear left to right.</p>
```

bgsound

Imbrique un fichier son d'arrière-plan à l'intérieur des documents. Utilisez-le dans le document maître des documents destinés aux utilisateurs qui se servent d'Internet Explorer.

Standard/Usage : Internet Explorer 2. **Largement supporté :** Non. **Elément vide :** Oui.

Exemple :

```
<bgsound src="scream.wav" />
```

loop="n|infinite"

Spécifie le nombre de répétitions d'un fichier son d'arrière-plan. Par défaut, la valeur est `infinite`.

Standard/Usage : Internet Explorer 2. **Largement supporté :** Non.

Exemple :

```
<bgsound src="bugle.wav" loop="2" />
```

src="url"

Indique l'emplacement absolu ou relatif du fichier son.

Standard/Usage : Internet Explorer 2. **Largement supporté :** Non.

Exemple :

```
<bgsound src="wah.wav" />
```

big

Indique que le texte est affiché en plus larges caractères. Même si cet élément n'est pas obsolète, c'est un élément de présentation et il est conseillé d'utiliser les feuilles de style à la place.

Standard/Usage : HTML 3.2. **Largement supporté :** Oui. **Elément vide :** Non.

Exemple :

```
<big>Lunch</big>
<p>Lunch will be served at 2 P.M.</p>
```

class="..."

Indique la classe de style à appliquer à l'élément big.

Standard/Usage : HTML. 4. **Largement supporté :** Non.

Exemple :

```
<big class="casual">Instructions</big>
```

id="..."

Assigne un sélecteur ID unique à une instance de l'élément big. Lorsque vous attribuez ensuite un style à ce sélecteur ID, il affecte uniquement cette instance de l'élément big.

Standard/Usage : HTML. 4. **Largement supporté :** Non.

Exemple :

```
<big id="123">REMINDER:</big>
Eat five servings of fruits and vegetables every day!
```

style="..."

Spécifie les commandes de la feuille de style qui s'appliquent aux contenus des balises big.

Standard/Usage : HTML. 4. **Largement supporté :** Non.

Exemple :

```
<big style="background: red">This text is red and big</big>
```

title="..."

Spécifie le texte affecté à l'élément que vous pouvez utiliser pour avoir une aide sensible au contexte à l'intérieur du document. Les navigateurs pourraient l'utiliser dans le but d'afficher des info-bulles sur le texte à l'intérieur des balises big.

Standard/Usage : HTML. 4. **Largement supporté :** Non.

Exemple :

```
<big title="Bigger">This text is bigger</big>
```

Autres attributs

L'élément big accepte aussi les attributs lang, dir, onclick, ondblclick, onmousedown, onmouseup, onmouseover, onmousemove, onmouseout, onkeypress, onkeydown, et onkeyup.

blink

C'est un élément spécifique à Netscape qui fait clignoter le texte. Les feuilles de style offrent la même fonctionnalité dans une syntaxe largement reconnue (la propriété text-decoration avec la valeur blink).

Standard/Usage : Netscape Navigator 1. **Largement supporté :** Non. **Elément vide :** Non.

Exemple :

```
<p><blink>NEW INFO</blink>: We moved!</p>
```

class="..."

Indique la classe de style à appliquer à l'élément blink.

Standard/Usage : HTML. 4. **Largement supporté :** Non.

Exemple :

```
<blink class="casual">NEW INFORMATION</blink>
```

id="..."

Assigne un sélecteur ID unique à une instance de l'élément `blink`. Lorsque vous attribuez ensuite un style à ce sélecteur ID, il affecte uniquement cette instance de l'élément `blink`.

Standard/Usage : HTML 4. **Largement supporté :** Non.

Exemple :

```
<blink id="123">12 Hour Sale!</blink>
```

style="..."

Spécifie les commandes de la feuille de style qui s'appliquent aux éléments `blink`.

Standard/Usage : HTML 4. **Largement supporté :** Non.

Exemple :

```
<blink style="background: red">This text is blinking and has a red background if
you're using Netscape Navigator.</blink>
```

blockquote

Utile pour citer une source directe à l'intérieur du document (une citation en bloc).

Standard/Usage : HTML 2. **Largement supporté :** Oui. **Elément vide :** Non.

Exemple :

```
In So Long and Thanks for All the Fish, Douglas Adams wrote:
<blockquote>Man had always assumed that he was more intelligent than dolphins because
he had achieved so much... the wheel, New York, wars, and so on, whilst all the
dolphins had ever done was muck about in the water having a good time. But conversely
the dolphins believed themselves to be more intelligent than man for precisely the
same reasons.</blockquote>
```

cite="..."

Spécifie une référence d'adresse URL pour la citation.

Standard/Usage : HTML 4. **Largement supporté :** Non.

Exemple :

```
<blockquote cite="http://www.clementmoore.com/">Twas the night...</blockquote>
```

class="..."

Indique la classe de style à appliquer à l'élément `blockquote`.

Standard/Usage : HTML 4. **Largement supporté :** Non.

Exemple :

```
<blockquote class="holiday">Twas the night before Christmas...</blockquote>
```

id="..."

Assigne un sélecteur ID unique à une instance de l'élément `blockquote`. Lorsque vous attribuez ensuite un style à ce sélecteur ID, il affecte uniquement cette instance de l'élément `blockquote`.

Standard/Usage : HTML 4. **Largement supporté :** Non.

Exemple :

```
In So Long and Thanks for All the Fish, Douglas Adams wrote:
<blockquote id="DAql">Man had always assumed that he was more intelligent than
dolphins because he had achieved so much...</blockquote>
```

style="..."

Spécifie les commandes de la feuille de style qui s'appliquent aux contenus des balises blockquote.

Standard/Usage : HTML. 4. **Largement supporté :** Non.

Exemple :

```
<blockquote style="background: red">This quote is red.</blockquote>
```

title="..."

Spécifie le texte affecté à l'élément que vous pouvez utiliser pour avoir une aide sensible au contexte à l'intérieur du document. Les navigateurs pourraient l'utiliser dans le but d'afficher des info-bulles sur le texte cité.

Standard/Usage : HTML. 4. **Largement supporté :** Non.

Exemple :

```
<blockquote title="Quotation">Quoted text goes here.</blockquote>
```

Autres attributs

L'élément blockquote accepte aussi les attributs lang, dir, onclick, ondblclick, onmousedown, onmouseup, onmouseover, onmousemove, onmouseout, onkeypress, onkeydown, et onkeyup.

body

Agit comme un conteneur pour le corps du document. C'est un enfant de l'élément html et il apparaît après l'élément head. Dans les versions précédentes du langage HTML, l'élément body a été utilisé pour définir les divers paramètres de couleurs et les caractéristiques d'arrière-plan du document. Toutefois, dans HTML 4 et XHTML, ces attributs de formatage sont obsolètes et ont été remplacés par les feuilles de style.

Standard/Usage : HTML. 2 ; requis. **Largement supporté :** Oui. **Elément vide :** Non.

Exemple :

```
<html xmlns="http://www.w3.org/1999/xhtml">
head ... </head>
<body>
<h1>hello!</h1>
</body>
</html>
```

alink="#rrggbb" ou "..."

Indique la couleur de l'hyperlien lorsque le texte est sélectionné. Les noms de couleurs peuvent être remplacés par les valeurs hexadécimales RGB. Cet attribut est obsolète dans HTML 4 et a été remplacé par les feuilles de style.

Standard/Usage : HTML. 3.2 ; obsolète. **Largement supporté :** Oui

Exemple :

```
<body bgcolor="#000abc" text="#000000" link="#ffffff" vlink="#999999" alink="#ff0000">
The rest of your XHTML document
</body>
```

background="url"

Spécifie l'emplacement d'une adresse URL relative ou absolue d'un fichier image qui sert d'arrière-plan au document. Cet attribut est obsolète pour la spécification HTML 4 et a été remplacé par les feuilles de style.

Standard/Usage : HTML. 3.2 ; obsolète. **Largement supporté :** Oui.

Exemple :

```
<body background="images/slimey.gif">The rest of your XHTML document</body>
```

bgcolor="#rrggbb" ou "..."

Indique la couleur d'arrière-plan d'un document. Les noms de couleur peuvent être remplacés par des valeurs hexadécimales RGB. Cet attribut est obsolète dans la spécification HTML 4 et a été remplacé par les feuilles de style.

Standard/Usage : HTML 3.2 ; obsolète. **Largement supporté :** Oui.

Exemple :

```
<body bgcolor="#000abc" text="#000000" link="#ffffff" vlink="#999999" alink="#ff0000">
The rest of your XHTML document
</body>
```

bgproperties="fixed"

Spécifie le comportement de l'image d'arrière-plan (voir l'attribut background). La seule valeur courante pour cet attribut est fixed, qui indique que l'image d'arrière-plan reste en place au fur et à mesure que vous faites défiler le document et en créant un effet filigrane.

Standard/Usage : Internet Explorer 1. **Largement supporté :** Non.

Exemple :

```
<body background="waves.jpg" bgproperties="fixed"> The rest of your XHTML
document</body>
```

class="..."

Indique la classe de style à appliquer à l'élément body.

Standard/Usage : HTML 4. **Largement supporté :** Non.

Exemple :

```
<body class="casual">The rest of your XHTML document</body>
```

id="..."

Assigne un sélecteur ID unique à une instance de l'élément body. Lorsque vous attribuez ensuite un style à ce sélecteur ID, il affecte uniquement cette instance de l'élément body.

Standard/Usage : HTML 4. **Largement supporté :** Non.

Exemple :

```
<body id="123">The rest of your XHTML document</body>
```

leftmargin="n"

Spécifie la largeur (en pixels) d'une marge d'espace blanc le long de la bordure gauche du document entier.

Standard/Usage : Internet Explorer 2. **Largement supporté :** Non.

Exemple :

```
<body leftmargin="30">The rest of your XHTML document</body>
```

link="#rrggbb" ou "..."

Indique la couleur du texte hyperlien à l'intérieur du document pour les documents qui n'ont pas encore été visités par le navigateur. Les noms de couleur peuvent être remplacés par des valeurs hexadécimales RGB. Cet attribut est obsolète dans la spécification HTML 4 et a été remplacé par les feuilles de style.

Standard/Usage : HTML 3.2 ; obsolète. **Largement supporté :** Oui.

Exemple :

```
<body bgcolor="#000abc" text="#000000" link="#ffffff" vlink="#999999" alink="#ff0000">
The rest of your XHTML document
</body>
```

scroll="yes|no"

Indique si le défilement est possible à l'intérieur du corps du document.

Standard/Usage : Internet Explorer 4. **Largement supporté :** Non.

Exemple :

```
<body bgcolor="silver" scroll="no">The rest of your XHTML document</body>
```

style="..."

Spécifie les commandes de la feuille de style qui s'appliquent au corps du document.

Standard/Usage : HTML. 4. **Largement supporté :** Non.

Exemple :

```
<body style="background: red">The rest of your XHTML document</body>
```

text="#rrggbb" ou "..."

Indique la couleur du texte normal à l'intérieur du document. Les noms de couleur peuvent être remplacés par des valeurs hexadécimales RGB. Cet attribut est obsolète dans la spécification HTML 4 et a été remplacé par les feuilles de style.

Standard/Usage : HTML. 3.2 ; obsolète. **Largement supporté :** Oui.

Exemple :

```
<body bgcolor="#000abc" text="#000000" link="#ffffff" vlink="#999999" alink="#ff0000">
The rest of your XHTML document
</body>
```

title="..."

Spécifie le texte affecté à l'élément que vous pouvez utiliser pour avoir une aide sensible au contexte à l'intérieur du document. Les navigateurs pourraient l'utiliser afin d'afficher des info-bulles.

Standard/Usage : HTML. 4. **Largement supporté :** Non.

Exemple :

```
<body title="Document body">The rest of your XHTML document</body>
```

topmargin="n"

Spécifie la taille (en pixels) d'une marge d'espace blanc en haut du document entier.

Standard/Usage : Internet Explorer 2. **Largement supporté :** Non.

Exemple :

```
<body topmargin="10">The rest of your XHTML document</body>
```

vlink="#rrggbb" ou "..."

Indique la couleur du texte de l'hyperlien déjà visité par le navigateur. Les noms de couleur peuvent être remplacés par des valeurs hexadécimales RGB. Cet attribut est obsolète dans la spécification HTML 4 et a été remplacé par les feuilles de style.

Standard/Usage : HTML. 3.2 ; obsolète. **Largement supporté :** Oui.

Exemple :

```
<body bgcolor="#000abc" text="#000000" link="#ffffff" vlink="#999999" alink="#ff0000">
The rest of your XHTML document</body>
```

Autres attributs

L'élément body accepte aussi les attributs lang, dir, onclick, ondblclick, onmousedown, onmouseup, onmouseover, onmousemove, onmouseout, onkeypress, onkeydown, et onkeyup.

br

Sépare une ligne de texte continu et empêche l'alignement du texte autour des images.

Standard/Usage : HTML. 2. **Largement supporté :** Oui. **Elément vide :** Oui.

Exemple :

```
I live at: <p>123 Nowhere Ave.<br />New York, NY 12345</p>
```

class="..."

Indique la classe de style à appliquer à l'élément.

Standard/Usage : HTML. 4. **Largement supporté :** Non.

Exemple :

```
<br class="casual" />
```

clear="all|left|right|none"

Interrompt l'alignement du texte pour les images graphiques inline. L'exemple montre comment vous pouvez forcer le texte à apparaître en-dessous de l'image et non à côté de celle-ci.

Standard/Usage : HTML. 3.2 ; obsolète. **Largement supporté :** Oui.

Exemple :

```
<img src="portrait.jpg" align="right" /><br clear="all" />
<p>The above photo was taken when I was in Florida.</p>
```

id="..."

Assigne un sélecteur ID unique à une instance de l'élément `br`. Lorsque vous attribuez ensuite un style à ce sélecteur ID, il affecte uniquement cette instance de l'élément `br`.

Standard/Usage : HTML. 4. **Largement supporté :** Non.

Exemple :

```
<br="123" />
```

style="..."

Spécifie les commandes de la feuille de style qui s'appliquent à l'élément `br`.

Standard/Usage : HTML. 4. **Largement supporté :** Non.

Exemple :

```
<br style="background: red" />
```

title="..."

Spécifie le texte affecté à l'élément que vous pouvez utiliser pour avoir une aide sensible au contexte à l'intérieur du document. Les navigateurs pourraient l'utiliser pour afficher des info-bulles.

Standard/Usage : HTML. 4. **Largement supporté :** Non.

Exemple :

```
<br clear="all" title="stop image wrap" />
```

button

Définit un bouton pour soumettre ou redéfinir un formulaire ou pour activer un script. Utilisez l'élément `img` entre les éléments d'ouverture et de fermeture `button` pour spécifier un bouton graphique.

Standard/Usage : HTML. 4. **Largement supporté :** Non. **Elément vide :** Non.

Exemple :

```
<button type="button" value="Run Program" onClick(doit)>
<img src="button.gif" alt="Button" /></button>
```

accesskey="..."

Associe une séquence de touche de clavier avec le bouton.

Standard/Usage : HTML 4. **Largement supporté :** Non.

Exemple :

```
<button accesskey="B">Click Me! </button>
```

class="..."

Indique la classe de style à appliquer à l'élément button.

Standard/Usage : HTML 4. **Largement supporté :** Non.

Exemple :

```
<button class="casual" type="submit" value="Submit">
<img src="submit.gif" alt="submit" /></button>
```

disabled="disabled"

Refuse l'accès à la méthode d'entrée.

Standard/Usage : HTML 4. **Largement supporté :** Non.

Exemple :

```
<button type="submit" disabled="disabled"<img src="button.gif" alt="button"
/></button>
```

id="..."

Assigne un sélecteur ID unique à une instance de l'élément input. Lorsque vous attribuez ensuite un style à ce sélecteur ID, il affecte uniquement cette instance de l'élément input.

Standard/Usage : HTML 4. **Largement supporté :** Non.

Exemple :

```
<button id="123" type="submit" value="Submit">
<img src="button.gif" alt="Button" /></button>
```

name="..."

Donne un nom à la valeur que vous transmettez au processeur du formulaire.

Standard/Usage : HTML 4. **Largement supporté :** Oui.

Exemple :

```
<button type="button" name="runprog" value="Click to Run">
<img src="button.gif" alt="Button" /></button>
```

style="..."

Spécifie les commandes de la feuille de style qui s'appliquent à l'élément.

Standard/Usage : HTML 4. **Largement supporté :** Non.

Exemple :

```
<body style="background: red" type="button" name="runprog" value="Click to Run">
<img src="button.gif" alt="Button" /></button>
```

tabindex="n"

Spécifie le rang de la méthode d'entrée dans l'ordre de tabulation. Exemple : `tabindex="3"` met le curseur sur l'élément bouton après que l'utilisateur a appuyé trois fois sur la touche Tab.

Standard/Usage : HTML 4. **Largement supporté :** Non.

Exemple :

```
<button type="button" name="runprog" value="Click to run" tabindex="5">
<img src="button.gif" alt="Button" /><button>
```

title="..."

Spécifie le texte affecté à l'élément que vous pouvez utiliser pour avoir une aide sensible au contexte à l'intérieur du document. Les navigateurs pourraient l'utiliser pour afficher des info-bulles sur la méthode d'entrée.

Standard/Usage : HTML 4. **Largement supporté :** Non.

Exemple :

```
<button type="submit" name="cc" value="visa" title="VisaCard">
<img src="visacard.gif" alt="Visa Card button" /><button>
```

type="submit|button|reset"

Indique le type de bouton à créer. La valeur `submit` produit un bouton qui, une fois sélectionné, soumet toutes les paires de valeurs de noms au processeur de formulaire. La valeur `reset` définit toutes les méthodes d'entrée aux paramètres vides ou par défaut. La valeur `button` crée un bouton sans comportement spécifique qui peut interagir avec les scripts.

Standard/Usage : HTML 4. **Largement supporté :** Oui.

Exemple :

```
<button type="button" value="Send Data" onClick(verify())>Send Data
<img src="button.gif" alt="Button" /><button>
```

value="..."

Définit la valeur par défaut pour la face du bouton.

Standard/Usage : HTML 4. **Largement supporté :** Non.

Exemple :

```
<button type="button" name="id" value="Press Me">
<img src="button.gif" alt="Button" /><button>
```

Autres attributs

L'élément `body` accepte aussi les attributs `lang`, `dir`, `onclick`, `ondblclick`, `onmousedown`, `onmouseup`, `onmouseover`, `onmousemove`, `onmouseout`, `onkeypress`, `onkeydown`, et `onkeyup`.

C

caption

Utilisé à l'intérieur d'un élément `table` pour spécifier une description du tableau.

Standard/Usage : HTML 3.2. **Largement supporté :** Oui. **Elément vide :** Non.

Exemple :

```
<table>
<caption align="top" align="center">Test Grades For Cooking 101</caption
<tr><th>Student</th> <th>Grade</th> </tr><tr><td>B. Smith</td> <td>88</td>
</tr><tr><td>J. Doe</td> <td>45</td> </tr>
</table>
```

align="top|bottom|left|right"

Indique si la légende apparaît en haut, en bas, à gauche, à droite du tableau. Les valeurs `left` et `right` ont été ajoutées sous HTML 4, mais cet attribut est obsolète et a été remplacé par les feuilles de style.

Standard/Usage : HTML. 3.2 ; obsolète. **Largement supporté :** Oui.

Exemple :

```
<caption align="top">Seattle Staff Directory</caption>
```

class="..."

Indique la classe de style à appliquer à l'élément `caption`.

Standard/Usage : HTML. 4. **Largement supporté :** Non

Exemple :

```
<caption class="chemical">Hydrogen vs. Oxygen</caption>
```

id="..."

Assigne un sélecteur ID unique à une instance de l'élément `caption`. Lorsque vous attribuez ensuite un style à ce sélecteur ID, il affecte uniquement cette instance de l'élément `caption`.

Standard/Usage : HTML. 4. **Largement supporté :** Non.

Exemple :

```
<table>
<caption id="123">Great Painters</caption>
</table>
```

style="..."

Spécifie les commandes de la feuille de style qui s'appliquent à l'élément `caption`.

Standard/Usage : HTML. 4. **Largement supporté :** Non.

Exemple :

```
<caption style="background: red">This title caption will have a red
background.</caption>
```

title="..."

Spécifie le texte affecté à l'élément que vous pouvez utiliser pour avoir une aide sensible au contexte à l'intérieur du document. Les navigateurs pourraient l'utiliser pour afficher des info-bulles sur le texte cité.

Standard/Usage : HTML. 4. **Largement supporté :** Oui.

Exemple :

```
<caption title="Table caption">Great Painters</caption>
```

Autres attributs

L'élément body accepte aussi les attributs `lang`, `dir`, `onclick`, `ondblclick`, `onmousedown`, `onmouseup`, `onmouseover`, `onmousemove`, `onmouseout`, `onkeypress`, `onkeydown`, et `onkeyup`.

center

Positionne le texte à égale distance des côtés gauche et droit du document. Cet élément, officiellement remplacé à l'heure actuelle par l'élément `<divalign="center">`, a été inclus dans la spécification HTML 3.2 à cause de son utilisation très répandue.

Standard/Usage : HTML. 3.2 ; obsolète. **Largement supporté :** Oui. **Elément vide :** Non.

Exemple :

```
<center><blink><h1>ONE-DAY SALE!</h1></blink></center>
```

cite

Procure une citation dans le texte comme un titre approprié, par exemple, le titre d'un livre. La plupart des navigateurs affichent le texte à l'intérieur des balises cite en italique.

Standard/Usage : HTML 2. **Largement supporté :** Oui. **Elément vide :** Non.

Exemple :

```
<p>I've read <cite>The Hitchhicker's Guide to the Galaxy</cite> by Douglas Adams.</p>
```

class="..."

Indique la classe de style à appliquer à l'élément cite.

Standard/Usage : HTML 4. **Largement supporté :** Non.

Exemple :

```
This came from Homer's <cite class="classic">Odyssey</cite>
```

id="..."

Assigne un sélecteur ID unique à une instance de l'élément cite. Lorsque vous attribuez ensuite un style à ce sélecteur ID, il affecte uniquement cette instance de l'élément cite.

Standard/Usage : HTML 4. **Largement supporté :** Non.

Exemple :

```
I read about this in <cite id="123">World Weekly News</cite>.
```

style="..."

Spécifie les commandes de la feuille de style qui s'appliquent aux contenus des balises cite.

Standard/Usage : HTML 4. **Largement supporté :** Non.

Exemple :

```
<cite style="background: red">...</cite>
```

title="..."

Spécifie le texte affecté à l'élément que vous pouvez utiliser pour avoir une aide sensible au contexte à l'intérieur du document. Les navigateurs pourraient l'utiliser pour afficher des info-bulles sur le texte cité.

Standard/Usage : HTML 4. **Largement supporté :** Non.

Exemple :

```
<cite title="citation">FDA Vegetable Pamphlet</cite>
```

Autres attributs

L'élément cite accepte aussi les attributs lang, dir, onclick, ondblclick, onmousedown, onmouseup, onmouseover, onmousemove, onmouseout, onkeypress, onkeydown, et onkeyup.

code

Incorpore des extraits de code source de programme dans le document texte. C'est utile si vous souhaitez afficher un code source de programme à l'intérieur du document d'un texte normal. Pour afficher des segments formatés de code source sur plus d'une ligne, utilisez l'élément pre.

Standard/Usage : HTML 2. **Largement supporté :** Oui. **Elément vide :** Non.

Exemple :

```
To see the variable's value, use the <code>printf("%0.2f\n", cost);</code> function
call.
```

class="..."

Indique la classe de style à appliquer à l'élément code.

Standard/Usage : HTML 4. **Largement supporté :** Non.

Exemple :

```
The <code class="casual">html</code> element is required.
```

id="..."

Assigne un sélecteur ID unique à une instance de l'élément code. Lorsque vous attribuez ensuite un style à ce sélecteur ID, il affecte uniquement cette instance de l'élément code.

Standard/Usage : HTML 4. **Largement supporté :** Non.

Exemple :

```
<code id="123">while(x) x--;</code>
```

style="..."

Spécifie les commandes de la feuille de style qui s'appliquent aux contenus des balises code.

Standard/Usage : HTML 4. **Largement supporté :** Non.

Exemple :

```
<code style="background: red">while(x) x--;</code>
```

title="..."

Spécifie le texte affecté à l'élément que vous pouvez utiliser pour avoir une aide sensible au contexte à l'intérieur du document. Les navigateurs pourraient l'utiliser pour afficher des info-bulles sur le texte de code.

Standard/Usage : HTML 4. **Largement supporté :** Non.

Exemple :

```
<code title="c code">exit(1);</code>
```

Autres attributs

L'élément cite accepte aussi les attributs lang, dir, onclick, ondblclick, onmousedown, onmouseup, onmouseover, onmousemove, onmouseout, onkeypress, onkeydown, et onkeyup.

col

Spécifie les propriétés des colonnes d'un tableau.

Standard/Usage : HTML 4. **Largement supporté :** Non. **Elément vide :** Oui.

Exemple :

```
<table>
<colgroup>
<col align="right" />
<col align="center" />
</colgroup>
<tr>
<td>This cell is aligned right.</td>
<td>This cell is centered.</td>
</tr>
</table>
```

align="left|right|center|justify|char"

Spécifie comment le texte dans les colonnes est aligné par rapport aux bordures des cellules du tableau ou si la valeur est char sur un caractère spécifique (le point décimal par défaut).

Standard/Usage : HTML 4. **Largement supporté :** Non.

Exemple :

```
<col align="center" />
```

char="..."

Spécifie le caractère sur lequel les contenus des cellules s'aligneront si align=char. Si vous omettez l'attribut char, la valeur par défaut est le point décimal dans la langue spécifiée.

Standard/Usage : HTML 4. **Largement supporté :** Non.

Exemple :

```
<col align="char" char="," />
```

charoff="n"

Spécifie le nombre de caractères à partir de la gauche, où le caractère d'alignement apparaît.

Standard/Usage : HTML 4. **Largement supporté :** Non.

Exemple :

```
<col align="char" char="," charoff="7" />
```

id="..."

Assigne un sélecteur ID unique à une instance de l'élément col. Lorsque vous attribuez ensuite un style à ce sélecteur ID, il affecte uniquement cette instance de l'élément col.

Standard/Usage : HTML 4. **Largement supporté :** Non.

Exemple :

```
<col id="123" />
```

span="n"

Indique le nombre de colonnes dans le groupe.

Standard/Usage : HTML 4. **Largement supporté :** Non.

Exemple :

```
<colgroup><col align="right" span="2" /></colgroup>
```

style="..."

Spécifie les commandes de la feuille de style qui s'appliquent aux colonnes.

Standard/Usage : HTML 4. **Largement supporté :** Non.

Exemple :

```
<col style="background: black" />
```

title="..."

Spécifie le texte affecté à l'élément que vous pouvez utiliser pour avoir une aide sensible au contexte à l'intérieur du document. Les navigateurs pourraient l'utiliser pour afficher des info-bulles sur la colonne du tableau.

Standard/Usage : HTML 4. **Largement supporté :** Non.

Exemple :

```
<col title="Table column" />
```

width="n"

Spécifie la dimension horizontale d'une colonne (en pixels ou en pourcentage). Les valeurs spéciales "0*" forcent la colonne à avoir la largeur minimale requise et la valeur "2*" requiert que la colonne ait le double de l'espace qui lui a été autrement alloué.

Standard/Usage : HTML. 4. **Largement supporté :** Non.

Exemple :

```
<col width="100" />
```

valign="top|bottom|middle|baseline"

Positionne verticalement les contenus de la colonne du tableau.

Valeur	Effet.
top	Positionne le remplissage des contenus avec le haut de la colonne.
bottom	Positionne le remplissage des contenus avec le bas de la colonne.
middle	Centre les contenus entre le haut et le bas de la colonne.
baseline	Aligne les contenus avec la ligne de base de la police du texte courant, commune à toute la ligne.

Standard/Usage : HTML. 4. **Largement supporté :** Non.

Exemple :

```
<col valign="top" />
```

Autres attributs

L'élément cite accepte aussi les attributs lang, dir, onclick, ondblclick, onmousedown, onmouseup, onmouseover, onmousemove, onmouseout, onkeypress, onkeydown, et onkeyup.

colgroup

Spécifie les caractéristiques pour un groupe de colonnes de tableau.

Standard/Usage : HTML. 4. **Largement supporté :** Non. **Elément vide :** Non.

Exemple :

```
<table>
<colgroup valign="top">
<col align="right" />
<col align="center" />
</colgroup>
<tr>
<td>This cell is aligned top and right.</td>
<td>This cell is aligned top and centered.</td>
</tr>
</table>
```

align="left|right|center|justify|char"

Spécifie comment le texte à l'intérieur des colonnes du tableau s'aligne avec les bordures des cellules du tableau ou si la valeur est char, sur un caractère spécifique (le point décimal par défaut).

Standard/Usage : HTML. 4. **Largement supporté :** Non.

Exemple :

```
<colgroup align="center">...</colgroup>
```

char="..."

Spécifie le caractère sur lequel les contenus des cellules s'aligneront si `align=char`. Si vous omettez l'attribut `char`, la valeur par défaut est le point décimal dans la langue spécifiée.

Standard/Usage : HTML 4. **Largement supporté :** Non.

Exemple :

```
<colgroup align="char" char=",">...</colgroup>
```

charoff="n"

Spécifie le nombre de caractères à partir de la gauche, où le caractère d'alignement apparaît.

Standard/Usage : HTML 4. **Largement supporté :** Non.

Exemple :

```
<colgroup align="char" char="," charoff="7">...</colgroup>
```

id="..."

Assigne un sélecteur ID unique à une instance de l'élément. Lorsque vous attribuez ensuite un style à ce sélecteur ID, il affecte uniquement cette instance de l'élément.

Standard/Usage : HTML 4. **Largement supporté :** Non.

Exemple :

```
<colgroup id="123">...</colgroup>
```

span="n"

Indique combien de subdivisions de colonnes existent dans un groupe de colonnes et sur quelles colonnes s'appliquent les attributs spécifiés.

Standard/Usage : HTML 4. **Largement supporté :** Non.

Exemple :

```
<colgroup span="2" align="left">...</colgroup>
```

style="..."

Spécifie les commandes de la feuille de style qui s'appliquent aux contenus des balises `colgroup`.

Standard/Usage : HTML 4. **Largement supporté :** Non.

Exemple :

```
<colgroup style="color: red">...</colgroup>
```

title="..."

Spécifie le texte affecté à l'élément que vous pouvez utiliser pour avoir une aide sensible au contexte à l'intérieur du document. Les navigateurs pourraient l'utiliser pour afficher des info-bulles sur la colonne du tableau.

Standard/Usage : HTML 4. **Largement supporté :** Non.

Exemple :

```
<colgroup title="column group">...</colgroup>
```

width="n"

Spécifie la dimension horizontale des colonnes à l'intérieur d'un groupe de colonnes (en pixels ou en pourcentage).

Standard/Usage : HTML 4. **Largement supporté :** Non.

Exemple :

```
<colgroup width="100"><col align="right" />...</colgroup>
```

valign="top|bottom|middle|baseline"

Positionne verticalement les contenus de la colonne du tableau.

Valeur	Effet.
top	Positionne le remplissage des contenus avec le haut de la colonne.
bottom	Positionne le remplissage des contenus avec le bas de la colonne.
middle	Centre les contenus entre le haut et le bas de la colonne.
baseline	Aligne les contenus avec la ligne de base de la police du texte courant, commune à toute la ligne.

Standard/Usage : HTML 4. **Largement supporté :** Non.

Exemple :

```
<colgroup valign="top">...</colgroup>
```

Autres attributs

L'élément cite accepte aussi les attributs lang, dir, onclick, ondblclick, onmousedown, onmouseup, onmouseover, onmousemove, onmouseout, onkeypress, onkeydown, et onkeyup.

d

dd

Contient une définition dans une liste de définitions (dl). Utilisez cet élément à l'intérieur de l'élément dl. L'élément dd peut contenir des éléments de niveau bloc.

Standard/Usage : HTML 2. **Largement supporté :** Oui. **Elément vide :** Non.

Exemple :

```
<dl>
<dt>Butter</dt>
<dd>Butter is a dairy product.</dd>
</dl>
```

class="..."

Indique la classe de style à appliquer à l'élément dd.

Standard/Usage : HTML 4. **Largement supporté :** Non.

Exemple :

```
<dl>
<dt>HTML</dt>
<dd class="casual">Hypertext Markup Language</dd>
</dl>
```

id="..."

Assigne un sélecteur ID unique à une instance de l'élément. Lorsque vous attribuez ensuite un style à ce sélecteur ID, il affecte uniquement cette instance de l'élément dd.

Standard/Usage : HTML 4. **Largement supporté :** Non.

Exemple :

```
<dl>
<dt>RS-232C</dt>
<dd id="123">A standard for serial communication between computers.</dd>
</dl>
```

style="..."

Spécifie les commandes de la feuille de style qui s'appliquent à la définition.

Standard/Usage : HTML 4. **Largement supporté :** Non.

Exemple :

```
<dd style="background: blue; color: white">...</dd>
```

title="..."

Spécifie le texte affecté à l'élément que vous pouvez utiliser pour avoir une aide sensible au contexte à l'intérieur du document. Les navigateurs pourraient l'utiliser pour afficher des info-bulles sur la définition.

Standard/Usage : HTML 4. **Largement supporté :** Non.

Exemple :

```
<dd title="Definition">...</dd>
```

Autres attributs

L'élément dd accepte aussi les attributs lang, dir, onclick, ondblclick, onmousedown, onmouseup, onmouseover, onmousemove, onmouseout, onkeypress, onkeydown, et onkeyup.

del

Indique le texte marqué pour être supprimé dans le document. Peut-être de niveau bloc ou inline selon le cas.

Standard/Usage : HTML 4. **Largement supporté :** Non. **Elément vide :** Non.

Exemple :

```
<p>HTTP stands for Hypertext Transfer <del>Transport</del>Protocol</p>
```

cite="url"

Indique l'adresse de la référence (une source définitive par exemple) pour la suppression.

Standard/Usage : HTML 4. **Largement supporté :** Non.

Exemple :

```
<del cite="http://www.w3.org/"HTML 3.0 was used for 10 years.</del>
```

class="..."

Indique la classe de style à appliquer à l'élément del.

Standard/Usage : HTML 4. **Largement supporté :** Non.

Exemple :

```
<del class="casual">POP stands for Post Office Protocol.</del>
```

datetime="..."

Indique l'heure et la date exactement dans le format suivant : YYYY-MM-DDThh:mm:ssTZD. Exemple : 2001-07-14T08:30:00-07:00 signifie le 14 juillet 2001 à 08 : 30 de la matinée, dans U.S. Mountain Time (7 heures de décalage avec le temps de Greenwich). On peut aussi avoir le format 2001-07-14T08:30:00Z.

Standard/Usage : HTML 4. **Largement supporté :** Non.

Exemple :

```
<del datetime="2001-07-14T08:30:00Z">POP stands for Post Office Protocol.</del>
```

id="..."

Assigne un sélecteur ID unique à une instance de cet élément. Lorsque vous attribuez ensuite un style à ce sélecteur ID, il affecte uniquement cette instance de l'élément del.

Standard/Usage : HTML 4. **Largement supporté :** Non.

Exemple :

```
<del id="123"WWW stands for World Wide Web.</del>
```

style="..."

Spécifie les commandes de la feuille de style qui s'appliquent au texte supprimé.

Standard/Usage : HTML 4. **Largement supporté :** Non.

Exemple :

```
<del style="background: blue; color: white">ESP stands for extra-sensory
perception.</del>
```

title="..."

Spécifie le texte affecté à l'élément que vous pouvez utiliser pour avoir une aide sensible au contexte à l'intérieur du document. Les navigateurs pourraient l'utiliser pour afficher des info-bulles sur le texte.

Standard/Usage : HTML 4. **Largement supporté :** Non.

Exemple :

```
<del title="Definition">More deleted text.</del>
```

Autres attributs

L'élément del accepte aussi les attributs lang, dir, onclick, ondblclick, onmousedown, onmouseup, onmouseover, onmousemove, onmouseout, onkeypress, onkeydown, et onkeyup.

dfn

Indique la définition d'un terme dans le document.

Standard/Usage : HTML 3.2. **Largement supporté :** Non. **Elément vide :** Non.

Exemple :

```
<dfn>HHTP stands for Hypertext Transfer Protocol.</dfn>
```

class="..."

Indique la classe de style à appliquer à l'élément dfn.

Standard/Usage : HTML 4. **Largement supporté :** Non.

Exemple :

```
<dfn class="computer">POP stands for Post Office Protocol.</dfn>
```

id="..."

Assigne un sélecteur ID unique à une instance de l'élément dfn. Lorsque vous attribuez ensuite un style à ce sélecteur ID, il affecte uniquement cette instance de l'élément dfn.

Standard/Usage : HTML 4. **Largement supporté :** Non.

Exemple :

```
<dfn id="123">WWW stands for World Wide Web.</dfn>
```

style="..."

Spécifie les commandes de la feuille de style qui s'appliquent à la définition.

Standard/Usage : HTML 4. **Largement supporté :** Non.

Exemple :

```
<dfn style="background: blue; color: white">ESP stands for extra-sensory
perception.</dfn>
```

title="..."

Spécifie le texte affecté à l'élément que vous pouvez utiliser pour avoir une aide sensible au contexte à l'intérieur du document. Les navigateurs pourraient l'utiliser pour afficher des info-bulles sur le texte de la définition.

Standard/Usage : HTML 4. **Largement supporté :** Non.

Exemple :

```
<dfn title="Definition">...</dfn>
```

Autres attributs

L'élément `dfn` accepte aussi les attributs `lang`, `dir`, `onclick`, `ondblclick`, `onmousedown`, `onmouseup`, `onmouseover`, `onmousemove`, `onmouseout`, `onkeypress`, `onkeydown`, et `onkeyup`.

dir

Contient une liste de répertoires. Utilisez l'élément `li` pour lister des éléments à l'intérieur de la liste. Il vaut mieux employer l'élément `ul` plutôt que cet élément obsolète.

Standard/Usage : HTML 2 ; obsolète. **Largement supporté :** Oui. **Elément vide :** Non.

Exemple :

```
Choose a music genre:
<dir>
<li><a href="rock"/">Rock</a><li>
<li><a href="country"/">Country</a><li>
<li><a href="newage"/">New Age</a><li>
</dir>
```

class="..."

Indique la classe de style à appliquer à l'élément `dir`.

Standard/Usage : HTML 4. **Largement supporté :** Non.

Exemple :

```
<dir class="food">
<li>Apples</li>
<li>Kiwis</li>
<li>Mangos</li>
<li>Oranges</li>
</dir>
```

compact="compact"

Provoque la liste qui doit apparaître dans une forme compacte. Cet attribut n'affectera probablement pas l'apparence de la liste car la plupart des navigateurs ne présentent les listes que sous un seul format. C'est un élément obsolète dans la spécification HTML 4.

Standard/Usage : HTML 2 ; obsolète. **Largement supporté :** Non.

Exemple :

```
<dir compact="compact">...</dir>
```

id="..."

Assigne un sélecteur ID unique à une instance de l'élément dir. Lorsque vous attribuez ensuite un style à ce sélecteur ID, il affecte uniquement cette instance de l'élément dir.

Standard/Usage : HTML. 4. **Largement supporté :** Non.

Exemple :

```
<dir id="123">
<li>Thingie 1</li>
<li>Thingie 2</li>
</dir>
```

style="..."

Spécifie les commandes de la feuille de style qui s'appliquent à l'élément dir.

Standard/Usage : HTML. 4. **Largement supporté :** Non.

Exemple :

```
<dir style="background: blue; color: "white">
<li>Thingie 1</li>
<li>Thingie 2</li>
</dir>
```

title="..."

Spécifie le texte affecté à l'élément que vous pouvez utiliser pour avoir une aide sensible au contexte à l'intérieur du document. Les navigateurs pourraient l'utiliser pour afficher des info-bulles sur la liste des répertoires.

Standard/Usage : HTML. 4. **Largement supporté :** Non.

Exemple :

```
<dir title="Directory List">...</dir>
```

Autres attributs

L'élément dir accepte aussi les attributs lang, dir, onclick, ondblclick, onmousedown, onmouseup, onmouseover, onmousemove, onmouseout, onkeypress, onkeydown, et onkeyup.

div

Indique les divisions logiques à l'intérieur d'un document. Vous pouvez utiliser cet élément pour appliquer l'alignement, le retour à la ligne automatique et les feuilles de style en particulier à une section du document. L'élément <div="center"> est le remplaçant officiel de l'élément center même s'il est devenu obsolète et a été remplacé par les feuilles de style.

Standard/Usage : HTML. 3.2 ; obsolète. **Largement supporté :** Non. **Elément vide :** Non.

Exemple :

```
<div align="center" style="background: blue">All About Formic Acid</div>
```

align="left|center|right|justify"

Spécifie si le contenu de la section s'aligne avec la marge de gauche ou de droite (left, right), si l'espace entre ces marges est le même (center) ou si le contenu est à la fois aligné avec la marge de gauche et celle de droite (justify). Cet attribut est obsolète et a été remplacé par les feuilles de style.

Standard/Usage : HTML. 3.2 ; obsolète. **Largement supporté :** Non.

Exemple :

```
<div align="right">Look over here!</div>
<div align="left">Now, look over here!</div>
```

class="..."

Indique la classe de style à appliquer à l'élément div.

Standard/Usage : HTML. 4. **Largement supporté :** Non.

Exemple :

```
<div class="casual">...</div>
```

id="..."

Assigne un sélecteur ID unique à une instance de l'élément div. Lorsque vous attribuez ensuite un style à ce sélecteur ID, il affecte uniquement cette instance de l'élément div.

Standard/Usage : HTML. 4. **Largement supporté :** Non.

Exemple :

```
<div id="123">...</div>
```

nowrap="nowrap"

Désactive le retour à la ligne automatique pour la section.

Standard/Usage : Internet Explorer 4. **Largement supporté :** Non.

Exemple :

```
<div align="left" nowrap="nowrap">The contents of this section will not automatically
wrap as you size the window.</div>
```

style="..."

Spécifie les commandes de la feuille de style qui s'appliquent aux contenus des balises div.

Standard/Usage : HTML. 4. **Largement supporté :** Non.

Exemple :

```
<div style="background: red">...</div>
```

title="..."

Spécifie le texte affecté à l'élément que vous pouvez utiliser pour avoir une aide sensible au contexte à l'intérieur du document. Les navigateurs pourraient l'utiliser pour afficher des info-bulles sur les contenus des balises div.

Standard/Usage : HTML. 4. **Largement supporté :** Non.

Exemple :

```
<div title="Title" class="casual">...</div>
```

Autres attributs

L'élément div accepte aussi les attributs lang, dir, onclick, ondblclick, onmousedown, onmouseup, onmouseover, onmousemove, onmouseout, onkeypress, onkeydown, et onkeyup.

dl

Contient les éléments dt et dd qui forment les sections terme et définition d'une liste de définitions.

Standard/Usage : HTML. 2. **Largement supporté :** Oui. **Elément vide :** Non.

Exemple :

```
<dl>
<dt>Hygeine</dt>
<dd>Being clean.</dd>
</dl>
```

class="..."

Indique la classe de style à appliquer à l'élément dl.

Standard/Usage : HTML 4. **Largement supporté :** Non.

Exemple :

```
<dl class="computer">
<dt>RAM</dt>
<dd>Random Access Memory</dd>
<dl>
```

compact="compact"

Provoque la liste des définitions qui doivent apparaître dans un format compact. Cet attribut n'affectera probablement pas l'apparence de la liste car la plupart des navigateurs ne présentent les listes que sous un seul format. C'est un attribut obsolète dans la spécification HTML 4.

Standard/Usage : HTML 2 ; obsolète. **Largement supporté :** Non.

Exemple :

```
<dl compact="compact">...</dl>
```

id="..."

Assigne un sélecteur ID unique à une instance de l'élément dl. Lorsque vous attribuez ensuite un style à ce sélecteur ID, il affecte uniquement cette instance de l'élément dl.

Standard/Usage : HTML 4. **Largement supporté :** Non.

Exemple :

```
<dl id="123">
<dt>food</dt>
<dd>We will be eating three meals/day.</dd>
</dl>
```

style="..."

Spécifie les commandes de la feuille de style qui s'appliquent aux contenus des balises dl.

Standard/Usage : HTML 4. **Largement supporté :** Non.

Exemple :

```
<dl style="background: red">...</dl>
```

title="..."

Spécifie le texte affecté à l'élément que vous pouvez utiliser pour avoir une aide sensible au contexte à l'intérieur du document. Les navigateurs pourraient l'utiliser pour afficher des info-bulles sur la liste de définitions.

Standard/Usage : HTML 4. **Largement supporté :** Non.

Exemple :

```
<dl title="Definition List">...</dl>
```

Autres attributs

L'élément div accepte aussi les attributs lang, dir, onclick, ondblclick, onmousedown, onmouseup, onmouseover, onmousemove, onmouseout, onkeypress, onkeydown, et onkeyup.

dt

Contient les termes à l'intérieur de la liste de définitions. Mettez l'élément `dt` entre les balises `dl`.

Standard/Usage : HTML. 2. **Largement supporté :** Oui. **Elément vide :** Non.

Exemple :

```
<dl>
<dt>Hygeine</dt>
<dd>Being clean.</dd>
</dl>
```

class="..."

Indique la classe de style à appliquer à l'élément `dt`.

Standard/Usage : HTML. 4. **Largement supporté :** Non.

Exemple :

```
<dl>
<dt class="casual">CUL8R</dt>
<dd>See You Later</dd>
</dl>
```

id="..."

Assigne un sélecteur ID unique à une instance de l'élément `dt`. Lorsque vous attribuez ensuite un style à ce sélecteur ID, il affecte uniquement cette instance de l'élément `dt`.

Standard/Usage : HTML. 4. **Largement supporté :** Non.

Exemple :

```
<dl>
<dt id="123">Caffeine</dt>
<dd>What most people need to start their days</dd>
</dl>
```

style="..."

Spécifie les commandes de la feuille de style qui s'appliquent aux contenus des balises `dt`.

Standard/Usage : HTML. 4. **Largement supporté :** Non.

Exemple :

```
<dt style="background: red">...</dt>
```

title="..."

Spécifie le texte affecté à l'élément que vous pouvez utiliser pour avoir une aide sensible au contexte à l'intérieur du document. Les navigateurs pourraient l'utiliser pour afficher des info-bulles sur le terme de la définition.

Standard/Usage : HTML. 4. **Largement supporté :** Non.

Exemple :

```
<dt title="Term">XHTML</dt>
<dd>HTML reformulated as an XML application</dd>
```

Autres attributs

L'élément div accepte aussi les attributs lang, dir, onclick, ondblclick, onmousedown, onmouseup, onmouseover, onmousemove, onmouseout, onkeypress, onkeydown, et onkeyup.

e

em

Met le texte en évidence. En général, les navigateurs rendent le texte entre les balises em en italique ou en gras.

Standard/Usage : HTML 2. **Largement supporté :** Oui. **Elément vide :** Non.

Exemple :

```
It's <em>very</em> important to read the instructions before beginning.
```

class="..."

Indique la classe de style à appliquer à l'élément em.

Standard/Usage : HTML 4. **Largement supporté :** Non.

Exemple :

```
Did you say my house was on <em class="urgent">FIRE!?</em>
```

id="..."

Assigne un sélecteur ID unique à une instance de l'élément em. Lorsque vous attribuez ensuite un style à ce sélecteur ID, il affecte uniquement cette instance de l'élément em.

Standard/Usage : HTML 4. **Largement supporté :** Non.

Exemple :

```
I have complained <em id="123">ten</em> times about the leaking faucet.
```

style="..."

Spécifie les commandes de la feuille de style qui s'appliquent aux contenus des balises em.

Standard/Usage : HTML 4. **Largement supporté :** Non.

Exemple :

```
You want this <em style="background: red">when</em>?
```

title="..."

Spécifie le texte affecté à l'élément que vous pouvez utiliser pour avoir une aide sensible au contexte à l'intérieur du document. Les navigateurs pourraient l'utiliser dans le but d'afficher des info-bulles sur le texte mis en forme.

Standard/Usage : HTML 4. **Largement supporté :** Non.

Exemple :

```
<em title="Emphasis">...</em>
```

Autres attributs

L'élément em accepte aussi les attributs lang, dir, onclick, ondblclick, onmousedown, onmouseup, onmouseover, onmousemove, onmouseout, onkeypress, onkeydown, et onkeyup.

embed

Place un objet incorporé dans un document. Des modèles d'objets incorporés incluent des fichiers MIDI et des fichiers vidéo numériques. Comme l'élément `embed` ne fait pas partie du langage HTML standard, nous recommandons l'utilisation de l'élément `object` à sa place. Si le navigateur n'a pas de support incorporé pour un objet, les utilisateurs auront besoin d'un plug-in afin d'utiliser l'objet à l'intérieur du document. Cet élément a été introduit dans Netscape Navigator mais il est aussi supporté par Internet Explorer.

Standard/Usage : Netscape Navigator 1, Internet Explorer 3. **Largement supporté :** Non. **Elément vide :** Oui.

Exemple :

```
<embed src="fur_elise.midi" />
```

accesskey="..."

Spécifie une séquence de touche de clavier qui est liée à l'objet incorporé.

Standard/Usage : Internet Explorer 4. **Largement supporté :** Non.

Exemple :

```
<embed src="st.ocx" accesskey="e" />
```

align="left|right|center|texttop|top|absbottom|absmiddle|baseline|bottom"

Indique le positionnement d'un objet incorporé par rapport aux bordures du document et des contenus environnants.

Valeur	Effet.
`left`	Fait flotter l'objet incorporé entre les bords de la fenêtre, sur le côté gauche.
`right`	Fait flotter l'objet incorporé entre les bords de la fenêtre, sur le côté droit.
`center`	Fait flotter l'objet incorporé entre les bords de la fenêtre, à égale distance des bordures gauche et droite.
`texttop`	Aligne le haut de l'objet incorporé avec le haut du texte courant.
`top`	Aligne le haut de l'objet incorporé avec le haut du texte courant.
`absmiddle`	Aligne le haut de l'objet incorporé avec le milieu du texte courant.
`absbottom`	Aligne le haut de l'objet incorporé avec le bas du texte courant.
`baseline`	Aligne le haut de l'objet incorporé avec la ligne de base du texte environnant.
`bottom`	Aligne le haut de l'objet incorporé avec la ligne de base du texte environnant.

Standard/Usage : Internet Explorer 4. **Largement supporté :** Non.

Exemple :

```
<embed src="song.mid" align="center" />
```

height="n"

Spécifie la dimension verticale de l'objet incorporé.

Standard/Usage : Netscape Navigator 1.1, Internet Explorer 3 ; requis. **Largement supporté :** Non.

Exemple :

```
<embed src="rocket.avi" width="50" height="40" />
```

src="url"

Indique l'emplacement relatif ou absolu du fichier qui contient l'objet que vous souhaitez incorporer.

Standard/Usage : Netscape Navigator 1.1, Internet Explorer 3 ; requis. **Largement supporté :** Non.

Exemple :

```
<embed src="beethoven_9.midi" />
```

title="..."

Spécifie le texte affecté à l'élément que vous pouvez utiliser pour avoir une aide sensible au contexte à l'intérieur du document. Les navigateurs pourraient l'utiliser pour afficher des info-bulles sur l'objet incorporé.

Standard/Usage : Internet Explorer 4. **Largement supporté :** Non.

Exemple :

```
<embed src="explode.avi" title="movie" />
```

width="n"

Indique la dimension horizontale de l'objet incorporé.

Standard/Usage : Netscape Navigator 1.1, Internet Explorer 3 ; requis. **Largement supporté :** Non.

Exemple :

```
<embed src="cartoon.avi" width="50" />
```

Autres attributs

L'élément embed accepte aussi les attributs lang, dir, onclick, ondblclick, onmousedown, onmouseup, onmouseover, onmousemove, onmouseout, onkeypress, onkeydown, et onkeyup.

f

fieldset

Regroupe les éléments de formulaire apparentés.

Standard/Usage : HTML. 4. **Largement supporté :** Non.

Elément vide : Non.

Exemple :

```
<form>
<fieldset>
...Logically related field elements...
</fieldset>
</form>
```

class="..."

Indique la classe de style à appliquer à l'élément fieldset.

Standard/Usage : HTML. 4. **Largement supporté :** Non.

Exemple :

```
<fieldset class="casual">...</fieldset>
```

id="..."

Assigne un sélecteur ID unique à une instance de l'élément fieldset. Lorsque vous attribuez ensuite un style à ce sélecteur ID, il affecte uniquement cette instance de l'élément fieldset.

Standard/Usage : HTML. 4. **Largement supporté :** Non.

Exemple :

```
<fieldset id="123">...</fieldset>
```

style="..."

Spécifie les commandes de la feuille de style qui s'appliquent aux contenus des balises `fieldset`.

Standard/Usage : HTML. 4. **Largement supporté :** Non.

Exemple :

```
<fieldset style="background: red">...</fieldset>
```

title="..."

Spécifie le texte affecté à l'élément que vous pouvez utiliser pour avoir une aide sensible au contexte à l'intérieur du document. Les navigateurs pourraient l'utiliser pour afficher des info-bulles sur le texte de la police.

Standard/Usage : HTML. 4. **Largement supporté :** Non.

Exemple :

```
<fieldset title="Personal data fields">...</fieldset>
```

Autres attributs

L'élément `fieldset` accepte aussi les attributs `lang`, `dir`, `onclick`, `ondblclick`, `onmousedown`, `onmouseup`, `onmouseover`, `onmousemove`, `onmouseout`, `onkeypress`, `onkeydown`, et `onkeyup`.

font

Modifie ou définit les caractéristiques de la police des caractères que le navigateur utilise pour afficher un texte. Cet élément est obsolète dans la spécification HTML 4 et a été remplacé par les feuilles de style.

Standard/Usage : HTML. 3.2 ; obsolète. **Largement supporté :** Oui. **Elément vide :** Non.

Exemple :

```
That cat was really <font size="+3">BIG!</font>
```

color="#rrggbb" ou "..."

Indique la couleur que le navigateur utilise pour afficher un texte. Les noms de couleurs peuvent être remplacés par des valeurs hexadécimales RGB. Cet attribut est obsolète dans la spécification HTML 4 et a été remplacé par les feuilles de style.

Standard/Usage : HTML. 3.2 ; obsolète. **Largement supporté :** Oui.

Exemple :

```
<font color="#ff0000"><h2>Win A Trip!</h2></font>
<font color="lightblue"><p>That's right! A trip to Hawaii can be yours if you scratch
off the right number!</font>
```

face="..., ..."

Spécifie une liste de noms de polices séparés par des virgules que le navigateur utilise pour afficher le texte. Si le navigateur n'a pas accès à la première police de caractère nommée, il essaie la deuxième, puis la troisième, etc. Cet attribut est obsolète et a été remplacé par les feuilles de style.

Standard/Usage : HTML. 4 ; obsolète. **Largement supporté :** Oui.

Exemple :

```
<font size="+1" face="AvantGarde, Helvetica, Lucida Sans, Arial">This text will appear
in AvantGarde if it's available.</font>
```

size="n"

Spécifie la taille du texte affecté par l'élément `font`. Vous pouvez spécifier la taille relative sur la taille de base de la police (voir l'élément `basefont`), qui est normalement 3. Vous pouvez aussi spécifier la taille comme un chiffre entre 1 et 7. Cet attribut est obsolète dans la spécification HTML 4 et a été remplacé par les feuilles de style.

Standard/Usage : HTML. 3.2 ; obsolète. **Largement supporté :** Oui.

Exemple :

```
<basefont size="4" />
<font size="+2">This is a font of size 6.</font>
<font size="1">This is a font of size 1.</font>
```

form

Configure un conteneur pour un élément de formulaire. A l'intérieur de l'élément `form`, vous pouvez mettre des éléments d'entrée comme `fieldset`, `input`, `select`, `textarea`.

Standard/Usage : HTML. 2. **Largement supporté :** Oui. **Elément vide :** Non.

Exemple :

```
<form method="post" action="/cgi-bin/search.pl">
Search: <input type="text name="name" size="20" /><br />
<input type="submit" value="Start Search" />
<input type="reset" />
</form>
```

accept-charset="..."

Spécifie les encodages de caractères pour les données entrées qui doivent être acceptées par le serveur chargé de traiter le formulaire. Cette valeur est une liste d'ensembles de caractères séparés par des virgules comme il ressort de la définition du RFC2045.

Standard/Usage : HTML. 4. **Largement supporté :** Non.

Exemple :

```
<form method="post" accept-charset="ISO-8859-1" action="/stat-collector.cgi">...</form>
```

accept="..."

Spécifie une liste de types MIME séparés par des virgules que le serveur en charge du formulaire doit traiter correctement.

Standard/Usage : HTML. 4. **Largement supporté :** Non.

Exemple :

```
<form method="post" accept="image/gif, image/jpeg" action="image-
collector.cgi">...</form>
```

action="url"

Spécifie l'emplacement explicite ou relatif de l'application CGI qui traite le formulaire.

Standard/Usage : HTML. 2 ; requis. **Largement supporté :** Oui.

Exemple :

```
<form method="post" action="/stat-collector.cgi">...</form>
```

class="..."

Indique la classe de style à appliquer au formulaire.

Standard/Usage : HTML. 4. **Largement supporté :** Non.

Exemple :

```
<form method="post" class="casual" action="/stat-collector.cgi">...</form>
```

enctype="..."

Spécifie le type de MIME utilisé pour soumettre le formulaire au serveur. La valeur par défaut est `"application/x-www-form-urlencoded"`. Utilisez la valeur `multipart/form-data"` lorsque le document retourné contient des fichiers.

Standard/Usage : HTML. 4. **Largement supporté :** Non.

Exemple :

```
<form method="post" enctype="application/x-www-form-urlencoded" action="/stat-
collector.cgi">...</form>
```

id="..."

Assigne un sélecteur ID unique à une instance de l'élément `form`. Lorsque vous attribuez ensuite un style à ce sélecteur ID, il affecte uniquement cette instance de l'élément `form`.

Standard/Usage : HTML. 4. **Largement supporté :** Non.

Exemple :

```
<form action="/cgi-bin/ttt.pl" method="get" id="123">...</form>
```

method="post|get"

Modifie la méthode utilisée pour transmettre les données du formulaire vers le serveur qui traite le formulaire. Lorsque vous utilisez la valeur `get`, les données du formulaire sont transmises au serveur traitant sous forme d'une variable d'environnement (`query_string`). Lorsque vous utilisez la valeur `post`, les données sont transmises au serveur comme une entrée standard vers le programme.

Standard/Usage : HTML. 2. **Largement supporté :** Oui.

Exemple :

```
<form method="post" action="/cgi-bin/www-search">
Enter search keywords: <input type="text" name="query" size="20" />"
<input type="submit" value="search" />
</form>
```

name="..."

Assigne au formulaire un nom accessible par des ressources de signet, de script et d'applet. Cet attribut est obsolète. Utilisez l'attribut `id` à la place ou utilisez ce dernier avec l'attribut `name`.

Standard/Usage : HTML. 4 ; obsolète. **Largement supporté :** Non.

Exemple :

```
<form method="post" action="/cgi-bin/ff.pl" name="ff" id="ff">...</form>
```

style="..."

Spécifie les commandes de la feuille de style qui s'appliquent aux contenus des balises `form`.

Standard/Usage : HTML. 4. **Largement supporté :** Non.

Exemple :

```
<form style="background: red">...</form>
```

target="..."

Identifie le cadre précédemment nommé dans lequel les éléments sortants du formulaire doivent apparaître.

Standard/Usage : HTML 4 (Cadres). **Largement supporté :** Oui.

Exemple :

```
<form target="output" method="get" action="/cgi-bin/thingie.sh">...</form>
```

title="..."

Spécifie le texte affecté à l'élément que vous pouvez utiliser pour avoir une aide sensible au contexte à l'intérieur du document. Les navigateurs pourraient l'utiliser pour afficher des info-bulles sur le formulaire à remplir.

Standard/Usage : HTML 4. **Largement supporté :** Non.

Exemple :

```
<form method="post" action="/cgi-bin/ff.pl" title="Fill-out form">...</form>
```

Autres attributs

L'élément `form` accepte aussi les attributs `lang`, `dir`, `onclick`, `ondblclick`, `onmousedown`, `onmouseup`, `onmouseover`, `onmousemove`, `onmouseout`, `onkeypress`, `onkeydown`, et `onkeyup`.

frame

Définit un cadre à l'intérieur d'un élément `frameset`. L'élément `frame` spécifie le fichier source et les caractéristiques visuelles d'un cadre.

Standard/Usage : HTML 4 (Cadres). **Largement supporté :** Oui. **Elément vide :** Oui.

Exemple :

```
<frameset rows="*,70">
frame src="frames/body.html" name="body" />
frame src="frames/buttons.html" name="buttons" "scrolling="no" noresize="noresize" />
</frameset>
```

bordercolor="#rrggbbb" ou "..."

Spécifie la couleur de la bordure autour du cadre. Utilisez-les valeurs hexadécimales RGB de la couleur ou le nom de la couleur.

Standard/Usage : Internet Explorer 4, Netscape Navigator 3. **Largement supporté :** Oui.

Exemple :

```
<frame src="hits.html" bordercolor="red" />
```

class="..."

Indique la classe de style à appliquer au cadre.

Standard/Usage : HTML 4. **Largement supporté :** Non.

Exemple :

```
<frame src="hits.html"> class="casual" />
```

frameborder="1|0"

Indique si la bordure du cadre est visible. La valeur `1` (par défaut) signifie que la bordure est visible ; la valeur `0` indique le contraire. Remarquez que ces valeurs sont respectivement `Yes` et `No` pour Netscape Navigator.

Standard/Usage : HTML 4 (Cadres). **Largement supporté :** Oui.

Exemple :

```
<frame src="weather.html" frameborder="0" />
```

id="..."

Assigne un sélecteur ID unique à une instance de l'élément `frame`. Lorsque vous attribuez ensuite un style à ce sélecteur ID, il affecte uniquement cette instance de l'élément `frame`.

Standard/Usage : HTML. 4. **Largement supporté :** Non.

Exemple :

```
<frame src="weather.html" id="123" />
```

longdesc="url"

Spécifie l'adresse URL d'une description plus élaborée du cadre.

Standard/Usage : HTML. 4 (Cadres). **Largement supporté :** Oui.

Exemple :

```
<frame src="cats.html" longdesc="whycatsrcool.htm" />
```

marginheight="n"

Spécifie la dimension verticale (en pixels) des marges haut et bas d'un cadre.

Standard/Usage : HTML. 4 (Cadres). **Largement supporté :** Oui.

Exemple :

```
<frame src="cats.html" marginheight="10" />
```

marginwidth="n"

Spécifie la dimension horizontale (en pixels) des marges gauche et droite d'un cadre.

Standard/Usage : HTML. 4 (Cadres). **Largement supporté :** Oui.

Exemple :

```
<frame src="dogs.html" marginwidth="10" />
```

name="..."

Attribue un nom au cadre. Plus tard, vous pouvez utiliser ce nom pour charger de nouveaux documents dans le cadre (voir l'attribut `target`) et à l'intérieur de scripts pour contrôler des attributs du cadre. Les noms réservés avec une signification spéciale comprennent `_blank`, `_parent`, `_self`, et `_top`. Cet attribut est obsolète. Utilisez l'attribut `id` à sa place ou utilisez-le avec l'attribut `name`.

Standard/Usage : HTML. 4 (Cadres) ; obsolète. **Largement supporté :** Oui.

Exemple :

```
<frame src="/cgi-bin/weather.cgi" name="weather" id="weather" />
```

noresize="noresize"

Refuse le redimensionnement d'un cadre. Autrement, si les bordures d'un cadre sont visibles, les utilisateurs peuvent redimensionner le cadre en sélectionnant une bordure et en la déplaçant avec la souris.

Standard/Usage : HTML. 4 (Cadres). **Largement supporté :** Oui.

Exemple :

```
<frame src="bottom.html" name="bottom" id="bottom" noresize="noresize" scrolling="no"
/>
```

scrolling="yes|no|auto"

Indique la présence ou non d'une barre de défilement à l'intérieur d'un cadre lorsque les dimensions du texte excèdent les dimensions du cadre. Prenez la valeur `no` lorsque vous utilisez un cadre pour afficher seulement une image.

Standard/Usage : HTML 4 (Cadres). **Largement supporté :** Oui.

Exemple :

```
<frame name="titleimg" id="titleimg" src="title.gif" scrolling="no" />
```

src="url"

Spécifie l'emplacement relatif ou absolu d'un document que vous souhaitez charger à l'intérieur d'un cadre défini.

Standard/Usage : HTML 4 (Cadres). **Largement supporté :** Oui.

Exemple :

```
<frame name="main" id="main" src="intro.html" />
```

style="..."

Spécifie les commandes de la feuille de style qui s'appliquent au cadre.

Standard/Usage : HTML 4. **Largement supporté :** Non.

Exemple :

```
<frame name="main" id="main" src="intro.html" style="background: red" />
```

title="..."

Spécifie le texte affecté à l'élément que vous pouvez utiliser pour avoir une aide sensible au contexte à l'intérieur du document. Les navigateurs pourraient l'utiliser pour afficher des info-bulles sur le formulaire à remplir.

Standard/Usage : HTML 4. **Largement supporté :** Non.

Exemple :

```
<frame name="main" id="main" src="intro.html" title="Main Frame" />
```

frameset

Contient les définitions du cadre et spécifie l'espacement, les dimensions et les attributs du cadre. Placez les éléments `frame` et `noframe` à l'intérieur des balises `frameset`.

Standard/Usage : HTML 4 (Cadres). **Largement supporté :** Oui. **Elément vide :** Non.

Exemple :

```
<frameset cols="*,70">
<frame src="frames/body.html" name="body" id="body" />
<frame src="frames/side.html" name="side" id="side" />
</frameset>
```

border="n"

Spécifie l'épaisseur des bordures (en pixels) autour des cadres définis à l'intérieur du multifenêtrage. Vous pouvez aussi contrôler l'épaisseur des bordures avec l'élément `frame`.

Standard/Usage : Netscape Navigator 3, Internet Explorer 4. **Largement supporté :** Non.

Exemple :

```
<frameset cols="*,150" border="5">
<frame src="left.html" name="main" id="main" />
<frame src="side.html" name="side" id="side" />
</frameset>
```

bordercolor="#rrggbb" ou "..."

Définit la couleur des bordures du cadre. Les noms de couleur peuvent être remplacés par des valeurs de couleur hexadécimales RGB.

Standard/Usage : Netscape Navigator 3, Internet Explorer 4. **Largement supporté :** Oui.

Exemple :

```
<frameset bordercolor="red" rows="100,*">
<frame src="top.html" name="title" id="title" />
<frame src="story.html" name="story" id="story" />
</frameset>
```

class="..."

Indique la classe de style à appliquer à l'élément `frameset`.

Standard/Usage : HTML 4. **Largement supporté :** Non.

Exemple :

```
<frameset bordercolor="red" class="casual">
<frame src="top.html" name="title" id="title" />
<frame src="story.html" name="story" id="story" />
</frameset>
```

cols="..."

Spécifie le nombre et les dimensions des cadres verticaux à l'intérieur du multifenêtrage courant.

Définissez `cols` dans une liste de nombres ou de pourcentages séparés par des virgules pour indiquer l'épaisseur de chaque cadre. Utilisez l'astérisque (*) pour représenter une épaisseur variable. Un cadre d'épaisseur variable remplit l'espace restant (`<frameset cols="100,400,*">`).

Lorsque l'on définit `cols` avec des valeurs de pourcentage, on peut contrôler le ratio de l'espace horizontal du cadre par rapport à la quantité d'espace disponible à l'intérieur du navigateur (`<frameset cols="10%,*">`).

Vous ne pouvez pas utiliser `cols` et `rows` dans le même élément.

Standard/Usage : HTML 4 (Cadres). **Largement supporté :** Oui.

Exemple :

```
<frameset cols="*,100,*">
<frame src="left.html" name="left" id="left" />
<frame src="middle.html" name="middle" id="middle" />
<frameset rows="2">
<frame src="top.html" name="top" id="top" />
<frame src="bottom.html" name="bottom" id="bottom" />
</frameset>
</frameset>
```

framespacing="n"

Spécifie l'espace (en pixels) entre les cadres à l'intérieur de la fenêtre du navigateur.

Standard/Usage : Internet Explorer 3. **Largement supporté :** Non.

Exemple :

```
<frameset rows="*,100" framespacing="10">
<frame src="top.html" name="top" id="top" />
<frame src="middle.html" name="middle" id="middle" />
</frameset>
```

id="..."

Assigne un sélecteur ID unique à une instance de l'élément frameset. Lorsque vous attribuez ensuite un style à ce sélecteur ID, il affecte uniquement cette instance de l'élément frameset.

Standard/Usage : HTML. 4. **Largement supporté :** Non.

Exemple :

```
<frameset rows="*,100" framespacing="10" id="123">
<frame src="top.html" name="top" id="top" />
<frame src="middle.html" name="middle" id="middle" />
</frameset>
```

rows

Spécifie le nombre et les dimensions des cadres horizontaux à l'intérieur du multifenêtrage courant.

Définissez rows dans une liste de nombres ou de pourcentages séparés par des virgules pour indiquer la hauteur de chaque cadre. Utilisez l'astérisque (*) pour représenter une hauteur variable. Un cadre de hauteur variable remplit l'espace restant une fois que le navigateur a formaté un espace pour les autres cadres (<frameset rows="100,400,*">).

Lorsque l'on définit cols avec des valeurs de pourcentage, on peut contrôler le ratio de l'espace horizontal du cadre par rapport à la quantité d'espace disponible à l'intérieur du navigateur (<frameset rows="10%,*">).

Vous ne pouvez pas utiliser rows et cols dans le même élément.

Standard/Usage : HTML. 4 (Cadres). **Largement supporté :** Oui.

Exemple :

```
<frameset rows="*,100,*">
<frame src="top.html" name="top" id="top" />
<frame src="middle.html" name="middle" id="middle" />
<frameset cols="2">
<frame src="bottom1.html" name="left" id="left" />
<frame src="bottom2.html" name="right" id="right" />
</frameset>
</frameset>
```

style="..."

Spécifie les commandes de la feuille de style qui s'appliquent aux contenus de l'élément frameset.

Standard/Usage : HTML. 4. **Largement supporté :** Non.

Exemple :

```
<frameset rows="100,*" style="background: red">
<frame src="top.html" name="title" id="title" />
<frame src="story.html" name="story" id="story" />
</frameset>
```

title="..."

Spécifie le texte affecté à l'élément que vous pouvez utiliser pour avoir une aide sensible au contexte à l'intérieur du document. Les navigateurs pourraient l'utiliser pour afficher des info-bulles sur le formulaire à remplir.

Standard/Usage : HTML. 4. **Largement supporté :** Non.

Exemple :

```
<frameset rows="100,*" title="Stories">
<frame src="top.html" name="title" id="title" />
<frame src="story.html" name="story" id="story" />
</frameset>
```

Autres attributs

L'élément `frameset` accepte aussi les attributs `onload` et `unonload`.

h

h*n*

Spécifie les titres dans un document. Les titres sont numérisés de 1 à 6, avec `h1` représentant le titre principal dans le documentet, et `h3` représentant un sous-thème imbriqué. En général, le texte qui se trouve à l'intérieur des éléments de titre apparaît en gras et sont de plus grande taille que le texte de document normal.

Standard/Usage : HTML. 2. **Largement supporté :** Oui. **Elément vide :** Non.

Exemple :

```
<h1>Caring For Your Canary</h1>
<p>This document explains how you should take care of a canary.</p>
<h2>Feeding</h2>
<h2>Caging</h2>
```

align="left|center|right"

Positionne le titre à gauche, à droite ou au centre. C'est un attribut obsolète dans la spécification HTML 4 qui a été remplacé par les feuilles de style.

Standard/Usage : HTML. 3.2 ; obsolète. **Largement supporté :** Oui.

Exemple :

```
<h3 align="center">History Of The Platypus</h3>
```

class="..."

Indique la classe de style à appliquer à l'élément h*n*.

Standard/Usage : HTML. 4. **Largement supporté :** Non.

Exemple :

```
<h1 class="casual" align="left">River Tours</h1>
```

id="..."

Assigne un sélecteur ID unique à une instance de l'élément h*n*. Lorsque vous attribuez ensuite un style à ce sélecteur ID, il affecte uniquement cette instance de l'élément h*n*.

Standard/Usage : HTML. 4. **Largement supporté :** Non.

Exemple :

```
<h2 id="123">Paper Products</h2>
```

style="..."

Spécifie les commandes de la feuille de style qui s'appliquent au titre.

Standard/Usage : HTML. 4. **Largement supporté :** Non.

Exemple :

```
<h1 style="background: red">Heading 1</h1>
```

title="..."

Spécifie le texte affecté à l'élément que vous pouvez utiliser pour avoir une aide sensible au contexte à l'intérieur du document. Les navigateurs pourraient l'utiliser pour afficher des info-bulles sur le titre.

Standard/Usage : HTML. 4. **Largement supporté :** Non.

Exemple :

```
<h1 title="Headline">Meals on Wheels Gets New Truck</h1>
```

Autres attributs

L'élément h*n* accepte aussi les attributs lang, dir, onclick, ondblclick, onmousedown, onmouseup, onmouseover, onmousemove, onmouseout, onkeypress, onkeydown, et onkeyup.

head

Contient des informations sur l'en-tête du document. Les éléments suivants peuvent être utilisés à l'intérieur de l'en-tête du document : link, meta, title, script, base, et style.

Standard/Usage : HTML. 2 ; requis. **Largement supporté :** Oui. **Elément vide :** Non.

Exemple :

```
<html>
<head>
<title>Making a Peanut-Butter and Jelly Sandwich</title>
<link rel="parent" href="sandwiches.html" />
</head>
</html>
```

profile="url"

Spécifie l'adresse des profils des données. Vous pouvez utiliser cet attribut pour spécifer l'emplacement des informations sur l'élément meta par exemple.

Standard/Usage : HTML. 4. **Largement supporté :** Non.

Exemple :

```
<head profile="http://www.lanw.com/books.htm">...</head>
```

Autres attributs

L'élément head accepte aussi les attributs lang et dir.

hr

Dessine des lignes horizontales (des règles) dans le document. C'est utile pour séparer visuellement les sections de document.

Standard/Usage : HTML. 2. **Largement supporté :** Oui. **Elément vide :** Oui.

Exemple :

```
<h2>Birthday Colors</h2>
<hr align="left" width="60%" />
<p>Birthdays are usually joyous celebrations so we recommend bright colors.</p>
```

align="left|center|right"

Positionne la ligne de remplissage à gauche, à droite ou au centre du document. Ces paramètres sont inutiles sauf si vous utilisez l'attribut width pour rendre la ligne plus courte que la largeur du document. Cet attribut est obsolète dans la spécification HTML 4 et a été remplacé par les feuilles de style.

Standard/Usage : HTML. 3.2 ; obsolète. **Largement supporté :** Oui.

Exemple :

```
<h2 align="left">Shopping List</h2>
<hr width="40%" align="left" />
<ul type="square">
<li>eggs</li> <li>butter</li> <li>bread</li> li>milk</li>
</ul>
```

class="..."

Indique la classe de style à appliquer à l'élément hr.

Standard/Usage : HTML. 4. **Largement supporté :** Non.

Exemple :

```
<hr class="casual" width="50%" />
```

color="#rrggbb" ou "..."

Spécifie la couleur de la ligne. Une couleur peut être remplacée par des valeurs hexadécimales RGB. Supporté uniquement par Internet Explorer, les feuilles de style procurent une fonctionnalité équivalente à une plus grande variété de navigateurs.

Standard/Usage : Internet Explorer 3. **Largement supporté :** Non.

Exemple :

```
<hr color="#09334c" />
```

id="..."

Assigne un sélecteur ID unique à une instance de l'élément hr. Lorsque vous attribuez ensuite un style à ce sélecteur ID, il affecte uniquement cette instance de l'élément hr.

Standard/Usage : HTML. 4. **Largement supporté :** Non.

Exemple :

```
<hr id="123" />
```

noshade="noshade"

Spécifie que le navigateur ne doit pas ombrer la ligne.

Standard/Usage : HTML. 3.2. **Largement supporté :** Oui.

Exemple :

```
<hr noshade="noshade" align="center" width="50%" />
<img src="bobby.jpg" align="center" border="0" alt="bobby" />
<br clear="all" />
<hr noshade="noshade" align="center" width="50%" />
```

size="n"

Spécifie l'épaisseur de la ligne (en pixels). Cet attribut est obsolète pour la spécification HTML 4 et a été remplacé par les feuilles de style.

Standard/Usage : HTML. 3.2 ; obsolète. **Largement supporté :** Oui.

Exemple :

```
<hr size="10" />
```

style="..."

Spécifie les commandes de la feuille de style qui s'appliquent à la ligne horizontale.

Standard/Usage : HTML. 4. **Largement supporté :** Non.

Exemple :

```
<hr width="50%" style="color: red" />
```

width="n"

Spécifie la longueur de la ligne. Vous pouvez spécifier la valeur avec un nombre absolu de pixels ou avec un pourcentage pour indiquer la largeur totale utilisée. Cet attribut est obsolète pour la spécification HTML 4 et a été remplacé par les feuilles de style.

Standard/Usage : HTML. 3.2 ; obsolète. **Largement supporté :** Oui.

Exemple :

```
<h2 align="center">The End!</h2>
<hr width="85%" />
```

title="..."

Spécifie le texte affecté à l'élément que vous pouvez utiliser pour avoir une aide sensible au contexte à l'intérieur du document. Les navigateurs pourraient l'utiliser pour afficher des info-bulles sur la ligne horizontale.

Standard/Usage : HTML. 4. **Largement supporté :** Non.

Exemple :

```
<hr title="A line" />
```

Autres attributs

L'élément `hr` accepte aussi les attributs `onclick`, `ondblclick`, `onmousedown`, `onmouseup`, `onmouseover`, `onmousemove`, `onmouseout`, `onkeypress`, `onkeydown`, et `onkeyup`.

html

Contient le document entier. Mettez la balise d'ouverture `html` en haut et la balise de fermeture en bas de tous vos fichiers HTML. (Le seul code à l'extérieur de la balise `html` doit être la déclaration `DOCTYPE`, celle qui est requise, et la déclaration `XML` optionnelle.) L'élément `html` est obligatoire. N'oubliez pas l'espace de nom XHTML pour les documents XHTML.

Standard/Usage : HTML. 2 ; requis. **Largement supporté :** Oui. **Elément vide :** Non.

Exemple :

```
<?xml version="1.0" encoding="UTF-8" standalone="no"?>
<!DOCTYPE html PUBLIC "-//W3C//DTD XHTML 1.0 Transitional//EN
"http://www.w3.org/TR/xhtml1/DTD/xhtml1-transitional.dtd">
<html xmlns="http://www.w3.org/1999/xhtml">
<head><title>Test Page</title></head>
<body><h1>Is this working?</h1></body>
</html>
```

version="..."

Spécifie la version HTML utilisée. Cet attribut est obsolète pour le langage XHTML car il contient les mêmes informations que la déclaration `DOCTYPE`.

Standard/Usage : HTML. 4 ; obsolète. **Largement supporté :** Non.

Exemple :

```
<html version="-//W3C//DTD HTML 4.0 Transitional//EN">This is an HTML 4.0 document.
Not valid XHTML...</html>
```

xmlns="..."

Spécifie l'espace de nom XHTML. A ce jour, il n'y a qu'une valeur possible pour le langage XHTML :

```
xmlns="http://www.w3.org/1999/xhtml".
```

Standard/Usage : XHTML 1 ; requis. **Largement supporté :** Non.

Exemple :

```
<html xmlns="http://www.w3.org/1999/xhtml">...</html>
```

Autres attributs

L'élément `html` accepte aussi les attributs `lang` et `dir`.

i

i

Met le texte en italique.

Standard/Usage : HTML. 2. **Largement supporté :** Oui. **Elément vide :** Non.

Exemple :

```
Mary told me to read <i>Mostly Harmless</i>.
```

class="..."

Indique la classe de style à appliquer à l'élément `i`.

Standard/Usage : HTML. 4. **Largement supporté :** Non.

Exemple :

```
This mouse is <i class="casual">enhanced</i>.
```

id="..."

Assigne un sélecteur ID unique à une instance de l'élément `i`. Lorsque vous attribuez ensuite un style à ce sélecteur ID, il affecte uniquement cette instance de l'élément `i`.

Standard/Usage : HTML. 4. **Largement supporté :** Non.

Exemple :

```
He called it a <i id="123">doohickie</i>!
```

style="..."

Spécifie les commandes de la feuille de style qui s'appliquent au texte en italique.

Standard/Usage : HTML. 4. **Largement supporté :** Non.

Exemple :

```
<i style="color: green">green, italicised text</i>
```

title="..."

Spécifie le texte affecté à l'élément que vous pouvez utiliser pour avoir une aide sensible au contexte à l'intérieur du document. Les navigateurs pourraient l'utiliser pour afficher des info-bulles sur le texte en italique.

Standard/Usage : HTML. 4. **Largement supporté :** Non.

Exemple :

```
<i title="italicised">italicised text</i>
```

Autres attributs

L'élément i accepte aussi les attributs `lang`, `dir`, `onclick`, `ondblclick`, onmousedown, onmouseup, onmouseover, onmousemove, `onmouseout`, onkeypress, onkeydown, et onkeyup.

iframe

Crée des cadres flottants à l'intérieur d'un document. Les cadres flottants diffèrent des cadres normaux car ils peuvent être indépendamment manipulés à l'intérieur d'un autre document HTML.

Standard/Usage : HTML. 4(Cadres). **Largement supporté :** Non. **Elément vide :** Non.

Exemple :

```
<iframe name="new_win" id="new_win" src="http://www.lanw.com">...</iframe>
```

align="left|center|right"

Spécifie comment le cadre flottant est aligné en respectant les côtés gauche et droit de la fenêtre du navigateur. Cet attribut est obsolète pour la spécification HTML 4 et a été remplacé par les feuilles de style.

Standard/Usage : HTML. 4 ; obsolète. **Largement supporté :** Non.

Exemple :

```
<iframe align="left" src="goats.html" name="g1" id="g1"...</iframe>
```

frameborder="1|0"

Indique si le cadre flottant possède des bordures visibles. La valeur `1` (par défaut) signifie que la bordure est visible ; la valeur `0` indique le contraire.

Standard/Usage : HTML. 4 (Cadres). **Largement supporté :** Non.

Exemple :

```
<iframe src="main.html" name="main" id="main" frameborder="0">...</iframe>
```

height="n"

Spécifie la dimension verticale (en pixels) du cadre flottant.

Standard/Usage : HTML. 4 (Cadres). **Largement supporté :** Non.

Exemple :

```
<iframe src="joe.html" name="Joe" id="Joe" width="500" height="200">...</iframe>
```

hspace="n"

Indique la taille (en pixels) des marges de gauche et de droite à l'intérieur du cadre flottant.

Standard/Usage : Internet Explorer 4. **Largement supporté :** Non.

Exemple :

```
<iframe src="joe.html" name="Joe" id="Joe" hspace="10" vspace="10">...</iframe>
```

id="..."

Assigne un sélecteur ID unique à une instance de l'élément `iframe`. Lorsque vous attribuez ensuite un style à ce sélecteur ID, il affecte uniquement cette instance de l'élément `iframe`.

Standard/Usage : HTML. 4 (Cadres). **Largement supporté :** Non.

Exemple :

```
<iframe src="joe.html" name="Joe" id="Joe">...</iframe>
```

marginheight="n"

Spécifie la taille des marges haut et bas (en pixels) à l'intérieur du cadre flottant.

Standard/Usage : HTML. 4 (Cadres). **Largement supporté :** Non.

Exemple :

```
<iframe src="top.html" name="topbar" id="topbar" marginheight="50">...</iframe>
```

marginwidth="n"

Spécifie la taille des marges gauche et droite (en pixels) à l'intérieur du cadre flottant.

Standard/Usage : HTML. 4 (Cadres) ; obsolète. **Largement supporté :** Non.

Exemple :

```
<iframe src="body.html" name="body" id="body" marginwidth="50">...</iframe>
```

name="..."

Assigne un nom unique au cadre. Ce nom peut être utilisé dans d'autres cadres pour charger de nouveaux documents dans le cadre et pour manipuler les attributs du cadre. Cet attribut est obsolète. Utilisez l'attribut `id` ou utilisez-le avec l'attribut `name`.

Standard/Usage : HTML. 4 (Cadres) ; obsolète. **Largement supporté :** Non.

Exemple :

```
<iframe src="jane.html" name="Jane" id="Jane" width="500" height="200">...</iframe>
```

scrolling="yes|no|auto"

Spécifie si le cadre flottant possède des barres de défilement. Par défaut, la valeur est `auto`.

Standard/Usage : HTML. 4 (Cadres). **Largement supporté :** Non.

Exemple :

```
<iframe src="top.html" scrolling="auto">...</iframe>
```

src="url"

Spécifie l'emplacement relatif ou absolu du fichier du document à charger dans le cadre flottant.

Standard/Usage : HTML. 4 (Cadres). **Largement supporté :** Non.

Exemple :

```
<iframe name="pics" src="pics.htm">...</iframe>
```

style="..."

Spécifie les commandes de la feuille de style qui s'appliquent au cadre flottant.

Standard/Usage : HTML. 4 (Cadres). **Largement supporté :** Non.

Exemple :

```
<iframe src="dots.html" name="dots" id="dots" style="background: red">...</iframe>
```

width="n"

Spécifie la dimension horizontale (en pixels) du cadre flottant.

Standard/Usage : HTML. 4 (Cadres). **Largement supporté :** Non.

Exemple :

```
<iframe src="joe.html" name="Joe" id="Joe" width="500" height="200">...</iframe>
```

vspace="n"

Indique la taille (en pixels) des marges haut et bas à l'intérieur du cadre flottant.

Standard/Usage : Internet Explorer 4. **Largement supporté :** Non.

Exemple :

```
<iframe src="joe.html" name="Joe" id="Joe" hspace="10" vspace="10">...</iframe>
```

Autres attributs

L'élément i accepte aussi les attributs lang, dir, onclick, ondblclick, onmousedown, onmouseup, onmouseover, onmousemove, onmouseout, onkeypress, onkeydown, et onkeyup.

img

Met une image inline dans un document. Vous pouvez utiliser les attributs ismap et usemap avec l'élément img pour implémenter des imagemaps.

Standard/Usage : HTML. 2. **Largement supporté :** Oui. **Elément vide :** Oui.

Exemple :

```
<img src="images/left_arrow.gif" alt="&lt;-" />"
```

align="left|right|top|middle|bottom"

Spécifie l'apparence de texte qui se trouve à côté de l'image graphique inline. Exemple : avec la valeur right, l'image apparaît du côté droit du document et le texte est affiché à sa gauche. La valeur left produit l'effet opposé.

La spécification HTML 2 mentionne seulement les valeurs des attributs top, middle et la valeur bottom. La valeur top aligne le haut de la première ligne de texte après l'élément img en haut de l'image. La valeur bottom (par défaut) aligne le bas de l'image avec la ligne de base du texte, la valeur middle aligne la ligne de base de la première ligne de texte avec le milieu de l'image.

La spécification HTML 3.2 a ajouté les valeurs left et right à la liste des valeurs d'attributs.

Vous pouvez utiliser l'élément br pour contrôler des points spécifiques où le texte cesse d'envelopper une image et continue sous l'instance de l'image.

L'attribut align est obsolète dans la spécification HTML 4 et a été remplacé par les feuilles de style.

Standard/Usage : HTML. 2 ; obsolète. **Largement supporté :** Oui.

Exemple :

```
<img src="red_icon.gif" align="left" />
It's about time for volunteers to pitch in.<br clear="all" />
```

alt="..."

Fournit une description textuelle d'images, utile pour les utilisateurs qui ne possèdent que des navigateurs texte seul. Certains navigateurs peuvent aussi afficher le texte alt comme un message flottant lorsque l'utilisateur met le curseur sur l'image.

Standard/Usage : HTML. 2 ; requis. **Largement supporté :** Oui.

Exemple :

```
<img src="smiley.gif" alt=":-)" />
```

border="n"

Spécifie la largeur (en pixels) d'une bordure autour d'une image. En général, la valeur par défaut est 0 (pas de bordure). La couleur de la bordure est la couleur du texte normal à l'intérieur du document. Cet attribut est obsolète et a été remplacé par les feuilles de style.

Standard/Usage : HTML. 3.2 ; obsolète. **Largement supporté :** Oui.

Exemple :

```
<img src="portrait.jpg" border="2" />
```

class="..."

Indique la classe de style à appliquer à l'image.

Standard/Usage : HTML. 4. **Largement supporté :** Non.

Exemple :

```
<img class="casual" src="dots.gif" />
```

controls="control"

Si l'image est un fichier vidéo, il indique les commandes de lecture qui apparaissent en dessous de l'image.

Standard/Usage : Internet Explorer 2. **Largement supporté :** Non.

Exemple :

```
<img dynsrc="foo.avi" controls="controls" />
```

dynsrc="url"

Spécifie l'emplacement relatif ou absolu d'une image dynamique (VRML, fichier vidéo, etc.).

Standard/Usage : Internet Explorer 2. **Largement supporté :** Non.

Exemple :

```
<img dynsrc="foo.avi" />
```

height="n"

Spécifie la dimension verticale (en pixels) de l'image. Si vous ne recourez pas cet attribut, l'image utilise sa hauteur par défaut. On peut employer cet attribut avec l'attribut `width` pour remplir un espace spécifique. Vous pouvez mettre une image de grande taille dans un espace plus réduit et agrandir une image de petite taille. Certains concepteurs Web utilisent les attributs `width` et `height` pour agrandir une image d'un seul pixel afin qu'elle produise les effets d'une image de couleur sûre et plus élargie.

Standard/Usage : HTML. 3.2. **Largement supporté :** Oui.

Exemple :

```
<img src="images/smiley.jpg" width="50" height="50" />
```

hspace="n"

Etablit une marge d'espace blanc (en pixels) à gauche et à droite d'une image graphique. (Voir l'attribut `vspace` pour contrôler les marges haut et bas autour d'une image.) Cet attribut est obsolète et a été remplacé par les feuilles de style.

Standard/Usage : HTML. 3.2 ; obsolète. **Largement supporté :** Oui.

Exemple :

```
<img src="pics/pinetree.jpg" hspace="20" vspace="15" />
```

id="..."

Assigne un sélecteur ID unique à une instance de l'élément `img`. Lorsque vous attribuez ensuite un style à ce sélecteur ID, il affecte uniquement cette instance de l'élément `img`.

Standard/Usage : HTML. 4. **Largement supporté :** Non.

Exemple :

```
<img src="grapes.jpg" id="123" />
```

ismap="ismap"

Indique que l'image graphique fonctionne comme une imagemap cliquable. Cet attribut `ismap` dit au navigateur d'envoyer les coordonnées de pixels à l'application CGI serveur de l'imagemap lorsqu'un utilisateur sélectionne l'image avec la souris. Lorsque la spécification HTML 2 établit l'attribut `ismap`, les imagemaps ont été implémentées du côté-serveur uniquement. Maintenant, les imagemaps côté-client sont devenues plus connues (voir l'attribut `usemap`).

Standard/Usage : HTML. 2. **Largement supporté :** Oui.

Exemple :

```
<a href="/cgi-bin/imagemap/mymap">
<img ismap="ismap" src="images/main.gif" /></a>
```

longdesc="..."

Fournit une description textuelle d'images pour les utilisateurs qui ont uniquement des navigateurs texte seul ou qui ne peuvent pas voir les images pour d'autres raisons.

Standard/Usage : HTML 4. **Largement supporté :** Non.

Exemple :

```
<img src="smiley.gif" alt=":-)" longdesc="This is a smiley face, placed here for
decoration." />
```

loop="n|infinite"

Indique le nombre de fois qu'un fichier vidéo revient pour être lu.

Standard/Usage : Internet Explorer 2. **Largement supporté :** Non.

Exemple :

```
img dynsrc="bar.avi" loop="infinite" />
```

name="..."

Spécifie un nom avec lequel les signets, les scripts et les applets peuvent référencer l'image. Cet attribut est obsolète. Utilisez l'attribut `id` ou utilisez-le avec l'attribut `name`.

Standard/Usage : HTML 2 ; Obsolète. **Largement supporté :** Non.

Exemple :

```
<img src="tweakie.jpg" name="img_1" id="img_1" />
```

src="url"

Spécifie l'emplacement relatif ou absolu d'un fichier contenant l'image graphique qui va incorporer le document.

Standard/Usage : HTML 2 ; requis. **Largement supporté :** Oui.

Exemple :

```
<img src="images/left-arrow.gif" alt="&lt;-" />
```

style="..."

Spécifie les commandes de la feuille de style qui s'appliquent à l'image inline.

Standard/Usage : HTML 4. **Largement supporté :** Non.

Exemple :

```
<img src="dots.gif" style="background: red" />
```

title="..."

Spécifie le texte affecté à l'élément que vous pouvez utiliser pour avoir une aide sensible au contexte à l'intérieur du document. Les navigateurs pourraient l'utiliser pour afficher des info-bulles sur l'image.

Standard/Usage : HTML 4. **Largement supporté :** Non.

Exemple :

```
<img src="pics/jill.jpg" title="Image" />
```

usemap="url"

Spécifie l'emplacement des données de l'imagemap côté-client (utilisez l'élément `map`). Puisque l'élément `map` attribue aux données de l'imagemap un nom d'ancre, il faut absolument inclure le nom avec l'adresse URL du document qui contient les données de l'imagemap.

Standard/Usage : HTML. 3.2. **Largement supporté :** Oui.

Exemple :

```
<img ismap="ismap" src="mapl.gif" usemap="maps.html#map1" />
```

vrml="..."

Spécifie l'emplacement absolu ou relatif d'un monde VRML à incorporer dans un document.

Standard/Usage : Internet Explorer 2. **Largement supporté :** Non.

Exemple :

```
<img vrml="vr/myroom.vrml" />
```

vspace="n"

Etablit une marge d'espace blanc (en pixels) au-dessus et en dessous d'une image graphique. (Voir l'attribut `hspace` pour contrôler les marges gauche et droite d'une image.) Cet attribut est obsolète et a été remplacé par les feuilles de style.

Standard/Usage : HTML. 3.2 ; obsolète. **Largement supporté :** Oui.

Exemple :

```
<img src="pics/pinetree.jpg" hspace="20" vspace="15" />
```

width="n"

Spécifie la dimension horizontale de l'image (en pixels). Si vous ne vous servez pas de cet attribut, les dimensions par défaut de l'image seront appliquées. Utilisez cet attribut avec l'attribut `height` pour adapter une image à l'intérieur d'un espace. Vous pouvez mettre une image de grande taille dans un plus petit espace et agrandir une petite image. Certains concepteurs Web ont recours aux attributs `width` et `height` pour agrandir une image d'un seul pixel afin qu'elle produise les effets d'une image de couleur sûre et plus élargie.

Standard/Usage : HTML. 3.2. **Largement supporté :** Oui.

Exemple :

```
<img src="images/smiley.jpg" width="50" height="50" />
```

Autres attributs

L'élément `img` accepte aussi les attributs `lang`, `dir`, `onclick`, `ondblclick`, `onmousedown`, `onmouseup`, `onmouseover`, `onmousemove`, `onmouseout`, `onkeypress`, `onkeydown`, et `onkeyup`.

input

Identifie plusieurs méthodes d'entrée pour les formulaires. Cet élément doit apparaître entre les balises d'ouverture et de fermeture `form`.

Standard/Usage : HTML. 2. **Largement supporté :** Oui. **Elément vide :** Oui.

Exemple :

```
<form action="/cgi-bin/order/" method="post">
<input name="qty" type="text" size="5" />
<input type="submit" value="order" />
</form>
```

align="left|center|right"

Aligne un bouton graphique de soumission (`type="image"`). Le comportement de cet élément est identique à celui de l'attribut `align` de l'élément `img`. Cet attribut est obsolète et a été remplacé par les feuilles de style.

Standard/Usage : HTML. 3.2 ; obsolète. **Largement supporté :** Oui.

Exemple :

```
<input type="image" src="picture.gif" align="right" />
```

accept="..."

Spécifie une liste des types MIME acceptables et séparés par des virgules pour les fichiers soumis.

Standard/Usage : HTML 4. **Largement supporté :** Non.

Exemple :

```
<input type="file" accept="image/gif", image/jpg" />Please submit an image.
```

accesskey="..."

Spécifie une séquence de touches de clavier que les utilisateurs peuvent utiliser pour naviguer dans le champ de saisie.

Standard/Usage : HTML 4. **Largement supporté :** Non.

Exemple :

```
<input type="checkbox" name="test" value="unproven" accesskey="t" />
```

alt="..."

Procure une description textuelle de l'élément `input` pour les utilisateurs qui n'ont que des navigateurs texte seul. Quelques navigateurs peuvent aussi afficher le texte de l'attribut `alt` comme un message flottant lorsque l'utilisateur place le curseur sur l'image.

Standard/Usage : HTML 2. **Largement supporté :** Oui.

Exemple :

```
Age: <input type="text" name="age" alt="age" id="123" />
```

checked="checked"

Utilisez-le avec `type="radio"` ou `"type=checkbox"` pour définir l'état par défaut de ces méthodes d'entrée par défaut sur `True`.

Standard/Usage : HTML 2. **Largement supporté :** Oui.

Exemple :

```
One <input type="checkbox" checked="checked" name="foo" value="1" /><br />
Two <input type="checkbox" name="foo" value="2" /><br />
```

class="..."

Indique la classe de style à appliquer à l'élément `input`.

Standard/Usage : HTML 4. **Largement supporté :** Non.

Exemple :

```
<input class="casual" type="text" name="age" />
```

disabled="disabled"

Désactive une instance de la méthode `input` pour que les données ne puissent pas être acceptées ou soumises.

Standard/Usage : HTML 4. **Largement supporté :** Non.

Exemple :

```
<input type="password" name="pass" disabled="disabled" />
```

id="..."

Assigne un sélecteur ID unique à une instance de l'élément `input`. Lorsque vous attribuez ensuite un style à ce sélecteur ID, il affecte uniquement cette instance de l'élément `input`.

Standard/Usage : HTML 4. **Largement supporté :** Non.

Exemple :

```
Age: <input type="text" name="age" id="123" />
```

ismap="ismap"

Indique que l'élément `input` fonctionne comme une imagemap cliquable ; `type` doit être égal à `image`.

Standard/Usage : HTML. 2. **Largement supporté :** Oui.

Exemple :

```
<input src="mapimage.gif" type="image" ismap="ismap" />
```

maxlength="n"

Indique le nombre de caractères que vous pouvez entrer dans un champ de saisie de texte. N'est utile que dans les méthodes du type `text` ou `password`. Contrairement à l'attribut `size`, `maxlength` n'affecte pas la taille du champ de saisie affiché sur l'écran.

Standard/Usage : HTML. 2. **Largement supporté :** Oui.

Exemple :

```
Phone: <input type="text" name="phone" maxlength="11" />
```

name="..."

Attribue un nom à la valeur transmise au processeur de formulaire. Exemple : si vous saisissez le nom de famille d'une personne avec une méthode d'entrée du type `text`, vous affectez une valeur à l'attribut `name` qui est similaire à l'attribut `lastname`. Cela établit *une paire de noms de valeurs* pour le processeur de formulaire.

Standard/Usage : HTML. 2. **Largement supporté :** Oui.

Exemple :

```
Enter your last name: <input type="text" name="lastname" size="25 />"
```

readonly="readonly"

Indique que des modifications à la méthode d'entrée ne peuvent avoir lieu.

Standard/Usage : HTML. 4. **Largement supporté :** Non.

Exemple :

```
<input type="text" name="desc" value="1/4 inch flange assy" readonly="readonly" />
```

size="n"

Spécifie la largeur du champ de saisie, en nombre de caractères pour les champs d'entrée du type `text` ou `password` et en pixels pour toutes les autres méthodes d'entrée.

Standard/Usage : HTML. 2. **Largement supporté :** Oui.

Exemple :

```
Your Age: <input type="text" name="age" size="5" />
```

src="url"

Implémente une image graphique pour un bouton de soumission. Afin que cela fonctionne, indiquez `type="image"`.

Standard/Usage : HTML. 3.2. **Largement supporté :** Oui.

Exemple :

```
<input type="image" src="/images/push-button.gif" />
```

style="..."

Spécifie les commandes de la feuille de style qui s'appliquent à l'élément `input`.

Standard/Usage : HTML. 4. **Largement supporté :** Non.

Exemple :

```
<input type="radio" name="food" value="1" style="background: red" />
```

tabindex="n"

Spécifie l'emplacement de la méthode d'entrée dans l'ordre de tabulation.

Standard/Usage : HTML. 4. **Largement supporté :** Non.

Exemple :

```
Information:
<input type="text" name="first name" tabindex="1" />"
<input type="text" name="middle name" tabindex="2" />"
<input type="text" name="last name" tabindex="3" />"
```

title="..."

Spécifie le texte affecté à l'élément que vous pouvez utiliser pour avoir une aide sensible au contexte à l'intérieur du document. Les navigateurs pourraient l'utiliser pour afficher des info-bulles sur la méthode d'entrée.

Standard/Usage : HTML. 4. **Largement supporté :** Non.

Exemple :

```
<input type="radio" name="cc" value="visa" title="visacard" />
```

type="button|checkbox|file|hidden|image|password|radio|reset|submit|text"

Indique le type de méthode d'entrée à utiliser.

Valeur	Effet
`button`	Crée un bouton générique qui peut interagir avec des scripts.
`checkbox`	Produit une petite case à cocher que l'utilisateur peut cocher ou décocher selon les paramètres.
`file`	Permet à l'utilisateur de soumettre un fichier avec le formulaire.
`hidden`	Crée un champ caché avec lequel l'utilisateur ne peut pas interagir. Ce champ est utilisé en général pour transmettre des données entre le client et le serveur.
`image`	Remplace le bouton Soumettre avec une image. Le comportement de cette valeur est identique à celui du bouton Soumettre sauf que les coordonnées x, y de la position de la souris sur l'image sont aussi envoyées vers le processeur de formulaire, après sélection.
`password`	Donne à l'utilisateur un champ de saisie d'une simple ligne de texte similaire au type `text`. Toutefois, lorsque les utilisateurs entrent des données dans le champ, ils ne voient pas les caractères individuels mais plutôt des astérisques.
`radio`	Produit un petit bouton radio qui peut être activé et desactivé (en groupe de deux ou plus). Utilisez les boutons radio lorsque vous souhaitez qu'un utilisateur sélectionne un seul élément parmi plusieurs autres. Pour des sélections de plusieurs valeurs, voir le type `checkbox` ou l'élément `select`.
`reset`	Définit toutes les méthodes input sur leurs paramètres par défaut ou vides.
`submit`	Produit un bouton qui une fois sélectionné, soumet toutes les paires de valeurs au processeur.
`text`	Produit un champ de saisie d'une simple ligne de texte qui est utile pour obtenir de simples données comme le nom d'une person ne, son âge, une somme d'argent, etc. Afin de saisir plusieurs lignes de texte, utilisez l'élément `textarea`.

Standard/Usage : HTML. 2. **Largement supporté :** Oui.

Exemple :

```
<form method="post" action="/cgi-bin/thingie">
Name: <input type="text" name="name" /><br />
Passeword:<input type="password" name="pass" /><br />
Ice Cream:Vanilla<input type="radio" value="1" checked="checked" name="ice_cream" />
Chocolate<input type="radio" value="2" name="ice_cream" /><br />
<input type="submit" value="Send Data..." />
</form>
```

usemap="url"

Indique l'emplacement relatif ou absolu d'une imagemap côté-client à utiliser avec le formulaire.

Standard/Usage : HTML. 4. **Largement supporté :** Non.

Exemple :

```
<input src="mapimage.gif" usemap="maps.html#map1" />
```

value="..."

Définit la méthode d'entrée de valeur par défaut. Requis lorsque type="radio" ou type="checkbox".

Standard/Usage : HTML. 2. **Largement supporté :** Oui.

Exemple :

```
<input type="hidden" name="id" value="123" />
```

Autres attributs

L'élément img accepte aussi les attributs lang, dir, onclick, ondblclick, onmousedown, onmouseup, onmouseover, onmousemove, onmouseout, onkeypress, onkeydown, et onkeyup.

ins

Indique le texte à insérer dans le document. Peut être de niveau bloc ou inline selon le cas.

Standard/Usage : HTML. 4. **Largement supporté :** Non. **Elément vide :** Non.

Exemple :

```
<p>HTTP stands for Hypertext <ins>Transfer</ins> Protocol.</p>
```

cite="url"

Indique l'adresse de la référence (une source définitive par exemple) pour l'insertion.

Standard/Usage : HTML. 4. **Largement supporté :** Non.

Exemple :

```
<ins cite="http://www.w3.org/">HTML 2 was used for two years.</ins>
```

class="..."

Indique la classe de style à appliquer à l'élément ins.

Standard/Usage : HTML. 4. **Largement supporté :** Non.

Exemple :

```
<ins class="joeadd">POP stands for Post Office Protocol.</ins>
```

datetime="..."

Indique l'heure et la date exactement dans le format suivant : YYYY-MM-DDThh:mm:ssTZD. Exemple : 2001-07-14T08:30:00-07:00 signifie le 14 juillet 2001 à 08 : 30 de la matinée, dans U.S. Mountain Time (7 heures de décalage avec le temps de Greenwich). On peut aussi avoir le format 2001-07-14T08:30:00Z.

Standard/Usage : HTML. 4. **Largement supporté :** Non.

Exemple :

```
<ins datetime="2001-07-14T08:30:00Z">POP stands for Post Office Protocol.</ins>
```

id="..."

Assigne un sélecteur ID unique à une instance de l'élément ins. Lorsque vous attribuez ensuite un style à ce sélecteur ID, il affecte uniquement cette instance de l'élément ins.

Standard/Usage : HTML 4. **Largement supporté :** Non.

Exemple :

```
<ins id="123">WWW stands for World Wide Web.</ins>
```

style="..."

Spécifie les commandes de la feuille de style qui s'appliquent au texte inséré.

Standard/Usage : HTML 4. **Largement supporté :** Non.

Exemple :

```
<ins style="background: blue; color: white">ESP stands for extra-sensory
perception.</ins>
```

title="..."

Spécifie le texte affecté à l'élément que vous pouvez utiliser pour avoir une aide sensible au contexte à l'intérieur du document. Les navigateurs pourraient l'utiliser pour afficher des info-bulles sur le texte inséré.

Standard/Usage : HTML 4. **Largement supporté :** Non.

Exemple :

```
<ins title="Definition">More inserted text.</ins>
```

Autres attributs

L'élément div accepte aussi les attributs lang, dir, onclick, ondblclick, onmousedown, onmouseup, onmouseover, onmousemove, onmouseout, onkeypress, onkeydown, et onkeyup.

isindex

Insère un champ de saisie dans le document de sorte que les utilisateurs peuvent entrer des requêtes de recherche. Les requêtes sont ensuite transmises vers une application CGI qui est indiquée par l'attribut action. Cet attribut est obsolète pour la spécification HTML 4 et a été remplacé par l'élément input.

Standard/Usage : HTML 2 ; obsolète. **Largement supporté :** Oui. **Elément vide :** Oui.

Exemple :

```
<isindex prompt="keyword search" action="/cgi-bin/search.cgi" />
```

prompt="..."

Modifie l'invite d'entrée pour les recherches d'index de mots-clés. Si vous ne spécifiez pas prompt, le navigateur affiche une invite par défaut.

Standard/Usage : HTML 3.2. **Largement supporté :** Oui.

Exemple :

```
<isindex prompt="Search for something" />
```

Autres attributs

L'élément isindex accepte aussi les attributs lang, dir, id, class, style, et title.

k

kbd

Spécifie le texte à entrer sur le clavier ou les touches à appuyer à l'intérieur d'un document.

Standard/Usage : HTML. 2. **Largement supporté :** Oui. **Elément vide :** Non.

Exemple :

```
Press <kbd>Ctrl+S</kbd> to save your document.
```

class="..."

Indique la classe de style à appliquer à l'élément `kbd`.

Standard/Usage : HTML. 4. **Largement supporté :** Non.

Exemple :

```
Now press the <kbd class="casual">F4</kbd> key!
```

id="..."

Assigne un sélecteur ID unique à une instance de l'élément `kbd`. Lorsque vous attribuez ensuite un style à ce sélecteur ID, il affecte uniquement cette instance de l'élément `kbd`.

Standard/Usage : HTML. 4. **Largement supporté :** Non.

Exemple :

```
Press <kbd id="123">F1</kbd> for help.
```

style="..."

Spécifie les commandes de la feuille de style qui s'appliquent au texte à l'intérieur des balises `kbd`.

Standard/Usage : HTML. 4. **Largement supporté :** Non.

Exemple :

```
<kbd style="background: red">Type me</kbd>
```

title="..."

Spécifie le texte affecté à l'élément que vous pouvez utiliser pour avoir une aide sensible au contexte à l'intérieur du document. Les navigateurs pourraient l'utiliser pour afficher des info-bulles sur le texte du clavier.

Standard/Usage : HTML. 4. **Largement supporté :** Non.

Exemple :

```
Now press the <kbd title="Keyboard stuff">F4</kbd> key.
```

Autres attributs

L'élément `div` accepte aussi les attributs `lang`, `dir`, `onclick`, `ondblclick`, `onmousedown`, `onmouseup`, `onmouseover`, `onmousemove`, `onmouseout`, `onkeypress`, `onkeydown`, et `onkeyup`.

l

label

Procure un texte d'identification pour un widget de formulaire.

Standard/Usage : HTML 4. **Largement supporté :** Non. **Elément vide :** Non.

Exemple :

```
<label for="idname">First Name</label><input type="text" id="idname" />
```

accesskey="..."

Associe une des touches du clavier à l'élément.

Standard/Usage : HTML 4. **Largement supporté :** Non.

Exemple :

```
<label for="idname" accesskey="h">...</label>
```

class="..."

Indique la classe de style à appliquer à l'élément `label`.

Standard/Usage : HTML 4. **Largement supporté :** Non.

Exemple :

```
<label for="idname" class="short">First Name</label><input type="text" id="idname" />
```

disabled="disabled"

Refuse l'accès à la méthode d'entrée de l'élément `label`.

Standard/Usage : HTML 4. **Largement supporté :** Non.

Exemple :

```
<label for="idname" accesskey="h" disabled="disabled">...</label>
```

for="..."

Spécifie l'identité du widget associé à l'élément `label`.

Standard/Usage : HTML 4. **Largement supporté :** Non.

Exemple :

```
<label for="idname">First Name</label><input type="text" id="idname" />
```

id="..."

Assigne un sélecteur ID unique à une instance de l'élément `label`. Lorsque vous attribuez ensuite un style à ce sélecteur ID, il affecte uniquement cette instance de l'élément `label`.

Standard/Usage : HTML 4. **Largement supporté :** Non.

Exemple :

```
<label for="idname" id="234">First Name</label><input type="text" id="idname" />
```

style="..."

Spécifie les commandes de la feuille de style qui s'appliquent à l'élément `label`.

Standard/Usage : HTML 4. **Largement supporté :** Non.

Exemple :

```
<label for="idname" style="background: red">First Name</label>
<input type="text" id="idname" />
```

tabindex="n"

Spécifie le rang de la méthode d'entrée dans l'ordre de tabulation. Exemple : `tabindex="3"` met le curseur sur l'élément `label` après que l'utilisateur a appuyé trois fois sur la touche Tab.

Standard/Usage : HTML. 4. **Largement supporté :** Non.

Exemple :

```
Credit card number: <label for="ccard" tabindex="5">Credit Card</label>
<input type="text" name="card" />
```

title="..."

Spécifie le texte affecté à l'élément que vous pouvez utiliser pour avoir une aide sensible au contexte à l'intérieur du document. Les navigateurs pourraient l'utiliser pour afficher des info-bulles sur l'étiquette.

Standard/Usage : HTML. 4. **Largement supporté :** Non.

Exemple :

```
<label for="ccard" title="credit card">Credit Card</label>
```

Autres attributs

L'élément `label` accepte aussi les attributs `lang`, `dir`, `onfocus`, `onblur`, `onselect`, `onchange`, `onclick`, `ondblclick`, `onmousedown`, `onmouseup`, `onmouseover`, `onmousemove`, `onmouseout`, `onkeypress`, `onkeydown`, et `onkeyup`.

layer

Définit une couche à l'intérieur d'un document que vous pouvez manipuler avec JavaScript. Spécifiez les contenus de la couche en plaçant un marquage entre les balises `layer` ou en utilisant l'attribut `src`.

Standard/Usage : HTML. 4. **Largement supporté :** Non. **Elément vide :** Non.

Exemple :

```
<layer src="top.html" height="100" width="100" z-index="4" name="top"
visibility="show">...</layer>
```

above="..."

Spécifie le nom de la couche au-dessus de laquelle la couche courante doit apparaître.

Standard/Usage : Netscape Navigator 4. **Largement supporté :** Non.

Exemple :

```
<layer src="grass.gif" z-index="1" name="grass" visibility="show">
<layer src="dog.gif" above="grass" name="dog">...</layer>
</layer>
```

background="url"

Spécifie l'emplacement relatif ou absolu du fichier image que le navigateur utilisera sous forme de carreaux comme arrière-plan de la couche.

Standard/Usage : Netscape Navigator 4. **Largement supporté :** Non.

Exemple :

```
<layer z-index="5" name="info" background="goo.gif"><h1>Hi there</h1></layer>
```

below="..."

Spécifie le nom d'une couche au-dessous de laquelle la couche courante doit apparaître.

Standard/Usage : Netscape Navigator 4. **Largement supporté :** Non.

Exemple :

```
<layer background="road.jpg" name="Road" below="Car">...</layer>
```

bgcolor="#rrggbb" ou "..."

Indique la couleur d'arrière-plan de la couche. Vous pouvez utiliser des valeurs hexadécimales RGB ou des noms de couleur.

Standard/Usage : Netscape Navigator 4. **Largement supporté :** Non.

Exemple :

```
<layer bgcolor="#ff0011">
<div align="center"><h1><blink>EAT AT JOE'S!</blink></h1></div></layer>
```

clip="x1,y1,x2,y2"

Indique les dimensions d'un rectangle de découpage qui spécifie les zones visibles de la couche. Les zones en dehors de ce rectangle deviennent transparentes.

Vous pouvez attribuer aux coordonnées *x* et *y* des valeurs en pixels y afférentes ou en pourcentage pour indiquer les parties de la couche. Vous pouvez omettre `x1` et `y1` si vous commencez à couper à partir du coin haut en gauche de la couche.

Standard/Usage : Netscape Navigator 4. **Largement supporté :** Non.

Exemple :

```
<layer src="hawk.jpg" clip="20%,20%">...</layer>
```

height="n"

Spécifie la dimension verticale de la couche (en pixels ou en pourcentage de la hauteur de la fenêtre du navigateur).

Standard/Usage : Netscape Navigator 4. **Largement supporté :** Non.

Exemple :

```
<layer src="frame.gif" above="bg" name="frame" width="200" height="200">...</layer>
```

left="n"

Spécifie la position horizontale de la couche (en pixels) par rapport au bord gauche de la couche parente. Utilisez l'attribut `top` pour le positionnement vertical.

Standard/Usage : Netscape Navigator 4. **Largement supporté :** Non.

Exemple :

```
<layer left="100" top="150">This layer is at (100,150).</layer>
```

name="..."

Attribue à la couche un nom par lequel les autres définitions de couche et le code JavaScript peuvent le référencer.

Standard/Usage : Netscape Navigator 4. **Largement supporté :** Non.

Exemple :

```
<layer src="car.gif" name="carpic" above="road">...</layer>
```

src="url"

Spécifie l'emplacement relatif ou absolu du fichier qui renferme les contenus de la couche.

Standard/Usage : Netscape Navigator 4. **Largement supporté :** Non.

Exemple :

```
<layer src="ocean.jpg">...</layer>
```

top="n"

Spécifie la position de la couche (en pixels) par rapport au côté haut de la couche parent. Utilisez l'attribut `left` pour le positionnement horizontal.

Standard/Usage : Netscape Navigator 4. **Largement supporté :** Non.

Exemple :

```
<layer left="100" top="150">This layer is at (100,150).</layer>
```

visibility="show|hide|inherit"

Précise si la couche est initialement visible. La valeur `show` indique que c'est le cas. La valeur `hide` indique que la couche n'est pas initialement visible et la valeur `inherit` indique que la couche a les mêmes attributs de visibilité initiale que sa couche parent.

Standard/Usage : Netscape Navigator 4. **Largement supporté :** Non.

Exemple :

```
<layer src="grass.gif" z-index="1" name="grass" visibility="show">...</layer>
```

width="n"

Spécifie la dimension horizontale de la couche (en pixels ou en pourcentage de la largeur de la fenêtre du navigateur).

Standard/Usage : Netscape Navigator 4. **Largement supporté :** Non.

Exemple :

```
<layer src="frame.gif" above="bg" name="frame" width="200" height="200">...</layer>
```

z-index="n"

Spécifie l'emplacement de la couche dans la pile des couches. Les valeurs supérieures indiquent une position près du sommet de la pile.

Standard/Usage : Netscape Navigator 4. **Largement supporté :** Non.

Exemple :

```
<layer z-index="0" name="bottom">
You may never see this text if are other layers are above it.</layer>
```

Autres attributs

L'élément a accepte aussi les attributs `onfocus`, `onblur`, `onselect`, `onchange`, `onclick`, `ondblclick`, `onmousedown`, `onmouseup`, `onmouseover`, `onmousemove`, `onmouseout`, `onkeypress`, `onkeydown`, et `onkeyup`.

legend

Spécifie la description d'un élément `fieldset`. On l'utilise à l'intérieur des balises de l'élément `fieldset`.

Standard/Usage : HTML 4. **Largement supporté :** Non. **Elément vide :** Non.

Exemple :

```
<fieldset><legend valign="top" align="center">Grades for Cooking
101</legend>...</fieldset>
```

align="top|bottom|left|right"

Indique si l'emplacement de la légende est : en haut, en bas, à gauche ou à droite de l'élément `fieldset`. Cet attribut est obsolète et a été remplacé par les feuilles de style.

Standard/Usage : HTML 4 ; obsolète. **Largement supporté :** Non.

Exemple :

```
<legend align="top">Seattle Staff Directory</legend>
```

accesskey="..."

Spécifie une séquence de touches de clavier que les utilisateurs peuvent utiliser pour naviguer vers la légende.

Standard/Usage : HTML 4. **Largement supporté :** Non.

Exemple :

```
<legend accesskey="c">Criteria for Judging</legend>
```

class="..."

Indique la classe de style à appliquer à l'élément `legend`.

Standard/Usage : HTML 4. **Largement supporté :** Non.

Exemple :

```
<legend class="chemical">Hydrogen vs. Oxygen</legend>
```

id="..."

Assigne un sélecteur ID unique à une instance de l'élément `legend`. Lorsque vous attribuez ensuite un style à ce sélecteur ID, il affecte uniquement cette instance de l'élément `legend`.

Standard/Usage : HTML 4. **Largement supporté :** Non.

Exemple :

```
<legend id="123">Great Painters</legend>
```

style="..."

Spécifie les commandes de la feuille de style qui s'appliquent aux contenus des balises `legend`.

Standard/Usage : HTML 4. **Largement supporté :** Non.

Exemple :

```
<legend style="background: red">...</legend>
```

title="..."

Spécifie le texte affecté à l'élément que vous pouvez utiliser pour avoir une aide sensible au contexte à l'intérieur du document. Les navigateurs pourraient l'utiliser pour afficher des info-bulles sur la légende.

Standard/Usage : HTML 4. **Largement supporté :** Oui.

Exemple :

```
<legend title="sleepy hollow">...</legend>
```

Autres attributs

L'élément `legend` accepte aussi les attributs `lang`, `dir`, `onclick`, `ondblclick`, `onmousedown`, `onmouseup`, `onmouseover`, `onmousemove`, `onmouseout`, `onkeypress`, `onkeydown`, et `onkeyup`.

li

Arrange des éléments dans des listes numérotées (voir l'élément `ol`), des listes de menus (voir l'élément `menu`), ainsi que dans les listes non numérotées (voir l'élément `ul`) ou de répertoires (voir l'élément `dir`).

Standard/Usage : HTML 2. **Largement supporté :** Oui. **Elément vide :** Non.

Exemple :

```
<p>My favorite foods are:
<ul>
<li>Pepperoni pizza</li>
```

```
<li>Lasagna</li>
<li>Taco salad</li>
<li>Bananas</li>
</ul></p>
```

class="..."

Indique la classe de style à appliquer à l'élément `li`.

Standard/Usage : HTML 4. **Largement supporté :** Non.

Exemple :

```
<li class="casual">Dogs</li>
```

compact="compact"

Spécifie que la liste des éléments apparaît dans un formulaire qui économise de l'espace. C'est un élément obsolète dans la spécification HTML 4.

Standard/Usage : HTML 2 ; obsolète. **Largement supporté :** Oui.

Exemple :

```
<ul>
<li>Cola</li>
<li>Fruit drink</li>
<li compact="compact">Orange juice</li>
<li>Water</li>
</ul>
```

id="..."

Assigne un sélecteur ID unique à une instance de l'élément `li`. Lorsque vous attribuez ensuite un style à ce sélecteur ID, il affecte uniquement cette instance de l'élément `li`.

Standard/Usage : HTML 4. **Largement supporté :** Non.

Exemple :

```
<li id="123">Bees</li>
```

style="..."

Spécifie les commandes de la feuille de style qui s'appliquent à l'élément de la liste.

Standard/Usage : HTML 4. **Largement supporté :** Non.

Exemple :

```
<li style="background: red">Fruit drink</li>
```

title="..."

Spécifie le texte affecté à l'élément que vous pouvez utiliser pour avoir une aide sensible au contexte à l'intérieur du document. Les navigateurs pourraient l'utiliser pour afficher des info-bulles sur l'élément de la liste.

Standard/Usage : HTML 4. **Largement supporté :** Non.

Exemple :

```
<li title="List Item">Thingie</li>
```

type="..."

Spécifie les puces pour chaque élément de liste non numérotée (voir l'élément ul) ou le numéro pour la liste numérotée (voir l'élément ol). Si vous omettez l'attribut type, le navigateur sélectionnera un type par défaut.

Les valeurs valides de l'attribut type pour les listes non numérotées sont disc, square, et circle.

Les valeurs valides de l'attribut type valides pour les listes numérotées sont 1 pour les chiffres arabes, a pour les lettres en minuscules, A pour les lettres en majuscules et I pour les chiffres romains.

L'attribut type est obsolète et a été remplacé par les feuilles de style.

Standard/Usage : HTML. 3.2 ; obsolète. **Largement supporté :** Oui.

Exemple :

```
<ul>
<li type="square">Food</li>
<ol>
<li type="1">Spaghetti</li>
<li type="1">Tossed Salad</li>
</ol>
</ul>
```

value="..."

Définit un nombre dans une liste non numérotée. Vous pouvez utiliser cet attribut pour poursuivre une liste après l'avoir interrompue avec toute autre chose dans votre document. Vous pouvez aussi définir un nombre dans une liste numérotée avec l'attribut start de l'élément ol.

Puisque les listes non numérotées ne sont pas incrémentées, l'attribut value ne signifie rien lorsqu'il est utilisé avec elles. Cet attribut est obsolète et a été remplacé par les feuilles de style.

Standard/Usage : HTML 3.2 ; obsolète. **Largement supporté :** Oui.

Exemple :

```
<ol type="1"
<li value="5">Watch</li>
<li>Compass</li>
</ol>
```

Autres attributs

L'élément li accepte aussi les attributs lang, dir, onclick, ondblclick, onmousedown, onmouseup, onmouseover, onmousemove, onmouseout, onkeypress, onkeydown, et onkeyup.

link

C'est un élément vide qui établit une relation entre le document courant et les autres documents. Cet élément est à utiliser dans la section head. Exemple : si vous accédez au document courant avec un hyperlien de la page d'accueil du site, vous pouvez établir une relation entre le document courant et la page d'accueil du site (voir l'attribut rel). Toutefois, la plupart des navigateurs n'utilisent pas ces relations. Vous pouvez insérer plusieurs éléments link dans la section head du document pour définir de multiples relations.

Avec les nouvelles implémentations plus récentes du langage HTML, vous utilisez les éléments link pour établir les informations sur les feuilles de style CSS (Cascading Style Sheet). Les autres relations (types de liens) que l'élément link définit avec l'attribut rel ou revo incluent les valeurs et références suivantes :

Valeur rel ou rev	Références
`alternate`	Une version différente du même document. Lorsqu'on l'utilise avec les attributs `lang` et `alternate`, il s'agit d'une traduction.
`appendix`	Une annexe.
`bookmark`	Un signet qui référence un point d'entrée important à l'intérieur d'un document de plus grande taille.
`chapter`	Un chapitre.
`contents`	Une table des matières.
`copyright`	Une notification de copyright.
`glossary`	Un glossaire de termes.
`help`	Un document d'aide.
`index`	Un index.
`next`	Le document suivant d'une série (à utiliser avec la valeur `rel`).
`prev`	Le document précédent d'une série (à utiliser avec la valeur `rev`).
`section`	Une section.
`start`	Le premier document d'une série.
`stylesheet`	Une feuille de style externe.
`subsection`	Une sous-section.

Standard/Usage : HTML. 2. **Largement supporté :** Oui. **Elément vide :** Oui.

Exemple :

```
<head>
<title>Prices</title>
<link rel="top" href="http://www.lanw.com/" />
<link rel="search" href="http://www.lanw.com/search.html" />
</head>
```

charset="..."

Spécifie l'encodage de caractères pour les données désignées par le lien. Utilisez le nom d'un ensemble de caractères défini dans le document RFC2045. La valeur par défaut pour cet attribut, celle qui convient à toutes les langues occidentales, est `ISO-8859-1`.

Standard/Usage : HTML. 4. **Largement supporté :** Non.

Exemple :

```
<link rel="top" href="http://www.lanw.com/" charset="ISO-8859-1" />
```

href="url"

Indique l'emplacement relatif ou absolu de la ressource que vous référencez.

Standard/Usage : HTML. 2. **Largement supporté :** Oui.

Exemple :

```
<link rel="prev" href="page1.html" />
```

hreflang="..."

Spécifie la langue utilisée dans le document référencé. Utilisez des codes de langue standards comme `DE` pour l'allemand, `FR` pour le français, `IT` pour l'italien, `HE` pour l'hébreu. Consultez la norme ISO International Standard 639 au site :

```
www.oasis-open.org/cover/iso639a.html
```

pour en savoir plus sur les codes de langue.

Standard/Usage : HTML 4. **Largement supporté :** Non.

Exemple :

```
<link href="german.html" hreflang="DE" />
```

media="..."

Spécifie les médias de destination pour les informations de style. Cela peut être un type unique et une liste de types séparés par des virgules. Les types de médias sont :

Valeur	Description
all	S'applique à tous les périphériques.
braille	Pour les périphériques tactiles de type Braille.
print	Pour les supports imprimés et pour les documents visualisés sur écran en mode de préimpression.
projection	Pour les projecteurs.
screen	Pour une visualisation en ligne (par défaut).
speech	Pour un synthétiseur de parole.

Standard/Usage : HTML 4. **Largement supporté :** Non.

Exemple :

```
<link media="screen" rel="stylesheet" href="/global.css" />
```

rel="..."

Définit la relation que vous établissez entre le document courant et une autre ressource. Les valeurs pour cet attribut sont des types de liens fournis dans la section de définition d'éléments.

Standard/Usage : HTML 2. **Largement supporté :** Oui.

Exemple :

```
<head>
<link rel="help" href="/help/index.html" />
<link rel="stylesheet" href="sitehead.css" />
</head>
```

rev="..."

Etablit une relation inversée entre le document courant et les autres ressources. Les valeurs pour cet attribut sont des types de liens fournis dans la section de définition d'éléments.

Standard/Usage : HTML 2. **Largement supporté :** Oui.

Exemple :

```
<link rev="stylesheet" href="/global.css" />
```

target="..."

Spécifie le nom d'un cadre dans lequel le lien référencé apparaît.

Standard/Usage : HTML 4. **Largement supporté :** Non.

Exemple :

```
<link target="_blank" rel="home" href="http://www.lanw.com/" />
```

title="..."

Spécifie le texte affecté à l'élément que vous pouvez utiliser pour avoir une aide sensible au contexte à l'intérieur du document. Les navigateurs pourraient l'utiliser pour afficher des info-bulles.

Standard/Usage : HTML 4. **Largement supporté :** Oui.

Exemple :

```
<link rel="top" href="/index.html" title="Home Page" />
```

type="..."

Spécifie le type de MIME d'une feuille de style à importer avec l'élément link.

Standard/Usage : HTML 4. **Largement supporté :** Non.

Exemple :

```
<link rel="stylesheet" type="text/css" href="/style/main.css" />
```

Autres attributs

L'élément link accepte aussi les attributs lang, dir, onfocus, onblur, onchange, onselect, onclick, ondblclick, onmousedown, onmouseup, onmouseover, onmousemove, onmouseout, onkeypress, onkeydown, et onkeyup.

m

map

Spécifie un conteneur pour les données d'une imagemap côté-client. Vous utilisez l'élément area à l'intérieur des balises map.

Standard/Usage : HTML 3.2. **Largement supporté :** Oui. **Elément vide :** Non.

Exemple :

```
<map name="mainmap" id="mainmap">
<area nohref="nohref" alt="home" shape="rect" coords="0,0,100,100" />
<area href="yellow.html" alt="yellow" shape="rect" coords="100,0,200,100" />
<area href="blue.html" alt="blue" shape="rect" coords="0,100,100,200" />
<area href="red.html" alt="red" shape="rect" coords="100,100,200,200" />
</map>
```

class="..."

Indique la classe de style à appliquer à l'élément.

Standard/Usage : HTML 4. **Largement supporté :** Non.

Exemple :

```
<map class="casual" name="simba" id="simba">...</map>
```

id="..."

Indique un identificateur à associer avec l'imagemap. Vous pouvez aussi l'utiliser pour appliquer des styles à l'objet.

Standard/Usage : HTML 4. **Largement supporté :** Non.

Exemple :

```
<map id="123" name="simba" id="simba">...</map>
```

name="..."

Etablit un nom pour une information sur l'imagemap. Vous pourrez plus tard vous référer à l'attribut usemap de l'élément img. Cet attribut est obsolète. Utilisez l'attribut à la place id ou utilisez-le avec l'attribut name.

Standard/Usage : HTML. 3.2 ; obsolète. **Largement supporté :** Oui.

Exemple :

```
<map name="housemap" id="housemap">
<img src="house.gif" usemap="#housemap" alt="map of house" />...</map>
```

style="..."

Spécifie les commandes de la feuille de style qui s'appliquent aux contenus des balises map.

Standard/Usage : HTML. 4. **Largement supporté :** Non.

Exemple :

```
<map style="background: black">...</map>
```

title="..."

Spécifie le texte affecté à l'élément que vous pouvez utiliser pour avoir une aide sensible au contexte à l'intérieur du document. Les navigateurs pourraient l'utiliser pour afficher des info-bulles.

Standard/Usage : HTML. 4. **Largement supporté :** Non.

Exemple :

```
<map title="image map spec">...</map>
```

marquee

Affiche un message de texte défilant à l'intérieur d'un document. Seul Internet Explorer reconnaît cet élément. Utilisez Java ou JavaScript qui sont mieux supportés afin d'obtenir le même effet pour un plus large public.

Standard/Usage : Internet Explorer 2. **Largement supporté :** Non. **Elément vide :** Non.

Exemple :

```
<marquee direction="left" behavior="scroll" scrolldelay="250" scrollamount="10">
Big sale today on fuzzy wuzzy widgets!</marquee>
```

behavior="scroll|slide|alternate"

Indique le type de défilement. La valeur scroll fait défiler le texte à d'un côté à l'autre du marquee. La valeur slide fait défiler le texte à partir d'un côté du marquee et s'arrête lorsqu'il atteint le côté opposé. La valeur alternate fait mouvoir le texte marquee entre les deux côtés.

Standard/Usage : Internet Explorer 2. **Largement supporté :** Non.

Exemple :

```
<marquee direction="left" behavior="alternate">Go Bears! Win Win Win!</marquee>
```

bgcolor="#rrggbb" ou "..."

Spécifie la couleur d'arrière-plan du texte marquee. Vous pouvez utiliser une couleur hexadécimale RGB ou un nom de couleur.

Standard/Usage : Internet Explorer 2. **Largement supporté :** Non.

Exemple :

```
<marquee bgcolor="red" direction="left">Order opera tickets here!</marquee>
```

direction="left|right"

Indique la direction de défilement du texte marquee.

Standard/Usage : Internet Explorer 2. **Largement supporté :** Non.

Exemple :

```
<marquee direction="left">Order opera tickets here!</marquee>
```

height="n"

Spécifie la dimension verticale du texte marquee (en pixels).

Standard/Usage : Internet Explorer 2. **Largement supporté :** Non.

Exemple :

```
<marquee width="300" height="50">Go Bears!</marquee>
```

hspace="n"

Spécifie (en pixels) la taille des marges à gauche et à droite du marquee.

Standard/Usage : InternetExplorer 2. **Largement supporté :** Non.

Exemple :

```
<marquee direction="left" hspace="25">Check out our detailed product specs!</marquee>
```

id="..."

Assigne un sélecteur ID unique à une instance de l'élément marquee. Lorsque vous assignez ensuite un style à ce sélecteur ID, il affecte uniquement cette instance de l'élément marquee.

Standard/Usage : InternetExplorer 4. **Largement supporté :** Non.

Exemple :

```
<marquee id="3d4">...</marquee>
```

loop="n|infinite"

Contrôle l'apparence du texte marquee.

Standard/Usage : InternetExplorer 2. **Largement supporté :** Non.

Exemple :

```
<marquee loop="5">December 12 is our big, all-day sale!</marquee>
```

scrollamount="n"

Indique la distance parcourue (en pixels) par le texte entre chaque changement de forme. Diminuez la valeur pour avoir un défilement tranquille (mais plus lent) ou augmentez-la pour un défilement plus rapide (mais saccadé).

Standard/Usage : InternetExplorer 2. **Largement supporté :** Non.

Exemple :

```
<marquee scrollamount="10" scrolldelay="40">Plant a tree for Arbor Day!</marquee>
```

scrolldelay="n"

Indique la durée (en millisecondes) du temps avant que le texte marquee ne change de forme. Augmentez cette valeur pour ralentir l'action de défilement, diminuez-la pour l'accélerer.

Standard/Usage : InternetExplorer 2. **Largement supporté :** Non.

Exemple :

```
<marquee direction="right" scrolldelay="30">Eat at Joe's!</marquee>
```

style="..."

Spécifie les commandes de la feuille de style qui s'appliquent aux contenus des balises marquee.

Standard/Usage : InternetExplorer 4. **Largement supporté :** Non.

Exemple :

```
<marquee style="background: red">...</marquee>
```

title="..."

Spécifie le texte affecté à l'élément que vous pouvez utiliser pour avoir une aide sensible au contexte à l'intérieur du document. Les navigateurs pourraient l'utiliser pour afficher des info-bulles sur le texte marquee.

Standard/Usage : InternetExplorer 4. **Largement supporté :** Non.

Exemple :

```
<marquee title="scrolling marquee">...</marquee>
```

truespeed="truespeed"

Cet attribut autonome spécifie que les valeurs scrolldelay doivent être maintenues. Si cet attribut n'est pas utilisé, les valeurs de scrolldelay de moins de 59 sont arrondies à 60 millisecondes.

Standard/Usage : InternetExplorer 2. **Largement supporté :** Non.

Exemple :

```
<marquee direction="right" scrolldelay="30" truespeed="truespeed">Eat at
Joe's!</marquee>
```

vspace="n"

Spécifie la taille des marges (en pixels) en haut et en bas du texte marquee.

Standard/Usage : InternetExplorer 2. **Largement supporté :** Non.

Exemple :

```
<marquee direction="left" vspace="25">Check out our detailed product specs!</marquee>
```

width="n"

Spécifie la dimension horizontale (en pixels) du marquee.

Standard/Usage : InternetExplorer 2. **Largement supporté :** Non.

Exemple :

```
<marquee width= "300">Go Bears!</marquee>
```

menu

Définit une liste de menu. Utilise l'élément li pour indiquer les éléments de la liste. Toutefois, utilisez ul à la place de cet élément obsolète.

Standard/Usage : HTML. 2 ; obsolète. **Largement supporté :** Non. **Elément vide :** Non.

Exemple :

```
Now you can:<menu>
<li>Eat the sandwich.</li>
<li>Place the sandwich in the fridge.</li>
<li>Feed the sandwich to the dog.</li>
</menu>
```

class= "..."

Indique la classe de style à appliquer à l'élément menu.

Standard/Usage : HTML 4. **Largement supporté :** Non.

Exemple :

```
<menu class="casual">
<li>Information</li>
<li>Members</li>
<li>Guests</li>
</menu>
```

compact="compact"

Spécifie que la liste de menu apparaît dans un formulaire de sauvegarde. Cet attribut est obsolète dans le langage HTML 4.

Standard/Usage : HTML 2 ; obsolète. **Largement supporté :** Oui.

Exemple :

```
<h2>Drinks Available</h2>
<menu compact="compact">
<li>Cola</li>
<li>Fruit drink</li>
<li>Orange juice</li>
<li>Water</li>
</menu>
```

id="..."

Assigne un sélecteur ID unique à l'instance de l'élément menu. Lorsque vous attribuez ensuite un style à ce sélecteur ID, il affecte uniquement cette instance de l'élément menu.

Standard/Usage : HTML 4. **Largement supporté :** Non.

Exemple :

```
You'll need the following:<menu id="123">
<li>Extra socks</li>
<li>Snack crackers</li>
<li>Towel</li>
</menu>
```

style="..."

Spécifie les commandes de la feuille de style qui s'appliquent à la liste de menu :

Standard/Usage : HTML 4. **Largement supporté :** Oui.

Exemple :

```
<menu style="background: black; color: white>...</menu>
```

title="..."

Spécifie le texte attribué à l'élément que vous pouvez utiliser pour avoir une aide sensible au contexte à l'intérieur du document. Les navigateurs pourraient l'utiliser pour afficher des info-bulles sur la liste des menus.

Standard/Usage : HTML 4. **Largement supporté :** Non.

Exemple :

```
<menu title="menu list">...</menu>
```

Autres attributs

L'élément menu accepte aussi les attributs lang, dir, onclick, ondblclick, onmousedown, onmouseup, onmouseover, onmousemove, onmouseout, onkeypress, onkeydown et onkeyup.

meta

Cet élément vide spécifie les informations relatives à un document pour les navigateurs, les applications et les moteurs de recherche. Placez-le dans l'en-tête d'un document. Vous pouvez par exemple utiliser meta pour ordonner au navigateur de charger un nouveau document après dix secondes ou spécifier des mots-clés pour les moteurs de recherche à associer avec votre document.

Standard/Usage : HTML. 2. **Largement supporté :** Oui. **Elément vide :** Oui.

Exemple :

```
<head>
<title>Igneous Rocks in North America</title>
<meta http-equiv="keywords" content="geology", igneous, volcanos" />
</head>
```

content="..."

Assigne les valeurs du champ en-tête HTTP. Par exemple, en utilisant l'en-tête HTTP refresh, attribuez un nombre avec une adresse URL à l'attribut content ; le navigateur charge alors l'adresse URL spécifiée après l'expiration du nombre de secondes spécifié.

Standard/Usage : HTML. 2 ; requis. **Largement supporté :** Oui.

Exemple :

```
<meta http-equiv="refresh" content="2;url=nextpage.html" />
```

http-equiv="..."

Indique la valeur de l'en-tête HTTP que vous voulez définir, telle que refresh, expires ou content-language. Les autres valeurs d'en-tête sont listées dans le RFC2068.

Standard/Usage : HTML. 2. **Largement supporté :** Oui.

Exemple :

```
<meta http-equiv="expires" content="Tue, 04 Aug 2001 22:39:22 GMT" />
```

name="..."

Spécifie le nom de l'association que vous définissez, tel que keywords ou description.

Standard/Usage : HTML. 2. **Largement supporté :** Oui.

Exemple :

```
<meta name="keywords" content="travel ,automobile" />
<meta name="description" content="The nash Metro moves fast and goes beep beep." />
```

scheme="..."

Spécifie des informations additionnelles sur l'association que vous définissez.

Standard/Usage : HTML. 4. **Largement supporté :** Non.

Exemple :

```
<meta name="number" scheme="priority" content="1" />
```

Autres attributs

L'élément meta accepte aussi les attributs lang et dir

multicol

Formate un texte en colonnes de style journal.

Standard/Usage : Netscape Navigator 4. **Largement supporté :** Non. **Elément vide :** Non.

Exemple :

```
<multicol cols="2" gutter="10">...</multicol>
```

cols="n"

Indique le nombre de colonnes.

Standard/Usage : Netscape Navigator 4. **Largement supporté :** Non.

Exemple :

```
<multicol cols="4">...</multicol>
```

gutter="n"

Indique la largeur de l'espace (en pixels) entre les multiples colonnes.

Standard/Usage : Netscape Navigator 4. **Largement supporté :** Non.

Exemple :

```
<multicol cols="3" gutter="15">...</multicol>
```

width="n"

Indique la dimension horizontale (en pixels ou en pourcentage du nombre total de la largeur disponible) de chaque colonne.

Standard/Usage : Netscape Navigator 4. **Largement supporté :** Non.

Exemple :

```
<multicol cols="2" width="30%">...</multicol>
```

n

nobr

Désactive le retour à la ligne pour une section de texte. Pour forcer un retour à la ligne à l'intérieur d'un élément nobr, utilisez l'élément vide wbr. L'élément nobr est une propriété des éléments Internet Explorer qui est aussi supporté par Netscape Navigator, mais non par les spécifications XHTML ou HTML.

Standard/Usage : InternetExplorer 1, Netscape Navigator 1. **Largement supporté :** Oui. **Elément vide :** Non.

Exemple :

```
<nobr> All this text will remain on one single line in the browser window, no matter
how wide the window is, until the closing tag appears. That doesn't happen until right
now.</nobr>
```

class="..."

Indique la classe de style à appliquer à l'élément.

Standard/Usage : InternetExplorer 3, Netscape Navigator 4. **Largement supporté :** Non.

Exemple :

```
<nobr class="casual">...</nobr>
```

id="..."

Assigne un sélecteur ID unique à l'instance de l'élément nobr. Lorsque vous attribuez ensuite un style à ce sélecteur ID, il affecte uniquement cette instance de l'élément nobr.

Standard/Usage : InternetExplorer 3, Netscape Navigator 4. **Largement supporté :** Non.

Exemple :

```
You'll need the following:<nobr id="123">...</nobr>
```

style="..."

Spécifie les commandes de la feuille de style qui s'appliquent au texte continu.

Standard/Usage : InternetExplorer 4, Netscape Navigator 3. **Largement supporté :** Oui.

Exemple :

```
<nobr style="background: black">...</nobr>
```

noframes

Fournit des contenus XHTML aux navigateurs qui ne supportent pas de cadres ou qui ne sont pas configurés pour afficher des cadres. Dans le langage XHTML, l'élément body est requis à l'intérieur de la balise noframes. Il offre des caractéristiques de formats et de feuilles de style additionnelles.

Standard/Usage : HTML. 4 (Cadres). **Largement supporté :** Oui. **Elément vide :** Non.

Exemple :

```
<frameset cols="*,70">...
<noframes>
<body>
<p>Your browser does't support frames. Please follow the links below for
the rest of the story.</p>
<p><a href="prices.html">Prices</a> |
<a href="about.html">About Us</a> |
<a href="contact.html">Contact Us</a></p>
</body>
</noframes>
</frameset>
```

class="..."

Indique la classe de style à appliquer à l'élément noframes.

Standard/Usage : HTML. 4. **Largement supporté :** Non.

Exemple :

```
<noframes class="short"><body>...</body></noframes>
```

id="..."

Assigne un sélecteur ID unique à l'instance de l'élément noframes. Lorsque vous attribuez ensuite un style à ce sélecteur ID, il affecte uniquement cette instance de l'élément noframes.

Standard/Usage : HTML. 4. **Largement supporté :** Non.

Exemple :

```
<noframes id="234"><body>...</body></noframes>
```

style="..."

Spécifie les commandes de la feuille de style qui s'appliquent à l'élément noframes.

Standard/Usage : HTML. 4. **Largement supporté :** Non.

Exemple :

```
<noframes style="background: red"><body>...</body></noframes>
```

title="..."

Spécifie le texte affecté à l'élément que vous pouvez utiliser pour avoir une aide sensible au contexte à l'intérieur du document. Les navigateurs pourraient l'utiliser pour afficher des info-bulles.

Standard/Usage : HTML. 4. **Largement supporté :** Non.

Exemple :

```
<noframes title="XHTML for nonframed browsers"><body>...</body></noframes>
```

Autres attributs

L'élément noframes accepte aussi les attributs lang, dir, onclick, ondblclick, onmousedown, onmouseup, onmouseover, onmousemove, onmouseout, onkeypress, onkeydown et onkeyup.

noscript

Fournit un contenu XHTML pour les navigateurs qui ne supportent pas les scripts. Utilisez l'élément noscript à l'intérieur d'une définition de script.

Standard/Usage : HTML. 4. **Largement supporté :** Non. **Elément vide :** Non.

Exemple :

```
<noscript>Because you can see this, you can tell that your browser will not run (or is
set not to run) scripts.</noscript>
```

class="..."

Indique la classe de style à appliquer à l'élément noscript.

Standard/Usage : HTML. 4. **Largement supporté :** Non.

Exemple :

```
<noscript class="short">...</noscript>
```

id="..."

Assigne un sélecteur ID unique à l'instance de l'élément noscript. Lorsque vous attribuez ensuite un style à ce sélecteur ID, il affecte uniquement cette instance de l'élément noscript.

Standard/Usage : HTML. 4. **Largement supporté :** Non.

Exemple :

```
<noscript id="234">...</noscript>
```

style="..."

Spécifie les commandes de la feuille de style qui s'appliquent à l'élément noscript.

Standard/Usage : HTML. 4. **Largement supporté :** Non.

Exemple :

```
<noscript style="background: red">...<noscript>
```

title="..."

Spécifie le texte affecté à l'élément que vous pouvez utiliser pour avoir une aide sensible au contexte à l'intérieur du document. Les navigateurs pourraient l'utiliser pour afficher des info-bulles.

Standard/Usage : HTML. 4. **Largement supporté :** Non.

Exemple :

```
<noscript title="XHTML for nonscript browsers">...</noscript>
```

Autres attributs

L'élément noscript accepte aussi les attributs lang, dir, onclick, ondblclick, onmousedown, onmouseup, onmouseover, onmousemove, onmouseout, onkeypress, onkeydown et onkeyup.

object

Incorpore un objet logiciel dans un document. Cet objet peut être un objet ActiveX, un fichier QuickTime ou un autre objet ou des données que supporte un navigateur.

Utilisez l'élément param pour fournir des paramètres à l'objet incorporé. Vous pouvez placer des messages et d'autres éléments entre les balises object pour les navigateurs qui ne supportent pas les objets incorporés.

Standard/Usage : HTML. 4. **Largement supporté :** Non. **Elément vide :** Non.

Exemple :

```
<object classid="/thingie.py">
<param name="thing" value="1" />
<param name="autostart" value="true" />
Sorry. Your browser does not support embedded objects.
If it supported these objects, you would not see this message.
</object>
```

align="left|center|right|texttop|middle|textmiddle|baseline|textbottom"

Indique le positionnement d'un objet incorporé par rapport aux bordures des fenêtres du navigateur et/ou des autres éléments à l'intérieur de la fenêtre du navigateur. C'est un attribut obsolète qui a été remplacé par les feuilles de style.

Valeur	Effet
left	Fait flotter l'objet incorporé entre les bords de la fenêtre, sur le côté gauche.
right	Fait flotter l'objet incorporé entre les bords de la fenêtre, sur le côté droit.
center	Fait flotter l'objet incorporé entre les bords de la fenêtre, à égale distance des bordures gauche et droite.
texttop	Aligne le haut de l'objet incorporé avec le haut du texte courant.
textmiddle	Aligne le milieu de l'objet incorporé avec le milieu du texte environnant.
textbottom	Aligne le début de l'objet incorporé avec le début du texte environnant.
baseline	Aligne le haut de l'objet incorporé avec la ligne de base du texte environnant.

`middle` Aligne le milieu de l'objet incorporé avec la ligne de base du texte environnant.

Standard/Usage : HTML. 4 ; obsolète. **Largement supporté :** Non.

Exemple :

```
<object data="shocknew.dcr" type="application/director" width="288" height="200"
align="right">...</object>
```

archive="url url url"

Spécifie une liste *d'espaces séparés* d'adresses URL pour les archives contenant des ressources relatives à l'objet et qui peuvent inclure des ressources spécifiées par les attributs `data` et `classid`. Le préchargement des archives réduit le temps de chargement des objets.

Standard/Usage : HTML. 4. **Largement supporté :** Non.

Exemple :

```
<object archive="bear.htm lion.htm">...</object>
```

border="n"

Spécifie la largeur (en pixels) d'une bordure autour d'un objet incorporé. La valeur `border="0"` indique qu'il n'y a pas de bordures. Cet attribut est obsolète et a été remplacé par les feuilles de style.

Standard/Usage : HTML. 4 ; obsolète. **Largement supporté :** Non.

Exemple :

```
<object data="shocknew.dcr" type="application/director" width="288" height="200"
border="10">...</object>
```

classid="url"

Spécifie l'emplacement de ressources d'un objet tel qu'un applet Java. Utilisez `classid="java:appletname.class"` pour les applets Java.

Standard/Usage : HTML. 4. **Largement supporté :** Non.

Exemple :

```
<object classid="java:appletname.class">...</object>
```

codebase="url"

Spécifie l'emplacement relatif ou absolu du répertoire racine dans lequel le navigateur cherche les données et les autres fichiers d'implémentation.

Standard/Usage : HTML. 4. **Largement supporté :** Non.

Exemple :

```
<object codebase="/fgm/code/">...</object>
```

codetype="..."

Spécifie le type de MIME du code de l'objet incorporé.

Standard/Usage : HTML. 4. **Largement supporté :** Non.

Exemple :

```
<object codetype="application/x-msword">...</object>
```

class="..."

Indique la classe de style à appliquer à l'élément.

Standard/Usage : HTML. 4. **Largement supporté :** Non.

Exemple :

```
<object class="casual" codetype="application/-msword">...</object>
```

classid="url"

Spécifie l'adresse URL d'une ressource d'objet.

Standard/Usage : HTML 4. **Largement supporté :** Non.

Exemple :

```
<object classid="http://www.lanw.com/bogus.class">...</object>
```

data="url"

Spécifie l'emplacement absolu ou relatif des données d'un objet incorporé.

Standard/Usage : HTML 4. **Largement supporté :** Non.

Exemple :

```
<object data="/fgm/goo.avi">...</object>
```

declare="declare"

Définit un objet incorporé sans le charger dans le document.

Standard/Usage : HTML 4. **Largement supporté :** Non.

Exemple :

```
<object classid="clsid:99B42120-6EC7-11CF-A6C7-00AA00A47DD3"
declare="declare">...</object>
```

height="n"

Spécifie la dimension verticale (en pixels) de l'objet incorporé.

Standard/Usage : HTML 4. **Largement supporté :** Non.

Exemple :

```
<object data="shocknew.dcr" type="application/director" width="288"
height="200">...</object>
```

hspace="n"

Indique la taille (en pixels) des marges de gauche et droite de l'objet incorporé.

Standard/Usage : HTML 4. **Largement supporté :** Non.

Exemple :

```
<object data="shocknew.dcr" width="288" height="200" hspace="10">...</object>
```

id="..."

Indique un identificateur associé avec l'objet incorporé. Il peut aussi être utilisé pour appliquer des styles à l'objet.

Standard/Usage : HTML 4. **Largement supporté :** Non.

Exemple :

```
<object data="shocknew.dcr" width="288" height="200" id="swave2">...</object>
```

name="..."

Spécifie le nom de l'objet incorporé.

Standard/Usage : HTML 4. **Largement supporté :** Non.

Exemple :

```
<object data="shocknew.dcr" name="Very Cool Thingie">...</object>
```

standby="..."

Spécifie un message que le navigateur affiche au cours du chargement de l'objet.

Standard/Usage : HTML. 4. **Largement supporté :** Non.

Exemple :

```
<object standby="Please wait. Movie loading." width="100" height="250">...</object>
```

tabindex="n"

Indique l'emplacement de l'objet incorporé dans l'ordre de tabulation.

Standard/Usage : HTML. 4. **Largement supporté :** Non.

Exemple :

```
<object classid="clsid:99b42120-6ec7-11cf-a6c7-00aa00a47dd3" tabindex="3">...</object>
```

title="..."

Spécifie le texte affecté à l'élément que vous pouvez utiliser pour avoir une aide sensible au contexte à l'intérieur du document. Les navigateurs pourraient l'utiliser pour afficher des info-bulles sur l'objet incorporé.

Standard/Usage : HTML. 4. **Largement supporté :** Non.

Exemple :

```
<object title="Earth Movie" width="100" height="250">...</object>
```

type="..."

Indique le type de MIME de l'objet incorporé.

Standard/Usage : HTML. 4. **Largement supporté :** Non.

Exemple :

```
<object data="shock.dcr" type="application/x-director" width="288"
height="200">...</object>
```

usemap="url"

Indique l'emplacement relatif ou absolu d'une imagemap côté-client à utiliser avec l'objet incorporé.

Standard/Usage : HTML. 4. **Largement supporté :** Non.

Exemple :

```
<object usemap="maps.html#map1">...</object>
```

vspace="n"

Spécifie la taille des marges (en pixels) haut et bas de l'objet incorporé.

Standard/Usage : HTML. 4. **Largement supporté :** Non.

Exemple :

```
<object data="shocknew.dcr" width="288" height="200" vspace="10">...</object>
```

width="n"

Indique la dimension horizontale (en pixels) de l'objet incorporé.

Standard/Usage : HTML. 4. **Largement supporté :** Non.

Exemple :

```
<object data="shock.dcr" type="application/director" width="288"
height="200">...</object>
```

Autres attributs

L'élément object accepte aussi les attributs lang, dir, onclick, ondblclick, onmousedown, onmouseup, onmouseover, onmousemove, onmouseout, onkeypress, onkeydown et onkeyup.

ol

Contient une liste numérotée (triée).

Standard/Usage : HTML 2. **Largement supporté :** Oui. **Elément vide :** Non

Exemple :

```
<ol>
<li>Introduction</li>
<li>Part One</li>
<ol type="A">
<li>Chapter 1</li>
<li>Chapter 2</li>
</ol>
</ol>
```

class="..."

Indique la classe de style à appliquer à l'élément ol.

Standard/Usage : HTML 4. **Largement supporté :** Non.

Exemple :

```
<ol class="car">
<li>Check engine oil</li>
<li>Check tire pressures</li>
<li>Fill with gasoline</li>
</ol>
```

compact="compact"

Provoque la liste qui doit apparaître dans une forme compacte. Cet attribut n'affectera probablement pas l'apparence de la liste car la plupart des navigateurs ne présentent les listes que sous un seul format. C'est un élément obsolète dans la spécification HTML 4.

Standard/Usage : HTML 4. **Largement supporté :** Non.

Exemple :

```
<ol compact="compact">...</ol>
```

id="..."

Assigne un sélecteur ID unique à une instance de l'élément ol. Lorsque vous attribuez ensuite un style à ce sélecteur ID, il affecte uniquement cette instance de l'élément ol.

Standard/Usage : HTML 4. **Largement supporté :** Non.

Exemple :

```
<ol id="123">...</ol>
```

start="..."

Spécifie la valeur avec laquelle la liste numérotée devrait commencer. Cet attribut est obsolète dans le langage HTML 4.

Standard/Usage : HTML. 2 ; obsolète. **Largement supporté :** Oui.

Exemple :

```
<ol type="a" start="f">...</ol>
```

style="..."

Spécifie les commandes de la feuille de style qui s'appliquent à la liste numérotée.

Standard/Usage : HTML. 4. **Largement supporté :** Oui.

Exemple :

```
<ol style="background: black; color: white">...</ol>
```

title="..."

Spécifie le texte affecté à l'élément que vous pouvez utiliser pour avoir une aide sensible au contexte à l'intérieur du document. Les navigateurs pourraient l'utiliser pour afficher des info-bulles sur la liste numérotée.

Standard/Usage : HTML. 4. **Largement supporté :** Non.

Exemple :

```
<ol title="ordered list">...</ol>
```

type="..."

Spécifie le style de numérotation de la liste numérotée. Les valeurs possibles sont : `1` pour les chiffres arabes, `i` pour les chiffres romains en minuscules, `I` pour les chiffres romains en majuscules, `a` pour les letres en minuscules et `A` pour les lettres en majuscules. Cet attribut est obsolète dans le langage HTML 4.

Standard/Usage : HTML. 2 ; obsolète. **Largement supporté :** Oui.

Exemple :

```
<ol type="a">
<li>is for apple.</li>
<li>is for bird.</li>
<li>is for cat.</li>
<li>is for dog.</li>
</ol>
```

Autres attributs

L'élément `ol` accepte aussi les attributs `lang`, `dir`, `onclick`, `ondblclick`, `onmousedown`, `onmouseup`, `onmouseover`, `onmousemove`, `onmouseout`, `onkeypress`, `onkeydown` et `onkeyup`.

optgroup

Spécifie une description pour un groupe d'options. Utilisez-le à l'intérieur de la balise `select` et insérez l'élément `option` à l'intérieur de l'élément `optgroup`.

Standard/Usage : HTML. 4. **Largement supporté :** Non. **Elément vide :** Non.

Exemple :

```
<select name="dinner">
<optgroup label="choices">
<option>Vegan</option>
<option>Vegetarian</option>
<option>Traditional</option>
</optgroup>
</select>
```

class="..."

Indique la classe de style à appliquer à l'élément `optgroup`.

Standard/Usage : HTML. 4. **Largement supporté :** Non.

Exemple :

```
<optgroup label="Fake or False" class="casual">
<option>Fake</option>
<option>False</option>
</optgroup>
```

disabled="disabled"

Refuse l'accès au groupe d'options.

Standard/Usage : HTML. 4. **Largement supporté :** Non.

Exemple :

```
<optgroup label="food" disabled="disabled">
<option>Prime Rib</option>
<option>Lobster</option>
</optgroup>
```

id="..."

Assigne un sélecteur ID unique à une instance de l'élément optgroup. Lorsque vous attribuez ensuite un style à ce sélecteur, il affecte uniquement cette instance de l'élément optgroup.

Standard/Usage : HTML. 4. **Largement supporté :** Non.

Exemple :

```
<optgroup label="Fake or False" id="123">
<option>Fake</option>
<option>False</option>
</optgroup>
```

label="..."

Spécifie un texte alternatif attribué à l'élément. Vous pouvez aussi utiliser cet attribut pour fournir une aide sensible au contexte à l'intérieur du document.

Standard/Usage : HTML. 4 ; requis. **Largement supporté :** Oui.

Exemple :

```
<optgroup label="Dinner selections">
<option>Prime Rib</option>
<option>Lobster</option>
</optgroup>
```

style="..."

Spécifie les commandes de la feuille de style qui s'appliquent aux contenus des balises optgroup.

Standard/Usage : HTML. 4. **Largement supporté :** Non.

Exemple :

```
<optgroup label="dinner" style="background: red">...</optgroup>
```

title="..."

Spécifie le texte affecté à l'élément que vous pouvez utiliser pour avoir une aide sensible au contexte à l'intérieur du document.

Standard/Usage : HTML. 4. **Largement supporté :** Non.

Exemple :

```
<optgroup label="party" title="Select a political party">...</optgroup>
```

Autres attributs

L'élément optgroup accepte aussi les attributs lang, dir, onfocus, onblur, onchange, onselect, onclick, ondblclick, onmousedown, onmouseup, onmouseover, onmousemove, onmouseout, onkeypress, onkeydown et onkeyup.

option

Indique les éléments d'une liste de sélection d'un formulaire de remplissage (voir l'élément select).

Standard/Usage : HTML 2. **Largement supporté :** Oui. **Elément vide :** Non.

Exemple :

```
Select an artist from the 1970s:<select name="artists">
<option>Black Sabbath</option>
<option selected="selected">Pink Floyd</option>
<option>Boston</option>
</select>
```

class="..."

Indique la classe de style à appliquer à l'élément.

Standard/Usage : HTML 4. **Largement supporté :** Non.

Exemple :

```
<option name="color" class="casual">...</option>
```

disabled="disabled"

Refuse l'accès à la méthode d'entrée.

Standard/Usage : HTML 4. **Largement supporté :** Non.

Exemple :

```
<option value="Bogus" disabled="disabled">Nothing here.</option>
```

id="..."

Assigne un sélecteur ID unique à une instance de l'élément option. Lorsque vous attribuez ensuite un style à ce sélecteur ID, il affecte uniquement cette instance de l'élément option.

Standard/Usage : HTML 4. **Largement supporté :** Non.

Exemple :

```
<option id="123">Mastercard</option>
```

label="..."

Spécifie un texte plus court et alternatif affecté à l'élément option. Vous pouvez utiliser cet attribut pour fournir une aide sensible au contexte à l'intérieur du document. Les navigateurs pourraient l'utiliser pour afficher des info-bulles sur le groupe.

Standard/Usage : HTML 4. **Largement supporté :** Oui.

Exemple :

```
<option label="Trad">Traditional Dinner Menu</option>
```

selected="selected"

Marque un élément de la liste de sélection comme pré-selectionné (valeur par défaut).

Standard/Usage : HTML 2. **Largement supporté :** Oui.

Exemple :

```
<option selected="selected" value="1">Ice Cream</option>
```

title="..."

Spécifie le texte affecté à l'élément que vous pouvez utiliser pour avoir une aide sensible au contexte à l'intérieur du document. Les navigateurs pourraient l'utiliser pour afficher des info-bulles sur l'option de la liste de sélection.

Standard/Usage : HTML 4. **Largement supporté :** Non.

Exemple :

```
<option title="Option">Thingie</option>
```

value="..."

Indique les données à envoyer au processeur de formulaire si vous choisissez l'élément de la liste de sélection. Si l'attribut `value` n'est pas présent dans l'élément `option`, le texte entre les balises `option` sera envoyé à la place.

Standard/Usage : HTML 2. **Largement supporté :** Oui.

Exemple :

```
<option value="2">Sandwiches</option>
```

Autres attributs

L'élément `option` accepte aussi les attributs `lang`, `dir`, `onclick`, `ondblclick`, `onmousedown`, `onmouseup`, `onmouseover`, `onmousemove`, `onmouseout`, `onkeypress`, `onkeydown` et `onkeyup`.

p

p

Indique un paragraphe dans un document.

Standard/Usage : HTML 2. **Largement supporté :** Oui. **Elément vide :** Non.

Exemple :

```
<p>I'm a paragraph.</p>
<p>I'm another paragraph.</p>
```

align="left|center|right"

Positionne le titre à gauche, à droite ou au centre. Cet attribut est obsolète dans la spécification HTML 4 et a été remplacé par les feuilles de style.

Standard/Usage : HTML 3.2 ; obsolète. **Largement supporté :** Oui.

Exemple :

```
<p align="center">There will be fun and games for everyone!</p>
```

class="..."

Indique la classe de style à appliquer à l'élément p.

Standard/Usage : HTML 4. **Largement supporté :** Non.

Exemple :

```
<p> class="casual">Tom turned at the next street and stopped.</p>
```

id="..."

Assigne un sélecteur ID unique à une instance de l'élément p. Lorsque vous attribuez ensuite un style à ce sélecteur ID, il affecte uniquement cette instance de l'élément p.

Standard/Usage : HTML 4. **Largement supporté :** Non.

Exemple :

```
<p id="123">This paragraph is yellow on black!</p>
```

style="..."

Spécifie les commandes de la feuille de style qui s'appliquent aux contenus du paragraphe.

Standard/Usage : HTML 4. **Largement supporté :** Non.

Exemple :

```
<p style="background: red; color: white">...</p>
```

title="..."

Spécifie le texte affecté à l'élément que vous pouvez utiliser pour avoir une aide sensible au contexte à l'intérieur du document. Les navigateurs pourraient l'utiliser pour afficher des info-bulles sur le paragraphe.

Standard/Usage : HTML 4. **Largement supporté :** Non.

Exemple :

```
<p title="paragraph">...</p>
```

Autres attributs

L'élément p accepte aussi les attributs lang, dir, onclick, ondblclick, onmousedown, onmouseup, onmouseover, onmousemove, onmouseout, onkeypress, onkeydown et onkeyup.

param

Spécifie les paramètres transmis à un objet incorporé. Utilisez cet élément à l'intérieur des éléments object ou applet.

Standard/Usage : HTML 3.2. **Largement supporté :** Non. **Elément vide :** Oui

Exemple :

```
<object classid="/thingie.py">
<param name="thing" value="1" />
Sorry. Your browser does not support embedded objects.
</object>
```

name="..."

Indique le nom du paramètre transmis à l'objet incorporé.

Standard/Usage : HTML 3.2 ; requis. **Largement supporté :** Non.

Exemple :

```
<param name="startyear" value="1920" />
```

type="..."

Spécifie le type de MIME des données trouvées dans une adresse URL donnée. Utilisez cet attribut avec `valuetype="ref"`.

Standard/Usage : HTML. 4. **Largement supporté :** Non.

Exemple :

```
<param name="data" value="/data/sim1.zip" valuetype="ref" type="application/x-zip-
compressed" />
```

value="..."

Spécifie la valeur associée au paramètre passé à l'objet incorporé.

Standard/Usage : HTML. 3.2. **Largement supporté :** Non.

Exemple :

```
<param name="startyear" value="1920" />
```

valuetype="ref|object|data"

Indique le type de valeur passé à l'objet incorporé. La valeur `ref` indique que la valeur `value` est une adresse URL passée à l'objet incorporé. La valeur `object` montre que l'attribut `value` spécifie l'emplacement des données de l'objet. La valeur `data` précise que l'attribut `value` est défini comme une chaîne de texte simple. Utilisez cet attribut pour passer des données alphanumériques vers l'objet incorporé.

Standard/Usage : InternetExplorer 3, HTML 4. **Largement supporté :** Non.

Exemple :

```
<param name="length" value="9" valuetype="data" />
```

pre

Contient du texte simple préformaté. C'est une méthode pratique pour inclure un programme ou un code source à l'intérieur de votre document.

Standard/Usage : HTML. 2. **Largement supporté :** Oui. **Elément vide :** Non.

Exemple :

```
Here's the source code:
<pre>
#include <stdio.h>
void main()
{
printf("Hello World!\n");
}
</pre>
```

class="..."

Indique la classe de style à appliquer à l'élément `pre`.

Standard/Usage : HTML. 4. **Largement supporté :** Non.

Exemple :

```
<pre class="food">BBQ Info</pre>
```

id="..."

Assigne un sélecteur ID unique à l'instance de l'élément `pre`. Lorsque vous attribuez ensuite un style à ce sélecteur ID, il affecte uniquement cette instance de l'élément `pre`.

Standard/Usage : HTML. 4. **Largement supporté :** Non.

Exemple :

```
An example of an emoticon:<pre id="123"> :-) </pre>
```

style="..."

Spécifie les commandes de la feuille de style qui s'appliquent aux contenus des balises pre.

Standard/Usage : HTML. 4. **Largement supporté :** Oui.

Exemple :

```
<pre style="background: red">...</pre>
```

title="..."

Spécifie le texte affecté à l'élément que vous pouvez utiliser pour avoir une aide sensible au contexte à l'intérieur du document. Les navigateurs pourraient l'utiliser pour afficher des info-bulles sur le texte pré-formaté.

Standard/Usage : HTML. 4. **Largement supporté :** Non.

Exemple :

```
<pre title="preformatted text">...</pre>
```

width="n"

Spécifie la dimension horizontale du texte préformatté (en pixels). Cet attribut est obsolète et a été remplacé par les feuilles de style.

Standard/Usage : HTML. 4 ; obsolète. **Largement supporté :** Non.

Exemple :

```
<pre width="80">...</pre>
```

Autres attributs

L'élément pre accepte aussi les attributs lang, dir, onclick, ondblclick, onmousedown, onmouseup, onmouseover, onmousemove, onmouseout, onkeypress, onkeydown et onkeyup.

q

q

Met entre guillemets une source directe dans un paragraphe. Utilisez blockquote pour spécifier une longue citation ou un bloc de citation entre guillemets.

Standard/Usage : HTML. 4. **Largement supporté :** Non. **Elément vide :** Non.

Exemple :

```
Dr. Bob said <q>I really like the procedure.</q>
```

cite="url"

Spécifie une adresse URL de référence pour une citation.

Standard/Usage : HTML. 4. **Largement supporté :** Non.

Exemple :

```
<q cite="http://www.example.com/url.html">The book was good.</q>
```

class="..."

Indique la classe de style à appliquer à l'élément q.

Standard/Usage : HTML. 4. **Largement supporté :** Non.

Exemple :

```
<q class="holiday">Twas the night before Christmas</q>
```

id="..."

Assigne un sélecteur ID unique à l'instance de l'élément q. Lorsque vous attribuez ensuite un style à ce sélecteur ID, il affecte uniquement cette instance de l'élément q.

Standard/Usage : HTML 4. **Largement supporté :** Non.

Exemple :

```
On July 12, John wrote a profound sentence in his diary:
<q id="123">I woke up this morning, and it was raining.</q>
```

style="..."

Spécifie les commandes de la feuille de style qui s'appliquent aux contenus des balises q.

Standard/Usage : HTML 4. **Largement supporté :** Non.

Exemple :

```
<q style="background: red">...</q>
```

title="..."

Spécifie le texte affecté à l'élément que vous pouvez utiliser pour avoir une aide sensible au contexte à l'intérieur du document. Les navigateurs pourraient l'utiliser pour afficher des info-bulles sur le texte entre guillemets.

Standard/Usage : HTML 4. **Largement supporté :** Non.

Exemple :

```
<q title="quotation">Quoted text goes here.</q>
```

Autres attributs

L'élément q accepte aussi les attributs lang, dir, onclick, ondblclick, onmousedown, onmouseup, onmouseover, onmousemove, onmouseout, onkeypress, onkeydown et onkeyup.

S

s

Obsolète. Voir strike.

samp

Indique une séquence de caractères littéraux.

Standard/Usage : HTML 2. **Largement supporté :** Oui. **Elément vide :** Non.

Exemple :

```
An example of a palindrome is the word <samp>MOM</samp>.
```

class="..."

Indique la classe de style à appliquer à l'élément samp.

Standard/Usage : HTML 4. **Largement supporté :** Non.

Exemple :

```
The PC screen read: <samp class="casual">Command Not Found</samp>
```

id="..."

Assigne un sélecteur ID unique à l'instance de l'élément `samp`. Lorsque vous attribuez ensuite un style à ce sélecteur ID, il affecte uniquement cette instance de l'élément `samp`.

Standard/Usage : HTML. 4. **Largement supporté :** Non.

Exemple :

```
Just for fun, think of how many words end with the letters<samp id="123">ing</samp>.
```

style="..."

Spécifie les commandes de la feuille de style qui s'appliquent aux contenus des balises `samp`.

Standard/Usage : HTML. 4. **Largement supporté :** Oui.

Exemple :

```
<samp style="background: red">...</samp>
```

title="..."

Spécifie le texte affecté à l'élément que vous pouvez utiliser pour avoir une aide sensible au contexte à l'intérieur du document. Les navigateurs pourraient l'utiliser pour afficher des info-bulles.

Standard/Usage : HTML. 4. **Largement supporté :** Non.

Exemple :

```
<samp title="Sample">...</samp>
```

Autres attributs

L'élément `samp` accepte aussi les attributs `lang`, `dir`, `onclick`, `ondblclick`, `onmousedown`, `onmouseup`, `onmouseover`, `onmousemove`, `onmouseout`, `onkeypress`, `onkeydown` et `onkeyup`.

script

Contient du code script de navigateur. Par exemple JavaScript et VBScript.

Standard/Usage : HTML. 3.2. **Largement supporté :** Oui. **Elément vide :** Non.

Exemple :

```
<script type="text/javascript">...</script>
```

charset="..."

Spécifie l'encodage de caractères pour les données élaborées par le script. Utilisez le nom d'un ensemble de caractères défini dans le document RFC2045. La valeur par défaut de cet attribut pour tous les langages occidentaux est `ISO-8859-1`.

Standard/Usage : HTML. 4. **Largement supporté :** Non.

Exemple :

```
<script type="text/javascript" charset="ISO-8859-1">...</script>
```

defer="defer"

Indique au navigateur que le script ne doit pas affecter l'affichage du document initial. Ainsi, le script peut être exécuté après le chargement de la page.

Standard/Usage : HTML. 4. **Largement supporté :** Non.

Exemple :

```
<script type="text/javascript" defer="defer">...</script>
```

language="..."

Indique le type de script. Cet élément est obsolète et a été remplacé par `type="..."`.

Standard/Usage : HTML 4 ; obsolète. **Largement supporté :** Oui.

Exemple :

```
<script language="JavaScript">...</script>
```

src="url"

Spécifie l'emplacement relatif ou absolu d'un script à inclure dans le document.

Standard/Usage : HTML 4. **Largement supporté :** Oui.

Exemple :

```
<script type="text/javascript" src="http://www.example.com/sc/script.js">...</script>
```

type="..."

Indique le type de MIME du script. C'est une autre alternative de l'élément `language` lors de la déclaration du type de script.

Standard/Usage : HTML 3.2 ; requis. **Largement supporté :** Oui.

Exemple :

```
<script type="text/javascript">document.write ("<em>Great!</em>")</script>
```

select

Spécifie une liste de sélection dans un formulaire. Utilisez l'élément `option` pour indiquer des éléments dans la liste de sélection.

Standard/Usage : HTML 2. **Largement supporté :** Oui. **Elément vide :** Non.

Exemple :

```
What do you use our product for?<br />
<select multiple="multiple" name="use">
<option value="1">Pest control</option>
<option selected="selected" value="2">Automative lubricant</option>
<option value="3">Preparing pastries</option>
<option value="4">Other</option>
</select>
```

accesskey="..."

Associe une séquence de touches de clavier avec la liste de sélection.

Standard/Usage : InternetExplorer 4. **Largement supporté :** Non.

Exemple :

```
<select name="size" accesskey="s">...</select>
```

class="..."

Indique la classe de style à appliquer à l'élément.

Standard/Usage : HTML 4. **Largement supporté :** Non.

Exemple :

```
<select name="color" class="casual">...</select>
```

disabled="disabled"

Refuse l'accès à la liste de sélection.

Standard/Usage : HTML 4. **Largement supporté :** Non.

Exemple :

```
select name="color" disabled="disabled">...</select>
```

id="..."

Assigne un sélecteur ID unique à l'instance de l'élément `select`. Lorsque vous attribuez ensuite un style à ce sélecteur ID, il affecte uniquement cette instance de l'élément `select`.

Standard/Usage : HTML 3. **Largement supporté :** Non.

Exemple :

```
<select id="123" name="salary">...</select>
```

multiple="multiple"

Indique qu'un utilisateur peut sélectionner plus d'un élément dans l'élément de la liste de sélection, d'une manière simultanée.

Standard/Usage : HTML 2. **Largement supporté :** Oui.

Exemple :

```
<select multiple="multiple">...</select>
```

name="..."

Attribue un nom à la valeur transmise au processeur de formulaire. Cette méthode établit une *paire de valeurs de nom* avec laquelle le processeur de formulaire peut travailler.

Standard/Usage : HTML 2. **Largement supporté :** Oui.

Exemple :

```
What is your shoe size?
<select size="4" name="size">
<option>5</option>
<option>6</option>
<option>7</option>
<option>8</option>
<option>9</option>
<option>10</option>
</select>
```

size="n"

Spécifie le nombre d'éléments visibles dans la liste de sélection. Si le nombre d'éléments contenus dans la liste est supérieur au nombre d'éléments visibles, alors une barre de défilement verticale s'affiche pour donner un accès aux autres éléments.

Standard/Usage : HTML 2. **Largement supporté :** Oui.

Exemple :

```
<select size="3">...</select>
```

tabindex="n"

Indique la position de la liste de sélection dans l'ordre de tabulation.

Standard/Usage : HTML 4. **Largement supporté :** Non.

Exemple :

```
<select name="salary" tabindex="3">...</select>
```

title="..."

Spécifie le texte affecté à l'élément que vous pouvez utiliser pour avoir une aide sensible au contexte à l'intérieur du document. Les navigateurs pourraient l'utiliser pour afficher des info-bulles sur la liste de sélection.

Standard/Usage : HTML 4. **Largement supporté :** Non.

Exemple :

```
<select title="select list" name="car">...</select>
```

Autres attributs

L'élément `select` accepte aussi les attributs `lang`, `dir`, `onclick`, `ondblclick`, `onmousedown`, `onmouseup`, `onmouseover`, `onmousemove`, `onmouseout`, `onkeypress`, `onkeydown` et `onkeyup`.

small

Spécifie un texte à afficher en petite taille.

Standard/Usage : HTML 3.2. **Largement supporté :** Oui. **Elément vide :** Non.

Exemple :

```
<p>Our lawyers said we need to include some fine print:</p>
<p><small>By reading this document, you're breaking the rules and will be assessed a
$2000 fine.</small></p>
```

class="..."

Indique la classe de style à appliquer à l'élément `small`.

Standard/Usage : HTML 4. **Largement supporté :** Non.

Exemple :

```
<small class="casual">Void where prohibited.</small>
```

id="..."

Assigne un sélecteur ID unique à l'instance de l'élément `small`. Lorsque vous attribuez ensuite un style à ce sélecteur ID, il affecte uniquement cette instance de l'élément `small`.

Standard/Usage : HTML 4. **Largement supporté :** Non.

Exemple :

```
<p>Most insects are <small id="123">small</small>.</p>
```

style="..."

Spécifie les commandes de la feuille de style qui s'appliquent aux contenus des balises `small`.

Standard/Usage : HTML 4. **Largement supporté :** Oui.

Exemple :

```
<small style=background: red">...</small>
```

title="..."

Spécifie le texte affecté à l'élément que vous pouvez utiliser pour avoir une aide sensible au contexte à l'intérieur du document. Les navigateurs pourraient l'utiliser pour afficher des info-bulles sur le texte à l'intérieur des balises small.

Standard/Usage : HTML. 4. **Largement supporté :** Non.

Exemple :

```
<small title="Legalese">This will subject you to risk of criminal prosecution.</small>
```

Autres attributs

L'élément small accepte aussi les attributs lang, dir, onclick, ondblclick, onmousedown, onmouseup, onmouseover, onmousemove, onmouseout, onkeypress, onkeydown et onkeyup.

spacer

Un élément propre à Netscape qui spécifie un espace blanc à l'intérieur du document. Nous recommandons l'utilisation des feuilles de style ou autres techniques de formatage sauf si vous développez des documents pour les utilisateurs de Netscape Navigator exclusivement.

Standard/Usage : Netscape Navigator 3. **Largement supporté :** Non. **Elément vide :** Oui.

Exemple :

```
<spacer type="horizontal" size="150" /> Doctors Prefer MediWidget 4 to 1
```

align="left|right|top|texttop|middle|abbsmib|baseline|bottom|absbottom"

Spécifie l'alignement d'un texte autour de l'espace blanc. A utiliser seulement lorsque type="block".

Standard/Usage : Netscape Navigator 3. **Largement supporté :** Non.

Exemple :

```
<spacer type="block" align="left" />
```

height="n"

Spécifie la hauteur de l'espace blanc (en pixels). A utiliser seulement lorsque type="block".

Standard/Usage : Netscape Navigator 3. **Largement supporté :** Non.

Exemple :

```
<spacer type="block" height="50" />
<img src="rosebush.jpg" />
```

size="n"

Spécifie la dimension en pixels de l'espace blanc.

Standard/Usage : Netscape Navigator 3. **Largement supporté :** Non.

Exemple :

```
<spacer type="horizontal" size="50" />
img src="rosebush.jpg" />
```

type="horizontal|vertical|block"

Indique si l'espace blanc se mesure de gauche à droite, de haut en bas ou comme un bloc (agit comme une image transparente)

Standard/Usage : Netscape Navigator 3. **Largement supporté :** Non.

Exemple :

```
<p>After you've done this, take a moment to review your work.
<spacer type="vertical" size="400" /></p>
<p>Now, isn't that better?</p>
```

span

Définit une section inline d'un document affecté par des attributs de feuille de style. Utilisez l'élément div pour appliquer les styles au niveau de l'élément bloc.

Standard/Usage : HTML 4. **Largement supporté :** Non. **Elément vide :** Non.

Exemple :

```
<span style="background: red">...</span>
```

class="..."

Indique la classe de style à appliquer aux contenus des balises span.

Standard/Usage : HTML 4. **Largement supporté :** Non.

Exemple :

```
<span class="casual">...</span>
```

id="..."

Assigne un sélecteur ID unique à l'instance de l'élément span. Lorsque vous attribuez ensuite un style à ce sélecteur ID, il affecte uniquement cette instance de l'élément span.

Standard/Usage : HTML 4. **Largement supporté :** Non.

Exemple :

```
<span id="123">...</span>
```

style="..."

Spécifie les commandes de la feuille de style qui s'appliquent aux contenus des balises span.

Standard/Usage : HTML 4. **Largement supporté :** Non.

Exemple :

```
<span style="background: red">...</span>
```

title="..."

Spécifie le texte affecté à l'élément que vous pouvez utiliser pour avoir une aide sensible au contexte à l'intérieur du document. Les navigateurs pourraient l'utiliser pour afficher des info-bulles.

Standard/Usage : HTML 4. **Largement supporté :** Non.

Exemple :

```
<span title="section" style="background: red">...</span>
```

Autres attributs

L'élément span accepte aussi les attributs lang, dir, onclick, ondblclick, onmousedown, onmouseup, onmouseover, onmousemove, onmouseout, onkeypress, onkeydown et onkeyup.

strike

Indique un texte barré. Cet élément est obsolète dans HTML 4 et a été remplacé par les feuilles de style.

Standard/Usage : HTML 3.2 ; requis. **Largement supporté :** Oui. **Elément vide :** Non.

Exemple :

```
My junior high biology teacher was <strike>sort of</strike> really smart.
```

class="..."

Indique la classe de style à appliquer aux contenus des balises `strike`.

Standard/Usage : HTML 4. **Largement supporté :** Non.

Exemple :

```
<strike class="casual">Truman</strike> lost.
```

id="..."

Assigne un sélecteur ID unique à l'instance de l'élément `strike`. Lorsque vous attribuez ensuite un style à ce sélecteur ID, il affecte uniquement cette instance de l'élément `strike`.

Standard/Usage : HTML 4. **Largement supporté :** Non.

Exemple :

```
Don <strike id="123">ain't</strike> isn't coming tonight.
```

style="..."

Spécifie les commandes de la feuille de style qui s'appliquent aux contenus des balises `strike`.

Standard/Usage : HTML 4. **Largement supporté :** Non.

Exemple :

```
<strike style="background: red">...</strike>
```

title="..."

Spécifie le texte affecté à l'élément que vous pouvez utiliser pour avoir une aide sensible au contexte à l'intérieur du document. Les navigateurs pourraient l'utiliser pour afficher des info-bulles sur le texte.

Standard/Usage : HTML 4. **Largement supporté :** Non.

Exemple :

```
<p>He was <strike title="omit">ambitious</strike>enthusiastic.</p>
```

Autres attributs

L'élément `strike` accepte aussi les attributs `lang`, `dir`, `onclick`, `ondblclick`, `onmousedown`, `onmouseup`, `onmouseover`, `onmousemove`, `onmouseout`, `onkeypress`, `onkeydown` et `onkeyup`.

strong

Indique une forte accentuation. Le navigateur affichera probablement le texte avec une police de caractère en gras.

Standard/Usage : HTML 2. **Largement supporté :** Oui. **Elément vide :** Non.

Exemple :

```
If you see a poisonous spider in the room then <strong>get out of there!</strong>
```

class="..."

Indique la classe de style à appliquer aux contenus des balises `strong`.

Standard/Usage : HTML 4. **Largement supporté :** Non.

Exemple :

```
Did you say my dog is <strong class="urgent">missing?!</strong>
```

id="..."

Assigne un sélecteur ID unique à l'instance de l'élément `strong`. Lorsque vous attribuez ensuite un style à ce sélecteur ID, il affecte uniquement cette instance de l'élément `strong`.

Standard/Usage : HTML 4. **Largement supporté :** Non.

Exemple :

```
Sure, you can win at gambling. But you'll probably <strong id="123">lose</strong>.
```

style="..."

Spécifie les commandes de la feuille de style qui s'appliquent aux contenus des balises `strong`.

Standard/Usage : HTML 4. **Largement supporté :** Non.

Exemple :

```
<strong style="background: red">...</strong>
```

title="..."

Spécifie le texte affecté à l'élément que vous pouvez utiliser pour avoir une aide sensible au contexte à l'intérieur du document. Les navigateurs pourraient l'utiliser pour afficher des info-bulles sur le texte mis en relief.

Standard/Usage : HTML 4. **Largement supporté :** Non.

Exemple :

```
I mean it was <strong title="emphasis">HOT!</strong>
```

Autres attributs

L'élément `strong` accepte aussi les attributs `lang`, `dir`, `onclick`, `ondblclick`, `onmousedown`, `onmouseup`, `onmouseover`, `onmousemove`, `onmouseout`, `onkeypress`, `onkeydown` et `onkeyup`.

style

Contient des définitions de feuille de style et apparaît dans l'en-tête du document (voir l'élément `head`). Place des données de feuille de style à l'intérieur d'une balise de commentaires (<!---...--->) pour adapter les navigateurs qui ne supportent pas l'élément `style`.

Standard/Usage : HTML 3.2. **Largement supporté :** Non. **Elément vide :** Non.

Exemple :

```
<html xmlns="http://www.w3.org/1999/xhtml">
<head>
<title>Edible Socks: Good or Bad?</title>
<style type="text/css">
<!--
h1  { background: black; color: yellow }
li dd       { background: silver; color: black }
-->
</style>
</head>
```

media="..."

Spécifie un support de destination pour les informations de style. Il peut être de type simple ou une liste séparée par des virgules. Les types de médias sont :

Valeur	Type de média
`all`	Appliquer à tous les périphériques.
`aural`	Synthétiseur de parole.

`braille`	Outils de rétroaction tactile de Braille.
`handheld`	Outils portables.
`print`	Matériel d'impression traditionnel et des documents en aperçu avant impression sur écran.
`projection`	Projecteurs.
`screen`	Vue en ligne (paramètre par défaut).
`tty`	Télétypes, terminaux ou outils portables avec des capacités d'affichage limitées.
`tv`	Outils de type télévision.

Standard/Usage : HTML. 4. **Largement supporté :** Non.

Exemple :

```
<style type="text/css" media="all">
<!--
h1  { background: black; color: white }
li dd        { background: silver; color: darkgreen }
-->
</style>
```

title="..."

Spécifie le texte affecté à l'élément que vous pouvez utiliser pour avoir une aide sensible au contexte à l'intérieur du document. Les navigateurs pourraient l'utiliser pour afficher des info-bulles.

Standard/Usage : HTML. 4. **Largement supporté :** Non.

Exemple :

```
<style type="Stylesheet 1" type="text/css">
<!--
h1 { background: black; color: yellow }
li dd { background: silver; color: black }
-->
</style>
```

type="..."

Spécifie le type de MIME de la spécification standard des feuilles de style utilisées.

Standard/Usage : HTML. 4 ; requis. **Largement supporté :** Non.

Exemple :

```
<style type="text/css">
<!--
h1 { backgroud: black; color: white }
li dd { backgroud: silver; color: darkgreen }
-->
</style>
```

Autres attributs

L'élément `style` accepte aussi les attributs `lang`, `dir`.

sub

Indique un texte d'indice inférieur.

Standard/Usage : HTML. 3.2. **Largement supporté :** Oui. **Elément vide :** Non.

Exemple :

```
<p>Chemists refer to water as H<sub>2</sub>O.</p>
```

class="..."

Indique la classe de style à appliquer à l'élément sub.

Standard/Usage : HTML. 4. **Largement supporté :** Non.

Exemple :

```
H<sub class="chemical">2</sub>O
```

id="..."

Assigne un sélecteur ID unique à l'instance de l'élément sub. Lorsque vous attribuez ensuite un style à ce sélecteur ID, il affecte uniquement cette instance de l'élément sub.

Standard/Usage : HTML. 4. **Largement supporté :** Non.

Exemple :

```
At the dentist I ask for lots of NO<sub id="123">2</sub>.
```

style="..."

Spécifie les commandes de la feuille de style qui s'appliquent aux contenus des balises sub.

Standard/Usage : HTML. 4. **Largement supporté :** Non.

Exemple :

```
<sub style="background: red">...</sub>
```

title="..."

Spécifie le texte affecté à l'élément que vous pouvez utiliser pour avoir une aide sensible au contexte à l'intérieur du document. Les navigateurs pourraient l'utiliser pour afficher des info-bulles sur le texte d'indice inférieur.

Standard/Usage : HTML. 4. **Largement supporté :** Non.

Exemple :

```
Before he fell asleep, he uttered, "Groovy."<sub title="Footnote">2</sub>
```

Autres attributs

L'élément sub accepte aussi les attributs lang, dir, onclick, ondblclick, onmousedown, onmouseup, onmouseover, onmousemove, onmouseout, onkeypress, onkeydown et onkeyup.

sup

Indique un texte d'indice supérieur.

Standard/Usage : HTML. 3.2. **Largement supporté :** Oui. **Elément vide :** Non.

Exemple :

```
<p>Einstein's most famous equation is E=mc<sup>2</sup>.</p>
```

class="..."

Indique la classe de style à appliquer à l'élément sup.

Standard/Usage : HTML. 4. **Largement supporté :** Non.

Exemple :

```
z<sup class="exp">2</sup> = x<sup class="exp">2</sup> + y<sup class="exp">2</sup>
```

id="..."

Assigne un sélecteur ID unique à l'instance de l'élément sup. Lorsque vous attribuez ensuite un style à ce sélecteur ID, il affecte uniquement cette instance de l'élément sup.

Standard/Usage : HTML. 4. **Largement supporté :** Non.

Exemple :

```
Pythagorean theorem says z<sup id="123">2</sup>= 4 + 16.
```

style="..."

Spécifie les commandes de la feuille de style qui s'appliquent aux contenus des balises sup.

Standard/Usage : HTML. 4. **Largement supporté :** Non.

Exemple :

```
<sup style="background: red">...</sup>
```

title="..."

Spécifie le texte affecté à l'élément que vous pouvez utiliser pour avoir une aide sensible au contexte à l'intérieur du document. Les navigateurs pourraient l'utiliser pour afficher des info-bulles sur le texte d'indice supérieur.

Standard/Usage : HTML. 4. **Largement supporté :** Non.

Exemple :

```
x<sup title="Exponent">2</sup>
```

Autres attributs

L'élément sup accepte aussi les attributs lang, dir, onclick, ondblclick, onmousedown, onmouseup, onmouseover, onmousemove, onmouseout, onkeypress, onkeydown et onkeyup.

t

table

Spécifie un conteneur pour un tableau à l'intérieur de votre document. Entre les balises table, vous pouvez placer des éléments de tableau comme tr, td, th, caption et bien d'autres encore.

Standard/Usage : HTML. 3.2. **Largement supporté :** Oui. **Elément vide :** Non.

Exemple :

```
<table border="0">
<tr>
<td><img src="pine.jpg" border="0" alt="pine" /></td>
<td valign="middle">Pine trees naturally grow at higher elevations. They require
less water and do not shed leaves in the fall.</td>
</tr>
</table>
```

align="left|right|center"

Positionne le texte à gauche, à droite ou au centre de la fenêtre. Cet attribut est obsolète et a été remplacé par les feuilles de style.

Standard/Usage : HTML. 3.2 ; obsolète. **Largement supporté :** Oui.

Exemple :

```
<table align="center">...</table>
```

background="url"

Spécifie l'emplacement relatif ou absolu du fichier image que le navigateur utilisera comme arrière-plan du tableau.

Standard/Usage : InternetExplorer 3, Netscape Navigator 4. **Largement supporté :** Non.

Exemple :

```
<table background="paper.jpg">...</table>
```

bgcolor="#rrggbb" ou "..."

Spécifie la couleur d'arrière-plan des cellules d'un tableau. Vous pouvez remplacer les noms des couleurs par des valeurs hexadécimales RGB. Cet attribut est obsolète et a été remplacé par les feuilles de style.

Standard/Usage : HTML. 4 ; obsolète. **Largement supporté :** Non.

Exemple :

```
<table bgcolor="peach">...</table>
```

border="n"

Spécifie l'épaisseur (en pixels) des bordures de chaque cellule d'un tableau. Utilisez la valeur `0` pour réaliser un tableau avec des bordures invisibles.

Standard/Usage : HTML. 3.2. **Largement supporté :** Oui.

Exemple :

```
<table border="0">...</table>
```

bordercolor="#rrggbb" ou "..."

Spécifie la couleur de toutes les cellules d'un tableau. Vous pouvez remplacer les noms de couleur par des valeurs héxadécimales RGB.

Standard/Usage : InternetExplorer 2, Netscape Navigator 4. **Largement supporté :** Non.

Exemple :

```
<table bordercolor="#3f9a11">...</table>
```

bordercolordark="#rrggbb" ou "..."

Spécifie la couleur sombre utilisée pour dessiner des bordures en trois dimensions autour des cellules d'un tableau. Vous pouvez remplacer les noms de couleur par des valeurs héxadécimales RGB.

Standard/Usage : InternetExplorer 2. **Largement supporté :** Non.

Exemple :

```
<table bordercolordark="silver">...</table>
```

bordercolorlight="#rrggbb" ou "..."

Spécifie la couleur claire utilisée pour dessiner des bordures en trois dimensions autour des cellules d'un tableau. Vous pouvez remplacer les noms de couleur par des valeurs héxadécimales RGB.

Standard/Usage : InternetExplorer 2. **Largement supporté :** Non.

Exemple :

```
<table bordercolorlight="white">...</table>
```

cellpadding="n"

Spécifie l'espace en pixels entre les bordures des cellules et leur contenu.

Standard/Usage : HTML. 3.2. **Largement supporté :** Oui.

Exemple :

```
<table cellpading="5">...</table>
```

cellspacing="n"

Spécifie l'espace en pixels entre les bordures des cellules et celles de leurs cellules voisines.

Standard/Usage : HTML 3.2. **Largement supporté :** Oui.

Exemple :

```
<table border="2" cellspacing="5">...</table>
```

class="..."

Indique la classe de style à appliquer aux contenus des balises `table`.

Standard/Usage : HTML 4. **Largement supporté :** Non.

Exemple :

```
<table class="table" border="2">...</table>
```

cols="n"

Spécifie le nombre de colonnes du tableau.

Standard/Usage : InternetExplorer 3, Netscape Navigator 4. **Largement supporté :** Non.

Exemple :

```
<table border="2" cols="5">...</table>
```

frame="void|border|above|below|hsides|lhs|rhs|vsides|box"

Spécifie les lignes de bordures extérieures *autour* du tableau. Pour que l'attribut `frame` fonctionne correctement, définissez une valeur différente de zéro à l'attribut `border`.

Valeur	Spécificité
`void`	Aucune ligne de bordure.
`box or border`	Lignes de bordures autour du tableau (valeur par défaut).
`above`	Ligne de bordure en haut.
`below`	Ligne de bordure en bas.
`hsides`	Lignes de bordure en haut et en bas.
`lhs`	Ligne de bordure à gauche.
`rhs`	Ligne de bordure à droite.
`vsides`	Lignes de bordure à gauche et à droite.

Standard/Usage : HTML 4. **Largement supporté :** Non.

Exemple :

```
<table border="2" rules="all" frame="vsides">...</table>
```

id="..."

Assigne un sélecteur ID unique à l'instance de l'élément `table`. Lorsque vous attribuez ensuite un style à ce sélecteur ID, il affecte uniquement cette instance de l'élément `table`.

Standard/Usage : HTML 4. **Largement supporté :** Non.

Exemple :

```
<table id="123">...</table>
```

rules="none|rows|cols|all|groups"

Spécifie l'emplacement dans le tableau où s'affiche la règle. Pour que l'attribut `rules` fonctionne normalement, définissez une valeur différente de zéro à l'attribut `border`.

Valeur	Spécificité.
none	Pas de règle.
rows	Affiche une règle entre les lignes.
cols	Affiche une règle entre les colonnes.
all	Affiche toutes les règles possibles.
groups	Affiche une règle entre les groupes définis par les éléments tfoot, thead, tbody et colgroup.

Standard/Usage : HTML. 4. **Largement supporté :** Non.

Exemple :

```
<table border="2" rules="all">...</table>
```

style="..."

Spécifie les commandes de la feuille de style qui s'appliquent aux contenus des cellules du tableau.

Standard/Usage : HTML. 4. **Largement supporté :** Non.

Exemple :

```
<table style="background: red">...</table>
```

summary="..."

Spécifie un texte descriptif pour le tableau. Il est recommandé d'utiliser cet attribut pour résumer ou décrire le tableau afin qu'il puisse être utilisé par des navigateurs qui n'affichent pas des tableaux (par exemple Braille ou des navigateurs à texte seulement).

Standard/Usage : HTML. 4. **Largement supporté :** Non.

Exemple :

```
<table summary="This table shows that 50% of sick days are taken on
Mondays.">...</table>
```

title="..."

Spécifie le texte affecté à l'élément que vous pouvez utiliser pour avoir une aide sensible au contexte à l'intérieur du document. Les navigateurs pourraient l'utiliser pour afficher des info-bulles sur le tableau.

Standard/Usage : HTML. 4. **Largement supporté :** Non.

Exemple :

```
<table title="table">...</table>
```

width="n"

Spécifie la largeur du tableau. Vous pouvez définir cette valeur avec un nombre exact de pixels ou avec un pourcentage de sorte que cette largeur sera proportionnelle à l'espace disponible.

Standard/Usage : HTML. 3.2. **Largement supporté :** Oui.

Exemple :

```
<table align="center" width="60%">...</table>
```

Autres attributs

L'élément table accepte aussi les attributs lang, dir, onclick, ondblclick, onmousedown, onmouseup, onmouseover, onmousemove, onmouseout, onkeypress, onkeydown et onkeyup.

tbody

Définit le corps du tableau à l'intérieur d'un tableau. Cet élément doit *suivre* l'élément tfoot.

Standard/Usage : HTML 4. **Largement supporté :** Non. **Elément vide :** Non.

Exemple :

```
<table>
<thead>...</thead>
<tfoot>...</tfoot>
<tbody>...</tbody>
</table>
```

align="left|right|center|justify|char"

Spécifie comment le texte à l'intérieur du bas du tableau sera aligné avec les bordures des cellules ou si `align="char"`, avec un caractère spécifique (le point décimal par défaut).

Standard/Usage : HTML 4. **Largement supporté :** Oui.

Exemple :

```
<tbody align="left">...</tbody>
```

char="..."

Spécifie le caractère sur lequel les contenus des cellules s'aligneront si `align="char"`. Si vous omettez l'attribut `char`, la valeur par défaut sera le point décimal du langage spécifié.

Standard/Usage : HTML 4. **Largement supporté :** Non.

Exemple :

```
<tbody align="left" char="a">...</tbody>
```

charoff="n"

Spécifie le nombre de caractères à partir de la gauche dans lequel le caractère d'alignement apparaît.

Standard/Usage : HTML 4. **Largement supporté :** Non.

Exemple :

```
<tbody align="char" char="," charoff="7">...</tbody>
```

class="..."

Indique la classe de style à appliquer aux contenus des balises `tbody`.

Standard/Usage : HTML 4. **Largement supporté :** Non.

Exemple :

```
<tbody class="casual">...</tbody>
```

id="..."

Assigne un sélecteur ID unique à l'instance de l'élément `tbody`. Lorsque vous attribuez ensuite un style à ce sélecteur ID, il affecte uniquement cette instance de l'élément `tbody`.

Standard/Usage : HTML 4. **Largement supporté :** Non.

Exemple :

```
<tbody id="123">...</tbody>
```

style="..."

Spécifie les commandes de la feuille de style qui s'appliquent aux contenus des balises `tbody`.

Standard/Usage : HTML 4. **Largement supporté :** Non.

Exemple :

```
<tbody style="background: red" >...</tbody>
```

title="..."

Spécifie le texte affecté à l'élément que vous pouvez utiliser pour avoir une aide sensible au contexte à l'intérieur du document. Les navigateurs pourraient l'utiliser pour afficher des info-bulles sur le corps du tableau.

Standard/Usage : HTML. 4. **Largement supporté :** Non.

Exemple :

```
<tbody title="Table Body">...</tbody>
```

valign="top|bottom|middle|baseline"

Spécifie l'alignement vertical des contenus du corps du tableau.

Standard/Usage : InternetExplorer 4. **Largement supporté :** Non.

Exemple :

```
<tbody valign="middle">...</tbody>
```

Autres attributs

L'élément `tbody` accepte aussi les attributs `lang`, `dir`, `onclick`, `ondblclick`, `onmousedown`, `onmouseup`, `onmouseover`, `onmousemove`, `onmouseout`, `onkeypress`, `onkeydown` et `onkeyup`.

td

Contient une cellule de tableau. Cet élément doit être inséré à l'intérieur des balises `tr`.

Standard/Usage : HTML. 3.2. **Largement supporté :** Oui. **Elément vide :** Non.

Exemple :

```
<tr>
<td>Bob Jones</td>
<td>555-1212</td> <td>Democrat</td>
</tr>
```

abbr="..."

Spécifie un texte de remplacement court associé avec les contenus de l'élément. Les navigateurs pourront les utiliser à la place des contenus si nécessaire.

Standard/Usage : HTML. 4. **Largement supporté :** Non.

Exemple :

```
<td title="Year to Date Summary" abbr="ytd">Year to Date</td>
```

axis="..."

Spécifie les catégories de cellule. Les valeurs peuvent être une liste séparée par des virgules des noms de catégorie.

Standard/Usage : HTML. 4. **Largement supporté :** Non.

Exemple :

```
<td axis="TV">Television</td>
```

align="left|right|center|justify|char"

Spécifie comment le texte à l'intérieur du haut du tableau sera aligné avec les bordures des cellules ou si `align="char"`, avec un caractère spécifique (le point décimal par défaut).

Standard/Usage : HTML. 4. **Largement supporté :** Oui.

Exemple :

```
<tr>
<td align="center">Television</td>
<td><img src="tv.gif" alt="TV" border="0" /></td>
</tr>
```

background="url"

Spécifie l'emplacement relatif ou absolu d'un fichier image à charger par le navigateur pour servir d'arrière-plan graphique d'une cellule de tableau.

Standard/Usage : InternetExplorer 4, Netscape Navigator 3. **Largement supporté :** Non.

Exemple :

```
<td background="waves.gif">Oceanography</td>
```

bgcolor="#rrggbb" ou "..."

Indique la couleur d'arrière-plan de la cellule du tableau. Vous pouvez utiliser des valeurs hexadécimales RGB ou des noms de couleur. Cet attribut est obsolète et a été remplacé par les feuilles de style.

Standard/Usage : HTML. 4 ; obsolète. **Largement supporté :** Non.

Exemple :

```
<td bgcolor="pink">Course Number</td>
```

bordercolor="#rrggbb" ou"..."

Spécifie la couleur de la bordure de la cellule d'un tableau. Utilisez les valeurs hexadécimales RGB de la couleur ou le nom de la couleur.

Standard/Usage : InternetExplorer 2. **Largement supporté :** Non.

Exemple :

```
<td bordercolor="blue">Time Taught</td>
```

bordercolordark="rrggbb" ou "..."

Indique la couleur sombre pour former des bordures en 3D autour de la cellule d'un tableau. Vous pouvez la spécifier en utilisant ses valeurs hexadécimales RGB ou le nom de la couleur.

Standard/Usage : InternetExplorer 2. **Largement supporté :** Non.

Exemple :

```
<td bordercolorlight="#ffffff" bordercolordark="#88aa2c">...</td>
```

bordercolorlight="rrggbb" ou "..."

Indique la couleur claire utilisée pour former des bordures en 3D autour de la cellule d'un tableau. Vous pouvez la spécifier en utilisant ses valeurs hexadécimales RGB ou le nom de la couleur.

Standard/Usage : InternetExplorer 2. **Largement supporté :** Non.

Exemple :

```
<td bordercolorlight="#ffffff" bordercolordark="#88aa2c">...</td>
```

char="..."

Spécifie le caractère avec lequel les contenus d'une cellule seront alignés si `align="char"`. Si vous omettez l'attribut `char`, alors le point décimal du langage spécifié sera considéré comme la valeur par défaut.

Standard/Usage : HTML. 4. **Largement supporté :** Non.

Exemple :

```
<td align="char" char=",">...</td>
```

charoff="n"

Spécifie le nombre de caractères à partir de la gauche sur lequel le caractère d'alignement apparaît.

Standard/Usage : HTML. 4. **Largement supporté :** Non.

Exemple :

```
<td align="char" char="," charoff="7">...</td>
```

class="..."

Indique la classe de style à appliquer à l'élément `td`.

Standard/Usage : HTML. 4. **Largement supporté :** Non.

Exemple :

```
<td class="casual">Jobs Produced</td>
```

colspan="n"

Spécifie que la cellule d'un tableau occupe plus d'une colonne. Cet attribut est très pratique lorsque vous avez un nom de catégorie qui s'applique à de multiples colonnes de données.

Standard/Usage : HTML. 3.2. **Largement supporté :** Oui.

Exemple :

```
<tr>
<td colspan="2">Students</td>
</tr>
<tr>
<td>Bob Smith</td>
<td>Jane Doe</td>
</tr>
```

id="..."

Assigne un sélecteur ID unique à l'instance de l'élément `td`. Lorsque vous attribuez ensuite un style à ce sélecteur ID, il affecte uniquement cette instance de l'élément `td`.

Standard/Usage : HTML. 4. **Largement supporté :** Non.

Exemple :

```
<td id="123">...</td>
```

headers="..."

Spécifie le nom d'identificateur des cellules d'en-tête d'un tableau, lesquelles sont associées avec la cellule en cours que les navigateurs ont utilisées lors de la présentation des contenus du tableau.

Standard/Usage : HTML. 4. **Largement supporté :** Non.

Exemple :

```
<td title="Year to Date Summary" headers="thl,th4">Year to Date</td>
```

height="n"

Spécifie la dimension verticale (en pixels) de la cellule. Cet attribut est obsolète et a été remplacé par les feuilles de style.

Standard/Usage : HTML. 3.2 ; obsolète. **Largement supporté :** Non.

Exemple :

```
<td title="Year to Date Summary" height="200">Year to Date</td>
```

nowrap="nowrap"

Désactive la mise à ligne par défaut des mots à l'intérieur d'une cellule de tableau. Ce procédé augmente l'espace horizontal d'une cellule. Cet attribut est obsolète et a été remplacé par les feuilles de style.

Standard/Usage : HTML. 3 ; obsolète. **Largement supporté :** Non.

Exemple :

```
<td nowrap="nowrap">The contents of this cell will not wrap at all</td>
```

rowspan="n"

Spécifie qu'une cellule de tableau occupe plus d'une ligne. Cet attribut est utile lorsque de multiples lignes d'informations sont relatives à une catégorie.

Standard/Usage : HTML. 3.2. **Largement supporté :** Oui.

Exemple :

```
<tr>
<td valign="middle" align="right" rowspan="3">Pie Entries</td>
<td>Banana Cream</td>
<td>Mrs. Robinson</td></tr>
<tr>
<td>Strawberry Cheesecake</td>
<td>Mr. Barton</td></tr>
<tr>
<td>German Chocolate</td>
<td>Ms. Larson</td></tr>
```

scope="row|col|rowgroup|colgroup"

Spécifie la ligne, le groupe de lignes, la colonne ou le groupe de colonnes auxquels s'applique l'information d'en-tête spécifique qui est contenue dans la cellule en cours. Les navigateurs utilisent cette information pour aider dans la présentation du tableau.

Standard/Usage : HTML. 4. **Largement supporté :** Non.

Exemple :

```
<td title="Year to Date Summary" scope="rowgroup">Year to Date</td>
```

style="..."

Spécifie les commandes de la feuille de style qui s'appliquent aux cellules du tableau.

Standard/Usage : HTML. 4. **Largement supporté :** Non.

Exemple :

```
<td style="background: red">...</td>
```

title="..."

Spécifie le texte affecté à l'élément que vous pouvez utiliser pour avoir une aide sensible au contexte à l'intérieur du document. Les navigateurs pourraient l'utiliser pour afficher des info-bulles sur l'en-tête du tableau.

Standard/Usage : HTML. 4. **Largement supporté :** Non.

Exemple :

```
<td title="table cell heading">...</td>
```

valign="top|middle|bottom|baseline"

Aligne les contenus d'une cellule à l'intérieur de la cellule.

Standard/Usage : HTML. 3.2. **Largement supporté :** Oui.

Exemple :

```
<td valign="top"><img src="images/bud.gif" alt="bud.gif" border="0" /></td>
```

width="n"

Spécifie la dimension horizontale d'une cellule en pixels ou en pourcentage de la largeur du tableau. Cet attribut est obsolète et a été remplacé par les feuilles de style.

Standard/Usage : HTML. 3.2 ; obsolète. **Largement supporté :** Oui.

Exemple :

```
<td width="200" align="left">African Species</td>
```

Autres attributs

L'élément `td` accepte aussi les attributs `lang`, `dir`, `onclick`, `ondblclick`, `onmousedown`, `onmouseup`, `onmouseover`, `onmousemove`, `onmouseout`, `onkeypress`, `onkeydown` et `onkeyup`.

textarea

Définit un champ d'entrée de texte multiligne dans un formulaire. Placez les éléments `textarea` à l'intérieur des balises `form`. Pour spécifier une valeur par défaut dans le champ `textarea`, mettez le texte entre les balises `textarea`.

Standard/Usage : HTML. 2. **Largement supporté :** Oui. **Elément vide :** Non.

Exemple :

```
Enter any comments here:
<textarea name="comments" cols="40" rows="5">No
Comments.</textarea>
```

accesskey="..."

Assigne une séquence de touches de clavier à l'élément `textarea`.

Standard/Usage : HTML. 4. **Largement supporté :** Non.

Exemple :

```
<textarea cols="40" rows="10" name="story" accesskey="s">...</textarea>
```

class="..."

Indique la classe de style à appliquer à l'élément `textarea`.

Standard/Usage : HTML. 4. **Largement supporté :** Non.

Exemple :

```
<textarea cols="50" rows="3" class="casual">...</textarea>
```

cols="n"

Indique la largeur du champ d'entrée de texte (en largeur de caractères).

Standard/Usage : HTML 2 ; requis. **Largement supporté :** Oui.

Exemple :

```
<textarea name="desc" cols="50" rows="3">...</textarea>
```

disabled="disabled"

Refuse l'accès au champ d'entrée de texte.

Standard/Usage : HTML 4. **Largement supporté :** Non.

Exemple :

```
<textarea rows="10" cols="10" name="comments" disabled="disabled">...</textarea>
```

id="..."

Assigne un sélecteur ID unique à l'instance de l'élément `textarea`. Lorsque vous attribuez ensuite un style à ce sélecteur ID, il affecte uniquement cette instance de l'élément `textarea`.

Standard/Usage : HTML 4. **Largement supporté :** Non.

Exemple :

```
<textarea rows="10" cols="10" id="123">...</textarea>
```

name="..."

Nomme la valeur que vous passez au processeur de formulaire. Par exemple, si vous réunissez des retours d'information personnels, donnez à l'attribut `name` une valeur comme `comments`. Ce procédé établit une paire de valeur de nom avec laquelle le processeur de formulaire peut travailler.

Standard/Usage : HTML 2. **Largement supporté :** Oui.

Exemple :

```
<textarea cols="30" rows="10" name="comments">...</textarea>
```

readonly="readonly"

Spécifie que l'utilisateur ne peut pas changer les contenus des champs de texte.

Standard/Usage : HTML 4. **Largement supporté :** Non.

Exemple :

```
<textarea rows="10" cols="10" name="notes" readonly="readonly">...</textarea>
```

rows="n"

Indique la hauteur (en lignes de texte) du champ de texte.

Standard/Usage : HTML 2 ; requis. **Largement supporté :** Oui.

Exemple :

```
<textarea name="desc" cols="50" rows="3">...</textarea>
```

style="..."

Spécifie les commandes de la feuille de style qui s'appliquent aux contenus de l'élément `textarea`.

Standard/Usage : HTML 4. **Largement supporté :** Non.

Exemple :

```
<textarea rows="5" cols="40" style="background: red">...</textarea>
```

tabindex="n"

Indique le rang de textarea dans l'ordre de tabulation.

Standard/Usage : HTML 4. **Largement supporté :** Non.

Exemple :

```
<textarea rows="5" cols="40" name="story" tabindex="2">...</textarea>
```

title="..."

Spécifie le texte affecté à l'élément que vous pouvez utiliser pour avoir une aide sensible au contexte à l'intérieur du document. Les navigateurs pourraient l'utiliser pour afficher des info-bulles sur le champ d'entrée de texte.

Standard/Usage : HTML 4. **Largement supporté :** Non.

Exemple :

```
<textarea cols="10" rows="2" name="tt" title="text entry box">...</textarea>
```

Autres attributs

L'élément textarea accepte aussi les attributs lang, dir, onfocus, onblur onchange, onselect, onclick, ondblclick, onmousedown, onmouseup, onmouseover, onmousemove, onmouseout, onkeypress, onkeydown et onkeyup.

tfoot

Définit une note de bas de page dans un tableau. Il doit *précéder* l'élément tbody.

Standard/Usage : HTML 4. **Largement supporté :** Non. **Elément vide :** Non.

Exemple :

```
<table>
<thead>...</thead>
<tfoot>
<tr><td>Totals</td><td>$100.25</td></tr>
</tfoot>
<tbody>...</tbody>
</table>
```

align="left|right|center|justify|char"

Spécifie comment le texte de bas de page du tableau sera aligné avec les bordures des cellules ou si align="char", avec un caractère spécifique.

Standard/Usage : HTML 4. **Largement supporté :** Oui.

Exemple :

```
<tfoot align="center">...</tfoot>
```

char="..."

Spécifie le caractère sur lequel les contenus d'une cellule seront alignés si align="char". En omettant l'attribut char, vous attribuez le point décimal du langage spécifié comme valeur par défaut.

Standard/Usage : HTML 4. **Largement supporté :** Non.

Exemple :

```
<tfoot align="char" char=",">...</tfoot>
```

charoff="n"

Spécifie le nombre de caractères à partir de la gauche sur lequel le caractère d'alignement apparaît.

Standard/Usage : HTML 4. **Largement supporté :** Non.

Exemple :

```
<tfoot align="char" char="," charoff="7">...</tfoot>
```

class="..."

Indique la classe de style à appliquer à l'élément `tfoot`.

Standard/Usage : HTML 4. **Largement supporté :** Non.

Exemple :

```
<tfoot class="casual">...</tfoot>
```

id="..."

Assigne un sélecteur ID unique à l'instance de l'élément `tfoot`. Lorsque vous attribuez ensuite un style à ce sélecteur ID, il affecte uniquement cette instance de l'élément `tfoot`.

Standard/Usage : HTML 4. **Largement supporté :** Non.

Exemple :

```
<tfoot id="123">...</tfoot>
```

style="..."

Spécifie les commandes de la feuille de style qui s'appliquent aux contenus des balises `tfoot`.

Standard/Usage : HTML 4. **Largement supporté :** Non.

Exemple :

```
<tfoot style="background: red">...</tfoot>
```

title="..."

Spécifie le texte affecté à l'élément que vous pouvez utiliser pour avoir une aide sensible au contexte à l'intérieur du document. Les navigateurs pourraient l'utiliser pour afficher des info-bulles sur la note de bas de page dans le tableau.

Standard/Usage : HTML 4. **Largement supporté :** Non.

Exemple :

```
<tfoot title="Table Footer">...</tfoot>
```

valign="top|bottom|middle|baseline"

Aligne le contenu de la note de bas de page du tableau avec le haut, le bas ou le milieu de son conteneur.

Standard/Usage : HTML 4. **Largement supporté :** Non.

Exemple :

```
<tfoot align="center" valign="top">...</tfoot>
```

Autres attributs

L'élément `tfoot` accepte aussi les attributs `lang`, `dir`, `onclick`, `ondblclick`, `onmousedown`, `onmouseup`, `onmouseover`, `onmousemove`, `onmouseout`, `onkeypress`, `onkeydown` et `onkeyup`.

th

Contient les titres de cellule d'un tableau. L'élément th est identique à l'élément td sauf que le texte qu'il contient est toujours mis en relief avec une police de caractère en gras, centré dans la cellule et représentant un titre de tableau et non une donnée.

Standard/Usage : HTML. 3.2. **Largement supporté :** Oui. **Elément vide :** Non.

Exemple :

```
<table>
<tr>
<th>Name</th>
<th>Phone No.</th>
</tr>
<tr>
<td>Jane Doe</td>
<td>555-1212</td>
</tr>
<tr>
<td>Bob Smith</td>
<td>555-2121</td>
</tr>
</table>
```

abbr="..."

Spécifie un texte de remplacement court associé aux contenus de l'élément. Les navigateurs pourront les utiliser à la place des contenus si nécessaire.

Standard/Usage : HTML. 4. **Largement supporté :** Non.

Exemple :

```
<th title="Year to Date Summary" abbr="ytd">Year to Date</th>
```

align="left|right|center|justify|char"

Spécifie la façon dont le texte dans l'en-tête d'un tableau sera aligné avec les bordures des cellules ou, si `align="char"`, avec un caractère spécifique (le point décimal par défaut).

Standard/Usage : HTML. 4. **Largement supporté :** Oui.

Exemple :

```
<th align="right">Television</th>
<th align="left"><img src="tv.gif" alt="tv" border="0" /></th>
```

axis="..."

Spécifie les catégories de cellules. La valeur peut être une liste séparée par une virgule de noms de catégorie.

Standard/Usage : HTML. 4. **Largement supporté :** Non.

Exemple :

```
<th axis="TV">Television</th>
```

background="url"

Spécifie l'emplacement relatif ou absolu d'un fichier image que le navigateur doit charger comme une image d'arrière-plan d'une cellule d'un tableau.

Standard/Usage : InternetExplorer 4, Netscape Navigator 3. **Largement supporté :** Non.

Exemple :

```
<th background="waves.gif">Oceanography</th>
```

bgcolor="#rrggbb" ou "..."

Indique la couleur d'arrière-plan d'une cellule de tableau. Vous pouvez utiliser des valeurs hexadécimales RGB ou des noms de couleur. Cet attribut est obsolète et a été remplacé par les feuilles de style.

Standard/Usage : HTML. 4 ; obsolète. **Largement supporté :** Non.

Exemple :

```
<th bgcolor="pink">Course Number</th>
```

bordercolor="rrggbb" ou "..."

Spécifie la couleur de la bordure d'une cellule d'un tableau. Utilisez les valeurs hexadécimales RGB de la couleur ou le nom de la couleur.

Standard/Usage : InternetExplorer 2. **Largement supporté :** Non.

Exemple :

```
<th bordercolor="blue">Time Taught</th>
```

bordercolordark="rrggbb" ou "..."

Indique la couleur sombre pour former des bordures en 3D autour de la cellule d'un tableau. Vous pouvez la spécifier en utilisant ses valeurs hexadécimales RGB ou le nom de la couleur.

Standard/Usage : InternetExplorer 2. **Largement supporté :** Non.

Exemple :

```
<th bordercolorlight="#ffffff" bordercolordark="#88aa2c">...</th>
```

bordercolorlight="rrggbb" ou "..."

Indique la couleur claire pour former des bordures en 3D de la cellule d'un tableau. Vous pouvez définir la couleur avec une valeur hexadécimale RGB ou avec un nom.

Standard/Usage : InternetExplorer 2. **Largement supporté :** Non.

Exemple :

```
<th bordercolorlight="#ffffff" bordercolordark="#88aa2c">...</th>
```

char="..."

Spécifie le caractère sur lequel les contenus des cellules s'aligneront si `align="char"`. Si vous omettez l'attribut `char`, la valeur par défaut sera le point décimal du langage spécifié.

Standard/Usage : HTML. 4. **Largement supporté :** Non.

Exemple :

```
<th align="char" char=",">...</th>
```

charoff="n"

Spécifie le nombre de caractères à partir de la gauche dans lequel le caractère d'alignement apparaît.

Standard/Usage : HTML. 4. **Largement supporté :** Non.

Exemple :

```
<th align="char" char="," charoff="7">...</th>
```

class="..."

Indique la classe de style à appliquer aux contenus des balises th.

Standard/Usage : HTML. 4. **Largement supporté :** Non.

Exemple :

```
<th class="casual">Jobs Produced</th>
```

colspan="n"

Spécifie que la cellule d'en-tête d'un tableau occupe plus d'une colonne. Vous pouvez l'utiliser si un nom de catégorie s'applique à plusieurs colonnes de données.

Standard/Usage : HTML. 3.2. **Largement supporté :** Oui.

Exemple :

```
<tr>
<th colspan="2">Students</th>
</tr>
<tr>
<th>Bob Smith</th>
<th>Jane Doe</th>
</tr>
```

height="n"

Spécifie la dimension verticale en pixels de la cellule. Cet attribut est obsolète et a été remplacé par les feuilles de style.

Standard/Usage : HTML. 3.2 ; obsolète. **Largement supporté :** Non.

Exemple :

```
<th title="Year to Date Summary" height="200">Year to Date</th>
```

id="..."

Assigne un sélecteur ID unique à l'instance de l'élément th. Lorsque vous attribuez ensuite un style à ce sélecteur ID, il affecte uniquement cette instance de l'élément th.

Standard/Usage : HTML. 4. **Largement supporté :** Non.

Exemple :

```
<th id="123">...</th>
```

headers="..."

Spécifie le nom d'identificateur des cellules d'en-tête d'un tableau, lesquelles sont associées à la cellule en cours que les navigateurs ont utilisée lors de la présentation des contenus du tableau.

Standard/Usage : HTML. 4. **Largement supporté :** Non.

Exemple :

```
<th title="Year to Date Summary" headers="thl,th4">Year to Date</th>
```

nowrap="nowrap"

Désactive le retour à la ligne par défaut des mots à l'intérieur d'une cellule de table. Ce procédé augmente l'espace horizontal dans une cellule. Cet attribut est obsolète et a été remplacé par les feuilles de style.

Standard/Usage : HTML. 4 ; obsolète. **Largement supporté :** Non.

Exemple :

```
<th nowrap="nowrap">The contents of this cell will not wrap at all</th>
```

rowspan="n"

Spécifie qu'une cellule d'en-tête de tableau occupe plus d'une ligne. Cet attribut est utile lorsque de multiples lignes d'informations sont relatives à une catégorie.

Standard/Usage : HTML. 3.2. **Largement supporté :** Oui.

Exemple :

```
<tr>
<th valign="middle" align="right" rowspan="3">Pie Entries</th>
<td>Banana Cream</td>
<td>Mrs. Robinson</td></tr>
<tr>
<td>Strawberry Cheesecake</td>
<td>Mr. Barton</td></tr>
<tr>
<td>German Chocolate</td>
<td>Ms. Larson</td></tr>
```

scope="row|col|rowgroup|colgroup"

Spécifie la ligne, le groupe de lignes, la colonne ou le groupe de colonnes auxquels s'applique l'information d'en-tête spécifique qui est contenue dans la cellule en cours. Les navigateurs utilisent cette information pour vous aider dans la présentation du tableau, si nécessaire.

Standard/Usage : HTML. 4. **Largement supporté :** Non.

Exemple :

```
<th title="Year to Date Summary" scope="rowgroup">Year to Date</th>
```

style="..."

Spécifie les commandes de la feuille de style qui s'appliquent aux cellules du tableau.

Standard/Usage : HTML. 4. **Largement supporté :** Non.

Exemple :

```
<th style="background: red">...</th>
```

title="..."

Spécifie le texte affecté à l'élément que vous pouvez utiliser pour avoir une aide sensible au contexte à l'intérieur du document. Les navigateurs pourraient l'utiliser pour afficher des info-bulles sur l'en-tête du tableau.

Standard/Usage : HTML. 4. **Largement supporté :** Non.

Exemple :

```
<th title="Table Cell Heading">...</th>
```

valign="top|middle|bottom|baseline"

Aligne les contenus d'une cellule à l'intérieur de la cellule.

Standard/Usage : HTML. 3.2. **Largement supporté :** Oui.

Exemple :

```
<th valign="top"><img src="images/bud.gif alt="bud.gif" border="0" /></th>
```

width="n"

Spécifie la dimension horizontale d'une cellule en pixels ou en pourcentage de la largeur du tableau. Cet attribut est obsolète et a été remplacé par les feuilles de style.

Standard/Usage : HTML. 3.2 ; obsolète. **Largement supporté :** Oui.

Exemple :

```
<th width="200" align="left">African Species</th>
```

Autres attributs

L'élément th accepte aussi les attributs lang, dir, onclick, ondblclick, onmousedown, onmouseup, onmouseover, onmousemove, onmouseout, onkeypress, onkeydown et onkeyup.

thead

Définit une section d'en-tête de tableau. Au moins une ligne du tableau doit être insérée dans thead.

Standard/Usage : HTML. 4. **Largement supporté :** Non. **Elément vide :** Non.

Exemple :

```
<table rules="rows">
<thead>
<tr><td>Column 1</td><td>Column 2</td></tr>
</thead>
</table>
```

align="left|right|center|justify|char"

Spécifie comment le texte dans l'en-tête d'un tableau sera aligné avec les bordures des cellules ou, si align="char", avec un caractère spécifique (le point décimal par défaut).

Standard/Usage : HTML. 4. **Largement supporté :** Oui.

Exemple :

```
<thead align="center">
<tr>
<th>Television</th>
<th>Radio</th>
</tr>
</thead>
```

char="..."

Spécifie le caractère sur lequel les contenus des cellules s'aligneront si align="char". La valeur par défaut sera le point décimal du langage spécifié si vous omettez l'attribut char.

Standard/Usage : HTML. 4. **Largement supporté :** Non.

Exemple :

```
<thead align="char" char=",">...</thead>
```

charoff="n"

Spécifie le nombre de caractères à partir de la gauche dans lequel le caractère d'alignement apparaît.

Standard/Usage : HTML. 4. **Largement supporté :** Non.

Exemple :

```
<thead align="char" char="," charoff="7">...</thead>
```

class="..."

Indique la classe de style à appliquer aux contenus des balises thead.

Standard/Usage : HTML 4. **Largement supporté :** Non.

Exemple :

```
<thead class="casual">...</thead>
```

id="..."

Assigne un sélecteur ID unique à l'instance de l'élément thead. Lorsque vous attribuez ensuite un style à ce sélecteur ID, il affecte uniquement cette instance de l'élément thead.

Standard/Usage : HTML 4. **Largement supporté :** Non.

Exemple :

```
<thead id="123">...</thead>
```

style="..."

Spécifie les commandes de la feuille de style qui s'appliquent aux contenus des balises thead.

Standard/Usage : HTML 4. **Largement supporté :** Non.

Exemple :

```
<thead style="background: red">...</thead>
```

title="..."

Spécifie le texte affecté à l'élément que vous pouvez utiliser pour avoir une aide sensible au contexte à l'intérieur du document. Les navigateurs pourraient l'utiliser pour afficher des info-bulles sur l'en-tête du tableau.

Standard/Usage : HTML 4. **Largement supporté :** Non.

Exemple :

```
<thead title="Table Heading">...</thead>
```

valign="top|middle|bottom|baseline"

Spécifie l'alignement vertical des contenus du corps du tableau.

Standard/Usage : HTML 4. **Largement supporté :** Non.

Exemple :

```
<thead align="left" valign="top">...</thead>
```

Autres attributs

L'élément thead accepte aussi les attributs lang, dir, onclick, ondblclick, onmousedown, onmouseup, onmouseover, onmousemove, onmouseout, onkeypress, onkeydown et onkeyup.

title

Donne un titre officiel au document. L'élément title apparaît à l'intérieur de l'en-tête de document et entre les balises head. Il est requis pour un code XHTML valide.

Standard/Usage : HTML 2 ; requis. **Largement supporté :** Oui. **Elément vide :** Non.

Exemple :

```
<head><title>How To Build A Go-Cart</title>...</head>
```

Cet élément accepte les attributs lang et dir.

tr

Contient une ligne de cellules dans un tableau. Vous devez placer les éléments tr à l'intérieur du conteneur du tableau qui peut aussi contenir des éléments th et td.

Standard/Usage : HTML. 3.2. **Largement supporté :** Oui. **Elément vide :** Non.

Exemple :

```
<table>
<tr>
<th colspan="3">Test Scores</th></tr>
</tr>
<td>Bob Smith</td>
<td>78</td>
<td>85</td></tr>
</tr>
<td>Jane Doe</td>
<td>87</td>
<td>75</td></tr>
</table>
```

align="left|right|center|justify|char"

Spécifie comment le texte à l'intérieur du tableau sera aligné avec les bordures des cellules ou, si align="char", avec un caractère spécifique (le point décimal par défaut).

Standard/Usage : HTML. 4. **Largement supporté :** Oui.

Exemple :

```
<tr align="center">
<td>Television</td>
<td>Internet</td>
</tr>
```

bgcolor="#rrggbb" ou "..."

Spécifie la couleur d'arrière-plan des cellules. Vous pouvez substituer les noms de couleurs aux valeurs hexadécimales RGB du tableau dans la ligne. Cet attribut est obsolète et a été remplacé par les feuilles de style.

Standard/Usage : HTML. 4 ; obsolète. **Largement supporté :** Non.

Exemple :

```
<tr bgcolor="yellow">
<td><img src="bette.jpg" alt="bette" border="0"/></td>
<td align="left" valign="middle">Bette Smith sitting at her desk.</td>
</tr>
```

bordercolor="rrggbb" ou "..."

Spécifie la couleur des bordures de la cellule à l'intérieur d'une ligne. Actuellement, seul Internet Explorer accepte cet attribut. Vous pouvez substituer les noms de couleurs aux valeurs hexadécimales RGB de la couleur ou le nom de la couleur.

Standard/Usage : InternetExplorer 2. **Largement supporté :** Non.

Exemple :

```
<tr bordercolor="#3F2A55">
<td align="right" valign="middle">Computers</td>
<td><img src="computers.jpg" /></td>
</tr>
```

bordercolordark="rrggbb" ou "..."

Indique la couleur sombre pour former des bordures en 3D autour de la ligne d'un tableau. Vous pouvez la spécifier en utilisant ses valeurs hexadécimales RGB ou son nom de couleur.

Standard/Usage : InternetExplorer 2. **Largement supporté :** Non.

Exemple :

```
<tr bordercolorlight="silver" bordercolordark="black">...</tr>
```

bordercolorlight="rrggbb" ou "..."

Indique la couleur claire pour former des bordures en 3D autour de la ligne. Vous pouvez définir la couleur avec ses valeurs hexadécimales RGB ou son nom de couleur.

Standard/Usage : InternetExplorer 2. **Largement supporté :** Non.

Exemple :

```
<tr bordercolorlight="silver" bordercolordark="black">...</th>
```

char="..."

Spécifie le caractère sur lequel les contenus des cellules s'aligneront si `align="char"`. Si vous omettez l'attribut `char`, la valeur par défaut sera le point décimal du langage spécifié.

Standard/Usage : HTML 4. **Largement supporté :** Non.

Exemple :

```
<th align="char" char=",">...</th>
```

charoff="n"

Spécifie le nombre de caractères à partir de la gauche dans lequel le caractère d'alignement apparaît.

Standard/Usage : HTML 4. **Largement supporté :** Non.

Exemple :

```
<th align="char" char="," charoff="7">...</th>
```

class="..."

Indique la classe de style à appliquer aux contenus des balises `th`.

Standard/Usage : HTML 4. **Largement supporté :** Non.

Exemple :

```
<tr class="elementary">
<td>Uranium</td>
<td>Plutonium</td>
<td>Radon</td>
</tr>
```

id="..."

Assigne un sélecteur ID unique à l'instance de l'élément `tr`. Lorsque vous attribuez ensuite un style à ce sélecteur ID, il affecte uniquement cette instance de l'élément `tr`.

Standard/Usage : HTML 4. **Largement supporté :** Non.

Exemple :

```
<tr id="123">...</tr>
```

style="..."

Spécifie les commandes de la feuille de style qui s'appliquent à toutes les cellules d'une ligne d'un tableau.

Standard/Usage : HTML 4. **Largement supporté :** Non.

Exemple :

```
<tr style="background: red" >...</tr>
```

title="..."

Spécifie le texte affecté à l'élément que vous pouvez utiliser pour avoir une aide sensible au contexte à l'intérieur du document. Les navigateurs pourraient l'utiliser pour afficher des info-bulles.

Standard/Usage : HTML 4. **Largement supporté :** Non.

Exemple :

```
<tr title="table row">...</tr>
```

valign="top|middle|bottom|baseline"

Spécifie l'alignement vertical des contenus de toutes les cellules de la ligne.

Standard/Usage : HTML 3.2. **Largement supporté :** Oui.

Exemple :

```
<tr valign="top">
<td align="center">Jane Smith</td>
<td align="center">Bob Doe</td>
</tr>
```

Autres attributs

L'élément `tr` accepte aussi les attributs `lang`, `dir`, `onclick`, `ondblclick`, `onmousedown`, `onmouseup`, `onmouseover`, `onmousemove`, `onmouseout`, `onkeypress`, `onkeydown` et `onkeyup`.

tt

Affiche un texte en police monospace.

Standard/Usage : HTML 2. **Largement supporté :** Oui. **Elément vide :** Non.

Exemple :

```
After I typed help, the words <tt>help: not found</tt> appeared on my screen.
```

class="..."

Indique la classe de style à appliquer à l'élément `tt`.

Standard/Usage : HTML 4. **Largement supporté :** Non.

Exemple :

```
<p>I began to type. <tt class="casual">It was a dark and stormy night.</tt></p>
```

id="..."

Assigne un sélecteur ID unique à l'instance de l'élément tt. Lorsque vous attribuez ensuite un style à ce sélecteur ID, il affecte uniquement cette instance de l'élément tt.

Standard/Usage : HTML. 4. **Largement supporté :** Non.

Exemple :

```
<tt id="123">...</tt>
```

style="..."

Spécifie les commandes de la feuille de style qui s'appliquent à toutes les cellules dans la ligne d'un tableau.

Standard/Usage : HTML. 4. **Largement supporté :** Non.

Exemple :

```
<tt style="background: red" >...</tt>
```

title="..."

Spécifie le texte affecté à l'élément que vous pouvez utiliser pour avoir une aide sensible au contexte à l'intérieur du document. Les navigateurs pourraient l'utiliser pour afficher des info-bulles sur le texte à l'intérieur des éléments tt.

Standard/Usage : HTML. 4. **Largement supporté :** Non.

Exemple :

```
<p>Now, type <tt title="user typing">mail</tt> and hit the <kbd>Enter</kbd> key.</p>
```

Autres attributs

L'élément tt accepte aussi les attributs lang, dir, onclick, ondblclick, onmousedown, onmouseup, onmouseover, onmousemove, onmouseout, onkeypress, onkeydown et onkeyup.

U

u

Souligne un texte dans un document. Utilisez cet élément avec modération. Les textes soulignés peuvent créer de la confusion pour les utilisateurs parce qu'ils sont habitués à voir des liens hypertextes soulignés. Cet élément est obsolète dans le langage HTML 4 et a été remplacé par les feuilles de style.

Standard/Usage : HTML. 2 ; obsolète. **Largement supporté :** Oui. **Elément vide :** Non.

Exemple :

```
After waterskiing, I was <u>really</u> tired.
```

class="..."

Indique la classe de style à appliquer à l'élément u.

Standard/Usage : HTML. 4. **Largement supporté :** Non.

Exemple :

```
Have you seen <u class="casual">Tomb Raider</u> yet?
```

id="..."

Assigne un sélecteur ID unique à l'instance de l'élément u. Lorsque vous attribuez ensuite un style à ce sélecteur ID, il affecte uniquement cette instance de l'élément u.

Standard/Usage : HTML. 4. **Largement supporté :** Non.

Exemple :

```
<u id="123">...</u>
```

style="..."

Spécifie les commandes de la feuille de style qui s'appliquent aux contenus des balises u.

Standard/Usage : HTML. 4. **Largement supporté :** Non.

Exemple :

```
<u style="background: red">...</u>
```

title="..."

Spécifie le texte affecté à l'élément que vous pouvez utiliser pour avoir une aide sensible au contexte à l'intérieur du document. Les navigateurs pourraient l'utiliser pour afficher des info-bulles sur le texte souligné.

Standard/Usage : HTML. 4. **Largement supporté :** Non.

Exemple :

```
<p>Read the book <u title="BookTitle">Walden</u> and you'll be enlightened.</p>
```

Autres attributs

L'élément u accepte aussi les attributs lang, dir, onclick, ondblclick, onmousedown, onmouseup, onmouseover, onmousemove, onmouseout, onkeypress, onkeydown et onkeyup.

ul

Contient une liste de puces (liste non ordonnée). Utilisez l'élément li (élément de liste) pour ajouter des éléments de puces à la liste.

Standard/Usage : HTML. 2. **Largement supporté :** Oui. **Elément vide :** Non.

Exemple :

```
<ul>
<li>Circular saw</li>
<li>Drill with Phillips bit</li>
<li>Wood screws</li>
</ul>
```

class="..."

Indique la classe de style à appliquer à l'élément ul. Utilisez l'élément li à l'intérieur des balises ul.

Standard/Usage : HTML. 4. **Largement supporté :** Non.

Exemple :

```
<ul class="casual">...</ul>
```

compact="compact"

Affiche la liste dans une forme compacte. Cet attribut n'affectera probablement pas l'apparence de la liste car la plupart des navigateurs ne présentent les listes que sous un seul format. C'est un élément obsolète dans la spécification HTML 4.

Standard/Usage : HTML. 4. **Largement supporté :** Non.

Exemple :

```
<ul id="123">...</ul>
```

style="..."

Spécifie les commandes de la feuille de style qui s'appliquent aux contenus de la liste non ordonnée.

Standard/Usage : HTML. 4. **Largement supporté :** Non.

Exemple :

```
<ul style="background: red">...</ul>
```

title="..."

Spécifie le texte affecté à l'élément que vous pouvez utiliser pour avoir une aide sensible au contexte à l'intérieur du document. Les navigateurs pourraient l'utiliser pour afficher des info-bulles sur la liste non ordonnée.

Standard/Usage : HTML. 4. **Largement supporté :** Non.

Exemple :

```
<ul title="Food List">
<li>Spaghetti</li>
<li>Pizza</li>
<li>Fettuccini Alfredo</li>
</ul>
```

type="square|circle|disc"

Spécifie le type de puces pour chaque élément de la liste non ordonnée. Si vous omettez l'attribut type, le navigateur choisit un type par défaut.

Standard/Usage : HTML. 2 ; obsolète. **Largement supporté :** Oui.

Exemple :

```
<ul type="disc">
<li>Spaghetti</li>
<ul type="square">
<li>Noodles</li>
<li>Sauce</li>
<li>Cheese</li>
</ul>
</ul>
```

Autres attributs

L'élément ul accepte aussi les attributs lang, dir, onclick, ondblclick, onmousedown, onmouseup, onmouseover, onmousemove, onmouseout, onkeypress, onkeydown et onkeyup.

V

var

Indique une variable d'emplacement dans un texte de document. Cette méthode est pratique lors de la description des commandes pour lesquelles l'utilisateur doit fournir un paramètre.

Standard/Usage : HTML. 2. **Largement supporté :** Oui. **Elément vide :** Non.

Exemple :

```
To copy a file in DOS, type <samp>COPY <var>file1</var> <var>file2</var></samp> and
press the Enter key.
```

class="..."

Indique la classe de style à appliquer à l'élément var.

Standard/Usage : HTML. 4. **Largement supporté :** Non.

Exemple :

```
<p>I, <var class="casual">your name</var>, solemnly swear to tell the truth.</p>
```

id="..."

Assigne un sélecteur ID unique à l'instance de l'élément var. Lorsque vous attribuez ensuite un style à ce sélecteur ID, il affecte uniquement cette instance de l'élément var.

Standard/Usage : HTML. 4. **Largement supporté :** Non.

Exemple :

```
<var id="123">...</var>
```

style="..."

Spécifie les commandes de la feuille de style qui s'appliquent aux contenus des balises var.

Standard/Usage : HTML. 4. **Largement supporté :** Non.

Exemple :

```
<var style="background: red">...</var>
```

title="..."

Spécifie le texte affecté à l'élément que vous pouvez utiliser pour avoir une aide sensible au contexte à l'intérieur du document. Les navigateurs pourraient l'utiliser pour afficher des info-bulles sur le texte à l'intérieur des balises var.

Standard/Usage : HTML. 4. **Largement supporté :** Non.

Exemple :

```
Use an <code>h</code><var title="Heading level number">n</var> element.
```

Autres attributs

L'élément var accepte aussi les attributs lang, dir, onclick, ondblclck, onmousedown, onmouseup, onmouseover, onmousemove, onmouseout, onkeypress, onkeydown et onkeyup.

W

wbr

Force une coupure de mot pour un retour à la ligne. Ce procédé est pratique en combinaison avec l'élément nobr pour permettre des retours à la ligne là où ils ne devraient pas apparaître. Cet élément n'a aucun attribut.

Standard/Usage : Netscape Navigator 1, Internet Explorer 1. **Largement supporté :** Non. **Elément vide :** Oui.

Exemple :

```
<nobr>This line would go on
forever, except that I have
this neat tag called wbr
that does <wbr />this!</nobr>
```

Les Références sur les feuilles de style (CSS)

XHTML

Les Références du Maître

Partie 2

Les références suivantes présentent une liste des propriétés à utiliser pour l'installation des feuilles de style ou pour introduire des styles dans un document. Le Chapitre 10 a développé les feuilles de style et leurs capacités, ainsi que la terminologie utilisé ; toutes les caractéristiques feront l'objet d'études approfondies dans cette partie des Références du Maître.

Cette section offre un traitement complet des feuilles de style CSS niveau 1 (CSS1) ; elle introduit certaines caractéristiques des feuilles de style niveau 2 (CSS2) utiles pour le développement des documents XHTML. A l'heure où nous écrivons ce livre, la plupart des navigateurs supportent entièrement les feuilles de style CSS1 mais peu de navigateurs supportent les feuilles de style CSS2 (et encore, ils peuvent ne pas les supporter tous). Testez vos documents sur un grand nombre de navigateurs et d'ordinateurs avant de vous servir de ces nouvelles caractéristiques.

Informations générales

Les propriétés des feuilles de style (CSS) sont organisées selon les catégories suivantes :

- Les sélecteurs : ils résument les combinaisons de sélecteurs que vous pouvez utiliser.
- Les couleurs : elles décrivent plusieurs méthodes afin de spécifier des couleurs dans les feuilles de style.
- Les propriétés et les valeurs universelles : elles s'appliquent à bien des cas à travers les feuilles de style.
- Les propriétés de police de caractères : elles affectent le style des polices de caractères.
- Les propriétés de texte : elles contrôlent les valeurs des paragraphes et des lignes.
- Le remplissage des zones, les bordures, les marges et les propriétés de position qui placent les contenus des zones à l'intérieur des limites d'une page.

- Les propriétés de couleur et d'arrière-plan : elles indiquent les couleurs et les images d'arrière-plan pour la page entière et pour chaque élément.
- Les propriétés de classification : elles contrôlent la présentation des éléments standards tels que l'affichage des listes.
- Les propriétés sonores des feuilles de style : elles contrôlent la présentation sonore des documents XHTML.
- Les propriétés d'impression des feuilles de style : elles ajoutent des caractéristiques afin de contrôler la sortie imprimée des documents XHTML.
- Les propriétés des contenus autogénérés : elles ajoutent des caractéristiques permettant d'insérer automatiquement le contenu ou de numéroter automatiquement les parties des documents XHTML.

Cette deuxième partie des Références du Maître ne traite pas les propriétés des tableaux CSS2 ; en effet, celles-ci ne sont pas encore largement supportées alors que les éléments du tableau XHTML le sont. Pour plus d'informations sur les tableaux CSS2, visitez la section sur les tableaux CSS2 dans le site www.w3.org/TR/REC-CSS2/tables.html. Sinon, pour développer vos tableaux, revoyez le Chapitre 6 qui traite des éléments du tableau XHTML.

Vous allez trouver généralement une description des propriétés, une liste de leur valeur, des notes sur leur utilisation et des exemples. Dans les sections "Valeurs", si la valeur est un mot-clé, elle est dans la police de caractères de programme (`comme ceci`) et vous l'utilisez comme on l'a écrit. Par contre, si la valeur est une catégorie de valeur telle que "Longueur" ou "Pourcentage", elle apparaît dans la police de caractères normale et vous utilisez les valeurs appropriées telles qu'elles sont présentées dans la description.

A l'heure où nous écrivons ce livre, la version la plus récente d'Internet Explorer 5.5 et de Netscape 6 supportent presque complètement les feuilles de style CSS1 (mais pas d'une manière constante), contrairement aux feuilles de style CSS2. Faites des tests sur une grande variété de navigateurs avant d'utiliser les propriétés listées dans cette deuxième partie des Références. Le Chapitre 10 donne des informations supplémentaires sur l'adaptation des feuilles de style aux capacités spécifiques du navigateur.

Cette deuxième partie offre également des références à des types d'éléments variables. Les types d'éléments courants sont définis comme suit :

Elément inline Ne commence et ne s'arrête pas sur sa propre ligne, mais il est inclus dans le flot d'un autre élément. L'élément en ligne standard est l'élément `em` pour la mise en relief. Vous pouvez aussi inclure des images dans le flot de texte comme un élément en ligne.

Elément de niveau bloc Commence sur sa propre ligne et se termine avec une autre rupture de ligne.

Article de liste est un sous-ensemble des éléments de niveau bloc mais il est contenu à l'intérieur d'un bloc plus grand.

Les commentaires

Les commentaires dans les feuilles de style CSS commencent avec les caractères /* et se terminent avec les caractères */. N'utilisez pas les balises de commentaire traditionnelles XHTML <!-- --> à l'intérieur de votre balise de feuilles de style CSS et n'insérez pas des commentaires à l'intérieur de chacune d'elles.

```
/* this is a comment in a css file */
```

Les sélecteurs

Les sélecteurs servent à indiquer les éléments XHTML auxquels s'applique une déclaration de style. Vous pouvez assembler des sélecteurs dans plusieurs combinaisons qui auront chacune une signification différente. Le Tableau MR2.1 présente des modèles de sélecteurs avec des exemples et des descriptions. Les six premiers sélecteurs viennent des feuilles de style CSS1 et fonctionnent pour toutes les implémentations CSS. Les autres sélecteurs restants viennent des feuilles de style CSS2 et ne fonctionnent qu'avec des navigateurs qui supportent les feuilles de style CSS2. Ces sélecteurs peuvent être utilisés individuellement ou ensemble.

Tableau MR2.1 : Les sélecteurs.

MODELE DE SELECTEUR	EXEMPLE	DESCRIPTION
`element`	`p {color: black}`	Colore en noir tous les éléments `p`. (CSS1).
`element element`	`p a {color: black}`	Colore en noir tous les éléments `a` contenus dans les éléments `p`. N'affecte pas les éléments `a` contenus dans d'autres éléments (tels que h1, par exemple). (CSS1).
`element.classname`	`p.newclass {color: black}`	Colore en noir tous les éléments `p` qui ont `class= "newclass"`. (CSS1).

Tableau MR2.1 : Les sélecteurs (suite).

MODELE DE SELECTEUR	EXEMPLE	DESCRIPTION
`.classname`	`.newclass {color: black}`	Colore en noir tous les éléments qui ont `class="newclass"`. (CSS1).
`#idvalue`	`#uniqueid {color: black}`	Colore en noir l'élément avec `id="uniqueid"`. (CSS1).
`*`	`* {color: black}`	Colore en noir tous les éléments. (CSS2).
`element >element`	`p > a {color: black}`	Colore en noir n'importe quel élément a contenu dans un élément p. (CSS2).
`element + element`	`p + blockquote {color: black}`	Colore en noir n'importe quel élément `blockquote` qui suit immédiatement un élément p. (CSS2).
`element[attribute]`	`a[href] {color: black}`	Colore en noir n'importe quel élément a qui inclut un attribut `href`. (CSS2).
`element [attribute="value"]`	`a[href=http: //www.example.com/] {color: black}`	Colore en noir n'importe quel élément a qui inclut un attribut `href` avec la valeur `http://www.example.com/` (la valeur doit être exacte). (CSS2).
`element [attribute~="value"]`	`a[href~="index"] {color: black}`	Colore en noir n'importe quel élément a qui inclut un attribut `href` avec une valeur de liste de mots contenant `"index"` séparée par un espace. (CSS2).
`element [attribute|="value"]`	`a[lang|="en"] {color: black}`	Colore en noir n'importe quel élément a qui inclut un attribut de langage commençant avec la valeur "en" dans une liste de mots séparée par un trait d'union. (CSS2).

Les pseudoclasses

Les pseudoclasses, étroitement liées aux sélecteurs, se réfèrent aux éléments qui n'existent pas explicitement dans les documents XHTML mais qui peuvent être déduits à partir de leur emplacement. Par exemple, les feuilles de style CSS1 offrent les pseudoclasses `:first-letter` et `:first-line` (même si les navigateurs n'ont encore rien fait avec ces caractéristiques). Le Tableau MR2.2 résume les pseudo-classes dans les feuilles de style CSS1 et CSS2.

Tableau MR2.2 : Les pseudoclasses.

PSEUDOCLASSE	EXEMPLE	DESCRIPTION
`:first-line`	`p:first-line {color: red} p{color: black}`	Colore en rouge la première ligne de tous les éléments p et en noir les lignes restantes. (CSS1).
`:first-letter`	`p:first-letter {color: red} p {color: black}`	Colore en rouge la première lettre de tous les éléments p et en noir les lettres et les lignes restantes. (CSS1).

Tableau MR2.2 : Les pseudoclasses (suite).

PSEUDOCLASSE	EXEMPLE	DESCRIPTION
:first-child	h1:first-child {color: red}	Colore en rouge le premier élément child sous un élément h1. (CSS2).
:hover	p:hover {color: red}	Colore en rouge tous les éléments p lorsque le curseur de la souris les menace. (CSS2).
:lang	p:lang(en) {color: red}	Colore en rouge tous les éléments établis en langage "en" (English). (CSS2).
:first	@page:first {page-break-before: before: left}	Indique que la première page imprimée commence à la page de gauche. (CSS2).
:left	@page:left {margin: 2in}	Spécifie à 2 pouces les marges des pages de gauche imprimées. (CSS2).
:right	@page:right {margin: 2in}	Spécifie à 2 pouces les marges des pages de droite imprimées.
:before	p:before {content: "para: "}	Met "para: "avant tous les éléments de paragraphe. (CSS2).
:hover:after	p:after {content: "\"}	Met " après tous les éléments de paragraphe (la barre oblique inversée \ échappe au " dans l'instruction). (CSS2).
:focus	button:focus {color: red}	Colore en rouge les éléments button lorsque le curseur est sur eux. (CSS2).
:active	button:active {color: red}	Colore en rouge les éléments button lorsqu'ils sont actifs. (CSS2).

Vous pouvez aussi voir les propriétés outline-color, outline-style, outline-width et outline pour une utilisation avec la pseudoclasse :focus dans les formulaires.

Les valeurs inherit

La valeur inherit peut s'appliquer à n'importe quelle propriété dans une feuille de style. Elle indique explicitement que la valeur de cette propriété doit être héritée de la valeur de l'élément parent ; elle est aussi une nouvelle valeur dans les feuilles de style CSS2. Par exemple :

```
p {font-family: inherit}
```

signifie que chaque élément p doit hériter sa propriété font-family de son élément parent immédiat.

Les couleurs

Vous pouvez définir les valeurs des couleurs pour un grand nombre de propriétés des feuilles de style CSS. Dans toutes les propriétés des feuilles de style CSS qui s'accommodent des spécifications de couleur, vous pouvez utiliser des mots-clés de couleur ou des valeurs RGB pour spécifier les couleurs des bordures. Si vous nommez une couleur, le navigateur doit être capable de reconnaître le mot-clé. Puisque tous les navigateurs reconnaissent les couleurs RGB, il est préférable de les choisir.

Le Tableau MR2.3 présente une liste des valeurs de mot-clé, hexadécimales, entières et en pourcentage de toutes les couleurs qui ont reconnu des mots-clés (ces couleurs sont prises à partir de la palette VGA de Windows). Vous pouvez inclure plus de couleurs dans les feuilles de style.

Même si les navigateurs reconnaissent les couleurs RGB et que d'autres couleurs peuvent être utilisées, ces navigateurs peuvent ne pas rendre certaines couleurs obscures comme vous le souhaiteriez. Par conséquent, il vaut mieux toujours tester vos pages sur le plus grand nombre de navigateurs.

Tableau MR2.3 : Spécifications de couleurs équivalentes dans des systèmes variables.

MOT-CLE DE COULEUR	VALEUR HEXADECIMALE RGB	ENTIER RGB	POURCENTAGE RGB
aqua	#00ffff	rgb (0, 255, 255)	rgb (0%, 100%, 100%).
black	#000000	rgb (0, 0, 0)	rgb (0%, 0%, 0%).
blue	#0000ff	rgb (0, 0, 255)	rgb (0%, 0%, 100%).
fuschia	#ff00ff	rgb (255, 0, 255)	rgb (100%, 0%, 100%).
gray	#808080	rgb (128, 128, 128)	rgb (50%, 50%, 50%).
green	#008000	rgb (0, 128, 0)	rgb (0%, 50%, 0%).
lime	#00ff00	rgb (0, 255, 0)	rgb (0%, 100%, 0%).
maroon	#800000	rgb (128, 0, 0)	rgb (50%, 0%, 0%).
navy	#000080	rgb (0, 0, 128)	rgb (0%, 0%, 50%).
olive	#808000	rgb (128, 128, 0)	rgb (50%, 50%, 0%).
purple	#800080	rgb (128, 0, 128)	rgb (50%, 0%, 50%).
red	#ff0000	rgb (255, 0, 0)	rgb (100%, 0%, 0%).
silver	#c0c0c0	rgb (192, 192, 192)	rgb (75%, 75%, 75%).
teal	#008080	rgb (0, 128, 128)	rgb (0%, 50%, 50%).
white	#ffffff	rgb (255, 255, 255)	rgb (100%, 100%, 100%).
yellow	#ffff00	rgb (255, 255, 0)	rgb (100%, 100%, 0%).

Lorsque vous spécifiez dans n'importe quel système les couleurs avec des nombres RGB, il est utile d'inclure un commentaire qui indique la couleur que vous attendez. Par exemple :

```
p {border-color: #000080 #00008b blue #0000cd}
```

Il est difficile de dire à quoi doit ressembler le résultat. Mais le code

```
p {border-color: #000080 #00008b blue #0000cd}
/* TOP navy blue, R dark blue, BOT blue, L med. blue */
```

est plus facile à décrire.

Si vous voulez beaucoup plus d'informations sur les couleurs à choisir, lisez les Chapitres 5 et 14. En ce qui concerne les ressources supplémentaires sur les couleurs et les valeurs supportées par le navigateur, consultez la sixième partie des Références du Maître.

Les caractéristiques de couleur dans les feuilles de style CSS2

Les valeurs de couleur supplémentaires dans les feuilles de style CSS2 permettent aux documents XHTML de se servir des couleurs employées par le système d'exploitation de l'utilisateur.

```
ActiveBorder          InfoBackground
ActiveCaption         Infotext
AppWorkspace          Menu
Background            MenuText
ButtonFace            Scrollbar
ButtonHighlight       ThreeDDarkShadow
ButtonText            ThreeDFace
CaptionText           ThreeDHighlight
GrayText              ThreeDLightshadow
Highlight             ThreeDShadow
HighlightText         Window
InactiveBorder        WindowFrame
InactiveCaption       WindowText
```

Par exemple, le code

```
p {color: MenuText}
```

convertit la couleur du texte du paragraphe à la même couleur que le texte du menu sur la machine de l'utilisateur.

Les longueurs

Un grand nombre de propriétés peuvent être définies comme une longueur. Les valeurs des longueurs définissent une propriété en utilisant un nombre suivi de l'abréviation d'une mesure. Quelques unités de mesure standards sont décrites dans le Tableau MR2.4.

Tableau MR2.4 : Les unités de mesure standards.

ABREVIATION	UNITE	EXEMPLE	NOTES
cm	Centimètre	2.5 cm	.
em	Ems	3 em	1em égale à la taille d'un point de police de caractères.
in	Inches	1in	.
mm	Millimeters	25 mm	.
pc	Picas	6 pc	1 pouce = 6 picas.
px	Pixels	96 px	.
pt	Points	72 pt	1 pouce = 72 points.
ex	X-heights	2 ex	1 x-height est égal à la hauteur de la lettre x.

Lorsque vous indiquez une longueur, les unités relatives définissent la propriété avec d'autres propriétés de police et de taille de caractères. Utilisez des unités relatives chaque fois que vous le pouvez car elles s'adaptent plus facilement d'une situation à une autre (par exemple, dans différents navigateurs et affichages ou dans le déplacement à partir d'un affichage vers une imprimante). Les unités relatives incluent l'unité `em` (dans les feuilles de style CSS, 1 `em` est égal à la taille d'un point de police de caractères), l'unité `ex` (la hauteur des lettres minuscules dans une police de caractères qui n'a aucun jambage supérieur ni jambage inférieur est la valeur *x* ou *e*), et l'unité `px` (pixels d'écran). Les paramètres `em` et l'unité `ex` génèrent une taille de police de caractères relative à celle de l'élément parent.

Les longueurs absolues sont utiles lorsque les propriétés du navigateur sont bien connues ou lorsque vous souhaitez définir une valeur particulière pour se conformer à une spécification. Les unités absolues incluent les pouces, les millimètres, les centimètres, les points (1 point = 1/72 pouces) et les picas (1 pica = 12 points = 1/6 pouces).

Les pourcentages

Vous pouvez définir plusieurs propriétés en tant que pourcentage de la valeur de l'élément parent pour la propriété ou un pourcentage d'une autre propriété de l'élément en cours. Précisez ce type de valeur en insérant un symbole `%` après le nombre comme dans `font-size: 90%`.

Les propriétés des polices de caractères

Les propriétés des polices de caractères contrôlent l'affichage des éléments texte tels que les titres et les paragraphes. C'est le type de formatage le plus courant que vous utiliserez dans les feuilles de style. Ces propriétés, particulièrement la propriété `font-family`, sont problématiques car aucun standard n'existe pour les formulaires. Par conséquent, ce qui fonctionne sur un système ou une plate-forme peut ne pas l'être sur un autre. Heureusement, vous pouvez spécifier des familles de police de caractères alternative et une famille de police de caractères générique.

Les six propriétés de police de caractères suivantes couvrent la famille de police de caractères (style de caractère), le poids et les effets tels que des petits majuscules ou des italiques. La première propriété `font` est une propriété abrégée.

font

Utilisez cette propriété comme un raccourci pour incorporer les autres propriétés de police de caractères. Si vous utilisez la propriété abrégée `font`, vous pouvez aussi définir l'espacement entre les lignes en utilisant la propriété `height` (listée dans la section "Les propriétés du texte" dans cette deuxième partie des Références.) Vous pouvez inclure une ou plusieurs ou toutes les propriétés de police de caractères dans la propriété `font`.

Si vous ne définissez pas les propriétés `font-style`, `font-variant`, `font-weight` ou `font-family` dans cette instruction, vous devez accepter les valeurs par défaut du document. Les propriétés abrégées ne possèdent pas de paramètres par défaut. Dans ce cas, référez-vous aux entrées pour les propriétés individuelles afin d'avoir les valeurs par défaut.

Si vous définissez les propriétés `font` pour un élément, ces paramètres sont utilisés par les éléments en ligne (tels que `em`) imbriqués à l'intérieur d'un tel élément et par tous les éléments de ce type à moins qu'une définition de classe n'écrase par réécriture les paramètres.

Valeurs

Les valeurs possibles pour la propriété `font` sont représentées par l'ensemble de toutes les valeurs possibles listées dans les entrées de propriété individuelle, et qui doivent être définies dans cet ordre (même si les propriétés facultatives peuvent être omises ensemble) :

PROPRIÉTÉ	EFFET
`font-style`	Définit la police de caractères à un type de caractère oblique ou italique (facultatif).
`font-weight`	Définit la police de caractères à encore plus gras ou à une couleur plus claire (facultatif).
`font-variant`	Définit la police de caractères à de petites majuscules (facultatif).
`font-size`	Définit la taille de la police de caractères (requis).
`line-height`	Définit l'espacement entre les lignes pour la police de caractères (facultatif).
`font-family`	Définit le type de caractère ou le type de police de caractères (requis).

Pour plus de détails sur ces valeurs, vous pouvez lire les entrées pour les propriétés individuelles. (Les sections pour les propriétés individuelles sont classées dans l'ordre alphabétique alors que ce tableau est présenté dans l'ordre dans lequel les propriétés doivent se produire.)

Notes

Si vous n'insérez pas un paramètre pour une propriété particulière (telle que la propriété `font-variant`), le navigateur utilise la valeur de l'élément parent de cette propriété.

Exemples

```
h1 {font: bold 14pt/18pt Arial, Helvetica, sans-serif}
```

Cette instruction utilise des valeurs pour les propriétés `font-style`, `font-size`, `line-height` et `font-family`. La propriété `font-style` est en gras. La propriété `font-size` est de 14 points et la propriété `line-height` est de 18 points. Pour la propriété `font-family`, trois valeurs sont listées indiquant au navigateur d'utiliser la police `Arial` et si `Arial` n'est pas disponible, ce sera la police `Helvetica`, et si `Helvetica` ne l'est pas non plus, une police de caractères Sans-Serif générique sera utilisée.

```
h3 {font: 12pt/120% serif}
```

Cette instruction définit les propriétés `font-size`, `line-height` et `font-family` en utilisant une police de caractères à 12 points, une hauteur de ligne de 120% (14,4 points) et une famille de police de caractères avec Serif générique.

```
body {font: italic 100%/130% Helvetica}
```

Cette instruction définit la classe de base pour le document. Ces valeurs seront les valeurs par défaut de tous les autres éléments. Cette instruction définit la propriété `font-style` à italique, la propriété `font-size` à normal (100% du navigateur par défaut), la propriété `line-height` à 130% et la propriété `font-family` à Helvetica.

Les caractéristiques de la police de caractères dans les feuilles de style CSS2

Les feuilles de style CSS2 ajoutent des valeurs pour les caractéristiques `caption`, `icon`, `menu`, `messagebox`, `smallcaption` et `statusbar`. Chacune d'elles doit définir les caractéristiques de police de caractères aux mêmes valeurs que celles utilisées dans le système de l'utilisateur. Par exemple, si vous souhaitez qu'un texte dans votre document XHTML ressemble au texte affiché dans la barre d'état de votre utilisateur, servez-vous de l'instruction suivante :

```
p {font: statusbar}
```

font-family

Utilisez cette propriété lorsque vous souhaitez modifier la famille de police de caractères d'un élément XHTML. Cette propriété définit la police de caractères à une famille de police de caractères particulière ou générique. Vous pouvez définir une liste de familles de caractères et inclure une famille générique à la fin de la liste. Le navigateur parcourt la liste jusqu'à ce qu'il trouve une famille de police de caractères existante sur le système de l'utilisateur.

La propriété `font-family` sélectionne par défaut les paramètres du navigateur qui peuvent être sa préférence, la feuille de style par défaut du navigateur ou la feuille de style par défaut de l'utilisateur. Si le navigateur préfère le paramètre ou la feuille de style du navigateur, vos paramètres ont la priorité mais si le paramètre est la feuille de style de l'utilisateur, vos paramètres sont outrepassés par la feuille de style de l'utilisateur.

Les éléments en ligne (tels que l'élément `em`) utilisent cette propriété comme des éléments enfant et tous les éléments de ce type à moins que les paramètres ne soient écrasés par une définition de classe.

Un élément paragraphe (p) ou un élément de titre (h1, h2 etc) est un élément enfant de l'élément body. Les articles de liste (li) sont les éléments enfant d'un élément de liste (ol ou ul). Les définitions de classe permettent d'avoir plusieurs types ou versions d'un élément pour le formatage. Par exemple, une note d'avertissement peut avoir sa propre classe d'élément paragraphe comme vous pouvez le voir dans le Chapitre 10.

Valeurs

Nom de famille Utilisez n'importe quel nom de famille de police de caractères. Pour les noms de police de caractères, consultez la liste des polices de caractères sur votre système.

Famille générique Utilisez l'un des noms de famille générique suivants : `serif` pour les polices de caractères telles que `Times` ou `Palatino`, `sans-serif` pour les polices de caractères telles que `Helvetica`, `cursive` pour les polices de caractères telles que `Zapf Chancery`, `fantasy` pour les polices de caractères telles que `Western` ou `Circus`, `monospace` pour les polices de caractères telles que `System` ou `Courier`.

Vous pouvez lister plusieurs choix pour la famille de police de caractères spécifique ou générique. Séparez par une virgule les membres de la liste.

Notes

Cette propriété permet de lister une série d'alternatives séparées par des virgules. Vous devez terminer chaque liste avec un nom de famille générique. Ainsi, le navigateur peut substituer une police de caractères disponible et d'un type générique correct lorsque aucun de vos types de famille spécifique n'est disponible. Dans la liste, le navigateur parcourt de la gauche vers la droite jusqu'à ce qu'il trouve une correspondance sur le système de l'utilisateur.

Si un nom de famille de police de caractères contient un espace, mettez ce nom entre guillemets.

Exemples

```
h1 {font-family: "Comic Sans MS", Architecture, sans serif}
```

Dans cette instruction, les choix de police de caractères pour les éléments de titre 1 sont `Comic Sans MS`, `Architecture` et une police de caractères générique `sans-serif`. Si le système de l'utilisateur possède la police de caractères `Comic Sans MS`, il l'utilisera. La police de caractères `Comic Sans MS` est mise entre guillemets car elle contient des espaces. Si la police de caractères `Comic Sans MS` n'est pas disponible, le navigateur va chercher la police de caractères `Architecture`. Si aucune famille de police de caractères n'est disponible, le navigateur va utiliser une police de caractères générique Sans-Serif.

```
body {font-family: Arial, Helvetica, sans-serif}
```

Cette instruction définit à `Arial` ou à `Helvetica` (par ordre de préférence) la classe de base `body` pour tous les éléments texte dans votre page. Si aucune de ces familles n'est disponible, le navigateur utilise une police de caractères générique Sans-Serif. Puisqu'il s'agit d'une classe de base, tous les éléments dans votre page héritent de cette propriété. Appliquez à l'élément `body` les propriétés que vous souhaitez en tant que propriété par défaut de la page.

font-size

Cette propriété est utilisée pour contrôler la taille du texte. Elle permet de définir la taille en utilisant une variété de mesures. Elle est plus flexible que l'élément `font` dans la spécification XHTML qui ajuste seulement la taille du texte en se référant à la taille par défaut.

Valeurs

Taille absolue Définit la propriété `font-size` en utilisant un tableau de tailles calculées pour les polices de caractères. Ces valeurs peuvent être l'une des suivantes : `xx-small`, `x-small`, `small`, `medium` (valeur par défaut), `large`, `x-large` ou `xx-large`. Les familles de police de caractères peuvent avoir des valeurs différentes pour le tableau ; une valeur `small` dans une famille donnée peut ne pas être exactement de la même taille qu'une valeur `small` dans une autre famille.

Taille relative Définit la propriété `font-size` en l'augmentant (`larger`) ou en la diminuant (`smaller`) par rapport à la taille de la police de caractères du conteneur parent au lieu de la taille de police de caractères de base du navigateur.

Longueur Définit comme mesure la propriété `font-size` en un nombre plus une abréviation d'unité. Vous pouvez vous référer à la section "Les longueurs" dans cette deuxième partie des Références.

Pourcentage Définit la propriété `font-size` en un pourcentage de la propriété `font-size` de l'élément parent.

Notes

Vous pouvez attribuer une seule valeur à cette propriété. Si vous utilisez un mot-clé tel que `x-larg` ou `larger`, le navigateur reconnaît le mot-clé et agit en conséquence. Si vous utilisez une valeur numérique, faites-la suivre par l'indicateur de mesure approprié tel que `pt` pour indiquer une taille de point ou `%` s'il s'agit d'un pourcentage.

Lorsque vous utilisez la valeur de taille absolue, le navigateur ajuste la taille de la police selon les préférences de l'utilisateur. Par exemple, si la taille de la police par défaut est de 10 points, ce nombre correspond à la valeur `medium`. L'ajustement à partir de la valeur `medium` est un multiplicateur de 1,5 pour chaque augmentation dans la liste. Alors, si la valeur `medium` est de 10 points, la valeur `small` est de 6,7 points et la valeur `large` est de 15 points. La taille relative est le meilleur choix pour classer les polices de caractères car si l'utilisateur modifie la police de caractères de base de 10 points à 14 points, votre document va ajuster la taille suivant cette modification.

En termes de taille absolue et taille relative, la valeur `medium` est la valeur par défaut. Les valeurs de longueur et de pourcentage n'utilisent pas les tableaux des valeurs absolues ou relatives.

Les tailles de police de caractères sont interprétées ; elles peuvent donc apparaître différentes selon les situations.

Pour les valeurs de longueur, la valeur par défaut est prise à partir des paramètres du navigateur ou de l'utilisateur. Les valeurs `em` et `ex` sont interprétées comme des références à la taille de police de caractères de l'élément parent. Par exemple, la valeur `1,5 em` est équivalente à la valeur `large`, à la valeur `larger` et à la valeur `150%` pour les tailles de police de caractères absolue, relative et en pourcentage.

Si la taille est exprimée en pourcentage, la valeur par défaut est de `100%`. Toute valeur inférieure à `100%` est plus petite et toute valeur de plus de `100%` est plus grande si on la compare à celle de l'élément parent. Par exemple, si la police de caractères de l'élément parent est de 12 points et si cette propriété est définie à 110%, la taille de police de caractères pour cet élément est de 13,2 points. Si la taille de police de caractères est définie à 80% de celle de l'élément parent de 12 points, l'élément apparaît avec une taille de 9,6 points.

Exemples

```
body {font-size: 14pt}
```

Cette instruction définit à 14 points la classe de base `font-size`. Cette précision est utile pour des sites où la présentation du texte doit être large tel qu'un site pour les personnes malvoyantes.

```
p {font-size: 90%}
```

Cette instruction utilise une valeur de pourcentage pour que la propriété `font-size` dépende des paramètres dans l'élément `body`. Alors, si cette instruction et la précédente apparaissent dans la même feuille de style, la police de caractères dans l'élément paragraphe (`p`) sera de 12,6 points.

```
address {font-size: x-small}
```

Cette instruction définit la propriété `font-size` pour l'élément `address` en utilisant une valeur absolue. Si cette instruction apparaît dans la même feuille de style que celle du premier exemple, la propriété `font-size` pour l'élément `address` sera de 4 points.

font-style

Pour mettre en évidence les caractères, utilisez cette propriété avec une version oblique ou italique de la police de caractères. Si le paramètre par défaut hérité d'un élément particulier est une police de caractères de style italique, vous pouvez utiliser la propriété `font-style` pour définir à `normal` l'élément en cours appelé parfois `roman` (ou `upright`).

Lorsque vous définissez la propriété `font-style` pour un élément, les éléments en ligne (tel que l'élément `em`) et les éléments de niveau bloc inclus utilisent ce style. Ainsi, si vous définissez la propriété `font-style` pour un élément `body` ou un conteneur de liste, tous les éléments qui se trouvent à l'intérieur utilisent le paramètre.

Valeurs

VALEUR	EFFET
`normal`	Choisit le style roman ou upright dans une famille de police de caractères.
`italic`	Choisit le style italique dans une famille de police de caractères. Les polices de caractères avec *italic, cursive* ou *kursiv* si leurs noms sont souvent listés comme "italique" dans la base de donnée du navigateur.
`oblique`	Choisit le style oblique dans une famille de police de caractères ; les polices de caractères avec *oblique, en biais* ou *incliné* si leurs noms sont souvent listés dans la base de données comme police de caractères "oblique". Le navigateur peut également générer une police de caractères oblique à partir d'une famille qui n'a pas un style oblique ou italique.

Notes

Le navigateur maintient une liste des polices de caractères disponibles sur le système avec le nom de la police de caractères, la famille et les valeurs telles que la valeur oblique ou italique.

Exemples

```
body {font-style: oblique}
h1, h2, h3 {font-style: normal}
```

La première instruction définit la base `body` (body) à une version oblique de la police de caractères. Puisque les titres de niveau 1, 2, et 3 (h1, h2, h3) l'héritent de la classe `body`, la deuxième instruction la définit à `normal`. Si la police de caractères de base n'est pas oblique ou italique, vous n'avez pas à définir à `normal` la propriété `font-style`.

```
body em {font-style: italic}
```

Cette instruction définit l'élément `emphasis` pour être une propriété `font-style` italique. Ce procédé signifie que lorsque vous mettez l'accent sur un texte en ligne, il sera automatiquement en italique.

font-variant

Utilisez cette propriété pour commuter entre les polices de caractères normales et en petites majuscules. Comme la propriété `font-style`, la propriété `font-variant` traite certaines informations sur la police de caractères. Si vous attribuez cette propriété à un élément, tous les éléments de niveau bloc inclus et les éléments en ligne utiliseront ce paramètre.

Valeurs

La valeur `small-caps` définit les lettres minuscules pour s'afficher comme des lettres majuscules dans une taille de police de caractères plus petite. Si l'élément a hérité de son élément parent un paramètre en petites majuscules, une valeur `normal` définit la propriété `font-variant` en majuscule et en minuscule. C'est la valeur par défaut.

Notes

Dans certains cas, lorsqu'une version en petites majuscules de la police de caractères n'est pas disponible au navigateur, le navigateur crée des petites majuscules en utilisant des lettres majuscules ajustées.

Exemples

```
h1 {font-variant: small-caps}
```

Cette instruction définit les titres de niveau 1 à une version en petites majuscules de la police de caractères par défaut.

```
address {font-variant: small-caps}
```

Cette instruction définit le contenu de n'importe quel élément `address` pour apparaître en petites majuscules en utilisant la valeur par défaut de la propriété `body` font.

```
body em {font-variant: small-caps}
```

Cette instruction définit le texte dans l'élément en ligne `em` afin d'utiliser la version en petites majuscules de la police de caractères par défaut.

font-weight

Utilisez cette propriété pour définir le poids d'une police de caractères en créant des versions plus claires ou plus sombres de la police de caractères normale. Vous pouvez définir la propriété `font-weight` en un poids relatif ou en une valeur numérique relative représentant un degré de noirceur (ou de lourdeur) ou de clarté de la police de caractères.

Valeurs

Utilisez seulement une valeur à partir des listes suivantes.

Poids relatif Définit la propriété `font-weight` relative au poids hérité par l'élément. Dans cette méthode, la valeur peut être `bolder` ou `lighter` ; elle augmente (`bolder`) ou diminue (`lighter`) la propriété `font-weight` par un paramètre à partir de son poids actuel (mais non au-delà des limites de 100 et de 900).

Poids absolu Définit la propriété `font-weight` comme un degré de lourdeur sur une échelle de neufs points. La valeur peut être l'une des suivantes : 100, 200, 300, 400 ou `normal` (ces deux valeurs sont équivalentes), 800 ou 900. La valeur par défaut est la valeur `normal`.

Notes

Lorsque vous définissez une valeur `font-weight` pour un élément, son élément enfant hérite le poids de la police de caractères. Ce poids devient le poids par défaut et vous pouvez augmenter ou diminuer le poids basé sur le poids hérité. Le poids d'un élément enfant, en utilisant un poids relatif (par exemple, `bolder` ou `lighter`), est relatif au poids de la police de caractères de l'élément parent. (Cependant, le poids n'excédera jamais 900 ou ne descendra jamais au-dessous de 100. Si vous définissez `bolder` sur un élément qui a déjà hérité 900, le poids reste 900.)

Les valeurs numériques, les valeurs gradientes du poids offrent un grand contrôle sur le poids de la police de caractères. Ces valeurs doivent être indiquées d'une manière exacte, les valeurs intermédiaires telles que 250 ne sont pas acceptables.

Il n'est pas garanti que les familles de police de caractères vont inclure la gamme complète des valeurs de poids. Le navigateur offre une palette de valeurs que vous attribuez à celles qui sont disponibles pour la police de caractères utilisée. Les polices de caractères qui ont un poids plus léger que le poids normal sont souvent listées dans les bases de données du navigateur comme *thinner*, *light* ou *extra-light*.

Exemples

```
p {font-weight: bold}
```

Cette instruction transforme en gras le poids de la police de caractères de l'élément paragraphe (p). Utilisez cette instruction lorsque votre disposition requiert une présentation de texte plus lourde.

```
body {font-weight: 500}
```

Cette instruction utilise la représentation numérique pour définir le poids de la police de caractères de base à un poids un peu plus lourd que le poids normal. Ce procédé fera apparaître plus sombre le texte pour tous les éléments. Tous les éléments de niveau bloc inclus et les éléments en ligne l'utilisent comme leur poids normal. Si vous recourez aux mots-clés relatifs comme dans la prochaine instruction, le texte est plus gras ou plus clair (nous précisons ici `bolder`) que le poids 500 défini dans l'élément `body`.

```
h1 {font-weight: bolder}
```

Cette instruction rend les éléments `h1` plus sombres que la police de caractères de base sans se soucier de quel paramètre la police de caractères de base devrait avoir pour son poids. Cependant, si votre police de caractères de base de l'élément `body` est de 900, il n'y a aucune valeur `bolder`. Par conséquent, le navigateur ne peut pas rendre plus gras le texte `h1`.

```
body em {font-weight: 400}
```

Cette instruction contrôle le poids du texte mis en relief dans le document. Si le poids de l'élément `body` est de 500, le texte mis en relief sera plus clair dans le document. Si vous incluez un texte mis en relief dans un paragraphe défini à la valeur `bold`, comme dans la première instruction de cette section, le texte mis en relief apparaîtra plus clair.

Les propriétés de texte

Les propriétés de texte contrôlent la disposition ou l'affichage des lignes et des mots sur une page et à l'intérieur d'un élément texte. Ces propriétés incluent les valeurs familières pour espacer et aligner un texte à l'intérieur d'une zone et les valeurs pour contrôler une capitalisation du texte et les effets (tels le soulignement et le clignotement). Combinées avec les propriétés de police de caractères, les propriétés de texte donnent un contrôle total sur l'apparence du texte sur votre page. Les propriétés de la police de caractères contrôlent le style de caractère tandis que les propriétés de texte contrôlent les paramètres du paragraphe.

letter-spacing

Utilisez cette propriété pour contrôler l'espacement entre les caractères dans les mots d'un élément texte. La distance que vous définissez s'applique aux éléments. Vous ne pouvez pas insérer des espaces plus grands ou plus petits entre les caractères. Cette propriété est utile si vous souhaitez ajouter de l'espace entre les caractères pour une présentation aérée.

Cette propriété établit les paramètres par défaut de l'espacement défini dans l'élément parent ou dans le navigateur si aucun style n'est défini. Les éléments en ligne et les éléments de niveau bloc utilisent la valeur définie avec la propriété `letter spacing`.

Valeurs

La valeur définit la longueur d'espacement standard entre les caractères avec un nombre suivi d'une abréviation d'unité. (Vous pouvez lire la section "Les longueurs" dans cette deuxième partie des Références.) La valeur ajoute la longueur normale héritée par l'élément venant de son élément parent ou réduit la longueur normale si vous utilisez une valeur négative.

Pour réinitialiser la distance entre les caractères et tout autre qui est commun à la fois pour la police de caractères et la taille de la police de caractères, utilisez la valeur `normal`. C'est la valeur par défaut.

Notes

Lorsque vous utilisez une unité de longueur, vous pouvez employer un nombre positif, un nombre négatif ou un nombre décimal (par exemple, `0.4 em` ou `1.2 em`). Avec une valeur négative, ne rendez pas votre texte illisible en utilisant un espace trop petit entre les caractères.

Exemples

```
h1 {letter-spacing: 2em}
```

Cette instruction fait augmenter l'espacement entre les caractères dans les mots trouvés dans le titre de niveau 1 à deux fois la taille de la police de caractères.

```
p {letter-spacing: -0.5em}.
```

Cette instruction diminue l'espacement entre les caractères pour les paragraphes dans le document à la moitié de la taille de police de caractères.

line-height

Utilisez cette propriété pour définir la distance (interlignage ou espacement) entre les lignes de texte à l'intérieur d'un élément. Les éléments héritent les paramètres pour cette propriété. Si vous modifiez les paramètres dans l'élément enfant, vous modifiez les résultats hérités. Par exemple, si vous définissez les listes désordonnées (ul) à 2 (pour un double espacement) et les éléments de liste (li) à `1,5`, vous aurez un triple espacement 2 x 1,5 pour vos articles de liste. En d'autres termes, l'héritage est cumulatif, au lieu d'avoir seulement un paramètre pour un élément enfant, remplacez le paramètre du parent.

Valeurs

Pour définir la valeur de l'espacement par défaut au paramètre spécifique du navigateur qui est souvent de 1 à 1,2 fois la taille de la police de caractères, utilisez la valeur par défaut `normal`. Pour modifier l'espacement, utilisez l'une des techniques suivantes :

Nombre Définit la distance entre les lignes de base de chaque ligne de texte dans l'élément à la taille de la police de caractères multipliée par le nombre indiqué. Par exemple, si la taille de la police est de 10 points et que vous définissez la propriété `line-height` à 2, l'espacement sera de 20 points.

Longueur Définit l'espacement en utilisant l'une des mesures standards relatives ou absolues. Vous pouvez vous référer à la section "Les longueurs", dans cette deuxième partie des Références.

Pourcentage Définit l'espacement à un pourcentage de la taille de la police de caractères de la ligne.

Notes

Avec une unité de longueur, vous pouvez utiliser un nombre négatif ou un nombre positif. Un nombre négatif crée un chevauchement de texte qui peut rendre le texte illisible.

L'utilisation d'un pourcentage pour la propriété `line-height` est une méthode flexible dans le but de définir l'espacement entre les lignes, car il s'adapte à la police de caractères et à l'affichage du navigateur. Les éléments enfant vont hériter du résultat de ce paramètre.

Exemples

```
p {line-height: 1.2; font-size: 10pt}
p {line-height: 1.2em; font-size: 10pt}
p {line-height: 120%; font-size: 10pt}
```

Ces trois instructions produisent le même résultat : dans le texte, l'espacement entre chaque ligne sera de 12 points.

outline

Utilisez cette propriété abrégée des feuilles de style CSS2 pour tracer des éléments individuels tels que les boutons, les champs ou le texte mis en relief. Les champs caractère n'occupent pas trop d'espaces, ils s'accordent juste en dehors de la bordure (s'il y en a) et n'affectent pas la disposition des éléments. De plus, ils entourent le texte, même si les lignes résultent de formes irrégulières au lieu de former un rectangle.

La propriété `outline` est une propriété abrégée et définit n'importe quelle propriété `outline-color`, `outline-style` et `outline-width`.

Valeurs

Les valeurs possibles pour la propriété `outline` sont l'ensemble de toutes les valeurs possibles listées dans les entrées propriétés individuelles.

PROPRIÉTÉ	EFFET
`outline-color`	Définit la couleur de tous les côtés du champ caractère.
`outline-style`	Définit le modèle utilisé pour le champ caractère.
`outline-width`	Définit la largeur du champ caractère.

Vous pouvez vous référer à la propriété `border-color` pour les valeurs de la propriété `outline-color`, puis à la propriété `border-style` pour les valeurs de la propriété `outline-style` et enfin à la propriété `border-width` pour les valeurs de la propriété `outline-width`. Les valeurs possibles pour la propriété `outline-style` sont les mêmes que pour la propriété `border-style` sauf que la valeur `hidden` n'est pas permise pour la propriété `outline-style`.

La propriété `outline-color` accepte toutes les couleurs et le mot-clé `invert` qui va accomplir une inversion de couleurs sur les pixels de l'écran. C'est une astuce courante pour s'assurer que le centre de la bordure est visible sans se soucier de la couleur de l'arrière-plan.

Notes

Cette propriété est une propriété abrégée des feuilles de style CSS2 et par conséquent ne fonctionne pas dans des navigateurs qui ne supportent pas les feuilles de style CSS2.

Vous pouvez consulter les sections "Notes" pour les propriétés `border-width`, `border-style` et `border-color` sous "`Box Border Properties`" plus loin dans cette deuxième partie des Références.

Exemple

```
input:focus {outline: 2px inset red}
```

Cette instruction génère un champ caractère autour de l'élément `input` qui a le focus. Le champ caractère est une ligne rouge renfoncée de 2 pixels de large.

text-align

Utilisez cette propriété pour arranger horizontalement le texte à l'intérieur de la zone d'élément. Ce procédé est utile pour centrer les titres ou créer des effets avec une justification. Vous pouvez définir l'alignement sur n'importe quel élément de niveau bloc tels que `p`, `h1`, `ul`, etc. Le navigateur définit la propriété par défaut (à partir des propriétés du navigateur ou de la feuille de style du navigateur ou de la feuille de style de l'utilisateur). Les éléments en ligne et les éléments de niveau bloc inclus utilisent les paramètres. Par exemple, si vous justifiez une liste désordonnée (`ul`), les articles de la liste (qui incluent des éléments de niveau bloc) sont justifiés.

Valeurs

VALEUR	EFFET
`left`	Aligne le texte tout au long de la marge de gauche, pour une disposition "non justifiée à droite".
`right`	Aligne le texte tout au long de la marge de droite pour une disposition "non justifiée à gauche".
`center`	Place le texte à une distance uniforme à partir des marges de gauche et de droite.
`justify`	Crée des longueurs de ligne uniformes. Le navigateur utilisera un espacement entre les mots pour créer des lignes de texte sur les marges de gauche et de droite de la zone d'élément.

Exemples

```
h1, h2 {text-align: center}
```

Cette instruction justifie au centre les titres de niveau 1 et de niveau 2 à travers la largeur de la page (qu'importe si l'affichage est large ou étroit).

```
p.emerg {text-align: right;
         background: url(exclaim.gif) no-repeat}
```

Cette instruction aligne les classes de paragraphes appelées `emerg` (c'est, `<p class="emerg">...</p>`) avec la marge de droite de la zone d'élément. `p.emerg` a également une icône qui apparaît une fois comme arrière-plan dans le coin supérieur gauche de la zone d'élément.

text-decoration

Utilisez cette propriété pour contrôler les effets utilisés sur les éléments texte. Cette propriété est particulièrement utile pour attirer l'attention vers des éléments texte tels que des notes et des avertissements.

La décoration par défaut n'est pas d'utiliser n'importe quelle décoration de texte et la propriété n'est pas héritée même si quelques propriétés continuent à travers les sections. Par exemple, un caractère p souligné sera doublement souligné, même à travers des sections avec d'autres formatages tel le fait de mettre les caractères en gras. La décoration utilise les paramètres de la propriété `color` (listée dans la section "Les propriétés d'arrière-plan et de couleur").

Valeurs

VALEUR	EFFET
`none`	Laisse le texte simple (simple). C'est la valeur par défaut.
`underline`	Dessine une ligne mince sous le texte.
`overline`	Dessine une ligne mince au-dessus du texte.
`line-through`	Dessine une ligne mince à travers le texte, identique au texte barré.
`blink`	Fait clignoter le texte.

Vous pouvez combiner les valeurs `underline`, `overline`, `line-through` et `blink` dans une seule instruction.

Notes

Si vous appliquez la propriété `text-decoration` dans un élément vide (tel que l'élément `br`) ou dans un élément qui n'a pas de texte, la propriété `text-decoration` n'a pas d'effet.

Faites attention à l'utilisation de textes dans vos pages Web. Pour les utilisateurs, un texte souligné représente un hyperlien, alors ils seront confus si vous l'utilisez pour d'autres liens.

Exemples

```
h1 {color: purple; text-decoration: underline}
```

Cette instruction définit les titres de niveau 1 comme des textes soulignés en violet.

```
p em {text-decoration: blink}
```

Cette instruction fait clignoter l'élément `emphasis` dans les éléments paragraphe (`p em`). Puisque rien n'est défini, l'élément `emphasis` utilisera toutes les autres propriétés de l'élément paragraphe (`p`) que vous avez définies.

```
h1 em {text-decoration: overline}
```

Cette instruction fait en sorte que le texte mis en relief dans les titres de niveau 1 aura une ligne au-dessus de lui. Si cette instruction apparaît dans la même feuille de style que la première instruction dans la section, ce texte mis en relief aura une ligne au-dessus et une ligne au-dessous de lui.

text-indent

Utilisez cette propriété pour créer des paragraphes avec la première ligne mise en retrait. Traditionnellement, les premières lignes mises en retrait compensent le manque d'espace entre les paragraphes et agissent comme un appel visuel pour le lecteur. Vous pouvez définir la mise en retrait en une mesure absolue ou relative.

Les éléments utilisent n'importe quel paramètre que possède l'élément parent. Alors, si vous définissez la propriété `text-indent` pour l'élément `body`, la première ligne de tous les éléments de niveau bloc tels que l'élément `h1` et l'élément `p` sera par défaut mise en retrait. La valeur par défaut est `0` pour ne définir aucune mise en retrait.

Valeurs

Longueur Définit à la mesure indiquée la taille de la mise en retrait de la première ligne. Certaines mesures sont relatives et d'autres absolues. Vous pouvez vous référer à la section "Les longueurs", dans cette deuxième partie des Références.

Pourcentage Définit à un pourcentage de longueur de ligne la mise en retrait de la première ligne.

Notes

Pour la plupart des navigateurs, vous pouvez utiliser des valeurs négatives afin de créer un format retrait en sommaire.

Un retrait n'est pas ajouté à la première ligne du second flot de texte si le texte à l'intérieur de l'élément est séparé par un élément inline qui coupe la ligne (tel que l'élément `br`).

Exemples

```
body {text-indent: 1%}
```

Cette instruction crée une classe de base body avec un retrait de première ligne d'un pour cent de la longueur de la ligne. Puisqu'un pourcentage est utilisé, la proportion du retrait à la longueur de la ligne reste la même si la fenêtre du navigateur ou la police de caractères est de taille plus large ou plus petite.

```
h1 {text-indent: 3em}
```

Dans cette instruction, le retrait pour les titres de niveau 1 est aussi relatif à la taille de la police de caractères (les mesures sont basées sur la taille de la police). Si cette ligne apparaît dans la même feuille de style que la première instruction, la mise en retrait est de 1% plus 3 ems supplémentaires.

```
p.warn {text-indent: 2cm}
```

Cette instruction spécifie un retrait de première ligne de 2 cm. Puisque c'est une mesure absolue, ce paramètre peut produire des résultats inattendus sur différentes machines.

```
p.warn {text-indent: 2cm}
```

Cette instruction indique un retrait de 2 centimètres pour la première ligne. Parce que c'est une mesure relative, ce paramètre peut produire des résultats inattendus sur différentes machines.

text-shadow

Utilisez cette propriété des feuilles de style CSS2 pour contrôler les effets d'ombrage sur les éléments texte. Utilisez avec modération cet effet car beaucoup trop d'ombrage peut rendre difficile la lecture du texte.

Valeurs

Pour restaurer un élément sans aucun ombrage de texte, utilisez la valeur par défaut none.

Pour définir l'ombrage d'un texte, vous devez fournir les décalages d'ombrage horizontal et vertical, mais le rayon flou et la couleur sont facultatifs. Vous pouvez aussi spécifier des groupes séparés de paramètres pour des ombrages multiples sous le même texte.

Décalage horizontal de l'ombrage Spécifie la distance horizontale par rapport au côté droit de la zone d'apparition de l'ombre. Utilisez des nombres négatifs pour déplacer vers la gauche l'ombre dans le texte. Définissez des mesures dans n'importe quelle unité.

Décalage vertical de l'ombre Indique la distance verticale de la zone d'apparition de l'ombre. Utilisez des nombres négatifs pour déplacer l'ombre audessus du texte. Définissez des mesures dans n'importe quelle unité.

Rayon flou Précise le manque de netteté de l'ombre. Indiquez les mesures dans n'importe quelle unité.

Couleur Indique la couleur de l'ombre. Vous pouvez consulter la section "Les couleurs", dans cette deuxième partie des Références pour avoir plus d'informations.

Notes

Cette propriété est nouvelle dans les feuilles de style CSS2 et elle est supportée par les navigateurs qui supportent les feuilles de style CSS2. Si vous appliquez l'ombrage du texte à un élément vide (tel que l'élément `br`) ou à un élément qui n'a pas de texte, la propriété `text-shadow` n'aura pas d'effet.

Exemples

```
h1 {text-shadow: 1px 1px}
```

Cette instruction définit un décalage horizontal et vertical de l'ombrage de 1 pixel pour les titres de niveau 1.

```
h1 {text-shadow: 2px 2px 1px blue}
```

Cette instruction définit les titres de niveau 1 pour avoir un décalage horizontal et vertical d'ombre bleu par 2 pixels, avec un rayon flou de 1 pixel pour les titres de niveau 1.

```
h1 {text-shadow: 2px 2px 1px blue, 1px 1px red}
```

Cette instruction définit les titres de niveau 1 pour avoir un décalage horizontal et vertical d'ombre bleu par 2 pixels, avec un rayon flou de 1 pixel et un décalage d'ombre rouge dans les deux directions d'un pixel pour les titres de niveau 1.

text-tranform

Utilisez cette propriété pour définir la capitalisation standard pour un ou plusieurs éléments. Par exemple, si vous souhaitez que dans un avertissement toutes les lettres soient en majuscule ou que dans les titres la casse soit en majuscule, vous devez définir cette propriété dans un emplacement et permettre au navigateur d'ajuster le texte. Les éléments enfant, y compris les éléments de niveau bloc et les éléments en ligne, utilisent le paramètre de l'élément parent pour cette propriété.

Valeurs

VALEUR	EFFET
`none`	Ne modifie pas la casse pour n'importe quel texte. C'est la casse par défaut.
`capitalize`	Crée un élément de casse de titre, capitalisant la première lettre de chaque mot dans l'élément.
`lowercase`	Définit à minuscule tout le texte en éliminant n'importe quelle lettre majuscule dans l'élément texte.
`uppercase`	Définit tout le texte en majuscule.

Exemples

```
h1 {text-transform: capitalize}
```

Cette instruction fait en sorte que tout le texte dans les titres de niveau 1 utilise la majuscule pour la première lettre de chaque mot. Voici une forme de la casse du titre.

```
p.headline {text-transform: uppercase}
```

Dans cette instruction, les paragraphes avec la classe `headline` sont rendus en majuscule (toutes les lettres en majuscules). Ce n'est pas le cas lorsque vous définissez une police de caractères en petites majuscules (`font-variant: small-caps`), car aucun ajustement n'est fait pour la taille des lettres minuscules.

vertical-align

Utilisez cette propriété pour définir des éléments texte à l'intérieur d'un element parent afin d'avoir un alignement vertical à partir de l'élément parent. La propriété `vertical-align` est un outil de disposition important pour les concepteurs de document. Vous pouvez, par exemple, définir une classe pour un texte superscript ou subscript et l'appliquer là où il est requis. Cette propriété est typiquement utilisée pour définir l'alignement entre les graphiques en ligne (telles les icônes de la barre d'outils ou la touche caps) et le texte autour. La valeur par défaut est l'alignement tout au long des lignes de base des éléments. Ces paramètres ne sont pas utilisés par n'importe quel autre élément.

Valeurs

VALEUR	EFFET
`baseline`	Aligne le bas des lettres minuscules dans les deux éléments (le paramètre par défaut).
`bottom`	Aligne l'élément en ligne avec la partie la plus basse de l'élément parent sur la même ligne. A utiliser avec précaution. Peut produire des résultats inattendus.
`middle`	Justifie au centre le texte en ligne et le texte de l'élément parent en alignant les milieux des deux éléments. Peut être requis lorsque les deux éléments ont des tailles différentes ou lorsque l'élément en ligne est une image.
`sub`	Déplace l'élément en ligne au-dessous de la ligne de base de l'élément parent.
`super`	Déplace l'élément en ligne au-dessus de la ligne de base de l'élément parent.
`text-bottom`	Aligne le bas de l'élément en ligne avec le bas du jambage inférieur de la police de caractères du parent. Méthode préférée pour l'alignement des éléments en ligne avec le bas d'un élément parent textuel.
`text-top`	Aligne l'élément en ligne avec le haut du jambage supérieur dans l'élément parent.
`top`	Aligne l'élément en ligne avec la partie la plus haute de l'élément parent identique à l'indice supérieur. Fonctionne ligne par ligne, par exemple, si la ligne n'a aucun jambage inférieur, la valeur `top` déplace le texte en ligne en haut de la hauteur x de l'élément parent.

La propriété `vertical-align` peut aussi être définie sous forme de pourcentage, augmentant ou diminuant (avec des valeurs négatives) la ligne de base de l'élément en ligne qui est le pourcentage au-dessus ou au-dessous de la ligne de base de l'élément parent. Utilisez la combinaison avec la propriété `line-hight` de l'élément.

Notes

Si vous utilisez l'alignement d'indice inférieur (`sub`) ou d'indice supérieur (`super`), diminuez la taille de la police de caractères en relation avec l'élément parent.

Si vous souhaitez inclure des images inline qui remplacent des mots ou des lettres dans votre texte (tels les boutons de la barre d'outil ou la touche caps), utilisez une valeur de pourcentage avec la propriété `vertical-align`. Ce procédé permet d'obtenir de la précision dans l'emplacement des éléments en ligne, comme des images qui n'ont pas de vraies lignes de base.

Exemples

```
img.keycap {vertical-align: -20%}
```

Cette instruction crée une classe d'image (`img`) appelée `keycap`. Les éléments que vous appliquez à cette classe baisse en dessous de la ligne de base de l'élément texte parent ; 20% de l'image sera au-dessous de la ligne de base de l'élément texte parent.

```
code.expo {vertical-align: super}
```

Cette instruction crée une classe de code appelée `expo` pour l'indice supérieur. Vous pouvez, par exemple, l'utiliser pour les exposants dans les équations.

```
.regmark {vertical-align: text-top}
```

Dans cette instruction, une classe générique appelée `regmark` aligne l'élément inline en haut de la police de caractères.

word-spacing

Utilisez cette propriété pour contrôler l'espace entre les mots dans un élément texte. Comme avec la propriété `letter-spacing`, la distance que vous définissez s'applique à travers les éléments, vous ne pouvez pas insérer des espaces plus grands ou plus petits entre les mots comme vous l'auriez fait dans la composition. Cette propriété est utile si vous souhaitez ajouter de l'espace entre les mots pour une présentation aérée.

Cette propriété suppose que les paramètres pour l'élément parent ou le navigateur, et aussi les éléments de niveau bloc inclus et incline, ne vont pas utiliser n'importe quelle modification effectuée dans la propriété `word-spacing`.

Valeurs

Définit un espace standard entre les mots avec une valeur de longueur. (Vous pouvez vous référer à la section "Les longueurs", dans cette deuxième partie des Références.) La valeur ajoute la longueur héritée par l'élément de son élément parent ou réduit la longueur si vous utilisez une valeur négative. Par exemple, si la valeur `body` définit la taille de la police de caractères à `10 pt` et l'espace entre les mots à `1 em`, les éléments enfant utiliseront une propriété `word-spacing` de `10 points`. (1 em = la taille d'un point). Si vous ajoutez alors `0.4 em` à la propriété `word spacing`, l'élément enfant a une propriété `word-spacing` plus large que l'élément parent.

Pour réinitialiser la distance entre les mots et toute autre chose qui est commune à la fois à la police de caractères et à la taille de la police de caractères, utilisez une valeur `normal` (qui est la valeur par défaut).

Notes

Lorsque vous utilisez une unité de longueur, vous pouvez choisir un nombre négatif ou positif et un nombre décimal (tel `0.4 em`). Si vous utilisez une valeur négative, n'éliminez pas les espaces entre les mots, sinon vous rendez votre texte illisible.

Exemples

```
h1 {word-spacing: 1em}
p {word-spacing: 0,4em}
```

Dans ces deux instructions, l'espace entre les mots dans les éléments augmentera. L'espace dans les éléments de titres de niveau 1 augmente de `1 em` et l'espacement entre les éléments du paragraphe de `0.4 em` (4/10 de la taille de la police de caractères).

Les propriétés de remplissage de la zone

Dans la zone d'élément, le remplissage fournit la distance entre les contenus de l'élément et la bordure. Vous pouvez utiliser la propriété abrégée `padding` pour définir le remplissage sur tous les côtés de l'élément ou utiliser les propriétés individuelles pour définir séparément le remplissage sur chaque côté.

Avec les propriétés de la zone, vous pouvez manipuler les couches autour de l'élément. Ces couches sont le remplissage, la bordure, la marge et la position. Elles ont chacune leurs propriétés particulières qui sont incluses dans cette référence dans l'ordre où elles ont été listées, en commençant par le remplissage de la zone.

padding

Utilisez cette propriété pour définir la distance des quatre directions de remplissage (en haut, à droite, en bas et à gauche). Cette zone utilise les paramètres de l'élément pour l'arrière-plan (tels que la couleur et l'image).

Le remplissage n'est pas hérité, ainsi les éléments de niveau bloc inclus et les éléments inline vont utiliser la valeur par défaut `zéro` plutôt que les paramètres venant de l'élément parent.

Valeurs

Longueur Définit une distance absolue ou relative entre les contenus de l'élément et l'intérieur de la bordure de la zone. Vous pouvez consulter la section "Les longueurs", auparavant dans cette deuxième partie des Références.

Pourcentage Définit sous forme de pourcentage de l'élément parent la distance entre les contenus de l'élément et l'intérieur de la bordure de la zone.

Utilisez une seule valeur pour rendre équidistant le remplissage sur chaque côté. Si vous utilisez deux valeurs, le navigateur utilise la première valeur pour le remplissage du haut et du bas et la seconde pour le remplissage du gauche et de la droite. Si vous fournissez trois valeurs, le navigateur les attribue au remplissage du haut, au remplissage de gauche et de droite et au remplissage du bas. Si vous fournissez quatre valeurs, le navigateur les attribue dans l'ordre au remplissage du haut, de la droite, du bas et de la gauche. Vous pouvez mélanger les types de valeurs en spécifiant le remplissage en pourcentage par quelques mesures absolues à d'autres valeurs.

Notes

Vous ne pouvez pas avoir des valeurs de remplissage ; cependant vous pouvez utiliser des nombres décimaux tels que `0.4` ou `1.2`.

Exemples

```
h1 {font-size: 20pt; padding: 1em 0.5em; color: red;}
 h2 {font-size: 15pt; font-weight: normal; padding: 1em 0.5em; color:
     blue;}
```

Si vous incluez ces deux instructions dans une feuille de style, les titres de niveau 1 et 2 auront 20 et 15 points, respectivement entre le contenu et les bordures d'en haut et d'en bas. Le titre 1 aura un remplissage de gauche et de droite de 10 points et il est de couleur rouge. Le titre 2 aura un remplissage de gauche et de droite de 7,5 points et il est de couleur bleue avec un poids de police de caractères `normal`.

padding-bottom

Utilisez cette propriété pour ajouter de l'espace entre le bas des contenus et la bordure en dessous. Le remplissage n'est pas hérité, ainsi les éléments de niveau bloc inclus et inline vont utiliser la valeur par défaut zéro plutôt que les paramètres venant de l'élément parent.

Valeurs

Longueur Définit une distance absolue ou relative entre le bas des contenus et la bordure en dessous. Vous pouvez vous référer à la section "Les longueurs", dans cette deuxième partie des Références.

Pourcentage Définit la taille de remplissage du bas à un pourcentage de l'élément parent.

Notes

Vous ne pouvez pas avoir des valeurs de remplissage négatives ; cependant vous pouvez utiliser des nombres décimaux tels que `0,4` ou `1,2`.

Exemples

```
body {padding-bottom: 3em}
```

Cette instruction définit à `3 em` la distance de remplissage entre le bas de la page, ce qui lui permet de varier avec la taille de la police de caractères.

```
h1 {padding-bottom: 2pt}
```

Cette instruction définit à 2 points la distance pour le remplissage du bas des titres de niveau 1. Il ajoutera une distance de 2 points à l'espace entre le texte du titre et l'emplacement de la bordure sans se soucier de la taille de la police de caractères du titre.

```
p.cap {padding-bottom: 0.5cm}
```

Cette instruction installe une classe de paragraphe appelée `cap` (c'est, `<p class="cap">...</p>`) dans laquelle la distance entre le bas des contenus de l'élément et l'emplacement de la bordure est une valeur absolue de 0,5 centimètre.

padding-left

Utilisez cette propriété pour ajouter de l'espace entre le bord gauche des contenus et l'emplacement de la bordure. Le remplissage n'est pas hérité de sorte que les éléments de niveau bloc inclus et inline vont utiliser la valeur par défaut `zéro` plutôt que les paramètres venant de l'élément parent.

Valeurs

Longueur Définit une distance absolue ou relative entre la limite gauche des contenus et la bordure. Vous pouvez consulter la section "Les longueurs", auparavant dans cette deuxième partie des Références.

Pourcentage Définit la taille de remplissage de gauche à un pourcentage de l'élément parent.

Notes

Vous ne pouvez pas avoir des valeurs de remplissage négatives ; cependant vous pouvez utiliser des nombres décimaux tels que `0.4` ou `1.2`.

Exemple

```
address {padding-left: 10%}
```

Cette instruction ajoute de l'espace à gauche des éléments `address`. A la différence de l'espace de marge de gauche, cet espace de remplissage montre l'arrière-plan de l'élément. Cet espace est un espace relatif, la totalité de l'espace dépend de la taille de l'élément.

padding-right

Utilisez cette propriété pour ajouter l'espace entre la limite de droite des contenus et l'emplacement de la bordure. Le remplissage n'est pas hérité, ainsi les éléments de niveau bloc inclus et inline vont utiliser la valeur par défaut zéro plutôt que les paramètres venant de l'élément parent.

Valeurs

Longueur Définit la distance absolue et relative entre le bord droit des contenus et la bordure. Vous pouvez lire la section "Les longueurs", auparavant dans cette deuxième partie des Références.

Pourcentage Définit la taille de remplissage de gauche de l'élément parent.

Notes

Vous ne pouvez pas avoir des valeurs de remplissage négatives ; cependant, vous pouvez utiliser des nombres décimaux tels que `0.4` ou `1.2`.

Exemples

```
p {padding-left: 8px; padding-right: 8px}
p {padding: 0 8px}
```

Ces deux instructions produisent le même résultat. La première utilise les propriétés pour définir à 8 pixels le remplissage de gauche et de droite. La seconde utilise la propriété abrégée `padding` pour définir à zéro le remplissage de haut et de bas et à 8 pixels le remplissage de gauche et de droite.

padding-top

Utilisez cette propriété pour ajouter de l'espace entre le haut des contenus et l'emplacement de la bordure. Le remplissage n'est pas hérité, ainsi les éléments de niveau bloc inclus et inline utilisent la valeur par défaut zéro plutôt que les paramètres venant de l'élément parent.

Valeurs

Longueur Définit une distance absolue ou relative entre le haut des contenus et la bordure. Vous pouvez vous référer la section "Les longueurs", auparavant dans cette deuxième partie des Références.

Pourcentage Définit la taille de remplissage du haut à un pourcentage de l'élément parent.

Notes

Vous ne pouvez pas avoir des valeurs de remplissage négatives ; cependant vous pouvez utiliser des nombres décimaux tels que `0.4` ou `1.2`.

Exemple

```
address {padding-top: 1cm}
```

Cette instruction ajoute un centimètre au-dessus des contenus de l'élément avant de placer la bordure. L'utilisation d'une mesure absolue de ce genre est moins sensible au navigateur que les valeurs relatives.

Les propriétés de bordure de la zone

Chaque conteneur a une bordure. Les bordures d'élément se trouvent entre le remplissage et la marge dans le conteneur de l'élément. Par défaut, les bordures n'ont aucun style défini (ne sont pas visibles) sans considération de la couleur, ni de la largeur.

La valeur par défaut de la bordure est une ligne de largeur moyenne sans un seul modèle qui hérite du paramètre de la couleur (avant-plan) pour l'élément parent.

border

Utilisez cette propriété abrégée pour définir quelques-unes ou toutes les propriétés de bordures. Vous pouvez définir une seule valeur pour les quatre côtés de la bordure.

Vous pouvez lire les sections sur les propriétés `border-color`, `border-style` et `border-width` concernant les valeurs et les notes.

Valeurs

Les valeurs possibles pour la propriété `border` sont l'ensemble de toutes les valeurs possibles listées dans les entrées des propriétés individuelles.

Propriété	Effet
`border-color`	Définit la couleur des côtés de la bordure.
`border-style`	Définit le modèle utilisé pour remplir la bordure.
`border-width`	Définit la largeur de bordure pour la bordure.

Notes

Contrairement aux autres propriétés abrégées, vous pouvez utiliser ici seulement un paramètre pour chaque valeur à inclure (contrairement aux paramètres séparés pour le haut, le bas, etc.). La propriété est appliquée régulièrement à tous les côtés de la bordure de la zone. Pour définir différemment les bordures sur des côtés variables, utilisez les propriétés abrégées les plus spécifiques telles que la propriété `border-bottom`.

Exemples

```
p.warn {border: 2em double red}
```

Cette instruction génère une bordure autour de l'élément de la classe de paragraphe appelée `warn` (c'est `<p class="warn">...</p>`). La bordure est une bordure rouge en double ligne qui fait `2 em` de large.

```
p.note {border: 2px ridge blue}
```

Cette instruction génère des bordures autour des éléments paragraphe de la classe `note`. La bordure est une bordure striée de couleur bleue qui est de 2 pixels de large.

border-bottom

Utilisez cette propriété abrégée afin de définir quelques-unes ou toutes les propriétés de la bordure pour la bordure du bas du conteneur de l'élément.

Vous pouvez vous conférer aux sections sur les propriétés `border-color`, `border-style` et `border-width` concernant leurs valeurs et les notes sur chacune d'elles.

Valeurs

Les valeurs possibles pour la propriété `border-bottom` sont l'ensemble de toutes les valeurs possibles listées dans les entrées des propriétés individuelles :

PROPRIÉTÉ	EFFET
`border-color`	Définit la couleur pour la bordure du bas.
`border-style`	Définit le modèle utilisé pour remplir le bas de la bordure.
`border-width`	Définit la largeur du bas de la bordure.

Exemples

```
p.sectend {color: blue; border-bottom: 0.5em dashed #ff0000}
```

Cette instruction a la priorité sur la couleur d'avant-plan pour la classe des paragraphes appelée `sectend` (c'est, `<p class="sectend">...</p>`) et la remplace avec une valeur RGB (`#ff0000`). Vous pouvez lire l'entrée pour la propriété `border-color` pour plus d'informations sur la spécification des couleurs de bordure ; le texte de paragraphe `sectend` apparaît en bleu et se termine avec une ligne de tiret de couleur rouge qui est de 0,5 em d'épaisseur. L'épaisseur `em` associe la largeur de la bordure avec la taille de la police pour le paragraphe.

```
p.note {color: green; border-bottom: 5em groove}
```

Cette instruction spécifie que les classes de paragraphe appelées `note-class` (c'est `<p class="note">...</p>`) utiliseront la couleur verte pour les objets d'avant-plan (tels qu'un texte et la bordure), et auront une ligne finale cannelée de `5 em`.

border-bottom-width

Utilisez cette propriété pour définir l'épaisseur de la bordure du bas pour un élément. La largeur de la bordure est, par défaut, une épaisseur moyenne et n'est pas affectée par n'importe quel paramètre de l'élément parent.

Valeurs

La valeur définit la largeur de la bordure du bas en utilisant une mesure absolue ou relative. Pour les mesures de valeur absolue valides, vous pouvez consulter la section "Les longueurs", auparavant dans cette deuxième partie des Références. Les valeurs relatives possibles sont `thin`, `medium` (valeur par défaut) et `thick`. L'interprétation spécifique de ces épaisseurs dépend du navigateur.

Notes

Vous pouvez consulter la section "Notes" pour la propriété `border-width`.

Exemples

```
p.under {border-style: solid; border-bottom-width: 0.5cm; border-color:
        gray}
```

Cette instruction crée une classe de paragraphe appelée `under` (c'est `<p class="under">...</p>`) dans laquelle la bordure du bas est de 0,5 centimètre. C'est un paramètre absolu qui n'est pas affecté par le navigateur, ni par la taille de la page ou les propriétés de l'élément telles que la propriété `font`.

```
h1 {border-style: solid; border-bottom-width: thin; border-color:
   #f0f8ff}
```

Cette instruction spécifie la bordure du bas comme une ligne standard fine.

border-color

Utilisez cette propriété pour créer une bordure utilisant des couleurs différentes de la couleur de l'avant-plan pour l'élément. La couleur de la bordure utilise comme paramètre par défaut la couleur d'avant-plan de l'élément. Cette propriété abrégée définit la bordure visible aux couleurs sélectionnées.

Valeurs

Les valeurs pour la propriété `border-color` peuvent être des noms de couleur prédéfinis ou des valeurs RGB. Vous pouvez consulter la section "Couleur", dans cette deuxième partie des Références.

Notes

Si vous spécifiez une seule couleur, les quatre bordures seront de cette couleur. Si vous incluez deux couleurs, les bordures du haut et du bas utiliseront la première couleur et les bordures de gauche et de droite la seconde couleur. Si vous mettez trois couleurs, la bordure du haut utilisera la première couleur, les bordures de gauche et de droite la deuxième et la bordure du bas la troisième. Pour donner à chaque bordure une couleur unique, listez quatre couleurs. Les bordures les utilisent dans l'ordre suivant : en haut, à droite, en bas et à gauche.

Exemples

```
p.warn {border-color: #8b0000}
```

Cette instruction indique que les classes de paragraphe appelées `warn` (c'est `<p class="warn">...</p>`) sont esquissées avec une bordure de couleur rouge sombre.

```
p.dancing {border-color: #000080 #00008b blue #0000cd}
```

Cette instruction définit la bordure sur chaque côté de l'élément à une couleur différente. Ce procédé crée une ligne à teintes multiples autour de la classe de paragraphes appelée `dancing`. Le haut est coloré en bleu marine, la droite en bleu foncé, le bas en bleu et la gauche en bleu clair.

border-left

Utilisez cette propriété abrégée pour définir quelques-unes ou toutes les propriétés de bordure sur le côté gauche du conteneur de l'élément.

Vous pouvez lire les sections sur les propriétés `border-color`, `border-style` et `border-width` concernant leurs valeurs et les notes sur chacune d'elles.

Valeurs

Les valeurs possibles pour la propriété `border-left` sont l'ensemble de toutes les valeurs possibles listées dans les entrées des propriétés individuelles :

PROPRIÉTÉ	EFFET
border-color	Définit la couleur de la bordure de gauche.
border-style	Définit le modèle utilisé pour remplir la bordure de gauche.
border-width	Définit la largeur pour la bordure de gauche.

Exemple

```
p.insert {border-left: thin solid red}
```

Cette instruction place une ligne fine, solide de couleur rouge à côté des classes de paragraphes appelées `insert` (c'est `<p class="insert">...</p>`). Ce procédé est une méthode utile pour créer une classe pour tous vos éléments qui insèrent des "barres de modification" dans la bordure de gauche (une ligne qui montre que ces modifications ont été faites dans le texte).

border-left-width

Utilisez cette propriété pour définir l'épaisseur de la bordure sur le côté gauche d'un élément. La largeur de la bordure est par défaut d'une épaisseur moyenne non affectée par n'importe quel paramètre de bordure de l'élément parent.

Valeurs

La valeur définit la largeur de la bordure de gauche en utilisant une mesure relative. Les valeurs relatives possibles sont `thin`, `medium` (valeur par défaut) et `thick`. L'interprétation spécifique de ces épaisseurs dépend du navigateur. Pour les valeurs absolues et d'autres mesures relatives valides, vous pouvez lire la section "Les longueurs", dans cette deuxième partie des Références.

Notes

Vous pouvez consulter la section "Notes" pour la propriété `border-width`.

Exemple

```
p.insert {border-style: dashed;
          border-left-width: 5em;
          border-color: red}
```

Cette instruction crée une classe de paragraphe appelée `insert` (c'est `<p class="insert">...</p>`) qui utilise une ligne de tirets de couleur rouge sur la bordure de gauche. L'épaisseur de la ligne dépend de la taille de la police de caractères.

border-right

Utilisez cette propriété abrégée pour définir quelques-unes ou toutes les propriétés de la bordure pour la bordure à droite des contenus des éléments.

Pour les valeurs et les notes, vous pouvez vous référer aux sections sur les propriétés `border-color`, `border-style` et `border-width`.

Valeurs

Les valeurs possibles pour la propriété `border-right` sont l'ensemble de toutes les valeurs possibles listées dans les entrées des propriétés individuelles :

PROPRIÉTÉ	EFFET
`border-color`	Définit la couleur de la bordure de droite.
`border-style`	Définit le modèle utilisé pour compléter la bordure de droite.
`border-width`	Définit la largeur de la bordure de droite.

Exemples

```
p news {padding-right: 15em}
        border-right: thick dotted navy}
```

Cette instruction crée une ligne fine, en pointillé qui apparaît à droite des classes de paragraphes appelées `news` (c'est `<p class="news">...</p>`). La ligne est colorée en bleue marine et est de `15 em` à partir des contenus de l'élément.

```
h3 strike {border-right: thick groove black}
```

Cette instruction ajoute une ligne fine, cannelée de couleur noire à droite des titres de niveau 3 pour la classe `strike` (c'est `<h3 class="strike">...</h3>`). Cette méthode est utile pour créer une classe qui insère un indicateur précisant que les informations sont dépassées et doivent être remplacées.

border-right-width

Utilisez cette propriété pour définir l'épaisseur de la bordure de droite d'un élément. La largeur de la bordure est par défaut d'une épaisseur moyenne et non affectée par n'importe quel paramètre de l'élément parent.

Valeurs

La valeur définit la largeur de la bordure de droite en utilisant une mesure absolue ou une mesure relative. Les valeurs relatives possibles sont `thin`, `medium` (valeur par défaut) et `thick`. L'interprétation spécifique de ces épaisseurs dépend du navigateur. Pour les valeurs absolues et les autres mesures valides relatives, vous pouvez voir la section "Les longueurs", dans cette deuxième partie des Références.

Notes

Vous pouvez lire la section "Notes" pour la propriété border-width.

Exemple

```
p strike {border-style: dashed;
          border-right-width: 5px;
          border-color: blue}
```

Cette instruction crée une classe de paragraphe appelée strike (c'est <p class="strike">...</p>) qui utilise une ligne bleue de 5 pixels de large sur la bordure de droite de l'élément.

border-style

Utilisez cette propriété pour afficher une bordure et préciser un style de bordure. Vous pouvez créer différents effets en combinant les styles de ligne avec la couleur et la largeur. Cette propriété utilise la valeur none comme valeur par défaut. Cette valeur n'affiche pas du tout la bordure sans prendre en considération les paramètres de couleur et de largeur.

Valeurs

VALEUR	EFFET
none	Empêche l'affichage d'une ou de plusieurs bordures. C'est la valeur par défaut.
dashed	Définit la bordure comme une série de tirets alternant l'arrière-plan de l'élément et la couleur de la bordure.
dotted	Définit la bordure comme une ligne en pointillé avec des espaces là où l'arrière-plan de l'élément devient visible.
double	Définit la bordure comme deux lignes solides dans la couleur de la bordure ou la couleur de l'avant-plan de l'élément.
groove	Définit la bordure comme un rendu 3D d'une ligne cannelée tracée dans la couleur de la bordure.
hidden	Identique à la valeur none sauf dans les références à la résolution du conflit de bordure de l'élément du tableau.
inset	Définit la bordure comme un rendu 3D créant l'illusion que l'intérieur de l'élément est englouti dans la page.
outset	Définit la bordure comme un rendu 3D créant l'illusion que l'intérieur de l'élément est élevé au-dessus de la page.
ridge	Définit la bordure comme un rendu 3D élevé et atteignant le milieu de la ligne tracée dans la couleur de la bordure.
solid	Définit la bordure comme une ligne simple, solide dans la couleur de la bordure ou la couleur de l'avant-plan de l'élément.

Utilisez quatre valeurs à partir de la liste précédente pour styliser les bordures autour d'un élément. Parce que le paramètre initial pour la propriété border-style est la valeur none, aucune bordure n'est visible à moins que vous ne les installiez avec un style plus une largeur.

Notes

Ce n'est pas tous les navigateurs qui sont capables d'afficher les styles les plus ésotériques, tels que `ridge`, `inset` et `outset`. Si le navigateur ne peut pas interpréter le style, il le remplace avec une ligne solide. Certains navigateurs rendent toutes les bordures telles des lignes solides.

Exemples

```
p looknew {border-style: outset; bordr-width: 0.5cm; border-color: gray}
```

Cette instruction crée l'illusion que les éléments de classe de paragraphe appelée `looknew` (c'est `<p class="looknew">...</p>`) sont définis au-dessus de la page dans une zone élevée.

```
p.dancing {border-style: groove ridge inset outset;
           border-color: #f0f8ff #f0ffff blue #5f9ea0}
```

Avec ces propriétés, chaque côté des paragraphes dans la classe `dancing` est une forme différente du bleu et un style différent.

border-top

Utilisez cette propriété abrégée afin de définir quelques-unes ou toutes les propriétés de bordure pour la bordure du haut du conteneur de l'élément.

Pour les valeurs et les notes, vous pouvez voir la section sur les propriétés `border-color`, `border-style` et `border-width`.

Valeurs

Les valeurs possibles pour la propriété `border-top` sont l'ensemble de toutes les valeurs possibles listées dans les entrées des propriétés individuelles.

PROPRIÉTÉ	EFFET
`border-color`	Définit la couleur de la bordure du haut.
`border-style`	Définit le modèle utilisé pour remplir la bordure du haut.
`border-width`	Définit la largeur de la bordure du haut.

Exemple

```
h1 {margin-top: 0.5in; color: red; background: white; padding: 9em;
   border-top: thin solid blue}
```

Cette instruction crée des titres de niveau 1 qui ont des textes de couleur rouge sur un arrière-plan de couleur blanche et une ligne fine solide de couleur bleue qui est positionnée à `9 em` au-dessus du texte. Il y a une autre ligne de 0,5 pouce au-dessus du titre. Le remplissage à `9 em` est une valeur relative qui dépend de la taille de la police de caractères et elle est équivalente à 9 lignes vides au-dessus du titre.

border-top-width

Utilisez cette propriété pour définir l'épaisseur de la bordure en haut d'un élément. La largeur de la bordure est par défaut une épaisseur moyenne et est non affectée par quelconque paramètre de bordure de l'élément parent.

Valeurs

La valeur définit la largeur de la bordure du haut en utilisant une mesure absolue ou une mesure relative. Les valeurs relatives possibles sont `thin`, `medium` (valeur par défaut) et `thick`. L'interprétation spécifique de ces épaisseurs dépend du navigateur. Pour les valeurs absolues et les mesures valides relatives, vous pouvez voir la section "Les longueurs", dans cette deuxième partie des Références.

Notes

Vous pouvez lire la section "Notes" pour la propriété `border-width`.

Exemple

```
h1, h2, h3 {font-style: Futura, sans-serif;
            font-size: 15pt;
            border-style: solid;
            border-top-width: 1.5em}
```

Cette instruction s'applique aux titres des trois niveaux donnant à chaque titre une ligne solide de `1,5 em`. Puisque la valeur est relative à la police de caractères, la ligne sera de 22,5 points. La couleur de la bordure n'est pas définie, alors la bordure utilise la couleur de l'avant-plan de l'élément.

border-width

Utilisez cette propriété abrégée pour définir l'épaisseur de toutes les bordures d'un élément. Vous pouvez donner à chaque bordure une largeur unique ou vous pouvez utiliser une seule largeur pour toutes les bordures.

Valeurs

La valeur définit la largeur de la bordure de tous les côtés en utilisant une mesure relative ou une mesure absolue. Les valeurs relatives possibles sont `thin`, `medium` (valeur par défaut) et `thick`. L'interprétation de ces épaisseurs dépend du navigateur. Pour les valeurs absolues et les autres mesures relatives valides, vous pouvez lire la section "Les longueurs" dans cette deuxième partie des Références.

Si vous utilisez une valeur, elle s'applique régulièrement aux bordures des quatre côtés de l'élément. Si vous employez deux valeurs, le navigateur applique la première valeur aux bordures du haut et du bas de l'élément et la seconde valeur aux bordures de gauche et de droite. Si vous incluez trois valeurs, le navigateur utilise la première valeur pour la bordure du haut, la deuxième pour celles de gauche et de droite et la dernière pour celle du bas. Si vous insérez quatre valeurs, le navigateur les applique dans l'ordre suivant : en haut, à droite, en bas et à gauche.

Notes

Le paramètre `thin` sera toujours inférieur ou égal au paramètre `medium` qui, lui, sera toujours inférieur ou égal au paramètre `thick`. Les largeurs de la bordure ne dépendent pas de la police de caractères de l'élément ou d'autres paramètres. Le paramètre `thick`, par exemple, est rendu dans la même taille quel que soit le lieu où il se produit dans un document. Vous pouvez utiliser des valeurs de longueur relatives pour produire des largeurs variables (selon la police de caractères).

Avec un paramètre de longueur, vous ne pouvez pas avoir une bordure avec une largeur négative. Cependant, vous pouvez utiliser un nombre décimal tel que `0.4` ou `1.2`.

Exemples

```
p.looknew {border-style: outset; border-width: 0.5cm;
           border-color: gray}
```

Cette instruction définit chaque bordure pour les paragraphes de classe `looknew` (qui est, <p class="looknew"...</p>) à 0,5 cm, outset, et en gris.

```
p.dancing {border-style: groove ridge inset outset;
           border-width: thin medium 1cm;
           border-color: #f0f8ff #f0ffff blue #5f9ea0}
```

Cette instruction définit à des largeurs différentes chaque bordure dans les paragraphes de classes appelées `dancing`. La bordure du haut est une bordure fine et cannelée, celle de droite une bordure fine et striée tandis que la largeur du bas est une largeur moyenne et intérieure, et celle de gauche est de 1 centimètre et extérieure. Chaque bordure est aussi une forme différente de bleu.

Les propriétés des bordures dans les feuilles de style CSS2

Les feuilles de style CSS2 fournissent des propriétés de bordure qui offrent plus de contrôle sur l'apparence de la bordure. Choisissez à partir des propriétés suivantes :

```
border-bottom-color

border-bottom-style

border-left-color

border-left-style

border-right-color

border-right-style

border-top-color

border-top-style
```

Par exemple :

```
h1, h2, h3 {font-size: 15pt; font-style: Futura, sans-serif; border-left-
style: solid; border-left-color: blue}
```

s'applique aux trois niveaux de titres donnant à chaque titre une ligne solide bleue sur la gauche. Pour les valeurs valides et les notes, vous pouvez voir les propriétés correspondantes dans les feuilles de style CSS1.

Les propriétés des marges de zone

Les marges définissent la taille de la zone autour d'un élément. Vous mesurez les marges à partir de la bordure jusqu'au bord de la zone.

margin

Cette propriété est une propriété abrégée afin d'installer toutes les marges pour la zone d'un élément. Cette mesure donne au navigateur la distance entre la bordure de l'élément et le bord de la zone. Cette zone est toujours transparente, ainsi vous pouvez visualiser l'arrière-plan de la page sous-jacente.

Valeurs

La valeur `auto` définit la marge à la valeur par défaut du navigateur.

Longueur Définit une distance absolue ou relative entre la bordure et le bord de la zone. Vous pouvez lire la section "Les longueurs", dans cette deuxième partie des Références.

Pourcentage Définit la taille de la marge en un pourcentage de la largeur de l'élément parent.

Utilisez l'une des valeurs précédentes. Pour les longueurs et les pourcentages, vous pouvez utiliser un, deux, trois ou quatre chiffres. Si vous utilisez un seul chiffre, le navigateur l'applique aux quatre marges (du haut, du bas, de la droite et de la gauche). Si vous employez deux chiffres, le premier définit la marge du haut et la marge du bas, et le second les marges de droite et de gauche. Si vous choisissez trois chiffres, vous définissez la marge du haut avec le premier, la marge de droite et de gauche avec le deuxième et la marge du bas avec le troisième. Vous pouvez mélanger des valeurs de longueur et de pourcentage.

Notes

Vous pouvez utiliser des valeurs négatives pour les marges mais ce ne sont pas tous les navigateurs qui traiteront correctement les paramètres. Certains ignorent même le paramètre et remplacent la valeur par défaut `zéro` ou utilisent leur propre algorithme.

Exemples

```
p.1 {margin: 5%}
```

Cette instruction établit des marges de paragraphes pour les classes de paragraphes `1`, (c'est `<p class="1">...</p>`), à 5% chacune de la largeur totale de la zone.

```
p {margin: 2em 3pt}
```

Cette instruction définit les marges du haut et du bas de tous les éléments du paragraphe à `2 em` (relatif à la taille de la police de caractères) et les marges de gauche et de droite à 3 points.

```
p.note {margin: 1em 3em 4em}
```

Cette instruction définit les marges pour la classe de paragraphes appelée `note` (c'est `<p class="note">...</p>`). La marge du haut est de `1 em` (relative à la taille de la police de caractères), les marges de gauche et de droite sont de `3 em` et la marge de bas est de `4 em`. Si la taille de la police de caractères est de 10 points, la marge du haut sera de 10 points, les marges de gauche et de droite seront de 30 points et la marge du bas de 40 points.

margin-bottom

Utilisez cette propriété pour définir la marge du bas de la zone d'un élément. La marge du bas est la distance entre la bordure du bas et le bord inférieur de la zone. La valeur par défaut est `zéro` et elle n'est pas utilisée par les éléments de niveau bloc inclus ou les éléments en ligne.

Valeurs

La valeur `auto` définit la marge du bas à la valeur par défaut du navigateur.

Longueur Définit une distance absolue ou relative entre la bordure et le bord inférieur de la zone. Vous pouvez lire la section "Les longueurs", dans cette deuxième partie des Références.

Pourcentage Définit la taille de la marge du bas en un pourcentage de la largeur de l'élément parent.

Notes

Vous pouvez utiliser des valeurs négatives pour les marges mais ce n'est pas tous les navigateurs qui traiteront correctement ces paramètres. Certains ignorent même le paramètre et remplacent la valeur par défaut `zéro` ou utilisent leur propre algorithme.

Exemples

```
p {margin-bottom: 4em}
```

Cette instruction définit tous les paragraphes pour avoir une marge du bas de `4 em`. C'est une mesure relative, ainsi la distance réelle dépend de la police de caractères. Par exemple, si la taille de la police de caractères est de 10 points, la marge du bas sera l'équivalent de 4 lignes vides ou de 40 points. Ce procédé établit une distance de `4 em` entre la bordure et le bord inférieur de la zone.

```
h1 {margin-top:5em; margin-bottom: 1em}
```

Cette instruction positionne les titres de niveau 1 avec l'équivalent de 5 lignes au-dessus et une ligne au-dessous. Ce procédé crée une séparation entre le sujet précédent et le titre et renforce l'association entre le titre et le contenu du sujet au-dessous.

margin-left

Utilisez cette propriété pour définir la marge de gauche de la zone d'un élément. La marge de gauche est la distance entre la bordure et le bord gauche de la zone. Vous pouvez utiliser cette propriété pour créer un texte mis en retrait ou d'autres emplacements de l'élément. La valeur par défaut de la marge de gauche est zéro ou pas d'espace. Les paramètres dans un élément ne sont pas utilisés par les éléments de niveau bloc inclus ou les éléments en ligne.

Valeurs

La valeur `auto` définit la marge de gauche de la valeur par défaut de l'utilisateur.

Longueur Définit une distance relative ou absolue entre la bordure et le bord gauche de la zone. Vous pouvez vous référer à la section "Les longueurs", auparavant dans cette deuxième partie des Références.

Pourcentage Définit la taille de la marge de gauche en un pourcentage de la largeur de l'élément parent.

Notes

Vous pouvez utiliser des valeurs négatives pour les marges mais ce ne sont pas tous les navigateurs qui traiteront correctement les paramètres. Certains ignorent même le paramètre et le remplacent avec la valeur par défaut zéro ou utilisent leur propre algorithme.

Exemples

```
body {margin-left: 3%}
```

Cette instruction installe une marge de gauche de base pour la page en utilisant l'élément `body`. Le navigateur doit afficher cette marge comme `3%` de la largeur de la page. Aucun élément à l'intérieur de la page n'apparaîtra en dehors de cette marge. Si le navigateur montre `600 * 480 pixels`, la marge de gauche de l'élément `body` utilise 18 pixels.

```
p {margin-left: 1cm; margin-top: 0.5cm}
```

Cette instruction définit la marge de gauche des paragraphes à la valeur absolue de 1 centimètre. Ainsi, vous pouvez ajouter une gouttière de gauche à votre page. Elle définit aussi la marge du haut à 0,5 centimètre.

```
p {margin-left: 4em}
```

Cette instruction crée une gouttière variable pour les paragraphes sur une page. La taille réelle de la marge de `4 em` dépend de la taille de la police de caractères utilisé pour les paragraphes.

margin-right

Utilisez cette propriété pour définir la marge de droite de la zone d'un élément. La marge de droite est la distance entre la bordure et le bord droit de la zone. Vous pouvez l'utiliser pour ôter l'élément du bord droit de la page. Ce procédé met la valeur par défaut zéro et n'est pas utilisé par les éléments de niveau bloc inclus ou les éléments en ligne.

Valeurs

La valeur `auto` définit la marge de droite de la valeur par défaut du navigateur.

Longueur Définit une distance absolue et relative entre la bordure et le bord droit de la zone. Vous pouvez vous référer à la section "Les longueurs", auparavant dans cette deuxième partie des Références.

Pourcentage Définit la taille de la marge de droite en un pourcentage de la largeur de l'élément parent.

Notes

Vous pouvez utiliser des valeurs négatives pour les marges mais ce n'est pas tous les navigateurs qui traiteront correctement les paramètres. Certains ignorent même le paramètre et le remplacent avec la valeur par défaut zéro ou utilisent leur propre algorithme.

Exemple

```
body {margin-right: 0.5in}
```

Cette instruction crée une marge de 0,5 pouce de large sur votre page. Rien n'apparaît dans cette zone de marge.

```
p {margin-right: 10%}
```

Cette instruction établit en dehors une gouttière de 10% de la largeur du paragraphe.

La distance réelle dépend de la largeur du paragraphe.

```
h1 {margin-right: 15em}
```

Cette instruction crée en dehors une gouttière dont la taille dépend de la taille de la police de caractères du titre. Elle insère une distance égale à 1,5 fois la taille de la police de caractères. Ce qui signifie que si le titre de niveau 1 utilise une police de caractères de 15 points, la distance entre la bordure et le bord de la zone sera inférieure à ce qu'elle doit être avec une police de caractères de 20 points. Si vous souhaitez faire un retour à la ligne pour tous les titres avant le bord de la zone mais à la même place dans une page, utilisez le pourcentage ou des mesures absolues.

margin-top

Utilisez cette propriété pour définir la marge de haut de la zone d'un élément. La marge de haut est la distance entre la bordure et le haut de la zone. Vous pouvez utiliser cette propriété pour insérer de l'espace au-dessus d'un élément, peut-être pour renforcer visuellement sa relation avec les éléments environnants. La valeur par défaut est `zéro` et n'est pas utilisée par les éléments de niveau bloc inclus ou les éléments en ligne.

Valeurs

La valeur `auto` définit la marge de haut à la valeur par défaut du navigateur.

Longueur Définit une distance absolue ou relative entre la bordure et la limite de haut de la zone. Vous pouvez lire la section "Les longueurs", dans cette deuxième partie des Références.

Pourcentage Définit la taille de la marge de haut en un pourcentage de la largeur de l'élément parent.

Notes

Vous pouvez utiliser des valeurs négatives pour les marges, mais ce ne sont pas tous les navigateurs qui traitent correctement les paramètres. Certains ignorent même le paramètre et le remplacent avec la valeur par défaut `zéro` ou utilisent leur propre algorithme.

Exemples

```
h1 {margion-top:5em; margin-bottom: 1em}
```

Cette instruction positionne les titres de niveau 1 à l'équivalent de cinq lignes au-dessus et une ligne au-dessous. Ce procédé crée une séparation entre le sujet précédent et le titre et renforce l'association entre le titre et les contenus du sujet au-dessous.

```
body {margin-top: 1em}
```

Cette instruction ajoute l'équivalent d'une ligne à la marge de n'importe quel élément à l'intérieur du corps du document. La distance réelle dépend de la taille de la police de caractères de l'élément.

```
p {margin-top: 5%}
```

Cette instruction ajoute une distance variable (5% de la hauteur) aux éléments de paragraphe.

```
h1 {margin-top: 1cm}
```

Cette instruction ajoute une distance absolue de 1 centimètre à l'espace entre le bord de la zone et la bordure des titres de niveau 1. Qu'importe l'environnement, le navigateur rajoute à la zone de l'élément un centimètre de la marge transparente.

Les propriétés de la position de la zone

Les propriétés de position de la zone contrôlent l'arrangement des éléments en relation avec chacun des éléments et aussi la page plutôt qu'à l'intérieur d'eux-mêmes. Les propriétés `float` et `clear` contrôlent les éléments qui peuvent se mettre l'un à côté de l'autre. Les propriétés `width` et `height` définissent les dimensions pour les éléments qui donnent plus de contrôle sur la disposition de la page.

clear

Utilisez cette propriété pour permettre ou ne pas permettre à d'autres éléments, souvent les images inline, de flotter à côté de l'élément spécifié. Vous pouvez permettre des éléments flottants sur l'un ou l'autre côté, sur les deux côtés ou sur n'importe quel côté. La valeur par défaut est de permettre des éléments flottants sur les deux côtés de l'élément (c'est le paramètre `none`). Cette propriété n'est pas utilisée par les éléments de niveau bloc inclus et les éléments en ligne.

Valeurs

VALEUR	EFFET
`none`	Permet des éléments flottants sur l'un ou l'autre côté de cet élément. C'est la valeur par défaut.
`both`	Ne permet pas des éléments flottants sur l'un ou l'autre côté de cet élément.
`left`	Non sur le côté gauche, déplace l'élément au-dessous de n'importe quel élément flottant sur la gauche.
`right`	Non sur le côté droit, déplace l'élément au-dessous de n'importe quel élément flottant sur la droite.

Utilisez l'une de ces valeurs pour désigner la position des éléments flottants en relation avec un élément particulier.

Notes

Cette propriété inclut l'endroit où les éléments flottants ne sont pas permis.

Exemples

```
p.prodname {clear: none}
```

Cette instruction crée une classe de paragraphe appelée `prodname` (c'est `<p class="prodname">...</p>`) qui permet des éléments flottants pour apparaître sur n'importe quel côté.

```
p {clear: right}
```

Dans cette instruction, l'élément paragraphe permet des éléments flottants sur le côté gauche et non sur le côté droit.

```
h1, h2, h3 {clear: both}
```

Cette instruction empêche les éléments d'apparaître à côté des titres dans le document. Tous les éléments flottants (souvent ce sont des images) sont soulevés ou abaissés et apparaissent au-dessus ou au-dessous des titres.

float

Utilisez cette propriété pour définir un élément dans une position en dehors des règles de placement pour le flot normal des éléments. Par exemple, la propriété `float` peut élever un élément à partir d'un élément en ligne vers un élément de niveau bloc. Ce procédé est souvent utilisé pour placer une image. La valeur par défaut, qui est une valeur héritée, est d'afficher l'élément là où il apparaît dans le flot du document (la valeur `none`).

Valeurs

VALEUR	EFFET
none	Affiche l'élément là où il apparaît dans le flot de l'élément parent. C'est la valeur par défaut.
left	Enveloppe d'autres contenus de l'élément à droite de l'élément flottant.
right	Enveloppe les contenus de l'élément à gauche de l'élément flottant.

Notes

Un élément flottant ne peut pas recouvrir la marge dans l'élément parent que l'on utilise pour se positionner. Par exemple, une illustration qui est un élément flottant à gauche (pousse les autres contenus à droite de lui-même) ne peut pas recouvrir la marge de gauche du conteneur de son élément parent.

Exemples

```
p {clear: none}
img.keycap {float: none }
img.prodlogo {float: left}
```

Ces instructions spécifient que si une classe d'image keycap (c'est <img class="key-cap" />) est insérée dans le cours d'un paragraphe, elle apparaît à l'intérieur d'un flot de texte. Si une classe d'image prodlogo est insérée, elle apparaît contre la marge de gauche de l'élément parent et le texte l'enveloppe sur sa droite.

height

Utilisez cette propriété pour définir la hauteur d'un élément sur la page. Les navigateurs appliqueront la hauteur en ajustant l'image pour qu'elle corresponde. Toutes les personnes qui ont utilisé les attributs height et width d'un élément image (img) dans le langage XHTML ou HTML sont devenues familières de cette propriété.

Valeurs

La valeur auto permet au navigateur de définir l'attribut height à la hauteur réelle de l'image ou, si l'attribut width est défini, de préserver la proportion d'aspect des images. A la place, vous pouvez utiliser des mesures de longueur absolues ou relatives comme décrit dans la section "Les longueurs", auparavant dans cette deuxième partie des Références. Utilisez un pourcentage pour définir la taille de l'image à un pourcentage de la hauteur de l'élément parent.

Notes

Certains navigateurs peuvent ne pas traiter la propriété `height` (ou `width`) si l'élément n'est pas un élément remplacé (un élément qui utilise un pointeur dans la source XHTML pour indiquer le fichier avec le contenu réel).

Les éléments remplacés ont leur propre mesure intrinsèque. Si vous souhaitez remplacer ces dimensions avec un paramètre de propriété `height` (et/ou `width`), le navigateur essaie de redimensionner l'élément remplacé pour bien s'adapter. Afin de maintenir la proportion d'aspect, vous devez définir l'une des propriétés `height` ou `width` à `auto`. Pour empêcher la proportion d'aspect des images positionnées avec la propriété `height`, insérez la propriété `width` dans l'instruction et définissez la propriété `width` à la valeur `auto`. Si vous positionnez une image avec la propriété `width`, insérez la propriété `height` dans l'instruction et définissez la propriété `height` à la valeur `auto`.

Si vous devez définir la taille d'une image, il est préférable de la définir en proportion avec l'élément de conteneur (en utilisant un paramètre relatif). Sinon, laissez ces paramètres à la valeur `auto` pour permettre au navigateur d'utiliser la taille originale de l'image.

Vous ne pouvez pas utiliser une valeur négative pour la propriété `height` ou `width` d'un élément.

Exemples

```
img.keycap {float: none; width: auto; height: 1.2em;
            vertical align: middle}
```

Cette instruction crée une classe `img` (c'est `<img class="keycap" />`) là où les images apparaissent dans le flot de texte. Ces images ont une largeur contrôlée et une hauteur de `1.2 em`. Par exemple, dans un flot de texte avec une taille de police de caractères de 12 points, l'image sera de 14,4 points. Cette instruction ajuste aussi la position verticale de l'image en relation avec la ligne.

```
img.prodlogo {float: left; width: 2cm; height: auto}
```

Dans cette instruction, les classes d'image `prodlogo`, dont le texte est enveloppé sur la droite, ont une largeur contrôlée de 2 centimètres. Cependant, il est préférable d'éviter des mesures absolues et d'utiliser des valeurs relatives ou les valeurs de l'image (en définissant les propriétés `width` et `height` à la valeur `auto`).

width

Utilisez cette propriété pour définir la largeur d'un élément sur une page. Les navigateurs appliqueront la hauteur en ajustant l'image pour qu'elle corresponde. Toutes les personnes qui ont utilisé les attributs `height` et `width` d'un élément image (`img`) dans le langage XHTML ou HTML sont devenues familières à cette propriété.

Valeurs

La valeur `auto` permet au navigateur de définir l'attribut `width` à la hauteur réelle de l'image ou, si l'attribut `height` est défini, de préserver la proportion d'aspect des images.

Longueur Définit une largeur relative ou absolue pour des images dans un élément particulier ou une classe particulière. Vous pouvez vous référer à la section "Les longueurs" auparavant dans cette deuxième partie des Références.

Pourcentage Définit la taille de l'image à un pourcentage de la largeur de l'élément parent.

Notes

Vous pouvez lire la section "Notes" pour la propriété `height`.

Exemples

```
img.keycap {float: none; width: auto; vertical-align: middle; height:
            1.2em}
```

Dans cette instruction, les images de la classe `keycap` (c'est `<img class="keycap" />`) vont s'afficher dans le flot de texte aligné au milieu de la ligne de texte où il apparaît. Sa hauteur est définie à `1.2 em` et sa largeur à `auto`. Ces valeurs permettent au navigateur de la positionner correctement (la hauteur ne dérange pas le formatage du paragraphe et la largeur est ajustée pour qu'elle corresponde).

```
img.prodlogo {float: left; height: auto; width: 2cm}
```

Cette instruction crée une classe d'image `prodlogo` qui oblige le texte à aller à la ligne sur sa droite, elle est de 2 centimètres de large et possède une hauteur quelconque proportionnelle à la largeur de 2 centimètres.

Les propriétés d'arrière-plan et de couleur

La couleur affecte les éléments d'avant-plan, tels que le texte et les bordures. Les propriétés d'arrière-plan affectent la surface sur laquelle les éléments du document apparaissent. Vous pouvez les définir globalement et localement pour des éléments individuels. Lorsque vous peignez l'arrière-plan d'un élément, vous disposez en couches le haut de l'arrière-plan du document. Si vous ne définissez pas un arrière-plan pour un élément, la valeur par défaut est la valeur `transparent` qui permet à l'arrière-plan du document d'être visible. La propriété `color` hérite du corps du document.

Vous pouvez contrôler une large variété de propriétés pour les arrière-plans, y compris la position, la répétition et le défilement, et utiliser la propriété abrégée `background` pour définir toutes les propriétés d'arrière-plan où vous pouvez vous servir des propriétés individuelles. L'arrière-plan est défini par rapport aux propriétés de la zone de l'élément.

background

C'est une propriété abrégée que l'on utilise pour inclure la collection complète des valeurs d'arrière-plan. Toutes les personnes qui ont modifié la couleur d'une page Web ou ajouté un graphique comme du papier peint connaissent la propriété `background`. Elle s'élargit maintenant à des éléments individuels qui permettent d'avoir une variété d'arrière-plans, et offre plus de fonctionnalité dans l'arrière-plan, y compris le défilement et les répétitions.

Valeurs

Les valeurs possibles pour l'arrière-plan sont l'ensemble des valeurs possibles listées dans les entrées des propriétés individuelles.

PROPRIÉTÉ	EFFET
`background-attachment`	Définit un arrière-plan qui défile avec l'élément.
`background-color`	Définit une couleur d'arrière-plan pour la page ou les éléments sur la page.
`background-image`	Définit une image derrière l'élément.
`background-position`	Positionne l'arrière-plan à l'intérieur de la zone de l'élément.
`background-repeat`	Définit le nombre de fois et la direction d'une répétition d'un arrière-plan.

Pour plus de détails sur ces valeurs, consultez la section sur les propriétés individuelles.

Notes

Si vous n'insérez pas une propriété (telle que la propriété `background-repeat`), le navigateur utilise la valeur par défaut.

L'ordre des propriétés dans une instruction n'a pas trop d'importance.

Exemples

```
body {background: url(sunshine.gif) blue repeat-y}
```

Cette instruction installe un arrière-plan pour la page en utilisant l'élément `body`. Si le navigateur ne peut pas trouver l'image, il utilise un arrière-plan de couleur bleue. Si besoin, l'image d'arrière-plan se répète au bas de la page (mais non à travers la page).

```
h1 {background: white}
```

Cette instruction modifie en couleur blanche l'arrière-plan pour les titres de niveau 1 en utilisant un mot-clé de couleur. Si cette instruction apparaît dans la même feuille de style que la première instruction, l'arrière-plan de l'image `sunshine` est recouvert avec une zone blanche, là où apparaît le titre de niveau 1.

```
p em {background: url(swirl.gif) yellow top left}
```

Dans cette instruction, n'importe quel élément `emphasis` (`em`) à l'intérieur d'un élément paragraphe (`p`) est modifié pour utiliser comme arrière-plan un fichier `swirl.gif`, lequel commence au coin supérieur gauche de la zone de l'élément. Si le fichier `swirl.gif` est introuvable, le navigateur utilise un arrière-plan de couleur jaune.

background-attachment

Utilisez cette propriété pour indiquer si une image utilisée pour l'arrière-plan d'un élément défilera avec l'élément ou restera à un emplacement fixe sur la page. Si l'image est plus grande que la zone de l'élément au moment où les utilisateurs font défiler l'écran, ils voient les différentes parties de l'image d'arrière-plan (une attache fixe), ou une seule partie de l'image (une attache défilante) qui se déplace en bas de la page avec l'affichage de l'élément.

Les éléments en ligne et les éléments de niveau bloc inclus n'héritent pas de cette propriété.

Valeurs

La valeur `scroll` déplace sur la page l'image avec l'élément, c'est donc la même partie visible lorsqu'on fait défiler l'écran. C'est la valeur par défaut et, dans l'instruction, elle s'applique seulement à l'élément. La valeur `fixed` garde l'image fixe par rapport à la page. Ainsi, les différentes parties sont visibles pendant le défilement de l'écran.

Notes

Utilisez cette propriété conjointement avec la propriété `background-image`.

Exemple

```
p {background-image: url(logo.gif);
   background-attachment: fixed}
```

Cette instruction utilise le fichier image `logo.gif` comme arrière-plan pour les paragraphes dans le document. C'est l'image qui est fixée à la page et non les contenus du paragraphe.

background-color

Utilisez cette propriété pour définir la couleur de l'arrière-plan pour la classe de base `body` ; vos autres éléments apparaîtront pour hériter de cette couleur à moins que vous ne modifiiez la valeur `transparent` de leur couleur d'arrière-plan.

Valeurs

La valeur définit la couleur de l'arrière-plan. Cette valeur peut être un nom de couleur ou des valeurs RGB. Vous pouvez lire la section "Les couleurs", dans cette deuxième partie des Références. La valeur `transparent` rend l'arrière-plan de la page à la valeur par défaut pour la visualisation.

Notes

Cette valeur ne définit que la couleur de l'arrière-plan. Pour définir la couleur en une image, vous devez utiliser la propriété `background` ou la propriété `background-image`.

Cette propriété affecte l'espace de la zone appartenant à l'élément. Cette propriété est définie en utilisant les propriétés de la marge et du remplissage ; celles-ci sont listées dans les sections "Les propriétés de la marge de la zone" et "Les propriétés du remplissage de la zone".

Lorsque vous définissez un arrière-plan de l'élément à la valeur `transparent` ou si vous ne le définissez pas du tout, la couleur de la page de l'arrière-plan ou l'image de la page de l'arrière-plan apparaît à sa place.

Exemples

```
h1 {background-color: blue}
```

Dans cette instruction, la couleur de l'arrière-plan pour les titres de niveau 1 est définie à bleue en utilisant le mot-clé de la couleur.

```
p.note {background-color: #800000}
```

Cette instruction crée une classe de paragraphe appelée `note` (c'est `<p class="note">...</p>`) qui a un arrière-plan de couleur bordeaux en utilisant la valeur RGB hexadécimale de la couleur.

background-image

Utilisez cette propriété pour définir une image pour l'arrière-plan. Le navigateur cherchera des informations supplémentaires sur la position de l'image, la répétition et l'attachement (ou association). Si vous acceptez les valeurs par défaut pour ces propriétés, votre image d'arrière-plan ne se répétera pas, mais elle sera rattachée à la page (et non à l'élément) et aura comme position de départ le coin supérieur gauche de la zone de l'elément.

Valeurs

La valeur par défaut `none` n'utilise pas une image pour l'arrière-plan. La valeur `url(...)` donne la réplique au navigateur auquel vous allez fournir un nom de fichier. Vous devez inclure le fichier avec la page.

Notes

Les images que vous utilisez doivent être des fichiers image `.gif` ou `.jpg` pour que tous les navigateurs graphiques puissent les lire.

Vous devez aussi inclure une propriété `background-color` au cas où l'image que vous avez sélectionnée ne serait pas disponible.

Exemple

```
p {background-image: url(litelogo.jpg);
   background-repeat: no-repeat;
   background-attachment: fixed;}
```

Cette instruction installe les paragraphes du document pour avoir une image d'arrière-plan (appelée `litelogo.jpg`) qui ne se répète pas ; celle-ci est fixée au canevas de document plutôt qu'à l'élément.

background-position

Utilisez cette propriété de l'arrière-plan de l'élément à l'intérieur de son espace en utilisant comme repère la position initiale. Chaque élément a une zone qui décrit la partie qu'il contrôle. La propriété `background-position` est utile lorsque l'image n'est pas de la même taille que l'élément auquel elle fournit un arrière-plan. Avec cette propriété, vous pouvez indiquer la position de l'image par rapport à la zone de l'élément.

Valeurs

Longueur Définit par une mesure relative ou absolue le point de départ du bord de la zone de l'élément et considère également les coordonnées comme des mesures. Vous pouvez vous référer à la section "Les longueurs", dans cette deuxième partie des Références.

Pourcentage Indique, en pourcentage, le lieu sur le bord de la zone où le navigateur commence à placer l'image. Vous pouvez répéter cette valeur pour donner un point de départ vertical et horizontal.

Position verticale Définit le point de départ vertical. Utilisez le mot-clé `top`, `center` ou `bottom`. Le navigateur détermine la largeur de la zone de l'élément et fonctionne à partir de cette position.

Position horizontale Définit le point de départ horizontal. Utilisez le mot-clé `left`, `center` ou `right`. Le navigateur détermine la largeur de la zone de l'élément et fonctionne à partir de cette position.

Avec les paramètres de longueur et de pourcentage, vous pouvez utiliser deux chiffres pour indiquer le point de départ vertical et horizontal. A la différence du pourcentage, la mesure de la longueur ne s'applique pas de la même façon à l'image et à la zone de l'élément. La mesure de la longueur indique les coordonnées à l'intérieur de la zone de l'élément, là où le coin supérieur gauche de l'image apparaît.

Notes

Le fait d'utiliser `0% 0%` revient à utiliser la propriété `top left`. Dans le premier cas, la position initiale de l'image est déterminée en considérant que le coin supérieur gauche de l'image est à 0% horizontal et 0% vertical, et pareil avec la zone de l'élément. Vous pouvez positionner une image en utilisant `50% 50%` et le navigateur commencera au milieu de l'élément et de l'image. Si l'image est plus grande que la zone de l'élément, vous perdez les bordures qui s'étendent au-delà de la zone. D'une façon identique, si votre image est plus petite que la zone de l'élément, vous aurez un bord avec aucune image à l'intérieur de la zone.

Vous pouvez combiner les mesures de pourcentage et de longueur. Il est correct de définir la propriété en utilisant `25% 2 cm`. Ce procédé va commencer à rendre l'image à partir du quart du chemin qui mène vers l'image et aussi du quart de la distance à travers la zone de l'élément. L'image va donc commencer à apparaître à 2 centimètres en dessous du haut de la zone de l'élément.

Les mesures de longueur indiquent la distance à partir de la bordure de la zone où le navigateur commence à rendre l'image.

Lorsque vous utilisez une unité de longueur, vous pouvez utiliser un nombre négatif ou positif. Dans certains cas, vous pouvez utiliser un nombre décimal. Qu'importe le système de mesure que vous choisissez, il doit être communiqué avec le formulaire du système (par exemple, `cm` ou `in`).

Vous pouvez aussi utiliser des mots-clés pour positionner l'image à l'intérieur de la zone de l'élément. Le Tableau MR2.5 donne quelques valeurs correspondantes avec lesquelles vous pouvez travailler.

Tableau MR2.5 : Les mots-clés de la position de l'arrière-plan.

MOT-CLÉ	POURCENTAGE	DESCRIPTION
top left, left top	0% 0%	Le coin supérieur gauche de l'image commence au coin supérieur gauche de la zone de l'élément.
top, top center, center top	50% 0%	Le milieu horizontal de l'image apparaît dans le milieu horizontal de la zone de l'élément. Le haut de l'image commence en haut de la zone de l'élément.
right top, top right	100% 0%	Le coin supérieur droit de l'image commence au coin supérieur droit de la zone de l'élément.
left, left center, center left	0% 50%	Le milieu vertical de l'image apparaît dans le milieu vertical de la zone de l'élément. Le côté gauche de l'image est justifié contre le côté gauche de la zone de l'élément.
center, center center	50% 50%	Le milieu exact de l'image est positionné sur le milieu exact de la zone de l'élément.
right, right center, center right de	100% 50%	Le milieu vertical de l'image se positionne sur le milieu vertical de la zone de l'élément. Le côté droit de l'image est ajusté contre le côté droit de la zone l'élément.
bottom left, left bottom	0% 100%	Le coin inférieur bas de l'image est positionné au coin inférieur de la zone de l'élément.
bottom center, center bottom	50% 100%	Le centre horizontal de l'image et celui de la zone de l'élément apparaissent ensemble et leurs bords inférieurs restent ensemble.
bottom right, right bottom	100% 100%	Le coin inférieur droit de l'image se positionne dans le coin inférieur droit de la zone de l'élément.

Exemples

```
body {background-image: url(litelogo.gif);
      background-position: 50% 50%}
```

Cette instruction définit la classe body pour positionner une image d'arrière-plan au centre de la page.

```
h1 {background-image: url(exclaim.gif);
     background-position: top left}
```

Dans cette instruction, une image assignée à l'arrière-plan des éléments de titre de niveau 1 au coin supérieur gauche de la zone de l'élément commence à être rendue.

background-repeat

Utilisez cette propriété pour contrôler une image qui se répète horizontalement, verticalement, les deux à la fois ou rien du tout. Normalement, les images se répètent horizontalement et verticalement, remplissant la zone à l'intérieur des marges de l'élément. Par défaut, les arrière-plans se répètent horizontalement et verticalement.

Valeurs

VALEUR	EFFET
`repeat`	Définit les répétitions horizontale et verticale de l'image. C'est la valeur par défaut.
`repeat-x`	Définit la répétition horizontale seulement.
`repat-y`	Définit la répétition verticale seulement.
`no-repeat`	Empêche les copies répétées de l'image d'être affichées.

Notes

Cette propriété fonctionne conjointement avec les propriétés `background-image` et `background-position`. Le fait de combiner ces propriétés dans une seule instruction permet de créer un modèle d'images d'arrière-plan qui améliorent la présentation des informations.

Exemple

```
p {background-image: url(logo1.gif);
    background-color: blue;
    background-position: top left;
    background-repeat: repeat-y}
```

Cette instruction ajoute un arrière-plan à vos paragraphes de document. La prc mière copie de l'image `logo1.gif` apparaît dans le coin supérieur gauche de la page et se répète au bas de la page. Si l'image n'est pas trouvée, le navigateur utilise un arrière-plan de couleur bleue.

color

Utilisez cette propriété pour définir l'avant-plan ou l'élément et la couleur. Si l'élément est un texte, vous pouvez définir la couleur du texte avec cette propriété. Les éléments en ligne (tels que l'élément `a`) et les éléments de niveau bloc inclus (tels que l'élément `p`) utilisent cette propriété.

Valeurs

La valeur définit la couleur en utilisant des noms de couleur ou des valeurs RGB. Vous pouvez vous référer à la section "Les couleurs", auparavant dans cette deuxième partie des Références.

Notes

Vous pouvez définir cette propriété avec l'un des trois systèmes RGB ou avec un mot-clé de couleur. Même si la plupart des navigateurs doivent reconnaître le mot-clé de couleur, les configurations individuelles de système/navigateur provoquent un affichage différent de la même couleur.

Exemples

```
body {color: black}
```

Cette instruction utilise le mot-clé `black` pour définir à noir la couleur de l'avant-plan du document.

```
p {color: #0000ff}
```

Cette instruction modifie à la couleur bleue la couleur de l'avant-plan du paragraphe (`p`) en utilisant la valeur RGB hexadécimale.

```
em {color: rgb(75%,0%,0%)}
```

Dans cette instruction, les éléments mis en relief sont définis à la couleur bordeaux en utilisant la valeur de pourcentage RGB.

Les propriétés de classification

Ce groupe de propriétés contrôle la présentation de certains éléments standards tel que l'affichage et les listes. Les propriétés peuvent modifier le type d'un élément en partant d'un élément en ligne vers un élément de niveau bloc, d'un article de liste vers un élément en ligne, etc. Ces propriétés contrôlent également la liste et les articles de liste, ce qui vous donne plus de contrôle sur la présentation des listes sur votre page.

display

Utilisez cette propriété pour modifier les valeurs d'affichage d'un élément. Chaque élément a sa propre valeur d'affichage.

Valeurs

VALEUR	EFFET
`block`	Définit l'élément avec une rupture de ligne avant et après.
`compact`	Définit à compact l'affichage, si possible en rentrant l'élément dans la marge de l'élément suivant. Cette valeur est nouvelle dans les feuilles de style CSS2.
`inline`	Enlève d'un élément les ruptures de ligne et place l'élément dans le flot d'un autre élément.
`list-item`	Définit l'élément comme un article dans une liste.
`marker`	Définit l'affichage d'un élément pour être un repère (par exemple, une puce dans une liste). Cette valeur est nouvelle dans les feuilles de style CSS2.
`none`	Empêche l'affichage d'un élément.
`run-in`	Définit l'affichage à "`run in`", faisant de l'élément un élément inline qui se trouve au début de l'élément de niveau bloc suivant. Cette valeur est nouvelle dans les feuilles de style CSS2.
`table`, `inline-table`, `table-row-group`, `table-column`, `table-column-group`, `table-header-group`, `table-footer-group`, `table-row`, `table-cell`, et `table-caption`	Rend l'action de l'élément comme un élément de tableau.

Notes

Vous pouvez utiliser les valeurs de la propriété `display` pour créer des éléments spéciaux tels que des titres `run-in` et des listes `running` et pour forcer les images à se présenter en ligne.

Exemples

```
h1 {display: inline}
```

Cette instruction définit le navigateur à ne pas forcer les titres de niveau 1 sur une ligne séparée. Vous pouvez la combiner avec une rupture de ligne (`br`) avant le titre pour commencer une nouvelle ligne, mais elle laisse les contenus de la section commencer directement après le titre. Vous souhaitez peut-être élargir la marge de droite du titre pour ajouter quelques espaces entre le titre et le contenu.

```
li.intext {display: inline}
```

Utilisez cette instruction si vous souhaitez reformater vos listes dans la classe `intext` (c'est `<li class="intext">...</li>`) en tant que partie intégrale d'un paragraphe. Par exemple, vous pouvez lister de la manière suivante :

```
block
inline
list-item
none
```

Ou vous pouvez les lister comme suit : `block`, `inline`, `list-item`, `none`.

list-style

Utilisez cette propriété abrégée pour définir toutes les propriétés de liste dans une seule instruction. Si vous définissez cette propriété pour un élément de liste (comme opposé aux éléments d'un article de liste), les articles de liste utilisent les paramètres que vous établissez. Vous pouvez outrepasser les paramètres de liste avec des paramètres individuels d'article de liste.

Valeurs

Les valeurs de paramètres possibles pour la propriété `list-style` sont l'ensemble de toutes les valeurs possibles listées dans les entrées des propriétés individuelles.

PROPRIÉTÉ	EFFET
`list-style-image`	Définit une image à utiliser pour une puce.
`list-style-position`	Définit une puce en suspension traditionnelle qui n'est pas justifiée avec le texte de l'article de liste ou une puce mise en retrait qui est justifiée avec le texte.
`list-style-type`	Définit le type de puce utilisé dans la liste.

Pour plus de détails sur ces valeurs, vous pouvez lire les entrées des propriétés individuelles.

Notes

Ces valeurs s'appliquent seulement à des éléments avec une caractéristique d'affichage de la propriété `list-item`.

Si vous utilisez une adresse URL pour indiquer une image, vous n'avez pas à définir le type car la position de la puce sera occupée par l'image.

Exemples

```
ol.outline {list-style: lower-roman inside}
```

Cette instruction crée une classe de liste appelée outline (c'est <ol class="outline">...</ol>) qui numérote les articles de liste.

```
li.comment {list-style: none}
```

Si vous utilisez cette instruction dans la même feuille de style que la première instruction, vous pouvez insérer des articles de liste qui n'ont aucun numéro.

list-style-image

Utilisez cette propriété pour remplacer les caractères de puce standards avec une image de votre choix. Si vous définissez cette propriété pour un élément de liste (comme opposé aux éléments d'articles de liste), les articles de liste utilisent ces paramètres que vous établissez. Vous pouvez outrepasser les paramètres de liste avec des paramètres individuels d'articles de liste.

Valeurs

Le mot-clé none (mot-clé par défaut) supprime les puces d'image que l'élément peut avoir héritées. Une adresse URL dans le format url(...) identifie l'adresse URL d'une image que vous souhaitez utiliser pour une puce.

Notes

Avant d'utiliser une image comme une puce, redimensionnez-la afin qu'elle devienne une image de taille petite.

Si le navigateur ne peut pas trouver l'image identifiée dans l'adresse URL, elle sera définie par défaut au paramètre list-style-type.

Les articles de liste utilisent les paramètres des listes. Vous pouvez insérer des articles de liste avec des paramètres différents créant une série d'effets (tels que de commentaires ou des surlignages en utilisant une puce différente ou une position différente).

Exemple

```
li.prodicon {list-style-image: url(logo.gif)}
```

Cette instruction remplace la puce pour les articles de liste de type prodicon (c'est <li class="prodicon">...</li>) avec une image appelée logo.gif.

list-style-position

Utilisez cette propriété pour définir un retrait à droite ou un retrait à gauche de la puce. Cette propriété permet à la puce de se détacher des contenus de la liste (la valeur `outside`) ou le justifie avec les articles de liste (la valeur `inside`). Si vous définissez cette propriété pour un élément de liste (comme opposé aux éléments d'article de liste), les articles de liste utilisent les paramètres que vous établissez. Vous pouvez outrepasser les paramètres de liste avec des paramètres individuels d'articles de liste.

Valeurs

Une valeur `inside` met en retrait la puce par rapport à la marge de gauche des contenus de l'article de liste. Une valeur `outside` crée un effet d'indentation en suspension (ou "indentation de sortie") avec la puce en se détachant de la marge de gauche des contenus d'articles de liste.

Notes

Les articles de liste utilisent les paramètres dans les listes. Vous pouvez insérer des articles de liste avec différents paramètres, créant une série d'effets (tels que des commentaires ou des surlignages en utilisant une puce différente ou une position différente).

Exemples

```
ul (list-style-position: outside; list-style-type: circle}
li.level2 {list-style-position: inside}
li.prodstart {list-style-image: url(logolitl.gif)}
```

Si vous combinez ces trois instructions dans une feuille de style, vos articles de liste de base dans une liste désordonnée aura un cercle vide qui va se pendre en dehors de la marge gauche des contenus de la liste. Vous pouvez ajouter des articles de liste de second niveau (c'est `<li class="level2">...</li>`) qui utilisent la puce sous forme de cercle mais l'ajustent aux contenus d'un article de liste. Ce procédé crée un effet visuel où les articles de liste apparaissent secondaires. La troisième instruction crée l'effet des titres de liste en remplaçant le cercle par un logo et ces articles de liste vont utiliser le paramètre `list-style-position` de l'élément parent.

list-style-type

Utilisez cette propriété pour indiquer un style de puce ou de numérotation que vous souhaitez pour vos listes. Vous pouvez créer plusieurs classes de liste et des classes d'articles de liste, puis les combiner pour donner votre structure de navigation d'informations. Si vous définissez cette propriété pour un élément de liste (comme opposé aux éléments d'articles de listes), les articles de liste utilisent les paramètres que vous établissez. Vous pouvez annuler les paramètres de liste avec des paramètres d'article de liste individuels.

Valeurs

VALEUR	EFFET
`none`	Supprime l'affichage des puces.
`circle`	Place un cercle vide en tant que puce.
`disc`	Place un cercle plein.
`square`	Place comme puce un carré plein.
`decimal`	Numérote les articles de liste en utilisant des chiffres arabes (1, 2, 3, ...).
`decimal-leading-zero`	Numérote les articles de liste en utilisant des chiffres arabes avec des zéros initiaux (01, 02, 03, ..., 10, 11, ...).
`lower-roman`	Numérote les articles de liste en utilisant des chiffres romains en minuscules (i, ii, iii, ...).
`upper-roman`	Numérote les articles de liste en utilisant des chiffres romains en majuscule (I, II, III, ...).
`lower-alpha`	Marque avec des lettres les articles de liste en utilisant des lettres minuscules (a, b, c, ...).
`upper-alpha`	Marque avec des lettres les articles de liste en utilisant des lettres majuscules (A, B, C, ...).
`armenian`	Chiffres arméniens (CSS2).
`cjk-ideographic`	Numérotation par des idéogrammes (CSS2).
`georgian`	Chiffres georgiens (an, ban, gan, ..., he, tan, in, in-an, ...) (CSS2).
`hebrew`	Chiffres hébreux (CSS2).
`hiragana`	a, i, u, e, o, ka, ki, ... (CSS2).
`hiragana-iroha`	i, ro, ha, ni, ho, he, to, ... (CSS2).
`katakatana`	A, I, U, E, O, KA, KI, ... (CSS2).
`katakana-iroha`	I, RO, HA, NI, HO, HE, TO, ... (CSS2).

Notes

Si vous utilisez des numérotations ou des marquages avec des lettres et que vous insérez des articles de liste avec un type alterné, la numérotation inclura des articles de listes non numérotés dans ses comptes. Par exemple :

```
a   full-featured
    WYSIWYG
    compliant
D   backward compatible
```

Exemples

```
ol {list-style-type: lower-roman}
```

Cette instruction installe un système de numérotation pour des listes ordonnées dans le document. Ces listes utiliseront i, ii, iii, etc. comme "puce" pour chaque article de liste.

```
li.comment {list-style-type: none}
```

Vous pouvez annuler les paramètres de liste avec un paramètre d'article de liste. Si vous appliquez la classe d'article de liste `comment` (c'est `<li class="comment">...</li>`) à un article dans une liste numérotée, le navigateur l'inclut dans la numérotation mais n'affiche pas le numéro de l'article de liste.

Notes sur les feuilles de style CSS2

Les feuilles de style CSS2 supportent des mots-clés supplémentaires pour d'autres systèmes de numérotation. Utilisez les mots-clés `hebrew`, `armenian`, `georgian`, `cjk-ideographic`, `hiragana`, `hiragana-iroha`, `katakana`, `katakana-iroha`. Par exemple, si vous souhaitez utiliser un système de numérotation hébreux, votre code ressemblera peut-être à :

```
ol {list-style-type: hebrew}
```

white-space

Utilisez cette propriété pour contrôler l'espace vide à l'intérieur d'un élément. Ce paramètre contrôle le retour à la ligne à l'intérieur de l'élément.

Valeurs

VALEUR	EFFET
`normal`	Le retour à la ligne automatique est défini par la taille de la page du navigateur. C'est la valeur par défaut et elle produit des résultats similaires à ce que vous voyez déjà dans les pages Web.
`nowrap`	Empêche le retour à la ligne automatique à l'intérieur d'un élément.
`pre`	Attribue le formatage de la source du document à l'affichage du document.

Lorsque vous souhaitez contrôler les retours à la ligne de la ligne dans des paragraphes ou des titres, vous pouvez le faire avec cette propriété. Si vous sélectionnez la valeur `normal`, elle outrepasse les paramètres d'un élément parent parce que les navigateurs utilisent par défaut ce paramètre. Si votre élément est une entité préformatée (tel un exemple de code), vous souhaiterez utiliser le mot-clé `pre` pour obliger le navigateur à l'afficher exactement lorsqu'il se produira dans le texte source. Utilisez le mot-clé `nowrap` pour empêcher le navigateur de terminer la ligne sans une instruction explicite, telle que `br` dans l'élément source.

Notes

Certains navigateurs ignorent ce paramètre et conservent leur propre valeur par défaut. Même si la valeur par défaut pour un espace vide est la valeur `normal`, plusieurs navigateurs auront un paramètre par défaut pour tous les éléments XHTML tel qu'on le propose dans une spécification.

Exemples

```
pre {white-space: pre}
```

Cette instruction indique que le texte dans l'élément est préformaté. L'espacement entre les caractères, les mots et les lignes est défini dans la source comme le sont les ruptures de ligne.

```
p {white-space: normal}
```

Cette instruction définit l'espacement entre les éléments paragraphe (`p`) à la valeur `normal` qui est l'affichage courant du texte.

```
h1 {white-space: nowrap}
```

Cette instruction empêche le navigateur de mettre à la ligne les titres de niveau 1. Pour avoir le titre sur plus d'une ligne, vous ajoutez explicitement des éléments `br` aux lieux de rupture.

Positionnement

En utilisant le positionnement, l'une des premières caractéristiques des feuilles de style CSS2 supportées par des navigateurs, vous pouvez ajouter des propriétés aux règles de style afin de contrôler le positionnement de l'élément. Par exemple, vous pouvez identifier les emplacements spécifiques des éléments et indiquer ceux qui sont relatifs aux autres éléments. Vous pouvez utiliser d'autres propriétés de zone pour contrôler l'agencement, en conjonction avec les caractéristiques de positionnement. De plus, lorsque ces caractéristiques sont utilisées avec celles du script, elles permettent de créer des documents XHTML dynamiques.

bottom

Utilisez cette propriété pour indiquer jusqu'où le bord inférieur du contenu d'une zone est décalé au-dessus du bas du bloc du contenu de la zone.

Valeurs

La valeur `auto` indique un décalage automatique basé sur des paramètres apparentés.

Longueur Indique le décalage comme une distance à partir du bord de l'élément contenant. Vous pouvez vous référer à la section "Les longueurs", dans cette deuxième partie des Références.

Pourcentage Indique le décalage sous forme de pourcentage de la taille de l'élément contenant (vertical ou horizontal comme approprié).

Exemple

```
img.logo {position: fixed; bottom: 0px; right: 0px}
```

Cette instruction définit l'image avec la classe `logo` pour rester en permanence au coin inférieur droit de l'affichage.

clear

Utilisez cette propriété pour indiquer les côtés de la zone d'un élément qui peuvent ne pas être adjacents à une précédente zone flottante.

Valeurs

VALEUR	EFFET
`left`	Indique que l'élément commence en dessous de n'importe quel élément flottant de gauche au-dessus de l'élément courant.
`right`	Spécifie que l'élément commence en dessous de n'importe quel élément flottant de droite au-dessus de l'élément courant.
`both`	Indique que l'élément commence en dessous de toutes les zones flottantes des éléments précédents.
`none`	Spécifie qu'aucune contrainte n'existe sur le placement d'un élément.

Exemple

```
img.picture {clear: all; float: left}
```

Cette instruction définit l'image avec la classe `picture` pour flotter à gauche avec le texte allant vers la droite. Elle définit aussi la propriété `clear` pour s'assurer qu'aucun autre élément flottant n'apparaît sur la même ligne.

clip

Une région de limitation définit quelle partie d'un contenu rendue d'un élément est visible. Par défaut, cette région a la même taille et la même forme que la (les) zone(s) de l'élément. Cependant, elle peut être modifiée par la propriété `clip`.

Valeurs

La valeur indique `rect` (pour rectangle qui est la forme valide dans les feuilles de style CSS2). Utilisez le code `rect` (`top`, `right`, `bottom`, `left`) avec chaque valeur précisant le décalage de longueur à partir des côtés respectifs de la zone. Substituez une longueur relative ou absolue ou `auto` pour chaque code `top`, `right`, `bottom` et `left`. Le mot-clé `auto` indique que la région de limitation a la même taille et le même emplacement que la (les) zone(s) de l'élément.

Exemple

```
p {clip: 15px 15px 15px; overflow: hidden}
```

Cet exemple définit une zone de limitation de 15 pixels à partir des bords de la zone et cache le contenu supplémentaire.

float

Utilisez cette propriété pour indiquer qu'une zone peut se déplacer à gauche ou à droite sur la ligne en cours. L'élément XHTML `img` avec les attributs `clear` et `align` est identique à l'attribut `float`.

Valeurs

VALEUR	EFFET
`left`	Indique une zone qui flotte à gauche avec d'autres contenus allant à droite.
`right`	Indique une zone qui flotte à droite avec d'autres éléments allant à gauche.
`none`	Indique que la zone ne flotte pas.

Exemple

```
img.picture {float: left}
```

Cette instruction définit l'image avec la classe `picture` pour flotter à gauche avec le texte flottant à droite.

left

Utilisez cette propriété pour indiquer jusqu'où le bord gauche du contenu de la zone est décalé à droite du bord gauche du bloc contenant la zone.

Valeurs

La valeur `auto` indique un décalage automatique basé sur des paramètres apparentés.

Longueur Spécifie un décalage comme une distance à partir du bord de l'élément contenant. Vous pouvez vous référer à la section "Les longueurs", dans cette deuxième partie des Références.

Pourcentage Définit le décalage en un pourcentage de la taille de l'élément contenant (vertical ou horizontal selon le cas).

Exemple

```
img.logo {position: fixed; top: 0px; left: 0px}
```

Cette instruction définit l'image avec la classe `logo` pour rester en permanence en haut à gauche de l'affichage.

overflow

Utilisez cette propriété afin de spécifier ce qui arrive à l'excédent de contenu lorsqu'une zone est trop petite pour le contenu qu'elle doit inclure. Dans ce cas, la zone est souvent appelée "zone découpée" (clipped).

Valeurs

VALEUR	EFFET
`auto`	Indique qu'un mécanisme défilant doit être fourni si nécessaire mais pas toujours.
`hidden`	Indique que le contenu est découpé et que les utilisateurs doivent être incapables d'accéder à la région cachée.
`scroll`	Indique que le contenu est découpé et que les barres de défilement (si elles sont applicables) doivent toujours être montrées pour permettre l'accès au contenu.
`visible`	Spécifie que le contenu ne doit pas être découpé aux bords de la zone.

Exemple

```
p {clip: 15px 15px 15px 15px;, overflow: hidden}
```

Cet exemple définit une zone de limitation de 15 pixels à partir des bords de la zone et cache l'excédent de contenu.

position

Utilisez cette propriété pour contrôler le positionnement des éléments.

Valeurs

VALEUR	EFFET
`absolute`	Indique la position de l'élément et facultativement dimensionne l'élément, en tenant compte de l'élément contenant.
`fixed`	Indique la position de l'élément et facultativement dimensionne l'élément comme avec la valeur `absolute` mais en tenant compte d'un point de référence spécifique (dans la fenêtre du navigateur ou sur une feuille imprimée).
`relative`	Indique que la position doit être calculée par rapport à la position dans le flot normal sans produire aucun effet sur les autres éléments. Les éléments qui sont positionnés de manière relative peuvent se chevaucher.
`static`	Indique que l'élément appartient au flot normal du document sans aucune exigence spécifique de positionnement.

Exemple

```
img.logo {position: fixed; top: 0px; right: 0px}
```

Cette instruction définit l'image avec la classe `logo` (c'est `<img class="logo" />`) pour rester en permanence à droite en haut de l'affichage.

right

Utilisez cette propriété pour indiquer jusqu'où le bord droit du contenu de la zone est décalé à gauche du bord droit du bloc contenant de la zone.

Valeurs

La valeur `auto` indique un décalage automatique basé sur des paramètres apparentés.

Longueur Indique le décalage comme une distance à partir du bord de l'élément contenant. Vous pouvez vous référer à la section "Les longueurs", dans cette deuxième partie des Références.

Pourcentage Indique le décalage en un pourcentage de la taille de l'élément contenant (vertical ou horizontal, comme approprié).

Exemple

```
img.logo {position: fixed; top: 0px; right: 0px}
```

Cette instruction définit l'image avec la classe `logo` pour rester en permanence en haut à droite de l'affichage.

top

Utilisez cette propriété pour préciser le décalage vertical d'un élément en relation avec le bloc contenant.

Valeurs

La valeur `auto` indique un décalage automatique basé sur des paramètres apparentés.

Longueur Spécifie le décalage comme une distance à partir du bord de l'élément contenant. Vous pouvez lire la section "Les longueurs", dans cette deuxième partie des Références.

Pourcentage Indique le décalage sous forme de pourcentage de la taille de l'élément contenant (vertical ou horizontal selon le cas).

Exemple

```
img.logo {position: fixed; top: 0px; right: 0px}
```

Cette instruction définit l'image avec la classe `logo` pour rester en permanence en haut à droite de l'affichage.

visibility

Utilisez cette propriété pour spécifier si les zones générées par un élément sont rendues ou non. Les zones invisibles affecteront encore l'agencement (définissez la propriété `display` à la valeur `none` pour supprimer ensemble la génération de zone).

Valeurs

VALEUR	EFFET
`collapse`	Spécifie un affichage qui s'est affaissé (caché) pour les lignes et les colonnes du tableau ou comme avec la valeur `hidden` pour les autres éléments.
`hidden`	Indique que la zone est invisible mais qu'elle est présente à des fins d'agencement.
`visible`	Précise que la zone est visible.

Exemples

```
p.chosen {visibility: visible}
p.unchosen {visibility: hidden}
```

Cet exemple montre deux paragraphes. Chaque paragraphe prend le même espace qui peut être révélé ou caché (probablement à travers des scripts).

z-index

En utilisant les feuilles de style CSS2, vous pouvez étendre des éléments de la zone. Chaque élément de zone a une position en trois dimensions incluant les positions normale, horizontale et verticale et une dimension verticale qui est décrite sur l'axe des z. Chaque zone appartient à un contexte d'empilement et à un nombre qui indique sa position par rapport à d'autres éléments dans la pile. Plus le nombre est grand, plus la partie supérieure (révélée) de la pile est étroite.

Utilisez cette propriété pour indiquer le niveau de pile de la zone dans le contexte d'empilement en cours. Cette propriété spécifie aussi implicitement que le nouveau contexte a démarré.

Valeurs

Une valeur numérique précise le niveau d'empilement de l'élément en cours en utilisant un nombre entier. Le mot-clé `auto` indique que le niveau d'empilement est le même que pour l'élément parent.

Exemples

```
p.foreground {z-index: 10}
p.background {z-index: 3}
```

Cette instruction définit les paragraphes avec la classe `foreground` pour avoir une propriété `z-index` de 10, tandis que les paragraphes avec la classe `background` ont une propriété `z-index` de 3 ; dans ce cas, l'arrière-plan se trouve alors derrière l'avant-plan.

Les feuilles de style sonores

Les feuilles de style sonores ont été introduites dans les feuilles de style CSS2. Elles indiquent comment un document est lu à haute voix, par exemple pour une personne ayant des problèmes de vue, dans des situations où la lecture n'est pas possible ou encore pour servir de supplément à la présentation visuelle.

Avec les feuilles de style sonores, vous pouvez indiquer la provenance du son, les caractéristiques et les autres sons qui le précèdent ou le suivent. Ces propriétés sont importantes pour des raisons d'accessibilité.

azimuth

Utilisez cette propriété pour indiquer la provenance du son sur le plan horizontal, de la gauche, de la droite, à partir du devant ou de l'arrière, ou à partir de n'importe quel point du milieu.

Valeurs

La valeur décrit la source du son en un angle de 0 degré directement au-devant de l'écouteur, de 90 degrés à droite de l'écouteur, de 180 degrés derrière l'écouteur et de 270 degrés à gauche de l'écouteur. Tous les points du milieu sont possibles. Utilisez un nombre pour exprimer l'angle ou utilisez l'un des mots-clés équivalents suivants :

VALEUR	EQUIVALENT À
`left-side`	270 degrés.
`far-left`	300 degrés (utilisée avec la valeur `behind`, spécifie 240 degrés).
`left`	320 degrés (utilisée avec la valeur `behind`, précise 220 degrés).
`center-left`	340 degrés (utilisée avec la valeur `behind`, indique 200 degrés).
`center`	0 degré (utilisée avec la valeur `behind`, spécifie 180 degrés).
`center-right`	20 degrés (utilisée avec la valeur `behind`, définit 160 degrés).
`far-right`	60 degrés (utilisée avec la valeur `behind`, indique 120 degrés).
`right-side`	90 degrés.
`behind`	180 degrés.
`leftwards`	Déplace de 20 degrés en sens inverse des aiguilles d'une montre la source du son (on soustrait 20 degrés).
`rightwards`	Déplace de 20 degrés en sens inverse des aiguilles d'une montre (on ajoute 20 degrés).

Exemple

```
p.trick {azimuth: right-side; volume: 100}
```

Cet exemple définit avec l'attribut `trick` le son de tous les paragraphes pour qu'il vienne du côté droit à un volume de 100.

cue

Utilisez cette propriété pour indiquer qu'un son va être joué avant et après l'élément spécifié. Le consortium W3C suggère des signaux comme des "icônes auditives". Si vous indiquez une valeur, elle s'applique avant et après l'élément. Si vous précisez deux valeurs, l'une s'applique avant et l'autre après l'élément.

Valeurs

La valeur indique l'adresse d'un fichier son pour jouer avec le format `url (...)`. La valeur `none` précise qu'il n'existe aucun signal.

Exemple

```
.example, .code {cue : url(codewarning.au);
                 pause-before: 20ms; pause-after: 50ms}
```

Cet exemple définit que le son `codewarning.au` doit précéder et suivre tout ce qui est dans les classes `example` ou `code`. Il indique aussi que le son `codewarning.au` a une pause de 50 millisecondes avant de jouer et une pause de 20 millisecondes après avoir joué.

cue-after

Utilisez cette propriété pour spécifier à un son de jouer après l'élément indiqué.

Valeurs

La valeur indique l'adresse d'un fichier son pour jouer avec le format `url(...)`. La valeur `none` spécifie qu'il n'existe aucun signal.

Exemple

```
.example, .code {code {cue-after: url(donenow.au);
                 pause-after: 5%}
```

Cet exemple indique que le son `donenow.au` suit tout ce qui se trouve dans les classes `example` ou `code` et a une pause de 5% après qu'il a été joué.

cue-before

Utilisez cette propriété pour spécifier à un son de jouer avant l'élément spécifié.

Valeurs

La valeur définit l'adresse d'un fichier son pour jouer avec le format `url(...)`. La valeur `none` spécifie qu'il n'existe aucun signal.

Exemple

```
.example, .code {cue-before: url(codewarning.au);
                 pause after: 5%}
```

Cet exemple indique que le son `codewarning.au` précède tout ce qui se trouve dans les classes `example` ou `code` et a une pause de 5% après qu'il a été joué.

elevation

Utilisez cette propriété pour indiquer que la source du son dans le plan vertical se dirige au-dessus ou au-dessous de l'écouteur.

Valeurs

La valeur spécifie la source du son en un angle entre –90 degrés (directement au-dessous de l'écouteur) et +90 degrés (directement au-dessus de l'écouteur). Pour exprimer l'angle, utilisez un nombre ou l'un des mots-clés équivalents suivants :

VALEUR	EQUIVALENT À
`below`	-90 degrés.
`level`	0 degré.
`above`	+90 degrés.
`higher`	Augmente de 10 degrés l'élévation.
`lower`	Diminue de 10 degrés l'élévation.

Exemple

```
p.downhere {elevation: below; volume: 100}
```

Cet exemple définit que le son vient du dessous pour tous les paragraphes avec la classe `downhere`.

pause

Utilisez cette propriété pour indiquer la durée d'une pause avant ou après la lecture d'un élément. La pause se produit entre le contenu de l'élément et les signaux. Si vous définissez une valeur, elle s'applique avant et après la lecture d'un élément. Si vous indiquez deux valeurs, la première s'applique avant la lecture d'un élément et la seconde après la lecture d'un élément.

Valeurs

Temps	Précise la durée de la pause par un nombre en millisecondes.
Pourcentage	Indique la durée de la pause par un pourcentage de la longueur globale de l'élément.

Exemples

```
.example, .code {volume: 50; speak: spell-out; pause: 10 20}
```

Cet exemple indique que tout ce qui se trouve dans les classes `example` ou `code` doit être lu à un volume de 50, précédé par une pause de 10 millisecondes et suivi par une pause de 20 millisecondes.

```
.example, .code {volume: 50; speak: spell-out; pause: 10}
```

Cet exemple est le même que le premier mais l'élément sera précédé et suivi par une pause de 10 millisecondes.

pause-after

Utilisez cette propriété pour indiquer la longueur d'une pause après la lecture d'un élément. La pause se produit entre le contenu de l'élément et les signaux.

Valeurs

Temps	Spécifie la durée de la pause par un nombre en millisecondes.
Pourcentage	Précise la durée de la pause par un pourcentage de la longueur globale de l'élément.

Exemple

```
.example, .code {volume: 50; speak: spell-out;
                   pause-before: 10; pause-after: 5%}
```

Cet exemple indique que tout ce qui se trouve dans les classes `example` ou `code` doit être lu à un volume de 50, précédé par une pause de 10 millisecondes et doit être suivi par une pause de 5% de la longueur de l'élément.

pause-before

Utilisez cette propriété pour indiquer la longueur d'une pause avant la lecture d'un élément.

Valeurs

Temps	Indique la durée de la pause en un nombre en millisecondes.
Pourcentage	Précise la durée de la pause en un pourcentage de la longueur totale de l'élément.

Exemple

```
.example, .code {volume: 50; speak: spell-out; pause-before: 10}
```

Cet exemple indique que tout ce qui se trouve dans les classes `example` ou `code` doit être lu et précédé par une pause de 10 millisecondes à un volume de 50.

pitch

Utilisez cette propriété pour indiquer le ton (fréquence) de la voix.

Valeurs

La valeur spécifie en hertz (Hz) le ton de la voix. Utilisez un nombre pour déterminer la valeur ou utilisez les valeurs `x-low`, `low`, `medium`, `high` et `x-high` pour indiquer des tons relatifs.

Exemple

```
.example, .code {pitch: medium}
```

Cet exemple indique que tout ce qui se trouve dans les classes `example` ou `code` doit être lu comme un ton moyen.

pitch-range

Utilisez cette propriété pour indiquer la variation du ton qui peut avoir une gamme allant d'une voix monotone vers une voix hautement modulée.

Valeurs

La valeur indique un nombre dans la gamme entre 0 (monotone) et 100 (très énergique, hautement modulée).

Exemple

```
.example, .code {volume: 50; pitch: medium; pitch-range: 10}
```

Cet exemple indique que tout ce qui se trouve dans les classes `example` ou `code` doit être très peu modulé dans un ton moyen de volume 50.

play-during

Utilisez cette propriété pour préciser un son de jouer tandis que le contenu de l'élément est lu.

Valeurs

VALEUR	EFFET
`url(...)`	Spécifie l'adresse d'un fichier son.
`mix`	Indique que n'importe quel son de l'élément parent doit continuer à jouer en plus du son qui a été nommé dans la valeur `url(...)`.
`repeat`	Précise que le son doit être répété plusieurs fois si nécessaire pour remplir le temps occupé par l'élément. Sinon, le son va jouer seulement une fois et s'arrêter.
`auto`	Indique que le son de l'élément parent continue mais aucun autre son n'est joué. C'est la valeur par défaut.
`none`	Spécifie qu'il n'existe aucun signal.

Exemple

```
.example, .code {volume: 50;
                 speak: spell-out;
                 cue-before: url(codewarning.au)
                 play-during: url(special.mid) repeat;
                 pause-after: 5%}
```

Cet exemple indique que le son `special.mid` doit accompagner tout ce qui se trouve dans les classes `example` ou `code`.

richness

Utilisez cette propriété pour indiquer la clarté ou la richesse du son.

Valeurs

La valeur indique un nombre dans la gamme entre 0 (une voix douce qui porte peu) et 100 (une voix riche qui porte bien).

Exemple

```
.example, .code {volume: 50; richness: 90}
```

Cet exemple indique que tout ce qui se trouve dans les classes `example` ou `code` doit être très riche et joué à un volume de 50.

speak

Utilisez cette propriété pour indiquer si le texte doit être parlé, non parlé ou lu.

Valeurs

VALEUR	EFFET
`none`	Spécifie que l'élément ne doit pas être parlé.
`normal`	Indique que l'élément doit être parlé.
`spell-out`	Indique que l'élément doit être épelé, seulement une lettre à la fois.

Exemple

```
.example, .code {volume: 50; stress: 50;
                 richness: 90; speak: spell-out;}
```

Cet exemple indique que tout ce qui se trouve dans les classes `example` ou `code` doit être lu un volume et à une accentuation de 50 et une richesse de 90.

speak-numeral

Utilisez cette propriété pour contrôler la lecture des nombres.

Valeurs

La valeur `digits` indique que le nombre doit être lu comme un chiffre individuel. La valeur (par défaut) `continuous` indique que le nombre doit être lu comme un nombre complet.

Exemple

```
.example, code {pitch: medium;
                speak: spell-out;
                speak-numeral: digits}
```

Cet exemple indique que tous les chiffres dans les classes `example` ou `code` doivent être lus chiffre par chiffre dans un ton moyen.

speak-punctuation

Utilisez cette propriété pour spécifier si la ponctuation doit être lue à haute voix ou comment elle doit l'être.

Valeurs

La valeur `code` indique que la ponctuation doit être lue à haute voix.

Exemple

```
.example, .code {volume: 50;
                speak: spell-out;
                speak-punctuation: code}
```

Cet exemple définit que toutes les ponctuations dans les classes `example` ou `code` doivent être lues explicitement à un volume de 50.

speech-rate

Utilisez cette propriété pour spécifier la vitesse de parole pour des navigateurs sonores.

Valeurs

La valeur spécifie le nombre de mots par minute. Utilisez un chiffre pour exprimer le nombre ou utilisez l'un des équivalents des mots-clés suivants :

VALEUR	EQUIVALENT À
`x-slow`	80 mots par minute.
`slow`	120 mots par minute.
`medium`	180 à 200 mots par minute (par défaut).
`fast`	300 mots par minute.
`x-fast`	500 mots par minute.
`faster`	Un taux croissant de 40 mots par minute.
`slower`	Un taux décroissant de 40 mots par minute.

Exemple

```
.example, .code {speech-rate: slow}
```

Cet exemple indique que tout ce qui se trouve dans les classes `example` et `code` doit être lu doucement.

stress

Cette propriété est identique à la propriété `pitch-range` mais il permet de préciser l'intensité de l'accent (inflexion) sur les mots et les syllabes.

Valeurs

La valeur indique un nombre dans la gamme entre 0 (monotone) et 100 (hautement modulée).

Exemple

```
.example, .code {volume: 50; pitch: medium; stress: 90}
```

Cet exemple indique que tout ce qui se trouve dans les classes `example` ou `code` doit être hautement modulé à un volume de 50 et à un ton moyen.

voice-family

Utilisez cette propriété pour spécifier les noms des familles de voix. Vous pouvez spécifier plusieurs familles de voix comme vous le faites pour la police de caractères.

Valeurs

La valeur définit soit une voix générique utilisant le mot-clé `male`, `female` ou `child`, soit une voix spécifique supposant la disponibilité de l'écouteur.

Exemple

```
h1 {voice-family: narrator, female}
```

Cet exemple indique que tous les titres de niveau 1 doivent être lus dans la voix `narrator` ou dans une voix femelle si la voix `narrator` n'est pas disponible.

volume

Utilisez cette propriété pour définir le volume relatif du texte où 1 est le volume minimum et 100 le volume maximum. Les utilisateurs seront capables d'ajuster ou d'outrepasser la priorité sur les paramètres du volume.

Valeurs

VALEUR	EFFET
`nn`	Définit un nombre spécifique entre 1 et 100.
`nn%`	Définit un pourcentage de volume.
`x-soft`	Identique à une valeur de 0.
`soft`	Identique à une valeur de 25.
`medium`	Identique à une valeur de 50.
`loud`	Identique à une valeur de 75.
`x-loud`	Identique à une valeur de 100.

Exemple

```
h1 {volume: 70}
```

Cet exemple définit un volume relativement haut pour les titres de niveau 1.

Les feuilles de style de médias imprimées

Vos utilisateurs vont visualiser un certain nombre de vos documents en ligne et faire défiler l'écran pour accéder au contenu de votre page. Dans certains cas, vos utilisateurs souhaitent imprimer vos documents plutôt que de faire une lecture sur écran. Vous pouvez utiliser des feuilles de style de médias imprimées (ou paginées) pour installer des documents et les adapter aux besoins de l'impression. Les propriétés des feuilles de style CSS2 permettent de définir des valeurs pour la zone de la page qui sera votre zone d'impression. Par exemple, dans la copie sur papier, votre zone de page peut être la feuille de papier A4. La zone de page comprend le contenu, les marges et les bords. Ces derniers ne sont disponibles qu'aux utilisateurs employant des navigateurs qui supportent les feuilles de style CSS2.

@page

Utilisez cet élément spécial pour indiquer les dimensions, l'orientation et les marges d'une zone de page. Utilisez la propriété `@page` qui sélectionne une page. Par exemple :

```
@page {size: 8.5in 11in}
```

définit une taille de papier standard en Amérique du Nord.

Vous pouvez aussi utiliser des pseudoclasses facultatives qui sont : `first`, `:left`, et/ou `:right` afin de spécifier respectivement des styles pour la première page, la page de gauche ou la page de droite d'un document. Par exemple :

```
@page :first {margin-top: 2em}
```

Vous pouvez aussi utiliser les noms des pages spécifiques et n'importe quelle propriété et déclaration que vous souhaitez. Par exemple :

```
@page squirrel {margin-bottom: 1in}
```

margin

Utilisez cette propriété dans le but d'installer toutes les marges pour une page. Cette mesure abrégée précise la distance entre la zone de la page et le bord du média.

Valeurs

Longueur Définit la largeur de la bordure en utilisant une mesure relative ou absolue. Vous pouvez vous référer à la section "Les longueurs", dans cette deuxième partie des Références.

Pourcentage Définit la taille de la marge par un pourcentage de la largeur de la page.

Navigateur par défaut La valeur `auto` définit la marge au navigateur par défaut sur les quatre côtés.

Pour la longueur et le pourcentage, vous pouvez choisir un, deux, trois ou quatre chiffres. Si vous utilisez un seul chiffre, le navigateur l'applique aux quatre marges (du haut, de la droite, du bas et de la gauche). Si vous utilisez deux chiffres, le premier définit les marges du haut et du bas et le second les marges de gauche et de droite. Si vous utilisez trois chiffres, vous définissez la marge du haut avec le premier, les marges de gauche et de droite avec le deuxième et la marge du bas avec le dernier. Vous pouvez mélanger les valeurs de longueur et de pourcentage.

Exemple

```
@page {margin: 1in}
```

Cet exemple définit une marge d'1 pouce autour de tous les côtés des pages.

margin-bottom

Utilisez cette propriété pour définir la marge du bas d'une zone de page. La marge du bas est la distance entre la bordure du bas et la limite du bas de la zone. Cette valeur est par défaut la valeur `zéro` et elle n'est pas utilisée par les éléments de niveau bloc inclus ou les éléments en ligne.

Valeurs

Longueur Définit une distance relative ou absolue entre la bordure et le bord du bas de la zone. Vous pouvez lire la section "Les longueurs", dans cette deuxième partie des Références.

Pourcentage Définit la taille de la marge du bas par un pourcentage de la largeur de l'élément parent.

Navigateur par défaut La valeur `auto` définit la marge du bas au navigateur par défaut.

Exemple

```
@page {margin: 1in; margin-bottom: 0.5in}
```

Cet exemple définit à 1 pouce la marge autour de tous les côtés des pages avec une marge de 0,5 pouce au bas.

margin-left

Utilisez cette propriété pour définir la marge de gauche d'une zone de page. La marge de gauche est la distance entre la bordure et le bord gauche de la zone.

Valeurs

Longueur Définit une distance absolue ou relative entre la bordure et le bord gauche de la zone. Vous pouvez vous référer à la section "Les longueurs", dans cette deuxième partie des Références.

Pourcentage Définit la taille de la marge de gauche par un pourcentage de la largeur de l'élément parent.

Navigateur par défaut La valeur `auto` définit la marge de gauche au navigateur par défaut.

Exemple

```
@page {margin: 1in; margin-left: 0.5in}
```

Cet exemple définit une marge d'1 pouce autour des côtés des pages avec une marge de 0,5 pouce à gauche.

margin-right

Utilisez cette propriété pour définir la marge de droite dans une page. La marge de droite est la distance entre la bordure et le bord droit de la page. Vous pouvez l'utiliser pour enlever l'élément du bord droit de la page.

Valeurs

Longueur Définit une distance absolue ou relative entre la bordure et le bord droit de la zone. Vous pouvez lire la section "Les longueurs", dans cette deuxième partie des Références.

Pourcentage Définit la taille de la marge de droite de la largeur de l'élément du parent.

Navigateur par défaut La valeur `auto` définit la marge de droite au navigateur par défaut.

Exemple

```
@page:left {margin-left: 5cm; margin-right: 6cm}
```

Cet exemple définit à 5 cm la marge de gauche et à 6 cm la marge de droite.

margin-top

Utilisez cette propriété pour définir la marge du haut d'une zone de page. La marge du haut est la distance entre la page et le haut de la page physique.

Valeurs

Longueur Définit une distance absolue ou relative entre la bordure et le bord du haut de la zone. Vous pouvez vous référer à la section "Les longueurs", dans cette deuxième partie des Références.

Pourcentage Définit la taille de la marge du haut par un pourcentage de la largeur de l'élément parent.

Navigateur par défaut La valeur `auto` définit la marge de gauche au navigateur par défaut.

Exemple

```
@page:first {margin-top: 8cm}
```

Nous définissons la marge du haut à 8 cm.

marks

Utilisez cette propriété pour indiquer si les marques rognage ou croix doivent être imprimées en dehors de la zone de la page (si le périphérique de sortie peut aussi le faire) afin d'aider l'alignement du média physique à faire le lien.

Valeurs

La valeur `crop` spécifie qu'il faut imprimer les marques `crop`. La valeur `cross` indique qu'il faut imprimer les marques `cross`. La valeur par défaut est la valeur `none`.

Exemple

```
@page {marks: crop}
```

Cet exemple précise qu'il faut imprimer les marques `crop`.

Orphans

Utilisez cette propriété pour indiquer le nombre minimum de lignes d'un paragraphe qui doit être à gauche en bas d'une page. La propriété `orphans` permet d'éviter une seule ligne qui balance au bas d'une page.

Valeurs

Un nombre entier définit le nombre minimum de lignes d'un paragraphe qui doit apparaître au bas de la page.

Exemple

```
p {orphans: 3}
```

Cet exemple requiert au moins trois lignes d'un nouveau paragraphe pour apparaître au bas d'une page.

page

Utilisez cette propriété pour indiquer la page spécifique sur laquelle un élément doit apparaître.

Valeurs

La valeur indique le nom ou l'identification d'une page.

Exemple

```
@page summary
h1 {page: summary}
```

Cet exemple indique que l'élément `h1` apparaît sur la page `summary`.

page-break-after

Utilisez cette propriété pour contrôler les sauts de page après des éléments.

Valeurs

VALEUR	EFFET
`always`	Spécifie un saut de page après l'élément.
`auto`	Précise une action par défaut pour les ruptures (c'est la valeur par défaut).
`avoid`	Spécifie qu'il n'existe aucun saut de page après l'élément.
`left`	Définit une rupture de page après l'élément pour s'assurer que l'élément commence sur le côté gauche de la page.
`right`	Définit un saut de page après l'élément pour s'assurer que l'élément commence sur le côté droit de la page.

Exemple

```
table {page-break-after: auto}
```

Cet exemple définit les sauts de pages automatiques après les éléments `table`.

page-break-before

Utilisez cette propriété pour contrôler les sauts de page avant les éléments.

Valeurs

VALEUR	EFFET
`always`	Définit un saut de page avant l'élément.
`auto`	Définit une action par défaut pour les sauts de page (c'est la valeur par défaut).
`avoid`	Définit qu'il n'existe aucun saut de page avant l'élément.
`left`	Définit un saut de page avant l'élément pour que l'élément commence sur le côté gauche de la page.
`right`	Définit un saut de page avant l'élément pour que l'élément commence sur le côté droit de la page.

Exemple

```
h1 {page-break-before: right}
```

Cet exemple spécifie un saut de page avant les éléments `h1` et les oblige à commencer sur le côté droit de la page.

page-break-inside

Utilisez cette propriété pour contrôler les sauts de pages dans les éléments.

Valeurs

La valeur par défaut `auto` définit une action par défaut pour les sauts de page. La valeur `avoid` spécifie qu'il n'existe aucun saut de page à l'intérieur de l'élément.

Exemple

```
table {page-break-inside: avoid}
```

Utilisez cette propriété pour éviter des sauts de page à l'intérieur des éléments `table`.

size

Utilisez cette propriété pour préciser la taille de la zone de la page.

Valeurs

Utilisez une valeur de mot-clé ou un nombre. Les valeurs numériques spécifient les dimensions (horizontale et verticale) de la zone en utilisant une mesure relative ou absolue (pour les pixels). Ce type de dimension oblige à utiliser une mesure particulière pour l'élément, en ignorant n'importe quel paramètre du navigateur. Précisez la mesure après le nombre comme suit : `in` pour les pouces, `mm` pour les millimètres, `cm` pour les centimètres, `pt` après les points, `px` pour les pixels ou `pc` pour les picas. Si vous fournissez une mesure, la zone sera un carré. Si vous donnez deux mesures, vous précisez la largeur et la longueur de la zone.

Les valeurs possibles de mot-clé sont comme suit :

VALEUR	EFFET
`auto`	Spécifie que la zone de la page doit être définie sur la taille et selon l'orientation de la feuille cible. C'est la valeur par défaut.
`landscape`	Définit que les côtés longs de la zone de la page sont horizontaux.
`portrait`	Spécifie que les côtés longs de la zone de la page sont verticaux.

Si vous utilisez la valeur `auto`, vous pouvez la suivre avec la valeur `landscape` ou `portrait` pour outrepasser l'orientation par défaut tandis que vous maintenez le paramètre `auto` pour la taille.

Exemples

```
@page {size: 8.5in 11in}
```

Cet exemple définit une taille de papier standard nord-américaine.

```
@page {size: auto landscape}
```

Cet exemple définit une page orientée horizontalement de la taille par défaut du périphérique de sortie.

widows

Utilisez cette propriété pour définir le nombre minimum de lignes d'un paragraphe qui doit apparaître en haut de la page. Identique à la propriété `orphans`, la propriété `widows` empêche une ligne de se balancer en haut d'une nouvelle page.

Valeurs

Un nombre entier qui définit le nombre minimum de lignes d'un paragraphe qui doit apparaître en haut d'une page.

Exemple

```
p {widows: 3}
```

Cet exemple requiert au moins trois lignes d'un nouveau paragraphe pour apparaître en haut d'une page.

Contenu autogénéré

Les propriétés dans cette section permettent d'utiliser des feuilles de style CSS2 afin de générer automatiquement le contenu de vos pages. Ces propriétés sont pratiques car elles permettent de ne plus retaper mais simplement de générer un document à partir d'un document ou une ligne à partir d'une ligne, comme un texte passe-partout, des dates ou même des compteurs.

content

Utilisez cette propriété pour inclure automatiquement n'importe quel texte que vous souhaitez. Vous utiliserez cette propriété avec les pseudoclasses `:before` et `:after`.

Valeurs

VALEUR	EFFET
`text`	Spécifie le contenu d'un texte.
`url(...)`	Précise l'adresse URL à partir de laquelle le contenu doit venir.
`open-quote`	Définit des guillemets ouvrants basés sur la propriété `quote`.
`close-quote`	Spécifie des guillemets fermants basés sur la propriété `quote`.
`no-close-quote`	Précise de ne pas afficher des guillemets fermants mais de considérer un guillemet fermé.
`no-open-quote`	Indique de ne pas afficher des guillemets ouvrants mais de considérer un guillemet ouvert.

Exemples

```
q:before {content: open-quote}
q:after {content: close-quote}
```

Cet exemple place un guillemet ouvrant avant les éléments q et un guillemet fermant après les éléments q.

counter

Utilisez cette propriété pour définir et afficher des compteurs.

Valeurs

Cette propriété prend deux valeurs : la valeur du nom du compteur et la valeur d'un style facultatif. La valeur `counter(name, style)` affiche le compte en cours pour le *nom* avec le compte affiché dans le format *style*. Tous les styles montrés comme des valeurs possibles pour la propriété `list-style-type` sont permis ici, y compris les valeurs `disc`, `circle`, `square` et `none`. Vous pouvez vous référer à la section sur la propriété `list-style-type`, auparavant dans cette deuxième partie des Références.

Notes

Si un élément incrémente ou réinitialise un compteur et s'il l'utilise aussi (dans la propriété `content` de ses pseudoclasses `:before` ou `:after`), le compteur est utilisé après avoir été incrémenté ou réinitialisé.

Exemples

```
ol {counter-reset: list}
li:before {content: counter(list) ". ";
counter-increment: list}
```

Cet exemple réinitialise le compteur `list` et affiche le compteur `list` avant chaque article dans la liste.

```
ol {counter-reset: list}
li:before {content: counter(name, roman) ". ";
counter-increment: list}
```

Cet exemple est le même que le précédent mais celui-ci définit le compteur pour qu'il affiche des chiffres romains.

counter-increment

La propriété `counter-increment` ajuste la valeur d'un ou de plusieurs compteurs lorsqu'un sélecteur particulier se produit dans votre document.

Valeurs

Cette propriété prend un nom de compteur ou des noms comme une valeur (le nom du compteur pour incrémenter) et un nombre entier optionnel par lequel on incrémente. L'incrémentation par défaut est 1. Les nombres entiers zéro ou négatifs sont permis.

Exemple

```
h2:before {content: counter(chapter) "." counter(section) " "; counter-
increment: section}
```

Cet exemple affiche un format de titre comme 1,2 et incrémente par 1 le compteur sur la partie de la section (h2).

counter-reset

Utilisez cette propriété pour réinitialiser les compteurs à zéro ou à une autre valeur lorsqu'un sélecteur particulier se produit dans votre document.

Valeurs

Cette propriété prend le nom d'un (des) compteur(s) à réinitialiser et un nombre entier optionnel par lequel le compteur est réinitialisé (par défaut il est réinitialisé à zéro).

Exemple

```
h1:before {counter-reset: section 1 headlevel 1}
```

Cet exemple réinitialise le compteur nommé `section` et le compteur nommé `head-level` à 1.

quotes

Utilisez cette propriété pour spécifier des guillemets pour n'importe quel nombre de guillemets imbriqués.

Valeurs

La valeur `none` spécifie que les valeurs `open-quote` et `close-quote` de la propriété `content` ne produisent aucun guillemet.

Afin de spécifier des guillemets pour les valeurs `open-quote` et `close-quote` de la propriété `content`, fournissez deux paires de chaînes de caractères guillemets. La première paire représente les caractères ouvrant et fermant pour le premier (ou `outer`) niveau de guillemets, la seconde paire définit le prochain niveau inclus de guillemets, et ainsi de suite.

Exemples

```
q:lang(en) {quotes: '"' '"' "'" "'"}
q:lang(fr) {quotes: "<<" ">>" "<" ">"}
```

Cet exemple définit des guillemets doubles ou simples pour les guillemets en anglais et des chevrons double ou simple pour les citations en français.

Les Références sur le scripting

XHTML

Les Références du Maître

Partie 3

Ces références couvrent les mots-clés de déclaration, les objets, les méthodes et fonctions, les gestionnaires d'événements, et les propriétés. Vous avez besoin de toutes ces pièces si vous voulez construire un script pour votre page. Les informations sont basées sur le langage JavaScript 1.3 de Netscape, compatible avec le standard international ECMA-262 (ECMAScript) et avec de larges extensions du langage JScript de Microsoft (lui aussi compatible avec ECMA-262).

Quelques exemples illustrent ce sujet, et vous pouvez revoir le Chapitre 11 sur la manière d'écrire des scripts pour vos pages Web. Rappelez-vous que vos scripts doivent être testés sur une grande variété de navigateurs et sur différentes plates-formes. En plus, la plupart des scripts caractéristiques qui relèvent d'une version particulière de JavaScript ou de Jscript ne seront pas traités. Même si les caractéristiques extra ou supplémentaires du langage XHTML ne causent aucun problème aux navigateurs qui ne peuvent pas justement les supporter, les commandes y afférentes ne s'exécutent pas du tout dans des navigateurs non conformes, sinon elles génèrent simplement des erreurs. Pour une référence complète sur JavaScript, voir *Mastering JavaScript et JScript* par James Jaworski (publié par Sybex).

A travers l'ensemble de ces Références et les commentaires qui vont suivre les exemples, nous avons utilisé le terme *entrée* (entry) (et non paramètre ou opérateur) pour se référer d'une manière uniforme aux différentes parties de la syntaxe.

Ces Références trient les entrées par objectifs ; les sections vont couvrir une grande variété de sujets, à savoir : les éléments, les opérateurs, les caractères d'échappement, les mots réservés, les objets, les méthodes et les fonctions, le gestionnaire d'événements et les propriétés.

CATÉGORIES	DESCRIPTION
Structure	Type d'instruction que vous pouvez utiliser pour contrôler le flot d'un script.
Opérateurs	Symboles algébriques, logiques et binaires pour travailler avec les valeurs dans vos instructions.
Le caractère d'échappement	Permet d'insérer un caractère spécial dans votre texte.
Mots réservés	Termes que le langage JavaScript utilise ou envisage d'utiliser dans le futur.
Objets	Conteneurs dans lesquels résident les propriétés et qui sont affectés par les méthodes et fonctions.
Gestionnaire d'événements	Attend que l'utilisateur ou le navigateur fasse quelque chose avant de dire au script d'agir en fonction de cet événement.
Propriétés	Décrivent le navigateur ou les caractéristiques du scripting.

Même si nous utilisons des espaces, des retraits et des ruptures de ligne pour la lisibilité du code, n'insérez pas d'espaces supplémentaires ou de retour à la ligne dans vos codes JavaScript. Assurez-vous que chaque instruction JavaScript est écrite sur une seule ligne ; vous devez laisser le texte descendre à la ligne sans un retour chariot. JavaScript considère le retour à la ligne comme un caractère JavaScript et l'ajoute à votre code (ce qui rendra le code non fonctionnel). Vous devez utiliser les retours à la ligne seulement à la fin d'une ligne de code, avant de commencer la ligne suivante mais pas au milieu d'une ligne de code.

Eléments

Les éléments sont des codes utilisés en JavaScript pour contrôler le flot du script. Si le fonctionnement d'un script dépend de l'entrée ou des circonstances, vous utilisez un élément pour diriger le traitement du script. Par exemple, pour afficher la réponse à une question après une série de réponses incorrectes de l'utilisateur, vous pouvez utiliser un élément qui sera appelé une instruction `if`.

Cette section contient une liste alphabétique d'éléments JavaScript. Chaque entrée décrit un simple élément et fournit sa syntaxe et un exemple.

break

Une instruction `break` termine des séries d'instructions `while` ou `for`. Si vous voulez qu'une condition ignore les autres clauses et saute hors de la boucle pour continuer le reste du script, vous devez le faire avec une instruction `break`. La syntaxe de l'instruction `break` est :

```
break;
```

Exemple

```
function alphacount (x) {
var count = 0
while (count < 1000) {
if (990 == count)
break;
count += (getUserNumber()) } }
```

Cet exemple est une fonction appelée `alphacount` qui ajoute l'entrée de l'utilisateur au moins jusqu'à 990 fois, et même au-delà de 1 000. Si la valeur est exactement 990, l'instruction `break` est déclenchée, et l'instruction `while` est terminée.

comment

Vous placez des commentaires à l'intérieur de vos scripts pour vous rappeler une variable ou une condition et ce qu'elles représentent, surtout lorsqu'elles changent et affectent une boucle ou d'autres appels. Un commentaire n'améliore pas une fonction ; c'est une note pour vous-même ou pour les utilisateurs futurs du script. La syntaxe d'un commentaire est :

```
// comment text
```

Exemple

```
readMe = "" // set the readMe variable to null
bigNews = 1 // set the bifNews variable to 1
if (readMe < bigNews) {
bigNews += song
// Add song to bigNews, increments bigNews by a user.
variable getStory(readMe)
// This function retrieves the user's guess.
}
```

Dans cet exemple, les déclarations de variables et l'instruction `if` sont suivies de commentaires.

continue

Comme l'instruction `break`, l'instruction `continue` rompt une boucle `for` ou `while`. Au lieu de continuer après une boucle vers les prochaines instructions, l'instruction `continue` retourne le script dans la condition de l'instruction `while` ou vers l'expression `update` dans une boucle `for`. La syntaxe de l'instruction `continue` est :

```
continue;
```

Exemple

```
while (cows != "home") {
if (barnDoor = "open") {
cows = "home"
continue; }
callCows()
}
```

Dans la boucle `while`, les conditions contrôlent la valeur de la variable `cows`. Tant que la valeur est différente de "home", la boucle continue. A l'intérieur de la boucle, une instruction `if` vérifie l'état de `barnDoor` ; lorsque la variable `barnDoor` est "ouverte", l'instruction définit la valeur `cows` à la valeur "home" et retourne le script à la déclaration de condition. Autrement, la boucle continue à exécuter la fonction `callCows`.

for

L'instruction `for` répète une action un certain nombre de fois. Vous donnez au script les conditions de départ, les conditions finales et l'information d'itération. Une condition initiale peut être, par exemple, `month=1`, indiquant que la répétition commence par "janvier". La condition finale, dans ce cas, est `month=12`, indiquant que la répétition va continuer pour tous les mois de l'année. Dans cette répétition, vous pouvez inclure une série d'instructions qui doivent exécuter une fonction (comme l'affichage d'un résultat, par exemple : "en janvier notre vente était de $1.500.000"). Probablement, l'incrément serait `month++`, indiquant que la valeur de `month` doit être augmentée de 1 chaque fois qu'une boucle est accomplie. La syntaxe de l'instruction `for` est :

```
for ([initial expression]; [condition]; [update expression]) {
statements; }
```

L'entrée `initial expression` est l'instruction ou la déclaration de la variable, `condition` est un booléen ou une instruction de comparaison, et `update expression` est l'arrangement pour la condition d'incrémentation avec une variable de la condition.

Exemple

```
horse = 100;
for (cows = 0; cows <= horse; cows++)) {
getCowCount(cows); }
```

Cet exemple répète tout simplement la fonction `getCowCount` jusqu'à ce que le nombre de vaches soit supérieur au nombre de chevaux. Chaque fois que le résultat est inférieur ou égal au nombre de chevaux (dans la variable `horse`), le nombre de vaches est incrémenté de 1. Cette boucle peut s'exécuter pendant une certaine durée.

for in

L'instruction `for` n'a pas besoin de compteur pour faire ses répétitions. Si, par exemple, vous avez une liste de commandes d'objets qui utilisent le nom de menu (l'objet `File` contient tous les articles de menu que l'on trouve sous le menu fichier), vous pouvez itérer à travers la liste, en les présentant comme faisant partie de la liste d'options. L'avantage est de pouvoir stocker l'information dans un objet et de la mettre à jour une seule fois pour une utilisation multiple. Lorsque la liste des articles de menu est complète, le script se déplace vers le groupe d'instructions suivant. La syntaxe de l'instruction `for in` est :

```
for (variable in object){ statements; }
```

L'entrée `variable` représente une valeur, et l'entrée `object` est un tableau de propriétés d'objet.

Exemple

```
function house (rooms, location, floors, residents) {
this.rooms = rooms;
this.location = location;
this.floors = floors;
this.residents = residents; }
while (newHome != "no") {
description = "";
var info;
for (info in house) { description += house + "." + info +
" = " + house[info] + "<br />" }
description += "<hr />";
return description;
getNewHouse (newHome); }
```

Dans cet exemple, la fonction `house` remplit l'information sur l'objet `house`. L'objet house contient les propriétés : rooms, location, floors et residents. L'instruction à l'intérieur de la boucle `for in` génère une série d'instructions qui remplissent l'objet. Par exemple, si l'utilisateur fournit l'information suivante : 10, London, 5, et 9, la description de la variable sera la série suivante :

```
house.rooms = 10;
house.location = London;
house.floors = 5;
house.residents = 9;
```

function

Cet élément définit une fonction JavaScript. Une fonction effectue une variété de calculs en utilisant les informations qui lui sont fournies telles que les mots, nombres ou objets. Avec une commande, vous pouvez remplir un objet avec l'information sélectionnée. Par exemple, si vous collectez une information sur l'utilisateur dans plusieurs zones, vous pouvez les placer ensemble dans une seule variable et s'y adresser à travers une session. Il est mieux de définir les fonctions dans la section `head` de la page Web, car elles doivent être déclarées avant qu'elles soient utilisées. La syntaxe de l'élément `function` est :

```
function name ([parameter], [parameter], [parameter]) { statements; }
```

Exemple

```
// This function works out the grade for the test.
// The variables ans_right, ans_wrong, and ans_blank are used
// in other functions to determine the user's improvement over
// a series of tests.
function calc_pass_fail (ans_right, ans_wrong, ans_blank) {
return ans_right / (ans_right + ans_wrong + ans_blank); }
```

Dans cet exemple, la fonction `calc_pass_fail` lit dans les variables `ans_right`, `ans_wrong` et `ans_blank` pour donner le niveau de pourcentage intellectuel de la personne au vu du test le plus récent.

If

L'instruction `if` fonctionne comme son équivalent dans le langage parlé : *si cela est vrai alors faites ceci.* Utilisez cet élément si vous souhaitez que le script effectue une tâche lorsque la condition idoine est réalisée. Par exemple, pour inclure certaines informations dans une page de résultat, utilisez l'élément `if` si l'utilisateur sélectionne des exemples et les insère dans la page de résultat. La syntaxe de l'instruction `if` est :

```
if (condition) {
statements;}
```

Exemple

```
if (tests== 0) {
windows.location.href = "test.html"; }
```

Dans cet exemple, l'instruction `if` détermine si l'utilisateur a fait un test. Si l'utilisateur n'a pas fait de test (tests=0), l'utilisateur est orienté vers les pages de test.

if else

Comme l'instruction `if`, cette structure permet de faire une décision dans un script : *Si cette condition est vraie, faites ceci ; sinon, faites cela.* Utilisez cette structure lorsque vous avez deux alternatives qui dépendent de certaines conditions. Par exemple, si vous souhaitez afficher une note correcte ou incorrecte à côté de la réponse de l'utilisateur dans un test, vous avez la formulation suivante : si l'utilisateur répond correctement, insérez un message de félicitations ; autrement, affichez la bonne réponse. La syntaxe de l'instruction `if else` est :

```
if (condition) {
statements; }
else {
 statements; }
```

Exemple

```
if (tests != 0) {
if (tests == 1) {
document.write("lesson 2"); }
else {
if (tests == 2) {
document.write("lesson 3"); }
else {
if (tests == 3) {
document.write("lesson 4"); }
} } }
else {
document.write("lesson 1"); }
```

Dans cet exemple, l'instruction `if` vérifie le test que l'utilisateur a fait et imprime le titre de la prochaine leçon. La première instruction `if` teste simplement si l'utilisateur a fait ou non un test ; le compteur de test est incrémenté à la fin de chaque test (pas dans cette fonction ou dans cette boucle).

new

Utilisez cette instruction pour créer un objet défini par l'utilisateur. La création d'objet est un processus à deux étapes :

1. Définir l'objet avec une fonction.
2. Créer une instance de l'objet avec new.

La syntaxe de l'instruction new est :

```
objectName = new objectType (
[parameter1], [parameter2], [parameterN] );
```

L'entrée objectName est le nom du nouvel objet ; de cette façon, on fait référence à cet objet dans le code. L'entrée objectType est le type de l'objet. Les entrées parameter1 ... parameterN sont les propriétés de l'objet.

Exemple

```
function house (rooms, location, floors, residents) {
this.rooms = rooms;
this.location = location;
this.floors = floors;
this.residents = residents; }
 newHouse = new house (8, Prairieville, 3, 4);
```

Cet exemple crée un type d'objet appelé house et remplit newHouse, qui est de type house, avec 8 chambres, 1 location de Prairieville, 3 étages et 4 résidents.

return

L'instruction return travaille conjointement avec l'instruction function. Pour afficher une valeur calculée, vous insérez une instruction return afin de retourner la valeur au script. La syntaxe de l'instruction return est :

```
return;
```

Exemple

```
function square (x) {
return (x * x); }
```

Cet exemple utilise l'instruction return avec l'instruction qui génère la valeur à retourner (le carré du nombre *x* passé à la fonction).

switch

L'instruction `switch` est similaire à l'instruction `if else` ; elle présente le script avec une série de routes alternatives qui vont dépendre des conditions trouvées. L'instruction `switch` est plus claire qu'une série d'imbrications d'instructions `if else`. La syntaxe de l'instruction `switch` est :

```
switch (expression) {
case1: statements;
break;
case2: statements;
break;
default: statements;
}
```

Exemple

```
switch (infoType) {
case ("reference") : destination = "jref.html";
break;
case ("how-to") : destination = "instruct.html";
break;
case ("overview") : destination = "intro.html";
break;
default : destination = "toc.html";
}
```

Cet exemple prend sa valeur dans la variable `infoType` et la compare à une liste de valeurs connues. Si la valeur contenue dans `infoType` correspond à l'un des cas (reference, how-to, ou overview), le script stocke le nom d'une page dans la variable de destination. Si aucun cas ne correspond à la valeur, le script définit la destination vers la table des matières (`toc.html`).

this

Cette instruction fait référence à l'objet en question. Par exemple, lors du remplissage d'un tableau d'objets (liste de propriétés), vous devez avoir une série d'instructions `this`, une pour chaque propriété. La syntaxe de l'instruction `this` est :

```
this [.propertyName]
```

Exemple

```
function house (rooms, location, floors, residents) {
this.rooms = rooms;
this.location = location;
this.floors = floors;
this.residents = residents; }
 newHouse = new house (8, Prairieville, 3, 4);
```

Cet exemple crée un type d'objet appelé `house` et remplit `newHouse`, qui est de type `house`, avec 8 chambres, 1 location de Prairieville, 3 étages et 4 résidents.

var

C'est un mot-clé qui indique que l'instruction exécute une assignation à une variable. Vous pouvez l'utiliser pour définir la valeur initiale des variables (toujours une bonne idée !) en dehors de la fonction (particulièrement lorsqu'il y a une répétition) ou à l'intérieur d'une fonction. La syntaxe du mot-clé `var` est l'une des lignes suivantes :

```
var varName;
var varName = value;
```

L'entrée `varName` est le nom de la variable, et `value` devient le contenu original de la variable.

Exemple

```
var cust_id = 0, reading = 0;
```

Dans cette instruction, l'identificateur du consommateur (`cust_id`) et la variable `reading` sont définis à zéro. C'est une préparation d'une fonction dans laquelle le numéro d'un consommateur est assigné et une variable qui suit les activités de la session est lancée.

while

L'instruction `while` est similaire à l'instruction `for` ; il crée une boucle qui répète un groupe d'instructions tant qu'une condition est vraie. La syntaxe de l'instruction `while` est :

```
while (condition) { statement }
```

Exemple

```
copies = 0;
original = 0;
while (copies < 5) {
copies++;
while (original < 10) {
original++; }
original = 0;
//reset original to 0 before re-entering first while loop
 }
```

Dans cet exemple, les deux variables, `copies` et `original`, sont initialisées à zéro avant d'entrer dans la boucle `while`. La boucle extérieure vérifie que le nombre de copies est inférieur à 5. Si cette condition est vraie, le nombre de copies est incrémenté de 1 et une deuxième boucle `while` fait une itération à travers la page depuis l'original.

with

Pour utiliser une série d'instructions sur un même objet, comme l'objet `Math`, placez-les à l'intérieur d'une instruction `with`. Vous devez alors identifier chaque fonction, méthode ou propriété appartenant à l'objet `Math`. Habituellement, lorsque vous écrivez une instruction qui utilise une fonction provenant d'un objet, vous devez inclure l'objet dans l'instruction. L'instruction `with` permet de grouper une série d'instructions et d'identifier l'objet parent des fonctions, méthodes et propriétés. La syntaxe de l'instruction `with` est :

```
with (object) { statement; }
```

Exemple

```
with (Math) {
a = PI * r * r;
x = r * cos(theta);
y = r * sin(theta);
 }
```

Dans cet exemple, des valeurs sont attribuées aux propriétés `Math.a`, `Math.x`, et `Math.y`.

Les opérateurs

Un opérateur est un symbole qui représente une action ; les opérateurs les plus familiers sont les symboles mathématiques pour l'addition, la soustraction, la multiplication et la division. Le langage JavaScript contient des actions de base et quelques opérations beaucoup plus complexes, chacune d'elles étant affectée d'un symbole spécial. Comme pour les symboles mathématiques, l'ordre des opérations définit un ordre de précédence (i.e., quel est le premier opérateur) de chaque opérateur dans une expression.

Le Tableau MR3.1 définit les opérateurs et les présente dans l'ordre des opérations. Vous pouvez utiliser des parenthèses pour contrôler l'ordre ou la précédence dans l'instruction. Dans le tableau, les opérateurs de même ordre de précédence sont groupés ensemble et les groupes sont divisés par une seule ligne. Par exemple, ( ), [ ], et . (point) ont les mêmes précédences dans l'ordre des opérations.

Certains de ces opérateurs travaillent sur les bits des valeurs que vous avez entrées. Pour travailler sur les bits, le langage JavaScript convertit vos valeurs en bits, effectue l'opération et retourne la valeur dans son type original. Cela peut entraîner des résultats particulièrement intéressants si vous ne maîtrisez pas les bits ou si vous faites des erreurs de calcul.

Puisque la catégorie d'"assignation" est si extensive, nous avons fait une liste séparée des opérateurs en assignation, dans le Tableau MR3.2.

Tableau MR3.1 : Les opérateurs JavaScript.

OPERATEUR	DESCRIPTION	CE QU'IL FAIT
( )	Appel de fonction ou organisation d'instruction	Organise les fonctions et force un ordre différent dans les équations : x+2*y est le même que x+(2*y) car la multiplication prend la précédence sur l'addition.
[ ]	Sousscript	A utiliser lorsque vous avez un pointeur et un élément. Par exemple, si vous avez une liste (une variable qui contient un ensemble de valeurs), vous pouvez l'utiliser pour identifier individuellement les membres de la liste. Les listes sont appelées tableaux.
.	Membres	A utiliser lorsque vous utilisez les méthodes et les propriétés d'un objet. Par exemple, `Math.abs ( )` appelle la fonction absolue de l'objet `Math`.
!	NON	Le symbole de la négation booléenne. A utiliser lorsque votre expression est conçue pour tout inclure sauf l'article marqué par ce symbole NON. Par exemple, `if name !Bob, call` appelle tout le monde sauf celui nommé Bob.
~	Complément d'un	L'équivalent en binaire de l'opérateur NON. Son utilisation modifie 0 (zéro) en 1 (un) et vice versa.
++	Incrément	A utiliser devant ou derrière une variable pour ajouter un à sa valeur. Par exemple, `right++` est le même que `right+1`.

Tableau MR3.1 : Les opérateurs JavaScript (suite).

OPERATEUR	DESCRIPTION	CE QU'IL FAIT
--	Décrément	A utiliser devant ou derrière une variable pour soustraire un à sa valeur. Par exemple, `submits--` est le même que `submits-1`.
*	Multiplication	A utiliser pour multiplier deux valeurs numériques. Ces valeurs doivent être des nombres.
/	Divide	A utiliser pour diviser deux valeurs numériques. Ces valeurs doivent être des nombres. Si vous utilisez des entiers des deux côtés de l'opérateur, vous n'obtiendrez jamais des valeurs décimales. Par exemple, si `in` et `out` sont déclarés comme entiers, et la valeur de la variable `in` est 12 et celle de la variable `out` est 7, `in/out = 1`.
%	Modulo	La division entière n'utilise pas le reste ; et elle ne donne pas une place de décimal dans le résultat. Si la division a un reste, le reste est perdu. Utilisez l'opérateur % si vous souhaitez obtenir le reste de la division. Par exemple, 7/2 comme une division entière donne un résultat 3 ; 7%2 donne 1.
+	Addition	Combine deux valeurs (nombre ou mots).
-	Soustraction	Soustrait une valeur (nombre ou mots) d'un autre.
<<	Décalage binaire à gauche	Déplace les contenus d'un objet ou les éléments vers la gauche. Il travaille sur les bits de l'objet, les déplace vers la gauche et remplit les cellules de droite avec des zéros. Par exemple, 7<<2 prend 111 (le binaire représentant 7) et les déplace de 2 places (11100) qui, lorsqu'elle est retournée en valeur entière, est 28.
>>	Décalage binaire à droite	Similaire au décalage à droite de la ligne précédente, il déplace les bits vers la droite ; mais contrairement au décalage à gauche, les bits déplacés à droite tombent. Ainsi, en utilisant le même exemple, 7>>2 devient 1.
>>>	Déplacement à droite avec remplissage par zéro.	Cet opérateur de déplacement d'un bit déplace les bits vers la droite et remplit la partie gauche avec des zéros.
<	Inférieur à	Compare deux valeurs. Si la valeur de droite est plus grande que celle de gauche, cette opération retourne `True`.
>	Supérieur à	Compare deux valeurs. Si la valeur de gauche est plus grande que la valeur de droite, cette opération retourne `True`.
<=	Inférieur ou égale à	Compare deux valeurs. Si la valeur de droite est égale ou supérieure à celle de la gauche, cette opération retourne `True`.
>=	Supérieur ou égale à	Compare deux valeurs. Si la valeur de gauche est égale ou supérieure à celle de la droite, cette opération retourne `True`.
== Egalité	Compare deux valeurs.	Si elles sont égales, cette opération retourne `True`.
===	Egalité stricte	Compare deux valeurs. Si elles sont égales et de même type, cette opération retourne `True`.
!=	Inégalité	Compare deux valeurs. Si elles ne sont pas égales, cette opération retourne `True`.
!==	Inégalité stricte	Compare deux valeurs. Si elles ne sont pas égales et de même type, l'opération retourne `True`.
&	Bitwise AND	Vérifie les bits des deux valeurs et détermine leur différence. Si les valeurs sont des valeurs de plusieurs bits, l'opérateur vérifie chaque position. Si les deux valeurs n'ont pas le même bit identique, la valeur est complétée par zéro. S'ils s'accordent, un 1 est retourné. Par exemple, 10&7 retourne 2 car 1010 & 0111 correspondent par la deuxième position à partir de la droite, ce qui donne 0010 qui n'est autre que 2.

Tableau MR3.1 : Les opérateurs JavaScript (suite).

<table>
<tr><th>OPERATEUR</th><th>DESCRIPTION</th><th>CE QU'IL FAIT</th></tr>
<tr><td>^</td><td>Bitwise EOR (Ou exclusif)</td><td>Retourne <code>True</code> si l'un ou l'autre est 1. Lorsque les valeurs correspondent, il retourne 0. Ainsi, 10 ^ 7 retourne 1101 qui est 13.</td></tr>
<tr><td>|</td><td>Bitwise OR (Ou inclusif)</td><td>Retourne <code>True</code> (1) si l'une des valeurs vaut 1. Contrairement à EOR, cet opérateur retourne True si les deux valeurs sont 1. Ainsi l'expression 10 | 7 retourne 1111 qui est 15.</td></tr>
<tr><td>&&</td><td>ET logique</td><td>Contrairement aux opérateurs binaires, les opérateurs logiques comparent les résultats des expressions. Utilisez les opérateurs logiques pour lier les comparaisons booléennes à un test d'instruction de branchement. Par exemple, si Bob est plus vieux que Ray ou si Ray ne travaille pas aujourd'hui, envoyez le package vers Ray. Le paquetage est envoyé à Ray si les deux conditions se remplies.</td></tr>
<tr><td>||</td><td>Ou logique</td><td>Le résultat est True si l'une des expressions est vraie. Avec le même exemple que celle de la cellule précédente, Ray recevrait le package s'il était plus jeune que Bob ou ne travaillait pas aujourd'hui.</td></tr>
<tr><td>?:</td><td>If-else</td><td>C'est le symbole de l'instruction <code>if else</code>, qui est décrit dans la section "Structure".</td></tr>
<tr><td>operator=</td><td>Assignation</td><td>Crée une assignation. Le Tableau MR3.2 montre le champ des possibilités.</td></tr>
<tr><td>,</td><td>Virgule</td><td>Sépare les valeurs dans une suite, comme les assignations à un objet qui contient un tableau.</td></tr>
</table>

Tableau MR3.2 : Les opérateurs d'assignation.

<table>
<tr><th>OPERATEUR</th><th>CE QU'IL FAIT</th></tr>
<tr><td>=</td><td>Met la valeur de droite dans la variable placée à gauche ; tous les contenus de la variable de gauche sont remplacés.</td></tr>
<tr><td>+=</td><td>Ajoute la valeur de droite à la variable de gauche ; les contenus de la variable sont augmentés.</td></tr>
<tr><td>-=</td><td>Soustrait la valeur de droite de la variable de gauche ; les contenus de la variable sont diminués.</td></tr>
<tr><td>*=</td><td>Multiplie la variable de gauche par la valeur de droite et place le résultat dans la variable de gauche.</td></tr>
<tr><td>/=</td><td>Divise la variable de gauche par la valeur de droite et place le résultat dans la variable de gauche.</td></tr>
<tr><td>%=</td><td>Divise la variable de gauche par la valeur de droite et place la différence dans la variable de gauche.</td></tr>
<tr><td><<=</td><td>Effectue un décalage sur la variable de gauche égale à la valeur de droite ; le résultat est placé dans la variable de gauche.</td></tr>
<tr><td>>>=</td><td>Effectue un décalage sur la variable de gauche égale à la valeur de droite ; le résultat est placé dans la variable de gauche.</td></tr>
<tr><td>>>>=</td><td>Effectue un décalage sur la variable de gauche égale à la valeur de droite ; le résultat est placé dans la variable de gauche.</td></tr>
<tr><td>&=</td><td>Effectue un bitwise AND sur la variable de gauche et sur la valeur de droite ; le résultat est placé dans la variable de gauche.</td></tr>
<tr><td>^=</td><td>Effectue un OU exclusif sur la variable de gauche et sur la valeur de droite ; le résultat est placé dans la variable de gauche.</td></tr>
<tr><td>|=</td><td>Effectue un OU inclusif sur la variable de gauche et sur la valeur de droite ; le résultat est placé dans la variable de gauche.</td></tr>
</table>

Le caractère d'échappement

La barre oblique inversée (\) est le caractère d'échappement pour le langage JavaScript. Un caractère d'échappement indique au système que le prochain caractère de la séquence est soit un caractère spécial, soit un caractère réservé qui sera utilisé dans un texte de citation. Le Tableau MR3.3 dresse la liste des caractères d'échappement qu'utilise le langage JavaScript.

Tableau MR3.3 : La succession des échappements du langage JavaScript.

CARACTERES	FONCTION
\b	Espace arrière.
\n	Nouvelle ligne.
\t	Tabulation.
\r	Retour chariot.
\f	Caractère de présentation de feuille.
\uhhhh	Caractère unicode (nombre hexadécimal de u+4-digit).
\\	Antislash (dans le texte).
\'	Apostrophe dans le texte.
\"	Guillemet (dans le texte).
\ooo	Nombre octal.
\xhh	Caractère latin (nombre hexadécimal de x+2 digit).

Mots réservés

Le langage JavaScript a plusieurs mots réservés, c'est-à-dire des mots que vous ne pouvez pas utiliser pour les variables dans vos scripts. Ces mots, listés dans le Tableau MR3.4, sont par exemple utilisés dans des fonctions ou sont réservés pour des utilisations futures.

Tableau MR3.4 : Les mots réservés du langage JavaScript.

ABSTRACT	FINAL	PROTECTED
boolean	finally	public.
break	float	return.
byte	for	short.
case	function	static.

Tableau MR3.4 : Les mots réservés du langage JavaScrip (suite)t.

ABSTRACT	FINAL	PROTECTED
catch	goto	super.
char	if	switch.
class	implements	synchronized.
comment	import	this.
const	in	throw.
continue	instanceof	throws.
debugger	int	transient.
default	interface	true.
delete	label	try.
do	long	typeof.
double	native	var.
else	new	void.
enum	null	volatile.
export	package	while.
extends	private	with.
false.		

Ainsi les opérateurs (les caractères suivants) ne doivent pas être utilisés dans les noms de variables :

```
- ! ~ % / * > < = & | + ?
```

Les objets

Un objet est une façon simple de faire référence aux différentes parties d'une page Web. L'utilisation des objets structure vos pages Web et vos scripts écrits en JavaScript. En général, vous appliquez des méthodes, fonctions et propriétés à des objets pour atteindre un résultat.

Cette section contient une liste alphabétique des objets JavaScript disponibles. Chaque entrée décrit l'objet, donne son format, et (dans la plupart des cas) montre un exemple. Chaque entrée contient aussi une liste des propriétés associées, méthodes, et gestionnaire d'événements.

anchor

L'objet anchor est un texte d'une page qui représente une destination pour un lien. L'objet anchor peut aussi être un objet lien s'il inclut un attribut href. Le navigateur crée un tableau d'ancres lorsqu'il ouvre une page. Ce tableau contient des informations sur chaque objet ancre. Vous pouvez accéder aux ancres ou à leur longueur à partir du tableau.

L'objet anchor a le format suivant :

```
<a name="anchorname" id="anchorname">anchorText</a>
```

Pour accéder à l'objet anchor :

```
document.anchor.name
```

Pour accéder au tableau d'ancres :

```
document.anchors.length
 document.anchors.[index]
```

L'entrée d'index est un entier représentant une ancre dans le document.

L'objet anchor n'a pas de méthodes ni de propriétés avant les navigateurs de version 4 dans lesquels la propriété name a été introduite. Le tableau d'ancres n'a pas de propriété length qui sert à obtenir les ancres de la page à partir du nombre d'élément du tableau d'ancres.

Il n'y pas de gestionnaire d'événements pour l'objet anchor qui est une propriété d'un objet document.

button

L'objet button représente l'élément XHTML button et crée un bouton sur un formulaire. Le navigateur définit l'apparence des boutons et vous permet de contrôler le texte d'invite sur le bouton et l'action qu'il effectue. Vous créez un objet button en utilisant l'élément input dont l'attribut type est button. L'objet button a le format suivant :

```
<input type="button" name="buttonName" value="buttonText"
[onclick="handlerText"] />
```

L'entrée buttonName est un bouton avec lequel vous l'identifiez. Chaque bouton de la page exige un nom unique. L'entrée buttonText est l'étiquette qui apparaît sur le bouton.

La propriété name correspond à la valeur de l'attribut name, et la propriété value correspond à la valeur spécifiée dans l'attribut value. Le bouton utilise les méthodes click, blur et focus et les gestionnaires d'événements onclick, onblur, onfocus, onmousedown, et onmouseup. L'objet button est une propriété de l'objet form.

Exemple

```
<input type="button" name="goNow" value="Let's Go"
onclick="buttonClick(this.form)" />
```

Dans cet exemple, un bouton "Let's Go" apparaît dans le formulaire. Lorsque l'utilisateur clique sur le bouton, le gestionnaire d'événements onclick exécute la fonction buttonClick qui traite le formulaire.

```
var button1 = document.forms['form1'].elements['goNow'];
```

Dans cet exemple, une variable nommée button1 a été créé pour présenter le bouton goNow dans le formulaire nommé form1.

checkbox

L'objet checkbox représente un élément XHTML checkbox. Une case à cocher apparaît sur le formulaire pour permettre aux utilisateurs de faire des sélections (aucune, une ou plusieurs) dans une liste. Vous créez un objet checkbox en utilisant l'élément input dont la valeur de l'attribut type est checkbox. L'objet checkbox a le format suivant :

```
<input type="checkbox" name="checkboxName" value="checkboxValue"
[checked="checked"] [onclick="handlerText"] /> textToDisplay
```

L'entrée checkboxName est le nom de l'objet checkbox ; vous identifiez la case à cocher avec ce nom si vous le référencez dans votre script. L'entrée checkboxValue est la valeur retournée lorsque la case à cocher est sélectionnée ; la valeur par défaut est On. L'entrée checked spécifie que la case à cocher apparaît cochée lorsque le navigateur l'affiche pour la première fois. L'entrée textToDisplay est l'étiquette, le texte apparaissant près de la case à cocher dans la page.

Vous pouvez définir la propriété checked de la case à cocher en modifiant l'état (On ou Off) de la case à cocher. La propriété checked indique si la case à cocher est couramment cochée. La propriété defaultChecked indique si la case à cocher est cochée par défaut (checked="checked"). La propriété name correspond à la valeur de l'attribut name, et la propriété value correspond à la valeur spécifiée dans l'attribut value. L'objet checkbox utilise les méthodes blur, click et focus et les gestionnaires d'événements onblur, onclick et onfocus ; checkbox est une propriété de l'objet form.

Exemple

```
<h3>Pick the modules that you want to study:</h3>
<input type="checkbox" name="studymodul_newdocs"
checked="checked" />Creating a new document<br />
<input type="checkbox" name="studymodul_trackdocs" />
Tracking documents in the system<br />
<input type="checkbox" name="studymodul_routedocs" />
Routing documents on the system<br />
...
```

Dans cet exemple, vous avez une liste d'options ; cette première option apparaît avec sa case à cocher sélectionnée.

```
var check1 = document.forms['modules'].elements['studymodul_newdocs'];
```

Dans cet exemple, une variable nommée check1 a été créée pour représenter la case à cocher nommée studymodul_newdocs dans le formulaire nommé modules.

date

L'objet prédéfini date permet de travailler avec les dates. Il inclut un grand nombre de méthodes pour obtenir des informations sur la date, comme un calendrier ou le jour. Les dates précédant 1970 ne sont pas permises. L'objet date a le format suivant :

```
dateObjectName = new Date();
dateObjectName = newDate("month day, years hours: minutes:second");
dateObjectName = new Date(year, month, day);
dateObjectName = Date(year, month, minutes, seconds, milliseconds);
```

Le mot-clé new génère un nouvel objet utilisant l'objet date. Dans la deuxième instruction, les propriétés month day, years hours: minutes: seconds sont des valeurs chaînes. Dans la troisième et la quatrième instructions, elles sont des entiers.

La méthode date a le format suivant :

```
dateObjectName.methodName(parameters);
```

L'objet date n'a pas de propriétés et utilise les méthodes suivantes :

getDate
getDay
getFullYear
getHours
getMilliseconds
getMinutes
getMonth
getSeconds
getTime
getTimeZoneOffset
getUTDCDate
getUTCDay
getUTCFullYear
getUTCHours
getUTCMilliseconds
getUTCMinutes
getUTCMonth
getUTCSeconds
getYear
parse
setDate
SetFullYear
setHours
setMilliseconds
setMinutes
setMonth
setSeconds
setTime
setUTCDate.
setUTCFullYear.
setUTCHours.
setUTCMilliseconds.
setUTCMinutes.
setUTCMonth.
setUTCSeconds.
setYear.
toLocaleString.
toUTCString.
UTC.
valueOf.

L'objet date n'a pas de gestionnaire d'événements car les objets incorporés n'en ont pas. L'objet date n'appartient à aucun autre objet.

Exemple

```
var logofftime= new Date();
logofftime = logofftime.getHours() + ":" + logofftime.getMinutes() + ":"
+ logofftime.getSeconds();
```

Dans cet exemple, le script crée une nouvelle variable date appelée logofftime et lui attribue la valeur du temps courant.

document

L'objet document est le conteneur des informations de la page courante. Cet objet contrôle l'affichage de l'information XHTML pour l'utilisateur. L'objet document a le format suivant :

```
function setMeUp() {
document.alinkColor="darkcyan";
document.linkColor="yellow";
document.vlinkColor="white"; }
...
<body> onload="setMeUp()">...</body>
```

Dans cet exemple, les paramètres des couleurs de lien utilisent les propriétés de document `alinkColor`, `linkColor`, et `vlinkColor`. C'est l'équivalent de la déclaration suivante :

```
<body alink="darkcyan" link="yellow" vlink="white">...</body>
```

Les propriétés de l'objet sont montrées dans le Tableau MR3.5.

Tableau MR3.5 : Les propriétés de l'objet document.

PROPRIÉTÉ	CE QUE C'EST
`alinkColor`	La couleur du lien actif.
`anchors`	Tableau contenant la liste des ancres sur le document.
`bgColor`	Couleur d'arrière-plan.
`cookie`	Cookie (informations concernant l'utilisateur/session).
`fgColor`	Couleur de l'avant-plan du texte et autre élément d'avant-plan comme les bordures et les lignes.
`forms`	Tableau contenant une liste de formulaires dans le document.
`lastModified`	La date de la dernière modification.
`linkColor`	Couleur des liens de base.
`links`	Attributs de lien.
`location`	Emplacement (URL) du document.
`referrer`	Emplacement (URL) du parent ou du document appelant.
`title`	Contenus de l'élément titre.
`vlinkColor`	Couleur des liens visités.

L'objet document utilise aussi cinq méthodes, `clear`, `close`, `open`, `write` et `writeln`, mais pas de gestionnaire d'événements. Bien que les gestionnaires d'événements `onload` et `onunload` soient inclus dans l'élément `body`, ce sont des événements de l'objet `window`. L'objet `document` est une propriété de l'objet `window`.

Exemple

```
function hello() {
document.write("Hello, welcome to my site"); }
```

Dans cet exemple, le message "Hello, welcome to my site" est écrit sur la page lorsque la fonction `hello` est appelée, utilisant la méthode `write` de l'objet `document`.

elements

L'objet `elements` est un tableau d'objets de formulaire dans l'ordre de leur apparition dans le code source, ce qui donne un chemin d'accès alternatif aux objets `form` individuel. Vous pouvez aussi déterminer le nombre d'objets `form` en utilisant la propriété `length`. Elle est similaire au tableau d'ancres dans lequel vous pouvez lire et non écrire. L'objet `elements` a le format suivant :

```
formName.elements[index]
formName.elements.length
```

L'entrée `formName` est le nom du formulaire ou un élément dans le tableau de formulaires. L'entrée `index` est un entier représentant un objet du formulaire.

L'objet `elements` utilise la propriété `length`, qui reflète le nombre d'éléments dans le formulaire. Il n'y a pas de méthodes et de gestionnaire d'événements pour l'objet `elements` qui, lui, est une propriété de l'objet `form`.

Exemple

```
userInfo.username.value
userInfo.elements[0].value
```

Les deux instructions retournent les mêmes valeurs si l'élément `username` est le premier article du tableau d'éléments.

form

Cet objet définit le formulaire avec lequel l'utilisateur interagit. Il contient des cases à cocher, des zones de texte, des boutons radio, et ainsi de suite. Vous utilisez l'objet `form` pour envoyer des données à un serveur. Il a le format suivant :

```
<form name="formName" id="formName" target="windowName" action="serverURL"
method="get|post" enctype="encodingType" [onsubmit="handlerText"]>
 </form>
```

L'entrée `windowName` est la destination des réponses du formulaire. Si vous l'utilisez, les réponses du serveur sont envoyées vers une fenêtre différente, une autre fenêtre, un cadre ou un cadre littéral (comme _top). Le `serverURL` est l'emplacement où les informations du formulaire vont lorsqu'elles sont envoyées. Les commandes `get|post` (`get` or `post`) spécifie la manière d'envoyer les informations vers le serveur. Avec la méthode `get`, qui est la méthode par défaut, les informations sont ajoutées aux URL de destination. Avec post, le formulaire envoie les informations dans le corps des données que le serveur gère. L'entrée encodingType est l'encodage MIME des données envoyées. La valeur par défaut est application/x-www-form-urlencoded ; vous pouvez aussi utiliser multipart/form-data.

Voici le format pour l'utilisation des propriétés et des méthodes :

```
formName.propertyName
formName.methodName(parameters)
forms[index].propertyName
forms[index].methodName(parameters)
```

L'entrée formName est la valeur de l'attribut name et l'attribut id du formulaire. Les entrées propertyName et methodName indiquent une des propriétés de form, listées dans le Tableau MR3.6. L'entrée index est un entier représentant l'objet form à l'intérieur du tableau et à la position indiquée par l'entier. Les instructions un et trois sont équivalentes, comme les instructions deux et quatre le sont, les instructions un et deux utilisent l'objet form et les instructions trois et quatre font référence au tableau de formulaires.

Tableau MR3.6 : Les propriétés de l'objet form.

PROPRIETE	CE QU'ELLE FAIT
action	URL du serveur.
elements	Liste des éléments dans le formulaire.
encoding	L'attribut enctype.
length	Nombre des éléments du formulaire (une propriété du tableau forms).
method	Comment l'information est traitée (get ou post).
name	Le nom du formulaire.
target	La fenêtre vers laquelle les réponses sont acheminées.

L'objet form utilise les méthodes reset et submit, les gestionnaires d'événements onreset et onsubmit, et les propriétés de l'objet document.

Exemple

```
<script type="text/javascript" language="javascript">
<!--
function welcome() {
document.write("Thanks for joining us, " +
membername + "!") }
-->
</script>
```

```
...
<form name="members" id="members">
<p>Please enter your name and e-mail address below.</p>
<b>Name:</b>
<input type="text" name="membername" size="40" /><br />
<b>E-mail address:</b>
<input type="text" name="email" size="40" />
<input type="button" name="button1" value="Join now!"
onclick="welcome()">
</form>
```

Dans cet exemple, les utilisateurs saisissent leur nom et adresse e-mail. Lorsqu'un utilisateur clique sur le bouton, la fonction `welcome` est appelée et un message contenant leur nom est affiché sur la page.

frame

L'objet `frame` est une fenêtre à l'intérieur d'une fenêtre et a sa propre URL. Une page peut contenir une série de cadres. Il y a aussi un tableau `frames` qui liste tous les cadres dans votre code. L'objet `frame` a le format suivant :

```
<script type="text/javascript" language="javascript">
<!--
function welcome() {
document.write("Thanks for joining us, " +
membername + "!") }
-->
</script>
...
<form name="members" id="members">
<p>Please enter your name and e-mail address below.</p>
<b>Name:</b>
<input type="text" name="membername" size="40" /><br />
<b>E-mail address:</b>
<input type="text" name="email" size="40" />
<input type="button" name="button1" value="Join now!"
onclick="welcome()">
</form>
```

L'entrée `rowHeightList` est une liste de valeurs séparées par des virgules qui définissent la hauteur des lignes des cadres. L'unité de mesure par défaut est le pixel. L'entrée `columnWidthList` est une liste de valeurs séparées par des virgules qui définit les largeurs de colonnes du cadre. L'unité de mesure par défaut est le `pixel`.

L'entrée `locationOrURL` est l'emplacement du document qui doit être affiché dans le cadre. Cette URL contient le nom d'une ancre. L'objet `location` décrit les composants des URL. L'entrée `frameName` est l'objectif des liens.

Pour utiliser les propriétés de l'objet location, suivez ce format :

```
[windowReference.]frameName.propertyName
[windowsReference.]frames[index].propertyName
window.propertyName
self.propertyName
parent.propertyName
```

L'entrée `windowReference` est une variable de la définition de l'objet `window` ou un de ses synonymes : top ou parent. L'entrée `frameName` est la valeur de `name` et de l'attribut `id` dans l'élément `frame`. L'entrée `index` est un entier représentant un objet `frame` dans le tableau, et l'entrée `propretyName` est une des propriétés listées dans le Tableau MR3.7.

Tableau MR3.7 : Les propriétés de l'objet `frame`.

PROPRIETE	CE QUE C'EST
`frames`	Tableau ou liste de cadres dans un document.
`name`	Attribut de `name` (comme assigné dans l'élément `frame`).
`id`	Attribut `id` (comme assigné à l'élément `frame`).
`length`	Entier qui reflète le nombre de cadres enfant à l'intérieur du cadre.
`parent`	Fenêtre ou cadre qui contient ce cadre.
`self`	Cadre courant.
`window`	Cadre courant.

Pour utiliser le tableau d'objet, adoptez les formats suivants :

```
[frameReference.]frames[index]
[frameReference.]frames.length
[windowReference.]frames[index]
[windowReference.]frames.length
```

Le tableau de cadres a une propriété `length` qui reflète le nombre de cadres enfant à l'intérieur d'un cadre. L'objet `frame` utilise les méthodes `clearTimeout` et `setTimeout`.

L'objet `frame` n'utilise pas de gestionnaires d'événements. Bien que les gestionnaires d'événements `onload` et `onunload` apparaissent à l'intérieur de l'élément `frameset`, ce sont des gestionnaires d'événements d'objet `window`. L'objet `frame` est une propriété de l'objet `window` ; le tableau `frames` est une propriété de `frame` et de `window`.

Exemple

Ce code définit des fenêtres contenant des cadres. L'élément `frameset` vient après l'élément `head` et remplace l'élément `body`.

```
<!DOCTYPE html PUBLIC "-//W3C/DTD XHTML 1.0 Frameset//EN"
"http://www.w3.org/TR/xhtml1/DTD/xhtml1-Frameset.dtd">
<html xmlns="http://www.w3.org/1999/xhtml">
<head>
<title>Central Zoo: Front Entrance</title>
</head>
<frameset cols="40%, 60% onload="alert('We\'re in!')">
<frame name="frame1" id="frame1" src="mainframe.html" />
<frame name="frame2" id="frame2" src="littleframe.html" />
</frameset>
</html>
```

hidden

L'objet hidden représente un élément XHTML hidden. L'objet hidden contient un objet texte qui est supprimé (c'est-à-dire n'apparaît pas) dans le formulaire. Cet objet est utilisé pour passer des informations lorsqu'on soumet le formulaire. Bien que l'utilisateur ne puisse pas modifier directement la valeur, le développeur (vous) peut contrôler les contenus en le modifiant avec des programmes. Vous créez un objet hidden en utilisant l'élément input avec un attribut type dont la valeur est hidden. L'objet hidden a le format suivant :

```
<input type="hidden" name="hiddenName" [value="textValue"] />
```

L'entrée hiddenName est le nom de l'objet, qui permet d'accéder à un objet utilisant la propriété name. L'entrée textValue est la valeur initiale pour l'objet.

L'objet hidden utilise trois propriétés – name, type et value. Elles reflètent le nom de l'objet, le type et les contenus. L'objet hidden n'utilise aucun gestionnaire d'événements ; c'est une propriété de l'objet form.

Exemple

```
<form name="form1" id="form1">
<input type="hidden" name="hiddenPass" />
<input type="text" name="password" value="" size="5" />
<input type="button" name="test" value="Test"
onclick="document.form1.hiddenPass.value=document.form1.
password.value; alert(document.form1.hiddenPass.value)" />
</form>
```

Cet exemple lit, dans un formulaire de mot de passe, l'objet texte et le stocke dans un objet caché. Comme un test de formulaire, nous avons inclus une ligne qui affiche un objet hidden dans un message d'alerte, ce que vous ne devez normalement pas faire.

history

L'objet `history` contient la liste des URL visitées ; cette information est disponible dans la liste "historique" du navigateur. Le format de l'objet `history` est le suivant :

```
history.length
history.methodName(parameters)
```

L'entrée `length` est un entier représentant une position dans la liste de l'historique. L'entrée `methode-Name` est une des méthodes listées ci-dessous.

L'objet `history` utilise la propriété `length`. Il y a trois méthodes pour l'objet `history` : `back`, `forward` et `go` ; chacune navigue dans la liste de l'historique. L'objet `history` n'utilise pas de gestionnaire d'événements et il est une propriété de l'objet `form`.

Exemple

```
If (score < 65) { history.go(-2); }
```

L'instruction `if` vérifie le score à l'aide d'une mesure de satisfaction fixée à 65. Si le score de l'étudiant est inférieur à 65 dans le test, le navigateur va retourner au début de la leçon, c'est-à-dire deux pages auparavant.

```
<input type="button" name="reviewButton" value="Look Again!"
onclick="history.back()" />
```

Le bouton `reviewButton` effectue la même fonction que le bouton retour du navigateur.

link

Un objet `link` comprend le texte et les images qui contiennent les informations pour un saut hypertexte. Un objet `link` est aussi un objet `anchor` s'ils ont les mêmes attributs. Lorsque le saut est accompli, l'emplacement de la page de démarrage est stocké dans la propriété `reference` du document de destination. Le format de l'objet `link` est le suivant :

```
<a href="locationOrURL" [name="anchorName"] [id="anchorName"]
[target="windowName"] [onclick="handlerText"]
[onmouseover="handlerText"]>
linkText</a>
```

L'entrée `locationOrURL` est l'adresse de destination. L'entrée `anchorName` est l'emplacement courant à l'intérieur de la page de départ. L'entrée `windowName` est la fenêtre dans laquelle le lien est chargé, si elle est différente de la fenêtre courante, et dans ce cas, elle pourrait être une fenêtre existante, un cadre ou un synonyme comme `_top` ou `_self`.

Vous pouvez aussi définir un lien en utilisant la méthode `link` de l'objet `string`.

Pour utiliser les propriétés des liens, adoptez le format suivant :

```
document.links[index].propertyName
```

L'entrée `index` est un entier représentant l'objet `link` dans le tableau de liens.

Pour utiliser le tableau de liens, adoptez le format suivant :

```
document.links[index]
document.links.length
```

Vous pouvez lire le tableau de liens, mais vous ne pouvez pas y écrire.

Le tableau MR3.8 dresse la liste des propriétés de l'objet `link`.

Tableau MR3.8 : Les propriétés de l'objet `link`.

PROPRIETE	CE QUE C'EST
`hash`	Nom d'ancre dans l'URL.
`host`	Portion de l'URL `hostname:port`.
`hostname`	Nom d'hôte et nom de domaine ou adresse IP du réseau hôte.
`href`	Adresse URL entière.
`pathname`	URL – nom de chemin (répertoire structure/emplacement), Partie d'adresse URL.
`port`	Port de communication sur le serveur.
`protocol`	Type de l'adresse URL (par exemple, `http` ou `ftp`).
`search`	Nom de page (par exemple, index.html).
`target`	attribut `target`.

Le tableau de liens utilise la propriété `length`. L'objet `link` n'utilise pas de méthode. L'objet lien utilise les gestionnaires d'événements `onclick`, `onmouseover` et `onmouseout`, il est une propriété de l'objet `document`.

Exemple

```
<script type="text/javascript" language="javascript">
var there="http://www.example.com/";
</script>
...
<form name="form1" id="form1">
<b>Choose a document, then click "Take me there!" below.</b>
<br />
<input type="radio" name="destination" value="Overview" onclick="there =
'http://www.example.com/intro.html'" />
Overview of JavaScripting<br />
<input type="radio" name="destination" value="howto" onclick="there =
'http://www.example.com/script.html'" />
Learn to Make a Script<br />
<input type="radio" name="destination" value="reference" onclick="there =
'http://www.example.com/jref.html'" />
JavaScript Reference Information<br />
<p><a href="" onclick="this.href = there" onmouseover="self.status =
there; return true;">
<b>Take me there!</b>
</a></p>
</form>
```

Dans cet exemple, un formulaire donne aux utilisateurs un accès à l'ensemble des chapitres. Ils peuvent sélectionner un chapitre/destination ou aller vers la destination par défaut.

location

L'objet `location` contient des informations concernant l'URL courante. Il contient une série de propriétés qui décrivent chaque partie de l'URL. Une URL a la structure suivante :

```
protocol://hostname:port pathname search hash
```

`protocol` spécifie le type d'URL (par exemple, `http` ou `ftp`). `hostname` contient l'hôte et le nom de domaine ou l'adresse IP du réseau hôte. `host` spécifie le port de communication sur le serveur (ce n'est pas toutes les adresses qui l'utilisent). `pathname` est le répertoire structure/location sur le serveur. La valeur `search` est la chaîne de requêtes et elle est précédée d'un point d'interrogation. La valeur `hash` est précédée du signe # et indique une ancre cible sur la page.

Voici quelques types de protocoles communs :

```
about       http
file        javascript
ftp mailto
gopher      news
```

L'objet `location` a le format suivant :

```
[windowReference.]location.propertyName
```

L'objet `location` utilise les mêmes propriétés que celles de l'objet `link`, comme montré dans le Tableau MR3.5. Toutefois, contrairement à l'objet `link` qui représente un lien dans un document, l'objet `location` peut être utilisé pour modifier l'URL (comme dans l'exemple ci-dessous) vers une nouvelle page ou vers un emplacement différent de la même page. L'objet `location` utilise la méthode `reload` (recharge le document courant) et la méthode `replace` (remplace le document courant), mais il n'utilise pas de gestionnaire d'événements ; il est une propriété de l'objet `document`.

Exemple

```
window.location.href= "http://www.pageresource.com/jscript/index.html";
```

Dans cet exemple, l'URL dans la page courante est établie vers la page d'accueil du didacticiel des pages de ressources JavaScript.

```
parent.frame3.location.href=
"http://www.pageresource.com/jscript/index.html";
```

Cet exemple ouvre la page d'accueil des didacticiels des pages de ressources JavaScript.

```
<script type="text/javascript" language="javascript">
var takeLesson = "";
document.write("Welcome to " + document.location + ". Not ever done!");
</script>
```

Cet exemple affiche en haut de la page un message d'accueil dans l'emplacement courant.

Math

C'est un objet incorporé qui contient un ensemble de méthodes et de propriétés pour des constantes mathématiques et des opérations. `Pi` est un exemple de constante, elle est référencée par `Math.PI`. Si vous utilisez une série d'expressions, vous pouvez recourir à l'instruction `with`. En général, le format de l'objet `Math` est le suivant :

```
varName = Math.propertyName [expression];
varName = Math.method();
```

Le format actuel variera avec la propriété choisie. Vérifiez les entrées propriétés pour la syntaxe exacte.

L'objet `Math` utilise les propriétés suivantes, chacune d'elles est décrite dans la section "Propriété" :

```
E   LOG10E
LN2 PI
LN10        SQRT1_2
LOG2E       SQRT2
```

L'objet `Math` utilise les méthodes suivantes, chacune d'elles est décrite dans la section "Méthodes et fonctions" :

```
abs atan    cos     log     pow     sin
acos        atan2   exp     max     random  sqrt
asin        ceil    floor   min     round   tan
```

L'objet `Math` n'utilise pas de gestionnaire d'événements puisqu'il est un objet incorporé. Ce n'est pas la propriété de quelque chose. Voir les entrées des propriétés individuelles et de chaque méthode pour les exemples.

Navigator

Utilisez cet objet pour déterminer la version du navigateur de l'utilisateur. Son format est le suivant :

```
navigator.propertyName
```

L'objet `navigator` utilise la méthode `javaEnable` pour tester si Java est activé dans le navigateur. Il contient les propriétés montrées dans le Tableau MR3.9 mais n'utilise pas de gestionnaire d'événements. C'est une propriété de l'objet `window`.

Tableau MR3.9 : Les propriétés de l'objet `navigator`.

PROPRIÉTÉ	CE QUE C'EST
appCodeName	Nom de code interne du navigateur.
appName	Nom externe du navigateur.
appVersion	Numéro de version du navigateur.
platform	Système d'exploitation sur lequel le navigateur marche.
userAgent	En-tête agent utilisateur dans les requêtes http.

Exemple

```
var userBrowser = navigator.appName + " " + navigator.appVersion;
```

Les valeurs des propriétés appName et appVersion du navigateur sont dans la variable userBrowser. Vous pouvez les utiliser pour tester les aptitudes du navigateur sur les fonctionnalités disponibles de votre page.

password

L'objet password est un champ texte qui dissimule ses valeurs et affiche des astérisques à la place des caractères cachés. Un objet password est une partie du formulaire et doit être défini à l'intérieur de l'élément form. Vous créez un objet password en utilisant l'élément input dont l'attribut type a la valeur password. Le format de cet objet est le suivant :

```
<input type="password" name="passwordName" [value="textValue"]
size="integer" />
```

L'entrée passwordName est le nom de l'objet. L'entrée textValue est la valeur par défaut pour le mot de passe et size est la longueur du champ password.

Pour utiliser les propriétés et méthodes de password, suivez ce format :

```
passwordName.propertyName
passwordName.methodName(parameters)
formName.elements[index].propertyName
formName.elements[index].methodName(parameters)
```

La première instruction et la troisième sont équivalentes, comme la deuxième et la quatrième. L'entrée passwordName est la valeur de l'attribut name de l'objet password. L'entrée formName est le conteneur form ou un element dans le tableau de formulaires.

La propriété propertyName est une des trois propriétés : defaultValue est l'attribut value, name est l'attribut name et value est le contenu courant du champ de l'objet password. methodeName est l'une des méthodes focus, blur ou select.

L'objet password n'utilise pas des gestionnaires d'événements et il est la propriété de l'objet form.

Exemple

```
<input type="password" name="password" size="8"
value="password.defaultValue" />
```

Il est utile si l'utilisateur a déjà visité le site et crée un mot de passe ou si vous avez assigné des mots de passe aux utilisateurs.

radio

Un bouton radio force une sélection unique dans un ensemble d'options. Similaire aux cases à cocher, elle fait partie d'un formulaire ; contrairement aux cases à cocher, un seul bouton radio peut être sélectionné de l'ensemble. Le format de l'objet radio est le suivant :

```
<input type="radio" name="radioName" value="buttonValue"
[checked="checked"] [onclick="handlerText"] />textToDisplay
```

L'entrée radioName est le nom de l'objet. Cela offre une méthode pour adresser l'objet radio dans votre script. L'entrée buttonValue est la valeur qui est retournée au serveur lorsque le bouton est sélectionné. La valeur par défaut est On. Vous pouvez accéder à cette valeur en utilisant la propriété radio.value. L'attribut checked sélectionne le bouton, et textToDisplay est l'étiquette affichée près du bouton radio.

Le bouton radio utilise les méthodes blur, click et focus et les propriétés montrées dans le Tableau MR3.10.

Tableau MR3.10 : Les propriétés de l'objet radio.

PROPRIETE	CE QU'ELLE FAIT
checked="checked"	Permet de définir la sélection par l'intermédiaire de votre script (plutôt que par l'interaction avec l'utilisateur) ; convient aux situations dans lesquelles un choix automatique détermine plusieurs autres).
defaultChecked	Les paramètres des boutons radio dans un objet.
length	Le nombre de boutons radio dans l'objet.
name	L'attribut name (radioName ci-dessus).
value	L'attribut value (buttonValue ci-dessus).

L'objet radio utilise les gestionnaires d'événements onblur, onclick, et onfocus. C'est une propriété de l'objet form.

Exemple

```
<script type="text/javascript" language="javascript">
var there="http://www.example.com/";
function checkThis() { confirm("Thanks for registering"); }
function welcome() {
alert("Welcome! You can register through this page.
For future reference, this page is ' + document.location); }
</script>
```

```
...
<body onload="welcome()">
// This loads a message that includes the page
//address through the document.location
//from the welcome function.
<form name="form1" id="form1" onsubmit="checkThis()">
// The form tag includes the onsubmit event handler and
// the form includes a submit button.
<b>Choose a document, then click "Take me there" below.</b>
<br />
 <input type="radio" name="destination" value="Overview" onclick="there =
    'http://www.example.com/intro.html'" />
Overview of JavaScripting<br />
// This is a typical radio button.
// These buttons all have the same name: destination.
// In this example, all the values reflect
// the destination/text display
// when the user makes a selection; the destination is
// stored in the variable *there*.
 <input type="radio" name="destination" value="HowTo" onclick="there =
    'http://www.example.com/script.html'" />
Learn to Make a Script<br />
<input type="radio" name="destination" value="Reference" onclick="there =
'http://www.example.com/jref.html'" />
JavaScript Reference Information<br />
<p><a href="" onclick="this.href = there" onmouseover="self.status =
there; return true;">
<b>Take me there!</b>
</a></p>
// This link includes the information to make the jump to
// a page, depending on the selection made above - using the
// variable *there* following this is another set of selections for a
different mode.
// These radio buttons pick a lesson and
// use the ubmit button to run a function - in this case, the
// function just displays a message; ideally the function would
// process the information and display a message.
<p><input type="text" name="whoIs" value="user" size="15" /></p>
<p><input type="radio" name="lesson" value="Lesson 1" checked="checked"
onclick="takeLesson = 'lesson1.htm'" />
Lesson 1: Getting Started</p>
<p><input type="radio" name="lesson" value="Lesson 2" onclick="takeLesson
= 'lesson2.htm'" />
Lesson 2: Concepts and operations</p>
<p><input type="radio" name="lesson" value="Lesson 3" onclick=takeLesson
= 'lesson3.htm'" />
Lesson 3: Projects</p>
<p><input type="reset" value="Defaults" name="resetToBasic" />
</p>
<p><input type="submit" value="Send it in!" name="submit_form1" /></p>
<hr />
</form>
...</body>
```

Cet exemple crée deux groupes de boutons radio qui définissent la destination du lien pour l'utilisateur ou les sélections de la course. Les utilisateurs identifient le type d'information qu'ils veulent (comme dans Pour commencer, Concepts et opérations, Projets, et ainsi de suite) et la leçon qu'ils souhaitent (sélectionnée dans une liste de boutons radio). L'instruction `reset` efface les modifications faites par les utilisateurs et réinitialise le formulaire. L'instruction `submit` envoie les sélections afin qu'elles soient traitées en fonction des instructions (non visibles) pour le formulaire.

reset

Cet objet est un bouton `reset` sur le formulaire. Il efface, du champ du formulaire, les données saisies par les utilisateurs et réinitialise leurs valeurs avec des valeurs par défaut. Vous créez l'objet `reset` en utilisant l'élément `input` avec un attribut `type` défini pour la valeur `reset`. Le gestionnaire d'événements `onclick` ne peut pas être annulé. Le formulaire est réinitialisé une fois que l'objet `reset` a été cliqué et toutes les entrées des utilisateurs sont perdues. Le format de l'objet `reset` est le suivant :

```
<input type="reset" name="resetName" value="buttonText"
[onclick="handlerText"] />
```

L'entrée `resetName` est le nom de l'objet. Il permet d'accéder à l'objet à l'intérieur de votre script. L'entrée `buttonText` est l'étiquette sur le bouton.

Pour utiliser les propriétés et les méthodes, suivez le format suivant :

```
resetName.propertyName
resetName.methodName(parameters)
formName.elements[index].propertyName
formName.elements[index].methodName(parameters)
```

Les instructions une et trois sont équivalentes, comme le sont les instructions deux et quatre.

L'objet `reset` a deux propriétés, nom et value (décrites plus tôt dans le Tableau MR3.10). Il utilise les méthodes `blur`, `click` et `focus` et les gestionnaires d'événements `onblur`, `onclick` et `onfocus`. L'objet `reset` est une propriété de l'objet `form`.

Exemple

```
<input type="reset" name="clearForm" value="Start Over" />
```

Cet exemple simple devrait apparaître dans tous vos formulaires. Cette instruction place un bouton `reset` (celle qui indique Start Over) qui réinitialise le formulaire quand il reçoit un clic.

Pour un autre exemple d'objet reset, voir l'exemple dans la section "radio".

select

L'objet select présente à l'utilisateur une liste déroulante des choix prédéfinis. Il contient un tableau d'options. L'objet select est créé avec l'élément XHTML select et fait partie d'un formulaire. Le format de l'objet select est le suivant :

```
<select name="selectName" [size="integer"]
[multiple="multiple"]
[onblur="handlerText"] [onchange="handlerText"]
[onfocus="handlerText"]>
<option value="optionValue" [selected="selected"]>
textToDisplay</option>
[... <option>textToDisplay</option>]
</select>
```

L'entrée selectName est le nom de l'objet ; il contient la liste. L'entrée multiple indique que l'objet accepte des sélections multiples, comme les cases à cocher. Si la liste n'est pas multiple, elle est comme l'objet radio et un seul choix est disponible. L'entrée option est l'élément selection dans la liste, et optionValue est la valeur retournée au système lorsque l'option est sélectionnée. L'entrée selected indique que l'option est la valeur par défaut pour la liste, et textToDisplay est le texte montré dans la liste.

Pour sélectionner les propriétés et les méthodes de l'objet, suivez le format suivant :

```
selectName.propertyName
selectName.methodName(parameters)
formName.elements[index].propertyName
formName.elements[index].methodName(parameters)
```

Pour utiliser une propriété de l'option, suivez le format :

```
selectName.options[index1].propertyName
formName.elements[index2].options[index1].propertyName
```

L'entrée index1 est un entier représentant la suite d'options dans la liste (la première option dans la suite est 0), et index2 est un entier représentant l'élément dans le formulaire.

Pour utiliser le tableau d'options, suivez le format suivant :

```
selectName.options
selectName.options[index]
selectName.options.length
```

L'entrée selectName est la valeur de l'attribut name dans l'objet select. L'entrée index est un entier représentant une option dans l'objet select, et length est le nombre d'options dans l'objet select.

Les éléments dans le tableau d'options sont en lecture seule. Vous pouvez obtenir le nombre d'options pour la liste, mais vous ne pouvez pas modifier les valeurs dans la liste.

L'objet select utilise les propriétés montrées dans le Tableau MR3.11, tandis que le tableau d'options utilise celles du Tableau MR3.12.

Tableau MR3.11 : Les propriétés de l'objet select.

PROPRIÉTÉ	CE QUE C'EST
length	Nombre d'option.
name	Attribut nom.
options	Tableau des éléments option.
selectedIndex	Position de l'option sélectionnée dans la liste (ou le premier des options multiples).

Tableau MR3.12 : Les propriétés du tableau d'options.

PROPRIETE	CE QUE C'EST
defaultSelected	L'attribut selected indiquant l'option sélectionnée par défaut dans la liste.
index	Position de l'option dans la liste.
length	Nombre d'options.
name	L'attribut name.
selected="selected"	Permet de sélectionner une option par l'intermédiaire de votre script, plutôt que par la saisie de l'utilisateur.
selectedIndex	Position de l'option sélectionnée dans la liste.
text	textToDisplay pour l'article de liste d'option.
value	L'attribut value.

L'objet select utilise les méthodes blur et focus et les gestionnaires d'événements onblur, onchange et onfocus. L'objet select est une propriété de l'objet form. Le tableau d'options est une propriété de select.

Exemple

```
<select name="lesson_list">
<option selected="selected">Introduction</option>
<option>Installation</option>
<option>Setting up an account</option>
```

```
<option>Creating a document</option>
<option>Filing a document</option>
<option>Recovering a filed document</option>
<option>Sending a document to the printer</option>
</select>
```

string

Un objet `string` est une série de caractères, comme le nom, une phrase ou une autre information. Il a le format suivant :

```
stringName.propertyName
stringName.methodName(parameters)
```

L'entrée `stringName` est le nom d'une variable (qui contient la chaîne) tandis que l'entrée `length` est la taille de la chaîne. C'est un compte de caractères et elle inclut les espaces et les caractères spéciaux. L'entrée `methodeName` est une des méthodes listées ci-dessus.

L'objet `string` a une propriété unique et `length` est le nombre de caractères de la chaîne. L'objet `string` utilise les méthodes suivantes :

anchor	fromcharcode	small.
big	indexof	split.
blink	italics	strike.
bold	lastindexof	sub.
chartAt	link	substr.
charCodeAt	match	substring.
concat	replace	sup.
fixed	search	toLowerCase.
fontcolor	slice	toUpperCase.
fontsize		

Certaines de ces méthodes semblent familières car elles correspondent aux formats du texte contenu dans l'objet `string`.

Puisqu'il s'agit d'un objet incorporé, l'objet `string` n'utilise pas de gestionnaire d'événements. Il n'est la propriété d'aucun autre objet.

Exemple

```
var user_id = new string();
user_id = getUserText.value;
user_id.toUpperCase();
```

Cet exemple prend le contenu du champ texte getUserText et l'assigne à la variable chaîne nouvellement créée et appelée user_id. La dernière instruction modifie le contenu de la variable en majuscules.

submit

Cet objet est un bouton de formulaire qui commence le traitement du formulaire. La soumission est contrôlée par la propriété action du formulaire. Vous créez un objet submit en utilisant l'élément input avec l'attribut type dont la valeur est submit. L'objet submit a le format suivant :

```
<input type="submit" name="submitName" value="buttonText"
[onclick="handlerText"] />
```

Pour utiliser les propriétés et méthodes de l'objet submit, suivez le format :

```
submitName.propertyName
submitName.methodName(parameters)
formName.elements[index].propertyName
formName.elements[index].methodName(parameters)
```

L'objet submit utilise deux propriétés – name et value. Il utilise les méthodes blur, click, et focus, et les gestionnaires d'événements onblur, onclick, et onfocus. L'objet submit est une propriété de l'objet form.

Exemple

Pour un exemple de l'objet submit, voir l'exemple de la section "radio".

text

L'objet text est un champ de formulaire utilisé pour collecter des informations fournies par les utilisateurs. L'utilisateur peut taper de courtes séquences de caractères, comme un mot, une phrase ou un nombre dans un objet text. Vous créez un objet text en utilisant l'élément input dont la valeur de l'attribut type est text. L'objet text a le format suivant :

```
<input type="text" name="textName" value="textValue" size="integer"
[onblur="handlerText"] [onchange="handlerText"] [onfocus="handlerText"]
[onselect="handlerText"] />
```

L'entrée textName est le nom de la variable pour l'objet. L'entrée textValue est la valeur initiale de l'objet text, et size est la longueur de la boîte dans la page.

Pour utiliser les propriétés et les méthodes de l'objet `text`, suivez le format suivant :

```
textName.propertyName
textName.methodName(parameters)
formName.elements[index].propertyName
formName.elements[index].methodName(properties)
```

L'objet `text` a trois propriétés : `defaultvalue` est la valeur par défaut ; `name` est l'attribut nom ; et `value` est le contenu courant de l'objet `text`.

L'objet `text` requiert trois méthodes, `focus`, `blur` et `select`, et il utilise les gestionnaires d'événements `onblur`, `onchange` et `onselect`. L'objet `text` est la propriété de l'objet `form`.

Exemple

```
var userProfile="user";
<input type="text" name="usertype" value="user" size="15"
onchange="useProfile=this.value" />
<input type="text" name="userGroup" value="" size="32"
onchange="userProfile+=this.value" />
```

Ces déclarations créent un profil utilisateur en accaparant le texte saisi par l'utilisateur dans les champs de l'objet `text`. La première instruction définit la valeur par défaut pour la variable `userProfile`. Les deux instructions suivantes modifient cette variable si l'utilisateur modifie les contenus des champs.

textarea

Comme l'objet `text`, l'objet `textarea` offre aux utilisateurs un moyen de saisir des données texte. L'objet `textearea` est un champ constitué de plusieurs lignes, alors que l'objet `text` est constitué d'une seule ligne. L'objet `textarea` doit aussi être défini dans un élément `form`. Si vous souhaitez que le texte soit proprement rompu dans un objet `textarea`, vérifiez la version du navigateur. La plate-forme Windows utilise un code nouvelle ligne légèrement différente (Unix utilise \n, Windows utilise \r\n, et Macintosh utilise \n). Avec la propriété `appVersion`, vous pouvez définir correctement le caractère nouvelle ligne.

Vous pouvez mettre à jour de manière dynamique l'objet `textarea` en définissant la propriété value. L'objet `textarea` a le format suivant :

```
<textarea name="textareaName" rows="integer" cols="integer"
[onblur="handlerText"] [onchange="handlerText"] [onfocus="handlerText"]
[onselect="handlerText"]>
textToDisplay</textarea>
```

L'entrée textareaName est le nom de l'objet.

Pour utiliser les propriétés et les méthodes de l'objet textarea, suivez le format suivant :

```
textareaName.propertyName
textareaName.methodName(parameters)
formName.elements[index].propertyName
formName.elements[index].methodName(parameters)
```

L'objet textarea utilise trois propriétés, defaultValue, name et value, et trois méthodes : focus, blur et select. Il utilise les gestionnaires d'événements onblur, onchange, et onselect. L'objet textearea est une propriété de l'objet form.

Exemple

```
<p>Decribe the FOLD function and give three examples of what you can do
with the FOLD function:</p>
<textarea name="foldEssay" rows="5" cols="65" onchange="question3Essay =
this.value"></textarea>
```

Cet exemple donne aux utilisateurs un champ dans lequel ils vont répondre à une question de rédaction ; la réponse est stockée dans la variable question3Essay.

window

L'objet window est l'objet situé au plus haut niveau des objets document, location et history. Les propriétés self et windows sont synonymes et font référence à la fenêtre courante ; le mot-clé top fait référence à la fenêtre de plus haut niveau dans la hiérarchie et parent fait référence à la fenêtre qui contient une ou plusieurs multifenêtres. Puisque sa position est unique, vous ne devez pas adresser les propriétés de window de la même manière que les autres objets : close(), est le même que window.close() et self.close().

L'objet window utilise des gestionnaires d'événements, mais les appels qui sont adressés à ces gestionnaires sont placés dans les éléments body et frameset. Son format est le suivant :

```
windowVar = window.open("URL", "windowName"[,"windowFeatures"]);
```

L'entrée windowVar est le nom de la nouvelle fenêtre et windowName est l'attribut target de l'élément form.

Pour utiliser les propriétés et les méthodes, voyez les formats suivants :

```
window.propertyName
window.methodName(parameters)
self.propertyName
self.methodName(parameters)
top.propertyName
top.methodName(parameters)
parent.propertyName
parent.methodName(parameters)
windowVar.propertyName
windowVar.methodName(parameters)
propertyName methodName(parameters)
```

Pour définir les gestionnaires d'événements onunload et onload, insérez les déclarations dans les éléments body ou frameset.

```
<body ...
[onload="handlerText"]
[onunload="handlerText"]>
...
</body>
```

```
<frameset ...
[onload="handlerText"]
[onunload="handlerText"]>
...
</frameset>
```

L'objet window contient les propriétés montrées dans le Tableau MR3.13.

Tableau MR3.13 : Les propriétés de l'objet window.

PROPRIETE	CE QUE C'EST
defaultStatus	Message par défaut pour la barre d'état.
frames	Liste (tableau) des cadres enfant de la fenêtre.
length	Nombre de cadres dans la fenêtre parent.
name	Attribut name.
parent	Synonyme de windowName là où la fenêtre contient un multifenêtrage.
self	Synonyme de windowName.
status	Priorité ou message transitoire pour la barre d'état.
top	Synonyme pour la fenêtre du plus haut niveau.
window	Synonyme du windowName courant.

L'objet `window` utilise aussi ces méthodes :

alert	moveBy	resizeTo.
blur	moveTo	scroll.
clearInterval	open	scrollBy.
clearTimeout	print	scrollTo.
close	prompt	setInterval.
confirm	resizeBy	setTimeout.
focus		

L'objet `window` utilise les gestionnaires d'événements : `onload` et `onunload`. Il n'est la propriété d'aucun autre objet.

Exemple

```
<script type="text/javascript" language="javascript">
function checkThis() {
windowReply = window.open("reginfo.html", "answerWindow",
"scrollbars = yes, width = 100, height = 200");
document.form1.submit();
confirm("Thanks for registering");
self.close();
}
</script>
```

Cet exemple ouvre une fenêtre avec les informations d'enregistrement.

Méthodes et fonctions

Vous allez utiliser des méthodes et des fonctions pour manipuler des conteneurs qui sont eux-mêmes des objets. Imaginez qu'un navigateur est une scène, les acteurs et les ensembles y sont des objets, les lignes parlées et les actions prises (selon le script) sont des méthodes et des fonctions appliquées aux objets.

Cette section est une liste alphabétique des méthodes et des fonctions JavaScript. Chaque entrée décrit une méthode ou une fonction comprenant l'information sur la syntaxe et des exemples, et elle va identifier l'objet auquel appartient ou est affectée la méthode ou la fonction.

abs

La méthode `abs` appartient à l'objet `Math` et retourne une valeur absolue (un nombre non signé). Sa syntaxe est la suivante :

```
Math.abs(number)
```

L'entrée number est une expression numérique ou la propriété d'un objet.

Exemple

```
var myNumber = -49
document.write(Math.abs(myNumber));
```

acos

La méthode acos appartient à l'objet Math et retourne l'arc cosinus d'un nombre en radian. Sa syntaxe est la suivante :

```
Math.acos(number)
```

L'entrée number est une expression numérique ou la propriété d'un objet.

Exemple

```
var myNumber = 45;
document.write(Math.acos(myNumber));
```

alert

La méthode alert appartient à l'objet window et affiche une petite boîte de dialogue avec un message et un bouton OK. La méthode alert est plus communément utilisée pour afficher des messages d'erreur lorsque la saisie d'un utilisateur dans un élément est jugée invalide. Sa syntaxe est la suivante :

```
window.alert("message")
```

Le message est toute expression en chaîne ou la propriété d'un objet.

Exemple

```
window.alert("Welcome to my homepage.");
```

Cet exemple affiche une boîte de dialogue lorsque le navigateur exécute le code. Vous pouvez aussi utiliser la méthode alert avec le gestionnaire d'événements dans l'élément body ; ainsi, la boîte de dialogue va s'afficher lorsque la page est initialement chargée.

```
<body onload="window.alert('Welcome! You can register through this page.
For future reference, this page is ' + document.location)">...</body>
```

Le message qui inclut l'adresse est chargé à travers le document.location.

anchor

La méthode `anchor` appartient à l'objet `string` et génère une ancre pour la cible des liens hypertextes d'un document. Utilisez la méthode `anchor` avec les méthodes `write` et `writeln`. Sa syntaxe est la suivante :

```
text.anchor(nameAttribute)
```

Les entrées `text` et `nameAttribute` sont chacune n'importe quelle chaîne ou la propriété d'un objet.

Exemple

```
var intro = "Welcome to the JavaScript Tutorial!";
tocWindow = window.open("","displayWindow");
tocWindow.document.write(intro.anchor("contents_anchor");
for (x = 0; x < 5; x++) {
switch(x) {
case[1]: if (c1 != "true") {
tocWindow.document.write(
c1 + c1.anchor("overviewtoC"); }
break;
case[2]: if (c2 != "true") {
tocWindow.document.write(
c2 + c2.anchor("ObjectstoC"); }
break;
case[3]: if (c3 != "true") {
tocWindow.document.write(
c3 + c3.anchor("structuretoC"); }
break; } }
```

asin

La méthode `asin` appartient à l'objet `Math` et retourne l'arc cosinus du nombre en radians. Sa syntaxe est la suivante :

```
Math.asin(number)
```

L'entrée `number` est une expression numérique ou une propriété d'un objet.

Exemple

```
var myNumber = 190;
document.write(Math.asin(myNumber));
```

atan

La méthode `atan` appartient à l'objet `Math` et elle retourne l'arc tangente du nombre en radian. Sa syntaxe est la suivante :

```
Math.atan(number)
```

L'entrée `number` est une expression numérique ou la propriété d'un objet.

Exemple

```
var myNumber = 155;
document.write(Math.atan(myNumber));
```

atan2

La méthode `atan2` appartient à l'objet `Math` et elle calcule l'angle (en radian) entre l'axe des x et la position représentée par les coordonnées x et y qui ont servi de paramètres. Sa syntaxe est la suivante :

```
Math.atan2(x,y)
```

Les entrées (x,y) sont les coordonnées x et y du point.

Exemple

```
var x = 45;
var y = 90;
document.write(Math.atan2(x,y));
```

back

La méthode `back` appartient à l'objet `history` et utilise la liste `history` pour retourner vers le document précédent. Vous pouvez recourir à cette méthode pour donner aux utilisateurs une alternative au bouton `back` du navigateur. Sa syntaxe est la suivante :

```
history.back()
```

Exemple

```
<p><input type="button" value="Take Me Back!" onclick="history.back()" />
<input type="button" value="Let's Keep Going!"
onclick="history.forward()" /></p>
```

Ce code place deux boutons côte à côte sur une ligne. Le premier bouton retourne vers le dernier document ; le second est utile si l'utilisateur à fait un retour arrière dans la liste `history` et s'il est prêt à aller de l'avant une deuxième fois.

big

La méthode `big` appartient à l'objet `string` et affiche la chaîne associée comme un font large.

```
string.Name.big()
```

Le `stringName` est une chaîne ou la propriété d'un objet.

Exemple

```
<script type="text/javascript" language="javascript">
var welcome = "Welcome to our flashy new digs!";
confirm(welcome);
// This opens a small box with the text and an OK button.
document.write(welcome.blink());
alert("That's All Folks!");
self.close();
</script>
```

blink

La méthode `blink` appartient à l'objet `string`. Le texte associé s'affiche en clignotant, comme si le texte était balisé avec l'élément `blink`. Sa syntaxe est la suivante :

```
sring.Name blink()
```

L'entrée `stringName` peut être une expression simple ou la propriété d'un objet.

Exemple

```
<script type="text/javascript" language="javascript">
var welcome = "Welcome to our flashy new digs!";
confirm(welcome);
// This opens a small box with the text and an OK button.
document.write(welcome.blink());
alert("That's All Folks!");
self.close();
</script>
```

blur

La méthode `blur` appartient aux objets `pasword`, `select`, `text`, `textarea` et `widow`. C'est un moyen de déplacer le focus d'un objet `form` comme un objet `text` au moyen d'un programme. Sa syntaxe est la suivante :

```
password.blur()
selectName.blur()
textName.blur()
textareaName.blur()
window.blur()
```

L'entrée `password` est le nom d'un objet `password` ou un élément dans un élément du tableau. L'entrée `selectName` est le nom d'un objet `select` ou celui d'un objet sélectionné dans un élément du tableau. L'entrée `textName` est un objet `text` ou un élément dans un élément du tableau. L'entrée `textareaName` est le nom d'un objet `textarea` ou un élément d'un tableau d'éléments. L'entrée `window` est le nom de la fenêtre situé au niveau le plus haut, spécifié dans l'objet `window`.

Exemple

```
<script type="text/javascript" language="javascript">
var userPass = "";
var userName = "";
var formulate = new window();
// set up the variables to be used later
formulate.window.open();
// open a window for the form
document.formulate.userPass.focus();
var timer = setTimeout( "document.formulate.userPass.blur()", 8000);
// put the focus onto the password box
// for 8 secs, then blur
clearTimeout(timer);
document.formulate.userName.focus()
timer = setTimeout( "document.formulate.userName.blur()", 30000);
// clear the timeout, put the focus on the username box
// for 30 secs, then blur
document.formulate.userAuth.click();
// force a selection in the userAuth check box
clearTimeout(timer);
msgWindow.window.close();
// clear the timeout variable and close the window
</script>
...
<form name="formulate" id="formulate">
<input type="password" name="userPass" size="5" />
tell us your secret
<input type="text" name="userName" value="Bob's your uncle" size="15" />
<input type="checkbox" name="userAuth" value="Validate Me" />
authorize us to check this stuff out!
</form>
```

bold

La méthode `bold` appartient à l'objet `string` et affiche la chaîne associée en gras, comme si le texte était balisé avec l'élément `b`. Son format est le suivant :

```
stringName.bold()
```

L'entrée `stringName` est une expression ou la propriété d'un objet.

Exemple

```
<script type="text/javascript" language="javascript">
var welcome = "Welcome to our flashy new digs!";
confirm(welcome);
// This opens a small box with the text and an OK button.
document.write(welcome.bold());
alert("That's All Folks!");
self.close();
</script>
```

ceil

La méthode `ceil` appartient à l'objet `Math` et elle retourne l'entier le plus proche qui est égal ou supérieur à un nombre donné. Sa syntaxe est la suivante :

```
Math.ceil(number)
```

L'entrée `number` est une expression numérique ou la propriété d'un objet.

Exemple

```
var myNumber = 4.7;
document.write(Math.ceil(myNumber));
```

Ce code retourne un entier le plus proche de `number` (supérieur ou égal).

charAt

La méthode `charAt` appartient à l'objet `string` et elle retourne le caractère qu'on trouve à l'index donné dans une chaîne. Sa syntaxe est la suivante :

```
stringName.charAt(index)
```

L'entrée `stringName` est une expression numérique ou la propriété d'un objet.

Exemple

```
<script type="text/javascript" language="javascript">
var welcome = "Welcome to our flashy new digs!";
confirm(welcome);
for (var place = 0; place < welcome.length; place++) {
document.write(welcome.charAt(place) + "<br />");}
// This for loop displays each letter on its own line.
alert("That's All Folks!");
self.close();
</script>
```

charCodeAt

La méthode `charCodeAt` appartient à l'objet `string` et elle retourne un nombre représentant le code Unicode du caractère qui se trouve à la position `index` dans une chaîne. Le premier caractère dans une chaîne se trouve à la position 0. La syntaxe de cette méthode est la suivante :

```
stringName.charCodeAt(index)
```

L'entrée `stringName` est une expression numérique ou la propriété d'un objet.

Exemple

```
var myText = wobble;
document.write(myText.charCodeAt(5));
```

Cet exemple devrait afficher le code Unicode du caractère se trouvant à la cinquième position dans la chaîne `myText` (la lettre e) et qui est 0066.

clear

La méthode `clear` appartient à l'objet `document` et vide le contenu de la fenêtre du document. Sa syntaxe est la suivante :

```
document.clear()
```

Exemple

```
alert("That's All Folks!");
self.clear();
```

Un boîte apparaît, avec le message "That's All Folks!" et un bouton OK. La ligne suivante vide le document de la fenêtre du navigateur.

clearInterval

La méthode `clearInterval` appartient aux objets `frame` et `window` et annule un intervalle qui a été défini avec la méthode `setInterval`. Sa syntaxe est la suivante :

```
clearInterval(IntervalID)
```

L'entrée `intervalID` est le nom de la valeur retournée par un appel de `setInterval`.

Exemple

```
<head>
<script type="text/javascript" language="javascript">
function reminder() {
window.alert("Don't forget to enter our contest!") }
function setReminder() {
var myReminder = window.setInterval("reminder()",8000); }
</script>
...</head>
<body onload="setReminder();">...
<script type="text/javascript" language="javascript">
function noway() {
clearInterval(myReminder); }
</script>
<form>
<input type="button" value="pleasestop" name="stopmessage"
onclick="return noway()" />
</form>
...</body>
```

Dans cet exemple, dès que la page est chargée, une boîte d'alerte avec le message "Don't forget to enter our contest!" sera affichée toutes les huit secondes. Le message cessera d'être affiché lorsque le bouton "pleasestop" sera cliqué et appelera la fonction `noway`.

ClearTimeout

La méthode clearTimeout appartient aux objets `frame` et `window` et reinitialise la variable pour la méthode `setTimeout`. Sa syntaxe est :

```
ClearTimeout(timeoutID)
```

L'entrée `timeoutID` est le nom de la valeur retournée par un précédent appel à `setTimeout`.

Exemple

```
<head>
<script type="text/javascript" language="javascript">
var myTimer;
function timesup() {
myTimer = setTimeout("window.alert('I's time!')",3000);
}
</script>
...</head>
<body onload="timesup()">...
<script type="text/javascript" language="javascript">
function stopit() {
clearTimeout(myTimer); }
</script>
<form>
<input type="button" value="stop" name="stoptimer" onclick="return
stopit()" />
</form>
...</body>
```

Dans cet exemple, un minuteur se déclenche lorsque les pages se chargent. Une boîte d'alerte sera affichée à moins que le bouton étiqueté "Stop" n'ait été cliqué avant les trois secondes qui suivent. Le clic sur le bouton "Stop" appelle la fonction `stopit` qui efface alors le minuteur.

Click

La méthode `click` appartient aux objets `bouton`, `checkbox`, `radio`, et `submit` et elle simule, en programmation, le clic de l'utilisateur sur un objet `form`. La méthode `click`, toutefois, n'appelle pas le gestionnaire d'événements `onclick`. Sa syntaxe est la suivante :

```
password.click()
selectName.click()
textName.click()
textareaName.click()
```

L'entrée `password` est le nom de l'objet `password` ou un élément dans un tableau d'éléments. L'entrée `selectName` est le nom d'un objet `select` ou un élément dans un tableau d'éléments. L'entrée `textName` est le nom d'un objet `text` ou un élément dans un tableau d'éléments. L'entrée `texteAreaName` est le nom d'un objet `textarea` ou un élément d'un tableau d'éléments.

Exemple

```
<script type="text/javascript" language="javascript">
likes.elements[0].click();
//forces a selection in the icecream check box
</script>
...
<form name="likes" id="likes">
<input type="checkbox" name="icecream" value="vanilla" />
vanilla
</form>
```

Dans cet exemple, la case vanilla est cochée par l'utilisation de la méthode `click`. Toutefois, vous pouvez obtenir le même résultat en utilisant `checked="checked"` à l'intérieur de l'élément `input`.

close (objet document)

La méthode `close` appartient à l'objet `document` et ferme le flot de sortie pour le document spécifié. Sa syntaxe est la suivante :

```
document.close()
```

Exemple

```
<script type="text/javascript" language="javascript">
function openWin() {
myWin= open("", "displayWindow", "width = 250, height = 300, status = no,
toolbar = no, menubar = no");
myWin.document.open();
myWin.document.write("<html><head><title>My New Window");
myWin.document.write(<"</title></head><body>");
myWin.document.write("<p><font size='5' face='arial,helvetica'>");
myWin.document.write("See how easy it is to create ");
myWin.document.write("a new window using Javascript!");
myWin.document.write("</font></p></body></html>");
myWin.document.close(); }
</script>
...
<form name="popup" id="popup">
<input type=button value="New Window" onClick="openWin()"
name="button" />
</form>
```

Dans cet exemple, une fenêtre est créée lorsque le bouton portant l'étiquette "New Window" est cliqué. L'instruction `myWin.document.close` ferme l'entrée de la fenêtre et retourne le flot au document original.

close (objet window)

La méthode `close` appartient à l'objet `window` et ferme la fenêtre active. Sa syntaxe est la suivante :

```
windowReference.close()
```

Une fenêtre peut aussi se fermer avec la syntaxe suivante :

```
self.close()
close()
```

L'entrée `windowReference` est n'importe quel moyen valide d'identification d'un objet `window`.

Exemple

```
<script type="text/javascript" language="javascript">
var welcome = "Welcome to our flashy new digs!";
confirm(welcome);
// This opens a small box with the text and an OK button.
for (var place = 0; place < welcome.length; place++) {
document.write(welcome.charAt(place) + "<br />");
}
// This for loop puts out each letter on its own line.
alert("That's All Folks!");
self.close();
</script>
```

Une boîte apparaît, avec un message "That's All Folks!" et un bouton OK. La ligne suivante efface le document de la fenêtre du navigateur.

concat

La méthode `concat` appartient à l'objet `string` ; elle concatène les chaînes fournies et retourne les chaînes jointes. Sa syntaxe est la suivante :

```
stringName.concat(value, ...)
```

Les valeurs sont une ou plusieurs chaînes à ajouter à la fin de `stringName`. Si une valeur n'est pas une chaîne, la méthode `concat` la convertit en chaîne. L'objet `stringName` est une expression numérique ou la propriété d'un objet.

Exemple

```
<script type="text/javascript" language="javascript">
var myMsg = "Hello";
var usrName = prompt("Please enter your name", " ");
var myString;
document.write(myMsg + " " + usrName + "<br>");
myString = myMsg.concat(" ",usrName);
document.write(myString);
</script>
```

Dans cet exemple, la chaîne `mymsg("Hello")` est jointe à la chaîne `usrName`, que l'utilisateur saisit en réponse à l'invite de commandes. Chaque instruction `document.write` affiche la même sortie.

confirm

La méthode `confirm` appartient à l'objet `window` et affiche une petite boîte de dialogue avec une chaîne de message et deux boutons, OK et Cancel. Sa syntaxe est la suivante :

```
confirm("message")
```

Exemple

```
<script type="text/javascript" language="javascript">
function checkThis() {
windowReply=window.open("reginfo.html", "answerWindow", "scrollbars =
yes, width = 100, height = 200");
document.form1.submit();
confirm("Thanks for registering");
self.close();
}
</script>
...
<form name="form1" id="form1" onsubmit="checkThis()">
// The form element includes the onsubmit event handler
// and the form includes a submit button.
// Following this is a set of selections.
// These radio buttons pick a lesson and use the submit
// button to run a function - in this case, the function
// just displays a message; ideally the function would
// process the information and display a message.
<p><input type="text" name="whoIs" value="user" size="15" />
</p>
<p><input type="radio" name="lesson" value="Lesson 1" checked="checked"
onclick="takeLesson = 'lesson1.htm'" />
Lesson 1: Getting Started</p>
<p><input type="radio" name="lesson" value="Lesson 2" onclick="takeLesson
```

```
= 'lesson2.htm'" />
Lesson 2: Concepts and Operations</p>
<p><input type="radio" name="lesson" value="Lesson 3" onclick="takeLesson
= 'lesson3.htm'" />
Lesson 3: Projects</p>
<p><input type="reset" value="Defaults" name="resetToBasic" />
<input type="submit" value="send it in!" name="submit_form1" /></p>
<hr />
</form>
```

Cet exemple affiche un message de confirmation lorsque l'utilisateur clique sur le bouton `Submit`.

cos

La méthode `cos` appartient à l'objet `Math` et elle retourne le cosinus du nombre. Sa syntaxe est la suivante :

```
Math.cos(number)
```

L'entrée `number` est une expression numérique ou une propriété d'un objet.

Exemple

```
<script type="text/javascript" language="javascript">
function tryMe(baseVal) {
var baseVal = Math.random();
showMe = window.open("");
with (Math) {
showMe.document.write(cos(baseVal) + "<br />");
showMe.document.write(abs(cos(baseVal))+ "<br />");
// return the cosine of the number
showMe.alert("Close \'er up now, skip?");
showMe.close(); } }
</script>
```

escape

La fonction `escape` retourne la valeur codée ASCII de la chaîne donnée. Sa syntaxe est la suivante :

```
escape("string")
```

L'entrée `string` est une chaîne non alphanumérique qui représente des caractères réservés ou non imprimables à partir de l'ensemble de caractère ISO Latin-1. Par exemple, escape(%26) retourne &.

eval

La fonction `eval` exécute une expression JavaScript, une instruction, une fonction ou une suite d'instruction. L'expression peut contenir des variables et des propriétés d'objet. Sa syntaxe est la suivante :

```
eval("string")
```

L'entrée `string` est une expression JavaScript, une instruction, une fonction ou une suite d'instruction.

exp

La méthode `exp` appartient à l'objet `Math` et elle retourne la valeur égale à la constante d'Euler (e, la base des logarithmes naturels – approximativement 2.718) élevée à la puissance du nombre donné. Elle a la syntaxe suivante :

```
Math.exp(number)
```

L'entrée `number` est une expression numérique ou la propriété d'un objet.

Exemple

```
<script type="text/javascript" language="javascript">
function tryMe(baseVal) {
var baseVal = Math.random();
showMe = window.open("");
with (Math) {
showMe.document.write(exp(baseVal) + "<br />");
showMe.document.write(abs(exp(baseVal)) + "<br />");
// return Euler's contant (e) to the power of the
// number given
showMe.alert("Close \'er up now, skip?");
showMe.close(); } }
</script>
```

fixed

La méthode `fixed` appartient à l'objet `string` et affiche la chaîne associée dans une police de caractères de largueur fixe, comme si le texte était balisé avec l'élément `tt`. Sa syntaxe est la suivante :

```
stringName.fixed()
```

L'entrée est une expression chaîne ou une propriété d'un objet.

Exemple

```
<script type="text/javascript" language="javascript">
var welcome = "Welcome to our flashy new digs!";
confirm(welcome);
// This opens a small box with the text and an OK button.
document.write(welcome.fixed());
alert("That's All Folks!");
self.close();
</script>
```

floor

La méthode `floor` appartient à l'objet `Math`, et elle retourne l'entier le plus proche qui est égal ou inférieur au nombre donné. Elle a la syntaxe suivante :

```
Math.floor(number)
```

L'entrée `number` est une expression numérique ou la propriété d'un objet.

Exemple

```
with (Math) {
msgWindow.document.write(random());
// generate a random number
msgWindow.document.write(floor(random() * baseVal));
// return the integer nearest the number (less or eqaul)
}
```

focus

La méthode `focus` appartient aux objets `password`, `select`, `text`, `textarea` et `window` et permet de déplacer le `focus` par programmation vers l'objet `form` ou la fenêtre du navigateur. Elle simule le déplacement du curseur par l'utilisateur. Elle a la syntaxe suivante :

```
password.focus()
selectName.focus()
textName.focus()
textareaName.focus()
window.focus()
```

L'entrée password est le nom de l'objet password ou un élément d'un tableau d'éléments. L'entrée selectName est soit le nom de l'objet select ou un élément d'un tableau d'élément. L'entrée textName est le nom de l'objet text ou un élément d'un tableau d'élément. L'entrée textareaName est le nom de l'objet textarea ou un élément d'un tableau d'éléments. L'entrée window est la fenêtre qui se trouve au plus haut niveau du navigateur spécifié par l'objet window.

Pour un exemple de méthode focus, voir la section "blur".

fontcolor

La méthode fontcolor appartient à l'objet string et elle affiche la chaîne associée dans la couleur donnée comme si le texte était balisé avec l'élément font et avec l'attribut color. Sa syntaxe est la suivante :

```
stringName.fontcolor(colorKeyword)
```

L'entrée stringName est une expression chaîne ou la propriété d'un objet.

Exemple

```
<script type="text/javascript" language="javascript">
var welcome = "Welcome to our flashy new digs!";
confirm(welcome);
// This opens a small box with the text and an OK button.
document.write(welcome.fontcolor("crimson") + "<br />");
document.write(welcome.fontsize(8) + "<br />");
// Some more text attributes, these take arguments.
alert("That's All Folks!");
self.close();
</script>
```

fontsize

La méthode fontsize appartient à l'objet string et affiche la chaîne associée à la taille donnée comme si le texte était balisé avec l'élément font et avec l'attribut size. Sa syntaxe est la suivante :

```
stringName.fontsize(size)
```

L'entrée stringName est une expression ou la propriété d'un objet.

Exemple

```
<script type="text/javascript" language="javascript">
var welcome = "Welcome to our flashy new digs!";
confirm(welcome);
// This opens a small box with the text and an OK button.
document.write(welcome.fontcolor("crimson") + "<br />");
document.write(welcome.fontsize(8) + "<br />");
// Some more text attributes, these take arguments.
alert("That's All Folks!");
self.close();
</script>
```

forward

La méthode `forward` appartient à l'objet `history` et elle utilise la liste de l'historique pour rappeler les documents précédemment visités par l'utilisateur et que celui-ci a quitté via le bouton Retour ou la méthode `back`.

Cette méthode sert à donner aux utilisateurs une alternative avec le bouton Avancer du navigateur. En outre, la méthode `history.go(1)` permet aussi d'effectuer cette action. Sa syntaxe est la suivante :

Exemple

```
<p><input type="button" value="Take Me Back!"
onclick="history.back()" />
<input type="button" value="Let's Keep Going!"
onclick="history.forward()" /></p>
```

Ce code place deux boutons côte à côte sur une ligne. Le premier bouton retourne vers le dernier document. Le second bouton est utile si l'utilisateur s'est déjà déplacé en arrière dans la liste de l'historique et s'apprête de nouveau à avancer.

getDate

La méthode `getDate` appartient à l'objet `date` et elle retourne le jour du mois (0-31) pour une date donnée. Elle a la syntaxe suivante :

```
dateObjectName.getDate()
```

L'entrée `dateObjectName` est un objet `date` ou la propriété d'un objet.

Exemple

```
<script type="text/javascript" language="javascript">
function callMe() {
Xmas01 = new Date("December 25, 2001 23:15:00");
weekday = Xmas01.getDate();
confirm(weekday);
var who = 1;
var docMod = document.lastModified;
switch (who) { // this switch has two streams
case(1) :
alert(docMod);
chrono = new Date();
alert(chrono.getDate());
alert(chrono + " already?!");
who++;
break;
case(2) :
docMod = "";
docMod.setDay(1);
docMod.setMonth(6);
docMod.setDate(30);
docMod.setYear(2001);
docMod.setTime(11, 59, 59);
document.write(chrono.fontcolor("darkmagenta") +
"<br />);
who++;
break;
}
alert("That's All Folks!");
self.close();
}
</script>
...
<form>
<input type="button" value="click here" name="button1"
onclick="callMe()" />
</form>
```

La méthode `getDate` retourne le temps local ; pour le temps UTC (Universal Coordinated Time), utilisez `getUTCDate`.

getDay

La méthode `getDay` appartient à l'objet `date` et elle retourne le jour de la semaine (0-6) pour une date donnée. Sa syntaxe est la suivante :

```
dateObjectName.getDay()
```

L'entrée dateObjectName est un objet date ou la propriété d'un objet.

Exemple

```
<script type="text/javascript" language="javascript">
function callMe() {
Xmas01 = new Date("December 25, 2001 23:15:00");
weekday = Xmas01.getDate();
confirm(weekday);
var who = 1;
var docMod = document.lastModified;
switch (who) { // this switch has two streams
case(1) :
alert(docMod);
chrono = new Date();
alert(chrono.getDate());
alert(chrono + " already?!");
who++;
break;
case(2) :
docMod = "";
docMod.setDay(1);
docMod.setMonth(6);
docMod.setDate(30);
docMod.setYear(2001);
docMod.setTime(11, 59, 59);
document.write(chrono.fontcolor("darkmagenta") + "<br />);
who++;
break;
}
alert("That's All Folks!");
self.close();
}
</script>
```

La méthode getDay retourne le temps local ; pour le temps UTC (Universal Coordinated Time), utilisez getUTCDay.

getFullYear

La méthode getFullYear appartient à l'objet date et elle retourne l'année en quatre chiffres pour une date donnée. Elle a la syntaxe suivante :

```
dateObjectName.getFullYear()
```

L'entrée dateObjectName est une date ou la propriété d'un objet.

Exemple

```
<script type="text/javascript" language="javascript">
function callMe() {
Xmas99 = new Date("December 25, 1999 23:15:00");
weekday = Xmas99.getDate();
confirm(weekday);
var docMod = document.lastModified;
alert(docMod);
chrono = new Date();
alert(chrono.getFullYear());
alert(chrono + " already?!);
alert("That's All Folks!");
self.close(); }
</script>
```

La méthode `getFullYear` retourne le temps local ; pour le temps UTC (Universal Coordinated Time), utilisez `getUTCFullYear`.

getHours

La méthode `getHours` appartient à l'objet `date` et elle retourne l'heure (0-23) d'une date donnée. Sa syntaxe est la suivante :

```
dateObjectName.getHours()
```

L'entrée `dateObjectName` est un objet `date` ou la propriété d'un objet.

Exemple

```
<script type="text/javascript" language="javascript">
function callMe() {
Xmas01 = new Date("December 25, 2001 23:15:00");
weekday = Xmas01.getDate();
confirm(weekday);
var docMod = document.lastModified;
alert(docMod);
chrono = new Date();
alert(chrono.getHours());
alert(chrono + " already?!);
alert("That's All Folks!");
self.close(); }
</script>
```

La méthode `getHours` retourne le temps local ; pour le temps UTC (Universal Coordinated Time), utilisez `getUTCHours`.

getMilliseconds

La méthode `getMilliseconds` appartient à l'objet `date` et elle retourne la milliseconde (0-999) d'une date donnée. Sa syntaxe est la suivante :

```
dateObjectName.getMilliseconds()
```

L'entrée `dateObjectName` est un objet `date` ou la propriété d'un objet.

Exemple

```
<script type="text/javascript" language="javascript">
function callMe() {
var docMod = document.lastModified;
alert(docMod);
chrono = new Date();
alert(chrono.getMilliseconds());
alert(chrono + " already?!);
alert("That's All Folks!");
self.close(); }
</script>
```

La méthode `getMillisecond` retourne le temps local ; pour le temps UTC (Universal Coordinated Time), utilisez `getUTCMilliseconds`.

getMinutes

La méthode `getMinute` appartient à l'objet `date` et elle retourne les minutes (0-59) pour une date donnée. Sa syntaxe est la suivante :

```
dateObjectName.getMinutes()
```

L'entrée `dateObjectName` est un objet `date` ou la propriété d'un objet.

Exemple

```
<script type="text/javascript" language="javascript">
function callMe() {
Xmas01 = new Date("December 25, 2001 23:15:00");
weekday = Xmas01.getDate();
confirm(weekday);
var docMod = document.lastModified;
alert(docMod);
chrono = new Date();
alert(chrono.getMinutes());
alert(chrono + " already?!);
alert("That's All Folks!");
self.close(); }
</script>
```

Cette méthode retourne le temps local ; pour le temps UTC (Universal Coordinated Time), utilisez getUTCMinutes.

getMonth

La méthode getMonth appartient à l'objet date et elle retourne le mois (0-11) d'une date donnée. Sa syntaxe est la suivante :

```
dateObjectName.getMonth()
```

L'entrée dateObjectName est un objet date ou la propriété d'un objet.

Exemple

```
<script type="text/javascript" language="javascript">
function callMe() {
Xmas01 = new Date("December 25, 2001 23:15:00");
weekday = Xmas01.getDate();
confirm(weekday);
var docMod = document.lastModified;
alert(docMod);
chrono = new Date();
alert(chrono.getMonth());
alert(chrono + " already?!);
alert("That's All Folks!");
self.close(); }
</script>
```

La méthode getMonth retourne le temps local ; pour le temps UTC (Universal Coordinated Time), utilisez getUTCMonth.

getSeconds

La méthode getSeconds appartient à l'objet date et elle retourne les secondes (0-59) d'une date donnée. Sa syntaxe est la suivante :

```
dateObjectName.getSeconds()
```

L'entrée dateObjectName est un objet date ou la propriété d'un objet.

Exemple

```
<script type="text/javascript" language="javascript">
function callMe() {
Xmas01 = new Date("December 25, 2001 23:15:00");
weekday = Xmas01.getDate();
confirm(weekday);
```

```
var docMod = document.lastModified;
alert(docMod);
chrono = new Date();
alert(chrono.getSeconds());
alert(chrono + " already?!);
alert("That's All Folks!");
self.close(); }
</script>
```

La méthode getSeconds retourne le temps local ; pour le temps UTC (Universal Coordinated Time), utilisez getUTCSeconds.

getTime

La méthode getTime appartient à l'objet date et elle retourne le temps (nombre de millisecondes depuis le 1er janvier 1970 00:00:00) pour une date donnée. Sa syntaxe est la suivant :

```
dateObjectName.getTime()
```

L'entrée dateObject est un objet date ou la propriété d'un objet.

Exemple

```
<script type="text/javascript" language="javascript">
function callMe() {
Xmas01 = new Date("December 25, 2001 23:15:00");
weekday = Xmas01.getTime();
confirm(weekday);
var docMod = document.lastModified;
alert(docMod);
chrono = new Date();
alert(chrono.getHours());
alert(chrono + " already?!);
alert("That's All Folks!");
self.close(); }
</script>
```

getTimezoneOffset

La méthode getTimezoneOffset appartient à l'objet date et elle retourne la différence entre le temps local et le temps UTC (Universel Coordinated Time) ou GMT en minutes. Sa syntaxe est la suivante :

```
dateObjectName.getTimezoneOffset()
```

L'entrée dateObjectName est un objet date ou la propriété d'un objet.

Exemple

```
<script type="text/javascript" language="javascript">
function callMe() {
Xmas01 = new Date("December 25, 2001 23:15:00");
weekday = Xmas01.getDate();
confirm(weekday);
var docMod = document.lastModified;
alert(docMod);
chrono = new Date();
alert(chrono.get.timezoneOffset());
alert(chrono);
alert("That's All Folks!");
self.close(); }
</script>
```

getYear

La méthode `getYear` appartient à l'objet `date` et elle retourne les deux derniers chiffres de l'année d'une date donnée. Sa syntaxe est la suivante :

```
dateObjectName.getYear()
```

L'entrée `dateObjetcName` est un objet `date` ou la propriété d'un objet.

Exemple

```
<script type="text/javascript" language="javascript">
function callMe() {
Xmas01 = new Date("December 25, 2001 23:15:00");
weekday = Xmas01.getDate();
confirm(weekday);
var docMod = document.lastModified;
alert(docMod);
chrono = new Date();
alert(chrono.getYear());
alert(chrono + " already?!);
alert("That's All Folks!");
self.close(); }
</script>
```

Pour la compatibilité avec l'an 2000 (et au-delà), utilisez `getFullYear` à la place.

go

La méthode `go` appartient à l'objet `history` et elle utilise la liste de l'historique pour rappeler un document déjà visionné précédemment. Vous pouvez utiliser cette méthode afin de donner à l'utilisateur une alternative avec les boutons Retour et Avancer du navigateur ou vous servir des méthodes `back` et `forward` pour faire la même action. La syntaxe de la méthode `go` a la syntaxe suivante :

```
history.go(number)
```

L'entrée `number` est un entier positif ou négatif. Un entier positif déplace l'utilisateur en avant et un entier négatif le déplace vers l'arrière.

Exemple

```
<p><input type="button" value="Take Me Back!" onclick="history.back()" />
<input type="button" value="Let's Keep Going!"
onclick="history.forward()" /></p>
```

Ce code place deux boutons côte à côte sur une ligne. Le premier bouton retourne vers le dernier document. Le second bouton est utile si l'utilisateur s'est déjà déplacé en arrière dans la liste de l'historique et s'apprête de nouveau à avancer.

En utilisant la méthode `go`, ces lignes devraient apparaître comme ceci :

```
<p><input type="button" value="Take Me Back!" onclick="history.go(-1)" />
<input type="button" value="Let's Keep Going!" onclick="history.go(1)"
/></p>
```

indcxOf

La méthode `indexOf` appartient à l'objet `string` et elle retourne la position de la première occurrence de la valeur recherchée en commençant à partir de la position donnée. Sa syntaxe est la suivante :

```
stringName.indexOf("searchValue"[, fromIndex])
```

L'entrée `stringName` est une chaîne ou une propriété d'un objet. L'entrée `searchValue` est une sous-chaîne de `stringName`. L'entrée `fromIndex` est la position à partir de laquelle la recherche doit commencer ; la valeur par défaut est zéro (première position).

Exemple

```
var champion = "We are the champions! We are the champions!";
champion.indexOf("are");
champion.lastIndexOf("are);
```

Cet exemple retourne le nombre 3 pour l'instruction `indexOf` et 25 pour l'instruction `lastIndexOf`.

isFinite

La fonction `isFinite` détermine si le nombre évalué est fini. Sa syntaxe est la suivante :

```
isFinite(testValue)
```

Cet exemple retourne comme vrais les nombres finis et faux les nombres infinis.

isNaN

La fonction `isNaN` détermine si la valeur donnée est un nombre. Sa syntaxe est la suivante :

```
isNaN(testValue)
```

Exemple

```
floatValue = parseFloat(toFloat);
if isNaN(floatValue) { not Float(); }
else { isFloat(); }
```

Cet exemple génère une valeur et après l'évalue.

italics

La méthode `italics` appartient à l'objet `string` et elle affiche la chaîne associée en italique ou en oblique comme si elle était balisée par l'élément `i`. Sa syntaxe est la suivante :

```
stringName.italics()
```

L'entrée `stringName` est une expression ou la propriété d'un objet.

Exemple

```
<script type="text/javascript" language="javascript">
var welcome = "Welcome to our flashy new digs!";
confirm(welcome);
// This opens a small box with the text and an OK button.
document.write(welcome.italics() + "<br />");
alert("That's All Folks!");
self.close();
</script>
```

lastIndexOf

La méthode `lastIndexOf` appartient à l'objet `string` et elle retourne la position de la dernière occurrence de la valeur recherchée à partir de la position donnée. Sa syntaxe est la suivante :

```
stringName.lastIndexOf("searchValue"[, fromIndex])
```

L'entrée `stringName` est une chaîne ou une propriété d'un objet. L'entrée `searchValue` est une sous-chaîne de `stringName`. L'entrée `fromIndex` est la position à partir de laquelle la recherche doit commencer ; sa valeur par défaut est zéro (la première position).

Exemple

```
var champion = "We are the champions! We are the champions!";
champion.indexOf("are");
chamption.lastIndexOf("are);
```

Cet exemple retourne le nombre 3 pour l'instruction `indexOf` et 25 pour l'instruction `lastIndexOf`.

link

La méthode `link` appartient à l'objet `anchor` et crée un saut vers une adresse URL. Sa syntaxe est :

```
linkText.link(hrefAttribute)
```

L'entrée `linkText` est une chaîne ou une propriété qui est utilisée comme étiquette pour le lien. L'entrée `hrefAttribute` est une adresse URL valide pour la destination.

Exemple

```
var c1="JavaScripting Overview";
Var c2="JavaScript Objects";
var c3="JavaScript Constructs";
...
document.write(c1.link(
"http://www.example.com/Courses/js_overview.html");
document.write(c2.link(
"http://www.example.com/Courses/js_objects.html");
document.write(c3.link(
"http://www.example.com/Courses/js_constructs.html");
```

Vous pouvez utiliser cet exemple pour construire la table des matières d'un cours sélectionné dynamiquement en incluant un formulaire de sélection et une instruction `switch`.

log

La méthode `log` appartient à l'objet `Math` et retourne le logarithme naturel (base e) d'un nombre donné. Sa syntaxe est :

```
Math.log(number)
```

L'entrée `number` est une expression numérique ou la propriété d'un objet.

Exemple

```
with (Math) {
msgWindow.document.write(random());
// generate a random number
msgWindow.document.write(log(baseVal));
// return the natural logarithm (base of e) of the number
}
```

match

La méthode `match` appartient à l'objet `string` et elle est utilisée pour faire correspondre une expression régulière et une chaîne. Sa syntaxe est :

```
stringName.match(regExp)
```

L'entrée stringName est une expression numérique ou une propriété d'un objet. L'entrée regExp est une expression régulière. Une *expression régulière* est un objet qui définit un groupe de caractères. La méthode match cherche une chaîne pour une ou plusieurs correspondances d'une expression régulière et elle retourne un tableau avec les résultats de la correspondance.

max

La méthode max appartient à l'objet Math et elle retourne le plus grand des deux nombres donnés. Sa syntaxe est :

```
Math.max(number1, number2)
```

Les entrées number1 et number2 sont chacune une expression numérique ou une propriété d'un objet.

Exemple

```
with (Math) {
msgWindow.document.write(random());
// generate a random number
msgWindow.document.write(max(baseVal, (random() * 3)));
// return the higher of the two values
}
```

min

La méthode min appartient à l'objet Math et elle retourne le plus petit des deux nombres donnés. Sa syntaxe est :

```
Math.min(number1, number2)
```

Les entrées number1 et number2 sont chacune une expression numérique ou une propriété d'un objet.

Exemple

```
with (Math) {
msgWindow.document.write(random());
// generate a random number
msgWindow.document.write(min(baseVal, (random()*3)));
// return the lower of the two values
}
```

moveBy

La méthode `moveBy` appartient à l'objet `window` et déplace la fenêtre vers la position spécifiée par `px` et `py`. Sa syntaxe est :

```
window.moveBy(px, py)
```

L'entrée `px` est le nombre de pixels pour déplacer la fenêtre vers la droite, et `py` est le nombre de pixels pour déplacer la fenêtre vers le bas.

moveTo

La méthode `moveTo` appartient à l'objet `window` et elle déplace la fenêtre vers une position absolue. Sa syntaxe est :

```
window.moveTo(x,y)
```

L'entrée x est l'abscisse de la position de la nouvelle fenêtre, et l'entrée y son ordonnée. Le coin haut gauche de la fenêtre est déplacé vers la position spécifiée par x et y.

open (objet document)

La méthode `open` pour les documents appartient à l'objet `document` et elle ouvre une destination de sortie pour les instructions `write` et `writeln`. Sa syntaxe est :

```
document.open()
document.open(["mimeType"])
```

Si le type mime est "text/html", vous pouvez utiliser la première forme de cette instruction ; précisions que "text/html" est le type par défaut et ne doit pas être spécifié. Si vous souhaitez utiliser un type mime différent, utilisez la deuxième forme de cette instruction avec l'une des suivantes :

```
text/plain
image/gif
image/jpeg
image/x-bitmap
plugIn
```

Pour un exemple de la méthode `open` (objet document), voir la section "`close`" (objet document).

open (objet window)

La méthode open pour les objets window appartient à l'objet window et elle permet de définir et d'ouvrir une instance du navigateur pour afficher l'information. Sa syntaxe est :

```
windowVar=window.open("URL", "windowName" [,"windowsFeatures"])
```

L'entrée windowVar est le nom de la nouvelle fenêtre et l'entrée URL est l'emplacement du document à charger dans cette nouvelle fenêtre. L'entrée windowName est utilisée dans l'attribut target pour les éléments form et a. L'entrée windowsFeature est une liste séparée par des virgules qui contient une ou plusieurs des valeurs qui suivant :

```
toolbar[=yes|no] | [=1|0]
location[=yes|no] | [=1|0]
directories[=yes|no] | [=1|0]
status[=yes|no] | [=1|0]
menubar[=yes|no] | [=1|0]
scrollbars[=yes|no] | [=1|0]
resizable[=yes|no] | [=1|0]
width=pixels
height=pixels
```

Exemple

```
<script type="text/javascript" language="javascript">
var userPass = "";
var userName = "";
var formulate = new window();
// set up the variables to be used later
formulate.window.open('http://www.example.com' 'titlebar = no,menubar =
no,scrollbars = no');
// open a window for the form
document.formulate.userPass.focus();
var timer = setTimeout(
"document.formulate.userPass.blur(), 8000);
// put the focus onto the the password box for 8 secs
clearTimeout(timer);
document.formulate.userName.focus();
timer = setTimeout(
"document.formulate.userName.blur(), 30000);
// clear the timeout, put the focus on the username box
// for 30 secs
document.formulate.userAuth.click();
// force a selection in the userAuth check box
clearTimeout(timer);
```

```
msgWindow.window.close();
// clear the timeout variable and close the window
</script>;
...
<form name="formulate" id="formulate">
<input type="password" name="userPass" size="5" />
tell us your secret
<input type="text" name="userName" value="Bob's your uncle" size="15" />
<input type="checkbox" name="userAuth" value="Validate Me" />
authorize us to check this stuff out!
</form>
```

parse

La méthode parse appartient à l'objet date et elle retourne le nombre de millisecondes entre une chaîne date donnée et le 1er janvier 1970 00:00:00 temps local. Sa syntaxe est :

```
Date.parse(dateString)
```

L'entrée dateString est une date ou la propriété d'un objet.

Exemple

```
checkValue = Date.parse("1, 1, 99");
if isNaN(checkValue) { notGood(); }
else { isGood(); }
```

Cet exemple génère une valeur et, ensuite, il l'évalue.

parseFloat

La fonction parseFloat détermine si une valeur est un nombre et elle retourne un nombre à virgule flottante pour une chaîne. Sa syntaxe est :

```
parseFloat(string)
```

L'entrée string est une chaîne ou une propriété d'un objet.

Exemple

```
toFloat = "3.14";
floatValue = parseFloat(toFloat);
if isNaN(floatValue) { not Float(); }
else { isFloat(); }
```

Cet exemple génère une valeur et, ensuite, il l'évalue.

parseInt

La fonction parseInt détermine si une valeur est un nombre et elle retourne une valeur entière d'un radix ou d'une base donné. Sa syntaxe est :

```
parseInt(string[, radix])
```

L'entrée string est une chaîne ou une propriété d'un objet et radix est un entier.

Exemple

```
document.write(parseInt("F", 16));
// the 16 indicates that the F is a hexadecimal number (base 16)
document.write(parseInt("1111", 2));
document.write(parseInt ("0xF"));
```

Cet exemple retourne la même valeur, 15.

pow

La méthode pow appartient à l'objet Math et elle retourne le premier nombre élevé à la puissance du second nombre. Sa syntaxe est :

```
Math.pow(base, exponent)
```

Les entrées base et exponent sont chacune une expression numérique ou une propriété d'un objet.

Exemple

```
with (Math) {
msgWindow.document.write(random());
// generate a random number
msgWindow.document.write(pow(baseVal, random()));
// raise the first number to the power of the second number
}
```

print

La méthode print appartient à l'objet window et elle imprime le document courant. Sa syntaxe est :

```
window.print()
```

La méthode print imprime le document comme si l'utilisateur a cliqué sur le bouton Imprimer du navigateur.

prompt

La méthode prompt appartient à l'objet window et elle affiche une boîte de dialogue et un champ de saisie. Même si prompt est une méthode de window, vous n'avez pas à l'inclure dans l'instruction windowReference. La syntaxe de la méthode prompt est la suivante :

```
prompt(message[, inputdefault])
```

L'entrée message est une chaîne texte ou une propriété d'un objet ; l'entrée input-Default est une chaîne, un entier ou une propriété d'un objet.

Exemple

```
<script type="text/javascript" language="javascript">
var myMsg = "Hello";
var usrName = prompt("Please enter your name", " ");
var myString = myMsg + " " + UsrName;
document.write(myString);
</script>;
```

Dans cet exemple, la chaîne myMsg("Hello") est jointe à la chaîne usrName que l'utilisateur saisit en réponse à l'invite de commandes.

random

La méthode random appartient à l'objet Math et elle génère un nombre aléatoire entre 0 et 1. Sa syntaxe est :

```
Math.random()
```

Exemple

```
<script type="text/javascript" language="javascript">
function tryMe(baseVal) {
var baseVal = Math.random();
showMe = window.open("");
with (Math) {
var firstOne = (random());
var secondOne = (abs(random()));
showMe.document.write(firstOne + "<br />")
showMe.document.write(secondOne + "<br />") } }
</script>;
```

replace

La méthode replace appartient à l'objet string ; elle fait une recherche et opère un remplacement sur string. Sa syntaxe est :

```
stringName.replace(regExp, replacementString)
```

L'entrée stringName est une chaîne ou une propriété d'un objet. L'entrée regExp est une expression régulière et replacementString est une chaîne qui spécifie le texte de remplacement pour regExp. Une expression régulière est un objet qui définit un groupe de caractères.

Exemple

```
<script type="text/javascript" language="javascript">
function replace1 () {
var myString;
myString = "I feel cold."
document.write(myString + "<br />");
myString=myString.replace("cold"," hot");
document.write(myString); }
</script>;
...
<body onload="replace1()">...</body>
```

Dans cet exemple, la chaîne "cold" est remplacée par la chaîne "hot".

resizeBy

La méthode resizeBy appartient à l'objet window et elle redimensionne une fenêtre par une quantité relative. Sa syntaxe est :

```
wondow.resizeBy(pw,ph)
```

L'entrée pw est le nombre qui mesure l'accroissement en pixels dans le sens de la largeur de la fenêtre, et l'entrée ph, dans le sens de la hauteur.

Exemple

```
<script type="text/javascript" language="javascript">
function openWin() {
myWin = open("", "displayWindow", "width = 250, height = 300, status =
no, toolbar = no, menubar = no");
myWin.document.open();
```

```
myWin.document.write("<html><head><title>My New Window");
myWin.document.write("</title></head><body>");
myWin.document.write("<p><font size='5' face='arial,helvetica'>");
myWin.document.write("See how easy it is to create ");
myWin.document.write("</font></p></body></html>");
myWin.resizeBy(50,50);
myWin.document.close(); }
</script>;
...
<form name="popup" id="popup">
<input type=button value="New Window" onClick="openWin()" name="button"
/>
</form>
```

Dans cet exemple, la fenêtre va s'accroître de 50 pixels en largeur et de 50 pixels en hauteur à l'affichage.

resizeTo

La méthode `resizeTo` appartient à l'objet `window` et elle redimensionne la fenêtre. Sa syntaxe est :

```
window.resizeTo(w,h)
```

L'entrée `w` est la nouvelle largeur en pixels de la fenêtre et l'entrée `h` sa nouvelle hauteur.

Exemple

```
<script type="text/javascript" language="javascript">
function openWin() {
myWin = open("", "displayWindow", "width = 250, height = 300, status =
no, toolbar = no, menubar = no");
myWin.document.open();
myWin.document.write("<html><head><title>My New Window");
myWin.document.write("</title></head><body>");
myWin.document.write("<p><font size='2' face='arial,helvetica'>");
myWin.document.write("See how easy it is to create ");
myWin.document.write("a new window using Javascript!");
myWin.document.write("</font></p></body></html>");
myWin.resizeTo(150,150);
myWin.document.close(); }
</script>;
...
<form name="popup" id="popup">
<input type=button value="New Window" onClick="openWin()"
name="button" />
</form>
```

Dans cet exemple, la fenêtre est dimensionnée à 150 pixels de largeur et à 150 de hauteur à l'affichage.

round

La méthode `round` appartient à l'objet `Math` et elle retourne la valeur de l'entier le plus proche du nombre donné. Sa syntaxe est :

```
Math.round(number)
```

L'entrée `number` est une expression numérique ou une propriété d'un objet.

Exemple

```
<script type="text/javascript" language="javascript">
function tryMe(baseVal) {
var baseVal=Math.random();
showMe = window.open("");
with (Math) {
var firstOne = (random());
var secondOne = (abs(random()));
showMe.document.write(firstOne + "<br />");
showMe.document.write(secondOne + "<br />");
// generate a random number
showMe.document.write(round(baseVal * random()) +
"<br />");
showMe.document.write(abs(round(baseVal * random())) + "<br />");
//rounds number to the nearest integer
showMe.alert("Close \'er up now, skip?");
showMe.close(); } }
</script>
```

scrollBy

La méthode `scrollBy` appartient à l'objet `window` et elle fait défiler un document. Sa syntaxe est :

```
window.scrollBy(px, py)
```

Exemple

```
<head>
<script type="text/javascript" language="javascript">
function changeposition(x,y) {
window.scrollBy(x,y); }
</script>
```

```
...</head>
<body bgcolor="teal">
<table width="350" bgcolor="red">
<tr><td> </td></tr>
</table>
<form name="scroll" id="scroll">
<input type="button" value="Scroll Right"
onClick="scroll(50,0)" />
</form>
...</body>
```

Dans cet exemple, lorsque le bouton étiqueté "Scroll Right" est cliqué, le document glisse de 50 pixels vers la droite de sa position courante. Pour que la méthode `scrollBy` marche dans la fenêtre d'un navigateur, la fenêtre doit avoir des barres de défilement, c'est-à-dire être dimensionnée par l'utilisateur de telle sorte qu'elle soit obligée d'afficher des barres de défilement.

scrollTo

La méthode `scrollTo` appartient à l'objet `window` et elle fait défiler un document vers une position spécifiée. Sa syntaxe est :

```
window.scrollTo(x,y)
```

L'entrée x est l'abscisse de la nouvelle position et l'entrée y son ordonnée. Le document est défilé à l'intérieur de la fenêtre, x et y sont les coordonnées du coin haut à gauche de la fenêtre. Cette méthode a le même résultat que la méthode `scroll` mais elle est préférée à cette dernière, parce que justement elle a un nom descriptif.

Exemple

```
<head>
<script type="text/javascript" language="javascript">
function changeposition(x,y) {
window.scrollTo(x,y); }
</script>
...</head>
<body bgcolor="teal">
<table width="350" bgcolor="red">
<tr><td> </td></tr>
</table>
<form name="scroll" id="scroll">
<input type="button" value="Change" onClick="scroll(50,0)" />
</form>
</body>
```

Dans cet exemple, lorsque le bouton "Change" est cliqué, le document glisse vers la position (50,0) qui est 50 pixels à droite du coin haut gauche du document (0,0). Pour que la méthode `scrollTo` puisse fonctionner dans la fenêtre du navigateur, la fenêtre doit avoir des barres de défilement, c'est-à-dire être dimensionnée par l'utilisateur de telle sorte qu'elle soit obligée d'afficher des barres de défilement.

search

La méthode `search` appartient à l'objet `string` et elle recherche dans une chaîne la première position d'une sous-chaîne spécifiée. Sa syntaxe est :

```
string.search(regExp)
```

L'entrée `stringName` est une chaîne ou une propriété d'un objet. L'entrée `regExp` est une expression régulière. Une expression régulière est un objet qui définit un groupe de caractères. La méthode `search` retourne la position du début de la première sous-chaîne, celle qui correspond à l'entrée `regExp`.

Exemple

```
<script type="text/javascript" language="javascript">
function search1() {
var myString;
myString = "I feel cold."
var myExp = /cold/;
myString.search(myExp);
alert(myString.search(myExp)); }
</script>
...
<form>
<input type="button" name="search" value="Search" onclick="search1()" />
</form>
```

Dans cet exemple, lorsque le bouton étiqueté "Search" est cliqué, une boîte de message d'alerte s'affiche avec le message "7". C'est la première position du premier caractère de la chaîne `search`, `cold`.

select

Comme les méthodes `focus` et `blur`, la méthode `select` effectue une action par programmation. Elle appartient aux objets `password`, `text` et `textarea`. La méthode `select` sélectionne une zone de saisie, un texte ou une zone de texte ou un objet `form`. Sa syntaxe est :

```
passwordName.select()
textName.select()
textareaName.select()
```

L'entrée `passwordName` est l'attribut `name` de l'objet `password`. L'entrée `textName` est l'attribut `name` de l'objet `text`, et l'entrée `textAreaName` est l'attribut `name` de l'objet `textarea`.

Exemple

```
<script type="text/javascript" language="javascript">
var userPass = "";
var userName = "";
var formulate = new window();
// set up the variables to be used later
formulate.window.open();
// open a window for the form
document.formulate.userPass.select();
var timer = setTimeout(
"document.formulate.userPass.blur()", 8000);
// select the password box
// for 8 secs, then blur
clearTimeout(timer);
document.formulate.userName.select();
timer = setTimeout(
"document.formulate.userName.blur()", 30000);
// clear the timeout, select the username box
// for 30 secs, then blur
document.formulate.userAuth.click();
// force a selection in the userAuth check box
clearTimeout(timer);
msgWindow.window.close();
// clear the timeout variable and close the window
</script>
...
<form name="formulate" id="formulate"
<input type="password" name="userPass" size="5" />
tell us your secret
<input type="text" name="userName" value="Bob's your uncle"
size="15" />
<input type="checkbox" name="userAuth" value="Validate Me" />
authorize us to check this stuff out!
</form>
```

setDate

La méthode `setDate` appartient à l'objet `date` et définit le jour du mois pour une date donnée. Sa syntaxe est :

```
dateObjectName.setDate(dayValue)
```

L'entrée dateObjectName est un objet date ou une propriété d'un objet. L'entrée dayValue est un entier entre 1 et 31 ou une propriété d'un objet représentant un mois.

Exemple

```
<script type="text/javascript" language="javascript">
function callMe() {
Xmas01 = new Date("December 25, 2001 23:15:00");
weekday = Xmas01.getDate();
confirm(weekday);
var docMod = "";
docMod.setDay(1);
docMod.setMonth(6);
docMod.setDate(30);
docMod.setYear(2001);
docMod.setTime(11, 59, 59);
alert(docMod);
alert("That's All Folks!");
self.close(); }
</script>
```

La méthode setDate utilise le temps local ; pour le temps UTC (Universal Coordinate Time), utilisez setUTCDate.

setFullYear

La méthode setFullYear appartient à l'objet date et elle définit l'année d'une date donnée. Sa syntaxe est :

```
dateObjectName.setFullYear(yearValue)
```

L'entrée dateObjectName est un objet date ou une propriété d'un objet. L'entrée yearValue est un entier de quatre chiffres ou une propriété d'un objet représentant l'année.

Exemple

```
var docMod = "";docMod.setDay(1);
docMod.setMonth(12);
docMod.setDate(31);
docMod.setFullYear(2001);
docMod.setTime(23, 59, 59);
alert(docMod);
alert("That's All Folks!");
```

La méthode SetFullYear utilise le temps local ; pour le temps UTC (Universal Coordinated Time), utilisez setUTCFullYear.

setHours

La méthode `setHours` appartient à l'objet `date` et elle définit l'heure du jour pour une date donnée. Sa syntaxe est :

```
dateObjectName.setHours(hoursValue)
```

L'entrée `dateObjectName` est un objet date ou une propriété d'un objet. L'entrée `hoursValue` est un entier entre 0 et 23 ou une propriété d'un objet représentant une heure.

Exemple

```
<script type="text/javascript" language="javascript">
function callMe() {
Xmas01 = new Date("December 25, 2001 23:15:00");
weekday = Xmas01.getDate();
confirm(weekday);
var docMod = "";
docMod.setDay(1);
docMod.setMonth(6);
docMod.setDate(30);
docMod.setYear(2001);
docMod.setHours(11);
docMod.setMinutes(59);
docMod.setSeconds(59);
alert(docMod);
alert("That's All Folks!");
self.close(); }
</script>
```

La méthode `setHours` utilise le temps local ; pour le temps UTC (Universal Cooordinated Time), utilisez `setUTCTime`.

setInterval

La méthode `setInterval` appartient à l'objet `window` et elle exécute périodiquement un code spécifié à intervalle fixe. Sa syntaxe est :

```
window.setInterval(code,interval)
window.setInterval(function,interval,values...)
```

L'entrée `code` spécifie une chaîne de code JavaScript. L'entrée `interval` est un entier qui donne l'intervalle en millisecondes entre deux exécutions du code. L'entrée `function` est une fonction JavaScript et les entrées `values` sont les paramètres de cette fonction.

La méthode setInterval est similaire à la méthode setTimeout. La méthode setInterval exécute périodiquement le code pour un intervalle donné. La méthode setTimeout en diffère l'exécution pour un intervalle donné mais elle ne le répète pas.

Pour un exemple des méthodes setInterval et clearInterval, voir la section "clearInterval".

setMilliseconds

La méthode setMilliseconds appartient à l'objet date et elle définit les millisecondes de la seconde d'une minute pour une date donnée. Sa syntaxe est :

```
dateObjectName.setMilliseconds(millisecondsValue)
```

L'entrée dateObjectName est un objet date ou une propriété d'un objet. L'entrée millisecondValue est un entier de l'intervalle 0-999 ou une propriété d'un objet représentant les millisecondes.

Exemple

```
function callMe() {
var docMod = "";
docMod.setDay(1);
docMod.setMonth(6);
docMod.setDate(30);
docMod.setYear(2001);
docMod.setHours(11);
docMod.setMinutes(59);
docMod.setSeconds(59);
docMod.setMilliseconds(59);
alert(docMod);
alert("That's All Folks!");
self.close(); }
```

La méthode setMilliseconds utilise le temps local ; pour le temps Universal Coordinated Time (UTC), utilisez setUTCMilliseconds.

setMinutes

La méthode setMinutes appartient à l'objet date et elle définit les minutes de l'heure d'une date donnée. Sa syntaxe est :

```
dateObjectName.setMinutes(minuteValue)
```

L'entrée dateObjectName est un objet date ou une propriété d'un objet. L'entrée minuteValue est un entier entre 0 et 59 ou une propriété d'un objet représentant la minute.

Exemple

```
<script type="text/javascript" language="javascript">
function callMe() {
Xmas01 = new Date("December 25, 2001 23:15:00");
weekday = Xmas01.getDate();
confirm(weekday);
var docMod = "";
docMod.setDay(1);
docMod.setMonth(6);
docMod.setDate(30);
docMod.setYear(2001);
docMod.setHours(11);
docMod.setMinutes(59);
docMod.setSeconds(59);
alert(docMod);
alert("That's All Folks!");
self.close(); }
</script>
```

La méthode setMinutes utilise le temps local ; pour le temps UTC (Universal Coordinated Time), utilisez setUTCMinutes.

setMonth

La méthode setMonth appartient à l'objet date et elle définit le mois de l'année pour une date donnée. Sa syntaxe est :

```
dateObjectName.setMonth(monthValue)
```

L'entrée dateObject est un objet date ou une propriété d'un objet. L'entrée monthValue est un entier compris entre 0 et 11 ou un objet représentant le mois.

Exemple

```
<script type="text/javascript" language="javascript">
function callMe() {
Xmas01 = new Date("December 25, 2001 23:15:00");
weekday = Xmas01.getDate();
confirm(weekday);
var docMod = "";
docMod.setDay(1);
```

```
docMod.setMonth(6);
docMod.setDate(30);
docMod.setYear(2001);
docMod.setHours(11);
docMod.setMinutes(59);
docMod.setSeconds(59);
alert(docMod);
alert("That's All Folks!");
self.close(); }
</script>
```

La méthode `setMonth` utilise le temps local ; pour le temps UTC (Universal Coordinated Time), utilisez `setUTCmonth`.

setSeconds

La méthode `setSeconds` appartient à l'objet `date` et elle définit les secondes de la minute d'une date donnée. Elle a la syntaxe suivante :

```
dateObjectName.setSeconds(secondsValue)
```

L'entrée `dateObjectName` est un objet `date` ou une propriété d'un objet. L'entrée `secondsValue` est un entier entre 0 et 59 ou une propriété d'un objet représentant des secondes.

Exemple

```
<script type="text/javascript" language="javascript">
function callMe() {
Xmas01 = new Date("December 25, 2001 23:15:00");
weekday = Xmas01.getDate();
confirm(weekday);
var docMod = "";
docMod.setDay(1);
docMod.setMonth(6);
docMod.setDate(30);
docMod.setYear(2001);
docMod.setHours(11);
docMod.setMinutes(59);
docMod.setSeconds(59);
alert(docMod);
alert("That's All Folks!");
self.close(); }
</script>
```

La méthode `setSeconds` utilise le temps local ; pour le temps UTC (Universal Coordinated Time), utilisez `setUTCSeconds`.

setTime

La méthode `setTime` appartient à l'objet `date` et elle définit le nombre de millisecondes depuis le 1er janvier 1970 00:00:00. Elle a la syntaxe suivante :

```
dateObjectName.setTime(timeValue)
```

L'entrée `dateObjectName` est un objet date ou une propriété d'un objet. L'entrée `timeValue` est un entier ou une propriété d'un objet représentant le nombre de millisecondes depuis l'époque spécifiée.

Exemple

```
<script type="text/javascript" language="javascript">
function callMe() {
Xmas01 = new Date("December 25, 2001 23:15:00");
weekday = Xmas01.getDate();
confirm(weekday);
var docMod = "";
docMod.setDay(1);
docMod.setMonth(6);
docMod.setDate(30);
docMod.setYear(2001);
docMod.setTime(11, 59, 59);
alert(docMod);
alert("That's All Folks!");
self.close(); }
</script>
```

setTimeout

La méthode `setTimeout` appartient aux objets `frame` et `window` et elle évalue une expression après que le groupe de nombre en millisecondes est passé. Sa syntaxe est :

```
timeoutID = setTimeout(expression, msec)
```

L'entrée `timeoutID` est l'identificateur de la variable `timeout` ; elle sera utilisée plus tard par la méthode `clearTimeout`. L'entrée `expression` est une chaîne ou une propriété d'un objet. L'entrée `msec` est une valeur numérique, une chaîne numérique ou une propriété d'un objet représentant un nombre de millisecondes pour `timeout`.

Pour un exemple des méthodes `setTimeout` et `clearTimeout`, voir la section "clearTimeout".

setYear

La méthode `setYear` appartient à l'objet `date` et elle définit l'année pour une date donnée. Sa syntaxe est :

```
dateObjectName.setYear(yearValue)
```

L'entrée `dateObjectName` est une date ou une propriété d'un objet. L'entrée `yearValue` est un entier de quatre chiffres ou une propriété d'un objet représentant une année.

La méthode `setYear` est obsolète dans JavaScript 1.2 en faveur de la méthode `setFullYear`.

Exemple

```
<script type="text/javascript" language="javascript">
function callMe() {
Xmas01 = new Date("December 25, 2001 23:15:00");
weekday = Xmas01.getDate();
confirm(weekday);
var docMod = "";
docMod.setDay(1);
docMod.setMonth(6);
docMod.setDate(30);
docMod.setYear(2001);
docMod.setTime(11, 59, 59);
alert(docMod);
alert("That's All Folks!");
self.close(); }
</script>
```

sin

La méthode `sin` appartient à l'objet `Math` et elle retourne le sinus du nombre donné. Sa syntaxe est :

```
Math.sin(number)
```

L'entrée `number` est une expression numérique ou une propriété d'un objet.

Exemple

```
<script type="text/javascript" language="javascript">
function tryMe(baseVal) {
var baseVal = Math.random();
showMe = window.open("");
with (Math) {
showMe.document.write(sin(random()) + "<br />");
showMe.alert("Close \'er up now, skip?");
showMe.close(); } }
</script>
```

slice

La méthode `slice` appartient à l'objet `string` et elle extrait une tranche ou une sous-chaîne dans une chaîne. Sa syntaxe est :

```
stringName.slice(index1, index2)
```

L'entrée `stringName` est une expression chaîne ou une propriété d'un objet. L'entrée `index1` est un entier représentant la position de début de la sous-chaîne dans la chaîne ; elle peut être un entier allant de zéro à `string.name.length-1`. L'entrée `index2` est un entier représentant la position finale de la sous-chaîne dans la chaîne ; elle peut être un entier plus grand que `index1` allant de zéro à la chaîne `stringName.length-1`. Si `index1` ou `index2` sont des nombres négatifs, la position est mesurée à partir de la fin de la chaîne. La méthode `slice` retourne une sous-chaîne qui contient tous les caractères à partir du caractère `index1` (y compris l'`index1`) jusqu'au caractère `index2`.

Exemple

```
<script type="text/javascript" language="javascript">
function slice1(){
var myString;
myString = "JavaScriptReference"
myString = myString.slice(0,10);
alert([myString]); }
</script>
...
<form>
<input type="button" name="slice" value="Slice" onclick="slice1()" />
</form>
```

Dans cet exemple, lorsque le bouton "Slice" est cliqué, une boîte de message d'alerte s'affiche avec le message "`JavaScript`". C'est le tableau `myString` qui a été créé en découpant la chaîne `myString` à partir du caractère 0 jusqu'au caractère 10 (le caractère 10 est exclu).

small

La méthode `small` appartient à l'objet `string` et elle affiche la chaîne associée en utilisant une police de taille plus petite, comme si le texte était balisé avec l'élément `small`. Sa syntaxe est :

```
stringName.small()
```

L'entrée `stringName` est une chaîne ou une propriété d'un objet.

Exemple

```
<script type="text/javascript" language="javascript">
var welcome = "Welcome to our flashy new digs!";
confirm(welcome);
// This opens a small box with the text and an OK button.
document.write(welcome.small() + "<br />");
alert("That's All Folks!");
self.close();
</script>
```

split

La méthode `split` appartient à l'objet `string` et elle divise une chaîne en sous-chaîne. Sa syntaxe est :

```
stringName.split(boundary)
```

L'entrée `stringName` est une chaîne ou une propriété d'un objet. L'entrée `boundary` est un caractère ou des caractères que JavaScript utilise pour décider des endroits où une chaîne doit être divisée. La sous-chaîne créée avec la méthode `split` est placée dans un tableau créé par cette méthode.

Exemple

```
<script type="text/javascript" language="javascript">
function split1(){
var myString;
myString = "JavaScript Reference"
myString = myString.split("");
alert([myString]); }
</script>
...
<form>
<input type="button" name="split" value="Split" onclick="split1()" />
</form>...
```

Dans cet exemple, lorsque le bouton "Split" est cliqué, une boîte de message d'alerte affiche le tableau `myString`. Puisque nous utilisons la chaîne vide ("") comme dans notre entrée `boundary`, le tableau `myString` est l'ensemble de chaque lettre de `myString` prise comme un élément séparé du tableau.

sqrt

La méthode `sqrt` appartient à l'objet `Math` et elle retourne la racine carrée du nombre donné. Sa syntaxe est :

```
Math.sqrt(number)
```

L'entrée `number` est une expression numérique non négative ou une propriété d'un objet.

Exemple

```
<script type="text/javascript" language="javascript">
function tryMe(baseVal){
var baseVal=Math.random();
showMe = window.open("");
with (Math) {
showMe.document.write(sqrt(baseVal) + "<br />");
showMe.document.write(abs(sqrt(baseVal)) + "<br />");
// return the square root of the number
showMe.alert("Close \'er up now, skip?");
showMe.close(); } }
</script>
```

strike

La méthode `strike` appartient à l'objet `string` et elle affiche la chaîne associée avec strikethrough. Sa syntaxe est :

```
stringName.strike()
```

L'entrée `stringName` est une expression `string` ou une propriété d'un objet.

Exemple

```
<script type="text/javascript" language="javascript">
var welcome = "Welcome to our flashy new digs!";
confirm(welcome);
// This opens a small box with the text and an OK button.
document.write(welcome.strike() + "<br />");
```

```
alert("That's All Folks!");
self.close();
</script>
```

sub

La méthode sub appartient à l'objet string et elle affiche la chaîne associée indicée au texte restant. Sa syntaxe est :

```
stringName.sub()
```

L'entrée stringName est une chaîne ou une propriété d'un objet.

Exemple

```
<script type="text/javascript" language="javascript">
var welcome = "Welcome to our flashy new digs!";
confirm(welcome);
// This opens a small box with the text and an OK button.
document.write(welcome.sub() + "<br />");
alert("That's All Folks!");
self.close();
</script>
```

submit

La méthode submit appartient à l'objet form et elle soumet le formulaire. Sa syntaxe est :

```
formName.submit()
```

L'entrée formName est le nom d'un formulaire ou d'un élément d'un tableau de formulaire.

Exemple

```
<head>
<script type="text/javascript" language="javascript">
function checkThis() {
document.form1.submit();
confirm("Thanks for registering");
self.close();
}
</script>
...</head>
```

```
<body onload="window.alert('Welcome! You can register through this page.
For future reference, this page is ' + document.location)">
<form name="form1" id="form1">
<p><input type="text" name="whoIs" value="user" size="15" />
<p>
<p><input type="radio" name="lesson" value="Lesson 1" checked="checked"
onclick="takeLesson='lesson1.htm'" />
Lesson 1: Getting Started</p>
<p><input type="radio" name="lesson" value="Lesson 2"
onclick="takeLesson='lesson2.htm'" />
Lesson 2: Concepts ad Operations</p>
<p><input type="radio" name="lesson" value="Lesson 3"
onclick="takeLesson='lesson3.htm'" />
Lesson 3: Projects</p>
<p><input type="reset" value="Defaults" name="resetToBasic" />
<input type="submit" value="Send it in!" name="submit_form1"
onclick="checkThis()" /></p>
<hr />
</form>
...</body>
```

substr

La méthode `substr` appartient à l'objet `string` et elle retourne une portion d'une chaîne donnée. Sa syntaxe est :

```
stringName.substr(index1, length)
```

L'entrée `stringName` est une chaîne ou une propriété d'un objet. L'entrée `index1` est un entier représentant la position de départ de la sous-chaîne dans la chaîne ; elle peut être un entier allant de zéro à `stringName.length-1`. L'entrée `length` est un entier représentant le nombre de caractères dans la sous-chaîne.

Exemple

```
var champion="We are the champions! We are the champions!";
document.write(champion.substr(11,9));
document.write(champion.substr(13,3));
This example returns champions and amp.
```

substring

La méthode `substring` appartient à l'objet `string` et elle retourne une portion d'une chaîne donnée. Sa syntaxe est :

```
stringName.substring(index1, index2)
```

L'entrée stringName est une chaîne ou une propriété d'un objet. L'entrée index1 est un entier représentant la position de départ d'une sous-chaîne de la chaîne ; elle peut être un entier allant de zéro à stringName.length-1. L'index2 est un entier représentant la position finale de la sous-chaîne dans la chaîne ; elle peut être un entier plus grand que index1 et qui va de zéro à stringName.length-1.

Exemple

```
var champion="We are the champions! We are the champions!";
document.write(champion.substring(11,9));
document.write(champion.substring(13,15));
```

Cet exemple retourne champions et amp. Contrairement à la méthode slice, la méthode substring inclut le caractère final spécifié.

sup

La méthode sup appartient à l'objet string et elle affiche la chaîne associée indicée au texte environnant. Sa syntaxe est :

```
stringName.sup()
```

L'entrée stringName est une chaîne ou une propriété d'un objet.

Exemple

```
<script type="text/javascript" language="javascript">
var super = "Superscripted Term";
confirm(super);
// This opens a small box with the text and an OK button.
document.write("Here is a " + super.sup() + "<br />");
alert("That's All Folks!");
self.close();
</script>
```

tan

La méthode tan appartient à l'objet Math et elle retourne la tangente du nombre donné. Sa syntaxe est :

```
Math.tan(number)
```

L'entrée number est une chaîne ou une propriété d'un objet qui représente la taille de l'angle en radians.

Exemple

```
<script type="text/javascript" language="javascript">
function updateAnswers(objAcos, objCos, objSin, objAtan, objTan) {
//
// This function receives information from the form below.
// The form has a series of text input boxes that result in
// The variables listed in the function call above.
// The function generates the correct value for the trig
// function and then compares the correct answer to the
// student's answer.
// If the answer is correct, the answer appears in a text box.
// If the answer is incorrect, the text Try Again! appears.
//
var wrong = "Try Again!";
var trueAcos = Math.acos(0.5);
if (objAcos == trueAcos) {
document.TrigTest.user_acos.value = objAcos; }
else document.TrigTest.user_acos.value = wrong;
var trueCos = Math.cos(0.5);
if (objCos == trueCos) {
document.TrigTest.user_cos.value = objCos; }
else document.TrigTest.user_cos.value = wrong;
var trueSin = Math.sin(0.5);
if (objSin == trueSin) {
document.TrigTest.user_sin.value = objSin; }
else document.TrigTest.user_sin.value = wrong;
var trueAtan = Math.atan(0.5);
if (objAtan == trueAtan) {
document.TrigTest.user_atan.value = objAtan; }
else document.TrigTest.user_atan.value = wrong;
var trueTan = Math.tan(0.5);
if (objTan == trueTan) {
document.TrigTest.user_tan.value = objTan; }
else document.TrigTest.user_tan.value = wrong;
}
</script>
...
<form name="TrigTest" id="TrigTest">
<p><center>Find the arc cosine (in radians) of .5.</center>
</p>
<input type="text" name="enterArcCosine" value="0" size="10"
onblur="updateAnswers(this,
document.TrigTest.enterCosine.value,
document.TrigTest.enterSine.value,
document.TrigTest.enterArcTangent.value,
document.TrigTest.enterTangent.value)" />
<p><center>Find the cosine (in radians) of .5.</center></p>
<input type="text" name="enterCosine" value="0" size="10"
onblur="updateAnswers(
```

```
document.TrigTest.enterArcCosine.value,
this, document.TrigTest.enterSine.value,
document.TrigTest.enterArcTangent.value,
document.TrigTest.enterTangent.value)" />
<p><center>Find the sine (in radians) of .5.</center></p>
<input type="text" name="enterSine" value="0" size="10"
onblur="updateAnswers(
document.TrigTest.enterArcCosine.value,
document.TrigTest.enterCosine.value, this,
document.TrigTest.enterArcTangent.value,
document.TrigTest.enterTangent.value)" />
<p><center>Find the arc tangent (in radians) of .5.</center>
</p>
<input type="text" name="enterArcTangent" value="0" size="10"
onblur="updateAnswers(
document.TrigTest.enterArcCosine.value,
document.TrigTest.enterCosine.value,
document.TrigTest.enterSine.value, this,
document.TrigTest.enterTangent.value)" />
<p><center>Find the tangent (in radians) of .5.</center></p>
<input type="text" name="enterTangent" value="0" size="10"
onblur="updateAnswers(
document.TrigTest.enterArcCosine.value,
document.TrigTest.enterCosine.value,
document.TrigTest.enterSine.value,
document.TrigTest.enterArcTan.value, this)" />
<p>Results:</p>
<p>arcCosine:<input type="text" name="user_acos" value="" size="10"
/></p>
<p>cosine:<input type="text" name="user_cos" value="" size="10" /></p>
<p>sine:<input type="text" name="user_sin" value="" size="10" /></p>
<p>arcTangent:<input type="text" name="user_atan" value="" size="10"
/></p>
<p>tangent:<input type="text" name="user_tan" value="" size="10" /></p>
</form>
```

toLocaleString

La méthode `toLocaleString` appartient à l'objet `date` et elle convertit la date en chaîne en utilisant les conventions locales. Il est plus sûr d'utiliser `getMonth`, `getDay`, et d'autres méthodes de `date` pour obtenir les informations que vous souhaitez manipuler. La syntaxe de la méthode `toLocaleString` est la suivante :

```
dateObjectName.toLocaleString()
```

L'entrée `dateObjectName` est une date ou une propriété d'un objet.

Exemple

```
function (showDate) {
var docMod = "";
docMod.setDay(1);
docMod.setMonth(6);
docMod.setDate(30);
docMod.setYear(2001);
docMod.setTime (11, 59, 59);
docMod.toLocaleString();
document.write(docMod.fontcolor("darkmagenta") + "<br />");
docMod.toUTCString();
document.write(docMod.fontcolor("darkmagenta") + "<br />") }
```

Ce code convertit le contenu de la variable de type date `docMod`, d'abord en temps local et ensuite en temps UTC avant de sortir chaque valeur.

Les anciennes versions des navigateurs supportent la méthode `toGMTString`, plutôt que l'autre `toUTCString`.

toLowerCase

La méthode `toLowerCase` appartient à l'objet `string` et elle convertit les contenus de la chaîne de texte en minuscules. Sa syntaxe est :

```
stringName.toLowerCase()
```

L'entrée `stringName` est une chaîne de caractères ou une propriété d'un objet.

Exemple

```
<script type="text/javascript" language="javascript">
function upAndDown() {
confirm(document.WhoAreYou.nameInfo.value.toUpperCase());
confirm(document.WhoAreYou.FavFoodGroup.value.toLowerCase());
}
</script>
...
<form name="WhoAreYou" id="WhoAreYou">
<input type="text" name="nameInfo" value="" size="30" maxlength="30" />
<input type="text" name="FavFoodGroup" size="15" />
<input type="submit" name="getGoing" value="Yumm!" onclick="upAndDown()"
/>
</form>
```

toUpperCase

La méthode `toUpperCase` appartient à l'objet `string` et elle convertit les contenus d'une chaîne de texte en majuscules.

```
stringName.toUpperCase()
```

L'entrée `stringName` est une chaîne de caractères ou une propriété d'un objet.

Exemple

```
<script type="text/javascript" language="javascript">
function upAndDown() {
confirm(document.WhoAreYou.nameInfo.value.toUpperCase());
confirm(document.WhoAreYou.FavFoodGroup.value.toLowerCase());
}
</script>
...
<form name="WhoAreYou" id="WhoAreYou">
<input type="text" name="nameInfo" value="" size="30" maxlength="30" />
<input type="text" name="FavFoodGroup" size="15" />
<input type="submit" name="getGoing" value="Yumm!" onclick="upAndDown()"
/>
</form>
```

toUTCString

La méthode `toUTCString` appartient à l'objet `date` et elle convertit une date en chaîne, en utilisant les conventions internationales UTC. Le format exact varie selon la plate-forme de l'utilisateur. Il est en général plus sûr d'utiliser les méthodes `getMonth`, `getDay`, et d'autres méthodes de date pour obtenir les informations que vous souhaitez manipuler. La méthode `toUTCString` a la syntaxe suivante :

```
DateObjectName.toUTCString()
```

Exemple

```
function (showDate) {
var docMod = "";
docMod.setDay(1);
docMod.setMonth(6);
docMod.setDate(30);
docMod.setYear(2001);
docMod.setTime (11, 59, 59);
docMod.toLocaleString();
document.write(docMod.fontcolor("darkmagenta") + "<br />");
docMod.toUTCString();
document.write(docMod.fontcolor("darkmagenta") + "<br />") }
```

Ce code convertit le contenu de la variable de type date docMod d'abord en temps local et ensuite en temps UTC avant d'afficher chaque valeur.

Les anciennes versions de navigateurs supportent la méthode toGMTString, plutôt que l'autre toUTCString.

unescape

Comme la fonction escape, la fonction unescape convertit une valeur ASCII. La fonction unescape prend la valeur entière ou hexadécimale d'un caractère et elle retourne un caractère ASCII. Comme la méthode escape, il s'agit d'une méthode JavaScript incorporée mais elle n'est pas la méthode de n'importe quel objet. Sa syntaxe est :

```
unescape("string")
```

L'entrée string est soit un entier ("%integer"), soit un hexadécimal ("xx").

UTC

La méthode UTC appartient à l'objet date et elle retourne le nombre en millisecondes entre le contenu d'un objet date et l'origine des temps (1er janvier 1970 00:00:00, Universal Coordinated Time [GMT]). Sa syntaxe est :

```
Date.UTC(year, month, day[, hrs][, min][, sec] )
```

L'entrée year est une représentation de deux chiffres ou de quatre chiffres d'une année (2000-2999). L'entrée month est un chiffre entre zéro (janvier) et 11 (décembre) représentant le mois de l'année. L'entrée day est un nombre entre 1 et 31 représentant le mois de l'année. L'entrée hrs est un nombre de deux chiffres entre 0 (minuit) et 23 (11P.M.) représentant l'heure du jour. L'entrée min est un nombre de deux chiffres entre 0 et 59 représentant la minute de l'heure et sec est un nombre de deux chiffres entre 0 et 59 représentant les secondes.

Exemple

```
var myDate = new Date(Date.UTC(2001, 7, 1, 7, 30, 0));
```

Dans cet exemple, vous créez un nouvel objet date en utilisant la spécification UTC. La chaîne UTC pour notre date (1er août 2001 7:30 A.M.) est le 01 août 2001 07:30:00 UTC (si votre fuseau horaire est la zone UTC 0, ou Greenwich/Londres ; autrement, le décalage horaire convertira le temps UTC en temps local). La valeur de notre variable, myDate, sera le nombre de millisecondes entre le 1er janvier 1970 et notre date et heure.

valueOf

La méthode `valueOf` appartient à l'objet `date` et elle retourne le temps (nombre de millisecondes depuis le 1er janvier 1970 00:00:00) pour une date donnée. Sa syntaxe est :

```
dateObjectName.valueOf()
```

L'entrée `dateObjectName` est un objet `date` ou une propriété d'un objet. La valeur retournée est la même que celle retournée par la méthode `getTime` de l'objet date.

Exemple

```
<script type="text/javascript" language="javascript">
function callMe() {
Xmas01 = new Date("December 25, 2001 23:15:00");
weekday = Xmas01.valueOf();
confirm(weekday);
var docMod = document.lastModified;
alert(docMod);
chrono = new Date();
alert(chrono.getHours());
alert(chrono + " already?!");
alert("That's All Folks!");
self.close(); }
</script>
```

write

La méthode `write` appartient à l'objet `document` et elle envoie des expressions au document comme des chaînes codées HTML. Sa syntaxe est la suivante :

```
write (expression1 [, expression2] [..., expressionN])
```

Les entrées `expression1` à `expressionN` sont chacune une expression JavaScript ou une propriété d'un objet.

Exemple

```
<script type="text/javascript" language="javascript">
var welcome = "Welcome to our flashy new digs!";
confirm(welcome);
// This opens a small box with the text and an OK button.
document.write(welcome.small() + "<br />");
document.write(welcome.big()+ "<br />");
document.write(welcome.blink()+ "<br />");
document.write(welcome.bold()+ "<br />");
document.write("<br />");
```

```
document.write(welcome.fixed()+ "<br />");
// These write out the contents of welcome using
// various text attributes.
</script>
```

writeln

Comme la méthode `write`, la méthode `writeln` appartient à l'objet `document` et elle envoie les expressions au document comme des chaînes codées HTML. La méthode `writeln` génère un caractère nouvelle ligne à la fin de la chaîne écrite. Le langage XHTML ignore le caractère nouvelle ligne sauf à l'intérieur de l'élément comme `pre`. La syntaxe de la méthode `writeln` est la suivante :

```
writeln(expression1 [, expression2] [..., expressionN])
```

Les entrées `expression1` à `expressionN` sont chacune une expression JavaScript ou une propriété d'un objet.

Exemple

```
<script type="text/javascript" language="javascript">
var welcome = "Welcome to our flashy new digs!";
confirm(welcome);
// This opens a small box with the text and an OK button.
document.write(welcome.small() + "<br />");
document.write(welcome.big()+ "<br />");
document.write(welcome.blink()+ "<br />");
document.write(welcome.bold()+ "<br />");
document.write("<br />");
document.write(welcome.fixed()+ "<br />");
// These write out the contents of welcome using
// various text attributes.
</script>
```

Gestionnaires d'événements

Lorsqu'un utilisateur interagit avec votre page Web par l'intermédiaire de JavaScript, vous avez besoin d'un gestionnaire d'événements pour reconnaître l'événement et le communiquer à votre script. Le gestionnaire d'événements aide à gérer l'interaction entre l'utilisateur et l'objet JavaScript car il fournit à JavaScript l'information contenue dans la réponse de cet utilisateur pour une utilisation ultérieure.

Cette section est une liste alphabétique des gestionnaires d'événements JavaScript disponibles. Chaque entrée décrit un gestionnaire d'événements unique ; elle comprend des exemples et identifie les objets avec lesquels le gestionnaire d'événements travaille. La syntaxe de chaque gestionnaire d'événements peut être consultée dans les listings de l'objet correspondant.

onblur

Un brouillage se produit lorsque le focus se déplace d'un objet à un autre sur la page. L'objet qui vient de perdre le focus est brouillé. L'événement `onblur` fonctionne avec les objets `select`, `text` et `textarea`.

Exemple

```
onblur="document.login.submit()";
```

Lorsque l'utilisateur quitte le champ, le système soumet les informations à la page suivante.

onchange

Une modification se produit lorsque l'utilisateur altère le contenu d'un objet et déplace le focus de l'objet. L'objet a été modifié. Utilisez le gestionnaire d'événements `onchange` pour valider l'information soumise par les utilisateurs. Le gestionnaire d'événements `onchange` fonctionne avec les objets `select`, `text` et `textarea`.

Exemple

```
onchange="testName(this.value)";
```

Cet exemple envoie le contenu du champ à la fonction `testName` lorsque l'utilisateur modifie l'information et quitte le champ.

onclick

Un clic se produit lorsque l'utilisateur clique sur une page avec la souris. Cet événement peut conduire à une sélection ou à une modification ou encore lancer un code JavaScript.

Le gestionnaire d'événements `onclick` fonctionne avec les objets `document`, `button`, `checkbox`, `radio`, `link`, `reset` et `submit`. Il a été mis à jour pour *ne pas* agir lorsque le gestionnaire d'événements retourne `false` s'il est utilisé avec un objet `checkbox`, `radio`, `submit` et `reset`.

Exemple

```
onclick="compute(this.form)";
```

Lorsque les utilisateurs cliquent sur l'objet, le script exécute la fonction `compute` et envoie le contenu du formulaire.

ondblclick

Un double clic se produit lorsque l'utilisateur clique rapidement deux fois sur un objet de la page.

Ce gestionnaire d'événements a été introduit dans JavaScript 1.2 ; ainsi, il ne fonctionne pas avec les versions Netscape Navigator 3 ou antérieures ni avec Internet Explorer 3 ou antérieures. Le gestionnaire d'événements `ondblclick` n'est pas implémenté dans les versions Macintosh du navigateur Netscape Navigator. Il fonctionne avec les objets `document` et `area` (dans une imagemap) et `link`.

Exemple

```
<a href="seeMyFamily.html" ondblclick="this.href = 'theFastTour'">
```

Cet exemple charge une page différente si l'utilisateur double-clique sur un lien.

ondragdrop

Un glisser-déposer se produit lorsque l'utilisateur glisse un objet, par exemple un fichier, vers une fenêtre du navigateur.

Notez que cet événement a été introduit dans JavaScript 1.2 ; ainsi, il ne fonctionne donc pas avec les versions Netscape Navigator 3 ou antérieures ni avec Internet Explorer 3 ou antérieures. Le gestionnaire d'événements `ondragdrop` fonctionne avec l'objet `window`.

Exemple

```
ondragedrop="send(newInfo)";
```

Elle passe l'objet qu'on a fait glisser à la fonction appelée `send`. Il peut s'agir de données préformatées que l'utilisateur vous envoie en glissant la page sur votre page Web.

onfocus

Le focus sur une page est sélectionné lorsque l'utilisateur se sert de la touche de tabulation ou clique sur un champ ou un objet de la page. La sélection à l'intérieur d'un champ ne crée pas l'événement focus ; il génère plutôt un événement select. Le gestionnaire d'événements `onfocus` fonctionne avec les objets `select`, `text` et `textarea`.

Exemple

```
onfocus="msgWindow.document.write('Tell me what you want!')";
```

Lorsque l'utilisateur clique sur l'objet champ, le script écrit la phrase "Tell me what you want !"

onkeydown

La touche enfoncée se produit lorsque l'utilisateur appuie une touche du clavier. Cet événement précède l'événement `keyPress`.

Cet événement a été introduit dans JavaScript 1.2 ; ainsi, il ne fonctionne donc pas avec les versions Netscape Navigator et antérieures ni avec Internet Explorer 3 et antérieures. Le gestionnaire d'événements `onkeydown` fonctionne avec les objets `document`, `image`, `link` et `textarea`.

Exemple

```
onkeydown="msgWindow.document.write('Tell me what you want!')"
```

Lorsque l'utilisateur appuie sur une touche, le script écrit la phrase "Tell me what you want !"

onkeypress

La touche frappée se produit lorsque l'utilisateur appuie ou tient enfoncée une touche. Vous pouvez utiliser cette combinaison avec les méthodes `fromCharCode` et `CodeAt` pour déterminer la touche enfoncée. Il est utile pour les opérations où vous invitez l'utilisateur à taper Y pour Yes ou une autre touche pour No.

L'événement `onkeypress` fonctionne avec les objets `document`, `image`, `link` et `textarea`. Cet événement a été introduit dans JavaScript 1.2 ; ainsi, il ne fonctionne donc pas avec les versions Netscape Navigator et antérieures ni avec Internet Explorer 3 et antérieures.

Exemple

```
onkeypress="msgWindow.document.write('Tell me what you want!)";
```

Lorsque l'utilisateur appuie sur une touche, le script écrit la phrase "Tell me what you want !"

onkeyup

La touche relâchée se produit lorsque l'utilisateur relâche une touche du clavier. Vous pouvez l'utiliser pour effacer les résultats des gestionnaires d'événements `onkeypress` ou `onkeydown`.

Le gestionnaire d'événements `onkeyup` fonctionne avec les objets `document`, `image`, `link` et `textarea`. Cet événement a été introduit dans JavaScript 1.2 ; ainsi, il ne fonctionne donc pas avec les versions Netscape Navigator et antérieures ni avec Internet Explorer 3 et antérieures.

Exemple

```
onkeyup="msgWindow.document.write('Tell me what you want!')";
```

Lorsque l'utilisateur relâche la touche, le script écrit la phrase "Tell me what you want !"

onload

L'événement chargement se produit lorsque le navigateur reçoit toutes les informations de la page, les multifenêtrages inclus, et les affiche. Placez le gestionnaire d'événements `onload` dans le corps des éléments `body` ou `frameset`. Le gestionnaire d'événements `onload` fonctionne avec l'objet `window`.

Exemple

```
<body onload="window.alert('Current as of ' + document.lastModified +
'!')">
```

Cet exemple ouvre une boîte de message d'alerte après que la page a été chargée et il affiche alors un message qui contient la propriété `lastModified`. La date de modification du document est ainsi donnée à l'utilisateur.

onmousedown

Le bouton de souris enfoncé se produit lorsque l'utilisateur appuie sur l'un des boutons de la souris. Vous pouvez utiliser les propriétés de l'événement pour déterminer le bouton qui a été enfoncé.

Le gestionnaire d'événements `onmousedouwn` fonctionne avec les objets `button`, `document` et `link`. Cet événement a été introduit dans JavaScript 1.2 ; ainsi, il ne fonctionne donc pas avec les versions Netscape Navigator et antérieures ni avec Internet Explorer 3 et antérieures.

Exemple

```
onmousedown="msgWindow.document.write('Tell me what you want!')";
```

Lorsque l'utilisateur déplace la souris le bouton appuyé, le script écrit la phrase "Tell me what you want !"

onmousemove

Le déplacement de la souris se produit lorsque l'utilisateur déplace la souris sur un point de la page. Il ne s'agit pas d'un gestionnaire d'événements qui fonctionne avec un objet, mais il peut être appelé si un objet nécessite cet événement. Cet événement a été introduit dans JavaScript 1.2 ; ainsi, il ne fonctionne donc pas avec les versions Netscape Navigator et antérieures ni avec Internet Explorer 3 et antérieures.

Exemple

```
onmousemove="msgWIndow.document.write('Tell me what you want!')";
```

Lorsque l'utilisateur déplace la souris, le script écrit la phrase "Tell me what you want !"

onmouseout

L'événement onmouseout se produit lorsque l'utilisateur déplace la souris en quittant la page. Il ne s'agit pas d'un gestionnaire d'événements d'un objet particulier, mais il peut être appelé si un objet a besoin de cet événement.

Cet événement a été introduit dans JavaScript 1.2 ; ainsi, il ne fonctionne donc pas avec les versions Netscape Navigator et antérieures ni avec Internet Explorer 3 et antérieures.

Exemple

```
<a herf="myFamily.html" onmouseout="alert ('Hey, we've got great pics
down this way, comme back!')">
Meet My Family</a>
```

Lorsque la souris de l'utilisateur quitte le lien "Meet My family", une boîte de message d'alerte apparaît avec le message "Hey, we've got great pics down this way, come back !"

onmouseover

L'événement onmouseover se produit lorsque l'utilisateur fait passer le pointeur de la souris au-dessus d'un objet sur la page. Vous devez retourner True à l'intérieur du gestionnaire d'événements si vous souhaitez définir les propriétés status ou defaultStatus.

Le gestionnaire d'événements onmouseover fonctionne avec les objets area, layer et link. L'objet area est un type d'objet link qui définit une zone d'image comme une imagemap. L'objet layer est une partie du tableau de propriété layers de l'objet document, et il est référencé par un identificateur ou une valeur d'index.

Exemple

```
onmouseover="window.status="Come on in!"; return true";
```

Lorsque le pointeur de la souris de l'utilisateur passe au-dessus d'un objet, le message "Come on in !" apparaît dans la barre d'état. Vous pouvez aussi déplacer l'image en place, mettant en surbrillance les liens d'image sur la page.

```
<a herf="intropage.html"
onmouseover="document.pic1.src='images/jumpwild.jpg'"
onmouseover="document.pic1.src='images/jump.jpg'" onclick="return
true"></a>
```

Dans cet exemple, la page affiche l'image `jump.jpg`, qui est liée à la page XHTML `intropage`. Lorsque l'utilisateur fait passer le pointeur de la souris au-dessus d'une image mais ne clique pas, l'image change vers `jumpwild.jpg`. Lorsque l'utilisateur clique l'image pour suivre le lien, la valeur de retour de `True` est défini par le gestionnaire d'événements `onclick` avant que le saut ne soit exécuté.

onmouseup

L'événement bouton-de-souris-relâché se produit lorsque l'utilisateur relâche le bouton de la souris. Cet événement a été introduit dans JavaScript 1.2 ; ainsi, il ne fonctionne donc pas avec les versions Netscape Navigateur 3 et antérieures ni avec Internet Explorer 3 et antérieures.

Exemple

```
<a herf="myFamily.html" onmouseup="alert ('Hey, we've got great pics down
this way, comme back!')">
Meet My Family</a>
```

Lorsque le bouton de la souris de l'utilisateur est relaché au-dessus du lien Meet My Family, un message d'alerte apparaît avec le message "Hey, we've got great pics down this way, come back !"

onmove

L'événement déplacement se produit lorsque l'utilisateur ou un navigateur dirigé par un script déplace une fenêtre ou un cadre.

Cet événement a été introduit dans JavaScript 1.2 ; ainsi, il ne fonctionne donc pas avec les versions Netscape Navigator et antérieures ni avec Internet Explorer 3 et antérieures. Le gestionnaire d'événements `onmove` fonctionne avec les objets `window` et `frame`.

Exemple

```
onmove="window.status='Come on in!'";
```

Lorsque la fenêtre se déplace, le message "Come on in !" apparaît dans la barre d'état.

onselect

L'événement `onselect` se produit lorsque l'utilisateur met en surbrillance un texte à l'intérieur d'un champ `text` ou `textarea` (le gestionnaire d'événements `onselect` fonctionne avec les objets `text` et `textarea`).

Exemple

```
onselect="document.bgColor=blue";
```

La couleur de l'arrière-plan d'un document change en bleu lorsque l'utilisateur sélectionne un texte dans un champ.

onresize

L'événement `resize` se produit lorsque l'utilisateur ou un navigateur dirigé par un script change la dimension d'une fenêtre ou d'un cadre.

Cet événement a été introduit dans JavaScript 1.2 ; ainsi, il ne fonctionne donc pas avec les versions Netscape Navigateur et antérieures ni avec Internet Explorer 3 et antérieures. Le gestionnaire d'événements `onresize` fonctionne avec les objets `window` et `frame`.

Exemple

```
onresize="window.status='Stop that!'"
```

onreset

Utilisez le gestionnaire d'événements `onreset` pour agir lorsque le formulaire est reinitialisé ; il fonctionne avec l'objet `form`.

Exemple

```
<body>
<form name="form1" id="form1" onreset="alert('Please try again!')" ... >
<input type="text" name="newInTown" value="" size="100" maxlength="25" />
<input type="Reset" name="Reset" value="Reset" />
</form>
```

Cet exemple affiche un message d'alerte "Please try again !" lorsque l'utilisateur réinitialise le formulaire.

onsubmit

Lorsque le document comprend un ou plusieurs formulaires, utilisez le gestionnaire d'événements onsubmit pour valider le contenu du formulaire. Ce gestionnaire d'événements fonctionne avec l'objet form.

Exemple

```
<script type="text/javascript" language="javascript">
function hotelGuys (checksOut) {
if (checksOut == "false") {
alert("Please fill in all fields."); }
else {
document.forms[0].submit();
alert("We came here Jasper"); } }
</script>
...
<form name="form1" id="form1"
onsubmit="hotelGuys(checksOut = 'true')">
<input type="text" name="newInTown" value="" size=100" maxlength="25" />
<input type="submit" name="register" value="" />
</form>
```

Cet exemple utilise l'instruction if/else soit pour demander plus d'informations à l'utilisateur, soit pour soumettre le formulaire. Normalement, vous devez ne pas définir l'état dans un appel mais plutôt appeler une autre fonction qui va tester les entrées ; cette fonction devrait ensuite appeler hotelGuys.

onunload

Comme l'événement load, l'événement unload se produit lorsque le navigateur quitte la page. Une très bonne utilisation du gestionnaire d'événements onunload consiste à réinitialiser les variables des fonctions que vous avez définies avec le gestionnaire d'événements onload ou avec un autre. Le gestionnaire d'événements onunload fonctionne avec l'objet window.

Exemple

```
<body onload="CountOn(4)" onunload="ClearCount()">...</body>
```

Un compteur est lancé lorsque la page commence à se charger. Utilisez-le pour afficher provisoirement une bannière. Lorsque l'utilisateur quitte la page, le compteur est réinitialisé à zéro par la fonction ClearCount.

Propriétés

Les propriétés affectent les objets. Contrairement aux méthodes et aux fonctions qui agissent à l'intérieur d'un objet, les propriétés affectent des attributs comme l'apparence ou la taille.

Cette section est une liste alphabétique des propriétés JavaScript. Chaque entrée décrit une seule propriété, incluant la syntaxe et les exemples typiques, et elle identifie l'objet que la propriété affecte.

action

La propriété `action` est une partie de l'objet `form` et contient l'URL à laquelle le formulaire est soumis. Vous pouvez définir cette propriété à n'importe quel moment. Sa syntaxe est la suivante :

```
formName.action=formActionText
```

L'entrée `formName` est un formulaire ou un élément d'un tableau de formulaires.

Exemple

```
document.lesson3.action=http://www.example.com/L3results.htm
```

Cet exemple charge l'URL `http://www.example.com/L3results.htm` dans la propriété `action` pour le formulaire `lesson3`.

alinkColor

La propriété `alinkColor` est une partie de l'objet `document` et elle définit la couleur du lien actif. Une fois que le code XHTML est terminé, elle devient une propriété en lecture seule de l'objet `document` de telle sorte que vous ne puissiez pas modifier la propriété. La couleur est exprimée en RGB hexadécimale (trois couples de chiffres hexadécimaux) ou avec l'un des mots-clés de code couleur. Placez le code qui définit la propriété avant l'élément `body`, et n'utilisez pas l'attribut `link` dans l'élément `body`. La syntaxe de la propriété `alinkColor` est la suivante :

```
document.alinkColor="colorLiteral"
document.alinkColor="colorRGB"
```

Exemple

```
document.alinkColor="green"
document.alinkColor="008000"
```

Les deux instructions sont équivalentes. La première définit alinkColor en utilisant le mot-clé green, qui est 008000 en hexadécimale.

anchors

La propriété anchors est une partie de l'objet anchor. C'est un tableau d'objet dressant la liste des ancres nommées dans la source, en suivant l'ordre de leur apparition dans le document. La syntaxe de la propriété anchor est la suivante :

```
document.anchors[index]
document.anchors.length
```

L'entrée index est un entier qui représente la position de l'ancre dans la liste ; length retourne le nombre d'éléments du tableau.

Exemple

```
var visitor = document.anchors.length;
document.write("There are " + visitor + " links to other pages... can you
visit them all?");
```

Ce script stocke le nombre d'ancres dans la variable visitor et l'utilise dans une déclaration écrite pour l'utilisateur.

appCodeName

La propriété appCodeName est une partie en lecture seule de l'objet navigator. Sa syntaxe est la suivante :

```
navigator.appCodeName
```

Exemple

```
var whoAreYou = navigator.appCodeName;
if(whoAreYou = "Mozilla") {
document.write("Good job, carry on!"); }
```

Cet exemple obtient le nom de code du navigateur ; si c'est Mozilla, il écrit une note pour l'utilisateur.

appName

La propriété appName est une partie en lecture seule de l'objet navigator. Elle a la syntaxe suivante :

```
var whoAreYou = navigator.appName;
document.write("Hey! Good thing you're using " +
whoAreYou + "!");
```

Cet exemple place le nom de l'application dans la variable whoAreYou et l'inclut dans la déclaration affichée pour l'utilisateur.

appVersion

La propriété appVersion est une partie en lecture seule de l'objet navigator. Sa syntaxe est la suivante :

```
navigator.appVersion
```

Le format de la version est le suivant :

```
releaseNumber(platform; contry)
```

Exemple

```
document.write("You're checking us out with " + navigator.appVersion +
".");
```

Cette instruction affiche un résultat similaire à celui-ci :

```
You're checking us out with 2.0 (Win95, I)
```

bgColor

La propriété bgColor est une partie de l'objet document et elle reflète l'attribut bgcolor de l'élément body mais elle peut être changée à n'importe quel moment. La syntaxe de la propriété bgColor est la suivante :

```
document.bgColor="colorLiteral"
document.bgColor="colorRGB"
```

Exemple

```
document.bgColor="darkblue"
document.bgColor="00008B"
```

Ces instructions sont équivalentes. Elles définissent toutes deux une couleur d'arrière-plan bleu sombre, l'une par l'intermédiaire des mots-clés et l'autre par l'intermédiaire des valeurs hexadécimales de la couleur.

checked

La propriété `checked` est une valeur booléenne représentant l'état d'un objet bouton `radio` ou `case à cocher`. True ou 1 si la case est cochée ; False ou 0 si la case est non cochée. La syntaxe de la propriété `checked` est la suivante :

```
checkboxName.checked
radioName[index].checked
```

L'entrée `checkboxName` est l'attribut `name` de l'objet `checkbox`. L'entrée `radioName` est l'attribut `name` de l'objet `radio`. L'entrée `index` représente le bouton radio avec l'objet `radio`.

Exemple

```
<input type="radio" name="courseOption1" value="courseOption"
checked="checked" onclick="techComm.checked = '1'" />
```

Cet exemple définit la case à cocher pour la valeur de `techComm` de `courseOption1` qui doit être cochée lorsque l'utilisateur sélectionne le bouton radio `courseOption1`.

cookie

Un `cookie` est une information stockée dans le navigateur. La propriété `cookie` est une partie de l'objet `document` que vous pouvez lire en utilisant les méthodes `substring`, `charAt`, `indexOf` et `lastIndexOf`. Vous pouvez aussi écrire des informations dans un cookie. La syntaxe de la propriété `cookie` est la suivante :

```
document.cookie
```

Exemple

```
document.cookie="expires in " + counter + " days";
```

Cet exemple affecte la chaîne qui se lit "expires in *n* days" ; n est le nombre de jours restants et il est défini avec la méthode `counter`.

defaultChecked

La propriété `defaultChecked` est une partie des objets `checkbox` et `radio`. Elle indique l'état par défaut (coché ou non) d'une case à cocher ou d'un bouton radio. Vous pouvez lire ou définir la propriété à n'importe quel moment. Sa syntaxe est la suivante :

```
checkboxName.defaultChecked
radioName.[index].defaultChecked
```

Exemple

```
document.chartForm.dataFocus[i].defaultChecked = true;
```

Cette instruction définit le bouton radio à la position i du tableau comme le bouton par défaut pour le groupe de boutons `dataFocus`.

defaultSelected

Cette propriété est similaire à la propriété `defaultChecked` ; elle indique si l'option est une sélection par défaut. Seuls les objets `multipleselect` peuvent avoir plus d'un article sélectionné. La syntaxe de la propriété `defaultSelected` est la suivante :

```
selectedName.options[index].defaultSelected
```

L'entrée `selectName` fait référence à l'objet `select` soit par l'attribut `name`, soit comme un élément à l'intérieur d'un tableau. L'entrée `index` est un entier représentant une option dans un objet `select`.

Exemple

```
<script type="text/javascript" language="javascript">
function backAgain () {
alert(document.javajive.lessonList.length);
for (var a = 0; a < document.javajive.lessonList.length; a++) {
```

```
if (document.javajive.lessonList.options[a].
defaultSelected == true) {
document.javajive.lessonList.options[a].selected=true;
} } }
</script>
...
<form name="javajive" id="javajive" onsubmit="backAgain()">
<select name="lessonList">
<option selected="selected">Introduction</option>
<option>Installation</option>
<option>Setting up an account</option>
<option>Creating a document</option>
<option>Filing a document</option>
<option>Recovering a filed document</option>
<option>Sending a document to the printer</option>
</select>
<input type="submit" name="getchathere" value="Submit" />
</form>
```

Dans cet exemple, le formulaire contient une liste de chapitres d'un livre, à partir de laquelle l'utilisateur peut sélectionner un seul article. La fonction `backAgain` parcourt la liste des options pour trouver celle qui doit être sélectionnée par défaut et redéfinit ensuite l'option par défaut.

defaultStatus

Cette propriété est une partie de l'objet `window` et elle contient le message par défaut affiché dans la barre d'état. Vous pouvez définir la propriété `defaultStatus` à n'importe quel moment. Si vous envisagez d'utiliser la barre d'état pour une instruction du gestionnaire d'événements `onmouseOver`, vous devez retourner `True`. La syntaxe de la propriété `defaultStatus` est la suivante :

```
windowReference.defaultStatus
```

L'entrée `windowReference` est un des identificateurs de fenêtre disponibles (comme `self`).

Exemple

```
window.defaultStatus="Finish the modules in less than a week!";
```

Les contenus par défaut de la barre d'état sont définis à une phrase qui complète l'objectif du site.

defaultValue

Cette propriété est une partie des objets hidden, password, text et textarea. Elle contient l'information par défaut pour un objet password, text et textarea. Si l'objet est password, la valeur initiale est nulle, sans tenir compte de defaultValue. Pour un objet text, defaultValue reflète l'attribut value. Pour l'objet textarea, c'est le contenu de l'objet qu'on trouve entre les balises textarea.

Si vous définissez defaultValue dans un script, il outrepasse la valeur initiale. La valeur de l'affichage immédiat de l'objet n'est pas changée lorsque vous changez defaultValue dans votre script ; si vous exécutez plus tard une fonction qui réinitialise les valeurs par défaut, votre modification apparaîtra.

La syntaxe de la propriété defaultValue est la suivante :

```
passwordName.defaultValue
textName.defaultValue
textareaName.defaultValue
```

Exemple

```
document.javajive.lessonLeader.defaultValue="E. E. Cummings";
...
<input type="reset" name="resetScoreCard" value="Reset the Scores" />
```

Une ligne de votre script modifie la valeur par défaut de l'objet texte lessonLeader ; et plus tard dans ce même script, la valeur par défaut sera rétablie. Lorsque cette deuxième ligne sera exécutée, le contenu de l'objet texte lessonLeader sera mis à jour avec "E. E. Cummings".

E

Cette propriété en lecture seule de l'objet Math vaut approximativement 2.718 ; elle est connue sous le nom de constante d'Euler, la base des logarithmes naturels. C'est une partie de l'objet Math et sa syntaxe est la suivante :

```
Math.E
```

Exemple

```
document.write("The base of natural logarithms is Euler's constant, which
is: " + Math.E);
```

Cette instruction affiche la phrase suivie par la valeur stockée dans la propriété E.

elements

La propriété elements est un tableau d'articles dans un formulaire comme les objets checkbox, radio et text. Les articles sont listés dans un tableau dans l'ordre de leur apparition. Sa syntaxe est la suivante :

```
document.form.elements[indexentry]
document.form.elements.length
document.forms[indexentry].elements[indexentry]
```

form est un objet formulaire, elements est un tableau d'articles contenus dans le formulaire, et forms est un tableau de tous les formulaires de la page. Le paramètre indexentry est un entier représentant la position d'un élément dans un tableau ou le nom de l'élément tableau.

Exemple

```
var button1 = document.forms['form1'].elements['goNow'];
```

Dans cet exemple, une variable nommée bouton1 a été créée pour représenter le bouton goNow dans le formulaire nommé form1. Si form1 est le premier formulaire dans la page et goNow le troisième élément dans le formulaire, le code peut aussi s'écrire comme :

```
var button1 = document.forms[0].elements[2];
```

encoding

La propriété encoding est une partie de l'objet form et elle contient le format d'encodage MIME pour le formulaire. Vous pouvez définir la propriété encoding à n'importe quel moment ; et la valeur initiale est l'attribut enctype de l'élément form. Les divers types d'encodage peuvent nécessiter des valeurs spécifiques et vous devez vérifier les spécifications du type d'encodage. La syntaxe de la propriété encoding est la suivante :

```
formName.encoding
```

Exemple

```
function formEncode() { return document.jajajive.encoding; }
```

La fonction formEncode permet d'obtenir l'information d'encodage MIME du formulaire.

fgColor

Cette propriété est une partie de l'objet `document` et elle spécifie la couleur de l'avant-plan d'un texte. Vous pouvez exprimer la couleur en utilisant les codes couleur ou les valeurs RGB hexadécimales. Cette propriété utilise la préférence du navigateur comme valeur initiale. Vous pouvez modifier cette valeur soit en définissant l'attribut `color` de l'élément `font`, soit en utilisant la méthode `fontcolor`. La syntaxe de la propriété `fgColor` est :

```
document.fgColor
```

Exemple

```
document.fgColor="darkred";
document.fgColor="8B0000";
```

Ces deux instructions sont équivalentes. La première utilise les mots-clés code couleur et la seconde, les valeurs RGB hexadécimales de la même couleur.

forms

La propriété `form` est un tableau qui dresse la liste des objets du formulaire, dans l'ordre de leur apparition dans le code.

frames

La propriété `frames` est un tableau qui dresse la liste des cadres enfant à l'intérieur d'un cadre.

hash

La propriété `hash` est une partie de l'URL, et elle identifie une ancre ou la page de destination. C'est une partie des objets `link` et `location`. Sa syntaxe est la suivante :

```
location.hash
```

(Voir les exemples pour l'objet `ancres` et la propriété `href`.)

host

La propriété host est une partie de l'URL et elle identifie la propriété hostname:port de la page. Cette propriété est la concaténation des propriétés hostname et port. Vos pouvez définir la propriété host mais il est mieux de définir la propriété href si vous souhaitez toutefois modifier l'emplacement. La propriété host est une partie des objets link et location. Sa syntaxe est la suivante :

```
links[index].host
location.host
```

(Voir les exemples des objets link et location.)

hostname

La propriété hostname est une partie de l'URL et elle identifie le serveur hôte par son nom DNS ou son adresse IP. Si la propriété port est nulle, les propriétés hostname et host sont les mêmes. La propriété hostname est une partie des objets link et location. Sa syntaxe est la suivante :

```
links[index].hostname
location.hostname
```

(Voir les exemples pour les objets link et location.)

href

La propriété href est une partie des objets link et location et elle contient l'adresse URL complète. Les propriétés protocol, host, pathname, search et hash sont des sous-chaînes de la propriété href, dont la syntaxe est la suivante :

```
links[index].href location.href
```

Exemple

```
<script type="text/javascript" language="javascript">
var question1="false";
var question2="false";
var question3="false";
var question4="false";
var question5="false";
var question6="false";
var question7="false";
```

```
function roundTheClock() {
for (var x = 0; x < 6; x++) {
switch(x) {
case(1): if (question1 != "true") {
win1 = new window.open (answer1.location.href); }
break;
case(2): if (question2 != "true") {
win2 = new window.open (answer2.location.href); }
break;
case(3): if (question3 != "true") {
win3 = new window.open (answer3.location.href); }
break;
case(4): if (question4 != "true") {
win4 = new window.open (answer4.location.href); }
break;
case(5): if (question5 != "true") {
win5 = new window.open (answer5.location.href); }
break;
case(6): if (question6 != "true") {
win6 = new window.open (answer6.location.href); }
break;
case(7): if (question7 != "true") {
win7 = new window.open (answer7.location.href); }
break; } } }
</script>
```

Dans cet exemple, la boucle ouvre une série de fenêtres avec les réponses incorrectes des utilisateurs aux questions posées.

index

La propriété `index` est une partie du tableau d'options. C'est une valeur entière qui donne la position d'un objet dans un tableau d'options d'un objet `select`. Sa syntaxe est la suivante :

```
selectName.options[indexValue].index
```

L'entrée `selectName` est le nom de l'objet `select` ou d'un élément d'un tableau d'éléments. L'entrée `indexValue` est un entier représentant l'option dans l'objet `select`.

Exemple

```
for (var x = 0; x < document.jivejingle.courseSelect.length; x++) {
document.write(document.jivejingle.courseSelect.options[x].index); }
```

Cet exemple affiche le contenu de la liste de `courseSelect`.

Infinity

La propriété `Infinity` (valeur primitive) représente une valeur infinie positive.

lastModified

La propriété `lastModified` est une partie de l'objet `document`. C'est une chaîne de date en lecture seule indiquant la date de la dernière modification ou mise à jour. Sa syntaxe est la suivante :

```
document.lastModified
```

Exemple

```
<script type="text/javascript" language="javascript">
document.write(
"Welcome, this course description is current as of " +
document.lastModified);
</script>
```

Ce script garde la date courante sans aucune intervention manuelle.

length

La propriété `length` fonctionne avec les objets et les tableaux ; vous pouvez l'utiliser pour obtenir le nombre d'éléments dans un objet ou un tableau. Sa syntaxe est la suivante :

INSTRUCTION	RETOURNE LE NOMBRE DE
`formName.length`	Elément sur un formulaire.
`frameReference.length`	Cadres à l'intérieur d'un cadre.
`history.length`	Entrées dans l'objet `history`.
`radioName.length`	Boutons dans un objet radio.
`select.Name.length`	Objets dans une liste d'objet `select`.
`stringName.length`	Les caractères d'une chaîne de caractères.
`windowReference.length`	Cadre dans une fenêtre parent.
`anchors.length`	Entrées dans le tableau défini.
`elements.length`	Entrées dans le tableau défini.
`forms.length`	Entrées dans le tableau défini.
`frameReference.frames.length`	Entrées dans le tableau défini.
`windowReference.frames.legth`	Entrées dans le tableau défini.
`links.legth`	Entrées dans le tableau défini.
`selectName.options.length`	Entrées dans le tableau défini.

La propriété `length` peut être trouvée dans les objets et les tableaux suivants :

OBJETS	TABLEAUX
frame	anchors.
history	elements.
radio	forms.
select	frames.
string	links.
window	options.

Exemple

```
var visitor = document.anchors.length document.write(
"There are " + visitor + " links to other pages... can you visit them
all?");
```

Dans cet exemple, le script stocke le nombre d'ancres dans la variable `visitor` et l'utilise dans une déclaration affichée à l'utilisateur.

linkColor

La propriété `linkColor` est une partie de l'objet `document`. Elle contient les paramètres pour les liens inactifs et non utilisés dans le document. Cette propriété reflète les paramétrages dans l'élément `body` du document. Lorsque l'agencement est terminé, il devient une propriété en lecture seule. Pour définir cette propriété dans un script, vous devez placer le code avant l'élément `body` et ne pas utiliser l'attribut `link` dans l'élément `body`. La propriété `linkColor` a la syntaxe suivante :

```
document.linkColor
```

Exemple

```
document.write("The " + document.linkColor + " jumps are places you've
never been!");
```

Cette propriété affiche la couleur des liens pour l'utilisateur.

links

La propriété `links` est un tableau de liens de documents listés selon leur ordre dans la source.

LN2

La propriété `LN2` est une partie de l'objet incorporé `Math`. C'est une constante qui représente le logarithme naturel de deux (approximativement 0,693) et sa syntaxe est :

```
Math.LN2
```

Exemple

```
document.write("Bob says your chances of winning are: " + longShot + " in
" + longShot * Math.LN2 + ".");
```

Cet exemple calcule une valeur et affiche le résultat dans une déclaration destinée à l'utilisateur.

LN10

La propriété `LN10` est une partie de l'objet incorporé `Math`. C'est une constante qui représente le logarithme naturel de 10 (approximativement 2.302) et sa syntaxe est la suivante :

```
Math.LN10
```

Exemple

```
document.write("Bob says your chances of winning are: " + longShot + " in
" + longShot * Math.LN10 + ".");
```

Cet exemple calcule une valeur et affiche le résultat dans une déclaration destinée à l'utilisateur.

location

La propriété `location` est une partie de l'objet `document`. Elle contient l'URL complète du document. Contrairement à l'objet `location`, vous pouvez modifier la propriété location du document. Sa syntaxe est la suivante :

```
document.location
```

Exemple

```
<script type="text/javascript" language="javascript">
var there="http:///www.example.com/";
var takeLesson="";
function weAre() {
self.status = 'Welcome, this is ' + document.location + ". Our site is
NEVER done!'; }
function checkThis() { alert("Thanks for registering"); }
</script>
...<body onload="window.alert('Welcome!'); weAre()">...</body>
```

Cet exemple affiche une note pour l'utilisateur avec l'emplacement du document dans la barre d'état de la fenêtre.

LOG2E

La propriété `LOG2E` est une partie de l'objet incorporé `Math`. C'est une constante qui représente le logarithme en base 2 de E (approximativement 1.442). Sa syntaxe est la suivante :

```
Math.LOG2E
```

Exemple

```
document.write("Bob says your chances of winning are: " + longShot + " in
" + longShot * Math.LOG2E + ".");
```

Cet exemple calcule une valeur et affiche le résultat dans une déclaration destinée à l'utilisateur.

LOG10E

La propriété `LOG10E` est une partie de l'objet incorporé `Math`. C'est une constante qui représente le logarithme en base 10 de E (approximativement 0.434). Sa syntaxe est la suivante :

```
Math.LOG10E
```

Exemple

```
document.write("Bob says your chances of winning are: " + longShot + " in
" + longShot * Math.LOG10E + ".");
```

Cet exemple calcule une valeur et affiche le résultat dans une déclaration destinée à l'utilisateur.

method

La propriété `method` est une partie de l'objet `form`. Elle indique comment un formulaire est envoyé à un serveur au moment où on va le soumettre. Elle reflète les contenus de l'attribut `method` de l'élément `form`. Cette propriété contient `get` ou `post` et vous pouvez la définir à n'importe quel moment. Sa syntaxe est la suivante :

```
formName.method
```

Exemple

```
if (document.javajive.method == ("get") {
document.write("The server will get your answers now."); }
else {
document.write(
"Your answers will be posted to the server now."); }
```

Cet exemple affiche un texte différent en fonction de la méthode.

name

Cette propriété est utilisée pour identifier les objets et les éléments contenus dans un ensemble d'objets et de tableaux. Pour les objets `window`, c'est une propriété en lecture seule ; vous pouvez définir les noms des autres objets.

Dans un objet `window`, le nom reflète l'attribut `windowName`. Dans d'autres objets, il reflète l'attribut `name`. La propriété `name` est le même pour tous les boutons radio dans un objet `radio`.

La propriété `name` est différente de l'étiquette utilisée pour les objets `button`, `reset` et `submit`. La propriété `name` n'est pas affichée ; elle est interne et reste une référence pour la programmation.

Si un objet `frame` contient plusieurs éléments ou objets avec le même nom, le navigateur crée un tableau qui utilise le nom et liste les objets au fur et à mesure qu'ils se présentent dans la source du cadre.

La syntaxe de la propriété `name` est la suivante :

```
windowReference.name
window.Reference.frames.name
```

La syntaxe de la propriété `name` pour les autres objets est la suivante :

```
objectName.name
frameReference.name
frameReference.frames.name
radioName[index].name
selectName.options.name
```

Pour l'objet `select`, `object.Name` et `selectName.options.name` produisent le même résultat. Pour un objet `frame`, `objectName.name`, `frameReference.name` et `frameReference.frames`, la propriété `name` produit le même résultat.

Exemple

```
newWindow = window.open("http://www.webwonders.net/test1.htm");
function whatYouBuilt () {
for (var counter = 0, counter < document.elements.length
counter++) {
msgWindow.document.write(
document.sample.elements[counter].name + "<br />");
} }
```

Dans cet exemple, la fonction fait une boucle à travers le document chargé et affiche une liste d'éléments.

La propriété `name` peut être trouvée dans le tableau options et dans les objets suivants :

button	hidden	reset text.
checkbox	password	select textarea.
frame	radio	submit window.

NaN

La propriété `NaN` détermine si la valeur donnée est un nombre. Utilisez la méthode `NaN` pour vérifier la valeur (booléenne) de `NaN`.

options

La propriété `option` est un tableau qui contient une liste des options dans l'objet `select`.

parent

La propriété parent est un des synonymes disponibles pour référencer une fenêtre qui contient le cadre courant. C'est une propriété en lecture seule pour les objets window et frame. Vous pouvez l'utiliser lorsqu'on référence un cadre à partir d'un autre à l'intérieur d'une fenêtre ou d'un cadre parent. Sa syntaxe est :

```
parent.propertyName
parent.methodName
top.frameName
top.frames[index]
```

L'entrée propertyName est la propriété defaultStatus, status, length, name ou parent. Elle peut aussi être la propriété length, name ou parent lorsque la référence est faite d'un parent à un cadre. L'entrée methodName est n'importe quelle méthode associée avec l'objet window. (Voir l'entrée objet window pour plus d'informations sur les méthodes disponibles.) Les entrées frameName et frame[index] font référence à des cadres individuels soit par la valeur name, soit par leur position dans le tableau de cadres.

Exemple

```
<input type="button" name="doItButton" value="Make it so!"
onclick="parent.frames[1].document.bgColor=colorChoice" />
```

Cet exemple est une partie de l'exemple sur l'objet frame. Dans cette instruction, la couleur de l'arrière-plan qui est en contraste avec le cadre courant (valeur d'index 1, ou deuxième élément dans le tableau de cadres) est définie par le choix de couleur de l'utilisateur.

pathname

La propriété pathname est une partie des objets link et location. C'est la partie de l'URL qui indique le répertoire d'emplacement de la page sur le serveur. Vous pouvez définir la propriété pathname à n'importe quel moment mais si vous avez besoin de modifier le chemin du document, il vaut mieux utiliser la propriété href. La syntaxe de la propriété pathname est :

```
location.pathname
```

(Voir les exemples pour l'objet location.)

PI

La propriété `PI` est une partie de l'objet incorporé `Math`. C'est une constante qu représente le rapport de la circonférence du cercle avec son diamètre (approxima tivement 3.14). La syntaxe de la propriété PI est :

```
Math.PI
```

Exemple

```
document.write("Bob says your chances of winning are: " + longShot + " ir
" + longShot * Math.PI + ".");
```

Cet exemple calcule une valeur et affiche les résultats dans une insruction destiné à l'utilisateur.

port

La propriété `port` est une partie des objets `link` et `location`. Il est l'élément `por` dans l'URL, identifie le port et s'il en existe, l'utilise sur le serveur. Si cette propriét est nulle, les propriétés `host` et `hostname` sont les mêmes. La syntaxe de la propriét `port` est :

```
location.port
```

(Voir l'exemple de l'objet `location`.)

protocol

La propriété `protocol` est une partie des objets `link` et `location`. C'est une parti de l'URL et elle utilise les protocoles suivants :

`file`	Accède le système de fichier local.
`ftp`	Utilise le protocole FTP (File Transfert Protocol).
`gopher`	Utilise le protocole gopher.
`http`	Utilise le protocole HTTP (Hypertext Transfert Protocol).
`mailto`	Utilise le protocole SMTP (Simple Mail Transfert Protocol).
`news`	Utilise le protocole NNTP (Networks News Transfert Protocol).
`snews`	Utilise le protocole NNTP sécurisé.
`https`	Utilise le protocole HTTP sécurisé.
`telnet`	Utilise le protocole telnet.
`tn3270`	Utilise le protocole telnet 3270.

La syntaxe de la propriété port est la suivante :

```
location.protocol
```

(Voir les exemples pour les objets link et location.)

referrer

La propriété referrer est une partie de l'objet document. C'est une propriété en lecture seule de l'objet document qui contient l'URL du document original lorsque l'utilisateur saute d'un document original vers un document de destination. La syntaxe de la propriété referrer est la suivante :

```
document.referrer
```

Exemple

```
document.write("welcome, I see you joined us from " + document.referrer +
". How's weather back there?");
```

Cette instruction affiche un message à l'intention de l'utilisateur qui comprend l'emplacement URL du document original.

search

La propriété search se trouve dans les objets link et location. C'est une partie de l'URL ; même si vous pouvez modifier cette propriété à tout moment, il vaut mieux utiliser la propriété href pour changer les attributs location. La syntaxe de la propriété search est la suivante :

```
location.search
```

Exemple

```
newWindow = window.open
("http://www.example.com/Look/script?qt=property=elements");
with (document) {
write("The href property is " +
newWindow.location.href + "<br />");
write("The protocol property is " +
newWindow.location.protocol + "<br />");
write("The host property is " +
newWindow.location.host + "<br />");
write("The host name is " +
```

```
newWindow.location.hostName + "<br />");
write("The port property is " +
newWindow.location.port + "<br />");
write("The pathname property is " +
newWindow.location.pathname + "<br />");
write("The search property is " +
newWindow.location.search + "<br />");
write("The hash property is " +
newWindow.location.hash + "<br />");
close(); }
```

qui affiche ce qui suit :

```
The href property is http://www.example.com/Look/scripts?qt=
property=elements
The protocol property is http:
The host property is www.example.com
The host name is www.example.com
The port property is
The pathname property is /Look/scripts
The search property is ?qt=property=elements
The hash property is
```

selected

La propriété `selected` est une partie du tableau d'options. Elle contient une valeur booléenne qui indique si l'option d'un objet `select` est la sélection en cours. Pour les options sélectionnées, cette propriété est `True`. Vous pouvez définir cette propriété par une programmation. Sa syntaxe est la suivante :

```
selectName.options[index].selected
```

Exemple

```
for (x = document.saleForm.buyTheseThings.length; x > 0; x--) {
if (document.saleForm.buyTheseThings.options[x].selected =
"true") {
document.saleForm.nuyTheseThings.options[x].selected =
"false"; }
else {
document.saleForm.buyTheseThings.options[x].selected =
"true"; } }
```

Dans cet exemple, la boucle `for` traverse la liste des options en changeant les sélections. Le résultat qui en ressort est une inversion des sélections de l'utilisateur.

selectedIndex

La propriété selectedIndex est une partie de l'objet select et du tableau d'options. Elle contient des informations sur l'ordre dans lequel l'objet select a été défini. Vous pouvez définir la propriété selectIndex à tout moment, et l'information affichée est mise à jour. La propriété selectIndex fonctionne bien avec les objets select qui ne sont pas des objets à sélection multiple. Sa syntaxe est la suivante :

```
selectName.selectedIndex
selectName.options.selectedIndex
```

Exemple

```
function whatSelection () {
return document.saleForm.giveAwayOptions.selectedIndex; }
```

Cette simple fonction rapporte la sélection à partir de la liste d'options.

self

La propriété self est une partie de l'objet window. Cette propriété est un synonyme pour la fenêtre courante ou pour l'objet frame. Utilisez cette propriété en lecture seule pour que votre code reste clair. Sa syntaxe est la suivante :

```
self.propertyName
self.methodName
```

Exemple

```
self.javatest.whichIsFunction.index[x];
document.javatest.whichIsFunction.index[x];
```

Ces deux instructions sont équivalentes.

SQRT1_2

La propriété SQRT1_2 est une partie de l'objet incorporé Math. C'est une constante en lecture seule qui représente l'inverse de la racine carrée de 2 (approximativement 0,707). Sa syntaxe est la suivante :

```
Math.SQRT1_2
```

Exemple

```
document.write("Bob says your chances of winning are: " + longShot + " in
" + longShot / Math.SQRT1_2 + ".");
```

Cet exemple calcule une valeur et affiche le résultat dans une déclaration destinée à l'utilisateur.

SQRT2

La propriété `SQRT2` est une partie de l'objet incorporé `Math`. C'est une constante en lecture seule qui représente la racine carrée de 2 (approximativement 1,414). Sa syntaxe est la suivante :

```
Math.SQRT2
```

Exemple

```
document.write("Bob says your chances of winning are: " + longShot + " in
" + longShot * Math.SQRT2 + ".");
```

Cet exemple calcule une valeur et affiche les résultats dans une déclaration destinée à l'utilisateur.

status

La propriété `status` est une partie de l'objet `window`. Elle contient un message prioritaire ou transitoire qui est affiché dans la barre d'état de la fenêtre. Sa syntaxe est la suivante :

```
windowReference.status
```

Exemple

```
self.status = "Welcome to our little home away from home!";
```

Cet exemple place le message dans la ligne d'état de la fenêtre.

target

La propriété `target` est une partie des objets `form`, `link` et `location`. Pour les objets `link` et `location`, la propriété `target` contient le nom de la fenêtre de destination d'un saut. Elle fonctionne de manière légèrement différente pour l'objet `form`, et contient la destination d'une soumission de formulaire. Même si vous pouvez définir la propriété `target` à tout moment, elle ne peut pas supposer la valeur d'une expression ou d'une variable (ce qui signifie que vous ne pouvez faire aucune déclaration fantaisiste comme un `document.write`). La syntaxe de la propriété `target` a la syntaxe suivante :

```
formName.target
linkName.target
```

Exemple

```
self.status("When you submit your request, the information will appear in
" + self.buyTheseThings.target + ".");
```

Cette instruction affiche un message dans la barre d'état de la fenêtre en indiquant aux utilisateurs où leurs sélections vont apparaître. Si vous souhaitez confirmer la demande avant d'afficher l'information, ce message est vraiment utile.

text

La propriété `text` est une partie du tableau `options`. C'est la valeur affichée dans la liste d'options. Si vous modifiez la propriété `text` d'une liste d'option, le caractère affiché initialement défini dans l'élément `option` ne change pas mais les informations internes changent. La syntaxe de la propriété `text` est :

```
selectName.options[index].text
```

Exemple

```
for (x = 0; x < self.javajive.pickMe.length; x++), {
if (self.javajive.pickMe.option[x].select == true) {
document.write(self.javajive.pickMe.option[x].text); } }
```

Cet exemple teste pour voir si l'option a été sélectionnée ; si c'est le cas, elle affiche l'option `text`. Si vous modifiez la propriété `text` par l'intermédiaire d'un programme, la liste obtenue est différente de la liste des options que l'utilisateur voit et sélectionne.

title

La propriété `title` est une partie de l'objet `document`. Elle reflète la valeur de l'élément `title` et vous ne pouvez pas modifier sa valeur. La syntaxe de la propriété `title` est la suivante :

```
document.title
```

Exemple

```
self.status(self.title);
```

top

La propriété `top` est une partie de l'objet `window`. C'est un synonyme en lecture seule de la fenêtre du plus haut niveau. Sa syntaxe est la suivante :

```
top.propertyName
top.methodName
top.frameName
top.frames[index]
```

L'entrée `proprertyName` est `defaultStatus`, `status` ou `length`. L'entrée `methodeName` est n'importe quelle méthode `window`. Les entrées `frameName` et `frames[index]` sont des références de cadre pour les cadres à l'intérieur d'une fenêtre.

Exemple

```
top.close();
```

Cette instruction ferme la fenêtre de plus haut niveau.

```
for (x = 0, x < top.length, x++) {
   top.frame[x].close(); }
```

Cette instruction ferme tous les cadres de la page.

undefined

La propriété `undefined` (valeur primitive) est la valeur d'une variable à laquelle une valeur spécifique n'a pas été attribuée.

userAgent

La propriété `userAgent` est une partie de l'objet `navigator`. C'est une partie de l'information Hypertext Transfert Protocol (HTTP). Les serveurs utilisent cette propriété pour identifier le navigateur du client. La syntaxe de la propriété `userAgent` est la suivante :

```
navigator.userAgent
```

Exemple

```
document.write("You're using " + navigator.userAgent + ".");
```

Cette instruction affiche l'information sur le navigateur, comme dans :

```
You're using Mozilla/4.0 (compatible; MSIE 5.5; Windows 98).
```

value

La propriété `value` est différente pour chaque objet. Dans tous les cas, elle reflète l'attribut `value` de l'objet.

Pour les objets `hidden`, `password`, `text` et `textarea` ou pour un article d'un tableau `options`, vous pouvez modifier la propriété `value` par des programmes. Si vous la modifiez pour les objets `text` et `textarea`, l'affichage est immédiatement mis à jour et si c'est pour l'objet `password`, le système de sécurité vous laissera tranquille pendant un certain temps. Si vous évaluez vos modifications, vous aurez en retour la valeur courante ; si l'utilisateur veut changer cette propriété `value`, le système de sécurité ne laissera pas passer une telle modification. Pour le tableau `options`, l'attribut `value` n'est pas affiché mais il n'est plus qu'une représentation interne.

Pour les objets `button`, `reset` et `submit`, la propriété `value` est le reflet en lecture seule du texte sur la face du bouton.

Pour les objets `checkbox` et `radio`, la propriété `value` est retournée au serveur lorsque la case à cocher ou le bouton radio est sélectionné. Ce n'est pas la valeur de la sélection qui est retournée, mais seulement On ou Off.

La syntaxe de la propriété value est la suivante :

```
objectName.value
radioName[index].value
selectName.options.[index].value
```

Si vous voulez des exemples de la propriété `value`, vous devez voir l'objet d'entrée approprié. La propriété `value` est une partie du tableau `options` et les objets suivants :

button	password	submit.
checkbox	radio	text.
hidden	reset	textarea.

vLinkColor

La partie `vLinkColor` est une partie de l'objet `document`. Elle contient les paramé trages de couleurs pour les liens sur la page visitée. Pour définir cette valeur par ur programme, placez le script avant l'élément `body` ; une fois l'agencement effectué la propriété devient une propriété en lecture seule. Si vous définissez la propriét dans un script, ne faites pas usage de l'attribut `vlink` de l'élément `body`. Pour défi nir la couleur, utilisez soit le mot-clé de la couleur, soit un nombre hexadécima (trois double chiffres). La syntaxe de `vlinkColor` est :

```
document.vlinkColor="colorLiteral"
document.vLinkColor="colorRGB"
```

Exemple

```
document.vlinkColor="red"
document.vLinkColor="ff0000"
```

Ces deux instructions sont équivalentes. La première instruction définit `vlinkColo` en utilisant le mot-clé `red`, qui est ff0000 en hexadécimal.

window

La propriété `window` est une partie des objets `frame` et `window`. C'est un synonyme pour la fenêtre courante. Même si vous utilisez la propriété `window` pour référence le cadre courant, il est préférable d'employer la propriété `self` dans cette situation La syntaxe de cette propriété, en lecture seule, est la suivante :

```
window.propertyName
window.methodName(parameters)
```

Exemple

```
window.status="Welcome to our humble home away from home!";
```

Cet exemple affiche le message dans la barre d'état.

L'outil de validation W3C Validator

XHTML

Les Références du Maître

Partie 4

Pour valider un document, rien ne vaut l'outil de validation W3C en ligne, et en plus, il est gratuit. Accessible à partir de n'importe quel navigateur Web, il valide à la fois les documents publics et locaux. Nous recommandons vivement l'utilisation de cet outil qui est disponible sur le site `http://validator.w3.org/`.

L'interface

L'interface de l'outil de validation n'est pas très élégante mais elle est très pratique à utiliser (Figure MR4.1). La validation d'un document en est simplifiée et deux options s'offrent à vous : télécharger un fichier local ou indiquer à l'outil de validation un document public sur le Web. Quelle que soit l'approche choisie, il existe des options qui conviennent à votre document.

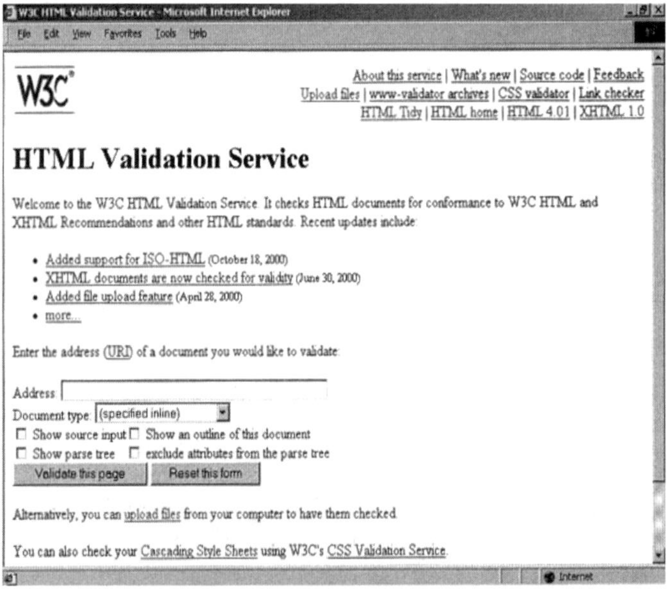

Figure MR4.1 : L'interface très simple d'apparence de l'outil W3C validator.

Le menu déroulant Document type Vous pouvez choisir la valeur Specified Inline qui indique à l'outil de validation que le document utilise une déclaration DOCTYPE pour définir la Définition de type de document DTD appropriée ; ou vous pouvez sélectionner la version de langage XHTML ou HTML que vous souhaitez employer. Vous disposez de huit options :

XHTML 1.0 Strict.

XHTML 1.0 Transitionnel.

XHTML 1.0 Multifenêtrage.

HTML 4.01 Strict.

HTML 4.01 Transitionnel.

HTML 4.01 Multifenêtrage.

HTML 3.2.

HTML 2.0.

La case à cocher Show Source Input Présente à l'utilisateur un listing du document source avec les numéros de lignes.

La case à cocher Show An Outline Of This Document Présente à l'utilisateur un aperçu du document basé sur le marquage des titres.

La case à cocher Show Parse Tree Présente une arborescence d'analyse du document en utilisant une indentation pour l'agencement.

La case à cocher Exclude Attributes From The Parse Tree Indique à l'outil de validation d'exclure les attributs de l'arborescence d'analyse. Cette fonction n'est disponible que si vous avez choisi d'afficher l'arborescence d'analyse.

L'adresse URL

Si le fichier que vous souhaitez valider se trouve sur le Web, vous n'avez qu'à entrer l'adresse URL complète dans le champ Address (voir Figure MR4.1). Pour cela :

1. Visitez le site `http://validator.w3.org/`.
2. Tapez l'adresse URL du document dans le champ Address.
3. Cliquez sur le bouton Validate this document.

Voilà ! Rien de plus facile !

Télécharger des fichiers

Si le fichier que vous souhaitez valider se trouve sur votre disque dur local, vous devez le télécharger vers l'outil de validation. Pour cela :

1. Visitez le site `http://validator.w3.org/`.
2. Sélectionnez l'hyperlien Upload Files dans le coin en haut à droite de la fenêtre ou sous le bouton Validate this page.
3. Sélectionnez le bouton Browse.
4. Sélectionnez le document à valider sur votre disque dur.
5. Cliquez sur le bouton Validate This Page.

   Maintenant, vous devez apprendre à décrypter les messages d'erreur sybillins que l'outil de validation affiche quelquefois.

Interprétation des messages d'erreur

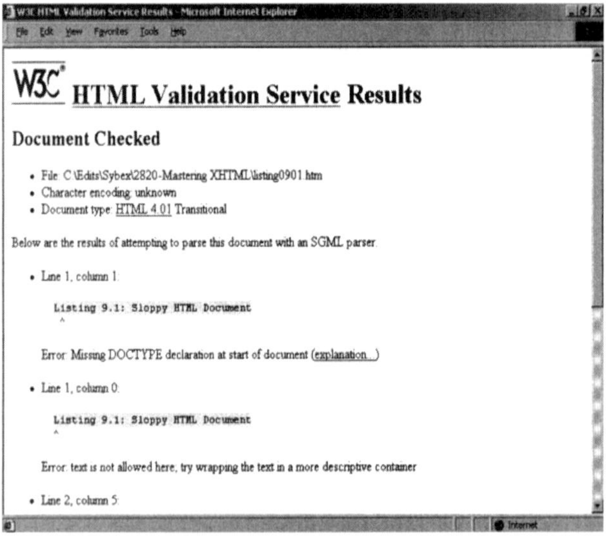

Figure MR4.2 : Un aperçu des messages d'erreur fréquents.

Si vous commettez des erreurs qui violent les règles XML ou les règles de validité des DTD, l'outil de validation affichera des messages d'erreur. Nous avons pris le Listing 9.1 du Chapitre 9 et nous l'avons soumis à l'outil de validation. Les résultats sont affichés dans la Figure MR4.2.

A première vue, les messages semblent être vraiment impressionnants. Toutefois, après avoir passé quelques documents à travers l'outil de validation, vous vous habituerez aux messages sybillins. Ainsi, nous avons interprété pour vous quelques messages courants dans le Tableau MR4.1.

Tableau MR4.1 : Les messages d'erreur courants de l'outil W3C Validator.

ERREUR	INTERPRETATION
Missing a required sub-element of "head"	Vous avez oublié d'inclure un élément enfant requis de l'élément `head`, par exemple `title`.
End tag for "p" omitted; end tags are required in XML for non-empty elements; empty elements require an end tag or the start tag must end with "/>"	Vous avez oublié de fermer l'élément `p`.
Required attribute "alt" not specified	Vous avez oublié d'ajouter l'attribut `alt` à l'élément `img`.
Element "p" not allowed here; possible cause is an inline element containing a block-level element	Vous avez imbriqué un élément `p` par inadvertance là où il n'est pas permis. Même si le message d'erreur indique un élément inline contenant un élément de niveau bloc, la véritable erreur dans le document est la mauvaise utilisation d'un élément de niveau bloc.
End tag for "img" omitted; end tags are required in XML for non-empty elements; empty elements require an end tag or the start tag must end with "/>"	Vous avez oublié de terminer l'élément vide ; exemple : `<img />`.

Ajout de l'icône

Si votre document XHTML est validé, vous recevez le message suivant et vous pouvez ensuite ajouter l'icône XHTML dans votre page Web :

```
Congratulations, this document validates as XHTML 1.0
Transitional!
```

L'icône XHTML (montrée dans la Figure MR4.3) indique aux utilisateurs que votre document est bien conforme aux spécifications du langage XHTML.

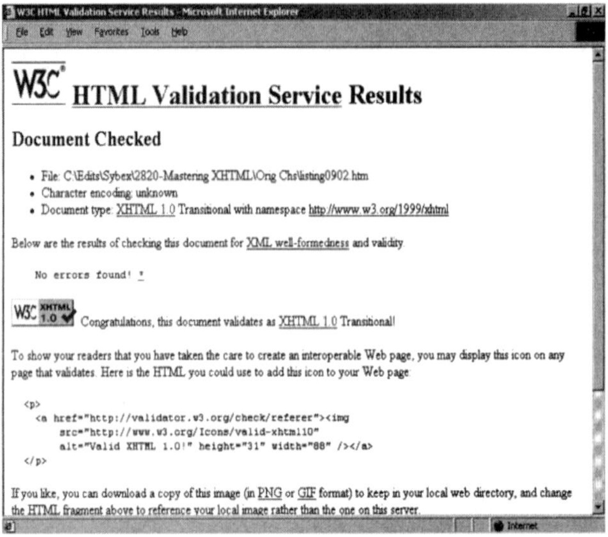

Figure MR4.3 : L'icône XHTML est affiché quand votre document est validé pour une définition DTD (ici XHTML 1.0 Transitional DTD).

Pour ajouter l'icône à votre page, ajoutez le marquage XHTML suivant dans votre page Web :

```
<p>
<a href="http://validator.w3.org/check/referer">
<img src="http://www.w3.org/Icons/valid-xhtml10"
alt="Valid XHTML 1.0!" height="31" width="88" />
</a>
</p>
```

Vous en conviendrez que le processus de validation est d'une simplicité étonnante. Nous espérons que vous avez trouvé cette quatrième partie des Références du Maître profitable. Bonne validation !

Caractères spéciaux du langage XHTML

XHTML

Les Références du Maître
Partie 5

Les documents XHTML, comme tous les documents basés sur le langage XML ne contiennent que des caractères de texte simple. Un problème intéressant se présente à nous : comment inclure des caractères spéciaux comme le caractère tilde (~), le symbole du copyright () ou même certains caractères spéciaux qui délimitent normalement le marquage XHTML (comme <, >, etc.) dans les documents XHTML !

Il est facile d'ajouter des caractères spéciaux aux documents XHTML, c'est la bonne nouvelle ; la mauvaise est que leur insertion implique une tâche supplémentaire. XHTML exige en effet des références vers ces caractères spéciaux avec un score de quatre touches ou plus dans un document source XHTML. Cela signifie tout simplement que vous devez taper quatre caractères ou plus dans un document source XHTML pour avoir un seul caractère spécial lorsque ce document sera affiché.

Les entités XHTML

Dans le langage spécialisé associé avec le langage XHTML (et avec d'autres langages de marquage), les chaînes qui produisent des caractères spéciaux, une fois interprétées et rendues par un navigateur Web, sont appelées *entités*. Les entités se présentent sous deux formes :

Les entités de caractères Se réfèrent à un caractère par un nom quelconque. Exemple : l'entité de caractère pour un guillemet est `"`, et celle pour le signe inférieur (<) est `<`.

Entités numériques Se réfèrent à un caractère utilisant un code numérique (ce sont des entiers compris entre 0 et 65.535). L'entité numérique qui représente le guillemet est `"`, et celle qui représente le signe inférieur est `<`.

Ces entités sont souvent utiles pour indiquer aux navigateurs que vous utilisez un caractère comme du texte simple et non en tant que marquage ou données d'ordinateur ou instructions de programmation. Exemple : le signe inférieur (<) indique le début d'un élément de marquage. Si vous tapez le signe <, le navigateur suppose que ce qui suit est du marquage. Si vous avez du texte qui doit être mis entre les signes inférieur et supérieur (comme `<this>`), vous le signalez en entrant `<this>`.

Les entités doivent commencer avec une esperluette (&) et se terminer avec un point-virgule (;). Elles utilisent des noms entre ces deux caractères. Les entités numériques suivent l'esperluette d'ouverture avec un signe dièse (#) avant le code numérique et se terminent aussi avec un point-virgule.

Le langage XHTML et les ensembles de caractères

Par défaut, le langage XHTML utilise le même ensemble de caractères que celui par défaut du langage HTML ; c'est la norme standard ISO-8859-1 connue aussi sous le nom de ISO-Latin-1. Ce nom se découpe comme suit :

- *ISO* signifie International Organisation for Standardization soit Organisation internationale pour la standardisation.
- *8859* identifie uniquement la norme standard par un nombre.
- *Latin* indique que cette norme est basée sur l'alphabet romain familier aux utilisateurs des langues occidentales.

Le Tableau MR5.1 énumère les variantes connues des ensembles de caractères ISO-8859 et indique les alphabets qu'ils supportent.

Tableau MR5.1 : Les ensembles de caractères ISO 8859.

ENSEMBLE DE CARACTÈRES	SCRIPT	LANGUES
ISO-8859-1	Latin-1	Le code ASCII avec la plupart des langues occidentales y compris l'albanais, l'afrikaans, le basque, le catalan, le danois, le hollandais, l'anglais, le féroé, le finnois, le flamand, le gallois, l'allemand, l'islandais, l'irlandais, le norvégien, le portugais, l'écossais, l'es pagnol et le suédois. Omet certains caractères hollandais, allemands et français.
ISO-8859-2	Latin-2	Le code ASCII avec la plupart des langues d'Europe centrale y compris le tchèque, l'an glais, l'allemand, le hongrois, le polonais, le tzigane, le croate, le slovaque, le slovène et le serbe.
ISO-8859-3	Latin-3	Le code ASCII avec les caractères requis pour l'anglais, l'esperanto, l'allemand, le maltais et le gallois.
ISO-8859-4	Latin-4	Le code ASCII avec la plupart des langues baltes y compris le letton, le lithuanien, l'alle mand, le groenlandais et le lapon ; maintenant remplacé par la norme ISO-Latin-6.
ISO-8859-5		Le code ASCII plus les caractères cyrilliques pour les langues slaves y compris le biélorus se, le bulgare, le macédonien, le russe, le serbe et l'ukrainien.
ISO-8859-6		Le code ASCII plus les caractères arabes.
ISO-8859-7		Le code ASCII plus les caractères grecs.
ISO-8859-8		Le code ASCII plus l'hébreu.

Tableau MR5.1 : Les ensembles de caractères ISO 8859. (suite).

ENSEMBLE DE CARACTÈRES	SCRIPT	LANGUES
`ISO-8859 -9`	Latin-5	La norme Latin-1 sauf que certains symboles turcs sont remplacés par des symboles islandais.
`ISO-8859-10`	Latin-6	Le code ASCII avec la plupart des langues nordiques y compris le letton, le lithuanien, l'inuit, le non-skolt sami et l'islandais.
`ISO-8859-11`		Le code ASCII plus le thaïlandais.
`ISO-8859-12`	Latin-7	Le code ASCII plus le celte.
`ISO-8859-13`	Latin-8	Le code ASCII plus les caractères baltes RIM.
`ISO-8859-14`	Latin-9	Le code ASCII plus le sami (finnois).
`ISO-8859-15`	Latin-10	Une variante de la norme Latin-1 qui comprend le signe de la monnaie euro ainsi que quelques caractères accentués finnois et français.

Veuillez noter que la base de tous ces ensembles de caractères est le code de caractères ASCII familier à tous les utilisateurs d'ordinateur. ASCII est l'abréviation d'American Standard Code for Information Interchange, et pour les besoins de notre explication, nous ne considérerons que les caractères alphabétiques romains en majuscules (A-Z), en minuscules (a-z), les nombres (0-9) et les marques de ponctuation courantes. L'ensemble de caractères ASCII utilise des codes de 8 bits, c'est-à-dire des valeurs numériques entre 0 et 255. L'ensemble des caractères ISO-8859 utilise 7 bits ou moins (de 0 à 127). Ainsi, les caractères ASCII d'ordre supérieur (de 128 à 255) ne sont pas supportés par les ensembles de caractères ISO-8859.

Si vous êtes familier avec les codes ASCII numériques pour les caractères ASCII d'un ordre plus élevé, vous devez faire des recherches pour identifier les entités caractérielles ou numériques qui fonctionnent avec XHTML pour représenter ces caractères. Sachez aussi que les codes numériques que vous devez utiliser pour représenter ces caractères ne seront pas identiques aux codes ASCII que vous avez l'habitude de voir.

Comme XHTML suit les règles de syntaxe XML et que XML requiert la présence d'une déclaration d'entité pour chaque entité utilisée dans un document XML, tous les caractères que XHTML supporte sont définis comme faisant des Déclarations de types de définition de document XHTML (DTD). Ces déclarations sont divisées en trois ensembles différents et peuvent être téléchargées en tant que telles à partir des pages Web du consortium W3C. (Tous ces fichiers se terminent avec l'extension `.ent`, mais ce sont des fichiers texte simple et ils peuvent être visualisés dans n'importe quel éditeur de texte ou logiciel de traitement de texte.)

Latin-1	www.w3.org/TR/xhtml1/DTD/xhtml-lat1.ent.
Caractères spéciaux	www.w3.org/TR/xhtml1/DTD/xhtml-special.ent.
Symboles	www.w3.org/TR/xhtml1/DTD/xhtml-symbol.ent.

Les lecteurs qui téléchargent et examinent ces fichiers noteront plusieurs éléments clés d'informations touchant l'utilisation d'entités caractérielles et numériques avec le langage XHTML.

- Les codes de caractères se réfèrent aussi aux normes standards ISO-8879 et ISO-10646.
- Les codes numériques vont bien au-delà de la gamme 0-255 associée avec les codes ISO-5589. (D'où l'entrée en lice des normes standards ISO-8879 et ISO-10646).
- La norme ISO-10646 est le synonyme le plus proche de l'ensemble des caractères Unicode qui traite les normes ISO-8859 et ISO-8879 comme ses propres sous-ensembles ; elle utilise jusqu'à 16 bits pour des codes de caractères numériques. (C'est la raison pour laquelle ces entités numériques se rangent généralement dans l'intervalle de 0-65635 et à la sortie de cette référence ; 65635 est égal à 2^{16} - 1, ou l'entier le plus grand qu'un nombre de 16 bits peut représenter.)

En fait, l'ensemble des caractères Unicode comprend un nombre incroyable de choix d'entités caractérielles et numériques avec presque tous les alphabets inventés par l'homme. En tant que tel, il fournit la définition la plus large possible pour les caractères qui pourraient apparaître dans un document XML ou XHTML. N'oubliez pas que si vous souhaitez utiliser n'importe quel caractère non défini dans la norme ISO-Latin-1 dans les documents XHTML, vous devez inclure des définitions d'entités dans une DTD ou un schéma que vous prenez comme une partie de votre document XHTML. Aussi longtemps que vous suivez cette instruction, vous pouvez profiter au maximum des possibilités d'Unicode. Pour en savoir plus sur Unicode et obtenir un listing complet des caractères Unicode, visitez le site Web www.unicode.org.

Les codes de couleur du langage XHTML

XHTML

Les Références du Maître

Partie 6

Que ce soit avec les feuilles de style CSS ou avec les éléments obsolètes XHTML, vous pouvez définir les couleurs d'affichage pour presque tous les éléments de votre page Web. Même si les utilisateurs peuvent définir leurs préférences sur leur navigateur pour outrepasser les sélections de couleur, vous pouvez configurer des couleurs par défaut.

Il existe deux façons de configurer les couleurs :

La valeur hexadécimale Un nombre hexadécimal définit les composants rouge, vert et bleu (RGB) d'une couleur. C'est un nombre signalé par un signe dièse (#) suivi de six chiffres. Les deux premiers chiffres sont pour le composant rouge, les deux suivants définissent la quantité de vert dans la couleur et les deux derniers chiffres sont pour le composant bleu. Le code hexadécimal `ff` indique la valeur maximale d'un composant. Si vous souhaitez qu'une couleur ne soit pas représentée, vous utilisez la combinaison `00`. Exemple : `#0000ff` signifie qu'aucun composant rouge ou vert n'est présent et que le composant bleu est à son maximum possible.

Le nom de couleur Vous pouvez aussi utiliser un des seize noms de couleurs standards prédéfinies. Exemple : `red`. Le Tableau MR6.1 énumère ces noms de couleurs avec les valeurs hexadécimales correspondantes.

Tableau MR6.1 : Les couleurs standards

NOM DE COULEUR STANDARD	VALEUR HEXADÉCIMALE
aqua	#00ffff.
black	#000000.
blue	#0000ff.
fuchsia	#ff00ff.
gray	#808080.
green	#008000.
lime	#00ff00.
maroon	#800000.

Tableau MR6.1 : Les couleurs standards (suite).

NOM DE COULEUR STANDARD	VALEUR HEXADÉCIMALE
navy	#000080.
olive	#808000.
purple	#800080.
red	#ff0000.
silver	#c0c0c0.
teal	#008080.
yellow	#ffff00.
white	#ffffff.

Beaucoup de concepteurs écrivent mal `gray` et mettent `grey`. Le navigateur affichera la couleur `green` (vert) car c'est ce qui se rapproche le plus en écriture de `gray`. Faites donc attention quand vous écrivez `gray`.

Heureusement, nous ne sommes pas limités par ces seize couleurs. Beaucoup de navigateurs supportent des centaines de noms de couleurs et vous pouvez toujours utiliser des valeurs de couleur hexadécimales. N'oubliez pas toutefois que certaines machines n'affichent que 256 couleurs. Le navigateur affichera alors la couleur qui se rapproche le plus de la couleur spécifiée ou créera une subtile nuance de la couleur en utilisant les couleurs disponibles.

Il est difficile de parler de couleurs si vous ne les voyez pas en action. Les sites Web suivants renferment une grande variété d'informations utiles sur les couleurs, des simples nuanciers jusqu'aux thèmes les plus spécialisés, et pour mieux faire, en passant par les démêleurs de couleurs interactifs et les convertisseurs décimal/hexadécimal comme il est indiqué ci-après :

Pallette Man de Clear Ink :

```
www.paletteman.com
```

Le nuancier RGB de HyperSolutions :

```
www.hypersolutions.org/rgb.html
```

"The Safety Pallette" de Microsoft par Robert Hess :

```
http://msdn.microsoft.com/workshop/design/color/safety.asp
```

Le nuancier HTML de Tucow :

http://look.html.tucows.com/designer/colorhexchart.html

La bibliothèque de couleurs du Webmaster par Visibone :

www.visibone.com/colorlab/

Le nuancier de Webmonkey :

http://hotwired.lycos.com/webmonkey/reference/color_codes/

"Couleurs dans HTML et les feuilles de style CSS" de ZDNet :

www.zdnet.com/devhead/resources/tag_library/misc/colors.html

La spécification du langage XHTML

XHTML

Les Références du Maître

Partie 7

Cette section vous offre une copie complète de la recommandation W3C du langage XHTML 1.0. Ainsi, vous pouvez vous référer à tout moment au site http://www.w3.org/TR/xhtml1 où vous allez trouver la spécification W3C. Si vous voulez l'utiliser, vous devez vous adresser au consortium W3C, propriétaire de tous les droits d'auteur sur cette spécification, à l'adresse suivante :

```
http://www.w3w.org./Consortium/Legal/ipr-notice-20000612
```

Les éléments mis entre crochets comme [HTML] à l'intérieur de la spécification sont des citations à des travaux dont la liste figure vers la fin de cette section sur les Références du Maître. Quelques expressions mises entre parenthèses représentent des liens directs avec le site de W3C, lesquels ne sont ni développés ni expliqués dans la recommandation.

XHTML™ 1.0 ou Extensible HyperText Markup Language

Une reformulation de HTML 4 dans XML 1.0

Recommandation de W3C du 26 janvier 2000

Cette version :	`http://www.w3.org/TR/2000/REC-xhtml1-20000126` (Version Postscript, version PDF, archive ZIP ou archive Gzip'd TAR).
Dernière version :	`http://www.w3.org/TR/xhtml1.`
Version précédente :	`http://www.w3.org/TR/1999/PR-xhtml-19991210.`
Auteurs :	Voir la partie remerciements.

Résumé

Cette spécification définit XHTML 1.0 comme une reformulation de HTML 4 en tant qu'une application XML 1.0 et les trois DTD correspondantes à celles qui ont été définies par HTML 4. La sémantique de ces éléments et attributs est définie dans la recommandation W3C pour HTML 4. Elle offre le fondement d'une extensibilité future de XHTML. La compatibilité avec les agents utilisateurs HTML actuels est possible en suivant un petit ensemble de directives.

L'état de ce document

Cette section décrit l'état de ce document au moment de sa publication. D'autres documents peuvent prendre sa place. La dernière version de ce document se trouve entre les mains du consortium W3C.

Ce document a été revu par les membres de W3C et les autres parties intéressées ; il a été visé par le Directeur comme une recommandation W3C. C'est un document stable qui peut être utilisé comme une référence ou cité comme une référence normative à partir d'un autre document. Le rôle de la société W3C dans cette recommandation est d'attirer l'attention des utilisateurs sur le fait de s'orienter résolument vers cette spécification et de promouvoir son déploiement à grande échelle. Cela va améliorer sa fonctionnalité et son interopérabilité avec le Web.

Ce document a été produit comme une partie de l'activité HTML du consortium W3C. Les buts du groupe de travail HTML ont été discutés dans la charte du groupe de travail HTML (seulement entre les membres).

Une liste des recommandations actuelles W3C et d'autres documents techniques peuvent être consultés au site `http://www.w3.org/TR`.

La discussion publique sur les caractéristiques HTML se trouve sur la liste de courrier `www-html@w3.org` (archive).

Veuillez signaler les erreurs contenues dans ce document au site `www-html-editor@w3.org`.

La liste des erreurs connues dans cette spécification sont disponibles sur le site `http://www.w3.org/2000/01/REC-xhtml-20000126-errata`.

Contenus

1. Qu'est-ce que XHTML ?
1.1. Qu'est-ce que HTML 4 ?
1.2. Qu'est-ce que XML ?
1.3. Pourquoi a-t-on besoin de XHTML ?
2. Définitions.
2.1. Terminologie.
2.2. Termes généraux.
3. Définition normative du langage XHTML 1.0.
3.1. Conformité du document.
3.2. Conformité de l'agent utilisateur.
4. Différences avec le langage HTML 4.
5. Problèmes de compatibilité.
5.1. Type de média Internet.
6. Directions futures.
6.1. Modularisation du langage HTML.
6.2. Extensibilité et sous-ensembles.
6.3. Profils du document.
Annexe A. Les DTD.
Annexe B. Interdictions d'éléments.
Annexe C. Directives de compatibilité du langage HTML.
Annexe D. Remerciements.
Annexe E. Références.

1. Qu'est-ce que le langage XHTML ?

Le langage XHTML fait partie de la famille des types de document actuels et futurs ainsi que des modules qui reproduisent, divisent en sous-ensembles et développent le langage HTML 4 [HTML]. Les types de document de la famille XHTML sont basés sur le langage XML et sont finalement conçus pour fonctionner en conjonction avec les agents utilisateurs XML. Les détails et leurs évolutions sont developpés dans la section Directions futures.

XHTML 1.0 (cette spécification) est le premier type de document dans cette famille. C'est une reformulation des trois types de documents HTML 4 en tant qu'application XML 1.0 [XML]. Il est destiné à être utilisé comme langage pour le contenu, en parfaite conformité avec XML ; et si l'on suit certaines directives, il fonctionne en conformité avec les agents utilisateurs de HTML 4. Les développeurs qui apportent leurs codes vers XHTML 1.0 profiteront des avantages suivants :

- Les documents XHTML sont conformes au langage XML. Ainsi, ils peuvent facilement être revus, modifiés et validés avec les outils XML.
- Les documents XHTML peuvent être écrits pour fonctionner aussi bien en conformité avec les agents utilisateurs HTML 4 actuels qu'avec ceux de XHTML.
- Les documents XHTML utilisent des applications (ex : scripts et applets) basé sur le Modèle objet de documents HTML ou sur le Modèle objet de documents XML.
- Suivant le développement de la famille XHTML, les documents qui sont conformes à la version 1.0 fonctionneront avec les différents environnements XHTML.

La famille XHTML est l'étape suivante dans l'évolution de l'Internet. Avec la migration vers XHTML, les développeurs de contenu peuvent accéder dans l'univers XML avec tous les avantages que cela procure, tout en gardant confidentiels leurs anciens contenus et disponible, leur future compatibilité.

1.1 Qu'est-ce que le langage HTML 4 ?

Le langage HTML 4 est une application SGML (Standard Generalized Markup Language) conforme à la norme standard international ISO 8879 et il est considéré comme le langage de publication standard le plus connu du consortium W3C.

Le SGML est le langage de description des langages de balises, particulièrement ceux utilisés dans les documents d'échange électronique, les documents de gestion et les documents de publication. HTML est un exemple de langage écrit avec SGML.

SGML est apparu au milieu des années 80 et il reste jusqu'à présent stable. Cette stabilité provient du fait que le langage est très riche en caractéristiques et il est très souple. Cependant, cette souplesse a rendu le langage trop complexe, allant jusqu'à entraver son adoption par les différents environnements, y compris le World Wide Web.

HTML, à l'origine, était destiné à être un langage d'échange entre les scientifiques et les autres documents techniques, un langage facile d'utilisation pour les non-spécialistes en HTML. HTML a résolu le problème de la complexité du SGML en spécifiant un petit ensemble de structures et de balises sémantiques pratiques qui conviennent aux documents relativement simples. En plus d'une simplification de la structure du document, HTML a ajouté des supports pour les hypertextes. Les capacités multimédias ont été ajoutées plus tard.

Pendant un temps remarquablement court, HTML est devenu très populaire et a rapidement dépassé son objectif original. Depuis son début ont été rapidement inventés de nouveaux éléments à utiliser à l'intérieur de HTML (comme standard) et destinés à adapter HTML aux marchés de type vetical et hautement spécialisés. Cette pléthore de nouveaux éléments a provoqué de graves problèmes de compatibilité des documents à travers les différentes plates-formes.

L'accroissement rapide des disparités entre les logiciels et les plates-formes a abouti à une sérieuse limitation de l'adaptabilité du HTML 4 classique vers une utilisation multi-plate-forme.

1.2 Qu'est-ce que le langage XML ?

XML™ est à la fois l'abréviation et l'acronyme de Extensible Markup Language [XML].

Il a été conçu pour récupérer la puissance et la fléxibilité SGML privé de la plupart de ses caractéristiques complexes. Cependant, étant une forme restreinte de SGML, XML conserve les richesses et la puissance SGML et garde toutes ses caractéristiques les plus utilisées.

De cette façon, XML a supprimé un bon nombre de caractéristiques complexes de SGML, celles qui ont rendu à la fois difficile et coûteuse la conception des simples logiciels.

1.3 Pourquoi a-t-on besoin du langage XHTML ?

Les avantages d'une migration vers XHTML 1.0 sont décrits ci-dessus. Quelques-uns de ces avantages sont décrits ci-dessous :

- Les développeurs de document et les concepteurs d'agents utilisateur découvrent sans cesse de nouveaux moyens pour valoriser leurs idées dans la création d'un marquage. Dans XML, il est relativement simple d'introduire de nouveaux éléments ou attributs d'éléments additionnels. La famille XHTML est conçu pour s'adapter à ces extensions qui se font à travers les modules XHTML et grâce aux techniques de développement de nouveaux modules conformes au langage XHTML (cela est décrit dans la nouvelle spécification de Modularisation de XHTML). Ces différents modules permettront de combiner les caractéristiques anciennes avec les nouvelles dans le développement d'un contenu et lors de la conception d'un agent utilisateur.
- Des moyens alternatifs d'accès à Internet sont constamment introduits. Quelques estimations prévoient qu'en 2002, 75 % des affichages de documents sur Internet seront exécutés sur ces plates-formes alternées. La famille XHTML a été conçue pour permettre une interopérabilité générale entre agents utilisateurs. Grace à un nouvel agent utilisateur et à un mécanisme de déscription de document, serveurs, proxy et agents utilisateurs seront capables de faire de grands efforts de transformation de contenu. Finalement, il sera possible de développer un contenu conforme avec XHTML et utilisable par n'importe quel agent utilisateur, lui-même conforme avec XHTML.

2. Définitions

2.1 Terminologie

Les termes suivants sont utilisés dans cette spécification. Ils étendent les définitions dans le [RFC2119] basé lui-même sur les définitions contenues dans les normes ISO/IEC 9945-1:1990 [POSIX.1] :

Implémentation-défined Une valeur ou un comportement est une implémentation définie quand il est à gauche de l'implémentation pour définir (et le document) les exigences correspondant à la construction correcte d'un document.

May En respectant les implémentations, le mot "may" est à interpréter comme une caractéristique optionnelle qui n'est pas requise dans cette spécification mais elle peut être fournie. Eu égard à la conformité du document, le mot "may" signifie que la caractéristique optionnelle ne doit pas être utilisée. Le terme "optionnel" a la même définition que "may".

Must Dans cette spécification, le mot "must" est à interpréter comme une exigence obligatoire sur l'implémentation ou sur les Documents XHTML strictement conformes en fonction du contexte. Le terme "shall" a la même définition que "must".

Reserved Une valeur ou un comportement n'est pas spécifié mais il ne peut pas être utilisé par les Documents conformes ni être supporté par des Agents utilisateurs conformes.

Should En tenant compte des implémentations, le mot "should" est à interpréter comme une recommandation d'implémentation mais non une exigence. Eu egard aux documents, le mot "should" est à interpréter comme une pratique de programmation recommandée pour les documents et une exigence pour les Documents XHTML strictement conformes.

Supported Dans cette spécification, certains équipements sont optionnels. Si un équipement est supporté, il se comporte comme étant spécifié par cette spécification.

Unspecified Quand une valeur ou un comportement n'est pas spécifié, la spécification ne définit pas des exigences de portabilité pour un équipement qui se trouve sur une implémentation, même en face d'un document qui utilise cet équipement. Un document qui requiert un comportement spécifique dans un tel exemple n'est pas un Document XHTML strictement conforme.

2.2 Termes généraux

Attribut Un attribut est un paramètre pour un élément déclaré dans la DTD. Un type d'attribut et une rangée de valeur, incluant une possible valeur par défaut, sont définis dans la DTD.

DTD Une DTD ou Définition du type de document est une collection de déclarations XML qui, en tant que collection, définit la structure légale, les éléments et les attributs qui sont disponibles pour être utilisés dans un document compatible à la DTD.

Document Un document est un flot de données qui, après avoir été combiné avec les autres flots auxquels il se refère, est structuré de telle sorte qu'il tient les informations contenues à l'intérieur de ses éléments, eux-mêmes organisés selon la définition de la DTD. Voir la conformité des documents pour plus d'informations.

Element Un élément est une unité de structuration de document déclarée dans la DTD. Le contenu d'un modèle d'élément est défini dans la DTD et des sémantiques additionnelles peuvent être définies dans la description de l'élément.

Equipements La fonctionnalité comprend les éléments, les attributs et les sémantiques qui lui sont associés. Une implémentation qui doit supporter cette fonctionnalité est dite la fourniture des équipements nécessaires.

Implementation Une implémentation est un système qui fournit un ensemble d'équipements et de services qui supportent cette spécification. Voir la conformité de l'agent utilisateur pour avoir plus d'informations.

Analyse (Parsing) L'analyse est l'acte dans lequel un document est décomposé et examiné ; les informations qu'il contient sont filtrées dans le contexte des éléments à l'intérieur desquels les informations sont structurées.

Restitution ou Rendu (Rendering) Le rendu est l'acte par lequel on présente les informations dans un document. Cette présentation est effectuée dans une forme appropriée à l'environnement (oralement, visuellement, sur papier).

Agent utilisateur Un agent utilisateur est une implémentation qui récupère et traite les documents XHTML. Voir la conformité d'un agent utilisateur pour plus d'informations.

Validation La validation est la procédure par laquelle les documents sont vérifiés par rapport à la DTD, afin de s'assurer que la structure, l'utilisation des éléments et des attributs suivent la Définition du type de document (DTD).

Bien formé (Well-formed) Un document est bien formé quand il est structuré selon les règles définies dans la section 2.1 de la recommandation XML 1.0 [XML]. Au fond, la définition vérifie l'état de ces éléments, délimités par leurs balises de début et de fin et imbriqués correctement à l'intérieur d'un autre.

Définition normative de XHTML 1.0

3.1 Conformité du document

Cette version du langage XHTML fournit une définition de documents XHTML strictement conformes qui sont limités par les balises et les attributs en provenance de l'espace de nom XHTML. Reportez-vous à la section 3.12 pour en savoir plus sur l'utilisation de XHTML avec les autres espaces de noms ; par exemple, pour inclure des métadonnées exprimées dans un modèle de description RDF à l'intérieur des documents XHTML.

3.1.1 Documents strictement conformes

Un Document XHTML strictement conforme est un document qui ne requiert que les équipements déclarés comme obligatoires dans cette spécification. Un document doit respecter les exigences suivantes :

1. Il doit être validé selon les trois DTD trouvées dans l'Annexe A.
2. L'élément racine du document doit être `<html>`.
3. L'élément racine du document doit désigner l'espace de nom XHTML utilisant l'attribut `xmlns` [XMLNAMES]. L'espace de nom pour XHTML est défini pour être `http://www.w3.org/1999/xhtml`.
4. Il doit y avoir une déclaration DOCTYPE dans le document antérieur à l'élément racine. L'identificateur public inclus dans la déclaration DOCTYPE doit se référer à l'une des trois DTD trouvées dans l'Annexe A, en utilisant respectivement leur Identificateur public formel. L'identificateur de système peut changer pour refléter les conventions du système local.

```
<!DOCTYPE html
PUBLIC "-//W3C//DTD XHTML 1.0 Strict//EN"
"DTD/xhtml1-strict.dtd">
<!DOCTYPE html
PUBLIC "-//W3C//DTD XHTML 1.0 Transitional//EN"
"DTD/xhtml1-transitional.dtd">
<!DOCTYPE html
PUBLIC "-//W3C//DTD XHTML 1.0 Frameset//EN"
      "DTD/xhtml1-frameset.dtd">
```

Voici un exemple de document XHTML minime.

```
<?xml version="1.0" encoding="UTF-8"?>
<!DOCTYPE html
PUBLIC "-//W3C//DTD XHTML 1.0 Strict//EN"
"DTD/xhtml1-strict.dtd">
<html xmlns = "http://www.w3.org/1999/xhtml"
xml:lang="en" lang="en">
<head>
<title>Virtual Library</title>
</head>
<body>
<p>Moved to <a href="http://vlib.org/">vlib.org</a>.</p>
</body>
</html>
```

Notez que dans cet exemple, la déclaration XML est incluse. Une déclaration XML qui ressemble à celle décrite ci-dessus n'est pas requise dans tous les documents XML. Les concepteurs de document XHTML sont vivement encouragés à utiliser les déclarations XML dans tous leurs documents. Une déclaration est requise lorsque l'encodage de caractère du document est autre que la valeur par défaut UTF-8 ou UTF-16.

3.1.2 Utilisation de XHTML avec d'autres espaces de nom

L'espace de nom XHTML peut être utilisé avec d'autres espaces de nom de XML comme avec [XML-NAMES], même si les documents ne sont pas des documents XHTML 1.0 strictement conformes. Les futurs travaux du consortium W3C seront focalisés sur les moyens de spécifier la conformité des documents qui requièrent de multiples espaces de nom.

L'exemple suivant montre le moyen par lequel XHTML 1.0 pourrait être utilisé en conjonction avec la recommandation MathML :

```
<html xmlns="http://www.w3.org/1999/xhtml"
xml:lang="en" lang="en">
<head>
<title>A Math Example</title>
</head>
<body>
<p>The following is MathML markup:</p>
<math xmlns="http://www.w3.org/1998/Math/MathML">
<apply> <log/>
<logbase>
<cn> 3 </cn>
</logbase>
<ci> x </ci>
</apply>
</math>
</body>
</html>
```

L'exemple suivant montre le moyen par lequel le marquage du langage XHTML 1.0 pourrait être incorporé dans un autre espace de nom XML.

```
<?xml version="1.0" encoding="UTF-8"?>
<!-- initially, the default namespace is "books" -->
<book xmlns='run:loc.gov:books'
xmlns:isbn="urn:ISBN:0-395-36341-6'
xml:lang="en" lang="en">
<title>Cheaper by the Dozen</title>
```

```
<isbn:number>1568491379</isbn:number>
<notes>
<!-- make HTML the default namespace
 for a hypertext commentary -->
<p xmlns='http://www.w3.org/1999/xhtml'>
This is also available
<a href="http://www.w3.org/">online</a>
</p>
</notes>
</book>
```

3.2 Conformité de l'agent utilisateur

Une conformité de l'agent utilisateur doit respecter les critères suivants :

1. Pour être en accord avec la recommandation XML 1.0 [XML], l'agent utilisateur doit analyser et évaluer si un document XHTML est bien formé. Si l'agent utilisateur prétend être un agent utilisateur de validation, il doit aussi valider les documents avec leurs DTD référencées selon [XML].
2. Lorsqu'un agent utilisateur prétend supporter les équipements définis à l'intérieur de cette spécification ou requis par celle-ci à travers la référence normative, il doit faire de même avec les moyens qui doivent rester cohérents avec la définition des équipements.
3. Lorsqu'un agent utilisateur traite un document XHTML comme un XML générique, il doit seulement reconnaître les attributs du type ID (exemple : L'attribut `ID` dans la plupart des éléments XHTML) comme des identificateurs de fragment.
4. Si un agent utilisateur rencontre un élément qu'il ne reconnaît pas, il doit interpréter le contenu de l'élément.
5. Si un agent utilisateur rencontre un attribut qu'il ne reconnaît pas, il doit ignorer toutes les spécifications de l'attribut, c'est-à-dire l'attribut et sa valeur.
6. Si un agent utilisateur rencontre une valeur d'attribut qu'il ne reconnaît pas, il doit utiliser la valeur par défaut de l'attribut.
7. S'il rencontre une référence d'entité (autre que celles prédéfinies) pour laquelle l'agent utilisateur n'a fourni aucune déclaration (ce qui peut se produire si la déclaration se trouve dans un sous-ensemble externe que l'agent utilisateur n'a pas lu), la référence d'entité pourrait être rendue comme des caractères (commençant par une esperluette – "e" commercial – et se terminant par un point-virgule) qui construisent la référence d'entité.

8. Lors du rendu, l'agent utilisateur qui rencontre des caractères ou des références d'entité de caractères reconnus mais qui ne peuvent pas être rendus devrait afficher le document, de telle sorte que celui-ci puisse être évident à l'utilisateur dont le rendu normal n'a pas pu avoir lieu.

9. Les caractères suivants sont définis dans [XML] comme des caractères blancs.
    - Espace ( )
    - Tabulation (	)
    - Retour chariot (
)
    - Saut de ligne (
)

Le processeur XML normalise différents systèmes de codes de fin de ligne en un seul caractère de saut de ligne, lequel est dorénavant admis à l'usage. L'agent utilisateur de XHTML, en plus, doit considérer les caractères suivants comme un espace :

- Présentation de feuille ()
- Espace de largeur zéro ()

Dans les éléments où l'attribut "xml:space" est défini sur "preserve", l'agent utilisateur doit laisser tous les caractères blancs intacts (sauf les caractères espaces avant ou après l'élément et qui doivent être supprimés). Par contre, les espaces blancs sont traités selon les règles suivantes :

- Tous les espaces blancs entourant les éléments block doivent être supprimés.
- Les commentaires sont entièrement supprimés et n'affectent pas le traitement des espaces blancs. Un caractère blanc sur les deux faces d'un commentaire est considéré comme deux caractères d'espace blanc.
- L'espace blanc avant ou après l'élément qui se trouve à l'intérieur d'un bloc d'éléments doit être supprimé.
- Les caractères de saut de ligne doivent être convertis en espace (sauf quand l'attribut "xml:space" est défini sur "preserve").
- Une séquence de caractères d'espaces blancs doit être réduite en un seul caractère espace (sauf quand l'attribut "xml:space" est défini sur "preserve").
- En tenant compte du mode de rendu, l'agent utilisateur pourrait rendre le contenu d'une manière appropriée au langage avec lequel le contenu a été écrit. Dans les langages dont l'écriture originale est latine, le caractère espace en code ASCII est généralement utilisé pour encoder à la fois les limites grammaticales et l'espace blanc typographique. Pour les langages dont l'écriture relève du Nagari (exemple :Sanskrit, Thai, etc), les limites grammaticales peuvent être encodées en utilisant le caractère "espace" ZW, mais elles ne seront pas généralement représentées par un espace blanc sur le texte rendu.

Les langages qui utilisent les écritures arabes peuvent encoder l'espace blanc typographique en utilisant un caractère espace mais ils peuvent aussi utiliser le caractère espace ZW pour délimiter les limites grammaticales "internes". (A quoi ressemblent les mots en arabe pour un lecteur anglais qui encode fréquemment plusieurs mots, exemple : "kitAbuhum"="kitAbu-hum"="book them"=="their book".) Les langages qui sont typiquement en écritures traditionnelles chinoises n'encodent pas généralement de tels délimitateurs et n'utilisent pas l'espace blanc de cette façon.

L'espace blanc dans la valeur d'attribut est traité selon [XML].

4. Les différences avec le langage HTML 4

Etant donné que XHTML est une application XML, certaines pratiques auparavant correctes dans HTML 4 [HTML], lui même basé sur SGML, doivent changer.

4.1 Les documents doivent être bien formés

Le document bien formé est un nouveau concept introduit par [xml] qui signifie essentiellement que tous les éléments doivent avoir des balises de fin ou être écrits dans une forme spéciale (comme on va le décrire ci-dessous) et que tous les éléments doivent s'imbriquer.

Même si le chevauchement est illégal dans SGML, il demeure largement toléré dans les navigateurs existants.

CORRECT :éléments imbriqués.

```
<p>here is an emphasized <em>paragraph</em>.</p>
```

INCORRECT :chevauchement d'éléments.

```
<p>here is an emphasized <em>paragraph.</p></em>
```

4.2 Les noms d'éléments et d'attributs doivent être en minuscules

Les documents XHTML doivent utiliser des minuscules pour tous les noms d'éléments et d'attributs HTML. Cette différence est nécessaire parce que XML est sensible à la casse, par exemple : `<li>` et `<LI>` sont deux balises différentes.

4.3 Pour les éléments non vides, les balises de fin sont requises

En HTML 4 basé sur SGML, certains éléments peuvent omettre la balise de fin ; les éléments qui suivent les balises impliquent la fermeture. Cette omission n'est pas permise en XHTML basé sur XML. Tous les éléments autres que ceux déclarés dans la DTD VIDE doivent avoir une balise de fin.

CORRECT :Eléments avec balise de fin.

```
<p>here is a paragraph.</p><p>here is another paragraph.</p>
```

INCORRECT :Eléments sans balise de fin.

```
<p>here is a paragraph.<p>here is another paragraph.
```

4.4 Les valeurs d'attribut doivent toujours mises entre guillemets

Toutes les valeurs d'attribut doivent être mises entre guillemets, même celles qui sont numériques.

CORRECT :Valeur d'attribut entre guillemets.

```
<table rows="3">
```

INCORRECT :Valeur d'attribut dépourvues de guillemets.

```
<table rows=3>
```

4.5 Minimisation d'attribut

XML ne supporte pas la minimisation d'attribut. Les paires de valeur d'attribut doivent être complètement écrites. Les noms d'attributs comme compact et checked ne peuvent pas se présenter dans les éléments sans que leurs valeurs n'aient été spécifiées.

CORRECT :Attributs non minimisés.

```
<dl compact="compact">
```

INCORRECT :Attributs minimisés.

```
<dl compact>
```

4.6 Eléments vides

Les éléments vides doivent avoir une balise de fin ou bien la balise de début doit se terminer avec />. Par exemple, </br> ou <hr></hr>. Voir les directives de compatibilité HTML pour avoir des informations sur les moyens de s'assurer qu'ils continuent à avoir une compatibilité descendante avec les agents utilisateurs du langage HTML 4.

CORRECT :Balises de fin vides.

```
<br/><hr/>
```

INCORRECT :Balises d'ouverture vides.

```
<br><hr>
```

4.7 Traitement des espaces blancs dans les valeurs d'attributs

Dans les valeurs d'attributs, les agents utilisateurs enlèveront l'espace blanc avant et après l'élément à partir des valeurs d'attributs et mapperont les séquences d'un ou de plusieurs caractères espaces blancs (incluant les lignes) en un seul espace normal (un caractère espace ASCII pour les écritures occidentales). Voir la section 3.3.3 de [XML].

4.8 Eléments de style et Script

En XHTML, les éléments de style et de script sont déclarés comme ayant un contenu #PCDATA. Comme résultat, <et & seront considérés tel le début du marquage et les entités telles que &lt et &amp seront reconnues comme des références d'entité respectivement en <et & par le processeur XHTML. L'encadrement du contenu du script ou d'un élément de style dans la section marquée CDATA évite l'expansion de ces entités.

```
<script>
<![CDATA[
...unescaped script content...
]]>
</script>
```

Les sections CDATA sont reconnues par le processeur XML et apparaissent comme des nœuds dans le Modèle objet de document ; voir la section 1.3 de la recommandation niveau 1 du MOD [MOD].

Une autre alternative est d'utiliser un script externe et des documents de style.

4.9 Exclusions SGML

SGML donne aux concepteurs d'une DTD la capacité d'exclure les éléments spécifiques du contenu d'un élément. De telles interdictions (appelées "exclusions") ne sont pas possibles dans XML.

Par exemple, HTML 4 avec une DTD Stricte interdit l'imbrication d'un élément "a" à l'intérieur d'un autre élément "a", vers n'importe quel niveau descendant. Il n'est pas possible d'écrire de telles interdictions dans XML. Même si ces interdictions ne peuvent pas être définies dans la DTD, certains éléments pourraient ne pas être imbriqués.

On trouvera un résumé de ces éléments et de ceux qui ne devraient pas être imbriqués entre eux dans l'Annexe normative B.

4.10 Les éléments avec les attributs "id" et "name"

HTML 4 a défini l'attribut `name` pour les éléments `a`, `applet`, `form`, `frame`, `iframe`, `frame`, `img` et `map`. Il a aussi introduit l'attribut `id`. La plupart de ces attributs sont conçus pour être utilisés comme des identificateurs de fragment.

Dans XML, les identificateurs de fragment sont de type `ID` et il peut y avoir seulement un attribut simple de type `ID` par élément. Donc pour XHTML 1.0, l'attribut `id` est défini pour être de type `ID`. Afin d'assurer que les documents XHTML 1.0 sont des documents XML bien structurés, ils doivent utiliser l'attribut `id` lors de la définition des identificateurs de fragment, même sur les éléments qui ont eu aussi, historiquement, l'attribut `name`. Voir les directives de compatibilité HTML pour obtenir des informations afin de s'assurer que ces ancres ont encore une compatibilité descendante lorsqu'on se sert des documents XHTML comme un média de type `text/html`.

Notez que dans le langage XHTML 1.0, l'attribut `name` de ces éléments est formellement obsolète et sera supprimé dans une version ultérieure de XHTML.

5. Problèmes de compatibilité

Même s'il n'y aucune exigence de compatibilité entre les documents XHTML 1.0 et les agents utilisateurs existants, elle est facile à réaliser dans la pratique. On peut trouver des guides pour la création de documents compatibles dans l'Annexe C.

5.1 Type de média Internet

Au moment de la publication de cette recommandation, le problème de l'étiquetage MIME qui est généralement recommandé pour les applications basées sur XML est encore à résoudre.

Cependant, les documents XHTML qui suivent les directives mises en avant dans l'Annexe C, "Directives de compatibilité des documents XHTML", peuvent être labellisées avec le Type de média Internet "text/html", comme étant compatibles avec la plupart des navigateurs HTML. Ce document ne donne aucune recommandation sur l'étiquetage MIME à appliquer aux autres documents XHTML.

6. Directions futures

XHTML 1.0 fournit la base pour une famille de types de document de se développer et de se décomposer en sous-ensemble XHTML ; en effet, il s'agit de supporter une large gamme de nouveaux matériels et d'applications inédites, en définissant des modules puis en spécifiant un mécanisme de combinaison de ces modules. Ce mécanisme permettra l'extension et la division de XHTML en sous-ensembles d'une manière uniforme à travers la définition des nouveaux modules.

6.1 Modularisation du langage XHTML

Comme l'utilisation de XHTML se déplace à partir des agents utilisateurs de bureau traditionnels vers d'autres plates-formes, il est clair que tous les éléments XHTML ne seront pas requis sur toutes les plates-formes. Par exemple, un matériel portable ou un téléphone cellulaire ne peut supporter qu'un sous-ensemble d'éléments XHTML.

La procédure de modularisation fractionne XHTML en de petits morceaux d'éléments. Ces éléments peuvent être recombinés pour répondre aux besoins des différentes communautés.

Ces modules seront définis plus tard dans un document du consortium W3C.

6.2 Sous-ensemble et extensibilité

La modularisation apporte de nombreux avantages :

- Elle offre un mécanisme formel pour la division de XHTML en sous-ensembles.
- Cela également pour l'extension du langage XHTML.
- Elle simplifie la transformation entre les types de document.
- Elle encourage la réutilisation des modules dans de nouveaux types de document.

6.3 Profils de document

Un profil de document spécifie la syntaxe et les sémantiques d'un ensemble de documents. La conformité à un profil de document fournit la base d'une interopérabilité garantie. Le profil de document spécifie les équipements requis pour traiter des documents de ce type ; à titre d'exemple, on peut dire quels formats d'image il est possible d'utiliser, de même pour les niveaux de scripts, les supports de feuille de styles et bien d'autres.

Pour les concepteurs de produits, le profil de document permet aux différents groupes de définir leur propre profil standard.

Pour les auteurs, il rendra évident le besoin d'écrire un document en plusieurs versions à l'intention des différents clients.

Pour les groupes spéciaux comme les chimistes, les médecins ou les mathématiciens, il va offrir un profil spécial qui sera construit en utilisant les éléments HTML standards, et en plus un groupe d'éléments adaptés aux besoins des spécialistes.

Annexe A Les DTD

Cette annexe est normative.

Ces Définitions de type de document (DTD) et les ensembles d'entités forment une partie normative de cette spécification. L'ensemble complet des fichiers DTD, réunis à une déclaration XML et à Ouvrir le catalogue de SGML, est inclus dans le fichier zip pour cette spécification.

A.1 Définitions de type de document

Ces DTD sont proches des DTD HTML 4. C'est comme si les DTD avaient été modularisées, une méthode de construction DTD qui aurait son origine dans HTML 4.

- XHTML- 1.0-Stricte.
- XHTML- 1.0-Transitionnelle.
- XHTML- 1.0-Multifenêtrage.

A.2 Ensembles d'entités

Les ensembles d'entités XHTML sont les mêmes que ceux de HTML 4 mais ils ont été modifiés pour être des déclarations d'entités XML 1.0 valides. Notez que l'entité pour le signe de la monnaie euro (`€` ou `€` ou `€`) est définie comme une partie des caractères spéciaux.

- Caractères latins-1.
- Caractères spéciaux.
- Symboles.

Annexe B Interdictions d'éléments

Cette annexe est normative.

Les éléments suivants ont des interdictions sur les éléments qu'ils peuvent contenir (voir Section 4.9). Cette interdiction s'applique à tous les niveaux d'imbrication, c'est-à-dire qu'elle contient tous les éléments descendants.

a	Ne peut pas contenir un autre élément.
pre	Ne peut pas contenir les éléments img, object, big, small, sub ou sup.
button	Ne peut pas contenir les éléments input, select, textarea, label, button, form, fieldset, iframe ou isindex.
label	Ne peut contenir des éléments autres que label.
form	Ne peut contenir des éléments autres que form.

Annexe C Guides de compatibilité HTML

Cette annexe n'est pas informative.

Cette annexe résume les guides de conception pour les auteurs qui souhaitent rendre leurs documents XHTML aux agents utilisateurs HTML actuels.

C.1 Instructions de traitement

Il faut être prudent car les instructions de traitement sont rendues auprès de quelques agents utilisateurs. Cependant, notez aussi que si la déclaration XML n'est pas incluse dans un document, le document peut seulement utiliser les encodages de caractère par défaut UTF-8 ou UTF-16.

C.2 Eléments vides

Ils incluent un espace avant le signe / et > des éléments vides, par exemple : <br />, <hr /> et <img src="karen.jpg" alt="Karen" />, comme la syntaxe alternative
</br> permise par XML, donne des résultats incertains chez plusieurs agents utilisateurs actuels.

C.3 Minimisation d'élément et contenu d'élément vide

Une instance d'élément vide dont le modèle de contenu n'est pas EMPTY (par exemple : un titre ou un paragraphe vide) n'utilise pas la forme minimisée (exemple : <p> </p> et non <p />).

C.4 Feuilles de style et scripts incorporés

Utilisez des feuilles de style externes si votre feuille de style utilise < ou & ou]]> ou --. Utilisez des scripts externes si vos scripts utilisent < ou & ou]]> ou --. Notez que les analyseurs XML sont autorisés à supprimer les contenus des commentaires. Par conséquent, la pratique de "cacher" les scripts et les feuilles de style dans les commentaires pour rendre les documents compatibles avec les versions antérieures est donc de ne pas fonctionner, comme on l'a prévu, dans les implémentations basées XML.

C.5 Retours à la ligne et valeurs d'attributs

Evitez les retours à la ligne et les espaces blancs dans les valeurs d'attributs. Ils sont gérés de manière contradictoire par les agents utilisateurs.

C.6 Isindex

C.7 Les attributs *lang* et *xml:lang*

Utilisez ces deux attributs `lang` et `xml:lang` lors de la spécification du langage d'un élément. L'attribut `xml:lang` prend la valeur précédente.

C.8 Identificateurs de fragments

Dans XML, les URL [RFC2396] qui finissent par des identificateurs de fragment de la forme `"#foo"` ne se réfèrent pas aux éléments avec un attribut `name="foo"` ; ils se réfèrent plutôt aux éléments avec un attribut défini pour être de type `ID`, l'attribut `id` HTML 4 par exemple. Plusieurs clients HTML actuels ne supportent pas dans ce cas l'utilisation des attributs de type `ID`. Ainsi, une valeur identique peut être fournie pour deux de ces attributs afin de s'assurer d'une compatibilité maximale pour les versions antérieures et futures (exemple : `< a id=" foo" name= "foo">...</a>`).

De plus, depuis que les valeurs légales pour les attributs de type `ID` sont beaucoup plus petites que celles de type `CDATA`, le type de l'attribut `name` a été changé en `NMTOKEN`. Cet attribut est contraint de telle sorte qu'il peut avoir seulement les même valeurs comme le type `ID`, ou comme la production `Name` du langage XML 1.0, Section 2.5, production 5. Malheureusement, cette contrainte ne peut pas être exprimée dans les DTD de XHTML 1.0. En raison de ce changement, vous devez bien faire attention lors de la conversion des documents HTML actuels. Les valeurs de ces attributs doivent être uniques à l'intérieur du document et valides ; chaque référence à ces identificateurs de fragment (aussi bien internes qu'externes) doit être mise à jour, même si les valeurs pourraient être changées durant la conversion.

Enfin, notez que le langage XHTML 1.0 a rendu obsolète l'attribut name des éléments a, applet, form, frame, iframe, img et map et il sera exclu de XHTML dans les versions ultérieures de XHTML.

C.9 Encodage de caractères

Pour spécifier un encodage de caractères dans un document, utilisez toutes les spécifications d'attributs d'encodage dans la déclaration xml (exemple : <?xml version= "1.0" encoding= "EUC-JP"?>) et une déclaration meta http-equiv (exemple : <meta http-equiv= "Content-type" content='text/html; charset= "EUC-JP"' />). La valeur de l'attribut d'encodage de l'instruction de traitement xml emporte la précédence.

C.10 Attributs booléens

Quelques agents utilisateurs HTML sont incapables d'interpréter les attributs booléens lorsque ceux-ci apparaissent dans leur forme complète (non minimisée), comme ils sont requis par XML 1.0. Notez que ce problème n'affecte pas les agents utilisateurs compatibles avec le langage HTML 4. Les attributs suivants sont impliqués :compact, nowrap, ismap, declare, noshade, checked, disabled, readonly, multiple, selected, noresize, defer.

C.11 Modèle objet de description document et XHTML

La recommandation niveau 1 du modèle objet de description document (Document Object Model [DOM]) définit les interfaces du modèle objet de document pour XML et HTML 4. Le modèle objet de document de HTML 4 spécifie que l'élément HTML et ses noms d'attribut sont convertis en majuscules. Le modèle objet de document XML spécifie que l'élément et ses noms d'attributs sont convertis à leur casse de spécification. Dans XHTML 1.0, les éléments et les attributs sont spécifiés en minuscules. Cette différence apparente peut être résolue par deux méthodes :

1. Les applications qui accèdent aux documents XHTML utilisées comme types de média Internet text/xml, via le modèle MOD peuvent utiliser le modèle objet de document de HTML ; elles peuvent compter sur les noms d'éléments et d'attributs en cours de conversion en majuscules à partir de ces interfaces.
2. Les applications qui accèdent aux documents XHTML utilisées comme types de média Internet text/xml ou application/xml peuvent aussi utiliser le MOD de XML. Les éléments et les attributs seront convertis en minuscules. Quelques éléments XHTML peuvent apparaître ou non dans l'arborescence de l'objet parce qu'ils sont optionnels dans le modèle de contenu (exemple : l'élément tbody dans l'élément table). Ce cas peut se présenter car, dans HTML 4, certains éléments ont été autorisés à minimiser de telle sorte que leurs balises de début et de fin

soient toutes deux omises (une caractéristique de SGML). Cela n'est pas possible dans XML. Plutôt que d'exiger des auteurs de documents d'insérer des éléments extérieurs, XHTML les a rendu optionnels ; ce qui va obliger les applications à s'y adapter.

C.12 Utilisation des esperluettes et des valeurs d'attribut

Lorsqu'une valeur d'attribut contient une esperluette ("e" commercial), il doit être exprimé comme une référence d'entité de caractères (exemple : "&").

Par exemple, quand l'attribut `href` d'un élément se réfère à un script CGI qui prend des paramètres, il doit être exprimé comme ceci :

```
http://my.site.dom/cgi-bin/myscript.pl?class=guest&amp;name=user
```

plutôt que :

```
http://my.site.dom/cgi-bin/myscript.pl?class=guest&amp;name=user
```

C.13 Les feuilles de style en cascade (CSS) et le langage XHTML

La recommandation niveau 2 des feuilles de style en cascade [CSS2] définit des styles de propriétés qui sont appliqués à l'arborescence d'analyse du document HTML ou XML. Les différences d'analyse produiront des résultats visuels ou sonores différents selon les sélecteurs utilisés. Les petits conseils suivants vont réduire cet effet pour les documents qui ont été utilisés sans aucune modification, comme les deux types de média :

1. Les feuilles de style CSS pour le langage XHTML devraient utiliser des noms d'éléments et d'attributs en minuscules.
2. Dans les tableaux, l'élément `tbody` sera déduit par l'analyseur d'un agent utilisateur de HTML et non par celui de XML. Vous devrez alors toujours ajouter explicitement un élément tbody s'il est référé dans un sélecteur CSS.
3. Dans l'espace de nom XHTML, on doit s'attendre à ce que les agents utilisateurs reconnaissent l'attribut "id" comme un attribut de type ID. Par conséquent, les feuilles de style devraient ainsi être capables de continuer l'utilisation de la syntaxe de sélecteur "#" abrégé, même si l'agent utilisateur ne lit pas la Définition de type de document (DTD).
4. Dans l'espace de nom XHTML, on doit s'attendre à ce que les agents utilisateurs reconnaissent l'attribut "class". Les feuilles de style devraient ainsi être capables de continuer l'utilisation de la syntaxe de sélecteur "." abrégé.
5. Les feuilles de style CSS définissent des règles de conformité différentes pour les documents XHTML et XML. Faites attention à ce que les règles HTML s'appliquent aux documents XHTML livrés comme étant XML.

Annexe D Remerciements

Cette annexe est informative.

Cette spécification a été écrite avec la participation des membres du groupe de travail HTML du consortium W3C :

Steven Pemberton, CWI (HTML Working Group Chair)

Murray Altheim, Sun Microsystems

Daniel Austin, AskJeeves (CENT :The Computer Network trought July 1999)

Franck Boumphrey, HTML Writers Guild

John Burger, Mitre

Andrew W. Donoho, IBM

Sam Dooley, IBM

Klaus Hofrichter, GMD

Philipp Hschka, W3C

Masayasu Ishikawa, W3C

Warner ten Kate, Philips Electronics

Peter King, Phone.com

Paula Klante, JetForm

Shin'ichi Matsui, Panasonic (Ingénieur de visite W3C durant septembre 1999)

Shane McCarron, Applied Testing and Technology (Groupe ouvert durant 1999)

Ann Navarro, HTML Writers Guild

Zach Nies, Quark

Dave Raggett, W3C/HP (W3C lead for HTML)

Patrick Schmitz, Microsoft

Sebastian Schnitzenbaumer, Stack Overflow

Peter Stark, Phone.com

Chris Wilson, Microsoft

Ted Wugofski, Gateway 2000

Dan Zigmond, WebTV Networks

Annexe E Références

Cette annexe est informative.

[CSS2] "Cascading Style Sheets level 2(CSS2) Specification", B. Bos, H.W.Lie, C. Lilley, I. Jacobs, 12 May 1998. La dernière version est disponible sur :`http://www.w3.org/TR/REC-CSS2`

[DOM] "Document Object Model (DOM) Level 1 specification", Lauren Wood et al., 1 october 1998. La dernière version est disponible sur :`http://www.w3.org/TR/REC-DOM-Level-1`

[HTML] "HTML 4.01 Specification", D. Raggett, A. Le Hors, I. Jacobs, 24 December 1999. La dernière version est disponible sur :`http://www.w3.org/TR/html401`

[POSIX.1] "ISO/IEC 9945-1:1990 Information Technology - Portable Operating System Interface (POSIX) - Part I :System Application Program Interface (API) [C Language]", Institute of Electrical and Electronics Engineers, Inc, 1990.

[RFC2046] Le "RFC2046 :Multipurpose Internet Mail Extensions (MIME) Part Two :Media Types", N. Freed and N; Borenstein, November 1996. Disponible sur :`http://www.ietf.org/rfc/rfc2046.txt`

Notez que ce RFC rend obsolète les RFC1521, RFC1522 et RFC1590.

[RFC2119] Le "RFC2119 :Key words for use in RFCs to Indicate Requirement Levels", S. Bradner, March 1997. Disponible sur :`http://www.ietf.org/rfc/rfc2119.txt.`

La version XHTML 1.1

XHTML

Les Références du Maître

Partie 8

Le 31 mai 2001, alors que ce livre (la version américaine) allait être imprimé, le consortium W3C avait sorti une spécification recommandée dénommée "XHTML 1.1 – XHTML à base de modules". Il est à remarquer que si une spécification W3C obtient l'état de Recommandation, cela signifie qu'elle est devenue un standard officiel à utiliser. La Recommandation XHTML 1.1 se trouve sur le site :

```
www.w3.org/TR/2001/REC-xhtml11-20010531/
```

Comme son nom l'indique, cette formulation spécifique du langage XHTML 1.1 suit la spécification précédente "Modularisation de XHTML" qui été recommandée le 10 avril 2001. Cette recommandation se trouve sur le site :

```
www.w3.org/TR/2001/REC-xhtml-modularization-
20010410
```

Comprendre la modularisation du langage XHTML

Fondamentalement, la modularisation divise la collection entière du marquage dans la spécification XHTML 1.0 (et par extension HTML 4) en un ensemble de sous-ensembles de marquage indépendants appelés *modules abstraits*. Chaque module abstrait est conçu pour un ensemble spécifique de données ou de fonctions et il définit un type de données qui est sémantiquement différent de tous les autres. L'idée est de définir individuellement des ensembles de marquage qui peuvent être mélangés et adaptés pour créer des types de documents sur mesure sans que les concepteurs aient besoin de comprendre complètement les schémas sous-jacents ou les DTD.

La raison essentielle qui a présidé à la modularisation de XHTML est le fait de supporter les applications ou des plates-formes ; d'un côté, l'affichage ne peut pas supporter tout le marquage défini pour la spécification XHTML 1.0 et, de l'autre, les données des documents ne l'exigent pas non plus. Le meilleur exemple est l'assitant numérique personnel que supporte le Web (PDA) ou le téléphone mobile dans lesquels le support pour les cadres, les tableaux et les graphiques peut être exagéré. De la même manière, avec tous les types de matériels non bureautiques qui permettent l'accès à l'Internet (le réfrigérateur de LG Electronics par exemple et le four micro-ondes ainsi que d'autres appareils en cours de développement), l'utilisation de cette technologie va sûrement se développer.

La modularisation du XHTML permet aux concepteurs de documents de créer des types de documents qui omettent sciemment le marquage non souhaité ou inutile. Elle crée aussi une description de cible pour les documents créés rapidement à partir des données XML pour un envoi sur des matériels non bureautiques. A leur tour, ces derniers supportent des analyseurs plus petits et plus simples, des fichiers de petite taille, des téléchargements rapides, etc. ; bref, des options hautement appréciées pour n'importe quel système incorporé, y compris ceux que nous avons précédemment décrits. Concrètement et pour ces raisons, un groupe de fabricants de téléphones mobiles ont annoncé qu'ils envisagent d'adopter XHTML pour leurs futurs produits.

L'implémentation de chaque module se compose d'un ensemble de types d'éléments, de déclarations de listes d'attributs, et de déclarations de modèles de contenus. Ainsi, il est permis de penser que chaque module XHTML est un sous-ensemble de DTD XHTML dans lequel tous les modules individuels peuvent être combinés au besoin pour faire face aux exigences des documents. Encore mieux, la structuration de la modularisation rend possible l'intégration de plusieurs DTD pour créer de nouveaux types de documents qui peuvent être validés avec les techniques de validation XML. Ainsi, utilisez la modularisation XHTML fait de la lettre X de cet acronyme – lequel, veut dire *Extensible* – un objectif plus réalisable (par extension, cela s'applique aussi à XHTML 1.1).

Le Tableau MR8.1 procure une description concise des modules abstraits couramment définis pour le langage XHTML.

Tableau MR8.1 : Les modules abstraits du langage XHTML.

NOM DU MODULE	DESCRIPTION
Modules de corps	Les quatre modules de corps requis au minimum.
Structural	Les éléments de structure XHTML (`body`, `head`, etc.).
Text	Eléments de conteneur de texte de base.
Hypertext	Référencement de base (d'un élément).
List	Eléments orientés liste.
Modules de formulaires	
Basic Forms	Ensemble minimal de marquage de formulaire.
Forms	Ensemble complet de marquage de formulaire.

Tableau MR8.1 : Les modules abstraits du langage XHTML. (suite)

NOM DU MODULE	DESCRIPTION
Modules de tableau	
Basic Tables	Ensemble minimal de marquage de tableau.
Tables	Ensemble complet de marquage de tableau.
Autres modules	
Base	Fournit un contexte pour les adresses URL relatives.
Client-side Image Map	Traite les images map côté-client.
Frames	Supporte les cadres (X)HTML.
Iframe	Supporte l'utilisation des cadres inline.
Image	Fournit l'incorporation d'image.
Intrinsic Events	Supporte les événements XHTML (`onblur`, `onfocus`, `onload`, `onunload`, et `onchange`).
Link	Pour définir des liens à des ressources externes.
Metainformation	Supporte des éléments `meta`.
Object	Supporte l'inclusion générale d'objets externes.
Scripting	Active/Désactive le support pour les scripts exécutables.
Server-side Image Map	Traite les formats d'imagemaps côté-serveur.
Style Attribute	Active l'utilisation de l'attribut `style`.
Style Sheet	Active la déclaration des feuilles de style internes.
Target	Supporte les cibles de destination pour les sélections.
Text Extension	Supporte le marquage textuel amélioré (tailles de police relatives, référence sur édition et texte bidirectionnel).
Modules obsolètes	
Applet	Supporte l'élément obsolète `applet`.
Name Identification	Supporte l'attribut obsolète `name`.
Legacy	Supporte les autres éléments et attributs obsolètes.

La spécification XHTML 1.1

Voici une bonne nouvelle : la spécification XHTML 1.1 est presque la même que la version XHTML 1.0 définie par la définition DTD de la version XHTML Strict. C'est la DTD invoquée par la déclaration `DOCTYPE` suivante :

```
<!DOCTYPE html PUBLIC "-//W3C//DTD XHTML 1.0 Strict//EN" "DTD//xhtml1-
strict.dtd">
```

Comme l'Appendice A de la spécification XHTML 1.1 décrit les différences entre les versions XHTML 1.1 et XHTML 1.0, nous avons prélevé les sections appropriées à partir de ce document :

> *La version XHTML 1.1 représente une version intermédiaire entre HTML 4 et XHTML 1.0. L'aspect le plus significatif est la suppression des caractéristiques devenues obsolètes. En général, la stratégie est de définir un langage de marquage riche en fonctionnalités structurelles, lequel est basé sur les feuilles de style pour la présentation.*
>
> *Les différences peuvent être résumées comme suit :*

- *Pour chaque élément, l'attribut* `lang` *a été remplacé par l'attribut* `xml:lang` *(comme on le définit dans [XHTMLMOD]).*
- *Pour l'élément* `a` *et* `map`*, l'attribut* `nom` *a été remplacé par l'attribut* `id` *(comme on le définit dans [XHTMLMOD]).*
- *On a ajouté la collection d'éléments "ruby" (conme on le définit dans ([RUBY]).*

Pour en savoir plus sur les divers éléments précités, consultez :

- XHTML 1.1 Appendice A

  `www.w3.org/TR/xhtml11/changes.html#a_changes`

- XHTMLMOD

  `www.w3.org/TR/2001/REC-xhtml-modularization-20010410`

- Ruby

  `www.w3.org/TR/2001/REC-ruby-20010531/`

Après avoir examiné le contenu de ce livre, si vous décidez d'adopter la version stricte XHTML 1.1 au lieu de la version plus souple qui se rapproche de HTML, la version XHTML 1.0 (avec la DTD Transitionelle ou Multifenêtrage), vous devez considérer les observations suivantes :

- La définition XHTML 1.0 DTD Stricte omet plusieurs éléments disponibles dans les versions antérieures HTML. La plupart des éléments omis peuvent être utilisés pour contrôler l'apparence du document, y compris l'élément `basefont` pour établir la police de base du document, l'élément `font` afin de gérer explicitement les sélections de police, l'élément `center` pour centrer le texte et plusieurs éléments pour l'apparence du texte et le style de liste. Allant encore plus loin, le consortium W3C a adopté les feuilles de style comme le seul moyen pour traiter de telles fonctions dans la version XHTML 1.1.

- Les éléments et les attributs obsolètes disparaissent entièrement dans la version XHTML 1.1. Cela signifie que beaucoup de documents HTML ou XHTML 1.0 doivent être "nettoyés" afin d'être validés par la DTD de XHTML 1.1. Les autres éléments dans cette catégorie (quelques-uns touchant le style) comprennent l'élément `applet` (remplacé par l'élément `objet`) et l'élément `isindex`. Nous fournisssons une liste complète des éléments et attributs obsolètes dans le Chapitre 3 et la première partie des Références du Maître.
- La version XHTML 1.1 adhère à la modularisation XHTML et aux conventions d'attribution de nom.
- Les annotations Ruby permettent à des textes courts d'apparaître à côté du texte de base dans un document XHTML 1.1. Ces annotations sont fréquemment utilisées dans beaucoup de langues asiatiques pour servir de guides à la prononciation et pour afficher des remarques auxiliaires. Ruby est défini comme un module XHTML pour une inclusion ou une omission rapide. Ceux qui créent des documents en anglais ou en une autre langue européenne sont moins enclins à l'utiliser que ceux qui le font dans une langue de l'Asie de l'Est.
- La syntaxe du langage XHTML est devenue plus cohérente pour accompagner XML encore plus avant dans le futur, avec le remplacement de l'attribut `lang` par l'attribut `xml:lang`, de l'attribut `name` par l'attribut `id` pour les éléments `a` et `map`. Prenez cela comme un exemple de simplification que XHTML a introduit.

La suppression des éléments et attributs obsolètes et l'utilisation obligatoire de la modularisation sont les modifications les plus significatives. L'implémentation de tels changements signifie un effort considérable et, dans certains cas, une nouvelle conception est nécessaire pour convertir les documents XHTML 1.0 ou HTML en documents XHTML 1.1. L'outil HTML Tidy peut y apporter son aide mais, jusqu'à ce qu'il soit correctement mis à jour (on ne sait pas encore exactement quand), cet effort doit être manuel. Ainsi, vous seul pouvez décider si la conversion des documents en XHTML 1.1 est nécessaire, à éviter ou à remettre à plus tard.

INDEX

<, 7
>, 7

A

abs, 796
Accusé de réception, 237
acos, 797
action, 235, 866
Activation de l'image map, 146
Adresse URL, 92, 895
Adresse URL absolue, 95
Adresse URL relative, 95
Aide, 13
AIFF, 402
Ajout de bordure, 173
Ajout de colonne, 163
Ajout de légende, 170
Ajout de ligne, 163
Ajout de son, 400
Ajout de vidéos, 403
Ajout d'image, 120
Ajout d'un cadre, 252
Ajustement de la taille d'un cadre, 247
alert, 797
Alignement de cellule, 181
Alignement d'un tableau, 186
Alignement d'une image, 126
alinkcolor, 866
Amaya, 18
Anatomie des liens, 90
anchor, 770, 798
anchors, 867
Ancien navigateur, 370
Ancre, 90, 101
  Ancre-nom, 105
  Document Web, 103
  Dossier, 102
  e-mail, 106
  Liens, 101
  Zone d'un document, 104
Animation, 116, 376
Annonce, 475
Annuaire, 467
Apparence générale, 431
appCodeName, 867
Applet, 91
Applet Java, 404
Application des classes, 321
Application kiosque, 13
appName, 868
appVersion, 868
Arrière-plan, 151, 345, 445, 710
Arrière-plan de tableau, 176
asin, 798
atan, 799
atan2, 799
Attribut, 4
Attribut commun, 64
Attribut XHTML, 12
AU, 402
AVI, 404

B

back, 799
background, 710
background-attachement, 711
background-color, 712
background-image, 713
background-position, 714
background-repeat, 717
Balise, 4, 6
Balise de début, 8
Balise de fin, 8
Barre de défilement, 264
Barre d'état, 374
base, 62
bgColor, 868
big, 800
blink, 800
blur, 801
body, 62
bold, 802
border, 689
border-bottom, 690
border-bottom-width, 690
border-color, 691
border-left, 692
border-left-width, 693
border-right, 693
border-right-width, 694
border-style, 695
border-top, 696
border-top-width, 697
Bordure, 699
Bordure de tableau, 191
Bordure de zone, 688
Bouton, 203
Bouton radio, 203, 214
break, 755
button, 770

C

Cadre, 240, 242
Cadre inline, 277
Caractère d'échappement, 768
Cascade, 323
Case à cocher, 203, 217
Catégories similaires, 199
ceil, 802
Cercle, 142
cgiemail, 233
Champ caché, 220
Champ de fichier, 222
Champ de sélection, 225
Champ de texte, 203, 211
Champ général de saisie, 210
Champ mot de passe, 220
charAt, 802
charCodeAt, 803
Chargement de page, 376
checkbox, 771
checked, 869
Chronomètre, 374
Classe, 321
Classification, 347, 718
clear, 705, 803
clearInterval, 804
clearTimeout, 804
click, 805
close, 806
Code, 14
Collaborateur, 493
color, 717
Coloration vive, 458
comment, 756
Commentaire, 32, 376, 656
Compatibilité amont, 286
Composant d'élément, 8
Compression sans perte, 117

Compte d'affaires, 501
concat, 807
Conception, 201
Conception d'une page, 112
confirm, 808
Connexion à une feuille de style, 317
Consortium W3C, 19
continue, 756
Contrôle de bordure, 129
Contrôle d'un cadre, 263
Convention, 11
Conversion de document, 284
Conversion manuelle, 285
cookie, 869
Cookies, 385
Cookies de session, 386
Cookies permanents, 388
cos, 809
Couleur, 81, 345, 448, 658, 710, 906
Couleur adéquate, 130
Couleur d'arrière-plan, 82, 176
Couleur de texte, 83
Couleur d'une bordure, 262
Création de document, 54
Création de documents, 429
Création de formulaire, 202
Création de liste, 69
Création de médaillon, 134
Création de paragraphe, 65
Création d'en-tête, 67
Création d'un cadre, 245
CSS, 83, 308
CSS Niveau 1, 308
CSS Niveau 2, 309
CSS Niveau 3, 310
CSS2, 660
Curriculum vitae, 477
CV, 478
CV en ligne, 484

D

date, 772
Déclaration, 31
Déclaration DOCTYPE, 38, 58
defaultChecked, 870
defaultSelected, 870
defaultStatus, 871
defaultValue, 872
Définition de type de document, 36
Définition DTD, 58
Développement de documents, 418
Développement d'un plan, 440
Développement d'une feuille de style, 324
Développeur, 395
Dimensions d'un cadre, 246
Dimensions physiques, 111
Directives de publication, 492
display, 718
DOCTYPE, 24, 32, 38, 58, 521
Document, 30, 773
Document imprimé, 353
Document maître, 429
Document parent, 241
Document publié, 438
Document XHTML, 49
Documents XHTML, 499
Domaine virtuel, 502
DTD, 25, 36
  Externe, 40
  Interne, 40
  Multifenêtrée, 43
  Publique, 41
  Système, 41
  Transitionnelle, 43
  XHTML, 42

E

Echappement, 768
Editeur de texte, 14
Editeur HTML, 13
element, 774, 873
Elément, 4, 6
  body, 62
  head, 59
  html, 59
  meta, 61
  title, 60
Elément de base, 63
Elément de classe, 47
Elément de thèmes, 444
Elément graphique, 451
Elément obsolète, 64
Elément vide, 27
Elément XHTML, 320
E-mail, 232
encoding, 873
Encouragement, 200
Enregistrement de document, 54
Enregistrement de fichier, 55
En-tête, 67
En-tête de style journal, 193
Entité, 37
Entité XHTML, 900
Envoi vers une page Web, 233
escape, 809
Espace, 10
Espace de nom local, 46
Espace de nom par défaut, 45
Espace de nom XML, 44
Espace XHTML, 48
Espacement, 185
Etendue de colonnes, 167
Etendue de lignes, 167
eval, 810
Exemples, 490
exp, 810
Extension de marquage, 20
Extranet, 13

F

FAI, 499, 500
Fermeture, 26
Feuille de style, 307
Feuille de style CSS2, 660
Feuille de style et document XHTML, 311
Feuille de style externe, 349
Feuille de style sonore, 352
fgColor, 874
Fichier d'aide, 13
Fichier son, 402
fixed, 810
Flash, 404
float, 706
floor, 811
focus, 811
Fonction, 796
font, 662
fontcolor, 812
font-family, 664
fontsize, 812
font-size, 666
font-style, 668
font-variant, 669
font-weight, 670
for, 757
for in, 758
form, 774
Format de CV, 482
Format d'image, 114
Format GIF, 114
Format JPEG, 118

Format PNG, 119
Formatage, 77
Formatage complexe, 81
Formatage de bordure, 173
Formatage de tableau, 172
Formatage d'un cadre, 258
forms, 874
Formulaire, 196, 202, 229, 234, 381
Forum de discussion, 494
forward, 813
Frame, 243, 777
frames, 874
Frameset, 43, 248
FTP, 509
function, 759

G

Gestionnaire d'événements, 372, 520, 856
getDate, 813
getDay, 814
getFullYear, 815
getHours, 816
getMilliseconds, 817
getMinutes, 817
getMonth, 818
getSeconds, 818
getTime, 819
getTimezoneOffset, 819
getYear, 820
GIF, 114
GIF animés, 397
go, 821
Gras, 77
Groupe de colonnes, 190
Groupe de lignes, 190
Guillemet, 28

H

hash, 874
Hauteur, 125
head, 8, 59
height, 707
hidden, 779
history, 780
host, 875
hostname, 875
href, 875
HTML, 3, 59
HTML 4, 910, 913
HTML-Kit, 297
http, 5
Hypertexte, 5

I

Icône, 897
Identificateur de style, 342
if, 759
if else, 760
Image, 91, 110
Image à l'arrière-plan, 178
Image comme lien, 132
Image d'arrière-plan, 151
Image map, 136
Image map CERN, 150
Image map côté client, 137
Image map côté serveur, 137, 148
Image map NCSA, 148
Images GIF animées, 397
Imbrication, 9, 30
Importation de feuille de style, 315
Inconvénient des sons, 401
index, 876
indexOf, 821

infinity, 877
Information, 197
Informations générales, 654
inherit, 658
Insertion de logos, 449
Insertion de multimédias, 393
Insertion de zone de texte, 224
Insertion d'un texte, 124
Insertion d'une image, 120
Interface, 894
Internet Explorer, 174
Intranet, 13, 487
Invite de commandes, 294
isFinite, 822
isindex, 62
isNaN, 822
italics, 822
Italiques, 77

J

JavaScript, 358
- Animation, 376
- Bloc de scripts, 366
- Commentaire, 376
- Déclaration, 359
- Document, 361
- Evénement, 360
- Fonction, 360
- Gestionnaire, 360
- head, 366
- Imbrication, 362
- Liaison de scripts, 369
- Méthode, 359
- Objet, 359
- Propriété, 359
- Variable, 360

JPEG, 118

K

Kiosque, 13

L

Langage de marquage, 3, 91
Langage HTML 4, 913
Langage XHTML, 901, 913
Langage XML, 914
Largeur, 125
Largeur d'un tableau, 186
Largeur d'une bordure, 261
Largeur d'une cellule, 183
lastIndexOf, 823
lastModified, 877
length, 877
letter-spacing, 672
Lettre d'introduction, 482
Liaison de scripts, 369
Lien, 335, 381
Lien image, 133
line-height, 673
link, 62, 780, 823
linkColor, 878
links, 878
Lisibilité, 11
Liste, 69, 72
Liste d'attributs, 36
Liste de définitions, 76
Liste non-ordonnée, 70
Liste ordonnée, 70
list-style, 719
list-style-image, 720
list-style-position, 722
list-style-type, 723
LN10, 879
LN2, 879

location, 782, 879
log, 824
LOG10E, 880
LOG2E, 880
Logo, 449
Longueur, 661

M

Mac, 300
Maintenance de documents, 439
Maintenance du contenu, 424
Maintenance du site, 424
Marge de zone, 699
Marges d'un cadre, 264
margin, 699
margin-bottom, 701
margin-left, 702
margin-right, 703
margin-top, 704
match, 824
math, 783
max, 825
Médaillon, 134
Menus de navigation, 456
Message d'erreur, 896
Mesure, 328
meta, 61
Métalangage, 24
method, 235, 881
Méthode, 796
Microsoft, 20
MIDI, 402
min, 825
Mise à jour, 494
Modèle, 235
Modèles, 490
Mot de passe, 220
Mot réservé, 768
Moteur de recherche, 469
moveBy, 826
moveTo, 826
MP3, 402
MPEG, 404
Multifenêtrage, 248
Multifenêtrage horizontal, 255
Multifenêtrage vertical, 255
Multimédias, 393

N

name, 881
NaN, 882
Navigateur, 8, 370
Navigateur non pourvus de cadres, 265
Navigateur Web, 16
Navigation, 271
Navigation alternative, 140
Navigation graphique, 454
Navigation textuelle, 452
navigator, 784
Netscape, 20
Nom cible, 274
Nom de fichier, 94
Notation, 37
Noyau, 36

O

Objectif d'une image, 112
Objet, 769
onblur, 857
onchange, 380, 857
onclick, 380, 857
ondblclick, 858

ondragdrop, 858
onfocus, 859
onkeydown, 859
onkeypress, 860
onkeyup, 860
onload, 860
onmousedown, 861
onmousemove, 861
onmouseout, 372, 862
onmouseover, 372, 862
onmouseup, 863
onmove, 863
onreset, 864
onresize, 864
onselect, 864
onsubmit, 383, 865
onunload, 866
open, 826
Opérateur, 765
options, 882
Organisation des documents, 425
Organisation hiérarchique, 425
Organisation linéaire, 426
Organisation Web, 427
Outils de téléchargement, 512
outline, 674
Ouverture de fichier, 56

P

padding, 684
padding-bottom, 685
padding-left, 686
padding-right, 687
padding-top, 688
Page Web, 3
PageMaker, 5
Paragraphe, 65
Paramétrage, 113
parent, 883
parse, 828
parseFloat, 828
parseInt, 829
Parseur, 33
Parseur validé, 34
Participation, 490
password, 785
pathname, 883
Permutation d'images, 377
PI, 884
Pixel, 79
Plan, 440
Planification de documents, 420
Planning de maintenance, 424
PNG, 119
Pointeur, 3
Police de caractères, 83, 332
Police de cartères, 662
Polygone, 143
port, 884
Position de zone, 705
Positionnement, 354
Pourcentage, 662
pow, 829
print, 829
Processus de développement, 419
Processus de publication, 507
Programme FTP, 509
prompt, 830
Propriétés, 866
  Classification, 347
  Feuilles de style, 332
  Polices, 337
  Positionnement, 354
  Texte, 338
  Zone, 343
Propriétés de texte, 672

protocol, 884
Protocole, 93
Pseudoclasse, 657
Publication, 430, 505
Publication de documents, 437
Publication d'information, 485
Publicité, 466

Q

QuarkXPress, 5
QuickTime, 404

R

Racine, 31
radio, 786
RAM, 402
random, 830
Recherche de site, 467
Rectangle, 143
Référencement, 37
referrer, 885
Règle, 26, 287
Règle horizontale, 79
Règles de style, 328
Relief, 77
Remplissage de zone, 684
Remplissage d'une cellule, 185
Rendu progressif, 117
replace, 831
reset, 788
resizeBy, 831
resizeTo, 832
Retour, 472
Retour à la ligne, 184
return, 761
round, 833
Rupture de ligne, 80
Rythme, 441

S

Savoir-faire, 476
script, 61, 91
scrollBy, 833
scrollTo, 834
search, 835, 885
Section du tableau, 189
select, 789, 835
selected, 886
Sélecteur, 656
selectIndex, 887
Sélection d'images, 430
Sélection d'une image, 139
Serveur de société, 504
Serveur FTP, 510
Service de conversion, 493
Service d'hébergement, 499
setDate, 836
setFullYear, 837
setHours, 838
setInterval, 838
setMilliseconds, 839
setMinutes, 839
setMonth, 840
setSeconds, 841
setTime, 842
setTimeout, 842
setYear, 843
sin, 843
Site attrayant, 471
Site extranet, 13
Site intranet, 13, 487
Site navigable, 451

Site personnel, 476
Site public, 473
Site publique, 465
slice, 844
small, 845
Son, 400
  AIFF, 402
  AU, 402
  MIDI, 402
  MP3, 402
  RAM, 402
  WAV, 402
Son agréable, 413
Souligné, 77
Soumission de documents, 466
Soumission de pages, 470
split, 845
sqrt, 846
SQRT1_2, 887
SQRT2, 888
Statistiques de site, 474
status, 888
Stockage de feuilles de style, 314
strike, 846
string, 791
Structure de document, 57
style, 61
Style générique, 340
Style inline, 322
sub, 847
submit, 792, 847
substr, 848
substring, 848
sup, 849
Suppression de colonne, 163
Suppression de ligne, 163
Suppression de lignes et de colonnes, 165
Suppression d'une bordure, 259
switch, 762
Syntaxe, 26

T

Tableau, 158
Tableau de base, 160
Tableau XHTML, 187
Taille, 83
Taille de fichier, 111
Taille d'un cadre, 246, 263
Taille d'une cellule, 182
Taille d'une page, 113
tan, 849
target, 888
Téléchargement, 508, 512, 896
Termes généraux, 916
Terminologie, 915
Test, 431
Test de lisibilité, 435
Test d'exactitude, 436
text, 792, 889
text-align, 676
textarea, 793
text-decoration, 676
text-indent, 678
text-shadow, 679
text-transform, 680
Thème, 444
this, 762
Tidy, 292
Tidy sur Mac, 300
TidyGUI, 296
title, 7, 60, 889
toLocateString, 851
toLowerCase, 852
top, 890
toUpperCase, 853
toUTCString, 853
Traitement de données, 232
Traitement de formulaire par e-mail, 232
Traitement de formulaires, 229
Transfert de fichier, 508

Transparence, 115
Type de document, 58
Type de navigation, 270
Type d'élément, 36
Type d'image map, 136

U

undefined, 890
unescape, 854
URL
  Nom de dossier, 94
  Nom de fichier, 94
  Nom d'hôte, 94
URL, 90, 92, 895
  Adresse relative à un document, 98
  Adresse relative à un serveur, 99
  Emplacement de base d'un document, 100
  Protocole, 93
userAgent, 890
UTC, 854
Utilisabilité, 199, 433

V

Valeur d'attribut, 28
Valeur hexadécimale, 906
Valeur inherit, 658
Validation, 15
Validité, 35
value, 891
valueOf, 855
var, 763
vertical-align, 681
Vidéo, 403
  AVI, 404
  Flash, 404
  MPEG, 404
  QuickTime, 404
Visualisation de document, 54
vLinkColor, 892

W

W3C, 15
WAV, 402
Web, 2
while, 763
Widget, 203
width, 709
window, 794, 892
with, 764
word-spacing, 683
write, 855
writeln, 856
WYSIWIG, 14

X

X HTML, 2
XHTML, 913
XHTML 1, 409
XHTML 1.0, 917
XML, 24, 914
  Casse, 29
  Déclaration, 31
  DOCTYPE, 32
  Document, 30
  Espace de nom, 44
  Imbrication, 30
  Racine, 31
  Règle, 26
  Sensibilité, 29
  Syntaxe, 26
XML 1.0, 910

Z

Zone, 343
Zone de liste, 203
Zone de texte, 203, 224
Zone d'image, 140